KB123862

국사편찬위원회 주관

한국사능력검정시험

심화 한권으로 끝내기

합격을 위한 필수교재 동영상 강의 mainedu.co.kr

박용선 편저

- 심화 시험 대비 이론 완벽 정리
- 최신 기출문제, 실전모의고사 수록
- 한권으로 독학이 가능한 합격 필수 교재
- 유네스코 한국유산 수록
- 강의무료(기출문제+모의고사)
- Naver Band(한국사 박용선)을 통한 자료 제공

심화
(1·2·3급)

MAINEDU

머리말

역사는 특성상 분명 암기해야 할 사항이 많은 인문학 분야 중의 하나입니다.
하지만, 역사적 사실의 시대적인 흐름과 배경을 이해하지 못한 채 무조건 암기만을 고집하는 것은 '깨진 독에 물을 붓는 것'처럼 결국엔 공허한 메아리식의 공부가 될 뿐입니다.

특히, 한국사능력검정시험의 출제 경향을 보면 특정 사실들만을 외워서 해결할 수 있는 문제들이 없어졌습니다. 즉, 어떠한 역사적 사실을 완전히 이해해야만 해결할 수 있는 문제들로 통합 출제되고 있기에 무조건적인 암기만을 고집하는 태도는 지양(止揚)되어야 할 것입니다.

이러한 사실들을 토대로 이 교재는 다음과 같이 구성되어 있습니다.

첫째,
결코 흔들림 없는 역사의 기본을 다지기 위한 수험서로서 손색이 없도록 일목요연하게 정리하였습니다. 흐름을 한눈에 쉽게 이해할 수 있도록 구성을 철저히 하였으므로 이 한 권의 책으로 한국사능력검정시험(심화) 뿐만 아니라 각종 공무원 시험의 준비에도 손색이 없도록 하였습니다.

둘째,
자주 출제되면서 역사적으로 중요한 가치가 있고 반드시 알아야 하는 다양한 사료와 자료 및 지도를 수록하여 역사 지식을 습득함으로써 학습의 효율과 능률을 더욱 높일 수 있도록 하였습니다. 이 부분은 네이버 밴드 "한국사(박용선)"에도 다양한 사진과 자료 등이 있으니 가입하셔서 활용하시기 바랍니다. 뿌리깊은 나무는 절대 흔들리지 않습니다. 따라서 이 교재는 기존의 한국사능력검정시험 수험서와는 근본적으로 그 내용을 달리 지향합니다.

셋째,
한국사능력검정시험의 유형은 단순 암기 능력의 측정보다는 창의적인 문제의 해결 능력과 사고력을 검증하고자 하는 방향으로 변화되고 있습니다. 따라서 이 교재는 한국사의 사고력과 문제 해결 능력을 육성하고, 이에 대한 정확한 이해를 할 수 있도록 풍부한 내용을 첨가함으로써 역사 교육의 올바른 방향 제시와 각종 시험에 충실히 대비할 수 있도록 하였습니다.

넷째,
한국사능력검정시험에서 출제되는 다양한 자료와 사료, 사진, 유네스코 한국유산을 비롯하여 세시풍속 등은 계속 반복적으로 출제되므로 하나 하나 놓치지 않도록 꼼꼼히 서술하였습니다. 단지 바뀌는 것은 수험생들에게 혼선을 주기 위한 자료뿐입니다.
따라서, 고득점 합격의 관건은 문제의 핵심 키워드를 잡아내는 자료 분석 능력에 있습니다. 문제에 제시된 자료만 잘 분석하면 정답은 쉽게 찾을 수 있도록 출제되므로 굳이 어렵게 접근하실 필요는 없습니다. 이를 위해서 기출문제의 다양하고 폭넓은 해설과 틀린 내용에 대한 설명을 함께 하여 학습에의 오류를 제거하였습니다.

끝으로,
단순히 점수 따기 식의 공부보다는 한국사와 호흡을 같이하는 공부를 하시길 바랍니다. 비록 현실은 시험 준비를 위한 한국사 공부라고 하지만 마음속으로부터 우리나라의 역사를 이해하고, 그와 고통을 같이하면서 장래를 걱정하는 마음자세로 공부할 때 그것이 결과적으로 가장 효과적인 공부가 되는 것입니다.

아울러, 본 교재 출판에 심혈을 쏟아주신 편집실 여러분의 노고에 진심으로 감사를 드리며 수험생 여러분의 건투를 기원합니다.

柏峰書齋에서 **박 용 선** 씀.

한국사능력검정시험 안내

1 한국사능력검정시험이란?

학교 교육에서 한국사의 위상은 날로 추락하고 있는데, 주변 국가들은 역사교과서를 왜곡하고 심지어 역사 전쟁을 도발하고 있다. 한국사의 위상을 바르게 확립하는 것이 무엇보다 시급한 실정이다. 이러한 현실에서 우리 역사에 관한 패러다임의 혁신과 한국사 교육의 위상을 강화하기 위하여 국사편찬위원회에서는 한국사능력검정시험을 마련하였다.

국사편찬위원회는 우리 역사에 대한 관심을 제고하고, 한국사 전반에 걸쳐 역사적 사고력을 평가하는 다양한 유형의 문항을 개발하고 있다. 이를 통해 한국사 교육의 올바른 방향을 제시하고, 자발적 역사 학습을 통해 고차원적 사고력과 문제 해결 능력을 배양하고자 한다.

2 한국사능력검정시험의 목적

1. 우리 역사에 대한 관심을 확산 · 심화시키는 계기를 마련한다.
2. 균형잡힌 역사의식을 갖도록 한다.
3. 역사 교육의 올바른 방향을 제시한다.
4. 고차원적 사고력과 문제 해결 능력을 육성한다.

3 한국사능력검정시험의 특징

한국사능력검정시험은 한 나라의 국민으로서 가져야 하는 기본적인 역사적 소양을 측정하고, 역사에 대한 전 국민적 공감대를 형성하기 위한 시험으로 다음과 같은 특징을 갖고 있다.

1. 한국사 학습 능력을 측정할 수 있는 대표적인 시험이다.

2. 응시자의 계층이 매우 다양하다.

한국사능력검정시험은 입시생이나 각종 채용시험과 같은 동일한 집단이 아니라, 다양한 연령층과 직업군을 가진 사람들이 응시하고 있다. 한국사에 대한 관심과 애정만 있다면 응시자의 학력 수준이나 연령 등은 더욱 다양해질 것이다.

3. 국가기관인 국사편찬위원회가 주관한다.

국사편찬위원회는 우리 역사에 대한 자료를 관장하고 있는 교육부 직속 기관이다. 한국사능력검정시험은 우리나라 역사에 관한 자료를 조사 · 연구 · 편찬하는 국사편찬위원회가 주관 · 시행을 함으로써, 수준 높고 참신한 문항과 공신력 있는 관리를 통해 안정적인 시험 운영을 하고 있다.

4. 참신한 문항 개발에 노력하고 있다.

매회 시험마다 단순 암기 위주의 보편적인 문항보다는 다양한 영역에서 여러 접근 방법을 통해 풀 수 있는 참신한 문항을 새로 개발하고 있다. 또한 탐구력을 증진할 수 있는 문항 개발을 통해 기존 시험의 틀을 탈피하려고 노력하고 있다.

5. '선발 시험'이 아니라 '인증 시험'이다.

합격의 당락을 결정하는 선발 시험의 성격이 아니라, 한국사의 학습 능력을 인증하는 시험이다.

4 시험관리 및 시행기관 : 국사편찬위원회

1. 기본 계획 수립 및 업무 처리 지침 제작 배부
2. 홍보물 및 원서 제작 배포
3. 응시 원서 교부 및 접수
4. 시험 문제 출제
5. 시험 실시 및 채점
6. 성적 및 인증서 관리

5 한국사능력검정시험의 평가 및 배점

1. 평가 등급

시험 구분	심화	기본
인증 등급	1급(80점 이상)	4급(80점 이상)
	2급(70점 이상)	5급(70점 이상)
	3급(60점 이상)	6급(60점 이상)
문항수	50문항(5지 택 1형)	50문항(4지 택 1형)

2. 배점

시험 구분	배점
심화	100점 만점(문항별 1~3점 차등 배점)
기본	100점 만점(문항별 1~3점 차등 배점)

3. 평가 내용

시험 구분	평가 등급	평가 내용
심화	1,2,3급	한국사 심화 과정으로 차원높은 역사 지식, 통합적 이해력 및 분석력을 바탕으로 시대의 구조를 파악하고, 현재의 문제를 창의적으로 해결할 수 있는 능력 평가
기본	4,5,6급	한국사 기본과정으로 한국사에 대한 흥미와 관심을 가지고 한국사에 대한 기본적인 이해를 바탕으로 한국사의 흐름을 대략적으로 이해할 수 있는 능력과 전반적인 이해를 바탕으로 한국사의 개념과 전개 과정을 체계적으로 파악할 수 있는 능력 평가

6 한국사능력검정시험의 활용 및 특전

1. 2012년부터 한국사능력검정시험 2급 이상 합격자에 한해 인사혁신처에서 시행하는 5급 국가공무원 공개 경쟁채용시험 및 외교관 후보자 선발시험에 응시자격 부여
2. 2013년부터 한국사능력검정시험 3급 이상 합격자에 한해 교원임용시험 응시자격 부여
3. 국비 유학생, 해외 파견 공무원, 이공계 전문연구요원(병역) 선발 시 국사시험을 한국사능력검정시험(3급 이상 합격)으로 대체
4. 일부 공기업 및 민간기업의 사원 채용이나 승진시 반영
5. 2014년부터 한국사능력검정시험 2급 이상 합격자에 한해 인사혁신처에서 시행하는 지역인재 7급 수습직원 선발시험에 추천 자격 요건 부여
6. 대학의 수시모집 및 공군 · 육군 · 해군 · 국군간호사관학교 입시 가산점 부여

※ 인증서 유효 기간은 인증서를 요구하는 각 기관에서 별도로 정함.

출제 경향 및 학습 전략

한국사능력검정시험의 문항은 역사교육의 목표 준거에 따라 다음의 여섯 가지 유형으로 구분된다.

1. 역사 지식의 이해	역사 탐구에 필요한 기본적인 지식을 갖고 있는가를 묻는 영역이다. 역사적 사실·개념·원리 등의 이해 정도를 측정한다.
2. 연대기의 파악	역사의 연속성과 변화 및 발전을 이해하고 있는지를 묻는 영역이다. 역사 사건이나 상황을 시대 순으로 정확하게 이해하고 인과관계를 파악할 수 있는가를 측정한다.
3. 역사 상황 및 쟁점의 인식	제시된 자료에서 해결해야 할 구체적 역사 상황과 핵심적인 논쟁점, 주장 등을 찾을 수 있는가를 묻는 영역이다. 문헌자료, 도표, 사진 등의 형태로 주어진 자료에서 해결해야 할 과제를 포착하거나 변별해내는 능력이 있는지를 측정한다.
4. 역사 자료의 분석 및 해석	자료에 나타난 정보를 해석하여 그 의미를 파악할 수 있는가를 묻는 영역이다. 정보의 분석을 바탕으로 자료의 시대적 배경과 사회적 의미를 해석할 수 있는가를 측정한다.
5. 역사 탐구의 설계 및 수행	제시된 문제의 성격과 목적을 고려하여 절차와 방법에 따라 역사 탐구를 설계하고 수행할 수 있는 능력이 있는가를 묻는 영역이다.
6. 결론의 도출 및 평가	주어진 자료의 타당성을 판별하고, 여러 자료를 종합하여 결론을 도출할 수 있는가를 묻는 영역이다.

1 한국사능력검정시험 (심화) 출제 경향

1. 전 시대에 걸쳐 고르게 출제되고 있다.

한국사능력검정시험의 출제 분포를 보면 특정 시대에 편중되지 않고 전 시대에 걸쳐 고르게 출제되고 있다.

2. 전체적인 흐름 속에서 기본 개념 및 원리를 묻는 문제가 반복 출제되고 있다.

선사시대의 특징, 삼국의 발전 과정, 신라 중대의 성격과 하대의 사회 변화, 민정문서, 묘청의 서경 천도운동, 왜란과 호란, 대동법, 실학, 흥선대원군의 정책, 동학농민운동, 광무개혁, 일제 식민통치와 독립운동의 전개, 대한민국의 통일 정책, 세시풍속 등은 반복 출제되고 있다. 언뜻 보기에 단순 암기형의 문제인 것 같지만 깊이 들여다보면 전체적인 흐름을 배경으로 꼭 파악해야 할 각 시대별 핵심적인 내용들이다.

3. 단순한 제도사를 묻는 문제에서 벗어나 점차 사회, 경제, 문화사의 문제가 늘어나고 있다.

각 시대의 대립적인 주요 세력(진골귀족과 6두품, 권문세족과 신진사대부, 훈구파와 사림파, 위정척사사상가와 개화사상가), 민중의 사회 경제생활, 고려와 조선시대 여성의 지위 변화, 역대 토지제도의 변천 과정, 조선 후기 경제적 변화와 신분제 변동의 관계, 문화의 새로운 경향 등을 묻는 문제의 출제 빈도가 높아지고 있다.

4. 이해력과 논리적 추론을 요하는 수능 유형의 통합적 문제가 출제되고 있다.

단답형의 문제를 탈피하여 분류사 문제가 출제되고 있는데 예를 들면 통일신라의 정전과 조선시대 관수관급제의 공통된 실시 목적, 풍수지리설과 도교가 당시 사회에 끼친 영향, 나말여초와 여말선초의 사회상, 역대 주요 역사서의 성격, 각 시대별 불교의 성격, 공민왕 · 조광조 · 갑신정변의 개혁이 실패한 요인 등의 통합적인 문제, 흥선대원군의 정책에 대한 긍정적인 측면과 한계, 근 · 현대사 전개 과정에서 나타난 굵직한 사건의 흐름과 현대사의 정치 · 경제분야에 관한 내용 등 당시 역사적 상황에 대한 정확한 이해를 바탕으로 한 통합적인 문제가 출제되고 있다.

2 효율적인 학습전략

1. 기본 개념을 정확히 이해한다.

각 시대별 중요한 기본 개념, 시대적 상황 등을 정확히 파악한다.

2. 전 시대에 걸친 종합적인 이해가 필요하다.

종래의 단순 암기식 문제에서 점차 이해 위주의 문제가 출제되고 있고, 여러 단원에 걸친 분류사적인 문제가 출제되고 있기 때문에 전 시대의 흐름과 전환기의 상황을 통찰하여 학습하여야 한다.

3. 시사적으로 부각되는 면을 광범위하게 정리한다.

일본의 역사 왜곡, 중국의 동북공정 프로젝트, 간도와 독도 문제, 북한의 핵 문제, 해외 한국의 문화재 등에 대해서 관심을 가져야 한다.

4. 전체적인 역사 흐름과 사회의 과도기 특징을 이해한다.

연맹왕국에서 고대사회, 나말여초, 여말선초, 왜란과 호란의 영향, 조선 후기의 사회와 경제 변동, 19세기 열강의 침략 등의 내용은 매우 중요한 부분이다. 이러한 시기 기득권층과 민중들의 사회 변화 대처 능력에 초점을 맞추어 파악해야 한다.

5. 다양한 자료를 분석하고 해석하는 문제 유형에 대비해야 한다.

최근의 출제 경향은 자료나 사료의 분석 문제가 증가하는 추세이므로 기본 개념을 정확히 이해하고 다양한 자료 등을 활용한 문제 분석 능력과 응용력을 키워야 한다.

차 례

Ⅰ 한국사의 시작

Ⅱ 한국 고대사

contents

차 례

Ⅳ | 한국 근세사

Ⅴ | 한국 근대사(태동기)

contents

차 례

Ⅶ | 민족의 독립 운동

Ⅷ | 현대 사회의 전개

contents

고급 기출문제

심화 실전모의고사

정답 및 해설

I

한국사의 시작

제 1 편

선사시대의 문화

제1장 역사의 의미

핵심 출제포인트

- 역사의 의미에 대해 살펴보고 이해해야 한다.
- 랑케와 E.H.카아의 역사 인식에 대해 정리해야 한다.

1 객관적 의미

(1) 어 원

① 독일어의 '과거에 일어난 일'을 뜻하는 'Geschichte'와 한자(漢字)의 세월, 세대, 왕조 등 하나하나 순서를 따라 계속되어 간다는 '역(歷)'에서 기인한다.

② '과거에 있었던 사실'이나 '인간이 과거에 행한 것'을 의미한다.

(2) 의 미

① '과거에 있었던 사실', 즉 '사실(事實)로서의 역사(history as past)'이다.

② 시간적으로 현재에 이르기까지 일어났던 과거의 모든 사건이다.

③ 바닷가의 모래알과 같이 수많은 과거 사건들의 집합체이다.

(3) 랑케(L.Ranke)의 역사 인식

① 19세기 독일의 역사학자로 "역사가는 자기 자신(선입감, 편견, 주관, 감정)을 죽이고 과거가 본래 어떠했는가를 밝히는 것을 그의 지상과제로 삼아야 하고, 이때 오직 역사적 사실로 하여금 이야기하게 해야 한다."고 하였다.

② 그는 역사적 사실의 비중을 극대화시키고 사실(事實)로서의 역사를 강조하였다.

사료읽기

태종 무열왕은 신라 제29대 왕으로 성은 김, 이름은 춘추이다. 부인은 문명왕후 문희이니 곧 김유신의 끝누이였다. 654년 진덕여왕이 대를 이을 자식이 없이 세상을 떠나자 여러 신하들의 추대를 받아 왕위에 올랐다. 그는 법률을 제정하고 관료제도를 정비하였으며, 군사조직을 강화하였다. 660년에는 당나라와 연합하여 백제를 멸망시켰다. 이듬해에는 고구려를 정벌하고자 군사를 일으켰으나 통일을 이루지 못하고 죽었다. 태종 무열왕은 법민과 김유신 등에게 삼국통일의 대업을 달성해 달라는 유언을 남기고 661년 6월에 숨을 거두었다.

》일연 「삼국유사」

(4) 한 계

① 역사 서술에 종사하는 사람이 감정이나 정서에 따른 개별적인 차이가 있을 수 있다.

② 지적 배경이 다른 설명 내용에 따라 달라질 수 있으므로 묘사에 의한 설명에는 주관성을 완전히 배제할 수 없다.

❷ 주관적 의미

(1) 어 원

① 그리스어로 '탐구' 또는 '탐구하여 획득한 지식'을 의미하는 'historia', 한자(漢字)로는 활쏘기에 있어서 옆에서 적중한 수를 계산 기록하는 사람을 가리키는 말이다.

② '기록을 관장하는 사람' 또는 '기록한다'는 의미로 쓰였다.

(2) 의 미

① '조사되어 기록된 과거', 즉 '기록으로서의 역사(history as historiography)'이다.

② 과거의 사실을 토대로 역사가가 이를 조사하고 연구하여 재구성한 기록된 자료이다.

③ 과거의 모든 사실이 그 대상이 아니라, 역사가들이 특별한 의미가 있다고 선정한 사실이다.

(3) 대표적 사상가

① 카(E. H. Carr) : 20세기 영국의 역사학자로 그의 저서 「역사란 무엇인가」에서 그는 '역사가는 과거의 사실을 토대로 자신의 관점에서 해석하고 재구성하는 존재이다. 그러므로 역사란 역사가와 사실 사이의 부단한 상호 작용의 과정이며, 현재와 과거 사이의 끊임없는 대화이다'라고 하여 기술(記述)로서의 역사를 강조하였다.

② 딜타이(W. Dilthey) : 역사가의 임무는 역사적 사실을 수집하여 편찬하기만 하는 것이 아니며, 과거는 역사가에 의해 정신의 세례를 받아 현재 및 미래와 관련을 맺어야만 의미있는 산 역사가 된다고 하였다.

③ 크로체(B. Croce) : 역사가의 정신세례를 받지 않은 문헌적인 기록물을 '죽은 역사', 역사적 사건이 역사가에 의해 선택되고 비판되어 역사가의 세례를 받아 의미있는 사실의 사건으로 역사에 기록되는 것을 '산 역사'로 보았다.

④ 콜링우드(R. G. Collingwood) : 역사가가 과거의 사상을 재연시킬 때에는 과거의 사상을 비판하고 그 가치를 스스로 판단하고 그 사상의 과오를 시정하는 것으로 보았다.

사료읽기

태종 무열왕은 중국에 사대의 예를 다하고 그 문물을 받아들여 거친 풍속을 개량하였으며, 당나라 군대의 위엄을 빌어 고구려와 백제를 평정하고 태평성세를 이룩한 뛰어난 임금이다. 》김부식 「삼국사기」

다른 종족을 끌어들여 같은 종족을 멸망시키는 것은 도적을 불러들여 형제를 죽이는 것과 다를 바 없는 것이다. … 신라 역대 왕들이 항상 외세의 도움을 받아 고구려, 백제를 멸망시키고자 하였거니와 … 태종 무열왕 김춘추에 이르러 이 일을 이룬 뒤에 득의양양하였다. 반만큼 이라도 혈기를 가진 자라면 이를 욕하고 꾸짖는 게 옳으며 배척하는 것이 옳거늘 오늘날 그 본말을 따지지 않고 다만 '우리나라 통일의 실마리를 연 임금이다' 라고 한다. 》신채호 「독사신론」

(4) 한 계

① 역사가는 자기가 원하는 유리한 증거부터 선택할 위험성이 있다.

② 개인적 가치관이나 정치 의도에 말려들 우려가 있다.

제2장 선사시대의 전개

핵심 출제포인트

- 구석기·신석기 시대의 주요 유적지와 유물을 정리해야 한다.
- 각 시기의 사회·경제는 자주 출제되는 부분이므로 이 시기의 특징을 이해해야 한다.

01 구석기 시대

❶ 시 작

우리나라와 그 주변 지역에 구석기인들이 살기 시작한 것은 약 70만 년 전부터이다.

❷ 유적지

(1) 분 포

전국 각지에 널리 분포되어 있어 구석기시대에 사람들이 널리 퍼져 살고 있었음을 알 수 있다.

(2) 유적지

① 전기

㉠ **단양 금굴** : 약 70만 년 전에 형성된 우리나라 최고(最古)의 유적지로 주먹도끼, 양날찍개, 주먹괭이, 짐승의 화석 등이 출토되었다.

㉡ **연천 전곡리** : 유럽 아슐리안계의 주먹도끼가 출토되어 인도를 기준으로 유럽·아프리카 문화의 주먹도끼 문화와 아시아의 자갈돌석기 문화로 구분된다는 모비우스 학설을 반박하는 계기가 되었다.

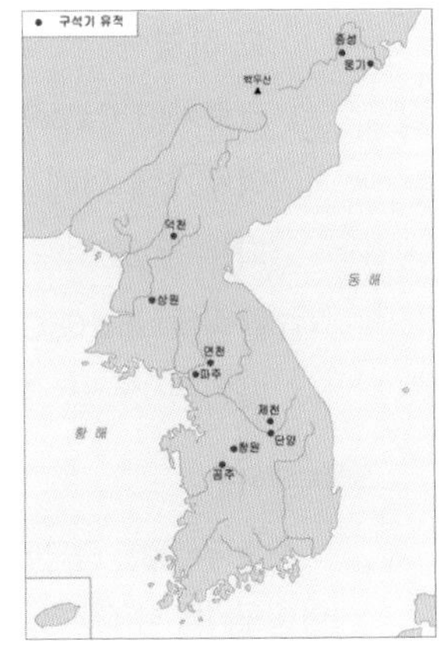

구석기 시대의 유적지

② **중기** : 이 시기에는 석기의 두께와 길이를 조절하며 만든 제작 기법인 르발루아 기법에 의해 석기가 제작되었는데 몸돌과 격지가 프랑스 파리 근교 르발루아에서 발견되어 붙여진 명칭이다.

㉠ **웅기 굴포리** : 전기·후기 문화로 구분되며, 맘모스 화석이 출토되었다.

㉡ **양구 상무룡리** : 흑요석기가 출토되었다.

③ 후기

㉠ **공주 석장리** : 1964년 남한에서 최초로 발굴된 구석기 전기에서 후기까지 계속된 유적지로 후기의 문화층에서 주거지인 막집이 발견되었고, 불 땐 자리·개모양의 석상·고래·멧돼지 조각과 새·사슴 등을 새긴 선각화가 발견되었다.

㉡ **단양 수양개** : 몸돌망치, 주먹도끼, 슴베찌르개 등이 출토되어 석기제작소 임이 밝혀졌다.

(3) 유 물

석기와 털코끼리, 큰뿔사슴, 코뿔소, 쥐, 토끼 등 북방계와 남방계의 다양한 동물의 뼈로 만든 도구 등이 출토되어 구석기시대의 자연환경의 변화와 생활상이 밝혀지게 되었다.

주먹도끼

슴베찌르개와 사용 예

❸ 생 활

(1) 사 회

① **무리생활** : 무리를 이루어 큰 사냥감을 찾아 집단으로 떠돌아다니는 생활을 하였다.

② **공동체 생활** : 무리 가운데 연장자나 경험이 많고 지혜로운 사람이 지도자 되었으나 권력을 갖지는 못하였다.

(2) 경 제

① **자연경제** : 아직 농경법을 알지 못하였고, 동물의 뼈나 뿔로 만든 뼈도구와 뗀석기를 가지고 동물을 사냥하거나 나무 열매와 뿌리를 채집을 하여 식생활을 하였다.

② **사용도구** : 처음에는 몸돌에서 직접떼기로 한쪽을 떼어내어 사용하였으나, 차츰 뗀석기를 제작하는 기술이 발달함에 따라 사냥용에는 주먹도끼와 찍개, 슴베찌르개, 팔매돌, 조리용에는 긁개와 밀개, 공구(새기개) 등 용도가 뚜렷한 작은 석기들을 만들게 되었다.

(3) 주 거

① **집터** : 동굴이나 바위그늘에서 살거나 강가에 막집을 짓고 살았으며, 후기의 집자리에는 기둥자리·담자리 및 불땐 자리가 남아 있고 크기는 대략 3~4명에서 10명이 살았을 정도의 크기이다.

② **유적지** : 평남 상원의 검은모루 동굴, 충북 제천의 창내, 공주 석장리, 청원 두루봉 동굴(5세 정도의 뼈 화석 출토－흥수아이) 등이 있다.

흥수아이

(4) 예 술

① **예술활동** : 제천의 점말동굴, 공주 석장리와 단양 수양개에서 석회암이나 동물의 뼈, 뿔 등을 이용하여 멧돼지, 고래, 물고기 등을 새긴 조각품이 발견되었다.

② **의미** : 구석기인들의 예술은 사냥감의 번성을 비는 주술적 의미가 깃들인 것으로 보인다.

02 신석기 시대

❶ 시 기

우리나라의 신석기 시대는 기원 전 10,000년 경부터 시작되었다.

신석기 혁명

영국 고고학자인 고든 차일드(GordonV.Childe)가 1936년에 펴낸 책(Manmakeshimself)에서 처음 제기한 개념으로 수렵·채집에만 의존하던 인류가 농경이라는 전혀 새로운 차원의 생산양식을 발명함으로써 여러 가지 사회 문화적 발전을 이루었다는 시각이 담겨 있다. 앨빈 토플러의 「제3의 물결」에는 '제1의 물결'로 표현하였다.

❷ 유물·유적

(1) 간석기

돌을 갈아서 제작한 도구로 여러 가지의 형태와 용도로 만들어 사용하였다. 주요 유물로는 돌그물추, 갈돌과 갈판, 괭이, 보습, 낫, 반달돌칼, 돌칼, 돌화살촉, 가락바퀴(직조용) 등이 있었다.

갈돌과 갈판

(2) 토 기

① 종류

㉠ 이른민무늬 토기(기원전 10,000~8,000년) : 제주 한경 고산리에서 출토된 최초의 토기로 무늬가 없고 작다.

㉡ 덧무늬 토기(기원전 6,000~5,000년) : 토기의 몸체에 덧띠를 붙이고 주발모양의 밑이 둥글게 되어 있다.

㉢ 빗살무늬 토기(기원전 4,000~3,000년) : 신석기 시대 대표적인 토기로 부산 동삼동, 서울 암사동, 김해 수가리, 평양 남경리 등 전국 바닷가나 강가 등 각지에 널리 분포되어 있으며, 다양한 크기의 도토리나 달걀 모양의 뾰족한 밑, 또는 둥근 밑 모양을 하고 있다.

② 토기 사용의 의미 : 농사를 지어 식량을 생산하고 저장하게 되었음을 보여준다.

제주 한경면 고산리 유적

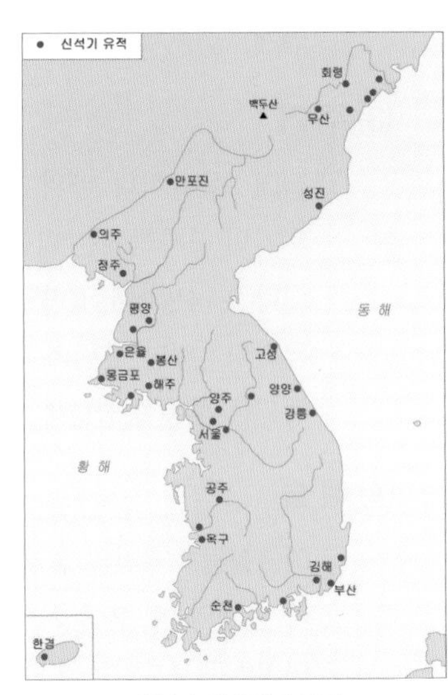

신석기 시대의 유적지

이른민무늬 토기

덧무늬 토기

빗살무늬 토기

❸ 생 활

(1) 사 회

① **씨족공동체 사회** : 씨족은 혈연에 의한 집단으로 하나의 공동체를 이루고 씨족의 중대한 일은 씨족회의에서 결정하고 씨족장은 절대권을 행사하지 못하였다.

② **미성년 집단의 존재** : 성년식을 거치지 않은 청소년 집단이 존재하였다.

③ **폐쇄적 독립사회** : 다른 씨족의 영역 안에서 경제적 활동을 금지하는 자급자족의 경제적 독립체를 이루고 있었다.

④ **족외혼** : 씨족은 점차 다른 씨족과 혼인을 통하여 부족을 형성하였다.

⑤ **평등사회** : 지배·피지배의 관계가 발생하지 않은 평등사회였다.

(2) 경 제

① 농경의 시작

㉠ **재배 곡물** : 조·피·수수 등의 잡곡류가 경작되었다(벼, 보리, 콩은 청동기시대에 시작).

㉡ **유적지** : 황해도 봉산 지탑리와 평양의 남경 유적에서는 탄화된(조, 피) 곡식이 발견되어 잡곡류가 경작되었음을 알 수 있으며, 강원도 고성 문암리에서는 밭 유적지가 확인되었다.

농경 굴지구

㉢ **농기구** : 돌괭이·갈판·돌보습·돌낫, 반달돌칼, 농경 굴지구(掘地具) 등이 있으며, 현재 우리나라에는 남아 있지 않으나 주변 중국이나 일본의 경우를 보면 나무로 만든 농기구가 사용되었을 가능성도 있다.

㉣ **경작지** : 집터의 조그만 텃밭을 이용하거나 강가의 퇴적지를 소규모로 경작한 것으로 보인다.

② 수렵과 어로생활의 유지

㉠ **특징** : 사냥과 고기잡이는 농경기술이 발달하면서 경제생활에서 차지하는 비중은 줄어들었지만 여전히 식량의 큰 몫을 차지하였다.

㉡ **수렵** : 활이나 창을 이용하여 노루, 사슴, 멧돼지 등을 잡았다.

㉢ 어로

㉮ 여러 가지 크기의 그물과 작살, 돌이나 뼈로 만든 낚시, 통나무 배 등을 이용하여 물고기나 바다짐승을 잡기도 하였다.

㉯ 굴·홍합 등 많은 조개류를 먹었는데, 때로는 깊은 곳에 사는 조개류를 따서 장식에 이용하기도 하였다.

③ **원시적 수공업** : 가락바퀴(紡錘車)나 뼈바늘이 출토되는 것으로 보아 직조기술의 시작과 의복이나 그물을 만들어 썼음을 알 수 있다.

뼈바늘　　가락바퀴

(3) 주거 생활

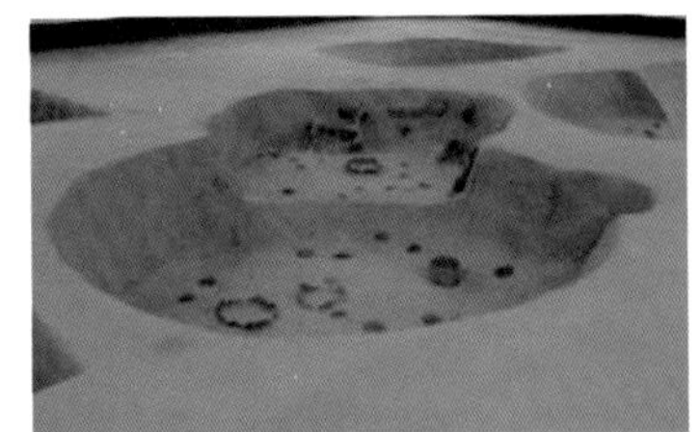
신석기시대 움집터

① **집터** : 땅을 넓게 파서 만든 움집과 자연동굴이나 인공적인 동굴로 된 동굴 주거가 있었지만 도구의 발달과 농경의 시작으로 해안과 강변지역에 정착하게 되면서 주거생활도 개선되어 움집이 일반화되었다.

② **움집의 형태** : 원형이나 모가 둥근 방형의 것이 대부분이고 중앙에 취사와 난방을 위한 화덕자리가 위치하고 햇빛을 많이 받는 남쪽에는 출입문을 내었으며, 저장 구덩을 만들어 음식물이나 도구를 저장하였다.

❹ 신 앙

(1) 배 경

농경과 정착생활을 하게 되면서 인간은 자연의 섭리를 생각하게 되었다.

(2) 신앙 형태

① **애니미즘(자연숭배)** : 자연계의 모든 사물에는 생명이 있는 것으로 보고 그것의 영혼을 인정하며 인간처럼 의식, 욕구, 느낌 등이 존재한다고 믿는 신앙으로 풍요로운 생산을 기원하는 의미가 담겨 있는데 그 중에서 특히 농경과 밀접한 태양과 물에 대한 숭배가 으뜸이었다.

② **샤머니즘(무격신앙)** : 인간과 영혼 또는 하늘을 연결시켜 인간의 소망을 전하고 악신을 물리치고, 행복을 가져다주는 선신(善神)을 연결해주는 무당과 그 주술을 믿는 신앙으로 불교와 융합되어 오늘날까지도 이어지고 있다. 이는 제사장의 의미로 고조선의 단군, 삼한의 천군, 신라의 왕호인 차차웅과 같은 의미이다.

③ **토테미즘** : 자기 부족의 기원을 특정한 동·식물과 연결시키는 신앙이다(檀君神話의 곰·호랑이, 昔脫解의 까치, 金閼智의 닭, 朴赫居世의 말)

④ **영혼(조상)숭배** : 인간은 사후(死後)에 육신은 죽어도 영혼은 없어지지 않는다는 신앙으로 순장(殉葬)과 부장(副葬)의 풍습을 낳았으며, 시체 매장의 흔적으로 웅기 서포항에서 발견된 동침신전앙와장의 무덤양식이 있다.

❺ 예 술

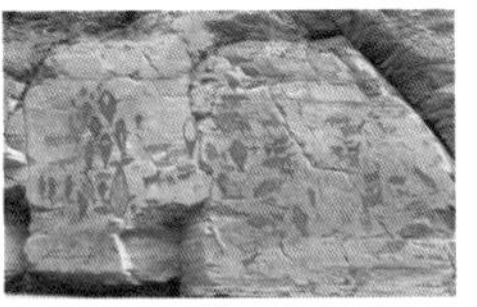
울주 반구대

(1) 특 징

당시 사람들의 주술적인 신앙과 밀접한 관련을 갖고 있다.

(2) 예술품

울주 반구대 바위 그림, 빗살무늬 토기의 무늬, 토우(土偶), 동물의 모양을 새긴 조각품, 조개껍데기 가면, 조가비로 만든 치레걸이, 호신부, 양양 오산리 출토 얼굴 조각 등이 있다.

조개껍데기 가면

양양 오산리 출토 얼굴 조각

제 2 편

국가의 형성

제1장 청동기와 철기 문화

핵심 출제포인트

- 청동기, 철기시대의 생활 모습을 구별하는 문제가 유물과 유적지와 함께 출제된다.
- 철기시대의 경우 청동기의 독자적 제작과 중국과의 교류상을 묻는 문제가 출제된다.
- 우리나라 청동기, 철기의 전래 과정과 전래된 이후의 변화 모습을 중심으로 정리해야 한다.

청동기와 철기시대 구분

신석기 시대	청동기 시대	철기 시대	연맹 사회

기원전 20세기 / 기원전 5세기 / 기원 전후

01 청동기의 보급

❶ 시 작

기원전 2,000년 경 북방계통의 청동기가 들어와 기원전 1,500년 경에 한반도의 청동기 시대가 본격화되었다.

❷ 영 향

생산 경제가 그 이전보다 발달하여 청동기를 소유한 집단에 의해 정복활동이 활발해졌으며, 이에 따라 사유 재산과 계급이 나타났다. 또한, 청동기 제작과 관련된 전문적인 장인이 출현하였으며, 고인돌도 이 무렵에 나타나는 등 전반적으로 사회의 변화가 야기되었다.

❸ 특 징

(1) 북방계통 청동기

구리에 아연이 합금되어 있고, 마형(馬形), 호형(虎形) 등의 동물형 장식이 많으며, 거친무늬 거울과 비파형 동검이 많이 출토되는 것으로 보아 중국보다는 남부시베리아 계통과 연결된 북방계통의 문화를 많이 수용하였다. 중국의 청동은 구리에 주석이 많이 합금되어 있다.

마형·호형 장신구

(2) 청동 제품

주로 지배계층의 권위를 상징하는 용도로 사용되었으며, 농기구로는 사용되지 않았다.

❹ 유 물

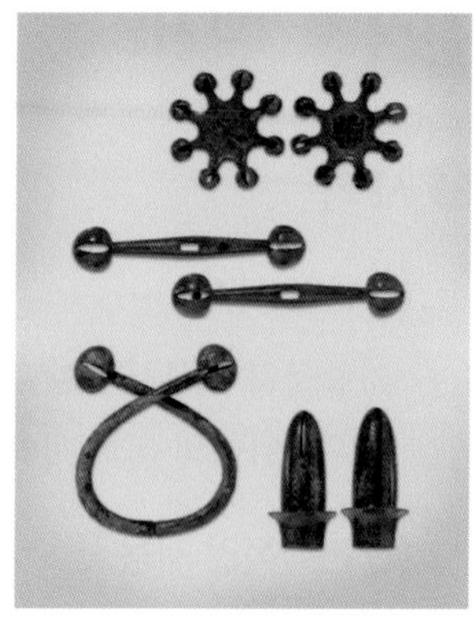
청동방울

(1) 출토 장소

집터를 비롯하여 고인돌·돌무지무덤·돌널무덤 등에서 나오고 있다.

(2) 용 도

① **석기·목기** : 일상 생활에서 사용하였다.

② **청동 제품** : 지배자의 권위 상징과 제사장의 종교적인 행사와 관련된 무기(청동검, 화살촉)와 장신구(청동방울, 청동모) 등이 제작되어 사용되었다.

(3) 유 물

① 석기

㉠ **종류** : 홈자귀(땅 개간), 반달돌칼(곡식 추수), 바퀴날 도끼, 간석검(부장품) 등이 제작되었는데 간석기에는 농기구의 종류가 많다.

㉡ **특징** : 청동제 농기구는 없었다(금속제 농기구는 철기시대에 제작됨).

② 청동제품

㉠ 비파형 동검

㉮ **출토지역** : 만주지역으로부터 한반도 전역에 이르는 넓은 지역에서 출토되고 있다.

㉯ **의의** : 미송리식 토기 등과 함께 이 지역이 청동기 시대에 같은 문화권에 속하였음을 보여준다.

㉡ **기타** : 거친무늬거울, 청동방울, 화살촉 등이 출토되고 있다.

③ 토기

민무늬 토기

㉠ **민무늬토기** : 청동기시대의 대표적인 토기로 지역에 따라 다른 모양을 보이고 있으나, 밑바닥이 편평한 원통 모양의 화분형과 밑바닥이 좁은 팽이형이 기본 모양이며, 빛깔은 적갈색이다.

㉡ 미송리식 토기

㉮ **분포지역** : 평북 의주 미송리 동굴에서 처음 나타난 이후 주로 청천강 이북, 길림성과 요령성 일대에서 출토된다.

㉯ **모양** : 납작 밑 항아리 양쪽에 옆으로 손잡이가 하나씩 달리고 목이 넓게 올라가서 다시 안으로 오므라들고, 표면에 집선(集線)무늬가 있는 것이 특징이다.

㉰ **의의** : 북방식 고인돌, 거친무늬 거울, 비파형 동검과 함께 고조선의 특징적인 유물로 간주된다.

미송리식 토기

02 철기의 사용

❶ 시 기

(1) 유입 시기

중국의 전국시대(戰國時代)에 출현한 철기문화가 혼란을 피해 이동한 유이민에 의해 한반도에 들어와 우리나라의 철기 사용은 기원전 5세기경부터 시작되었다.

(2) 본격적인 사용

진·한(秦·漢)교체기에 위만(衛滿)과 그 무리의 이동에 의해 확산되었고, 한 군현 설치 이후에 철기의 사용이 본격화되었다.

❷ 영 향

(1) 농업의 발달로 경제 기반 확대

철제 농기구(괭이, 보습, 낫, 호미 등)가 사용되어 생산력이 보다 증가하였다.

(2) 철제 무기와 연모의 사용

① 야철 유적지(가평 마장리, 양평 대심리, 마산 성산 패총, 부산 민락동 패총)의 발견으로 야금(冶金) 기술이 발달하였음을 알 수 있다.

② 철제 무기(검, 창, 화살촉 등)를 사용하여 과감한 정복사업을 전개하였다.

③ 종래 사용해 오던 청동기는 의기화(儀器化) 되었다.

(3) 청동기 문화의 독자적 발전

① 형태의 변화 : 청동기 시대 후반에 오면서 나타났다.

㉠ 청동검 : 비파형 동검은 한국식 동검인 세형동검으로 그 형태가 변하여 갔다.

㉡ 청동거울 : 거친무늬 거울에서 잔무늬 거울로 형태가 변하여 갔다.

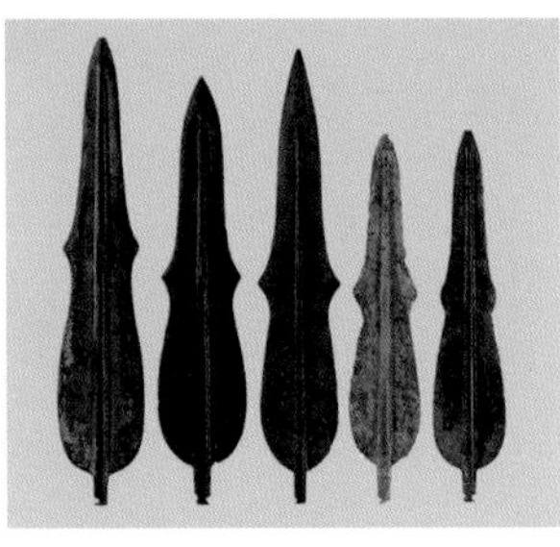
비파형동검

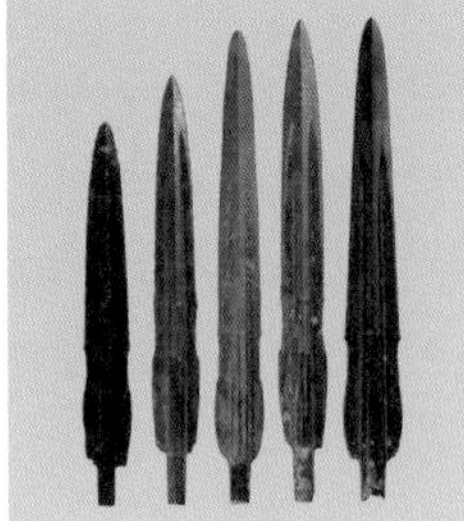
세형동검

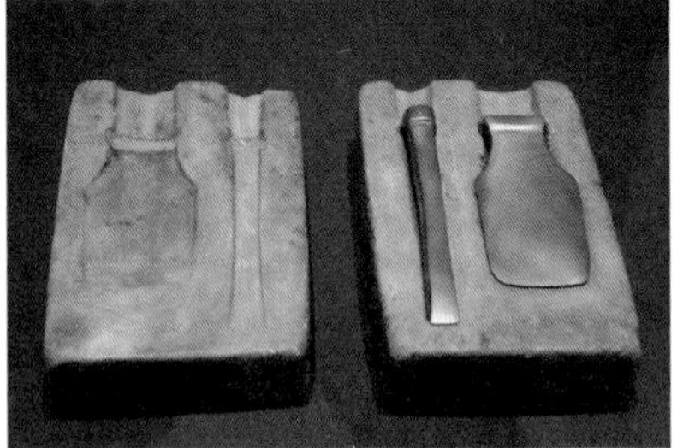
거푸집(청동도끼)

② 거푸집의 제작

㉠ 특징 : 청동제품을 부어 낼 수 있는 틀(鎔范)로서 전국의 여러 유적에서 발견되고 있다.

㉡ 의의 : 우리나라에서도 청동기를 직접 제작하였다는 것을 확인할 수 있다.

(4) 중국과 활발한 교류

① 중국 화폐의 유통

㉠ 명도전 : 철기와 함께 사용된 중국의 연(燕), 제(齊)의 청동화폐로 당시 활발한 교역관계를 보여준다.

㉡ 반량전 : 중국의 진(秦)에서 사용한 화폐로 "반량(半兩)"이라는 글자가 새겨져 있다.

㉢ 오수전 : 중국 전한(前漢)시대의 무제(武帝) 때 만든 청동화폐이다.

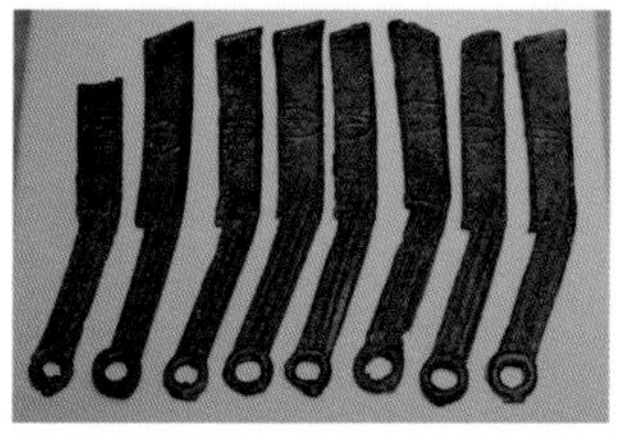
명도전

반량전

오수전

② 한자의 사용 : 경남 창원 다호리 나무덧널무덤에서 붓과 함께 동검, 철제 농기구, 오수전 등이 함께 발견되었으며 평양 석암리에서는 한자가 새겨진 '진과(秦戈)'가 발견되어 이 시기에 우리나라에서도 한자가 사용되고 있었음을 알 수 있다.

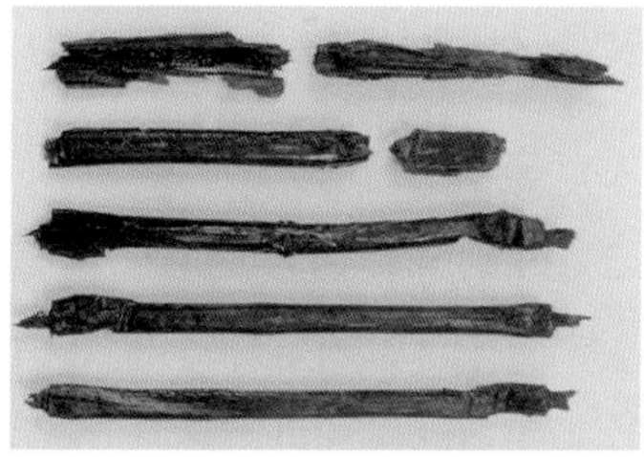
붓(창원 다호리 출토)

진과(秦戈)

(5) 연맹국가의 형성

종래의 군장국가들이 지역적으로 보다 큰 연맹체로 통합 발전하였다.

03 청동기, 철기시대의 생활

❶ 생산 경제의 발달

(1) 농경의 발달

① 벼농사의 시작 : 조·보리·콩·수수·기장 등 밭농사가 중심이지만, 일부 저습지에서는 벼농사가 이루어졌다(여주 흔암리, 부여 송국리, 서천 화금리).

② 농기구의 발달 : 돌도끼나 홈자귀·괭이 그리고 나무로 만든 농기구로 땅을 개간하여 곡식을 심고 가을에는 반달돌칼로 이삭을 잘라 추수를 하였다.

(2) 자연 경제 생활

① 농경의 발달 : 사냥과 물고기잡이도 여전히 행해졌으나, 농경의 발달로 점차 그 비중은 낮아졌다.

② 가축 사육의 증대 : 돼지·소·말 등 가축의 사육이 이전보다 늘어났다.

❷ 주거지의 변화

(1) 위 치

대체로 앞쪽에는 시냇물이 흐르고 뒤쪽에는 북서풍을 막아주는 나지막한 야산이 있는 곳에 우물을 중심으로 자리잡고 있는 배산임수(背山臨水)의 전통적인 취락 여건을 갖추었다.

(2) 형 태

① 대체로 직사각형이며, 움집은 점차 지상가옥으로 바뀌어 가면서 주춧돌과 온돌구조도 나타나게 되었다.

② 중앙에 있던 화덕은 한쪽 벽으로 옮겨지고 부뚜막이 등장하였으며, 저장구덩도 따로 설치하거나 한쪽 벽면을 밖으로 돌출시켜 만들어 놓아 움집의 공간을 넓게 활용하였다.

(3) 크기의 변화

주거용 집자리는 4~8명 정도 거주할 수 있는 크기이며 이는 부부를 중심으로 한 일부일처제의 한 가족용으로 만들어진 것이다.

청동기 시대 집터

(4) 취락의 형성

주거용 집자리는 넓은 지역에 많은 수가 밀집되어 있어 커다란 취락 형태를 이루고 집자리의 넓이가 다양한 것으로 보아 주거용 이외에도 창고, 공동 작업장, 공공의식의 장소 등도 만들었음을 알 수 있는데 이것은 농경의 발달과 인구의 증가로 정착 생활의 규모가 점차 확대되어 사회 조직이 점차 발달하고 복잡해졌다는 것을 알 수 있다.

❸ 사회의 변화

(1) 남녀간의 분업 발생

여성은 주로 집안에서 집안일을 담당하게 되고, 남성은 농경이나 전쟁과 같은 바깥일에 종사하게 됨으로써 가부장적 가족제도가 등장하게 되었다.

(2) 계급의 발생

① **배경** : 생산의 증가에 따라 잉여 생산물이 생기게 되자 힘이 강한 자가 이것을 개인적으로 소유하게 되었다. 이 과정에서 생산물의 분배와 사유화 때문에 사람들 사이에 갈등이 생겨나고 빈부의 격차가 촉진되었다.

② **계급의 반영** : 고인돌은 오랜 시간과 많은 인력이 동원된 노동의 소산으로 이는 당시 지배층이 가진 정치 권력과 경제력을 잘 반영해 주고 있다.

㉠ **고인돌** : 한반도의 전역에 분포되어 있는 소수 지배층의 가족무덤으로 선돌과 함께 대표적인 거석(巨石) 문화로 간석기, 민무늬 토기, 청동 제품 등이 발견된다.

㉮ **북방식(탁자식)** : 보통 4개의 굄돌을 세워 장방형의 돌방(石室)을 만들고 그 위에 거대하고 평평한 뚜껑돌(蓋石)을 덮어놓았기 때문에 묘실이 지상에 나와있는 형태로 가장 전형적이다.

㉯ **남방식(바둑판식)** : 남쪽지방에서 주로 나타나며, 여러개의 굄돌 또는 돌무지로 지하 돌방부분을 만들고 그 위에 판석으로 된 뚜껑돌을 올려 놓은 무덤이다.

북방식 고인돌(탁자식)

남방식 고인돌(바둑판식)

선돌(立石)

ⓛ **돌널무덤** : 지하에 판석으로 석관을 만들어 시체를 매장하는 무덤이다.

ⓒ **널무덤** : 땅을 파고 목관을 매장하는 무덤양식으로 부장품을 통해 청동기 문화와 철기문화가 복합되기 시작한 것을 알 수 있다.

ⓡ **독무덤** : 두 개나 세 개의 항아리의 입구를 맞붙여서 관(棺)으로 사용하는 것이다.

독무덤

(3) 계급 발생의 결과

① **선민사상의 등장** : 경제력이나 정치 권력에서 우세한 지배계층은 스스로 하늘의 자손이라고 믿는 선민(選民)사상을 가지고 주변의 약한 부족을 통합하거나 정복하고 공납을 요구하였다.

② **군장(족장)의 등장** : 금속제 무기의 사용으로 부족간의 전쟁을 야기시켜 지배자와 피지배자의 분화가 더욱 심화되어 권력과 경제력을 가진 지배자로서의 군장이 나타났는데, 이러한 군장은 청동기 문화가 일찍부터 발달한 북부지역에서 먼저 등장하였다.

04 청동기·철기시대의 예술

❶ 예술의 성향

(1) 종교나 정치적 요구와 밀착

예술은 종교나 정치적인 요구와 밀착되어 있는데 이는 당시 제사장들이 사용하였던 칼, 거울, 방패 등의 청동제품이나 토제품, 바위그림 등에 반영되어 있다.

(2) 주술적 의미

① **청동제품** : 제사장의 의식 때 사용되던 청동으로 만든 도구에는 말이나 호랑이·사슴·사람의 손 모

양 등을 사실적으로 조각하거나, 기하학적 무늬를 정교하게 새겨 당시 사람들의 미 의식과 생활 모습이 표현되었다.

② **토제품** : 흙으로 빚은 짐승(돼지)이나 사람모양으로 장식으로서의 용도 이외에도 풍요를 기원하는 의미를 가지고 있었다.

③ **바위그림(岩刻畵)** : 바위면에 새긴 그림으로 당시 사람들의 활기에 찬 생활상을 보여 주고 있다.

㉠ **울주 천전리 서석(書石) 바위그림** : 기마행렬도, 용(龍), 배(舟) 등의 다양한 그림 등이 새겨져 있으며, 글자는 800여 자가 넘는다. 이는 왕과 왕비가 이 곳에 다녀간 것을 기념한 내용으로 법흥왕의 시기로 추정되며, 내용 중에는 신라 갈문왕의 존재를 알려주는 한자의 명문과 신라의 관직명, 6부체제에 대한 내용도 있다. 따라서, 이는 오랜 시간에 걸쳐 여러 사람들이 이루어 놓은 것으로 선사시대에서 신라시대까지의 정치, 경제, 사회, 문화 등을 생동감 있게 보여주는 유적이다.

㉡ **고령 양전동 알터 바위그림** : 동심원(同心圓)·십자형(十字形)·삼각형(三角形)·가면(假面) 등의 기하학 무늬가 새겨져 있는데 그 중 동심원은 태양을 상징한다. 농업 사회에서 보이는 태양 숭배와 같이 풍요로운 생산을 비는 제사 터와 같은 의미를 가지고 있다.

울주 천전리 서석 바위그림

고령 양전동 알터 바위그림

제2장 고조선

핵심 출제포인트

- 청동기 문화를 토대로 건국된 고조선의 건국 과정과 단군신화의 내용, 고조선의 변천 과정에서 위만조선의 성립과 멸망 과정을 이해해야 한다.
- 비파형동검, 거친무늬거울, 의주 미송리식 토기, 북방식 고인돌은 고조선이 청동기 문화를 토대로 성립된 대표적인 유물임을 기억해 두어야 한다.

시대구분

기원전 2,333년	기원전 194년	기원전 108년
단군조선	위만조선	

01 단군과 고조선

❶ 건 국

(1) 배 경

① 과정 : 농업 경제와 청동기 문화의 발전 이래로 한반도와 중·남부 만주지역의 각지에서 새로운 정치적인 움직임이 서서히 태동하는 가운데 군장사회가 출현하였다.

② 성립 : 그 중 세력이 강한 군장은 주변의 여러 사회를 통합하고 점차 권력을 강화하여 국가로 발전하여 갔는데, 이러한 족장이 지배하는 사회에서 국가로 가장 먼저 발전한 것이 우리 겨레의 첫 나라인 고조선이다.

(2) 건국자

「삼국유사」와 「동국통감」의 기록에 따르면 당시의 지배자의 칭호를 의미하는 단군왕검(檀君王儉)에 의하여 기원전 2,333년에 건국되어 독자적인 문화를 이룩하며 발전하였다.

❷ 단군신화(檀君神話)

(1) 기록 문헌

① 삼국유사(일 연) : 고려 후기(충렬왕)
② 제왕운기(이승휴) : 고려 후기(충렬왕)
③ 세종실록지리지(춘추관) : 조선 전기(단종)
④ 응제시주(권 람) : 조선 전기(세조)
⑤ 동국여지승람(노사신) : 조선 전기(성종)
⑥ 동국통감(서거정) : 조선 전기(성종)

> **관자(管子)**
>
> 기원전 7세기에 고조선이 중국 제나라와 교역했던 사실이 기록된 책으로 고조선과 관련한 최초의 문헌이다.

(2) 주요 내용과 의미

① **선민사상** : 환인(桓因)의 서자 환웅(桓雄)이 항상 인간세계에 뜻을 두어 태백산(太白山)의 신시(神市)를 중심으로 세력을 이루었고, 이들은 하늘의 자손임을 내세워 자기부족의 우월성을 과시하였다.
⇨ 태양 숭배 반영

② **홍익인간** : 청동기시대로 발전하는 시기에 계급의 분화와 함께 지배자가 등장하면서 이전과는 다른 새로운 사회질서가 성립되는 과정을 잘 보여준다.
⇨ 정치권력과 경제력을 가진 집단의 성립과 인간 존중사상의 반영

③ **정치권력 구조의 성립** : 관리를 두어 바람(風伯)·비(雨師)·구름(雲師) 등 농경에 관계되는 것과 형벌을 비롯한 인간생활의 360여 가지를 주관하게 하였다.
⇨ 농경 사회, 애니미즘, 사유재산의 성립 반영

④ **부족간의 연맹과 정복** : 환웅 부족은 곰을 숭배하는 부족과 결혼을 통하여 연합하게 되었으나 호랑이를 숭배하는 부족은 연합에서 배제되었다. ⇨ 모계사회의 모습 반영

⑤ **단군왕검(檀君王儉)** : 단군왕검은 자신들의 조상을 하늘에 연결시켜 각 부족 고유의 신앙체계를 총괄하면서 주변 부족을 지배하고자 하였던 것이다. ⇨ 제정일치 사회 성립 반영

❸ 세력 범위

고조선은 요령지방을 중심으로 성장하여 점차 인접한 군장 사회들을 통합하면서 한반도까지 발전하였는데 고인돌(북방식)과 비파형 동검, 미송리식 토기, 거친무늬거울 등의 분포로써 알 수 있다.

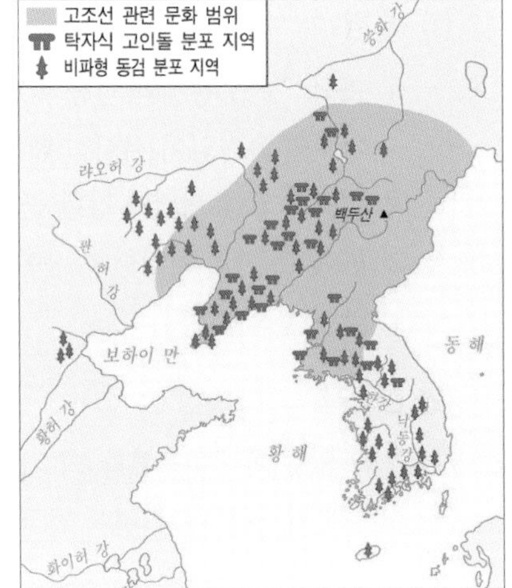

고조선의 세력 범위

❹ 발 전

(1) 독자적인 문화의 형성

① **중심지역** : 초기에는 요령지방에 중심을 두었으나, 후에 와서 대동강 유역의 왕검성을 중심으로 독자적인 문화를 이룩하면서 발전하였다.

② **근거** : 비파형 동검이 요령지방에 집중 분포되어 있으며, 기원전 4세기 말 연(燕)나라 진개(秦開)의 침입으로 서방 2,000여리의 영토를 상실한 기록과 기원전 3세기 초부터 대동강 유역 일대에서 출토되는 세형동검으로 알 수 있다.

(2) 왕권의 강화

① **왕호의 사용** : 기원전 4세기 이전부터 사용하였다(魏志).

② **왕위의 세습** : 연(燕)의 공략으로 한 때 세력이 약해지기도 하였으나, 기원전 3세기경에는 부왕(否王)·준왕(準王)과 같은 강력한 왕이 등장하여 왕위를 세습하였다.

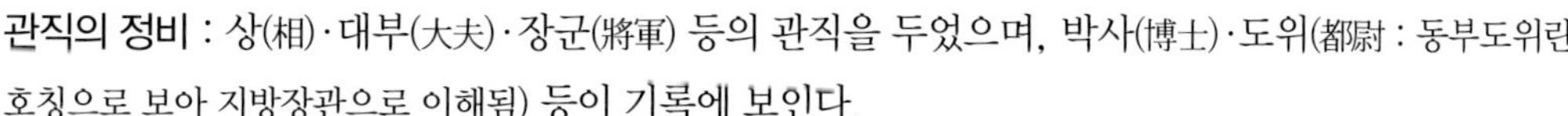

관직의 정비 : 상(相)·대부(大夫)·장군(將軍) 등의 관직을 두었으며, 박사(博士)·도위(都尉 : 동부도위란 호칭으로 보아 지방장관으로 이해됨) 등이 기록에 보인다.

(3) 대외 관계

① **연** : 연(燕)이 왕을 칭하고 고조선을 공격하려 하자, 조선 후(朝鮮侯)가 스스로 왕이라 일컫고 연(燕)을 치려고 하는 등 요하를 경계선으로 하여 중국의 연(燕)과 대립할 만큼 강성하였다.

② **진** : 시황제와 조선왕 부(否) 간에 평화관계가 수립되는 등 고조선이 강성해지자 연(燕) 왕은 진개(秦開)로 하여금 고조선을 침공하게 하였다.

02 위만의 집권

❶ 성립 과정

(1) 유이민의 이동

① **1차 유이민의 이동** : 중국이 전국시대(기원전 403~기원전 221) 혼란기에 유이민들이 대거 고조선으로 넘어오자 단군조선의 준왕은 그들을 받아들여 서쪽지역에 안배하여 살게 하였다.

② **2차 유이민의 이동(위만의 입국)** : 진(秦)·한(漢) 교체기(기원전 3세기경)에 연나라 왕(노관)이 한(漢)에 반역하여 흉노로 망명할 때 위만(衛滿)도 무리 1,000여 명을 이끌고 고조선으로 들어왔다.

(2) 결 과

① **서쪽 변경의 수비 담당** : 위만은 준왕에게 고조선의 서쪽 변경에 거주할 것을 허락 받은 뒤에 신임을 받아 서쪽 변경을 수비하는 임무를 맡게 되었다.

② **준왕의 축출** : 서쪽 변경에 거주하는 이주민 세력을 통솔하게 된 위만은 세력을 키워 수도인 왕검성에 쳐들어가 준왕을 몰아내고 왕이 되었다(기원전 194). 이때 준왕은 남쪽 진국(辰國)으로 가서 한왕(韓王)이라 칭하였다 한다.

❷ 성 격

위만의 조선은 「삼국지」 위서 동이전의 기록을 통해 중국인의 식민 정권이 아니라 단군의 고조선을 계승한 것으로 확인할 수 있다.

(1) 고조선인 위만

위만이 입국할 때에 상투를 틀고 오랑캐(조선인)의 옷을 입고 있었던 것으로 보아 연(燕)나라에서 살던 조선인으로 생각된다.

(2) 준왕의 신임

준왕이 위만을 신임하여 박사에 임명하고 서쪽 변방(西邊)을 수비케 하였다.

(3) 국호의 유지

위만은 국호를 그대로 '조선'이라 하여 정권의 연속성을 분명히 하였다.

(4) 토착세력의 포용

그의 정권에는 역계경(尼谿相 출신) 등 토착민 출신의 유력자들이 지배세력의 중요한 부분을 구성하였다.

❸ 발 전

(1) 내 용

① **철기문화의 본격적 수용** : 철기를 본격 사용함으로써 농업과 무기 생산을 중심으로 한 수공업이 더욱 성하게 되었고, 그에 따라 상업과 무역도 발달하였다.

② **중앙 정치조직 정비** : 사회, 경제의 발달을 기반으로 고조선은 기원전 4세기 이후 중앙에 왕을 두고 강력한 관료조직을 두었다. 우거왕 때 역계경(歷谿卿)이 진국(辰國)으로 망명할 때 2천호를 이끌고 왔다든가, 한 무제의 침입 때 투항한 조선 재상 로인(路人), 상(相) 한음(韓陰), 니계상(尼谿相) 삼(參)과 장군 왕협(王侠), 그리고 끝까지 저항한 대신 성기(成已)의 예로 보아 발달된 정치조직이 있었던 것으로 파악해 볼 수 있다.

③ **중계무역** : 지리적인 이점을 이용하여 예(濊)와 남방의 진(辰)이 중국의 한(漢)나라와 직접 교역을 막고 중계무역을 독점하려 하였다.

(2) 결 과

위만조선은 이와같은 경제적·군사적 발전을 기반으로 중국의 한(漢)과 대립하게 되었다.

❹ 고조선의 멸망과 한4군의 설치

(1) 원 인

① **고조선의 강성** : 고조선의 경제적·군사적 발전과 흉노와의 연결을 우려한 한(漢)은 고조선과 대립하게 되었다.

② **예국(濊國)의 한(漢)나라 투항** : 압록강 중류에 있던 예(濊)의 군장 남여(南閭)가 28만 호를 이끌고 고조선의 예속에서 벗어나 한(漢)에 내속하자 예의 땅에 기원전 128년 창해군(蒼海郡)을 설치하였으나 토착인의 반항으로 곧 폐지되었다.

③ **한(漢)의 회유책 실패** : 한은 섭하(涉河)를 파견하여 위만조선과 외교적 노력을 하였으나 우거왕이 이를 수용하지 않았다.

(2) 과 정

한 무제(武帝)가 기원전 109년에 수륙양면으로 대규모의 무력 침략을 감행하자 고조선은 1차의 접전(패수)에서 대승을 거두었고, 이후 약 1년간에 걸쳐 한(漢)의 군대에 완강하게 대항하였다.

(3) 결 과

① **왕검성의 함락 :** 조선상 역계경은 흉노 토벌 문제를 놓고 그의 건의가 실패하자 2천여 호(戶)를 이끌고 진(辰)국으로 망명해 버렸으며, 주화파(재상 路人, 상 韓陰, 니계상 삼(參), 장군 왕협)들의 항복과 우거왕(右渠王)의 피살로 마침내 왕검성이 함락되어 멸망하였다(기원전 108).

② **한4군의 설치 :** 한(漢)은 고조선의 영역에 임둔, 진번, 현도, 낙랑의 4군을 설치하였다.

03 고조선의 사회

❶ 8조법

(1) 기록 문헌

「한서지리지」에 3개 조목이 실려 전해지고 있다.

(2) 성 격

고조선의 사회상을 엿볼 수 있는 일종의 관습법이자 보복법으로 만민법의 성격을 띠고 있다.

(3) 내 용

① 사람을 죽인 자는 사형에 처한다(相殺以當時償殺).

⇨ 당시 사회에서 인간의 생명과 노동력이 매우 중시되었음을 보여준다.

② 사람을 상해한 자는 곡물로써 배상한다(相傷以穀償).

⇨ 인명의 중시와 농경문화였음을 보여준다.

③ 남의 물건을 훔친 자는 노비로 삼되 자속하려는 자는 50만 전을 내야 한다. 죄를 씻고 평민이 되어도 이를 천하게 여겨 결혼할 때 짝을 구할 수 없다(相盜者男沒入爲其家奴 女子爲婢 欲自贖者五十萬).

⇨ 사유재산의 침해를 가혹하게 징계하여 사유재산을 보호했음을 보여주며, 돈을 내고 노예를 면한 자도 관습상 결혼할 상대를 찾지 못했다는 사실은 당시 이미 신분계급의 경계가 엄격했음을 말한다. 또한, 일반 평민들까지도 노예를 천시할 정도가 되었다는 것은 이제 노예제도가 하나의 사회·경제 제도로서 확고히 자리 잡았음을 나타낸다.

④ 기타 : 부인들은 정숙하고 음란하지 않았다.

⇨ 여자의 정절을 중시했다는 점에서 당시 사회가 남성의 여성에 대한 가부장적 가족제도가 확립되었음을 알 수 있다.

❷ 변 천

한의 군현 설치 이후 토착민들이 억압과 수탈에 대항하자, 한의 군현은 자신의 생명과 재산을 보호하기 위해서 법 조항을 60여 조로 증가시켰으며 그 결과 풍속이 각박해졌다.

제3장 여러 나라의 성장

핵심 출제포인트

- 철기 문화를 토대로 성립된 여러나라(부여, 고구려, 옥저, 동예, 삼한)는 항상 출제되는 단원이다.
- 각 나라의 위치와 경제 및 사회 모습 등을 제시하고 이 나라의 특징을 찾는 문제가 출제되기 때문에 각 나라의 모습을 정확히 이해해야 한다.
- 지도를 이용한 각 나라의 위치와 더불어 관련 사료도 함께 학습해야 한다.

01 부 여

❶ 성립과 특징

(1) 성 립

철기문화를 배경으로 만주 송화강 유역의 장춘(長春), 농안(農安)의 평야지대를 중심으로 성장하여 고조선에 이어 두 번째로 연맹왕국을 형성하였다.

(2) 특 징

① 구릉과 넓은 못이 많아서 동이지역 가운데서 가장 넓고 평탄한 곳이다.

② 토질은 오곡을 가꾸기에는 알맞지만 과일은 생산되지 않았다.

③ 사람들 체격이 매우 크고 성품이 강직 용맹하며 근엄하고 후덕하여 다른 나라를 노략질하지 않았다.

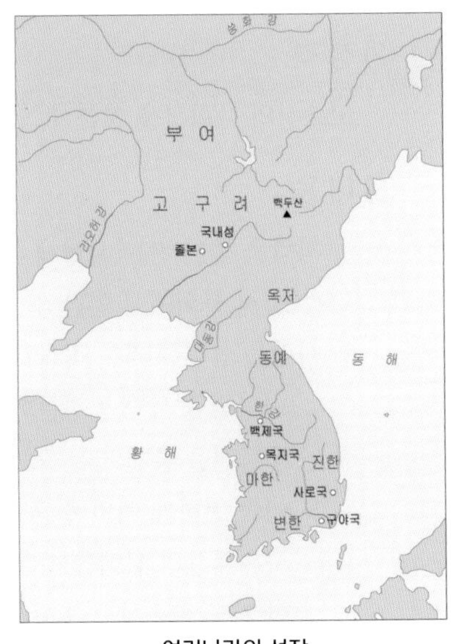

여러나라의 성장

❷ 발전과 멸망

(1) 발 전

1세기 초에 중국식 왕호를 사용하였고, 중국과 외교관계를 맺는 등 발전된 국가의 모습을 보였다.

(2) 쇠 퇴

북쪽으로는 유목민, 남쪽으로는 고구려와 접하고 있다가 3세기 말 선비족인 모용외(慕容廆)와 모용황(慕容皝)의 침략을 받아 국왕이 자살하고 포로가 발생하는 등 국력이 크게 쇠퇴하다가 고구려에 항복하여 편입되었다(494, 문자왕).

❸ 정 치

(1) 조 직

왕 아래에 가축의 이름을 딴 마가(馬加)·우가(牛加)·저가(豬加)·구가(狗加)가 있어 대가(大加)라 하였는데, 이들은 왕과 마찬가지로 대사(大使), 대사자(大使者), 사자(使者) 등 직속의 가신을 거느리고 있었다.

(2) 5부족 연맹체

가(加)는 저마다 따로 행정구획인 사출도(四出道)를 다스리고 있어서 왕이 직접 통치하는 중앙과 합쳐 5부를 이루었다.

사출도

부여의 행정구역과 지배체제의 분화를 의미하며, 그 크기는 수천호에서 수 백호에 이를 정도로 종래 군장들 세력의 강성함을 볼 수 있다.

(3) 왕권의 미약

왕은 부족장들의 합의에 의해 선출되었으며, 수해나 한해를 입어 오곡이 잘 익지 않으면 왕에게 그 책임을 묻기도 하였다.

(4) 부족장(加)의 권한 강화

왕을 배출한 부족의 세력은 매우 강해서 궁궐·성책·감옥·창고 등의 시설을 갖추고 있었다.

(5) 대외관계

중국 세력과는 친교를 맺었으나, 고구려·선비족과는 대립적이었으며, 위의 관구검이 고구려를 침략하였을 때 위나라에 군량미를 원조하였다.

❹ 경 제

(1) 생산 담당

농경과 목축을 주로 하였으며(半農半牧), 하호(下戶 : 농업에 종사, 조세와 부역 담당)와 노비들이 생산 활동에 종사하였다.

(2) 특산물

말·주옥·모피 등이 유명하여 중국에 수출하였다.

❺ 사회·풍속

(1) 읍락구조

지배층인 호민(豪民)과 생산을 담당하는 하호, 노비가 있었는데 이들은 전쟁 때 보급품을 운반하였으며, 인구는 약 8만 명에 이르렀다고 한다.

(2) 영고(迎鼓)

수렵사회의 전통을 보여 주는 추수감사제로 12월에 열렸는데, 이 때에는 하늘에 제사하고 가무를 즐기며 죄수를 풀어주기도 했다.

(3) 형사취수(兄死娶嫂)

형이 죽으면 형수를 아내로 삼는 풍속으로 일부다처제(一夫多妻制)와 가부장적 사회임을 알 수 있는 것이다.

(4) 우제점복(牛蹄占卜)

전쟁이 일어났을 때 제천의식을 행하고 소(牛)를 죽여 그 굽이 합쳐지면 길(吉), 벌어지면 흉(凶)으로 점을 쳤다.

제천행사

하늘을 숭배하고 제사하는 의식으로 농사의 풍요를 기원하고 추수를 감사하기 위한 것이다(영고는 수렵사회의 전통). 또한, 부족간의 단결을 도모하여 동족의식을 강화하고, 이러한 행사를 통하여 부족장의 권위를 강화하는 구실을 하였다.

(5) 순장제도

여름에 사람이 죽으면 모두 얼음을 넣어 장사 지내며, 왕이 죽으면 많은 사람들을 껴묻거리와 함께 묻는 무덤양식으로 왕의 장례식에는 옥으로 만든 갑으로 관을 짜고 순장(殉葬)을 하는 풍습이 있었다.

순장

① 왕이나 부족장이 죽었을 때 그를 따르던 사람들을 함께 매장하여 죽어서도 생시와 같이 생활하도록 하는 신앙적 계세사상(繼世思想)에서 비롯된 유풍의 매장 방법이다.
② 부여, 고구려, 신라, 가야 등에서 있었던 풍속으로 알려지고 있으며, 노예의 노동력과 신하 등의 인격이 중시되면서 6세기 신라 지증왕 때 금지되었다.

(6) 기 타

중국 은(殷)나라의 은력(殷曆)을 사용하였으며, 백성들은 흰 옷을 좋아하였다(백의민족의 유래).

❻ 법 률

(1) 기록 문헌

「삼국지」 위서 동이전에 4조목이 전해지고 있는데 고조선의 8조법과 유사하다.

(2) 내 용

① **살인죄** : 살인자는 사형에 처하고 그 가족은 노비로 한다(보복법, 연좌법).
② **절도죄** : 도둑질한 자는 물건 값의 12배를 배상한다(1책 12법).
③ **간음죄** : 간음자는 사형에 처한다(가부장적 사회).
④ **투기죄** : 부인이 투기(질투)를 하면 사형에 처하되 그 시체는 나라의 남쪽 산 위에 버리며, 그 시체를 가져가려면 소·말을 바쳐야 한다(가부장적 사회 모습과 일부다처제, 목축 경제).

02 고구려

❶ 건 국

(1) 건국자

「삼국사기」에 따르면 부여의 지배 계급 내의 분열·대립 과정에서 박해를 피해서 남하한 주몽이 독자적으로 고구려를 건국하였다고 한다(기원전 37).

(2) 위 치

압록강의 지류인 동가강 유역의 졸본(환인)지방에 자리를 잡았다. 「삼국지」 위서 동이전에 따르면 "큰 산과 깊은 골짜기가 많고 평원과 연못이 없어서 계곡을 따라 살며 골짜기 물을 식수로 마셨다고 하며, 좋은 밭이 없어서 힘들여 일구어도 배를 채우기는 부족하여 사람들의 성품은 흉악하고 급해서 노략질하기를 좋아하였다." 한다. 또한, "(결혼 後) 장례에 쓸 물건들을 조금씩 준비하였으며, 금과 은 및 재물을 모두 써 후장(厚葬)을 하고 돌을 쌓아 봉분을 만들고 소나무와 잣나무를 심는다."고 기록되어 있다.

❷ 발 전

(1) 평야지대로 진출

① 배경 : 고구려가 건국한 지역은 대부분 큰 산과 깊은 계곡으로 된 산악지대였기 때문에 농토가 부족하여 힘써 일을 하여도 양식이 부족하였다(⇨ 약탈경제 ; 부경).

② 내용 : 건국 초기부터 주변의 소국들을 정복하고 2대 유리왕 때 압록강가의 국내성(통구)으로 옮겨 5부족연맹을 토대로 발전하였다.

(2) 정복전쟁의 전개

① 한의 군현을 공략하여 현도군을 만주로 내몰았으며(기원전 75), 요동지방으로 진출하였다.

② 동쪽으로 부전고원을 넘어 옥저를 정복하고 공물을 받았다.

❸ 정 치

(1) 5부족 연맹체

소노부(消奴部)·계루부(桂婁部)·절노부(絕奴部)·순노부(順奴部)·관노부(灌奴部) 등의 5부족 연맹체가 형성되었고, 여기서 왕을 선출하였다. 그 중 소노부는 자체의 종묘와 사직을 가지고 있어 제사를 지냈으며, 왕족·왕비족·전 왕족의 대가들은 고추가(신라 : 갈문왕, 백제 : 길사)라는 칭호로 불렸다.

(2) 제가회의 운영

중대한 범죄자가 있으면 제가회의를 통하여 사형에 처하고 그 가족을 노비로 삼았다(연좌법).

(3) 중앙 관등

부여와 마찬가지로 왕 아래에 수상격인 대대로가 있었고, 그 아래 대가(상가, 고추가, 대로, 패자)들이 있었는데 이들은 각기 사자·조의·선인 등의 관리를 거느리고 있었다.

❹ 경 제

(1) 생산 담당

하호(下戶)가 식량과 소금 등을 공급하였으며 농경보다는 목축과 수렵생활이 주로 이루어졌다.

(2) 약탈 경제

지배층은 부경(桴京)이라는 창고를 만들어 피정복민들로 부터 획득한 공물이나 하호에 의해 생산된 곡식·소금 등을 저장하였으며, 특산물로 맥궁이 유명하였다.

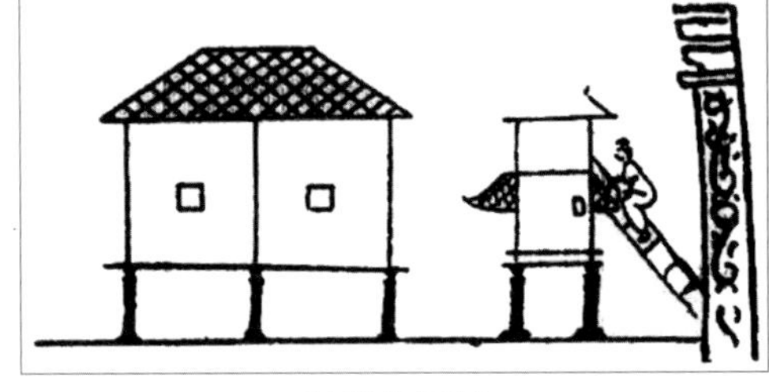

부경(강서고분)

❺ 사회·풍속

(1) 사회 계층

① **지배층** : 국왕과 대가·관리가 중심이 되었다.

② **피지배층** : 일반 농민층인 하호가 광범위하게 존재하였다.

(2) 제천 행사

동맹(東盟)이라는 제천행사가 매년 10월에 추수감사제로 거행되었으며, 제사 후 국왕과 신하들은 국동대혈에 가서 제사를 지냈다.

국동대혈(國東大穴)

(3) 조상신 숭배

건국 시조인 주몽과 그의 어머니인 유화부인을 조상신으로 섬겨 제사를 지냈다.

(4) 결 혼

① **데릴사위제(서옥제)** : 혼인을 정한 뒤 신부집의 뒤꼍에 조그만 집을 짓고 거기서 자식을 낳고 장성하면 아내를 데리고 신랑집으로 가는 제도로 남자가 일정기간 처가에 산다고 하여 서유부가(壻留婦家) 라고도 하며, 사위가 처가에 체류하면서 노력을 봉사한다는 점에서 봉사혼(奉仕婚)으로 규정하기도 하는데 이는 노동력의 확보를 위한 모계사회의 풍속이다.

② **형사취수제** : 부여와 마찬가지로 지배층 사회에서 행하여졌는데 일부다처제의 모습을 보여준다.

(5) 기 타

계급에 따라서 복식(服飾)을 달리 하였고, 대가들은 조우관(鳥羽冠)·절풍(折風)을 쓰고 다녔으며, 점복(부여와 비슷) 등의 풍습이 있었다.

03 옥저와 동예

❶ 성 립

(1) 위 치

함경도 및 강원도 북부의 동해안에 자리잡고 있었다.

(2) 한 계

두 나라는 지리적인 위치로 인하여 선진문화의 수용이 늦었으며, 일찍부터 고구려의 압력을 받아 크게 성장하지 못하고 군장국가의 단계에서 고구려에 멸망하였다.

❷ 옥 저

(1) 정 치

① **발전** : 함흥지방에 자리잡은 5,000여 호의 작은 나라로 한 군현과 고구려의 압박과 경제적 수탈로 크게 성장하지 못하였다.

② **조직** : 왕이 없었으며, 각 읍락에는 읍군(邑君)·삼로(三老)·거수(渠帥)라는 군장이 자기 부족을 다스렸다.

③ **한계** : 통합된 더 큰 정치세력을 형성하지는 못하고 2세기 고구려 태조왕 때 복속되었다.

(2) 경 제

어물과 소금 등 해산물이 풍부하였고, 토지가 비옥하여 농사가 잘 되었으나 고구려의 압력으로 소금·어물, 맥·포·해초류 등의 해산물을 공납으로 바쳐야 하였다.

(3) 사회·풍속

① **특징** : 고구려인과 같이 부여족의 한 갈래였으나 풍속이 달랐다.

② **민며느리제** : 장차 혼인할 것을 약속하면 여자가 어렸을 때 남자집에 가서 성장한 후에 남자가 예물을 치르고 혼인을 하는 일종의 매매혼으로 이러한 풍속은 고려, 조선에도 일부 계승되었다.

③ **가족공동무덤(골장제)** : 가족이 죽으면 시체를 가매장하였다가 나중에 그 뼈를 추려서 가족공동의 무덤인 커다란 목곽에 안치하는 무덤형식이며, 죽은 자의 양식으로 쌀을 담은 항아리를 가족 공동무덤 입구에 매달아 놓기도 하였다(조상 숭배).

❸ 동 예

(1) 정 치

① **특징** : 약 2만여 호로 구성되었으며, 후(候)·읍군(邑君)·삼로(三老) 등의 군장들이 각기 자기부족을 다스렸다.

② **멸망** : 5세기 광개토대왕 때 고구려에 대부분 복속되어 더 이상의 세력을 형성하지 못하였다.

(2) 경 제

① **특징** : 토지가 비옥하고 해산물이 풍부하였으며, 방직기술이 발달하여 누에를 쳐서 명주를 짜고 삼베도 짰다.

② **특산물** : 단궁(활), 과하마(조랑말), 반어피(바다표범 가죽) 등이 유명하였다.

(3) 사회·풍속

① **제천행사** : 매년 10월에 추수 감사제로 무천(舞天)이 거행되었다.

② **족외혼** : 씨족사회의 유풍으로 행해졌다.

③ **책화(責禍)**

㉠ **내용** : 산천을 중시하여 각 부족의 영역이 있어 함부로 침범하지 못하게 하였는데, 만약 다른 부족의 생활권을 침범하면 그 벌로서 노비와 소·말로 변상하게 하는 법속으로 지역 주민의 생활 안전과 사유재산의 보호를 위해 존재하였다.

㉡ **의의** : 사유재산제도, 지역의 분화, 법률의 발달 등 당시 사회상의 일면을 알려주는 것이며, 군장들이 독립적으로 읍락을 통치하는 군장국가 단계의 모습을 잘 보여주는 것으로서 족외혼과 더불어 씨족 사회의 유풍임을 알 수 있다.

(4) 주거생활

철(凸)자 모양과 여(呂)자 모양의 집터에서 생활하였으며, 사람이 죽으면 살던집을 태우고 이동하였다.

철(凸)자 모양

여(呂)자 모양

04 삼한(韓)

❶ 성 립

(1) 마 한

직산, 익산, 나주를 중심으로 하여 경기, 충청, 전라도 지방에서 발전하였으며 대략 54개의 소국으로 형성되었다. 그 가운데 목지국(目支國)과 백제국(伯濟國)이 중심국이었다.

(2) 진 한

대구, 경주지역을 중심으로 발전하였으며, 12개의 소국으로 큰 것은 4~5천호, 작은 것은 6~7백호로 총 4~5만여 호로 형성되었다. 이 가운데 사로국(斯盧國)이 중심국이었다.

(3) 변 한

김해, 마산지역을 중심으로 발전하였으며, 그 크기는 진한과 같다. 이 가운데 구야국(狗倻國)이 중심국이었다.

❷ 정 치

(1) 중심 세력

삼한 전체의 왕은 없으나 그 가운데 마한의 세력이 가장 컸다. 그리고, 마한을 이루고 있는 소국의 하나인 목지국의 지배자가 마한왕 또는 진왕으로 추대되어 삼한 전체의 영도세력이 되었다.

(2) 군장(巨帥)

지배자 세력은 물의 관리권을 놓고 대·소의 구분이 있어 큰 것은 신지(臣智)·견지(遣支) 등으로 불렸고, 작은 것은 험측(險側)·번예(樊穢)·살해(殺奚)·부례(不例)·읍차(邑借) 등으로 불렸다.

❸ 경 제

(1) 농경의 발달

① **배경** : 철제농기구의 사용과 가축의 이용으로 농경이 발달하였다.

② **내용** : 벼농사가 널리 행해졌으며 저수지가 축조되었는데, 김제 벽골제·밀양 수산제·제천 의림지·상주 공검지·의성 대제지 등이 대표적이다.

(2) 철의 생산

① **지역** : 변한에서 많이 생산되어 낙랑·일본 등에 수출되었으며, 교역에서 무게를 달아 화폐처럼 사용되기도 하였다.

② **유적지** : 마산의 성산동이 야철지(冶鐵地)로 유명하다.

❹ 제정 분리

(1) 배 경

농경의 발달로 인한 군장세력(저수지의 관리자)의 강화로 볼 수 있으며, 천군(天君)은 제사장으로 농경예식과 종교의례를 주관하였는데, 이러한 제사장의 존재에서 고대신앙의 변화와 제정의 분리를 엿볼 수 있다.

(2) 소도(蘇塗)

① **특수구역** : 천군이 다스리는 별읍(別邑)으로 군장의 세력이 미치지 못하였다.

② **신성지역** : 죄인이라도 도망을 하여 이곳에 숨어 제사에 참여하면 처벌하지 못하였다.

③ **의의** : 신·구 문화의 충돌과 사회적 갈등을 완화하는 것이지 결코 천군이 군장의 세력보다 강한 것이 아니었으며, 이 곳은 큰 나무를 세워 북과 방울을 매달아 놓고 귀신을 섬겼다고 하는데 소도의 명칭은 여기에 세우는 '솟대'의 음역이라는 설과 높은 터의 음역인 '솟터'에서 유래되었다는 설이 있다.

❺ 사회·풍속

(1) 주 거

초가지붕의 반움집이나 귀틀집, 토실에서 살았다.

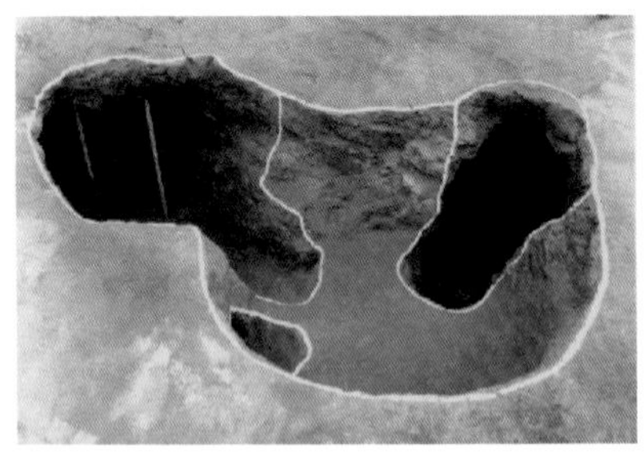
토실(마한의 집 형태)

(2) 제천행사

해마다 씨를 뿌리고 난 뒤 행하는 5월의 수릿날과 가을곡식을 거두어들이는 10월에 계절제를 열어 하늘에 제사를 지내고 온 나라 사람들이 모두 모여서 연일 음식과 술을 마련하여 춤과 노래를 부르며 즐겼다.

(3) 두 레

공동체적인 전통을 보여 주는 조직으로 여러 가지의 공동작업을 하였다.

(4) 기 타

복골(卜骨)의 출토로 보아 점복(占卜)이 행해졌으리라 짐작할 수 있으며, 상투를 틀고 문신(文身)을 하였다.

(5) 무덤양식

중앙에 널무덤이 있고 주변에는 해자(고랑)가 있는 주구묘가 있었으며, 장례때에는 새의 깃털과 함께 우마를 함께 묻는 후장(厚葬)의 풍습이 있었다.

주구묘(마한의 무덤)

❻ 삼한사회의 변동

(1) 배 경

철기시대 후기에 문화가 발전하여 삼한사회의 변동을 가져왔다.

(2) 내 용

① 한강 유역 : 백제국이 성장하면서 마한지역을 통합해 갔다.

② 낙동강 유역 : 가야국이 성장하여 가야연맹체의 기틀을 다져 나갔다.

③ 낙동강 유역의 동쪽 : 사로국이 성장하여 신라의 기틀을 다져 나갔다.

Ⅱ

한국 고대사

제 1 편

고대의 정치

제1장 고대국가의 성립과 발전

제2장 삼국의 통치 체제

제3장 삼국의 대외관계와 삼국통일

제4장 남·북국시대의 정치

제1장 고대국가의 성립과 발전

핵심 출제포인트

- 삼국의 주요 국왕의 업적을 묻는 문제가 출제됨으로 빈출되는 국왕의 업적은 정리해야 한다.
- 삼국 발전 과정에서 각 국의 전성기를 중심으로 대외관계를 파악해야 한다.

01 고대국가의 성격

❶ 성 립

철기문화의 보급과 이에 따른 생산력의 증대를 토대로 성장한 여러 소국들이 군장국가와 연맹왕국을 이루었다. 왕은 자기 집단 내부의 지배력을 강화하는 동시에 다른 집단에 대한 지배력을 키워나갔다. 이 과정에서 주변 지역을 활발히 정복하여 영토를 확대하였고, 정복 과정에서 성장한 경제력과 군사력을 바탕으로 왕권을 더욱 강화하여 고대국가가 형성되었다.

❷ 성 격

(1) 정치면

왕권의 강화와 중앙집권적인 정치체제의 성립을 목표로 국왕권이 세습되고, 율령을 반포하여 왕권 강화와 국민을 효율적으로 통치하기 위한 관등조직이 마련되었다. 또한, 관리와 군대를 파견하여 그 영역 내에 복속된 지방을 확실하게 장악하여 지방의 족장세력은 그 독립성을 상실하게 되었다.

(2) 경제면

따라서 지배층은 합법적이고 합리적인 방법으로 수취를 하기 위해 조세제도를 정비하여 귀족과 국가 중심의 경제구조를 마련하였다.

(3) 사회면

왕족을 비롯하여 종래의 지배세력인 군장이나 족장 세력이 중앙 귀족에 재편성되어 엄격한 신분제 사회가 형성되었으며, 혈연 중심의 폐쇄적인 친족공동체 사회 구조로 정비되었다.

(4) 사상면

불교를 수용하여 왕권의 확립과 사상의 통일에 기여하였으며, 중앙집권화의 진전을 뒷받침하였다.

(5) 군사면

영토와 많은 노예를 확보하기 위한 활발한 정복사업을 전개하여 보다 넓은 영역을 확대할 수 있었으며 특히, 삼국 항쟁의 주된 무대가 된 곳은 한강이었다.

02 고구려의 성립과 발전

❶ 성 립

(1) 특 징

기원전 37년 삼국 중 제일 먼저 국가 체제를 정비하였다.

사료읽기

고구려 건국 이야기(기원전 37년)

오녀산성

시조 동명성왕은 성이 고씨이며 이름은 주몽이다. … 부여의 금와왕이 태백산 남쪽에서 한 여자를 만나게 되어 물은즉, 하백의 딸 유화라 하는지라 … 금와왕이 이상히 여겨 그녀를 방에 가두어 두었는데 햇빛이 따라와 비추었다. 그녀는 몸을 피하였으나 햇빛이 따라와 기어이 그녀를 비추었다. 이로 인하여 그녀는 잉태하게 되었고 마침내 알 하나를 낳았다. … 한 사내아이가 껍데기를 깨고 나왔다. … 기골과 모양이 뛰어나고 기이했다. 일곱 살에 의연함이 더하였고, 스스로 활을 만들어 쏘는 데 백발백중이었다. 부여의 속어에 활 잘 쏘는 것을 주몽이라 하니 이로써 이름을 삼았다. … 주몽의 어머니가 비밀을 알고 아들에게 '장차 이 나라 사람들이 너를 죽이고자 하니 너의 재간으로 어디 간들 못 살겠느냐, 지체하다가 욕을 당하지 말고 멀리 도망하여 큰일을 이루어야 한다.' 라고 타일렀다. 주몽은 그를 따르는 세 사람과 함께 도망하여 강가에 이르렀다. 그러나 다리가 없어 강을 건널 수 없었고, 추격병이 뒤따라오고 있었다. 주몽이 강물에 고하여 '나는 천제의 아들이고 하백의 외손이다. 오늘 도망하여 여기까지 왔으나 추격병이 쫓아오고 있다. 어떻게 하면 좋겠는가.' 라고 외치자 물고기와 자라가 떠올라 다리를 만들어 주니 주몽이 강을 건널 수 있었다. … 졸본천으로 갔다. 그 곳 땅이 기름지고 아름다우며 산천이 험하였다. 마침내 이 곳에 도읍하기로 하였다. 나라 이름을 고구려라 하고 고를 그의 성씨로 삼았다. 》「삼국사기」

(2) 발 전

① 태조왕(53~146) : 중앙집권국가 형성

㉠ 영토의 확장 : 부전고원을 넘어 옥저와 동예의 일부를 정복하여 함경도와 강원도 이북 지방을 확보하였고, 현도군과 요동성을 공격하여 만주지방으로 세력을 확대시켰으며 낙랑에 대해서도 자주 압력을 가하였다.

㉡ 왕권 강화 : 왕권이 안정되어 계루부(桂婁部) 고씨(高氏)에 의한 왕위의 독점적 세습(형제상속)이 이루어지게 되었다.

㉢ 중앙집권화 추진 : 강력한 왕권에 의해 통합된 여러 집단들은 5부족 체제로 발전하였다.

② 고국천왕(179~197)

㉠ 5부의 변화 : 부족적 전통의 5부를 행정적인 5부로 개편하고, 부자상속제가 확립되었다.

㉡ 왕비족의 고정 : 절노부(絕奴部) 출신의 여자를 왕비로 간택하였다.

㉢ 귀족세력의 억압 : 을파소를 재상으로 등용하여 빈민 구제책인 진대법을 실시하였다.

③ 동천왕(227~248)

㉠ **중국 삼국 분열의 이용** : 중국의 위(魏)·촉(蜀)·오(吳)의 대립을 이용하여 오와 통교하면서 위를 견제하였다.

㉡ **서안평의 공격** : 한반도와 중국을 연결하는 교통요지인 서안평을 공격하였으나, 위장(魏將) 관구검(毌丘儉)의 침입을 받아 수도가 함락되는 등 시련을 겪기도 하였다.

④ 중천왕(248~270) : 장발미인 관나부인이 위나라로 보내질까 두려워하여 왕후 연씨를 모함하다가 사형에 처해졌다(투기죄).

⑤ 미천왕(300~331)

㉠ **현도성 공격** : 북방민족들의 중국 침입을 틈타 요동을 공격하여 8천여 명의 포로를 사로잡았다.

㉡ **서안평 점령** : 5호 16국의 혼란을 이용하여 중국과의 교통의 요지인 서안평을 점령하였다(311).

㉢ **낙랑군과 대방군의 축출(313~314)** : 고조선의 옛 고토를 회복하였으며, 압록강 중류지방을 벗어나 남쪽으로 진출할 수 있는 발판을 마련하였다.

⑥ 고국원왕(331~371)

㉠ **국가적 위기** : 부족별로 흩어져 있던 힘을 조직적으로 통합하지 못하여 전연과 백제의 침략으로 국가적인 위기를 맞기도 하였다.

㉡ **전연의 침입** : 북으로부터 전연(前燕)의 모용씨 침입을 받아 수도가 함락되는 큰 타격을 받아 서방 진출이 위축되었다.

㉢ **백제의 침입** : 백제 근초고왕의 침입을 받아 평양성에서 전사(戰死)하여 이후 양국은 대립관계가 되었다.

⑦ 소수림왕(371~384)

㉠ **중앙집권 국가체제 완성** : 안으로 고국원왕의 전사라는 비운을 극복하고, 새로운 발전을 위한 근본적인 체제개혁이 필요하게 되었으며, 밖으로 전연의 멸망과 백제 근초고왕의 죽음으로 인해 외부의 압력에서 벗어났다.

㉡ **불교의 수용** : 전진(前秦)과 국교를 수립하고, 순도(順道)에 의해 불상과 불경이 전래됨으로서 고대국가의 사상적 통일에 기여하였다.

㉢ **태학의 설립** : 유학의 보급과 문화 향상에 기여하였다.

㉣ **율령의 반포** : 국가 조직과 체제의 정비를 가져오게 하였다.

⑧ 광개토대왕(391~412)

㉠ **영토 확장** : 광개토대왕릉비에 당시의 활발한 정복사업을 알 수 있는데 일생동안 64개의 성(城)과 1,400여개 촌락의 대제국을 건설하여 고구려를 중심으로 한 동북아시아 지역을 편제하고자 하였는데 이를 "수천(守天)"이라 하였다. 또한, 백제를 침략하여 한강선까지 진출하여 그 북쪽 지방을 차지하였으며(아차산성), 요서·요동 방면을 포함한 만주의 대부분 지역을 차지하여 고조선의 옛 영토를 완전히 회복하였다.

㉡ **왜군의 격퇴** : 신라 내물왕의 요청을 받아 보·기병(步騎兵) 5만 명을 보내 왜군을 격퇴하고, 백제·가야의 연합세력도 격파하여 낙동강 하류까지 진출하였다. 그 결과 고구려의 세력이 한반

도 남부지방에까지 영향력을 미치게 되었으며, 금관가야가 쇠약해지는 원인이 되었다.

㉢ **연호의 사용** : 우리나라 최초의 연호인 '영락(永樂)'을 사용하였는데 이는 대국의식의 표현으로 중국과 대등한 관계와 왕권의 강화를 의미하는 것이다.

⑨ **장수왕**(412~491)

㉠ **다면 외교** : 북중국을 통일한 북위와 우호관계를 강화하는 한편, 남조(南朝)인 동진(東晋)·송(宋)·제(齊) 등에도 계속하여 사신을 파견하여 남북세력의 대립을 이용한 외교정책을 추구하였으며, 북방민족인 몽골지방의 유연과 교통하여 중국 일변도의 외교에서 탈피하였다.

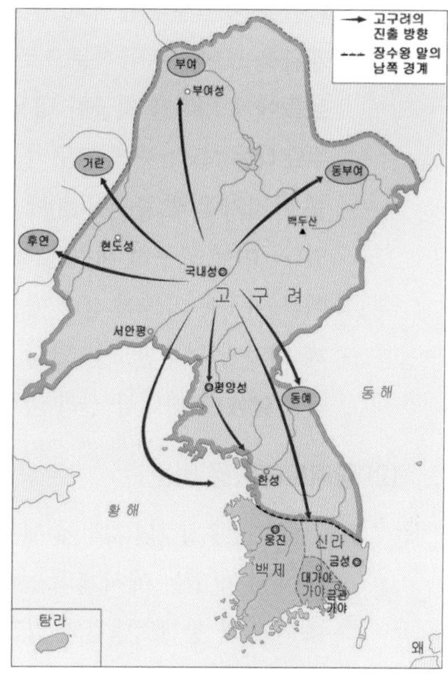

5세기 고구려의 판도(장수왕)

㉡ **평양 천도**(427) : 왕권 강화와 남하정책을 통한 서해안 진출의 교두보를 확보하기 위해 국내성에서 평양으로 천도하였다. 그 결과 백제와 신라를 압박하는 요인이 되어 나·제동맹(433~554)을 체결하였으며, 백제는 북위에 사신을 보내어(개로왕의 국서) 군사적 요청을 하였으나 이는 오히려 고구려의 남침을 유발시켜 고구려가 한강 유역을 장악함으로써 한반도의 주도국으로 성장하는 결과를 야기하였다. 그후 백제의 수도 한성을 함락하고 한강 전 지역을 포함하여 죽령 일대로부터 남양만을 연결하는 선까지 영토를 넓혔다(충주고구려비).

㉢ **영토 확장** : 내몽골의 유목 국가인 지두우(地豆于)를 유연과 분할 점령하여 흥안령 일대의 초원지대를 장악하였다.

㉣ **경당 설립** : 평양 천도 이후에 설립된 사학으로 청소년들에게 한학과 무술을 가르쳤다.

⑩ **문자왕**(491~519) : 부여를 복속(494)시켜 고구려가 한반도의 대부분과 요동지방 및 만주까지 차지한 최대의 판도가 이룩되었다.

⑪ **양원왕**(545~559) : 백제와 신라의 연합군에 의해 한강 유역을 상실하였다.

⑫ **영양왕**(590~618) : 온달장군이 한강 유역의 회복을 위해 전투에 나섰다가 아단성에서 전사하였으며(590), 태학박사 이문진이 「신집」 5권 편찬하였다. 대외적으로는 수나라의 압력으로 요서지방을 선제공격하자 4차에 걸친 전쟁이 발발하였다(2차, 살수대첩, 612).

⑬ **영류왕**(618~642) : 당의 침입에 대비하여 연개소문 주도로 천리장성을 축조하면서 세력을 키운 연개소문이 영류왕을 죽이고 동생 장(臧)을 보장왕으로 옹립한 후 정권을 장악하였다(642).

⑭ **보장왕**(642~668) : 나·당연합군의 공격으로 평양성이 함락되면서 멸망하였다(668).

❷ 대표 금석문

(1) 충주(중원) 고구려비

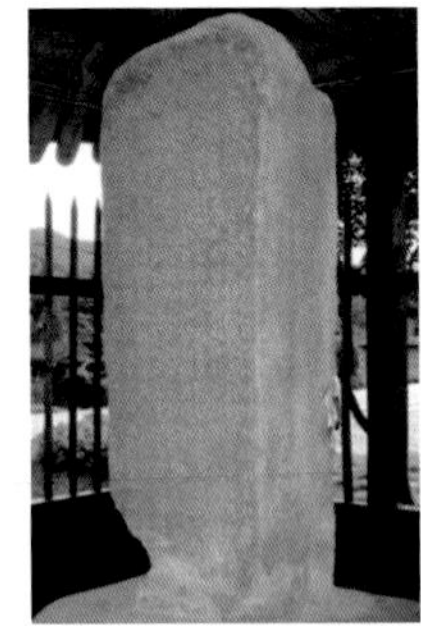
충주(중원)고구려비

① **성격** : 장수왕 때 건립된 척경비로 한반도에서의 고구려의 주도권 장악과 남한강(중원=충주)유역의 차지를 알 수 있다. 또한, 이는 고구려 중심의 세계관을 보여주는 금석문으로 신라를 동이(東夷)라 칭하였으며, 신라왕과 신료들에게 의복을 지급한 내용이 있다.

② **주요 내용** : 5월 중에 고구려 대왕이 신라의 매금(왕)을 만나 영원토록 우호를 다지기 위해 중원(中原)에 왔으나, 신라 매금이 오지 않아 실현되지 못하였다. 이에 고구려 대왕은 태자 공과 전부 대사자 다우환노(多于桓奴)로 하여금 이곳에 머물러 신라 매금을 만나게 하였다. … 신라 매금이 신하와 함께 대사자 다우환노를 만나 이곳에 주둔하고 있던 고구려 당주 발위사자 금노(錦奴)로 하여금 신라 국내의 여러 사람을 내지(内地)로 옮기게 하였다.

(2) 광개토대왕릉 비문

광개토대왕릉비

① **건립** : 장수왕 2년(414)에 세워진 후 1875년에 발견되었다. 만주 집안현 통구에 남아 있는 예서체의 높이 6.39m의 비석으로 고구려의 건국 설화(최초 기록)와 광개토대왕의 업적(영토의 확장, 백제와 왜군의 격퇴 등)이 기록되어 있으나, 비문의 내용은 「삼국사기」 기록과는 많은 차이가 보인다.

② **구성** : 제1부(건국 내력), 제2부(왕의 치적), 제3부(수묘에 관한 내용)로 구성되었다.

③ **주요 내용** : (영락) 9년(399) 기해에 백제가 서약을 어기고 왜와 화통하므로 왕은 평양으로 순수해 내려갔다. 신라가 사신을 보내 왕에게 말하기를 '왜인이 그 국경에 가득 차 성을 부수었으니, 노객은 백성된 자로서 왕에게 귀의하여 분부를 청한다'고 하였다. … 10년 경자에 보병과 기병 5만을 보내 신라를 구원하게 하였다. … 관군이 이르자 왜적이 물러가므로 뒤를 급히 추격하여 임나가라의 종발성에 이르렀다. 성이 곧 귀순하여 복종하므로 순라병을 두어 지키게 하였다. 신라의 □농성을 공략하니 왜구는 위축되어 궤멸되었다.

④ **문제의 내용** : 百殘 新羅 舊是屬民 由來朝貢 而倭以辛卯年 來渡海破百殘 □□□羅 以爲臣民

- **일본** : 왜가 신묘년(391)에 바다를 건너와 백제와 신라를 격파하고 신민으로 삼았다.
- **한국** : 신묘년(391)에 왜가 오자 고구려가 바다를 건너 백제와 신라를 격파하고 신민으로 삼았다.

03 백제의 성립과 발전

❶ 성 립

(1) 건국(기원전 18년)

① **주체 세력** : 부여족 계통의 고구려 유이민인 주몽의 아들 온조가 주축이 된 북방 유이민과 한강 유역의 토착민 집단을 결합하여 백제를 건국하였다.

사료읽기

백제의 건국 설화

백제의 시조는 온조다. 그의 아버지는 추모왕 또는 주몽이라 한다. 주몽은 북부여에서 화난을 피해 도망해 나와 졸본 부여에 이르렀다. 그 졸본주의 왕에게는 왕자는 없고 딸 셋만 있었다. 졸본의 왕은 둘째딸을 주몽에게 시집보내어 그를 사위로 맞았다. 오래지 않아 졸본의 왕은 죽고 주몽이 그 자리를 승계하였다. 주몽은 졸본 왕녀와의 사이에 맏아들 비류와 둘째 온조라는 두 아들을 낳았다. 그런데 부여에서 주몽이 낳은 아들(유리)이 와서 태자가 되매 비류와 온조는 태자에게 용납되지 못할까 염려하여 열 명의 신하를 데리고 남쪽 지방으로 떠나니 백성들 중에서 따르는 자가 많았다. 이리하여 형제는 북한산에 올라 지세를 살펴보고 비류는 미추홀(지금의 인천)에 가서 살게 되었고, 온조는 한강 남쪽의 위례성(지금의 서울)에 도읍을 정하고 나라 이름을 십제(十濟)라 하였다. 그러나 비류가 죽으니 그의 신하와 백성들은 모두 위례로 귀속하였다. 그 후에 처음 위례로 올 때의 백성들이 즐겁게 따랐다 하여 국호를 백제(百濟)로 고쳤다. 온조는 그 출신지가 부여라 하여 성을 부여씨로 삼았다. 》「삼국사기」

② **연맹왕국으로 성장** : 한강유역에 위치한 마한의 한 소국(十濟)으로부터 출발하여 하남 위례성에 도읍을 정하고, 미추홀(인천)의 비류집단을 통합(百濟)하여 연맹체를 형성하여 마한을 대신하는 새로운 정치세력의 중심으로 발전하였다.

③ **유이민 집단의 지배층 형성** : 유이민 집단은 우수한 철기문화를 경험하면서 이동해 들어온 반면, 토착민 집단은 북방문화를 접한 경험이 부족하였다.

(2) 고이왕(234~286) : 중앙집권국가 형성

① **한강 유역 차지** : 중국의 한 군현(낙랑·대방군)을 공격하여 대방 태수(弓遵)를 전사시켰다.

② **체제 정비** : 형제상속제, 6좌평제와 16관등제 정비, 관복 제정, 율령의 반포, 귀족회의기구 남당(南堂)제도를 두어 정사(政事)를 논의하였다.

③ **백제 시조로 추대** : 「주서(周書)」나 「당서(唐書)」에서 백제의 시조로 표현된 '구이(仇台)'는 고이왕을 지칭하는 것으로 백제의 시조가 되었다.

❷ 발 전

(1) 근초고왕(346~375)

① **정복사업(영토 확장)** : 오늘날 경기, 충청, 전라도와 낙동강 중류지역, 강원, 황해도의 일부를 포함하는 백제 최대의 영토를 차지하였다.

㉠ **낙동강 유역에 진출** : 가야의 여러 나라에 대해서 지배권을 확립하였다.

㉡ **마한의 남은 영역 정복** : 전라도 남해안에 이르렀다.

㉢ **고구려의 평양성 공격** : 고국원왕을 전사케 하였다(371).

② **대외 팽창** : 정복활동을 통하여 축적된 군사력과 경제력을 바탕으로 수군을 증강시켜 중국의 요서지방으로 진출하였고, 이어 산동반도와 일본의 규슈지방까지 진출하여 고대 상업세력권을 형성하였다.

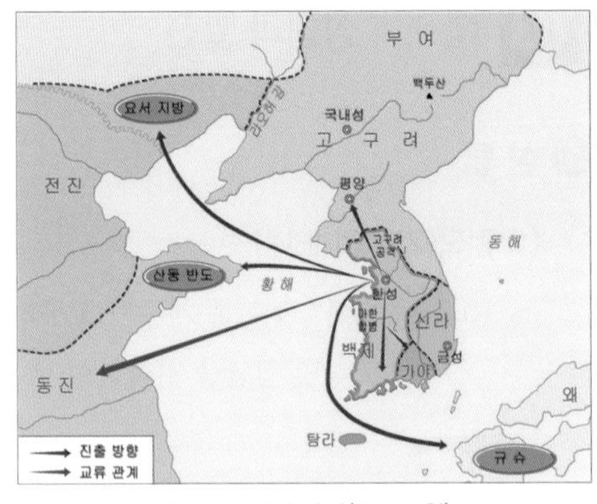

4세기 백제의 발전(근초고왕)

③ **외교 관계**

㉠ **중국** : 남조의 동진(東晋)과 국교를 수립하였다.

㉡ **왜** : 아직기를 파견하였으며, 칠지도(七支刀)를 하사하였다(368).

④ **왕권 강화**

㉠ 진씨(眞氏)를 왕족으로 고정시키고, 왕위상속이 형제상속에서 부자상속으로 바뀌었다.

㉡ 고흥으로 하여금 역사서 「서기(書記)」를 편찬하게 하였다.

사료읽기

근초고왕의 해외 진출

○ **백제국은 본래 고려(고구려)와 함께 요동의 동쪽 1,000여 리에 있었다. 그 후 고려가 요동을 차지하니 백제는 요서를 차지하였다. 백제가 통치한 곳을 진평군(진평현)이라 한다.** 》「송서」

○ **처음 백가(百家)로서 바다를 건넜다 하여 백제라 한다. 진대(晋代)에 구려(句麗 : 고구려)가 이미 요동을 차지하니 백제 역시 요서와 진평의 두 군을 차지하였다.** 》「통전」

칠지도(七支刀)

① 칼의 날이 일곱 개 달린 것이라는 이름의 칠지도(七支刀)로 백제 근구수왕(근초고왕의 아들)이 왕자로 있을 때 만들어 왜의 왕에게 하사한 의식용 칼로서 일본 이소노카미(덴리) 신궁에 보관되어 있다. 이는 4세기 후반 백제와 일본이 친교관계를 유지하고 있었음을 말해주고 있으며, 길이 74.9cm로 몸체의 전·후면에 60여 자(字)의 금상감 글씨가 새겨져 있다.

② 〈전면〉 태화 4년 5월 16일 병오일의 한낮에 백번이나 단련한 철로 된 칠지도를 만들었다. 이 칼은 모든 병해를 물리칠 수 있고 후왕(侯王)에게 주기에 알맞다. □□□□가 만든 것이다.
〈후면〉 선세(先世)이래 아직까지 이런 칼이 없었는데 백제 왕세자가 뜻하지 않게 성음(聖音)이 생긴 까닭에 왜왕을 위하여 정교하게 만들었으니 후세에 전하여 보이도록 할 것이다.

(2) 침류왕(384~385)

동진(마라난타)으로부터 불교를 수용하여 고대국가의 사상적 기반을 마련하였다.

❸ 쇠 퇴

(1) 비유왕(427~455)

고구려 장수왕의 남하정책에 대항하여 신라의 눌지왕과 나·제동맹(공수동맹)을 체결하였으며, 남조의 송과도 친교하였다.

(2) 개로왕(455~475)

고구려 남침에 대비하기 위해 북위에 국서를 보냈으나 장수왕의 남진정책으로 인해 피살되었다.

(3) 문주왕(475~477)

고구려의 남하정책에 밀려 한강을 상실한 후 도읍을 한성에서 금강유역의 웅진으로 옮겼으나(475) 해씨(解氏)에게 피살되고 이후 삼근왕으로 이어졌으나 정치적 불안으로 국력이 쇠퇴해졌다.

❹ 중 흥

(1) 동성왕(479~501)

① **신라와 동맹 강화** : 신라 소지왕 때 왕족인 이벌찬 비지(比智)의 딸과 혼인하는 결혼동맹을 통해 나·제동맹을 공고히 하고, 신라와 연합하여 고구려에 대항하였다.

② **수도의 방어망 정비** : 궁실을 중수하고 나성을 축조하여 수도의 면모를 갖추고 주변에 산성을 쌓았다.

③ **대외 관계** : 탐라국을 복속하고, 중국의 남제(南齊)와 통교하였다.

(2) 무령왕(501~523)

① 왕권 강화

㉠ **22담로 설치** : 이름은 '사마'이며 동성왕의 둘째아들로 귀족의 반란을 토벌하고 중앙의 세력을 재편하였으며, 지방세력을 통제하기 위해 22담로를 설치하여 왕족을 파견·통치하였다.

㉡ **외교 교섭의 강화** : 중국 남조의 양(梁)에 사신을 보내 국교를 강화하였으며, 양(무제)으로부터 '사지절도독 백제제군사 영동대장군'이라는 벼슬을 받았다.

㉢ **민생안정의 추구** : 기근으로 백성이 굶주리게 되자 창고를 풀어 이를 구제하였다.

② **결과** : 민심을 수습하여 왕권의 안정을 가져오고, 백제 중흥의 발판을 확고하게 다졌다.

(3) 성왕(523~554)

① 중흥의 마련

㉠ **대외 정책** : 즉위 직후 고구려군의 침입을 물리치고, 신라와 동맹을 강화하여 공동으로 대처하였다(군사동맹).

㉡ **천도·국호 변경** : 협소한 웅진에서 넓은 벌판인 사비로 천도한 후 국호를 '남부여(南夫餘)'로 개칭하여 부여에서 이어지는 역사적 법통을 분명히 하였으며, 고구려와의 관계에서도 대등한 위치에 있음을 나타내고자 하였다.

② **불교의 진흥** : 겸익과 같은 승려를 등용하여 불교를 국가의 정신적 토대로 확립하였다.

③ **통치체제의 정비** : 22부의 중앙 관서를 설치하고, 수도 5부와 지방에 5방제도를 실시하여 통치체제를 정비하였다.

④ **문물의 교류** : 중국의 남조(양)와 교류하여 문물을 수용하고, 일본에 노리사치계를 보내어 불교를 전하였으며 오경(五經)·역(易)·의(醫)·역(曆) 박사를 파견하였다.

⑤ **한강유역 회복** : 고구려 안장왕(519~531)때의 내분을 이용하여 신라와 한강하류의 6군을 회복하였다.

⑥ **나·제동맹 결렬(554)** : 고구려로부터 한강 하류 유역을 회복하였으나 진흥왕에게 탈취당하자 성왕은 신라를 공격하다가 관산성(지금의 옥천) 싸움에서 전사하였다. 그 결과 백제의 중흥은 좌절되고 신라는 중국과 직접 교류하는 계기가 되었다.

사료읽기

관산성 전투(554)

왕은 신라를 습격하기 위하여 친히 보병과 기병 50명을 거느리고 밤에 구천(拘川)에 이르렀는데, 신라의 복병이 나타나 그들과 싸우다가 살해되었다.

》「삼국사기」

(4) 아신왕(392~405)

① **고구려에 굴복** : 392년 고구려 광개토대왕 침입 당시 "영원히 노객이 되겠다."고 맹세하였다.

② **영토 상실** : 58개 성(城)과 700여 촌을 고구려에 상실하였다.

(5) 위덕왕(창왕, 554~598)

① 부여 능산리 고분군 근처에 성왕을 추모하는 사찰을 창건하였다.

② 이 사찰에서 백제금동대향로, 백제창왕명석조사리감이 출토되었다.

(6) 무왕(600~641)

① **대(大)백제 건설 추진** : 미륵사와 왕흥사를 건립하였으며, 익산으로의 천도를 추진하였으나 실패하였다.

② **관륵** : 천문, 지리, 역법 등을 일본에 전파하였다.

(7) 의자왕(641~660)

① **해동증자** : 효성이 지극하고 우애가 있어서 당시 "해동증자"라고 지칭하였다.

② **신라 공격** : 642년 신라에 대한 대규모 공격을 감행하여 신라의 대야성(합천)을 함락시켰다.

③ **멸망** : 나·당연합군에 의해 사비성이 함락되면서 멸망하였다(660).

04 신라의 성립과 발전

❶ 성 립

(1) 건국(기원전 57년)

진한의 하나인 사로국에서 출발한 신라는 박혁거세에 의해 경주지역의 토착민 집단과 유이민 집단의 결합으로 건국되었다.

(2) 연맹왕국의 형성

동해안으로 들어온 석탈해 집단이 등장하면서 박·석·김의 3성(姓)이 교대로 왕위를 차지하였으며 유력한 집단의 우두머리는 이사금(왕)으로 추대되었고, 주요 집단들은 독자적인 세력 기반을 유지하고 있었다.

(3) 내물마립간(356~402) : 중앙집권국가의 형성

① **왕권의 강화** : 대수장(大首長)이라는 정치적 의미를 가지는 '마립간'이 왕호로 사용되고, 김씨에 의한 왕위의 독점적 계승권이 확립되었다.

왕호의 변천(신라의 발전 과정 의미)

왕호	시기	의미	
거서간	1.박혁거세	군장	정치적 군장과 제사장의 기능이 분리되면서 거서간과 차차웅이 분리되었다.
차차웅	2.남해	무당, 제사장	
이사금	3.유리 ~ 16.흘해	연장자, 계왕(繼王), 사왕(嗣王), 연맹장(우두머리를 뜻하는 호칭)의 의미로 박·석·김 3부족이 연맹장을 교대로 선출하였다.	
마립간	17.내물 ~ 21.소지	대수장, 통치자, 대군장의 정치적 의미를 가진 호칭으로 김씨가 왕위 세습권을 독점하면서 왕권의 강화를 표시한 것이다. 이는 신라의 계급제도가 정치에 반영되기 시작한 증거이기도 하다.	
왕	22.지증	왕권이 강화되고 율령제도가 차차 갖추어짐에 따라 등장한 중국식 칭호로 6부를 개편하여 중앙 집권화를 추진하면서 사용하였다.	
	23.법흥 ~ 28.진덕	불교식 왕명을 사용한 시기이다(법, 진, 선).	
	29.무열 ~ 56.경순	중국식 시호제를 사용한 시기이다.	

② 왜구의 격퇴

㉠ **고구려의 후원** : 광개토대왕의 군대(步騎兵 5만) 후원으로 해안에 출몰하는 왜구를 격퇴하였다.

㉡ **결과** : 고구려 군대가 신라의 국경지대에 주둔하게 되고, 고구려가 신라의 왕위 계승에 관여하는 등 신라의 자주적인 발전을 제약하는 요인이 되었다. 특히, 경주의 호우총에서 발굴된 그릇에 광개토대왕의 이름이 새겨져 있는 것은 양국간의 관계를 반영하는 것이다.

호우총(壺杅塚)

1946년 발굴된 신라 고분으로 부장품 중에서 '乙卯年國岡上廣開土地好太王壺杅十'이라는 명문이 새겨져 있는 호우가 출토되어 호우총이라 부른다. 광개토대왕이 죽은 후 3년째가 되는 을묘년(장수왕 3,415년) 광개토대왕을 기리는 그릇이라는 뜻으로 이는 고구려와 신라간의 교섭이 활발하였다는 것과 신라의 내물왕 이후에 고구려군이 신라의 영토에 주둔하였다는 사실을 입증함과 동시 고구려가 신라에 대해 군사적·정치적인 영향력을 행사하였음을 알 수 있다.

호우명 그릇

③ **중국의 전진과 교류** : 고구려를 통하여 간접적으로 중국의 문물을 받아들이고, 전진(前秦)에 고구려 사신의 안내로 사신(위두)을 파견하였다.

④ **영토의 확장** : 활발한 정복활동으로 진한지역(경북지방, 낙동강 유역)의 대부분을 차지하고 중앙 집권국가로 발전하기 시작하였다.

❷ 발 전

(1) 눌지마립간(417~458)

① **나·제동맹(433)** : 백제 비유왕과 체결하여 고구려의 영향에서 벗어나는 계기가 되었다.

② **왕위 계승 변화** : 형제상속에서 부자상속제로 확립되었다.

사료읽기

(눌지마립간) 18년 2월, 백제왕이 좋은 말 두 필을 보내왔다. … 백제왕이 다시 흰 매를 보내왔다. … 39년 10월, 고구려가 백제를 침범하므로 왕이 군사를 보내 구원하였다. 》「삼국사기」

(2) 소지마립간(479~500)

① **결혼동맹(493)** : 백제의 동성왕과 체결하여 고구려의 남침에 대비하였다.

② **상업 발달** : 수도에 시장을 열어 물화를 유통하게 하였다.

③ **집권체제 강화** : 사방에 우역(郵驛)을 개설하여 부족적 6촌이 행정적인 6부로 개편되었다.

사료읽기

동성왕은 신라에 사신을 보내 혼인을 청하였는데, 신라의 왕이 이벌찬(伊伐湌) 비지(比智)의 딸을 시집보냈다. 병사 3천 명을 보내 신라군을 도와 고구려 병사의 포위를 풀게 하였다. 》「삼국사기」

(3) 지증왕(500~514)

① **국호 개정** : 국호를 사로국에서 왕의 덕업이 날로 새로워져서 사방을 망라한다는 의미의 '신라(德業日新 網羅四方)', 왕호를 마립간에서 '왕'으로 고쳤다.

② **통치체제 정비** : 수도의 행정구역과 지방의 주·군을 정비하였으며, 주(州)에 군주(軍主)를 파견하여 다스리게 함으로써 지방제도를 군사제도와 병행하여 정비하였다.

③ **우경(牛耕) 실시와 수리시설 확충** : 농업 생산력 발달로 사회 발전에 추진력이 되었다.

④ **악습 폐지** : 순장을 금지하여 하고 노동력 확보에 노력하였다.

⑤ **동시전 설치**(509) : 동시를 설치하고 이를 감독하기 위해 설치한 관청이다(통일 이후에는 서시, 남시 설치).

⑥ **우산국 정벌**(512) : 이사부로 하여금 정벌하게 하여 이후 해마다 토산물을 바쳤다.

⑦ **한화(漢化) 정책** : 북위에 사신을 파견하여 중국의 제도를 채택하면서 정치제도는 더욱 정비되었다.

(4) 법흥왕(514~540)

① 중앙 집권 체제 완성

㉠ **왕권 강화** : 중앙에 병부를 설치하고 군사권을 장악하였으며, 남부지방을 순행하고 사벌주에 군주를 설치하는 등 대내적으로 체제를 정비하였다.

㉡ **율령 반포** : 백관의 공복 제정, 17관등, 골품제도가 정비되었다. 울진 봉평비는 신라의 율령 반포를 보여주는 금석문이다.

㉢ **상대등 설치** : 귀족회의의 주재자인 상대등을 설치하여 귀족들의 이익을 대변하였는데, 이는 신라가 왕권 중심의 귀족 국가체제로 갖추어 간 것을 의미하는 것이다.

울진 봉평비

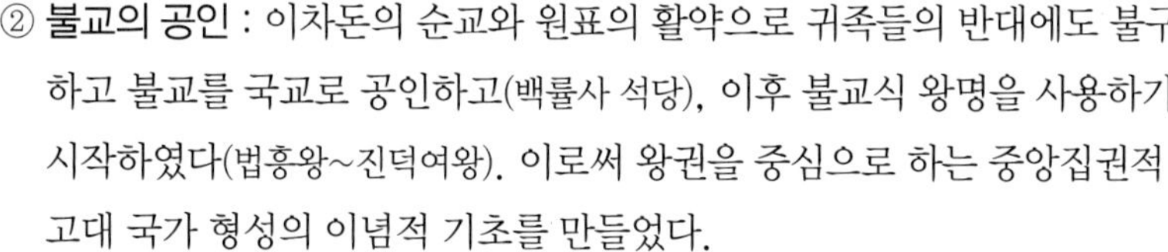

② **불교의 공인** : 이차돈의 순교와 원표의 활약으로 귀족들의 반대에도 불구하고 불교를 국교로 공인하고(백률사 석당), 이후 불교식 왕명을 사용하기 시작하였다(법흥왕~진덕여왕). 이로써 왕권을 중심으로 하는 중앙집권적 고대 국가 형성의 이념적 기초를 만들었다.

③ **대외정책** : 금관가야를 병합하여(532) 낙동강까지 영토를 확장시켰으며, 백제를 통해 남조의 양(梁)과 수교하여 문물을 교류하였다.

④ **연호의 사용** : 건원(建元)이라는 독자적인 연호를 사용함으로써 신라가 중국과 대등한 국가임을 과시하였다.

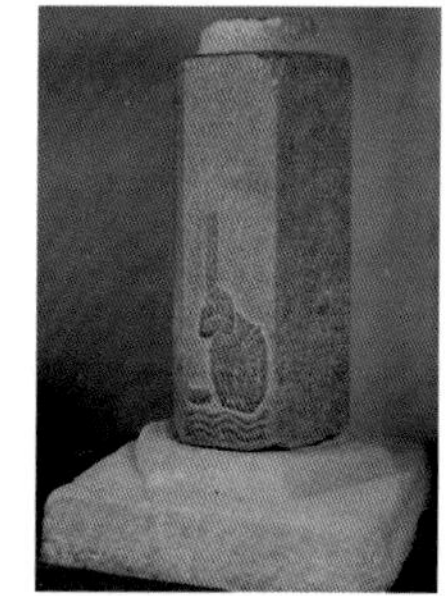

이차돈 순교비(백률사 석당)

(5) 진흥왕(540~576)

① **불교의 장려** : 불교의 진종사상(眞種思想)를 도입하여 왕권 강화에 이용하였으며, 황룡사·흥륜사 등의 사찰을 건립하고, 불교의 교단을 국통(승통)·주통·군통으로 정비하여 고구려의 승려인 혜량을 국통으로 임명하였다.

② **화랑도의 개편** : 청소년 수양단체인 원화(源花)를 국가조직으로 흡수·확대하여 인재를 양성하였다.

③ 영토의 확장

㉠ **한강 상류지역 확보** : 백제의 성왕과 공동작전으로 고구려가 차지하고 있던 적성지방을 점령하고 한강 상류지역(10郡 점령)으로 진출하여 단양 적성비(551)를 건립하였다.

단양적성비

단양적성비(진흥왕, 545~551년으로 추정)

진흥왕의 정복활동을 잘 알 수 있는 금석문 중의 하나로 신라가 한강 상류지역에 진출한 것과 복속민에 대한 회유책, 그리고 관직명과 율령의 정비 등이 기록되어 있다.

㉡ **한강 하류지역 확보** : 백제를 기습하여 성왕이 차지하고 있던 한강 하류지역을 점령하여 신주(新州)을 설치하였다(북한산비, 555). 그 결과 나·제동맹은 파기되었으며 신라는 당항성을 중심으로 중국과 직접 교류를 하게 되어 경제 기반을 강화하고, 전략적 거점을 확보하여 통일 사업에 큰 기반이 되었다. 이로써 신라는 삼국 간의 항쟁에서 주도권을 장악하는 계기가 되었다.

㉢ **가야 정복** : 함안의 아라가야를 합병하고, 이사부로 하여금 대가야(大加耶)를 정복하여 낙동강유역을 완전히 확보하였다(창녕비, 561).

㉣ **함경도 지역 진출** : 동해안을 따라 동북방면으로 진출하여 고구려를 공격하니 그 세력이 함경도에까지 이르게 되었다(황초령비·마운령비, 568).

6세기 신라의 영토 확장(진흥왕)

④ **역사서 편찬** : 거칠부에게 명하여 「국사」를 편찬하였다.

⑤ **연호 사용** : 개국(開國)과 대창(大昌)이라는 연호를 사용하였다.

⑥ **관제 정비** : 품주(재정 담당)를 설치하여 왕권을 더욱 강화하였다.

⑦ **지방행정조직 정비** : 영역이 확대됨에 따라 신주(경기 광주), 비사벌주(창녕), 비열홀주(안변), 중원경 등을 설치하였다.

(6) 진지왕(576~579)

① **즉위** : 진흥왕의 차남(금륜)으로 거칠부의 지지를 받아 왕위에 올랐다.

② **폐위** : 정치가 어지럽고 음란하다는 이유로 화백회의에서 폐위되었다.

(7) 진평왕(579~632)

① **관제 정비** : 위화부(인사), 조부(공부), 예부(의례) 등을 설치하였다.

② **수(隋)와 교류** : 고구려 침입에 대비하여 수(隋)와 공수동맹을 맺고 수나라에 원병을 요청하는 글(걸사표)을 원광으로 하여금 짓게 하여 바쳤다.

③ **세속 5계 제정** : 원광의 세속 5계로 새로운 국가정신이 확립되었다.

④ **연호 사용** : 건복(建福)이라는 연호를 사용하였다.

⑤ **석가족 표방** : 신라 왕족을 석가모니의 가문(眞種)과 동일시하여 석가족임을 표방하였다.

⑥ **성골 중시** : 귀족을 성골과 진골로 나누고, 성골을 중시하였다.

(8) 선덕여왕(632~647)

① **고구려와 백제의 침입** : 고구려와 백제에 대항하기 위하여 적극적인 친당외교 활동을 전개하였으나, 고구려의 공격으로 당항성이 위기에 처하고 백제의 공격으로 대야성을 상실하였다.

② **국력의 집결** : 국가적 위기를 극복하기 위해 자장의 건의로 황룡사 9층 목탑을 건립하였으며, 천문을 관장하는 첨성대(瞻星臺)를 축조하고 동원경을 설치하였다.

③ **귀족세력의 억압** : 비담(毗曇), 염종(廉宗) 등의 반란이 발생하였으나 김춘추와 김유신 등에 의해 진압되었으며, '인평(仁平)'이라는 연호를 사용하고 스스로를 불경의 성녀이름을 따 '덕만(德曼)'이라 하였다.

(9) 진덕여왕(647~654)

① **관제의 정비** : 당(唐)의 정치제도를 모방하여 품주(稟主)를 집사부(국정총괄)와 창부(재정)로 개편하였고, 좌이방부(법률)를 설치하였다.

② **당(唐)과 교류** : 한반도 안에서의 고립을 피하기 위하여 김춘추, 김법민 등을 당에 파견하여 숙위외교를 전개하고 친당책(親唐策)으로 태평송(太平頌)을 지어 당에 보냈다.

집사부

651년(진덕여왕 5) 진흥왕 때의 품주(稟主)를 개편하여 설치한 기구로 왕명에 따라 행정을 분장하는 여러 관부를 거느리며 기밀사무를 맡아보았다. 따라서 그 장관인 중시(⇨ 경덕왕 6(747)년에 시중(侍中)으로 개칭)은 국왕의 집사장의 역할을 담당하게 되어 왕권의 전제화에 기여하였다. 829년(흥덕왕 4) 집사성(執事省)으로 개칭되었으며, 관원 조직은 집사부 때와 같이 신라 말까지 계속되었다.

05 가야의 성립과 발전

❶ 성 립

(1) 지 역

삼국이 국가조직을 정비하여 발전해 가던 시기에 낙동강 하류 유역의 변한 지역에서는 별도의 독립적 세력이 성장하고 있었다.

(2) 6가야

금관가야(김해), 대가야(고령), 아라가야(함안), 성산가야(성주), 고령가야(진주), 소가야(고성)가 성장하였으나 2~3세기 경에는 금관가야가 주축이 되었고, 5세기 이후에는 대가야가 중심이 되었다.

❷ 연맹왕국의 형성

(1) 배 경

철기문화를 토대로 농업생산력이 증대되어 점진적인 사회의 통합을 거쳐 2세기 이후 여러 정치 집단들이 나타나기 시작하였다.

(2) 금관가야(전기가야)

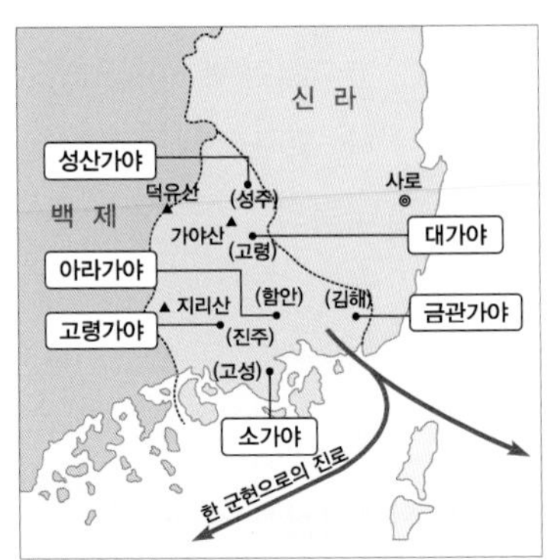

가야의 세력 판도

① **건국** : 가야 연맹체의 맹주인 금관가야는 김수로에 의해 성립되었다(42).

② **발전** : 우세한 철기문화와 벼농사의 발달을 기반으로 이웃 소국을 병합하면서 영토를 확장하고, 통치조직을 정비하여 가야의 맹주로 발전하였다.

③ **쇠퇴** : 3세기 초반 금관가야 서쪽 지방에 위치한 8개의 소국인 포상8국(浦上八國)이 금관가야와 신라를 침공한 사건인 '포상 8국의 난'이 일어나자 가라 왕자가 구원을 요청하여 신라 10대 내해왕이 태자 우로와 이벌찬 이음으로 하여금 6부의 군사를 거느리고 가서 구원토록 해 8국의 장병(將兵)을 격살하고, 포로 6천여명을 사로잡아 돌아왔다. 이후, 고구려와 백제 사이의 세력다툼이 치열해지고, 고구려 군대가 신라에 침입한 왜군을 추격하면서 가야의 낙동강 유역까지 진출하게 되자 가야 연맹왕국 내에 포함되어 있던 소국들이 이탈하였다.

④ **멸망**(532) : 6세기 전반에 남부 소국들이 다시 금관가야를 중심으로 연맹왕국을 형성하게 되자 신라 법흥왕이 멸망시켰다.

사료읽기

호계사 파사석탑(婆娑石塔)

호계사의 파사석탑(婆娑石塔)은 금관국 시조 수로왕의 부인 허황옥이 서역 아유타에서 싣고 온 탑이다. 파사석탑은 사각형의 5층인데 그 조각은 매우 기이하다. 돌에 희미한 붉은 무늬가 있고 그 질이 매우 연약하여 이 지방에서 구할 수 있는 것이 아니다. 》「삼국유사」

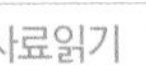

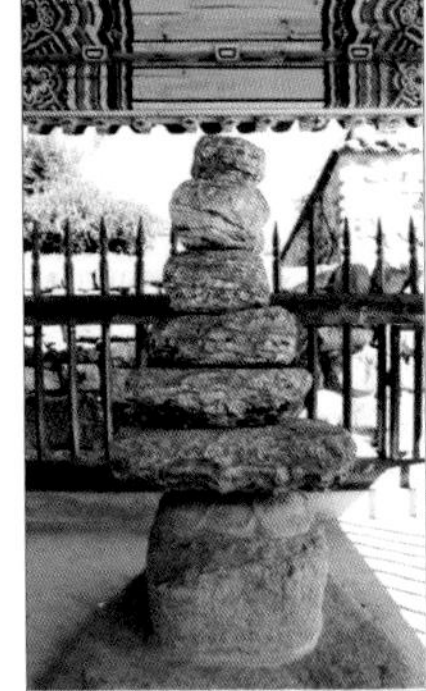
호계사 파사석탑

사료읽기

금관가야 멸망

금관가야의 왕인 김구해(金仇亥)가 왕비와 세 아들 즉 큰 아들 노종(奴宗), 둘째 아들 무덕(武德), 막내 아들 무력(武力)을 데리고 나라 창고에 있던 보물을 가지고 와서 항복하였다. (법흥)왕이 예로써 대접하고 상등(上等)의 벼슬을 주었으며, 본국을 식읍으로 삼게 하였다. 아들인 무력은 벼슬이 각간(角干)에 이르렀다. 》「삼국사기」

(3) 대가야(후기가야)

① **발전** : 이진아시왕에 의해 건국되어 후기가야의 주도권을 잡았다.

㉠ **5세기 후반** : 후기 가야연맹의 맹주가 되었다.

㉡ **6세기 초** : 백제, 신라와 대등하게 세력을 다투었다.

② **대외관계**

㉠ **중국과 교류** : 중국 남조에 사신을 보내기도 하였다.

㉡ **백제, 신라와 동맹** : 고구려에 대항하기 위한 노력으로 특히, 신라와 결혼동맹을 통해서 국제적 고립에서 벗어나려 하였다.

③ **멸망(562)** : 6세기 전반에 백제와 신라 등의 침략을 받아 그 남부지역부터 축소되기 시작하다가 자체 내에서 분열이 일어나 신라 진흥왕에 복속되어 가야연맹은 완전히 해체되었다.

사료읽기

대가야 멸망

고령군은 본래 대가야로 시조 이진아시왕에서 도설지왕까지 모두 16대에 걸쳐 520년간 이어졌던 곳이다. 진흥왕이 공격하여 멸망시키고 그 땅을 군(郡)으로 삼았다. 경덕왕이 이름을 고쳐 지금(고려)에 이르고 있다. 》「삼국사기」

❸ 경제 발달

(1) 토기 제작과 수공업의 발달

농경 문화 발달의 바탕이 되었으며, 고령·합천 등에서는 벼농사를 지었다.

(2) 철의 생산과 중계무역의 발달

풍부한 철의 생산과 해상 교통을 이용하여 낙랑과 왜의 규슈지방을 연결하였다(오수전 발견, 수로부인의 渡來이야기).

❹ 문화 발달

(1) 고 분

① **형태** : 덧널무덤, 구덩식 돌곽무덤 등이 축조되었다.

② **유적** : 고분에서 다양한 유물이 출토되어 가야문화의 높은 수준을 보여 주고 있다.

㉠ **고령 지산동 고분, 부산 복천동 고분** : 금동관·철제무기와 갑옷·토기 등이 발굴되었다.

㉡ **함안(아라가야)의 도항리 고분** : 금동관, 환두대도, 금동제 마구류, 갑옷, 말갑옷, 철촉 등의 유물이 다수 출토되었고, 특히 순장의 모습이 나타났다.

김해 대성동 고분

(2) 영 향

① **일본** : 가야 토기는 일본에 전해져 스에키 토기에 직접적인 영향을 주었다.

② **신라** : 금관가야의 왕족인 김유신의 조상은 진골에 편입되었고, 대가야의 우륵은 가야금을 전하였다.

고령 지산동 고분

❺ 한계성

지역적으로 백제와 신라의 중간에 위치하여 양국의 압력을 받으면서 불안한 정치 상황이 지속되었기 때문에 중앙 집권 국가로서의 정치적 발전을 이룩하지 못하였다.

삼국의 통치 체제

핵심 출제포인트

• 삼국의 관등제도, 중앙 및 지방 통치체제를 중심으로 구체적인 내용을 파악해야 한다.

01 중앙 정치 조직

❶ 고구려

(1) 정비 과정

초기 국가 시기에 상가(相加), 태대형(太大兄), 사자(使者) 등 10여 개의 관등이 마련되고 그 후 중앙집권국가로 발전하면서 14개의 관등으로 정비되었다. 그 중 대대로가 수상으로서 국사를 총괄하였고, 귀족들의 회의에서 3년마다 선출되었다.

형(兄)과 사자(使者)

① 형 : 연장자·족장적인 성격을 지니고 있던 종래의 집권세력으로서 집권적인 왕권 아래 통합·편제되는 과정에서 각기 그들의 족장적 기반에 따라 개편된 것이다.

② 사자 : 조세를 거두어들이는 사람의 뜻을 가진 것으로 행정적인 관리 출신이 그들의 지위에 따라 여러 관등으로 분화·편제된 것이다.

(2) 핵심 세력

제5위 조의두대형 이상이 핵심세력으로 국가 기밀에 참여할 수 있고, 장군이 될 수 있는 최상위의 관등이었다.

(3) 후 기

연개소문이 최고의 관직인 막리지(대막리지)가 되어 정권과 군권을 행사하였다.

고구려 관등 조직(당 「한원」)

1관등	2	3	4	5	6	7	8	9	10	11	12	13	14
대대로	태대형	울절	태대 사자	조의두 대형	대사자	대형	발위 사자	상위 사자	소형	제형	과절	부과절	선인

❷ 백 제

(1) 정비 과정

고이왕 때 중국의 정치제도가 수용되어 6좌평제에 의해 행정업무가 6개 부서로 나누어졌으며 16관품이 마련되었다.

(2) 16관품

좌평 예하 극우까지 솔(率), 덕(德), 무장(武) 계열의 3단계로 구성되고, 공복의 색(紫, 緋, 靑)으로 구별하였다.

16관품

1	2	3	4	5	6	7	8	9	10	11	12	13	14	15	16
좌평	달솔	은솔	덕솔	한솔	내솔	장덕	시덕	고덕	계덕	대덕	문독	무독	좌군	진무	극우
자색(솔 계열, 6좌평), 모자에 은화관식 착용						비색(덕 계열)					청색(무장계열)				

(3) 사비천도 이후

궁내관부인 내관 12부, 외관 10부의 총 22부가 중앙관서로 더 설치되었다.

(4) 6좌평

내신좌평(상좌평), 내두좌평, 내법좌평, 위사좌평, 조정좌평, 병관좌평으로 구성되었다.

❸ 신 라

(1) 정비 과정

① **법흥왕** : 병부를 설치하여 군사권을 장악하고 상대등을 설치하여 귀족회의를 주관하면서 왕권을 견제하는 기능을 하였다.

② **진흥왕** : 재정을 담당하는 품주를 설치하였다.

③ **진평왕** : 위화부(인사), 조부(공부), 예부(교육·의례), 영객부(사신접대) 등이 설치됨으로써 관제가 한층 더 정비되었다.

④ **진덕여왕** : 품주를 창부와 집사부로 분리하여 집사부로 하여금 국정을 총괄하도록 하였다.

(2) 관등제의 정비

① **경위제(京位制)와 외위제(外位制)** : 이원적인 체계로 구성되었는데, 외위제는 7세기 중엽에 와서 촌주층에게 경위직을 개방함으로써 소멸되었다.

② **중위제도(重位制度)** : 통일신라를 전후한 시기에 6두품 이하의 신분층에게 중위제도(重位制度)라는 일종의 특진제도가 시행되었다.

중위제(重位制)

중대 이후 왕권이 강화되고, 6두품 중심의 관료제의 운영이 활성화되면서 골품제적인 관직의 제한은 관등 향상을 노리는 6두품 이하 관료들의 반발을 사게 되었다. 이에 따라 진골 중심의 골품제를 유지하면서도 비진골 중심의 관료제를 활성화시키는 타협안으로서 중위제가 성립되어 아찬에 4등급, 대나마에 9등급, 나마에 7등급의 중위를 설치하여 관등상의 상한선에 오른 비진골 관료층에게 특진의 기회를 열어주었다.

(3) 17관등

관등	관등명	관등	관등명	관등	관등명
1	이벌찬	7	일길찬	13	사지
2	이찬	8	사찬	14	길사
3	잡찬	9	급벌찬	15	대오
4	파진찬	10	대나마	16	소오
5	대아찬	11	나마	17	조위
6	아찬	12	대사		

02 지방 행정 조직

❶ 수도 행정 구역

(1) 고구려

종래의 부족적인 전통을 가진 5부(部)가 행정적인 성격으로 변하였다.

(2) 백 제

방향(상·중·하·전·후)을 일컫는 5부(部)가 행정적인 조직으로 정비되었다.

(3) 신 라

종래 부족적(급량·사량·본피·모량·한지·습비) 전통을 가진 6부(部)가 행정적 조직으로 정비되었다.

촌(村)

지방의 말단 행정단위로 지방관이 파견되지 않고 토착세력을 촌주로 삼았다. 촌주는 지방관을 보좌하면서 촌락 내의 행정과 군사 실무의 처리에 중요한 역할을 담당하였으며, 초기에는 이들의 자치가 오랫동안 유지되었다.

❷ 지방 행정 구역

(1) 행정 단위

① **고구려** : 5부(部 : 욕살) – 성(城 : 처려근지) – 촌(촌주)

② **백제** : 5방(方 : 방령) – 군(郡 : 군장) – 촌(촌주)

③ **신라** : 5주(州 : 군주) – 군(郡 : 태수) – 현(縣 : 현령) – 촌(촌주)

(2) 특수 행정 구역

① 목적 : 지방 세력의 효과적인 통제를 통한 중앙집권의 추진을 목적으로 설치하였다.

② 내용 : 고구려의 3경(국내성·평양성·한성), 백제의 22담로, 신라의 3소경(아시촌소경, 중원소경, 북소경)이 지방에 설치되었다. 특히, 백제의 22담로는 지방관이 파견되지 않고 왕족을 파견하였으며, 신라 소경의 장관을 사신이라 하였다.

03 군사 조직

❶ 정 비

왕권을 강화하고 정복전쟁을 수행하는 방향으로 정비되었다.

❷ 특 징

(1) 지방 조직과 일치

① 지방 장관의 군대 지휘관 겸임 : 지방 장관은 관할지역의 행정과 군사를 담당하였다.

② 군사적인 주민 통치 : 국가의 주민 통제는 본질적으로 군사적 지배의 성격을 띠고 있었다.

(2) 국왕이 군사 지휘권의 행사

국왕이 직접 군대를 이끌었다.

삼국의 통치체제

구 분	고구려	백 제	신 라
귀족합의기구	• 제가회의	• 정사암회의	• 화백회의
수 상	• 대대로	• 상좌평	• 상대등
관 등	• 10여 관등	• 16관등(6좌평제)	• 17관등(골품제도와 밀접)
수도 행정구역	• 5부	• 5부	• 6부(씨족적 흔적)
지방 조직(장관)	• 5부(욕살)	• 5방(방령)	• 5주(군주)
	• 고구려 : 5부(部 : 욕살) – 성(城 : 처려근지) – 촌(촌주) • 백제 : 5방(方 : 방령) – 군(郡 : 군장) – 촌(촌주) • 신라 : 5주(州 : 군주) – 군(郡 : 태수) – 현(縣 : 현령) – 촌(촌주)		
특수행정구역	• 3경 (국내성, 평양성, 한성)	• 22담로(왕족 파견)	• 3소경(아시촌소경, 중원소경, 북소경) • 2소경(동원경, 중원경)
군사 조직	• 지방 행정 조직 = 군사 조직(지방관 = 군대의 지휘관) • 전쟁시 군대는 국왕이 지휘		

제3장 삼국의 대외관계와 삼국통일

핵심 출제포인트

- 삼국이 한강 유역을 점령했을 당시의 국제 관계를 중심으로 정리해야 한다.
- 고구려와 수·당 전쟁의 전개가 중요하며, 살수대첩과 안시성 전투를 중심으로 정리해야 한다.
- 삼국 통일 과정과 더불어 나당전쟁, 고구려와 백제의 부흥운동을 중심으로 정리해야 한다.

01 삼국의 대외관계

❶ 고구려

(1) 2세기 말

적극적인 동방 진출을 꾀한 공손씨(公孫氏)와 항쟁하였으며, 전통적으로 친중국적인 부여와도 대립하였다.

(2) 3세기~4세기 初

위(魏)나라 장수 관구검(毌丘儉)의 침입으로 위기가 있었으나, 중국의 삼국 분열과 5호(胡) 16국의 대립을 이용하여 서안평을 점령하고 한 군현을 축출함으로써 국가 발전의 기틀을 마련하였다.

(3) 4세기 중반~5세기

전연, 백제 등의 침입으로 한때 위기를 겪기도 하였으나, 중국 세력의 압력을 밀어내고 광개토대왕 이후로는 동아시아의 대제국 건설에 성공하였다.

❷ 백 제

(1) 중국과의 관계

① 3세기 후반 : 북방 민족이나 중국의 북조와 직접적으로 자주 접촉한 것은 아니었으나 역시 한 군현의 침입을 물리치면서 성장하였다.

② 4세기 중·후반 : 요서, 산둥지방, 큐슈 진출하여 대외적 영향력을 과시하였다.

③ 5세기 후반 : 웅진으로 천도한 이후로는 중국의 남조와 긴밀한 관계를 유지하였다.

(2) 왜(倭)와의 관계

① 국가 건설에 공헌 : 다수의 백제 유이민이 규슈 등지에 진출하여 일본의 국가 건설에 이바지하였다.

② 친선관계 : 일본에 보관중인 칠지도는 백제가 왜왕에게 선물한 것으로 양국과의 관계를 잘 보여준다.

③ 왜군의 이용 : 백제는 왜군을 끌어 들여 삼국간의 경쟁에 이용하기도 하였다.

❸ 신 라

(1) 중국과의 관계

① 초기 : 신라는 한반도의 동남부에 치우쳐 있어서 처음에는 중국과의 교섭이 고구려나 백제를 통하여 이루어졌다.

② 한강 점령 이후 : 당항성을 쌓고 황해를 통하여 중국과 직접 교류하였다.

(2) 일본과의 관계

일본과 가장 근접해 있어 삼국 중 일본과 대립이 가장 심하였다.

02 삼국간의 항쟁

❶ 특 징

삼국은 국가의 발전 과정에서 영토 확장을 위해 한강유역을 둘러싼 주도권 장악 다툼을 치열하게 전개하였으며, 서로 동맹하여 협조하는 경우도 있었지만 상호간에 경쟁과 싸움을 계속하기도 하였다. 그러나, 삼국 중 백제와 왜(倭)의 관계는 시종 친선책을 유지하였다.

❷ 시기 구분

(1) 제1기(5세기) : 고구려의 주도권 장악 시기(광개토대왕, 장수왕) ⬌ 나·제 동맹 체결(눌지왕, 비유왕)

(2) 제2기(6세기) : 신라의 주도권 장악 시기(법흥왕, 진흥왕) ⬌ 나·제동맹 결렬(진흥왕, 성왕)

(3) 제3기(7세기) : 신라의 삼국 통일 시기 ⬌ 여·제동맹 체결

03 고구려와 수·당과의 전쟁

❶ 국제 정세의 변화

북주(北周)를 찬탈한 양견(陽堅)에 의하여 수(隋)나라가 건국되고(581), 남북조로 분열되었던 중국이 수(隋)에 의하여 통일되자(589), 압력을 받은 고구려는 돌궐·백제·왜와 연합하여 남·북 세력을 구축하였으며, 수(隋)는 이에 대항하여 신라와 동·서 세력을 이루었다.

❷ 고구려와 수(隋)의 전쟁(598~614)

(1) 원 인

중국을 통일한 수나라에 압력을 가하자 고구려는 요서지방을 먼저 공격하였다.

(2) 경 과

① **문제(文帝)** : 수륙 30만 명의 내군을 동원하여 침입(영양왕 9, 598)하였으나 홍수, 질병, 기근 등으로 실패하였다.

② **양제(煬帝)**

㉠ **수의 공격** : 113만의 대군으로 침입해 육군은 요동성을 포위 공격하였으나 고구려 군대의 완강한 방어에 의하여 실패하였고, 수군은 대동강을 경유 평양성을 공격하였으나 크게 패하였다.

㉡ **살수대첩** : 수 양제는 별동대 30만의 대군으로 평양을 직접 공격하였으나 을지문덕의 유도 작전으로 살수에서 대군을 격파하였다(영양왕 23, 612. 살수대첩).

사료읽기

을지문덕 여수장우중문시

신묘한 계책은 천문을 꿰뚫고
기묘한 방책은 지리를 통달하였소.
싸워서 이긴 공이 이미 높으니
족함을 알거든 그치기를 바라노라.

㉢ **3·4차 침입** : 이후 영양왕 24년(613), 25년(614)에 수 양제의 3·4차 침입이 있었으나 격퇴하였다.

(3) 결 과

고구려는 국가적 위기를 극복하였지만, 수나라는 침략 전쟁으로 인한 국력 소모와 패배, 강남에서 화북까지의 대운하 건설 과정에서 요역 동원의 무리수 등으로 위신이 크게 추락되고 군웅들의 반란이 일어나 멸망하고 이연에 의해 당이 건국되었다(618).

❸ 고구려와 당(唐)의 전쟁

(1) 원 인

① **당의 팽창정책** : 수(隋)에 이어 당(唐)이 일어나자, 초기에는 사신을 파견하여 포로가 교환되고, 당으로부터 도사(道士)가 와서 도덕경을 강의하는 등 유화정책을 추진하기도 하였으나, 당 태종이 즉위하자 정복 야욕을 표출하고 고구려에 압력을 가하였다.

② **고구려의 강경책** : 이에 고구려는 국경지방에 천리장성(비사성~부여성)을 쌓으면서 침략에 대비하였으며, 더욱이 연개소문이 정권을 장악한 이후 당에 대해서 강경하게 대응하였다.

천리장성

① **고구려** : 당의 침략에 대비하여 비사성에서 부여성까지 쌓은 성으로 연개소문에 의해서 완성되었다(7세기).
② **고려** : 유소가 거란, 여진을 방어하기 위해서 덕종~정종 시기 압록강 입구에서 도련포까지 쌓은 성이다(11세기).

(2) 경 과

① **제1차 여·당 전쟁** : 보장왕 4년(645) 이세적을 선봉으로 한 당의 17만 대군의 육군은 개모성, 정명진이 이끈 수군은 비사성을 각각 침략하였다. 그 후 안시성(해성)을 포위 공격하였으나 양만춘을 중심으로 군·민 모두가 힘을 합쳐 60여일간의 끈질긴 고구려의 항전으로 퇴각하였으니, 이를 안시성 혈전이라 부른다.

② **제2·3차 여·당 전쟁** : 당은 보장왕 6년(647), 7년(648)에 다시 침입하였으나, 고구려군의 저항으로 각각 실패하였다. 여기서 당은 고구려에 대한 복수심을 굳게 하였고, 그것이 나·당 연합의 계기가 되었다.

(3) 결 과

고구려는 당의 빈번한 침략을 물리쳐 당의 동북아시아 지배 야욕을 좌절시켰다.

❹ 수·당 전쟁의 의의

고구려가 중국의 통일제국인 수·당의 침략을 잇따라 격퇴한 것은 이민족 침략에 대한 고구려의 굳센 항쟁의 결과이며 중국과의 대결을 통한 발전의 한 모습이자 중국의 침략으로부터 한반도를 수호했다는 의의를 갖는다.

04 백제·고구려의 멸망과 부흥운동

❶ 배 경

(1) 신라의 팽창

고구려가 수·당의 침략을 막아내는 동안 신라에서는 신흥귀족인 김춘추가 김유신과 제휴하여 권력을 장악한 후 집권체제를 강화하였으며, 이어 고구려와 백제에 대항하면서 삼국간의 항쟁을 주도해 나갔다.

(2) 나·당 연합군의 결성

① **신라의 고립** : 신라는 백제 의자왕의 공격으로 대야성을 비롯한 40여개의 성(城)을 상실하자 고구려에 구원을 요청하였으나 연개소문이 거절하였다. 이에 당과 군사동맹을 맺어 백제와 고구려를 멸망시키고 한반도를 통일하려 하였다.

② **당의 입장** : 고구려의 침략에 실패한 당은 신라를 이용하여 한반도를 장악하려는 야욕을 가지고 있었다.

③ **신라와 당의 연합** : 백제와 고구려의 양면공격으로 위기에 처하게 된 신라는 진덕여왕(648)때 김춘추가 당에 건너가 나·당 동맹을 맺었다.

❷ 백제의 멸망(의자왕, 660)

(1) 원 인

안으로 의자왕의 향락과 충신 성충과 흥수의 유배, 지배층의 내분으로 국론이 분열되어 국가적 일체감을 상실함으로써 쇠퇴하고 있었다.

(2) 경과와 멸망

김유신이 이끈 5만의 신라군은 탄현(현, 옥천)을 넘어 황산벌에 이르렀고, 소정방(蘇定方)이 이끈 당군은 금강하류로 침입하였다. 백제의 계백장군이 이끄는 5천의 결사대가 결전하였으나 중과부적으로 패하였고, 수도인 사비성을 나·당연합군이 함락시켰다(660).

(3) 백제 고토의 지배와 부흥운동

① **백제 영토에 대한 당의 지배** : 당은 백제 고토에 웅진도독부를 두고 의자왕의 아들인 부여 융을 웅진도독으로 삼아 한반도 지배야욕을 드러냈다.

② **백제의 부흥운동** : 왕족 복신과 승려 도침은 주류성(서천)에서 왕자 풍(豊)을 받들고 일본의 도움을 받으며 200여 성을 회복하고 사비성과 웅진의 당군을 공격하면서 부흥운동을 일으켰다. 그 후 임존성(예산)에서 흑치상지가 일어났으나, 나·당 연합군의 공격과 내분으로 4년만에 망하였다. 즉, 복신은 도침을 죽였으나 풍에게 죽음을 당하고, 흑치상지는 당나라에 들어가서 무공을 세웠다.

③ **특징** : 왜(倭)의 수군이 부흥군을 지원하기 위하여 백강 입구까지 왔으나 패하여 쫓겨갔다(663).

❸ 고구려의 멸망(보장왕, 668)

(1) 원 인

① **국력의 소모** : 소정방의 당군을 주축으로 한 나·당연합군의 침입(661)을 연개소문의 강력한 방어로 막아내었으나 거듭된 전쟁으로 요동방어선이 점차 무너졌다.

② **지배층의 내분** : 연개소문이 죽고 정치적 불안정으로 민심이 떠나는 계기가 되었으며 장자 남생이 막리지가 된 후 남건·남산의 두 동생에게 쫓겨 당에 항복하였고, 연정토(연개소문의 동생)는 10여 성(城)을 들어 신라에 투항했다.

(2) 경과와 멸망

고구려의 내분을 틈타 이세적, 설인귀 등이 이끄는 당군과 김인문이 이끈 신라군이 협공하여 평양성을 함락하였다(668).

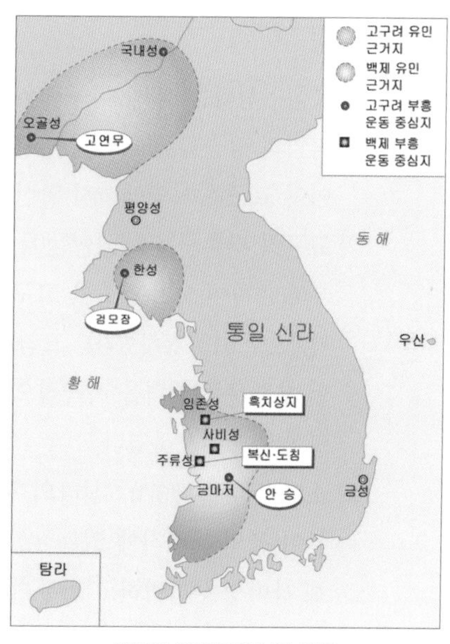

백제와 고구려의 부흥 운동

(3) 고구려 고토의 지배와 부흥운동

① **고구려 영토에 대한 당의 지배** : 당은 고구려의 고토 평양에 안동도호부(安東都護府)를 두고 설인귀로 하여금 다스리게 하였으며, 그 후 많은 고구려인을 당으로 이주시켰다.

② **고구려의 부흥운동** : 검모잠은 사야도(덕적도)에서 거병하여 왕족인 안승을 받들고 한성(재령)에서 부흥운동을 일으켰으나 안승에게 피살당하였다. 그러나 신라는 백제의 부흥과는 달리 이를 회유하여 대당전쟁에 이용하고, 민족 융합을 기도하려고 하였기 때문에 우선 안승을 신라로 귀화시켜 금마저(익산)에서 소고구려왕으로 봉하였다.

③ **부흥운동의 실패와 의의** : 고구려 부흥운동은 백제와는 달리 신라의 적극적인 포섭과 당과 적대적인 관계에 있던 신라의 도움을 받으면서 기세를 떨쳤으나 결국에는 실패로 돌아갔다. 그러나, 7세기 말 고구려 유민들에 의해 발해가 건국됨으로써 고구려의 전통은 계승되었다.

05 신라의 삼국통일

❶ 나·당전쟁(668~676)

(1) 원 인

백제와 고구려를 멸망시킨 후 당은 백제의 옛 땅에 웅진 도독부(664)를 두고 유인원(劉仁願)을 도독에 임명하고, 신라의 본토에는 계림 도독부(663)를 두어 신라왕을 계림주대도독으로 임명하였으며, 평양에는 안동 도호부(668)를 설치하여 설인귀를 도호에 임명하여 한반도 전체에 대한 지배권을 확보하려 하였다.

(2) 과 정

① **특징** : 신라는 백제, 고구려의 유민들과 연합하여 백제 지역의 당군을 공격하면서 대당전쟁이 시작되었으며, 이어 고구려 지역에까지 확산되었다.

② **고구려 부흥군을 대당항쟁에 이용** : 안승이 신라에 귀부(669)하여 오자 안승을 고구려 왕에 봉하였고(뒤에 보덕왕으로 고쳐 봉하였다), 고염무와 검모잠이 이끌고 있던 부흥운동 세력을 적극적으로 지지하고 후원하여 대당항쟁에 이용하였다.

③ **소부리주 설치**(671) : 신라의 장군 품일(品日)이 당군과 부여 융의 지배하에 있는 82성을 공취하고(670), 이듬해 사비성을 함락하고 소부리주를 설치하여 백제 땅에 대한 지배권을 장악하였다.

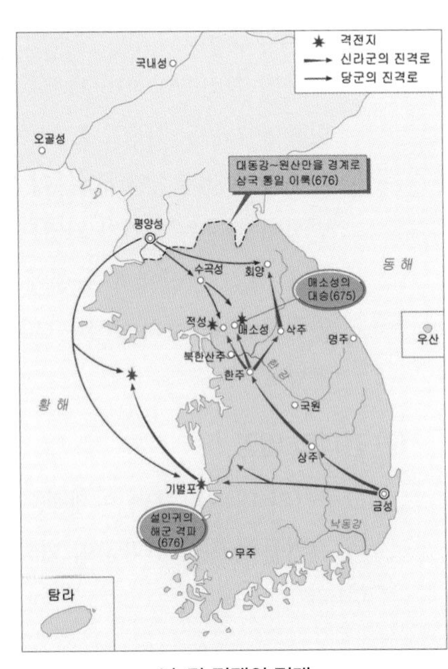

나·당 전쟁의 전개

④ **매소성 전투(675)** : 이근행(李謹行)이 이끄는 당의 20만 대군을 매소성(경기 연천)에서 크게 격파하여 전쟁의 주도권을 장악하였다.

⑤ **기벌포 전투(676)** : 금강하구의 기벌포(충남 서천)에서도 당(설인귀)의 수군을 섬멸하여 완전히 축출하고 안동도호부를 평양성에서 요동성으로 밀어냄으로써 삼국통일을 이룩하였다(문무왕 16년, 676).

❷ 한 계

① **한계** : 통일 과정에서 외세를 이용하였다는 점과 대동강에서 원산만 이남만을 경계로 한 통일이었다.

② **의의** : 신라가 나·당전쟁을 통하여 무력으로 축출하였으며, 고구려와 백제 문화의 전통을 수용하고 경제력을 확충함으로써 민족 문화가 다양하게 발전하여 민족 문화의 기반이 확립되었다.

남·북국 시대의 정치

핵심 출제포인트

- 신문왕의 업적은 출제율이 매우 높은 주제이므로 신문왕의 왕권 강화와 정책은 반드시 정리해야 한다.
- 발해의 주요 국왕의 업적과 고구려 계승 증거를 파악해야 한다.
- 통일신라와 발해의 통치체제는 해당 국가를 추론하는 자료로 제시되거나 난이도를 높여 출제될 수 있으니 특징을 파악하는 학습을 통해 고난도 문항에 대비해야 한다.

01 통일신라의 발전

신라사 시대 구분

구분 \ 시대	1.박혁거세 ~ 22.지증왕	23.법흥왕 ~ 28.진덕여왕	29.무열왕 ~ 36.혜공왕	37.선덕왕 ~ 56.경순왕
삼국유사	상고(신라 고유왕명)	중고(불교식왕명)	하고(중국식 시호제)	
삼국사기	상대		중대	하대
골 품	성골		진골(무열계)	진골(내물계)
통치변화	귀족 연합 체제		전제 왕권 강화	귀족 연립 체제

❶ 왕권의 전제화

(1) 배 경

영역의 확대, 인구의 증가, 생산력의 확대, 대외관계의 안정, 강력한 군사력의 확보 등을 바탕으로 정치가 안정되었다.

(2) 정비 과정

① 무열왕(654~661) : 왕권이 전제화 될 수 있는 바탕을 마련하였다.

㉠ 왕위 경쟁의 승리 : 상대등 비운·알천(閼川)과의 경쟁에서 승리하고, 김유신의 후원을 받아 상대등 비담(毗曇)의 반란을 진압한 후 진골 출신으로서는 처음으로 왕위에 올랐다.

㉡ 사회적 제약 탈피 : 김유신의 누이를 왕비로 삼아 박씨 왕비의 전통을 없앴다.

㉢ 무열왕계의 왕위 계승 : 백제와 고구려에 대한 삼국통일 전쟁을 치르는 과정에서 확립된 전제왕권은 이후 8세기 후반까지 무열왕의 직계 자손이 왕위를 계승할 수 있었다.

㉣ 권력기구의 변화 : 왕명을 받들고 기밀 사무를 관장하는 집사부 시중의 기능을 강화하고, 귀족의 이익을 대변하던 상대등의 세력을 억제하였다.

시중

경덕왕 6년(747) 까지는 중시라고 하였으나 그 뒤에 시중으로 바꾸었다. 상대등과는 대립적인 성격을 지닌 시중은 통일 직후 왕권이 전제화 되었을 때에는 권한이 강화되었다.

② **문무왕**(661~681) : 통일 왕국을 형성하였으며, 우이방부를 설치하고 일본과 수교하였다.

③ **신문왕**(681~692)

㉠ **정치세력 재편성** : 신문왕이 즉위하던 해에 왕의 장인 김흠돌이 흥원, 진공 등과 함께 일으킨 모역 사건이 있었는데 이 사건에 많은 귀족들이 관련되어 있어서 귀족들에 대한 대대적인 숙청이 행해졌고, 이를 계기로 6두품의 정치적 후원을 받아 왕권이 전제화되었다.

㉡ **중앙제도 정비** : 예작부와 공장부를 설치하여 6전 조직을 완비하고, 집사부 등 14부를 정비하였다.

㉢ **지방제도 정비** : 9주 5소경을 조직하여 중앙집권적 통치체제를 강화하였다.

㉣ **군사조직 정비** : 중앙군은 9서당, 지방군은 10정으로 정비하였다.

㉤ **지방세력 견제** : 여·제의 지배세력을 지배체제 속에 편입하고 상수리 제도를 실시하였다.

㉥ **유학사상 강조** : 유교 정치이념의 확립을 추진하였으며, 이를 위해 국학을 설립하였다.

㉦ **토지제도 정비** : 관료전을 지급하고 이를 토대로 녹읍을 폐지하고 식읍을 제한하여 귀족의 경제적 기반을 약화시켰다.

㉧ **만파식적 전설** : 왕실의 번영과 평화를 상징하는 것으로 신문왕 때 제작된 전설상의 피리이다.

만파식적(萬波息笛 : 거센 물결을 자게 하는 피리)

문무왕이 사후에 된 해룡과 김유신이 사후에 된 천신이 합심하여 대나무로 만든 피리를 용을 시켜 신문왕에게 보냈다는 전설의 피리로 '피리를 불면 적병이 물러가고 병이 나았다. 가뭄에는 비가 오고, 장마가 개고, 바람이 가라앉고, 파도가 그쳤다.'고 하여 만파식적으로 부르게 되었는데, 효소왕 때에 이르러서는 '만만파파식적'이라 불렀다.

④ **효소왕**(692~702)

㉠ **업적** : 신문왕의 맏아들로 의학박사를 두었으며, 서시와 남시를 설치하였다.

㉡ **대조영에 대아찬 수여** : 대조영이 발해를 건국하고 신라에 사신을 보냈을 때 대조영에게 5관등 대아찬 관직을 하사하였다.

⑤ **성덕왕**(702~737) : 전제왕권이 안정되어 통일신라는 극성기를 이루었다.

㉠ **정전(丁田)의 지급** : 일반 백성(농민)에 대한 지배력을 강화하였다.

㉡ **발해와의 경계 확립** : 강릉지방의 북쪽에 장성을 축조하였다.

㉢ **당과 공식 수교** : 당과의 국교가 이루어져 보다 더 활발한 교류가 이루어졌다.

⑥ **경덕왕**(742~765) : 국학을 태학감으로 개칭하고, 집사부의 '중시'를 '시중'으로 격상하였다.

⑦ **혜공왕**(765~780) : 귀족들의 반란(대공의 난, 96각간의 난, 김지정의 난)으로 국왕이 피살되어 126년간 지속되어 오던 신라 중대의 통치체제는 붕괴되었다.

❷ 결 과

(1) 진골귀족 세력의 약화

김씨 왕족은 왕권의 옹호세력으로 변질되고, 박씨 세력이나 가야계 귀족과 고구려계 귀족은 점차 정권에서 소외되었다.

(2) 6두품 세력의 부각

왕권과 결탁하여 상대적으로 부각되면서 학문적 또는 종교적 식견을 바탕으로 왕의 정치적 조언자로 활동하거나 집사부 시랑 등의 관직에 등용되어 행정실무를 담당하였다.

02 통일신라의 통치체제

❶ 중앙 정치 제도

(1) 특 징

① **독자성 유지** : 당의 6전체제를 수용한 면은 있으나, 행정 각부 간의 서열이 당의 그것과 근본적으로 달랐다.

② **행정부처의 부(部)와 부(府)의 구분** : 행정 각 부(14부)의 경우 부(部)자가 붙은 4개(병부, 예부, 집사부, 창부)의 관청은 부족적 전통을 지닌 관부로서 부(府)보다 한 단계 높은 지위를 가지고 있다.

③ **복수제와 겸직제** : 각 행정 부처의 장·차관이 복수제이며, 겸직제이다.

④ **권력의 분산에 따른 상호 견제** : 행정상의 필요에 따라 예부와 영객부의 분리, 선부와 승부의 분치 등은 각 관청 상호간에 견제와 균형의 의미가 있다.

(2) 집사부 기능 강화

① 집사부는 귀족적 전통보다는 왕권의 지배를 받는 행정부의 성격을 가진 기구로 국가의 기밀사무를 관장하였는데 전제 왕권의 확립에 따라 귀족세력을 대표하는 상대등은 세력이 약화되어 간 반면, 왕권을 대변하는 집사부의 중시는 그 지위가 더욱 강화되었다.

② 장관은 진골 출신의 중시로 하고 그 아래 전대등(경덕왕대에 시랑으로 고침), 대사(뒤에 낭중으로 고침) 등이 있었으며, 신라 하대 흥덕왕 때(829)에는 집사성(執事省)으로 승격하여 여러 관부를 총괄하였다.

(3) 사정부 기능 강화

관리들의 비리와 부정을 방지한 감찰기구로 이미 진흥왕 5년(544)에 경(卿)이 설치되었지만 사정부로 격상된 것은 무열왕 6년(659)으로 이는 감찰 업무의 중요성이 커진 것을 의미한다.

(4) 6전 조직 완비

집사부를 중심으로 병부, 예부, 창부, 위화부, 예작부, 좌·우 이방부 등 14개의 관청으로 정비되어 행정업무가 분담되었다.

(5) 유교 정치이념 수용

신문왕 때 국립대학 국학을 설립하여 유교 정치이념을 바탕으로 한 인재를 양성하였다.

(6) 중국식 명칭 사용

8세기 후반에는 관료조직을 재정비함으로써 집권력을 강화하려는 의도에서 관청과 행정구역의 이름을 중국식으로 고치는 개혁이 이루어졌으나 귀족세력의 반발로 인하여 실패로 돌아갔다.

통일신라의 중앙 관제

명 칭	장관	설치 연대	6부와의 비교	임 무
병부(部)	령(令)	법흥왕 3(516)	병부	내외의 병마사
위화부	령	진평왕 3(581)	이부	관리의 인사
조 부	령	진평왕 6(584)		조세의 사무
승 부	령	진평왕 6(584)		거마, 교통
예부(部)	령	진평왕 8(586)	예부	의례
영객부	령	진평왕43(621)		외국 사신의 접대
집사부(성)(部)	중시(시중)	진덕여왕 5(651)		국가 기밀 사무
창부(部)	령	진덕여왕 5(651)	호부	재정, 회계
좌이방부	령	진덕여왕 5(651)	형부	형사, 법률
우이방부	령	문무왕 8(667)		
사정부	령	무열왕 6(659)		감찰, 규찰
선 부	령	문무왕 18(678)	공부	선박, 해상
공장부	감(監)	신문왕 2(682)		공장의 사무
예작부	령	신문왕 6(686)		토목, 건축, 영선

❷ 지방 행정조직

(1) 정비 방향

신라 지방 통치조직의 기본은 주, 군, 현 이었으나 통일 이후에 확대된 영토를 통치하기 위하여 신문왕 5년(685)에 전국을 9주로 5소경으로 정비하였다.

(2) 9주 5소경

① 9주

㉠ 신라의 5주를 기본으로 백제와 가야지역에 4주를 설치하였다.

㉡ 주에는 총관(뒤의 도독)이, 주 아래의 군현에는 태수와 현령이 각각 중앙에서 파견되었다.

㉢ 군·현 아래의 촌은 토착세력인 촌주가 지방관의 통제를 받으면서 다스렸다.

㉣ 주·군에는 감찰임무를 가진 외사정을 둠으로써 중앙집권적 통치조직을 강화하였다.

지방장관의 명칭 변화

군주(지증왕) ⇨ 총관(문무왕) ⇨ 도독(원성왕)으로 바뀌었는데, 이는 군사적 기능이 약화되는 대신에 행정적 기능이 강화된 것을 의미한다.

② 5소경

㉠ **위치** : 옛 삼국의 위치를 고려하여 군사와 행정의 요지에 중원경(충주)을 시발로 금관경(김해), 서원경(청주), 남원경(남원), 북원경(원주)이 설치되었다.

㉡ **장관** : 사신(仕臣)이라 하였으며, 대부분 진골중에서 선발되었다.

㉢ **목적** : 동남쪽에 치우친 수도의 편재성을 보완하고 정복한 국가의 귀족들을 강제로 이주시켜(중원경에 강수·우륵·김생, 남원경에 약사·법경) 통제하며, 피정복민을 회유하고 지방의 균형적 발전과 문화를 보급하고자 한 것이다.

9주 5소경

통일신라의 민족융합책

① 백제와 고구려인들을 그 지위에 따라 신라 관등을 배정하여 신라의 지배층 집단으로 편입하였다.

② 옛 삼국의 위치를 고려하여 9주 5소경 체제를 정비하였다.

③ 9서당에 백제인, 고구려인, 보덕국인, 말갈인까지 포함하였다.

(3) 촌(村)

① **구성** : 몇 개의 자연촌이 합쳐져서 이루어진 행정적인 지역촌이다.

② **통제** : 토착세력인 촌주가 다스렸고 촌주들은 현령에 의해 통제되었다.

(4) 특수 행정구역

① **향·부곡** : 농경이나 목축·수공업 등에 종사하였다.

② **특징** : 향에는 지방관으로 향령이 파견되었으며, 토착 세력으로 향촌주가 존재하고 있었다.

(5) 상수리 제도

① **성격** : 지방세력을 억제하고 중앙집권화를 위해 지방 호족을 중앙에 인질로 머물게 하였다.

② **계승** : 고려시대의 기인제도(호족의 자제)와 조선시대의 경저리·영저리 제도로 계승되었다.

❸ 군사 조직

(1) 중앙군(9서당)

중앙군 조직인 서당은 신문왕 때 완성되었는데, 고구려인·보덕국인·백제인은 물론 말갈족까지 포함시켜 편성하였다. 각 서당은 옷소매 색깔로 하였으며, 이는 피정복민을 회유하기 위한 민족 융합의 성격을 띠는 것이기도 하였다.

(2) 지방군(10정)

지방 통치의 거점이 되는 9주에 각 1정의 군부대를 배치하였으나, 북쪽의 한주(한산주)만은 국방의 요지인 지역의 특성을 고려하여 2개의 정을 설치하였다.

9서당·10정

9서당(誓幢)		10정(停)		
명칭(옷깃색)	구성인	명 칭	소속 주현	현 지명
녹금(祿衿)서당	신라인	음리화정(音里火停)	상주 청효현	경북 상주
자금(紫衿)서당		삼량화정(參良火停)	양주 현효현	경북 달성
비금(緋衿)서당		고양부리정(古良夫里停)	웅주 청정현	충남 청양
황금(黃金)서당	고구려인	거사물정(居斯勿停)	전주 청웅현	전북 임실
백금(白衿)서당	백제인	소삼정(召參停)	강주 현무현	경남 함안
청금(靑衿)서당		미다부리정(未多夫里停)	무주 현웅현	전남 나주
적금(赤衿)서당	보덕국인	남천정(南川停)	한주 황무현	경기 이천
벽금(碧衿)서당		골내근정(骨乃斤停)	한주 황효현	경기 여주
흑금(黑衿)서당	말갈인	벌력천정(伐力川停)	삭주 녹효현	강원 홍천
		이화혜정(伊火兮停)	명주 녹무현	경북 청송

03 발해의 건국과 발전

❶ 건 국

고구려의 장군 출신인 대조영을 중심으로 한 고구려 유민과 말갈집단이 결합하여 전쟁의 피해를 거의 받지 않았던 만주의 동부지역인 길림성의 돈화시 동모산 기슭에 자리를 잡고 건국(698)하여 국호를 '진(震)'이라 하다가 713년에 '발해(渤海)'로 고쳤다. 이로써, 남쪽의 신라와 북쪽의 발해가 함께 발전한 남북국의 형세를 이루게 되었다.

사료읽기

발해의 건국

옛 고구려의 장수 대조영은 태백산의 남쪽 성(城)에 자리를 잡을 수 있어서 측천무후 원년에 나라를 열어 진(振)이라 고 하였네. 우리 태조 8년에 그 나라 사람들이 서로 이끌어 개경에 와서 뵈니 누가 변란을 미리 알고 먼저 귀부하였나? 예부경과 사정경이었다네 .

》「제왕운기」

❷ 성 격

(1) 민족 구성

① **지배층** : 고구려인들이 주축을 이루었고, 외국에 파견한 사신들은 고구려계의 고씨들이 많았다.

② **피지배층** : 주로 말갈족으로 구성되어 있었는데 이들은 옛부터 고구려의 지배를 받았으며, 발해가 건국되자 이에 예속되었다. 이들 중에 오(烏)씨, 모(慕)씨의 경우는 지배층으로 상승하기도 하였다.

(2) 고구려 계승의 증거

① **외교면** : 무왕 때 일본에 보낸 외교문서에 '복고려지구거 유부여지유속(復高麗之舊居 有夫餘之遺俗)'과 '고려국(高麗國)'이라 하였으며, 759년 발해의 문왕이 일본에 사신을 보내면서 스스로를 '고려국왕 대흠무'라고 불렀다. 일본에서도 발해의 왕을 '고려국왕'으로 불렀으며 발해를 '고려', '발해의 사신'을 '고려의 사신'으로 표현한 사례가 많이 있다.

② **문화면** : 온돌구조, 불상, 굴식돌방무덤, 돌사자상, 미술 양식 등이 고구려와 흡사하다.

❸ 발 전

(1) 영 역

건국 이후 돌궐과 통교하여 당을 견제하기도 하고 당과 외교관계를 맺으면서 체제가 정비되고 국력이 신장되면서 만주의 대부분과 연해주에 걸치는 넓은 영토를 확보하여 고구려의 옛 영역을 대부분 회복하였다.

발해의 영역

(2) 발전 과정

① **무왕**(대무예, 719~737) : 대외 팽창기

㉠ **연호사용** : '인안(仁安)'이라는 독자적인 연호를 사용하였다.

㉡ **영토확장** : 당과 대결하면서 동쪽의 여러 부족을 복속시켜 영토를 확장하고 국가의 기반을 확실히 하였으며, 국도를 동모산에서 중경으로 옮겼다.

② **문왕**(대흠무, 737~793) : 체제 정비기

㉠ **연호사용** : '대흥(大興)'이라는 연호 사용과 당으로부터 독립 국가(발해郡王 → 발해國王)로 인정받았다.

㉡ **외교정책** : 당과 친선관계를 맺고 제도와 문화를 수입하여 문화를 크게 발전시켰다.

㉢ **대학 설립** : 주자감을 설치하여 유교 교육과 인재 양성에 힘썼다.

㉣ **지방제도 정비** : 부, 주, 현 제도와 5경제의 지방행정제도를 정비하였다.

㉤ **신라도 개설** : 신라와 상설교통로(신라도 : 상경~금성)를 개설하여 대립관계를 해소하려 하였다.

ⓗ **수도이동** : 국력이 신장되어 국도를 중경에서 상경으로 다시 동경으로 이동하였다(⇨ 5대 성왕 때 상경 재천도).

③ **선왕**(대인수, 818~830) : 전성기

㉠ **영토확장** : 영토의 확장을 꾀하여 북쪽에 있는 여러 부족을 병합하여 고구려의 옛 영역을 대부분 회복하였다. 그 영역은 북으로 흑룡강, 동으로 연해주, 서로는 요동, 남으로는 영흥에 이르렀다.

㉡ **지방제도 정비** : 지방 행정조직을 5경, 15부, 62주로 정비하여 광대한 영토를 효과적으로 통치하였다.

㉢ **해동성국** : 당으로부터 '해동성국(海東盛國)'이라는 칭호를 듣기에 이르렀다.

④ **애왕**(대인선, 906~926) : '청태'라는 연호를 사용하였으며, 거란(요)에 멸망하였다(926).

(3) 전제 왕권의 확립

① **연호의 사용** : 천통(고왕=대조영), 인안(무왕), 대흥(문왕), 건흥(선왕) 등의 독자적인 연호의 사용하여 중국과 대등한 지위를 강조하였으며, 왕권의 강함을 표현하였다.

② **왕위 상속** : 왕위상속이 부자상속에서 장자상속제(동궁제)로 확립되었다.

③ **관료제도 정비** : 6부의 명칭과 왕을 '가독부(可毒夫)'라고 하는 등 관료조직이 정비되었다.

❹ 대외 관계

(1) 당과의 관계

① **적대관계**(무왕, 8세기 초반)

㉠ **원인** : 발해의 세력이 강해지자 흑수부 말갈이 발해와의 화친관계를 깨고 당나라에 보호관계를 요청하자 당이 흑수부 말갈에 도독부를 설치하여 발해를 견제하였으며, 신라도 북방 경계를 강화하였다.

㉡ **경과** : 이에 반발한 무왕은 장문휴로 하여금 수군을 이끌고 산둥지방을 공격(732)하는 한편, 요서지방에서는 당군과 격돌하였다.

㉢ **결과** : 발해는 당과 신라의 공격(733)을 양면으로 받았지만, 이를 격퇴하면서 국가적 발전을 이룩하였다.

② **친선관계**(문왕, 8세기 후반) : 발해는 당과 화친을 맺고 사신을 자주 파견하였으며, 많은 유학생들이 당의 빈공과에 합격하기도 하여 당의 발달된 문물이 수입되고 무역도 빈번히 이루어졌다.

(2) 일본, 돌궐과의 관계

발해는 당과 신라의 협공을 견제하고 고립을 탈피하기 위해서 일본과 빈번히 교류하였으나 일본은 "발해는 무역상이지 우호국으로 보기 어렵다"고 부정적으로 보면서 발해와의 사적인 무역을 금지하였으나 교역은 계속 행하여졌다. 한편, 발해는 당을 견제하기 위해서 돌궐과 우호적인 관계를 유지하였다.

(3) 신라와의 관계

① **동족의식 존재(교류 관계)** : 원성왕 6년(790), 헌덕왕 4년(812) 발해에 사신을 파견하였으며, 상설 교통로인 '신라도'를 통해 교역이 행해지고 있었다.

② **대립의식(불편한 관계)**

㉠ 당을 사이에 두고 문화적인 우월 경쟁과 대당 의존외교로 나타난 것이지만, 당의 견제정책(以夷制夷)에 의하여 이같은 상황은 더욱 조장되었다.

㉡ 당에 간 발해와 신라의 사신이 서로 상석에 앉기를 다투거나(爭長사건), 빈공과의 합격자 서열 사건(登第序列 사건)이 있었다.

발해와 신라의 대립의식

① 쟁장사건(효공왕, 897) : 당에 간 발해의 사신이 신라의 사신보다 상석에 앉을 것을 요청하다 거절당한 사건.
② 등제서열 사건(효공왕, 906) : 신라의 최언위가 발해의 오광찬보다 빈공과의 등제석차가 앞서자 당에 사신으로 온 오소도(오광찬의 父)가 아들의 석차를 올려달라고 요청하였다가 거절당한 사건.

❺ 멸망(926)

(1) 원 인

① **거란의 세력 확대** : 10세기 초에 이르러 부족을 통합한 거란이 동쪽으로 세력을 확대하였다.

② **귀족들의 권력 투쟁** : 발해 내부에서 귀족들의 권력 투쟁이 격화되어 국력이 크게 쇠퇴하였다.

(2) 경 과

15대 229년 가까이 지속되어 오던 발해는 거란의 침입을 받아 멸망하였다. 이때가 제15대 애왕(대인선) 때였다.

(3) 부흥운동의 전개

고려에 흡수되거나(대광현), 정안국(926~986), 흥요국(1020), 대원국(1107) 등을 세우기도 하였다.

(4) 결 과

① **만주에 대한 지배력의 약화** : 발해의 부흥운동이 실패함으로써 그동안 우리 민족의 주된 활동 무대의 일부였던 만주지방을 상실하였다.

② **고려의 유민 포섭** : 발해의 태자 대광현 등이 고구려 계통의 유민들을 이끌고 고려로 들어오자 고려는 민족 융합 정책과 북진정책의 일환으로 이들을 흡수하였다.

❻ 인식과 문헌

(1) 인 식

발해에 대한 인식은 18세기 실학자들의 국학에 대한 관심과 함께 국사의 정통성이 강조되면서 그에 대한 새로운 연구가 나타났다.

(2) 문 헌

① 이승휴 「제왕운기」 : 발해 역사를 민족사 안에 편입시키려는 태도를 짧게 언급하고 있다.

② 유득공 「발해고」 : 처음으로 발해를 한국사의 체계에 넣어 발해와 통일신라 시대를 남북국시대로 인식해야 한다는 논리적 근거를 제시하였다.

③ 기타 : 이종휘 「동사」, 한치윤 「해동역사」, 서상우 「발해강역고」, 홍석주 「발해세가」, 정약용 「아방강역고」, 신채호 「조선상고사」, 장지연 「백두산정계비고」 등이 있다.

04 발해의 통치체제

❶ 중앙 정치조직

(1) 3성 6부제

왕(가독부)
- 정당성(상서성) — 왕명 집행
  - 좌사정 — 충부(이부), 인부(호부), 의부(예부)
  - 우사정 — 지부(병부), 예부(형부), 신부(공부)
- 선조성(문하성) — 왕명 반포
- 중대성(중서성) — 왕명 작성
- 중정대(어사대)
- 문적원(비서성)
- 주자감(국자감)

발해의 중앙 관제〈( )는 당 관제〉

① 특징 : 당의 3성 6부제를 모방하였으나 독자성을 가지고 있다.

② 조직 : 정당성·선조성·중대성의 3성과 충부·인부·의부·지부·예부·신부의 6부를 골격으로 하였다.

③ 관제의 독자성

㉠ 정당성 중심 : 당(唐)과는 달리 정당성의 장관인 대내상이 선조성의 장관인 좌상(左相)과 중대성의 장관인 우상(右相)을 통괄함으로써 관제가 정당성을 중심으로 운영되었고, 이곳에서 귀족들이 모여 회의를 통하여 국가의 중대사를 결정하는 등 그 권한은 절대적인 것이었다.

㉡ 이원적 통치체제 : 정당성의 좌사정(좌윤)은 충·인·의부를, 우사정(우윤)은 지·예·신부를 각기 통제하도록 하였다. 6부의 명칭은 유교적인 성격을 지닌 것으로 전제주의에 입각한 유교적인 정치체제를 정비한 결과이다.

(2) 중정대(대중정)

관리들의 비위를 감찰하는 기구로 당의 어사대 기능에 해당한다.

(3) 문적원(감)

도서 편찬과 보관을 담당한 기구로 당(唐)의 비서성 기능에 해당한다.

(4) 주자감(장)

최고의 교육기관으로 당(唐)의 국자감에 해당한다.

❷ 지방 행정조직

(1) 5경(京)

① **성격** : 전략적 요충지에 설치된 특수 행정구역으로 신라의 5소경과 비슷하였다.

② **명칭** : 수도인 상경을 비롯한 중경, 동경, 서경, 남경을 두어 행정의 원활을 꾀하였다.

(2) 15부, 62주, 현

① **조직** : 지방 행정의 중심은 15부였으며, 주와 현이 그 밑에 편성되어 있었다.

② **지방관 파견** : 고구려인으로 임명하였으며 부에는 도독, 주에는 자사, 현에는 현승(縣丞)을 파견하였다.

(3) 촌

지방 행정 조직의 말단인 촌락은 말갈인 유력자를 수령(首領)으로 임명하여 통치하였고, 현승의 통제를 받았다.

❸ 군사 조직

(1) 중앙군

① **편제** : 10위로 조직하고, 각 위마다 대장군과 장군을 두어 통솔하게 하였으며 왕궁과 수도의 경비를 담당하였다.

② **구성** : 「신당서」〈발해전〉에 의하면 좌·우 맹분위, 좌·우 웅위, 좌·우 비위, 좌·우 남위, 좌·우 북위의 10위가 있었다 하는데 그 전체의 모습을 살피기에는 한계가 있다.

(2) 지방군

농병일치의 군사조직이 촌락 단위로 조직되었으며, 지방관이 지휘하였다.

(3) 특 징

초기 군사의 병력은 10만 명 가량이었고, 전성기에는 20만 명 가까이 되었다.

05 신라 하대의 모순

❶ 골품제도의 동요

(1) 진골귀족의 분열

① **전제왕권의 약화** : 경덕왕 때에 오면서 진골 귀족사이에서 왕권의 전제주의를 타도하려는 운동이 일어났고, 전제왕권을 뒷받침하던 김유신계 후손들도 몰락하여 갔다.

② **개혁의 실패** : 경덕왕은 왕권 강화를 위한 한화(漢化)정책을 근간으로 정치 개혁을 단행하였지만 실효를 거두지 못했다.

③ 대공(大恭)의 난 : 혜공왕 때에 전국의 96각간의 대란이 3년 동안 계속되었다.

(2) 전제왕권의 붕괴

① 과정 : 대공의 난을 진압한 김양상(金良相)이 혜공왕을 죽이고 선덕왕(내물계)으로 즉위하였다.

② 결과 : 하대의 신라는 귀족연립적인 방향을 취하게 되었다.

(3) 왕위쟁탈전의 전개

① 내물왕계의 왕위 계승 : 혜공왕이 피살되면서 태종 무열왕계의 왕위계승이 막을 내리고, 내물왕계인 선덕왕(김양상)과 원성왕(김경신)이 즉위한 이후 약 156년 간 신라 조정에서는 두 왕계(王系) 사이에 왕위쟁탈전이 전개되어 20명의 왕이 교체되었다.

② 귀족 상호간의 정권 탈취 싸움

㉠ 양상 : 귀족들은 경제적인 부를 이용하여 사병을 양성하고 무력항쟁을 전개하여 왕위는 혈통에 의하는 것이 아니라 정치적 실권과 무장력의 우월로 결정되는 사회가 되었다(43.희강왕 ⇨ 44.민애왕 ⇨ 45.신무왕).

㉡ 경과

㉮ 흥덕왕(826~839) : 828년 장보고가 청해진을 설치하고, 사치금지 교서를 반포하였다.(834)

㉯ 문성왕(839~857) : 844년 강화도에 혈구진을 설치하고, 846년 청해진 대사 장보고(궁복)가 자기 딸을 왕비로 맞이하지 않는 것에 불만을 품고 반란을 준비하다 암살되었다.

㉰ 진성여왕(887~897) : 각간 위홍과 대구화상에 의해 최초의 향가집 "삼대목"이 편찬되었으며, 전국적 농민 봉기의 효시인 889년 원종·애노의 봉기가 발생하였다. 또한 이 시기 최치원이 당에서 귀국하여 활동하였으며, 양길과 궁예의 빈번한 공격을 받기도 하였다.

㉱ 효공왕(897~912) : 900년 견훤이 완산주에서 후백제를 건국하고, 901년 궁예가 송악에서 후고구려를 건국한 후 904년 국호를 '마진'으로 바꾸고 철원으로 천도하였다(905). 이후 911년 국호를 '태봉'으로 변경하였다.

㉲ 경명왕(917~924) : 918년 왕건이 철원에서 고려를 건국한 후 919년 송악으로 천도하였다.

㉳ 경애왕(924~927) : 후백제 견훤의 침입으로 피살되었으며, 신라 지원에 나선 왕건은 대구 공산전투에서 대패하였다(927).

㉴ 경순왕(927~935) : 친신라 정책을 전개한 왕건에게 귀부하여 신라가 멸망하였으며, 그는 경주사심관에 임명되었다.

㉢ 결과 : 정치와 사회의 혼란은 더욱 가중되어 중앙 정부의 지방에 대한 통제가 크게 약화되었으며, 왕권은 약화되어 집사부 시중보다 상대등의 권력이 더 커졌다.

③ 지방세력의 반란

㉠ 김헌창의 난(헌덕왕, 822)

㉮ 원인 : 선덕왕이 죽자 김경신과 김주원이 서로 왕위를 다투었는데, 아버지인 김주원이 왕이 되지 못한데 대하여 불만을 품고 웅천도독 시절 국호를 장안(長安), 연호를 경운(慶雲)이라 하고 반란을 일으켰으나 중앙귀족의 연합세력에 의해 진압되었으며, 그의 아들인 범문도 난을 일으키다가 제거되었다(825).

㉯ **결과** : 일부 지방세력들이 중앙 정부에 반대하는 움직임을 보임으로써 중앙 정부의 지방에 대한 통제력이 더욱 약화되었다.

㉡ **김범문의 난**(헌덕왕, 825) : 김헌창의 아들로 고달산(여주)을 근거로 반란을 일으켰으나 실패하였다.

㉢ **장보고의 난**(문성왕, 846) : 자신의 딸을 문성왕의 왕비로 간택하려다 실패하자 난을 일으켰으나 염장에게 피살되었다. 그 결과 청해진이 폐지되었으며 백성들은 벽골군으로 집단 사민(徙民)되었다(851).

❷ 농촌의 피폐와 민란

(1) 원 인

① **귀족들의 수탈** : 녹읍을 토대로 한 귀족들의 지배가 유지되는 한편, 대토지의 소유가 확대되었다.

② **농민의 부담 가중** : 자연 재해가 잇따르고, 왕실과 귀족들의 사치와 향락으로 국가재정이 궁핍해지면서 농민들에 대한 강압적인 수취가 뒤따랐다.

(2) 결 과

중앙 정부에 대한 불평과 불만이 높아지면서 각지에서 농민들이 봉기하였으며, 살기 어려워진 농민들은 토지를 잃고 노비가 되거나 초적(草賊)이 되어 도둑질을 하게 되었다.

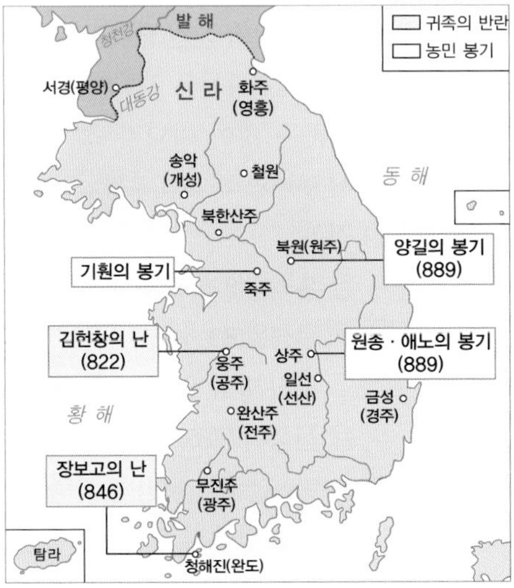

신라 하대의 혼란

❸ 지방 호족의 성장

(1) 유 형

① **해상 세력** : 9세기 중엽 문성왕 이후 산업의 발달과 조선술의 발달로 대외무역이 크게 번성하면서 성장하였다(장보고, 왕봉규, 작제건 등).

② **초적 세력** : 기근과 조세 등에 시달려 생활 형편이 어려운 농민과 적과적(赤袴賊)들이 규합한 세력들이다(기훤, 양길, 궁예 등).

③ **군사 세력** : 지방의 군사력을 배경으로 하였다(견훤).

④ **토호 세력** : 군 단위의 지방을 다스리면서 행정조직을 갖추었는데 그 유형에는 촌주, 중앙의 낙향 귀족, 지방관 등이 있었다(홍술, 선필, 박수경, 김순식 등).

(2) 동 향

① **반독립적 세력** : 농민 봉기를 배경으로 전국 각처에서 일어나 점차 중앙 정부의 통제에서 벗어났다.

② **행정권·군사권·경제권 장악** : 군 단위의 자기 근거지에 성(城)을 쌓고, 농장과 군대를 보유하여 스스로 성주(城主) 또는 장군(將軍)이라 칭하였다.

③ **선종·풍수지리설과 연계** : 교종의 권위에 도전하였으며, 신라 정부의 권위를 약화시켰다.

④ **6두품과의 연계** : 도당유학생들과 결탁하여 신라 골품제 사회를 비판하면서 새로운 정치 이념을 제시하여 고려 왕조 개창의 주역으로 성장하였다.

(3) 영 향

신라의 골품제 사회가 점차 해체되어 갔고, 새로운 중세사회로의 진입을 준비하기에 이르렀다.

❹ 선종과 풍수지리설의 유행

(1) 선 종

전통적인 불교 종파인 교종에 반발하여 사상면에서도 전환이 이루어져 갔다.

(2) 풍수지리설

신라 말 도선(「도선비기」)에 의해 크게 선양되었으며, 지방의 호족들은 각자의 근거지를 명당으로 여김으로써 그들의 존재 합리화에 이용하여 신라 정부의 권위를 부정하고 약화시키는 역할을 하였다.

❺ 6두품의 동향

(1) 유교 정치 이념의 제시

당의 유학에서 돌아온 일부 유학생과 선종 승려 등은 골품제 사회를 비판하면서 능력 중심의 과거제도와 유교 정치이념을 제시하였다(최치원).

(2) 반신라적 성향 견지

진골귀족에 의하여 뜻을 펼 수 없게 되자 은거하거나 지방의 호족세력과 연계하여 사회개혁을 추구하였다(최언위, 최승우).

제 2 편

고대의 경제

제1장 삼국의 경제

핵심 출제포인트

- 삼국의 경제사는 출제율은 다소 낮으나 신분별 경제생활을 묻거나 토지제도를 중심으로 출제된다.
- 기본적인 경제의 용어만 정리하면 된다.

01 삼국의 경제정책

❶ 수취제도의 정비

(1) 합리적인 세금의 징수

① **배경** : 삼국은 전쟁에 필요한 물자를 농민에게 거두고 그들을 군사로 동원하였다. 그러나 이러한 과도한 수취는 농민경제의 발전을 억누르고 농민의 토지이탈을 유발시켜 사회체제가 동요되었다. 따라서, 삼국은 가능한 한 합리적인 방법으로 세금을 부과하였다.

② **내용** : 자영 농민들에 대하여 조세(租稅), 공부(貢賦), 역(役)을 부과하였다.

㉠ **곡물, 포의 징수** : 대체로 재산의 정도에 따라 호(戶)를 나누어 거두었다.

㉡ **특산물의 징수** : 그 지역에서 생산되는 물품을 거두었다.

㉢ **노동력의 동원** : 왕궁, 성, 저수지 등을 만들 때 국가에서는 필요에 따라서 15세 이상의 남자를 동원하였다.

(2) 조세제도

① 고구려

㉠ 조 : 집집마다 곡식으로 바쳤다.

㉡ 세(인두세) : 정남이 베나 곡식으로 바쳤다.

② 백제

㉠ 조 : 쌀로 바쳤다.

㉡ 세 : 쌀, 명주, 베 등으로 바쳤다.

③ 신라 : 조(租), 용(庸), 조(調)의 조세제도가 있었다.

삼국의 토지 측량 단위

고구려	경무법(頃畝法) : 밭이랑(면적) 기준(토지의 크기 파악 목적)
백 제	두락제(斗落制) : 파종량 기준
신 라	결부법(結負法) : 수확량 기준(고려와 조선에 계승)

❷ 중농정책

(1) 목 적

농민 경제를 안정시키기 위하여 농업 생산력을 높일 수 있는 정책을 시행하였다.

(2) 내 용

① **철제 농기구의 보급** : 일반 농민에게 보급하였다.

② **우경의 장려** : 농경에 소를 이용할 것을 장려하였다.

③ **저수지의 축조·수리** : 가뭄에 대비하였다.

④ **황무지 개간의 권장** : 경작지의 확대를 꾀하였다.

⑤ **진대법의 실시**

㉠ **시기** : 고구려 고국천왕 때 재상 을파소의 건의로 실시되었다.

㉡ **운영** : 홍수, 가뭄 등으로 흉년이 들면 백성에게 곡식을 나누어 주거나 빌려 주었다.

❸ 상공업의 발달

(1) 수공업

① **관청 수공업** : 국가체제가 정비되면서 무기·비단 등 수공업 제품을 생산하는 관청을 두고 여기에 수공업자를 배정하여 필요한 물품을 생산하였다.

② **노비를 이용한 수공업** : 기술이 뛰어난 노비에게 국가가 필요로 하는 무기, 장신구 등을 생산하게 하였다.

(2) 상 업

① **시장 설치** : 정부와 지배층의 필요에 따라 시장을 설치하였다. 삼국시대에는 농업생산력의 수준이 낮아 수도와 같은 도시에만 시장이 형성되었다. 신라는 5세기말(소지마립간)에 경주에 시장을 열어 물품을 매매하게 하였다.

② **동시전 설치** : 신라는 6세기초(지증왕)에 동시를 설치하고 이를 감독하는 관청을 두었다.

(3) 대외 무역

① **특징** : 대개 왕실과 귀족의 필요에 의하여 공무역의 형태로 경제적 교역과 문물의 교류가 행해졌다.

② **발달 시기** : 중계무역을 하던 낙랑군이 멸망한 4세기 초 이후에 크게 발달하였다.

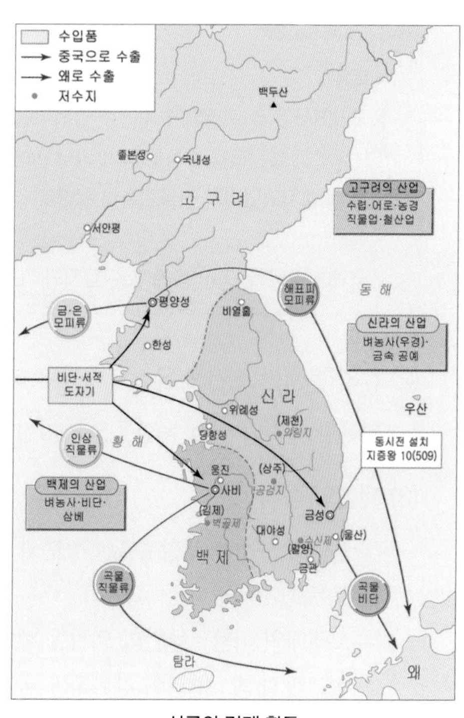

삼국의 경제 활동

③ 국가별

㉠ 고구려 : 남·북조의 중국 및 유목민인 북방민족과 무역을 하였다.

㉡ 백제 : 남중국 및 왜와 무역을 활발히 하면서 경제가 크게 발달하였다.

㉢ 신라

㉮ 한강유역 확보 이전 : 고구려와 백제를 통하여 중국과 무역을 하였다.

㉯ 한강유역 확보 이후 : 당항성을 통하여 중국과 직접 교역을 하였다.

④ 무역품

㉠ 수출품 : 금, 은, 모피류, 인삼, 곡물, 어아주, 조하주 등이었다.

㉡ 수입품 : 주로 귀족 생활과 관련이 있는 비단, 도자기, 서적, 약재 등이었다.

02 경제 생활

❶ 귀족의 경제 생활

(1) 경제적 기반

귀족은 본래 스스로 소유하였던 토지와 노비 외에도 국가에서 준 녹읍, 식읍, 노비를 가지고 있었으며, 전쟁에 참여하면서 토지와 노비를 더 많이 소유할 수 있게 되었다. 또한 이들은 토지와 노비를 통하여 곡물이나 베 등 필요한 물품을 얻었다.

녹읍 / 식읍

• 녹읍

국가에서 관료 귀족에게 지급한 일정지역의 토지로서 수조권을 지급한 것이었으나, 이들은 그 권한을 이용하여 노동력과 특산물을 수취하였다. 이로 인해 귀족 관료들이 군사적 기반을 마련하고 정치적 세력을 확대하자 신문왕 때 폐지되었다가 진골귀족의 반발로 경덕왕 때 부활되었다.

• 식읍

국가에서 왕족, 공신 등에게 준 토지와 가호(농민)로서 이 역시 수조권을 지급하였으나 족읍과 같이 운영되었다.

(2) 유리한 생산 조건 소유

비옥한 토지와 일반 농민들은 가지기 어려운 철제 농기구와 소도 많이 소유하였다.

(3) 재산의 증식

① 농민과 노비에 대한 수탈 : 농민과 노비를 동원하여 자기 소유의 토지를 경작시키고, 수확물의 대부분을 가져갔다.

② 고리대의 이용 : 농민의 토지를 빼앗거나 농민을 노비로 만들었다.

③ 정부의 대책 : 왕권이 강화되고 국가체제가 안정되면서 과도한 수취는 점차 억제되었다.

(4) 생활상

고구려의 고분벽화에서 볼 수 있듯이 귀족들은 기와집, 창고, 마굿간, 우물, 주방 등을 갖추고 높은 담을 쌓은 집에서 살면서 풍족하고 화려한 생활을 하였으며, 중국에서 수입된 비단으로 옷을 만들어 입고 보석과 금·은 등으로 치장하였다.

❷ 농민의 경제 생활

(1) 경제 환경

척박한 토지가 많은 자기 소유의 토지나 부유한 자의 토지를 빌려 경작하였다.

(2) 농업 기술

① **휴경법의 일반화** : 퇴비를 만드는 기술이 발전하지 못하여 대부분의 토지에서 계속 농사짓지 못하고 1년 또는 수년 동안 묵혀 두었다.

② **농기구의 변화**

㉠ **4~5세기 이후** : 돌이나 나무로 만든 것과 일부분을 철로 보완한 것을 사용하다가 점차 철제 농기구가 보급되었다.

㉡ **6세기 이후** : 철제농기구가 널리 사용되었고, 우경도 점차 확대되었다.

(3) 과중한 수취 부담

① **특산물의 납부** : 국가와 귀족에게 생활이 어려울 정도로 과도하게 곡물·삼베·과실 등을 바쳐야 했다.

② **노동력의 제공** : 성이나 저수지를 쌓는 일, 삼밭을 경작하고 양잠(養蠶) 등에 동원되었다.

③ **전쟁 물자의 조달과 군사로의 동원**

㉠ **삼국간의 전쟁이 치열해지기 전** : 귀족을 비롯한 중앙의 지배층이 군사력의 중심이었기 때문에 지방 농민들은 전쟁 물자를 담당하거나 잡역부로 동원되었다.

㉡ **삼국간의 대립이 치열해진 후** : 지방 농민이 전쟁에 군사로 동원되었고 전쟁 물자의 조달 부담이 더욱 증가하였다.

(4) 농민의 자구책과 몰락

① **자구책** : 스스로 농사기술을 개발하고 계곡 옆이나 산비탈 등을 경작지로 바꾸어 갔으며, 점차 농업생산력이 향상되었다.

② **몰락** : 자연 재해를 당하거나 고리대를 갚지 못하는 경우에는 노비가 되거나 유랑민 또는 도적이 되기도 하였다.

제2장 남·북국 시대의 경제

핵심 출제포인트

- 민정문서는 고대의 경제에서 매우 중요한 출제 부분이니 반드시 인지해야 한다.
- 토지제도는 통일 이후 신라의 녹읍, 식읍, 관료전의 특징과 변화상을 정리해야 한다.
- 통일신라와 발해의 대외 교역관계를 학습해야 한다.

01 통일신라의 경제

❶ 경제 정책

(1) 방 향

이전보다 넓은 토지와 많은 농민을 지배할 수 있게 된 신라는 피정복민과의 갈등을 해소하고 사회를 안정시키기 위하여 삼국의 경쟁 시기와는 다른 경제적 조치를 취하였다.

(2) 내 용

① 수취제도

㉠ **조세** : 생산량의 10분의 1 정도를 수취하여 통일 이전보다 완화하였다.

㉡ **공물** : 촌락 단위로 그 지역의 특산물을 거두었다.

㉢ **역** : 군역과 요역으로 이루어져 있으며, 16세에서 60세까지의 남자를 대상으로 하였다.

민정문서(신라장적, 신라촌락문서)

1. **발견 장소** : 1933년 일본의 도다이사(東大寺)에 있는 쇼소인(正倉院)
2. **조사 지역** : 서원경(청주) 부근의 4개 촌락
3. **작 성**

① 시기 : 헌덕왕 7년(815)

② 목적 : 노동력과 생산자원의 편제·관리 ⇨ 조세 징수와 부역 동원 마련

③ 기간 : 매년 변동 사항을 조사하여 3년마다 다시 작성

④ 담당 : 촌주

㉠ 지방의 토착세력으로 중앙에서 임명하였다(王京人이 아님).

㉡ 여러 개의 자연촌락을 관할하면서 조세·공물·부역 등을 거두어 국가에 바쳤다.

㉢ 대개 10~13등급에 해당하는 관등을 가진 4·5두품의 신분으로 이들은 직역의 대가로 촌주위답을 받았다.

㉣ 하대에는 경위직을 받았으며, 지방호족이 되어 고려 성립의 기반이 되었다.

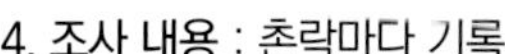

4. 조사 내용 : 촌락마다 기록

① 호구 : 인정(人丁)의 다소에 따라 상상호에서 하하호까지 9등급으로 구분하여 기록하였다.

② 인구 : 남녀·연령별로 小子부터 老公까지 6등급으로 구분하여 기록하였다.
〈1~9세 : 소자(소여자), 10~12세 : 추자(추여자), 13~15세 : 조자(조여자), 16~57세 : 정(정녀), 58~60세 : 제공(제모), 61세이상 : 노공(노모)〉

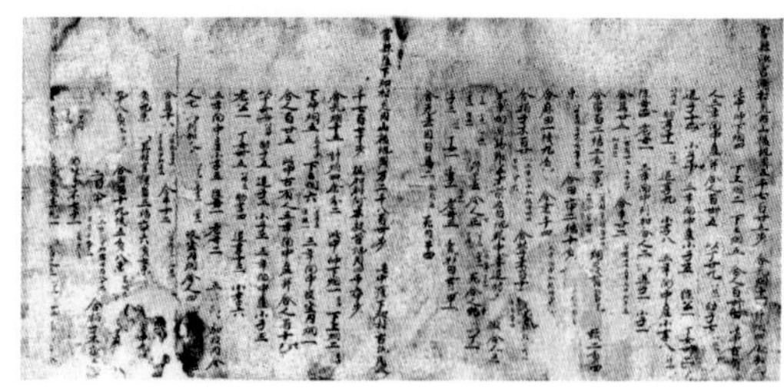

통일신라 촌락문서(민정문서)

③ 토지 : 경작은 촌민이 담당하였다.
  ㉠ 연수유전답 : 일반 백성의 토지로 국가에서 그 권리를 인정받은 토지이다(정전).
  ㉡ 촌주위답 : 촌주에게 할당된 토지이다.
  ㉢ 내시령답 : 내시령이라는 관리에 지급된 토지이다.
  ㉣ 관모전답 : 수확물이 국가에 귀속되는 토지이다.
  ㉤ 마전 : 삼밭에서 원료의 생산으로 방직기술이 발달하였다.

④ 가축 : 소, 말 등의 수를 기록하였다.

⑤ 수목 : 뽕나무, 잣나무, 호두나무 등의 수를 기록하였다.

⑥ 기타 : 촌락의 크기, 논밭의 면적, 특산물 등을 기록하였다.

5. 현 황 : 민정문서에 기록된 4개촌은 호구 43개에 총인구는 노비를 포함하여 442명(남 194명, 여 248명)이며, 소 53두, 말 63두, 뽕나무 4,249주, 잣나무 230주, 호두나무 248그루 등이 기록되어 있다.

6. 의 의 : 촌락의 경제상황과 국가의 세무행정을 알 수 있는 자료로 당시의 율령정치가 한 때는 질서 정연했다는 사실을 말해주고 있다.

② 토지제도

㉠ **관료전의 지급과 녹읍의 폐지**(신문왕, 689) : 귀족세력의 약화와 왕권의 강화를 의미한다.

녹읍과 관료전

관료전	녹 읍
• 관료에게 차등을 두어 수조권을 지급 • 수조권만 인정하고 관직에서 물러나면 반납 • 귀족세력의 약화와 상대적으로 왕권의 강화	• 귀족의 소유 • 백성들로부터 조세 징수(공물, 노동력의 징발도 함) • 귀족세력의 강화와 국가 경제력의 약화

㉡ **정전(丁田)의 지급**(성덕왕, 722)
  ㉮ **관념** : 왕토사상과 관련된 것으로 신라장적에 나타나는 연수유전답으로 알 수 있다.
  ㉯ **대상** : 일반 백성에게 지급하여 경작하게 하고, 국가에 조를 바치게 하였다.
  ㉰ **의의** : 국가의 농민에 대한 지배권이 강화되었다.

㉢ **녹읍의 부활**(경덕왕, 757) : 진골귀족들이 왕권강화 정책에 반발하였음을 알 수 있다.

❷ 경제 활동

(1) 경제력의 성장

① **수공업** : 견직물, 마직물의 방직기술과 금·은 세공품, 나전칠기 등의 공예품 제조기술이 발달하였다.

② **상업**

㉠ **금성** : 농업 생산력의 성장을 토대로 인구가 증가하고, 상품생산이 늘어나 통일 이전에 설치된 동시만으로는 상품 수요를 감당할 수 없어 서시와 남시가 설치되어 번성하였다.

㉡ **지방** : 주(州)나 소경(小京) 혹은 교통의 요지에 시장이 생겨 물물교환의 형태로 각자 필요한 물건을 좀 더 편리하게 구입할 수 있었다.

(2) 대외무역의 발달

① **당과의 무역** : 통일 과정에서 당과 국교가 단절되었으나 성덕왕 12년(713)에 정식으로 국교가 재개되어 긴밀해지면서 공·사무역이 번성하였다(신라 하대에는 사무역이 크게 성행하였다).

㉠ **무역항** : 청해진, 영암, 당항성과 수도(금성)에서 가까운 국제무역항인 울산항이 대표적이었다.

㉡ **무역로** : 해로는 지금의 전남 영암에서 상하이 방면으로 가는 길과 경기도 남양만에서 산둥반도로 가는 길이 있었다.

㉢ **무역품** : 수출품은 베, 해표피, 인삼, 금·은 세공품 등이었고, 수입품은 비단과 서적, 의복, 문방구, 차 등 귀족들이 필요로 하는 사치품들이었다.

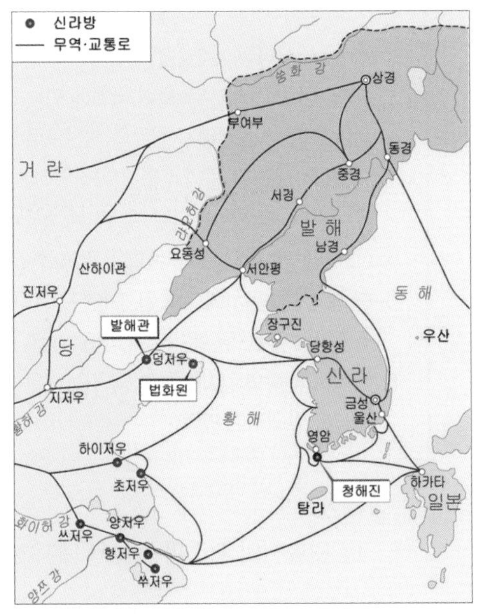

남북국 시대의 무역로

㉣ **신라인의 대당 진출** : 신라의 사신과 해상을 맞이하기 위한 신라관과 신라인의 집단거류지인 신라방이 산둥반도와 양쯔강 하류 일대에 생기게 되었고, 신라소(신라인을 다스리는 행정기관)와 신라원(신라인의 사원으로 장보고가 세운 법화원이 대표적)이 세워졌다.

② **일본과의 무역**

㉠ **초기** : 문무왕 8년(668)에 국교가 수립되었으나 신라의 삼국 통일로 일본은 신라를 경계하게 되었고, 신라도 일본에 있는 고구려, 백제계 사람들의 동향을 우려하여 경계를 엄히 하게 됨에 따라 일본과의 경제적 교류는 그전처럼 자유롭지 못하게 되었다.

㉡ **8세기 이후** : 정치가 안정되면서 두 나라의 교류가 다시 활발해졌으며, 일본 정부는 신라와 활발한 교역에 대비하여 대마도에 '신라역어(新羅譯語)'라는 관청을 세워 통역사를 양성하였다.

③ **발해와의 무역** : '신라도'라는 상설교통로가 있어 교역이 있었으나 당과 일본에 비하여 활발하지 못하였다.

④ 해상세력의 활동

㉠ 장보고

장보고

㉮ **청해진 설치** : 당에서 귀국하여 흥덕왕 3년(828)에 노비 약매 방지와 해적을 근절시키겠다는 뜻을 아뢰어 지금의 완도에 청해진을 설치하고 해적들을 소탕한 후, 남해와 황해의 해상 교통을 지배하여 신라·당·일본 삼국간의 해상 무역을 독점하였다.

㉯ **왕위쟁탈전에 참여** : 커다란 정치세력으로까지 성장하여 민애왕을 몰아내고 김우징을 신무왕으로 옹립한 뒤 문성왕 때 그의 딸을 왕비로 삼으려다 이를 반대하는 중앙 세력이 보낸 자객인 염장에 의해 암살되었다.

㉰ **해상무역의 장악** : 중국에 파견하던 무역선인 교관선과 무역을 장려하기 위해 당에 보내던 상인(회역사 ; 견당매물사)을 보내 독점하였다.

㉡ **기타** : 강주(진주)의 왕봉규, 금주(김해)의 이언모, 송악(개성)의 작제건, 그리고 패강진(예성강 혹은 대동강)과 혈구진(강화도)에서도 해상세력이 성장해 가고 있었다.

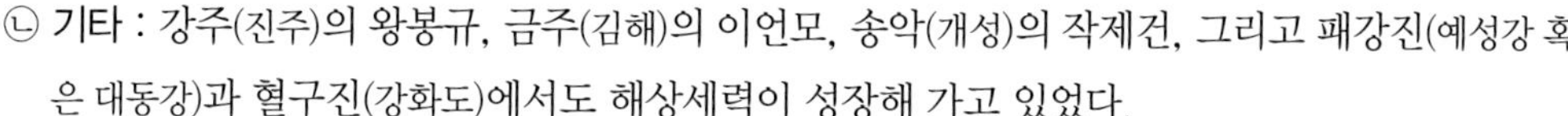

사료읽기

장보고

- 장보고는 신라로 돌아와 흥덕왕을 찾아와 만나서 말하기를 "중국에서는 널리 우리나라 사람들을 노비로 삼으니 청해진을 만들어 적으로 하여금 사람들을 약탈하지 못하도록 하기를 원하나이다."라고 하였다. 청해는 신라의 요충으로 지금의 완도를 말하는데, 대왕은 그 말을 따라 장보고에게 군사 만 명을 거느리고 해상을 방비하게 하니 그 후로는 해상으로 나간 사람들이 잡혀가는 일이 없었다.
- 청해진 대사 궁복(장보고)이 자기 딸을 왕비로 맞지 않는 것을 원망하고 청해진을 근거로 반란을 일으켰다. 13년(851) 2월에 청해진을 파하고 그 곳 백성들을 벽골군으로 옮겼다.

》「삼국사기」

❸ 귀족의 경제 생활

(1) 경제적 기반

① **특징** : 통일이 되면서 왕족과 귀족의 경제생활이 이전보다 풍족해졌다.

② **왕실** : 새로 획득한 땅을 자신의 소유로 만들고 국가의 수입 중 일부를 왕실의 수입으로 삼았다.

③ **귀족** : 문·무관료는 국가로부터 토지를 받았고, 녹읍을 폐지하는 대신에 해마다 곡식을 받았으며, 물려받은 토지·노비·목장·섬을 가지고 있었다.

(2) 수요품의 조달

① **관청수공업** : 국가는 왕실과 귀족들이 사용할 금·은 세공품, 비단류, 그릇, 가구, 철물 등을 만들기 위한 관청을 정비하여 이에 속한 장인과 노비에게 물품을 만들어 공급하게 하였다.

② **사노비 이용** : 필요한 물품을 노비에게 만들게 하여 사용하였고, 그 나머지는 시장에서 팔기도 하고 당이나 일본 등에 수출하기도 하였다.

(3) 생 활

① **사치** : 당의 유행을 따른 옷을 입기도 하였고, 당이나 아라비아에서 수입한 비단, 양탄자, 유리그릇, 귀금속 등의 사치품을 사용하였다.

② **호화** : 경주 근처에 호화스러운 주택(금입택)과 별장(사절유택)을 짓고 살았으며, 안압지(월지) 등에서 풍류를 즐겼다.

기와집

페르시아 문양석

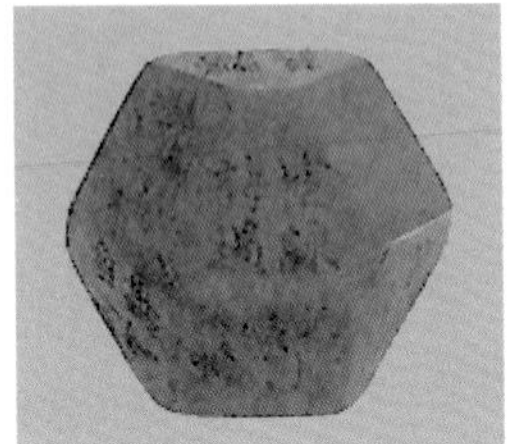
안압지 출토 주사위(주령구)

❹ 백성들의 경제 생활

(1) 농민의 경제생활

① **동향** : 통일 이후 사회의 안정으로 농업 생산력이 늘어났으나 여전히 한계가 많았다.

② **한계**

㉠ **휴경법의 일반화** : 시비법이 발달하지 못해서 계속해서 경작할 수 없었고, 1년 또는 몇 년을 묵혀 두었다가 경작하여야 하였다.

㉡ **생산력의 미흡** : 대체로 비옥한 토지는 왕실·귀족·사원 등 세력가가 가졌고, 농민의 토지는 대부분 척박하여 생산량이 귀족의 토지보다 적었을 뿐만 아니라 그마저도 세금을 내고 나면 남는 것이 많지 않았다.

㉢ **소작지의 경작** : 한 가족의 생계를 유지하려면 남의 토지를 빌려 경작하고 그 대신 수확량의 반 이상을 토지 소유자에게 바쳐야만 하였다.

③ **과중한 조세 부담**

㉠ **전세** : 생산량의 10분의 1 정도였다.

㉡ **공물** : 삼베, 명주실, 과실류 등 여러 가지의 물품을 내었다.

㉢ **역(役)** : 부역의 과중으로 농사에 지장을 초래할 정도였으며, 군역에 나가면 농사지을 노동력이 없어 생활에 어려움을 겪은 농민이 많았다.

④ **지배층의 수탈** : 조세의 부담은 통일 이전보다 줄었으나, 귀족이나 촌주 등에 의한 수탈은 줄지 않았다.

⑤ **농민의 몰락**

㉠ **원인** : 8세기 후반에 이르러 귀족이나 호족(지방 유력자)들이 토지의 소유를 늘려 나가면서 토지를 빼앗긴 농민들이 점차 많아졌다.

㉡ **결과** : 토지를 상실한 농민은 남의 토지를 빌려 경작하거나 노비로 자신을 팔고, 때로는 유랑민이나 도적이 되었는데 이는 고리대가 성행하면서 더욱 심해졌다.

사료읽기

통일신라시대 평민의 생활

진정법사는 신라 사람으로 출가하기 전 군역에 나가 있었다. 집이 가난하여 장가도 가지 못하고 동원되었는데, 남는 시간에 날품팔이를 하여 홀어머니를 봉양하였다. 집에 있는 재산이라고는 한쪽 다리가 부러진 솥 뿐이었다. 하루는 어떤 스님이 문 앞에 와서 절을 짓는데 필요한 철을 구하자 그 어머니는 이 솥을 시주하였다. 》「삼국유사」

(2) 향·부곡민의 경제생활

농민과 대체로 비슷한 생활을 하였으나 더 많은 공물을 부담하였기 때문에 어려운 형편이었다.

(3) 노비의 경제생활

왕실·관청·귀족·절 등에 속하였으며, 주인을 위하여 음식·옷 등 각종 필수품을 만들고 일용 잡무를 하였으며, 주인을 대신하여 농장을 관리하거나 주인의 땅을 경작하였다.

02 발해의 경제

❶ 수취 제도

(1) 조 세

조, 콩, 보리 등 곡물을 조(租)로 거두었다.

(2) 공 물

베, 명주, 가죽 등 특산물을 현물로 거두었다.

(3) 부 역

궁궐, 관청 등의 건축에 농민들을 동원하였다.

❷ 귀족의 경제생활

대토지를 소유하고 무역을 통하여 당의 비단, 서적 등을 수입하여 화려한 생활을 하였다.

❸ 산업의 발달

(1) 배 경

9세기에 이르러 사회가 안정되면서 농업, 수공업, 상업 등이 발달하였다.

(2) 구 분

① **농업** : 생산 활동에서 기본이 되었다.

㉠ **밭농사 중심** : 기후 조건의 한계로 논농사보다는 콩, 조, 보리, 기장 등이 주로 재배되었다.

㉡ **벼농사** : 철제 농기구가 널리 사용되고 수리시설이 확충되면서 일부 지역에서 이루어졌다.

② **수공업**

㉠ **금속가공업** : 철의 생산이 상당히 많았고, 구리의 제련술도 뛰어나 좋은 품질의 구리를 생산하였다.

㉡ **직물업** : 삼베, 명주, 비단 등이 생산되었다.

㉢ **도자기업** : 가볍고 광택이 나는 도자기를 생산하였으며, 당(唐)에 수출하여 호평을 받았다.

③ **상업** : 수도인 상경 용천부 등 도시와 교통 요충지에서 발달하였고, 상품 매매에는 현물 화폐를 주로 썼으나 외국의 화폐(당, 소그드 화폐)도 함께 사용하였다.

④ **목축·수렵** : 경제생활에서 중요한 위치를 차지하여 돼지·말·소·양 등을 길렀는데 그 중 솔빈부의 말은 주요한 수출품이 되었으며, 기타 모피·녹용·사향 등이 생산되었다.

⑤ **어업** : 고기잡이의 도구가 개량되었고, 어종은 숭어·문어·대게·고래 등 다양한 어종을 잡았다.

❹ 대외무역의 발달

(1) 당과의 무역

① **발달 시기** : 8세기 중반 이후 당과의 평화 관계가 성립되면서 무역이 활발하였다.

② **발해관 설치** : 외교사절의 왕래와 무역이 빈번해지면서 덩저우에 사신의 왕래와 무역의 편의를 제공하기 위해 설치되었으며, 발해의 교관선이 자주 왕래하였다.

③ **무역 형태** : 사신과 더불어 상인들이 동행하는 공무역이 행해졌으나, 사적인 민간무역도 이루어졌다.

④ **무역품**

㉠ **수출품** : 모피·인삼·말·금·은·꿀 등의 토산물이었지만, 그 밖에 불상·유리잔 등의 수공예품도 있었다.

㉡ **수입품** : 농산물·그릇·비단·책 등을 수입하였는데, 이것들은 대개 귀족의 수요에 충당되었다.

(2) 일본과의 무역

① **무역 형태** : 동해의 해로를 통하여 무역을 하였는데, 사절의 왕래를 통한 왕실 예물과 답례 방식의 공무역이었다.

② **규모** : 한 번에 수 백명이 넘는 발해인이 일본으로 가서 교역활동을 하기도 하였다.

③ **의의** : 당시 발해의 일본과의 통상관계는 신라에 대한 견제책의 의미도 지녔다.

제 3 편

고대의 사회

신분제 사회의 성립

핵심 출제포인트

- 각 신분별 특징을 파악하는 기본적인 내용이 주로 출제된다.
- 삼국시대 신분제도의 특징을 중심으로 정리해야 한다.

01 고대사회 이전의 신분구조

❶ 신분제의 형성

청동기의 사용과 함께 전개된 정복전쟁은 철제무기를 사용하게 되면서 더욱 활발해졌다. 이와 같은 정복과 복속으로 여러 부족들이 통합되는 과정에서 고대사회에서는 지배층 사이에 위계서열이 마련되었고, 그 서열은 신분제도로 발전해 갔다.

❷ 신분구조

(1) 대가(大加)

부여와 초기 고구려의 권력자들인 이들은 호민을 통하여 읍락을 지배하는 한편, 자신의 관리와 군사력을 지니고 정치에 참가하였다. 이들은 중앙집권국가가 성립하는 과정에서 차츰 귀족으로 편제되어 갔다.

(2) 호민(豪民)

경제적으로 부유한 계층으로 읍락을 지배하였다.

(3) 하호(下戶)

농업에 종사하는 평민이었다.

(4) 노비(奴婢)

주인에게 예속되어 생활하고 있었던 천민층이며 최하위층이었다.

사료읽기

문헌에 보이는 호민과 하호

읍락에 호민이 있고, 하호로서 모두 노복과 같은 처지에 있다. 제가가 따로이 사출도를 관장하며 대가는 수천가를, 소가는 수백의 가를 주관한다. … 활, 칼, 창을 무기로 하며 집집마다 무기를 지니고 있었다. … 적이 있으면, 제가가 스스로 나가 싸우며, 하호는 먹을 것을 공급한다.

》「삼국지」, 동이전, 부여조

02 삼국시대의 신분구조

❶ 특 징

(1) 세분화 된 신분구조

왕족을 비롯한 귀족·평민·천민으로 크게 구분되지만 기능상으로는 더욱 세분화 되었다.

(2) 신분적 차별의 심화

고조선 이래 존재하였던 신분적 차별은 삼국시대에 와서 법적으로 더욱 강한 구속력을 지니게 되었다.

(3) 엄한 율령의 제정

지배층은 그들의 정치, 사회, 경제적 특권을 유지하기 위해 율령을 제정·반포하였다.

(4) 친족 공동체 사회

개인의 신분과 지위는 능력과 관계없이 그가 속한 친족의 사회적 지위에 따라 결정되었다.

(5) 지배층만의 별도 신분제 운영

신라의 골품제도는 왕경인(王京人)과 소경인(小京人) 만으로 편성되었다.

❷ 신분 구조

(1) 귀 족

① **등장** : 중앙집권 국가가 성립되는 과정에서 독립된 세력을 유지하고 있던 부족장(大加, 加) 세력들이 차츰 귀족으로 편제되어 갔다.

② **특권** : 왕족을 비롯한 귀족들이 정치권력과 사회적·경제적 특권을 누렸으며, 이를 유지하기 위해 엄한 율령을 제정하였다.

(2) 평 민

① **구성** : 농민과 상인, 수공업자들이었는데 대부분은 농민이었다.

② **지위** : 신분적으로는 자유민이었으나 귀족층에 비하여 정치·사회적으로 많은 제약을 받았다. 이들은 국가에서 부과하는 조세를 납부하고 노동력을 징발당하였기 때문에 생활이 어려웠다.

(3) 천 민

① **구성** : 촌락을 단위로 한 집단 예속민으로 구성되어 있었으며 대부분은 노비였다.

② **노비** : 왕실과 귀족 및 관청에 예속되어 신분이 자유롭지 못하고, 평민과 같이 정상적인 가족의 구성을 유지하기 어려웠기 때문에 주인의 집에서 시중을 들며 생활하거나 주인과 떨어져 살며 주인의 땅을 경작하였다.

③ 노비가 되는 경우

㉠ **전쟁노비** : 전쟁에서 포로가 되어 노비가 된 경우인데 삼국시대에는 전쟁이 빈번하였기 때문에 많았고, 통일신라 이후에는 정복 전쟁이 사라짐에 따라 소멸되었다.

㉡ **형벌노비** : 죄를 지어서 노비가 된 경우이다.

㉢ **부채노비(채무노비)** : 귀족에게 진 빚을 갚지 못하여 노비가 된 경우이다.

㉣ **세습노비** : 노비인 부모의 신분을 세습받은 경우이다.

사료읽기

정복민을 노비로 만든 사례

고구려왕 사유(고국원왕)가 보병과 기병 2만을 거느리고 와서 치양(황해도 백주)에 주둔하고 군사를 나누어 민가를 약탈하였다. 왕(근초고왕)이 태자에게 군사를 주니 곧장 치양으로 가서 고구려군을 급히 깨뜨리고 5,000명을 사로잡았다. 그 포로를 장사에게 나누어 주었다. 》「삼국사기」

정복민을 노비에서 해방한 사례

가야가 배반하니 왕(진흥왕)이 이사부에게 토벌하도록 명령하고, 사다함에게 이를 돕게 하였다. 사다함이 기병 5,000명을 거느리고 들이닥치니 일시에 모두 항복하였다. 공을 논하였는데 사다함이 으뜸이었다. 왕이 좋은 농토와 포로 200명을 상으로 주었다. 사다함은 세 번 사양했으나 … 왕이 굳이 주자, 받은 사람은 놓아 주어 양민을 만들고, 농토는 병사에게 나누어 주었다. 이를 보고 나라 사람들이 아름답다고 하였다. 》「삼국사기」

제2장 삼국의 사회

핵심 출제포인트

- 각 국가별 사회 풍습을 구별하여 정리해야 한다.
- 신라의 골품제도, 화백, 화랑도는 빈출되는 주제이므로 꼼꼼한 학습이 필요하다.

01 고구려 사회

❶ 씩씩한 사회 기풍

(1) 배 경

압록강 중류 유역 산간지역에서 국가의 기틀을 마련한 관계로 식량 생산이 충분하지 못하였기 때문에 일찍부터 대외정복을 활발하게 전개하였다.

(2) 모 습

절을 할 때에는 한 쪽 다리를 꿇고 다른 쪽은 펴서 몸을 일으키기 쉬운 자세를 취하였고, 걸음을 걸을 때도 뛰는 듯이 행동을 빨리하였다.

사마르칸트 지역 아프라시압 궁전 벽화의 고구려 사신도(복원)

❷ 엄격한 율령 체제

(1) 목 적

귀족 중심의 통치 질서와 사회기강을 확립하여 자신들의 지위를 유지하기 위한 조치였다.

(2) 내 용

① **반역죄** : 반역을 꾀하거나 반란을 일으킨 자는 화형에 처한 뒤에 다시 목을 베었다.
② **패전죄** : 적에게 항복한 자나 전쟁에서 패한 자는 사형에 처하였다.
③ **살인죄** : 남을 죽인 자는 사형에 처하였다.
④ **연좌죄** : 반역자와 반란자의 가족들은 노비로 삼았다.
⑤ **절도죄** : 도둑질한 자는 훔친 물건의 12배를 배상하게 하였다.
⑥ **손괴죄** : 남의 소나 말을 죽인 자는 노비로 삼았다.

(3) 결 과

엄격한 형벌을 적용하였기 때문에 실제 법률을 어기거나 사회 질서를 해치는 자는 드물었다.

❸ 사회 계층

(1) 지배층

① 구성

㉠ **왕족** : 태조왕 이후 계루부 고씨가 왕위를 세습하였지만, 왕비는 절노부에서 세습하였다.

㉡ **귀족** : 왕족 계루부를 비롯한 5부족 출신의 족장이나 성주들인데, 이들은 국초에 형(兄)이라는 명칭을 띠고 있는 관직을 차지하였으며, 성(姓)씨를 가지고 있었다.

② **활동** : 지위를 세습하면서 높은 관직을 맡아 국정 운영에 참여하여 왕과 함께 정치를 주도하였으며, 전쟁이 나면 스스로 무장하여 앞장서서 적과 싸웠다. 고분벽화에는 이들의 생활 모습이 잘 나타나는데 신분의 귀천에 따라 인물의 크기에 차등을 두어 묘사하였다.

(2) 평 민

① **성격** : 집단적인 공동경작(佃舍法)도 하였지만 대부분 자영농민으로서 국가에 조세를 바치고 군역(병역)의 의무를 지며 토목공사에 동원되었다.

② **처지** : 흉년이 들거나 빚을 갚지 못하면 노비로 전락하기도 하였는데, 고국천왕 때 이들을 구제하기 위한 춘대추납의 진대법이 시행되었다.

진대법

고구려의 고국천왕 때 을파소의 건의로 실시한 제도로 먹을거리가 부족한 봄(춘궁기)에 곡식을 빌려 주었다가 가을에 추수한 것으로 갚도록 한 제도였다(춘대추납). 이는 귀족에 의한 고리대업으로 인해 백성들이 노비가 되거나(부채노비 = 채무노비) 유민이 되는 것을 방지하고 왕권의 강화를 위해 실시하였으나 귀족의 반대와 국가에서 고리대를 금지하지 않아 실패하였다. 이와 유사한 사회시책으로 농민의 재생산 활동을 가능하게 한다는 점에서 흑창·의창(고려), 환곡·사창(조선), 요즘의 영농자금 방출 등이 있다.

(3) 천민(노비)

대부분 피정복민이나 몰락한 평민이었으며, 한편 남의 소나 말을 죽인 자를 노비로 삼거나 빚을 갚지 못한 자가 그 자식들을 노비로 만들어 변상하는 경우도 있었다.

❹ 혼인 풍속

(1) 지배층

형이 죽은 뒤에 동생이 형수와 결혼하여 같이 사는 형사취수제와 함께 서옥제(데릴사위제)가 있었다.

(2) 평 민

남녀간의 자유로운 교제를 통하여 결혼을 하였는데, 남자 집에서 돼지고기와 술을 보낼 뿐 다른 예물은 주지 않았다. 만약, 신부의 집에서 재물을 받을 경우 딸을 팔았다고 여겨 부끄럽게 생각하였다.

02 백제 사회

❶ 고구려와 비슷

(1) 언어, 의복, 풍속

고구려와 큰 차이가 없었으며 지배층은 투호·장기·바둑 등을 즐겼다.

(2) 상무적 기풍

말 타기와 활 쏘기를 좋아하였다.

(3) 엄격한 율령 체제

① **목적** : 귀족들이 그들의 사회체제를 유지하기 위해서 제정하였다.

② **내용**

㉠ **반역죄, 패전죄, 살인죄** : 반역자나 전쟁터에서 퇴각한 군사 및 살인자는 사형에 처하였다.

㉡ **절도죄** : 도둑질한 자는 귀양을 보냄과 동시에 2배를 물게 하였다.

㉢ **간음죄** : 간음한 부녀자는 남편집의 노비로 삼았다.

㉣ **수뢰죄** : 관리가 뇌물을 받거나 횡령을 했을 때는 3배를 배상하고 종신토록 금고형(귀양)에 처한다.

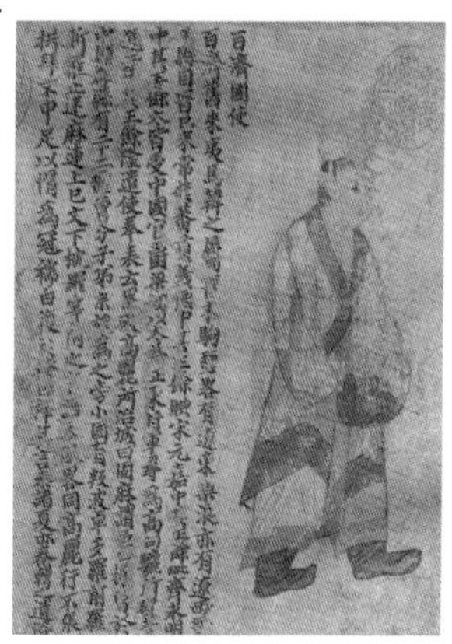

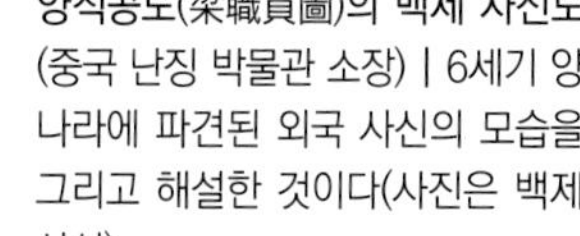

양직공도(梁職貢圖)의 백제 사신도 (중국 난징 박물관 소장) | 6세기 양나라에 파견된 외국 사신의 모습을 그리고 해설한 것이다(사진은 백제 사신).

❷ 세련된 모습

일찍부터 중국과 교류하면서 선진문화를 수용하였으며, 중국의 기록에는 "백제 사람은 키가 크고 의복이 깔끔하다."고 적어 놓았다.

❸ 사회 계층

(1) 지배층

① **구성** : 왕족으로는 부여씨가 있으며 왕비족으로는 진씨와 해씨가 있다. 이외 사·연·국·목·백·협씨가 귀족이었다.

② **중심세력** : 초기에는 부여씨와 진씨·해씨가 중심세력이 되었고, 웅진시대에는 토착세력인 나머지 성씨가 대두되어 귀족 연합정치를 주도하였다.

③ **특징** : 3세기 후반에 중국식 관제를 갖추었고, 복색으로 신분을 구분하였다.

(2) 일반 백성

대부분이 농민이었으며, 조세·공부·요역을 담당하였다. 그 밖에 천민(노비)도 다수 존재하였다. 사비시대에는 왕궁 소속의 천민 공장(工匠)이 다수 존재하였는데, 이들은 자주빛과 진홍빛 복식을 금하였다.

03 신라 사회

❶ 초기의 전통 유지

(1) 배 경

씨족적 전통이 가장 많았던 신라는 고구려와 백제에 비해 중앙집권 국가 성립이 늦었다.

(2) 내 용

여러 부족의 대표들이 함께 모여 정치를 운영하는 화백 회의와 청소년 단체인 화랑도가 있었다.

❷ 사회 제도

(1) 화백 회의

① 기원 : 씨족 공동체 회의를 계승한 것으로 진덕여왕 때 행정관청인 집사부 기능이 분리되면서 부족회의 기구인 남당(南堂)이 화백으로 성립되었다.

② 성격 : 화랑도와 더불어 씨족사회의 전통을 계승·발전시킨 제도로 상대등의 진행으로 모든 사람이 찬성을 해야 결정하는 만장일치의 제도였다.

③ 회의장소 : 국가의 중대사를 논의할 때 신성한 장소인 청송산(동), 오지산(서), 피전(남), 금강산(북)의 4영지에서 개최하였다.

④ 기능 : 각 집단의 부정을 막고, 그 집단의 단결을 강화하는 구실을 하였을 뿐 아니라 귀족 세력과 왕권 사이에 권력을 조절하는 기능도 가졌다. 또한, 왕의 후계자가 없을 때에는 화백 회의에서 추대하였으며(무열왕, 원성왕), 진지왕(576~579)은 정치가 어지럽고 음란하다 하여 화백 회의에 의해 폐위되기도 하였다.

(2) 화랑도

① 기원 : 원시사회의 청소년 집단이 진흥왕 37년(576) 원화(源花)로 확대·개편되었다가 이를 토대로 삼국간의 항쟁이 격화되면서 남성들의 역할이 중시됨에 따라 화랑제도로 재편되어 국가적인 차원에서 그 활동을 장려하였으며, 그 훈련이 더욱 강화되어 군대 조직을 보충하게 되었다.

② 구성 : 화랑도는 풍월주를 중심으로 진골 중에서 선발한 화랑 1명과 승려 약간 명, 그리고 다수의 낭도로 구성되었으며, 낭도의 수는 일정하지 않으나 많을 때는 1,000여 명이 되기도 하였다.

③ 기능

㉠ 계급 간의 대립과 갈등 조절·완화 : 낭도는 6두품 이하 평민층까지 참여하여 여러 계층이 같은 조직 속에서 일체감을 갖고 활동함으로써 계층 간 대립과 갈등을 조절·완화하는 구실도 하였다.

㉡ 사회의 전통적 가치와 질서 체득 : 조직을 통해 단체 생활과 공동의식을 수행하였다.

㉢ 인재 양성의 교육 기능 : 유능한 정치인과 양장(良將)·용졸(勇卒)을 양성하고 국민정신을 이끌어 주었다.

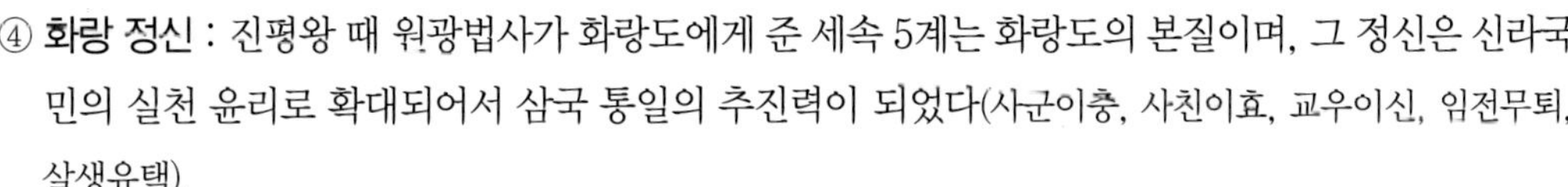

④ **화랑 정신** : 진평왕 때 원광법사가 화랑도에게 준 세속 5계는 화랑도의 본질이며, 그 정신은 신라국민의 실천 윤리로 확대되어서 삼국 통일의 추진력이 되었다(사군이충, 사친이효, 교우이신, 임전무퇴, 살생유택).

⑤ **기록**

㉠ **임신서기석(壬申誓記石)** : 두 화랑이 학문에 전념할 것과 국가의 위기시에 목숨을 다해 충성할 것을 돌에 새겨 맹세한 것으로 신라 유학 발전의 수준을 알려준다.

㉡ **기타** : 화랑세기(김대문), 난랑비서문(최치원), 찬기파랑가, 용화향도(龍華香徒) 등이 있다.

(3) 골품제도

① **성립** : 혈통에 따라 사회적 제약이 가해지는 엄격한 신분제도로 신라가 중앙집권국가로 발전하는 과정에서 각 족장 세력을 통합·편제하는 방법으로 마련된 것이다.

② **성격**

㉠ 족제적 신분 계층의 성격과 관직적 기능을 아울러 가지는 세습제도로 신라의 관등 조직과 밀접한 관련을 맺으면서 편성되었다.

㉡ 골품은 개인의 신분 뿐만 아니라 그 친족의 등급도 표시하고 정치·사회 활동의 범위를 결정하였다.

㉢ 골품에 따라 사회적 제약이 적용되었는데, 결혼은 물론 거주하는 가옥의 크기, 복색이나 수레, 생활 용기까지 각기 다르게 규정되어 있었다.

사료읽기

골품제의 생활 규제

4두품에서 백성에 이르기까지는 방의 길이와 너비가 15척을 넘지 못한다. 느릅나무를 쓰지 못하고, 우물천장을 만들지 못하며, 당기와를 덮지 못하고, 짐승 머리 모양의 지붕 장식이나 높은 처마 … 등을 두지 못하며, 금·은이나 구리 … 등으로 장식하지 못한다. 섬돌로는 산의 돌을 쓰지 못한다. 담장은 6척을 넘지 못하고, 또 보를 가설하지 않으며 석회를 칠하지 못한다. 대문과 사방문을 만들지 못하고 마구간에는 말 2마리를 둘 수 있다. 》「삼국사기」

③ **내용** : 골품에는 원래 성골, 진골과 6두품으로부터 1두품에 이르는 여섯 두품이 있었다. 그러나 뒤에는 성골이 소멸되고 3~1두품이 평민이 되면서 진골, 6두품, 5두품, 4두품, 평민신분으로 정착되었다.

㉠ **성골** : 김씨 왕족 중에서도 왕이 될 자격을 가진 최고의 골품이었으나 진덕여왕을 마지막으로 소멸되었다.

㉡ **진골** : 무열왕계, 김유신계 등이 이에 속한다.

㉮ 성골이 소멸되고 무열왕 즉위 후 왕위를 계승하면서 중앙과 지방의 장관 및 군대의 최고 지휘관 등 요직을 독점하였으나, 6두품으로 강등되기도 하였다

㉯ 모든 관등(17관등)에 등용될 수 있어 모든 공복(자·비·청·황색)을 착용할 수 있으며, 1관등부터 5관등은 진골이 독점하였다.

㉢ **6두품** : 대족장의 후예로 득난(得難)이라고도 하였고, 진골에서 강등된 경우도 있다. 또한, 6관등인 아찬까지 승진할 수 있었으며 자색의 공복(복색)은 착용할 수 없었다.

㉣ **5·4두품** : 소족장 출신의 하급관리로 귀족의 말단을 차지하였으나, 그들의 활동은 미약하였다. 그 중 4두품은 거의 평민과 구별되지 못하였다.

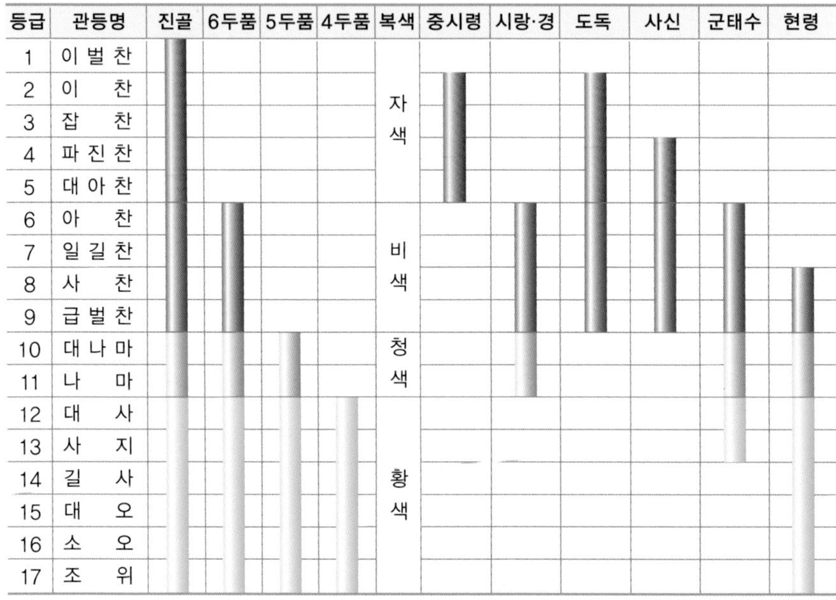

등급	관등명	진골	6두품	5두품	4두품	복색	중시령	시랑·경	도독	사신	군태수	현령
1	이벌찬					자색						
2	이찬											
3	잡찬											
4	파진찬											
5	대아찬											
6	아찬					비색						
7	일길찬											
8	사찬											
9	급벌찬											
10	대나마					청색						
11	나마											
12	대사					황색						
13	사지											
14	길사											
15	대오											
16	소오											
17	조위											

신라의 골품과 관등·관직표

⑤ 특징

㉠ 공복의 색깔은 두품보다는 관등과 직접적인 관계를 맺고 있었으며, 하급신분이 상급신분보다 높은 관등을 담당할 수도 있었다.

㉡ 골품제는 왕경인(王京人)과 소경인(小京人)만으로 편성되어 지방민과 노비는 제외되었다.

㉢ 삼국통일을 전후한 시기에 6두품 이하의 신분층 관리들에게 특진제도인 중위제도(重位制度)를 두어 시행하였다.

⑥ **소멸** : 신라사회의 발전을 제한한 골품제도는 8세기 후반 혜공왕 이후 동요하기 시작하여 나말의 격동기에 붕괴되고 고려의 건국으로 소멸되었다.

설계두

신라 6두품 출신으로 골품제도의 한계를 인식하고 진평왕 때인 621년 당으로 건너가 645년 당 태종이 고구려를 치기 위해 출정할 때 종군을 자청해 싸우다가 전사하였다. 이는 당시 6두품 이하 하급귀족들이 골품제에 대해 불만을 가진 좋은 사례이다.

제3장 남·북국 시대의 사회

핵심 출제포인트

- 통일 이후 사회의 변화를 중심으로 출제되며 특히, 신라 하대의 사회 변화는 출제율이 높은 단원이다.
- 신라 하대 6두품, 선종, 호족의 특징 파악과 이들의 고려 개국과의 관련성을 연결하여 내용을 파악하도록 해야 한다.

01 통일 신라의 사회

❶ 사회의 변화

(1) 정치적 변화

① **민족 융합 정책** : 신라의 지배층은 삼한(삼국)이 하나가 되었다는 자부심(三韓一統)을 갖게 되었다.

㉠ 고구려와 가야의 왕족 일부는 신라의 진골에 편입하고, 백제의 옛 지배층에게 신라의 관등을 주었다.

㉡ 고구려와 백제의 유민들을 9서당에 편성하였다.

㉢ 고구려와 백제의 지역을 고려하여 9주 5소경 제도를 정비하였다.

② 전제 왕권의 강화

㉠ 내용

㉮ 확대된 영토와 증가된 인구를 통치하게 됨으로써 경제력이 증가하였다.

㉯ 오랜 전쟁을 거치면서 최고 군사령관으로서 국왕의 역할이 강화되었다.

㉰ 신문왕은 왕권 강화에 장애가 되는 진골귀족의 일부를 숙청하였다.

㉡ **한계** : 진골귀족들이 중앙 관청의 장관직을 독점하였고, 합의를 통하여 국가의 중대사를 결정하는 전통도 여전히 유지되었다.

③ **6두품의 활동** : 학문적 식견과 실무 능력을 바탕으로 국왕을 보좌하면서 집사부 시랑 등의 관직을 맡는 등 정치적 진출이 활발하였으나, 신분적 제약으로 인하여 중앙 관청이나 지방의 장관자리에는 오를 수 없었다.

(2) 문화적 변화

① **삼국의 동질성** : 복장을 비롯하여 절하는 모습에서 약간의 차이가 나지만 언어와 풍습은 비슷하였는데, 법흥왕 때 백제의 사신을 따라 중국의 양나라에 간 신라의 사신이 백제인의 통역을 이용할 정도였다.

② **민족 문화의 기반 확립** : 삼국통일을 계기로 민족 문화가 하나의 국가 아래 발전하는 계기가 되었다.

❷ 통일 신라인의 생활

(1) 귀족의 생활

① **수입원** : 지방에 대토지와 목장을 소유하고, 서민을 상대로 고리대업을 하였다.

② **불교의 적극 후원** : 불사에 드는 막대한 비용을 지원하기도 하였다.

③ **사치 생활**

㉠ 아라비아산 고급 향료, 동남아시아산 거북딱지로 만든 장식품, 고급 목재, 에메랄드, 안압지(월지) 출토 주사위 등에서 사치스러운 생활을 엿볼 수 있다.

㉡ 금입택이라는 저택에서 많은 노비와 사병을 거느리고 살았으며, 대부분이 기와로 지붕을 이었고, 밥 짓는 데도 숯을 사용하였다. 그 결과 신라 사람들이 본래 지녔던 소박함과 강인함은 서서히 사라져 갔으며 흥덕왕 때에는 사치를 금하는 왕명이 내려지기도 하였다.

안압지(월지) 출토 주사위(주령구)

사각형면
- 飮盡大笑(음진대소) – 술 다 마시고 큰소리로 웃기
- 三盞一去(삼잔일거) – 술 석잔 한 번에 마시기
- 自唱自飮(자창자음) – 스스로 노래 부르고 술 마시기
- 禁聲作舞(금성작무) – 노래 없이 춤추기
- 衆人打鼻(중인타비) – 여러 사람이 코 때리기
- 有犯空過(유범공과) – 덤벼드는 사람이 있어도 가만히 있기

육각형면
- 醜物莫放(주물막방) – 더러워도 버리지 않기
- 兩盞則放(양잔즉방) – 두 잔이면 쏟아버리기
- 任意請歌(임의청가) – 사람을 지목해 노래 청하기
- 曲臂則盡(곡비즉진) – 팔뚝을 구부린 채 다 마시기
- 自唱怪來晩(자창괴래만) – 스스로 도깨비를 부르는 행동하기
- 月鏡一曲(월경일곡) – '월경'이라는 노래 부르기
- 空詠詩過(공영시과) – 시 한수 읊기

안압지(월지) 출토 주사위(주령구)

(2) 평민의 생활

① **생활** : 주로 자연촌락에서 대부분 자신의 토지를 경작하며 근근이 생활하였으나, 가난한 농민들은 귀족의 토지를 빌려서 경작하며 생계를 유지하였으며 외적의 침입이 있으면 산성으로 올라가 방어를 하였다.

② **노비로 전락** : 귀족에게 빌린 빚을 갚지 못하여 결국 노비가 되는 경우도 적지 않았다.

❸ 신라 말기의 사회 모순

(1) 지배세력의 농장 확대

① **배경** : 중앙 정부의 통치력이 약화되면서 토착세력과 사원들이 대토지를 소유하였다.

② 결과

㉠ **농민들의 조세 부담 가중** : 귀족들의 세금을 농민들이 감당하게 되었다.

㉡ **자영농민의 몰락** : 지방 귀족의 농장 확대로 백성의 생활이 더욱 곤궁해져 갔다.

(2) 호족의 등장

무장 조직을 결성한 지방의 유력자들을 아우른 큰 세력가들이 호족으로 등장하였다.

(3) 농민의 봉기

① 배경

㉠ **정부 대책의 실패** : 수리시설을 정비하고, 자연 재해가 심한 지역에는 조세를 면제해 주는가 하면 굶주리는 농민들을 구휼하고, 연해에 출몰하는 해적으로부터 농민을 보호하고자 하였으나 큰 효과를 거두지 못하였다.

㉡ **농민 생활의 피폐** : 9세기 이후에 자연 재해가 자주 발생하여 농민의 처지가 어려워지자 농민들은 소작농이 되거나 떠돌기도 하였으며, 걸식을 하거나 산간에서 화전을 일구기도 하고 일부는 자신의 몸을 팔아 노비로 전락하기도 하였다.

㉢ **사회 전반의 모순 증폭** : 9세기 진성여왕 때 중앙 정부의 기강이 극도로 문란해진 가운데 정부의 가혹한 수취와 귀족·토호·사원의 이중적인 수탈이 극심하였다. 또한, 지방 세력들의 조세 거부로 국가 재정이 바닥나자 농민에 대해 한층 더 강압적으로 조세를 징수하였다.

② 경과

㉠ **초적의 봉기(819)** : 신라 서쪽 주군에서 농민의 투쟁에 이어 전국 여러 지방에서 봉기하였다.

㉡ **원종과 애노의 봉기(889)** : 상주(사벌주)에서 일어나 이후 전국적으로 확산되었다.

③ **결과** : 중앙 정부에 의한 지방에 대한 통제력이 거의 사라져 갔고, 커다란 세력은 일정한 지역을 지배하는 지방 정부적인 성격까지 띠게 되었다.

사료읽기

통일 신라 말기의 전란

진성여왕 3년(889) 나라 안의 여러 주·군에서 공부(貢賦)를 바치지 않으니 창고가 비어 버리고 나라의 쓰임이 궁핍해졌다. 왕이 사신을 보내어 독촉하였지만, 이로 말미암아 곳곳에서 도적이 벌 떼 같이 일어났다. 이에 원종·애노 등이 사벌주(상주)에 의거하여 반란을 일으키니 왕이 나마 벼슬의 영기에게 명하여 잡게 하였다. 영기가 적진을 쳐다보고는 두려워하여 나아가지 못하였다.

》「삼국사기」

02 발해의 사회

❶ 지배층

(1) 구 성

왕족인 대(大)씨를 비롯하여 귀족인 고(高), 장(張), 양(楊), 이(李), 보(寶)씨 등의 고구려계 사람들과 오(烏), 모(慕)씨 등의 일부 말갈인으로 구성되었다.

(2) 생 활

중앙과 지방의 중요한 관직을 차지하고 수도를 비롯한 큰 고을에 살면서 노비와 예속민을 거느리고 있었다. 또한, 지식인은 당에 유학하여 빈공과에 응시하는 등 당의 제도와 문화를 받아들이고 있었다.

❷ 피지배층

(1) 구 성

주민의 다수를 차지하고 있던 말갈인과 일부 고구려계 사람들이었다.

(2) 말갈인

① **국가 행정의 보조** : 자신이 거주하는 촌락의 우두머리(首領)가 되었다.
② **고구려 때부터 편입** : 고구려의 전성기 때부터 편입된 종족이었다.
③ **전통의 유지** : 고구려나 말갈 사회의 생활모습을 오랫동안 유지하고 있었다.

제 4 편

고대의 문화

학문의 발달

핵심 출제포인트

- 삼국과 남북국 시대 학문의 발전에 따른 유학의 도입상을 파악해야 한다.
- 교육기관과 제도를 중심으로 내용을 파악해야 한다.

01 한자의 보급과 교육

❶ 한자의 사용

(1) 시 기

우리 민족은 철기 시대부터 한자를 사용한 것으로 여겨진다.

(2) 영 향

지배층이 한문으로 쓰여진 유교, 불교, 도교의 서적들을 이해할 수 있게 되어 학술과 종교를 높은 수준으로 끌어올리는데 기여하였다.

❷ 한문의 토착화

(1) 내 용

① **이두와 향찰** : 한자의 음(音)과 훈(訓)을 따서 우리말을 표기하였다.
② **구결(口訣)** : 설총이 중국 경서를 우리말로 읽는 방법을 편리하게 하기 위해 창안하였다.

(2) 결 과

한문학이 널리 보급되어 발전하는 계기가 되었으나, 귀족 중심의 통치 질서와 사회 기강을 확립하여 자신들의 지위를 유지하기 위한 문화적 우월감의 조치이기도 하였다.

이두와 향찰

- **이두** : 대부분 한자로 지어 단어를 쓰는 방식이어서 토를 다는데 한정되었으며, 생략을 하여도 한자가 그대로 남아 있어서 이해할 수 있다. 이두는 고구려에서 발생하여 신라에서 발달하였다.
- **향찰** : 한자의 뜻과 소리를 빌려 우리말을 적는 방식으로 「삼국유사」, 「균여전」에 실린 향가는 모두 향찰로 쓰여져 문장 전체를 고유어 발음으로 읽을 수 있다.

❸ 유학과 교육 기관

(1) 삼국시대

① **특징** : 학문적으로 깊이 연구된 것이 아니라 충·효·신 등의 도덕 규범을 장려하는 정도였다.

② **고구려**

㉠ **태학 설립** : 소수림왕 때에 수도에 설립한 국립대학으로 유교 경전과 역사를 가르쳤다.

㉡ **경당 설립** : 평양 천도 후에 지방 각지에 세운 사립 교육기관으로 청소년에게 한학과 무술을 가르쳤다.

㉢ **금석문** : 관구검기공비, 광개토대왕릉비문, 중원 고구려비문, 모두루 묘지 명문 등은 고구려의 높은 문화 수준을 엿보게 한다.

③ **백제**

㉠ **박사제도 마련** : 교육 기관은 전하지 않으나, 5경박사·의박사·역박사 등이 있어 유교 경전과 기술학 등을 가르쳤다.

㉡ **외교문서** : 개로왕이 북위에 보낸 국서는 매우 세련된 한문 문장으로서 쓰여졌다.

㉢ **금석문** : 귀족인 사택지적이 절을 세운 내력을 기록하고 있는 사택지적비문과 무령왕릉 지석(誌石) 등은 한학의 높은 수준을 보여준다.

④ **신라**

㉠ **특징** : 고구려와 백제에 비해 한문이 늦게 사용되었지만 지증왕 이후로 급속히 확산되었다.

㉡ **금석문** : 임신서기석(壬申誓記石)에는 신라의 청년들이 시경(詩經)·예기(禮記)·춘추전(春秋傳) 등의 유교경전을 공부했던 사실이 기록되어 있으며, 단양 적성비·진흥왕 순수비·울진 봉평비·영일 냉수리비 등과 이두(吏讀)로서 노래한 향가 등은 당시의 한문 실력을 보여주고 있다.

(2) 통일신라

① **국학 설립**(신문왕, 682)

㉠ **목적** : 유교 이념을 보급하여 왕권을 강화하고자 설립하였다.

㉡ **운영 체제** : 박사와 조교를 두어 3과로 나누고 논어와 효경을 필수과목으로 했다.

㉢ **입학 자격** : 15세에서 30세의 하급 귀족자제(12.대사~17.조위까지)들이 그 대상이었다.

㉣ **수업 연한** : 9년이었으나, 재주와 가능성이 있으면 9년이 지나도 학업을 계속하게 하였다.

㉤ **입학 학생** : 주로 6두품 출신이 많았을 것으로 여겨진다.

㉥ **변천** : 경덕왕 때에 태학감으로 개칭되었다가 혜공왕 때 다시 국학으로 고쳤다.

② **독서출신과 마련**(원성왕, 788)

㉠ **성격** : 국학 안에 설치한 것으로 유교 경전의 이해 수준을 시험하여 능력 중심의 관리를 채용하여 왕권을 강화하고자 하였다.

㉡ **결과** : 골품제도를 근간으로 하는 신라사회에서는 진골귀족의 반발로 그 기능을 제대로 발휘하지는 못하였으나 학문과 유학을 널리 보급시키는 데 이바지하였다.

(3) 발 해

① 교육 기관 : 유학 교육을 목적으로 국립대학인 주자감을 설립하였다.

② 교육 내용 : 귀족 자제들에게 유교경전과 역사서를 가르쳤다.

㉠ 6부의 유교식 명칭 : 충(忠), 인(仁), 의(義), 지(智), 예(禮), 신(信)의 유교덕목을 사용한 점과 정혜공주와 정효공주의 묘지(墓誌) 내용을 통하여 알 수 있다.

㉡ 한문 사용 : 독자적인 문자가 있었으나, 외교문서를 포함한 국내외의 공식 기록문서에는 한문을 사용하였다.

02 역사서 편찬과 유학의 보급

❶ 역사서 편찬

(1) 목 적

학문의 발달과 중앙집권체제가 정비되면서 왕권 강화를 뒷받침하기 위하여 편찬하였다.

(2) 역사서

① 고구려

㉠ 소수림왕 때 유기 100권(미상)이 편찬되었다.

㉡ 영양왕(600) 때 신집 5권(이문진)이 편찬되었다.

② 백제 : 근초고왕(375) 때 서기(고흥)이 편찬되었다.

③ 신라 : 진흥왕(545) 때 국사(거칠부)가 편찬되었다.

❷ 유학의 보급

(1) 통일신라

① 특징 : 진골귀족들도 있었으나 6두품 출신이 많았고, 이들은 도덕적 합리주의를 내세웠다.

② 신라 중대

㉠ 강수(强首)

㉮ 당나라에 갇혀 있던 김인문을 석방해 줄 것을 요청한 '청방인문표'와 '답설인귀서'를 작성하였다.

㉯ 불교를 '세외교(世外敎)'라 하여 비판하였으며, 국학에서 설총과 함께 제자를 교육하였다.

㉡ 설총(薛聰)

㉮ 이두를 집대성하여 한문 교육의 보급과 학습에 큰 도움을 주었다.

㉯ 신문왕에게 '화왕계'라는 글을 바쳐 임금도 향락을 멀리하고 도덕을 엄격하게 지킬 것을 강조하였다.

사료읽기

화왕계

… 어떤 이가 화왕(모란)에게 말하였다. "두 명(장미와 할미꽃)이 왔는데 어느 쪽을 버리겠습니까?" 화왕이 말하였다. "장부(할미꽃)의 말도 일리 있지만 어여쁜 여자(장미)는 얻기가 어려운 것이니 이 일을 어떻게 할까?" 장부가 다가서서 말하였다. 저는 대왕이 총명하여 사리를 잘 알 줄 알고 왔더니 지금 보니 그렇지 않군요. "무릇 임금된 사람치고 간사한 자를 가까이 하지 않고 정직한 자를 멀리하지 않는 이가 적습니다." … 화왕이 대답하였다. "내가 잘못했노라. 내가 잘못했노라." 이에 왕(신문왕)이 얼굴빛을 바로 하며 말하였다. "그대(설총)의 우화는 진실로 깊은 뜻이 담겨 있도다." 》「삼국사기」

ⓒ 김대문(金大門)

㉮ 성격 : 성덕왕 때의 진골귀족 출신으로 한산주 지방의 총관(도독)을 지낸 문장가이다.

㉯ 저서 : 현존하지 않고 「삼국사기」에 사료로 인용되었다.

ⓐ 화랑세기 : 역대 화랑의 지도자인 풍월주의 계보와 행적 기록이다.

ⓑ 계림잡전 : 신라 역사상의 중요한 사건 기록이다.

ⓒ 고승전 : 역대 유명한 승려들의 전기 서술이다.

ⓓ 한산기 : 한산주 지방의 역사와 지리를 서술한 책이다.

ⓔ 악본 : 가무(歌舞)와 관계된 책이다.

㉰ 의의 : 신라의 문화를 주체적으로 인식하려는 경향을 보여 주고 있으며, 유교 문화에 심취하지 않으면서 삼국시대 이래 귀족문화의 전통을 계승하려 하였다.

③ 신라 하대 : 도당유학생(숙위학생)의 활동이 두드러졌다.

㉠ 최치원(崔致遠)

㉮ 개혁안 10여조 건의 : 당에서 귀국하여 진성여왕에게 시무 상소를 건의하였으나 받아들여지지 않자 정치에 뜻을 잃고 가야산으로 들어가 은둔생활을 하였다.

㉯ 저서

작품명	내용 및 특징	현존 유무
제왕연대력	역대의 왕력(王曆)	부 존
계원필경	정강왕에게 바친 최고의 개인 문집	현 존
토황소격문	당에서 황소의 난 진압을 위해 쓴 격문	현 존
4산비명	불교, 유교, 노장사상, 풍수지리설 등 나말여초 사상의 복합적인 동향을 알 수 있다.	현 존

㉡ 김운경 : 당의 빈공과에 합격한 최초의 신라 사람으로 골품제도에서 오는 사회적·정치적 모순을 인식하였다.

(2) 발 해

① 발달 배경 : 당(唐)으로부터 많은 서적을 수입하고, 당에 유학생을 파견하였다.

② 유학자 : 빈공과에 급제한 유학자 중 이거정, 양태사, 왕효렴의 등이 대표적이다.

제2장 종교와 사상의 발달

핵심 출제포인트

- 고대 불교는 주요 승려(원효, 의상, 혜초)를 중심으로 출제됨으로 각 승려의 주장과 활동을 구분하여 학습해야 한다.
- 문화재를 제시하고 관련 종교의 특징을 묻는 문제가 출제되는데 특히, 도교의 내용은 숙지해야 한다.

01 삼국의 불교

❶ 배 경

(1) 원시 종교의 한계성

종래의 폐쇄적인 원시 종교로는 넓어진 영토와 백성들을 일원적으로 이끌어갈 수 없게 되었다.

(2) 국가적 종교의 필요성 대두

부족과 부족을 통일적으로 지도할 수 있는 이념을 가진 새로운 종교가 필요하였는데 이에 부합된 것이 불교였다.

(3) 고급 종교의 필요성 대두

지금까지 왕은 하늘의 아들이라는 신인(神人)의 권위를 가지고 통치에 임했으나 사람의 지혜가 발달하면서 왕을 더 이상 신(神)으로 보지 않았다.

❷ 전래와 공인

(1) 전 래

① 시기 : 삼국이 율령을 제정하고 통치조직을 개편하여 왕권의 강화에 힘쓰던 4세기였다.

② 특징 : 대승불교와 소승불교가 뒤섞여 들어왔지만 점차 대승불교가 그 주류를 이루었다.

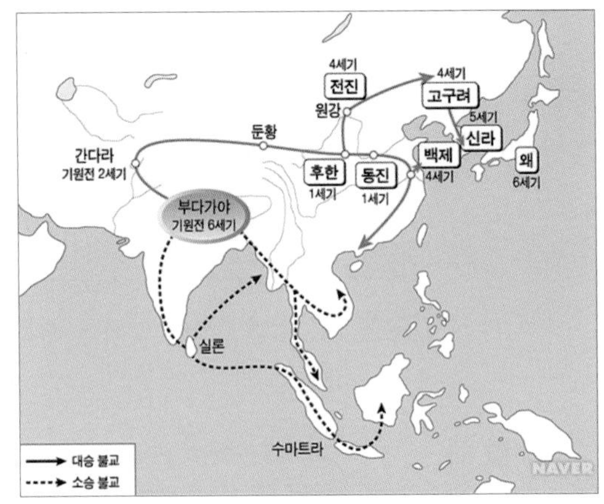

불교의 전래

(2) 공 인

① 고구려 : 소수림왕 때(372)에 전진(前秦)의 왕인 부견(苻堅)이 보낸 사신을 따라온 순도(順道)가 불상과 경전을 전해 주었다.

② 백제 : 침류왕 때(384)에 동진에서 마라난타가 들어와 다음해에 한산에 절을 세우고, 승려 10여 명과 더불어 전파하였다.

③ **신라** : 눌지왕 때(457) 고구려의 승려인 묵호자가 개인적으로 선산지방 모례(毛禮)의 집을 근거로 포교하였으며, 소지왕 때 아도(阿道)가 와서 전도하였으나 법흥왕 때 이차돈의 순교로 공인(527) 되었다.

❸ 성격과 역할

(1) 성 격

① **왕실 불교·귀족 불교** : 불교수용의 선도적 역할을 한 것은 왕실이었으나, 귀족과의 타협없이는 공인이 될 수 없었으므로 불교의 공인으로 왕실과 귀족이 타협을 이루게 되어 귀족불교로 발전하였다.

② **호국 불교** : 불교는 고대국가의 정신적 통일에 이바지하였으므로 불교를 믿는 것이 국가의 위기를 막는 것이라고 생각하였다. 그 결과 인왕경(仁王經)이 널리 암송되고, 국가마다 비보사찰(백제 무왕 : 흥왕사, 신라 진흥왕 : 황룡사)과 황룡사 9층 목탑을 건립하는가 하면 백좌강회(인왕회), 팔관회, 도림(장수왕 때 백제로 가는 첩자 역할)의 활동 등이 호국불교의 흔적이다.

(2) 역 할

① **고대 문화 발달에 공헌** : 불교의 수용 과정에서 사원·탑·불상을 제작하는 건축 기술이 들어오게 되었고, 음악·미술·공예·의학 등 서역과 중국의 선진 문화를 우리나라에 전달하여 새로운 문화 창조에 기여하였다.

② **인간 사회의 대립과 충돌 완화** : 인간 사회의 갈등이나 모순을 보다 높은 차원에서 해소하려 하였다.

③ **중앙 집권화에 기여** : 하나의 불법에 귀의하는 같은 신도라는 신념은 국왕을 받드는 같은 신민이라는 생각과 함께 중앙집권화에 큰 역할을 하였다.

④ **왕권 강화의 이념적 뒷받침** : 삼국은 왕실 주도하에 불교를 수용하는 과정에서 왕즉불(王卽佛) 사상을 갖게 되었는데, 왕즉불이란 '왕이 곧 부처'라는 관념으로, 하나의 불법에 귀의하듯 국왕을 섬겨야 함을 강조하였다.

02 남·북국 시대의 불교

❶ 통일신라

(1) 특 징

① **불교 사상의 정립** : 고구려와 백제의 문화를 종합하여 민족 문화의 토대를 마련한 7세기 후반에 정립되었다.

② **불교 사상의 종합적인 이해 체계 수립** : 삼국 불교의 유산을 토대로 하고 중국과의 교류를 더하여 다양하고 폭넓은 불교 사상을 본격적으로 이해할 수 있는 기반을 쌓았다.

③ **불교의 대중화** : 아미타 신앙의 유행으로 귀족 불교의 성격과 더불어 민중 불교의 성격이 나타나면서 종교의 기반이 확대되었다.

(2) 명 승

원효

① **원효**(617~686) : 도당유학승이 아니다.

㉠ **화쟁사상** : 인간은 모두 평등하다는 기본 원칙하에 민중을 중심으로 하는 화합사상으로「십문화쟁론」에서 주장하여 여러 종파의 융합을 추구하였다.

㉡ **불교 대중화** : '나무아미타불'만 암송하여도 아미타불이 산다는 극락으로 왕생할 수 있다는 아미타신앙과 '무애가'는 정토종과 관련이 있는 신앙으로 가난한 민중들에게 환영을 받았으며, 불교의 대중화에 공헌하였다.

화쟁사상(和諍思想)과 정토신앙

① **화쟁사상** : 원효의 저서 십문화쟁론에서 나온 것으로 이에 의하면 그는 일경일논(一經一論)으로써 소의경전(所衣經典)을 삼지 않고, 여러 종파의 모순과 상쟁을 보다 높은 차원에서 융화, 통일시키려고 노력하였다. 그는 이 화쟁을 인간이 평등하다는 기본 원칙 위에서 주장하여 성인(聖人)만이 아니라 악인도 성불할 수 있다고 하였다. 이것은 지배자를 중심으로 한 사상이 아니라 민중을 중심으로 한 화합사상이다.

② **정토신앙** : 정토종은 불경의 깊은 교리를 이해하지 못하더라도 아미타불에 귀의한다는 뜻의 '나무아미타불'을 암송하는 염불만으로도 아미타불이 산다는 서방 정토, 즉 극락으로 왕생할 수 있다고 주장하였다. 정토종이 널리 보급된 것은 전제 왕권하의 사회적 모순이 나타남에 따라 대 두한 민중의 염세적 경향을 반영한 것이다.

㉢ **불교 이해 기준 마련** : 주요 경론에 대한 종요(宗要)와 논(論)·소(疏)를 지어 정리하였고, 특히 '금강삼매경론', '대승기신론소'와 같은 명저를 남겨 불교를 이해하는 기준을 확립하였다.

② **의상**(625~702)

㉠ **화엄사상 정립** :「화엄일승법계도」를 통해 정립한 사상으로 모든 존재는 상호의존적인 관계에 있으면서 서로 조화를 이루고 있다는 불교사상이다. 이는 전제정치를 뒷받침하는 것으로 이해되기도 하였다.

화엄사상

① **내용** : 우주의 모든 사물은 그 어느 하나라도 홀로 있거나 일어나는 일은 없다. 모두가 끊임없는 시간과 공간 속에서 서로의 원인이 되며, 대립을 초월하여 하나로 융합하고 있다는 것이 핵심이다.

의상

② **원효** : 원효의 독자적인 입장에서 뛰어난 논리로 화엄사상을 정리했다.

③ **의상** : 당에서 귀국 한 후 부석사를 창건하여 화엄의 종지를 널리 펼쳤으며, 체계화된 방법으로 화엄사상을 널리 선양하였다. 화엄일승법계도에서 "하나 안에 모두가 들어있고, 많은 것 안에 하나가 들어 있다(一中一切 多中一).", "하나는 모든 것을 전제로 이루어지며, 많은 것은 하나를 전제로 성립한다(一卽多 多卽一)."라고 주장하였는데 이것은 전체와 부분, 본질과 현상 등의 관계 속에 일어나는 모순과 무질서를 조화와 안정의 세계로 이끄는 변증법적 세계관인 법계 연기설에 담아 화엄사상을 요약하여 만(卍)자로 발전시킨 210자의 그림시이다.

㉡ **불교의 대중화** : 화엄종단에서 아미타신앙과 함께 현세에서 고난을 구제받고자 하는 관음신앙(관세음보살)을 이끌어 불교의 대중화에 기여하였으며, 그의 사상은 고려 초 균여에게로 이어지었다.

㉢ **교단의 형성** : 화엄사상을 바탕으로 많은 제자를 양성하고, 부석사를 비롯한 여러 사원을 건립하여 불교 문화의 폭을 확대하였다.

③ **혜초**(704~787) : 자신이 돌아본 인도와 중앙아시아 여러 나라의 풍물을 생생하게 기록한 「왕오천축국전」이 남아 있다.

왕오천축국전(往五天竺國傳)

① **발견** : 1908년 프랑스의 펠리오가 중국의 감숙성 둔황 천불동에서 일부를 발견하였다.

② **확인** : 1909년 중국의 학자 나진옥에 의하여 「왕오천축국전」임이 확인되었고, 1915년 다카쿠스에 의하여 그 저자가 신라 출신 승려라는 사실이 확인되었다.

③ **의의** : 현재 프랑스 국립도서관에 보관되어 있는데 인도와 서역지방의 연구에 귀중한 자료가 된다.

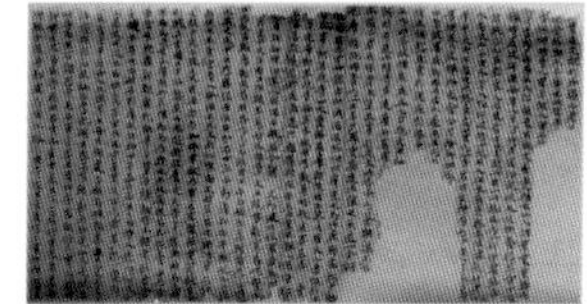

왕오천축국전

(3) 선종의 전래와 발달

① **시기** : 7세기 전반 선덕여왕 때 법랑(法朗), 혜공왕 때 신행(神行)이 북선종, 헌덕왕 때 도의(道義)가 남선종을 전래하였다.

② **성격**

㉠ **새로운 사상 체계의 제시** : 교종의 기성 사상체계에 의존하지 않고 스스로 사색하여 진리를 깨닫는 것을 중시하고, 개인적인 정신세계를 찾는 경향이 강하였다.

㉡ **반신라적 경향** : 교종의 전통과 권위에 대항하는 당시 불교계의 개혁요구와 일치하는 것으로, 왕실의 권위를 부정하면서 지방 호족 세력들의 세력 확장에 정신적인 지원을 하는 등 하대 사회의 새로운 정신적 기반이 되었다. 따라서, 당시 선종 승려들 중에는 지방의 호족 출신이 많았고, 이는 지방 호족의 의식과도 부합하였다.

5교 9산

㉢ **좌선(참선)의 중시** : 경전의 이해를 통하여 깨달음을 추구하는 교종과 달리 스스로 사색을 통하여 각자의 마음속에 내재된 깨달음을 추구하는 불립문자(不立文字), 직지인심(直指人心), 견성오도(見性悟道), 선(禪), 즉시성불(卽時成佛) 등을 수도의 방법으로 삼는 것으로 기존의 교종 체제를 뒤엎는 것으로 혁신적인 성격을 띠었다.

③ **영향**

㉠ **중국 문화에 대한 이해 폭 확대** : 선종은 중국에서 새로운 문화운동의 하나로 성립된 종파였다.

㉡ **한문학 발달에 기여** : 선종이 당(唐)에서 수용되어 6두품과 지방 호족을 중심으로 융성하면서 한문학 발달에도 기여하였다.

㉢ **지방 문화 역량의 증대** : 중앙 귀족 사회의 모순에 대한 혁신을 내세우며 지방을 근거로 성장한 호족과 뜻을 같이 하였기 때문이다.

㉣ **새로운 사회 건설 사상적 기반** : 사회 변혁을 희망하던 6두품 지식인들과 함께 고려 사회 건설에 사상적 바탕을 마련해 주었다.

㉤ **조형 미술의 쇠퇴** : 선종이 좌선을 중시하고, 불교의식을 배격하였기 때문에 중대에 비해 조형 미술이 쇠퇴하고 승탑과 탑비의 유행을 가져왔다.

❷ 발 해

(1) 특 징

① **고구려 불교 계승** : 왕실이나 귀족중심으로 신봉되었으며, 피지배층인 말갈인들은 샤머니즘을 신봉하였다.

② **유물·유적** : 불교가 융성하여 수도였던 상경 동경성에서 10여 개의 절터가 발견되었으며, 석사자상·불상·석등·연화무늬 와당 등의 유물이 많이 출토되었다.

(2) 명 승

발해의 명승 인정·정소는 불법을 널리 선양하였고, 당·일본에도 왕래하여 이름을 떨쳤다.

03 도교와 노장사상

❶ 삼국시대

(1) 전 래

삼국에 전래되어 산천숭배나 신선사상과 결합하여 귀족사회를 중심으로 환영받았다.

(2) 고구려

① **수용** : 7세기 초 영류왕 때 당(고조)이 친선책의 일환으로 도사를 보내어 「도덕경」을 전달하였다.

② **발전**

㉠ **연개소문** : 왕권과 결합된 불교세력을 누르기 위하여 도교를 국가의 종교로 삼아 유교·불교보다 중시하였다.

㉡ **보장왕** : 불교 사원을 도관으로 만들고 각종 도교 행사를 열었다.

③ **결과** : 불교는 극심한 타격을 입었으며, 보덕은 도교의 불로장생 사상에 대항하기 위하여 백제로 망명하여 열반종을 개창하였다.

④ **유물** : 강서고분에 그려진 사신도는 도교의 방위신을 그린 것으로 죽은 자의 사후세계를 지켜주리라는 믿음을 표현하고 있다.

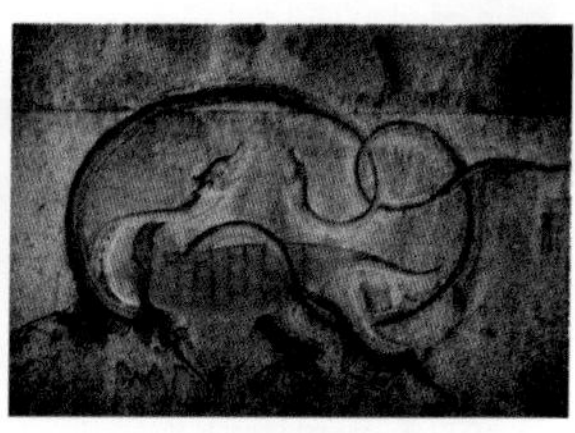

청룡도(동) 백호도(서) 주작도(남) 현무도(북)

(3) 백 제

① **관륵** : 일본에 둔갑술과 방술에 관한 서적을 전하였다.

② **산수무늬 벽돌** : 신선이 산다는 삼신산의 모습을 벽돌에 담았다.

③ **무령왕릉 지석 매지권(買地券)** : 신선사상이 표현되어 있다.

산수무늬 벽돌

금동대향로

④ **백제 금동대향로** : 신선들이 사는 이상 세계를 형상으로 표현하였으며, 도교 뿐 아니라 불교의 색채도 엿볼 수 있다.

⑤ **사택지적비** : 노장사상이 표현되어 있다.

사택지적비(砂宅智積碑)

1948년 부여에서 발견된 금석문으로 백제 의자왕 때 상좌평을 지냈던 사택지적이 날로 늙어감이 아쉬워 절(법당)과 탑을 만들고 그 기념으로 세운 비석이다. 4·6 변려체의 문장으로 되어 있으며, 인생의 허무함과 노장사상을 세련된 문장으로 나타내고 있어 백제에 도교가 전래된 사실을 알 수 있다.

사택지적비

(4) 신 라

① **둔갑술·방술** : 김유신이 신이한 노인으로부터 방술의 비법을 전수받았다.

② **향가** : 해가 둘 나타난 괴변을 없앴다는 도솔가와 혜성을 없애고 왜군을 자퇴케 했다는 내용이 혜성가에 나타나 있다.

③ **화랑도** : 국선도, 풍류도, 풍월도 등 화랑도의 별칭에서 나타난다.

❷ 남·북국 시대

(1) 통일신라

신라 말기에 지배층의 향락적이고 퇴폐적인 생활에 반발하는 6두품 이하 하급귀족들의 은둔적인 사상 경향이 생기게 되는데 이는 김가기와 최치원(4산비명)의 행적에 나타나고 있어 사회 전반에 광범위하게 유행한 것으로 보인다.

(2) 발 해

정효공주 묘지(墓誌)에 불로장생사상이 나타나 있어 도교가 성행하였음을 알 수 있다.

04 풍수지리설

❶ 전 래

신라 말 도선과 같은 선종 승려들이 중국에서 받아들였으며, 이를 집대성한 도선의 「도선비기」가 있다 하나 부전한다.

❷ 성 격

산세와 수세를 살펴 도읍, 주택, 묘지 등을 선정하는 인문지리적 학설로서 국토의 효율적인 이용과 관련되어 있다.

❸ 영 향

① 길지설 대두 : 예언적인 도참신앙과 결부되어 지방의 지세에 따라 좋고 나쁜 곳이 있다고 주장하게 되었다.

② 국토 재편성 주장 : 경주를 중심으로 한 지리적 개념에서 벗어나 신라 정부의 권위를 약화시키는 구실을 하였다.

제3장 과학기술의 발달

핵심 출제포인트

- 고대의 과학기술은 주요 문화재를 중심으로 정리해야 한다.
- 신라의 첨성대, 금속기술, 목판인쇄술 등으로 나누어 학습해야 한다.

01 천문학과 수학의 발달

❶ 천문학

(1) 배 경

고대 사회에서는 천문 현상이 농경과 밀접한 관련이 있음을 인식하였고, 아울러 왕의 권위를 하늘과 연결시키려고 하였기 때문에 천체 관측을 중심으로 발달하였다.

(2) 국가별

① **고구려** : 별자리를 그린 천문도가 만들어졌고, 고분 벽화에도 매우 사실적이고 정확한 관측을 토대로 그렸다.

② **신라** : 7세기 선덕여왕 때에 현존하는 세계 최고의 천문대인 첨성대를 세워 천체를 관측하였다.

③ **통일신라** : '누각전'이라는 관청에서 천체 관측을 담당하였다.

첨성대(경주)

(3) 기 록

"고구려 민중왕 3년(46) 11월 겨울 혜성이 남쪽 귀퉁이에서 20일이나 보이다가 없어졌다."는 「삼국사기」 기록 등을 통해 일·월식, 혜성의 출현, 기상이변 등을 매우 정확하게 관측하였음을 알 수 있다.

❷ 수 학

(1) 경 향

여러가지 조형물을 통하여 수학이 높은 수준으로 발달했음을 알 수 있다.

(2) 국가별

① **고구려** : 고분의 석실이나 천장의 구조 등을 통해서 알 수 있다.

② **백제** : 정림사지 5층 석탑 등이 대표적이다.

③ **신라** : 황룡사 9층 목탑 등이 있다.

④ **통일신라** : 석굴암의 석굴 구조나 석가탑과 다보탑 등의 건축에는 정밀한 수학적 지식이 이용되었다.

02 목판인쇄술과 제지술의 발달

❶ 배 경

통일신라에서는 불교문화의 발달에 따라 질 좋은 종이의 제작과 대량으로 불경을 인쇄할 필요성이 인식되어 출판 기록 문화 발전에 크게 기여하였다.

❷ 구 분

(1) 인쇄술

① **무구정광대다라니경** : 불국사 3층 석탑(석가탑)에서 발견되었으며, 8세기 초엽에 만들어진 두루마리 불경으로 세계에서 가장 오래된 목판 인쇄물이다.

② **기타** : 구례 화엄사의 석탑에서 발견된 두루마리 불경이 있다.

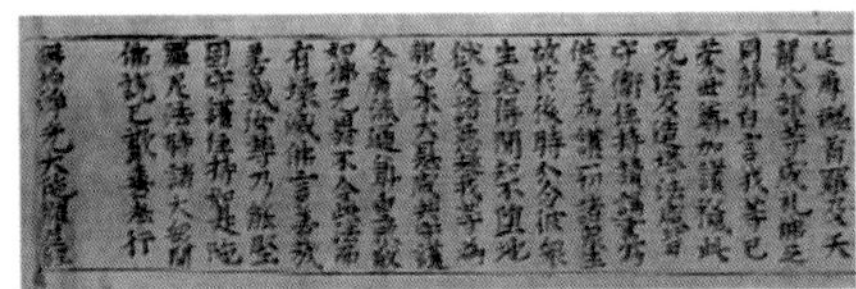

무구정광대다라니경

(2) 제지술

무구정광대다라니경과 구례 화엄사의 석탑에서 발견된 두루마리 불경에 사용된 종이는 지금까지 보존될 수 있을 만큼 품질이 뛰어난 닥나무 종이로 만들어진 것이다.

03 금속 기술의 발달

❶ 삼국 시대

(1) 특 징

청동검과 청동제 잔무늬 거울 등을 제작하였던 기술을 계승하여 높은 수준으로 발달하였다.

(2) 국가별

① 고구려

㉠ **내용** : 철의 생산이 중요한 국가적 산업이었으며, 철광석 생산이 풍부하여 철을 다루는 기술이 발달하였다.

㉡ **유물** : 철제 무기와 도구 등의 품질이 우수하며, 고분벽화에는 철을 단련하고 수레바퀴를 제작하는 기술자의 모습이 사실적으로 그려져 있다.

② 백제

㉠ **칠지도** : 4세기 후반에 백제에서 만들어 일본으로 보낸 강철로 만든 우수한 제품으로 금으로 상감한 글씨가 새겨져 있어 백제의 제철 기술이 우수함을 잘 보여 주고 있다.

칠지도

㉡ **백제금동대향로** : 1993년 충남 부여에서 출토되어 국보 제287호로 지정되었다. 백제의 금속 공예 기술이 매우 뛰어났음을 보여 주는 걸작품이다.

③ **신라** : 고분에서 출토된 금관들은 순금으로 만든 것과 금으로 도금한 것이 있는데, 제작 기법이 뛰어나며 독특한 모양이 돋보인다.

❷ 통일 신라

18.9톤의 구리로 경덕왕 때 만들어졌다는 성덕대왕 신종(봉덕사종, 에밀레종)은 아연이 함유된 청동으로 만들었는데 신비한 종소리는 당시 신라의 금속 주조 기술이 매우 뛰어났음을 보여 주고 있다.

04 농업 기술의 혁신

❶ 배 경

철기 문화의 보급과 함께 나무나 돌로 만든 농기구가 점차 철제농기구로 바뀜에 따라 농업 기술이 획기적으로 발전하였다.

❷ 철제 농기구 제작

① **쟁기** : 농경에서 소와 같은 가축의 힘을 이용할 수 있어 농업 생산이 크게 증가하였다.

② **호미** : 제초 작업 뿐만 아니라 모종 솎기, 이랑갈이 등에 이용되었다.

❸ 삼국의 농업 기술

(1) 고구려

일찍부터 쟁기갈이가 시작되었고 늦어도 4세기경부터는 고구려의 지형과 풍토에 맞는 보습을 사용한 것으로 보인다.

(2) 백 제

① **내용** : 농업 기술은 4~5세기경에 크게 발전하였으며, 수리시설을 만들고 쟁기의 보급, 호미, 낫, 쇠스랑 등 철제농기구를 개량하여 논농사를 발전시켰다.

② **영향** : 농업 기술과 토목 기술은 고대 일본에 전해져 일본의 농업 발전에도 크게 이바지한 것으로 보인다.

철제보습과 호미, 따비

(3) 신 라

5~6세기경에 소를 농경에 이용하는 우경의 보급이 확대되었다.

제4장 고대인의 자취와 멋

핵심 출제포인트

- 고대의 고분과 벽화는 고대 문화사 중 가장 출제율이 높은 주제임으로 유의해서 정리해야 한다.
- 각 국가의 시기별 고분양식을 구별하고 관련된 벽화와 고분의 특징을 숙지해야 한다.

01 고분과 고분 벽화

❶ 고구려

(1) 고분 양식

초기에는 주로 돌무지무덤을 만들었으나, 점차 굴식돌방무덤으로 바뀌어갔다.

(2) 구 분

① 돌무지무덤 : 돌로 쌓아 만든 무덤으로 청동기~삼국시대까지 만들어졌으며 벽화는 없다.

㉠ 분포 지역 : 만주의 집안(지안) 일대에 12,000여 기(基)가 무리를 이루고 있다.

㉡ 대표 무덤 : 다듬은 돌을 계단식으로 하여 맨 아래층의 길이는 약 30m이고, 높이는 약 13m로 7층까지 쌓아 올린 장군총이 있다.

돌무지무덤 (장군총)

② 굴식돌방무덤

㉠ 구조 : 돌로 널방을 짜고 그 위에 흙으로 덮어 봉분을 만든 무덤으로 방은 앞방과 널방으로 구성되며, 옆방이 딸린 경우도 있는데 널방의 벽과 천장에 벽화를 그리기도 하였다. 천장은 모줄임구조로 되어 있다.

모줄임 천장구조

㉡ 벽화 : 초기에는 주로 무덤 주인의 생활을 표현한 그림이 많았고, 후기로 갈수록 점차 추상화되어 사신도와 같은 상징적 그림으로 변하여 갔다.

㉢ 대표적 무덤

㉮ 덕흥리 고분 : 광개토대왕 18년(408)에 축조된 고분으로 평남 대안시 강서에 위치하고 있으며 널방이 여러 개로 되어 있고, 은하수를 가운데 두고 앞에는 견우 직녀의 벽화가 발견되었다.

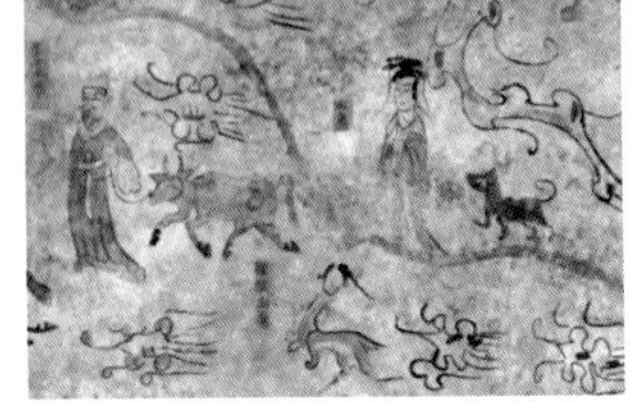
덕흥리 고분벽화(평남 대안시)

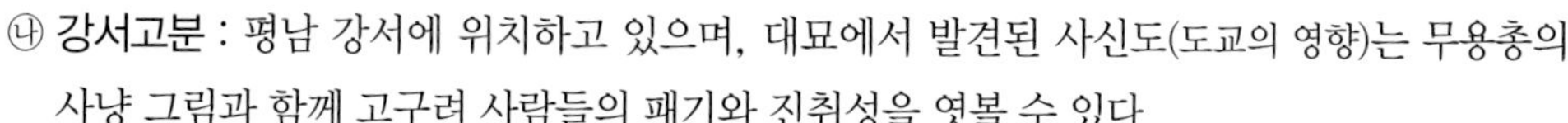

㉯ **강서고분** : 평남 강서에 위치하고 있으며, 대묘에서 발견된 사신도(도교의 영향)는 무용총의 사냥 그림과 함께 고구려 사람들의 패기와 진취성을 엿볼 수 있다.

㉰ **쌍영총** : 평남 용강에 위치한 무덤으로 서역 계통의 영향을 받은 팔각쌍주와 두팔천장은 당대 건축예술의 솜씨를 보여 주고 있다. 특히, 무사·우차·여인 등의 벽화를 통해 당시의 생활 풍속을 엿볼 수 있으며, 네 귀퉁이의 기둥과 두공 등에서 고구려의 가옥양식을 보여주고 있다.

㉱ **무용총** : 만주 집안에 위치하고 있으며, 무용 그림·사냥 그림·행렬의 모습 등은 고구려의 진취적인 기상을 보여주고 있다.

㉲ **각저총** : 만주 집안에 있으며, 각저도(고구려 하층민의 씨름)는 우리의 전통적인 힘겨루기 풍속을 보여 주고 있다.

무용총(수렵도)

무용총(무용도)

각저총(씨름도)

❷ 백 제

(1) 한성 시기

① **계단식돌무지무덤** : 고구려의 영향을 받은 것으로 백제 건국의 주도 세력이 고구려와 같은 계통이라는 내용을 뒷받침하고 있는 서울 석촌동 고분이 있다.

② **굴식돌방무덤** : 전형적인 백제 초기의 무덤으로 서울 방이동 고분이 있다.

송파 석촌동 고분

(2) 웅진 시기

① **굴식돌방무덤** : 고분의 규모는 크지만 소박하고 고졸한 맛이 남아있으며, 벽화가 발견되는 송산리 고분이 대표적이다.

② **벽돌무덤** : 널방을 벽돌로 쌓은 무덤으로 중국 남조의 영향을 받았다.

㉠ **송산리 6호분** : 사신도와 일월도의 벽화가 발견되었다.

㉡ **무령왕릉** : 완전한 형태로 발견되었으나 벽화는 발견되지 않았다.

무령왕릉

1971년에 송산리 고분군의 배수로 공사 중에 우연히 발견되었는데 다른 무덤과는 달리 완전한 형태로 남아 있었다. 이는 중국 남조의 영향을 크게 받아 연꽃 등 우아하고 화려한 백제 특유의 무늬를 새긴 벽돌로 무덤 내부를 쌓았는데, 무덤의 주인공이 무령왕과 왕비임을 알리는 지석이 발견되어 연대를 확실히 알 수 있다. 특히, 왕과 왕비의 장신구와 금관 장식, 귀고리, 팔찌 등 3,000여 점의 부장품이 출토되어 백제 미술의 귀족적 특성을 알 수 있다.

무령왕릉 내부 복원도

무령왕릉 지석

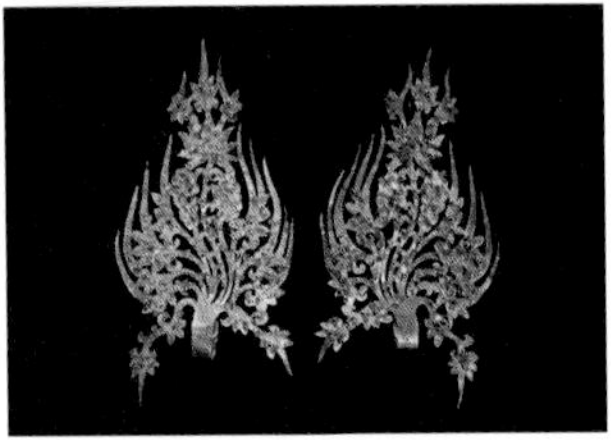
무령왕릉 출토 금제관식

무령왕릉 출토 진묘수

(3) 사비 시기

① **굴식돌방무덤** : 규모가 작지만 세련된 벽화가 발견되어 귀족미술이 크게 발달하였음을 보여 주며, 부여 능산리 고분이 대표적이다.

② **돌무덤** : 전라도 지방에서 전통적으로 만들어진 재래식 무덤이다.

부여 능산리 고분군

❸ 신 라

(1) 고분 양식

4세기 전반~6세기 전반에 나타난 돌무지덧널무덤과 이 무덤 양식 소멸 후에 굴식돌방무덤이 축조되었다.

(2) 구 분

① **돌무지덧널무덤** : 구조상 벽화가 없으며, 주로 단장(單葬)을 하고 있다. 이 무덤은 도굴이 용이하지 않아 금관·금귀고리·금팔찌·토기류 등의 많은 부장품이 발견되고 있다.

㉠ **천마총**(155호분) : 천마도, 금동관, 순금귀걸이, 순금요대, 칠기, 계란껍질 등의 부장품이 발견되었다.

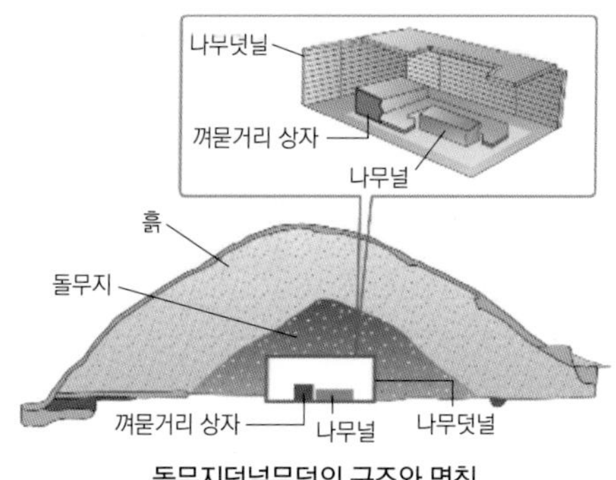

돌무지덧널무덤의 구조와 명칭

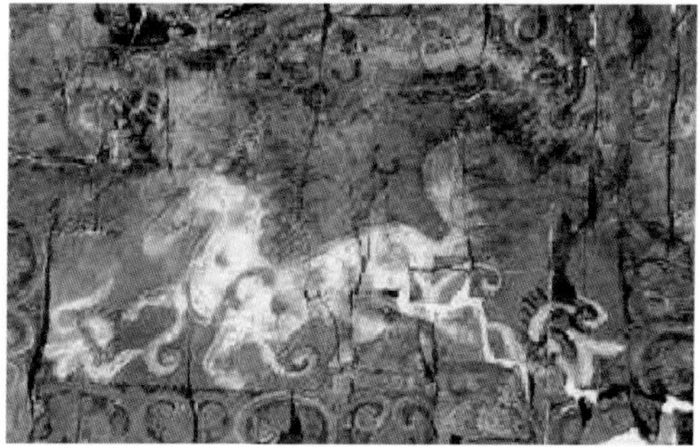
천마도

㉡ **황남총(98호분)** : 금관, 가락바퀴 등이 출토되었다.

㉢ **호우총(壺衧塚)** : "을묘년국강상광개토지호태왕"이라는 글씨를 새긴 호우명 그릇이 발견되어 당시 신라와 고구려의 관계를 보여준다.

② **굴식돌방무덤** : 고구려의 영향을 받은 경북 영풍군 순흥면의 읍내리 고분(어숙묘)이 대표적이며 연화문과 신장도의 벽화가 발견되었다.

❹ 통일 신라

(1) 고분 양식

이 시기에는 화장법이 유행하였고, 굴식돌방무덤이 일반화 되었다.

(2) 구 분

① **화장법** : 불교의 영향으로 유행하였으며, 호국정신을 엿볼 수 있는 문무왕릉(해중릉, 대왕암)이 있다.

② **굴식돌방무덤** : 봉토 주위를 둘레돌로 두르고 12지 신상을 조각하는 신라만의 독특한 새로운 양식으로 고려, 조선시대의 왕릉에 까지 계승되었으며 김유신묘, 성덕대왕릉, 괘릉(원성왕릉) 등이 있다.

❺ 발 해

(1) 고분 양식

굴식돌방무덤, 벽돌무덤 등이 있으며, 고분의 봉토 위에 건축물이나 탑을 조성하였다.

(2) 구 분

① 굴식돌방무덤

㉠ **특징** : 모줄임 천장구조이며 묘지(墓誌)를 통하여 3년상을 치렀다는 사실이 확인되었는데, 이는 고구려의 문화 요소로 여겨지고 있다.

㉡ **대표적 무덤** : 매우 힘차고 생동감이 있는 돌사자상과 벽화가 발견된 정혜공주묘(육정산 고분군)가 있다.

정혜공주묘

② **벽돌무덤**

㉠ **특징** : 고분양식이나 남장을 한 여성의 벽화가 발견되는 등 당의 문화 요소를 보여주고 있다.

㉡ **대표적 무덤** : 죽은 자의 생애와 가족 관계 등을 기록한 묘지(墓誌)와 벽화가 발견된 정효공주묘(용두산 고분군)가 있다.

정효공주묘 벽화

02 건축과 석탑

❶ 건 축

(1) 삼국시대

① **궁궐 건축** : 장수왕이 평양에 세운 안학궁은 가장 규모가 큰 것(건물 한 면의 길이가 620m)으로 고구려 남진 정책의 기상이 엿보인다.

② **사원 건축**

㉠ **신라 황룡사** : 6세기에 진흥왕 때 건립된 것으로 호국사찰이었으며, 7세기 선덕여왕 때 건립한 거대한 9층 목탑이 중심을 잡고 있어 대단히 웅장했으리라 짐작된다.

㉡ **백제 미륵사** : 7세기 무왕 때 창건되었는데 중앙에 거대한 목탑과 동·서에 석탑을 둔 3탑 3금당의 특이한 형태를 띠고 있다.

③ **가옥 건축** : 고구려 고분 벽화에 구조가 일부 보이며, 현존하는 가옥은 없다.

④ **성곽 건축** : 능선을 자연스럽게 이용하여 돌로 쌓은 산성이 대부분이고, 지형에 따라 흙으로 쌓기도 했다.

(2) 통일 신라

① **불국사**

㉠ **특징** : 불국토의 이상을 조화와 균형 감각으로 표현한 사원이다.

㉡ **구조**

㉮ **청운교, 백운교** : 직선과 곡선을 조화시킨 정문 돌계단이다.

㉯ **축대** : 세속과 이상 세계를 구분하는 의미를 지니고 있으며, 자연의 선에 인공적으로 맞추어 자연과 인공을 연결시키고 있다.

불국사

㉰ **누각** : 복잡하고 단순한 좌우의 비대칭은 간소하고 날씬한 석가탑 및 복잡하고 화려한 다보탑과 어울려 세련된 균형감을 살리고 있다.

불국사

석굴암과 함께 경덕왕 때 김대성에 의해 시작되어 혜공왕 때 완성되었다. 서쪽의 석가탑은 보편적인 신라 석탑의 형식이지만 동탑인 다보탑은 완전히 다른 새로운 모습을 보여준다. 신라인들의 사찰 건축과 탑의 조형에 관한 주관적인 해석과 창작의 자유로움이 맘껏 발휘된 사찰이라고 할 수 있다.

② 석굴암

㉠ **특징** : 전실과 주실 그리고 천장이 이루는 아름다운 비례와 균형의 조형미는 건축 분야에서 세계적인 걸작으로 손꼽힌다.

㉡ **구조** : 인공으로 축조한 석굴사원으로 네모난 전실과 둥근 주실을 좁은 통로로 연결하고 있으며, 주실의 천장은 둥근 돌으로 꾸몄다.

석굴암

③ 안압지(월지)

㉠ **구조** : 연못, 인공섬, 구릉과 건물들은 매우 자연스럽게 어울리도록 꾸몄다.

㉡ **의의** : 뛰어난 조경술을 잘 나타내고 있으며, 많은 유물의 발굴을 통해서 귀족들의 화려한 생활을 짐작할 수 있다.

안압지(경주 동궁과 월지)

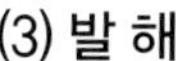
(3) 발 해

① 궁궐 건축

㉠ **당의 모방** : 상경은 당의 수도인 장안을 본떠 외성을 쌓고, 남북으로 넓은 주작대로를 내고 그 안에 궁궐과 사원을 세웠다.

㉡ **온돌장치** : 궁궐 중에 온돌장치를 한 것도 발견되었다.

② **사원 건축** : 높은 단 위에 금당을 짓고 좌우에 회랑으로 연결된 건물을 배치하였다.

상경(주작대로)

❷ 석 탑

석탑이 그 주류를 이루게 된 이유는 질 좋은 화강암이 많은 풍부한 자연적 조건과 일찍부터 돌을 다루는 기술이 발달되었기 때문이다. 인도나 중국을 '전(塼)탑의 나라', 일본을 '목(木)탑의 나라'라고 한다면 한국은 '석(石)탑의 나라'라고 할 수 있다.

(1) 삼국시대

① **고구려** : 석탑은 전해지는 것이 없고, 목탑 터가 남아있어 주로 목탑을 건립했을 것으로 추정된다.

② 백제

㉠ **익산 미륵사지 석탑** : 서탑만 일부 남아 있는데, 목탑의 세부양식을 그대로 따다가 만든 가장 오래된 탑으로 목탑에서 석탑으로 변형되는 과정을 엿볼 수 있다.

㉡ **부여 정림사지 5층 석탑** : 익산 미륵사지 석탑을 계승하였으며, 안정되면서도 경쾌한 모습의 백제 대표적인 석탑이다.

익산 미륵사지 석탑

부여 정림사지 5층석탑

③ 신라

㉠ **황룡사 9층 목탑** : 선덕여왕 때 자장의 건의에 따라 백제의 아비지가 건축한 호국적인 성격을 띤 탑으로 몽골 침입 때 소실되었다.

㉡ **분황사 모전석탑** : 회록색의 석재를 벽돌 모양으로 만들어 쌓은 탑으로 7층 이상으로 추정되지만 3층까지만 남아 있으며, 아래층에 인왕상, 석사자 등의 세련된 조각품이 새겨져 있다.

(2) 통일신라

① **특징** : 이중 기단 위에 3층 4각으로 쌓는 전형적인 통일신라의 석탑 양식을 완성하였다.

의성 탑리 5층 석탑

② 신라 중대

㉠ **융합적 양식** : 경북 의성 탑리 5층 석탑은 기단과 엔타시스의 양식으로 보아 삼국시대의 목탑과 전탑 양식을 계승 발전시킨 모습을 보이고 있다.

㉡ 이중기단 위에 3층 양식

㉮ **경주 감은사지 3층 석탑** : 장중하고 웅대한 석탑으로 삼국 통일을 달성한 기상을 반영하고 있는 석탑이다.

㉯ **경주 불국사 3층 석탑** : 날씬한 상승감 및 넓이와 높이의 아름다운 비례는 부처가 항상 가까이 있음을 이상적으로 나타내 보이고 있다. 다보탑과 함께 높은 예술성과 건축술을 단적으로 반영하고 있다.

불국사 3층 석탑

경주 감은사지 3층 석탑

③ **신라 하내** : 석탑에서 다양한 변화가 나타났다.

㉠ **양양 진전사지 3층 석탑** : 기단과 탑신에 부조로 불상들을 새겼다.

㉡ **남원 실상사 3층 석탑** : 네모꼴의 받침들을 기단을 삼고, 그 위에 다른 네모꼴의 돌을 올려 놓은 이형(異形)의 석탑이다.

㉢ **구례 화엄사 4사자 3층 석탑** : 이중기단 위에 상층 기단에 네 마리의 사자가 탑신을 받치고 있다.

양양 진전사지 3층 석탑

남원 실상사 3층 석탑

구례 화엄사 4사자 3층 석탑

④ **승탑, 탑비** : 신라 말기에 선종이 널리 퍼지면서 유행하였다. 이는 세련되고 균형감이 뛰어나 신라 말기의 조형미술을 대표한 것이며, 지방 호족들의 정치적 역량이 성장하였음을 반영하고 있다.

㉠ **승탑** : 승려들의 사리를 봉안한 것으로 팔각원당형을 기본형으로 한 화순 쌍봉사 철감선사(도윤 스님) 승탑이 대표적이다.

㉡ **탑비** : 승려의 일대기를 비에 새겨 세운 것이다.

화순 쌍봉사 철감선사 승탑

03 불상과 공예

❶ 삼국시대

(1) 금동미륵보살 반가사유상

삼국시대에 유행한 불상 조각으로 미륵보살은 미래의 부처로 태어나 중생을 구제하기로 정해져 있는 보살이다. 지금은 도솔천에서 중생을 구제하기 위하여 정진과 사색에 매진하고 있다 하는데 이런 모습을 형상화 한 것이다.

(2) 고구려(연가 7년명 금동여래입상)

연가 7년명 금동여래입상은 두꺼운 의상과 긴 얼굴 모습에서 북조 양식을 따르고 있으나 강인한 인상과 부푼 듯한 두 눈, 오뚝한 콧날과 미소를 띤 입이 독창적이며, 고구려 연호인 연가(延嘉)가 보인다.

(3) 백제(서산 마애삼존불상)

서산 마애삼존불상은 부드러운 자태와 온화한 미소로 자비와 포용의 태도를 나타내 보이고 있다.

(4) 신라(경주 배리석불입상)

경주 배리석불입상은 푸근한 자태와 부드럽고 은은한 미소를 띠고 있는 것으로 신라 조각의 정수(精髓)를 보여 주고 있다.

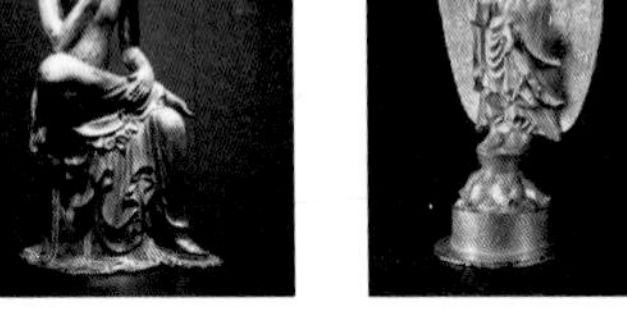

금동미륵보살반가사유상 연가7년명 금동여래입상 서산 마애삼존불상 경주 배리석불입상

❷ 통일신라

(1) 불 상

① **석굴암(본존불과 보살상)** : 통일신라의 불상 중에서 최고의 경지를 보여 준 것으로 입구 쪽의 소박한 자연스러움이 안쪽으로 들어가면 점점 정제되어 불교의 이상세계를 구체적으로 실현하고자 하였다.

㉠ **본존불** : 석굴암 주실의 중앙에 있으며, 균형잡힌 모습과 사실적인 조각으로 인해 살아 움직이는 느낌을 갖게 한다.

㉡ **보살상** : 본존불의 주위에 있으며 부조들과 함께 매우 사실적이다.

② **장흥 보림사(비로자나불), 철원 도피안사(철불)** : 사실성과 균형감은 떨어지지만 통일신라 사회로부터 이탈하여 새로운 사회를 이루어 나가는 시대적 요구를 반영한 것이다.

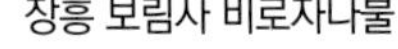

장흥 보림사 비로자나불 철원 도피안사 철불

(2) 석조물

① **무열왕릉비 받침돌·이수** : 거북이가 힘차게 전진하는 생동감 있는 모습을 하고 있다.

무열왕릉비 받침돌

성덕대왕릉 둘레돌

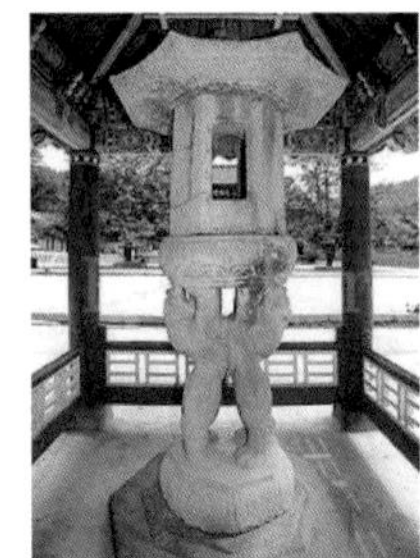

보은 법주사 쌍사자 석등

② **성덕대왕릉 둘레돌 조각(12지 신상), 문무인상** : 사실적인 미를 나타내고 있다.

③ **불국사 석등, 법주사 쌍사자 석등** : 단아하면서도 균형잡힌 걸작으로 꼽힌다.

(3) 범 종

① **상원사 동종** : 가장 오래된 범종으로 성덕왕 때 주조되었다(725).

② **성덕대왕 신종(봉덕사 종, 에밀레 종)** : 크고 웅장하면서도 맑고 장중한 소리, 그리고 천상의 세계를 나타내 보이는 듯한 경쾌하고 아름다운 비천상으로 유명하다.

성덕대왕 신종

상원사 동종

❸ 발 해

(1) 불 상

상경과 동경의 절터에서 발굴된 흙을 구워 만든 불상(전불)과 부처 둘이 나란히 앉아 있는 불상(이불병좌상)이 유명한데, 고구려 양식을 계승하고 있는 것으로 여겨지고 있다.

이불병좌상

(2) 자 기

가볍고 광택이 있는데 그 종류나 크기·모양·색깔 등이 매우 다양하였으며, 당시 당나라 사람들도 그 우수함을 인정하여 수입해 갔다고 한다.

(3) 벽돌, 기와 무늬

고구려의 영향을 받아 소박하고 힘찬 모습을 띠고 있다.

(4) 석 등

팔각의 단 위에 중간이 약간 볼록한 간석 및 그 위에 올린 창문과 기왓골이 조각된 지붕은 발해 특유의 웅대한 느낌을 자아내고 있다.

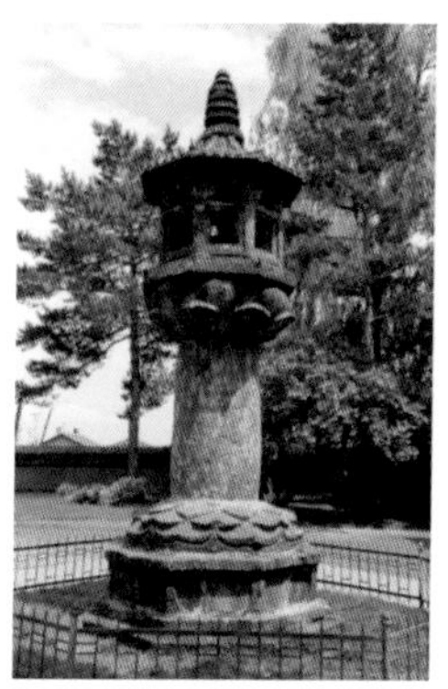

발해 석등(상경)

(5) 금속 공예

금·은으로 정교하고 아름다운 그릇이나 사리함을 제작하기도 하였으며, 연해주 소재 염주성에서는 청동 쌍봉낙타상과 낙타뼈가 출토되었다.

04 한문학과 향가

❶ 삼국시대

(1) 고구려

① **황조가** : 유리왕이 이별의 슬픔을 노래하였다.

② **오언시** : 을지문덕이 수(隋)의 장수에게 보낸 한시이다.

사료읽기

을지문덕 여수장우중문시

신묘한 계책은 천문을 꿰뚫고 기묘한 방책은 자리를 통달하였소.
싸워서 이긴공이 이미 높으니 족함을 알거든 그치기를 바라노라.

(2) 백 제

민중들이 어려운 생활 속에서 소망을 노래로 표현한 '정읍사'가 있다.

(3) 신 라

① **회소곡** : 유리왕 때 지은 작자 미상의 노동과 관련된 노래로 왕녀 두 사람으로 여자들을 두 패로 나누어 길쌈 대회를 열었는데, 진 편에서 한 여자가 탄식하여 노래하기를 '회소회소'라 한 데에서 유래하였다고 하며 일반 민중들 사이에서 유행하였다.

② **향가** : 불교가 들어온 이후에 신라에서 시작되어 고려 전기까지 창작되어 한자라는 문자를 빌어 향찰로 표기된 것으로 국가의 태평이나 불덕을 찬양하고 또는 죽은 사람을 사모하는 내용 등을 담고 있다. 혜성가(융천사), 서동요(백제 무왕) 등이 대표적이다.

(4) 가 야

일반 민중 사이에는 무속 신앙과 관련된 노래인 '구지가'가 유행하였다.

❷ 통일 신라

(1) 향 가

① **현존** : 도솔가, 제망매가[월명사, 우적가(영재), 찬기파랑가(충담사), 원왕생가(광덕), 모죽지랑가(득오), 처용가(처용)] 등이 삼국유사에 14수가 전하고 있다.

② **내용**

㉠ 화랑과 승려들이 향가의 작가로서 화랑에 대한 사모의 심정, 형제간의 우애, 공덕이나 불교에 대한 신앙심을 담고 있다.

㉡ 삼국 통일의 기상이 무너지고 지배층이 저지르는 횡포를 비판하는 경우도 있었다.

③ **향가집 편찬** : 9세기 후반(진성여왕)에는 대구화상과 각간 김위홍이 향가를 모아 '삼대목'을 편찬하였다고 하나 지금은 전하지 않는다.

(2) 설화문학

일반 서민들 사이에서 구전되었는데 에밀레종 설화, 설씨녀 이야기, 효녀 지은의 이야기에서 당시의 종교와 백성들의 어려운 삶을 찾아볼 수 있다.

❸ 발 해

(1) 한문학

중국의 남·북조시대와 수·당대에 유행한 4·6 변려체(백제의 사택지적비) 즉, 형식을 소중히 여겨 주로 4자 내지 6자의 대구(對句)를 사용하여 문장을 구성하는 한문의 문체로 쓰여진 정혜공주와 정효공주의 묘지(墓誌)를 통해서 그 수준을 알 수 있다.

(2) 시 인

문왕 23년(759)에 귀덕장군의 벼슬을 지낸 양태사가 일본에 사신으로 갔을 때 고국을 그리며 지은 '다듬이 소리'가 대표적인 작품이다.

사료읽기

다듬이 소리

서리 기운 가득한 하늘에 달빛 비치니 은하수도 밝은데 / 나그네 돌아갈 일 생각하니 감회가 새롭네
홀로 앉아 지새는 긴긴 밤 근심에 젖어 마음 아픈데 / 홀연히 이웃집 아낙네 다듬이질 소리 들리누나
바람결에 그 소리 끊기는 듯 이어지는 듯 / 밤 깊어 별빛 낮은데 잠시도 쉬지 않네
나라 떠나와서 아무 소식 듣지 못하더니 / 이제 타향에서 고향 소식 듣는 듯하구나 》「경국집」

제5장 일본으로 건너간 문화

핵심 출제포인트

- 고대 문화의 일본 전파는 삼국이 일본에 어떤 문화를 전파했는지를 구분해야 한다.
- 주로 삼국시대를 중심으로 출제되므로 고구려, 백제, 신라, 일본과의 관계를 파악해야 한다.

01 삼국 문화의 일본 전파

❶ 국 가

(1) 백 제

① **특징** : 삼국 문화의 일본 전수에서 가장 큰 역할을 하였다.

② **유학** : 일본에 유교의 충효사상이 보급되었다.

㉠ **아직기** : 4세기(근초고왕 때)에 일본의 태자에게 한자를 가르쳤다.

㉡ **왕 인** : 아직기의 뒤를 이어 일본에 건너가서 천자문과 논어를 전하고 가르쳤다.

③ **불교** : 6세기(성왕 때) 노리사치계가 불경과 불상을 전한 이후 고류사 미륵반가사유상과 호류사 백제관음상이 만들어졌다.

④ **5경박사, 의박사, 역박사 파견** : 유학, 천문, 역법 등을 전하였다.

(2) 고구려

① **담징**(7세기 초) : 유교의 5경과 그림을 가르쳤으며, 종이·먹·맷돌의 제조방법을 전해 주었으며 호류사의 금당벽화를 그린 것으로 전해지고 있다.

② **혜자** : 영양왕 때 일본 쇼토쿠 태자의 스승이 되었다.

③ **혜관** : 영류왕 때 삼론종을 전하고 시조가 되었다.

④ **다카마쓰 고분 벽화** : 일본의 나라지방에 있는 고분으로 고구려 수산리 고분벽화 계통의 여인도, 별자리, 사신도 등이 발견되었다.

호류사 금당벽화(복원도)

고구려 수산리 고분벽화(평남 강서)

일본 다카마쓰 고분벽화

(3) 신 라

① **조선술** : 배를 만드는 기술을 전해 주었다.
② **축제술** : 제방 쌓는 기술을 전해 주어 '한인의 연못'이라는 이름까지 생기게 되었다.
③ **기타** : 도자기, 의약, 불상 등을 전해 주었다.

❷ 의 의

삼국의 문화는 6세기경의 야마토 조정의 성립과 7세기경 나라 지방에서 발전한 아스카 문화의 형성에 큰 영향을 끼쳤다.

아스카(飛鳥) 문화

한반도의 불교 문화를 수용하여 일본 불교 문화의 토착화를 시작하고 율령 국가의 터전을 닦아 왕권 강화를 꾀한 쇼토쿠 태자 시대의 문화를 당시 일본의 수도였던 아스카의 이름을 따서 아스카 문화라고 한다.

02 통일신라 문화의 일본 전파

❶ 내 용

(1) 배 경

일본에서 파견해 온 사신(견신라사)을 통해서 이루어졌다.

(2) 유 형

① **정치 제도** : 전제왕권의 확립에 기여하였으며, 율령의 반포(702)에 영향을 주었다.
② **유교와 불교의 문화** : 원효, 강수, 설총 등의 사상이 전해졌으며 특히, 심상에 의해 화엄사상이 전해져 일본 화엄종을 일으키는데 많은 영향을 끼쳤다.

❷ 영 향

(1) 하쿠호(白鳳) 문화의 성립

7세기 후반에 발달한 일본의 고대 문화로 당과 통일신라의 불상·가람 배치·탑·율령·정치제도에 영향을 받았다.

(2) 일본의 국학 운동 추진

8세기 말 일본이 수도를 헤이안으로 옮긴 뒤로부터는 외국 문화의 영향에서 벗어나려는 움직임이 일어났다.

III

한국 중세사

제 1 편

중세의 정치

제1장 중세 사회의 성립

• 9세기 이후 신라하대의 모순에서 시작된 후삼국 시대에서 고려의 후삼국 통일까지의 과정을 정리해야 한다.

01 후삼국의 성립

❶ 신라 하대의 모순

(1) 골품제도의 동요

정치와 사회 질서의 기본 원리로 기능하던 골품제도가 모순을 드러내고, 그에 따라 진골귀족들이 분열·대립하는 와중에 6두품과 지방호족의 도전이 있었다.

(2) 대토지 겸병 확대

권력에 의한 농민 토지의 강점과 탈취 및 고리대의 방법으로 자행되어 국가 재정과 농촌·농민 경제 피폐하였다.

(3) 민란의 발생

농민들은 정치의 부패와 지배층의 수탈이 가중되자 무능한 신라 정부에 대한 불평과 불만이 높아지면서 마침내 각지에서는 농민들이 봉기하였다.

❷ 구 분

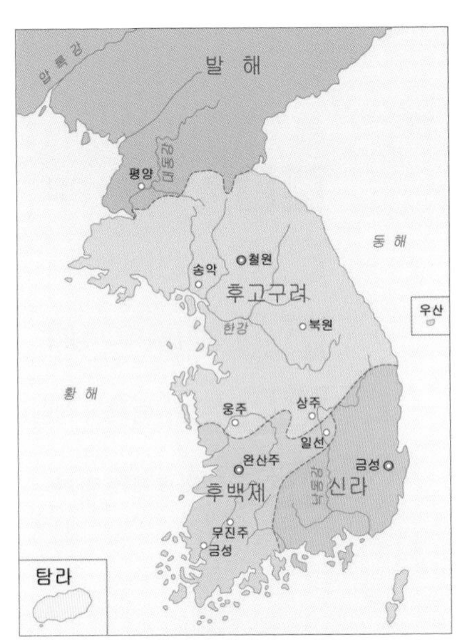

후삼국의 성립

(1) 후백제(900~936)

① **건국** : 효공왕 때 견훤이 전라도 지방의 군사력과 호족세력을 토대로 완산주(전주)에 도읍을 정하고 후백제를 세웠다.

② **성장**

㉠ 차령산맥 이남의 충청도와 전라도 지역을 차지하여 정식으로 후백제왕을 칭하며 관직을 설치하여 국가체제를 갖추었다.

㉡ 남중국의 오월(吳越)에 사신을 파견하고, 일본과도 통교하는 등 국제적 감각도 갖추었다.

③ **한계성** : 신라에 적대적이었으며 지나친 과세로 민심의 이반 및 호족세력의 포섭에 실패하였다.

(2) 후고구려(901~918)

① 건국

㉠ **중심 세력** : 권력 투쟁에서 밀려난 신라 왕족 궁예가 호족 세력과 초적을 토대로 하였다.

㉡ **과정** : 북원(원주)지방의 도적 집단인 양길의 아래에 들어가 세력을 바탕으로 양길을 몰아낸 다음 송악(개성)에 도읍을 정하고 후고구려를 세웠다.

② **영토 확장** : 한강 유역을 차지하고 조령을 넘어 상주 일대에까지 그 세력을 확장하여 후백제보다 먼저 신라로 진출하는 교두보를 마련한 후, 죽령 이남의 영주 일대를 차지하여 옛 신라 땅의 절반 이상을 후고구려 영토로 편입시켰다.

③ **국가체제 정비** : 영토가 확장되고 국가의 기반이 다져지면서 904년 국호를 마진으로 바꾼 후 905년 도읍을 철원으로 천도하였다가 911년 국호를 '태봉'으로 고쳤다.

④ **궁예의 실정(失政)과 결과**

㉠ **설정** : 새로운 사회를 건설하는 데 필요한 호족세력으로서의 정치적 기반이 미약하였으며, 죄 없는 관료와 장군을 살해하는 등의 전제정치와 함께 미륵불을 자칭하여 지나친 불교행사를 열고, 계속되는 전쟁을 위하여 지나치게 조세를 거둠으로써 민심을 상실하게 되었다.

㉡ **결과** : 백성과 신하들의 신망을 잃게 되어 홍유, 신숭겸, 복지겸, 배현경 등의 신하들에 의하여 축출되었다.

(3) 통일신라

후백제와 태봉의 세력이 커짐에 따라 통일신라는 그 영토가 날로 줄어들어 경주 일대를 중심으로 겨우 그 명맥을 유지하게 되었다.

02 민족의 재통일

❶ 왕건의 등장

(1) 등 장

왕건은 송악지방의 호족출신으로서 예성강 유역을 중심으로 중국과의 해상무역을 통하여 성장한 호족들과 연합하여 세력을 강화하였다.

(2) 성 장

궁예의 부하가 된 뒤 한강유역과 금성(나주)을 점령하여 후백제를 배후에서 견제하는데 공을 세워 광평성 시중의 지위에 올랐다.

(3) 성 향

궁예나 견훤과는 달리 자신이 호족적 기반을 가지고 있었고, 새로운 사회를 건설할 수 있는 경륜과 철학을 가지고 있었다.

❷ 고려의 건국(918)

궁예를 몰아낸 뒤 신하들의 추대 형식을 빌려 왕위에 오른 왕건은 고구려 계승을 내세워 국호를 '고려'라 하고 자신의 세력 근거지였던 송악으로 도읍을 옮겼다(919).

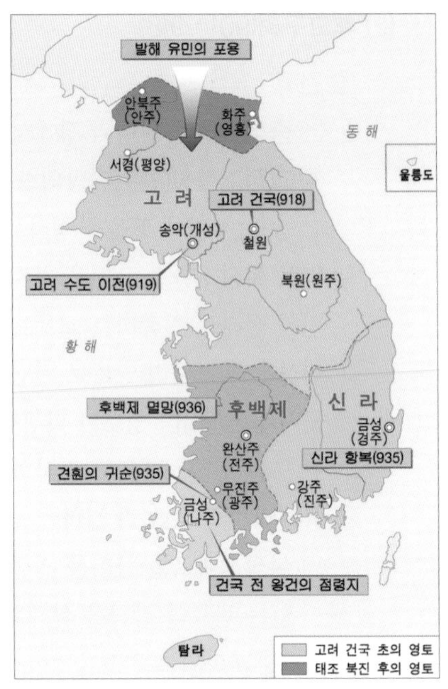

고려의 민족 재통일

❸ 민족의 재통일

(1) 태조의 통일정책

① **통일역량의 추진** : 지방 호족들에게 사신(重幣卑辭)을 파견하여 지방세력을 통합하고, 중국 5대의 여러 나라들과 외교관계를 맺어 대외관계의 안정을 꾀하였다.

② **친신라정책의 추진** : 신라에 대한 우호정책은 신라인을 회유하는데 유용하였으며, 태조는 후백제가 신라를 공격하자 신라를 도움으로써 신라인들의 신망을 얻었다.

③ **후백제에 대한 고립정책** : 북중국의 후량·후당과 교섭을 강화함으로써 남중국과의 외교에 힘썼던 후백제를 견제하고 고립시키는 효과를 가져왔다.

(2) 통일 과정

① **신라의 병합**(935) : 경애왕 피살 후 즉위한 경순왕은 국가 유지의 힘을 잃자 마의태자(麻衣太子) 등의 반대에도 불구하고 고려에 항복하여 신라와는 전쟁없이 통합하였다. 이로써 왕건은 신라의 전통과 권위를 계승하여 정통 왕조의 지위를 얻게 되었다. 또한 이 시기 우산국과(930), 탐라(935)를 병합하였다.

② **후백제의 멸망**(936)

㉠ **공산전투**(927) : 신라와 고려의 우호관계에 불만을 품은 후백제는 신라를 공격하여 포석정에서 경애왕을 죽이자 왕건은 신라를 돕기 위해 공산(대구 동쪽)에서 견훤의 군대와 대결하였으나 패배하였다.

㉡ **고창(안동)전투**(930) : 안동 군민 전체가 여러 개의 수레를 만들어 타고 인해전술로 견훤군을 강물로 밀어붙인 후 참패시킨 전투로 이후 안동 사람들은 이 승리를 기념하기 위하여 새해를 맞아 동채싸움을 즐기면서 시작된 것이 차전놀이로 전승되고 있다.

㉢ **전주점령**(935) : 후백제는 신검과 금강 두 아들간의 권력 쟁탈전으로 견훤이 신검 등에 의해 김제 금산사(金山寺)에 유폐되는 내분이 일어났다. 이후 유폐되었던 견훤이 투항(935)을 하자 왕건은 상보(尙父)로 우대하고 양주를 식읍으로 주었으며 귀화한 박영규 등을 우대하였다.

㉣ **선산 일리천전투**(936) : 후백제의 신검 부대를 선산 일리천 전투에서 대파하여 항복을 받아 후삼국의 통일이 이루어졌다.

③ **발해 유민의 포섭** : 거란에 의해 발해가 멸망한 이후 왕자 대광현을 비롯한 많은 발해의 유민들이 고려로 망명해 오자 태조는 이들을 우대하여 민족의 완전한 통합을 꾀하였다.

중세 사회의 전개

핵심 출제포인트

• 초기 국왕의 업적을 중심으로 내용을 정리해야 한다.
• 태조, 광종, 성종을 중심으로 출제됨으로 내용을 숙지해야 한다.

01 태조(918~943)

❶ 민생안정책

(1) 취민유도(取民有度) 표방

① **수취제도 개혁** : 호족들이 지나치게 세금을 거두지 못하도록 하고, 조세제도를 합리적으로 조정하여 세율을 10분의 1로 낮추었다.

② **조서 반포** : 공신과 호족들의 횡포를 금하는 조서를 내렸다.

③ **흑창 설치** : 춘궁기 때 곡식을 나눠주어 빈민을 구제하기 위한 기구로 성종 5년(986)에 의창으로 바뀌었다.

(2) 노비의 해방

후삼국의 혼란기에 억울하게 노비가 된 자를 풀어주어 민심을 수습하고 국가 재정의 기반을 확보하였다.

❷ 지방호족 통합책

(1) 호족세력의 우대와 통합

① **혼인정책(정략결혼)** : 각지의 유력한 호족들이나 세력가들의 딸과 혼인을 통한 유대 관계 강화로 정치적 안정을 도모하고, 많은 자손을 두어 고려 왕실의 번영을 꾀하려 하였다.

② **사성(賜姓)정책** : 지방의 유력한 호족에게 왕(王)씨의 성을 하사하여 의제(擬制)가족적인 관계를 맺어 유대를 강화하였다.

③ **중앙관리 등용** : 태봉의 관제를 중심으로 신라와 중국의 제도를 참조하여 정치제도를 마련하고, 개국공신과 지방의 호족들을 관리로 등용하였다.

④ **지방통치 위임** : 호족에게 호장(戶長), 부호장(副戶長)이라는 향리 벼슬을 주어 향촌의 지배권을 부분적으로 인정해 주었다.

청동 왕건상

⑤ **역분전 지급** : 후삼국 통일 후 논공행상을 기준으로 지급하여 새로운 지배층의 경제적 기반을 마련해 주어 호족과 공신들을 고려의 위계체제 안에 편성할 수 있었다.

(2) 호족세력의 견제

① **사심관제도** : 중앙의 고관을 자기 출신지에 사심관으로 임명하되 사심관은 중앙에 거주하게 한 것으로 김부(경순왕)가 경주에 사심관으로 임명된 것이 시초가 되었다.

② **기인제도** : 통일신라의 상수리제도에서 유래한 제도로 향리의 자제를 수도에 데려다가 지방 행정의 고문에 응하게 하는 일종의 인질제도이다.

③ **서경 중시** : 서경의 경영을 통해 고려 왕실의 독자적인 세력 기반을 이곳에 육성하여 호족을 견제하는 방책으로 삼았다.

사료읽기

사심과 기인제도

① 태조 18년 신라왕 김부(경순왕)가 항복해 오니 신라국을 없애고 경주라 하였다. (김)부로 하여금 경주의 사심이 되어 부호장 이하의 (임명을) 맡게 하였다. 이에 여러 공신이 이를 본받아 각기 자기 출신 지역의 사심이 되었다. 사심관은 여기에서 비롯되었다. 》「고려사」

② 건국 초에 향리의 자제를 뽑아 서울에 볼모로 삼고, 또한 출신지의 일에 대하여 자문에 대비하게 하였는데 이를 기인이라 한다. 》「고려사」

❸ 북진 정책

(1) 내 용

① **고구려 계승 표방** : 고구려의 계승자라는 뜻에서 국호를 '고려'라 하였고, 국가의 자주성을 강조하기 위해 '천수(天授)'라는 연호를 사용하였다.

② **서경의 중시** : 고구려의 수도였던 서경(평양)을 북진의 전진기지로 삼고 적극 개발하였다.

③ **발해 유민의 포섭** : 옛 고구려 영토의 수복에 대한 의지를 엿볼 수 있다.

④ **거란에 대한 강경책** : 거란의 화친 요구에 동족국가인 발해를 멸망시킨 무도한 나라라 하여 배척하였는데 이는 거란이 사신을 파견하여 화친의 뜻으로 낙타 50필을 보내오자, 사신을 섬으로 귀양 보내고 낙타를 개경의 만부교 아래에서 굶겨 죽게 한 만부교 사건(942)을 통해서 알 수 있다.

(2) 결 과

청천강에서 영흥만에 이르는 국경선을 확보할 수 있었다.

사료읽기

만부교 사건

거란에서 사신과 낙타 50필을 보내왔다. 왕은 거란이 일찍이 발해와 동맹을 맺고 있다가 갑자기 의심을 품어 맹약을 어기고 그 나라를 멸망시켰으니 이는 심히 무도 한 나라로서 친선관계를 맺을 수가 없다고 하여 드디어 국교를 단절하고 사신 30명은 섬으로 귀양을 보냈으며 낙타는 만부교 아래 매어 두었더니 다 굶어죽었다. 》「고려사」

❹ 왕권 안정책

(1) 숭불정책

① **연등회와 팔관회 장려** : 불교와 재래의 관습을 중시하는 뜻을 보이기 위해 성대히 거행하였다.

② **사원 건립** : 도선의 비보설(裨補說) 존중하여 사찰정책을 폈으며, 법왕사·왕수사·개태사 등 많은 사찰을 건립하였다.

(2) 풍수지리사상 존중

사원정책과 인사 정책에 도선의 설을 반영하였다.

(3) 「정계(政戒)」, 「계백료서(誡百僚書)」 저술

정치의 기본과 관리와 신하들이 지켜야 할 규범을 제시한 것으로 「정계 (1권)」, 「계백료서 (8권)」을 지었으나 현재는 전하지 않는다.

(4) 훈요 10조

왕실의 안전과 민심의 수습을 통해 집권을 정당화 하고 후사에 의한 확고한 집권을 위해 자손들에게 귀감으로 10가지 유훈(遺訓)을 남겼다.

사료읽기

훈요 10조(訓要十條)

제1조 국가의 대업이 제불(諸佛)의 호위와 지덕(地德)에 힘입었으니 불교를 보호할 것.
제2조 사찰(寺刹)의 쟁탈과 남조(濫造)를 금할 것.
제3조 왕위 계승은 적자 적손을 원칙으로 하되 장자가 불초할 때에는 인망있는 자가 대통을 이을 것.
제4조 거란과 같은 야만국의 풍속을 배격할 것.
제5조 서경(西京)은 수덕(水德)이 순조로운 곳이니, 이를 중시하여 분사(分司)를 이루게 할 것.
제6조 연등회(煙燈會)·팔관회(八關會) 등의 중요한 행사를 소홀히 다루지 말 것.
제7조 왕이 된자는 간언(諫言)을 받아들이고 참언(讒言)을 멀리하며, 세금을 가볍게 하여 민심을 얻을 것.
제8조 차현(차령산맥)과 금강 이남은 산천과 인심이 배역(背逆)하니 그 지방의 사람을 등용하지 말 것.
제9조 백관의 녹(祿)은 그 직무에 따라 공평하게 정하되 함부로 증감하지 말 것.
제10조 널리 경사(經史)를 보아 지금을 경계할 것.

》「고려사」

02 정종(945~949)

❶ 서경 천도 시도

표면적으로는 풍수도참과 북진을 표명하면서 외척 세력과 개경 세력의 기반인 개경을 벗어나기 위해서였지만 정종의 병사(病死)로 실현되지 못하였다.

❷ 광군사 설치

왕권 강화와 거란 침입을 대비하여 청천강 유역에 광군 30만을 배치하였다.

03 광종(949~975)

❶ 정치적 토대 확립

(1) 공신의 우대와 민심 수습

국초(國初)의 공신 귀족들을 우대하고 토지를 하사하였으며, 민심의 안정을 위해 불교의 진흥책과 기금을 조성하여 이자로 운영하는 제위보를 설치하였다.

(2) 정치적 능력 신장 노력

당 태종이 지은 「정관정요(貞觀政要)」를 정치에 참고하여 위정의 모범으로 삼았으며, 경제적·문화적인 목적을 도모하기 위하여 송과 수교하였다(962).

❷ 왕권 강화 정책

(1) 인재 영입

당시 중국 후주의 개혁을 추진했던 쌍기를 영입하여 개혁 작업을 단행하였다.

(2) 노비안검법(956)

후삼국 시대의 혼란기에 불법으로 노비가 된 자를 양인으로 해방하여 공신이나 호족들의 경제적·군사적 기반을 약화시키고, 국가의 재정 기반을 확보하였다.

(3) 과거제도 시행(958)

학문적 능력을 기준으로 관리를 선발하여 신·구세력의 세대 교체를 도모하였다.

(4) 공복제도 실시

관료체제의 안정을 위하여 자색·단색·비색·녹색의 4색 공복을 제정하였다.

(5) 칭제건원(稱帝建元)

국왕의 권위를 높이기 위하여 황제라 칭하고, 「광덕」·「준풍(청주 용두사지 철당간 기록)」 등의 연호를 사용하여 자주성을 표현하고 개경을 황도(皇都), 서경을 서도(西都)라 부르도록 하였다.

(6) 주현공부법(州縣貢賦法) 실시

각 주현 단위로 조세와 공물의 액수를 정하여 징수하는 제도로 지방 재정의 실태를 파악하고 국가 재정의 증대를 도모하였다.

(7) 불교정책

① **왕사·국사제도 제정(968)** : 혜거를 국사, 탄문을 왕사로 삼고 교종(화엄종+법상종)세력과 결탁하여 왕권 전제화에 이용하였으며, 귀법사를 창건하였다.

② **불교의 통합정책 추진** : 교종은 화엄종, 선종은 법안종을 중심으로 통합을 추구하였으며, 법안종과 천태학을 통한 교·선의 통합을 지향하였다.

04 경종(975~981)

❶ 지배세력의 교체

광종 때의 개혁을 추진한 정치세력이 제거되고, 개국공신 계열의 재등장으로 반동정치가 실시되었다.

❷ 전시과 제도 제정

토지 개편을 단행하여 관리들에게 인품과 관품을 기준으로 전지와 시지를 전국적으로 지급하여 중앙 관료들의 경제적 기반을 보장해주는 동시에 그들을 통치체제에 편입시키기 위한 의도로서 이는 국가의 관료체계가 진일보했음을 뜻한다.

05 성종(981~997)

❶ 유교 정치의 실현

(1) 배 경

성종은 즉위 후 국가의 오랜 폐단을 없애고 국정을 쇄신하기 위하여 중앙 5품 이상의 관리들로 하여금 그 동안의 정치에 대한 비판과 정책을 건의하는 글을 올리게 하였다.

(2) 최승로의 활약

① **5조치적평(五朝治績評) 제시** : 태조부터 경종에 이르는 5대 왕의 치적에 대한 잘잘못을 평가하여 교훈으로 삼도록 하였다.

② **시무 28조 건의** : 성종은 최승로의 건의를 수용하여 중앙집권적 통치체제를 정비하였다.

최승로 시무 28조 주요내용

㉠ 지방관의 파견	㉡ 유교 정치 사상의 채택	㉢ 불교, 토속신앙의 폐단 비판
㉣ 국경의 확장과 방어책	㉤ 중국에 대한 사신 감축과 사무역 금지	㉥ 대간제도의 실시

❷ 통치 체제 정비

(1) 제도 정비

① **중앙제도** : 당의 3성 6부 제도를 모방하여 정비한 2성 6부제를 기반으로 태봉·신라·송의 제도를 참작하여 중추원, 삼사가 설치되어 고려만의 독자성을 가진 정치체제를 마련하였다.

② **지방관 파견** : 전국에 12목(牧)을 설치하고 목사를 파견하여 지방 세력의 발호를 막고 백성들을 보살피게 하였다.

③ **향리제도 마련** : 호장(戶長), 부호장 등의 향직을 마련하여 지방 토착세력의 독자성을 약화시켜 중앙 정부의 통제력을 강화하여 나갔다.

(2) 유학 교육 진흥

① **교육제도 정비** : 중앙에 국자감을 정비하고, 지방에 경학박사와 의학박사를 파견하였다.
② **유교 윤리 강조** : 전국적으로 효자를 찾아 표창하여 효를 장려하였다.
③ **과거제도 정비** : 과거 출신자들을 우대하여 유학에 조예가 깊은 인재들의 적극적인 정치 참여를 유도하였다.

(3) 사회제도 정비

① **화폐 발행** : 최초의 화폐인 건원중보(철전)를 주조하였으나 널리 유통되지는 못했다.
② **의창 설치** : 빈민 구제기관으로 초기의 흑창을 확대하여 의창을 설치하였다.
③ **상평창 설치** : 물가 조절기관인 상평창을 개경, 서경, 12목에 설치하였다.
④ **불교행사 제한** : 불교행사를 억제하였으며, 팔관회를 폐지하고 집을 절로 삼는 것을 금지하였다.
⑤ **노비환천법** : 해방된 노비가 원주민을 모독하는 경우 천민으로 환원시켰다.

(4) 영토 확장

거란의 1차 침입시 서희의 담판으로 강동 6주를 회복하여 고려의 영토가 최초로 압록강 하류까지 확대되었다.

06 목종(997~1009)

❶ 개정 전시과 실시

인품을 배제하고 관품을 기준으로 전·현직 관리에게 전지와 시지를 지급하였다.

❷ 강조의 정변(1009)

목종을 폐위시키고 현종을 옹립한 사건으로 이는 거란(요) 2차 침입의 원인을 제공하였다.

07 현종(1009~1031)

❶ 통치제도 개편

(1) 제도 정비

① **중앙제도** : 도병마사를 설치하여 양계의 병마사를 통제하였다.

② 지방 제도

㉠ 5도·양계, 5도호부·8목으로 개편하였으며, 군·현·진 제도를 정비하였다.

㉡ 기존의 개성부를 혁파하고 경기(京畿)제를 마련하였다.

③ **군제의 마련** : 정치적 성격이 강한 중앙군제인 2군(응양군, 용호군)을 설치하였다.

(2) 기타 정책

① **주현공거법(州縣貢擧法)** : 향리 자제의 과거 응시를 허용하였다.

② **불교의 진흥** : 연등회·팔관회를 부활하였다.

③ **유교의 발전** : 신라의 설총과 최치원을 각각 홍유후(弘儒侯)·문창후(文昌侯)로 추봉하고 문묘에 제사를 지내도록 함으로써 신라 유교의 전통을 계승·발전시켰다.

❷ 거란 침입 후의 대책

(1) 경과

현종 때 두 차례에 걸친 거란의 침략이 있었다.

(2) 결과

① 거란 대비책의 일환으로 왕가도에게 개경에 나성(羅城)을 축조하고 감목양마법을 실시하였다.

② 초조대장경을 조판하여 불력에 의한 거란 침입의 격퇴를 기원하였다(호국불교).

③ 황주량으로 하여금 7대실록(태조~목종)을 편찬하도록 하였다.

08 문종(1046~1083)

❶ 배 경

최충의 보필로 훌륭한 정치 업적을 이룩하여 고려 문벌 귀족사회는 전성기를 이루었다.

❷ 제도의 정비

① **경정 전시과 실시** : 전시과 제도를 완성한 4차 전시과로 현직자에게만 수조권을 분급한 것이다.

② **공음전시과 신설** : 5품 이상의 귀족들에게 지급하였으며 세습이 가능하였다.

③ **의료기관 설치** : 개경에 동·서대비원을 설치하여 질병과 기근자를 구제하였다.

④ **불교의 장려** : 흥왕사를 건축하고 그 곳에서 연등회를 열어 불교를 장려하였는데, 명승인 의천·도생은 문종의 아들이다.

⑤ **사학의 발달** : 최충의 9재 학당과 함께 개경 문벌귀족들이 설립한 사학이 융성하였다(사학 12도).

⑥ **서경기(西京畿) 4도 설치** : 서경 주위에 개경의 경기에 준하는 서경기 4도를 설치하였다.

제3장 통치 체제의 정비

핵심 출제포인트

- 중앙 정치기구는 각 기구의 특징을 파악해야 하며 특히, 고려의 독자적 기구인 도병마사와 식목도감의 역할을 파악하고 대성(대간)의 역할을 조선의 언론기구와 비교 학습해야 한다.
- 지방 행정 조직은 고려 시대의 특징인 불완전한 중앙집권과 이원적 구성이라는 점을 중심으로 조선시대의 지방 행정제도와 비교하여 학습해야 한다.
- 군역·군사제도의 구성 및 교육·과거제도의 특징도 학습해야 할 부분이다.

01 중앙 정치 조직

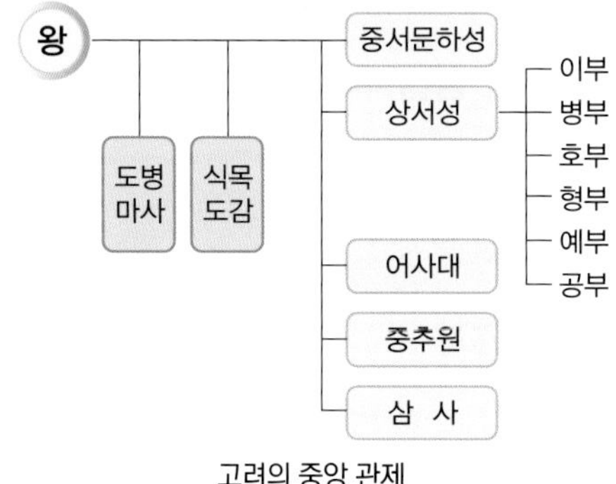

고려의 중앙 관제

❶ 정비 과정

성종 때 2성 6부를 토대로 중추원, 삼사 등의 중요 기구가 설치된 이후 점차 정비되어, 현종을 거쳐 문종 때에 이르러 고려의 실정에 맞게 완성되었다.

❷ 중앙 관제

(1) 2성 6부

① **2성** : 중서문하성과 상서성으로 당제 3성을 본 따 정비한 국가 정치의 핵심기구이다.

㉠ **중서문하성(재부)** : 당의 중서성과 문하성이 통합된 단일기구로 문하시중이 수상이 되어 국정을 총괄한 최고의 관서이다.

㉮ **재신(2품 이상)** : 백관을 통솔하고 국가 중요정책을 의논·결정하는 기능을 가졌으며, 상서성 예하 6부의 장관(상서)을 겸임하였다.

㉯ **낭사(3품 이하, 간관)** : 서경, 간쟁, 봉박의 기능을 담당하였다.

㉡ **상서성** : 중서문하성이 결정한 정책을 집행하는 행정실무기관으로 6부를 통괄하였으며, 상서령이 장관으로 품계는 2품 이상의 고관이었으나 실직이 아니었으므로 재추 합의회의에 참여하지 못하였다.

② **6부**

㉠ **성격** : 3품 이하의 관리로 구성되었으며, 실제 정무를 나누어 담당하는 중앙행정의 중심이었다.

㉡ **특징** : 6부의 서열은 당(唐)과는 달리 이부·병부·호부·형부·예부·공부의 순서였는데, 이것은 고려가 병부를 중시했다는 점을 보여 주는 것이다.

㉢ **속사(屬司)** : 이부에 고공사(考功司, 관리의 공과 심사), 병부에 도관(都官, 노비 문제 담당)의 부속 관청을 설치하였다.

(2) 송의 제도 모방

① 중추원(추부) : 국정을 맡은 중요기구로서 중서문하성과 함께 양부라 하였다.

㉠ 추밀(2품 이상) : 군사기밀를 담당하면서 재신과 함께 국정을 총괄하였다.

㉡ 승선(3품 이하) : 왕명 출납을 담당하였다.

② 삼사(三司) : 송과는 달리 화폐·곡식의 출납과 회계 사무만을 맡는 기관에 불과하였다.

(3) 독자적인 관청

① 성격 : 재신과 추밀이 국가의 중요한 일을 결정하는 곳으로 고려 귀족정치의 특징을 잘 나타낸다.

② 구성

㉠ 도병마사 : 성종 때 양계 병마사를 통제하기 위해 설치한 병마판사(兵馬判事)에서 출발하였다.

㉮ 초기 : 임시기구로 대외적인 국방·군사 문제를 담당하였으며, 재부와 추부의 관리 3~4명으로 구성되었다.

㉯ 무신정변 이후 : 재추(宰樞) 전원이 회원이 되었고, 국정 전반을 관장하였다.

㉰ 원 간섭기(충렬왕) : 도평의사사(도당)로 개편되어 삼사도 합좌하게 되었으며(70명~80명) 상설화되었다. 이 시기 도당(都堂)은 의정기관인 동시에 국가의 서무(庶務)를 직접 관장하는 최고 정무의 행정기관으로 변화되었다.

㉡ 식목도감

㉮ 성격 : 임시기구로서 국내 정치에 관한 법의 제정이나 각종 시행 규정을 다루던 회의기구였다.

㉯ 특징 : 정무를 집행하지 않고 단순히 의논하는 기능만 있었으며, 제정한 제도와 격식은 「식목편수록(式目編修錄)」에 수록하였다.

(4) 대성(臺諫)제도

① 구성 : 어사대(대관)의 관원과 중서문하성의 낭사(간관)를 중심으로 편제되었다.

② 권한

㉠ 간쟁 : 왕의 잘못을 논하는 것이다.

㉡ 봉박 : 잘못된 왕명을 시행하지 않고 되돌려 보내는 것이다.

㉢ 서경 : 관리의 임명(1품~9품)이나 법령의 개폐시에 이를 인준(승인)하는 것이다.

③ 기능 : 대성의 관리들은 비록 직위는 낮았지만 왕이나 고위 관리들의 활동을 지원하거나 제약하여 정치 운영에 견제와 균형을 이루었다.

(5) 기타 기관

① 어사대(臺官) : 정치의 잘잘못을 논하고, 관리들의 비리를 감찰하는 임무를 맡았다.

② 보문각 : 경연과 장서(藏書)를 담당하였다.

③ 한림원(예문관, 춘추관) : 왕명과 교서 작성, 외교 문서를 주관하였다.

④ 춘추관 : 시정을 기록하고 실록을 편찬하였다.

⑤ 사천대(서운관) : 천문 관측을 담당하였다.

⑥ **비서성** : 고려 초 내서성이 성종 때 개칭된 것으로 경전의 보관, 축문 작성을 담당하였다.

⑦ **수서원** : 고려 성종 때 서경에 설치한 도서관이다.

(6) 관계(官階)

관료의 지위나 신분을 나타내는 공적인 질서 체계로 문산계(문반, 무반), 무산계(탐라왕족, 여진 추장, 향리, 노병, 공장, 악공)로 구분하였다.

02 지방 행정 조직

❶ 경 기

개경과 그 주변을 지칭하는 구역으로 수도인 개경에서 관할하였다.

❷ 5 도

(1) 구분 : 일반 행정구역(서해도, 교주도, 양광도, 전라도, 경상도)으로 상설 행정기관이 없다.

(2) 장관 : 안찰사가 파견되어 도내의 지방을 순찰하였다.

안찰사

① 6개월의 임기와 5품 내지 6품의 경직(京職) 미관직으로 왕명에 의해 감찰임무를 띠고 지방을 담당하는 중간적인 행정담당관이 아니라, 지방을 순시하고 감찰하는 관리로 파견되었기에 도호부와 목의 지방관은 상하관계로 볼 수가 없다.

② 수령의 실정을 파악 보고하고, 민생의 병 고통 파악, 형벌 감독, 조부 수납 등의 임무를 수행하였다.

③ 조선시대의 민정과 군정의 전권을 장악했던 관찰사와는 격이 달랐다.

(3) 조직

① **주(州)** : 지사가 파견되었다.

② **군현(郡縣)**

㉠ **주(主)군현** : 지방관으로 각각 지사와 현령이 파견되었다.

㉡ **속(屬)군현** : 지방관이 파견되지 않았다.

③ **촌** : 현 밑에 조직되었다.

5도 양계

❸ 양 계

(1) 성격 : 국방상 필요에 의해 설치된 군사 행정구역으로 병마사가 파견되었다.

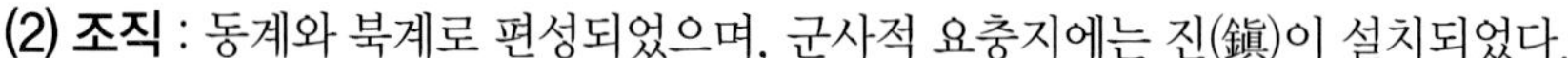

(2) 조직 : 동계와 북계로 편성되었으며, 군사적 요충지에는 진(鎭)이 설치되었다.

❹ 3경(京)

풍수지리설과 밀접한 관계가 있는 것으로 태조 때 서경과 개경, 성종 때 동경으로 하였으나, 수도로서 개경을 예외로 하고 문종 때 남경을 두어 3경제를 이루었다.

❺ 향·부곡·소

(1) 성격 : 지방관이 파견되지 않는 특수 행정구역으로 속현과 함께 지방관이 파견되는 주현을 통하여 간접적으로 중앙 정부의 통제를 받았다.

(2) 구 분

① **향** : 농업에 주로 종사하였다.
② **부곡** : 향과 동일한 성격의 집단으로 신라 때부터 존재하였다.
③ **소** : 고려시대에 들어와 처음 발생한 구역으로 국가가 필요로 하는 금, 은, 구리, 철 등의 원료와 종이, 먹, 도자기 등의 공납품을 만들어 바쳤다(단, 우피생산 ×).

(3) 처지 : 양인이었으나 일반 군현민과 달리 과거 응시나 국학 입학의 금지, 더 많은 세금 부담을 지는 등의 차별을 받았다.

(4) 변천 : 고려 후기에 해방되기 시작(무신정권 때에 발생한 공주 명학소의 봉기를 계기로 일반 군현으로 승격)하여 조선 초기에 소멸되었다.

❻ 기타 행정구역

(1) 구분 : 진(津), 역(驛), 관(館), 장(莊), 처(處) 등이 존재하였다.

(2) 특징 : 지방관이 파견되는 주현을 통하여 간접적으로 중앙 정부의 통제를 받았다.

고려와 조선시대 향리 지위 비교

구분	고려	조선
차이점	권한이 강함	권한이 약함
	① 보수 있음(외역전) ② 군사 지휘권 행사(일품군의 지휘관) ③ 농민을 사적으로 지배할 수 있음 ④ 과거 통해 중앙관리로 진출 ⑤ 자기의 권한과 책임하에 행정실무 담당(邑司)	① 보수 없음 ② 군사 지휘권 없음 ③ 향리와 토호에 의한 사적인 농민 지배 금지 ④ 과거 응시 제한(무, 잡과는 응시 가능) ⑤ 6방에 소속되어 수령 보좌(6방의 관속)
공통점	① 신분과 향직이 세습된 중간 매니저층이다. ② 지방의 행정 실무 담당한 계층이나 권한에는 차이가 있다.	

03 군역제도와 군사조직

❶ 군역제도

양인 장정 출신자들이 교대로 복무하는 의무병제인 부병제와 직업군인 체제인 군반제(軍班制)에 기초하고 있었다.

❷ 군사제도

(1) 중앙군

① **편성** : 무반 관료의 장교와 일반 군인들로 45령(1령 = 1,000명)으로 편성되었다.

② **구성** : 최고지휘관은 상장군, 부지휘관은 대장군이라 하였다.

㉠ **2군** : 현종 때 응양군(1령)과 용호군(2령,=견룡군)으로 성립된 국왕의 친위부대로 근장(近仗)이라고도 불렀으며 6위보다 우월한 지위에 있었다.

㉡ **6위** : 성종 때 좌우위·신호위·흥위위(수도 경비), 금오위(치안), 천우위(의장대), 감문위(궁성 수비)로 조직되었다(42령).

③ **성격** : 정치적 성격이 강한 직업군인으로 신분이 세습(군반씨족)되었으며, 군적에 등재되이 군인전을 지급받고(2군), 군공을 세워 무신으로 신분을 상승할 수 있는 중류층이었다.

(2) 지방군

① **구성**

㉠ **주현군** : 5도에 주둔하였으며, 군사훈련을 주로 하는 보승군, 정용군과 공역을 위한 일품군(노동부대, 향리가 지휘)으로 구성되었다.

㉡ **주진군** : 초군, 좌군, 우군으로 구성된 상비군으로 국경지대인 양계에 배치되어 국방의 주역을 담당하였는데, 군역과 함께 둔전(屯田)을 경작하였다.

② **특징** : 국방적 성격이 강한 의무병이었으며, 중앙군과는 달리 토지의 지급이 없었다.

(3) 특수군

① **광군** : 정종(947) 때 거란족의 침입에 대비하기 위해서 조직되었다가 훗날 주현군으로 편입되어 갔다. 직접적인 지휘는 호족들이었으나, 전체적인 통제는 광군사(光軍司)였다.

② **별무반** : 숙종 때 윤관의 주장에 따라 여진족을 정벌하기 위해 신기군(기병)·신보군(보병)·항마군(승병) 등으로 편성하여 조직하였다.

③ **삼별초** : 최우의 집권시 편성된 야별초가 좌·우별초로 나뉜 다음, 신의군(몽골에서 귀환한 포로)이 포함되어 조직되었다.

④ **연호군** : 고려말 왜구 침입에 대비하여 조직된 양·천혼성군으로 조선후기 속오군과 비슷하였다.

❸ 중방(重房)

2군 6위의 상장군, 대장군 등이 참여한 무관들의 군사 최고 회의기관으로 군사 문제를 의논하였으며, 무신정변 이후 권력의 중추기구가 되었다.

04 교육 기관

❶ 시기별

(1) 초기의 교육(관학 중심)

① **경향** : 관리를 양성하기 위해 중앙에는 국자감과 12도(徒), 지방에는 향교를 세워 교육을 장려하였다.

② **태조** : 개경과 서경에 학교의 설립, 신라 계통의 유학자 등용, 교육재단인 학보를 설치하였다.

③ **성종**

㉠ **교서 반포** : 「교육입국조서」를 반포하여 교육의 중요성을 강조하였다.

㉡ **중앙 교육** : 중앙에 국자감(國子監)을 세워 교육제도의 기반을 확립하고 문신월과법 실시 및 도서관인 비서성(개경)과 수서원(서경)을 설치하여 도서의 수집 출판을 하였다.

국자감(國子監)

구 분	경사 6학	입학 자격	교육 내용
유학부 (3학)	국자학	• 문무관 3품 이상의 관리 자제	유교 경전, 문예
	태 학	• 문무관 5품 이상의 관리 자제	
	사문학	• 문무관 7품 이상의 관리 자제	
기술학부 (잡학)	율 학	• 문무관 8품 이하의 관리자제 및 평민의 자제 • 7품 이상의 자제 중에서 원하는 자 • 기타 기술교육 : 사천대(천문), 태의감(의학), 태사국(음양), 통문관(외국어)	법률
	서 학		서예(8書)
	산 학		산술(算術 : 수학)

㉢ **지방교육** : 성종 이후 지방의 12목에 경학박사와 의학박사를 각 1명씩 파견하여 가르치고 향교를 설치하여 생도(生徒)의 교육을 담당하도록 하였다.

(2) 중기의 교육(사학 중심)

① **사학 발달 배경** : 과거 위주의 교육과 함께 국자감은 재정적 어려움이 계속되고 있었으며, 지공거(知貢擧) 출신의 대(大)학자가 사학을 설립하여 스승과 합격자가 좌주와 문생의 관계로 평생 지속되었다.

② **시조** : 문종 때 최충이 퇴직 후에 사숙(私塾)을 열고, 9경 3사를 중심으로 교육한 9재 학당(문헌공도)이다.

③ **영향** : 12도(徒)가 융성함으로써 관학의 위축을 가져왔으며, 숭문의 기풍과 학벌이 형성되고 문벌 귀족 사회 체제가 강화되었다.

(3) 관학 진흥책

① **숙종** : 국자감을 강화하고자 서적포를 두어 도서 출판을 활발히 하였다.

② **예종**

㉠ **7재(齋) 설치** : 사학 9재를 모방한 유학 6재와 무학재를 설치하였다.

7재의 구성

여택재(주역), 대빙재(상서), 경덕재(모시), 구인재(주례), 복응재(대례), 양정재(춘추), 강예재(무학)

㉡ **무학재(강예재) 설치** : 국학 7재 속에 설치하여 무예의 이론과 실기를 교육하고 과거시험에 특전을 부과하자, 입학자가 급증하는 등의 물의를 빚게 되어 인종 때 폐지되었다(1133).

㉢ **양현고 설치** : 관학의 경제기반을 강화하기 위한 일종의 장학재단이다.

㉣ **청연각, 보문각 설치** : 유학의 발달을 촉진하기 위해 설치한 학문 연구소이다.

㉤ **각촉부시(刻燭賦詩)** : 초에 눈금을 그어 그 눈금까지 타는 시간을 정하여 시(詩)를 짓는 것으로 제한된 시간에 시(詩)와 부(賦)를 빨리 잘 짓는 것을 공부하는 과정이다.

③ **인종**

㉠ 형부 소속의 율학을 국자감으로 이관하여 경사 6학으로 정비하였다.

㉡ 청연각, 보문각의 학사들로 하여금 궁정강경(宮廷講經)을 강론하게 하였다.

㉢ 향교를 중심으로 지방교육을 강화하였다.

④ **충렬왕**

㉠ 안향의 건의로 양현고의 부실을 보충하기 위한 교육재단으로 섬학전을 설치하였다.

㉡ 국학을 성균관으로 개칭하고 대성전을 건립하였고, 경사교수도감을 설치하여 역사교육과 유학교육을 장려하였다.

㉢ 공자 사당인 문묘(文廟)를 건립하였다.

⑤ **공민왕** : 성균관을 부흥시켜 순수한 유교 교육기관으로 개편하고 유교 교육을 강화하였다.

05 과거 제도

❶ 관리 등용 방식

「고려사」 선거지(選擧志) 서문에 의하면 과거, 문음(門蔭), 유일(遺逸)의 천거 등이 있다.

❷ 과거 제도

(1) 목 적

광종 때(958) 후주(後周)의 귀화인 쌍기(雙冀)의 건의로 실시되었으며, 문치관료제를 확립하여 왕권을 강화하고 공신과 호족 세력을 억누르기 위하여 실시하였다.

(2) 성 격

신분을 중시하던 고대사회와는 달리 유교적 소양을 갖춘 인재를 등용하였다는 점에서 능력이 중시되었음을 알 수 있다.

(3) 종 류

① 문과

㉠ **제술과(진사과)** : 한문학(詩·賦·訟·論 등)과 시무책으로 시험하였으며, 합격자를 진사(進士)라고 불러 우대하였는데 명경과 보다 중시되어 과거라 하면 보통 제술과를 지칭하였다.

㉡ **명경과(생원과)** : 유교경전(상서, 주역, 모시, 춘추, 예기)에 대한 이해 능력을 시험하였다.

② **잡과** : 율학, 서학, 산학, 의학, 천문학, 음양지리 등의 기술관을 등용하기 위한 시험으로 그리 중시되지는 않았다.

③ **승과** : 교종시와 선종시로 구분되며 급제한 승려에게는 승계를 주었다.

④ **무과** : 예종 때 무학재를 설치한 후 잠깐 실시된 적이 있었지만, 인종 때 문신들의 반대로 폐지되었다가 공양왕 때 비로소 정식으로 실시되었다.

(4) 응시 자격

법제적으로 양인 이상은 과거에 응시할 수 있었으나, 실제로 제술과나 명경과에는 주로 귀족과 향리의 자제들이 응시하였고, 백정 농민은 주로 잡과에 응시하였다.

(5) 시험 절차

① 문과

㉠ **1차** : 중앙(개경시)과 지방(향시)에서 각각 상공(上貢)과 향공(鄕貢)을 선발하였다.

㉡ **2차(국자감시)** : 국학생과 12도생 가운데에서 선발된 공사(貢士), 현직관리, 1차 급제자에게 주어졌으며 급제자를 "진사"라 하였다.

㉢ **3차(예부시)** : 국자감 3년 이상 재학한 자, 임관하여 300일이 경과된 자, 2차(국자감시)에 합격한 자 등이 응시하였으며, 급제자는 합격증서인 홍패(紅牌)와 등과전(登科田)을 지급받았다.

② 승과

㉠ **종선(宗選)** : 예비시험으로 교종과 선종의 각 종파별로 시험을 보았다.

㉡ **대선(大選)** : 본시험으로 교종선(화엄경), 선종선(전등록)으로 구분하여 실시하였는데, 합격자에게는 대덕의 승계를 주었다.

(6) 고시관(知貢擧)

과거를 총괄하는 시험관으로 급제자는 지공거를 좌주(座主)라 불렀으며 지공거와 문생(門生)의 관계가 성립되어 그 예(禮)가 부자(父子)와 같았고, 지공거 도움으로 쉽게 관직에 진출할 수 있었다.

(7) 특 징

① 합격 인원에 비해서 관직의 숫자가 적었기 때문에 과거에 급제하였다고 해서 모두가 관리로 임명된 것은 아니었고, 성적과 출신 문벌이 관직의 임용에 크게 작용하였다.

② 귀족 가문의 합격자가 좋은 관직을 보임받고 승진하는데도 유리하였으므로, 과거제 역시 귀족사회의 테두리 안에서 운용되고 있었다.

❸ 음서 제도

(1) 성 립

성종 때에 마련된 제도로 공신 및 5품 이상 고위관료의 자손(아들, 손자, 사위, 외손자, 동생, 조카)이 과거를 통하지 않고도 관리가 되는 특별 채용제도이다.

(2) 종 류

① **정규적** : 5품 이상의 고관을 대상으로 상례(常例)에 따라 행해졌다.

② **특사적** : 신하들에게 포상이나 사전(思典)을 베푸는 것이다.

③ **공신자손** : 태조 이래 공신이 된 인물의 후손을 대상으로 행해졌다.

(3) 의 의

① 공음전시과와 더불어 고려 문벌귀족사회를 강화하는 중요한 기반이 되었고, 고려사회를 문벌귀족사회로 규정하는 중요한 근거가 되었다.

② 귀족가문의 자제들이 어린 나이에 관직에 진출함으로써 그들 대부분이 5품이상의 관직에 오를 수 있었고 재상 진출에도 용이하였다. 따라서, 음서는 단순한 관리 등용만이 아니라 귀족의 특권을 세습적으로 유지하는 수단이 되었다.

문벌귀족사회 성립과 붕괴

핵심 출제포인트

- 문벌귀족이라는 신분의 특징과 문벌귀족사회의 모순이 발생하면서 전개된 사건(이자겸의 난, 묘청의 서경천도 운동)의 특징을 파악해야 한다.
- 묘청의 서경천도운동은 서경파와 개경파의 특징을 비교하여 학습하는 것이 필요하다.
- 무신집권기의 특징과 해당 시기 민중의 저항을 파악해야 하며 특히, 최씨 집권기는 출제율이 높으므로 최충헌과 최우의 활동을 중심으로 내용을 파악해야 한다.

01 문벌귀족사회의 성립

(1) 성 장

① **정치권력의 독점** : 과거와 음서를 통하여 관직을 독점하는가 하면 비슷한 부류들끼리 혼인 관계를 맺어 권력을 더욱 신장시키고 특히, 왕실과 혼인 관계를 맺어 외척으로서의 지위를 이용하여 중서문하성과 중추원의 재상이 되어 정국을 주도해 나갔다.

② **경제력의 독점** : 관직에 따라 과전을 받고, 또한 공음전 및 사전(賜田)의 혜택을 받았을 뿐 아니라 권력을 이용하여 불법적으로 개인이나 국가의 토지를 차지하였다.

(2) 경 과

① **모순 노출** : 이들 문벌귀족의 성장에 따라 고려 사회는 서서히 사회적 모순과 갈등이 나타나기 시작하였다.

② **양상** : 과거를 통하여 진출한 지방 출신의 신진관리들 중 일부는 왕의 측근세력이 되어 문벌귀족과 대립하였다. 특히, 문벌귀족을 비판하면서 정계에 진출한 신진관리 중에서 왕의 측근세력으로 성장한 대표적인 인물은 예종 때의 한안인이다.

02 문벌귀족사회의 동요와 붕괴

❶ 이자겸의 난(인종 4년, 1126)

(1) 배 경

① **경원이씨 세력의 강화** : 대표적 문벌귀족인 경원이씨는 문종 때부터 인종 때까지 80여년간 정권을 잡았는데, 특히 이자겸은 예종과 인종 때 거듭 외척이 되어 정권을 잡아 예종의 측근세력을 몰아내고 인종이 왕위에 오를 수 있게 하면서 그 세력이 더욱 더 막강해졌다.

② **국왕 측근세력의 도전** : 국왕을 중심으로 결집하면서 이자겸의 권력 독점에 반대하고 나섰다.

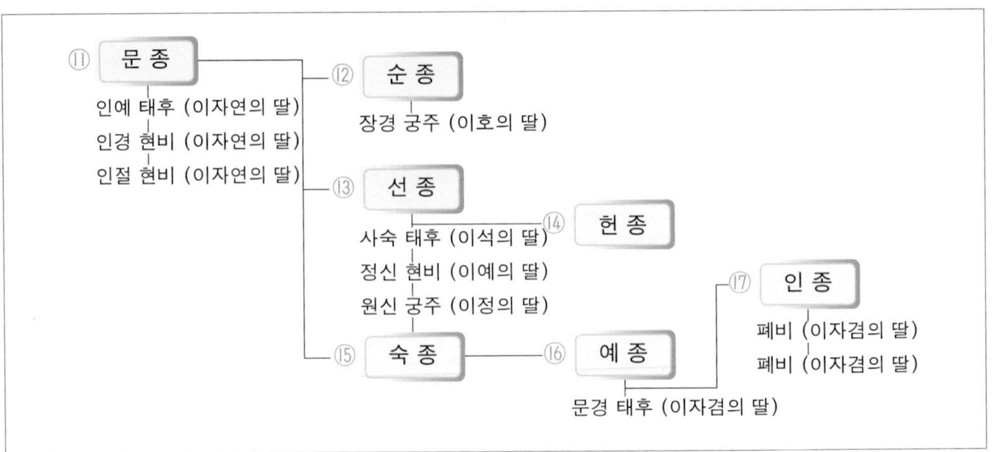

왕실과 경원 이씨의 혼인 관계도

(2) 경 과

① **권력의 장악** : 이자겸이 여진(금)의 사대요구에 수락을 한 후 十八子爲王說(木子得國說)을 이용하여 인종을 폐한 후 왕위에 오르려는 야심을 품고 왕의 측근세력을 제거하고 척준경과 더불어 군대를 이끌고 궁궐에 침입하여 불을 지른 다음, 인종을 감금하고 독살하려고까지 하였다.

② **측근세력의 활약** : 인종의 측근세력인 내시 김찬과 안보인이 이자겸을 제거하려 하였으나 척준경의 군사행동으로 실패하였다.

③ **이자겸 세력의 몰락** : 이자겸과 척준경이 반목하게 되자 왕은 이를 이용하여 이자겸을 제거하였고, 얼마 후 척준경도 정지상의 탄핵으로 축출되었다.

(3) 결 과

① 개경의 궁궐이 소실되고, 민심이 불안해졌다.

② 도참설이 유행하였고, 서경천도론이 대두되었다.

③ 문벌 귀족 사회의 붕괴를 촉진하는 계기가 되었다.

❷ 묘청의 서경천도운동(인종 13년, 1135)

(1) 배 경

① **이자겸의 사대외교** : 금에 대한 외교적인 문제가 제기되었다.

② **이자겸의 난** : 왕의 권위가 실추된 데다가 궁궐이 불타고 민심이 불안해졌다.

③ **서경 천도 여론** : 지덕이 쇠한 개경 대신에 지덕이 왕성한 서경으로 수도를 옮겨야 한다는 주장이 제기되었다.

④ **개혁적 관리들과 보수적 관리들의 대립** : 실추된 왕권을 회복하고 민생을 안정시키며 국방력을 강화하기 위한 개혁정치의 추진 과정에서 김부식을 중심으로 한 보수적 관리들과 묘청, 정지상을 중심으로 한 지방 출신의 개혁적 관리들과의 사이에 대립이 벌어졌다.

개경파와 서경파

구 분	개경파	서경파
중심인물	• 김부식, 김인존	• 묘청, 정지상, 백수한
성 격	• 보수적 문벌귀족	• 혁신적 지방 신진 관료세력
사 상	• 사대적 유교사상	• 풍수지리사상, 자주적 전통사상
역사의식	• 신라 계승의식	• 고구려 계승의식
대외정책	• 사대주의	• 북진주의
주 장	① 유교이념에 충실한 사회질서의 확립 ② 민생안정 위해 금과 사대관계 유지 ③ 서경 천도 반대	① 왕권 강화 추진 ② 자주적 혁신정치(금국정벌, 칭제건원) ③ 풍수지리사상 내세워 서경 천도 주장

(2) 경 과

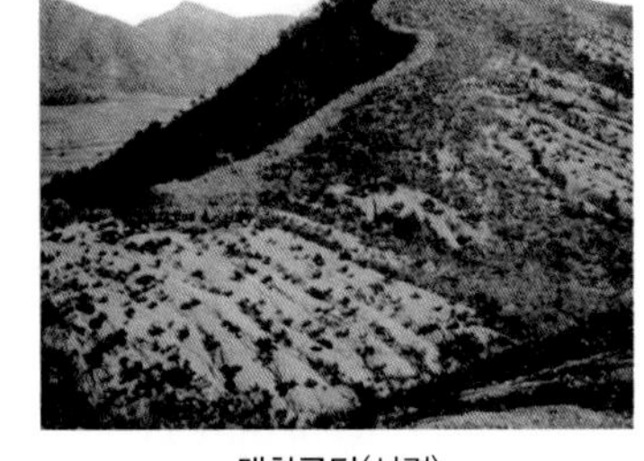

대화궁터(서경)

① **서경 천도 추진** : 서경에 대화궁이라는 궁궐을 짓게 하였다.

② **칭제건원과 금국 정벌 주장** : 황제라 칭하고 금을 정벌할 것을 주장하였다.

③ **김부식의 반대** : 백성들의 공역 동원에 대한 불만 고조를 들어 반대하였다.

④ **묘청의 서경 천도** : 묘청을 비롯한 서경파는 무신들과 연합하여 독자적으로 서경에 '대위국'이라는 나라를 세우고, 연호를 '천개' 그의 군대를 '천견충의군'이라 하며 서경 천도를 단행했으나 김부식이 이끈 관군의 공격과 내분으로 약 1년 만에 실패하고 말았다.

(3) 결 과

① **서경파 몰락** : 김부식에 의해 정지상, 백수한, 묘청 등이 제거되었다.

② **숭문 천무사상 심화** : 개경파 유학자들의 기반이 더욱 공고해졌으며, 문신 우대와 묘청 사건에 동참한 무신의 멸시 풍조가 심화되어 이후 무신정변의 원인이 되었다.

③ **귀족사회의 근저 동요** : 문벌귀족사회의 모순이 심화되어 귀족사회가 크게 동요되어 갔다.

⑤ **북진정책 중단** : 고구려 고토회복을 위한 북진정책은 좌절되고, 신라 계승의식에 입각한 「삼국사기」가 편찬되었다(1145).

(4) 성 격

묘청의 서경 천도 운동은 문벌귀족 사회 내부의 분열과 지역세력 간의 대립, 풍수지리설이 결부된 자주적 전통사상과 사대적 유교 정치사상과의 충돌, 고구려의 계승이념과 신라 계승이념에 대한 이견과 갈등이 얽혀 일어난 것으로 고려 문벌귀족 사회 내부의 모순을 드러낸 것이었다.

(5) 신채호의 서경천도 인식

신채호는 「조선사연구초」에서 서경천도운동을 "조선 역사상 1천년래 제일 대사건(朝鮮歷史上一千年來第一大事件)"이라고 하였으며 묘청의 서경 천도운동을 긍정적으로 평가하였다.

❸ 무신정변(경인의 난 : 의종, 1170)

(1) 배 경

① **문무 차별대우 심화** : 숭문천무 사상에 따른 두 세력간의 대립이 심화되고 있었다.

㉠ 문신들이 군대의 최고 지휘권을 장악하였다.

㉡ 과거에 무과가 거의 실시되지 않았다.

㉢ 무인을 위한 강예재(무학재)가 인종 때 폐지되었다.

㉣ 무반의 최고 관직은 정3품이었다.

㉤ 전시과의 토지 지급시 차등 지급하였고, 무신의 토지(군인전)를 빼앗아 문신에게 지급하였다(현종 때 김훈·최질의 난 ⇨ 무신난의 선구).

② **일반 군인들의 불만 고조** : 군인들은 전투와 노역에 시달린데다가 군인전도 제대로 지급받지 못하여 생활고에 시달림으로써 불평과 불만이 쌓이고 있었다.

③ **의종의 실정** : 국왕은 경박한 문신 및 환관들과 유락(遊樂)을 일삼으면서 사치와 향락에 빠져 정치 기강이 문란해지고 무신들에 대한 무시도 극에 달하였다.

④ **문벌귀족 지배체제의 모순 심화** : 지배층은 사회적 모순에 효과적으로 대응하지 못한 채 정치적 분열을 거듭하고 있었다.

⑤ **무신들의 역량 신장** : 거란·여진과의 전쟁을 통해 무신들의 지위가 향상되었다.

(2) 경 과

① **정변의 발생** : 의종 24년(1170) 8월에 왕의 일행이 개경 근처 별궁 중의 하나인 보현원(普賢院) 놀러 갔을 때 이고, 이의방·정중부 등이 정변을 일으켜 "무릇 문관(文冠)을 쓴 자는 비록 서리(胥吏)라도 죽여 씨를 남기지 말라"고 외치며 다수의 문신을 죽이고 의종을 폐하여 거제도로 귀양을 보낸 후 명종을 세워 무신정권을 수립하였다.

② 무신정권의 변천

1170	1179	1183	1196	1219	1249	1257	1258	1268	1270
정중부	경대승	이의민	최충헌	최우(이)	최항	최의	김(인)준	임연·임유무	
중방	도방	중방	교정도감·도방	정방·서방		급전도감			
성립기			최씨 정권(4대, 63년)				몰락기(반몽정책 고수)		

③ 최씨 무신정권

㉠ **최충헌의 무단정치**(1196~1219) : 조위총의 반란을 진압하는 과정에서 활약하였다.

㉮ **무신정치 공인** : 최충헌은 희종에 의해 진강후(晋康候)로 책봉되었고, 진양(진주)에 흥녕부(興寧府 ⇨ 진강부)를 설치하여 무신정권의 중심 기구를 마련하였다.

㉯ **왕의 폐립** : 3명(명종, 신종, 희종)을 폐위시키고, 4명(신종, 희종, 강종, 고종)의 왕을 옹립하였다.

㉰ **교정도감 설치**(1209, 희종) : 최씨 정권의 최고 집정부의 기능을 담당하였으며, 장관인 교정별감은 역대 최씨 집권자들이 세습하여 권력을 장악하였다.

㉱ **봉사 10조 건의(명종)** : 정치를 개혁하기 위해 제시하였으나 이는 군사정변을 합리화하려는 성격이 강하며, 최충헌은 광대한 농장과 노비를 기반으로 하여 사병을 양성하는 등 실질적 개혁은 없었다.

사료읽기

봉사 10조

1. 새 궁궐로 옮길 것
2. 관원의 수를 줄일 것
3. 빼앗은 농민의 토지를 돌려줄 것
4. 선량한 관리를 임명할 것
5. 지방관의 공물 진상을 금할 것
6. 승려의 고리대업을 금할 것
7. 탐관오리를 징벌할 것
8. 관리의 사치를 금할 것
9. 함부로 사찰을 건립하는 것을 금할 것
10. 신하의 간언을 용납할 것

㉲ **도방의 부활** : 신변 경호를 위해 경대승 때의 도방을 확대·강화한 것인데, 이는 삼별초와 함께 최씨 정권을 유지하는 군사적 기반이 되었다.

㉳ **사원 정책** : 교종 승려의 난을 계기로 교종(천태종)을 억압하고 선종(조계종)을 후원하였다.

㉴ **민중 봉기의 발발** : 만적의 봉기(개경), 이비(경주)·패좌(초전)의 봉기, 최광수의 봉기(서경)가 일어났다.

ⓛ 최우의 정치(1219~1249)

㉮ **정방(政房) 설치(1225, 고종)** : 독자적인 인사행정 기구로 자택에 설치하여 이부·병부 등의 공적기관의 인사권을 빼앗아 문·무관의 인사권을 행사하였다.

㉯ **서방(書房) 설치(1227, 고종)** : 문인들의 숙위기관으로 이규보·이인로·최자 등이 활약하였으며, 문학적인 소양과 전문적인 지식을 가진 문관(能文能吏)들을 참여시켜 자문 기능을 담당하게 하였다.

㉰ **민중 봉기의 발발** : 담양에서 백제 부흥을 외치면서 이연년 형제의 봉기가 발생하였다.

ⓒ 군사기구

㉮ **도방** : 사병집단으로서 6번(番)으로 나누어 교대로 근무하였다.

㉯ **삼별초** : 최우가 치안을 위해 설치한 야별초(1232)를 좌별초와 우별초로 나누고, 몽골과의 싸움에서 포로가 되었다가 돌아온 병사들로 구성된 신의군으로 조직되어 독재정치의 기반이 되었다.

㉰ **마별초** : 기마병으로 구성된 사병 집단으로 최씨정권을 호위하고 의장대 역할을 담당하였다.

㉱ **대몽항쟁** : 몽골군이 수전에 약한 점을 이용하여 강화도로 천도하고, 불력으로써 몽골의 침입을 격퇴하고자 팔만대장경을 조판(호국불교)하여 불교 문화상 큰 위업을 남겼다.

④ **최씨 정권의 의의와 한계** : 정치적으로는 안정되었지만, 권력 유지와 이를 위한 체제의 정비에 집착하여 국가의 발전이나 백성들의 생활안정을 위한 노력은 소홀히 하여 국가 통치 질서는 오히려 약화되었으며 항몽 중 강화도에서 지배층의 향락 생활은 계속 유지되었다.

제5장 대외관계의 변화

- 10~14세기로 이어지는 대외관계의 전개 과정을 각 시기별로 파악하는 것이 중요하며 이와 관련된 자료를 제시하여 순서를 나열하게 하는 문제가 출제될 수 있으니 숙지해야 한다.
- 각 시기내에서 주요 사건(서희의 담판, 윤관의 별무반, 몽골의 침략, 삼별초의 활약, 신흥무인세력의 등장)은 각 시기를 추론하게 하는 주요 키워드이므로 대표 사건을 중심으로 특징을 정확하게 파악해야 한다.

01 대외정책의 기본 방향

❶ 친송북진 정책

고려 전기 외교정책의 기본 방향은 북진정책과 친송 정책의 추진이면서도 중국 사회의 변화에 대응하여 외교정책을 신축성 있게 전개해 나갔다.

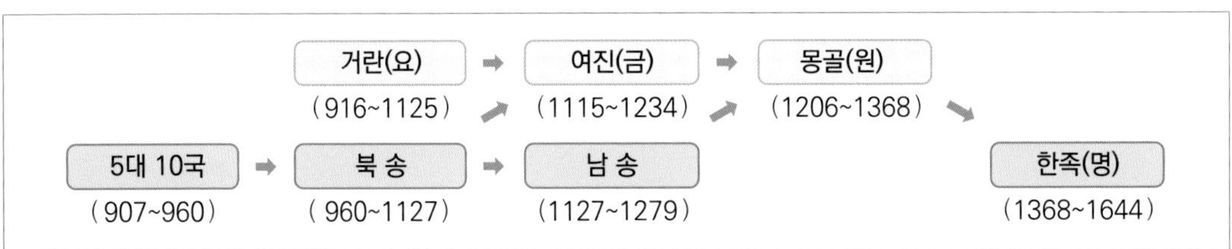

고려시대의 중국

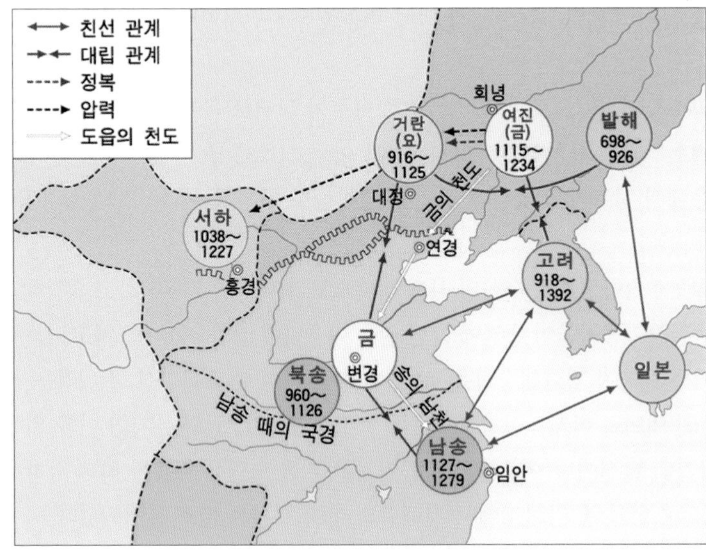

10~12세기 동아시아의 외교 관계

❷ 주변국과의 관계

(1) 5대 10국과의 관계

태조~광종 연간 중국 5대에 사신을 파견하여 정치적 지원과 문화적·경제적 교류를 얻고자 하였다.

(2) 송(宋)의 관계

① **수교(926)** : 고려는 광종 때 송(宋)과 정식 국교를 맺은 후 거란을 견제하고자 하였다.

② **목적**

㉠ **고려** : 선진문화의 흡수와 문물교류를 통한 경제적·문화적인 필요성에서 추진하였으며, 정치적인 지원도 얻고자 하였다.

㉡ **송** : 북방민족(거란, 여진)을 견제하려는 군사적·정치적인 의도에서 수교를 맺게 되었다.

③ **실리외교의 전개** : 여진(금)이 송을 침입하자 고려는 송의 지원 요청을 거절하고 분쟁에 가담하지 않았다.

④ **외교관계의 일시 중지와 재개** : 거란 침입시(성종, 993) 일시 중단되었으나 거란 세력의 약화와 송 문화의 수입에 대한 의지로 문종 때 국교가 재개되었다.

(3) 거란의 관계

① **북진정책 추진** : 서경을 설치하고, 만부교 사건을 통해 거란에 대하여 강경 자세를 취하였다.

② **신축성 유지** : 고려는 송과 거란·여진 등이 관련된 국경분쟁에는 휘말려들지 않으려고 조심스런 태도를 취하였다(연운 16주 문제를 둘러싼 송과 거란의 전쟁시 고려는 송과 군사적 동맹은 맺지 않음).

(4) 송과 거란의 관계

송(宋)이 5대 10국의 혼란을 통일하면서 연운 16주를 둘러싸고 송(宋)과 거란이 충돌하였다.

02 거란의 침입과 격퇴

❶ 침입 배경

(1) 고려의 강경책

① **배경** : 거란(요)은 송을 공격하기에 앞서 송과 연결되어 있던 정안국 및 고려와의 관계를 개선하려 하였으나 고려는 오히려 북진정책을 강력하게 추진하였다.

② **정책**

㉠ **태조** : 만부교 사건, 발해 유민의 포섭, 북진정책 추진을 전개하였다.

㉡ **정종** : 거란의 침입에 대비하여 청천강 유역에 광군 30만을 조직하였다.

㉢ **광종** : 송과 수교하여 친선정책을 전개하였고, 북방에 성진(城鎭)을 축조하여 거란 침입에 대비하였다.

(2) 거란(성종)의 팽창정책

고려를 친다는 명분을 내세워 정안국을 공격하여 멸망(986)시키고, 압록강 지역의 요지에 성(城)을 축조하여 고려에 대한 침입 준비를 강화하였다.

❷ 침입과 격퇴

(1) 1차 침입(성종 12년, 993)

① **원인** : 고려의 북진정책과 광종 이후 친송정책으로 거란은 배후의 위협을 느끼게 되었다.

② **경과**

㉠ 거란은 고려가 차지하고 있는 고구려의 옛 땅을 내놓을 것, 송과 교류를 끊고 자신들과의 교류에 궁극적인 목적을 두고 소손녕의 80만 대군은 적극적인 군사행동을 취하지 않고 항복을 요구하였다.

㉡ 고려 정부에서는 강화론(講和論)과 서경 이북 땅을 넘겨주자는 할지론(割地論)이 제기되던 중 고려의 서희는 요가 송과 대치상태에 있어 고려와의 전쟁에 전념할 수 없는 전략적 약점을 이용하여 소손녕과의 협상을 성공시켰다.

사료읽기

서희의 담판과 강동6주 획득

① 소손녕의 주장 : "당신의 나라는 신라땅에서 일어났는데도 우리(요)가 소유하고 있는 고구려 땅을 침식하고 있다. 또한, 고려는 우리나라(요)와 땅을 연접하고 있으면서도 바다를 건너 송을 섬기고 있으므로 군사행동이 있게 된 것이다. 만약에 고려가 땅을 베어 바치고 국교를 맺는다면 무사할 것이다."

② 서희의 반박 : "아니다, 우리나라는 곧 고구려의 옛 땅을 터전으로 하였으므로 고려라 하고 평양에 도읍하였으니, 만일 국토의 경계로 따진다면 그대 나라의 동경(요양)이 모두 우리 경역(境域)에 있거늘 어찌 침식한다고 하느냐? 또한, 압록강의 내외도 우리의 경내인데, 지금 여진족이 점유하고 있기 때문에 도로가 막혀 그대 나라와 조빙을 통하지 못하고 있으니, 만약에 여진을 내쫓고 우리의 옛 땅을 되찾아 성보를 쌓고 도로가 통하면 조빙을 닦겠다."

③ **결과**

㉠ 양국이 공동으로 압록강 유역의 여진족을 몰아내기로 합의하여 그 결과 여진족을 축출하고, 강동 6주(흥화진, 용주, 철주, 통주, 곽주, 귀주)의 관할권을 얻게 되어 압록강까지 영토를 확장할 수가 있었다.

㉡ 고려는 송과 단교하여 거란(요)과 통교할 것을 약속하고 송의 연호 대신 요의 연호를 사용하기로 하였다.

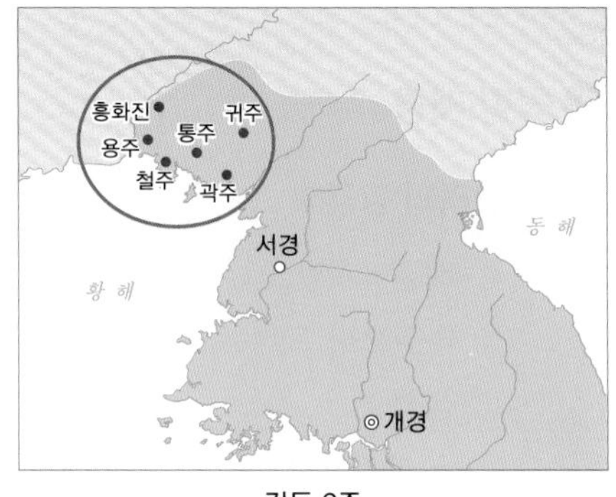

강동 6주

④ **의의** : 강동 6주의 획득은 거란에 대해 형식적이나마 사대(事大)의 예(禮)로 얻은 것이지만, 실리를 추구함과 동시에 전통적인 북진정책을 추진한 전략적 표현이었다.

(2) 2차 침입(현종 1년, 1010)

① **원인** : 고려가 송(宋)과의 외교 관계를 끊지 않고 거란과 외교 관계 수립을 지연하자, 거란이 강동 6주의 반환을 요구하면서 강조의 정변을 구실로 2차 침입을 단행하였다.

강조의 정변(1009)

목종의 모후인 천추태후와 김치양이 자신들의 불륜관계로 태어난 아들을 왕위에 올리려 하자 강조가 군사를 일으켜 김치양 일파를 제거하고 목종을 폐위한 후 현종을 옹립한 사건이다.

② **경과** : 거란(遼)의 성종이 강조의 정변을 구실로 삼아 40만 대군을 이끌고 침입하였다. 이때 강조가 통주에서 패하여 포로가 되었으며, 수도인 개경까지 함락되어 현종은 나주로 피신하였다. 그러나, 거란의 후방인 흥화진에서 양규 등이 선전함으로써 거란군은 더 이상 진격하지 못하였다.

③ **결과** : 양규 등이 거란군의 후방에서 선전하자 거란군은 퇴로가 차단될 것을 두려워하여 고려 현종의 입조(入朝)를 조건으로 철수하였다.

(3) 3차 침입(현종 9년, 1018)

① **원인** : 거란은 2차 침입시에 많은 피해를 입어 고려에 대한 불만이 고조되고 있는 상황에서 고려 현종이 입조(入朝)의 약속을 이행하지 않자 강동 6주의 반환을 요구하였다. 이에 고려가 거절하자 거란은 현종의 친송정책 추진을 문제 삼아 3차 침입을 단행하였다.

② **경과** : 소배압의 10만 거란군이 침입하여 개경 부근까지 이르렀으나, 고려군의 강력한 방어에 부딪쳐 퇴각하다가 귀주에서 강감찬이 지휘하는 고려군에게 섬멸되어 살아 돌아간 자가 수천에 지나지 않았다(귀주대첩, 1019).

③ **결과** : 거란은 고려와 강화를 맺고 철수하였다.

❸ 전란의 영향

(1) 정치면

① **고려, 송, 거란 3국의 세력 균형 유지** : 고려가 거란의 계속되는 침략을 막아내자 거란은 더 이상 고려를 공격할 수 없었고, 송을 침입할 수도 없었다. 이렇게 하여 동북아시아에서 고려, 송, 거란 3국의 세력 균형이 유지될 수 있었다.

② **거란과 외교 관계 수립** : 거란의 사신 파견에 따른 고려의 답빙으로 고려와 거란 간에 국교가 수립된 이후 거란(요)의 대장경이 전래되어 대각국사 의천의 '교장' 간행에 영향을 주었다.

③ **국방 강화 노력**

㉠ **나성(羅城) 축조** : 강감찬의 주장에 따라 현종 때 개경에 쌓아 도성의 수비를 강화하였다.

㉡ **천리장성 축조(덕종~정종)** : 정종 때 거란과 여진의 침입을 방어하기 위해 북쪽 국경 일대인 압록강 어귀에서 동해안의 도련포까지 쌓았다(7세기 고구려의 천리장성은 당의 방어를 목적으로 부여성에서 비사성까지 축조).

(2) 문화면

① **대장경 조판(초조 대장경)** : 불력으로 외적을 물리치고자 현종 때 착수하여 문종 때에 완성하였으나 1232년(고종19) 몽골의 침입으로 소실되었다.

② **7대 실록 편찬** : 문화적 우월감을 과시하기 위하여 현종이 김심언과 황주량 등에 명하여 태조~목종에 이르는 실록을 편찬하게 하였으나 현존하지는 않는다.

③ **고려 사회의 발전 계기** : 고려는 국가적인 위기를 극복함으로써 민족 의식의 고취와 함께 자신감이 충만하게 되었다.

03 여진 정벌과 동북 9성의 축조

여진족의 명칭 변화

중 국	춘추·전국시대	한	남·북조	수·당	송·명	후금(청)
명 칭	숙신	읍루	물길	말갈	여진(금)	야인·만주
우리나라	연맹왕국시대		삼국·통일신라시대		고려	조선

❶ 여진족

(1) 동 향

여진은 한때 말갈이라 불리면서 오랫동안 고구려에 복속되어 있었고, 발해가 멸망한 뒤에는 여진으로 불리면서 발해의 옛 땅에서 반독립적 세력을 유지하고 있었다.

(2) 여진과의 관계

① 회유·동화 정책

㉠ 고려는 두만강 연안의 여진을 경제적으로 도와주면서 이들을 포섭해 나갔다.

㉡ 여진족은 발해의 일부를 이루던 말갈의 유족으로 부족단위의 생활을 하면서 고려를 부모의 나라로 섬겼다.

㉢ 고려는 공물을 바치거나 귀순하는 여진족에 대해서는 식량, 농기구, 가옥, 토지를 주어 일반 민호에 편입하기도 하였다.

② 고려와 여진족의 충돌

㉠ 12세기 초 만주 하얼빈 지방에서 일어난 완옌부의 추장 영가, 우야소 등이 여진족을 통합하면서 정주까지 남하하여 고려와 충돌을 빚게 되었다.

㉡ 북만주의 완예부 추장인 영가가 여진족을 통일하면서 북간도 지방으로 세력을 뻗쳐왔고, 뒤를 이은 우야소는 다시 남하하여 고려에 복속하고 있던 동여진을 아우르게 되었다.

❷ 윤관의 여진 정벌

(1) 별무반의 편성

① **배경** : 여진족이 정주까지 남하해 오자 숙종은 임간과 윤관으로 하여금 이들을 토벌하도록 하였으나 기병 중심의 여진족을 보병 중심의 고려군이 막아내기 어려워 고려군은 패하고 말았다(1104). 이에 윤관은 기병을 보강한 특수부대의 편성을 건의하여 별무반이 조직되었다.

② **편성** : 신기군(기병부대), 신보군(보병부대), 항마군(승병부대)으로 구성되었다.

(2) 9성의 축조(예종 2년, 1107)

① **여진 정벌** : 여진 정벌은 숙종의 갑작스러운 죽음으로 실행에 옮기지도 못하고 중단되었다가 예종 때에 윤관·오연총이 17만의 대군을 이끌고 천리장성을 넘어 함흥평야와 그 이북 지방을 토벌하였다.

② **동북 9성 축조** : 고려는 이 지역에 남쪽의 백성을 이주시켜 개척하여 살게 하고 9성을 축조하여 방어하였다. 그러나 수비의 어려움과 여진의 조공 약속을 받고 동북 9성을 돌려주었다.

척경입비도 | 조선 후기에 그려진 '척경입비도(拓境立碑圖)'는 윤관이 동북 9성을 개척하고 비석을 세우는 장면을 그린 것이다.

❸ 금(金)의 건국과 관계의 변화

(1) 금의 건국(1115)

여진족은 9성 환부 후에 아골타가 세력을 크게 확장하고 국호를 금(金)이라 하였다.

(2) 사대관계의 형성

① **배경** : 금(여진)은 거란(요)를 멸한(1125) 이후 고려에 군신관계를 강요하였다.

② **경과** : 고려는 금의 사대요구를 둘러싸고 정치적 분쟁을 겪기도 했지만, 현실적으로 금과 무력충돌을 하기 어려운 점을 고려하여 금의 요구를 받아들였다(1126). 이는 당시 집권자인 이자겸이 자신의 정권을 유지하기 위한 조치이기도 하였다.

③ **결과** : 고려의 사대외교로 인하여 금과는 군사적 충돌이 없었으나 고려의 강렬한 문화 의식을 기반으로 한 북진정책이 좌절되었으며, 고려 귀족사회의 분열을 가속화시켜 묘청을 중심으로 한 서경 천도운동이 일어나는 계기가 되었다.

사료읽기

동북 9성의 환부

(왕이) 선정전 남문에 거동하여 (사신) 요불과 사현 등 6인을 접견하고 입조한 연유를 묻자 요불 등이 아뢰기를 " … 만약 9성을 되돌려주어 우리의 생업을 편안하니 해 주시면, 우리는 하늘에 맹세하여 자손 대대에 이르기까지 공물을 정성껏 바칠것이며 감히 기와 조각 하나라도 국경에 던지지 않겠습니다."라고 하였다. … (왕이) 선정전 남문에 거동하여 요불 등을 접견하고 9성의 반환을 허락하자 요불이 감격하여 울며 감사의 절을 올렸다. 》「고려사」

04 몽골과의 전쟁

❶ 13세기 초 동아시아 정세

요·금의 세력 밑에 있던 몽골평원의 유목민인 몽골족은 13세기 초 테무진이 부족을 통일하고 황제의 지위(징기스칸, 1206)에 올라 금(金)을 공격하는 등 팽창정책을 전개하였다.

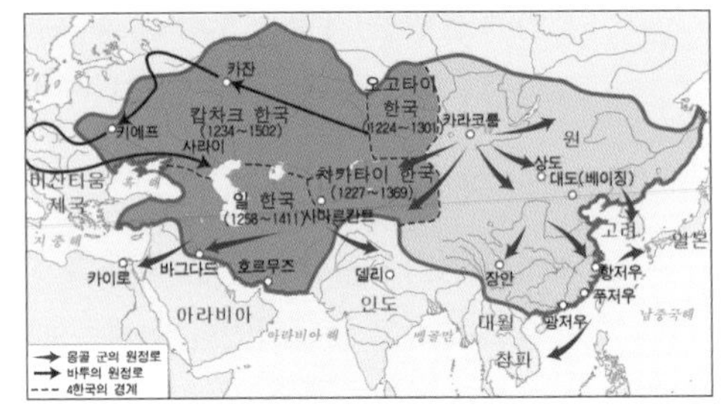

몽골의 최대 판도

❷ 강동성의 역(1219)

(1) 거란족의 고려 침입(1차, 1217)

몽골에 쫓긴 거란족이 고려에 침입하여 남쪽으로 내려오다가 제천 방면에서 김취려에게 대패하여 물러갔다.

(2) 강동성의 역(여·몽 첫 접촉)

거란족이 1218년 다시 침입(2차)해 왔으나 고려군(조충, 김취려)의 반격을 받아 북쪽으로 쫓겨가다가 평안도의 강동성에서 포위당하였는데 이때 거란족을 추격하여 온 몽골 군대와 함께 두만강 유역에 있던 동진국(東眞國)의 군대와 연합하여 강동성을 함락시키고(1218) 전후 처리 과정에서 몽골은 자신들이 거란족을 몰아내 준 은인이라고 내세우면서 지나친 공물을 요구하는 등 여몽협약을 요구하여 체결하였다(강동성의 역, 1219).

사료읽기

강동성의 역(1219)

몽골의 장수 합진과 찰랄이 군사를 거느리고 … 거란을 토벌하겠다고 말하면서 화주, 맹주, 순주, 덕주의 4개 성(城)을 공격하여 격파하고 곧바로 강동성으로 향하였다. … 조충과 김취려가 합진, 완안자연 등과 함께 병사를 합하여 강동성을 포위하니 적들이 성문을 열고 나와 항복하였다. 》「고려사」

❸ 몽골군의 침입과 항쟁

(1) 제1차 침입(고종 18년, 1231)

① **원인** : 몽골은 아시아 지역에 대한 정복 야욕을 계속 전개하고 있던 중 여몽협약에 의해 공물을 받아가기 위해 파견된 몽골의 사신 저고여가 국경지대인 의주에서 고려인으로 변장한 여진족에게 피살당한 사건이 일어나자, 양국간의 국교는 단절되었다. 결국 몽골은 고려에 대한 침략의 구실로 삼아 전후 6차례에 걸쳐 침입하였다.

② **경과** : 몽골 장수 살리타가 군대를 이끌고 침입하여 의주를 힘겹게 점령하고 귀주를 공격하였으나, 박서와 최춘영이 굳게 지킴으로써 뜻을 이루지 못하고 할 수 없이 다른 길로 돌아 내려와 개경을 포위하였다.

③ **항전** : 몽골군의 남하시 평북 귀주 부근의 마산 초적(草賊), 관악산의 초적(草賊)과 충주의 관노(官奴)들이 항전하였다.

④ **결과** : 무신정권은 몽골의 요청대로 강화를 맺고 몽골군은 물러가면서 고려의 40여개 성에 다루가치를 배치하였는데, 이는 이후 몽골의 내정간섭과 공물 징수를 담당하였다.

(2) 제2차 침입(고종 19년, 1232)

① **원인** : 강화를 맺은 몽골이 무리한 조공을 요구하고 간섭해 오자, 당시 집권자인 최우는 수도를 강화도로 옮겨 장기 항전을 위한 방비를 강화하였다.

② **경과** : 몽골의 장수 살리타가 다시 침입해 왔으나, 처인성에서 김윤후와 부곡민의 항전으로 살리타가 사살되어 몽골 군대는 철수하였다(강화 정부는 이를 높이 평가하여 처인부곡을 처인현으로 승격시키고 김윤후에게 상장군의 벼슬을 주었으나 사양하고 받지 않았다). 이 때의 침입으로 초조대장경과 교장 등의 문화재가 소실되었다.

(3) 제3차 침입(고종 22년, 1235)

황룡사 9층 목탑이 소실되고, 팔만대장경 조판에 착수하였다.

(4) 제4차 침입(고종 34년, 1247)

아모간이 침입하였으나 원 황제의 죽음으로 철수하였다.

(5) 제5차 침입(고종 40년, 1253)

몽골의 야고가 침입하였으나 충주성에서 김윤후와 민병, 관노 등이 승리하였다. 이후 충주는 국원경으로 승격되었다.

(6) 제6차 침입(고종 41년, 1254)

몽골의 차라대가 국왕의 출륙과 입조를 요구하며 침입하여 유린하였다. 이에 충주지방에서는 방호별감 김윤후가 지휘하는 충주 다인철소민들이 끝까지 성을 사수하여 몽골의 남진을 저지하였으며, 이를 계기로 강화도 정부는 다인철소를 익안으로 승격하였다.

(7) 제7차 침입(고종 42년, 1255)

몽골의 자랄타이와 홍복원 등이 침입하여 전라도 일대를 유린하였으나 김수강의 설득으로 몽골군은 서경으로 철수하였다.

(8) 제8차 침입(고종 44년, 1257)

몽골의 자랄타이 침입하였으나 고종의 출륙과 친조를 조건으로 철수하였다.

(9) 제9차 침입(고종 45년, 1258)

몽골의 자랄타이가 침입하였으나 고려, 몽골간 강화 체결로 원정을 종식하였다.

❹ 몽골에 대한 항전

(1) 고려 정부

① **항전과 외교의 병행** : 지방의 주현민들을 산성이나 바다의 섬으로 피난시키고 저항을 계속하였다.

② **팔만대장경 조판** : 부처의 힘으로 외적을 방어하겠다는 호국불교의 염원으로 조판하였다.

(2) 일반 민중

① **동향** : 주현민들을 산성이나 섬으로 들어가게 하는 정부의 전술은 생활 대책이 마련되지 않은 상태에서 강행되었으므로 일반 백성들은 몽골의 침략에 자력으로 맞서면서 끈질기게 저항할 수 있었던 원동력이 되었다.

② **대표적 항전** : 처인부곡, 충주 다인철소의 승리처럼 어려운 형편 속에서도 일반 백성들이 각지에서 몽골군을 격퇴한 사례가 적지 않았다.

③ **정부의 격려**

㉠ 김윤후에게는 상장군의 관직을 주고(김윤후는 거절), 충주의 관노와 백정들에게도 관직을 주었다.

㉡ 처인부곡은 처인현으로 승격시키고, 충주의 다인철소는 익안현으로 승격시켰다.

사료읽기

일반 민중의 항전

처음 충주 부사 우종주가 매양 장부와 문서로 인하여 근자에 판관 유홍익과 틈이 있었는데 몽골병이 장차 쳐들어 온다는 말을 듣고 성 지킬 일을 의논하였다. 그런데 의견상 차이가 있어서 우종주는 양반 별초를 거느리고, 유홍익은 노군과 잡류 별초를 거느리고 서로 시기하였다. 몽골병이 오자 우종주와 유홍익은 양반 등과 함께 다 성을 버리고 도주하고, 오직 노군과 잡류만이 힘을 합하여 쳐서 이를 쫓았다. 》「고려사」

❺ 몽골과의 강화

(1) 배 경

① **전란의 피해 심각** : 강화도의 고려 정부는 수로를 통하여 조세를 걷어 들여 명맥을 유지할 수 있었으나, 장기간의 전쟁으로 국토는 황폐해지고 백성들은 도탄에 빠지게 되었다.

② **문화재 소실** : 대구 부인사의 대장경판과 황룡사 9층 목탑 등 많은 문화유산이 소실되었다.

③ **최씨정권의 몰락** : 최씨정권의 마지막 집권자였던 최의가 유경과 김준에게 피살(1258)당함으로써 4대에 걸쳐 60여 년간 이어온 최씨 정권은 막을 내렸다.

④ **주화파의 득세** : 김준, 임연, 임유무 등은 무신정치를 계속하면서 반몽정책을 고수하였으나 고려 조정에서는 몽골과 강화를 맺으려는 온건파(최자, 김보정)가 득세하여 무신정권은 무너지고 전쟁은 끝이 났다.

(2) 결 과

① **강화** : 무신정권이 무너지자 고려의 새 정부가 몽골과 강화하고 원종 11년(1270)에 개경으로 환도

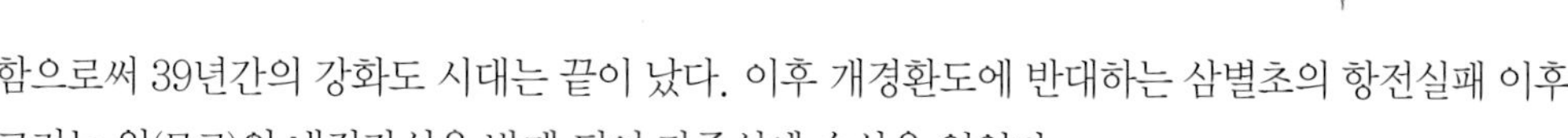

함으로써 39년간의 강화도 시대는 끝이 났다. 이후 개경환도에 반대하는 삼별초의 항전실패 이후 고려는 원(몽골)의 내정간섭을 받게 되어 자주성에 손상을 입었다.

② **특징** : 고려의 끈질긴 항전으로 인하여 몽골은 고려의 주권과 고유한 풍속을 인정하였는데, 이는 고려를 직속령으로 완전 정복하려던 계획을 포기한 것을 의미한다.

❻ 삼별초의 대몽항쟁(1270~1273)

(1) 원 인

① **개경 환도** : 고려 정부가 몽골과의 굴욕적인 강화를 체결하고, 개경 환도를 단행하였다.

② **기반** : 몽골군이 접근하기 어려운 지리적 이점과 일반 민중들의 적극적인 지원이 있었다.

(2) 경 과

① 배중손이 이끈 삼별초는 강화도에서 승화후 온(承化侯 溫)을 왕으로 추대하고 개경 정부에 대항하여 반기를 들었다.

② 강화도에서 진도로 옮겨 용장산성을 쌓고 저항을 계속하였다.

③ 여·원 연합군에 의해 진도가 함락되자 다시 제주도로 가서 토성(애월읍 항파두리)을 쌓고 김통정의 지휘하에 항쟁을 계속하다가 4년 만에 평정되었고 제주도에 탐라총관부를 설치하고 목마장을 운영하였다.

용장성(전남 진도 군내면) | 삼별초의 대몽 항전지로 1270년 이후 축성되었다.

(3) 의 의

항몽 의식의 최후 보루였던 삼별초 항쟁은 고려 무신의 배몽(排蒙)사상과 자주성의 일면을 보여주었으며, 이는 고려 국민의 자주정신의 표현이었다.

고려첩장불심조조(高麗牒狀不審條條)

1. 성격

① 일본에서 발견된 문서로 당시 일본 가마쿠라 막부의 외교 실무자가 3년의 시차를 두고 고려 조정에서 보내온 외교 문서 중 의심나는 점을 메모한 자료이다.

② 당시 일본은 1268년과 1271년에 외교문서를 보낸 것이 몽골과 강화(講和)한 원종의 정부와 그에 반기를 든 삼별초의 진도 정부라는 것을 파악하지 못함에 따라 두 외교문서가 몽골에 대한 태도 등에서 상반되는 것을 이상하게 생각하고 이해가 되지 않는 점들을 조목별로 정리하였다.

2. 내용

① 1268년(원종) 강화도 조정에서 보내온 외교 문서 : 몽골의 덕을 칭송하며 사대(事大)의 군신례(君臣禮)를 맺었다는 내용이다.

② 1271년(원종) 삼별초와 진도 조정에서 보내온 외교 문서 : 몽골을 야만적으로 기술, 폭풍에 표류한 일본인의 호송, 일본의 원조 요청 내용이다.

05 원의 내정 간섭과 수탈

❶ 여·원 연합군의 일본 원정

(1) 내 용

① **탐라총관부 설치** : 원의 강요에 의해 일본 정벌을 위한 막대한 군량(軍糧)과 함선 및 군사 준비가 강요되었다.

② **일본 원정** : 여·몽 연합군 약 3만 3천여 명과 군함 900여척을 동원하여 김방경과 홀돈이 중심이 되어 2차에 걸친 일본 원정을 단행하였으나 태풍과 질병, 일본 가마쿠라 막부의 완강한 저항으로 실패하였다.

(2) 결 과

전쟁의 피해가 복구되지 않은 상태에서 일반 백성들이 동원됨으로써 막대한 희생을 강요당하였다.

몽고습래회사(蒙古襲來繪詞)

일본 가마쿠라 막부 시대 후기 여·원엽합군과 일본 무사들과의 싸움을 그린 작자 미상의 그림이다.

❷ 영토의 상실

(1) 쌍성총관부 설치(1258~1356)

① **과정** : 동북면의 조휘(趙暉)와 탁청(卓靑)이 나라의 혼란을 틈타 병마사를 살해 후 원에 귀부하면서 고종 45년(1258)에 화주(영흥)에 설치되어 철령 이북의 땅을 직속령으로 편입하였다.

② **회복** : 공민왕(1356) 때 동북면 병마사 유인우가 공격하여 탈환하였는데, 이 때 이자춘·이성계 부자가 공을 세웠다.

(2) 동녕부 설치(1270~1290)

① **과정** : 서북면의 최탄(崔坦)이 정부를 배신하고 몽골에 귀부하면서 원종 때 원(元)이 자비령 이북의 땅을 차지하고 서경에 설치하였다.

② **반환** : 충렬왕 16년(1290)에 외교적 노력으로 되찾았다.

(3) 탐라총관부 설치(1273~1301)

① **과정** : 원종 14년(1273) 삼별초의 항쟁을 진압한 후 제주도에 설치하고 목마장으로 이용하였다.

② **반환** : 충렬왕 27년(1301)에 고려의 요청으로 되찾았다.

❸ 원의 부마국(駙馬國) 지위 전락

(1) 내 용

고려는 원에 정복당했거나 속국이 되었던 다른 나라들과는 달리 고려의 태자와 왕자는 어려서 인질로 몽골에서 자라 원(元) 황실의 공주를 왕비로 맞는 부마(駙馬)가 되는 나라가 되었다.

(2) 결 과

원은 고려의 내정에 간섭하면서 고려의 관제가 부마국의 분수에 넘친다고 고치기를 강요하여 관제가 1부(첨의부) 4사(전리사, 판도사, 군부사, 전법사)로 개편되고 격도 낮아졌다.

❹ 원의 내정 간섭

(1) 정동행성

① **성격** : 원이 일본 정벌을 위하여 개경에 설치하였던 것을 그대로 존속시켜 내정 간섭 기구로 삼았다.

② **장관(승상)** : 고려의 왕이 승상이 되었으며 원의 연락기관으로 삼았다.

③ **부속기관** : 이문소·유학제거사·의학제거사·조마소(기록 담당)·도진무사(군사 사무)·권농사(勸農使) 등의 속관이 있었다.

④ **폐지** : 고려 말까지 존속되다가 공민왕의 반원정책으로 폐지되었다(왕 5년, 1356).

(2) 다루가치

1차 침입시 몽골이 점령지역의 백성을 다스리기 위하여 배치한 일종의 민정 감찰관으로 조세 징수와 내정을 간섭하였다.

(3) 입성책동(立省策動)

친원파들이 정동행성을 없애고 고려를 원의 직할구역으로 편입시켜 새로운 행성을 설치하자고 원에 요청한 것으로 고려의 정치는 왜곡되었다.

(4) 중조(重祖) 현상

원 간섭기 왕위 계승에서 나타난 현상으로 원이 새로운 황제 즉위나 집권세력의 변동 시 고려를 효과적으로 통제하기 위하여 왕을 교체하였다. 중조현상은 충렬왕(1274~1298, 1298~1308), 충선왕(1298, 1308~1313), 충숙왕(1313~1330, 1332~1339), 충혜왕(1330~1332, 1339~1344) 시기에 나타났다.

(5) 독로화(禿魯花, 뚤루게) 정책

고려에 대한 효과적인 지배를 위해 고려의 세자를 인질로 삼아 연경(북경)에 머물게 하였다가 부왕(父王)이 죽으면 왕위를 계승토록 하였다.

(6) 심양왕 제도

고려 후기 몽골과의 전쟁 중에 많은 고려인들이 유망하거나 귀부해 심양지역에 살고 있었는데 몽골은 고려의 왕족을 심양왕으로 삼아 고려인을 통치하였다.

❺ 경제적 수탈

(1) 인적 수탈

① **내용** : 「결혼도감」을 설치하여 동녀(童女)를 요구하였고, 「처녀과부추고별감」을 통해 처녀와 과부, 환관까지 요구하였다.

② **처지** : 원(元)으로 끌려간 여인 중에는 특별한 지위에 오른 사람도 있었지만 대부분은 고통스럽게 살았다.

③ **결과** : 고려에 심각한 사회 문제를 가져왔으며 이로 인해 고려와 원(元) 사이에 풀어야 할 가장 시급한 문제로 대두되었고, 고려는 끊임없이 이 문제 해결을 위하여 노력하였다.

(2) 물적 수탈

① 내용

㉠ **반전도감(盤纏都監)** : 금, 은, 베를 비롯하여 약재, 인삼, 호피 등의 공물을 거두어 감으로써 농민의 피해가 극심하였다.

㉡ **응방도감(鷹坊都監)** : 원 나라에 사냥매(해동청)를 조달하는 기구로 설치되었으나, 여러 가지의 특권을 행사하여 그 폐해가 심하였다. 이 곳에서 매를 사육하는 사람을 '시파치'라 한다.

② **결과** : 공물 수탈로 인한 농촌과 농민 경제의 피폐와 파탄을 가져왔다.

❻ 영 향

(1) 자주성의 시련

① 자주성에 심각한 손상을 입었으며, 원의 압력과 친원파의 책동으로 인해 고려의 정치는 크게 왜곡되었다.

② 왕권이 원에 의지하여 유지됨은 물론, 통치 질서가 무너져 제 기능을 수행하지 못했다.

(2) 문화와 풍속의 활발한 교류

① 원의 문화 전파

㉠ **만권당** : 충선왕이 연경(북경)에 설치한 학문 연구 기관으로 고려의 문인 이제현이 원의 문인 조맹부, 원명선 등과 교류하였다.

㉡ **성리학의 전래** : 안향이 충렬왕 때 소개하였다.

㉢ **목면(木棉)의 전래** : 공민왕 때 문익점이 몰래 가져와 그의 장인 정천익과 재배에 성공하여 의생활에 혁신을 초래하였다.

㉣ **농서의 전래** : 이암은 원의 농서인 「농상집요」를 소개하여 화북 농법이 이루어졌다.

㉤ **화약** : 최무선이 원의 상인 이원으로부터 배워 화약과 화포를 제조하여 왜구 격퇴에 활용하였다.

② 풍속의 교류

㉠ **몽골풍** : 고려에서는 몽골어가 사용되고 몽골식 의복과 변발·은장도·연지·곤지·만두 등이 유행하였으며, 몽골식 이름을 쓰기도 하여 고려 사회의 모습이 변질되어 갔다.

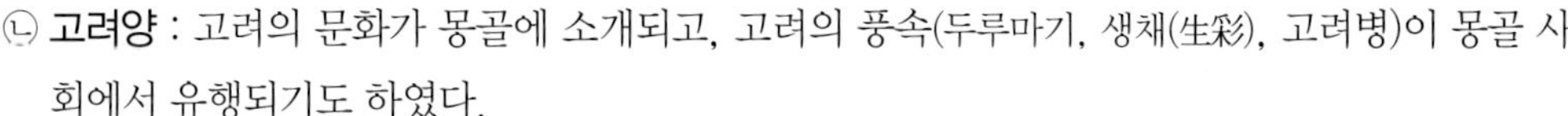

㉡ **고려양** : 고려의 문화가 몽골에 소개되고, 고려의 풍속(두루마기, 생채(生彩), 고려병)이 몽골 사회에서 유행되기도 하였다.

③ **활발한 신분 상승**

㉠ **방법** : 역관·향리·평민·부곡민·노비·환관 중에서 전공을 세우거나, 몽골 귀족과의 혼인 또는 몽골어에 능숙하여 출세하는 사람들이 많았다.

㉡ **결과** : 원 간섭기에 이러한 방법으로 친원세력이 권문세족으로 성장하는 경우가 적지 않았다.

(3) 전통과 주체성의 수호

원의 간섭으로 고려는 정치, 사회, 경제 등 각 분야에서 많은 피해를 입었지만 주권은 엄연히 존속하였고, 강인한 민족성을 견지하여 극복해 나갔다.

06 원 간섭기의 개혁 정치

❶ 충렬왕(忠烈王, 1274~1298, 1298~1308)

(1) 개혁 내용

① **전민변정도감(田民辨正都監)** : 신진세력을 통하여 개혁정치를 단행하였다.

② **영토 회복** : 동녕부, 탐라총관부를 반환받았다.

③ **기타** : 도병마사를 도평의사사로 고치고, 두 차례 일본 원정을 단행하였다.

④ **관학 진흥** : 섬학전 및 경사교수도감을 설치하였다.

(2) 결 과

홍자번(洪子藩)은 편민(便民) 18사를 통해 정치, 경제, 사회, 문화 등 각 부분에 대한 폐단을 지적하고 이의 개혁을 시도하였으나 실패하였다.

❷ 충선왕(忠宣王, 1298~1298, 1308~1313)

(1) 관제 개편

① **사림원(詞林院) 설치** : 정방을 혁파한 후 왕명 출납과 인사 기능을 담당하도록 하였다.

② **의염창(義鹽倉) 설치** : 염전법 제정과 소금 전매제도를 실시하도록 하였다.

③ **재상지종(宰相之宗) 발표** : 왕실과 혼인할 수 있는 15가문의 권문세족 가문을 발표하였다.

(2) 결 과

권문세족의 반발과 원의 간섭으로 인해 개혁운동은 실패하고, 충선왕은 원(元)에 소환되어 연경(북경)에 만권당을 설치한 후 여·원 문물교류에 기여하였다.

사료읽기

재상지종(宰相之宗) – 충선왕 복위 교서

이제부터 만약 종친으로서 같은 성에 장가드는 자는 황제의 명령을 위배한 자로서 처리할 것이니 마땅히 여러 대를 내려오면서 재상을 지낸 집안의 딸을 취하여 부인을 삼을 것이며 재상의 아들은 왕족의 딸과 혼인함을 허락할 것이다. …철원 최씨, 해주 최씨, 공암 허씨, 평강 채씨, 청주 이씨, 당성 홍씨, 황려 민씨, 횡천 조씨, 파평 윤씨, 평양 조씨는 다 여러 대의 공신 재상의 종족이니 가히 대대로 혼인할 것이다. 》「고려사」

❸ 충혜왕(1330~1332, 1339~1344)

편민조례추변도감을 설치하고 왕권 강화, 재정 확보, 민심 수습 등의 개혁을 단행하였다.

❹ 충목왕(1344~1348)

정치도감을 설치하고 판사 왕후를 중심으로 정방 혁파, 응방 폐지, 신중한 지방관 등용, 녹과전 부활, 조세 감면 등의 개혁정치를 실시하였다.

❺ 충정왕(1348~1351)

원으로부터 이암에 의해 「농상집요」가 전래되었다.

❻ 공민왕(1351~1374)

(1) 배 경

① **대외적** : 중국은 14세기 중반에 들어와 원·명 교체기를 맞이하였다.

② **대내적** : 권문세족의 친원정책과 정치기강의 문란, 농장의 확대로 민심의 불안이 고조되고 있는 가운데 신진사대부들이 급성장하고 있었다.

(2) 목 적

밖으로 반원 자주를 실현하고, 안으로 권문세족을 억압하여 왕권을 강화하려는 것이었다.

(3) 내 용

① 반원(反元) 자주 정책

㉠ **친원 세력의 숙청** : 기철, 노정, 권겸 등을 숙청하였다.

㉡ **정동행성 이문소 폐지** : 원의 내정간섭을 배제하였다.

㉢ **쌍성총관부 수복** : 인당, 유인우 등이 철령 이북의 땅을 무력으로 수복하였다.

공민왕의 영토 수복

㉣ **요동지방 공략** : 인당, 최영 등이 공략하고 지용수, 이성계 등이 요양을 점령하였다.
㉤ **동녕부 공략** : 충렬왕 때 요동으로 이동한 동녕부를 공격하였다.
㉥ **관제 복구** : 구제(舊制)인 2성 6부체제도 문종 때의 관제로 복구되었다.
㉦ **몽골풍 폐지** : 감찰대부 이연종의 건의를 수용하여 왕 자신이 변발과 몽골옷을 벗었다.
㉧ **친명정책 추진** : 원의 연호를 정지시키고, 명(明)의 연호를 사용하고 사신을 파견하였다.

사료읽기

몽골풍 폐지

공민왕이 원의 제도를 따라 변발(髮)을 하고 호복(胡服 : 몽골의 옷차림)을 입고 전상(殿上)에 앉아 있었다. 이연종이 간하려고 문 밖에서 기다리고 있었더니 왕이 사람을 시켜 물었다. … (이연종이) 말하기를 "임금 앞에 나아가서 직접 대면해서 말씀드리기를 바라나이다."라고 하였다. 이미 들어와서는 좌우(左右 : 왕의 측근)를 물리치고 말하기를, "변발과 호복은 선왕(先王)의 제도가 아니오니 원컨대 전하께서는 본받지 마소서."라고 하니, 왕이 기뻐하면서 즉시 변발을 풀어 버리고 그에게 옷과 요를 하사하였다. 》「고려사」

② 왕권 강화 정책(권문세족 억압)

㉠ **신진사대부 등용** : 성균관 출신의 유능한 학자들을 과거제도를 정비하여 대거 기용하였다.
㉡ **정방 폐지** : 인사권을 이부와 병부로 돌려 전주권(銓注權)을 장악하였다.
㉢ **전민변정도감 설치**(왕 11년, 1362) : 세력이 없는 집안 출신의 승려인 신돈을 판사로 기용하여 사회·경제적인 개혁 추진의 중심기구가 되었다.

(4) 개혁정치 실패 요인

① **신진사대부 세력 미흡** : 신진사대부가 공민왕 때 대거 진출하였으나 아직 그 세력의 결집이 미약하여 개혁에 반대하는 권문세족의 강력한 반발을 효과적으로 제어하지 못하였다.
② **신돈의 횡포** : 노국공주 사망 후 공민왕이 개혁정치에 신경을 못쓰게 되자 실권을 장악하여 독선하게 되면서 개혁 세력과 알력이 야기되었다.
③ **권문세족의 반발** : 원을 배경으로 한 권문세족들이 왕권을 견제하여 왕 12년 흥왕사의 변(1363)이 일어났으며 마침내 신돈이 제거되고 끝내는 공민왕까지 시해됨으로써 개혁정치는 중단되었다.
④ **원의 간섭** : 원은 공민왕의 퇴진을 요구하고(덕흥군을 왕으로 옹립), 최유에게 1만의 군대로 하여금 고려를 침범하도록 하였다(최영, 이성계가 저지).
⑤ **홍건적과 왜구의 침입** : 공민왕~우왕 연간의 수차례에 걸친 침입으로 혼란이 가중되었다.

07 홍건적과 왜구의 침입

❶ 홍건적의 침입(1359, 1361)

(1) 내 용

① 배경 : 백련교도가 중심이 된 홍건적이 공민왕 때 두 차례나 침입해 와 개경이 함락되고 왕이 복주(안동)까지 피난하기도 하였다.

② 1차 침입(공민왕 8년, 1359) : 약 4만 명이 압록강을 건너 침입하여 서경까지 진출하였으나, 이방실·이승경 등이 분전하여 격퇴하였다.

③ 2차 침입(공민왕 10년, 1361) : 약 10만 명이 침입하여 개경이 함락되었으나, 정세운·이방실·김득배·이성계·최영 등이 격퇴하였다.

(2) 결 과

연안지방이 황폐화되고 농민의 피해가 컸으나 이들의 침입을 격퇴하는 과정에서 신흥무인세력이 성장하였다(최영, 이성계).

사료읽기

홍건적에 의한 피해

공민왕 10년(1361) 11월 신미일 비와 눈이 내렸다. 왕이 (서울을 떠나) 이천현에 머물렀다. 옷이 젖고 얼어 섶으로 불을 피워 드렸다. 이날 홍건적은 서울(개경)을 함락시키고 수개월 동안 점령하였다. 소 말을 잡아 가죽으로 성을 만들고 위에 물을 부어 얼려 사람이 기어 오르지 못하게 하였다. 사나이와 여자를 죽여서 지져 먹고 아이 밴 여자 젖가슴을 구워 먹는 등 갖은 잔악한 짓을 다 하였다. 》「고려사」

❷ 왜구의 침입

(1) 목 적

주로 쓰시마 섬에 근거를 둔 왜구는 무신 집권기에 등장하여 부족한 식량을 약탈하고자 14세기 중반 충정왕 이후 공민왕과 우왕 때 매우 극심하였는데 이들은 식량 뿐 아니라 사람들까지도 약탈해 갔다.

(2) 경 과

경상도 해안에 출몰하기 시작하여 점차 전라도 지역으로 활동 범위를 넓혔고, 심지어 개경 부근에도 나타났으며 많을 경우 한 해 동안에도 수십 번 침략해 왔다.

사료읽기

왜구에 의한 피해

우왕 6년(1380) 경신 8월 왜구가 배 500척을 진포에 매어 두고 하삼도에 들어와 노략질 하였다. 이들은 바닷가 마을들을 짓밟고 불살랐다. 죽이고 사로잡은 백성이 이루 다 헤아릴 수 없었다. 시체가 산과 들판을 덮었다. 곡식을 배에 옮기는 동안 흘린 쌀이 한 자 높이나 되었다. 2~3세 되는 계집아이를 사로 잡아 머리를 깍은 다음 배를 갈라 깨끗이 씻

고 쌀, 술과 함께 하늘에 제사 지냈다. 삼도 해안가 지방은 쓸쓸히 텅 비었다. 왜적이 침입한 이래 일찍이 이 같은 일은 없었다.

》「고려사」

(3) 정부의 대책

① **외교적 교섭** : 정몽주, 김일 등을 일본정부에 파견하여 왜구의 노략질을 막아 보려 하였으나 실패하였다.

② **무력 토벌**

㉠ **최 영**(우왕 2년, 1376) : 부여 홍산대첩

㉡ **최무선**(우왕 6년, 1380) : 금강 진포대첩

㉢ **이성계**(우왕 6년, 1380) : 남원 황산대첩

㉣ **박 위**(창왕 1년, 1389) : 쓰시마 섬 정벌

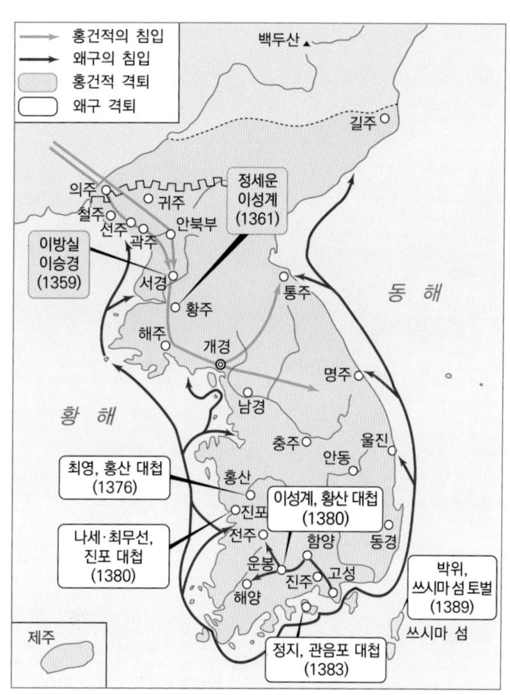

홍건적과 왜구의 침입

(4) 영 향

① **전국 해안지방의 황폐화** : 해안에서 가까운 수십 리의 땅에는 사람이 살 수 없을 정도였다.

② **여말 개혁정치 중단** : 공민왕의 개혁정치가 실패하는 요인이 되었다.

③ **신흥무인세력의 성장** : 왜구를 격퇴하고 사회의 불안정을 해결하는 과정에서 최영과 이성계는 큰 전과를 올려 국민의 신망을 얻었다.

사료읽기

황산대첩

이성계가 이끄는 토벌군이 남원에 도착하니 왜구는 인월역에 있다고 하였다. 운봉을 넘어온 이성계는 적장 가운데 나이가 어리고 용맹한 아지발도를 사살하는 등 선두에 나서서 전투를 독려하여 아군보다 10배나 많은 적군을 섬멸케 했다. 이 싸움에서 아군은 1,600여 필의 군마와 여러 병기를 노획하였다고 하며 살아 도망간 왜구는 70여 명밖에 없었다고 한다.

》「고려사」

황산대첩비

제 2 편

중세의 경제

제1장 경제 정책

핵심 출제포인트

- 국가 재정의 3대 기반인 전세·공납·역의 개념을 정리해야 한다.
- 고려시대 토지제도인 전시과의 변천 과정과 토지의 종류를 정리해야 한다.

01 국가 재정의 운영

❶ 운 영

(1) 담당 관청

① **호부** : 호적과 양안을 만들어 인구와 토지를 파악·관리하였다.

② **삼사** : 재정의 수입과 관련된 사무만 맡았다.

(2) 운영 원칙

① **수입** : 양안과 호적을 근거로 조세, 공물, 부역 등을 부과하여 충당하였다.

② **지출**

㉠ **관리 녹봉** : 중앙과 지방의 문무관, 종실 등에게 지급하였다.

㉡ **일반 비용** : 건물의 건축이나 수리비, 왕의 하사품 등에 쓰여졌다.

㉢ **국방비** : 가장 많은 예산을 배정하였으며, 군선이나 무기의 제조 등에 많은 비용이 들었다.

㉣ **왕실 경비** : 왕실의 공적 경비에 쓰여졌다.

㉤ **각종 행사 비용** : 각종 제사 및 연등회나 팔관회의 비용에 쓰여졌다.

❷ 관청의 경비

각 관청은 토지를 지급받았으나 경비가 부족한 경우 각 관청에서 스스로 마련하기도 하였다.

02 수취 제도의 정비

❶ 종 류

(1) 조 세

① **부과 기준** : 토지에서 거두는 세금으로 토지를 논과 밭으로 나누고 비옥한 정도에 따라 3등급으로 나누어 민전인 경우 생산량의 10분의 1을 거두었다.

② 운반

㉠ **조창** : 남부 5도에 13개가 있었고, 각 군현의 농민을 동원하여 조창(조운할 곡식을 모아 보관하는 창고)까지 옮긴 다음 조운을 통해서 개경의 좌·우창으로 운반하여 보관하였는데 고려시대에는 육상교통이 발달하지 못하여 바다, 하천 등의 수로를 이용하였으며 국방지대인 양계의 조세는 개경으로 운반되지 않고 현지의 경비에 사용하였다.

㉡ **경창** : 수도 중앙에 설치한 창고로 좌창(관료의 녹봉 담당)과 우창(왕실의 정비 담당)이 있었다.

㉢ **역참(驛站)제도** : 육상 교통기관으로 지방에 설치하여 공문의 수발, 관물의 수송, 출장 관리의 숙박을 담당케 하였다.

(2) 공 물

① **부과 방법** : 집집마다 토산물을 부과하는 제도로 중앙 관청에서 필요한 공물의 종류와 액수를 나누어 주현에 부과하면 주현은 속현과 향·부곡·소에 이를 할당하여 각 고을의 향리가 부과하였다.

② **공물 종류** : 매년 내어야 하는 상공과 필요에 따라 수시로 거두는 별공이 있었다.

③ **특징** : 거두는 시기가 정해져 있어 그 시기에 개경으로 운반하여 각 관청에 납부하였으며, 농민들에게는 조세보다 부담이 컸다.

(3) 역

① **대상** : 국가에서 백성의 노동력을 무상으로 동원하는 제도로 16세~60세까지의 남자를 정남이라 하여 그 의무를 지게 하였다.

② **종류** : 군역(부병제)과 요역(노동력 동원)으로 이루어져 있었다.

(4) 잡 세

어민에게 어·염세를 걷거나 상인에게 상세를 거두어 재정에 사용하였다.

❷ 폐 단

귀족사회가 변질되어 가면서 정상적으로 운영되지 못하여 많은 농민들이 유민화되어 농촌 사회가 동요하는 원인이 되었다.

03 토지 제도 정비

❶ 운 영

(1) 원 칙

동양의 전통적인 왕토사상에 의해 토지 국유를 원칙으로 관리들은 조세를 받을 수 있는 수조권(收租權)만 가졌으며 농민들은 토지의 경작권만 가지게 하였다. 그러나 이는 국가가 수조(收租)를 위한 관념적인 기능을 했을 뿐 실제로는 사유지(민전)가 인정되었다.

(2) 공전과 사전

① **구분 기준** : 수조권의 행사 여부에 따라 구분되었다.

② **공전** : 내장전, 공해전, 둔전, 학전, 적전, 처전, 민전 등이 있으며 생산량의 1/4을 국가에 납부하지만 민전은 1/10을 납부한다.

③ **사전** : 수조권을 공이 있는 왕족과 관리에게 지급된 한 토지로 사패전, 훈전, 공음전이라고도 하며 지대(地代)로서 경작자로부터 징수한다. 한인전, 구분전, 공음전, 군인전, 사원전 등이 있으며 생산량의 1/2을 전주에게 납부한다.

❷ 정비 과정

(1) 국 초

식읍과 녹읍을 사급(賜給)함으로써 호족과 공신의 땅을 인정하였다.

(2) 역분전(태조)

① **지급 기준** : 관등의 고하에 관계없이 후삼국 통일과정에서 공을 세운 공신과 군사 등에게 인물과 공로에 기준을 두어 지급하였다.

② **특징** : 무신을 우대하였으며, 전시과 제도가 마련될 때까지 경기도에 한하여 지급하였다.

(3) 전시과 제도

① **개념** : 관직이나 직역을 담당한 사람들에게 전국적인 규모로 직위와 역할에 대한 반대 급부로 전지와 시지를 차등있게 나누어 준 제도이며, 토지 그 자체를 준 것이 아니라 그 토지에 대한 수조권(收租權)을 지급한 것에 불과하였다. 따라서, 토지를 받은 자가 죽거나 관직에서 물러날 때에는 토지의 수조권을 국가에 반납하여야 했다.

② **시정(始定)전시과(976, 경종)** : 관직의 고하와 인품을 기준으로 4색 공복에 따라 4계층으로 구분하여 현직(직관), 전직(산관) 관리에게 전지와 시지를 차등 지급하였다.

③ **개정(改定)전시과(998, 목종)** : 성종 때 마련된 관료체제의 정비에 호응하여 인품 등의 막연한 요소를 배제하고, 관직의 고하에 따라 18등급으로 나누어 지급되는 체계로 정비되었다. 또한, 과(科)에 들지 못했던 유외(流外)잡직을 과(科)에 편입하여 따로 한외과(限外科)를 설치·운영하였으며, 군사체계의 정비와 함께 군인전시과가 마련되었다.

④ **경정(更定)전시과(1076, 문종)** : 실직(實職)만 지급되고 산직자는 지급대상에서 제외되었으며, 한외과(限外科)를 폐지함으로써 제도 자체를 완비하였다. 또한, 공음전시과를 법제화하여 문벌귀족의 경제적 기반을 강화시켰다.

⑤ **녹과전(1271, 원종)** : 현직자를 대상으로 경기 8현의 토지를 관등에 따라 지급하였다.

⑥ **과전법(1391, 공양왕)** : 혁명파 사대부들이 수조권의 재분배를 통해 신진관료들의 생활기반을 보장하고 농민의 생활 안정, 국가 재정의 증대를 위해 단행하였다. 이는 농민의 경작권 보호, 병작반수 금지, 조세율의 조정을 통해 농민 생활의 안정에도 기여하였다.

(4) 토지의 종류

① **과전(科田)** : 전시과의 규정에 따라 문·무 현직관리의 관등을 기준으로 1대에 한하여 수조권만 지급하였으며, 경작은 전호가 담당하였다.

② **공음전(功蔭田)** : 문종 때 마련된 토지로 5품 이상의 관리에게 지급하였으며, 음서제도와 함께 문벌 귀족의 지위를 유지해 나갈 수 있는 기반이 되었다.

③ **군인전(軍人田)** : 중앙군(2군)에게 직역의 대가로 지급하였으며(지방군은 제외), 군역의 세습에 따라 자손에게도 세습되었다.

④ **외역전(外役田)** : 향리에게 지급한 토지로 향리직의 세습에 따라 세습이 가능하였다.

⑤ **내장전(內莊田)** : 왕실의 경비를 충당하기 위하여 지급한 토지로 장(莊) 또는 처(處)라 불러 특정한 행정구획을 이루었다.

⑥ **공신전(功臣田)** : 공신에게 지급한 토지로 조선시대에는 별사전, 공신전 등으로 불리었다.

⑦ **한인전(閑人田)** : 임시적 군사 요원이나 6품이하 관리의 자제로서 관직에 나가지 않은 사람에게 지급한 토지로 한인의 개념 규정에는 여러 학설이 있다.

⑧ **구분전(口分田)** : 하급관리와 군인의 유가족에게 지급한 토지이다.

⑨ **공해전(公廨田)** : 중앙과 지방의 각 관아의 경비를 충당하기 위하여 지급한 토지이다.

⑩ **사원전(寺院田)** : 사원에 지급한 토지로 면세, 면역의 특권을 부여하였다.

⑪ **별사전(別賜田)** : 대덕, 대통 등의 승직자나 풍수지리업의 종사자에게 지급한 토지로 면세지이다.

⑫ **민전(民田)** : 일반 백성(백정)들이 조상 대대로 물려받은 토지로 경작지의 대부분을 차지하며 국가에 일정량의 세를 부담하였다.

⑬ **둔전(屯田)** : 군졸들에게 미간지를 개척하여 경작하게 하고, 여기에서 나오는 수확물을 지방관청의 경비 및 군량과 기타 국가 경비에 쓰도록 한 토지이다.

⑭ **진황전(陳荒田)** : 양안(量案)에는 등록되어 있으나 실제로 경작하지 않는 토지이다.

⑮ **기타** : 적전(籍田, 권농책으로 국왕이 농경의 시범을 보이기 위하여 의례용으로 설정한 토지), 학전(學田, 각 교육기관의 경비를 충당하기 위해 설정된 토지) 등이 있다.

전시과의 토지 지급 액수(결)

시기		등급	1	2	3	4	5	6	7	8	9	10	11	12	13	14	15	16	17	18
경종 (976)	시 정 전시과	전지	110	105	100	95	90	85	80	75	90	65	60	55	50	45	42	39	36	33
		시지	110	105	100	95	90	85	80	75	90	65	60	55	50	45	40	35	30	15
목종 (998)	개 정 전시과	전지	100	95	90	85	80	75	70	65	60	55	50	45	40	35	30	27	23	20
		시지	70	65	60	55	50	45	40	35	33	30	25	22	20	15	10			
문종 (1076)	경 정 전시과	전지	100	90	85	80	75	70	65	60	55	50	45	40	35	30	25	22	20	17
		시지	50	45	40	35	30	27	24	21	18	15	12	10	8	5				

경제 활동

핵심 출제포인트

- 화폐의 경우 다른시대와는 달리 자주 출제되는 주제이므로 고려 숙종 시기 화폐의 특징을 파악해야 한다.
- 대외교류 역시 빈출 주제이므로 주변 국가와의 교류 품목을 파악하고, 아라비아 상인과의 교류로 인해 고려의 국호가 서방 세계에 알려지게 된 사실을 파악해야 한다.

01 귀족의 경제 생활

❶ 귀족의 경제적 기반

대대로 상속받은 토지·노비와 관리가 되어 지급 받은 과전·녹봉 등이 있었으며, 이들은 정치적인 특권위에 경제적인 여유를 통하여 사치와 향락생활을 영위하였다.

(1) 토 지

① **과전** : 관료가 되어 관직 복무와 직역의 대가로 받은 토지로 민전 위에 수조권이 설정되어 생산량의 10분의 1을 조세로 받았다. 이는 관료가 사망하거나 관직에서 물러나면 반납하는 것이 원칙이지만 유족의 생계 유지라는 명목으로 일부를 물려받을 수 있었다.

② **공음전, 공신전** : 소유권이 인정된 토지로 자손에게 세습할 수 있었다.

③ **농장** : 귀족들은 권력이나 고리대를 이용하여 농민에게 토지를 빼앗기도 하고 헐값에 사들이거나 개간을 하여 토지를 확대하여 대리인을 보내 소작인을 관리하고 지대(地代)를 거두어 갔다.

(2) 기 타

① **녹봉** : 문종 때 완비된 녹봉제도에 따라 현직의 관리들이 1년에 두 번씩 녹패라는 문서를 창고에 제시하고 쌀, 보리 등의 곡식을 주로 받았으나 때로는 베나 비단을 받기도 하였다. 녹봉의 액수는 관리를 47등급으로 나누어 1등급은 400석을 받고, 최하 47등급은 10석을 받았다.

② **노비** : 외거 노비에게 신공(身貢)으로 노동력을 징발하거나 베나 곡식을 받았다.

❷ 귀족들의 생활

(1) 사치 생활

① **주거** : 문벌귀족이나 권문세족은 큰 누각을 짓고 사치스러운 생활을 하였을 뿐만 아니라, 지방에 별장도 가지고 있었으며 외출할 때는 남녀 모두가 시종을 거느리고 말을 타고 다녔다.

② **음식** : 중국에서 수입한 차(茶)를 개성, 서경, 경주 등 대도시의 다방(茶房)에서 즐기기도 하였다.

③ **의복** : 전문 기술자들이 만든 비단과 고운 모시와 중국에서 수입한 비단 등은 왕실과 귀족들이 사용하였으며, 중국에 수출하기도 하였다.

(2) 결 과

국가 재정과 민생은 파탄에 처하였으며, 이는 갈수록 심해져 고려 말에는 파탄 지경에 이르렀다.

02 농민의 경제 생활

❶ 농민의 경제 기반

(1) 토 지

조상이 물려준 토지인 민전을 경작하거나 국·공유지나 다른 사람의 소유지를 경작하였다.

(2) 기 타

품팔이를 하거나 부녀자들이 삼베, 모시, 비단 등을 짜는 일을 하였다.

(3) 개간 활동

① **황무지** : 국가에서 3년 동안 수학량의 전부를 면제해 주었다.

② **진전(陳田)** : 경작하던 주인이 방치해서 황폐해진 토지인 진전을 개간할 때 주인이 있으면 첫 해에는 소작료의 전부, 이듬해 부터는 일부를 면제해 주고, 주인이 없으면 개간한 사람의 토지로 인정해 주었다.

③ **연해안의 저습지와 간척지** : 12세기 이후에 개간되어 경작지가 확대되어 갔다.

❷ 농업 기술의 발달

(1) 배 경

① **개간** : 농민 생활의 안정과 국가 재정의 확보를 위하여 광종 때 황무지 개간의 규정을 마련하여 토지 개간을 장려하였다.

② **권농정책** : 성종 때에는 각 지방의 무기를 거둬들이고 이를 농기구로 만들어 보급하는 등 적극적인 권농 정책을 추진하였다.

(2) 고려 전기

① **토지 개간** : 묵은 땅, 황무지, 산지 등의 개간이 주로 이루어졌다.

② **수리시설 발달(개선)** : 김제의 벽골제와 밀양의 수산제가 개축되었으며, 소규모의 제언(저수지)이 확충되고 해안의 방조제 등이 만들어졌다.

③ **농기구와 종자 개량** : 호미와 보습 등이 개량되었다.

④ **소를 이용한 깊이갈이(심경법)의 일반화** : 제초작업과 지력이 향상됨으로써 휴경기간이 단축되어 계속해서 경작할 수 있는 토지가 늘었으며 생산력의 증대 등을 가져왔다.

⑤ **농사법** : 논농사나 밭농사에서 1년 1작이 기본이었으며, 직파법이 주로 행해졌다.

(3) 고려 후기

① **간척사업**

㉠ **장소** : 밀물과 썰물의 차이가 적은 때를 주로 활용한 서해안 지방의 저습지가 간척되기 시작하였는데 이는 신라시대부터 행해져 왔다.

㉡ **대표적 사례** : 강화도 피난시기에 식량자급을 위해 강화도 지방을 중심으로 추진되었다.

고려의 강화도 간척

② **이앙법(모내기)** : 고려 말에 남부지방 일부에서 보급되기 시작하였다.

③ **윤작법 보급** : 밭농사에서 2년 3모작(보리, 콩, 조)을 하였다.

④ **시비법 개량** : 가축의 배설물, 풀이나 나무를 불태운 재, 콩과 작물을 심은 뒤 갈아엎어 비료로 사용하는 녹비법 등이 시행되어 휴경지의 감소로 해마다 농사를 지을 수 있는 토지가 늘어났으며 농업 생산력도 더욱 증가하였으나 여전히 일역전, 재역전 등이 존재하였다.

⑤ **「농상집요」 소개·보급** : 이암이 충정왕 때 원(元)에서 도입한 농서로 농업기술에 대한 학문적 연구에 영향을 주기도 하였다.

⑥ **목화씨 전래** : 공민왕 때 문익점이 원에서 들여와 목화의 재배가 시작되고, 무명(면포)이 생산되게 됨으로써 의생활에서 큰 변화가 일어나게 되었다.

⑦ **5곡과 채소류 재배** : 전시대와 별다름 없이 벼·보리·조·콩·기장과 파·마늘 등을 재배하였다.

03 수공업 활동

❶ 고려 전기

(1) 경 향

관청 수공업과 소(所) 수공업이 중심이었다.

(2) 구 분

① **관청 수공업**

㉠ **내용** : 중앙과 지방에 있던 수공업품 생산 관청에 기술자를 소속시켜 왕실과 국가에서 필요로 하는 물품을 생산하는 형태였다.

㉡ **운영** : 경공장과 외공장을 공장안(기술자를 조사하여 기록한 장부)에 등재시켜 물품을 생산하게 하였으며, 농민을 부역으로 동원해 보조하게 하였다.

② **소(所) 수공업** : 금, 은, 철, 구리, 실, 각종 옷감, 종이, 먹, 차, 생강 등을 생산하여 공물로 납부하였다.

❷ 고려 후기

(1) 경 향

유통 경제가 발전하면서 대나무 제품·명주·삼베·모시·종이 등 민간 수공업품의 수요가 증가하였다.

(2) 결 과

관청 수공업에서 주로 생산하던 놋그릇, 도자기 등의 물품까지 거의 생산하여 민간수공업이 발달하였다.

① **사원 수공업** : 기술이 좋은 승려와 노비들이 베, 모시, 기와, 술, 소금 등 품질 좋은 제품을 생산하였다.

② **민간 수공업** : 농촌의 가내 수공업이 중심이 되어 국가에서 삼베를 짜게 하거나 뽕나무를 심어 비단을 생산하도록 장려하였다. 또한, 농민들이 직접 사용하거나, 공물로 바치거나 팔기 위하여 삼베·모시·명주 등을 생산하기도 하였다.

04 상업 활동

❶ 경 향

농업 중심의 자급 자족 경제를 기본으로 하였으므로 크게 발달하지 못하였지만, 도시를 중심으로 이루어졌다.

❷ 고려 전기

(1) 도 시

① **시 전** : 태조 2년에 설치되었으며, 12세기에는 개성의 광화문(廣化門)에 장곽(長廊)을 세워 관청과 귀족들을 대상으로 이용하게 하였다.

② **관영 상점**

㉠ **장소** : 개경, 서경(평양), 동경(경주) 등의 대도시에 설치하였다.

㉡ **종류** : 관청의 수공업장에서 생산한 물품을 판매하는 서적점·약을 파는 약점, 술을 파는 주점, 차 등을 파는 다점 등이 있었다.

③ **경시서 설치** : 개경에 시장과 함께 설치하여 매점 매석과 같은 상행위를 감독하였다.

경시서(京市署)

고려·조선 시대에 시전을 관리 감독하거나 국역의 부과 등을 맡아본 관청인데 경시감(京市監)이라고도 한다. 조선 태조 때에는 그 기능이 확대되어 도량형기를 단속하고, 물가를 억제하는 등 일반 시장의 행정사무도 담당하였으며, 저화의 유통촉진에도 힘을 썼으며, 세조 때에 관제를 개혁하면서 평시서(平市署)로 개칭하였다.

(2) 지 방

① **시장 개설** : 관아 근처에 설치되어 농민, 수공업자, 관리 등이 쌀, 베 등 일용품을 서로 교환하였다.

② **행상** : 지방 시장에서 물품을 팔거나 마을마다 돌아다니면서 베나 곡식을 받고, 소금과 일용품 등을 판매하였다.

③ **사원의 상업 활동** : 사원에서 소유하고 있는 토지에서 생산한 곡물과 승려나 사원 노비들이 만든 수공업품을 민간에 팔았다.

사료읽기

승려의 상업 활동

지금 부역을 피하려는 무리들이 부처의 이름을 걸고 돈놀이를 하거나 농사, 축산을 업으로 삼고 장사를 하는 것이 보통이 되었다. … 어깨를 걸치는 가사는 술 항아리 덮개가 되고, 범패를 부르는 장소는 파, 마늘의 밭이 되었다. 장사꾼과 통하여 팔고 사기도 하며, 손님과 어울려 술 먹고 노래를 불러 절간이 떠들썩하다. 》「고려사」

❸ 고려 후기

(1) 도 시

① **상품 수요 증가** : 인구의 증가와 관청의 물품구입량 증가로 시전의 구모가 확대되고 업종별로 전문화가 나타났다.

② **상권 확대** : 시장이 개경의 도성 밖으로 확대되었으며, 예성강 하구의 벽란도를 비롯한 항구들이 교통로와 산업의 중심지로 발달하였다.

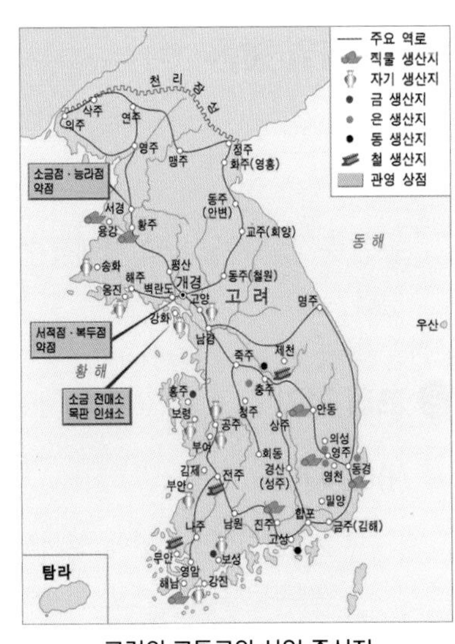

고려의 교통로와 산업 중심지

(2) 지 방

① **행상의 활동 증가** : 조운로를 따라 미곡, 생선, 소금, 도자기 등을 교역하였다.

② **원(여관) 발달** : 새로운 육상로가 개척되면서 원(院)이 상업 활동의 중심지가 되었다.

05 화폐 주조와 고리대의 성행

❶ 화폐 주조

(1) 배 경

① **논의** : 상업 활동이 활발해지면서 화폐 발행과 사용이 논의되었다.

② **목적** : 정부가 화폐의 발행을 통한 이익금으로 재정을 보태고 경제 활동을 장악하기 위함이었다.

(2) 화 폐

① **건원중보** : 성종 때 만든 최초의 철전이었으나 유통에는 실패하였다.

② **해동통(중)보, 삼한통(중)보, 동국통(중)보** : 숙종 때 주전도감을 설치하여 만든 동전으로 활구와 함께 강제적으로 유통시키려 하였다.

③ **활구(은병)** : 숙종 때 우리나라의 지형을 본떠서 은 1근으로 만든 고가의 화폐이다.

④ **저화(공양왕)** : 우리나라의 최초의 지폐로 사섬서에서 발행하였으나 유통되지 않았다.

⑤ **보초(寶鈔)** : 공양왕 때 원나라 세조가 지폐 전용책을 추진하기 위해 발행한 화폐로 고려말 다량 유입되어 통용되었으며, 고려의 대원(元) 교섭 경비로도 사용하였다.

건원중보 해동통보 삼한통보 은병(활구)

(3) 한 계

① **유통의 미흡** : 자급자족의 경제 활동을 하였던 농민들이 화폐의 필요성을 거의 느끼지 않았으며, 귀족들도 국가가 화폐 발행을 독점하고 강제적으로 사용하게 하는 것에 불만이 많았다.

② **결과** : 쇠, 구리, 은 등으로 만든 화폐는 주로 도시의 다점(茶店)이나 주점(酒店) 등에서만 사용되었으며 일반적인 거래는 여전히 곡식이나 삼베를 사용하였다.

❷ 고리대 성행

(1) 배 경

① **고리대** : 왕실·귀족·사원이 고리대로 재산을 증식하였다.

② **생활비** : 생활이 빈곤했던 농민들이 부족한 식량을 구하거나 혼인, 상례 등에 쓰려고 높은 이자로 돈을 빌렸다.

(2) 결 과

① **농민의 몰락** : 농민들은 빚을 갚지 못하여 토지를 빼앗기거나 노비가 되기도 하였다.

② **보(寶)의 출현** : 고리대가 성행하자 일정한 기금을 만들어 그 이자를 공적인 사업의 경비로 충당하는 것으로 학보, 경보, 광학보, 제위보, 필관보 등이 있다.

③ **폐단** : 본래의 목적에서 벗어나 사원과 귀족들이 고리대업을 자행하여 농민들의 생활에 막대한 폐해를 끼치기도 하였다.

06 무역 활동

❶ 대외무역 발달

(1) 경 향

고려에 들어와 점차 중앙집권화가 진행되면서 통일신라시대부터 서해안의 호족들을 중심으로 발달했던 사무역이 쇠퇴하고 공무역이 중심이 되었다.

(2) 내 용

국내의 상업이 안정적으로 발전하면서 송, 요 등 외국과 무역이 활발해졌고, 예성강 어귀의 벽란도는 송(宋) 상인 뿐만 아니라 아라비아 상인까지 출입하는 국제무역항으로 번성하였다.

❷ 무역 상대국

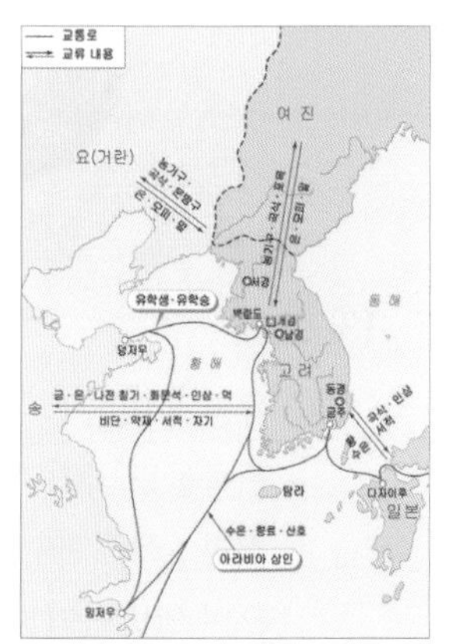
고려 전기의 대외 무역

(1) 송(宋)

① **시기** : 광종 때 경제·문화적인 목적으로 국교 수립 이후 가장 큰 비중을 차지하였다.

② **무역품**

㉠ **수출품** : 나전칠기, 화문석, 인삼 등 수공업품과 토산물을 수출하였는데, 특히 종이와 먹은 질이 뛰어나 송의 문인들이 귀하게 여겼으므로 비싼 값으로 수출되었다.

㉡ **수입품** : 비단, 책, 약재 등 주로 왕실과 귀족의 수요품이었다.

③ **무역로** : 서해안의 해로를 통하여 교역을 하였다.

㉠ **북송 때** : 벽란도 ⇨ 옹진 ⇨ 산둥반도 ⇨ 덩저우의 교통로가 이용되었다.

㉡ **남송 때** : 벽란도 ⇨ 흑산도 ⇨ 밍저우의 교통로가 이용되었다.

(2) 요(거란)·금(여진)

① **수입품** : 은·모피·말 등을 가지고 왔다.

② **수출품** : 식량·농기구·포목 등을 가져 갔다.

(3) 기 타

① **일본** : 11세기 후반부터 유황·수은 등을 가지고 와서 곡식·인삼·서적 등을 가져갔으나 송, 거란 등에 비하여 그리 활발하지 못하였다.

② **아라비아(대식국)**

㉠ **무역품** : 송을 거쳐 벽란도로 들어와 귀족의 수요품인 수은, 향료, 산호 등을 팔았다.

㉡ **영향** : 아라비아 상인의 활동으로 고려(Corea)의 이름이 서방 세계에 널리 알려지게 되었다.

③ **원(몽골)** : 공무역이 행해지는 한편 사무역도 활발하였는데 상인들이 독자적으로 원과 교역하면서 금, 은, 소, 말 등이 지나치게 유출되어 사회적으로 물의가 일어날 정도였다.

제 3 편

중세의 사회

고려사회의 구조

핵심 출제포인트

- 고려시대 주요 신분의 특징과 시기별 지배층의 변화상을 구분해야 한다.
- 농민의 공동조직인 향도와 혼인과 여성의 지위 변화를 조선시대와 비교하여 정리해야 한다.

01 사회 구조의 개편

❶ 고려 사회의 특징

(1) 문벌 귀족 사회

가문과 문벌을 중시하며 왕실과 더불어 정치·경제·사회 등의 분야에서 지배층으로서의 특권을 누렸다.

(2) 개방적 사회

지방호족이나 유교적 지식인들이 새로운 지배층으로 등장하게 되어 종래 폐쇄적인 진골중심의 지배체제에서 벗어났다.

(3) 성(姓) 사용

귀족들은 삼국시대부터, 평민들은 고려시대부터, 천민들은 갑오개혁 이후 성(姓)을 사용하였는데 성씨의 확산은 그만큼 공민층이 넓어졌다는 의미이다.

❷ 사회 계층의 변동

(1) 특 징

① **엄격·세습** : 고려의 신분제도는 엄격하여 조상의 신분이 그대로 자손들에게 세습되었다.

② **신분 변동 발생** : 정치상황의 변동과 개인의 노력에 따라 사회계층의 변동이 가끔 일어나고 있었다.

(2) 대표적 사례

① **중류층** : 상위향리(호장, 부호장), 상위서리 등은 과거를 통해 문반직에 오를 수 있었다.

② **군인** : 군공을 쌓아 무반으로 출세하거나, 고려 말기에 첨설직(添設職)을 가지기도 하였다.

③ **직역을 가진 농민** : 군인직을 거쳐 신분 상승이 가능하였다.

④ **외거노비** : 재산을 모아 양인의 신분을 얻는 자도 있었다.

⑤ **향·부곡·소 주민** : 고려 후기에 지위가 향상되어 일반 군현으로 승격되기도 하였다.

02 신분 제도

❶ 귀 족

(1) 구 성

왕족을 비롯하여 5품 이상의 고위 관료들이 주류를 형성하였으며, 고려 사회를 이끌어가던 정치·사회의 주역이었다.

(2) 구 분

① **문벌귀족**

㉠ **형성** : 음서나 공음전의 혜택을 받는 특권층으로 대대로 고위관직을 차지하여 문벌귀족을 형성하였다. 이들은 개경에 거주하였는데, 그들 중에 죄를 지은 자가 있으면 형벌로 낙향하여 향리가 되는 경우도 있었다(귀향).

㉡ **신분 유지** : 가문 유지를 위해 관직을 바탕으로 토지 소유를 확대하여 재산을 모았으며, 유력한 귀족 가문과 서로 중첩된 혼인관계를 맺었고, 왕실과 사돈 맺기를 열망하였는데 이는 가문의 영광일 뿐만 아니라 권력을 장악할 수 있는 지름길로 여겼으므로 여러 딸을 동시에 왕비로 들이는 경우도 있었다.

㉢ **대표적인 문벌귀족** : 경원 이씨, 해주 최씨, 경주 김씨, 파평 윤씨, 철원 최씨 등이 있었는데 무신정변을 계기로 대부분 도태되었다.

② **권문세족** : 첨의부나 밀직사 등 고위관직 독점과 도평의사사의 구성원으로서 정계의 요직을 장악하여 정치·사회적 지위를 대대로 이어간 집권세력으로 원의 앞잡이가 되어 고려에 폐해를 끼친 자들이 많았다.

㉠ **경제적** : 강과 하천을 경계로 삼았고 국가에 세금을 내지 않았으며, 몰락한 농민들을 농장으로 끌어들여 노비처럼 부리며 부를 축적하는 등 막대한 농장과 노비를 소유하여 경제적인 부를 축적해 가면서 사적인 이익을 확대시켜 국가의 재정을 궁핍하게 하였다.

㉡ **사회적** : 상호간에 혼인 관계를 통해 재상지종(宰相之宗)을 이루었다.

㉢ **문화적** : 음서로 신분을 세습시켜 문학적 또는 유학적 소양과는 거리가 멀었다.

③ **신진사대부**

㉠ **출신** : 고려 후기의 개혁세력으로서 학자적 관료층으로 가문이 미흡한 하급관리나 향리의 집안에서 주로 배출되었다.

㉡ **형성 및 성장**

㉮ **무신 집권기** : 최씨 정권에 참여하여 무신들의 부족한 학문과 행정능력을 보완해 주는 구실밖에는 할 수 없었다.

㉯ **공민왕 때** : 교육과 과거제도의 정비를 통해 급성장하여 권문세족과 대항하여 나갈 수 있을 만큼 커다란 사회세력을 형성하기에 이르렀다.

㉰ **고려 말** : 권문세족으로 대표되는 구질서와 농장의 소유 등 여러 가지의 모순을 비판하고 전반적인 사회 개혁과 문화 혁신을 추구하였으며, 급진개혁파 사대부들은 정치기강의 문란과 사회·경제적 모순이 누적된 고려 왕조를 무너뜨리고 조선을 건국하는 역성혁명의 주체세력이 되었다.

㉢ 성격

㉮ **정치적** : 주로 과거를 통해서 배출되었기 때문에 유교적 소양을 갖춘 학자적 관료층이다.

㉯ **경제적** : 지방의 중소지주 출신으로 어느 정도의 경제적 토대를 가지고 있었기 때문에 청렴과 지조를 지켜 나갈 수 있었다.

㉰ **사회적** : 한미(寒微)한 가문이었으나 향리 출신으로 행정실무에 밝았다.

㉱ **문화적** : 성리학을 수용하였으며, 불교를 비판하며 성장한 문학적 소양을 지닌 지식인들이다.

❷ 중류층

(1) 성 격

고려의 지배 체제가 정비되는 과정에서 통치 체제의 하부 구조를 맡아 중간 역할을 담당하는 집단으로 자리를 잡아 간 계층이었다.

(2) 구 성

① **서리** : 관아에서 실무를 담당하던 하급 관리층으로 이서(吏胥)·아전(衙前) 등으로 불리었다.

② **향리** : 지방 행정의 실무를 담당하였다.

㉠ **상위향리** : 호장, 부호장을 대대로 배출하는 지방의 실질적 지배자로 통혼관계나 과거응시의 자격에 있어서도 하위의 향리와는 구별되었다.

㉡ **하위향리** : 남반, 군반(직업군인), 잡류(말단 서리), 역리 등과 함께 지배층과 피지배층 사이에 존재했던 지배층의 말단 행정직으로 이들은 세습적으로 직역을 물려받았고 그에 상응하는 토지를 국가에서 받았다.

❸ 양 민

(1) 양 민

① **지위** : 자유로운 신분으로 대다수는 백정 농민이었다.

② **농민(白丁)**

㉠ 특정한 직역을 부담하지 않고 주로 농업에 종사하면서 조세, 공납, 역을 부담하는 대신 과거의 응시에 제약이 없었으며, 전지를 받는 군인으로 선발될 수도 있는 대상이 되었다.

㉡ 직역을 가지지 못해서 국가에서 토지를 지급 받지 못하였지만 자기 소유의 소규모 땅인 민전을 경작하였으며, 다른 사람의 토지를 빌려 경작할 경우에는 일정량의 소작료를 토지 주인에게 납부하였다.

③ **수공업자, 상인** : 같은 양민이지만 농민보다 천대받았다.

(2) 향·부곡·소민

① 성격

㉠ 신분은 양인이나 그들에 비해 규제가 심하였고, 더 많은 세금을 부담하였다.

㉡ 거주는 소속 집단내로 제한되어 다른 지역으로 이주하는 것이 원칙적으로 금지되었다.

㉢ 과거 시험에 응시를 할 수 없었으며, 국자감 입학이 허용되지 않았다.

㉣ 군현민들이 반란을 일으킨 경우에는 집단적으로 처벌하여 군현을 부곡 등으로 강등하기도 하였으며, 국가에 공을 세운 경우 일반 양민과 같은 지위로 승격되기도 하였다.

② 구분

㉠ **향·부곡민** : 농업에 종사하는 것은 농민과 다름이 없었으나 농민보다 천한 대우를 받았다.

㉡ **소민** : 수공업(금·은·동·철·종이·도자기·소금·기와·생선 등 제조, 단 牛皮 생산은 아님)이나 광업품의 생산을 주된 생업으로 하였으며, 소(所)는 고려시대에 들어와서 처음 설치되었다.

(3) 역민, 진민

① **역민** : 육로 교통에 종사한 계층이다.

② **진민** : 수로 교통에 종사한 계층이다.

(4) 기 타

① **신량역천민** : 목자간, 봉화간, 어간, 염간, 철간

② **화척(도축업자), 진척(뱃사공), 재인(광대), 양수척(버들고리장이)** : 일반민들과는 달리 천시되었고, 호적이 없어 부역도 부과되지 않은 계층이었다.

❹ 천 민

(1) 노 비

① 특징

㉠ 재산으로 간주되어 가장 천시받았으며, 매매·상속·증여의 방법을 통하여 주인에게 예속되어 인격적 대우를 받지 못하였다.

송광사 노비 문서

㉡ 귀족 중심의 사회에서 토지와 노비는 경제적 바탕이 되었으므로 노비에 대한 관리는 엄격하였다.

㉢ 법적으로는 교육과 과거의 기회가 금지되어 벼슬에 나갈 수가 없었으며, 동색혼(同色婚)만 인정되었으나 귀족들은 노비를 늘리기 위하여 양·천교혼(良賤交婚)을 실시하기도 하였다.

㉣ 부모 중의 한 쪽이 노비이면 그 자식도 노비가 되었으며(一賤則賤, 從父從母法), 부모가 노비인 경우 자식은 어머니의 소유주 쪽에 귀속되었다(賤者隨母法).

② **구분** : 공공기관에 예속된 공노비와 개인이나 사원에 예속된 사노비가 있었다.

㉠ **공노비** : 전쟁 포로, 이적 행위를 한 자와 반역자, 또한 그들의 사노비 등으로 60세가 되면 정노제(丁老制)에 의해 면역이 되었으며 사노비에 비해 형편이 좋았다.

㉮ **입역노비** : 궁중과 중앙, 지방관청에서 잡역에 종사하였으며 급료로 생활하였다. 이들은 독자적인 재산 소유가 가능하였으며, 비교적 자유스러운 가정생활을 꾸려나갔다.

㉯ **외거노비** : 주로 지방에 거주하면서 국유지 경작에 종사하였다. 관청에 일정액의 신공을 납부하였으며 고려 후기에는 점차 사노비화 되어갔다.

㉡ **사노비** : 경제적 이유로 몸을 파는 경우나 몰락 양인, 전쟁포로 등이다.

㉮ **솔거노비** : 주인집에 살면서 땔감 등을 수집하는 등 잡일에 종사하였다.

㉯ **외거노비** : 기본적으로는 주인의 호적에 부적되어 사유재산으로 간주되었으며, 농업에 종사하면서 독립적 가정을 이루고 토지, 노비 등을 소유하는 등 경제적으로 양민 백정과 비슷하게 독립된 경제생활을 하였다. 이들은 신분의 제약을 딛고 양인의 지위로 상승할 수도 있었으며, 주인의 토지 및 다른 사람의 토지를 소작하고 국가에 대한 의무없이 주인에게 신공(身貢)을 바쳤다.

사료읽기

노비의 신분 상승

○ 평량은 김영관의 집안 노비로 경기도 양주에 살면서 농사에 힘써 부유하게 되었다. 그는 권세가 있는 중요한 길목에 뇌물을 바쳐 천인에서 벗어나 산원동정의 벼슬을 얻었다. 》「고려사」

○ 옛 법제에 노비는 비록 대공이 있다 하더라도 돈과 비단으로 상을 주었을 뿐 관작을 제수하지는 않게 되어 있다. 그런데 최항이 집정해서는 인심을 얻고자 처음으로 집안 노비인 이공주와 최양백·김인준을 별장으로 삼고, 섭장수는 교위로 삼았다. 》「고려사」

(2) 기 타

화척(도살업자), 진척(뱃사공), 재인(광대) 등이 있었는데 이들은 법제상 양민이었으나 천시된 계층이었다.

제2장 백성들의 생활 모습

핵심 출제포인트

- 향도의 활동을 중심으로 내용을 파악해야 한다. 특히, 불교 국가였던 고려라는 점과 연결하여 향도는 출제율이 높다.
- 사회시책은 각 제도의 특징을 구분하는 것이 필요하며, 조선시대의 사회시책과 구별하여 함정에 빠지지 않도록 확실한 개념학습이 필요하다.
- 여성의 지위는 출제율이 높은 주제로 반드시 조선 후기 가족제도, 여성의 지위 개념과 비교하는 학습이 필요하다.

01 농민의 공동 조직

❶ 공동체 의식의 형성

농민들은 일상적인 의례와 공동 노동 등을 통하여 공동체 의식을 다졌다.

❷ 향도(香徒)

(1) 성 격

불교의 대표적인 신앙 공동체 조직으로 매향(埋香) 활동을 하는 무리이며, 신라시대에 김유신이 화랑도를 용화향도(미륵을 쫓는 무리)라 칭한 것이 그 시초이다.

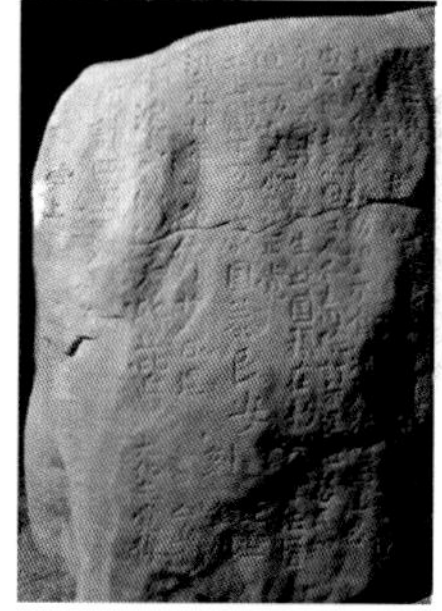

사천 매향비

매향

위기가 닥쳤을 때를 대비하여 향나무를 바닷가에 묻었다가 이를 통하여 미륵을 만나 구원받고자 하는 염원에서 향나무를 땅에 묻는 불교신앙의 하나이다.

(2) 활 동

향도는 단순히 매향(埋香)만 하는 것이 아니라 대규모 인력이 동원되는 불상, 석탑을 만들거나 절을 지을 때에도 주도적인 역할을 하였다.

(3) 변 화

① **후기** : 점차 자신들의 이익을 위하여 조직되어 마을 노역, 혼례와 상장례, 민속신앙과 관련된 마을의 제사 등 공동체 생활을 주도하는 농민 조직으로 발전되어 갔다.

② **조선 초기** : 국가 권력이 공적으로 향도(香徒)를 단위로 역을 징발하는 현상도 나타났다.

02 사회시책과 사회 시설

❶ 사회 시책

(1) 배 경

농민 생활의 안정은 국가 안정에 필수적이었으므로, 국가에서는 농민의 경제 생활 안정을 위하여 여러 가지 사회 시책을 펼쳤다.

(2) 시 책

① **농민 생활 안정책** : 귀족들의 토지 겸병을 억제하고, 농민의 토지이탈과 노비로 전락하는 것을 막았다. 농번기에는 농민을 잡역에 동원하지 못하게 하였으며 자연 재해로 인한 농민에게는 그 피해의 정도에 따라 조세와 부역을 감면해 주었다.

② **권농정책** : 백성의 생활을 안정시켜 줌으로써 체제 유지를 도모하려는 것이었다.

㉠ **제천 행사** : 원구(圜丘)에서 기곡(祈穀)의 예(禮)를 지냈다.

㉡ **풍요 기원** : 사직(社稷)을 세워 토지신과 5곡의 신에게 세사를 시냈다.

㉢ **적전(籍田) 경작** : 왕이 친히 적전을 갈아 농사의 모범을 보이기도 하였다.

㉣ **개간 장려** : 광종 때 황무지 개간의 규정을 마련하여 개간을 장려하여 농토를 늘리고 곡물을 증산하였으며, 황무지를 개간하거나 진전을 새로 경작하는 경우에는 일정기간 면세해 주었다.

㉤ **무기의 농기구 제작** : 성종 때 각 지방의 무기를 거둬들여 농기구로 만들어 보급하였다.

❷ 사회 시설

(1) 목 적

비록 소극적이기는 하였지만 농민의 생활 안정을 위해 마련하였다.

(2) 기 관

① **흑창(태조)** : 흉년시 빈민을 구제하는 기관이다.

② **제위보(광종)** : 빈민 구제를 위한 재단이다.

③ **의창(성종)** : 흑창을 개칭한 것으로 모든 주(州)·부(府)에 설치한 진휼기관으로 현종 때 주창수렴법으로 개칭되어 원활히 운영되었다(주창수렴법).

④ **상평창(성종)** : 물가조절기관으로 12목과 개경, 서경에 설치하여 곡식과 베의 값이 내렸을 때 사들였다가 값이 오르면 싸게 처분하였으며, 후기에는 진대(賑貸)도 담당하였다.

⑤ **동·서 대비원(문종)** : 국립 의료기관으로 개경과 서경에 설치하여 환자 치료와 빈민 구휼을 담당하였다.

⑥ **혜민국(예종)** : 빈민에게 약을 조제해 주는 의료기관으로 의약을 전담하였다.

⑦ **구제도감(예종)** : 환자의 치료 및 병사자의 매장을 관장하는 임시기구이다.

⑧ **구급도감(고종)** : 백성들의 재난을 구휼할 목적으로 설치한 임시관청이다.

03 법률과 풍속

❶ 법 률

(1) 특 징

① **관습법 중시** : 형법은 당률을 참작하여 만들어진 71조율과 보조법률이 있었으나, 일상 생활에 관계되는 것은 대개 전통적인 관습법을 따랐다.

② **지방관 재량권 행사** : 지방관이 사법권을 가지고 중요 사건 이외는 대부분 스스로 처결하였다.

③ **유교 윤리 중시**

㉠ 반역죄, 불효죄 등 사람의 기본 도리를 어길 경우 중죄로 다스려 무거운 형벌을 가하는 등 유교 윤리를 강조하였다.

㉡ 귀양형을 받은 자가 부모상을 당하였을 때는 유형지에 도착하기 전에 7일간의 휴가를 주어 부모상을 치를 수 있도록 하였다.

㉢ 70세 이상의 노부모를 두고 봉양할 가족이 없는 경우는 형벌 집행을 보류하였다.

(2) 형벌의 종류

① **5종** : 태(笞 : 5종_10대~50대), 장(杖 : 5종_60대~100대), 도(徒 : 5종_1년, 1년반, 2년, 2년반, 3년), 유(流 : 3종_2천리, 2천5백리, 3천리), 사(死 : 2종_교형, 참형)의 5종이 시행되었다.

② **집행** : 도·유·사형의 경우 태·장형을 집행한 후 적용하였다.

❷ 풍 속

(1) 상장제례(喪葬祭禮)

① **국가** : 유교적 규범을 권장하였으나 지켜지지 않았다.

② **민간** : 정부의 의도와는 달리 토착신앙과 융합된 불교의 전통의식과 도교신앙의 풍속을 따랐다.

(2) 불교 행사

① **연등회** : 음력 1월 15일(⇨ 2월 15일)에 전국적으로 행하는 불교 행사로 부처님의 공덕을 기리는 의식이었으나 고려 후기에는 신(神)에 대한 제사도 함께 지냈다.

② **팔관회** : 개경(11월 15일), 서경(10월 15일)에서 1년에 두 차례 토착신앙, 도교, 불교 등이 어우러진 불교 행사로 여러 토속신에 대한 제사도 겸하였다. 이는 겨울에 행한 일종의 기우제로 군신이 같이 참여하고 국가와 왕실의 태평을 기원하였으며, 이 때에는 지방관과 외국인의 진상이 허용되었다.

(3) 명 절

① **전통 명절** : 정월 초하루(설날), 삼짇날(음력 3월 3일), 단오, 유두(음력 6월 15일), 추석(신라의 가배에서 유래) 등이 있었는데, 단오 때에는 삼한 이래의 최대의 명절로 격구, 그네, 씨름 등을 즐겼다.

② **기타** : 이 외에 우리나라 전통 무예의 하나인 수박희(手搏戱) 등도 즐겨 행하였다.

③ **숭인전(崇仁殿)** : 숙종 때 평양에 설치한 기자(箕子) 사당으로 국가에서 제사를 지냈다.

04 혼인과 여성의 지위

❶ 혼 인

(1) 형 태

① 일부일처제가 일반적인 현상이었다.

② 대략 여자는 18세 전후, 남자는 20세 전후에 혼인을 하였으며 자유 연애의 결혼이었다.

(2) 특 징

① 고려 초부터 왕실에서 성행하였던 친족간의 혼인은 중기 이후 여러 번의 금령에도 불구하고 사라지지 않아 사회 문제로 대두되기도 하였으나 고려 말 성리학 전래 이후 점차 사라졌다.

② 몽골 간섭기에는 원(元)의 공녀 요구로 인하여 조혼이 유행하였으나, 이는 1894년 갑오개혁 이후 금지되었다.

❷ 여성의 지위

(1) 남성과 거의 동등(여성의 지위가 비교적 높음)

① 여자가 호주가 될 수 있고, 호적에서 자녀간에 차별을 두지 않고 연령순으로 기록하였다.

② 부모의 유산은 자녀에게 골고루 분배되었으며, 남편이 먼저 죽으면 재산의 분배권을 아내가 가지기도 하였다.

③ 여자도 부모를 섬길 수 있고, 아들이 없으면 양자를 들이지 않고 딸이 제사를 받들었다.

④ 여성의 이혼과 재가가 비교적 자유롭게 이루어졌으며, 본가로 복귀시에는 자기가 가져온 재산을 갖고 복귀하였다.

⑤ 사위와 외손자에게까지 음서의 혜택이 있었으며, 공을 세운 사람의 부모는 물론 장인과 장모도 함께 상을 받았다.

⑥ 사위가 처가의 호적에 입적하여 처가에서 생활하는 경우가 적지 않았다.

(2) 여성의 사회적 지위

여성의 사회 진출에는 제한이 있었으나 가정생활이나 경제운영에 있어서는 남성의 지위와 거의 대등하였다.

사료읽기

분재기(分財記)

• 어머니가 일찍이 재산을 나누어 줄 때 나익희에게는 따로 노비 40구를 남겨 주었다. 나익희는 "제가 6남매 가운데 외아들이라 해서 어찌 사소한 것을 더 차지하여 여러 자녀들로 하여금 화목하게 살게 하려 한 어머니의 거룩한 뜻을 더럽히겠습니까?"고 사양하자 어머니가 옳게 여기고 그 말을 따랐다.

》「고려사」

• 당시에 어떤 남매가 서로 송사를 했는데 남동생의 주장은 "둘 다 같은 부모 태생인데 왜 부모의 유산을 누이가 독차지하고 동생인 나에게는 나누어 주지 않느냐?" 는 것이었고, 이에 대해 누이는 "아버지가 돌아가실 때 재산 전부를 나에게 주었으며, 너에게 준 것은 검정옷 한 벌, 검정 갓 하나, 미투리 한 켤레, 종이 한 권 뿐이다. 증거 서류가 구비되어 있으니 어떻게 어길 수 있느냐?" 고 반박했다. 송사한 지 몇 해가 지났으나 미결로 남아 있었다. 부임해 간 손변이 둘을 불러다가 앞에 세우고 … 남매에게 "부모의 마음은 어느 자식에게나 같은 법이다. 어찌 장성해서 출가한 딸에게만 후하고, 어미도 없는 미성년 아이에게는 박하게 했겠는가? 생각해 보니, 너희 아버지는 아들의 의지할 곳은 누이밖에 없는데 재산을 나누어 준다면 혹시 누이의 사랑과 양육이 부족할까 염려했던 것 같다. 아이가 장성해서 분쟁이 생기면 이 종이에 소(訴)를 쓰고 검정옷과 검정갓, 미투리를 착용한 채 관에 고소하면 이를 잘 분간해 줄 관원이 있을 것으로 생각해서 이 네가지 물건만을 남겨주었을 것이다." 라고 타일렀다. 누이와 동생이 그 말을 듣고 비로소 깨달아 서로 붙들고 울었다. 손변이 재산을 남매에게 반분해서 주었다.

〉「고려사」 손변전

사료읽기

고려시대의 여성의 지위

박유가 왕에게 글을 올려 말하기를 … "우리나라는 남자는 적고 여자가 많은데 지금 신분의 높고 낮음을 막론하고 처를 하나 두는 데 그치고 있으며 아들이 없는 자들까지도 감히 첩을 두려고 생각하지 않고 있습니다. … 그러므로 청컨대 여러 신하, 관료들로 하여금 여러 처를 두게 하되 품위에 따라 그 수를 점차 줄이도록 하여 보통 사람에 이르러서는 1인 1첩을 둘 수 있도록 하며 여러 처에서 낳은 아들들도 역시 본처가 낳은 아들처럼 벼슬을 할 수 있게 하기를 원합니다. 이렇게 한다면 나라 안에 원한을 품고 있는 남자와 여자들이 없어지고 인구도 늘게 될 것 입니다."라고 하였다. 부녀자들이 이 소식을 듣고 원망하고 두려워하지 않는 자가 없었다. 때마침 연등회 날 저녁 박유가 왕의 행차를 호위하여 따라갔는데 어떤 노파가 그를 손가락질하면서 "첩을 두고자 요청한 자가 저 놈의 늙은이이다."라고 하니, 듣는 사람들이 서로 전하여 서로 가리키니 거리마다 여자들이 무더기로 손가락질하였다. 당시 재상들 가운데 그 부인을 무서워하는 자들이 있었기 때문에 그 건의를 정지하고 결국 실행되지 못하였다.

〉「고려사」

❸ 고려와 조선의 가정 모습

가족 제도	부계·모계가 함께 영향	→	17세기 「주자가례」 확립	→	가부장적 가족제도(부계 중심)
여성 지위	남녀평등(가정 내)				남존여비
재산 상속	자녀 균분 상속				장자 중심 상속
혼인 형태	남귀여가혼(장가)				친영제도(시집)
제사 담당	자녀윤회봉사				장자 봉사
호적 기재	출생순으로 기록				남자 우선 기록
여성의 호주	가능				불가능
장례 풍습	화장 ≥ 매장				매장 ≥ 화장

05 고려 후기의 사회 변화

❶ 무신 집권기

(1) 하층민의 봉기

① **신분제 동요** : 무신정변으로 신분 제도가 동요되어 하층민에서 권력층이 된 자가 많았다.

② **지배층의 수탈** : 무신들 간의 대립과 지배 체제의 붕괴로 백성들에 대한 통제력이 약화되었으며, 무신들의 농장 확대와 피지배층에 대한 수탈이 강화되었다.

(2) 봉기의 형태

① **초기** : 12세기에 가혹한 수탈을 견디지 못한 백성들은 종래의 소극적 저항에서 벗어나 대규모의 봉기를 일으키기 시작하였다.

② **성격의 다양** : 신라 부흥 운동과 같이 왕조 질서를 부정하는 성격에서부터 지방관의 탐학을 국가에 호소하는 타협적인 성격에 이르기까지 다양한 성격의 봉기가 일어났다.

③ **신분 해방운동** : 최충헌이 정권을 장악한 뒤에는 회유와 탄압으로 약간 수그러들었다가 만적 등 천민들의 신분 해방 운동이 다시 발생하였다.

(3) 대표적 봉기

① 반(反)무신의 난

㉠ **김보당의 난**(계사의 난, 명종 : 1173) : 동북면 병마사 김보당이 의종의 복위를 꾀하여 거제도에서 경주로 탈출시키고 난을 일으켰으나 실패하였다. 정중부는 이를 계기로 2차 문신 학살을 단행하였다.

㉡ **조위총의 난**(명종, 1174) : 서경 유수 조위총과 서북계 40여개 성(城)의 도령(都領)들이 참여한 난으로 가혹한 수탈을 견디지 못한 서북계인들의 불만을 이용하여 군사를 일으켰으나 관군에 의해 3년만에 진압되었다. 이는 서북 지방의 농민들이 중심이 되었기에 민중 항쟁의 성격을 띠었다.

㉢ **교종 승려의 난**(1174) : 왕실과 문신 귀족들의 비호를 받고 있던 개경의 귀법사, 중흥사 등 교종 계통의 사원 세력들이 봉기했으나 좌절되었다.

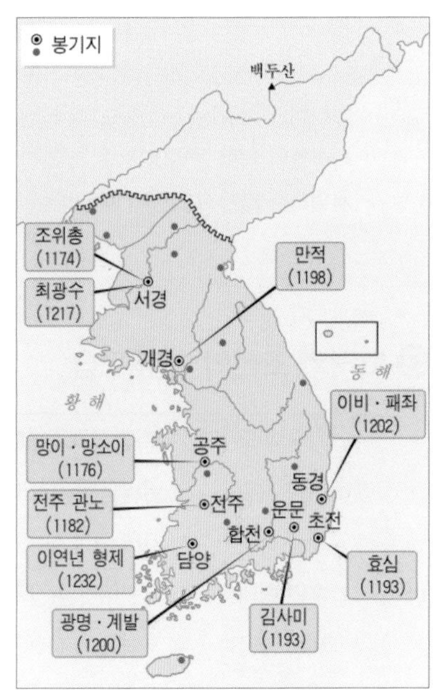

무신집권기 농민과 천민의 저항

② 민중의 항쟁

㉠ **서북민의 봉기**(명종, 1172) : 서북계의 창주·성주·철주 등지의 민중이 지방관의 탐학과 수탈에 반발하여 일으킨 최초의 민란으로 조위총의 난에도 가담하였으며 명종 9년(1179) 까지 계속되었다.

㉡ **망이·망소이의 봉기(명종, 1176)** : 지방 수령의 횡포가 원인이 되어 일어난 봉기로 무신정권은 명학소를 충순현으로 승격시켜 회유하였는데 이는 향·소·부곡이 일반 군현으로 승격되는 계기가 되었다.

㉢ **김사미·효심의 봉기(명종, 1193)** : 운문(청도)의 김사미와 초전(울산)의 효심이 유민을 규합하여 신라 부흥을 주장하며 정권 탈취의 성향을 띠고 경상도 전역에 확대되었다.

㉣ **만적의 봉기(신종, 1198)** : 최충헌의 사노(私奴)인 만적이 중심이 되어 개경에서 공·사노비를 규합하여 매우 큰 규모와 계획적으로 봉기한 것으로 "경·계의 난 이래 고관대작은 천예(賤隷)에서 많이 나왔으니 왕후장상(王侯將相)이 어찌 씨가 따로 있겠는가, 때가 오면 누구나 할 수 있는 것이다. 우리는 어찌 육체를 수고롭게 하고도 매질 밑에서 곤욕만 당하고 살아야 하는가 … 먼저 최충헌을 죽이고 이어 각기 주인을 죽이고 노비 문서를 불살라서 삼한(三韓)으로 하여금 천인을 없게 하면 공경장상(公卿將相)은 우리 모두가 얻어야 할 것이다." 라고 하며 신분 해방은 물론 정권 탈취를 시도하였다.

❷ 몽골 침입 이후

(1) 백성의 생활

① 강화 천도 시기

㉠ 몽골의 침입에 대항하고자 최씨 무신 정권은 송악에서 강화도로 서울을 옮기고 지방의 주현민들에게는 산성이나 바다의 섬으로 들어가서 오랜 전쟁에 대비하게 하였다.

㉡ 어려운 형편 속에서도 일반 백성들이 각지에서 몽골군을 격퇴하였는데 그 중 처인부곡, 다인철소의 승리는 그 대표적 사례이다.

사료읽기

몽골 침입 시 백성의 생활

3월 여러 도의 고을들이 난리를 겪어 황폐해지고 지쳐 조세·공부·요역 이외의 잡세를 면제하고, 산성과 섬에 들어갔던 자를 모두 나오게 하였다. 그 때 산성에 들어갔던 백성들로서 굶주려 죽은 자가 매우 많았고, 늙은이와 어린이가 길가에서 죽었다. 심지어는 아이를 나무에 붙잡아 매고 가는 자가 있었다. … 고종 42년 4월, 도로가 비로소 통하였다. 병란과 흉년이 든 이래로 해골이 들을 덮었고, 포로가 되었다가 도망하여 서울로 들어오는 백성이 줄을 이었다. 도병마사가 날마다 쌀 한 되씩을 주어 구제하였으나 죽는 자를 헤아릴 수가 없었다. 》「고려사절요」

② **원과 강화 체결 이후** : 전쟁이 종료되어 원과 강화를 맺은 뒤 전쟁의 피해가 복구되지 않은 상태에서 두 차례의 일본 원정에 동원됨으로써 막대한 희생을 강요당하였다.

(2) 원 간섭기의 사회 변화

① **신분 상승 사례 증가** : 역관, 향리, 평민, 부곡민, 노비, 환관 중에서 전공을 세우거나 몽골 귀족과의 혼인을 통해서 또는 몽골어에 능숙하여 친원세력화 되거나 권문세족으로 출세하는 사람들이 많았다.

② **원과의 문물 교류** : 원과 강화를 맺은 이후 두 나라 사이에는 자연히 사람과 물자의 왕래가 많아졌고 문물 교류가 활발하였다.

㉠ **고려 사회의 변화** : 몽골풍이 유행하여 변발, 몽골식 복장, 몽골어가 궁중과 지배층을 중심으로 널리 퍼졌다.

㉡ **몽골 사회의 변화** : 전란 중에 포로 내지는 유이민으로 들어갔거나 몽골의 강요로 끌려가 고려의 의복, 그릇, 음식 등의 풍습이 몽골에 전해졌는데, 이를 '고려양'이라 한다.

③ **원의 공녀 요구** : 몽골은 「결혼도감(원종 15년, 1274)」과 「과부처녀추고별감」을 설치하여 고려에 대해서 처녀·과부 및 환관까지도 요구하였으며, 이때 끌려간 여인 중에는 특별한 지위에 오른 사람도 있었지만 대부분은 고통스럽게 살았다.

제 4 편

중세의 문화

유학과 역사서

핵심 출제포인트

- 고려의 유학과 역사학은 시기별 변화상을 파악하는 것이 중요하며 특히, 원 간섭기 성리학의 도입과 신진사대부의 등장으로 이어지는 상황을 숙지해야 한다.
- 역사서는 『삼국사기』와 『삼국유사』를 중심으로 주로 출제가 되며 주요 역사서의 특징을 관련 원문사료와 함께 학습하는 것이 중요하다.

01 유학의 발달

❶ 발달 배경

유교는 정치와 관련한 치국(治國)의 도(道)이며 불교는 신앙생활과 관련한 수신(修身)의 도(道)로서 서로 보완하는 기능을 수행하면서 유교문화와 불교문화가 함께 발전할 수 있었다.

❷ 성 격

(1) 초 기

① **성격** : 관념적이고 사대주의적인 성격에 빠지지 않고, 자주적이며 주체적인 특성을 지니게 되었다.

② **대표적 유학자**

㉠ **최승로** : 성종에게 시무 28조의 개혁안을 올리고 유교사상을 치국의 근본으로 삼아 사회 개혁과 새로운 문화의 창조를 추구하였다.

㉡ **김심언** : 봉사(封事) 2조를 올려 성종의 정책 수행에 큰 지침이 되게 하였다.

(2) 중 기

① **성격** : 11세기에 북진파의 대표적 인물인 왕가도가 물러난 후 경원 이씨 일파가 집권함에 따라 초기의 자주적인 유교정신을 강조하기보다는 집권세력의 권력 유지만을 도모하는 보수적 경향으로 퇴보하는 폐단이 나타나 사회 모순을 해결할 수 있는 능력을 상실하였다.

② **대표적 유학자**

㉠ **최충** : 덕종~문종 대에 걸쳐 주요관직을 지냈으며, 재임하는 동안 두 번의 지공거(知貢擧)를 지낸 인물로 고려의 훈고학적 유학에 철학적 경향을 새로이 불어넣어 고려의 유학을 한 차원 높여 '해동공자'로 칭송되었다. 관직에서 물러난 후에는 사학의 시초가 되는 9재 학당(문헌공도)이라는 사학을 세워 유학 교육에 힘썼다.

㉡ **김부식** : 유학을 상당한 수준으로 발전시켰지만 사회적 모순을 해결할 수 있는 능력은 상실하였는데, 이러한 보수적이고 현실적인 유학의 성격을 대표하는 인물이다.

(3) 후 기

① **동향** : 고려 중기 시문을 중시하는 귀족적 성격과 유교 경전에 대한 이해가 심화된 유학은 무신정변으로 크게 위축되었다.

② **극복** : 성리학이 신진사대부들에 의해 수용되면서 자주성의 회복과 사회 개혁을 추진하기 위한 유학의 성향을 가지게 되었다.

02 역사서의 편찬

❶ 초 기

(1) 경 향

고구려 계승의식을 분명하게 표방하였다(자주적 사관).

(2) 대표적 역사서

① **구삼국사** : 편년체 사서로 고구려~고려의 정통을 서술한 것으로 추정되며 현존하지 않는다.

② **7대 실록** : 현종 때 시작되어 덕종 때 황주량 등이 태조~목종에 이르는 사실을 재정리하여 완성하였으나 거란의 침입으로 소실되어 부전한다.

❷ 중 기

(1) 경 향

신라 계승의식이 강화되었다(합리적 유교사관).

(2) 대표적 역사서

① **삼국사기**

㉠ 고려 초에 쓰여진 「구삼국사(舊三國史)」를 기본으로 인종(1145)의 명으로 김부식 등이 본기·열전·지·연표 등의 기전체의 정사로 편찬하였다.

㉡ 고조선과 삼한의 역사를 수록하지 않았으며, 합리적 유교사관을 토대로 서술하였다.

「삼국사기」

② **속편년통재** : 예종 때 홍관이 「편년통재」를 개찬하여 썼으나 전하지 않는다.

③ **편년통록** : 의종 때 김관의가 편찬한 편년체 사서로 태조 왕건에 대한 내용을 기록하였다고 하나 현재 전하지 않는다.

사료읽기

삼국사기를 올리는 글

성상 폐하께서 … "또한 그에 관한 옛 기록은 표현이 거칠고 졸렬하며, 사건의 기록이 빠진 것이 있으므로, 이로써 군주의 착하고 악함, 신하의 충성됨과 사특함, 나랏일의 안전함과 위태로움, 백성의 다스려짐과 어지러움을 모두 펴서 드러내어 권하거나 징계할 수 없다. 그러므로 마땅히 재능과 학문과 식견을 겸비한 인재를 찾아 권위 있는 역사서를 완성하여 만대에 전하여 빛내기를 해와 별처럼 하고자 한다."라고 하였습니다. 》삼국사기

❸ 후 기

(1) 민족적 자주 의식 강조

① **배경** : 무신 정변 이후 사회적 혼란과 몽골 침략의 위기를 경험한 지식인들에 의해 민족적 자주 의식을 바탕으로 전통 문화를 올바르게 계승하려는 움직임이 일어났다.

② **대표적 역사서**

㉠ **동명왕편(東明王篇, 명종)** : 이규보의 저술로서 고구려 건국의 영웅인 동명왕의 업적을 칭송한 일종의 민족 서사시로 「동국이상국집」에 실려 있다.

㉡ **해동고승전(海東高僧傳, 고종)** : 무신정권 때 교종(화엄종)의 승려인 각훈이 왕명에 의해서 편찬한 것으로 고승의 전기가 수록되어 있다.

㉢ **삼국유사(三國遺事, 충렬왕)** : 일연의 저술로 삼국사기와 함께 고대사 연구의 대표적인 사서이다. 단군신화의 기록은 현재 전하고 있는 사서로서는 가장 오래된 것으로 우리의 역사를 단군으로 설정하고 주체적·도덕적인 문화의 전통을 서술하였다. 불교사상사를 중심으로 고대의 설화나 야사, 민간전승을 수록하여 우리의 고유문화와 전통을 중시하였다.

㉣ **제왕운기(帝王韻記, 충렬왕)** : 이승휴의 저술로 상권은 중국의 역사, 하권은 우리나라의 역사를 고조선에서 고려까지 통사 형식으로 읊은 서사시이다. 단군을 우리 민족의 시조로 인식하는 것과 함께 발해를 국사로 부각시키고 우리 역사를 중국사와 대등하게 파악하는 자주정신을 강조하였다.

사료읽기

제왕운기 서문

신(臣) 이승휴가 지어서 바칩니다. 예로부터 제왕들이 서로 계승하여 주고 받으며 흥하고 망한일은 세상을 경영하는 군자가 밝게 알지 않아서는 안되는 바입니다. … 그 선하여 본받을 만 한 것과 악하여 경계로 삼을 만한 것은 모두 일마다 춘추필법에 따랐습니다.

(2) 성리학적 유교사관

① **배경** : 고려 후기에 신진사대부의 성장 및 성리학의 수용과 더불어 대두하였다.

② **특징** : 유학정신을 바탕으로 정통의식과 대의명분을 중시하였으며, 조선 전기 고려사 편찬에 많은 영향을 주었다.

③ 대표적 역사서

㉠ **사략(史略)** : 공민왕 때 이제현의 저술로 조선 초 정도전의 「고려국사」와 권근의 「동국사략」에 영향을 주었으며, 현재 사략의 일부인 '사론(史論)'만이 남아 있다.

㉡ **본조편년강목** : 주자의 강목법을 처음 시도한 사서로 충선왕 때 민지가 편찬하였는데 전하지는 않는다.

㉢ **기타** : 천추금경록(충렬왕 때 정가신), 고금록(충렬왕 때 원부, 허공) 등이 편찬되었으나 모두 전하지 않는다.

역사 서술 방법

구분	서술 방법	기원	사서	비고
기전체 (정사체)	본기(本紀), 세가(世家), 열전(列傳), 지(志), 표(表) 구성	사기(사마천) 한서(반고)	삼국사기, 고려사, 동사, 해동역사	• 본기 : 제왕의 행적 • 세가 : 신하의 역사 • 열전 : 개개인의 역사 • 지 : 각종 제도사 • 표 : 시·공간적 연결 파악
편년체	연대순으로 역사적 사실을 기록하는 체제	자치통감(사마광)	7대실록, 동국통감, 조선왕조실록, 고려사절요	• ~실록, ~통감, ~절요의 서적은 모두 편년체 사서
기사본말체	사건마다의 발단과 결과를 중심으로 서술	통감기사본말(원추)	연려실기술, 조선사연구초, 삼국유사	• 기전체와 편년체의 단점 극복
강목체	강(綱), 목(目)으로 나누어 기록	자치통감강목(주희)	동사강목	• 편년체의 일종

03 성리학의 전래

❶ 개 념

안향

① **정의** : 송의 주자가 집대성한 것으로 종래 자구의 해석에 주력하던 한·당의 훈고학(訓古學)이나 사장 중심의 유학과는 달리 우주의 근본 원리와 인간의 심성 문제를 형이상학(理)과 형이하학(氣)으로 나누어 철학적으로 규명하려는 신유학이었다.

② **수용 배경** : 무신정권기 이후 심성화(心性化) 된 선종(조계종)의 발전으로 성리학 수용의 기반이 형성되어 신진사대부에 의해 수용되었다.

③ **수용과 전파** : 고려 충렬왕 때 안향에 의해서 처음 소개된 이후, 백이정이 직접 원에 가서 배워와 이제현, 박충좌 등에게 전수하였다.

④ **성격** : 현실 사회의 모순을 시정하기 위한 개혁사상으로 성리학을 받아들여 이기론에 대한 사변적인 면보다는 일상 생활에 관계되는 실천적 측면이 강조되었다.

⑤ 발전

㉠ **이제현** : 충선왕 때 원(元)의 수도에 설립된 만권당에서 원의 학자들과 교류하면서 성리학에 대한 이해를 심화하였다. 귀국 후에 이색 등에게 영향을 주어 성리학 전파에 이바지하였다.

㉡ **이 색** : 공민왕 때 정몽주, 권근, 정도전 등을 가르쳐 성리학을 더욱 확산시켰다.

㉢ **정몽주** : 이색으로부터 '동방이학(東方理學)의 조(祖)'라는 칭호를 들을 만큼 뛰어난 성리학자였다.

사료읽기

성리학의 수용과 발전

○ 안향은 학교가 날로 쇠퇴함을 근심하여 양부(兩府)에서 의논하기를 "재상의 직무는 인재를 교육하는 것보다 우선하는 것이 없습니다. …" 하고 … 만년에는 항상 회암 선생(주자)의 초상화를 걸어 놓고 경모하였으므로 드디어 호를 회헌이라 하였다. 》「고려사」

○ 성균관을 다시 짓고 이색을 판개성부사 겸 성균관 대사성으로 삼았다. … 이색이 다시 학칙을 정하고 매일 명륜당에 앉아 경(經)을 나누어 수업하고 강의를 마치면 서로 더불어 논란하여 권태를 잊게 하였다. 이에 학자들이 많이 모여 함께 눈으로 보고 마음으로 느끼는 가운데 주자 성리학이 비로소 흥기하게 되었다. 》「고려사」

❷ 영 향

(1) 유교적인 생활 관습의 시행

도덕 규범을 서술한 주희의 「소학」이 중시되고, 또 예속을 바로잡기 위해 「주자가례」가 권장되어 가묘(家廟)가 건립되면서 가정에서 제사를 지내게 되었다.

(2) 불교의 비판

정도전 등 일부 성리학자들은 불교 사상 자체가 인륜에 어긋나는 도(道)라 하여 불교 자체를 공박하기도 하였다.

(3) 사상계의 전환

성리학이 국가 사회의 새로운 지도 이념으로 등장하게 되었다.

(4) 송설체의 유행

조맹부의 서화와 서풍이 고려(이암)에 유행하여 조선시대(안평대군)까지 영향을 주었다.

제2장 불교사상과 신앙

핵심 출제포인트

- 고려의 불교는 주요 승려의 주장과 활동을 파악하는 것이 매우 중요하다. 특히 승려(의상, 원효, 혜초) 등과 함께 선택지가 구성될 수 있으므로 업적을 구분하여 학습해야 한다.
- 도교와 풍수지리설의 내용도 기본개념을 토대로 정리해야 한다.

01 불교의 정책과 특징

❶ 숭불 정책

(1) 내 용

① 태조

㉠ **선종 중심** : 선종을 위에 두면서 교종도 함께 장려하였다.

㉡ **불교에 대한 국가의 지침 제시** : 훈요 10조에서 불교를 숭상하고 연등회와 팔관회 등 불교 행사를 성대하게 개최할 것을 당부하였다.

㉢ **사원의 건립** : 개경에 법왕사, 왕륜사, 흥국사와 충남 논산에 개태사 등을 건립하였다.

논산 개태사

㉣ **승록사 설치** : 국사, 왕사의 책봉 의식 및 입적, 승적의 작성을 담당하였다.

② **광종** : 선종보다 교종이 우위를 차지하게 되었다.

㉠ **승과제도 실시** : 교종선과 선종선을 두고, 급제자에게는 승계(국사·왕사)를 주어 승려의 지위를 보장하였다.

㉡ **개경 귀법사 창건** : 화엄종의 본찰로 삼으면서 분열된 종파를 수습하려는 노력을 기울였다.

③ **성종** : 유교 정치사상이 강조되면서 연등회와 팔관회가 한 때 폐지되기도 하였다.

④ **현종** : 연등회와 팔관회의 부활과 함께 현화사 등이 건립되었으며, 이 시기에는 법상종과 화엄종이 중심을 이루었다.

⑤ **문종** : 12년에 걸쳐 2,800칸이 넘는 흥왕사를 건립하였다.

(2) 초기의 불교

① **경향** : 국왕과 왕실의 지원을 받은 화엄종과 귀족들의 이익을 대변하는 법상종이 유행하였다.

② **교·선종의 대립** : 교종 세력의 성장으로 선종과 정면으로 맞서게 되었다.

③ **균여** : 광종의 지원을 받아 화엄종을 중심으로 교종 통합을 시도하였으며, 향가 "보현십원가 11수"를 저술하여 불교 대중화에 기여하였다.

④ **의통** : 중국 천태종의 13대 교조가 되었다.

⑤ **제관** : 천태종 기본 교리서인「천태사교의」를 저술하였다.

(3) 중기의 불교

① **동향** : 법상종과 화엄종의 교리적인 차이로 인해 사상적 활동은 둔화되었고 더욱 대립되는 양상을 보였다. 또한, 선종이 교종에 눌려 더 이상 발달하지 못하고 교종에 반발하는 폐쇄성과 그 분파성만이 더욱 강화되었다.

② **의천**(대각국사, 1055~1101)

㉠ **교단 통합 운동의 전개** : 흥왕사를 근거지로 삼아 화엄종을 중심으로 시도되었다.

㉮ **해동천태종 창시** : 국청사를 창건하고 교종 교단의 입장에서 선종 교단을 통합하여 새로운 교단의 분위기를 형성하였으며, 그를 '화정국사'로 추존하였다.

㉯ **사상적 바탕** : 원효의 화쟁사상을 모델로 이론의 연마와 실천을 아울러 강조하는 교관겸수(教觀兼修)를 제창하였다. 그러나, 교·선의 대등한 통합이 아니라 화엄의 입장에서 선(禪)을 억압하여 포섭하려는 것이었다.

대각국사 의천

㉡ **폐단의 재연** : 사회·경계적으로 문제가 되고 있던 불교의 폐단을 적극적으로 시정하는 대책이 뒤따르지 않아 의천이 죽은 뒤 교단은 다시 분열되고, 귀족 중심의 불교가 지속되었다.

㉢ **대장경 조판** : 교장도감을 설치하여「교장」을 조판하였다(4,700권 인쇄).

㉣ **저서** : 원종문류, 석원사림, 천태사교의주, 대각국사문집, 신편제종교장총록 등이 있다.

㉤ **대각국사비** : 개성 영통사에 소재한 대각국사비는 의천의 업적을 새긴 비석이다.

(4) 후기의 불교

① **결사(結社) 운동 전개** : 무신집권기 불교계의 보수화와 폐단에 대한 반발로 불교계에서 본연의 자세 확립을 주창하는 불교계의 정화가 요구되었다.

② **지눌**(보조국사, 1158~1210)**의 수선사 정혜결사운동**

㉠ **주장** : 명리(名利)에 집착하는 당시 불교에서 벗어나 승려 본연의 자세로 돌아가 독경과 선(禪) 수행, 노동에 고루 힘쓰자고 주장하였다.

㉡ **전개** : 순천 송광사를 중심으로 하여 개혁적인 승려들과 지방민들의 적극적인 호응을 얻어 활발하게 전개되었다. 또한, 무신정권은 불교 교단을 재편하기 위하여 '수선사'라는 사액을 내리고 적극적으로 후원하였는데, 이는 지눌의 조계종 창시에 바탕이 되었다.

보조국사 지눌

㉢ **조계종 개창** : 화엄과 선이 근본에 있어서는 둘이 아니라는 것을 밝히고, 선종의 입장에서 교종을 통합하여 선교일치의 완성된 사상체계를 마련하였다.

㉮ **정혜쌍수** : 선과 교학을 나란히 수행하되 선을 중심으로 교학을 포용하자는 이론이다. 마음의 본체인 정(定)과 작용인 혜(慧)를 아울러 닦자는 것으로, 선과 교학이 근본에 있어 둘이 아니기에 교학과 선을 함께 수행할 것을 강조하였다.

㉯ **돈오점수** : 단번에 깨닫고 꾸준히 실천하자는 이론이다. 내가 곧 부처라는 깨닫는 것이 돈오(頓悟)이고, 깨달은 뒤에 그 신념을 굳게 하고 차츰차츰 부처에게 나아가는 길을 닦는 것이 점수(漸修)이다. 이는 선종의 입장에서 교종(화엄종)의 장점을 취한 것으로 깨닫는 것에 그치지 않고 꾸준히 수양을 해야 함을 강조하였다.

㉰ **즉시성불** : 인간의 마음이 곧 부처의 마음이라는 뜻이다. 인간의 마음을 본성인 불변적인 본체와 가변적인 작용으로 구분하고 우리의 참된 모습은 본체를 똑바로 보는데 있다고 강조하였다.

㉣ **저서** : 진심직설, 정혜결사문, 수심결, 화엄론절요 등을 저술하였다.

㉤ **대각국사비** : 개성 영통사에 소재한 대각국사비는 의천의 업적을 새긴 비석이다.

③ **요세(원묘국사 1163~1245)의 백련결사운동** : 백성들의 신앙적 욕구를 고려하여 지방민의 적극적인 호응을 얻어 강진 만덕사를 중심으로 활동하였다.

사료읽기

지눌의 정혜결사문

지금의 불교계를 보면 아침 저녁으로 행하는 일들이 비록 부처의 법에 의지하였다고 하나 자신을 내세우고 이익을 구하는 데 열중하며 세속의 일에 골몰한다. 도덕을 닦지 않고 옷과 밥만 허비하니 비록 출가하였다고 하나 무슨 덕이 있겠는가. 한 마음(一心)을 깨닫지 못하고 한없는 번뇌를 일으키는 것이 중생인데, 부처는 이 한 마음을 깨달았다. 깨닫고 아니 깨달음은 오직 한 마음에 달려 있으니 이 마음을 떠나 따로 부처를 찾을 것이 없다. … 하루는 같이 공부하는 사람 10여 인과 약속하였다. 마땅히 명예와 이익을 버리고 산림에 은둔하여 같은 모임을 맺자. 항상 선을 익히고 지혜를 고르는 데 힘쓰고, 예불하고 경전을 읽으며 힘들여 일하는 것에 이르기까지 각자 맡은 바 임무에 따라 경영한다. 인연에 따라 성품을 수양하고 평생을 호방하게 고귀한 이들의 드높은 행동을 좇아 따른다면 어찌 통쾌하지 않겠는가….

》 권수정혜결사문(勸修定慧結社文)

④ **진각국사 혜심(1178~1234)** : 인간의 심성 도야와 인격 수양을 강조한 유불일치설을 주장하여 장차 성리학 수용의 사상적인 토대를 마련하였다.

(5) 원 간섭기의 불교

① **불교계의 폐단 재연** :불교계의 개혁 의지가 퇴색하고, 원의 라마불교가 전래되어 불교가 미신화되고 타락되었으며 정치적인 성향까지 보였다.

② **사원 경제의 발달** : 권문세족의 후원을 받으면서 막대한 토지와 노비를 소유하였으며, 양조·제지·목축 등의 경제활동과 장생고를 통한 고리대업과 상업에도 손을 대어 부패가 심하였다.

③ **결과** :원에 유학한 후 공민왕의 왕사가 된 보우는 임제종의 전파 및 불교계의 폐단을 바로잡기 위해 교단의 통합 정리를 추진하였으나 교단과 정치적 상황이 얽혀 개혁을 지속적으로 추진할 수가 없었으며, 성리학을 사상적 배경으로 한 신진사대부들이 불교계의 사회·경제적인 폐단을 비판하였다.

02 대장경의 조판

❶ 성 격

(1) 정 의

① **불교 전집** : 경(經), 율(律), 론(論) 등 삼장(三藏)의 경전을 총칭하는 의미이다.

② **구성**

㉠ **경** : 부처가 설법한 것으로 근본 교리이다.

㉡ **율** : 교단에서 지켜야 할 윤리 조항과 생활 규범이다.

㉢ **론** : 경과 율에 대한 승려나 학자들의 이론과 해석이다.

(2) 목 적

불교의 호국·현세구복적 성격으로 외침을 격퇴하고 불경을 정리할 목적으로 만들어졌다.

❷ 내 용

(1) 초조대장경(1012~1087)

① **배경** : 현종 때 거란을 물리치려는 염원과 불교의 교리를 정리하려는 의도에서 조판하기 시작하여 선종 때 완성되어 6,000여 권의 판본을 대구 부인사에 보관하였다.

② **몽골 침입으로 소실(1232)** : 인쇄본의 일부가 현재 일본에 남아 있다.

(2) 교장(1073~1096)

① **교장도감 설치** : 의천이 흥왕사에서 국내, 송, 요, 일본 등에서 모아 온 대장경의 주석서인 장(章), 소(疏) 등을 간행하였다.

② **「신편제종교장총록」 작성** : 의천이 교장보다 먼저 작성한 불서 목록인데, 이것을 바탕으로 4,760여권을 간행하였다(선종 경전 제외).

③ **몽골 침입으로 소실(1232)** : 인쇄본(인경본)의 일부가 국내·외에 남아 있다.

(3) 팔만대장경(1236~1251)

① **대장도감 설치** : 고종 때 몽골 침입시 국난을 극복하고자 강화도 선원사에 대장도감과 경상도 진주 관할의 남해에 분사대장도감을 두고 조판하였다.

② **유네스코 기록유산** : 2007년에 등재되었으며, 이를 보관하고 있는 해인사 장경판전은 1995년 유네스코 문화유산에 등재되어 가치를 인정받고 있다.

해인사 장경판전

03 도교와 풍수지리설

❶ 도교의 발달

(1) 특 징

① **성격** : 불로장생과 현세 구복을 추구하여 재앙을 물리치고 복을 빌며, 나라의 안녕과 왕실의 번영을 기원하였다.

② **잡신적** : 하늘의 별, 서낭신, 토지신 등 여러 가지의 신을 모셨다.

(2) 도교 행사

① **내용** : 궁중에서는 하늘에 제사를 지내는 초제(醮祭)가 불교의 팔관회와 같이 어우러져 성행하였다.

② **장소** : 예종 때 처음으로 건립된 도교 사원(도관 ; 복원궁)을 비롯하여 여러 곳이 있었다.

(3) 한 계

① **일관성 결여** : 불교적인 요소와 도참사상도 수용하였다.

② **비조직적** : 민간신앙을 중심으로 전개되어 비조직적이었으며 교단이 성립되지 못하였다.

❷ 풍수지리설의 발달

(1) 정 의

① **상지학(相地學)** : 산세와 수세를 살펴 도읍·주택·능묘 등을 선정하는 일종의 지리학으로서, 지형과 지세에 따라 국가나 개인의 길흉화복이 많은 영향을 받는다는 것이다.

② **발달** : 나말여초에 도선에 의해 크게 선양되었는데, 여기에 예언적이고 신비한 성격의 도참신앙이 더해져 고려시대에 크게 성행하였다.

(2) 영 향

① **태조** : 훈요 10조에서 도선의 예언을 중시하였다.

② **3경(京)·3소(蘇)** : 지방의 요지(서경, 동경, 남경)와 묘청의 서경천도 이후 개경 주위(좌소, 우소, 북소)에 설치하였다.

③ **서경길지설** : 고려 초기에 유포되어 서경천도와 북진정책 추진의 이론적 근거가 되었으며, 묘청의 서경천도운동 당시 이론적 근거가 되기도 하였다.

④ **한양명당설(남경길지설)** : 문종을 전후한 시기에 대두하여 고려 말까지 정치적으로 영향을 끼쳤으며, 숙종 때 한양을 남경으로 승격하고 궁궐을 지어 왕이 머물기도 하였다.

(3) 관련 서적

① **해동비록** : 풍수지리설을 집대성한 것으로 예종 때 김인존이 편찬하였으나 부전한다.

② **기타** : 「도선비기」, 「답산가」, 「삼각산명당기」, 「신지비사」 등이 유포되었으나 부전한다.

제3장 귀족 문화의 발달

핵심 출제포인트

- 천문과 역법 그리고 인쇄술이 주로 출제된다.
- 인쇄술의 경우 대장경이 출제되는데 각 문화재의 특징과 시기를 파악해야 한다.
- 건축과 탑, 불상, 공예는 사진 자료로 출제율이 높은 주제이므로 주요 문화재의 사진 자료는 반드시 눈에 익혀두어야 한다.
- 각 문화재는 시기별로 변화상을 파악해야 한다.

01 과학기술의 발달

❶ 기술 교육

① **국자감** : 율학, 서학, 산학 등을 교육하였으며, 기타 기술학은 해당 관청에서 교육을 실시하였다〈천문(사천대), 의학(태의감), 외국어(통문관), 음양(태사국)〉.

② **잡과의 실시** : 과거제도에서 기술관의 등용을 위해 실시하였으며, 중류층이 많이 응시하였다.

❷ 천문학의 발달

① **배경** : 농사를 위한 천체의 운행과 기후의 관측에 필요하여 천문 관측과 역법 계산을 중심으로 발달하였다.

② **관청** : 사천대(서운관)에서 천문과 역법을 담당하였으며, 이곳의 관리들은 개성의 첨성대에서 관측 업무를 수행하였다.

③ **관측기록** : 일식(130여 회), 혜성(87회), 태양 흑점 등에 관한 관측 기록이 「고려사」에 풍부하게 남아 있다.

고려 첨성대(개성)

❸ 역법의 발달

① **고려 전기** : 신라 때부터 쓰기 시작한 당의 선명력을 그대로 사용하였다.

② **고려 후기**

㉠ **수시력** : 충선왕 때 이슬람 역법까지 수용하여 만들어진 원의 역법을 채용하여 그 이론과 계산법을 충분히 소화한 것으로 당시 동아시아 문화권에서는 가장 훌륭한 역법이었다.

㉡ **대통력** : 고려 후기의 공민왕 때 수용하여 사용된 명의 역법이다.

❹ 의학과 약학의 발달

① 배경

㉠ 의료 업무를 맡은 태의감에서 의학 교육을 실시하고, 의원을 뽑는 의과를 시행하였다.

㉡ 고려 초 성종 때부터 지방학교에 의학박사를 파견하였다.

② 시기별

㉠ **초기** : 송(宋) 의학이 중심을 이루었으며, 왕실이나 귀족층에게 의술의 혜택이 한정되어 광종 때에는 제위보를 설치하여 서민의 질병을 치료하도록 하였다.

㉡ **중기** : 당·송의 의학에서 한 걸음 나아가 우리나라의 실정에 맞는 자주적인 의학 체계를 수립하려는 노력을 전개하였다.

㉢ **후기** : '향약방'이라는 독자적인 처방이 이루어지고, 자주적인 의서를 편찬하였다. 그 중 '향약구급방'은 고종(1236) 때 편찬된 현존하는 우리나라 최고(最古)의 의학서적으로 각종 질병에 대한 처방과 국산 약재 180여 종이 소개되었다. 이는 조선 초기에 두 번이나 중간(重刊)되어 조선 의학의 발전에도 큰 영향을 주었다.

❺ 인쇄술과 제지술의 발달

① **인쇄술** : 기술학에서 가장 발달하였으며, 고정식인 목판 인쇄에서 움직일 수 있는 활판 인쇄로 바뀌었다.

㉠ 목판 인쇄술

㉮ **경향** : 신라 때부터 발달하여 고려시대에 이르러 더욱 발달하였는데, 고려대장경의 판목을 통해 최고의 수준에 이르렀음을 입증해 주고 있다.

㉯ **한계성** : 한 종류의 책을 다량으로 인쇄하는 데는 적합하지만, 여러 가지의 책을 소량으로 인쇄하는 데는 활판 인쇄술보다 못하였다.

㉡ **금속활자 인쇄술** : 12세기 말이나 13세기 초에 이미 청동 활자를 사용한 금속활자가 발명되었으리라고 추측된다.

㉮ **배경** : 목판 인쇄술의 한계성으로 인해 활판인쇄술의 개발에 힘을 기울였으며, 목판 인쇄술의 발달과 청동 주조기술의 발달, 인쇄에 적당한 잉크와 종이의 제조 등이 발달하였다.

㉯ **상정고금예문(1234, 고종)** : 12세기 인종 때 최윤의 등이 지은 의례서인데, 몽골과 전쟁 중이던 강화도 피난시에 금속활자로 인쇄하였다. 이는 서양에서 금속활자가 사용된 것보다 200여 년이나 앞선 것이었으나 오늘날 전해지지 않고 이규보의「동국이상국집」에 인쇄되었다는 기록만이 전해지고 있다.

㉰ **직지심체요절(1377, 우왕)** : 청주 흥덕사(현재 절터 옆에는 고인쇄 박물관이 자리잡고 있다.)에서 간행된 현존 세계 최고(最古)의 금속활자본으로 독일의 쿠텐베르크가 만든 금속활자보다 약 70년 앞선다. 19세기 말 서울 주재 프랑스 공사로 근무하였던 콜랭 드 플랑시가 우리나라에서 수집해 갔다가 골동품 수집가 앙리 베베르의 손을 거쳐 현재 프랑스의 국립도서관에

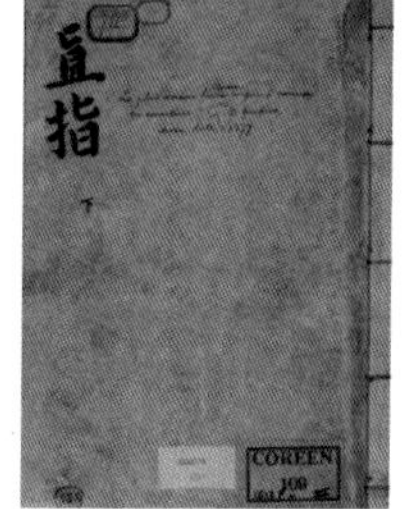

직지심체요절

보관하고 있다. 2001년 9월 승정원 일기와 함께 유네스코 세계기록유산으로 지정되었다.

㉢ **전문 인쇄기관 설치** : 공양왕 때 서적원(書籍院)를 설치하여 주자와 인쇄를 맡아보게 하였다.

② 제지술

㉠ **배경** : 인쇄술의 발달로 이루어졌으며, 전국적으로 닥나무의 재배를 장려하고 종이 제조의 전담 관서를 설치하여 우수한 종이의 제조에 힘썼다.

㉡ **성과** : 고려의 제지기술은 더욱 발전하였으며, 질기고 희면서 앞뒤가 반질반질하여 글을 쓰거나 인쇄하기에 적당한 종이가 생산되었는데, 당시 고려에서 만든 종이는 중국에 수출되어 호평을 받았다.

❻ 화약 무기와 조선술의 발달

① 화약 제조기술

㉠ **배경** : 고려 말에 최무선은 왜구의 침입을 격퇴하기 위해서는 화약 무기의 필여성을 절감하고 있었다.

㉡ **경과** : 당시 중국(원)에서는 화약 제조기술을 비밀에 붙였으나 최무선의 끈질긴 노력으로 중국인 이원으로부터 화약의 중요한 원료인 염초기술을 배워 화약 제조법을 터득하게 되었다.

㉢ **결과** : 고려 정부는 「화동도감」을 설치하고 최무선을 중심으로 화약과 화포 등 20여종을 제작하였으며, 최무선은 화약 무기를 이용하여 진포(금강 하구)전투에서 왜구를 크게 격퇴하였다.

② 조선기술

㉠ **배경** : 송과의 해상무역 활발과 13세기 후반에 원의 강요에 따라 일본 원정을 위해서 전함이 건조되었다.

㉡ **대형 범선** : 무역선으로 길이가 96척(약 29m)이나 되었다.

㉢ **조운선** : 조운체계가 확립되어 각 지방에서 징수한 조세미를 초마선(대형)과 평저선(소형)을 이용하여 개경으로 운송하였다.

㉣ **전함 건조** : 원의 압력으로 일본을 원정하기 위해 짧은 기간에 수백 척을 건조하였는데, 이는 고려시대의 조선기술이 상당히 발달하였음을 보여 준다.

㉤ **배에 화포 설치** : 고려 말에 왜구의 격퇴에 활용하였으며, 배의 구조를 화포의 사용에 알맞도록 흔들림이 적게 개선하였다.

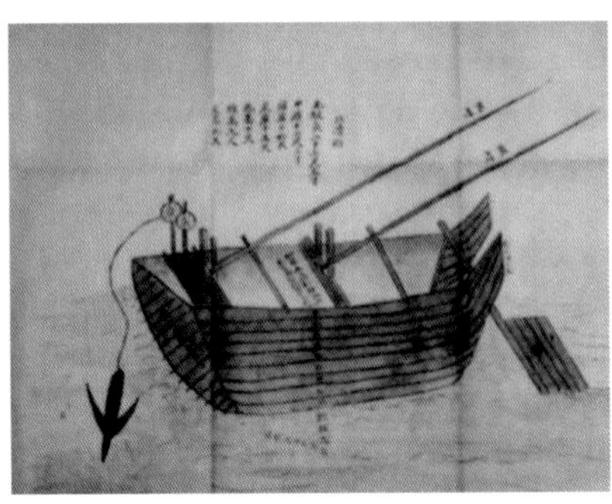

초마선

누전선(전함)

02 문학의 발달

❶ 고려 전기

(1) 한문학의 발달

① **배경** : 광종 때부터 과거제도가 실시되고, 성종 이후 문치주의가 성행함에 따라 한문학은 관리들의 필수 교양이 되었고, 일상 생활에서도 유교 경전의 문구가 자연스럽게 사용되었다.

② **성격**

㉠ **초기** : 종래 중국의 것을 그대로 모방하던 단계를 벗어나 점차 독자적·자주적인 성격을 가지게 되었다.

㉡ **중기** : 고려사회가 귀족화되면서 당(唐)의 시와 송(宋)의 산문을 숭상하는 풍조가 널리 퍼져 당·송 한문학에 심취되어 전통 문화와의 괴리를 가져오게 되었으며, 당시 귀족사회의 사대성과 보수성을 강화하였다. 대표적으로 박인량과 정지상을 비롯한 우수한 문인들이 등장하였다.

(2) 향가(鄕歌)의 발달

① **작가와 작품** : 광종 때의 대표적인 향가 작가인 균여(均如)의 전기인 「균여전」에 '보현십원가 11수'가 전해지고 있다.

보현십원가

균여가 중생을 교화하기 위하여 어려운 불경을 향가로 풀이하여 불교의 대중화에도 공헌하였다. 내용은 보현보살이 제시한 열 가지를 이루고자 작자 스스로 다짐하는 내용을 담고 있다.

② **발달과 퇴조** : 예종 때 현화사의 낙성식에서 문신들에게 한시와 더불어 향가를 짓게 할 정도였으나 점차 한시에 밀려 사라지고 말았다.

❷ 무신집권기

(1) 경 향

무신 집권으로 좌절감에 빠진 문신들은 낭만적이고 현실 도피적인 경향을 띤 수필 형식의 책들을 펴냈다.

(2) 작 가

① **임춘** : "국순전"에서 술을 의인화하여 현실을 풍자하였다.

② **이인로** : 고려 중기 명종 때 간행된 역대 문인들의 명시들에 얽힌 이야기를 담은 「파한집」에서 경주의 구속(舊俗), 서경의 풍물, 개경의 궁정과 사찰 모습과 풍물 등 옛 도읍지를 소개하였다.

③ **이규보** : 최씨 무신집권기에 정계에 등용되어 새로운 문학을 경향을 보였는데, 형식보다는 내용에 치중하여 현실을 제대로 표현하는 데 관심을 기울였다. 그의 문집으로 「동국이상국집」이 전한다.

④ **최자** : 고려 후기 고종 때 이인로의 「파한집」을 보충한 「보한집」에서 당시의 사회상과 부도(浮屠) 및 부녀자들의 이야기를 수록하였다.

❸ 고려 후기

(1) 경 향

전반적인 사회 변화가 모색되었으며, 이와 함께 문학에서는 신진사대부와 민중이 주축이 되어 변화를 만들어 나갔다.

(2) 신진사대부

① **경기체가** : 향가 형식을 계승한 새로운 시가(詩歌)로 한림별곡, 관동별곡, 죽계별곡 등이 있으며, 주로 유교 정신과 자연의 아름다움을 담고 있다. 노래 말미에 "경기하여"라는 구(句)가 있어 붙여진 이름이다.

② **어부가** : 전원생활의 한가로운 모습을 그려낸 처사적 문학이었다.

③ **패관문학** : 민간에 구전되는 이야기를 일부 고쳐 한문으로 기록한 것으로 이규보의 백운소설과 이제현의 역옹패설이 대표작이다.

④ **설화문학** : 사물을 의인화하여 일대기로 구성한 가전체 문학으로 이규보의 '국선생전', 이곡의 '죽부인전', 석식영암의 '정시자전' 등은 현실을 합리적으로 파악하려는 경향을 띠었다.

⑤ **한시**

㉠ **이인로** : 두보의 영향을 받아 세련된 한시를 지어 명성을 얻었다.

㉡ **이규보** : 장편 서사시인 「동명왕편」을 지으면서 종래의 한문학 경향에 구애를 받지 않고 자유로운 문체를 구사하여 새로운 문학세계를 추구하였다.

㉢ **진화** : "송은 이미 쇠퇴하고 북방 오랑캐(여진족)는 아직 미개하니 앉아서 기다려라. 문명의 아침은 동쪽(고려)의 하늘을 빛내고자 한다."라는 내용의 시를 지어 고려 문화에 대한 자신감을 역설하였다.

(3) 민 중

① **작품** : 장가(속요)가 유행하였는데 청산별곡, 쌍화점, 동동, 처용가, 가시리 등이 있다.

② **특징** : 작가가 분명하지 않으며, 대부분은 토속적이고 서민의 감정을 대담하고 자유 분방한 형식으로 드러내어 시가 분야의 새로운 경지를 열었다.

03 건축과 조각

❶ 건 축

(1) 고려 전기

① 특징

㉠ **경사지대에 층단식** : 외관이 웅장하게 보였다.

㉡ **일조각도 조절** : 지붕과 주춧돌이 30°도로 조정하였다.

㉢ **엔타시스 양식** : 배흘림 기둥양식으로 안정감을 보여 준다.

㉣ **두공 양식** : 주심포 양식으로 지붕의 하중을 골고루 기둥에 전달하는 기능을 하였다.

개성 만월대 터

② 대표적 건축

㉠ **궁궐 건축** : 개성 만월대의 궁궐 터를 통해 웅대한 모습을 살필 수 있다.

㉡ **사원 건축** : 현화사, 흥왕사 등이 유명한데 특히, 흥왕사는 12년에 걸쳐 막대한 인원과 경비를 들여 지은 장엄한 사원이었다고 하나 현재 부전한다.

(2) 고려 후기

① 경향

㉠ **단아하고 세련된 특성 표현** : 현존하는 목조 건물들은 균형 잡힌 외관과 잘 짜여진 각 부분들을 치밀하게 배치하였다.

㉡ **다포 양식의 등장** : 주심포 양식위에 원의 영향을 받은 다포 양식이 새로이 도입되어 중후하고 장엄한 모습을 띠었다.

주심포 양식 / 다포 양식

주심포 양식

기둥위에만 공포를 짜 올리는 양식으로 집의 하중이 공포를 통해 기둥에만 전달된다. 건축은 간소하고 명쾌한 느낌을 주며 기둥은 굵고 배흘림이 많은 경향을 보인다.

다포 양식

기둥 위 뿐만 아니라 기둥사이에도 공포를 짜 올리는 양식으로 집의 하중이 기둥과 평방의 공포를 통해 벽 전체에 분산되도록 하기 위한 것이며, 웅장하고 거대한 건축물을 축조할 때 용이하였다.

② 현존 건축물

㉠ **봉정사 극락전(안동)** : 통일 신라의 건축 양식을 반영한 현존 가장 오래된 목조 건물로 맞배 지붕과 주심포 양식을 하고 있다.

㉡ **부석사 무량수전(영주)** : 고려 후기 대표적인 목조건물로 팔작지붕과 배흘림 기둥 및 주심포 양식을 하고 있다.

㉢ **부석사 조사당(영주)** : 의상조사의 진영(眞影)을 봉안했던 곳으로 사천왕상, 보살상 등의 벽화가 있다.

㉣ **수덕사 대웅전(예산)** : 백제의 건축양식을 반영한 건물로 맞배지붕과 주심포의 양식으로 건물 내부에 사실적인 벽화가 있다. 부석사 무량수전과 더불어 주변 자연과 어우러진 외관과 잘 다듬은 각 부재의 배치가 만들어 내는 경건한 내부 공간으로 유명하다.

안동 봉정사 극락전

영주 부석사 무량수전

예산 수덕사 대웅전

㉤ **성불사 응진전(사리원)** : 원의 영향을 받은 다포양식으로 조선시대의 건축 양식에 큰 영향을 끼쳤다.

㉥ **심원사 보광전(황주)** : 다포양식으로 원의 영향을 받았다.

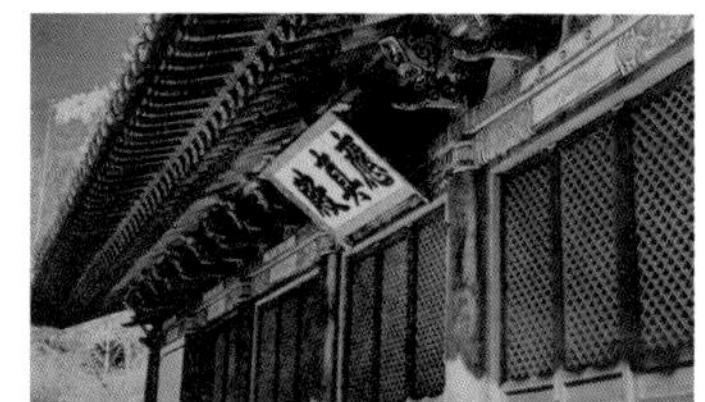
사리원 성불사 응진전

❷ 석 탑

(1) 경 향

불교의 교세가 고려시대에 와서 절정에 이름으로써 국가적, 개인적 차원에서 수많은 탑이 건립되었는데 대부분은 석탑이었다.

(2) 양 식

① **다양한 형태** : 신라 양식을 일부 계승하면서도 그 위에 독자적인 조형을 가미하였다.

② **다각 다층탑** : 기존의 네모꼴에서 6각, 8각 등의 다각형과 5층, 7층, 9층, 13층의 다층으로 변화를 보이고 있다. 불일사 5층석탑, 현화사 7층석탑, 월정사의 8각 9층 석탑, 보현사 8각 13층 석탑 등이 있다.

③ **삼국의 전통 계승** : 삼국의 수도를 중심으로 삼국의 양식을 따른 탑들이 부활하는 경향을 보였다.

㉠ **신라 지역** : 불국사 석가탑과 같은 유형의 탑이 많이 제작되었다.

㉡ **백제 지역** : 정림사지 5층 석탑을 닮은 충남 부여의 무량사 5층 석탑과 전북 익산의 왕궁리 5층 석탑 등이 있다.

④ **안정감의 부족** : 조형 감각면에서는 신라시대의 석탑에 비해 다소 떨어지는 느낌이 있지만 형식에 구애받지 않아 자유스러움의 모습을 보여주고 있다.

⑤ **원 양식의 영향** : 경천사지 10층 석탑(충목왕 4, 국립중앙박물관)과 같은 세련된 석탑이 등장하였는데 이는 조선 세조 때의 원각사지 10층 석탑으로 이어졌다.

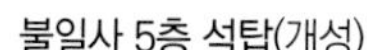

불일사 5층 석탑(개성)

무량사 5층 석탑(부여)

월정사 8각 9층 석탑(평창)

경천사 10층 석탑

❸ 승 탑

(1) 특 징

선종의 유행과 관련하여 만들어졌으며, 조형예술의 중요한 부분을 차지하였다.

(2) 양 식

① **팔각원당형** : 신라 하대 승탑의 전형적인 형태를 계승한 것으로 고달사지의 원종대사 혜진탑(여주), 흥법사 진공대사탑(원주) 등이 있는데 모두 국립 중앙박물관에 보관되어 있다. 이외에 구례 연곡사지 부도와 공주 갑사 부도가 있다.

② 특이한 형태

㉠ **정토사 홍법국사 실상탑(충주)** : 탑신이 공 모양의 한 개의 돌로 만들어진 것으로 국립중앙박물관에 있다.

㉡ **법천사 지광국사 현묘탑(원주)** : 4각형 몸체에다 갑석에 화려한 장막을 드리우고 있으며, 현재 경복궁 안에 있다.

㉢ **거돈사 원공국사 승묘탑(원주)** : 규모가 위축되고 형식화되었지만 조형의 비례가 정제되고 중후한 품격을 풍긴다. 용산 국립중앙박물관에 소장되어 있다.

③ **석종형** : 통일신라 때부터 시작하여 고려 초기에 이어졌는데 특히, 고려 말에 많이 만들어지고 그 형태도 다양해졌다. 대표적으로 신륵사 보제존자 나옹화상 승탑과 금산사 승탑 등이 있다.

고달사지 원종대사승탑(여주)

홍법국사 실상탑(충주)

법천사 지광국사 현묘탑(원주)

나옹화상 승탑(여주 신륵사)

❹ 불 상

(1) 특 징

① **신라말 형식 계승** : 균형을 이루지 못하여 조형미가 다소 부족한 것이 많았지만 독특한 고려 양식을 키워 나갔다.

② **석불과 금동불이 주류** : 대형 철불의 제작도 행해졌으며, 시기와 지역에 따라 독특한 모습을 보여 주었다.

(2) 고려 전기

호족들의 불교 후원과 연관되어 지방에 따라 특징적인 불상군이 조성되었다.

(3) 고려 후기

① **특징** : 고려 초기에 형성된 조각 양식이 좀 더 큰 영향력을 지니면서 부드럽고 온화한 조형양식을 발전시켜 나갔다.

② **대표적인 불상**

㉠ **부석사 소조(塑造)아미타여래 좌상(영주)** : 신라의 전통 양식을 계승한 것으로 고려시대 대표적 불상이다.

㉡ **하남 하사창동 철조여래좌상(광주 춘궁리 철불)** : 호족 세력의 근거지에 만들어졌다.

㉢ **관촉사 석조 미륵보살 입상(논산), 이천동 석불(안동)** : 사람들이 많이 지나가는 길목에 거대한 불상들이 건립되어 지역 특색이 잘 드러나며, 거대함과 신통성은 보는 이를 압도하지만 신라에 비해 조각술과 조형 감각이 크게 떨어지며 신체의 균형을 이루지 못하였다.

영주 부석사 소조아미타여래좌상

하남 하사창동 철조여래좌상

논산 관촉사 석조미륵보살입상

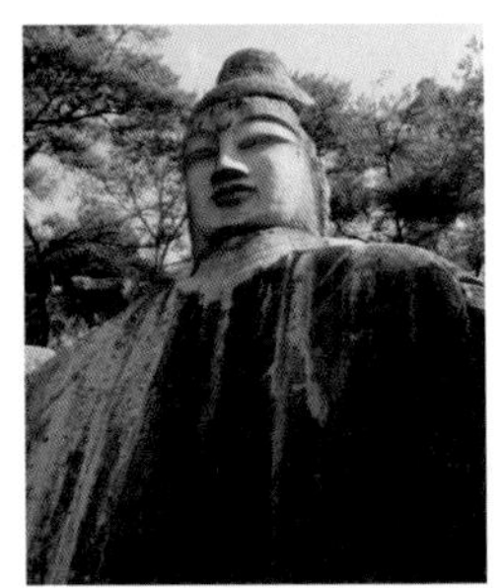
안동 이천동 석불

04 공 예

❶ 특 징

고려시대의 미술분야에서 돋보이는 분야로 귀족들의 생활도구와 불교의식에 사용되는 불구(佛具) 등을 중심으로 크게 발전하였다.

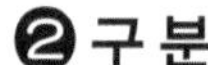

❷ 구 분

(1) 고려자기

① **의미** : 고려시대의 공예 중에서 가장 뛰어난 분야이다.

② **종류**

㉠ **청자** : 신라와 발해의 전통과 기술을 토대로 송의 자기 기술을 받아들여 귀족사회의 전성기인 11세기에 독자적인 경지를 개척하였다.

㉮ 다양한 형태와 그윽한 멋과 함께 비취색이 나는 자기로 중국인들도 천하의 명품으로 손꼽을 정도로 가장 이름이 났다.

㉯ 고상한 무늬는 자연에 뿌리를 두고 있는 우리 민족의 정취를 풍기고 있다.

고려도경(高麗圖經)

원명은 「선화봉사고려도경」으로 송의 사신 서긍이 인종(1123) 때 개경에 머물면서 보고 들은 바를 기록한 견문록이다. "도자기의 빛깔이 푸른 것을 고려 사람들은 비색이라 부른다. 근년에 와서 만드는 솜씨가 교묘하고 빛깔도 더욱 예뻐졌다. … 사자모양을 한 도제 향로(산예출향)는 귀면장식이 있고 아래에는 연꽃이 그것을 받치고 있다. 여러 기물 가운데 오직 이것이 가장 정절하며, 역시 비색이다 …" 라는 등의 기록을 통해 고려청자의 우수성을 극찬하였다.

㉡ **상감청자** : 12세기 중엽에서 강화도에 도읍을 한 13세기 중엽까지 주류를 이룬 자기로 무늬를 훨씬 다양하고 화려하게 넣을 수 있는 고려의 독창적 상감법이 개발되어 활용되었다. 그러나, 원 간섭기에 원으로부터 북방 가마의 기술이 도입되면서 점차 소박한 분청사기로 바뀌어갔다.

상감청자 매병

③ **생산지** : 전라도 강진·부안·진안·강화도 등이 유명하였는데, 그 중 강진에서는 최고급의 청자를 만들어 중앙에 공급하기도 하였다.

(2) 금속공예

① **경향** : 불교 도구를 중심으로 크게 발전하였다.

② **은입사 기술**

㉠ **기법** : 송의 영향을 받은 것으로 청동기 표면을 파내고 실처럼 만든 은을 채워 넣어 무늬를 장식하였다.

㉡ **대표 작품** : 무늬를 새긴 청동 향로와 버드나무와 동물 무늬를 새긴 청동 은입사포류수금무늬 정병이 있다.

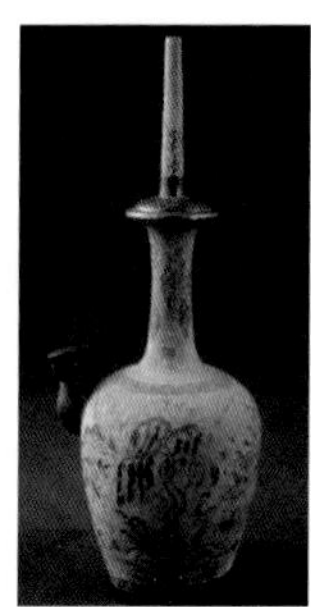
청동 은입사 포류수금문 정병

(3) 나전칠기 공예

① **기법** : 옻 칠한 바탕에 자개를 붙여 섬세하게 무늬를 나타낸 작품들에서 우리의 정서를 읽을 수 있다. 통일신라시대에 당에서 기술이 유입되었으나 오히려 고려에서 더 발달하였으며, 조선시대를 거쳐 현재까지 전하고 있다.

② **대표 작품** : 불경을 넣는 경함, 화장품갑, 문방구 등이 있다.

나전칠기

(4) 범 종

신라시대 양식을 계승하였으며, 화성의 용주사종·해남 대흥사에 있는 탑산사종·천안의 천흥사 종 등이 있다.

05 서예·회화

❶ 서 예

(1) 고려 전기

① **경향** : 왕희지체와 구양순체가 유행하였는데, 굳세고 힘찬 구양순체가 주류를 이루었다.

② **대표 서예가** : 유신, 탄연, 최우를 들 수 있는데, 특히 왕희지체의 대가인 탄연의 글씨가 뛰어났다.

(2) 고려 후기

① **경향** : 원나라 조맹부의 유려한 송설체가 유행하였다.

② **대표 서예가** : 충선왕 때의 이암과 이제현이 뛰어났다.

❷ 회 화

(1) 구 분

화원(도화원)에 소속된 전문 화원의 그림과 문인이나 승려의 문인화로 나뉘었다.

(2) 고려 전기

화가로는 인종 때 '예성강도'를 그린 이령과 그의 아들 이광필이 있었으나 그들의 작품은 전하지 않는다.

(3) 고려 후기

① **경향** : 왕실과 권문세족의 기복 요구를 불교가 수용하는 과정에서 불화가 많이 그려졌다.

② **구분**

㉠ **문인화(사군자)** : 현재 전해지는 것은 없다.

㉡ **천산대렵도(공민왕)** : 현존하고 있어 당시의 그림에 원나라 북화(굳세고 가벼우며 세밀함)의 영향을 받았음을 알 수 있다.

㉢ **불화** : 극락왕생을 기원하는 아미타불도, 지장보살도, 관음보살도가 많았으며, 대표적으로 혜허가 그린 수월관음도(양류관음도)가 일본에 전해 오고 있다.

㉣ **사경화** : 불교 경전을 필사하거나 인쇄할 때 맨 앞장에 그 경전의 내용을 알기 쉽게 그림으로 설명한 것이다.

㉤ **벽화** : 부석사 조사당 벽화의 사천왕상과 보살상이 있다.

천산대렵도(공민왕)

IV

한국 근세사

제 1 편

근세의 정치

제1장 근세사회의 성립과 전개

핵심 출제포인트

- 조선의 건국 과정을 고려말의 상황과 접목하여 정리해야 한다.
- 태조는 정도전의 주장과 활약, 태종은 왕권 강화 정책, 세종은 왕권과 신권의 조화를 중심으로 정리해야 하며 그 외 세조, 성종의 업적도 반드시 파악해야 할 내용이다.

01 조선의 건국

❶ 과 정

(1) 고려 말의 정치상황

① **사회 모순의 심화** : 공민왕 때의 개혁 정책 실패 이후 이인임, 염흥방, 임견비 등 친원파 권문세족들은 정치 권력을 독점하고 대토지 소유를 확대해 나가면서 정치 기강이 문란해지고 백성들의 생활이 극도로 어려워졌다.

② **홍건적과 왜구의 침입** : 북쪽으로는 2차에 걸친 홍건적의 침입으로 국왕(공민왕)이 복주(지금의 안동)로 피난을 가고, 남으로는 계속된 왜구의 침입으로 해안지방이 황폐화되고 있는 등 민심도 흉흉해지고 있었다.

③ **최영과 이성계의 갈등** : 우왕 때 이르러 권문세족의 토지 겸병이 더욱 확대되자 최영(권문세족 출신)이 이성계(신흥무인 출신)를 위시한 사대부의 지원으로 이인임 일파를 축출하였으나 개혁의 방향을 둘러싸고 갈등을 빚었다.

(2) 명(明)의 철령위 설치 통보

우왕 때 권문세족은 친원정책을 표방하면서 명(明)의 감정을 자극하자, 명은 우왕 14년(1388)에 원(元)의 쌍성총관부가 있었던 철령 이북에 철령위(鐵嶺衛)를 두고 이 땅을 명(明)의 직속령으로 삼겠다고 통고하여 왔다.

(3) 요동 정벌(1388)

① **원인** : 명(明)이 요령에서 철령까지 70참을 두는 철령위 설치를 통보하고 그 이북의 땅을 지배하겠다고 나서자, 고려 정부는 철령위 설치의 중계지점인 요동을 정벌하고자 하였다.

② **추진과 반대** : 명의 철령위 설치 통보에 대해 최영을 중심으로 요동정벌을 주장하는 쪽과 이성계를 중심으로 하는 세력은 4불가론을 내세워 요동정벌을 반대하는 쪽으로 하여 의견이 갈라졌다.

③ **단행** : 최영을 8도 도통사로 삼고, 좌군도통사에는 조민수(도통사)와 박위, 우군도통사에는 이성계(도통사)와 정지, 배극렴, 이원계 등 50,000여 명으로 편성되어 출병하였다.

① 소국(小國)이 대국(大國)을 거역함은 불가하다(以小逆大其不可).
② 여름에 군사를 일으킴은 불가하다(夏月發兵其不可).
③ 거국적으로 원정할 경우 왜구 침입의 우려가 있어 불가하다(擧國遠征倭乘其虛其不可).
④ 지금은 장마철이라 활이 눅고 무기가 녹슬며 군사들이 질병에 걸릴 우려가 있으니 불가하다(時方暑雨弩弓解膠大軍疾疫其不可).

(4) 위화도(威化島) 회군(1388)

① **경과** : 최영 등의 주장에 의해 정벌군이 파견되었으나 이성계는 위화도에서 회군하여 개경으로 돌아와 최영을 귀양보내어 죽이고 정권을 잡았다.

② **결과** : 이성계는 위화도 회군으로 군사적 실권을 장악하고 본격적인 개혁의 계기를 마련하였으며, 명과의 관계를 호전시켜 나갔다.

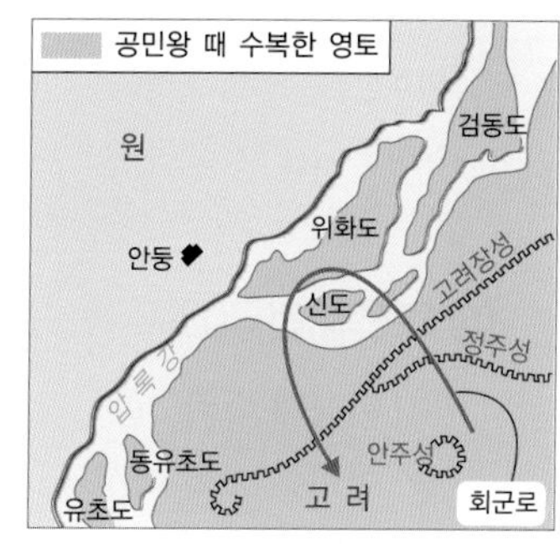

위화도 회군

❷ 조선 건국

(1) 폐가입진(1388)

이성계를 중심으로 한 급진개혁파는 우왕과 창왕을 잇따라 폐하고, 공양왕을 세우는 폐가입진(廢假立眞, 1389)을 단행하였다.

(2) 신진사대부의 분화

① **원인** : 신진사대부들 사이에 사회 모순에 대한 개혁의 방향을 둘러싸고 다른 의견이 존재하였다.

② **성격**

구 분	온건파 사대부	혁명파 사대부
중심인물	이색, 정몽주, 이숭인, 길재 등(경제·수적 우세)	정도전, 조준, 윤소종 등(경제·수적 열세)
개혁방향	고려 왕조 안에서의 점진적 개혁추진	고려 왕조를 부정하는 역성혁명 추진
군신관계	절대적인 군주관 견지	대의명분에 입각한 군주관 견지
인재선발	음서제·좌주 문생제 찬성	음서제·좌주 문생제 비판
토지개혁	사전의 문제점 개선 주장 (전면적인 토지 개혁은 반대 입장)	사전 자체의 혁파 주장 (권세가들에 의한 토지 사유의 축소 지향)
유학사상	성리학만 정학으로 인정	성리학의 정학 인정(周禮 수용)
군사력	군사력 미비로 혁명파 제거에 실패	이성계(신흥 무인세력), 농민 군사와 협력
계 승	사림파(16세기 이후 집권)	훈구파(15세기 집권)

(3) 전제개혁(과전법, 1391)

혁명파는 전제개혁에 반대한 조민수를 대사헌 조준의 탄핵으로 귀양보내고, 과전법을 공포하여 권문세족의 경제기반을 무너뜨리고 자신들의 지지 기반을 확대하였다.

(4) 온건파 사대부의 제거

혁명파는 역성혁명을 반대하던 정몽주 등을 비롯한 온건파 사대부를 제거하고 도평의사사를 장악하였다.

사료읽기

이방원, 정몽주

이방원(하여가)	정몽주(단심가)
이런들 어떠하리 저런들 어떠하리	이 몸이 죽고 죽어 일백년 고쳐 죽어
만수산 드렁칡이 얽혀진들 어떠하리	백골이 진토되어 넋이라도 있고 없고
우리도 이같이 얽혀져 백년까지 누리리라	임 향한 일편단심이야 가실 줄이 있으랴

(5) 조선의 건국(1392. 7)

① **이성계 즉위** : 공양왕을 세워 정치적 실권을 장악한 정몽주, 이색 일파를 제거한 후 도평의사사의 합의를 거쳐 이성계가 왕으로 즉위하였다.

② **국호의 제정** : 고조선을 계승한다는 의미로 "조선(朝鮮)"으로 고쳐 고려시대 삼국 유민(遺民)의식을 극복하였으며, 풍수지리설의 남경길지설에 의거하여 새 궁궐을 지어 한양으로 천도하였다(1394. 11).

③ **한양의 입지**

㉠ **정치적** : 한반도의 중앙에 위치하여 전국을 통치하기 유리한 곳이다.

㉡ **경제적** : 남쪽으로 한강이 흐르고 있어 풍부한 물과 수로 교통이 편리한 곳이다.

㉢ **군사적** : 한양 주변은 높은 산으로 둘러쌓여 외적의 방어에 유리한 곳이다.

㉣ **문화적** : 고구려, 백제, 신라가 각각 일정기간 점령한 곳으로 삼국의 문화가 고루 스며들어 문화적인 이질감이 없는 곳이다.

한양 도성도

㉤ **사상적** : 풍수지리설의 남경길지설이 반영되어 길지(吉地)로 알려진 곳이다.

02 통치 체제의 정비

❶ 태조(1392~1398)

(1) 건국의 정당성 강조

① **목적** : 고려의 그늘에서 벗어나고 왕실의 권위를 높이기 위하여 새 국가가 하늘의 명(命)을 받고 백성들의 지지를 받아 세워졌음을 강조하였다.

② **국호의 제정과 천도(遷都)** : 국호를 '조선'으로 하여 선포하고, 교통과 국방의 중심지인 한양으로 도읍을 옮겼다(1394).

③ **도읍의 기틀 마련** : 한양에 도성을 쌓고 경복궁을 비롯한 궁궐, 종묘, 사직, 관아, 학교, 시장, 도로 등을 설치하였다.

조선 태조 어진

도성의 4대문과 4소문

① 4대문 : 숭례문(남대문), 흥인지문(동대문), 돈의문(서대문), 소지문(숙정문, 북문)
② 4소문 : 소의문(서소문), 창의문(북소문), 혜화문(동소문), 광희문(남소문)

(2) 정도전의 개혁 정치

① **활동** : 남은과 함께 개국공신으로 여러 저술을 통해 새 국가의 기초를 다졌으나, 제1차 왕자의 난 때 이방원 세력에 의해 피살되었다.

② **「조선경국전」, 「경제문감」** : 민본적 통치규범을 마련하였다.

③ **「불씨잡변」, 「심기리편」** : 불교와 도교를 비판하고 성리학을 통치이념으로 확립하였다.

④ **재상중심의 정치 주장** : 훌륭한 재상을 선택하여 재상에게 정치의 실권을 부여한 후 위로는 임금을 받들어 올바르게 인도하고, 아래로는 백관을 통괄하여 만민을 다스리는 중책을 부여하자고 주장하였다.

❷ 태종(1400~1418)

(1) 국왕 중심의 통치체제 정비

① 6조 직계제 실시

㉠ 의정부의 기능을 약화시키고, 6조의 기능이 신장되어 정무처리 권한이 크게 강화되었다.

㉡ 정무 처리과정이 왕 ⇨ 6조 ⇨ 속아문으로 연결되었다.

② **관제 정비** : 6조의 장관인 판서를 정2품으로 격상하고, 각 조에 속아문을 두어 사무를 분장케 하였다.

③ **승정원과 의금부 설치** : 왕권의 강화와 유지를 위한 핵심기관이다.

④ **사병(私兵)제도 폐지** : 국왕이 군사 지휘권을 장악하면서 친위 군사를 늘렸다.

⑤ **외척과 종친의 영향력 약화** : 외척과 종친의 정치적 영향력을 약화시켰다.

⑥ **유교 진흥책** : 5부 학당을 설립하고, 문신을 친히 시험하는 제도를 운영하였다.

⑦ **주자소 설치** : 조선 최초의 동활자인 계미자를 만들었다.

⑧ **성리학적 규범 강화** : 서얼차대법과 재가금지법을 제정하였다.

⑨ **신문고 설치** : 대궐문 위에 매달아 놓은 북으로 백성이 억울한 사정을 고발하는 제도로서 오늘날의 항고와 비슷한 제도로 의금부에서 주관하였으며, 하극상을 금하였기 때문에 널리 활용되지는 못하였다.

⑩ **기타** : 아악서와 사섬서를 설치하여 음악을 정리하고, 저화를 발행하였다.

(2) 경제 기반의 확보

① 호패법 실시(1413)

㉠ 목적 : 유민의 방지와 민정의 수를 조사하여 군역과 요역대상자의 파악하고 직업과 신분을 명확히 구분하기 위한 일종의 신분증제도로 신분에 따라서 재질이나 기록 내용이 달랐다.

㉡ 대상 : 양반에서부터 노비까지 16세 이상의 모든 남자에게 발급하였다.

호패

㉢ 관리 : 중앙은 한성부가, 지방은 관찰사와 수령이 관할하였다.

② 양전사업 실시 : 20년마다 실시하여 양안을 작성하였다.

③ 호구 파악 : 3년에 한 번씩 호적대장을 작성하여 호구를 파악하였다.

④ 불교 억압 : 사원전과 사원의 노비를 몰수하여 국가의 재산으로 귀속시켰다.

⑤ 노비변정사업 확대 : 억울한 노비를 조사하여 해방시켜 국가 재정의 인적기반을 증대시켰다.

❸ 세종(1418~1450)

(1) 배 경

정치적으로 안정된 왕권과 경제력을 바탕으로 단행되었다.

(2) 집현전의 확장 정비

① 역할 : 궁중 안에 설치한 정책 연구기관으로 일반 관리보다 우대하였으며, 인재의 양성과 문풍의 진작 및 학문연구와 아울러 경연에 참여하여 국왕의 통치를 자문하였다.

② 변천 : 세조 2년(1456)에 단종의 복위 사건을 계기로 폐지되었다가, 성종 때 홍문관으로 설치되어 기능을 대신하였다.

(3) 왕권과 신권의 조화 노력

① 의정부 서사제(署事制) : 정무를 6조에서 기초해서 의정부에서 정책을 심의한 후 왕의 재결을 받아 6조로 보내어 시행하게 하는 의정부의 의정권으로 왕의 권한을 의정부에 많이 넘겨주었다.

② 재상의 권한 확대 : 훌륭한 인물을 재상으로 등용하여 정치를 맡기고자 하였다.

③ 국왕의 중요 국사 처리 : 인사와 군사에 관한 일은 세종이 직접 처리하였다.

(4) 유교 윤리 정착

① 국가 행사 : 5례(五禮)에 따라 유교식으로 거행하였다.

② 사대부 : 「주자가례」에 따라 4례(四禮 : 관·혼·상·제)를 행하도록 하였다.

(5) 유교적 민본사상 실현

① 인재의 등용 : 유능한 인재의 발굴과 청백리 재상을 등용하여 깨끗한 정치를 실현하려 하였다.

② **기타** : 유능한 인재는 신분에 관계없이 발탁하여 등용하였으며(장영실), 잡직이라는 전문직을 천인층에게도 개방하였다.

③ **백성의 여론 존중** : 중요한 사안의 결정에는 조정의 신하는 물론 지방의 촌민에게서도 의견을 들으려 하였다.

(6) 민생안정책

① **조세제도 개혁** : 공법(貢法)을 제정하여 공법상정소를 두고 연분 9등법을, 전제상정소를 두고 전분 6등법을 시행하여 전세률을 낮추고 세금을 공평하게 부과하였다.

② **노비의 지위 개선** : 노비에 대한 주인의 사적인 사형을 금지시켰고, 여자 종의 출산휴가제를 실시하였다.

③ **천인의 양인 승격** : 재인, 화척을 신백정(新白丁)이라 하여 양인화하였다.

④ **빈민 구제책 실시** : 의창제를 실시하였다.

⑤ **기타** : 사형수에 대한 복심제(覆審制)를 도입하고 감옥 시설을 개선하였다.

❹ 세조(1455~1468)

(1) 계유정난(癸酉靖難, 1453)

① **배경** : 세종 이후 문종과 단종 때 왕권이 약화되어 김종서, 황보인 등의 재상이 정치의 실권을 장악하였다.

② **결과** : 수양대군이 권람, 한명회 등과 함께 김종서, 황보인 등을 축출한 후 정치적 실권을 장악하고 단종을 강원도 영월에 귀양 보낸 뒤 왕위를 찬탈하였다.

(2) 왕권 강화 추진

① **6조직계제 복귀** : 조정의 권신을 억압하고 의정부의 정책 결정권을 약화시켰다.

② **공신, 언관들의 견제** : 집현전과 경연을 폐지했으며, 정치 참여가 제한되었던 종친들을 등용하였다.

③ **단종 복위자 처형** : 사육신(성삼문, 이개, 하위지, 박팽년, 유성원, 유응부)을 참형에 처하였다.

④ **유교 이념의 억압** : 유교 대신에 민족 신앙과 도교, 그리고 법가의 이념을 존중하였다.

(3) 경국대전 편찬 시작

① **배경** : 국가의 통치체제를 확립하기 위하여 항구적으로 사용할 체계적인 법전 편찬이 목적이었다.

② **내용** : 역대의 법전과 각종 명령 등을 종합하여 법전을 편찬하기 시작하여 호전과 형전이 제정되었다.

(4) 개혁 정치에 대한 반발

① **이징옥의 난(1453)** : 함길도의 도절제사로 계유정난에 대한 불만을 갖고 종성의 야인들의 후원을 얻어 일어나 대금황제라 칭하였으나 정종(鄭種) 등이 진압하였다.

② **이시애의 난(1467)** : 세조의 전제정치 강화에 반대하여 회령부사 이시애가 길주에서 일으켰으며, 유향품관이 이에 가담하였다고 하여 유향소가 폐지되었다.

❺ 성종(1469~1494) : 국가 문물제도의 완성

(1) 유교 문화의 활성화

① **사림파 등용** : 세조 이래 비대해진 훈구파 세력을 견제하기 위해 언론 문한직인 3사에 포진시켜 의정부 대신들을 견제케 하였다.

② **경연의 활성** : 홍문관을 두어 관원 모두에게 경연관을 겸하게 함으로써 집현전을 계승하였으며, 정승을 비롯한 주요 관리들이 다수 경연에 참여할 수 있게 하였다.

③ **도첩제 폐지** : 유교적 이상정치를 추구하기 위해 승려의 출가를 금지하였다.

④ **향청(유향소) 부활** : 세조 때 이시애의 난을 계기로 폐지된 유향소를 국가 주도의 향청으로 부활하여 지방의 여론을 수렴하는 기능을 하자 향촌 양반들은 유향소 폐지 운동을 전개하기도 하였다.

(2) 통치제도의 정비

① **경국대전 반포** : 집권체제가 정비되고 유교적 법치국가의 면모를 갖추게 되었다.

② **편찬사업** : 동국여지승람, 동문선, 동국통감, 삼국사절요, 고려사절요, 악학궤범 등이 완성되었다.

③ **관수관급제 실시** : 관료의 수조권을 국가가 대신함으로써 국가의 토지에 대한 지배력이 강화되었다.

(3) 여진족의 정벌

윤필상은 압록강 방면, 허종은 두만강 방면의 야인을 정벌하였다.

제2장 통치 체제의 정비

핵심 출제포인트

- 중앙 통치 기구의 특징과 왕권을 위한 기구(의금부, 승정원), 신권을 위한 기구 (의정부, 삼사)의 역할을 구분하여 학습해야 한다.
- 지방 행정조직은 고려시대와 비교하여 중앙집권화가 어떻게 이루어 졌는지 그 특징을 파악해야 한다.
- 군역제도와 군사제도 및 교육·과거제도의 운영 형태를 학습해야 한다.

01 중앙 정치제도

❶ 관직 체계

(1) 구성

문반과 무반의 양반으로 구성되었고, 18품으로 나뉘었다.

(2) 계서(階序)

① **문무 18품** : 정1품에서 종9품까지 18품으로 나누고, 6품 이상은 각 품계마다 상·하로 구분하여 총 30단계의 위계로 운영되었다.

② **품계** : 종4품까지는 '대부(大夫)'의 품계를 가지며, 정5품 이하는 '랑(郎)'의 품계를 갖는다.

❷ 관 직

(1) 경관직

① **특징** : 도평의사사가 의정부로 개편되면서 모든 권력이 왕권을 중심으로 세분되었는데 행정권은 의정부로, 군사권은 삼군부로, 간쟁권은 삼사로, 재정권은 호조로, 왕명 출납권은 승정원으로 그 기능이 이관되었다.

② **의정부** : 최고 통치기관으로 합의를 통하여 모든 국정을 총괄하였다.

③ **6조** : 의정부 아래에서 직능에 따라 왕의 명령을 집행하였다.

㉠ **구성** : 장관은 판서(判書, 정2품)이며, 참판(종2품) 등의 관원이 소속되어 국정회의에 정승과 합석하여 정책을 논의하였으며, 각 조마다 업무를 분담 관장하는 속아문제가 정립되었다.

㉡ **회의 명칭** : 상참(常參, 매일하는 회의로 의정부·6조·3사의 고급관원 참석), 윤대(輪臺, 매일하는 회의로 중급관원 참석), 차대(次臺, 매월 부정기적인 회의로 고급관원과 원임대신 참석)가 있었다.

④ **언론·학술기구(3사)** : 판서나 정승에 오르는 청요직(淸要職)으로 인식되었으며 풍문거핵(風聞去核, 소문으로 들은 사실에 대해서도 탄핵할 수 있는 권한), 불문언근(不問言根, 소문의 근원이 어디에서 나왔는지 밝히지 않아도 되는 관행), 피혐(避嫌, 논의의 공정성을 확보하기 위해 작은 혐의라도 피할수 있는 것)의 특권이 있었다.

㉠ **사헌부(霜臺, 대사헌, 종2품)** : 시정(時政)의 논의와 백관의 규찰 및 기강과 풍속을 바로잡고, 억울한 일을 없애주는 일을 담당하였다.

㉡ **사간원(諫院, 대사간, 정3품)** : 국왕에 대한 간쟁(諫諍)과 논박(論駁)을 담당하였으며, 사헌부와 함께 서경권을 가지고 있어 관리임명에 신분, 경력 등을 조사하여 그 승인에 관여하였다.

㉢ **홍문관(玉堂, 대제학, 정2품)** : 유교의 학문적 연구를 토대로 하여 왕의 정책결정을 자문하고 교지 작성을 맡았다.

사료읽기

대관·간관(대간)

대간은 마땅히 위엄과 명망이 우선되어야 하고 탄핵은 뒤에 하여야 한다. 왜냐하면 위엄과 명망이 있는 자는 비록 종일토록 말하지 않더라도 사람들이 스스로 두려워 복종할 것이요, 이것이 없는 자는 날마다 수많은 글을 올린다 하더라도 사람들은 더욱 두려워하지 않기 때문이다. 대개 강인한 뜻과 정직한 지조가 본래 사람들에게 알려지지 못한 채 한갓 탄핵만으로 여러 신하들을 두렵게 하고 안과 밖을 깨끗이 하려 한다면 기강은 떨쳐지지 못하고 원망과 비방이 먼저 일어날까 두렵다. … 천하의 득실과 백성들을 이해하고 사직의 모든 일을 간섭하고 일정한 직책에 얽메이지 않는 것은 홀로 재상만이 행할 수 있으며 간관만이 말할 수 있을 뿐이니, 간관의 지위는 비록 낮지만 직무는 재상과 대등하다. 》「삼봉집」

⑤ **의금부** : 국왕의 특명에 의해 국가의 큰 죄인을 다스렸다(판사, 종1품).

⑥ **승정원(銀臺)** : 왕명의 출납을 담당한 국왕의 비서기관이다(도승지, 정3품).

⑦ **한성부** : 서울의 행정과 치안을 담당하였으며, 장관을 한성판윤(정2품)이라 하였다.

⑧ **춘추관** : 실록과 역사서를 편찬하였다(시사, 정2품). ⇦ 태조 때 예문춘추관이 태종 때 분리

⑨ **성균관** : 최고의 국립 대학 교육기관이었다.

(2) 중앙 정치제도의 특징

① **행정의 전문성** : 6조 아래에 있는 각 속아문에서 업무를 나누어 분담하였다.

② **업무의 조정과 통일적인 정책** : 의정부와 6조의 고관들이 중요 정책회의에 참여하거나 경연에서 정책을 협의하였다.

③ 겸직제의 발달

㉠ **당상관** : 중앙과 지방 관청의 중요 자리를 겸임하였다.

㉡ **관찰사** : 병마(兵馬), 수군(水軍) 절도사를 겸직하였다.

④ 양반 내부의 차별 심화

㉠ 문·무반 내에서도 문반이 우대받고, 외직보다 경직이 중시되었다.

㉡ 평안도, 함경도 출신의 양반은 국초부터 고관직 등용이 쉽지 않았다(지방적 차별).

⑤ **인사고과 반영(고과제)** : 당상관이 6개월마다 당하관의 근무성적을 평가하는 제도로 승진시 능력평가제를 활용하였다.

02 지방 행정조직

❶ 구분

(1) 8도

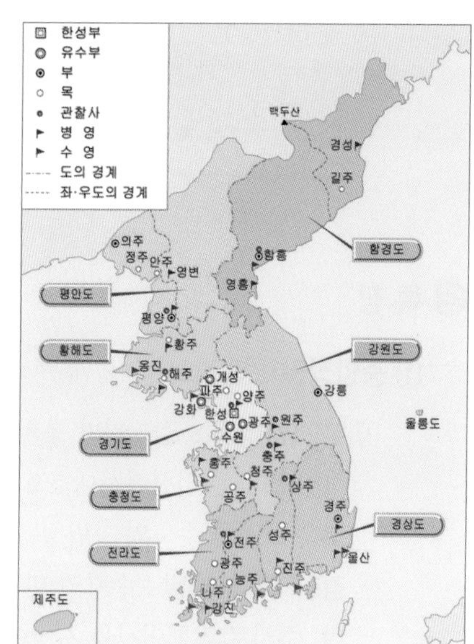

조선의 8도

① **편성** : 경기, 충청, 경상, 전라, 황해, 평안, 강원, 함경 도이며, 지방의 최고 행정조직이다.

② **장관** : 관찰사(감사, 방백)

㉠ **임기** : 360일(1년)이었다.

㉡ **권한** : 행정권, 사법권, 군사권의 관장과 수령의 행정을 감찰하고 1년에 두 번씩 이들의 근무 성적을 평가하여 중앙에 보고하였다(포폄제).

(2) 부·목·군·현

① **구획 기준** : 고을의 인구와 토지의 크기에 따라 구분하였으며, 지방 행정의 중심이 되었다.

② **장관** : 수령[부윤(종2품), 목사(정3품), 부사(종3품), 군수(종4품~5품), 현령(종5품), 현감(종6품)을 통칭한다(별명 : 성주, 지주, 원님, 사또)].

㉠ **임기** : 1,800일(5년)이었으나, 가족을 동반하지 않거나 정3품 이상 당상관 수령의 임기는 900일이었다.

㉡ **권한** : 왕의 대리인으로 행정권, 사법권, 군사권을 가지고 있었으며, 백성들로부터 조세와 공물을 징수하였다.

㉢ **수령 7사** : 농업 진흥, 인구 증식, 군정 대비, 부역과 세금 징수의 공정, 교육 진흥, 치안 확보, 재판의 공정 등을 수행하였다.

③ **6방** : 중앙의 6조에 상응하는 조직으로 수령의 직무를 수행하기 위하여 모든 지방 행정 단위에 갖추어져 있었으며, 이곳에 향리를 소속시켜 수령의 행정 실무를 보좌하는 세습적인 아전으로 격하시켰다.

(3) 면(坊·社)·리·통

각각의 책임자인 풍헌(면장, 이정, 통주-신분은 양반)을 선임하였는데 이들은 수령의 명령을 받아 인구 파악과 부역 징발을 주로 담당하였다.

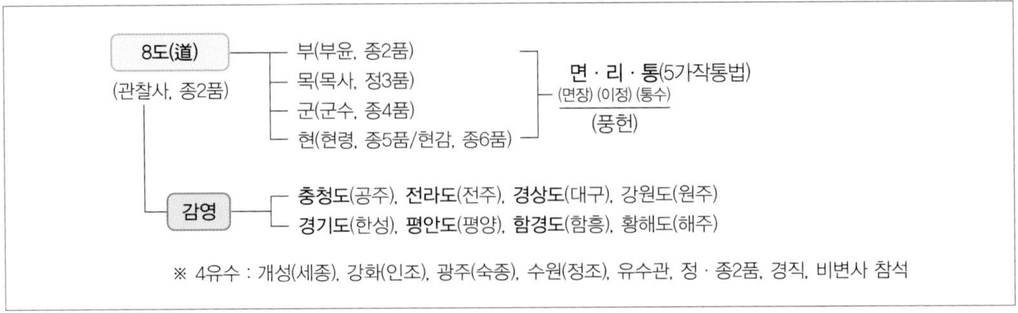

조선의 지방 행정 조직

❷ 특 징

(1) 중앙집권체제 강화

① **부도(副都)의 소멸** : 지방 통치의 기본 단위를 군현에 두고 군현을 중심으로 행정의 효율화를 추구하였으며, 통일신라시대 5소경, 고려시대 3경 등을 두었으나 조선 왕조가 소경(小京)을 두지 않은 것은 그만큼 수도의 자립성과 권위가 점차 높아진 것을 의미한다.

② **감찰제도의 발달** : 수령의 비행 견제와 백성들을 살피기 위하여 전국 8도에 관찰사를 파견하였으며, 수시로 암행어사를 지방에 보냈다.

③ **지방관의 견제 장치 마련**

㉠ **상피제 적용** : 부자나 형제가 같은 관청에 근무할 수 없고, 지방관이 자기의 출신지에 부임하지 못하는 원칙이다. 이는 친족들과의 연결을 막아 세력 확대를 통제하기 위한 의도였다.

㉡ **임기제 실시** : 관찰사는 360일, 수령은 1,800일로 임기를 제한하였다.

(2) 지방자치의 허용과 통제

① **유향소(留鄕所)** : 지방자치를 허용하기 위해 각 군현에 설치하였다.

㉠ **구성** : 향촌의 덕망있는 인사들로 구성하여 좌수(座首)와 별감(別監)을 선출하고, 자율적 규약을 제정하였다. 그들은 향회를 소집하고 여론을 수렴하면서 백성 교화와 수령의 비행 감시·보좌 및 향리를 규찰하며 지방 행정에 참여하여 오늘날 지방 의회와 유사한 기능을 가졌다.

㉡ **폐지** : 태종은 유향소가 수령권을 침탈하고 토호의 성향이 짙어짐에 따라, 세조는 이시애의 난에 함경도 유향품관들이 가담한 것을 계기로 폐지하였다.

㉢ **부활** : 세종은 수령과 향리들의 폐단이 야기함에 따라 부활되었고, 성종 때에는 관(官) 주도하에 부활하여 "향청"이라 명명하였다. 그러나 왜란 이후 선조 때 수령권의 강화 결과 비변사의 건의로 혁파되었다.

② **경재소(京在所)** : 각 지방 출신 중앙 관리로 구성되었다. 초기부터 수도에 두어 유향소와 정부 사이의 연락 기능을 맡게 함으로써 정부와 향촌을 연결시켜 유향소를 중앙에서 직접 통제할 수 있게 하였다.

③ **의의** : 재지사족(在地士族)과 향리들의 협조와 견제를 꾀하여 지방 통치의 효과를 높이자는 것으로 향촌자치를 허용하면서도 중앙집권을 효율적으로 강화할 수 있었다.

03 군역제도와 군사조직

❶ 군역 제도

(1) 원 칙

① **대상** : 16세이상 60세 이하의 모든 양인 남자는 누구나 군역의 부담을 지는 양인개병제 및 농병일치제를 원칙으로 하였다(현직관료, 학생, 향리는 군역 면제).

② **편성**

㉠ **정군(정병)** : 현역 군인으로 연간 2개월을 서울에서 중앙군으로 근무하거나, 연간 3개월을 국경 요충지에 배속되어 복무하였으며(평안도·함경도 정병), 복무 기간에 따라 품계를 받았다.

㉡ **보인(봉족)** : 정군의 비용을 부담하였다.

㉢ **직업군인** : 갑사·별시위·내금위 등으로 무예가 뛰어난 사람들이 시험을 봐서 들어왔다. 이들은 정식 무반으로 품계와 녹봉을 받았다.

(2) 보법(保法, 세조 10, 1464)

① **내용** : 양인개병제 하에서 3정(丁) 1호(戶)의 부작용을 제거하기 위해 "2정(丁)을 1보(保)로 하고, 전(田) 5결을 1정(丁)에 준하도록 하며, 노비의 자식도 봉족 수로 계산"하는 보법이 실시되었다.

② **결과** : 기존의 자연호 단위에서 벗어나 인정 수를 중심으로 하여 짜여짐에 따라 인정이 많으면 많은 보가 성립되고 단정(單丁)인 경우에는 다른 호(戶)와 보를 만들게 해서 군역의 공정을 기할 수 있게 되었다.

(3) 군적수포제(중종 36, 1541년)

① **내용** : 병조에서 군적을 작성하여 군적에 등재되면 12개월마다 군포 2필을 부과하여 이를 기반으로 군인을 사서 운영하였다.

② **결과**

㉠ 반·상간의 신분 구분이 뚜렷해졌다.

㉡ 상민의 군역 부담이 증가되었다.

㉢ 군역·군사제도의 붕괴를 초래하였다.

❷ 군사 조직

(1) 중앙군

① **군제 변천**

㉠ **태조** : 의흥삼군부를 설치하고, 사병 혁파를 시도하였다.

㉡ **태종** : 사병을 혁파하여 병권을 왕에게 귀속시켰다.

㉢ **세조** : 5위를 편성하고 이후 5위도총부를 설치하여 중앙군의 병권을 장악하였다.

② 5위

㉠ **임무** : 5위도총부를 중심으로 궁궐과 서울을 수비하였고, 문반 관료가 지휘 책임을 맡았다.

㉡ **구성** : 의흥위, 용양위, 호분위, 충좌위, 충무위로 구성되었다.

㉮ **정군** : 농민으로 구성된 의무병이며, 5위의 중심이었다.

㉯ **갑사·별시위·내금위** : 시험에 의하여 선발된 중앙군의 중심 병력으로 중앙에서는 왕궁과 서울의 수비를 맡고 지방에서는 하급지휘관이 되었다.

㉰ **특수군** : 왕족과 공신, 고급 관료들의 자제들로 편성되어 국왕의 호위와 시종, 왕궁의 경비를 담당하였으며 좋은 대우를 받았다.

㉢ **대우** : 갑사·별시위·내금위와 특수군은 고급군인으로서 복무 연한에 따라 품계와 녹봉을 받았으며, 정군도 복무기간에 따라 품계를 받기도 하였으나 종종 자신이 사용하는 무기나 복장을 스스로 마련하기도 하였다.

(2) 지방군(영진군)

정병을 근간으로 육군과 수군(육군에 비하여 힘들고 위험하였기 때문에 사람들은 복무하는 것을 매우 꺼림)으로 구성되었으며, 지방군의 일부는 교대로 수도에서 복무하게 하는 번상병제였다. 복무 연한에 따라 품계를 받기도 하였으며, 세조 이후에는 진관체제로 편성되었다.

(3) 잡색군

① **성격** : 태종 때 정비된 일종의 예비군으로 전직관료, 서리, 신량역천인, 향리, 교생, 공사노비 등 각계 각층의 장정들로 조직되었다(농민은 제외).

② **기능** : 평상시에는 본업에 종사하면서 일정한 기간동안 군사훈련을 받아 유사시에 향토 방위를 맡았으며, 임진왜란 때 의병을 조직하는데 유익하게 이용되었다.

(4) 진관체제(鎭管體制)

① **시기** : 세조 이후 전국의 육군과 수군을 지역 단위의 방위체제로 편성하였다.

② **운영** : 각 도에 하나 또는 두 개의 병영을 두어 병사(병마절도사)가 관할지역의 군대를 장악하여 주진(主鎭)이라 하고, 그 밑에 주요한 지역을 거진(巨鎭)으로, 그리고 그 주변지역에 제진(諸鎭)을 설치하여 거진(巨鎭)에 속하게 하였다.

(5) 조선 초기의 국방력

① **군사력** : 호적 조사 및 호패제도의 강화와 양인개병제의 원칙이 비교적 잘 지켜져서 세종과 세조 때에는 정규군이 15만명에서 30만명 정도였으며, 보인과 잡색군을 합하면 모두 80만명에서 100만명 정도가 있었다.

② **성과** : 세종 때에 쓰시마 섬을 정벌하고, 4군과 6진을 개척할 수 있었던 것은 이러한 국방력의 결과에 힘입은 것이라 하겠다.

❸ 교통·통신체제

(1) 정비 목적

방위체제의 효율적인 운영과 중앙집권 체제를 강화하기 위해 정비하였다.

(2) 봉수제

① **목적** : 군사적인 위급함을 알리고 신속하게 대응하기 위한 제도로 삼국시대부터 존재하였으며, 조선시대에는 전국에 673개의 봉수대를 설치하여 병조에서 운영하였다.

② **운영** : 낮에는 연기, 밤에는 불로하여 빠르게 소식을 전하게 하였다.

(3) 역원제

① **역** : 주요 도로 30리 마다 일정한 간격으로 설치하여 역마(驛馬)를 두어 중앙 관청의 공문 전달과 지방의 공납물 수송을 담당하는 교통기관으로 병조에서 관장하였다.

② **원** : 교통의 요지에 공무 여행자를 위해 설치한 관영 숙소로 전국에 1,000여 개가 존재하였다. 원주가 관할하였으며, 지명에 '원'자가 남아 있다(이태원, 장호원, 조치원, 퇴계원, 사리원 등).

(4) 조운제

현물로 징수한 세미(稅米)의 수송에 이용하였는데, 하천과 해안의 조창에서 중앙의 경창(용산, 서강)으로 운송하면서 문서 전달 등의 기능도 수행하였다.

04 교육 제도

❶ 특 징

(1) 관학 중심의 교육

유교이념에 기초한 조선 왕조는 교육의 효과를 높이고 학문의 심화를 위해 교육제도와 과거제도를 유기적으로 연계시키고 국가가 교육의 비용을 부담하였다.

(2) 사농일치 교육

원칙은 사농일치였으나 실제로 양반 자제를 대상으로 하여 농민의 자제는 교육의 기회가 적었으며, 정원제와 인구에 비례하여 학생 수를 조정하였다.

❷ 인문 교육

(1) 서 당

① **성격** : 전국 각지에 설치되어 있던 초등 교육기관으로 학문의 기초를 익혔다.

② **대상** : 7~16세 정도의 양반 자제들이 중심이 되어 천자문, 명심보감, 자치통감 등을 익혔다.

(2) 4학(중앙)

① **성격** : 서울의 동·서·남·중부에 설치한 중등 교육기관으로 수학 후 소과에 응시할수 있었다.

② **건물** : 명륜당과 재(齋)로 구성되었으며(문묘는 없음) 정원은 각 100명씩이었다.

(3) 향교(지방)

① **성격** : 지방에 설치된 중등 관학 교육기관으로 부·목·군·현에 각 1교씩 설립하였다.

② **정원** : 지방 행정 단위마다 달랐으나, 부·목에는 90~70명, 군에는 50명, 현에는 30명으로 한정하였다(16세기 이후로는 정원 외의 학생이 증가).

③ **교생** : 지방의 양반과 향리의 자제들이 주로 입학하였고, 농민의 자제에게도 허용되었다.

④ **건물** : 문묘, 명륜당, 제(齋)로 구성되었다.

(4) 성균관

① **기원** : 고려 후기 충렬왕 때 국학이 성균관으로 개칭되었고, 조선시대에 최고의 교육기관으로 유학을 학습하였다.

② **건물** : 명륜당(강의실), 문묘(공자 등 성현을 봉사하는 사당), 齋(동재와 서재로 유생의 기숙사), 존경각(도서관), 비천당(과거시험 장소) 등의 시설이 있었다.

성균관 명륜당

❸ 기술 교육

(1) 고려시대

국립대학인 국자감(율·서·산학)과 해당 관서에서 담당하였으며, 사천대(천문, 지리), 태의감(의학), 통문관(외국어), 태사국(음양, 도참)에서 담당하였다.

(2) 조선시대

중앙과 지방의 해당 관서에서 교육을 담당하였으며, 사역원(외국어), 전의감(의학), 관상감(천문·지리), 소격서(도교), 도화원(그림), 장악원(음악)이 있었는데 대체로 잡학(雜學)이라 하여 천시되었다.

05 관리 등용 제도

❶ 과거제도

(1) 종 류

① 소과(小科)

㉠ **초시** : 각 도의 인구를 비례로 생원과(경학 시험), 진사과(문학 시험)로 구분하여 선발하였다(각 과별 700명).

㉡ **복시** : 성적순으로 선발(각 과별 100명)하였다.

㉢ **합격자** : 합격자를 생원, 진사라 하였으며, 합격증서인 백패(白牌)를 수여하고 「사마방목(司馬榜目)」에 수록하였다. 이들은 성균관에 입학하거나 문과에 응시할 자격을 얻었다.

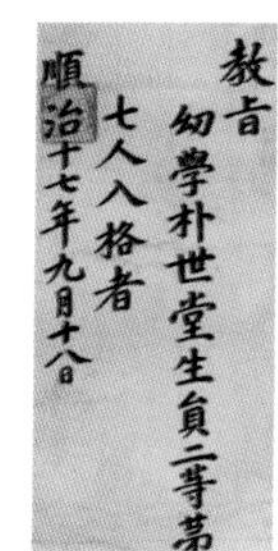

백패

② 문과(文科) : 예조에서 주관하였으며, 생원이나 진사 또는 성균관에서 원점(圓點)
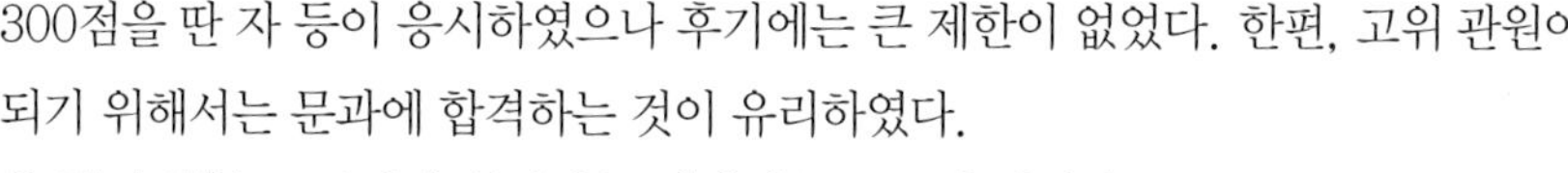
300점을 딴 자 등이 응시하였으나 후기에는 큰 제한이 없었다. 한편, 고위 관원이 되기 위해서는 문과에 합격하는 것이 유리하였다.

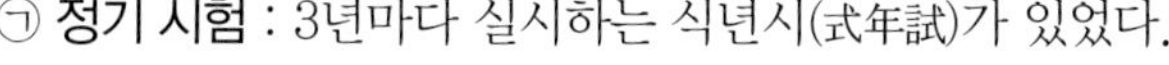
㉠ **정기 시험** : 3년마다 실시하는 식년시(式年試)가 있었다.

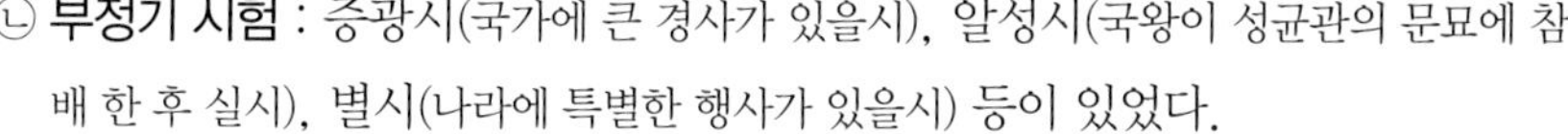
㉡ **부정기 시험** : 증광시(국가에 큰 경사가 있을시), 알성시(국왕이 성균관의 문묘에 참배 한 후 실시), 별시(나라에 특별한 행사가 있을시) 등이 있었다.

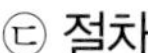
㉢ 절차

㉮ **초시** : 각 도의 인구 비례로 240명을 선발하였다.

㉯ **복시** : 초시 합격자 중 33명을 선발하여 홍패(紅牌)를 수여하고 「국조방목(國朝榜目)」에 수록하였다.

㉰ **전시** : 왕 앞에서 실시하여 갑(3인, 장원·방안·탐화), 을(7인), 병(23인)의 등급을 주어 그 등급에 따라 초시자인 경우 최고 종6품에서 최하 정9품의 벼슬을 주었다.

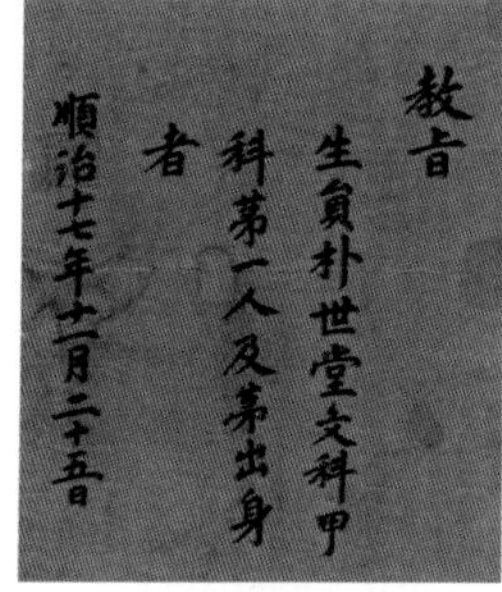

홍패

③ 무과(武科)

㉠ **주관** : 병조에서 담당하였으며, 식년시(3년)와 별시(수시)가 있었는데 이를 준비하는 공식적인 무술교육기관은 없었다.

㉡ 절차

㉮ **초시** : 각 도의 양반, 양인, 향리의 자제가 응시하여 190명을 선발하였다.

㉯ **복시** : 무예, 격구, 병서 등을 통해서 28명을 선발하였는데, 이들을 '선달(先達)'이라 하여 홍패(紅牌)를 수여하였다.

㉰ **전시** : 왕 앞에서 시험을 실시하여 갑과(3인), 을과(5인), 병과(20인)의 순위를 결정하였다.

㉢ **의의** : 무과의 실시는 문·무 양반제도가 확립되었음을 의미하는 것이다.

④ 잡과

㉠ **종류** : 역과(19명, 사역원-한학, 몽학, 왜학, 여진학), 율과(9명, 형조), 의과(9명, 전의감), 음양과(9명, 관상감)의 네 분야가 있었다.

㉡ **시험** : 식년시(3년마다 정기적으로 시행), 증광시(국가 경사시 보는 부정기 시험)가 있었다.

㉢ **절차** : 초시(1차 시험), 복시(2차 시험)의 2단계 시험을 거쳐 합격자에게는 합격증서인 백패(白牌)를 수여하였다.

(2) 특 징

① 현직 관리도 과거에 응시할 수 있었으며 이 경우 1~4계(階)까지 승진하였다.

② 문과에 합격하여도 관직에 등용되지 못하는 경우가 있었다.

③ 탐관오리의 아들, 재가한 여자의 자손, 서얼의 문과 응시는 제한하였다.

④ 관리 임용과정에서 양반 신분의 우위를 차지하기 위하여 양인 내에서도 차별을 두어 응시자는 호적과 4祖(父·祖·曾祖·外祖)를 기록한 보단자(保單字)를 제출하게 하였다.

❷ 특별 채용제도

(1) 천거(薦擧)

① **내용** : 과거를 거치지 않고 고관의 추천을 받아 간단한 시험을 치른 후 관직에 등용하는 제도이다.

② **특징** : 대개 기존의 관리들을 대상으로 하였고, 천거된 사람이 죄를 지으면 천거한 사람도 함께 처벌을 받아 천거에 신중을 기하였다.

(2) 음서(蔭敍)

① **내용** : 2품 이상 관리의 자제를 무시험으로 등용하는 제도이다.

② **특징** : 음서 출신자는 문과에 합격하지 않으면 고관으로 승진하기 어려웠는데 이는 고려시대에 비하여 능력이 중시되었음을 보여주는 사례이다.

(3) 취재(取才)

① **내용** : 재주가 부족하거나 나이가 많아 과거 응시가 어려운 사람들이 하급 전문직에 등용될 수 있는 특별 채용시험으로 급제 후 문과에 다시 응시할 수 있었다.

② **직종** : 서리, 역승, 도승, 훈도 등의 하급 전문직에 임용되었다.

(4) 기 타

① **이과(吏科)** : 서리·아전의 선발 시험으로 훈민정음이 필수과목이었다.

② **대가제(代加制)** : 당상관(정3품 통정대부) 이상이면 자신에게 부가된 자격을 아들·사위·형제·조카 중 한 사람에게 넘겨주는 제도로서 실직(實職)이 아닌 산직(散職)을 주는 것이며, 국가의 특별한 경사가 있을 때에만 시행되었다.

③ **현량과(賢良科)** : 조광조의 개혁정치 때에 실시한 제도로 유일(遺逸)을 추천·등용한 제도이다.

제3장 사림의 대두와 붕당정치

핵심 출제포인트

- 훈구와 사림의 성향을 구별하고 사화의 전개 과정과 내용을 파악해야 한다.
- 서원과 향약 등 사림의 세력기반을 정리해야 한다.

01 훈구와 사림

관학파(훈구)	사학파(사림)
• 급진개혁파(정도전,권근 등)	• 온건개혁파(정몽주, 길재 등)
• 조선 왕조 건국에 적극 참여(역성혁명)	• 조선 왕조 건국에 반대
• 성균관과 집현전을 통해서 양성	• 지방의 사학을 통해서 양성
• 왕도정치와 패도정치(⇨ 공리주의 지향)	• 왕도정치(⇨ 덕치와 인정의 바탕)
• 중앙 집권 체제의 강조 • 왕과 관료중심의 통치 지향 • 국가(官) – 민(民) 지배의 종속관계 신분관	• 향촌 자치 표방(유향소, 서원, 향약, 사창) • 지방사회에서 정치적 역할 인정 기대 • 사(士) – 민(民) 지배의 종속관계 신분관
• 주례(周禮)를 국가의 통치 이념으로 중시	• 사회 모순을 성리학적 이념으로 극복 시도
• 농장을 소유한 대지주층	• 영남·기호지방을 중심으로 성장한 중소지주
• 군사학과 기술학의 중시	• 부국강병 소홀 ⇨ 언론과 문필직에서 활약(3사)
• 세조 집권 이후 등장한 공신 • 왕실과 혼인하며 성장 ⇨ 정치적 실권 세습적 장악	• 유교의 기본적인 정치 철학 추구
• 성리학 이외 한·당 유학과 불교·도교·풍수지리사상·민간 신앙 등을 포용	• 성리학 이외의 학문과 사상을 이단으로 배격 ⇨ 척사론의 대두
• 단군 숭배 ⇨ 민족 의식이 강함	• 기자 숭배 ⇨ 중국 중심의 세계관
• 사장(詞章) 중시 ⇨ 한문학의 발달	• 경학(經學) 중시 ⇨ 한문학의 저조
조선 초기의 문물제도 정비에 크게 기여	16세기 이후 사상계 주도 ⇨ 이기론의 발달

02 사림의 성장

❶ 사림의 정계 진출

(1) 시 기

향촌사회에서 경제적 지위를 굳히던 사림들은 성종 때에 비대해진 훈구세력을 견제하기 위하여 김종직과 그 문인들이 3사를 통해 중앙에 진출하면서 정치적으로 성장하기 시작하였다.

(2) 결 과

과거를 통하여 중앙에 진출한 사림 세력은 주로 전랑(銓郎)과 3사의 언관직을 차지하고, 훈구세력의 비리를 비판함으로써 그들의 일방적인 독주를 견제하였다.

❷ 사화(士禍)의 발생

(1) 배 경

① **훈구·사림의 대립** : 훈구세력과 사림세력 사이의 정치적·학문적 대립과 사회·경제적 이해관계가 근본적 원인이었다.

② **훈구 대신의 부패 심화** : 16세기 사회·경제적 변동에 편승하여 훈구, 척신 등의 권세가들이 부를 축적하였다.

③ **사림파의 성장** : 기성 관료들 비리의 구조적 기반에 비판을 제기하면서, 중앙의 언관직에 진출하여 훈구, 척신 계열의 비리를 직접 비판하였다.

④ **사림의 지위 위협** : 16세기에 이르러 수취제도의 운영과정에서 폐단이 심해지고, 지주 전호제가 일반화되면서 몰락하는 농민이 증가하여 지방에서 사림의 지위도 위협을 받게 되었다.

(2) 무오사화(연산군 4년, 1498)

① **원인** : 사림파인 신진세력은 훈구파인 구세력을 소인이라 경멸하였다. 성종 때 김종직이 중앙에 진출하면서 그 제자인 김일손이 사관으로 세조의 찬탈과 훈구파의 비행을 직필하여 훈구파와 사림파의 갈등이 격화되던 중 김종직이 지은 '조의제문(弔義帝文)'을 사초(史草)에 넣음으로써 양파의 대립은 더욱 심해졌다.

② **경과** : 연산군 4년 실록청을 두고 성종실록을 편찬할 때, 이를 주관하던 이극돈·유자광·윤필상·노사신 등이 공모하여 연산군을 충동해서 사림파의 숙청을 단행하였다. 특히, 사초(史草)의 사건으로 일어났으므로 무오사화(史禍)라고도 부른다.

③ **결과** : 사림파에 대한 대숙청이 일어나 이미 죽은 김종직은 부관참시되고, 김일손·권오복 등은 사형을 받았으며 정여창·김굉필 등은 유배되었다.

사료읽기

김종직의 조의제문(弔義帝文) – 세조의 왕위 찬탈을 비판한 글

꿈에 신인이 나타나 "나는 초나라 회왕의 손자 심인데 항우에게 죽음을 당하여 절강에 빠져 있다." 하고는 갑자기 보이지 아니하였다. 깜짝 놀라 잠을 깨어 생각해 보니, "역사를 상고해 보아도 강물에 던졌다는 말은 없는데 아마 항우가 사람을 시켜 몰래 쳐 죽여 시체를 물에 던졌던 것인지 알 수 없는 일이다."하고 드디어 글을 지어 슬퍼하였다.

》「연려실기술」

(3) 갑자사화(연산군 10년, 1504)

① **원인** : 연산군이 사치와 향락으로 실정을 거듭함에 따라 양반 관료층은 이를 간(諫)하고 반대하였다. 이에 궁중파인 임사홍은 신수근과 결탁하여 연산군의 생모인 윤비 폐출 사사(賜死) 사건을 들추어 훈구파 및 신진관료를 축출하려 했다.

② **경과** : 연산군은 학파를 가리지 않고 윤비 사건에 관계한 윤필상·김굉필 등을 죽이고, 이미 죽은 정여창·한명회 등을 부관참시(剖棺斬屍)하였다.

③ **결과** : 연산군은 신언패(愼言牌)를 차게 하는 등 문신의 직간을 피하고 경연을 없앴으며, 성균관·원각사를 놀이터로 만들었다. 이어 한글을 탄압하고(언문청 폐지), 채청사를 보내 미녀를 뽑아 향락과 음탕에 젖었다. 이에 연산군 12년(1506)에 성희안·박원종·유순정 등이 공모하여 연산군을 축출하고, 그 이복동생인 보성대군을 추대하니 이것이 중종반정이다.

(4) 기묘사화(중종 14년, 1519)

조광조

① **조광조의 등장** : 중종반정으로 왕이 된 중종은 조광조 등 소장 기예의 학자를 중용하여 유교적 도덕국가를 건설하려 하였다.

② **조광조 개혁정치**

㉠ **현량과 실시** : 사람의 행적을 위주로 한 천거제를 통하여 사림을 대거 등용하였다.

㉡ **공론정치 표방** : 언관직을 차지하고 경연을 강화하는 등 언론활동을 강화하였다.

㉢ **불교, 도교 행사의 폐지** : 소격서 등을 폐지하고 유교식 의례를 장려하였다.

㉣ **소학 교육의 장려** : 유교적 가치관의 생활화를 추구하였다.

㉤ **향촌 자치의 강화** : 향약의 전국적 시행을 추진하였다.

㉥ **공납제의 폐단 시정 추구** : 방납의 폐해에 대해 공안(貢案)을 재작성하자고 주장하였다.

㉦ **위훈삭제** : 반정공신들의 공신 칭호와 토지 및 노비를 몰수하였다.

㉧ **기타** : 언문청 부활, 내수사의 장리 정리, 균전제 실시, 향청의 폐지 등을 주장하였다.

③ **결과** : 위훈삭제에 불만을 가진 훈구파 세력은 모략과 유언으로 주초위왕(走肖爲王)이라는 무고를 내세워 과격한 이상정치를 꾀하려던 조광조 일파를 축출하고 중종도 훈구파의 주장에 현혹되어 홍경주의 건의대로 국사를 문란케 했다하여 조광조·김정·김식·한충 등을 죽이고 김안국은 파직시켰으며, 남곤은 좌의정이 되어 정권을 장악하였다.

사료읽기

조광조 절명시(絶命詩)

임금님 섬겨 사랑하기를 어버이 섬겨 사랑하듯이 하고
나라 걱정하기를 내 집 걱정하듯 하였노라.
밝은 해가 이 땅을 비치고 있으니
내 붉은 충정을 밝혀 비추리라.

(5) 을사사화(명종 원년, 1545)

① **원인** : 장경왕후는 인종을 낳았고 문정왕후는 명종을 낳았으니, 전자에 관계된 외척은 윤임을 대표로 하는 대윤이며, 후자에 관계된 외척은 윤원형으로 소윤이라 하였다.

② **경과** : 인종이 8개월만에 병사하고 명종이 즉위하자 문정왕후가 섭정하였다. 이에 소윤파는 정권을 잡고 윤임·유관 등 대윤파를 죽이고, 이언적·유희춘 등도 축출되었다.

③ **결과** : 소윤 일파는 정치에 비판적인 학자들의 축출로 문정왕후의 권력은 비대해졌다. 특히, 문정왕후는 보우를 신임하여 불교를 장려하였고, 윤원형의 독재정치가 강행되었다. 그러나 명종 20년 왕후의 죽음과 동시에 소윤파는 몰락하였으며, 중앙 정치는 문란해져 명종 14년의 임꺽정의 난을 위시하여 전국은 소란해졌고, 을묘왜변 등이 일어나던 중에 선조의 즉위가 있었으나 사회는 이미 피폐되고 있었다.

03 서원과 향약

❶ 서 원

(1) 설립 목적

① **선현의 제사** : 향교와는 달리 각기 다른 유교의 선현을 제사지내고 유교를 보급하는 기능을 남당하였다.

② **성리학의 연구** : 양반 자제에게 성리학을 교육하였다.

(2) 발달 배경

① **사화(士禍)** : 향촌으로 은거하여 생활하던 사림들의 활동 기반이었으며, 임진왜란 이후 급속히 발전하였다.

② **교육기관** : 정치적 반대 세력으로부터 견제를 적게 받는다는 점과 함께 자기의 문중을 과시하는 효과도 있었기 때문에 후기로 갈수록 번창하게 되었다.

(3) 백운동(白雲洞) 서원

① **최초 서원** : 중종 때 풍기 군수 주세붕이 안향(安珦)을 봉사하고, 유생을 가르치기 위해 세운 최초의 서원이다.

② **사액서원** : 명종 때 이황의 건의에 의해 소수서원(紹修書院)으로 사액(賜額)되었는데, 사액서원은 국가로부터 서적, 토지, 노비 등의 지급과 면세까지 받았다.

백운동 · 소수서원 편액

(4) 의 의

① **학문의 지방 보급** : 지방 유학자들의 사회적 위상을 높여 주었다.

② **개성있는 학문 발달의 기반** : 중앙의 성균관과도 학문적으로 대등하다는 긍지를 가지게 하였다.

(5) 폐 단

① **국가 재정의 감소** : 사림들은 청금록에 이름을 올려 학생의 신분과 지위를 보장받았고, 각종 국가의 부담에서 벗어났으며, 면세지가 증가되어 고려말 사원의 폐단과 비슷하였다.

② **붕당 정치의 토대** : 서원에 배향되는 인물의 기준이 변질되고, 사우(祠宇)가 남설되었다.

③ **사림의 향촌 지배력 강화** : 서원을 거점으로 지방의 자치조직을 운영함으로써 농민을 지배하였다. 또한, 봄·가을에 향음주례(鄕飮酒禮)와 향사례(鄕射禮)를 지냈는데 이는 향촌의 선비나 유생들이 학덕과 연륜이 높은 이를 주가 되는 손님으로 모시고, 술을 마시며 잔치를 하는 의례로 어진 이를 존경하고 노인을 봉양하는 의미를 가진다.

❷ 향 약

(1) 정 의

① **성격** : 양반 지배층이 유교사상에 기초하여 만든 지방 행정의 자치적 규약이다.

② **개념** : 조선 전기부터 군·현을 단위로 유향소의 조직과 권능을 규정한 향규(鄕規)와 재난과 어려운 일을 당했을 때 상부상조하는 계(契)와 같은 전통적인 조직을 계승하고, 삼강오륜(三綱五倫)의 유교윤리를 가미하여 향촌 교화의 규약으로 발전시킨 것이다.

(2) 전래와 시행

① **전래** : 송(宋)나라 여씨(呂氏) 향약이 주자학의 전래와 함께 들어왔다.

② **시행**

㉠ **최초** : 중종 때 조광조 등이 처음으로 시행하려 하였으나 그의 실각으로 성공하지 못하였다.

㉡ **전국적** : 사림 정치가 구현된 16세기 후반부터 이황(예안향약)과 이이(서원·해주·파주향약)에 의해 지역 단위로 널리 보급되었다.

사료읽기

해주향약 입약 범례문

무릇 뒤에 향약에 가입하기를 원하는 자에게는 반드시 먼저 규약문을 보여 몇 달 동안 실행할 수 있는가를 스스로 헤아려 본 뒤에 가입하기를 청하게 한다. 가입을 청하는 자는 반드시 단자에 참가하기를 원하는 뜻을 자세히 적어서 모임이 있을 때에 진술하고, 사람을 시켜 약정(約正)에게 바치면 약정은 여러 사람에게 물어서 좋다고 한 다음에야 글로 답하고 다음 모임에 참여하게 한다.

》「율곡전서」

(3) 덕 목

① **덕업상권** : 좋은 일은 서로 권장한다(德業相勸).

② **과실상규** : 잘못한 일은 서로 꾸짖는다(過失相規).

③ **예속상교** : 올바른 예속은 서로 나눈다(禮俗相交).

④ **환난상휼** : 재난과 어려움은 서로 돕는다(患難相恤).

(4) 구 성

① **양반** : 지방의 유력한 사림이 향약의 간부인 약정에 임명되었다(약정 – 도약정 – 부약정 – 직월).

② **농민** : 자동적으로 포함되었다.

사림의 세력 유지 기반

서원, 향약, 청금록, 유향소, 향회, 향안, 향규, 향음주례, 향사례, 예학, 보학

04 붕당의 출현

❶ 붕당의 형성

(1) 배경

① **사림세력의 대립** : 명종 이후 척신 정치의 잔재를 어떻게 청산할 것인가를 둘러싸고 갈등을 겪게 되었다.

㉠ **기성사림** : 명종 이후 정권에 참여해 온 세력으로 척신정치의 과감한 개혁에 소극적이었다.

㉡ **신진사림** : 명종 때의 정권에 참여하지 않았다가 새롭게 정계에 등장한 세력으로 원칙에 더욱 철저하여 사림 정치의 실현을 강력하게 내세웠다.

② **관직과 경제적 특권의 한정** : 사림세력이 성장하면서 정치에 참여하려는 양반의 수가 더욱 많아졌으며, 그 결과 관직과 경제적 특권을 획득하기 위한 양반 상호간의 대립과 반목이 불가피하게 되었다.

③ **관직 쟁탈전 전개** : 이조 전랑의 자리를 두고 동인과 서인으로 양분되었다.

사료읽기

이조 전랑(銓郞)

1. 전랑직

① 정랑(정5품)

② 좌랑(정6품)

2. 권한

① 통청권(당하관, 3사 관리 천거권)

② 낭천권(재야 인사 추천권)

③ 천대권(후임 전랑 추천권 ⇨ 정조 때 폐지)

3. 역할

무릇 내외의 관원을 선발하는 것은 3공에게 있지 않고 오로지 이조에 속하였다. 또한 이조의 권한이 무거워질 것을 염려하여 3사 관원의 선발은 판서에게 돌리지 않고 낭관에게 오로지 맡겼다. 따라서 이조의 정랑과 좌랑이 또한 3사의 언론권을 주관하게 되었다. 3공과 6경의 벼슬이 비록 높고 크나, 조금이라도 마음에 차지 않는 일이 있으면 전랑이 3사의 신하들로 하여금 논박하게 하였다. … 이 때문에 전랑의 권한이 3공과 견줄 만하였다. 이것이 바로 크고 작은 벼슬이 서로 엮이고 위와 아래가 서로 견제하여 300년 동안 큰 권세를 농간하는 신하가 없었고, 신하의 세력이 커져서 임금이 제어하기 어려웠던 근심이 없었던 까닭이다. 》「택리지」

(2) 붕당의 성립

① **동인** : 당시 명망이 높고 신진사림의 지지를 받던 김효원을 지지하는 세력으로서 이황과 조식, 서경덕의 학문을 계승하였으며, 기성정치의 잔재를 철저히 배격할 것을 주장하였다.

② **서인** : 왕실의 외척이면서 기성사림의 신망을 받던 심의겸을 지지하는 세력으로서 이이와 성혼의 문인들이 가담하면서 비로소 붕당의 모습을 갖추었으며, 현실 문제를 더 중시하여 그동안 피폐된 기층사회를 복구하는 것에 우선을 두었다.

동인과 서인의 성향

붕 당	출신배경	훈·척신 척결	지지인물	정책적 이념	학파적 성향
동 인	신진사림	강경 입장	김효원	• 수기(修己)의 강조 • 치인(治人)의 도덕적 자기절제를 통한 부패방지 강조	• 이황, 조식, 서경덕의 학문 계승
서 인	기성사림	온건 입장	심의겸	• 치인(治人)에 중점 • 제도개혁을 통한 부국안민 추구	• 이이, 성혼의 문인 가담

❷ 붕당정치의 기능

(1) 긍정적

처음에는 학문과 이념의 차이에서 출발하였으므로 정치의 활성화와 정치 참여의 폭을 넓히는 데 기여하였으며, 정치 세력간의 상호 비판과 견제의 기능도 가졌다.

(2) 부정적

시간이 흐름에 따라 국리민복보다는 자기 당파의 이익을 앞세우고, 이념보다는 학벌과 문벌, 지연과 연결되어 국가와 사회의 발전에 지장을 주기도 하였다.

05 붕당정치의 전개

❶ 선 조

(1) 동인과 서인의 갈등

① **동인 우세** : 동인과 서인의 분당 후 처음에는 동인이 우세한 가운데 정국이 운영되었다.

② **서인 우세** : 정여립 모반 사건(선조 22, 1589, 기축옥사)를 계기로 동인에서 서인으로 권력이 넘어갔다.

정여립 모반사건(기축옥사, 1589)

1589년 10월 정여립이 모반을 꾸민다는 고변을 시작으로 그와 연루된 많은 동인이 희생된 사건이다.

(2) 동인의 분열

① **원인** : 정철의 건저의 문제(선조 24년, 1591)를 둘러싼 서인에 대한 처벌 등이 계기가 되어 남인과 북인으로 분리되었다.

> **건저의(建儲儀) 문제**
>
> 1591년(선조 24) 왕세자 책봉을 둘러싸고 동인과 서인 사이에 일어난 분쟁으로 건저(建儲)란 왕세자를 정하는 일을 지칭한다.

② **남인** : 온건파이며, 학파적으로는 이황계가 중심을 이루었다. 초기에 정국을 주도하였으며, 현종 때 갑인예송 이후 청남(淸南)과 탁남(濁南)으로 분리되었다.

③ **북인** : 급진파이며, 학파적으로는 조식계가 중심을 이루었다. 임진왜란이 끝난 뒤 집권하여 광해군 때까지 정국을 주도하였으나, 선조 때 세자 책봉 과정에서 대북파(광해군 추종세력)와 소북파(영창대군 추종세력)로 분리되었다.

❷ 광해군 : 북인(대북파)

(1) 정국 운영

① **북인정권의 기반** : 임진왜란 당시에 북인은 의병을 일으키고, 향촌사회에서 기반을 유지하여 전란이 끝난 뒤 정국을 주도할 수 있었다.

② **전후 복구사업** : 전쟁 중에 피해를 입은 산업을 복구하고, 국가의 재정 증대를 위해 양안과 호적 사업을 전개하였다. 또한, 공납제도를 대동법으로 개혁하여 경기도에 시행하였으며, 무기와 성곽을 수리하였다.

③ **중립외교 전개** : 국제정세의 변화 속에 명과 후금에 대해 신축성있는 외교정책을 추진하였다.

(2) 광해군(대북파)의 실정(失政)

① **내용**

㉠ **사림의 지지 상실** : 학문의 정통성을 확립하기 위해 조식을 높이고, 이언적과 이황을 폄하시켰다.

㉡ **폐모살제(廢母殺弟)** : 불안한 왕권을 지키기 위해 형인 임해군과 이복동생 영창대군을 죽이고 인목대비를 유폐하여 도덕적으로 비난을 받았으며, 무리한 토목 공사를 벌여 재정의 악화와 민심의 이탈을 불러왔다.

② **결과** : 사림의 지지를 크게 상실하고, 서인에 의해 단행된 인조반정(1623)을 계기로 정파로서의 기능을 영원히 상실하게 되었다.

❸ 인 조(서인·남인-붕당정치의 진전)

(1) 정국 운영

① **남인의 등용** : 서인은 일부 소장파들의 강경한 척화 주전론이 청의 침략을 불러들였다고 생각하여 일부 남인을 등용하여 서인과 남인 일부의 연합에 의한 정국이 운영되었다.

② **서인과 남인** : 서인과 남인은 기본적으로 서로의 학문적 입장을 인정하는 토대 위에서 상호 비판적인 공존 체계를 이루어 모두 학파적 결속을 확고히 한 정파들이었다.

③ **산림(山林)의 여론 주도** : 정치적 여론은 주로 서원을 중심으로 모아져서 자기 학파의 관리들을 통하여 중앙 정치에 반영되었으며, 각 학파에서는 학식과 덕망을 겸비한 인물이 '산림(山林)'이란 이름으로 재야에서 그 여론을 주재하였다.

④ **3군영 설치** : 서인은 정치적 기반을 유지하기 위하여 어영청, 총융청, 수어청을 설치하였다.

산림(山林)

시골에 은거해 있던 학덕이 높은 학자 가운데 국가의 부름을 받아 특별 대우를 받던 사람으로 붕당 정치기의 사상적 지주였다.

(2) 정국의 동향

현종 때까지는 서인이 우세한 가운데 남인과 연합하여 공존하는 구도가 유지된 채 전개되었다.

남인과 서인의 정책 비교

남인	구분	서인
• 치자(治者)에 역점 • 도덕적 자기 절제를 통한 부패방지 강조	성 격	• 치인(治人)에 역점 • 제도개혁을 통한 부국안민 강조
• 자영농민의 육성 • 수취체제의 완화 • 왕권 강화와 삼사의 비판 기능 중시 • 북벌의 무모함 비판 • 상업과 기술 발전에 소극적 • 봉건적 신분체제 유지	정책 내용	• 지주제의 긍정 • 비판세력의 공존(남인 진출 허용) • 대신이 주도하는 정치 지향 • 북벌정책 추진 • 상공업 발전에 적극적 • 서얼허통과 노비 속량에 적극적

❹ 효 종(서인·남인)

(1) 북벌정책의 추진

① **친청파 제거** : 어영청을 강화하고, 송시열·송준길 등의 산림 세력을 대거 등용하여 친청파 대신을 제거하였다.

② **벨테브레이** : 인조 때 표류해 온 화란인 벨테브레이를 훈련도감에 소속시켜 서양식 무기를 제조하도록 하였다.

③ **하멜표류기** : 효종 때 표류한 하멜은 탈출하여 서양에 조선을 처음 소개한「하멜표류기」를 썼는데, 이는 조선을 악의적으로 왜곡·서술하여 조선에 대한 서양의 시각이 부정적이 되는 하나의 계기가 되었다.

(2) 붕당의 조화 추구

허적, 허목 등의 남인세력들도 등용하였다.

(3) 민생안정책 추진

① **대동법 확대 실시** : 김육의 건의를 수용하여 대동법을 충청·전라도에까지 확대하여 실시하였다.

② **설점수세제(設店收稅制, 1651)** : 개인의 광산 개발을 허용하였다.

❺ 현 종(서인·남인)

(1) 배 경

효종의 왕위 계승에 대한 정통성과 관련하여 효종의 계모 자의대비의 복제문제로 인하여 발생하였다.

(2) 구 분

① **기해예송(현종, 1659)** : 1차 예송 논쟁으로 서인은 기년설(1년), 남인은 3년설을 주장하였는데, 당시 정치적 실권을 장악하고 있던 서인의 주장이 받아들여졌다.

② **갑인예송(현종, 1674)** : 2차 예송 논쟁으로 서인은 대공설(9개월), 남인은 기년설(1년)을 주장하였는데, 남인의 주장이 받아들여져 서인이 약화되고 남인 중심의 정국이 운영되었다.

(3) 정국의 동향

서인과 남인의 대립이 격화되었으나, 갑인예송 이후 남인의 우세 속에 서인과 공존하는 정국이 숙종 6년(1680) 서인이 남인을 역모로 몰아 숙청하고 정권을 장악한 경신환국이 일어나기까지 유지되었다.

붕당의 형성과 정국의 동향

<table>
<tr><th>구분</th><th colspan="3">붕당 성립기</th><th>붕당 정치기</th><th colspan="3">환국기</th><th colspan="2">탕평 정치기</th><th>세도 정치기</th></tr>
<tr><td>시기</td><td colspan="2">선조</td><td>광해군</td><td>인조~현종</td><td colspan="2">숙종</td><td>경종</td><td>영조</td><td>정조</td><td>순조~철종</td></tr>
<tr><td rowspan="5">붕당</td><td colspan="5" rowspan="2">서인</td><td colspan="4">노론</td><td></td></tr>
<tr><td colspan="4">소론</td><td></td></tr>
<tr><td rowspan="3">동인</td><td>남인</td><td colspan="7"></td><td></td></tr>
<tr><td rowspan="2">북인</td><td>대북</td><td colspan="6" rowspan="2">소멸</td><td rowspan="2"></td></tr>
<tr><td>소북</td></tr>
<tr><td>주도 붕당</td><td colspan="2">동 ⇨ 서 ⇨ 동인</td><td>대북</td><td>서인+남인</td><td colspan="2">남 ⇨ 서 ⇨ 남
⇨ 소 ⇨ 노론</td><td>소론</td><td>노론 중심</td><td>남인
(시파중심)</td><td></td></tr>
</table>

제4장 조선 전기의 대외관계

- 조선 초기 명과의 관계와 여진과의 관계속에서 4군 6진의 설치 내용을 정리해야 한다.
- 일본과의 관계는 왜란을 중심으로 정리해야 하며, 호란의 전후 과정도 북벌론, 북학론까지 연계하여 학습해야 한다.

01 명과의 관계

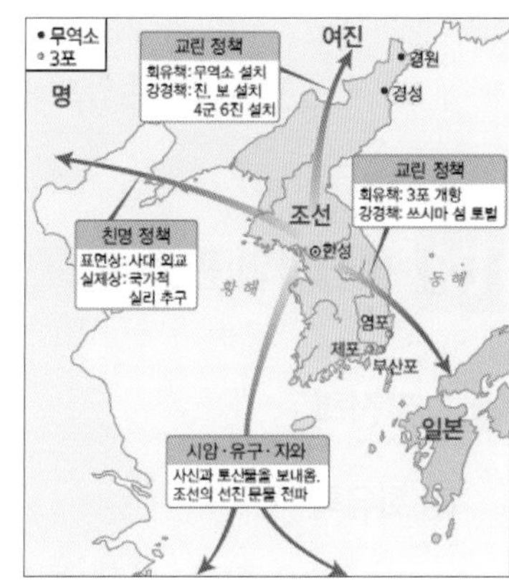

조선 전기의 대외관계

❶ 사대(事大)정책

(1) 목 적

왕권의 안정과 국제적 지위의 확보를 추구하기 위함이었다.

(2) 특 징

① 사대(事大)는 중국 중심의 동아시아 국제질서 속에서 나타난 외교정책으로 서로의 독립성이 인정된 위에서 이루어진 것이다.

② 이는 예속관계에 의한 것은 아니었으므로 명의 구체적인 내정간섭은 없었으며 상대 국가가 달라지더라도 조선 전 시기에 걸쳐 일관되게 추진된 외교정책이었다.

❷ 대명관계의 변화

(1) 태조(불편한 관계)

표전(表箋)문제, 인신과 고명(誥命)문제, 요동정벌과 종계변무 문제, 조공의 횟수 문제 등이 원인이었다.

(2) 태종 이후(관계 호전)

요동 정벌의 중단 등으로 양국 간의 관계가 좋아지면서 경제·문화 교류가 활발히 이루어졌다.

(3) 중기 이후

사림의 집권 이후 지나친 친명정책으로 흐르는 경향이 나타나기도 하였다.

❸ 사절의 교환

(1) 목 적

① **성격** : 중국의 앞선 문화 수입과 물품의 교역 등 경제·문화외교인 동시에 일종의 공무역이었다.

② 구분

㉠ **정 기** : 매년 하정사(정월 초하루), 성절사(황제 탄신일), 동지사(동짓날) 등을 파견하였다.

㉡ **부정기** : 사은사, 진하사, 주청사 등의 사절을 파견하였다.

(2) 교 역

① **원칙** : 명은 3년 1공(貢)을 내세웠으나, 조선은 1년에 3공(貢)을 주장하여 관철시켰다.

② 교역품

㉠ **수출품** : 붓, 종이, 마필, 인삼, 화문석 등

㉡ **수입품** : 견직물, 서적, 약재, 도자기 등

③ **폐단** : 명의 과다한 금·은의 요구를 피하기 위해 국내의 금·은광을 폐쇄하기도 하였으며, 사치스러운 견직물의 수입으로 국내 수공업이 위축되기도 하였다.

02 여진과의 관계

❶ 교린정책

(1) 회유책

① **귀순의 장려** : 관직, 토지, 주택 등을 주어 우리 주민으로 동화시켰다.

② **국경·조공무역 허락** : 경원·경성에 무역소를 설치하고 동대문에 북평관을 두어 교역을 허락하였다.

(2) 강경책

① **배경** : 교린정책에도 불구하고 여진족이 자주 국경을 침입하여 약탈을 자행하였다.

② **내용** : 여진족의 근거지를 장기간에 걸쳐 토벌하였다.

❷ 영토의 확장

(1) 4군 6진 개척(세종)

최윤덕, 이천 등으로 하여금 4군(여연, 자성, 우예, 무창)을 설치하고, 김종서의 활약으로 6진(온성, 종성, 경원, 경흥, 회령, 부령)을 설치하여 압록강과 두만강의 국경선이 확정되었다.

(2) 여진족 토벌(성종)

신숙주, 윤필상 등이 압록강과 두만강 이북의 여진족에 대한 토벌을 실시하였다.

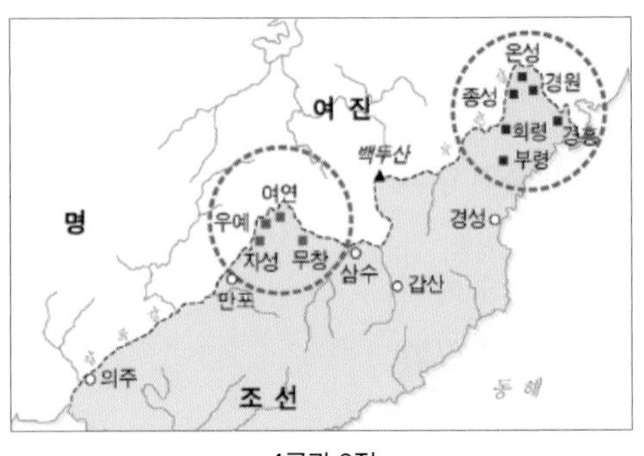

4군과 6진

(3) 사민정책(徙民政策) 실시(태종~중종)

국초부터 조선 왕조는 삼남지방의 일부 주민들을 대거 북방으로 강제 이주시켜 압록강과 두만강 이남지역의 개발을 추진하였다. 이는 북방 개척과 함께 여진족의 침략에 효과적으로 대응하고, 주민의 자치적 지역 방어 체제를 확립함과 동시에 국토의 균형있는 발전을 도모하기 위함이었다.

야연사준도(夜宴射樽圖)

김종서가 두만강 일대의 야인들을 몰아내고 동북면의 6진을 개척한 뒤의 일화를 그린 그림으로 그림속에는 연회 중 갑자기 화살이 날아와 큰 술병에 꽂히자 다른 장수들은 겁을 먹었지만 김종서는 침착하게 연회를 진행하였다는 이야기가 묘사되어 있다.

야연사준도(夜宴射樽圖)

(4) 토관제도(土官制度)

① **내용** : 함경도와 평안도에 그 지방의 토착민을 토관이라는 관리로 채용하여 사민 정책에 의한 민심 수습 및 회유하려는 제도로 토관은 중인계층에 포함되며, 토관은 15세기 말에 향리로 대체되었다.

② **목적** : 영토의 보전을 위해 지방의 유력한 인사들을 통해 지방의 지배와 군사적 요충지의 방어를 강화하고자 한 것이었다.

03 일본과의 관계

❶ 강경책

(1) 왜구의 침입 증가

① **국방력의 강화** : 고려 말 이래 왜구의 침략이 그치지 않자 조선은 이를 물리치기 위하여 수군을 강화하고, 성능이 뛰어난 병선을 대량으로 건조하는 등 화약 무기를 개량하여 국방을 튼튼히 하였다.

② **쓰시마 섬 토벌** : 일본과의 외교적인 교섭에도 불구하고 왜구의 노략질이 그치지 않자, 세종 때 이종무가 200여 척의 함대로 단행하여 왜구의 근절을 약속받고 돌아왔다.

(2) 결 과

조선의 국력과 국방력이 급속히 강화되고, 한편으로는 일본 내의 정치적 혼란이 수습되면서 왜구의 침략은 현저히 줄어들었다.

❷ 교린정책

(1) 제한된 조공무역

① **3포 개항** : 왜구를 조종하던 일본의 봉건 영주들은 노략질이 어렵게 되어 평화적인 무역관계를 간청해 오자 조선은 교린정책에 의거하여 3포를 개항하였다.

② **계해약조 체결** : 일본의 세견선이 왕래하면서 제한된 무역을 허용하였다.

③ **교역**

㉠ **장소** : 부산포, 염포(울산), 제포(진해)의 3포에서 이루어졌다.

㉡ **교역품** : 일본은 주로 쌀·무명·삼베·서적·공예품 등을 가져갔고, 조선은 구리·유황·향료·약재 등을 가져왔다.

(2) 사신의 파견

세종 때 신숙주가 다녀와서 「해동제국기」를 저술하였다.

일본과의 관계(제한무역)

① **쓰시마섬 토벌**(1419, 세종) : 이종무
② **3포 개항**(1426, 세종) : 부산포, 염포(울산), 제포(진해) ⇨ 경제, 문화적 욕구를 충족하여 왜구의 노략질 방지책
③ **계해약조**(1443, 세종) : 제한된 조공무역 허락(세견선 : 50척, 세사미두 : 200석)
④ **3포왜란**(1510, 중종) : 3포의 폐쇄, 비변사의 설치(임시 군무협의기구)
⑤ **임신약조**(1512, 중종) : 무역량(세견선 : 25척, 세사미두 : 100석), 제포만 개항
⑥ **사량진왜변**(1544, 중종) : 일본인 왕래 금지
⑦ **정미약조**(1547, 명종) : 인원의 제한, 규정위반에 대한 벌칙 강화
⑧ **을묘왜변**(1555, 명종) : 국교 단절, 비변사의 상설 기구화, 제승방략 체제로 전환
⑨ **임진왜란**(1592~1598, 선조) : 임진왜란, 정유재란
㉠ 비변사의 기능이 강화되어 국가 최고 정무기구화
㉡ 왕권의 약화, 집권세력의 강화, 의정부와 6조의 유명무실화
⑩ **통신사 파견**(1607~1811) : 조선의 선진 문화 일본에 전파(12회)
⑪ **기유약조**(1609, 광해군) : 국교의 정상화, 부산포에 왜관 설치 후 교역 재개(세견선 : 20척, 세사미두 : 100석)

04 동남아시아

❶ 교 류

(1) 국가

류큐(오키나와), 시암(타이), 자와 등 동남아시아와 조공 혹은 진상의 형식을 취하면서 교류하였다.

(2) 교역품

기호품을 중심으로 한 각종 토산품을 가지고 와서 옷감·문방구 등을 가져갔다.

❷ 특 징

류큐와의 교역이 가장 활발하였는데, 불경·유교 경전·범종·부채 등을 전래되어 류큐의 문화 발전에 기여하였다.

05 임진왜란(1592~1598)

(선조 25) 1592	(선조 26) 1593	(선조 30) 1597	(선조 31) 1598
임진왜란	휴 전	정유재란	
한산도대첩, 진주대첩, 행주대첩	훈련도감, 속오군 편성	명량대첩, 노량대첩	

❶ 왜란 전의 정세

(1) 조선의 정세

① **원인** : 16세기에 들어서면서 조선은 사회적 혼란이 가중되고 국방력이 점차 약화되었다.

② **왜구의 침입** : 3포 왜란(1510)을 비롯하여 사량진왜변(1544)과 을묘왜변(1555)이 있었다.

> **을묘왜변**
>
> 1555년(명종 10)에 왜인들이 70여 척의 배를 몰고 전라도 영암의 달량포, 어란포와 진도, 장흥·강진에 침입하여 만행을 자행한 사건으로 조선의 이준경, 남치훈 등이 이를 토벌하였다. 그 후 대마도 도주가 이에 가담한 왜구를 사형시키고 사과해 오자 조선은 교린정책에 의거하여 세견선 5척을 허락하였다.

③ **대응책** : 정부는 비변사를 상설기구화하여 군사문제를 전담하도록 하였다. 일본에 서인의 황윤길을 정사(正使), 동인의 김성일을 부사(副使)로 파견하여 정세를 살펴보기도 하였다.

④ **한계** : 16세기 말에 이르러 군역제도의 변질과 방위체제의 변화로 국방력은 더욱 약화되었고, 일본 정세에 대한 인식에서도 붕당 간에 차이를 보이는 등 국론이 일치되지 않아 적극적인 대책이 강구되지 못하고 있었다.

(2) 일본의 정세

무로마치 막부 이후 약 1세기 간 전개되던 전국시대의 혼란을 수습한 도요토미 히데요시가 불평 세력의 관심을 밖으로 쏠리게 하고 아울러 자신의 정복욕을 만족시키기 위하여 조선과 명에 대한 침략을 준비하였다(征明假道).

❷ 임진왜란(1592~98)

① **침략** : 1592년 4월 14일 20만 명의 왜군이 고니시를 선봉으로 침략해 오자 군민과 부산첨사 정발이 부산진에서 항전하였으나 성(城)은 무너졌으며, 동래성에서는 동래부사 송상현이 분전하였으나 끝내 함락되고 말았다.

② **육군의 패배** : 고니시 유키나가(小西行長)는 제1군(중로)으로 양산·대구·상주·조령을 넘고, 가토오 키요마사(加藤清正)는 제2군(동로)으로 경주·영천을 넘고, 구로타 나가마사(黑田長正)는 제3군(서로)으로 김해·성주를 지나 북상하였다. 충주에서 신립이 배수진을 치고 있었으나 무기와 전력의 열세로 패하고 신립은 자결하였다(탄금대 전투).

③ **왜군의 북상** : 조선의 조정은 왜군을 피하여 의주로 피난하였으며, 왜군은 5월 2일 한양을 점령하고 북상을 거듭하여 6월 13일 평양의 함락과 함께 함경도 지방까지 약탈하였다.

❸ 수군의 승리

① **활약** : 육지에서는 전세가 불리하였으나, 경상도·전라도 해안의 경비를 담당한 수군은 왜군의 병참지원을 담당한 일본 수군의 침략을 저지하였다.

② **이순신 활동**

㉠ **대비책** : 1588년 전라 좌수사로 부임한 이순신은 왜군의 침입에 대비하여 거북선과 전함 및 무기를 정비하고, 군사 훈련을 강화시키며 군량미를 저장하였다.

㉡ **승전**

㉮ **옥포 해전**(1592. 5) : 왜군이 부산에 상륙하자 80여 척의 배를 거느리고 첫 승리를 거두었다.

㉯ **사천·당포·당항포 해전**(1592. 5) : 전라우수영 및 경상우수영의 함선과 합세하여 대승하였는데 특히, 사천 해전에서는 처음으로 거북선을 사용하였다.

㉰ **부산포 해전** : 조선의 수군이 전쟁의 분위기를 역전시킬 수 있는 교두보를 확보하였다.

㉱ **한산도 대첩**(1592. 7) : 왜군이 총공격을 가해오자 한산도 앞 바다로 유인하여 리아스식 해안의 조류 흐름을 활용한 학익진(鶴翼陣) 전법으로 대파하였다.

③ **이치전투**(1592. 7. 8) : 광주 목사 권율, 황진 등이 금산 서평의 이치에서 왜군을 격파하여 곡창지대인 전라도 지방을 수호하는 계기가 되었다.

④ **결과** : 남해안의 제해권을 장악하여 곡창지대인 전라도 지방을 지키고, 왜군의 수륙병진 작선을 좌설시켰다.

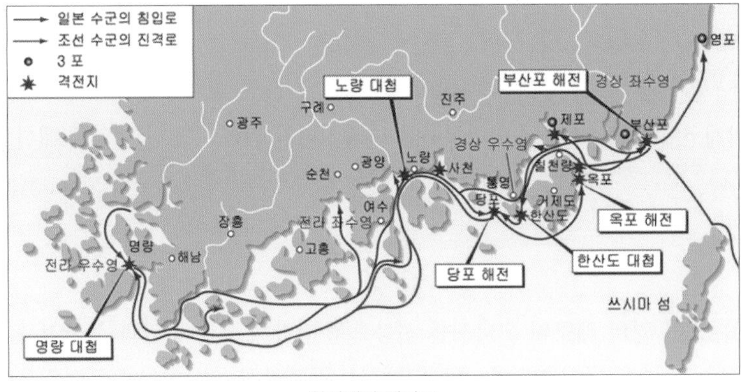

임진왜란 해전도

① **역사상 3대첩**
: 살수, 귀주, 한산도대첩

② **왜란의 3대첩**
: 한산도, 진주, 행주대첩

③ **이순신 3대첩**
: 한산도, 명량, 노량대첩

❹ 의병의 승리

(1) 성격과 구성

① **성격** : 일본에 대한 문화적인 우월의식이 집단적 저항의식으로 나타났다.

② **구성** : 농민이 주축을 이루고, 전직관리와 사림 양반 그리고 승려들이 조직하고 지도하였다.

(2) 전술과 활약

① **전술** : 향토 지리에 밝은 이점을 활용하고 그에 알맞은 유격전술(매복·위장·기습)을 구사하여 적은 병력으로도 왜군에게 큰 타격을 주었다.

② **활약**

㉠ **곽재우** : 북인 출신으로 경상도 의령에서 최초로 의병을 일으켰으며 진주대첩에서 김시민과 함께 큰 공을 세웠다. 북인 출신으로 일명 '홍의장군'이라 부른다.

㉡ **정문부** : 함경도 경성에서 기병한 현직관료로 길주를 탈환하였는데 숙종 때 이를 기리기 위하여 북관대첩비를 건립하였다.

㉢ **영규** : 최초의 승병장으로 청주성을 회복하고 금산전투에서 전사하였다.

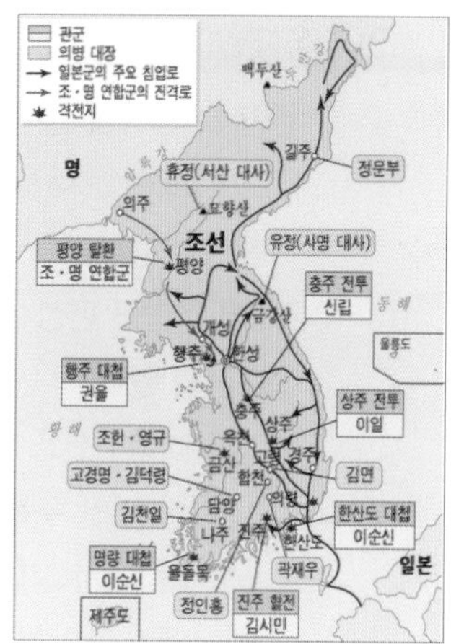

관군과 의병의 활약

㉣ **휴정(서산대사)** : 묘향산에서 승군을 조직하여 명군과 연합하여 평양성을 탈환하였다.

㉤ **유정(사명대사)** : 서산대사의 제자로 금강산에서 기병하여 평양성 탈환 당시 활약하였고, 전후에 일본으로 건너가 전쟁 포로를 송환하였다.

북관대첩비

❺ 왜란의 극복과 영향

(1) 극 복

① **전황의 변화** : 조선 정부는 처음에는 왜군의 공세에 밀려 선조가 한양을 떠나 평양·의주로 피난하는 등 수세를 면하지 못하였으나, 수군과 의병의 승전으로 반격을 시작하였다.

② **명(明)의 원군** : 명의 군대가 전쟁에 참여하면서 전쟁은 새로운 국면으로 접어들었다.

③ **왜군의 격퇴**

㉠ **진주대첩 승리(1592. 10)** : 김시민을 중심으로 하여 진주에서 왜군을 격파하였다.

㉡ **조·명 연합군의 활약** : 조선군(유성룡)은 명군(이여송)과 연합하여 평양성을 수복하고 왜군을 남으로 내몰았다.

㉢ **행주대첩 승리(1593. 2)** : 전라순찰사 권율의 지휘 아래 관군과 백성이 합심하여 적의 대규모 공격을 물리쳤다.

진주성(촉석루)

④ **조선의 전열 정비**

㉠ 훈련도감을 설치하여 군대의 편제와 훈련 방법을 바꾸었다.

㉡ 제승방략 체제의 한계를 극복하기 위하여 진관체제를 복구한 속오법을 실시하여 지방군의 편제를 개편하였다.

㉢ 화포를 개량하고 조총을 제작하여 무기의 약점을 보완하였다.

행주산성

(2) 정유재란(1597. 7)

① **원인** : 3년여에 걸친 명과 일본 사이의 휴전 회담과정에서 심유경에게 속은 도요토미는 선조 30년(1597) 7월에 고니시·가토 등을 선봉장으로 다시 동래에 상륙하여 사천·김해 등을 점령하여 정유재란이 발생하였다.

② **조·병 연합군 편성** : 명군과 권율 연합군은 충청도 직산 소사평 전투에서 왜군을 격퇴하였다.

③ 이순신의 활약

㉠ **명량대첩** : 선조 31년(1598) 7월에 다시 이순신은 삼도 수군통제사가 되어 전비를 갖추었다. 동년 9월 16일 쿠루시마(來島道總)·토오도이(藤堂高虎) 등이 거느린 130여척의 병선을 명량(울돌목, 해남)에서 전멸시켰으니, 이 명량대첩으로 왜군의 서해안 진출은 저지되었고 원균이 칠천량 해전에서 빼앗긴 남해안의 제해권을 장악하게 되었다.

㉡ **노량대첩** : 선조 31년(1598) 8월 도요토미가 병사하자 그 유언으로 왜군은 철수하기 시작하였다. 퇴각하는 왜군을 도처에서 격퇴하던 이순신은 11월 18일 명나라의 진린과 연합하여 고니시의 퇴로를 막기 위해 노량해상에서 적선을 공격하던 중 전사하였다.

난중일기

(3) 영 향

① 대내적 영향

㉠ **인구의 감소** : 왜군에 의하여 인명이 살상되었을 뿐만 아니라 기근과 질병이 발생하였다.

㉡ **신분제의 동요** : 농촌은 크게 황폐해져 식량이 부족해졌으며, 토지 대장과 호적이 대부분 소실되어 국가재정이 궁핍해지자 이를 해결하기 위하여 공명첩이 대량으로 발급되면서 신분제의 동요가 일어났다.

㉢ **민란의 발생** : 송유진의 난(선조 27년, 1594), 이몽학의 난(선조 29년, 1596)과 같은 민란이 도처에서 일어났다.

㉣ **문화재의 손실** : 왜군의 방화와 약탈로 불국사와 경복궁, 서적, 실록을 보관하는 사고(전주사고는 제외) 등 기타 수많은 문화재가 손실되었다.

㉤ **포로의 발생** : 성리학자와 인쇄공 및 도자기 기술자, 그리고 많은 일반 백성이 일본에 잡혀갔다.

㉥ **제도의 개편** : 비변사의 기능이 강화되고, 훈련도감과 속오군이 편성되었다.

㉦ **숭명사상 강화** : 명에 대한 숭명사상이 강화되고 일본에 대한 적개심이 고조되었으며, 명나라 군인들에 의해 관우숭배 사상이 들어와 서울 동묘에 관우 사당이 건립되었다.

② 대외적 영향

㉠ **일본** : 조선에서 활자·그림·서적 등을 약탈해 갔으며, 성리학자와 우수한 활자 인쇄공 및 도자기 기술자 등을 포로로 잡아가 일본의 성리학과 도자기 문화가 발달할 수 있는 토대를 마련하였다. 정치적으로는 도쿠가와 이에야스(德川家康) 막부가 새로이 등장하였으며, 일본의 요청으로 조선에서는 통신사가 파견되어 일본 문화 발전에 영향을 주었다.

일본에 전해진 도자기 기술

조선에서 데려간 이삼평·심당길 등 도자기 기술자에 의하여 일본의 도자기 문화가 크게 발달하여 이들은 일본 도자기의 조상으로 추앙되었으며, 임진왜란을 '도자기 전쟁'이라고도 하였다.

㉡ **중국** : 조선과 명이 일본과 싸우는 동안 북방의 여진족이 급속히 성장하여 요동을 정복하고 후금(청)을 건국하였다(1616).

❻ 조선 후기 일본과의 관계

(1) 국교의 재개 배경

① **일본** : 왜란 이후 일본의 도쿠가와 막부는 경제적인 어려움을 해결하고, 선진 문물을 받아들이기 위하여 쓰시마 도주를 통하여 조선에 국교를 재개하자고 요청해 왔다.

② **조선** : 조선은 국교 재개의 조건으로 일본의 국서와 범릉적(犯陵賊, 선·정릉) 압송, 포로의 송환을 요구하면서 막부의 사정을 알아보고 전쟁 때 잡혀간 사람들을 데려오기 위하여 유정(사명대사)을 파견하여 일본과 강화하고 조선인 포로 3,500여 명을 데려왔다(1607).

(2) 기유약조(광해군, 1609)

부산포에 다시 왜관을 설치하고, 제한된 범위 내에서의 교섭을 허용하여 쌀·무명·인삼 등을 구매하여 갔다.

기유약조

1609년(광해군 원년)에 쓰시마 도주와 체결된 것으로 세사미두는 100석, 세견선은 20척(원래 계해조약에서는 세사미두 200석, 세견선 50척)으로 제한하고, 쓰시마 도주에게 도서(圖書)를 만들어 주어 앞으로 조선에 오는 일본인들은 이 도서를 사용한 서계(書契 : 증명서)를 지참토록 하였으며, 조선에 오는 일본인의 지위에 따라 선박 수와 선원 수도 통제하였다. 그리고 3포 중 부산포 한 곳에만 일본인이 머물 수 있도록 하였다.

(3) 통신사의 파견

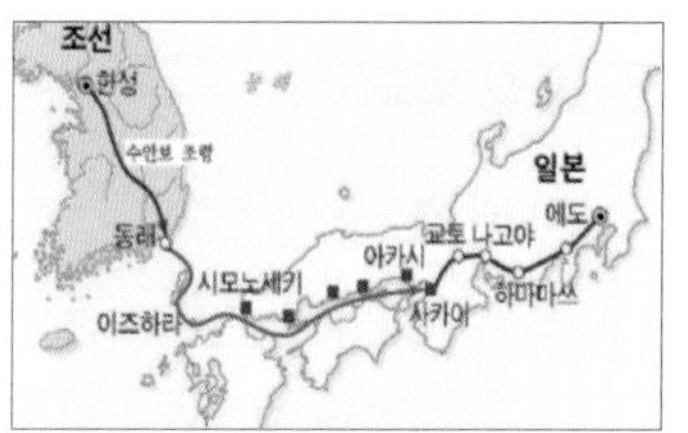

통신사 행로

① **배경** : 일본은 조선의 선진 문화를 받아들이고 도쿠가와 막부의 쇼군(將軍)이 바뀔 때마다 그 권위를 국제적으로 인정받기 위하여 조선에 사절의 파견을 요청해 왔다.

② **내용** : 조선에서는 1607년부터 1811년까지 12회에 걸쳐 통신사라는 이름으로 사절을 파견하였다.

③ **영향**

㉠ **문화 전파** : 통신사는 외교사절로서 뿐만 아니라 조선의 선진 문화를 일본에 전파하는 구실도 하였는데, 통신사가 다녀간 후에 일본에서는 조선의 문화와 풍속이 퍼질 정도였다. 또한 일본에는 현재 이 길을 중심으로 통신사와 관련된 유물·유적이 많이 남아 있다.

㉡ **동아시아의 평화 유지** : 조선과 일본 양국만이 아니라, 중국을 포함하는 동아시아 삼국의 평화 공존을 위한 국제관계에 많은 영향을 주었다.

㉢ **일본 재정의 악화** : 통신사에 대한 화려한 접대는 일본의 재정을 압박하는 하나의 원인이 되어 통신사 접대에 관한 규정을 바꾸기도 하였다.

06 광해군의 정책

❶ 전후 복구사업

(1) 배 경

왜란 중에 의병 활동을 적극적으로 전개하였던 대북파들이 그 여세를 몰아 광해군을 추대한 후 권력을 잡았다.

(2) 내 용

① **국가 재정의 확보** : 양안과 호적을 새로 작성하였다.

② **대동법 실시** : 전쟁으로 피폐된 산업을 복구하고, 왜란 전부터 농민에게 가장 부담이 되었던 공납제의 폐단을 개선하여 경기도 지역에 시행하였다.

③ **국방의 강화** : 성곽과 무기를 수리하고 군사 훈련을 강화하였다.

④ **「동의보감」 편찬** : 전란을 전후로 기근과 질병이 만연하여 인명의 손상이 많았던 경험에 비추어 허준(許浚)과 정작(鄭碏)으로 하여금 편찬하게 하였으며 이는 2009년 세계기록문화유산에 등재되었다.

⑤ **궁궐의 건설** : 인왕산 기슭에 경덕궁을 건설하였다.

⑥ **문화의 중흥** : 「국조보감」·「삼강행실도」 등 국초에 간행된 문헌들을 재간하고, 적상산사고(史庫)를 새로 설치하여 전주본을 토대로 5대사고를 완비하였다.

❷ 중립 외교

(1) 배 경

① **후금(後金) 건국(1616)** : 여진족은 왜란으로 인하여 조·명 양국의 힘이 약화된 틈을 타서 누르하치가 나타나 세력을 키워 후금을 세우고 명의 변경을 위협하며 요동을 점령하였다.

② **실리정책** : 명의 모문룡(毛文龍) 부대를 압록강 입구의 가도(假島)에 주둔케 하였으나, 조선은 명군에게 식량을 지원함과 동시에 후금과 친선을 도모하고 있었다.

③ **후금의 명(明) 공격** : 후금이 명에 대하여 전쟁을 포고하자 명(明)은 후금을 공격하는 한편 조선에 원군을 요청하였다.

④ **조선의 입장** : 임진왜란 때 명의 도움을 받은 조선은 명의 후금에 대한 공격 요구를 거절할 수도 없었고, 새롭게 성장하는 후금과 적대 관계를 맺을 수도 없었다.

(2) 내 용

① **강홍립의 출병** : 광해군은 강홍립을 도원수로 삼아 13,000명의 군대를 이끌고 명을 지원하게 하되 적극적으로 나서지 말고 상황에 따라 대처하도록 명령하였다.

② **강홍립의 항복** : 조·명 연합군은 후금군에게 패하였고(부차전투, 1618), 강홍립 등은 후금에 항복하였다.

(3) 의의와 한계

① **의의** : 국내에 전화가 미치지 않아 임진왜란 후의 복구사업에 크게 기여하였다.

② **한계** : 광해군과 북인 정권은 왜란 이후 왕권의 안정을 이루고자 폐모살제(廢母殺弟)를 일으키는 등 도덕적인 약점을 드러내었는데 이는 중립외교와 더불어 서인세력이 일으킨 인조반정의 원인을 제공하였다.

07 호란의 발발

❶ 정묘호란(1627)

(1) 원 인

① **친명 배금 정책** : 인조반정을 주도한 서인의 대외정책은 후금을 자극하였다.

② **이괄의 난** : 인조반정 후 자기의 공로 평가에 불만을 품은 이괄이 반란을 일으켰고, 이에 동조하였던 잔당이 후금과 내통하여 인조가 부당하게 즉위하였다고 조선의 침략을 종용하였다.

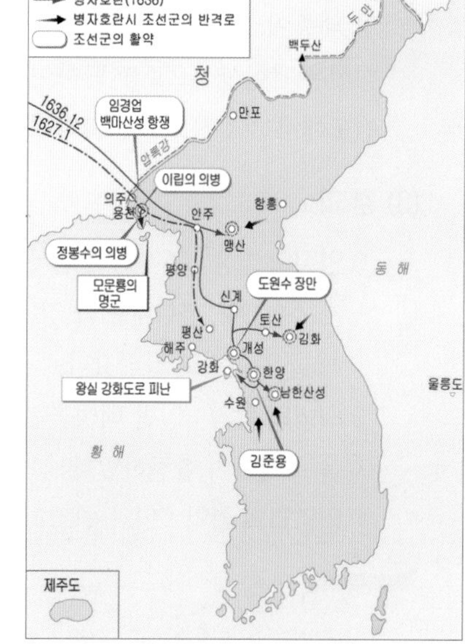

정묘호란과 병자호란

(2) 경 과

① **후금의 침입** : 후금은 광해군을 위하여 보복한다는 명분을 내걸고 쳐들어와 평안도 의주·정주·선천·곽산 등지를 거쳐 황해도 평산에 이르렀다.

② **항전** : 각지의 관군과 백성, 그리고 철산 용골산성의 정봉수와 의주의 이립 등의 의병이 합세하여 후금군의 보급로를 차단하였다.

③ **후금의 강화 제의** : 보급로가 끊어진 후금은 평산에서 강화를 제의해 왔다.

(3) 결 과

본래 후금의 1차적인 목표는 중국 대륙의 장악에 있었고, 조선도 적극적으로 항전할 힘이 없었기 때문에 쉽게 화의가 이루어져 형제관계를 맺고 후금의 군대는 철수하였다.

❷ 병자호란(1636)

(1) 원 인

① **군신관계 요구** : 세력이 커진 후금은 1636년 국호를 청으로 고치고 심양을 수도로 정한 후 조선에 형제관계에서 군신(君臣)관계를 맺자고 요구해 왔다.

② **국론 분열** : 청(후금)의 요구에 그 대책을 둘러싸고 조선의 조정에서는 외교적 교섭을 통하여 문제를 해결하자는 주화론(主和論)과 청의 요구에 굴복하지 말고 전쟁까지도 불사하자는 주전론(主戰論)으로 양분되어 대립하였는데, 대세가 주전론으로 기울었다.

주전론(主戰論)과 주화론(主和論)

구 분	주전론	주화론
사 상	성리학	성리학, 양명학
성 격	명분론, 화이론(華夷論)	실리론, 내정개혁에 치중
인 물	김상헌·유계·정온·3학사	최명길·이귀·홍서봉

(2) 경 과

청 태종이 10만의 대군을 이끌고 침입하여 한양을 점령하자, 인조와 대신은 남한산성으로 피난하여 약 45일 간 청군에 대항했으나 결국 삼전도에서 치욕적으로 굴복하고 말았다(정축화약, 1637. 1).

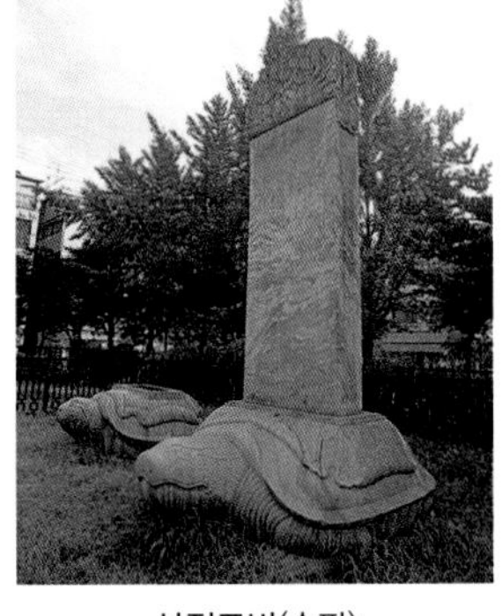
삼전도비(송파)

(3) 결 과

① **인질의 발생** : 조선은 청과 굴욕적인 군신관계를 맺게 되었고, 두 왕자(소현세자, 봉림대군)와 강경한 척화론자(3학사 : 윤집, 홍익한, 오달제)들은 인질로 끌려갔다.

② **의병의 활약** : 일반 백성들은 화의가 성립된 뒤에 각 도처에서 의병을 조직하여 항전하였다.

③ **임경업의 활약** : 명과 연결하여 청(淸)을 치려고 계획하였으나 실패하였다.

사료읽기

최명길의 주화론과 윤집의 척화론

① **주화론** : 화친을 맺어 국가를 보존하는 것보다 차라리 의를 지켜 망하는 것이 옳다고 하였으나 이것은 신하가 절개를 지키는 데 쓰이는 말입니다. … 자기의 힘을 헤아리지 아니하고 경망하게 큰소리를 쳐서 오랑캐들의 노여움을 도발, 마침내는 백성이 도탄에 빠지고 종묘와 사직에 제사 지내지 못하게 된다면 그 허물이 이보다 클 수 있겠습니까. … 늘 생각해 보아도 우리의 국력은 현재 바닥나 있고 오랑캐의 병력은 강성합니다. 정묘년(1627)의 맹약을 아직 지켜서 몇 년이라도 화를 늦추시고, 그동안을 이용하여 인정을 베풀면서 민심을 수습하고 성을 쌓으며, 군량을 저축하여 방어를 더욱 튼튼하게 하되 군사를 집합시켜 일사불란하게 하여 적의 허점을 노리는 것이 우리로서는 최상의 계책일 것입니다. 》「지천집」

② **척화론** : 화의로 백성과 나라를 망치기가 … 오늘날과 같이 심한 적이 없습니다. 중국(명)은 우리나라에 있어서 곧 부모요, 오랑캐(청)는 우리나라에 있어서 곧 부모의 원수입니다. 신하된 자로서 부모의 원수와 형제가 되어서 부모를 저버리겠습니까. 하물며 임란의 일은 터럭만 한 것도 황제의 힘이어서 우리나라가 살아 숨쉬는 한 은혜를 잊기 어렵습니다. … 차라리 나라가 없어질지라도 의리는 저버릴 수 없습니다. … 또한 어찌 이런 시기에 다시 화의를 주장할 수 있겠습니까.

》「인조실록」

(4) 호란의 영향

① **서북지방의 황폐** : 청군이 거쳐 간 서북지방은 약탈과 살육에 의하여 황폐해졌다.

② **정신적인 충격** : 그동안 조선에 조공을 바쳐 왔고, 조선에서도 오랑캐로 여겨 왔던 여진족이 세운 나라에 거꾸로 군신관계를 맺게 되고 임금이 굴욕적인 항복을 했다는 사실은 조선인들에게 커다란 충격이었다.

③ **북벌론(北伐論)의 제기** : 청에 대한 적개심과 문화적인 우월감을 토대로 제기되었다.

08 북벌운동과 나선정벌

❶ 청과의 관계

(1) 북벌운동의 전개

① **배경** : 인조가 청의 침입의 원인을 서인의 척화 주전론으로 생각하여 일부 남인을 등용하려 하자, 서인들은 반대 세력의 진출을 견제하며 청 정벌의 움직임을 전개하였다.

② **내용** : 성리학의 존화양이(尊華攘夷) 사상을 토대로 전개된 북벌운동은 현실적으로 실천에 옮기지는 못하였으며, 남인은 무모한 북벌에 대해 강하게 반대하였다.

㉠ **효종** : 청(淸)에 반대하는 입장을 강하게 내세웠던 이완, 임경업, 송시열, 송준길 등을 중용하고 친청파 대신들을 제거하였으며, 어영청 등의 군대를 양성하고 조총기술을 도입하여 성곽을 수리하였다.

㉡ **숙종** : 강남지방에서 일어난 한족(漢族) 중심의 삼번(三番)의 난을 계기로 반청운동이 거세지는 등 중국의 정세 변화를 이용하여 남인의 윤휴를 중심으로 북벌의 움직임이 제기되기도 하였다.

③ **한계** : 패전의 책임을 져야 할 처지였던 서인들이 인조가 남인의 일부를 등용하자, 반대세력을 견제하고 계속 정권을 유지하기 위한 돌파구가 필요한 상황에서 성리학적 명분론을 내세워 백성들을 통합하기 위한 논리로서 북벌론이 추진되었던 것이다.

(2) 북학론의 제기

① 배경

㉠ **청의 발전** : 청은 중국 대륙을 장악한 뒤 국력이 크게 신장되고, 중국의 전통문화를 보호·장려하고 서양의 문물까지 받아들여 문화 국가로서의 면모를 갖추어 나갔다.

㉡ **사신의 파견** : 청에 다녀 온 사신들은 귀국 후 기행문이나 보고서를 통하여 변화하는 청의 사정을 전하였고, 천리경·자명종·화포·만국지도·천주실의 등 여러 가지 새로운 문물을 소개하였다.

② **결과** : 당시 우리나라의 학자들 중에서 청을 무조건 배척하지만 말고, 우리에게 이로운 것은 적극적으로 배우자는 사람들이 등장하였다.

❷ 나선(羅禪)정벌(효종)

(1) 원 인

① **러시아의 남진** : 조선에서 북벌운동이 무르익어 가고 있을 때, 시베리아 지방에는 러시아 세력이 밀려왔다.

② **경과** : 러시아 세력의 침략으로 위협을 느낀 청이 조선에 원병을 요청하자, 조선에서는 두 차례에 걸쳐 조총부대를 출동시켜 큰 성과를 거두었다(1차 : 변급-150여명, 2차 : 신류-260명 「북정일기」).

나선정벌

(2) 의 의

나선정벌에서의 승리는 조선 총수병의 실력을 입증한 것으로 북벌 역량의 간접적인 표현이었다.

❸ 국경 분쟁의 발생

(1) 원 인

① **청의 만주지역 성역화** : 청은 중국 대륙을 차지한 후에도 그들의 본거지였던 만주 지방에 관심을 기울여 이 지역을 성역화 하였다.

② **조선인의 월경(越境)** : 우리나라 사람들의 일부가 두만강을 건너 인삼을 캐거나 사냥을 하는 경우가 있었기 때문에 청은 조선에 대하여 백두산 일대의 경계를 명백히 하자는 교섭을 해 왔다.

(2) 결 과

① **내용** : 숙종 때 조선(박권)과 청(목극등)의 대표는 백두산 일대를 답사하고 서쪽으로는 압록강, 동쪽으로는 토문강을 경계로 국경을 확정한다는 백두산 정계비를 세웠다(1712).

② **간도 귀속문제 발생** : 19세기에 이르러 백두산 정계비문에 기록되어 있는 토문(土門)강의 위치에 대한 해석상의 차이로 두 나라 사이에 간도 귀속 문제가 발생하였다.

사료읽기

백두산 정계비문

烏喇總管穆克登(오라총관 목극등이) 奉旨査邊(국경을 조사하라는 교지를 받들어)
至此審視(이 곳에 이르러 살펴보고) 西爲鴨綠(서쪽은 압록강으로 하고)
東爲土門(동쪽은 토문강으로 경계를 정하여) 故於分水嶺上(강이 갈라지는 고개 위에)
勒石爲記(비석을 세워 기록하노라)

제 2 편

근세의 경제

제1장 경제 정책

핵심 출제포인트

• 조선 전기 과전법과 직전법, 관수관급제, 녹봉제 실시로 이어지는 토지제도의 변천 과정과 국가 재정의 3대 근간인 수취제도의 내용을 파악해야 한다.

01 중농억상 정책

❶ 농본주의 정책

(1) 배 경

① **방향** : 조선 왕조는 고려 말의 파탄된 국가 재정과 민생 문제를 해결하기 위한 방안을 내세웠다.

② **과제** : 위민(爲民), 애민(愛民), 민본(民本)을 중요하게 여기는 왕도정치(王道政治) 사상에서 민생안정은 가장 먼저 해결해야 할 가장 중요한 과제였다.

(2) 중농정책 표방

① **목적** : 농업 생산력을 향상시키기 위하여 새로운 농업 기술과 농기구의 개발·보급과 함께 농경지를 확대하고 농민의 조세 부담을 줄여 농민 생활을 안정시키려 하였다.

② **결과** : 건국 초부터 개간의 장려와 양전 사업의 실시로 고려 말 50여 만 결이었던 경지 면적이 15세기 중엽에는 160여 만 결로 증가하였다.

❷ 상공업 정책

(1) 국가의 통제

① 배경

㉠ **농업에 지장 초래** : 당시 사대부들은 물화의 수량과 종류를 국가가 통제하지 않고 자유 활동에 맡겨 두면 사치와 낭비가 조장되며 농업이 피폐하여 빈부의 격차가 커지게 된다고 생각하였다.

㉡ **신분질서의 유지** : 상민들이 부를 축적하여 양반 신분으로의 상승을 막기 위한 조치였다.

② 결과

㉠ **직업적 편견** : 당시 사회에서는 사·농·공·상간의 직업적인 차별이 생겨 상공업자들이 제대로 대우받지 못하였다.

㉡ **상공업 부진** : 억상정책, 유교적 경제관, 도로와 교통수단의 미비 등으로 상공업이 발달하지 못하였다.

(2) 16세기 이후의 상공업

① **상공업 통제 해이** : 부역제의 해이로 국가의 농민에 대한 통제력이 약화되고, 상공업이 발전하면서 상공업에 대한 통제 정책이 해이해졌다.

② **상공업 발달** : 국내 상공업과 대외 무역은 자유로운 활동을 전개해 나갔다.

02 토지제도

❶ 과전법 시행(공양왕, 1391)

(1) 배 경

① **고려 말 토지제도 개혁의 실패** : 무신정변 이후 권문세족들의 농장 확대와 사원전의 팽창으로 나타난 모순을 시정하기 위하여 공민왕 때 전민변정도감(田民辨正都監)을 설치하여 권문세족들의 토지를 억제하고 농장 몰수를 시도하였으나 실패하였다.

② **위화도 회군(1388)** : 정치권력을 장악한 신진사대부와 신흥무인세력은 온건 개혁세력을 축출하고 정도전, 조준 등 혁명파 사대부에 의해서 토지제도의 개혁을 단행하였다.

(2) 목 적

고려 후기 이래 누적된 토지제도의 모순을 해결하는 한편, 신진사대부 세력의 경제적 기반을 확보하고 국가 재정 기반과 피폐한 농민생활의 향상을 위하여 실시하였다.

사료읽기

과전법의 시행

… 전하께서 국내의 토지를 몰수하여 국가에 귀속시키고 식구를 헤아려 토지를 나누어 주어서 옛날의 올바른 전제(田制)를 회복하려 한 것인데, 당시 구가(舊家)·세족(世族)들이 자기들에게 불리하기 때문에 입을 모아 비방하고 원망하면서 온갖 방해를 하여 백성들로 하여금 지극한 정치의 혜택을 입지 못하게 하였으니 어찌 한스러운 일이 아니겠는가. … 국내의 토지를 측량하여 … 그 중의 얼마를 상공전(上供田), 국용전(國用田), 군자전(軍資田), 문무역과전(文武役科田)으로 분배하고 한량 … 과부로서 수절하는 자, 향역(鄕驛)이나 도진(渡津)의 관리, 서민과 공장(工匠)으로서 공역을 맡은 자에 이르기까지 모두 토지를 분배해 주었다. 》조선경국전

과전법의 지급 액수(결)

등 급	1과	2과	3과	4과	5과	6과	7과	8과	9과	10과	11과	12과	13과	14과	15과	16과	17과	18과
지급결수	150결	130결	125결	115결	106결	97결	89결	81결	73결	65결	57결	50결	43결	35결	25결	20결	15결	10결

❷ 과전법의 변화

(1) 과전 지급지의 변화

① **태종**(왕 17년, 1417) : 과전·휼양전·수신전 등이 점차 세습되었고, 공신·관리의 증가로 사전의 부족을 초래하자 과전으로 지급될 땅 1/3을 하삼도(충청·전라·경상도)로 이급(移給)하였다.

② **세종**(왕 13년, 1431) : 세원의 감소와 식량 부족이 발생하자 재경사대부의 반대로 하삼도의 사전을 다시 경기도로 이환(移還)하게 되었고, 공해전을 축소 정리하여 과전을 보충하였다.

(2) 직전법 시행(세조, 1466)

① **배경** : 사전이 부족해지자 양반 관료층 내부의 대립과 전객(佃客)의 전주(田主)에 대한 항쟁이 지속적으로 일어나자 세조는 자신의 집권을 시인하고 봉사하는 사람의 생활 기반을 보장해 주면서 그들의 경제력을 약화시키고 국가의 재정을 강화하려 하였다.

② **내용** : 현직 관리에게 과전의 지급액을 과전법에 비해 크게 줄여(최고 110결~10결까지) 수조지를 분급하고 관료의 유가족에게 나누어주던 수신전, 휼양전이 폐지되었다.

③ **결과** : 전주의 직접적인 전객 지배를 차단하고, 국가의 농민에 대한 직접적 지배가 강화되어 집권체제의 강화를 가져왔으나 퇴직 후 또는 사후에 대하여는 아무런 보장이 없는 제도였기 때문에 재직 중의 수탈이 심하였다.

(3) 관수관급제 시행(성종, 1470)

① **배경** : 수조권을 가진 양반 관료가 수조권을 남용하여 과다하게 수취하는 일이 잦아지자, 지방 관청에서 생산량을 조사하여 거두고 관리에게 나누어 주었다.

② **결과** : 양반 관료들이 수조권을 빌미로 토지와 농민을 지배하는 방식은 사라지고, 국가에서 토지 및 농민을 직접 지배하게 되었다.

(4) 녹봉제(명종, 1556)

① **배경** : 직전의 지급이 일시적으로 중단되었을 뿐만 아니라 그 분급액도 줄어들고, 연분도 거의 하하년(1결당 4두)으로 고정되어 직전의 경제적 의미는 미미해졌다. 또한, 토지의 사적 소유권은 더욱 성장하여 양반 지주를 중심으로 토지의 소유가 편중되었다(농장의 확대).

② **내용** : 수조권의 지급제도를 없애고 관리들에게 녹봉만을 지급하였다.

③ **결과** : 수조권에 입각한 토지 지배관계가 해체되고, 사적 소유권에 바탕을 둔 토지 지배 관계 및 지주 전호제가 일반화되고 병작반수제가 강화되었다. 이는 지주·전호제의 본격적인 전개를 의미하는 것으로서 농장이 확대되어 대부분의 농민은 토지를 잃고 소작농으로 전락하는 결과를 초래하였다.

수조권의 행사

과전법, 직전법	관수관급제
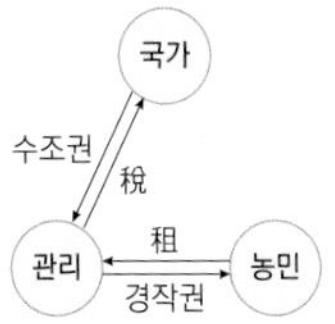 국가 → 관리: 수조권 / 관리 → 국가: 稅 / 농민 → 관리: 租 / 관리 → 농민: 경작권	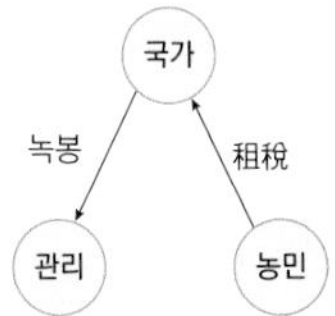 국가 → 관리: 녹봉 / 농민 → 국가: 租稅

03 수취체제의 정비

❶ 운영 원칙

(1) 방 향

① **9년지축(九年之蓄)** : 9년이 지나면 3년의 국가 재정이 비축되게 하자는 것으로 국가는 재정을 군량미나 구휼미로 비축하고 나머지는 왕실 경비, 공공 행사비, 관리의 녹봉, 군량미, 빈민구제비, 의료비 등으로 지출하였다.

② **양출제입(量出制入)** : 미리 예산을 편성하여 지출하였다.

(2) 재정 장부

① **횡간** : 세조 때 작성된 것으로 국가 재정의 지출 명세서이다.

② **공안** : 태조 때 공부상정도감을 설치하여 작성된 국가 재정의 세입표이다.

③ **양안** : 국가 재정을 확보하기 위해서 20년마다 작성한 토지대장이다.

④ **공장안** : 국역의 의무가 있는 수공업자의 명단을 기록한 장부이다.

⑤ **호적** : 3년마다 작성한 장부로 4祖(증조·조·부·외조), 성명, 본관, 자녀, 노비, 머슴 등을 기록하였다.

❷ 국가재정의 기반

(1) 조 세

① **납세자** : 원칙적으로 토지 소유자가 국가에 쌀·콩 등으로 납부하였으나, 토지 소유자인 지주들이 소작 농민에게 그 세금을 대신 내도록 강요하는 경우가 많았다.

② **변천**

㉠ **과전법(공양왕)** : 병작 반수를 금지하고, 1결의 최대 생산량을 300두로 정하여 매년 풍흉을 조사한 후 수확량에 따라 10분의 1(1결당 30두)을 조세로 징수하였다(답험손실).

㉡ **공법(세종)** : 전제상정소와 공법상정소를 설치하여 제정된 토지에 대한 세금제도이다.

㉮ **전분 6등법** : 토지의 비옥도에 따라 면적을 6등급으로 구분하였다.

㉯ **연분 9등법** : 풍흉의 정도에 따라 9등급으로 구분하여 조세 액수를 1결당 최고 20두에서 최하 4두로 하였다.

상	상년	20두
	중년	18두
	하년	16두
중	상년	14두
	중년	12두
	하년	10두
하	상년	8두
	중년	6두
	하년	4두
1섬=15두		

연분 9등법

㉢ **16세기 이후** : 토지의 등급과 연분이 거의 무시된 채 저율(低率)의 세액이 적용되었다.

㉣ **17세기 이후** : 풍흉에 관계없이 영정과율법(1결당 4두)으로 법제화 되었다.

③ **조운제도** : 군현에서 거둔 조세를 육로와 해로를 이용하여 강가나 바닷가의 조창으로 운반하였다가 전라도·충청도·황해도는 바닷길로, 강원도는 북한강, 경상도는 낙동강과 남한강을 통하여 경창(용산, 서강)으로 운송하였다.

④ **잉류(仍留)지역** : 평안도와 함경도는 국경에 가깝고 특히, 평안도는 사신의 내왕이 잦은 곳이라서 그 지역의 조세는 군사비와 사신 접대비로 썼으며, 제주도는 운송상의 불편으로 그 지역의 자치 경비로 사용하였다.

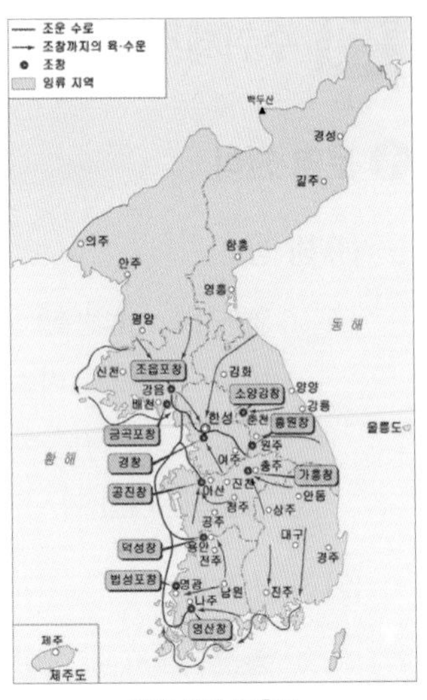

조선시대 조운로

(2) 공 물

① **부과기준** : 집집(민호, 가호)마다 현물로 부과하였다.

② **징수방법** : 각 지역의 토산물을 조사하여 중앙 관청에서 군현에 물품과 액수를 할당하면 각 군현은 각 가호에 다시 할당하여 거두었다.

③ **종류**

㉠ **상공** : 관청이나 왕실의 수요품을 충당하기 위해 호조에서 정기적으로 징수한 공물이다.

㉡ **별공** : 상공 이외에 관청의 필요에 따라 징수한 공물이다.

㉢ **진상** : 지방관들이 국왕에 바치는 것이었으나, 실제로는 농민이 부담하였다.

④ **폐단**

㉠ **불산공물 부과** : 그 지역에서 생산되지 않는 물품이 공물로 지정되기도 하였다.

㉡ **방납의 폐단** : 생산량이 점차 감소하거나 생산지의 변화로 인하여 납부 기준에 맞는 품질과 수량을 맞추기 어려우면 그 물품을 다른 곳에서 구입해다가 납부하였다.

㉢ **인납(引納)** : 다음 해의 공물을 미리 앞당겨 징수하는 현상이 일어났다.

㉣ **점퇴(點退)** : 공물을 상납하는 과정에서 관리가 여러 가지 트집을 잡아 그 지방에서 마련한 공물을 받지 않는 일이 발생하였다.

⑤ **결과** : 전세보다 납부하는 데 어려움이 많았으며 부담도 훨씬 커서 공납제도 개혁의 필요성이 제기되었다(조광조, 이이, 유성룡).

(3) 역(役)

① **부과** : 호적에 등재된 16세 이상의 정남에게 군역과 요역이 부과되었다.

② **군역** : 일정기간 군사 복무를 위하여 교대로 근무하여야 하는 정군(정병)과 정군이 복무하는 데에 드는 비용을 보조하는 보인(봉족)이 있었다. 양반, 서리, 향리 등은 관청에서 일하기 때문에 군역에 복무하지 않았다.

③ **요역** : 초기에는 가호의 정남을 기준으로 뽑아서 성·왕릉·저수지 등의 공사에 동원하였으나, 성종 때 경작하는 토지 8결을 기준으로 한 사람씩 동원하고 1년 중 동원할 수 있는 날도 6일이내로 제한하도록 규정을 바꾸었으나 실제로는 임의로 징발하는 경우가 많았다.

(4) 기 타

염전, 광산, 산림, 어장, 상인, 수공업자 등도 세금을 납부하였다.

제2장 경제 생활

핵심 출제포인트

- 신분별 경제 활동을 파악하고 조선 전기 농업의 발전상을 중심으로 고려시대 농업과 비교하여 학습해야 한다.
- 수공업과 상업의 운영 형태와 화폐의 종류를 정리해야 한다.

01 양반 지주의 생활

❶ 양반의 경제적 기반

(1) 과전·녹봉

① **과전** : 정부로부터 관직의 복무에 대한 반대 급부로 관등에 따라 최고 150결에서 최하 10결을 지급받았다.

② **녹봉** : 정1품은 곡식 97석과 삼베 21필 및 저화 10장을, 종9품은 곡식 12석과 삼베 2필과 저화 1장을 받았다.

(2) 자기 소유의 토지

노비에게 직접 경작시켰으나 규모가 클 경우에는 주변 농민들에게 생산량을 절반씩 나누어 가지는 병작반수의 형태로 소작을 시켰다. 또한 농장주들이 유망민들을 모아 노비처럼 취급하면서 경작하게 하였다.

(3) 노 비

① **소유** : 재산의 한 형태로 노비를 소유하였는데, 조선 전기에는 10여 명에서 많게는 300여 명을 보유하고 있었다. 노비는 구매하기도 하였지만, 주로 자신이 소유한 노비가 출산한 자녀는 노비가 되는 법에 따라 노비 수를 늘리거나 자신이 소유한 노비를 양인 남녀와 혼인을 시켜 늘리기도 하였다.

② **종류**

㉠ **솔거노비** : 가사 일을 돌보거나 농경에 종사하였으며 옷감을 짰다.

㉡ **외거노비** : 주인과 따로 살며 주인의 땅을 경작하거나 관리하는 일을 하였으며, 주인에게는 매년 신공으로 포와 돈을 바쳤다. 노비의 신공은 노(奴)는 면포 1필과 저화 20장, 비(婢)는 면포 1필과 저화 10장이었다.

❷ 결 과

양반들은 이러한 경제 기반을 바탕으로 풍요로운 생활을 할 수 있었다.

02 농업

❶ 농업 진흥책

(1) 정 부

① 농업 권장

㉠ 권세가들이 농민의 토지를 빼앗는 행위를 엄격히 규제하고, 농업을 권장하였다.

㉡ 연안지역 개간을 장려하고, 각종 수리시설(저수지, 보)을 보수·확충하는 등 안정적으로 농사지을 수 있는 기반을 마련하였다.

㉢ 수차(水車)를 이용해 관개 능률을 향상시켜 수전(水田)을 늘려나갔다.

② 농서 간행

㉠ **농사직설** : 세종 때 정초 등이 편찬한 우리나라 최초의 농서로 중국의 농업기술을 수용하면서도 우리의 실정에 맞는 독자적인 농법을 정리한 책이다.

㉡ **금양잡록** : 성종 때 강희맹이 금양(시흥)지방을 중심으로 한 농사법을 정리한 책으로 여기에는 81종의 곡식 재배법을 자세히 설명하였다.

농사직설(세종)

(2) 민 간

① **양반** : 중국 농업 기술을 도입하고, 간이 수리시설을 만들거나 농업 경영에 직접 참여하여 생산에 힘썼다.

② **농민** : 농업 생산력을 향상시키려고 노력한 결과 농민 생활이 이전보다는 나아졌다.

❷ 농업 기술의 개량

(1) 내 용

① **밭농사** : 조·보리·콩의 2년 3모작이 널리 행해졌다.

② **논농사** : 고려 말부터 시행되던 모내기법(모판에서 모종을 길러 논에 옮겨 심는 농법)이 일부 남부지방에서 계속 확대되어 벼와 보리의 이모작이 가능해 생산력이 증가되었으나, 정부는 봄 가뭄에 따른 수리문제 때문에 남부 일부지역으로 제한하였다.

③ **농법의 개량** : 봄철에 비가 적은 기후 조건 때문에 마른땅에 종자를 뿌려 일정한 정도 자라면 물을 대는 건사리(乾耕法)와 무논에 직접 종자를 뿌리는 물사리(水耕法)도 행해졌다.

④ **시비법의 발달** : 재와 인분 등을 이용한 밑거름과 덧거름을 주게 되면서 휴경지가 소멸되어 토지의 연작상경이 이루어졌다.

⑤ **농기구의 개선** : 쟁기, 낫, 호미 등의 기능이 향상되었다.

⑥ **목화 재배의 확대** : 목화가 전국적으로 재배되어 의생활이 개선되었다.

⑦ **기타** : 약초와 과수의 재배 등이 확대되었다.

(2) 결 과

① **농민의 토지 이탈** : 농업 생산량이 늘어나고, 노동력이 절감되어 농업 경영의 규모가 확대되었지만, 대다수 전호였던 농민들에게는 실질적인 혜택이 없었다. 여기에다 지주제가 점차 확대되면서 고율의 수작료와 농민들이 자연 재해, 고리대, 세금 부담 등으로 소작농이 되는 경우가 증가하여 어려운 처지에 놓여 있었다.

② **대책(중농정책의 한계)**

㉠ **정부** : 「구황촬요」·「구황벽곡방」을 보급하여 잡곡, 도토리, 나무껍질 등의 가공방법을 제시하는가 하면 호패법, 오가작통법 등을 강화하여 농민의 유망을 막았다.

㉡ **지방 양반** : 향약과 사창제(社倉制)를 시행하여 농촌 사회를 안정시키려 하였다.

03 수공업

❶ 관영 수공업

(1) 운 영

① **정비** : 전문적인 기술자를 공장안(工匠案)에 등록시켜 서울과 지방의 각급 관청에 소속하게 하고, 이들에게 관청에서 필요한 물품을 제작 공급하게 하였다.

② **관장(官匠)** : 국가의 공장안에 등록된 관장은 근무하는 동안에 성적이 우수하면 벼슬이 주어지고 (체아직 : 종9품~종6품), 녹봉도 지급받았으나 대체로 식비 정도만 지급받았기 때문에 자신의 책임량을 초과한 생산품에 대해서는 세금을 내고 판매하여 가계를 꾸렸다(納布匠).

(2) 구 분

① **경공장** : 약 2,800 여명으로 이들은 군기시(무기), 사옹원(음식), 상의원(의복), 선공감(토목), 교서관(인쇄) 등의 중앙 관청에 소속되어 물품을 제조 납품하였다.

② **외공장** : 약 3,500 여명으로 이들은 지방 관청에 소속되어 종이, 돗자리, 화살, 가죽 등의 물품을 제조 납품하였다.

❷ 민영 수공업

(1) 운 영

가내수공업의 형태로서 농민들을 상대로 농기구 등의 물품을 만들어 공급하거나, 양반의 사치품도 주문 생산하였다.

(2) 제조 물품

무명·명주·모시·삼베 등이 생산되었는데, 특히 목화 재배가 확대 보급되면서 무명 생산이 점차 증가하였다.

04 상업과 대외무역

❶ 관영 상업

(1) 동 향

조선은 고려시대보다 점포의 크기·상품의 종류·수량·가격·도량형 등 상업활동에 대한 통제를 강화하였는데, 오늘날의 시장경제와 통제경제의 중간형태의 성격을 띠었다.

(2) 시 전

① **납세(公廊稅)의 부담** : 한양으로 천도하면서 종로와 남대문 거리에 약 3천여개의 시전(市廛), 혹은 행랑(行廊)을 마련하여 만든 상점가에 개경에 있던 시전 상인을 이주시켜 장사하게 하는 대신에 점포세와 상세를 거두었다.

② **육의전의 번성** : 시전 중 비단, 무명, 명주, 종이, 어물, 모시를 파는 점포가 가장 번성하였다.

③ **금난전권의 행사** : 왜란 이후 실시한 것으로 국역의 형태로 왕실이나 관청에 물품을 공급하고 공랑세(公廊稅)를 바치는 대신에 특정 상품에 대한 독점판매권을 부여받았다. 그 결과 자유 상업의 발전이 부진하였다.

④ **경시서(세조 : 평시서)의 설치** : 시전들의 불법적인 상행위를 통제하고, 시전의 감독·물가 조정·도량형 등을 감독하여 시전상인의 폭리를 막았다.

(3) 장 시

① **등장** : 고려시대 부정기적으로 열린 주현시(州縣市)가 그 기원이며, 15세기 후반 전라도(무안, 나주)에서 큰 흉년을 맞아 한 달에 두 번씩 읍내 거리에서 시작되어 당시에는 장문(場門)이라 불렀다.

② **발달** : 수도 근교와 지방에서 농업생산력이 발달하면서 일부가 정기시장(5일장)으로 정착해 갔다. 이후 삼남의 전 지역과 경기도 지역으로 확산되었고, 16세기 중엽에 이르러서 전국적으로 확대되면서 18세기 중반에는 전국의 장시가 1,000여 곳에 달하였다.

③ **보부상의 활동** : 관허상인인 봇짐장수(보상)와 등짐장수(부상)들이 농산물, 수공업 제품, 수산품, 약재 등을 판매하여 유통시켰다.

④ **정부의 통제** : 정부에서는 농민들이 농업을 버리고 상업에 몰릴 것을 염려하여 장시의 발전을 억제하였다.

이성계와 보부상

1. 고려 이성계(1335~1408)가 30세인 1364년에 여진족과 교전할 때 위급한 상황을 지나가던 행상(行商)인 백달원(白達元)이 구출해 주었다.
2. 고려 이성계가 46세인 1380년 전라북도 남원군 운봉읍의 황산대첩(荒山大捷)에서 왜장 아지발도(阿只拔都 : 阿其拔都)와의 격전 후 왼쪽 다리의 화살흔적으로 낭자한 유혈을 백달원(白達元)의 부하가 목화(木花) 솜으로 지혈 응급 치료하여 주었다.

3. 1392년 7월 17일 공양왕(恭讓王)의 선양(禪讓)으로 개성의 수창궁(壽昌宮)에서 이성계가 신진사대부 세력의 추대를 받아 고려왕(高麗王)으로 즉위한 후 1393년 2월 15일 고려의 국호를 조선(朝鮮)으로 개정하였다.
4. 1392년 즉위 직후 조고(祖考)에 제사를 지내고 선대(先代)의 명복을 기원하는 동시에 스승인 무학국사(無學國師:朴自超)의 은혜를 보답하기 위하여 함경남도 안변군 문산면 설봉산에 석왕사(釋王寺)를 중건할 때 백달원(白達元)이 이태조의 효성심(孝誠心)과 사은심(師恩心)에 크게 감복한 나머지 청년부상(靑年負商) 80명을 인솔하여 강원도의 삼척에서 함경남도 안변까지 오백나한(五百羅漢)의 불체를 운반해 주었다. 이성계가 석왕사 건립을 완공한 후 그 동안 입은 은혜에게 보답하기 위하여 백달원(白達元)을 초치하고 간절한 소원(所願) 한 가지를 하문하자 백달원은 자신의 부귀영화 보다 부평초 행상(行商)들의 보호 지원을 주청하였다. 이에 이성계 태조는
   ① 개성의 발가산(發佳山)에 부보상 본부인 임방(任房)을 설치 제공하고
   ② 木器, 土器, 水鐵, 소금(鹽), 어물(魚)의 5종을 전매특허(專賣特許)하였으며
   ③ 임방의 공사(公事)를 증빙하고 관아의 포달을 물리칠 수 있도록 유아부보상지인장(唯我負褓商之印章)이라고 새겨진 직인용(職印用) 옥도장(玉圖章)을 하사하였다.

사료읽기

행상들의 민요

짚신에 감발 치고 패랭이 쓰고 / 목소리 높여 고래 고래 지르며 / 꽁무니에 짚신 차고 이고 지고
비가 오나 눈이 오나 외쳐 가며 / 이 장 저 장 뛰어가서 / 돌도부장사하고 해질 무렵
장돌뱅이들 동무들 만나 반기며 / 손잡고 인사하고 돌아서네 / 이 소식 저 소식 묻고 듣고
다음 날 저 장에서 다시 보세

❷ 화 폐

(1) 종 류

조선통보

① **발행 화폐** : 초기에 저화·조선통보·팔방통화(箭幣, 柳葉箭) 등을 만들어 유통시켰다.

② **유통 부진** : 정부의 억상책과 자급자족적인 농업 중심의 경제구조, 화폐에 대한 인식 부족 등으로 유통이 부진하였다.

(2) 유통 수단

실제로 농민들은 화폐보다는 쌀과 무명 등을 주로 사용하였다.

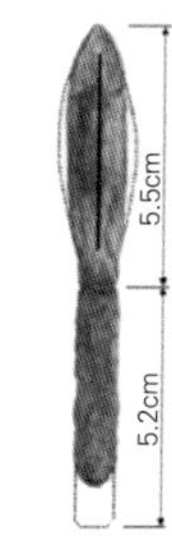

팔방통화

❸ 대외 무역

(1) 공무역

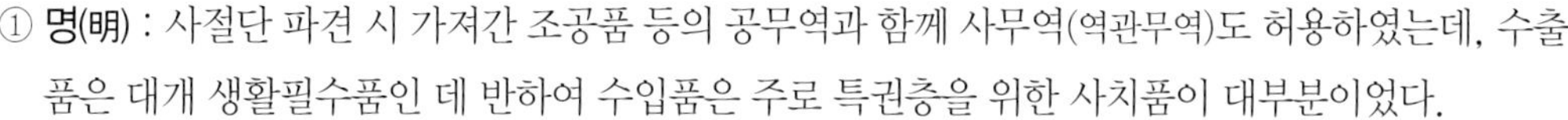

① **명(明)** : 사절단 파견 시 가져간 조공품 등의 공무역과 함께 사무역(역관무역)도 허용하였는데, 수출품은 대개 생활필수품인 데 반하여 수입품은 주로 특권층을 위한 사치품이 대부분이었다.

② **여진** : 태종 6년(1406) 경원·경성의 국경지역에 설치한 무역소나 한양의 북평관을 통한 조공무역을 허용하였다.

③ **일본** : 동래에 설치한 왜관과 한양의 동평관을 중심으로 제한무역을 허용하였다.

(2) 사무역

① **특징** : 국경 부근에서 이루어졌으며 엄격하게 감시를 받았다.

② **교역품** : 무명과 식량을 주로 거래하였다.

역관무역

조선 시대 중국에 파견된 사신이 여비나 무역자금으로 쓰기 위해 사신을 수행하는 역관들에 의해 인삼을 담은 8개의 꾸러미(八包)를 가지고 가는 것으로 팔포(八包)무역이라고도 한다. 고려 시대에는 국왕이나 사신이 중국에 갈 때 여비로 쓰기 위해 은을 가져갔으나, 조선 초 명에 대한 세공(歲貢) 문제로 은이 귀해지면서 세종 때부터는 은 대신 마포(麻布)와 인삼을 가져가게 되었다. 그 뒤에도 인삼이 귀해지면 은을, 은이 귀해지면 인삼을 가져가는 등의 변화를 겪었다. 세종 때에는 1명당 마포 30필과 인삼 5근으로 제한했다가 그 뒤 인삼만 10근씩 가져가게 했고, 점차 그 수를 늘려 인조 때에는 1명당 10근짜리 꾸러미 8개, 즉 80근까지 허락하여 '팔포(八包)'라는 말이 생겼다.

제 3 편

근세의 사회

신분 제도

핵심 출제포인트

- 각 신분의 특징을 묻는 문제가 주로 출제되므로 신분별 특징을 구분하여 정리해야 한다.
- 향촌구조의 변동 과정을 신분제의 변동과 함께 정리해야 한다.

01 양천제와 반상제

❶ 양천제(15세기)

(1) 구 분

① **양인** : 과거에 응시하고 벼슬길에 오를 수 있는 자유민으로 직업, 가문, 거주지에 따라 양반, 중인, 상민으로 구분하여 조세, 국역 등의 의무를 지녔다.

② **천인** : 비자유민으로서 개인이나 국가에 소속되어 천역을 담당하였다.

(2) 특 징

① 갑오개혁(1894) 이전까지 조선 사회를 지탱해 온 기본적인 신분 제도였다.

② 실제로는 양천제의 원칙에만 입각하여 운영되지는 않았다.

❷ 반상제(16~17세기)

(1) 변화 배경

본래 관직을 가진 사람을 의미하던 문반과 무반의 양반은 16세기 이후 정치·사회적인 변화의 결과 그 가족이나 가문까지 포함해서 부르면서 크게 반상제의 모습으로 나타났다.

(2) 일반화

① **구분** : 지배층인 양반과 피지배층인 상민간의 차별을 두고 양반은 각종 특권을 유지하였으며, 중인은 양반의 잡직 기피로 기술직을 전담하였으며, 상민은 천민과 거의 구분이 가지 않을 정도로 생활이 어려워졌다.

② **16세기 이후** : 양반과 상민의 신분 제도가 점차 정착되었다.

③ **특징** : 조선시대는 엄격한 신분제 사회였으나 신분 이동이 가능하였다. 즉, 법적으로 양인이면 누구나 과거에 응시하여 관직에 진출할 수 있었으며, 양반도 죄를 지으면 노비가 되거나 경제적으로 몰락하여 중인·상민이 되기도 하였으나 그리 자유로운 것은 아니었다.

02 신분 구조

❶ 양 반

(1) 성 격

① **정치적** : 과거, 음서, 천거 등을 통하여 국가의 고위 관직을 독점한 관료층이었다.

② **경제적** : 토지와 노비를 많이 소유한 지주층으로 고리대와 자기의 노(奴)를 양녀(良女)와 혼인을 시켜 그 소생들을 노비로 확보하는 등 이재(理財)에 밝았다.

③ **사회적** : 생산에는 종사하지 않고 오직 현직 또는 예비 관료로 활동하거나 유학자로서의 소양과 자질을 닦는 데 힘썼다.

(2) 특 권

① **내용** : 음서와 대가(代加) 등의 법률과 제도로써 양반의 신분적 특권을 제도화하여 각종 국역을 면제받을 수 있었다.

② **결과** : 양반이 하나의 사회 신분으로 고정되어 가면서 양인은 점차 양반, 중인, 상민으로 분화하였다.

❷ 중 인

(1) 의 미

① **넓은 의미** : 양반과 상민의 중간 신분 계층을 뜻하는 말로 15세기부터 형성되어 조선 후기에 이르러 하나의 독립된 신분층을 이루었다.

② **좁은 의미** : 기술관만을 의미하며 양반들로부터 멸시와 하대를 받았으나 대개 전문 기술이나 행정 실무를 담당하였으므로 나름대로 행세할 수 있었다.

(2) 계 층

① **서리, 역관, 기술관** : 관청에서 가까운 곳에 거주하면서 직역을 세습하고 같은 신분 안에서 혼인하였다.

② **서얼** : 중인과 같은 신분적 처우를 받았으므로 중서(中庶)라고도 불렀다.

㉠ **청요직(淸要職) 진출** : 우수한 학자와 문인이 다수 배출되어 문화 발전에 기여하였으며, 특히 조선 후기에는 소청운동을 전개하여 청요직에 진출하였다.

㉡ **재산 상속** : 어머니의 신분에 따라 신분과 재산 상속에 차등이 있었다.

③ **향리** : 토착 세력으로서 수령을 보좌하면서 위세를 부리기도 하였으며, 조선 후기에 향촌 사회에서 관권이 강화되자 관권을 실질적으로 장악하였다.

❸ 상 민

(1) 구 분

① **농민** : 농본억상 정책에 의해 수공업자나 상인보다 우대받았으며, 대부분이 조세, 공납, 부역 등의 과중한 조세 부담으로 생계가 곤란하였다.

② **수공업자(공장)** : 「공장안」에 등재되어 관영수공업이나 민영수공업에 종사하면서 공장세를 부담하였다.

③ **상인** : 시전상인과 보부상 등이 이에 속하며 국가의 통제 아래 상거래를 하면서 상인세를 부담하였다.

④ **신량역천(身良役賤)** : 신분은 양인이지만 천역을 담당하는 계층이다.

신량역천(身良役賤)

① 염간(鹽干, 소금구이)	② 해척(고기잡이)	③ 수호간(守護干, 능 지기)
④ 조졸(津尺, 뱃사공)	⑤ 봉화간(봉수업 전담)	⑥ 목자간(牧子干, 목축업 종사)
⑦ 철간(鐵干, 광부)	⑧ 사기간(도자기 구이)	⑨ 화척(禾尺, 楊水尺, 水尺, 도축업)

(2) 지 위

① **법제적** : 과거에 응시하는 것을 금지하지 않아 출세에 법적 제한이 없었다.

② **현실적** : 과거 준비에는 많은 시간과 비용이 들었으므로 과거에 응시하는 것은 매우 어려웠으며, 전쟁이나 비상시에 군공을 세우는 등의 경우가 아니면 상민의 신분 상승 기회는 그리 많지 않았다.

❹ 천 민

(1) 노 비

① **성격**

㉠ 재산으로 취급되어 매매, 상속, 증여의 대상이 되었다.

㉡ 원칙적으로 군역의 의무가 없으나, 필요시에는 특수군에 편제되었다.

㉢ 부모 중 한쪽이 노비면 자녀는 노비가 되는 제도가 일반적으로 시행되었다.

② **구분** : 고려와 마찬가지로 사노비와 공노비가 있었다.

㉠ **사노비** : 개인이나 사원에 속한 노비였다.

㉮ **솔거노비** : 주인집에 거주하면서 주인의 직영지를 경작하거나 잡일에 종사하였다.

㉯ **외거노비** : 주인과 떨어져 독립된 가옥에서 살면서 주인에게 노동력을 제공하는 대신 신공을 바치고 다른 사람의 토지를 소작하였으며 독립된 가정과 재산을 소유할 수 있었다.

㉡ **공노비** : 국가에 신공을 바치거나 관청에 노동력을 제공하였으며, 사노비에 비해 생활조건이 좋았다.

㉮ **선상(공역)노비** : 기술을 가진 장인으로 독자적인 가계를 유지하면서 자유로운 가정생활을 누릴 수 있는 대신 소속 관서에 노역의 의무를 부담하였다.

㉯ **납공노비** : 매년 노(奴)는 면포 1필과 저화 20장, 비(婢)는 면포 1필과 저화 10장의 신공을 납부하였다.

(2) 기 타

① **계층** : 백정(去骨匠, 망나니, 상투와 두루마기 착용 금지), 무당, 가파치, 창기, 광대 등이 있었다.

② **성격** : 이들의 직업이 사회적으로 천시되면서, 그 직업에 종사하는 사람까지 천시되어 조선 중기 이후에는 천인화 된 계층으로 법제적으로는 양인이다.

03 촌락의 운영

❶ 촌락 공동체 조직(15세기)

(1) 사족(士族)

① **조직** : 족계, 동약, 동계를 조직하였다.

② **목적** : 사족들이 촌락민들에 대한 신분적, 사회적, 경제적인 지배력을 강화하고자 하였다.

③ **변화** : 임진왜란 이후 양반과 평민층이 함께 참여하는 상하합계의 형태인 동계로 전환하였다.

(2) 농 민

① **두레** : 공동 노동의 작업 공동체였다.

② **향도(香徒)** : 불교와 민간신앙 등의 신앙적 기반과 동계 조직과 같은 공동체의 성격을 지닌 것으로 양반 사족들이 음사라 하여 금지하였지만, 대다수의 농민들은 자신들의 생활 풍습을 지키려 노력하였다. 이후 향도는 남·녀 노소를 막론하고 며칠 동안 술과 노래를 즐기는 마을의 축제에서 점차 장례를 도와주는 기능으로 전환되어 갔는데 상여를 메는 사람인 상두꾼이 향도에서 유래된 것은 그 좋은 예이다.

③ **석전** : 상무정신을 기르기 위하여 자주 거행하였으며, 조선 초기에는 국왕도 이를 관전할 정도였으나 뒤에는 사상자가 속출하여 국법으로 이를 금하였다. 그러나, 민간 풍습으로 계속 이어졌다.

❷ 친족 공동체 조직(16세기 이후)

(1) 변화 배경

민중적인 촌락공동체나 관습은 사림세력의 성장에 따라 점차 유교적인 향약과 의식으로 바뀌어 친족 공동체로 변모하였다.

(2) 결 과

사림은 유교적 의식과 명분에 맞지 않는 민간신앙이나 풍습은 모두 이단음사로 규정하여 금지하였다.

제2장 사회 정책과 시설

핵심 출제포인트

• 조선시대 사회시책과 시설의 종류와 특징이 고려시대의 제도와 함께 출제되는 경우가 많으므로 비교하여 학습해야 한다.

01 사회 제도

❶ 사회 시설

(1) 환곡(還穀)

① **정의** : 국가에서 운영한 것으로 농민의 생활을 안정시키기 위해 춘궁기에 양식과 종자를 빌려주고 추수기에 회수하는 제도이다.

② **운영**

㉠ **의창(15세기)** : 빌려준 원곡만을 받았기 때문에 곧 원곡이 없어지게 되었다.

㉡ **상평창(16세기 이후)** : 모곡(耗穀)이라 하여 원곡의 소모분을 감안한 10%의 이자를 거두었으나 고리대로 변질되어 농민의 생활을 악화시켰다.

(2) 사창(社倉)

① **운영** : 향촌에서 자치적으로 실시되었다.

② **목적** : 향촌의 농민생활을 안정시켜 양반 중심의 향촌 질서를 유지하기 위한 것이었다.

❷ 의료 시설

(1) 종 류

① **혜민서** : 수도권 안에 거주하는 서민 환자의 구제와 약재 판매를 담당하였다.

② **제생원** : 지방민의 구호 및 진료를 담당하였다.

③ **동·서 대비원(활인원, 활인서)** : 여행자, 유랑자의 수용과 구휼을 담당하였다.

(2) 한 계

각종 사회시설은 농민의 생활 안정에 대한 근본적인 대책이 될 수 없었고, 토지로부터의 이탈을 막기 위한 미봉책에 불과하였다. 오히려 정부는 농민의 유망을 막기 위한 호패법, 5가작통법 등의 통제책을 운영하였다.

02 법률 제도

❶ 기본법

(1) 형 법

① **특징** : 고려시대 관습법 체제와는 달리 조선은 성문법 체제로 운영되었는데, 그 중에서 가장 중요시 된 부분이 형법이었다.

② **운영**

㉠ 형조는 사법 행정의 감독관청으로 2심 재판기관이었다.

㉡ 고려시대의 일반 형벌은 단심제를 적용하였으나, 조선시대의 일반 형벌은 재심청구가 가능하였다.

㉢ 경국대전의 형전에 의해 정비되었으나 경국대전의 법 조항이 소략하기 때문에 대명률(명의 기본 법전)이 주로 적용되었다.

㉣ 15세 이하 70세 이상은 반역이나 살인 이외에는 구속하지 않았고, 같은 범죄를 저질렀다고 해도 신분에 따라 처벌을 달리하였다.

③ **중죄**

㉠ **유형** : 범죄 가운데 가장 무겁게 취급된 것은 반역죄와 강상죄였다.

㉡ **연좌제 적용** : 범인은 물론 부모, 형제, 처자, 사제지간까지도 적용되어 함께 처벌하였고, 심한 경우에는 범죄가 발생한 고을의 호칭이 강등되고, 고을 수령은 낮은 근무 성적을 받거나 파면되기도 하였다.

④ **형벌** : 태형(笞刑)·장형(杖刑)·도형(徒刑)·유형(流刑)·사형(死刑, 교수형·참수형)의 5종이 기본으로 시행되면서 자자(刺字 : 글자로 문신을 새기는 일)와 능지처사(凌遲處死) 같은 극형을 추가하였다.

조선시대 형벌의 종류

태형	5가지(10대, 20대, 30대, 40대, 50대)	회초리로 볼기를 치는 형벌
장형	5가지(60대, 70대, 80대, 90대, 100대)	곤장으로 볼기를 치는 형벌
도형	5가지(1년, 1년반, 2년, 2년반, 3년)	징역
유형	3가지(2천리, 2천 5백리, 3천리)	귀양
사형	2가지(교형, 참형)	목을 매달아 죽이는 형, 베어 죽이는 형

(2) 민 법

① **운영** : 관찰사와 수령 등 지방관이 관습법에 따라 처리하였다.

② **소송** : 초기에는 노비와 관련된 소송이 많았으나, 중기 이후에는 남의 묘지에 자기 조상의 묘를 쓰는 데에서 발생하는 산송(山訟)이 주류를 이루었다.

❷ 사법 기관

(1) 중 앙

① **사헌부** : 감찰 기관으로 시정(時政)을 논하고 관리를 규찰하며, 풍속을 교정하는 일을 맡았다.

② **의금부** : 왕명에 의한 특별재판소로 왕족, 양반 등의 국사범이나 국가 반역죄 및 강상죄를 처벌하고 사형에 대한 3심을 담당하였다.

③ **형조** : 사법 행정의 감독 기관이며 일반 사건에 대한 2심 재판 기관이다.

④ **한성부** : 수도의 일반 행정과 함께 토지, 가옥에 관한 소송 등을 맡아 처리하였다.

⑤ **포도청** : 일반 평민의 범죄와 각종 형사와 민사사건을 담당하였다.

⑥ **장예원** : 노비의 장부와 그 소송을 맡아 처리하였다.

(2) 지 방

① **행사** : 관찰사와 수령이 각각 관할 구역 내의 사법권을 행사하였다.

② **중요 사건** : 사형과 같은 중요한 사건은 중앙의 상부기관으로 올려 보냈다.

(3) 특 징

① **행정기관과 명확한 구분이 없음** : 행정관이 사법권을 행사하였다.

② **지방 자치 질서 인정** : 지방관이 대부분의 사건을 스스로 처리하였다.

③ **신문고** : 신문고는 의금부에서 관장한 기구로 태종 때 설치하였다가 연산군 때 폐지한 이후 영조 때 부활하여 병조에서 관장하였다.

사료읽기

신문고 제도

고할 데가 없는 백성으로 원통하고 억울한 일을 품은 자는 나와서 등문고(登聞鼓)를 치라고 명하였다. 의정부에서 상소하기를 "서울과 외방의 고할 데 없는 백성이 억울한 일을 소재지의 관청에 고발하여도 소재지의 관청에서 이를 다스려 주지 않는 자는 나와서 등문고를 치도록 허락하소서. 또한 법을 맡은 관청으로 하여금 등문한 일을 추궁해 밝히고 아뢰어 처결하여 억울한 것을 밝히게 하였다. 그 중에 사사롭고(남에게) 원망을 품어서 감히 무고를 행하는 자는 반좌율(反坐律)을 적용하여 참소하고 간사하게 말하는 것을 막으소서."하여 그대로 따르고 등문고를 고쳐 신문고(申聞鼓)라 하였다.

》「태종실록」

제 4 편

근세의 문화

제1장 민족 문화의 발달

제2장 성리학의 발달

제3장 불교와 민간신앙

제4장 과학 기술의 발달

제5장 문학과 예술의 발달

제1장 민족 문화의 발달

핵심 출제포인트

- 한글 창제를 중심으로 조선 전기 민족 문화 발달상을 파악하도록 한다.
- 역사서는 고려, 조선시대 역사서와 함께 출제되므로 반드시 그 내용을 정리해야 한다.
- 지도·지리서, 윤리·의례서, 법전의 편찬 목적을 정리해 두어야 한다.

01 한글의 창제

❶ 배 경

(1) 독자적 문자의 필요성 대두

우리나라는 일찍부터 한자를 써 오면서 이두나 향찰을 사용하였으나, 고유문자가 없어서 우리말을 자유롭게 표현할 수 없었기 때문에 일상적으로 쓰는 말에 맞으면서도 누구나 배우기 쉽고 쓰기 좋은 우리의 문자가 필요하였다.

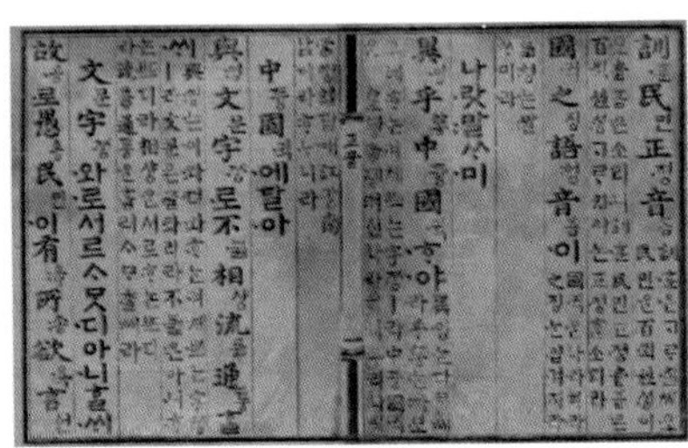
훈민정음

> – 훈민정음(한글) : 세종(1443), 한글날(10월 9일)
> – 훈맹정음(점자) : 박두성(1926), 훈맹정음의 날(11월 4일)

(2) 유교적 통치 질서의 확립

조선 한자음의 혼란을 줄이고 피지배층을 도덕적으로 교화시켜 양반 중심 사회를 원활하게 유지하기 위해서 우리 문자의 창제가 요청되었다.

❷ 한글의 창제와 보급

(1) 창 제

세종은 일부 유학자(하위지, 최만리)의 학문 독점욕으로 인해 반대가 있었지만 집현전 학자들을 중심으로 정음청을 설치하고, 음운을 연구하여 한글을 창제한(1443) 후 훈민정음을 반포하였다(1446).

(2) 보 급

① 한글서적 편찬

㉠ **용비어천가(세종, 권제·정인지)** : 최초의 한글서적으로 6대(목조~태종)의 업적을 기린 서사시

㉡ **석보상절(세종, 수양대군)** : 소헌황후의 명복을 빌기 위하여 석가의 일대기를 번역한 서적

㉢ **월인천강지곡(세종)** : 석보상절을 보고 석가의 공덕을 찬양한 시가

㉣ **월인석보(세조)** : 월인천강지곡과 석보상절을 합본한 것

② **행정실무 활용** : 서리들로 하여금 훈민정음을 배우게 하였으며, 이들의 채용(吏科)에 훈민정음의 시험을 치르게 하기도 하였다.

③ **문학창작 활용** : 학자들은 시가(詩歌)와 산문을 국문으로 쓰는 경우가 생겼고, 평민이나 부녀자들도 창작활동이 가능해졌다.

④ **탄압** : 연산군은 본인의 비행을 한글로 비판한다 하여 언문청을 폐지하는 등 탄압을 하였으나 중종 때 조광조는 언문청을 부활하여 어려운 유교경전을 한글로 번역하여 보급하기도 하였다.

02 역사서의 편찬

❶ 건국 초기

(1) 방 향

조선 건국의 정당성과 성리학적 명분론을 강조하려는 방향으로 역사서가 편찬되었다.

(2) 대표 사서

① **고려국사(태조, 정도전)** : 이제현의 사학을 계승하여 고려시대의 역사를 정리하고, 조선 왕조 건국의 명분을 강조한 편년체의 역사서이다.

② **동국사략(태종, 권근)** : 단군조선 이래 삼국시대까지의 역사(단군 ⇨ 기자 ⇨ 위만 ⇨ 한 4군 ⇨ 삼한 ⇨ 삼국)를 정리한 사서로 서얼 왕자를 책봉한 정도전 일파를 제거하고 집권한 태종과 그를 보좌한 권근 등이 성리학적 명분론에 입각하여 서술하였다.

❷ 15세기 중엽

(1) 고려시대 역사의 자주적 재정리

① **고려사(세종~문종, 정인지, 기전체)** : 기전체 사서(본기×)로 왕의 역할을 중심점에 놓고 서술하였으며 세종의 직필주의(以實直書)와 기록 보존주의(以存其實) 원칙하에 사료에 충실하고 가능한 평가를 억제하였으며 우왕, 창왕을 신돈의 자식으로 보고 열전에 기록하였다.

② **고려사절요(문종, 김종서)** : 고려사의 편찬과 병행한 사서로 신하의 역할을 부각하였다.

(2) 자주적 통사의 편찬

① **삼국사절요(성종, 서거정·노사신, 편년체)** : 삼국시대의 역사를 재정리한 사서이다.

② **동국통감(성종, 서거정·양성지, 편년체)** : 고조선~고려 말까지의 우리 역사를 정리한 최초의 통사로 단군을 민족사의 시조로 정립하였다. 훈구대신 등이 역사 체계의 골격을 세우고, 최보를 대표로 하는 사림이 사론을 넣어 훈구파와 사림파의 역사 의식을 동시에 반영한 것이다.

❸ 16~17세기(사림의 역사 의식)

(1) 특 징

① **존화사상 토대** : 우리나라의 역사를 소중화(小中華)의 역사로 파악하여 유교문화와 대립되는 고유 문화는 이단시되었다.

② **기자조선 중시** : 왕도주의를 내세우며 단군보다 기자에 대한 연구를 심화하였다.

(2) 역사서

① **동국사략(박상)** : 신라 통일기를 높게 평가하고 반도를 중시하는 입장을 취하였다.

② **기자실기(이이)** : 기자조선과 마한으로 이어지는 역사의 서술과 왕도정치를 강조하는 도덕적인 사관에 입각하여 편찬하였다.

③ **기타** : 표제음주동국사략(유희령), 기자지(윤두수), 동사찬요(오운), 동몽선습(박세무) 등이 있다.

(3) 평 가

① **긍정적** : 사림의 존화주의 사관은 우리 민족이 문화 민족이라는 자부심을 가지고 중국을 제외한 주변 민족의 침략에 저항하는 애국심을 높여주었다(왜란 당시 의병의 항쟁).

② **부정적** : 국제 정세의 변동에 대처하는 면에서는 뒤떨어졌다(인조 때 서인의 친명배금 정책).

❹ 17세기 중반 이후

(1) 특 징

각 붕당의 입장을 반영한 역사서가 편찬되었다.

(2) 대표 사서

① **동국통감제강(현종, 홍영하)** : 남인으로 「동국통감」의 고대사 부분을 고쳐 쓴 편년체 사서로 왕권의 강화와 붕당정치의 폐지를 주장하였다.

② **동사(東事, 현종, 허목)** : 남인으로 북벌운동과 붕당정치를 비판한 기전체 사서로 조선의 풍토에 순응하는 정치와 왕권의 강화를 주장하였다.

③ **여사제강(현종, 유계)** : 서인으로 북벌운동을 제창하였으며, 고려가 자치자강(自治自强)에 힘쓰고 북방 민족에 저항한 정신을 강조하였다.

❺ 조선왕조실록

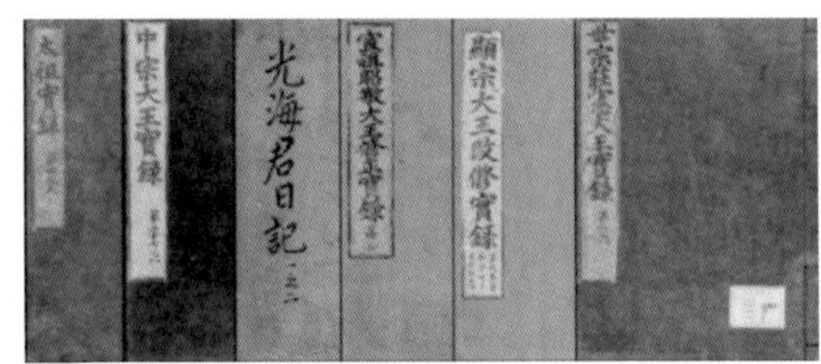

조선왕조실록

(1) 편 찬

① **배경** : 한 왕대의 역사를 후세에 남기기 위해 전왕이 죽고, 다음 국왕 때 전왕의 실록을 편찬하였다.

② **방법** : 춘추관을 중심으로 실록청을 설치하고, 예문관의 사관(史官)이 비밀리에 보관하고 있던 사초(史草)들을 수합하여 초초(初草), 중초(中草), 정초(正草)의 3단계를 거쳐 날짜별로 기록하는 편년체로 편찬하였다.

③ 자료

㉠ **기본 자료** : 사관 이외에는 국왕도 보지 못하게 하여 기록의 신뢰도를 높였다.

㉮ **사초(史草)** : 사관이 국왕 앞에서 기록하였고, 사관의 자택에 비밀리에 보관하였다.

㉯ **시정기(時政記)** : 각 관청의 문서를 종합하여 정리한 것이다.

㉡ **일성록(日省錄)** : 1760년(영조 36)~1910년(융희 4)까지 150년간 날마다 역대 임금의 언동(言動)을 규장각에서 기록한 것이다.

㉢ **기타** : 승정원일기, 의정부등록(비변사등록) 등을 참조하였다.

일성록

(2) 편찬 실록

① **편찬** : 태종 때《태조실록》, 세종 때《정종·태종실록》이래 철종까지의 실록이 편찬되었다(고종과 순종실록은 일제시대에 편찬).

② **국조보감(세조, 권람·신숙주, 편년체)** : 실록의 내용 중에서 후세에 귀감이 될 만한 내용을 뽑아서 편찬한 서적으로 이후 각 왕마다 편찬되었다.

(3) 특 징

① 연산군과 광해군은 일기(日記)로 표기되었다.

② 「세종실록」에는 실록 가운데 유일하게 지리지가 편입되어 있다.

③ 정치적인 문제로 경우에 따라 수정과 개수를 하기도 하였다(선조 수정실록, 현종·경종 개수실록).

④ 1997년 승정원 일기와 더불어 유네스코 세계기록유산으로 지정되었다.

오대산 사고

등록(謄錄)

① 중앙의 각 부, 6조, 각 원, 각 사, 각 아문과 지방 관청 등의 기관에서 접수한 문서를 등사(謄寫)한 책으로 각 관아의 소관 업무나 관아 간의 문서 전달 및 업무의 시행 과정 등을 파악할 수 있다.

② 각사의 등록, 의정부등록, 비변사등록, 종묘등록 등이 현존한다.

03 지도·지리서의 편찬

❶ 목 적

중앙 집권(행정적)과 국방 강화(군사적)를 위하여 편찬하였다(후기 : 산업·문화적).

❷ 구 분

(1) 지 도

① **혼일강리역대국도지도(태종, 이회)** : 현존하는 동양 최고(最古)의 세계지도로 원본은 전하지 않고 필사본이 일본 류코큐 대학에 현존하고 있다. 이 지도는 아라비아의 영향을 받은 원나라의 지도에 한반도를 덧붙인 지도로 아메리카 대륙는 빠져있다.

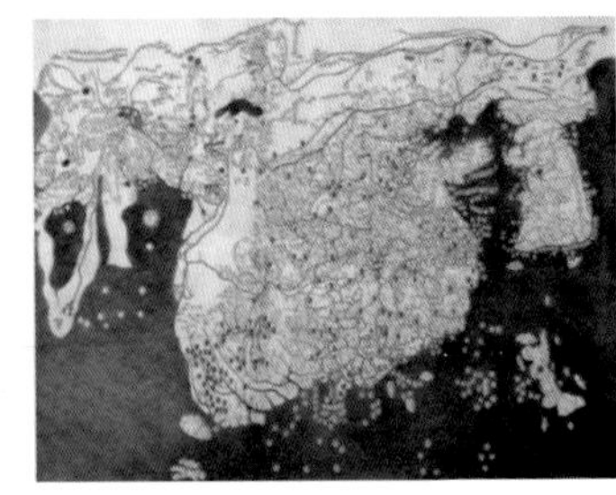
혼일강리역대국도지도

② **팔도도(세종, 정척)** : 새롭게 편입된 북방지역을 실측하여 제작한 지도이다.

③ **동국지도(세조, 양성지)** : 과학기구(규형)를 이용한 최초의 실측 지도이다.

④ **조선방역지도(명종, 16세기 중엽)** : 전국에서 올라오는 진상품을 관할하던 제용감(濟用監)에서 제작한 지도로 현존하고 있다. 특히, 전국 주·현의 명칭을 8도별로 색을 달리하여 표시하고, 만주와 쓰시마 섬까지 표기하였다.

(2) 지리서

① **신찬팔도지리지(세종, 윤회)** : 전국 8도의 지리, 역사, 정치, 사회 등을 수록한 최초의 인문지리서로 세종실록에 수록되어 전한다.

② **세종실록지리지(단종, 정인지)** : 단군의 건국이야기와 울릉도와 독도를 구분하여 기록하고 있다.

③ **팔도지리지(성종, 양성지)** : '실록(實錄)' 지리지의 미비점을 보완하기 위해 전국적인 조사에 의해 얻은 자료를 토대로 각 도별 연혁과 지세, 인물 등을 수록한 것으로 부전한다.

④ **해동제국기(성종, 신숙주)** : 일본과 규슈, 유구 등지의 인문 지리를 기록한 견문록이다.

⑤ **동국여지승람(성종, 노사신·서거정)** : 단군이야기와 「동문선」의 시문이 수록되어 있으며, 국토에 대한 인문 지리적 지식 수준을 높인 지리서이다.

⑥ **신증동국여지승람(중종, 이행)** : 동국여지승람을 보충한 지리서로 현존하고 있다.

04 윤리서·의례서·법전의 편찬

❶ 윤리서·의례서

(1) 목 적

성리학이 조선 사회의 지배사상으로 등장하면서 유교적 질서 확립을 위하여 편찬하였다.

(2) 구 분

① **윤리서** : 언해를 붙여 백성들이 쉽게 읽고 실천하도록 하였다.

㉠ **삼강행실도(세종)** : 모범이 될 만한 충신, 효자, 열녀 300여명의 행적을 그림으로 그린 후에 한

글로 설명을 붙여 놓았다.

㉡ **효행록**(세종) : 효자 62명의 효행에 관한 내용을 기록하였다.

㉢ **이륜행실도** : 연장자와 연소자, 친구 사이에서 지켜야 할 윤리를 강조하였다.

㉣ **동몽수지** : 어린이가 지켜야 할 예절을 기록하였다.

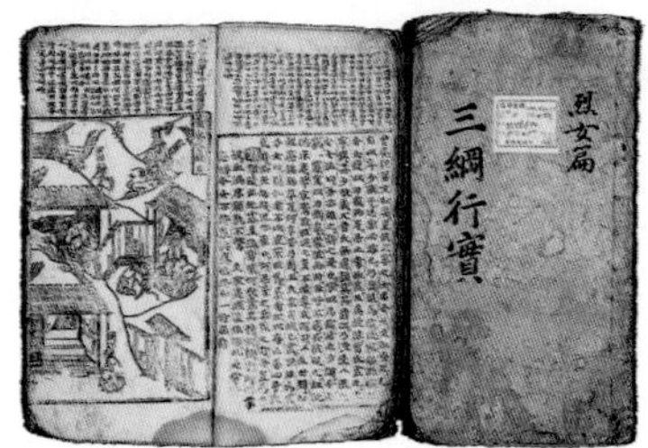

삼강행실도

② **의례서** : 성종 때에 국가의 여러 행사에 필요한 의례를 정비하여 길례(제사의식), 가례(관례와 혼례), 빈례(사신접대), 군례(군사의식), 흉례(상례의식)의 오례(五禮)와 함께 대부(大夫)와 사서인(士庶人)들의 장례 의식을 정리한 「국조오례의」를 편찬하였다.

❷ 법 전

(1) 목 적

조선 왕조의 통치 규범을 성문화하기 위해 편찬하였다.

(2) 법 전

① 15세기

㉠ **조선경국전**(태조, 정도전) : 주례(周禮)를 본받아 고려 말에서 조선 초기의 조례를 정리하여 유교적 통치이념을 집대성한 최초의 법전이다.

㉡ **경제문감**(태조, 정도전) : 주나라의 정치 조직 중 나라를 다스리는 데 본받을 만한 것을 기록한 조선 왕조 정치 조직의 초안이다.

㉢ **경제육전**(태조, 조준) : 고려 말에서 조선 초기의 조례를 정리한 법전이다.

㉣ **속육전**(태종, 하륜) : 경제육전을 증보하여 편찬한 법전이다.

㉤ **육전등록**(세종, 집현전) : 이전, 호전, 예전, 병전, 형전, 공전 등의 법전이다.

㉥ **경국대전**(세조~성종, 최항·노사신) : 이전, 호전, 예전, 병전, 형전, 공전의 6전으로 구성된 조선의 기본 법전으로 후기까지 법률체계의 골격을 이룬 통치의 기본 법전으로 중국 법의 무제한적인 침투에 대비한 방파제의 역할을 하였으며, 나중의 법전에서 삭제되어서는 안된다는 영구불변성이 부여됨으로써 고유법 유지와 계승의 계기가 되었다.

② 18세기

㉠ **속대전**(영조, 김재로) : 경국대전 이후 임시적으로 이루어진 여러 수교를 모아 편찬하였다.

㉡ **대전통편**(정조, 김치인) : 「속대전」에서 수정·증보된 내용 및 국왕의 교서와 명령 등을 보충하여 편찬하였다.

③ 19세기

㉠ **대전회통**(고종, 조두순) : 「경국대전」에 「속대전」 이후의 사항을 추록하여 편찬한 조선의 최대 법전이다.

㉡ **육전조례**(고종, 조두순) : 「대전회통」에 빠진 시행 규례가 많아서 왕명으로 편찬하였다.

제2장 성리학의 발달

핵심 출제포인트

- 조선 전기 성리학의 발달에 따라 이황과 이이를 중심으로 그들의 주장과 특징을 비교하여 학습하도록 한다.
- 성리학의 발달이 조선의 정치, 사회, 문화에 끼친 영향을 파악하도록 한다.
- 예학과 보학의 영향을 중심으로 개념 정리해야 한다.

01 성리학의 융성

❶ 주리론

(1) 학문적 경향

원리적 문제를 중요시 한 철학으로 향촌에서 중소 지주적인 경제기반을 가진 생활이 비교적 안정된 사림 양반들이 발전시켰다.

(2) 학 자

① **이언적** : 주리론의 선구자적 위치를 차지한 인물이며, 기(氣)보다는 이(理)를 중심으로 자신의 이론을 전개하며 후대에 영향을 미쳐 주자중심의 성리학이 조선에서 성행하는데 이바지하였다.

② **이황** : 이언적의 주리론을 발전시켜 주리철학을 집대성한 사람으로 주자의 이론에 조선의 현실을 반영시켜 나름대로의 체계를 세워 이기이원론을 더욱 발전시켰다. 「주자서절요」, 「성학십도」, 「이학통록」, 「계몽전의」, 「전습록변」 등을 저술하였으며, 임진왜란 이후 강항에 의해 일본에 전해져 일본의 성리학 발전에 영향을 미쳐 '동방의 주자'라는 칭호를 받았다. 예안향약을 실시하였고 도산서원을 세웠으며, 이후 김성일, 유성룡 등의 제자에 의해서 영남학파를 형성하였다.

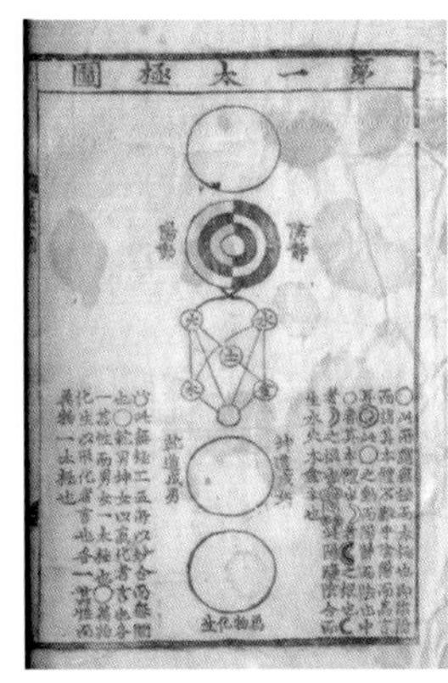

성학십도

❷ 주기론

(1) 학문적 경향

관념적 도덕 세계를 중요시하면서도 경험적 세계를 중요시 한 철학이다.

(2) 학 자

① **서경덕** : 주기론의 선구적인 위치를 차지하고 불교와 노장사상에 대해서 개방적인 성격을 지녔다.

② **조식** : 경의(敬義)를 중시하고 학문의 실천성을 강조하였으며, 노장사상에 포용적이고 병법·의학·지리 등 다방면에 조예가 깊었다. 서경덕의 학문 경향과 함께 16세기 중반 이후 하나의 중요한 사

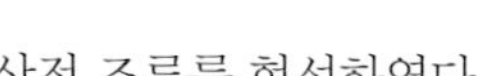

상적 조류를 형성하였다.

③ **이이** : 주기론을 집대성하였으며, 관념적 도덕세계를 중요시하는 동시에 경험적 현실세계를 존중하여 개혁적, 진보적인 성격을 갖고 있었다. 일원론적 이기이원론을 주장하였으며, 이통기국론(理通氣局論)에서 만물의 보편성과 특수성을 강조함으로써 개혁 정책의 논리적 바탕이 되어 16세기 조선사회의 모순을 극복하는 방안으로 통치체제의 정비와 수취제도의 개혁 등 다양한 개혁방안을 제시하였다. 동호문답(대공수미법), 성학집요, 만언봉사, 시무6조(10만 양병), 경연일기, 사서언해, 격몽요결 등이 「율곡전서」에 전하며, 해주향약과 서원향약, 파주향약을 실시하였다. 이후 조헌·김장생 등으로 이어져서 기호학파를 형성하였다.

성학집요

「성학십도」와 「성학집요」

- **성학십도(이황)** : 군주 스스로가 성학을 따를 것을 제시하였는데, 도덕적 행위의 근거로서 인간의 심성을 중시하고 근본적이며 이상주의적인 성격이 강하였다.
- **성학집요(이이)** : 현명한 신하가 성학을 군주에게 가르쳐 그 기질을 변화시켜야 한다고 주장하였는데, 이이는 이황보다 상대적으로 기(氣)의 역할을 강조하여 현실적이며 개혁적인 성격을 갖고 있었다.

02 예학과 보학의 보급

❶ 예학(禮學)

(1) 성 격

① **정의** : 양반들이 성리학적 도덕 윤리를 강조하면서 신분 질서의 안정을 추구하고자 종족 내부의 상장제례에 관한 의례를 규정한 학문이다.

② **성과** : 가족과 종족 상호간 상장제례 의식을 바로잡고, 유교주의적 가족제도를 확립하는 데 기여하였다.

(2) 폐 단

① **예송논쟁** : 각 학파 간 예학의 차이는 전례 논쟁을 통하여 표출되었으며, 현종 때 서인과 남인간의 두 차례에 걸친 예송(禮訟)은 그 대립의 정점이라 할 수 있다.

② **사림의 향촌 지배력 강화** : 사림은 향약을 시행하고 도덕과 예학의 기본 서적인 「소학」을 보급하였으며, 가묘와 사당을 건립하여 성리학적 사회 질서를 유지하고자 하였다.

③ **양반의 신분적 우월감 과시** : 가족과 친족공동체의 유대를 통하여 문벌을 형성하고, 양반 중심의 신분질서 유지에 필요한 의례 형식을 중시하였다.

❷ 보학(譜學)

(1) 성 격

① **정의** : 양반의 가족 내력을 기록하고 암기하는 학문이다.

② **발달 배경** : 양반들은 가족과 친족공동체의 유대를 통해서 문벌을 형성하고, 신분적 우위를 확보하고자 하였다.

(2) 기 능

① 안으로는 종족 내부의 결속을 강화하고, 밖으로는 다른 종족이나 하급신분에 대하여 우월의식을 가질 수 있었다.

② 결혼 상대자를 구하거나 붕당을 구별하는 데 있어서 중요한 자료로 활용되어 조선 후기에 더욱 활발해짐으로써 양반 문벌 제도를 강화하는 데 도움을 주었다.

제3장 불교와 민간신앙

핵심 출제포인트

- 조선이 억불정책을 추진한 이유에 대해 정리해야 한다.
- 조선시대의 불교와 민간신앙은 출제율이 다소 낮으나 고려시대와 비교하여 정리해야 한다.

01 불 교

❶ 억불정책

(1) 배 경

① **성리학 이념 정착** : 정도전은 「불씨잡변」을 통하여 불교의 이론적 모순과 비윤리성 및 영향을 비판하고, 성리학의 합리성과 윤리성을 강조하였다.

② **건국 세력의 경제 기반 마련** : 조선 초기에는 사원이 소유한 막대한 토지와 노비를 회수하여 집권 세력의 경제적 기반을 두터이 하고자 하였다.

(2) 내 용

① **태조** : 도첩제를 실시하여 승려로의 출가가 허락되었으나 사원의 남설은 금지하였다.

② **태종** : 노비변정도감(奴婢辨定都監)을 설치하여 전국 7개 종파에 242개의 사원만을 인정하고 나머지는 폐지하여 토지와 노비를 몰수하였다.

③ **세종** : 태종 때의 승록사를 폐지하면서 선종(흥천사)과 교종(흥덕사) 두 종파에 모두 36개 절과 8천결의 토지만을 공식적으로 인정하고 출가도 금지하였다.

④ **성종** : 도첩제의 폐지로 승려로의 출가를 일체 금지하고, 사림들의 적극적인 불교 비판으로 불교는 점차 왕실에서 멀어져 산간불교로 전환되었다.

❷ 불교의 명맥 유지

(1) 세 조

「간경도감」을 설치하여 불교 경전을 한글로 번역하여 간행·보급하고, 여러 사찰을 직접 찾아다니며 불교 신앙을 장려하는 등 적극적인 불교 진흥책을 펴서 일시적으로 불교가 중흥되기도 하였다.

(2) 명 종

문정왕후의 지원 아래 일시적인 불교의 회복 정책이 펼쳐진 결과 보우가 중용되고 승과가 부활되기도 하였다.

(3) 선 조

영규·휴정(서산대사)·유정(사명대사) 등과 같은 고승이 배출되어 교리를 가다듬었고, 왜란 때 묘향산과 금강산에서 각각 승병(호국불교)으로 크게 활약하였다.

02 도교와 민간신앙

❶ 도 교

(1) 기 능

도교는 하늘에 대한 제사와 무예(武藝)를 중요시하였으며, 사대부 사회에 은둔과 신선사상을 심어 주었다.

마니산 참성단

(2) 마니산 초제

① **배경** : 마니산 참성단에서 일월성신(日月星辰)에 대하여 제사를 지내는 초제(醮祭)가 소격서(昭格署)의 주관 하에 시행되었다.

② **의의** : 도교신앙이 민간신앙과 연결되어 민족의식을 높였음을 알 수 있다.

❷ 풍수지리설

(1) 한양 천도

고려 중기 이래로 제기되어 온 남경길지설이 작용하였다.

(2) 산송(山訟) 문제

조신 중기 이후부터 불교식으로 화장하던 풍습이 묘지를 쓰는 것으로 바뀌자 명당 선호의 경향이 대두하면서 양반 사대부의 묘지 선정에도 작용하였다.

❸ 국조신 숭배

(1) 시조신 숭배

고려 시대에는 기자와 동명왕이 제사되었고, 조선초에는 박혁거세와 단군이 추가되었다.

(2) 종묘(宗廟)와 사직(社稷)

① **종묘** : 왕실 조상들의 신위(神位)를 모신 사당이다.

② **사직** : 토지의 신(神)과 곡식의 신(神)에 대해 제사를 지냈다.

종묘

민족의식과 대의명분

민족 의식 고취	대의 명분 심화
• 소격서 설치(마니산 초제) • 삼성사(三聖祠) • 단군사당(숭령전) • 환구단 • 단군조선 중시	• 소격서 폐지 • 만동묘, 대보단 • 기자사당(숭인전) • 북벌론 • 기자조선 중시

사직단

제4장 과학 기술의 발달

핵심 출제포인트

- 15세기를 중심으로 나타난 과학의 발전상을 정리해야 한다.
- 역서·의서·병서·농서의 편찬 목적을 이해해야 한다.

01 천문·역법·의학

❶ 천문학

(1) 기구의 발명 제작

① **천체 관측 기구(혼천의, 대·소간의)** : 이천과 장영실 등이 제작하였다.

② **시간 측정 기구**

㉠ **앙부일구** : 오목한 반구형의 가마솥 모양의 해시계로 혜정교와 종묘 앞에 설치하였다.

㉡ **자격루와 옥루기륜** : 노비 출신의 과학 기술자인 장영실이 제작한 정밀 기계장치와 자동 시보장치를 갖춘 물시계인 자격루는 보루각에 설치하고, 임금의 전용 물시계인 옥루기륜은 흠경각에 설치하였다.

③ **강우량 측정 기구(측우기)** : 세계 최초로 서운관에서 만들어(1441) 서운관과 전국의 군현에 설치하여 각지의 강우량을 측정한 것으로 이탈리아의 가스텔리가 제작한 것보다 200여년 앞선다.

④ **토지 측량 기구(규형·인지의)** : 세조 때에 제작하여 토지의 고저와 원근 측량 및 지도의 제작에 활용하였다.

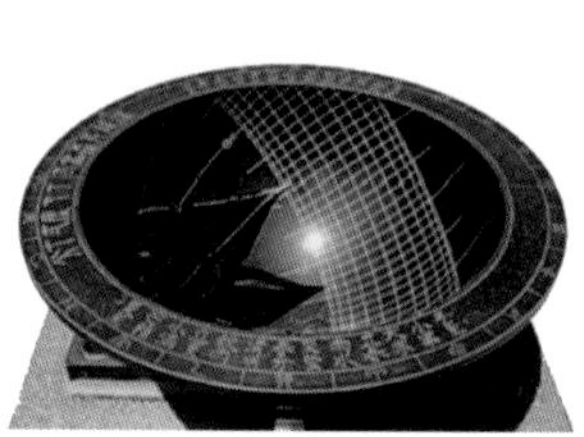
앙부일구(해시계)

자격루(물시계)

측우기

(2) 천문도 제작

① **태조** : 고려에 전해진 고구려의 천문도를 바탕으로 290여개의 별자리에 1,467개의 별과 이름을 돌에 새긴 '천상열차분야지도'를 만들었는데 이는 14세기 말 조선 천문학의 지적총체를 결집하여 규격화 한 것이다.

② **세종** : 새로운 천문도를 만들었다고 하나 현재 남아 있지 않다.

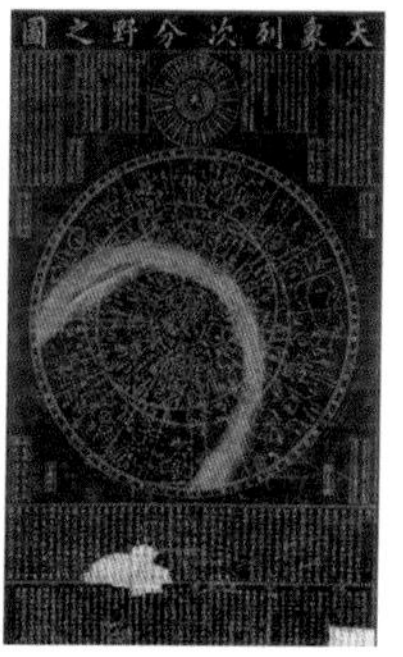

천상열차분야지도

❷ 기 타

(1) 칠정산(七政算) 내·외편(1442)

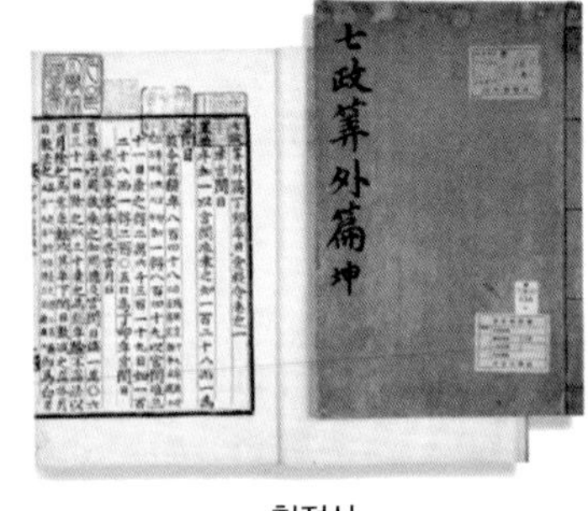
칠정산

① **성격** : 세종 때 원대의 수시력을 바탕으로 하면서 명대의 대통력의 장점을 가미하고 아라비아의 회회력을 참고로 하여 만든 역법서이다.

② **특징** : 우리나라 역사상 최초로 한양을 기준으로 천체 운동 즉, 해와 달 및 5성(화성, 수성, 목성, 금성, 토성)의 위치를 정확하게 계산한 것이다.

(2) 수학(산학)

① **발달 배경** : 천문학·역법에 대한 관심과 토지 조사, 조세 수입의 계산 등에 필요하였다.

② **수학 교재** : 아라비아의 영향을 받은 「산학계몽」과 「상명산법」 등이 있었다.

(3) 의 학

향약집성방

① **향약채취월령** : 세종(1428)때 유효통 등에 의해 편찬된 것으로 우리나라에서 생산되는 수백 종의 약재를 소개하였다.

② **향약집성방** : 세종(1433)때 노중례 등에 의해 편찬된 것으로 우리의 풍토와 실정에 맞는 약재와 치료 방법을 정리한 자주적인 의서이다.

③ **의방유취** : 세종(1445)때 전순의 등에 의해 편찬된 것으로 동양의학에 관한 서적과 이론을 집대성한 의학 백과 사전이다.

02 활자 인쇄술과 제지술

❶ 활자 인쇄술

(1) 대표적 활자

① **계미자** : 태종 때 주자소를 설치하여 구리로 주조하고 인쇄를 전담케 하였다.

② **갑인자** : 세종 때 구리로 주조하였는데 글자 모습이 아름다워 우수한 것으로 꼽히고 있다.

(2) 인쇄술 발달

식자판

① **식자판 사용** : 종전에는 밀랍으로 활자를 고정시키는 방법을 사용하였으나, 세종 때는 밀랍 대신 식자판을 조립하는 방법을 창안하여 종전보다 두 배 정도의 인쇄 능률을 올리게 되고 인쇄 효과도 훨씬 선명하게 되었다.

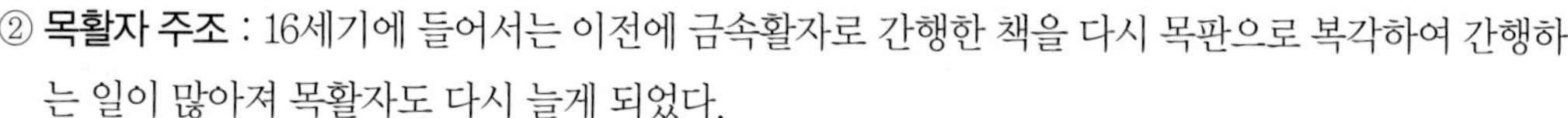

② **목활자 주조** : 16세기에 들어서는 이전에 금속활자로 간행한 책을 다시 목판으로 복각하여 간행하는 일이 많아져 목활자도 다시 늘게 되었다.

(3) 인쇄기관

① **교서관** : 조선 초기에 가장 큰 인쇄기관으로 140여명의 장인들이 소속되어 인쇄를 담당하였으며, 조선 후기까지 유지되었다.

② **훈련도감** : 임진왜란 직후 재정과 인력의 여유가 있었던 훈련도감이 교서관을 대신하여 인쇄를 담당하였다.

❷ 제지술

활자 인쇄술의 발달과 더불어 종이의 생산량이 크게 늘어났으며, 세종 때에는 종이를 전문적으로 생산하는 관청으로 「조지서(造紙署)」를 설치하고 다양한 종이를 대량으로 생산하여 수많은 서적이 인쇄되었다.

03 농서와 병서의 편찬

❶ 농 서

(1) 배 경

농업 기술이 발전함에 따라 그 성과를 우리 실정에 맞는 농법으로 종합·정리하고 이를 더욱 발전시키기 위해 편찬 간행되었다.

(2) 대표적 농서

① **농사직설** : 세종 11년(1429) 정초가 지은 최고(最古)의 농서이다. 노농(老農)의 경험과 비결을 채집하여 농사법을 제시한 서적으로 중국의 농업기술을 수용하면서 우리의 실정에 맞는 농법을 정리하였다.

② **금양잡록** : 성종 때 강희맹이 금양(시흥)지방 농민들의 경험담을 토대로 편찬한 것이다.

③ **구황촬요** : 세종이 지은 「구황벽곡방」 중에서 주요한 것을 참고하여 명종 9년(1554)에 남부지방의 기근을 구제하기 위하여 번역한 책이다.

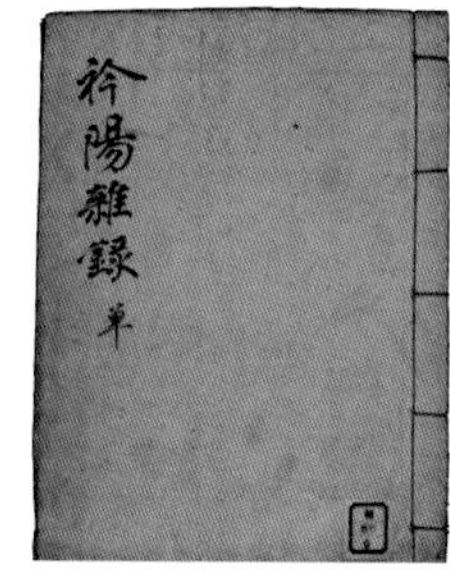

금양잡록

❷ 병 서

(1) 대표적 사서

① **진도** : 태조 때 정도전이 요동 수복 계획의 일환으로 편찬한 서적으로 독특한 전술과 부대 편성 방법에 대해 수록하였다.

② **병장도설** : 문종 때 유자광이 쓴 군사 훈련서로 화포의 제작과 사용법을 수록하였다.

③ **동국병감** : 문종 때 왕명으로 편찬한 전쟁사로 한무제의 고조선 침입부터 고려 말까지 우리나라와 중국의 싸움을 시대적으로 기록하고 있다.

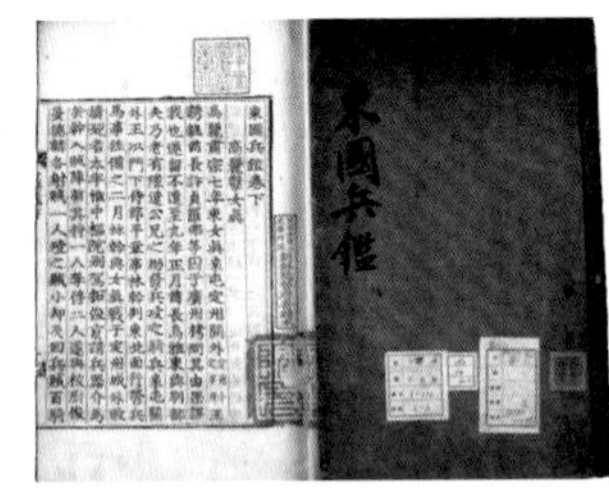

동국병감

④ **역대병요** : 세조 1년(1455) 이석형 등이 편찬한 군담집이다. 이 책에는 중국 상고로부터 조선 태조까지의 전쟁사·병술 등을 모아 기록하였다.

⑤ **병기도설** : 성종 때 편찬된 「국조오례의」의 군례에 대한 이해를 돕기 위해 각종 무기와 갑옷의 규격, 형태에 대해 자세히 소개하였다.

(2) 무기의 제조

① 화약 무기

㉠ **최해산** : 최무선의 아들로서 태종 때 특채되어 큰 활약을 하였다.

㉡ **화포** : 사정 거리가 최대 1,000보에 이르는 화포가 발명되었다.

화차

㉢ **화차** : 바퀴가 달린 수레 위에 신기전이나 총통기 등을 설치하였는데, 이는 신기전이라는 화살 100개를 잇따라 발사할 수 있었다.

㉣ **비격진천뢰** : 선조 때 이장손이 만들어 임진왜란 당시 경상좌병사 박진이 경주성 탈환에 사용한 무기이다.

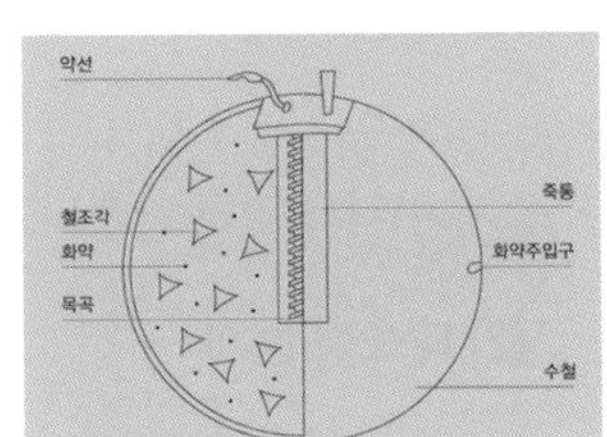

비격진천뢰(飛擊震天雷)

② **병선** : 태종 때에는 거북선을 만들었고, 작고 날쌘 싸움배로 비거도선이 제조되어 수군의 전투력을 크게 향상시켰다.

제5장 문학과 예술의 발달

핵심 출제포인트

- 15세기와 16세기로 나누어서 문학과 예술을 묻고 있으므로 반드시 각 시기별로 나누어서 정리하도록 한다.
- 조선 전기 회화, 건축, 공예를 중심으로 사진 자료가 출제되므로 사진 자료를 반드시 눈에 익혀두어야 한다.

01 문 학

(1) 조선 초기(15세기)

① **악장문학, 한문학** : 당시의 집권세력인 훈구세력(문신관료)들이 사장(詞章)을 좋아하였으며, 새 왕조의 개창과 자신들의 업적을 찬양하는 한편, 우리 민족의 자주의식을 드러냈다.

㉠ **악장문학** : 정인지 등이 지은 「용비어천가」와 작자가 분명치 않은 「월인천강지곡」, 권제 등이 지은 「동국세년가」 등이 대표적인 작품이다.

㉡ **한문학** : 서거정이 삼국시대부터 조선 초기까지의 시와 산문 중에서 빼어난 것을 골라 「동문선」을 편찬하였다.

서거정의 자주의식(동문선)

우리의 문화적 유산을 정리하려는 노력의 일환으로 편찬되었다. 신라의 최치원을 비롯하여 고려의 김부식, 이인로, 이규보, 이제현, 이색, 정도전 등 편찬 직전의 인물 500여명의 작품 4,302편이 수록된 서문에서 "우리나라의 글은 송이나 원의 글이 아니요, 한이나 당의 글도 아니다. 바로 우리나라의 글일 따름이다."라고 하여 우리나라의 글에 대한 자주의식을 나타내었다.

② **시조문학**

㉠ **관료문인** : 패기가 넘치는 시(詩)로서 김종서와 남이의 작품이 유명하며, 외적을 물리치면서 강토를 개척하는 진취적인 기상을 나타내었다.

㉡ **재야학자** : 유교적 충절을 읊은 시조로서 길재와 원천석의 작품이 유명하였다.

사료읽기

시조문학

- 삭풍은 나무 끝에 불고, 밝은 달은 눈속에 찬데, 만리장성에 일장검을 짚고 서서 긴바람 큰 소리에 거칠것이 없어라. - 김종서
- 백두산 돌은 칼을 갈아 닳아 버리고, 두만강 물은 말을 먹여 말라버렸네. 사나이 스무 살에 나라를 편안하게 하지 못한다면, 후세에 누가 대장부라 불러줄까. - 남이
- 흥망이 유수하니 만월대도 추초(秋草)로다. 오백년 왕업이 목적(牧笛)에 부쳤으니 석양에 지나는 객(客)이 눈물겨워 하노라. - 원천석
- 오백년 도읍지를 필마로 도라드니, 산천은 의구하되 인걸은 간데 없네, 어즈버 태평연월이 꿈이런가 하노라. - 길재

③ **설화문학** : 일정한 격식없이 보고 들은 이야기를 적은 문학으로 관리들의 기이한 행적과 서민들의 풍속, 감정, 역사의식을 담고 있는 것이 많다. 특히, 불의를 폭로하고 풍자하는 내용이 많아서 당시 서민사회를 이해하려는 관리들의 자세와 노력을 엿볼 수 있다.

㉠ **금오신화**(김시습) : 우리나라 최초의 한문소설로 구전 설화에 허구적 요소를 가미하여 소설로 발전시킨 작품이다.

㉡ **필원잡기**(서거정) : 고대로부터 전하는 일화를 수록하였다.

㉢ **용재총화**(성현) : 수필체의 성격을 지니고 있다.

금오신화

(2) 조선 중기(16세기)

① **가사문학** : 정철은 관동별곡, 사미인곡, 속미인곡 같은 작품에서 풍부한 우리말의 어휘를 마음껏 구사하여 관동지방의 아름다운 경치와 왕에 대한 충성심을 읊은 것으로 유명하다. 기타 송순, 박인로 등도 뛰어난 작품을 남겼다.

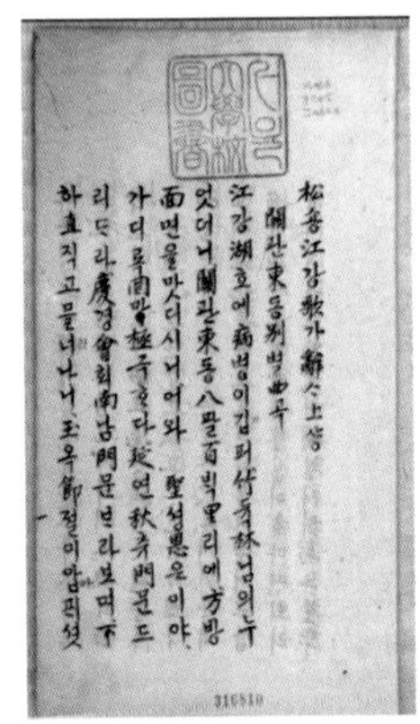
관동별곡

② **시조문학** : 순수한 인간 본연의 감정을 표현한 작품으로 황진이는 남녀간의 애정과 이별의 정한을 읊었으며, 윤선도는 오우가와 어부사시사에서 자연을 벗하여 살아가는 여유롭고 자족적인 삶을 표현하였다.

③ **여류문인** : 문학의 저변이 확대됨에 따라 여류문인들도 많이 등장하였다.

㉠ **신사임당** : 시·글씨·그림에 두루 능하였다.

㉡ **황진이** : 정감어린 시조를 많이 남겼다.

㉢ **허난설헌** : 균(筠)의 누이로 천재적인 시재(詩才)를 발휘했으며, 한시로 유명하였다.

④ **한문학의 침체** : 사림들이 경학에 치중하고 사장을 경시하였기 때문에 한문학은 자연히 저조할 수밖에 없었다.

신사임당(5만원권)

사료읽기

황진이 시집

동짓달 기나긴 밤을 한 허리를 베어 내어 춘풍 이불 아래 서리 서리 넣었다가 어룬님 오신 날 밤이어든 굽이 굽이 펴리라.

》황진이

02 건축

❶ 특 징

(1) 규모의 법적 제한

국왕의 권위를 높이고 신분 질서를 유지하기 위해서였다(최고위 관리는 40칸, 평민의 집은 10칸을 넘지 못하였음).

(2) 주위 환경과의 조화

건물의 균형 뿐만 아니라 주위의 환경과 조화를 이루는 아름다움을 지니고 있었다.

❷ 15세기

(1) 특 징

① **통치 목적** : 성곽·궁궐·관아·성문·학교 등이 중심이 되었다.
② **건축 양식** : 주심포 양식과 다포 양식이 궁궐이나 사찰 등에 주류를 이루었다.

(2) 대표적 건축

① **성곽** : 도성을 건설하였다.
② **궁궐** : 경복궁·창덕궁·창경궁을 세웠는데, 현존하고 있는 창경궁의 명정전과 도성의 숭례문, 창덕궁의 돈화문이 당시의 위엄스러운 모습을 간직하고 있다.
③ **성문**
㉠ **숭례문** : 도성의 정문으로 조선 전기의 건축을 대표하고 있다.
㉡ **개성의 남대문, 평양의 보통문** : 고려시대 건축의 단정하고 우아한 모습을 지니면서 조선시대 건축으로 발전해 나가는 모습을 보이고 있다.

숭례문

④ **사원 건축** : 왕실의 비호를 받으면서 발전하였다.
㉠ **성전 무위사 극락보전** : 검박하고 단정한 특징을 지니고 있다.
㉡ **원각사지 10층 석탑** : 세조 때 대리석으로 만들어진 대표적인 석탑이다(국보2호).
㉢ **해인사 장경판전** : 팔만대장경을 보관하고 있는 건물로 당시의 과학과 기술을 집약한 것으로 세계문화유산이다.

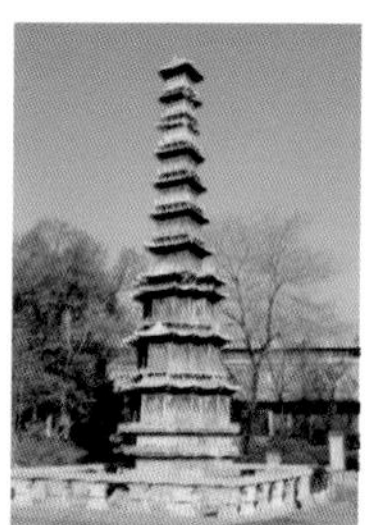
원각사지 10층 석탑

❸ 16세기

(1) 서원 건축

사림의 진출과 함께 가람의 배치양식, 주택의 내부 건축양식, 정자의 위치 건축양식이 실용적으로 결합된 독특한 아름다움을 지닌 서원의 건축이 활발해졌다.

(2) 대표 서원

경주의 옥산서원(이언적)과 안동의 도산서원(이황), 해주의 소현서원(이이)이 있다.

도산서원

03 공 예

❶ 도자기

(1) 분청사기

① **특징** : 청자에 백토의 분을 칠한 것으로 백색의 분과 안료로써 무늬를 만들어 장식하였다. 안정된 그릇 모양과 소박하고 천진스러운 무늬가 어우러져 정형화되지 않으면서 구김살 없는 우리의 멋을 잘 나타내고 있다.

② **쇠퇴** : 16세기부터 세련된 백자가 생산되면서 점차 그 생산이 줄어들었고, 임진왜란 이후 백자의 제작기술이 일반화되면서 사라졌다.

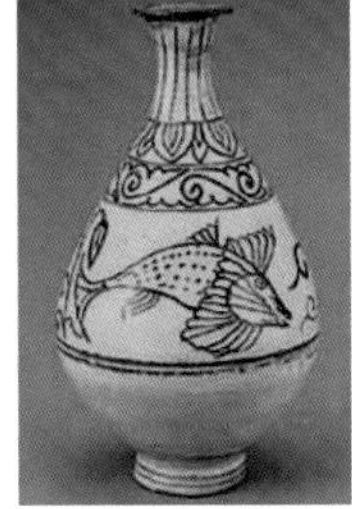

분청사기 철화어문병

(2) 백 자

고려 백자의 전통을 잇고 명나라 백자의 영향을 받아 이전보다 질적인 발전을 이루었으며, 청자보다 깨끗하고 담백하며 순백의 고상함을 풍겨서 선비들의 취향과 어울렸기 때문에 널리 이용되었다.

순백자병

(3) 옹 기

삼국시대부터 사용한 것으로 서민들이 가장 많이 사용하였으며, 전국의 도기소에서 제작되어 민수용으로 보급되었다.

❷ 기 타

① **목공예(장롱·문갑), 돗자리 공예** : 재료의 자연미를 그대로 살린 기품있는 작품들이 생산되었는데, 특히 화문석은 예술성과 실용성을 겸비하여 국내·외적으로 수요가 많았다.

② **자개공예** : 조개 껍데기를 이용하여 만든 공예이다.

③ **화각공예** : 조선시대에 비로소 등장한 공예로 화장품 그릇과 실패 등에 그림을 그리고 그 위에 쇠뿔을 얇게 쪼개 붙이는 공예이다.

④ **수, 매듭** : 부녀자들의 섬세하고 부드러운 정취를 살린 뛰어난 작품들이 있다.

화각공예

04 그림과 글씨

❶ 그 림

(1) 15세기

① **특징** : 중국의 역대 화풍을 선택적으로 수용하고 소화하여 우리의 독자적인 화풍을 개발한 인물화와 산수화가 많이 그려졌으며, 조선 건국의 자신감이 회화에 투영되어 진취적·낭만적인 특징을 보였다. 특히, 안견은 이수문·문청과 함께 일본의 무로마치 시대 산수화에 많은 영향을 주었다.

② **대표 화가**

㉠ **안견** : 도화서 출신의 화가로 대표작인 「몽유도원도」는 자연스러운 현실세계와 환상적인 이상세계를 능숙하게 처리하고, 대각선적인 운동감을 활용하여 구현한 걸작으로 안평대군이 꿈속에서 본 도원(桃園)을 그리게 한 것이다(일본 덴리 대학 소장).

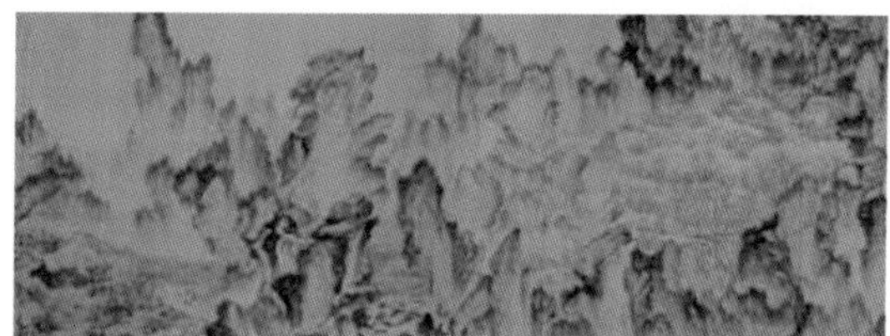

몽유도원도 (안견)

㉡ **강희안** : 「고사관수도」는 선비가 수면을 바라보며 무념무상에 빠진 모습을 담고 있는데, 세부 묘사는 대담하게 생략하고 간결하고 과감한 필치로 인물의 내면세계를 느낄 수 있게 표현하였다.

고사관수도(강희안)

(2) 16세기

① **특징** : 강한 필치의 산수화를 이어 가기도 하고 선비들의 정신세계를 사군자로 표현하기도 하였으며, 자연 속에서 서정적인 아름다움을 찾고 개성있는 화풍을 가지려는 경향이 있었다.

② **대표 화가**

㉠ **이상좌** : 노비 출신으로 화원에 발탁되어 색다른 분위기의 그림으로 명성을 떨쳤다. 그의 대표작인 「송하보월도」는 바위틈에 뿌리를 박고 모진 비바람을 이겨내고 있는 늙은 소나무를 통하여 강인한 정신과 굳센 기개를 표현하였다.

㉡ **이암** : 동물들의 모습을 사랑스럽게 그렸으며, 대표작으로 「모견도」 등이 있다.

㉢ **3절(絕)** : 이정, 황집중, 어몽룡이 각각 대, 포도, 매화를 잘 그려 삼절(三絕)이라 불렀으며, 고매한 정신세계를 생동감있게 표현하였다.

송하보월도(이상좌)

묵죽도(이정)

㉣ **신사임당** : 대표작인 「초충도」에서 풀과 벌레를 소박하고 여성의 심정을 잘 표현하였다.

초충도(신사임당)

❷ 글 씨

(1) 특 징

양반이라면 누구나 터득해야 할 필수 교양으로 뛰어난 서예가들이 많이 나타났고, 독자적 서체를 개발한 사람도 많았다.

(2) 대표 서예가

① **안평대군(세종~세조)** : 송설체(조맹부체)를 따르면서 수려하고 활달한 기풍을 살린 독자적인 글씨를 썼다.

② **한 호(중종~선조)** : 왕희지체에 우리 고유의 예술성을 가미하여 단정하면서 건실한 석봉체를 성립시켜 그가 쓴 천자문이 널리 보급되어 일반인들에게도 석봉체는 전국의 서예 교본 역할을 하게 되었으며, 명(明)에 보내는 외교문서를 써서 중국에도 그의 이름이 알려졌다.

05 음악과 무용

❶ 음 악

(1) 특 징

① **통치 목적** : 음악은 백성을 교화하는 수단으로 여겨졌다.

② **장악원 설치** : 국가의 각종 의례와 밀접히 관련되었기 때문에 장악원(掌樂院)을 설치하여 중요시하였다.

(2) 15세기

① 세종

㉠ **아악** : 박연을 관습도감(慣習都鑑)의 제조(提調)에 임명하여 악기를 개량하거나 만들고, '여민락' 등 악곡과 악보를 정리하여 아악이 궁중 음악으로 발전하게 하였다.

㉡ **정간보(井間譜)** : 처음으로 소리의 장·단을 표시한 악보를 창안하였다.

② **악학궤범(樂學軌範)** : 성종(1493) 때 성현, 유자광 등에 의해 편찬되었으며, 음악의 원리와 역사, 악기, 무용, 의상 및 소도구까지 정리하고 있어 전통 음악을 유지하고 발전시키는 데 큰 도움이 되었다.

❷ 무 용

(1) 궁중 무용

① **특징** : 궁중과 관청의 행사나 의례에 따라 매우 다양하였다.

② **대표적 궁중 무용**

㉠ **처용무** : 전통 춤을 우아하게 변용시킨 것으로 2009년 유네스코 무형유산에 등재되었다.

㉡ **나례춤** : 연중 누적된 모든 재앙과 병마의 근원인 잡귀를 쫓아내고, 새해의 복을 맞으려는 제화초복(除禍招福) 의식으로 궁중에서는 섣달 그믐이 다가오면 궁중 안팎을 깨끗이 치우고 그믐에 나례(儺禮)를 행하였다.

(2) 민간 무용

① **특징** : 민간에서는 농악무, 무당춤, 승무 등 전통춤을 계승 발전시켜 나갔다.

② **대표적 민간 무용**

㉠ **산대놀이(탈춤)** : 바가지와 종이 등으로 만든 탈을 쓰고 추는 춤으로 고려시대부터 전해 오다가 조선 후기에 민중들 사이에서 널리 퍼졌다.

㉡ **인형극** : 꼭두각시 놀이가 유행하였는데, 주로 탈선 양반과 승려를 풍자하는 것으로 계승되었다.

㉢ **굿** : 민간에서 촌락제, 별신굿, 가정굿 등으로 분화되어 다양하게 유행하였다.

V

한국 근대사(태동기)

제 1 편

정치 상황의 변동

제1장 통치 체제의 변화

핵심 출제포인트

- 조선 후기 정치 상황의 변화상을 이해해야 한다.
- 비변사의 변천 과정과 5군영과 속오군의 성격을 정리해야 한다.

01 정치 구조의 변화

❶ 배 경

붕당정치가 전개되면서 정치 구조면에서도 비변사의 기능이 강화되고, 언론 3사와 전랑직의 기능이 바뀌는 등 여러 변화가 나타났다.

❷ 내 용

(1) 비변사 기능의 강화

① **설치** : 여진족과 왜구의 침입에 대비하기 위해 중종 때 삼포왜란(1510)을 계기로 설치한 임시 회의 기구로 국방 문제에 정통한 재상을 중심으로 운영되었다.

② **상설 기구화** : 명종 때 을묘왜변(1555)을 계기로 비중이 커져 상설기구화 되었다.

③ 기능 강화

㉠ **배경** : 임진왜란을 계기로 국가적인 위기를 타개하기 위한 대책을 수립하기 위하여 구성원이 확대되고 기능이 강화되었다.

㉡ **구성원의 확대** : 전·현직 정승을 비롯하여 5조판서(공조판서는 제외)와 참판, 군영대장, 강화 유수, 대제학 등 당상관(정3품 통정대부)의 문·무 고위관리들이 모여 정사를 논의하였다.

㉢ **기능의 확대** : 군사 문제 뿐만 아니라 외교·재정·사회·인사 문제 등 거의 모든 정무를 총괄하여 국가의 최고정무기구로 기능하면서 왕권이 약화되고 의정부와 6조 중심의 행정 체계가 유명무실해졌다.

㉣ **폐단** : 19세기에 이르러서는 세도정치의 중심기구로서 역할을 담당하였다.

④ **폐지** : 흥선 대원군의 개혁으로 인해 일반 정무는 다시 의정부가 담당하고, 국방 문제는 새로 설치된 삼군부가 담당하게 됨으로써 고종 2년(1865)에 폐지되었다.

(2) 3사와 전랑직의 기능 변질

① **3사** : 3사의 언론기능이 더욱 강화되어 각 붕당의 이해관계를 대변하면서 공론을 반영하기 보다는 상대세력에 대한 비판을 통하여 자기 세력의 유지와 상대 세력의 견제에 앞장서고 있었다.

② **전랑직** : 전랑들도 중·하급 관원들에 대한 인사권과 자기 후임자를 스스로 추천할 수 있는 권한을 행사하면서 상대 세력을 몰아내는 데 앞장섰다.

③ **결과** : 3사의 언론 기능과 전랑의 권한은 붕당간의 대립을 격렬하게 만드는 장치로 인식되어 영조와 정조의 탕평정치를 거치면서 혁파되었다.

02 군사제도의 변화

❶ 중앙군 개편

(1) 배 경

① **5위의 기능 상실** : 5위를 중심으로 운영되던 조선 초기의 중앙군은 16세기 이후 신분제의 붕괴와 부역제의 해이, 수취제도의 변동, 그리고 군역의 대립제가 일반화되면서 제 기능을 수행하지 못하였다.

② **강력한 군대의 필요성 대두** : 임진왜란 초기에 어이없는 패전을 경험한 조정에서는 새로운 군대의 필요성을 절감하고 왜군을 물리치는 데 효과적인 편제와 군사 훈련 방식을 모색하였다.

(2) 5군영 설치

① **훈련도감(訓鍊都監)**

㉠ **설치** : 선조 27년에 명나라 장군 낙상지의 건의로 설치하였다. 이것은 수도의 경비와 군사훈련을 맡은 기관으로 고종 19년까지 존속된 조선 후기 중앙군의 근간이다.

㉡ **운영** : 포수(총병)·사수(궁병)·살수(창검병)인 삼수병은 수도 치안과 신병 훈련을 주임무로 하였다. 삼수병을 양성하기 위한 재원으로 삼수미세를 선조 35년(1602)에 함경·평안·제주도를 제외한 전국에 1결당 2.2말(두)씩 부과하였다.

㉢ **성격** : 일정한 급료를 받고 복무하는 직업적인 상비군으로서 조선 왕조의 군역제도가 농병일치제에서 상비군제로 의무병제에서 용병제(모병제)로 바뀌었음을 의미한다.

② **어영청(御營廳)** : 인조 2년(1624)에 이귀가 이괄의 난을 진압하고 난 후 개성에서 어영청을 설치하여 서울 방비를 목적으로 하였으며, 효종 때 북벌운동의 중심 군영이 되었다.

③ **총융청(摠戎廳)** : 인조 2년(1624) 이괄의 난을 진압한 직후에 설치하여 경기도 수비를 담당하였으며, 고종 21년(1884)까지 존속되었다.

④ **수어청(守禦廳)** : 인조 4년(1626)에 설치되어 남한산성 수비를 목적으로 하였으며, 고종 31년(1894)에 폐지되었다.

⑤ **금위영(禁衛營)** : 숙종 8년(1682)에 설치하여 5군영이 완성되었으며, 궁중 수비를 담당하였다.

(3) 5군영의 성격

① **임기응변식 설치** : 대외관계 및 국내 정세의 변화에 따라 그때 그때 설치되어 재정 기반과 인적 기반이 달랐다.

② **서인의 군사적 기반** : 인조 반정과 뒤이은 이괄의 난을 경험한 뒤 정국의 주도권을 장악한 서인은 또 다른 군사적 도전을 막고 정권을 유지하기 위하여 자신들이 장악하는 군대의 필요성을 절감하였다.

③ **정권 유지 기반** : 각 붕당은 자신의 세력을 군영의 대장으로 삼아 실질적으로 병권을 장악하였다.

❷ 지방군 개편

(1) 방위체제 변화

① **15세기** : 진관체제를 실시하였으나 많은 외적의 침입에는 효과가 없었다.

② **명종** : 제승방략체제가 수립되었으나 임진왜란 중에 큰 효과를 거두지 못하였다.

③ **선조** : 진관을 복구하여 속오법에 따라 군대를 편제하였다.

진관체제 / 제승방략체제

① **진관체제** : 각 요충지마다 진관을 설치하여 진관을 중심으로 독자적으로 적을 방어하는 체제였으나, 적군의 수효가 많을 때에는 효과가 없었다.

② **제승방략체제** : 유사시에 필요한 방어지역에 각 지역의 병력을 집결시키고, 그 병력을 중앙에서 파견된 장수가 지휘하게 하는 방어체제이다.

(2) 속오군(束伍軍) 조직

① **편제** : 임진왜란 후 「기효신서」의 속오법에 따라 양반으로부터 노비에 이르기까지 편제되었으나 양반들이 노비와 함께 편제되는 것을 회피함에 따라 상민과 노비들만 남게 되었다.

② **운영** : 평상시에는 생업에 종사하며 향촌을 지키다가 적이 침입해 오면 전투에 동원되었다.

③ **영향** : 군대의 필요한 경비를 스스로가 마련함으로써 농민의 부담이 증가하였으며, 천인이 군공을 통해 양인화하여 신분제의 동요를 초래하였다.

정쟁의 격화와 탕평정치

핵심 출제포인트

- 붕당 정치의 전개과정에서 숙종~정조로 이어지는 붕당의 분화와 붕당 정치의 변질로 인한 주요 사건을 중심으로 내용을 정리해야 한다.
- 각 붕당의 정치적 특징과 더불어 문화적(학파적) 성격을 정리해야 한다.

01 붕당정치의 변질

❶ 배 경

(1) 조선 후기 사회의 변화

① **조선 후기 경제적 변화** : 17세기 후반 이후 상품 화폐 경제가 발달함에 따라 정치 집단 사이에서 상업적 이익에 대한 관심이 높아져 이를 독점하려는 경향이 커졌다.

② **정치적 쟁점의 변화** : 예론과 같은 사상적이고 추상적인 이기론에서 사회관계와 규범에 관한 예론을 지나 구체적이고 현실적인 문제로 관심이 확산되어 가면서 군사력과 경제력 확보에 필수적인 군영을 장악하는 것으로 옮겨갔다.

③ **향촌 사회의 변동** : 지주제와 신분제의 동요에 따라 사족 중심의 향촌 지배가 어렵게 되어 붕당정치의 기반도 무너지게 되었다.

④ **성리학적 붕당정치의 기반 붕괴** : 서원과 사우의 기능이 변질되면서 사회의 분위기는 명분보다는 실리 위주로 바뀌어가고 종래 학파를 중심으로 하는 정파의 기반이 무너지게 되었다.

(2) 결 과

선조 이후 붕당정치가 긍정적인 측면에서 운영되어 왔으나 숙종 이후 서서히 변질되기 시작하였다.

❷ 환국(換局) 정치

(1) 정 의

정국을 주도하는 붕당과 견제하는 붕당이 서로 교체됨으로써 정국이 급격하게 전환하는 상황을 말한다.

(2) 내 용

① **경신환국**(숙종, 1680) : 허적의 유악(油幄) 남용 사건을 계기로 군권을 남인에서 서인으로 넘기는 전격적인 조치를 취하고, 한 달 후 허적의 서자 허견이 인조의 셋째 아들인 인평대군의 세 아들(복창군, 복선군, 복평군)과 역모를 꾸몄다는 고변이 있었다(삼복의 변). 이 역모 사건으로 남인이 중앙 정계에서 대거 축출되었다. 이후 서인은 남인의 처벌문제를 둘러싸고 이이의 학풍 계승을 자처한 노론(강경파)과 성혼의 학풍 계승을 자처한 소론(온건파)으로 분열되었다.

유악남용사건

1680년(숙종 6) 3월 탁남의 영수인 허적(許積)이 조부 허잠(許潛)의 시호를 받게 되어 많은 인사를 불러 연회를 베풀던 중 돌연 큰 비를 만나는 일이 일어났다. 숙종은 궁중의 유악(油幄)을 허적에게 보내어 비를 피하게 하라는 명령을 내렸지만 이미 허적의 요구로 내주었다는 보고를 받게 되었다. 허적의 방자함에 노한 숙종은 패초(牌招)로 군권의 책임자를 남인에서 서인으로 넘긴 사건이다.

② **기사환국(숙종, 1689)** : 아들이 없었던 숙종은 남인계 장희빈의 소생인 윤(昀, 후일의 경종)을 세자로 책봉하는 것에 반대하는 송시열 등 서인들이 죽거나 파직 유배되어 남인들이 집권하게 되었다. 그 후 인현왕후를 폐비시키고 장희빈이 왕비에 책봉되었다.

③ **갑술환국(숙종, 1694)** : 인현왕후를 복위시키려는 서인과 이를 저지하려는 남인과의 대립에서 남인이 실각하고 서인이 집권한 사건으로 소론이 정국을 주도하였다.

④ **무고(巫蠱)의 옥(獄)(숙종, 1701)** : 인현왕후가 죽었을 때 장희빈이 취선당(就善堂) 서쪽에 신당(神堂)을 차려놓고 왕후를 저주했다는 사실이 발각되어 숙종은 장희빈을 사사(賜死)하고 장희재와 궁인, 무녀들을 처형하였다.

⑤ **병신처분(숙종, 1716)** : 윤선거의 도움을 받아 유계가 집필한 「가례원류」를 제자인 윤증에게 간행을 부탁하고 죽었는데 윤증이 「가례집람」과 차이가 없다고 하여 간행하지 않았다. 이 문제로 1716년(숙종 42) 노론 송시열과 소론 윤증 사이에서 발생한 회니시비(懷尼是非)에 대해 숙종이 노론을 지지하고 소론을 배척한 사건이다. 회니시비는 1669년(현종 10) 윤증의 부친인 윤선거가 사망하자 송시열에게 묘갈명을 부탁하여 받았는데 이에 대해 윤증이 불만을 표시하면서 시작되었다. 사림 사이의 논쟁이 이후 중앙 정치로까지 비화되어 이 시비에 대해 윤증의 잘못이라고 판정한 사건이다. 따라서, 병신처분은 사제 간의 옳고 그름에 대한 판정을 넘어 노론과 소론 사이에 정치적 입지에까지 영향을 미쳐 이후 정국에서 소론 세력의 입지가 위축되게 되었다.

⑥ **정유독대(숙종, 1717)** : 숙종과 노론의 영수였던 좌의정 이이명은 금기시되던 독대를 통해 왕세자(훗날의 경종)의 대리청정을 결정하였는데 이는 왕세자 교체를 목표로 한 것이었다. 이때 연잉군(훗날의 영조)을 지지하였던 노론은 세자의 대리청정을 반대하지 않고 오히려 소론이 반대하였는데, 이는 세자의 대리청정이 숙종과 노론의 세자 교체를 위한 덫이었기 때문이었다. 그러나 왕세자는 신중한 정치로 3년 동안 무사히 대리청정을 마치고 왕위(경종)에 오를 수 있었다.

(3) 결 과

① **붕당정치의 원리 붕괴** : 특정 붕당이 정권을 독점하는 일당전제화의 추세가 대두되었으며, 지배층 사이에서는 공론에 의해 문제를 처리하기보다는 개인이나 가문의 이익을 우선하는 경향이 현저해졌다.

② **양반층의 자기 도태** : 정치적 갈등이 심해지면서 권력을 장악한 부류가 있는가 하면, 다수의 양반은 정치적으로 몰락하여 갔다.

③ **비변사의 기능 강화** : 정치권력이 고위 관원에게 집중되고, 3사와 이조 전랑은 환국이 거듭되는 동안 자기 당의 이익을 직접 대변하는 역할을 하였다.

④ **왕실 외척, 종실의 정치적 비중 증대** : 환국을 왕이 직접 나서서 주도함에 따라 왕과 직결된 집단의 정치적 비중이 커졌다.

❸ 탕평론의 대두

(1) 배 경

17세기 이후 붕당정치가 변질되면서 정치집단 간의 세력균형이 무너지고 왕권자체도 불안하게 되었다. 이에 강력한 왕권을 토대로 국왕이 정치의 중심에 서서 세력의 균형을 유지하려 하기 위한 움직임이 대두되었다.

탕평(蕩平)의 의미

탕평이란 용어는 서경(書經) 홍범조(洪範條) 「왕도탕탕(王道蕩蕩) 왕도평평(王道平平)」에서 비롯되는데, 왕도는 동양 사회의 기본적 정치 원리로서, 임금은 정치의 한쪽을 편들지 않고 사심이 없으며, 당을 이루지도 않는 상태에 이르는 것을 의미하는 것으로 항상 치우침이 없이 공평해야 한다는 것이다. 이에 따라서 왕도 정치에서는 그 실천 방안으로서 '무편무당(毋偏毋黨) 무당무편(毋黨毋偏)'이 중요시 되었다. 나아가 왕권과 신권이 균형을 이루고, 붕당 상호간에 조화가 이루어져야 함이 요청되었다.

(2) 탕평의 방법

① **자율 탕평** : 각 붕당 사이에서 자율적으로 힘의 균형이 이루어지는 것으로 17세기 초에 서인과 남인이 공존관계를 이룬 것이 그 좋은 예이다.

② **타율 탕평** : 왕권에 의해 타율적으로 중재되는 방안으로 붕당정치가 변질되면서 요청되었기 때문에 탕평론은 국왕에 의해 주도되었다.

02 숙종의 탕평책(1674~1720)

❶ 배경과 한계

(1) 배 경

① **정국의 불안** : 서인에서 갈라진 노론과 소론의 대립으로 정국이 어수선해지자, 정치적 균형 관계를 재정립할 목적으로 인사 관리를 통하여 세력 균형을 유지하려는 탕평론을 제시하였다.

② **공정한 인사 관리** : 군왕과 신하가 한 마음으로 절의와 덕행을 숭상하면서 인사 관리를 공정하게 한다면 붕당 사이의 정치적 갈등은 자연히 해소될 것으로 보았다.

(2) 한 계

① **명목상의 탕평론** : 균형의 원리가 지켜지지 않았다.

② **편당적 인사 관리** : 상황에 따라 한 당파를 일거에 내몰고 상대 당파에 정권을 모두 위임하여 환국

이 일어나는 빌미를 제공하기도 하였다. 이같이 잦은 환국은 숙종 말에서 경종에 이르는 동안에 왕위 계승 문제를 둘러싸고 노론과 소론이 대립하는 지경까지 발전하였고, 또한 경종 때에는 왕세제(영조)의 대리청정 문제로 노론과 소론의 대립이 격화되었다.

❷ 노론의 정국 운영

(1) 대내적

① **대보단(大報壇) 설치** : 창덕궁 후원에 설치하여 명(明)에 대한 의리를 확인하였다.
② **5군영 완성** : 금위영을 설치하고 중앙군 체제를 완성하였다.
③ **대동법 전국적 실시** : 경상도, 황해도 지역까지 확대하여 전국적인 실시가 이루어졌다.
④ **상평통보 전국적 유통** : 대동법의 전국적인 실시로 상평통보가 전국에 널리 유통되었다.
⑤ **인적 차별 해소** : 서북인을 무인(武人)으로 대거 등용하고 서얼을 관직에 등용하였다.
⑥ **애국심 고취** : 이순신과 강감찬 사당을 건립하여 애국심을 고취시켰다.

(2) 대외적

① **북관대첩비 건립(1708)** : 함경도 의병장 정문부와 의병들의 공적을 기리는 비를 건립하였다.
② **백두산정계비 건립(1712)** : 청과 북방 경계선을 확정지었다.
③ **울릉도 귀속 문제 확정** : 안용복의 사건을 계기로 울릉도에 관한 귀속문제를 확정지었다.

03 경종(1720~1724)

❶ 정 책

(1) 시대적 배경

① **즉위** : 숙종 사후 경종과 연잉군의 왕위 계승 분쟁 속에 소론의 지지를 받아 왕위에 올랐다.
② **소론 주도** : 경종 때는 소론의 일당 전제화 시기였다.

(2) 노론·소론의 대립

노론 주도 하에 연잉군이 왕세제로 책봉되어 노론과 소론의 대립이 격화되었다.

❷ 신임사화(1721~1722)

(1) 신축사화(1721)

경종의 무자다병(無子多病)을 이유로 연잉군의 세제책봉(世弟冊封)과 세제대리청정을 주장한 노론이 소론에 의해 탄핵을 받은 사건이다.

(2) 임인사화(1722)

귀양 간 노론의 아들들이 역모를 꾀하려 한다는 '삼급수 살해 사건(대급수, 소급수, 평지수)'을 고변하면서 노론을 숙청한 사건이다..

> **삼급수 살해**
>
> ① 대급수 : 자객을 통한 직접 살해
> ② 소급수 : 독살
> ③ 평지수 : 숙종의 유언을 위조하여 경종 폐출

04 영조의 탕평정치(1724~1776)

❶ 완론(緩論)탕평

영조

(1) 초기의 탕평책

① **탕평교서 발표** : 즉위 직후에 노론과 소론의 화목을 권장하여 어지러운 정국을 바로잡으려 하였으나 숙종 때와 별로 다를 바가 없었다.

② **편당적 조처** : 노론과 소론을 번갈아 등용하여 오히려 정국을 더욱 어지럽게 하였다.

③ **영조의 정통성 논란** : 소론과 남인의 일부 강경파는 영조의 정통을 부정하고, 노론 정권에 반대하여 이인좌의 난을 일으키기까지 하였다.

(2) 탕평파 중심의 정국 운영

① 배경

㉠ **완론탕평** : 당파의 시비를 가리지 않고 어느 당파든 왕이 내세우는 논리에 동의하는 온건하고 타협적인 인물을 등용하여 왕권에 순종시키는 데 주력하였는데 이를 '완론탕평(緩論蕩平)'이라고 한다.

㉡ **환국정치의 반성** : 숙종 때의 '환국' 형식의 왕권 강화 방식이 많은 부작용을 낳은 데 대한 반성으로 초당적 정치 운용으로 왕권을 세우자는 발상이였다.

② 내용

㉠ **서원 정리** : 공론의 주재자로서 인식되던 산림의 존재를 부정하고, 그들의 본거지인 서원을 대폭 정리하였다.

㉡ **이조 전랑의 권한 약화** : 이조 전랑이 자신의 후임자를 천거하고, 3사의 관리를 선발할 수 있게 해 주던 관행을 없앴다(1741).

㉢ **붕당의 진보적 사상 수용** : 성리학 뿐만 아니라 남인 학자들의 고학(古學)도 경연에서 논의되도록 허용하였다.

탕평비

㉣ **탕평비 건립** : 영조 자신이 친서하여 이를 비에 새겨 성균관의 반수교(泮水橋) 위에 세운 것이다.

㉤ **탕평과 시행** : 1772년 과거 시험에 탕평과를 설치하여 시행하였다.

㉥ **탕평채 취식** : 같은 당파끼리 혼인을 금지하고, 청포묵에 여러 색의 채소를 섞은 탕평채를 즐겨 취식하였다.

㉦ **균역법 시행(1750)** : 군역 부담 완화와 국가 재정 확보를 위하여 시행하였다.

㉧ **군영 정비** : 훈련도감, 금위영, 어영청을 궁궐 및 수도 방위군의 핵심으로 정비하였다.

㉨ **「수성윤음」 반포** : 수도 방위를 강화하기 위하여 서울의 부유한 시민(공인 등)을 중심으로 수도 방어 체제를 개편하였는데, 이는 상공업 발달에 따른 국방 개념의 변화를 의미한다.

㉩ **종모종양법** : 군역 자원의 확보를 위해 부모 중 어머니가 양인인 경우 그 자식을 양인으로 승격시켜 주었다.

㉪ **신문고 제도 부활** : 일반민의 여론을 직접 정치에 반영하기 위해 노력하였다.

㉫ **청계천 준설** : 왜·호란 이후 한양의 인구 증가로 인한 하수량의 증가와 백악과 남산 일대의 수목이 땔감용으로 남발되고 일부가 농경지로 개간됨으로써 토사의 유입량이 늘어나자, 1760년 2월 20만의 인원을 동원하여 57일간에 걸쳐 진행되었다.

청계천 준설(영조)

㉬ **형벌제도 정비** : 「무원록」을 편찬하여 압슬(壓膝)·낙형(烙刑)·난장 등 가혹한 형벌을 폐지하고 사형수에 대한 삼심제를 엄격하게 시행하였다.

㉭ **「속대전」 편찬** : 제도와 권력 구조의 개편 내용을 정리하여 관형주의(관대한 형벌)를 채택하였으며, 동국문헌비고(한국학백과사전), 속병장도설(군사), 속오례의(의례) 등을 편찬하였다.

③ **결과** : 왕은 정국의 운영이나 이념적 지도력을 비롯하여 거의 모든 부문에서 가장 큰 영향력을 행사하게 되었고 붕당의 정치적 의미는 차츰 엷어졌다. 이에 정치권력은 왕과 탕평파 대신 쪽으로 집중되었다.

어제문업(御製問業 : 사업을 물음)

1. 성격 : 영조가 팔순을 맞아 50년 재위기간의 치적을 스스로 열거한 시(詩)
2. 내용 : 내 나이 팔순인데 했던 사업 내게 묻자 마음에서 부끄러워 그 무어라 답하리오.
   첫 번째라, 당색 타파 힘썼으나 '탕평' 두 글자 부끄럽네.
   두 번째라, 군포 감해 한 필 받자 덕택이 승려까지 미쳤다네.
   세 번째라, 청계천을 준설하여 만년토록 덕을 입혔네.
   네 번째라, 옛 정치 뜻 회복하여 여종 공역 없앴다네.
   다섯 번째라, 서얼들의 청직 등용 유자광(柳子光) 이후 처음이네.
   여섯 번째라, 예전 정치 법 개정해 '속대전(續大典)'을 편찬했네.

❷ 탕평책의 한계

(1) 왕권에 의한 정쟁의 억제

영조의 탕평책은 붕당정치의 폐단을 근본적으로 해결한 것이 아니라, 강력한 왕권으로 붕당 사이의 치열한 다툼을 일시적으로 억누른 것에 불과하였다.

(2) 노론의 절대적 우세

임오화변(壬午禍變, 1762, 장헌세자의 죽음)을 계기로 노론이 절대적으로 우세하게 되었다.

영조와 정조의 편찬 사업

영조	속대전	교령과 조례를 모아 편찬	정조	대전통편	경국대전 증보
	속오례의	국조오례의 보충, 개편		동문휘고	외교문서 정리
	속병장도설	병장도설 보충, 개편		추관지	형조의 사례 기록
	무원록	법의학 서적		탁지지	호조의 사례 기록
	해동지도	채색 지도집		홍재전서	정조의 개인 문집
	동국문헌비고	한국학 백과사전		무예도보통지	무예 24기에 관한 해설서

05 정조의 탕평정치(1776~1800)

❶ 준론(峻論)탕평

(1) 배 경

① **적극적 탕평** : 사도세자의 죽음과 이를 둘러싼 시파와 벽파 간의 갈등을 경험한 이후 어느 붕당의 주장이 옳은지 그른지를 명백히 가리려는 준론(峻論) 탕평책을 실시하였다.

② **남인 중용** : 영조 때에 세력을 키워 온 척신·환관 등을 제거하고, 탕평파 대신들을 엄격하게 비판하였던 노론과 소론의 일부와 그동안 정치 집단에서 배제되었던 남인 계열을 중용하여 각 붕당의 입장이 아닌 의리와 명분을 중시하는 준론(날카롭고 비판적인 재목)을 정치 일선에 끌어내어 국왕이 이들을 직접 통솔하는 국정 운영 방식을 택하였다.

벽파와 시파

벽파(僻波 : 한쪽으로 치우친 간사한 무리)	시파(時派 : 시류에 편승한 무리)
• 영조의 사도세자 처형에 관해 동조	• 영조의 사도세자 처형에 관해 비판적
• 사도세자의 죽음에 관해 당연한 입장	• 사도세자의 잘못은 인정하나 죽음에는 비판적
• 노론 강경파 중심	• 남인, 소론, 노론 일부(안동 김씨)
• 천주교에 탄압 강경	• 천주교에 비교적 관대
• 영조 때 정치 주도	• 정조 때 정치 주도

(2) 왕권 강화의 추진

규장각

① **인재 등용** : 궁극적으로 붕당을 없애고자 했던 정조는 각 붕당의 입장을 떠나 의리와 명분에 합치되고 능력이 있는 사람을 중용하였다.

② **규장각 육성** : 유득공, 박제가, 이덕무, 서이수, 정약용 등의 젊은 학자들을 모아 붕당의 비대화를 막고, 비서실의 기능과 문한 기능을 통합적으로 부여하여 자신의 권력과 정책을 뒷받침할 수 있는 강력한 정치기구로 육성하였다.

> **규장각**
>
> 본래 역대 왕의 글과 책을 수집 보관하기 위한 왕실의 도서관의 기능을 갖는 기구로 설치되었다. 그러나 정조는 여기에 비서실의 기능과 문한 기능을 통합적으로 부여하고, 과거시험의 주관과 문신 교육의 임무까지 부여하였다.

③ **초계문신제(抄啓文臣制)** : 정 6품이상이나 7품이하의 당하관 관리 중 과거에 새로 급제한 37세 이하의 문신 중에서 인재를 뽑아 교육하다가 40세가 되면 현업에 복귀토록 한 인재 재교육 시스템으로 이 시기 총 10회에 걸쳐 138명을 교육시켰다. 이는 스스로 초월적 군주로 군림하면서 스승의 입장에서 신하들을 양성하였다.

④ **장용영 설치** : 친위부대로 설치하여 각 군영의 독립적 성격을 약화시키고 병권을 장악함으로써 왕권을 뒷받침하는 군사적 기반을 갖추었다.

⑤ **수원의 육성**

㉠ **혁신정치의 상징** : 정치적 이상을 실현하는 상징적 도시로 육성하기 위하여 수원으로 사도 세자의 묘를 옮기고, 공사기간 28개월에 약 80만냥을 투입하여 화성을 세워 장용영의 외영을 두어 정치·군사적 기능을 부여함과 동시에 상공인을 유치하였다. 1997년 12월 세계문화유산으로 등재되었다.

㉡ **「화성성역의궤(華城城役儀軌)」** : 화성 축조에 관련된 모든 경비와 인력, 물자, 기계, 건축물 등을 기록한 책이다.

㉢ **백성들의 의견 청취** : 화성 행차시 일반 백성들과 접촉하는 기회를 확대하였다(擊錚上言).

⑥ **국가의 통치력 강화** : 수령이 군현 단위의 향약을 직접 주관하게 하여 지방 사림의 향촌 지배력을 억제시키고 수령의 권한을 강화하였다.

⑦ **천주교 박해** : 추조 적발사건(1785)과 신해박해(1791)가 일어났다.

(3) 탕평책의 한계

① 오히려 당론의 마련이 탕평이라는 이름으로 억제되면서 관료와 당색 내의 무사안일이 만연되어 갔고, 사림정치의 핵심이라 할 수 있는 시비(是非)와 의리(義理)가 퇴색되어 갔다.

② 근본적인 정치 개혁으로 이어지지 못하고 노론이 주도권을 잡는 가운데 그 속에서 또 다른 파행적인 정치를 잉태하고 있었으니 19세기 외척 세도정치가 그것이다.

❷ 민생안정과 문화 부흥 운동

(1) 민생안정책

① **통공정책**(1791) : 시전상인들의 금난전권(6의전 제외)과 수공업에 대한 공장안을 폐지하고, 광산개발을 적극 장려하였다.

② **수리시설 확충** : 근대 농업 진흥의 꿈이 담긴 만석거, 만안제, 만년제, 축만제 등의 저수지를 개선하여 대유둔전의 수리문제를 해결하였다.

(2) 문화 부흥 운동

① 편찬사업의 실시

㉠ **대전통편** : 정조 8년(1784) 김치인이 만든 「경국대전」·「속대전」의 수정·보충판이다.

㉡ **국조보감** : 역대 국조보감을 합본하여 「국조보감」을 완성하였다.

㉢ **동문휘고** : 정조 8년에 정창순 등에 명하여 조선 외교문서를 정리하게 한 것이다.

㉣ **추관지** : 정조 5년 김노진 등이 편찬한 율령에 대한 책으로 형법의 연혁·재판의 실제 등을 수록하였다.

㉤ **탁지지** : 정조 11년 호조의 옛 사례를 기록한 책으로 내·외편으로 나누어 토지제도·조운·회계·황정(荒政) 등 호조에 관한 전반적인 사항을 수록하였다.

㉥ **증보문헌비고** : 영조 때 홍봉한이 편찬한 「동국문헌비고」를 정조 6년에 이만운이 보충한 것으로 전반적인 제도의 연혁과 변천을 수록한 백과사전이다.

㉦ **규장전운** : 규장각 제신이 정조의 명으로 편찬한 운서이다. 사성(평·상·거·입)에 따라 글자를 나누고, 음의(音義)를 분별한 가장 대표적인 음운서이다.

㉧ **일성록** : 정조가 세손으로 있을 때 쓴 일기로서 왕이 된 이후에는 규장각 검서관에게 계속 기록케 하고 자신이 가필한 것이며 그 후 역대 왕이 계속하였다. 1910년까지 기록된 이 책은 조선 후기 연구에 귀중한 자료이며, 실록 편찬의 참고가 되었다.

② **과학기술의 발전** : 중국과 서양의 과학기술을 받아들여 한강에 배다리 건설과 수원 화성의 건설에 거중기와 녹로를 사용하였으며, 정유자·한구자·생생자·정리자 등 많은 활자를 주조하였다.

제3장 세도 정치의 시작

핵심 출제포인트

- 세도 정치기 정치와 사회 상황을 연결하여 학습해야 한다.
- 이 시기는 흥선대원군의 등장과도 관련이 있으므로 연결하여 정리해야 한다.

01 전 개

❶ 정 의

세도가문은 경화벌열(한양 근교에 거주하는 사족)로서 종래의 일당 전제마저 거부하고 특정 가문이 권력을 독점하는 정치형태로 정권의 사회적 기반이 결여되었을 뿐 아니라 한 가문의 사익(私益)을 위해 정국이 운영되었기 때문에 이는 붕낭정치의 파탄을 의미하는 것이다.

❷ 배 경

정조의 탕평정치로 말미암아 왕에게 권력이 집중되었으나, 정조가 갑자기 죽은 후 권력의 핵심인 왕이 탕평정치기에 행하던 역할을 하지 못하게 되자 정치세력 간의 균형이 다시 깨지고 몇몇 유력 가문 출신의 인물들에게 권력이 집중되게 되었다.

❸ 순조(노론 벽파)

(1) 배 경

순조가 11세의 나이로 즉위하자 영조의 계비 정순왕후가 수렴청정을 하면서 정조 때 정권에서 소외되었던 노론 벽파 세력이 정국을 주도하기 시작하였다.

(2) 안동 김씨 세도정치

정순왕후가 죽은 이후, 순조의 장인인 김조순이 반남 박씨와 풍양 조씨 등 일부 유력 가문의 협력을 얻어 정국을 주도하였다.

(3) 순조의 국정 주도 실패

안동 김씨의 세도정치기에도 순조는 나름대로 국정을 주도하려 하였지만 자신을 뒷받침해 줄 세력을 형성하지 못하여 실패하고 말았다.

❹ 헌 종

헌종 즉위 후 외척인 풍양 조씨 가문이 한때 득세하였다.

❺ 철 종

안동 김씨 세력이 다시 권력을 장악한 이후, 왕족은 그 권위를 상실하고 세도가문에 눌려 살아야만 하였고 세도가문의 적대세력은 그 어떤 존재라도 용납되지 못했으니 이러한 정치는 흥선대원군이 정국을 주도하기 전까지 지속되었다.

02 세도정치기의 모습

❶ 권력 구조의 변화

(1) 고위관직의 정치 독점

정2품 이상의 고위직만이 정치적 기능을 발휘하고, 그 이하의 관리들은 언론 활동과 같은 정치적 기능을 거의 잃은 채 행정 실무만 맡게 되었다.

(2) 비변사에 권력 집중

비변사에서도 실질적 역할을 담당하는 자리는 대개 유력한 가문의 출신 인물들이 차지하였다.

❷ 세도 정치의 폐단

(1) 세도가문의 권력 독점

19세기의 상업 발달과 서울의 도시적 번영에 만족하고, 정조 때 등용되었던 재야 세력 즉 남인, 소론, 지방 선비들을 권력에서 배제하였다.

(2) 수탈 강화

지방 사회에서 성장하던 상인과 부농들을 통치 집단 속으로 포섭하지 못하고, 그들을 수탈 대상으로 삼았다.

사료읽기

세도정치의 폐단

가을에 한 늙은 아전이 대궐에서 돌아와서 처와 자식에게 "요즘 이름 있는 관리들이 모여서 하루 종일 이야기를 하여도 나랏일에 대한 계획이나 백성을 위한 걱정은 전혀 하지 않는다. 오로지 각 고을에서 보내오는 뇌물의 많고 적음과 좋고 나쁨만에 관심을 가지고, 어느 고을의 수령이 보낸 물건은 극히 정묘하고 또 어느 수령이 보낸 물건은 매우 넉넉하다고 말한다. 이름 있는 관리들이 말하는 것이 이러하다면 지방에서 거둬들이는 것이 반드시 늘어날 것이다. 나라가 어찌 망하지 않겠는가."하고 한탄하면서 눈물을 흘려 마지 않았다. 〉「목민심서」

제 2 편

경제 상황의 변동

제1장 수취 체제의 개편

핵심 출제포인트

- 조선 후기 수취체제의 개편의 특징을 정리해야 한다.
- 영정법, 균역법, 대동법의 개편 배경과 특징, 결과 등을 정리해야 한다.

01 배 경

❶ 농촌 사회의 동요

(1) 조선 후기 경제구조의 변동

① 과중한 조세 부담 : 농민이 생존조차 어려워 도적이 되기도 하였다.

② 지주제의 강화 : 다수의 농민이 토지를 잃고 전호나 임노동자로 전락하였다.

(2) 농촌 사회의 파괴

① 전쟁의 피해 : 왜란과 호란을 거치면서 농민들이 사망하거나 피난으로 경작지는 황폐화되었다.

② 기근과 질병의 만연 : 농촌 생활의 어려움이 극에 달하였다.

❷ 국가의 대책

(1) 수취제도의 개편

정부는 수취체제를 개편하여 농민의 부담을 줄여 줌으로써 농촌사회를 안정시키고, 재정 기반을 확대하려 하였다.

(2) 결 과

전세제도는 영정법, 공납제도는 대동법, 군역제도는 균역법의 개편이 단행되었다.

02 전세제도 개편

❶ 배 경

(1) 농경지의 황폐

왜란 직전 전국의 토지 결 수는 150만 결이었는데 직후에는 30여만 결로 크게 줄었다. 그 결과 지주·전호제가 강화되어 농민들의 생활이 궁핍해졌다.

(2) 정부의 시책

① **개간 권장** : 경작지를 확충하고자 개간은 신분에 관계없이 허용하고, 개간지의 소유권과 3년간의 면세 혜택을 주어 장려하였다.

② **양전사업 실시** : 양안에서 빠진 토지를 찾아내어 전세의 수입원을 증대시키려는 의도에서 시행되었다. 그 결과 광해군 때에 54만 결에 불과하였던 전국의 농토가 인조 때에는 120만 결, 숙종 때에는 140만 결로 증가하였다.

(3) 전세 수입의 감소

양전사업의 결과 토지 결수의 증가에도 불구하고 국가의 수세지는 감소하였다. 이는 은결과 진황전의 증가, 관둔전·궁방전·서원전 등의 면세지와 붕당정치의 기반인 농장이 확대되었기 때문이었다.

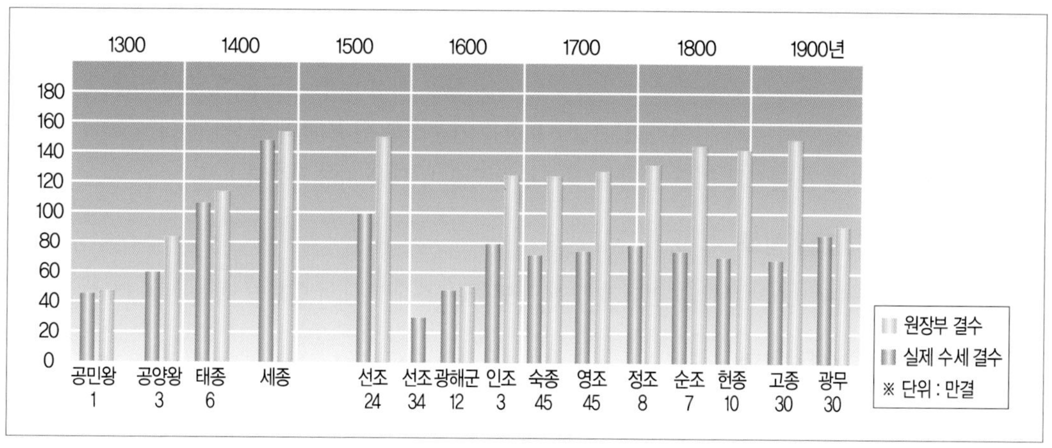

조선 시대 전국의 토지 면적

❷ 영정법(永定法) 실시(인조, 1635)

(1) 배 경

① **농민의 기대** : 정부의 미온적 정책으로는 농민들의 삶을 향상시킬 수 없었다. 따라서 농민들은 자신들의 고통을 줄여 주는 정책을 기대하였다.

② **전분 6등법과 연분 9등법의 한계** : 이는 절차가 매우 복잡한 것이어서 당시에도 제대로 시행되지 못하고, 16세기에 와서는 그 규정이 거의 무시된 채 최하의 전세율이 적용되고 있었다.

(2) 영정법의 실시

① **내용** : 정부는 연분 9등법을 따르지 않고 풍년이건 흉년이건 관계없이 전세를 토지 1결당 미곡 4두로 고정시키는 답험정액(踏驗定額)을 시행하였다.

② **양척동일법(효종)** : 세종 때 전제상정소를 중심으로 시행된 수등이척법(전분 6등법)은 효종 때 토지 측량술의 발전으로 양전하는 자(尺)를 통일한 양척동일법으로 개정하였다.

(3) 결과와 한계

① **국가 수입의 감소** : 수세지와 전세율의 감소로 국가 재정이 현저히 감소하였다.

② **지주와 자영농(유리), 소작농(불리)** : 전세를 납부할 때 여러 명목의 수수료, 운송비, 자연 소모에 대한 보충 비용 등이 함께 부과되어 대다수 소작농인 농민에게는 크게 도움이 되지 못하였고 오히려 부담이 더 늘어났다.

03 공납제도 개편

❶ 배 경

(1) 방납의 폐단

조선 전기에는 정부가 품목별로 국가의 연간 수요량을 책정하여 각 고을에 배정하면 각 고을에서는 민호(民戶)를 단위로 부과 징수하였는데 수요량을 기준으로 한 부과와 불산공물(不産貢物) 의 부과, 수송과 저장의 불편 등으로 인한 방납의 실시로 농민의 부담을 가중시켰다.

(2) 농민의 토지 이탈 심화

선공납 후징수(방납)의 부담을 견디지 못한 농민들은 조세 저항의 일환으로 농촌을 떠났다.

(3) 정부의 재정 상태 악화

왜란을 겪으면서 농민의 유망이 더욱 심해져 정부의 재정이 악화되었고, 유망민의 몫까지 부담했기 때문에 농민의 부담은 더욱 가중되었다.

❷ 대동법(大同法) 실시

(1) 내 용

① **목적** : 부족한 국가 재정을 보완하고, 농민의 부담을 경감시키기 위해 실시되었다.

② **부과** : 농민 집집마다(家戶) 부과하여 토산물을 징수하였던 공물 납부 방식을 토지의 면적에 따라 쌀(米), 삼베나 무명(布), 동전(錢) 등으로 납부하게 하였다.

(2) 경 과

① **개혁론 제기** : 16세기에 조광조는 공안(貢案)의 개정을, 이이는 선조 2년(1569)에 「동호문답」에서 대공수미법을 주장하였으나 실시되지 못하였으며, 선조 27년(1594) 유성룡은 「공물작미의」를 통해 대공수미법의 전국적인 실시를 하였으나 권세가와 방납자의 반발로 1년여 만에 폐지되었다.

② **시행 과정** : 경기도에 시범적으로 시행된 이후 점차 전국으로 확대되었다.

㉠ **광해군(1608)** : 이원익, 한백겸의 주장에 의해 선혜법이라고 하여 최초로 경기도에서 실시되어 토지 1결당 16두를 징수하였다.

ⓛ **인조(1623)** : 찬반양론 속에서 조익에 의해 강원도에서 실시되었다.

ⓒ **효종(1651)** : 김육에 의해 충청도, 1658년에는 정태화의 건의로 전라도에서 실시되었다

ⓔ **숙종(1677)** : 경상도에서 실시된 이후 숙종 34년(1708) 허적의 주장으로 황해도까지 실시되어 잉류(仍留)지역을 제외하고 토지 1결당 12두를 징수하였다.

③ **실시가 지연된 이유** : 토지의 결 수에 따라 징수함으로서 양반 지주들이 반대하였기 때문이었다.

(3) 결 과

① **선혜청의 설치** : 농민들로부터 징수한 대부분의 물품은 중앙으로 보내졌는데 이를 관리하기 위해 설치하였다.

② **과세 기준의 변화** : 종전의 가호에서 토지의 결 수로 바뀌어 부호의 부담은 늘고 농민들의 공물 부담은 없어지거나 어느 정도 경감되었다.

③ **방납의 폐단 소멸** : 정부는 필요한 물품을 새로이 공인(貢人)을 지정하여 구입하였다.

④ **공인의 활동**

㉠ **관수품의 조달** : 관허상인으로 선혜청에서 공가(貢價)를 미리 받아 필요한 물품을 사서 납부하였다.

ⓛ **상업 활동의 주역** : 국가의 허가를 받아 상업 활동을 전개하는 어용상인으로 사상과 함께 조선 후기의 상업 활동을 주도하였다.

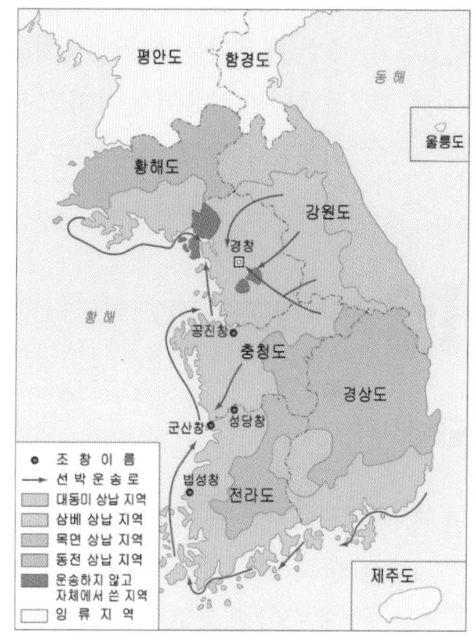

대동세의 징수와 운송

ⓒ **도고(都賈) 상업의 발달** : 공인은 특정 물품을 대량으로 취급하는 까닭에 독점적 도매상인으로 성장하였으며, 관청별로 또는 물품의 종목별로 공동출자를 해서 '계'를 조직하여 상권을 독점하였다.

⑤ **상품 화폐 경제의 발달** : 농민들이 대동세를 내기 위하여 토산물을 시장에 내다 팔아 쌀, 베, 돈을 마련하였다.

⑥ **공납의 금납화** : 토산물을 징수하던 것을 쌀, 포목, 동전으로 징수하였다.

⑦ **국가 재정의 호전** : 정부는 전세 수입의 부족을 대동미로 충당하였다.

사료읽기

도고(都賈)의 활동

그(허생)는 안성의 한 주막에 자리 잡고서 밤, 대추, 감, 배, 귤 등의 과일을 모두 사들였다. 허생이 과일을 도거리로 사 두자, 온 나라가 잔치나 제사를 치르지 못할 지경에 이르렀다. 따라서 과일 값은 크게 폭등하였다. 허생은 이에 10배의 값으로 과일을 되팔았다. 이어서 허생은 그 돈으로 곧 칼, 호미, 삼베, 명주 등을 사 가지고 제주도로 들어가서 말총을 모두 사들였다. 말총은 망건의 재료였다. 얼마 되지 않아 망건 값이 10배나 올랐다. 이렇게 하여 허생은 50만냥에 이르는 큰 돈을 벌었다.

》「연암집(허생전)」

(4) 한 계

① **현물 징수의 존속** : 대동법의 시행이 농민 경제를 어느 정도 안정시킨 것은 사실이나, 농민들은 대동법이 실시된 뒤에도 진상(進上)이나 별공(別貢)을 여전히 부담하였고, 지방 관아에서도 필요에 따라 수시로 토산물을 징수하였다.

② **농민의 부담 재발** : 토지를 가진 지주에게 부과되던 대동세가 토지를 가지지 못한 소작농에게 전가되는 경우도 많았다.

③ **상납미의 증가와 유치미의 감소** : 봄에 징수한 대동세는 중앙 정부로 상납(상납미)하지만 가을에 징수한 대동세는 지방에 유치(유치미)하여 지방 관아의 경비로 사용하게 하였는데, 시일이 지날수록 상납미의 비율이 높아지고 유치미의 비율은 낮아져 갔다. 그것은 지방 관아의 재정이 그만큼 악화되어 갔음을 뜻하며, 수령 및 아전들의 농민 수탈이 다시 가혹해져 가는 원인이 되었다.

04 군역제도 개편

❶ 배 경

(1) 군포 징수의 문란

① **중복 징수** : 5군영은 물론 지방의 감영이나 병영까지도 독자적으로 군포를 징수하면서 장정 한 명에게 이중 삼중으로 군포를 부담시키는 경우가 많았다.

② **일관성의 결여** : 포를 내는 것으로 군역을 대신하는 수포군들이 바치는 군포의 양이 소속에 따라 2필 또는 3필 등으로 달랐다.

③ **군적수포제의 문란** : 양반들은 군적을 작성할 때 고의적으로 누락하여 상민들의 부담이 증가하였다.

(2) 군역 부담의 과중

① **폐단** : 군포의 징수를 맡은 수령이나 아전들의 농간에 의해 인징, 족징, 황구첨정, 백골징포 등의 여러 폐단이 생겨났다.

② **군포 과중** : 전국의 장정 수를 정확하게 파악하지 못하여 재정 상태가 어려워지자 군포의 부과량을 점차 늘릴 수밖에 없었다.

(3) 군역 재원의 감소

① **양반수 증가** : 임진왜란 이후 납속이나 공명첩으로 양반이 되어 면역하는 자가 늘어났다.

② **농민들의 피역** : 군역의 부담이 과중해지자 농민들은 도망가거나 노비나 양반으로 신분을 바꾸어 군역을 피하는 경향이 더욱 심해졌다.

❷ 양역변통론 대두

(1) 내 용

① **호포론(戶布論)** : 군포 징수를 인정(人丁) 단위로 하지 않고, 가호 단위로 하여 양반에게도 징수하자는 주장이다(유형원-양역변통론).

② **농병일치론(農兵一致論)** : 토지제도를 개혁하여 농민에게 일정한 토지를 지급하고 군역을 부과하자는 주장이다(유형원-양역변통론).

③ **결포론(結布論)** : 군포를 폐지하고 토지에 부과세를 부과하여 그 비용을 충당하자는 주장이다.

④ **유포론(儒布論)** : 유한양정(有閑良丁)을 적발하고 양반 자제 및 유생에게도 징수하자는 주장이다.

⑤ **구전론(口錢論)** : 군포를 폐지하고 매인(每人)당 전화(錢貨)로 징수하자는 주장이다.

⑥ **감필론(減匹論)** : 군포를 반으로 줄이자는 주장이다.

(2) 결 과

양반층의 강경한 반대로 실현되지 못하였다.

❸ 균역법(均役法) 실시(영조, 1750)

(1) 내 용

균역청을 설치하여 농민들의 군포 2필을 1필로 감필하고, 이에 따라 각 군문에 부족한 군포를 보충해 주는 정책을 마련하였다.

(2) 재정의 보충

① **결작** : 지주에게 토지 1결당 미곡 2두(5전)를 부과하였다.

② **선무군관포** : 일부 상류층에게 선무군관이란 칭호를 주고 1년에 군포 1필을 부과하였다.

③ **잡세** : 어장세, 염전세, 선박세 등을 국고의 수입으로 돌렸다.

(3) 결과와 한계

① **농민 부담의 경감** : 군포 부담이 줄어들자 농민들의 군역 부과에 대한 저항이 다소 진정되었다.

② **군역 폐단의 재연** : 토지에 부과되는 결작과 선무군관포의 부담이 소작 농민에게 돌아가고, 군적 문란이 다시 심해지면서 농민의 부담은 가중되었다.

제2장 서민 경제의 발전

핵심 출제포인트

- 이 단원은 출제율이 높은 단원이다.
- 조선 후기 경제 발달에 따른 사회의 변화상을 이해해야 한다.

01 양반 지주의 토지 경영

❶ 양반의 경제 생활

(1) **소작료로 생활** : 대체로 양반들은 소작료를 거두어 생활하거나 이 소작료로 받은 미곡을 시장에 팔아 이득을 남기기도 하였다.

(2) **토지의 매입** : 토지에서 생기는 수입으로 토지 매입에 더욱 열을 올려 천석꾼, 만석꾼이라 불리는 대지주들도 나타났다.

(3) **고리대의 운영** : 양반 중에는 물주로서 상인에게 자금을 대거나 고리대를 하여 부를 축적하기도 하였다.

❷ 몰락양반의 등장

경제적 변동 과정에 제대로 적응하지 못하여 몰락하는 양반들도 나타났다.

18세기 황씨 가문의 토지 집적과 추수기(충남 부여)

위 치	논/밭	원소유주	면적(두락)	면적(평)	수취방식	계약량	수취량	작 인
도장동	논	송득매	8	1600	도지	4석	4석	주서방
도장동	논	자근노음	7	1400	도지	4석	4석	검금
불근보	논	이풍덕	5	1000	도지	2석 5두	1석3두5승	막산
소삼	논	이풍덕	12	2400	도지	7석10두	6석	동이
율포	논	송치선	7	1400	도지	4석	1석 10두	주적
부야	논	홍서방	6	1200	도지	3석 5두	2석 10두	주적
잠방평	논	쾌득	7	1400	도지	4석	2석 1두	명이
석을고지	논	수양	10	2000	도지	7석	4석 10두	수양
합 계			62	12,400		36석5두	26석 4두 5승	

02 농민 경제의 변화

❶ 농민들의 자구책

(1) 배 경

조선 후기 수취체제의 개편은 궁극적으로 양반 중심의 지배체제를 계속 유지하려는 데 목적이 있었기 때문에 농촌 사회의 안정을 달성하는 데에는 한계가 있었다.

(2) 내 용

① 영농 방법의 개선

㉠ **쟁기갈이** : 초벌갈이로서 가을갈이가 보편화되었고, 봄갈이 등이 여러 번 시행되었다.

㉡ **개간·간척사업** : 개간은 주로 내륙 산간에서, 간척은 서해안과 큰 강 유역의 저습지에서 이루어졌다.

㉢ **밭농사(견종법)** : 이랑과 이랑 사이의 간격이 좁아지고, 깊이갈이(심경법)로 이랑과 고랑의 높이 차이를 크게 하였다.

㉣ **논농사(이앙법)** : 고려 말기에 남부 일부지방에서 시작되어 조선 후기에 전국적으로 보급되자 그 결과 경영형 부농과 지주형 부농층이 등장하여 사회 계층의 분화를 초래하였으며, 소작농의 경우 경작지를 얻기가 어려워져 이농화 현상이 심화되었다.

㉤ **수리 시설의 발달**

㉮ **제언사(堤堰司)** : 현종 때(1662) 설치하여 전국의 수리시설에 관한 업무를 담당토록 하였다.

㉯ **제언절목(堤堰節目)** : 정조 때(1778) 반포하여 제언 수축에 관한 규칙을 제정하였다.

㉰ **저수지 축조** : 농민들은 주로 작은 규모의 보(洑)를 축조하였는데 18세기 말에는 수천 개소에 달했다. 당진의 합덕지, 연안의 남대지, 수원의 서호 등의 저수지와 그 밖의 작은 저수지들이 많이 만들어졌다.

㉱ **결과** : 수리시설의 증대로 18세기 중엽 이후에는 밭을 논으로 바꾸는 번답(反畓)의 현상이 활발해졌으며, 정조 때에는 농경지 중에서 논의 비율이 밭보다 높아졌다.

㉥ **시비법 개량** : 토지를 계속 이용하여 작물을 재배하기 위해서는 지력의 유지가 필요하였다. 그 결과 시비법의 다양한 발전으로 퇴비·분뇨·석회 등 여러 종류의 거름이 개량되어 토지의 생산력이 높아졌다.

㉦ **농기구 개선** : 논밭을 가는 쟁기·가래·써레·쇠스랑·따비와 김을 매는 호미, 수확할 때 쓰는 낫·도리깨, 도정할 때 쓰는 방아·맷돌 등 여러 가지의 농기구가 널리 사용되고, 소를 이용한 쟁기의 사용이 보편화되어 농업 생산력이 증대되었다.

② 농업 경영 방식의 변화

㉠ **광작(廣作)의 가능** : 모내기법으로 잡초를 제거하는 일손을 덜 수 있게 되자 한 농가에서 이전보다 넓은 농토를 경작할 수 있게 된 일부 농민들은 경작지의 규모를 확대하였다.

㉡ 결과

㉮ **부농층(饒戸富民, 經營型富農) 등장** : 자작농은 물론 일부 소작농도 더 많은 농토를 경작하여 재산을 모아 부농으로 성장하였다.

㉯ **임노동자와 중도아 등장** : 생활이 어려운 대다수의 농민들은 토지에서 밀려나 광산(황해도 수안), 포구(충청도 강경, 함경도 원산)를 찾아 임노동자(雇工, 머슴)가 될 수밖에 없었고, 농촌에 그대로 머물러 있더라도 품팔이로써 생계를 유지하거나 도시로 나아가 시전에서 물건을 떼어다가 파는 중도아(中都兒)가 되었다.

③ **상품작물의 재배** : 장시가 점차 증가하여 상품의 유통이 활발해졌다.

㉠ **쌀** : 조선 후기에 수요가 크게 늘어나 장시에서 가장 많이 거래되었으며, 쌀의 수요가 늘면서 밭을 논으로 바꾸는 현상(反畓)이 활발하였다.

㉡ **면화** : 경상도를 비롯한 삼남지방과 황해도에서 집중적으로 재배되었으며, 당시 서민들이 가장 많이 사용한 옷감의 원료로서 그 수요가 많았다.

㉢ **채소** : 서울 근교에서 재배가 성행하였다.

㉣ **담배, 인삼, 생강, 약초** : 인기있는 상품 작물로 재배되었다.

사료읽기

상품작물의 재배

농민들이 밭에 심는 것은 곡물만이 아니다. 모시, 오이, 배추, 도라지 등의 농사도 잘 지으면 그 이익이 헤아릴 수 없이 크다. 도회지 주변에는 파밭, 마늘밭, 배추밭, 오이밭 등이 많다. 특히 서도지방의 담배밭, 북도지방의 삼밭, 한산의 모시밭, 전주의 생강밭, 강진의 고구마밭, 황주의 지황밭에서의 수확은 모두 싱싱등전(上上等田)의 논에서 나는 수확보다 그 이익이 10배에 이른다. 》「경세유표」

④ **구황작물의 재배**

㉠ **고구마(남저 : 南藷)** : 18세기 영조 때 조엄이 일본으로부터 전하였다.

㉡ **감자(북저 : 北藷)** : 19세기 헌종 때 청에서 들여왔다.

㉢ **관련서적** : 강필리 「감저보」, 김장순 「감저신보」, 서유구 「종저보」 등이 있다.

⑤ **농서의 편찬**

㉠ **농가집성** : 17세기 중엽 효종 때 신속은 「농사직설」·「금양잡록」 등과 기타 다른 농서들을 모아서 편찬하여 벼농사 중심의 농업을 소개하고 이앙법의 보급에 공헌하였다.

㉡ **색 경** : 17세기 후반 숙종 때 박세당이 편찬한 것으로 채소, 원예, 축산 등에 관한 책이다.

㉢ **산림경제** : 17세기 후반 숙종 때 홍만선이 농업, 임업, 축산, 양잠 등에 관해 기록하였다.

㉣ **해동농서** : 18세기 후반 정조 때 서호수가 우리나라의 고유 농학에 중국의 농학을 선별적으로 수용하여 편찬한 것으로 한국 농학의 새로운 체계화를 시도하였다.

㉤ **임원경제지** : 19세기 중엽에 서유구가 농업과 농촌 생활에 필요한 것을 종합하여 편찬한 농촌 생활 백과사전이다.

㉥ **기타** : 영조 때 유중림이 「증보산림경제」, 박지원이 「과농소초」 등을 편찬하였다.

❷ 지대(地代)의 변화

(1) 배 경

① **전호권의 성장** : 농업 생산력의 증대와 농업 경영상의 변화로 나타났다.

② **소작쟁의 전개** : 소작농들이 좀 더 유리한 경작 조건을 얻어내기 위하여 지주를 상대로 소작쟁의를 벌였다.

③ **조세의 금납제 등장** : 18세기 말 이후 상품 화폐 경제의 진전으로 등장하였다.

(2) 소작료(지대)의 변화

① **타조법(打租法)** : 지주가 농지를 대여해 주고 그 대가로서 추수기에 수확량의 절반을 징수하는 가장 일반적인 소작제도이다.

② **도조법(賭租法)** : 도지권(賭地權)을 가진 농민이 소작료를 미리 정하고, 매년 수확량에 관계없이 일정한 소작료를 징수하는 방식으로 점차 화폐로 내는 경향(금납제)도 나타났다.

03 민영 수공업의 발달

❶ 수공업의 동향

(1) 부역제의 변동

① **15세기** : 부역제를 토대로 하여 운영되었다.

② **16세기 이후** : 수공업자들이 등록을 기피하였다.

③ **17세기** : 내자시, 내섬시, 사도시 등 관청의 작업장에서는 공장(工匠)이 없어 민간에서 기술자를 고용하여 물품을 제조하는 것이 일반적이었다.

④ **18세기 이후** : 무기나 자기 등 진상물을 제조하는 관영 수공업장만이 겨우 운영되고 있었다.

(2) 결 과

조선 후기에는 시장 판매를 위한 수공업 제품의 생산이 활발해지고 민영수공업이 수요를 거의 충족시키고 있었다.

❷ 민영 수공업의 발달

(1) 배 경

① **장인의 등록 기피** : 16세기를 전후하여 국가의 상공업에 대한 통제력이 약화되면서 장인들이 등록을 기피하였다.

② **정부의 재정 사정 약화** : 경공장과 외공장의 고용 및 유지가 어렵게 되어 사장(私匠)이 대두하게 되었다.

③ **사장(私匠)의 제품 우수** : 품질과 가격면에서 관영 수공업장의 제품과 비교할 때 경쟁력이 높았다.

④ **대동법의 실시와 인구의 증가** : 관수품 등 제품의 수요가 크게 늘어났는데, 이러한 수요를 거의 민간 수공업자들이 충족시켰다.

(2) 신해통공(1791)

① **'공장안' 폐지** : 정부가 장인의 등록제를 폐지함으로써 민간 수공업자들은 장인세(匠人稅)만 부담하면 비교적 자유롭게 생산 활동에 종사할 수 있었다.

② **'점(店)'의 발달** : 민간 수공업자들의 작업장을 흔히 점(店)이라 불려져 철기 수공업체는 철점, 사기 수공업체는 사기점이라 하였다.

③ **민영 수공업의 발달** : 판매를 위해 제품을 생산하는 민영수공업은 주로 도시를 중심으로 하여 발달하였지만, 점차 농촌에서도 나타났다.

(3) 수공업의 형태

① **선대제(先代制) 수공업** : 17~18세기 수공업의 보편적 현상으로 상인 물주가 부업으로 가내 공업을 하는 농민이나 수공업자에게 생산에 필요한 원료·도구를 미리 빌려주고 생산을 하게 한 뒤, 일정한 대가를 치렀으며, 소비 규모가 크고 막대한 원료를 필요로 하는 종이, 화폐, 철물 등의 제조 분야에서 두드러지게 나타났다.

② **독립 수공업** : 18세기 후반에 이르러 수공업자 가운데서도 독자적으로 제품을 생산하고 이를 직접 판매하는 사람들이 나타났는데, 안성과 정주의 유기와 통영의 칠기가 대표적인 경우이다. 특히, 18세기 후반의 독립수공업은 분업에 의한 협업을 토대를 통해 독자적으로 생산하고 직접 판매하였다.

③ **가내 수공업** : 자급자족을 위한 부업의 형태로 주로 옷감과 그릇 등을 제조하였으나 점차 소득을 올리기 위하여 상품으로 생산하는 경우가 늘었고, 더 나아가 전문적으로 생산하는 농가도 나타났다.

04 민영 광산의 증가

❶ 조선 전기

(1) 15세기

국가가 직접 광업을 경영하면서 사적 경영을 통제하였다.

(2) 16세기

① 농민들이 부역 동원 거부로 사채를 허용하되 세금을 거두는 정책으로 바뀌었다.

② 연산군 9년(1503) 김감불·김검동 등이 납에서 은을 분리·제련하는 방법을 발명하여 단천·영흥 등을 중심으로 광산 개발이 촉진되었다.

❷ 조선 후기

(1) 17세기

왜·호란을 전후하여 정부가 농민을 군역 대신 광역으로 동원하여 군수와 관련된 철·유황·아연 광산을 개발하였다.

(2) 17세기 중엽(효종, 1651, 설점수세제)

국가 재정 수입을 늘리고 생산을 촉진하여 중국과의 무역을 활성화하기 위해 정부가 광산 시설인 점(店)을 설치해 주고 민간에게 경영을 맡기는 대신 채취한 광물을 수세하는 정책을 실시하였으나 활발하지는 않았다.

(3) 17세기 후반(숙종, 1687, 별장제)

① **별장(別將) 파견** : 정부는 수세(收稅) 업무를 관리하기 위해 호조의 별장(別將)을 파견하여 수세 상납 이외에 광산 경영을 지휘·감독하였다.

② **은광 개발 활기** : 청과의 무역으로 은의 수요가 늘어나 17세기 말에는 약 70개소의 은광이 개발되었다.

(4) 18세기 중엽(영조, 1755, 수령수세제)

① **특징** : 수령이 직접 관할하는 수령수세제로 이 때의 광산 경영은 자본주인 물주(物主)가 시설과 자금을 대고 경영전문가인 덕대(德大 : 광산의 주인과 계약을 맺고 광물을 채굴하여 광산을 경영하는 사람)가 채굴업자(穴主)와 채굴노동자, 제련노동자 등을 고용하여 광물을 채굴하고 제련하는 형태로 광업이 활기를 띠게 되었다.

② **상업자본의 참여** : 상업 자본이 채굴과 제련이 쉬운 사금 채굴에 몰리면서 금광의 개발도 활발해졌다.

③ **잠채(潛採)의 성행** : 광산의 개발은 이득이 많았기 때문에 합법적인 경우도 있었지만 몰래 채굴하는 경우도 성행하였다. 이익 등은 잠채를 반대하였으나, 우정규는 「경제야언」을 통해 임노동자를 고용한 광산 개발을 장려하였다.

④ **작업 과정** : 굴진, 운반, 분쇄, 제련 등의 과정이 모두 분업에 토대를 둔 협업으로 진행되었다.

사료읽기

조선 후기 광산촌의 모습

황해도 관찰사의 보고에 의하면, 수안에는 본래 금광이 다섯 곳이 있었다. 두 곳은 금맥이 다하였고, 세 곳만 금맥이 풍성하였다. 그런데 지난해 장마가 심해 작업이 중지되어 광군들 대부분이 흩어졌다. 금년(1799년, 정조 23) 여름 새로이 39개소의 금혈을 팠는데, 550여 명의 광군들이 모여들었다. 이들은 일부가 도 내의 무뢰배들이지만 대부분은 사방에서 이득을 쫓아 몰려온 무리들이다. 그리하여 금점 앞에는 700여 채의 초막이 세워졌고 광군과 그 가족, 좌고, 행상, 객주 등 인구도 1,500여 명에 이른다. 갑자기 많은 사람들이 모여들어 그 곳에서는 생필품의 값이 폭등하는 사태가 종종 일어나고 있다고 한다.

》「비변사등록」

05 상업의 발달

❶ 사상(私商)의 대두

① **17세기 상품의 유통 활발** : 조선 후기에 농업 생산력의 증대, 수공업 발달, 인구의 증가, 공인의 공인의 활동 등으로 팔 수 있는 물품이 증가하였다.

② **각종 세금의 금납화** : 상품 화폐 경제의 진전을 보다 촉진시켰다.

③ **농민의 계층 분화** : 농촌에서 유리된 인구의 도시 유입으로 상업 활동이 더욱 활발해졌다.

❷ 사상(私商)의 활동

(1) 무 대

① **17세기 이후** : 종루, 이현, 칠패, 누원 등 도성 주변에서 활동하며 시전과 대립하기도 하였다.

② **18세기 이후** : 서울을 비롯한 평양(유상), 의주(만상), 개성(송상), 동래(내상) 등 지방 도시에서 장시를 연결하면서 물품을 교역하고, 각지에 지점을 두어 상권을 확장하기도 하였다.

(2) 신해통공(1791)

① **배경** : 18세기 말에는 정부로서도 더 이상 사상(私商)의 성장을 막을 수 없었기 때문에 영조는 「난전폐절목」을 발표하였고, 정조는 결국 육의전을 제외한 나머지 시전상인의 금난전권을 철폐하였다.

② **결과** : 사상들의 자유로운 상업 활동이 어느 정도 보장되었고, 그들 중의 일부는 도고(都賈, 부상대고)로 성장하여 갔다.

(3) 대표적 사상

① **유상(평양)** : 평양을 근거지로 하여 대중국 무역에도 관여하면서 부를 축적한 상인이다.

② **만상(의주)** : 의주의 중강개시·후시와 봉황성의 책문후시를 무대로 대중국 무역을 주도하면서 많은 재화를 축적하였다.

③ **송상(개성)** : 주로 인삼을 재배 판매하면서 전국에 송방(松房)이라는 지점을 설치하여 활동 기반을 강화하였다.

④ **내상(동래)** : 동래의 왜관개시·후시를 중심으로 일본과의 무역을 주도하였다.

⑤ **경강상인** : 한강을 근거지로 삼아 주로 서남 연해안을 오가며 활동하였다. 미곡·소금·어물 등의 운송과 판매에 종사하면서 거상으로 성장하였으며 선박의 건조 등 생산 분야에까지 진출하여 활동 분야를 넓히기도 하였다.

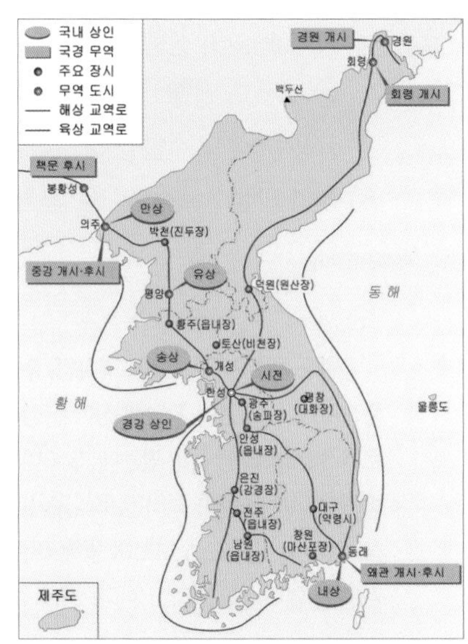

조선 후기의 상업과 무역 활동

⑥ **객주, 여각** : 포구에서각 지방의 선상들이 물화를 싣고 포구에 들어오면 그 상품의 매매를 중개하고 부수적으로 운송, 보관, 숙박, 금융 등의 영업도 하였다. 이들은 장시에서 지방의 포구와 장시 또는 장시와 장시를 연결하였다.

⑦ **거간** : 객주(客主)와 함께 물품의 매매 및 기타의 모든 거래를 매개하는 대표적 중간상인이다.

❸ 장시의 발달

① **기원** : 15세기 말 남부(전라도 무안, 나주) 지방에서 개설되기 시작하여 18세기 중엽에 이르러서는 전국에 1,000여 개소가 개설되었다.

② **기능** : 지방민들의 교역 장소로 인근의 농민·수공업자·상인들이 한 날짜에 일정한 장소에 모여 물건을 교환하였는데 보통 5일마다 열렸다.

③ **대표적 장시** : 18세기 말 광주의 송파장, 은진의 강경장, 덕원의 원산장, 창원의 마산포장, 평창의 대화장 등이 전국적인 유통망을 연결하는 상업의 중심지로 성장해갔다.

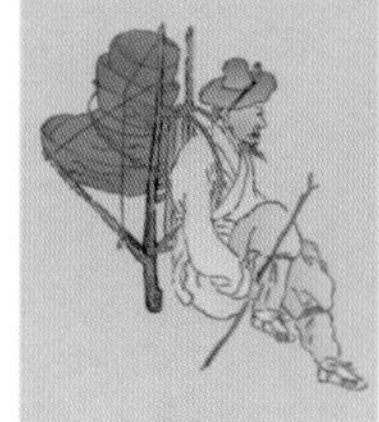
보부상

④ **활동 상인**

㉠ **보부상** : 농촌의 장시를 하나의 유통망으로 연계시키고, 생산자와 소비자를 이어 주는 데 큰 역할을 한 관허행상이다.

㉡ **객주·여각** : 지방의 포구와 장시 또는 장시와 장시를 연결하는 역할을 담당하였다.

보부상(褓負商)

① 보상 : 비교적 값비싼 필묵, 금·은·동제품 등을 보자기에 싸서 들고 다니거나 질빵에 걸머지고 다니는 판매하는 봇짐장수를 가리킨다.

② 부상 : 나무그릇, 토기 등 비교적 조잡한 일용품을 지고 다니면서 판매하는 등짐장수를 말한다.

거간, 객주, 여각

구 분	실명거래	거래물품	영업장	자 본
거간	×	다양	내륙	小
객주	○			多
여각	○	大, 重물품	해안	

❹ 포 구

① **형성** : 고려 이래 연해안이나 큰 강 유역에 포구가 형성되어 있었으며, 처음에는 가까이에 있는 포구간에 또는 인근의 장시와 연계하면서 상거래가 이루어졌다.

② **발달** : 도로와 수레가 발달하지 못한 시기였기 때문에 물화의 대부분이 육로보다는 수로를 통하여 운송되었다. 종래에는 세곡이나 소작료를 운송하는 기지로서의 역할을 하였으나, 18세기 이후에는 상업의 중심지로 성장하였으며 상거래의 규모는 장시보다 훨씬 컸다.

③ 활동 상인

㉠ **선상(船商)** : 선박을 이용해서 각 지방의 물품을 구입해 와 포구에서 처분하면서 전국 각지의 포구가 하나의 유통권을 형성하여 갔는데, 특히 칠성포, 강경포, 원산포 등의 포구에서는 장시가 열리기도 하였다. 대표적으로 운송업에 종사하다가 거상으로 성장한 경강상인이 있었다.

㉡ 객주, 여각

㉮ **포구에서** : 각 지방의 선상(船上)들이 물화를 싣고 포구에 들어오면 그 상품의 매매를 중개하고 부수적으로 운송, 보관, 숙박, 금융 등의 영업도 하였다.

㉯ **장시에서** : 지방의 포구와 장시 또는 장시와 장시를 연결하였다.

사료읽기

포구 상업

우리나라는 동·서·남의 3면이 모두 바다이므로 배가 통하지 않는 곳이 거의 없다. 배에 물건을 싣고 오가면서 장사하는 장사꾼은 반드시 강과 바다가 이어지는 곳에서 이득을 얻는다. 나주 영산포, 영광의 법성포 등은 비록 작은 강이나 모두 바닷물이 통하므로 장삿배가 모인다. 은진의 강경포는 육지와 바다 사이에 위치하여 바닷가 사람들과 내륙 사람들이 모두 여기에서 서로의 물건을 교역한다. 큰 배와 작은 배가 밤낮으로 포구에 줄을 서고 있다. 》「택리지」

❺ 화폐의 유통

(1) 배 경

① **상공업의 발달** : 교환의 매개로써 금속 화폐, 즉 동전이 자연스럽게 전국적으로 유통되었다.

② **지대와 세금의 금납화(金納化)** : 18세기 후반 이후 각종 세금이 동전의 수납으로 이루어져 갔다.

③ **원료 공급의 원활** : 동전의 원료인 구리는 18세기 후반부터 활발한 동광(銅鑛)의 개발이 추진되어 쉬워졌다.

(2) 상평통보(常平通寶)의 주조

① **인조 때** : 상평통보를 주조하여 개성을 중심으로 통용시켜 그 쓰임새를 살펴보았다.

② **효종 때** : 상평통보를 유통시켰으나 유통이 원활하지 못하였다.

③ **숙종 때** : 1678년 허적의 주장으로 「주전도감」에서 주조하여 널리 유통되어 세금과 소작료를 동전으로 대납할 수 있게 하여 누구나 동전인 상평통보만 가지면 물건을 살 수 있었다.

④ **기타** : 정부도 각 기관으로 하여금 동전의 발행권을 권장하여 여러 기관에서 주조(호조,5군영,진휼청 등) 하였으며, 화폐의 단위는 동일하였다.

상평통보

(3) 영 향

① **긍정적 측면** : 상품 화폐 경제의 진전과 함께 상업자본의 성장에 크게 기여하였다.

② **부정적 측면** : 동전 발행에 대한 통제가 해이해지면서 사적으로 주조하는 경우도 있었으며 지주나

대상인들이 화폐를 고리대나 재산 축적에 이용하였기 때문에 동전을 많이 발행하여도 시중에서는 유통이 되지 않아 동전이 부족한 전황(錢荒)이 발생하였다. 이에 따라 중농실학자 이익 등은 폐전론을 주장하였지만 중상실학자 유수원과 박지원 등은 상공업 발전을 위해서는 화폐를 사용하자는 용전론을 주장하였다.

사료읽기

전황(錢荒)

정조 6년 11월 7일 종전에 허다하게 동전을 주조하여도 돌지 않고 작년과 금년에 전황이 무척 심한 것은 부상대고(富商大賈)들이 돈을 감추고 그것이 귀해지기를 기다려 폭리를 바라기 때문이다. 〉「비변사등록」

❻ 신용 화폐의 등장

(1) 배 경

① **새로운 화폐의 필요성 대두** : 상품 화폐 경제가 더욱 발달하였다.

② **동전 사용의 불편** : 동전은 곡물이나 옷감에 비하여 간편하긴 하였지만, 중량 때문에 대규모의 상거래에서는 불편하였다.

(2) 종 류

① **환어음** : 발행자가 그 소지자에게 일정한 날짜에 일정한 금액을 지불할 것을 제삼자에게 위탁하는 환어음 등이 이용되었다.

② **의의** : 이 시기 상품 화폐 경제의 진전과 상업 자본의 성장을 보여주는 것이다.

06 대외 무역의 발달

❶ 청과의 무역

(1) 형 태

① **공무역** : 17세기 중엽부터 국경지대를 중심으로 개시가 이루어졌다.

㉠ **중강개시** : 압록강 하류에서 왜란 중 요동지방의 군량과 말을 구하기 위해 조선측이 명나라에 요청하여 개설되었다가 전란 이후 폐지되었다. 그러나, 인조 24년 청나라의 경제적인 필요에 의해 다시 개설되어 매년 3월과 9월 15일 두 차례씩 쌍방의 감시 아래 무역을 행하였으며, 사무역은 엄격히 금지되었다.

㉡ **북관개시** : 함경도 회령과 경원에서의 회령개시 및 경원개시를 말한다.

② **사무역** : 조선 후기 사상(私商)들이 전개한 후시로서 만상을 중심으로 하여 이루어졌다.

㉠ **회동관후시** : 조선에서 중국으로 사신을 보낼 때 중국의 회동관에서 이루어졌다.

㉡ **중강후시** : 의주의 중강에서 이루어졌는데, 사무역 금령이 점차 해이해짐에 따라 자유 상인의 활동이 커져 후시무역이 성황을 이루었다.

㉢ **책문후시** : 의주의 맞은편 책문에서 이루어진 대표적인 후시로 사신들이 책문을 출입할 때 역관들과 결탁한 의주와 개성의 상인들이 은과 인삼을 몰래 가지고 사신의 행렬에 끼어들어 따라가 청 상인들과 교역을 하였다.

㉣ **단련사후시** : 밀무역을 감시하는 단련사들에 의해 이루어졌다.

(2) 교역품

① **수출품** : 은, 종이, 무명, 인삼 등 이었다.

② **수입품** : 비단, 약재, 문방구 등 이었다.

❷ 일본과의 무역

(1) 형 태

① **왜관개시** : 광해군 때 기유약조(1609) 체결 이후 동래에서 활발한 무역이 이루어졌다.

② **왜관후시** : 왜관에서 왜인들과 거래를 가졌다.

(2) 교역품

① **수출품** : 조선은 인삼·쌀·무명 등을 팔았는데, 청에서 수입한 물품들을 넘겨주는 중계무역을 하기도 하였으나, 일본이 청과 직접적인 교역을 하게 된 이후에는 크게 쇠퇴하였다.

② **수입품** : 은, 구리, 황, 후추 등 이었는데 특히, 은(銀)은 일본에서 수입하여 청에 다시 수출하는 중계무역을 통해 막대한 이윤을 확보하였다.

제 3 편

사회의 변동

제1장 사회 구조의 변동

핵심 출제포인트

- 조선 후기 각 신분의 변화상을 이해해야 한다.
- 신향과 구향과의 향전을 중심으로 향촌사회의 변화상을 정리해야 한다.
- 천주교 전래 과정에서 나타난 박해와 동학사상의 성격을 정리해야 한다.

01 신분제의 동요

❶ 배 경

(1) 동 향

조선 후기 농업 기술의 발달과 이로 인한 농업 경영의 변화, 상공업의 발달은 신분구조의 변화를 유발하였다.

(2) 결 과

양반 계층의 자기 도태현상이 심화되는 속에서도 양반의 수는 더욱 늘어나고, 상민과 노비의 숫자는 줄어드는 경향을 보였다.

❷ 양반 계층의 분화

(1) 원 인

① **붕당정치의 변질** : 양반 상호 간에 정치적 갈등이 일어났다.

② **일당 전제화 전개** : 권력을 장악한 일부 양반을 제외한 다수의 양반들이 몰락하였다.

(2) 결 과

① **벌열양반(권반)** : 정권에 참여하고 있는 양반이다.

② **몰락양반** : 정권에서 밀려나 관직에 등용될 기회를 얻지 못한 양반이다.

㉠ **향반(鄕班)** : 향촌사회에서 겨우 위세를 유지하였다.

㉡ **잔반(殘班)** : 향반보다 더욱 몰락하였다.

㉮ **농민층 대변** : 사회 개혁을 주장한 실학자나 농촌 지식인들은 대개 몰락한 양반들이어서 양반 지주와는 이해관계를 달리하여 기본적으로는 농민의 입장에 설 수밖에 없었다.

자리짜기(김홍도)

㉯ **생업에 종사** : 서당의 훈장이 되거나, 거벽(巨擘)과 서수(書手)로서 과거장에서 돈을 받고 문장을 대신 써 주며 생계를 유지하거나 심한 경우에는 농업이나 상공업 등에 종사하여 이름만 양반이지 사회·경제적 처지는 일반백성과 거의 다름이 없었다.

㉰ **성리학 비판** : 현실 비판적이며 반(反)조선적 성향을 가지고 민중 의식의 성장과 민중 봉기를 주도하고, 양명학·실학을 연구하면서 서학과 동학에 관심을 가졌다.

(3) 양반 수의 증가

① 원인

㉠ **양반의 자체 증가** : 양반 계층의 자체적 양적 팽창에도 한 요인이 있었다.

㉡ 하층민의 신분상승

㉮ **합법적** : 양란을 겪으면서 정부는 전공을 세우거나 재물을 나라에 바쳤을 때 벼슬을 주고 양반 신분을 인정하였다(납속을 통한 공명첩의 발급).

㉯ **불법적** : 부를 축적한 농민들이 양반의 족보나 홍패(紅牌)를 위조하거나 매매하여 양반으로 행세하는 경우, 환부역조(換父易祖, 조상의 신분을 위조), 모칭유학(冒稱幼學, 자신의 직업을 유학이라 속이는 것) 등이 많았다.

② 신분 상승 이유

㉠ **군역의 부담 모면** : 양반 신분을 얻으면 자신과 자손의 군역 부담을 면할 수 있었다.

㉡ **향촌에서의 지위 향상** : 양반 지배층의 수탈을 피하고 부를 축적하는 과정에서 편의를 얻을 수 있었다.

❸ 중간계층의 신분 상승

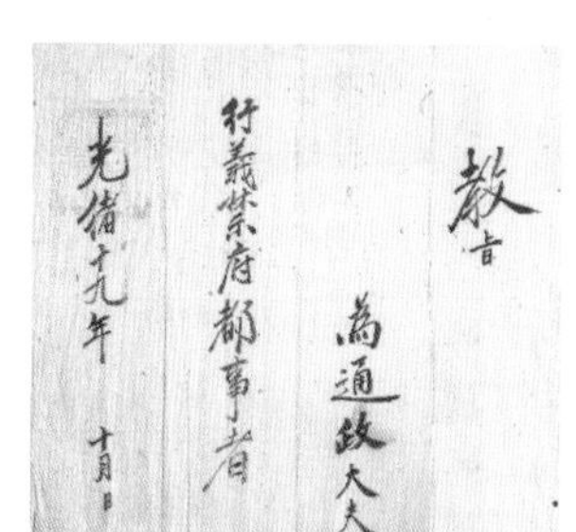
공명첩

(1) 서 얼

① **배경** : 왜란 이후 재정적 타격을 받은 정부가 납속책을 실시하고 공명첩을 발급하자 이를 이용하여 신분 상승을 도모하였다.

② 결과

㉠ **청요직 진출** : 영·정조 때에 서얼을 어느 정도 등용하자 이들은 수차례 집단 상소하여 동반이나 홍문관, 승문원 같은 청요직으로의 진출을 허용해 줄 것을 요구하는 통청운동을 전개하였다.

㉡ **검서관(檢書官) 등용** : 정조 때에는 서얼허통절목에 의해 유득공, 이덕무, 박제가, 서이수 등 서얼 출신들이 규장각 검서관으로 등용되어 능력을 발휘할 수 있었다.

(2) 중 인

① **배경** : 법제적으로는 역량이 뛰어날 경우 요직에도 오를 수 있었지만, 실제적으로는 양반 중심의 지배체제가 강화되면서 법전의 규정은 지켜지지 않았다. 그러나 조선 후기 서얼의 신분 상승운동에 자극되어 이들도 신분 상승을 위한 노력을 시도하였다.

② **기술관** : 주로 기술직에 종사하며 축적한 재산과 탄탄한 실무 경력을 바탕으로 철종 때 대규모의 소청운동을 일으켜 신분상승을 추구하였으나 성공하지는 못하였다. 그러나, 이를 통하여 전문직으로서의 중요한 역할을 부각시켰다.

③ **역관(譯官)**

㉠ 청과의 외교 업무에 종사하면서 서학을 비롯한 외래문화 수용에 있어서 선구적 역할을 수행하여 성리학적 가치 체계에 도전하는 새로운 사회의 수립을 추구하여 개항기에는 근대 개화사상의 형성과 개화 운동에 선구적인 역할을 담당하였다.

㉡ 사신을 수행하면서 밀무역에 관여하여 이득을 보았으며, 상인들의 무역관계를 교섭해 줌으로써 부(富)를 쌓아 유력한 상업자본가로 성장하기도 하였다.

④ **문학활동** : 자신들의 탄탄한 경제력을 바탕으로 시문집을 내고, 백일장을 열어 조선 후기 중인문학의 장르를 열며 자신들의 위상을 높여가면서 위항(委巷)문학의 발전을 가져왔다.

❹ 하층민의 신분 상승

(1) 상 민

부를 축적한 상민들은 지위를 높이고 역의 부담을 모면하기 위하여 양반 신분을 획득하거나 족보를 위조하여 양반으로 신분을 상승시켜 나갔다.

(2) 노 비

① **배경** : 국가의 재정 증대책과 운영상의 어려움으로 점점 해방되어 갔다.

② **군공과 납속** : 전란에의 참여와 재산의 증식을 통하여 신분을 상승시켰다.

③ **노비종모법(영조, 1731)** : 아버지가 노비라 하더라도 어머니가 양민이면 양민으로 삼는 법이 실시되면서 노비의 신분상승이 더욱 촉진되었다.

④ **노비정책의 변화** : 국가에서 공노비의 유지에 비용이 많이 들어 그 효율성이 떨어지자 공노비를 종래의 입역노비에서 신공을 바치는 납공노비로 전환시켰다.

㉠ **조선 전기** : 경국대전에 의하면 매년 신공으로 노(奴)는 면포 1필과 저화 20장, 비(婢)는 면포 1필과 저화 10장을 바쳤다(당시 저화 20장은 면포 1필).

㉡ **조선 후기(영조)** : 감포령을 내려 노(奴)는 1필, 비(婢)는 1/2로 감하였다가 1770년 비공(婢貢)을 없애고 노(奴)만 1필을 내도록 규정하였다. 이 시기 양인 장정이 군포 1필을 바치는 것과 같아진 것으로 역이 평준화되어 가고 있음을 보여준다.

⑤ **도망** : 사회·경제적인 변화로 농업, 시장, 광산, 어장 지역에서 머슴, 행상, 임노동자 등으로 생계를 유지할 수 있었다.

⑥ **공노비 해방(1801)** : 18세기 후반 공노비의 노비안(奴婢案)이 도망과 합법적인 신분 상승으로 인하여 이름만 있을 뿐 신공을 받아낼 수 없게 되자 순조 때에 중앙 관서의 노비 6만 6,000여 명을 해방시켰다.

⑦ **노비세습제 폐지** : 고종 23년(1886)에 폐지하였다.

사료읽기

조선 후기 신분제의 동요

○ 옷차림은 신분의 귀천을 구분해주는 것이다. 근래 이것이 문란해져 상민·천민들이 갓을 쓰고 도포를 입는 것이 마치 조정의 관리나 선비와 같이 한다. 심지어 시전상인들이나 군역을 지는 상민들까지도 서로 양반이라 부른다.

〉「일성록」

○ 아전의 풍속이 나날이 변하여 하찮은 아전이 길에서 양반을 만나도 절을 하지 않으려 한다. 아전의 아들 손자로서 아전의 역을 맡지 않은 자가 고을 안의 양반을 대할 때 맞먹듯이 너 나 하며 자(字)를 부르고 예의를 차리지 않는다.

〉「목민심서」

대구 호적에 나타난 시기별 신분 구성

시 기	양반호	상민호	노비호
1670년(숙종16)	9.02%	53.07%	37.01%
1729년(영조5)	18.07%	54.07%	26.06%
1783년(정조7)	37.05%	57.05%	5.00%
1858년(철종9)	70.03%	28.02%	1.05%

02 향촌 질서의 변화

❶ 양반의 권위 약화

(1) 원 인

① **향전(鄕戰)의 발생** : 기존의 향권을 장악하고 있던 사족(구향)세력과 새롭게 성장한 계층(신향 : 소외된 양반층, 서얼, 요호부민, 중인층)간의 갈등이다.

㉠ **목표** : 신향(新鄕)들은 구향(舊鄕)들에 대항해 관(官)주도의 향촌 지배와 운영기구였던 향청, 향회 등의 지배권(향권)을 장악하고자 하였다.

㉡ **결과** : 조선 후기의 향촌 사회는 신향과 관권(수령, 향리)이 결속되어 위치가 강화되고, 아울러 관권을 실질적으로 장악하고 있던 향리세력이 강화되어 종래 양반의 이익을 대변하여 왔던 향회(鄕會)는 주로 수령이 세금을 부과할 때 의견을 물어보는 자문기구로 구실이 변하였다.

② **농촌사회의 분화** : 평민과 천민 가운데 재산을 축적한 사람들을 요호부민(饒戶富民)이라 불렀으며, 이들은 자기의 전지를 소유하고 지방에서 일정한 영향력을 행사하였다.

③ **신분제의 붕괴** : 양반 가운데 토지를 잃고 몰락하여 전호가 되거나 임노동자로 전락하는 경우가 있었다.

④ **향촌 지배 방식의 변화** : 사족의 향촌자치를 인정하는 바탕 위에서 사족을 통하여 향촌을 지배하던 방식이 수령과 향리 중심의 지배 체제로 바뀌고 이들의 농민 수탈이 크게 늘어났다.

(2) 양반의 지위 유지 노력

① **족보의 제작** : 가족 집단 전체가 양반 가문으로 행세하고 상민과는 통혼하지 않았다.

② **청금록과 향안의 중시** : 신분을 확인시켜 주는 증거 서류인 동시에 향약 등 향촌 자치 기구의 주도권 장악을 위하여 중요시되었다.

③ **동약(洞約)과 족계(族契)의 시행** : 양반들이 군현을 단위로 하여 농민을 지배하기 어렵게 되자 거주지를 중심으로 촌락 단위로 동약을 실시하거나 족적 결합을 강화하였다. 그 결과 전국에 많은 동족 마을이 만들어지고, 문중을 중심으로 서원과 사우(祠宇)가 세워졌다.

❷ 부농계층의 대두

(1) 부농층의 개념

① **정의** : 당시에 요호부민(饒戶富民)이라 불리어 졌으며, 자기의 전지(田地)를 소유하고 지방에서 일정한 영향력을 행사할 수 있는 농민들이었다.

② **처지**

㉠ **부(富)의 축적** : 경제적 능력은 갖추었지만 아직 자신들의 권익을 보호할 수 있는 합법적인 방법이 없었다.

㉡ **정부의 이해와 일치** : 경제력을 바탕으로 한 새로운 부농층의 욕구를 재정적 위기를 타개하고자 하는 정부가 적극적으로 활용하였다.

③ **결과** : 납속이나 향직의 매매를 통하여 합법적으로 신분을 상승해 나갔다.

(2) 향촌사회에서 영향력 강화

① **수령과 결탁** : 향청(鄕廳)의 향회(鄕會)를 통해 종래 향촌 사족이 담당하던 정부의 부세제도 운영에 수령을 자문하였다.

② **지위 향상** : 유향소에 직접 개입하거나 향임직에 진출하지 못한 곳에서도 수령이나 기존의 향촌세력과 타협하여 상당한 지위를 확보하여 갔다.

(3) 농민 항쟁의 주도층

① **배경** : 조선 후기 국가의 부세(賦稅)정책이 총액제로 운영됨에 따라 지주·부농층들도 납세의 대상이 되어 정부로부터 수취의 대상이 되었다.

② **내용** : 정부의 무절제한 부세 수탈에 향회(鄕會)를 기반으로 저항하였다.

③ **한계**

㉠ **기반의 미흡** : 모든 향회(鄕會)가 항쟁의 조직 기반이 되고 있었던 것은 아니었다.

㉡ **근본적 문제의 미제기** : 항쟁은 주로 부세(賦稅) 문제를 중심으로 전개되었고, 토지 문제나 신분제와 관련된 기본 모순의 척결 등이 중심이 되는 것은 아니었다.

제2장 사회 변혁의 사상적 움직임

핵심 출제포인트

- 조선 후기 새롭게 등장한 사상(동학, 천주교)의 특징과 관련된 사건을 정리해야 한다.
- 조선 후기 세도정치기를 거치며 전개된 농민들의 저항(홍경래의 난, 임술농민봉기)과 관련된 사건의 전개 과정을 이해해야 한다.

01 조선 후기 사회의 동향

❶ 사회 불안의 고조

(1) 대내적 원인

① **신분제의 동요** : 조선 후기 양반 중심의 지배체제에 커다란 위기가 닥쳐왔다.

② **농민 경제의 파탄** : 탐관오리의 탐학과 횡포 등 지배체제의 수탈이 점점 심해져 갔다.

③ **재난과 질병의 발생** : 1820년대의 전국적인 수해와 이듬해 콜레라의 만연으로 굶주려 떠도는 백성이 거리를 메우고 목숨을 잃는 비참한 사태가 수년 동안 계속되었다.

④ **도적의 출몰**

㉠ **화적** : 수십 명씩 무리를 지어 지방의 토호나 부상들을 공격하였다.

㉡ **수적** : 강이나 바다를 무대로 조운선이나 상선을 약탈하였다.

㉢ **대표적** : 마포일대에서 활동한 서강단(西江團), 평양 일대의 폐사군단(廢四群團), 유민으로 형성된 유단(流團), 재인·광대 등이 조직한 채단(彩團) 등이 있었다.

⑤ **예언 사상의 유행** : 사회가 변화되면서 유교적 명분론이 설득력을 잃어가면서 말세의 도래, 왕조의 교체, 변란의 예고 등 근거없는 낭설이 횡행하여 당시 농민들에게 혁명적 기운을 불어넣기도 하였다.

㉠ **무격신앙** : 비기(秘記)·도참(圖讖) 등을 이용하였는데, 이는 불안과 학대에 시달리고 있던 민중층 사이에 급속도로 확산되었다. 그 중 정감록(鄭鑑錄)은 조선 후기 민간에 성행한 예언서로 이(李)씨의 한양 다음에는 정(鄭)씨의 계룡산, 그 다음에는 조(趙)씨의 가야산이 흥할 것 등을 예언하였다.

㉡ **미륵신앙** : 현세에서 얻지 못하는 행복을 미륵신앙에서 해결하려는 움직임이 있었으며, 심지어 1688년 일부 무리들은 살아있는 미륵불을 자처하면서 광제창생(廣濟蒼生)을 주장하며 민심을 현혹하는 일도 있었다.

⑥ **농민들의 저항**

㉠ **정부와 탐관오리 비방** : 농민들의 정치·사회의식이 점차 높아져서 곳곳에서 괘서(掛書)·방서(傍書) 사건과 정부를 비판하는 일이 일어났다.

㉡ **항조·거세** : 세금을 거부하는 저항운동이 점차 격화되어 갔다.

(2) 대외적 원인

18세기 이후 정탐과 측량 및 통상을 목적으로 서양의 이양선(異樣船)까지 연해에 출몰하자 민심은 극도로 흉흉해져 갔다.

❷ 천주교(西學)의 전파

(1) 전 래

① **시기** : 17세기에 중국 베이징의 천주당을 방문한 우리나라 사신들에 의하여 소개되었다.

② **성격** : 이 시기의 천주교는 16세기 이래 중국과 조선에 전래된 서양의 과학 기술과 사상체계를 의미하는 서양의 학문(西學)으로 소개되었다.

(2) 신앙 운동

① **시작** : 18세기 후반 정치와 사회의 모순을 해결하고자 고심하던 남인계열의 실학자들이 천주교 서적(천주실의)을 읽고 신앙운동을 전개하게 되었다.

② **확대** : 정조 8년(1784) 이승훈이 최초로 베이징에서 서양인 신부에게서 베드로라는 이름으로 영세를 받고 돌아온 이후 신앙 활동을 전개하여 서울에 이어 내포·전주 등에도 신앙 공동체 조직이 만들어졌다.

(3) 박 해

① **원인** : 정부는 천주교가 유포되는 것에 대하여 내버려 두면 저절로 사라질 것으로 생각하였으나, 점차 교세가 확장되고 천주교가 조상에 대한 제사를 거부하자 드디어 양반 중심의 신분 실서 부정과 국왕의 권위에 대한 도전으로 받아들여 사교(邪敎)로 규정하였다.

② **신해박해(정조 15년, 1791)** : 전라도 진산에서 천주교 신자인 윤지충·권상연 등이 모친상을 당하여 신주를 불사르고 천주교식으로 장례를 치르자 이들을 사형에 처하였다(진산 사건). 천주교의 신앙화 과정에서 전례 문제로 순교한 최초의 사건이었다.

③ **신유박해(순조 원년, 1801)**

㉠ **원인** : 순조가 즉위하여 노론 강경파인 벽파가 득세하자 대탄압이 가해졌다. 이 때 이승훈·이가환·정약종 등 남인 학자와 청나라 신부 주문모가 사형을 당하고, 정약용·정약전 등은 유형을 당하였다.

㉡ **결과** : 시파 세력은 크게 위축되어 천주교 전래에 앞장선 실학자와 많은 양반 계층이 교회를 떠나게 되어 실학이 퇴조하였으며, 황사영 백서 사건이 일어났다. 신유박해 이후 시파인 안동 김씨의 세도 정치 하에서 천주교 탄압이 완화됨에 따라 정하상의 노력으로 순조 25년(1825)에 조선 교구 설치를 로마 교황으로부터 정식 승인받았고, 모방·샤스탱·앙베르 등 프랑스 신부들이 몰래 입국하여 교세가 점차 신장되어 갔다.

㉢ **사학징의(邪學懲義)** : 신유박해에 관한 형조와 포도청 등 정부측의 기록을 정리한 책으로 정순왕후의 명령에 따라 사학(邪學)의 죄인들을 문초한 내용이 수록되어 있다.

황사영 백서(帛書) 사건

남인파 신자 황사영이 충북 제천의 배론(舟論)에서 작성한 것으로 베이징의 서양인 주교에게 신유박해의 전말을 보고하고, 열강이 해군 병력을 동원하여 정부를 위협해서 신앙의 자유를 얻게 해 달라는 서한을 비단에 써서 보내려다 발각되어 처형당한 사건이다.

④ **기해박해**(헌종 5년, 1839) : 헌종 때 벽파인 풍양 조씨 일파는 다시 가혹한 천주교 탄압을 가하여 정하상 등 신도와 서양인 신부들이 크게 희생되었으며, 이후 정부는 5가작통법과 척사윤음을 발표하여 탄압하였다.

⑤ **병오박해**(헌종 12년, 1846) : 김대건은 최초의 신부로서 청에서 귀국하여 포교 활동을 하다가 순교한 사건이 그 후 안동 김씨가 재집권하자 천주교 탄압이 완화되어 베르누·리델 등 프랑스 신부들이 입국하여 포교하였다.

⑥ **병인박해**(고종 3년, 1866) : 9명의 프랑스 신부와 불과 수 개월 사이에 남종삼 등 약 8천 명의 신도가 처형당하였으며 이는 병인양요가 일어나는 계기가 되었다.

❸ 동학(東學)의 발생

(1) 성 립

① 교주

㉠ **수운 최제우**(1대) : 1860년 서학에 대항하는 의미로 동학을 창시하였다.

㉡ **해월 최시형**(2대) : 충청도 보은을 중심으로 조직망을 전국적인 규모로 확대하였다.

㉢ **의암 손병희**(3대) : 1905년 동학을 천도교로 개칭하였다.

② **성격** : 전통적인 민족 신앙을 바탕으로 유교·불교·도교는 물론 천주교의 교리까지 일부 흡수한 종합적인 종교이다.

③ 교리

㉠ **철학적** : 주기론에 가까웠으며 관념론을 배격하였다.

㉡ **종교적** : 샤머니즘과 도교에 가까워 부적과 주술을 중요시하였다.

㉢ **사회적** : 사람이 곧 하늘이라는 인내천(人乃天) 사상을 바탕으로 평등주의와 인도주의를 지향하였고, 후천개벽을 내세워 운수가 끝난 조선 왕조를 부정하는 혁명사상과 보국안민(輔國安民)을 내세워 서양과 일본의 침투를 배척하였다.

㉣ **사상적** : 질병 치료, 길흉에 대한 예언 등 민간 신앙적 요소를 흡수하여 현세 구복적 성격을 띠었다.

(2) 전 개

① **정부의 탄압** : 지배층은 조선 왕조와 봉건적인 지배질서를 부정하는 동학을 위험시하여 세상을 현혹하고 백성을 어지럽힌다는 종교(惑世誣民)로 규정하여 고종 1년(1864)에 최제우를 처형하였다.

② **교세의 확대** : 1880년대 최시형은 교세를 정비하면서 「동경대전」과 「용담유사」, 「몽중가」를 펴내어 교리를 정리하는 한편, 의식과 제도를 정착시켜 충청도 보은을 중심으로 포(包)·접(接) 등의 교단 조직을 정비하여 동학의 교세가 경상도, 충청도, 전라도는 물론 강원도와 경기도 일대로 퍼져 나갔다.

02 농민의 항거

❶ 배 경

(1) 세도 정치

① **사회 불안의 고조** : 명목상이나마 유지되던 유교적 왕도정치가 점점 퇴색되어 갔다.

② **관리의 부정 심화** : 국가 기강이 해이해진 틈을 타 탐관오리의 부정과 탐학은 끝이 없었다.

③ **삼정의 문란** : 수령의 부정은 중앙 권력과도 연계되어 있어 암행어사의 파견으로 막을 수 있는 정도가 아니었다.

㉠ **전정의 문란** : 토지로부터 받는 전세로 1결당 4두씩 받는 전세, 대동미 12두, 삼수미세 2.2두, 결작 2두 및 기타 부가세 등이 있었다.

㉡ **군정의 문란** : 16~60세까지의 장정들에게 부과되는 대역세로서 균역법 실시 후에는 포 1필을 부과하였다. 군포는 정남의 수에 따라서 부과되었는데, 포 1필이 미(米) 6두에 해당되어 전세보다도 많았다.

㉮ **족징(族徵)** : 도망자·사망자의 체납분을 친족에게 징수하는 것

㉯ **인징(隣徵)** : 도망자·사망자의 체납분을 이웃에게 징수하는 것

㉰ **황구첨정(黃口簽丁)** : 어린이를 장정으로 취급하여 징수하는 것

㉱ **강년채(降年債)** : 60세 이상의 면역자에게 나이를 줄여 징수하는 것

㉲ **백골징포(白骨徵布)** : 죽은 사람에게 군포를 부과하여 살아 있는 식구가 부담하게 하는 것

㉢ **환곡의 문란(가상 문란)** : 춘궁기에 가난한 농민들에게 정부 양곡을 대여해 주고 추수기에 1/10의 이자를 가산하여 받아들이는 것으로 삼정의 문란 중 그 폐해가 가장 극심하였으며 후에 고리대의 폐단을 초래하였다.

④ **삼정 문란 대책** : 정약용은 「목민심서」를 저술하였고, 정부에서는 지방관의 비행을 단속하기 위하여 암행어사를 수시로 파견하는 등의 노력이 있었으나 성과를 거두지는 못했다.

(2) 민중의식의 강화

농촌 사회가 피폐하여 가는 가운데 농민들의 사회의식이 오히려 더욱 강해져 갔다.

❷ 민중의 저항

(1) 소극적

① **유망** : 가난과 세금을 감당할 수 없게 된 농민들은 농토를 버리고 이리저리 떠돌았다.

② **피역** : 경제력이 있는 농민은 공명첩을 획득하거나, 뇌물로 향교나 서원의 교생·원생으로 등록하여 양역의 부담을 벗어났다.

③ **화전민화, 도적화** : 세금을 피하여 산간벽지로 들어가 화전민이 되기도 하고 도적이 되는 경우도 있었다.

(2) 적극적

① **소청(所請)** : 징계 처분, 본인에게 불이익을 받은 자가 그 처분을 따르지 않고 심사를 청구하는 행정심판이다.

② **괘서(掛書, 벽서)** : 대개 불만을 품은 개인 혹은 집단이 특정 인물 및 체제를 비난하는 글을 여러 사람이 보는 곳에 몰래 붙이는 것으로 부정과 비리가 심한 관리의 가렴주구(苛斂誅求)를 폭로하는 것이 대부분이었다.

(3) 홍경래의 난(1811)

① **원인** : 세도정치 결과 농촌 경제의 파탄과 서북인의 차별 대우에 대한 불만, 계속되는 가뭄으로 인한 평안도민의 동요가 원인이 되었다.

② **주체** : 용강의 평민 출신 홍경래를 중심으로 우군칙, 김사용 등을 중심으로 최고 지휘부를 구성하고, 몰락농민·광산노동자·중소상인·뱃사공 등 각계 각층이 참여하였다.

③ **과정** : 평안도 가산군에서 금광을 경영한다는 구실로 동지를 규합한 이후 처음 가산에서 난을 일으켜 선천, 정주, 용천, 박천 등의 청천강 이북 지역을 거의 장악하였으나 5개월 만에 평정되었다.

④ **성격**

㉠ 뚜렷한 정치적 목적을 가지고 장기간에 걸쳐 거사를 준비한 조직적인 무장 봉기였다.

㉡ 1811년(순조 11) 12월부터 1812년 4월까지 5개월간에 걸쳐 주도 면밀한 계획하에 전개된 정치적인 변란이었다.

㉢ 각종 민란의 도화선이 되었으며, 빈민·농민층이 주도 세력으로 성장하는데 큰 역할을 하였다.

사료읽기

홍경래의 격문

평서대원수는 급히 격문을 띄우노니 관서의 부로와 자제와 공·사 천민들은 모두 이 격문을 들으라. 무릇 관서는 성인 기자의 옛 터요 단군 시조의 옛 근거지로서 의관(衣冠, 유교 문화를 생활화하는 사람)이 급제하고 문물이 아울러 발달한 곳이다. 그러나 조정에서는 관서를 버림이 분토와 다름없다. 심지어 권문의 노비들도 서토의 사람을 보면 반드시 평안도 놈이라 한다. 서토에 있는 자 어찌 억울하고 원통하지 않은 자 있겠는가. … 지금 임금이 나이가 어려 권세 있는 간신배가 그 세를 날로 떨치고 김조순·박종경의 무리가 국가 권력을 오로지 갖고 노니 어진 하늘이 재앙을 내린다. … 이제 격문을 띄워 먼저 열부군후에게 알리노니, 절대로 동요하지 말고 성문을 활짝 열어 우리 군대를 맞으라. 만약 어리석게 항거하는 자가 있으면 철기 5,000으로 남김없이 밟아 무찌르리니, 마땅히 속히 명을 받들어 거행함이 가하리라. 대원수

〉「순조실록」

(4) 단성 민란(1862)

① **원인** : 경상도 산청군 단성에서 환곡의 폐단에 저항하여 무단토호(武斷土豪) 김영·김인섭 부자(父子)의 주도 아래 농민들이 1862년 2월 봉기하였다.

② **성격** : 무단토호에 의한 우발적인 봉기였으나 당시 상황이 탐관오리의 침탈로 인해 농민의 생활이 극도로 빈궁한 상태였으므로 이는 쉽게 이웃지방으로 전파되어 임술민란의 기폭제가 되었다.

(5) 임술 농민 봉기(1862)

① 원인

㉠ 홍경래의 봉기 이후에도 봉건 지배층의 부정과 탐학이 시정되지 않았으며, 삼정 문란이 더욱 심해져 사회불안은 계속되고 있었다.

㉡ 진주 목사 홍병원의 탐학과 우병마사 백낙신의 학정, 토호 지주의 수탈이 극에 달하였다.

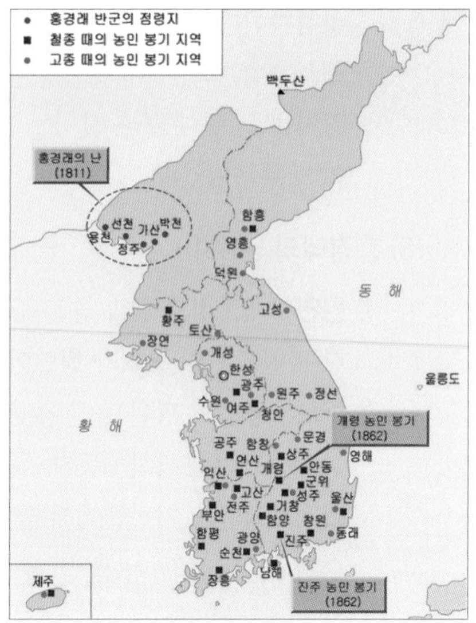

19세기의 농민 봉기

② **주체** : 향임 유계춘의 지휘하에 농민과 요호부민층들이 가담하였으며 그 중심은 농민들이었다. 머리에 흰 두건을 두르고 일으켜 '백건당의 난'이라고도 한다.

③ 활동

㉠ 관아를 습격해 장부를 불태우고 옥에 갇힌 죄수를 풀어주었다.

㉡ 서리배나 양반 토호의 집을 불태우고 곡식을 몰수하여 빈민에게 나누어 주었다.

㉢ 농민들은 탐관오리와 토호의 탐학에 저항하여 한때 진주성을 점령하기도 하였다.

④ 정부의 해결 노력

㉠ **중앙 관리 파견** : 안핵사, 선무사, 암행어사를 급히 파견해 난을 수습하고 주모자를 처형하여 민심을 회유하는데 힘썼다.

㉡ **삼정이정청 설치** : 여러 가지 개혁안을 내놓아 농민의 부담을 완화하는 조치를 취해 어느 정도 효과를 거두었다.

㉢ 한계

㉮ 정부의 대책은 탐관오리를 처벌하기 보다는 민란의 주모자를 체포 구금하는데 힘을 쏟아 오히려 민심을 악화시켰다.

㉯ 토지제도의 개혁 등 봉기의 원인이 되는 근본적인 개혁을 단행하지는 않았다.

㉰ 삼정이정청도 곧 폐지되고 옛 정책이 그대로 시행되어 농민의 부담이 재연되었다.

⑤ **영향** : 이를 계기로 농민의 항거는 북쪽의 함흥으로부터 남쪽의 제주에 이르기까지 전국적으로 퍼졌다.

사료읽기

진주 농민 봉기

임술년(1862) 2월 19일, 진주민 수만 명이 머리에 흰 수건을 두르고 손에는 몽둥이를 들고 무리를 지어 진주 읍내에 모여 서리들의 가옥 수십 호를 불사르고 부수어, 그 움직임이 결코 가볍지 않았다. 병사가 해산시키고자 장시에 나가니, 흰 수건을 두른 백성들이 그를 빙 둘러싸고는 백성들의 재물을 횡령한 조목, 아전들이 세금을 포탈하고 강제로 징수한 일들을 면전에서 여러 번 문책하는데, 그 능멸하고 핍박함이 조금도 거리낌이 없었다. 》「임술록」

제 4 편

문화의 새 기운

제1장 사상계의 새로운 동향

핵심 출제포인트

- 조선 후기 정치사와 연결하여 성리학의 변화상을 정리해야 한다.
- 성리학의 절대화에 반발하며 등장한 양명학의 특징을 이해해야 한다.
- 중농실학과 중상실학은 출제율이 매우 높으며 인물사 문제로도 출제됨으로 각 학자의 특징을 정리해야 한다.
- 실학자들의 저서 중 국학 연구(국어, 국사 등)의 업적을 이해해야 한다.

01 성리학의 교조화 경향

❶ 성리학의 사상 논쟁

(1) 성리학의 정통 논쟁

영남학파의 거두로 이황의 학풍을 계승한 대표적인 산림(山林) 이현일이 이이의 사상에 대해 본격적으로 비판함으로써 이황학파의 영남 남인과 이이의 학문을 조선 성리학의 정통으로 만들려는 이이학파의 노론 사이에 논쟁이 치열하게 전개되었다.

(2) 호락(湖洛)논쟁

① **배경** : 성리학의 정통성과 이기론 논쟁을 겪으면서 조선 사상계는 다시 심성론에 대하여 관심을 가지고 인간과 사물의 본성이 같은가 다른가, 발하지 않는 마음의 본체가 선한가, 성인과 범인이 마음은 같은가 등의 문제를 둘러싸고 노론을 중심으로 논쟁이 벌어졌다.

② **발단** : 17세기 중반 영남학파의 이현일·이휘일(異論)과 이숭일(同論) 형제의 논쟁에서 시작되었다.

③ **전개** : 18세기 초 이이학파의 노론 안에서 권상하의 문인이었던 한원진(인물성 이론)과 이간(인물성 동론) 사이에 벌어진 논쟁이 직접적인 계기가 되었다. 이때 스승인 권상하가 인물성 이론(異論)을 지지함으로써 충청지역 학자들 간의 이 논쟁은 일단락되었다.

④ **확산** : 논쟁을 들은 서울·경기 학자들이(김창흡·박필주·이재) 이간의 주장에 동조함으로써 논쟁이 지역적으로 확대되어 이후 100년간 지속되었다.

⑤ **동향과 영향**

㉠ **호론(湖論)** : 충청도 지역의 노론들은 인물성 이론(異論)을 주장하여 성인과 범인의 엄격한 구분을 강조함으로써 기존의 신분제와 지주제를 중심으로 한 지배질서를 공고히 하려고 하였다.

㉮ 주자의 절대화를 추구하며 다른 정파나 사상에 대해 계속 배타적인 입장을 견지하면서 재지사족층의 이해를 대변해 갔다.

㉯ 정치적으로는 벽파(僻派)로 영·정조의 탕평에 반대하다가 점차 중앙 정계에서 정치력을 상실하였으나 이들의 사상은 뒤에 위정척사사상으로 연결되었다.

㉡ **낙론(洛論)** : 서울·경기 지역의 노론들은 인물성 동론(同論)을 주장하여 성인과 범인의 마음이 같다는 것을 강조함으로써 당시 성장하는 일반민의 실체를 현실로서 인정하고 이들을 교화와 개혁책으로 지배 질서에 포함하여 위기를 타개하고자 하였다.

㉮ 주자의 절대화에서 벗어나 다른 정파나 사상에 대해 유연한 입장을 견지하면서 서울을 중심으로 형성되기 시작한 중앙 사족층의 이해를 대변해 갔다.

㉯ 정치적으로는 시파로서 정조의 탕평에 적극적으로 참여하였으며, 이들의 사상은 북학사상으로 연결되었다.

❷ 성리학의 절대화

(1) 배 경

① **명분론의 강화** : 인조반정 이후 정국의 주도권을 잡은 서인은 분수를 강조한 명분론을 내세워 누구나 그 직분이나 신분에 있어서 분에 넘치는 행위는 천리에 어긋나는 것으로 여기고 강화하였다.

② **성리학의 경직화** : 서인의 송시열과 한원진 등은 자신들의 학문적 기반을 공고히 하려고 하였으며, 그들과 다른 견해나 주장을 사문난적(斯文亂賊)이라 하여 배척하였다.

(2) 목적과 한계

① **목적** : 서인들은 주자의 본뜻에 충실함으로써 당시 조선 사회의 모순을 해결할 수 있다고 생각하였다.

② **한계** : 지배체제의 모순이 나타나고 있음에도 불구하고 당시 위정자들은 모순에 대한 근본적인 대책을 강구하지 못하였다.

❸ 성리학 비판론 대두

(1) 탈주자학적 경향

주자 중심의 성리학을 벗어나 원시유학에서 중시한 경전 6경(시경, 서경, 역경, 예기, 춘추, 악기)과 제자백가 등에서 모순 해결의 사상적 기반을 찾으려는 경향이 17세기 후반부터 본격화되었다.

(2) 대표적 인물

① **정여립(16세기말)** : 천하공물(天下公物)과 하사비군(何事非君)을 주장하고, '대동계'라는 비밀결사를 조직하였다가 모역의 혐의를 받고 기축옥사의 장본인이 되어 동인의 정치권에 큰 타격을 주었고, 전라도 전체가 반역향이라는 낙인을 찍히게 하여 호남 출신 인사의 관계 진출을 어렵게 만들었다.

② **윤휴(17세기)** : 서경덕의 영향을 받았으며, 「중용주해(中庸註解)」를 통해 유교경전인 「대학」, 「중용」, 「효경」, 「주례」 등에 대하여 독자적인 해석을 하였다. 당시 성리학자들로부터 사문난적(斯文亂賊 : 유교에서 교리를 어지럽히고 사상에 어긋나는 행동을 하는 사람)으로 몰려 죽음을 당하였다.

③ **박세당(17세기)** : 양명학과 노장사상의 영향을 받아 「사변록(思辨錄)」에서 주희와 다른 독자적 해석을 하여 주자의 학설을 비판하였다가 서인(노론)의 공격을 받아 사문난적으로 몰려 혹독한 배척을 당하였다.

사변록

02 양명학(陽明學)

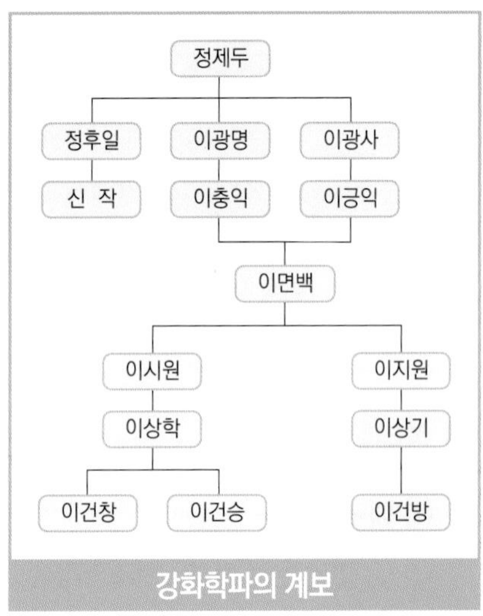

강화학파의 계보

❶ 수용과 전개

(1) 수 용

① **배경** : 노론에 의해 성리학 사상이 절대화되어 가는 가운데 소론은 절충적인 성격을 지닌 성혼 사상을 계승하고 성리학의 이해에 탄력성을 보였다.

② **전래** : 성리학의 교조화와 형식화를 비판하며 실천성을 강조한 양명학은 명(明)의 왕수인에 의해 성립된 것으로 우리나라에는 중종 16년(1521) 양명학의 경전인「전습록」이 명(明)에서 전래되면서 들어왔다.

③ **사상적 기반**

㉠ **심즉리(心卽理)** : 인간의 마음이 곧 이(理)라는 이론이다.

㉡ **치양지(致良知)** : 인간은 상하존비의 차별이 없이 본래 타고난 천리(天理)로서의 양지를 실현하여 사물을 바로잡을 수 있나는 이론이다.

㉢ **지행합일(知行合一)** : 앎과 행함이 분리되거나 선후가 있는 것이 아니라 앎은 행함을 통해서 성립한다는 이론이다.

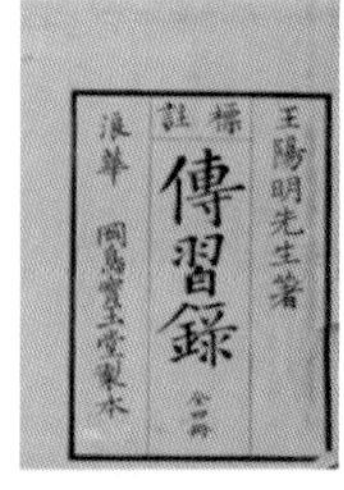

전습록

(2) 전 개

① **16세기 후반** : 16세기 말에 명과의 교류가 활발해지면서 주로 남언경(南彦經), 이요(李瑤) 등 서경덕 학파와 종친들 사이에서 확산되다가 이황이「전습록변」을 통해 격렬하게 비판(1566)한 것을 계기로 이단으로 지목되었다.

② **17세기 초반** : 이황의 비판 이후 장유, 심흠, 최명길 등 몇몇 소론 학자들만이 관심을 기울였다.

③ **17세기 후반** : 최석정을 비롯한 소론 학자들에 의하여 본격적으로 수용되었다.

④ **18세기 초반** : 정제두에 의해 학문적 체계를 이루면서 집대성되었다(존언, 만물일체설).

❷ 발 전

(1) 정제두의 활동

① **신분제 폐지 주장** : 왕양명의 친민설(親民說)을 적극 지지하여 일반민을 도덕 실천의 주체로 상정하였으며 이를 양반 신분제도 폐지의 바탕으로 삼았다.

② **강화학파 형성(18세기)** : 제자들이 정권에서 소외된 소론이었기 때문에 그의 학문은 집안의 후손들과 인척을 중심으로 가학(家學)의 형태를 띠며 계승되어 역사학·국어학·서화·문학 등에서 새로운 경지를 개척해 갔으며 실학자들과도 서로 영향을 주고 받았다.

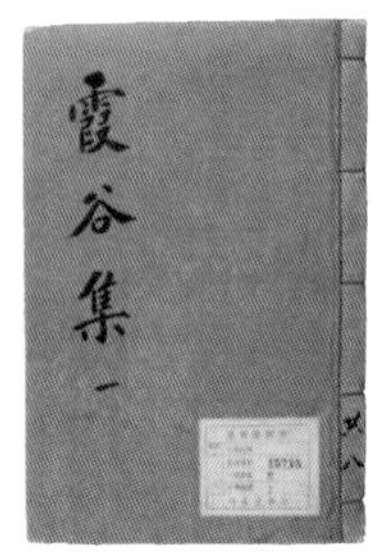

하곡집

(2) 영 향

① 당시 학자들 중에는 이단으로 몰리는 것을 꺼려하여 내색은 하지 않았으나 양명학을 숭상하는 양주음왕(陽朱陰王)의 학자들이 많았다.

② 19세기 말의 이건창, 한말과 일제 강점기에 애국계몽운동을 선도한 박은식과 신민족주의 사관을 주도한 정인보 등은 양명학을 계승하여 민족운동을 전개하였다.

03 실 학

❶ 발달 과정

(1) 16세기 말

근세사회의 모순에 대하여 북인의 정인홍 등이 성리학 이외의 사상을 폭넓게 수용하여 부국강병과 민생안정을 추구하였으나, 성리학만을 고집하는 보수적 학자들의 반발로 좌절되었다.

(2) 17세기 초반

① **이수광** : 「지봉유설(芝峰類說)」을 저술하여 중국과 우리나라의 전통 문화를 폭넓게 정리함으로써 우리가 중국과 동등한 문화 선진국임을 강조하였다.

② **한백겸** : 6경(六經)을 독자적으로 해석하였으며, 「동국지리지(東國地理志)」를 저술하여 우리나라의 역사 지리를 치밀하게 고증하였다.

(3) 18세기~19세기

① **경세치용 학파(18세기 전반)** : 학문이란 실익을 추구하는 것이어야 한다는 것으로 주로 근기(近畿) 남인들로 농촌생활에 근거를 두었기 때문에 농업 중심의 개혁론에 관심을 집중하고 행정기구 및 기타 제도상의 개혁에 치중하였으며, 이익에 이르러 하나의 학파(근기학파)를 이루었다.

② **이용후생 학파(18세기 후반)** : 풍요로운 경제와 행복한 물질 생활을 뜻하는 이용후생(利用厚生)은 노론의 인물성 동론(人物性同論)을 수용한 학자들로 상공업 중심의 개혁론에 관심을 집중하고 기술 혁신을 지표로 하여 홍대용, 박지원, 박제가 등이 서울을 중심으로 하나의 학파를 이루었다(북학파).

③ **실사구시 학파(19세기 전반)** : 국학 연구 등을 중심으로 확산되었으며, 이 때 청에서 전해진 고증학과 서양 과학의 영향을 받기도 하였다. 특히 경서 및 금석의 고증을 주로 하며 추사 김정희를 대표로 한다(국학 중시).

(4) 실학의 성격

① **민족주의적 성격** : 당시 성리학은 중국 중심의 세계관으로서 우리 문화가 중국 문화의 일부분으로밖에 인식되지 않았으나 실학자들은 우리 문화에 대한 독자적 인식을 강조하였다.

② **민본주의적 성격** : 성리학이 봉건적 지배층의 지도 원리였다면 실학은 피지배층의 편에서 제기된 개혁론으로 피지배층의 생활에 관심이 많았고, 그들의 권익 신장을 위해 노력하였다.

③ **근대 지향적 성격** : 실학자들은 사회 체제의 개혁, 생산력의 증대를 통해 근대 사회를 지향하고 있었다.

❷ 중농실학

(1) 유형원(柳馨遠, 1622~1673) : 선구자

반계수록

① **저서** : 일생을 농촌에 묻혀 살면서 학문 연구에 몰두하고 「반계수록(磻溪隨錄)」을 저술하였다.

② **개혁 방안**

㉠ **균전론(均田論)** : 토지를 몰수한 후(급진적) 토지 지급의 기준을 정하여 관리, 선비, 농민 등에게 차등을 두어 토지를 재분배하자고 주장하였다.

㉡ **사회제도 비판** : 양반 문벌제도, 과거제도, 노비제도의 모순을 비판하였다.

㉢ **양역변통론 주장** : 자영농을 바탕으로 농병일치의 군사 조직과 호포제 실시를 주장하였다.

㉣ **교육제도 정비** : 사농일치의 교육제도를 확립해야 한다고 주장하였다.

(2) 이익(李瀷, 1681~1763) : 학파의 형성

성호사설

① **업적** : 유형원 실학사상을 계승·발전시켰으며, 많은 제자들을 길러내 이익(성호)학파를 형성하게 하였다. 「성호사설」·「곽우록」 등의 저서를 남겼는데, 그 중 「성호사설」은 천지·만물·인사·경사·시문 등을 나누어 우리나라 및 중국 문화를 백과사전식으로 소개·비판한 것이다.

② **사상적 기반** : 육경(六經)에 토대를 두고 한·당 유학이나 천주교·민간신앙·민속 등에도 관심을 가졌다.

③ **개혁 방안**

㉠ **토지제도**

㉮ **기존의 제도 비판** : 중국의 정전법은 이상적이지만 비현실적이고, 유형원의 균전제는 급진적이라 그대로 실시할 수 없다고 하였다.

㉯ **한전론(限田論)** : 한 가정의 생활을 유지하는 데에 필요한 규모의 토지를 영업전(永業田, 戶당 20결)으로 정한 다음, 영업전은 법으로 매매를 금지하고 나머지 토지는 매매를 허용하여 점진적인 토지 균등을 이루도록 하자고 주장하였다.

㉡ **사회제도의 비판**

㉮ **6두론(六蠹論) 제시** : 나라가 빈곤하고 농촌이 피폐한 것은 양반 문벌제도, 노비제도, 과거제도, 사치와 미신, 승려, 게으름 때문이라고 주장하였다.

㉯ **폐전론 주장** : 화폐의 유통은 농촌 경제를 파탄시키고, 사치와 낭비를 조장하며 고리대가 성행해 농민의 몰락이 촉진된다고 주장하였다.

㉢ **제도 개혁의 제안**

㉮ **사창제 실시** : 환곡제의 폐단을 시정하기 위한 노력이었다.

㉯ **기타** : 사농일치(士農一致)와 5년 주기의 과거시험 실시, 재야 인사를 등용하는 천거제의 병용, 군주가 친군(親軍)을 거느려야 한다, 역사에서 고금의 흥망은 시세에 따라 이루어진다고 주장하였다.

(3) 정약용(丁若鏞, 1762~1836) : 실학의 집대성

① **업적** : 순조 때 신유박해(1801)에 연루되어 전라도 강진에 유배되어 18년 동안 귀양살이를 한 이후에도 저술활동에 몰두하여 508권의 저술을 남겼는데, 이것이 오늘날 전해지고 있는 「여유당전서」이다.

② **대표적 저서**

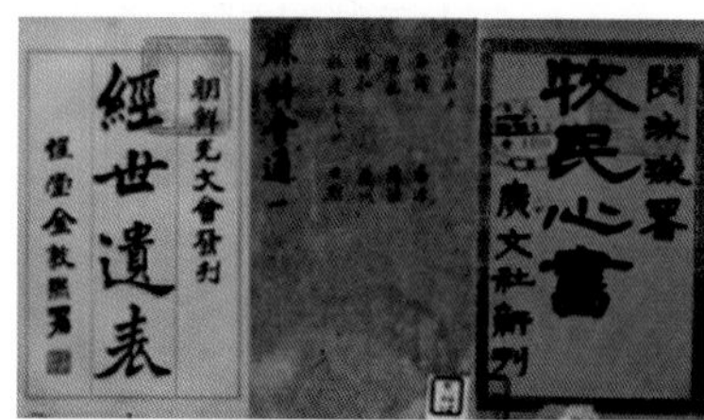
다산의 3부작

㉠ **목민심서** : 지방 행정의 개혁 방안서로 지방관이 지켜야 할 도리를 서술하였다.

㉡ **경세유표** : 중앙과 지방의 정치제도의 개혁 방안서이며, 토지제도의 개혁안으로 정전제를 주장하였다.

㉢ **흠흠신서** : 형옥(刑獄)에 관한 개선 방안을 제시하였다.

㉣ **탕 론** : 백성이 국가의 근본임을 강조(주권재민)하여 존로크의 사회계약설·시민혁명론(역성혁명)과 같은 입장을 견지하였다.

㉤ **원 목** : 통치자의 이상적인 상(목민관의 통치론)을 제시한 책으로 통치자는 백성을 위해 존재한다는 이론서이다. 여기에서 그는 백성의 의사가 반영될 수 있는 정치제도의 개선 방안을 모색하였다.

㉥ **전 론** : 균전론, 한전론을 비판하고 공동농장제도인 여전제를 주장하였다.

㉦ **마과회통** : 제너의 종두법을 소개한 의서로 마진(痲疹)에 관한 약방을 총망라 하였으며, 박제가와 함께 종두법을 연구하였다.

③ **개혁 방안**

㉠ **토지제도**

㉮ **여전론(閭田論)** : 한 마을을 단위로 하여 토지를 공동으로 소유하고 공동으로 경작하여, 그 수확량을 노동량에 따라 분배하는 일종의 공동 농장제도이다. 이는 경자유전(耕者有田)의 원칙에 따라 농사를 짓는 농민만이 토지를 소유하고, 농사를 짓지 않는 사람은 토지를 소유할 수 없게 하자는 것으로 지주·전호제의 혁파를 위한 가장 좋은 처방안이다.

사료읽기

정약용의 여전론

이제 농사짓는 사람은 토지를 갖고 농사짓지 않는 사람은 토지를 갖지 못하게 하려면 여전제를 실시하여야 한다. 산골짜기와 시냇물의 지세를 기준으로 구역을 획정하여 경계를 삼고, 그 경계선 안에 포괄되어 있는 지역을 1여로 한다. … 1여마다 여장을 두며 무릇 1여의 인민이 공동으로 경작하도록 한다. … 여민들이 농경하는 경우 여장은 매일 개개인의 노동량을 장부에 기록하여 두었다가 가을이 되면 오곡의 수확물을 모두 여장의 집에 가져온 다음 분배한다. 이때 국가에 바치는 세와 여장의 봉급을 제하며, 그 나머지를 가지고 노동 일수에 따라 여민에게 분배한다. 》「여유당전서」

㉯ **정전제(井田制)** : 국가에 토지 처분권을 귀속시켜 지주·전호제의 재등장을 막아보고자 전국의 토지를 국유화하여 정전(井田)을 편성하고 그 중 9분의 1은 공전을 만들어 조세에 충당하고 나머지는 농민에게 분배하며, 공전의 경작은 농민의 공동노동으로 한다는 것이다.

ⓛ **국방제도** : 향촌 단위의 방위체제의 강화와 종전의 신포제(身布制)를 호포제(戶布制)로 전환하여 양반도 군역을 부담해야 한다고 주장하였다.

한강 주교

ⓒ **과학기술** : 인간이 다른 동물보다 뛰어난 것은 기술때문이라고 보고 중국의 「기기도설」을 연구하였으며 한강에 배다리 설치, 수원 화성 축조에 그가 만든 거중기와 녹로가 이용되었다.

ⓔ **상공업 진흥론** : 중국으로부터 선진 기술을 받아들이기 위해서 이용감(利用監)의 설치와 선박과 수레 제조 기술을 위한 관청의 설치를 제안하였다.

❸ 중상실학

(1) 유수원(柳壽垣, 1694~1755) : 선구자

① **저서** : 소론 출신으로 「우서」를 저술하여 우리나라와 중국의 문물을 비교하면서 여러가지의 개혁안을 제시하였다.

② **개혁 방안**

㉠ **상공업 진흥과 기술 혁신** : 이를 위해 사농공상의 직업적 평등과 전문화를 주장하였다.

ⓛ **상업자본의 육성** : 상인이 생산자를 고용하여 생산과 판매를 주관할 것을 주장하고(선대제수공업), 대상인에게 금난전권과 같은 전매 특권를 주어야 한다고 했으며, 영세상인의 자본을 합자시켜 대규모의 상업 자본을 육성해야 한다고 하였다.

ⓒ **지방의 상업 발전** : 농촌 지역에 정기시장 개설을 장려하자고 하였다.

ⓔ **대상인의 지역 사회 발전에 참여 제안** : 대상인이 학교와 교량을 건설한다든지, 방위시설을 구축하여 국방의 일익을 담당할 것을 주장하였다.

ⓜ **농업론** : 무리한 토지제도의 개혁보다는 농업의 상업적 경영과 기술 혁신을 통해 생산성을 높이자고 하였다.

(2) 홍대용(洪大容, 1731~1783)

① **저서** : 청(淸)에 왕래하면서 얻은 경험을 토대로 저술한 「임하경륜」·「의산문답」 등이 「담헌서」에 수록되어 있다.

② **개혁 방안**

㉠ **관리 선발제도 개혁** : 종래의 과거제도를 폐지하고 일종의 추천에 의한 공거제(貢擧制)실시를 제시하였다.

ⓛ **균전제** : 「임하경륜」에서 놀고 먹는 선비들이 생산 활동에 종사할 것을 역설하고, 정남에게 2결의 토지를 분배할 것을 주장하였다.

ⓒ **부국강병책의 요체 제시** : 기술의 혁신과 문벌제도의 혁파, 그리고 성리학의 극복이 부국강병의 근본이라고 강조하였다.

ⓔ **지전설** : 「의산문답」에서 지전설을 주장하였으며, 또한 무한우주론을 주장하여 중국이 세계의 중심이라는 생각을 비판하였다.

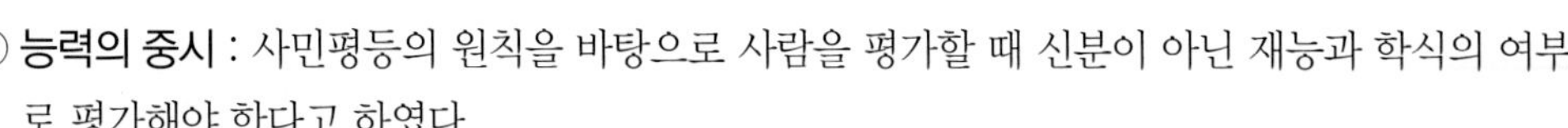

㉤ **능력의 중시** : 사민평등의 원칙을 바탕으로 사람을 평가할 때 신분이 아닌 재능과 학식의 여부로 평가해야 한다고 하였다.

(3) 박지원(朴趾源, 1737~1805)

① 저서

㉠ **열하일기** : 청(淸)의 문물을 소개하고, 사회·문화·역사에 대한 자신의 주장을 펼쳤다.

㉡ **한민명전의** : 소농민의 입장을 반영한 저서로 '한전론'을 주장하였다.

② 개혁 방안

㉠ **상공업 진흥** : 수레와 선박의 이용, 화폐 유통의 필요성 등을 주장하고 양반 문벌제도의 비생산성을 비판하였다.

㉡ **농업 생산성 증대** : 영농 방법의 혁신, 상업적 농업의 장려, 수리시설의 확충과 농기구의 개량 등에 관심을 기울였다.

(4) 박제가(朴齊家, 1750~1800)

① **저서** : 「북학의」를 저술하여 청의 문물을 적극적으로 수용할 것을 주장하였다.

② **상공업 진흥책** : 청과 동남아시아와의 통상 강화, 신분 차별의 타파, 수레와 선박의 이용, 절약보다 소비를 권장해야 한다고 주장하여 가장 적극적인 중상주의 실학의 이론을 제시하였다.

사료읽기

박제가의 소비관

비유하건대 재물은 대체로 샘과 같은 것이다. 퍼내면 차고, 버려두면 말라 버린다. 그러므로 비단옷을 입지 않아서 나라에 비단 짜는 사람이 없게 되면 여공(女紅)이 쇠퇴하고, 쭈그러진 그릇을 싫어하지 않고 기교를 숭상하지 않아서 공장(수공업자)이 도야(기술을 익힘)하는 일이 없게 되면 기예가 망하게 되며… 》「북학의」

04 국학 연구의 확대

❶ 배 경

(1) 조선적 성리학 연구의 심화

당시 성리학자들은 우리 문화를 중국 문화의 일부로만 인식하였다.

(2) 실학 운동의 대두

성리학에 대한 반성과 비판으로 실학운동이 일어났다.

(3) 역사·문화의식의 고조

실학자들은 조선 후기의 사회를 과거와 미래로 연결되는 역사적 현실로 인식하고, 민족의 전통과 현실에 대한 깊은 관심을 이루었다.

❷ 분야별

(1) 역사학

① **이익** : 실증적, 비판적인 역사 서술의 방법을 제시하였다.

㉠ **우리 역사의 독자성 인식** : 중국 중심의 역사관에서 벗어나 우리 역사를 체계화 할 것을 주장하고, 화이사상에 입각한 중국 중심의 세계관을 부정하였다.

㉡ **삼한정통론 주장** : 「성호사설」에 수록된 것으로 우리나라의 역사를 중국의 역사와 대등하게 인식하고 우리 나라의 정통을 단군 ⇨ 기자 ⇨ 삼한 ⇨ 삼국(무통시대) ⇨ 통일신라 ⇨ 고려로 체계화 하여 안정복의 「동사강목」에 영향을 주었다.

② **안정복** : 이익의 역사의식을 계승하고, 「동사강목」에서 고조선에서 고려 말까지의 역사를 서술하여 삼한정통론을 계승하였는데, 기자조선 ⇨ 마한 ⇨ 통일신라 ⇨ 고려를 정통국가로 하고 마한 멸망 이후 삼국시대에는 정통국가가 없는 것으로 보았다. 이로써 그는 우리 역사의 독자적 정통론을 세우고 역사적 사실들을 치밀하게 고증하여 고증사학의 토대를 닦았다.

사료읽기

안정복의 삼국 인식

삼국사에서 신라를 으뜸으로 한 것은 신라가 가장 먼저 건국되었고, 뒤에 고구려와 백제를 통합하였으며, 고려는 신라를 계승하였으므로 편찬한 것이 모두 신라의 남은 문적을 근거로 하였기 때문이다. 그러므로 편찬한 내용이 신라에 대하여는 약간 자세히 갖추어져 있고 백제에 대하여는 겨우 세대만을 기록했을 뿐 없는 것이 많다. … 고구려의 강대하고 현저함은 백제에 비할 바가 아니며 신라가 자처한 땅의 일부는 남쪽에 불과할 뿐이다. 그러므로 김씨(김부식)는 신라사에 쓰여진 고구려 땅을 근거로 했을 뿐이다.

》「동사강목」

③ **이긍익** : 조선시대의 정치와 문화를 정리하여 「연려실기술」을 저술하였다. 기사본말체를 기본으로 하면서 국왕의 기사는 본기(本紀), 인물조(條)는 전(傳)의 형식으로 하여 기전체의 요소를 가미하였다.

④ **이종휘, 유득공** : 고대사 연구의 시야를 만주지방까지 확대시킴으로써 한반도 중심의 협소한 사관을 극복하는 데 기여하였다.

㉠ **이종휘** : 고구려의 역사를 중심으로 만주 수복을 희구한 기전체 「동사」를 저술하였다.

㉡ **유득공** : 「발해고」에서 발해사의 연구를 심화하여 발해를 신라와 대등한 국가로 인정하여 '남북국 시대'로 정의하였다.

사료읽기

유득공의 발해 인식

부여씨(백제)가 망하고 고씨(고구려)가 망한 다음, 김씨(신라)가 남방을 차지하고 대씨(발해)가 북방을 차지하고는 발해라 하였으니, 이것을 남북국이라 한다. 당연히 남북국을 다룬 역사책이 있어야 하는데, 고려가 편찬하지 않은 것은 잘못이다. 저 대씨가 어떤 사람인가? 바로 고구려 사람이다. 그들이 차지하고 있던 땅은 어떤 땅인가? 바로 고구려 땅이다.

》「발해고」

⑤ **한치윤** : 단군조선에서 고려까지 기록한 기전체의 「해동역사」를 편찬하였다. 고구려사를 중심으로 서술하면서 발해를 외기로 처리하였는데, 이는 500여 종의 중국 및 일본의 자료를 참고하여 민족사 인식의 폭을 넓히는 데 이바지하였다(통신사의 영향을 받은 사서).

금석과안록

(2) 금석학

김정희는 「금석과안록」을 지어 북한산비와 황초령비가 진흥왕 순수비임을 밝혔다.

(3) 지리학

① **배경** : 조선 후기 실학자들의 우리 산업·문화에 대한 관심 고조와 국토에 대한 연구의 활발, 서양 지도의 유입으로 우수한 지리서와 정밀한 지도가 제작되었다.

② **지도** : 중국에서 서양식 지도가 전해짐에 따라 정밀하고 과학적인 지도가 많이 제작되었다.

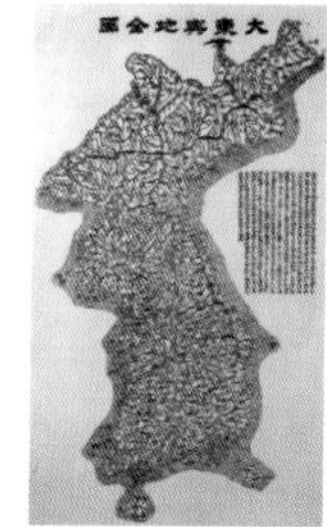
대동여지도

㉠ **동국지도(영조, 정상기)** : 영조 때 최초로 100리 척을 사용하여 제작한 민간 최초의 지도로 정확하고 과학적인 지도 제작에 공헌하였다.

㉡ **대동여지도(철종, 김정호)** : 16만분의 1의 축척을 사용하여 산맥, 하천, 포구, 도로망의 표시가 정밀해지고 거리를 알 수 있도록 10리마다 눈금이 표시된 전국 지도이며 목판으로 되어 지도의 대중화에 공헌하였다.

③ 지리지

㉠ **읍지(邑誌)** : 향촌사회의 발전에 부흥하여 각 군·읍 단위의 읍지가 편찬되기 시작하였고, 임진왜란 이후 각 지방의 수령과 유지를 중심으로 편찬이 활발하였다.

㉡ **역사지리지** : 우리나라의 강역을 연구하여 국토에 대한 이해를 넓혔다.

㉮ **동국지리지(광해군, 한백겸)** : 조선 후기 역사지리서의 효시로 고대의 지명을 치밀하고 새롭게 고증하여 역사와 지리 연구의 단서를 열어 놓았으며, 우리나라의 고대사 체계를 한강을 경계로 한 남쪽과 북쪽의 이원체계로 보았다.

㉯ **아방강역고(순조, 정약용)** : 우리의 고대사를 한강을 경계로 남북의 이원체계로 보고, 고조선의 위치를 한반도 북부에 비정하는 반도중심론을 주장하였다.

㉢ **인문지리지** : 각 지역의 자연 환경과 물산, 풍속, 인심 등을 서술하였다.

㉮ **동국여지지(효종, 유형원)** : 「동국여지승람」에 대한 비판 인식을 토대로 편찬하였다.

㉯ **택리지(영조, 이중환)** : 남인 학자들의 지리서를 계승·발전시켜 편찬한 것으로 각 지역의 자연 환경과 물산, 풍속, 인심 등을 서술하고 어느 지역이 살기 좋은 곳인가를 논하였다.

㉰ **산경표(영조, 신경준)** : 풍수지리설에 입각하여 우리나라의 산과 강을 정리하였다.

㉱ **대동수경(순조, 정약용)** : 우리나라 하천에 관한 지리서이다.

(4) 백과사전

① **배경** : 조선 후기에 실학이 발달하고 문화 인식의 폭이 넓어져 우리나라의 전통 문화를 폭넓게 정리하여 중국에 비해 뒤지지 않는 문화 국가임을 내세웠다.

② 대표적 백과사전

㉠ 대동운부군옥(선조, 권문해) : 단군 이래의 역사적 사실을 기술하였다.

㉡ 지봉유설(광해군, 이수광) : 백과사전의 효시로 문화의 각 영역을 항목별로 기술하였으며, 마테오 리치의 「천주실의」를 소개하였다.

㉢ 유원총보(인조, 김육) : 중국 서적을 참고하여 문학·제도 등을 27개로 구분·서술하였다.

㉣ 성호사설(영조, 이익) : 천지, 만물, 경사, 인사, 시문을 5개 부분으로 나누어 기술하였다.

㉤ 동국문헌비고(영조, 홍봉한) : 왕명으로 정치, 경제, 문화, 지리를 체계적으로 정리한 한국학 백과사전이다.

㉥ 청장관전서(정조, 이덕무) : 이덕무의 시문 등을 그의 아들 이광규가 수집하여 편찬하였다.

㉦ 만기요람(순조, 서영보) : 재정과 군정에 관한 사항을 정무에 수시로 참고하기 위한 목적으로 편찬하였다.

㉧ 오주연문장전산고(헌종, 이규경) : 우리와 중국 등 외국의 역대 사물 1,400여 고금 사항을 고증학적인 방법으로 소개하였다.

㉨ 명남루총서(헌종, 최한기) : 광학·기온의 측정·우주체계·파동 이론 등 과학이론을 정리하였다.

과학 기술의 발달

핵심 출제포인트

• 서양 문물의 수용에 따른 과학기술 중 특히 천문학의 발달과 이와 관련된 역법의 발달 등을 정리해야 한다.

01 과학 기술의 발전

❶ 서양 문물의 수용

(1) 수용 양상

① 16세기 초 : 서양의 자명종이 명(明)에서 전래되었다.

② 17세기 : 중국을 왕래하던 사신들이 당시 명·청의 수도에 있던 서양 선교사들과 접촉하면서 서양 문물에 대해 뚜렷한 인식을 하게 되었다.

(2) 내 용

① 이광정 : 선조 때 명에 사신으로 다녀와 세계지도인 마테오리치의 「곤여만국전도」를 전하여 새로운 세계관을 갖게 하는 계기가 되었다.

② 이수광 : 광해군 때 「지봉유설」에서 유럽의 40여 개의 국가를 다루고, '천주실의'를 처음으로 소개하여 중화 중심의 세계사 인식을 극복하려 하였다.

③ 정두원 : 인조 때 명에 사신으로 다녀와 서양 선교사들로부터 천문·역학(漢譯本)에 관한 서적과 서양 과학사, 천문도·서양 화포·천리경·자명종 등을 전하였다.

④ 소현세자 : 북경에서 아담 샬과 친교를 맺으면서 천주상과 천구의, 서양서적을 가지고 왔다.

⑤ 김 육 : 효종 때 아담 샬이 편찬한 '시헌력'을 도입하여 새로운 역법을 채택하였다.

⑥ 근기학파 : 이익의 제자들 가운데 일부는 서양의 종교인 천주교까지 수용한 사람들도 있었으나, 대부분의 학자들은 서양의 과학기술은 받아들이면서도 천주교는 배척하였다.

⑦ 정약용 : 정조 때 청에서 들어온 「기기도설」을 참조로 하여 거중기를 제작하고 배다리를 설계하였으며, 서양의 과학기술을 배워 오기 위해 「이용감(利用監)」이라는 관청의 설치를 주장하였다.

⑧ 최한기 : 순조 때 백과사전적 저술인 「명남루총서」에서 광학·기온의 측정·우주체계 등 과학이론을 정리하였다.

⑨ 벨테브레이(Weltevree, 박연) : 인조 6년(1628)에 일본으로 가던 네덜란드 상선이 제주도에서 난파하여 벨테브레이 등이 서울로 압송되었다. 병자호란 때 2명은 죽고 벨테브레이는 훈련대장 구인후 밑에서 대포의 제작·조정법을 가르치면서 살았다.

⑩ 하멜(H. Hamel) : 효종 4년(1653)에 일본에 가던 네덜란드 상선이 제주도 부근에서 난파하여 그 일행 36명이 압송되었다. 그 후 하멜은 14년간의 억류생활을 기록하여 「하멜표류기」를 저술하였다.

❷ 조선 후기의 과학

(1) 천문학

① **발달 배경** : 서양 과학의 영향을 받아 크게 발전하였다.

㉠ **이 익** : 서양 천문학에 큰 관심을 가지고 지전설을 주장하였으나 말년에 천동설로 복귀하였다.

㉡ **김석문** : 「역학도해」를 저술하여 우리나라에서 지전설을 처음으로 주장하여 우주관을 크게 전환시켰다.

㉢ **홍대용** : 지구가 우주의 중심이 아니라는 '무한 우주론'을 내놓았으며, 김석문·정약용과 같이 지전설을 주장하여 성리학적 세계관을 비판하는 근거를 마련하였다.

② **결과** : 전통적 우주관에서 벗어나 근대적 우주관으로 접근해 가는 계기를 마련하였다.

사료읽기

홍대용의 지전설

천체가 운행하는 것이나 지구가 자전하는 것은 그 세(勢)가 동일하니 분리해서 설명할 필요가 없다. … 칠정(태양, 달, 화성, 수성, 목성, 금성, 토성을 통틀어 이르는 말)이 수레바퀴처럼 자전함과 동시에 맷돌을 돌리는 나귀처럼 둘러싸고 있다. 지구에서 가까이 보이는 것을 사람들은 해와 달이라 하고 지구에서 멀어 작게 보이는 것을 사람들은 오성(수성, 금성, 화성, 목성, 토성)이라 하지만 사실은 모두가 동일한 것이다. 》「담헌집」

홍대용이 만든 혼천의

(2) 역 법

① **시헌력** : 청나라에서 활동하고 있던 서양 선교사인 아담 샬이 중심이 되어 만들었는데, 종전의 역법보다 한 걸음 더 발전한 것이었다.

② **수용** : 1653년 효종 때 김육이 60여 년간의 노력 끝에 어렵게 도입하였다.

(3) 수 학

① **「기하원본」 도입** : 마테오 리치가 유클리드 기하학을 한문으로 번역한 수학서이다.

② **「구수략(九數略)」 저술** : 최석정의 저술로 가감승제를 실생활에 이용하고, 우주의 본체로서 수(數) 철학 이론을 내세워 수학적 개념을 해명하였다.

③ **「주해수용」 저술** : 홍대용이 우리나라, 중국, 서양 수학의 연구 성과를 정리하였다.

(4) 의 학

① **특징** : 실증적인 치료를 시도하여 의학 이론과 임상의 일치에 주력하였다.

② 17세기 초

㉠ **동의보감**(허준) : 우리의 전통 한의학을 체계적으로 정리한 25권으로 중국과 일본에서도 간행되었으며, 2009년 유네스코 세계기록유산에 등재되어 그 가치를 더해 주고 있다.

㉡ **침구경험방**(허임) : 침과 뜸을 놓을 때의 택일, 증세별 놓는 방법 등 침구술을 집대성하였다.

③ 18세기

㉠ **서양 의학 전래** : 인체의 해부학적 구조와 생리적 기능에 대해 보다 정확한 지식을 얻었다.

㉡ **마과회통**(정약용) : 박제가와 함께 마진(홍역)에 대한 연구를 진전시킨 의학서적이다.

㉢ **방약합편**(황필수) : 한의학의 처방서로 한의학의 대중화에 기여하였다.

④ 19세기 : 이제마는 「동의수세보원」을 저술하여 사람의 체질을 태양인, 태음인, 소양인, 소음인으로 구분하여 치료하는 체질의학 이론인 사상의학(四象醫學)을 확립하였다.

(5) 기 타

① **오주서종**(헌종, 이규경) : 화약을 이용한 무기의 도해, 규격, 사용법, 성능 등을 소개하였다.

② **애체**(안경) : 임진왜란 직전 중국에서 도입한 것으로 영조 이후 민간에 확산되어 사용되었다.

02 농서와 어업 기술의 발달

❶ 농 서

(1) 대표적 농서

① **농가집성**(신속) : 조선 전기의 농서(농사직설, 금양잡록, 사시찬요)를 집대성한 서적으로 벼농사 중심의 수전 농법을 소개하고, 이앙법의 보급에 공헌하였다.

② **색경**(박세당) : 지주·전호제를 부정하고 견종법 보급에 힘썼으며, 곡물 재배법 이외에 채소·과수·화초의 재배법과 목축, 양잠기술 소개 등 새로운 농법을 제시하였다.

③ **임원경제지**(서유구) : 농업과 농촌생활에 필요한 것을 종합한 농촌 생활 백과사전으로 임노동에 기초한 지주제를 주장하였다.

④ **산림경제**(홍만선), **해동농서**(서호수), **과농소초**(박지원) : 곡물 재배법 뿐만 아니라 채소, 과수, 원예, 양잠, 축산 등의 농업기술을 소개하여 농업 기술의 발전에 이바지하였다.

(2) 결 과

조선 후기 농업 생산력이 크게 증가하였다.

❷ 어 업

(1) 어업 기술

① 17세기 : 김양식 기술이 개발되어 전라도를 중심으로 보급되었으며 어살(魚箭)을 설치하는 어법이 실시되고, 어망은 면사로 바뀌었다.

② 18세기 후반 : 냉장선이 등장하여 어물의 유통이 더욱 활발해졌다.

(2) 어업 서적 편찬

① **「우해이어보」**(김려) : 순조 때 편찬된 우리나라 최초의 어류 연구서이다.

② **「자산어보」**(정약전) : 흑산도 연해에서 155종의 해물에 대한 명칭, 분포, 형태, 습성 등을 연구하여 기록한 것으로 어류학의 신기원을 이룩하였다.

문화의 새 경향

핵심 출제포인트

- 각 시기별 문화의 특징을 이해해야 한다.
- 회화, 건축 등이 사진 자료로 출제되는 부분이므로 눈에 익혀두어야 한다.
- 특히 회화는 진경산수화나 풍속화, 민화를 중심으로 출제율이 높으므로 반드시 관련 자료를 정리해야 한다.

01 서민 문화의 발달

❶ 배 경

(1) 조선 후기 사회 변동

① **조선 후기 경제력의 신장** : 조선 후기 상공업의 발달과 농업 생산력의 증대를 배경으로 하였다.

② **서민 의식의 성장** : 서민의 경제적·신분적 지위 향상과 함께 서당 교육의 확대로 민중 의식이 신장되었다.

③ **문학의 기반 확대** : 조선 후기의 사회 변동을 구체적으로 반영한 문학이 나타났다.

④ **위항(委巷) 문학의 대두** : 위항인(委巷人)으로 불리는 중인의 문학이 대두하였다.

⑤ **자연 발생적 등장** : 민중들 사이에서 창작된 국문소설과 야담·잡기류의 문학이 등장하였다.

(2) 창작 주체의 변화

① **서민층의 등장** : 역관이나 서리 등의 중인층 및 상공업 계층과 부농층의 문예활동이 활발해졌고, 상민이나 광대들의 활동도 활기를 띠게 되었다.

② **사회 비판적** : 감정을 적나라하게 표현하는 경향이 강하여 양반들의 위선적인 모습을 비판하고 사회의 부정과 비리를 풍자하고 고발하는 경향을 띠게 되었다.

❷ 문학 작품

(1) 한글소설

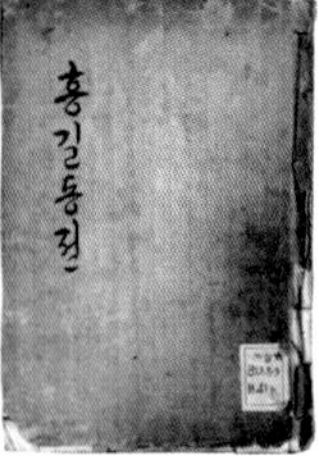

홍길동전

① **홍길동전(허균)** : 최초의 한글소설로 서얼에 대한 차별의 철폐, 탐관오리의 응징을 통한 이상 사회 건설을 묘사하는 등 당시의 현실을 날카롭게 비판하였다.

② **춘향전** : 대표적인 한글 소설로 원래는 판소리의 형태를 취하고 있었는데, 애정문제와 신분 차별의 비합리성을 나타내었다. 당시 민중들은 수령에 대한 춘향의 항거를 통해 인간 평등의 문제를 깨우칠 수 있었고, 춘향이 자기의 사랑을 실현하는 결말에서 미래에 대한 희망을 가질 수 있었다.

(2) 시조문학

① **조선 전기** : 선비들의 기상과 절의 및 자연관을 담고 있었다.

② **조선 후기** : 격식에 구애됨이 없이 감정을 구체적으로 표현한 사설시조의 형식으로 나타났다.

㉠ **내용** : 서민들의 감정이나 남녀간의 사랑, 현실에 대한 비판을 사실적으로 표현하였다.

㉡ **대표작** : 중인 출신으로 김천택의 「청구영언」과 김수장의 「해동가요」 등의 시조집이 있다.

사료읽기

사설시조(작가 미상)

두꺼비 파리를 물고 두엄 위에 치달아 앉아 / 건넌산 바라보니 백송골이 떠 있거늘 가슴이
선뜻하여 풀쩍 뛰어내리다가 두엄 아래 자빠져버렸구나.
마침 나였기 망정이지 피멍들 뻔하였도다.

》「청구영언」

(3) 한문학

① **특징** : 실학의 유행과 함께 양반층이 중심이 되어 사회의 부조리한 현실을 예리하게 비판하였다.

② 대표 작가

㉠ **박지원** : 양반전, 허생전, 호질전, 민옹전 등의 한문소설을 써서 양반 사회의 허구성을 지적하며 실용적 태도를 강조하였다. 또한, 현실을 올바르게 표현할 수 있는 문체로 혁신할 것을 주장하고, 우리의 고유한 정서를 그대로 표현하기 위하여 비속한 언어들을 그대로 받아들여 정조 때 문체반정(文體反正)을 유발하기도 하였다.

㉡ **정약용** : 삼정의 문란을 폭로하는 한시(漢詩)를 남겼다.

사료읽기

여름날 술을 마시며

여름날에 술을 마시며 / 떵떵거리는 수 십 집안이 / 대를 이어가며 국록을 먹는다.
서로들 돌아가며 싸우고 죽이면서 / 약한 이를 고기삼아 힘센 놈이 먹어 치우네
세력을 휘두르는 대여섯 집안 / 재상자리 대감자리 모두 다 차지하고
관찰사 절제사도 완전히 차지하네 …

》「여유당전서」

(4) 풍자시인의 활동

서민들의 창작활동이 활발해지면서 김병연(삿갓), 정수동 등은 민중 속으로 파고들어 민중과 어우러져 활동하기도 하였다.

김삿갓

김삿갓으로 알려진 김병연은 홍경래의 난 당시 항복한 선천부사 김익순을 비난하는 글을 썼다가 후에 김익순이 자신의 조부임을 알고서 수치스러워 삿갓을 쓰고 방랑길에 올랐다고 전해진다.

(5) 위항인의 문학 활동

① **위항(委巷)** : 여항(閭巷)이라고도 하며, 조선시대 중인·서얼·서리 등의 중서(中庶) 신분층을 통칭한다.

② **특징** : 의식의 확대와 현실에 대한 새로운 의식에서 중서(中庶)층의 유래를 밝히고, 자신들의 사적을 기록하면서 문학활동을 적극적으로 펴 나갔다.

③ **시사(詩社) 조직** : 중인층과 서민층의 문학 창작 활동이 활발해지면서 동인(同人)들이 모여 시사를 조직하고, 동인지인「소대풍요(고시언)」·「풍요속선(천수경)」·「해동유주(홍세태)」등 역대 위항인의 시집을 간행하기도 하였다.

(6) 판소리

① **내용** : 관중들이 구체적인 이야기를 노래에 해당하는 창(唱, 소리)과 이야기에 해당하는 아니리, 몸놀림인 발림으로 엮어가기 때문에 감정 표현이 직접적이고 솔직하였다. 또한, 분위기에 따라 광대가 즉흥적으로 이야기를 빼거나 더할 수 있었고, 관중들이 추임새로써 함께 어울릴 수 있기 때문에 서민을 포함한 넓은 계층으로부터 호응을 받을 수 있었다.

② **작품** : 열 두마당이 있었으나 지금은 춘향가, 심청가, 흥보가, 적벽가, 수궁가 등 다섯 마당만 전하고 있으며, 2003년 11월 유네스코 무형유산에 선정되었다.

③ **사설의 창작·정리** : 19세기 후반 신재효에 의해 이루어졌다.

(7) 가면극

① 구분

㉠ **탈놀이** : 향촌에서 마을 굿의 일부로서 공연되어 인기를 얻었다.

㉡ **산대놀이** : 산대(山臺)라는 무대에서 공연되던 가면극이 민중 오락으로 정착되어 도시의 상인이나 중간층의 지원으로 성행하게 되었다.

㉢ **대표적** : 안동의 하회탈춤, 양주의 산대놀이, 황해도의 봉산탈춤, 함경도 북청의 사자춤, 통영의 오광대놀이 등이 있다.

② 내용

㉠ **풍자적** : 지배층과 승려들의 부패와 위선을 풍자하였다.

㉡ **양반의 허구 폭로** : 하층 서민인 말뚝이와 취발이를 등장시켜 양반의 허구를 폭로하고 욕보이기까지 하였다.

봉산 탈춤

02 그림과 글씨

❶ 그 림

(1) 진경산수화(眞景山水畵)

인왕제색도

① **배경** : 우리 문화에 대한 자부심이 높아졌고, 이런 의식은 우리의 고유 정서와 자연을 표현하려 하였다.

② **정선** : 18세기 진경산수화를 개척한 화가로 서울 근교와 강원도의 명승지들을 두루 답사하면서 사실적으로 부감법(俯瞰法)에 의해 그린 「인왕제색도」와 「금강전도」가 있다.

(2) 풍속화

① **김홍도** : 「밭갈이·추수·씨름도·서당도」 등에서 자신의 일에 몰두하는 사람들의 특징을 배경 산수가 없이 간결·소탈하고 익살스러운 필치로 묘사하였는데, 이런 그림에서 18세기 후반의 생활상과 활기찬 사회의 모습을 살필 수 있다.

② **신윤복** : 양반·부녀자들의 섬세하고 세련된 생활, 남녀 사이의 애정 등을 감각적이고 해학적으로 묘사한 「단오풍정, 월하정인, 주막도, 미인도, 선유도, 단오도」 등의 작품이 있다.

③ **심사정** : 정교하고 세련된 필치의 산수를 잘 그려 정선의 그림과는 대조를 보였다.

④ **강세황** : 「영통골입구도」에서 서양화 기법(음양·원근법)을 반영하여 더욱 실감나게 표현하였다.

무동

서당도

단오풍정

월하정인(月下情人)

(3) 민화의 유행

민화(까치와 호랑이)

① **특징** : 18세기 이후 서민층의 성장과 더불어 등장한 작자 미상의 그림으로 익살스러운 민중의 미적 감각을 잘 나타내고 있어 소박한 우리 정서가 짙게 배어 있다.

② **소재** : 해, 달, 나무, 꽃, 동물, 물고기 등을 통해 소원을 기원하고 생활 공간을 장식하였다.

(4) 19세기 이후

① **경향** : 19세기에 이르러 실학의 퇴조로 복고적인 문인화가 김정희 등에 의해 부활되었다.

② 대표 화가

㉠ **장승업** : 강렬한 필법과 채색법으로 뛰어난 기량을 발휘하였으며, 「군마도」·「수상서금도」 등의 작품이 있다.

㉡ **신 위** : 대(竹) 나무 그림의 제1인자로 평가받고 있다.

❷ 글 씨

(1) 동국진체(圓嶠體)

① **배경** : 조선 후기 중화주의 경향에서 벗어나 왕희지체에 기본을 두고 우리나라의 대가들의 서체를 보다 높은 차원에서 정비하고 소화하기 위한 서체운동이 나타났다.

② **특징** : 동국진체는 우리의 정서와 개성을 추구하는 단아한 글씨로 이서(李曙)에서 출발하여 윤두서를 거쳐 조선 후기 양명학자인 이광사에 의하여 완성되었다.

(2) 추사체

김정희는 우리 서예 발전의 성과를 바탕으로 고금의 필법을 두루 연구하여 굳센 기운과 다양한 조형성을 가진 추사체를 창안하여 서예의 새로운 경지를 열었다.

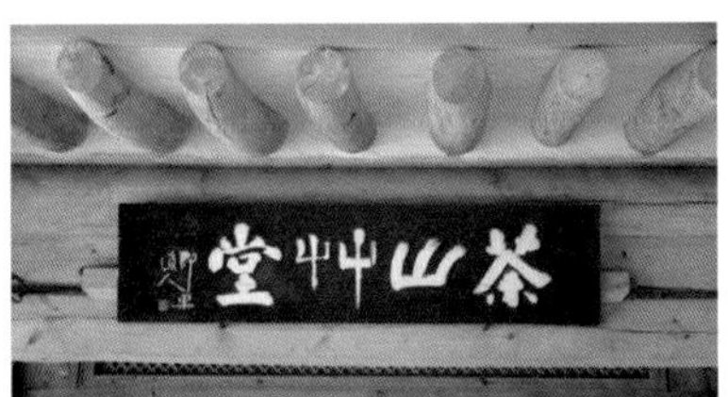

추사체(죽로지실, 다산초당)

03 건축의 변화

❶ 배 경

(1) 조선 후기 정치·경제적 변화

불교가 신앙의 자리를 어느 정도 차지하면서 건축에 새로운 변화가 나타났다.

(2) 양반, 부농, 상공계층의 지원

조선 후기 새롭게 부상하고 있던 계층의 지원으로 많은 사원이 세워졌고, 정치적 필요에 의하여 대규모 건축물들이 세워지기도 했다.

❷ 시기별

(1) 17세기 : 사원 건축

① **대표적 건축물** : 금산사 미륵전, 화엄사 각황전, 법주사 팔상전 등을 꼽을 수 있다.

② **특징** : 규모가 큰 다층 건물로 내부는 하나로 통하는 구조를 가지고 있다.

③ **의의** : 불교의 사회적 지위 향상과 양반 지주층의 경제적 성장을 반영하고 있다.

김제 금산사 미륵전

구례 화엄사 각황전

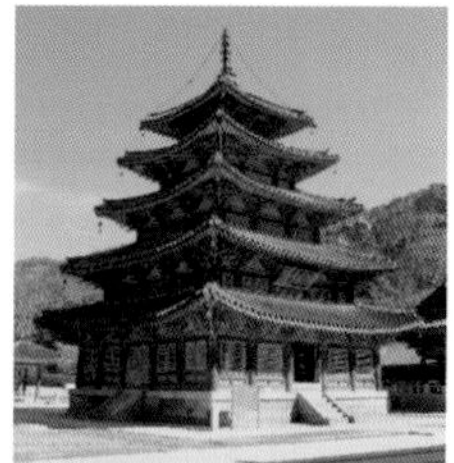
보은 법주사 팔상전

(2) 18세기 : 사원 건축과 화성

① 쌍계사(논산), 개암사(부안), 석남사(안성), 성혈사 나한전(소백산) : 사회적으로 크게 부상한 부농과 상인의 지원을 받아 그들의 근거지에 장식성이 강한 사원이 많이 세워졌다.

② 수원 화성 : 정조 때의 문화적인 역량을 집약시켜 축조한 세계문화유산이다. 이전의 성곽과는 달리 방어 뿐만 아니라 공격을 겸한 성곽시설로 주위의 경치와 조화를 이루며 평상시의 생활과 경제적 터전까지 조화시킨 종합적인 도시 계획 아래 건설되었다.

수원 화성

(3) 19세기 : 경복궁, 근정전, 경회루

① 배경 : 흥선 대원군이 국왕의 권위를 높일 목적으로 재건한 궁궐이 대표적이다.

② 대표 건물 : 경복궁의 근정전과 경회루가 화려하고 장중한 건물로 유명하다.

근정전

경회루

04 백자·공예·음악·무용

❶ 백자와 공예

(1) 백 자

① 발달 배경 : 백자가 민간에까지 널리 사용되면서 본격적으로 발전하였다.

② 백자 : 제기(祭器)와 문방구 등 생활용품이 많았으며, 다양한 형태와 문양이 어울려 우리의 독특하고 준수한 세련미를 풍겨 옹기와 함께 서민들도 많이 사용하였다.

청화백자

㉠ **청화백자** : 백토 위에 푸른 안료로 무늬를 그리고 그 위에 순백의 유약을 사용한 그릇
㉡ **철화백자** : 그릇 표면위에 산화철 안료로 무늬를 그리고 백색의 유약을 사용한 그릇
㉢ **진사백자** : 그릇 표면위에 산화동으로 그림을 그리고 백색의 유약을 사용한 그릇

(2) 목공예

① **발달 배경** : 산업의 발달로 생활 수준이 높아짐으로써 크게 발전하였다.
② **특징** : 장롱, 책상, 문갑, 소반, 의자, 필통 등 나무의 재질을 살리면서 기능을 갖춘 작품들이 만들어졌다.

❷ 음 악

(1) 구 분

① **양반층** : 종래의 가곡, 시조를 애창하였다.
② **서민층** : 민요를 즐겨 불렀다.
③ **직업적 광대, 기생** : 판소리 산조와 잡가 등을 창작하여 발전시켰다.

(2) 특 징

① **가곡** : 소규모의 관현악 반주가 따르는 전통 성악곡으로 노랫말은 짧은 시를 쓰며 2010년 유네스코 무형유산에 등재되었다.
② **산조** : 19세기 경에 등장한 음악 장르로 장구 반주가 따르며, 무속 음악과 시나위에 기교가 확대되어 느린 장단으로부터 빠른 장단으로 연주하는 기악 독주의 민속 음악이다.
③ **잡가** : 조선 후기의 평민들이 지어 부르던 노래의 총칭이다.

❸ 무용

(1) 궁중무용

① **특징** : 궁중과 관청의 행사나 의례에 따라 매우 다양하였다.
② **처용무** : 전통 춤을 우아하게 변용시킨 것으로 2009년 유네스코 무형유산에 등재되었다.
③ **나례춤** : 연중 누적된 모든 재앙과 병마의 근원인 잡귀를 쫓아내고, 섣달 그믐에 새해의 복을 맞으려는 제화초복(除禍招福) 의식이다.

(2) 민간무용

① **특징** : 민간에서 농악무, 무당춤, 승무 등 전통춤을 계승 발전시켰다.
② **산대놀이(탈춤)** : 바가지와 종이 등으로 만든 탈을 쓰고 추는 춤으로 고려 시대부터 전해 오다가 조선 후기에 민중들 사이에 전파되었다.
③ **인형극** : 주로 탈선양반과 승려를 풍자하는 꼭두각시놀이가 유행하였다.
④ **굿** : 민간에서 촌락제, 별신굿, 가정굿 등으로 분화되어 다양하게 유행하였다.

Ⅵ

한국 근대사(발전기)

제 1 편

개화와 주권 수호 운동

제1장 개항과 개화 정책

핵심 출제포인트

- 흥선 대원군의 개혁 정책은 사건의 흐름과 함께 반드시 정리해야 한다.
- 강화도 조약을 포함한 각 조약을 원문 자료와 함께 학습해야 한다.
- 임오군란과 갑신정변의 경우 사건의 발생 배경과 결과를 반드시 함께 학습해야 한다.
- 동학농민운동은 전개 과정을 이해하고 사건의 순서를 꼼꼼하게 학습해야 한다.
- 갑오·을미개혁 당시 개혁 내용을 구분하여 학습하도록 한다.

01 흥선 대원군의 등장(1863~1873)

흥선 대원군

❶ 흥선 대원군의 대내정책

(1) 왕권 강화 정책

① **인재의 등용** : 안동 김씨를 포함한 세도 가문의 인물들을 몰아내고 당파와 신분을 초월한 인사정책을 실시하여 정치적 기반을 마련하였다.

② **비변사의 폐지** : 의정부와 삼군부의 기능을 회복시킴으로써 정치와 군사의 업무를 분리시켰다.

③ **법전의 편찬** : 통치체제의 정비를 위하여 「대전회통」과 「육전조례」를 편찬하였다.

④ **서원의 정리**

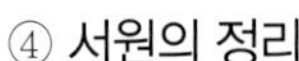

㉠ **서원의 폐단** : 경제적으로는 면세·면역의 특권을 누려 국가의 재정을 약화시켰고, 정치적으로는 당론(黨論)을 유지하면서 왕권을 견제하고 하였으며, 서원을 통한 지방 양반들의 횡포는 민심을 이반시키는 데 중요한 작용을 하였다.

㉡ **과정** : 만동묘를 비롯하여 붕당의 온상으로 인식되어 온 600여 개소의 서원 가운데 47개소만 남기고 철폐하였다.

㉢ **결과** : 유생들이 반발하였으나 흥선 대원군은 "백성을 해치는 자는 공자가 다시 살아난다 하여도 내가 용서하지 않겠다."는 태도로 과감하게 이를 관철시켰다. 그 결과 막대한 토지가 국가에 환수되었으며, 농민들의 부담이 감소되었으나 양반들의 불만이 높아졌고 흥선 대원군이 하야하는데 중요한 원인이 되었다.

⑤ **경복궁 중건** : 실추된 왕실의 권위를 높이기 위하여 왜란 이후 소실된 경복궁을 중건하였다. 그러나, 공사비의 마련을 위해 원납전과 4대문 통행세의 강제 징수, 당백전을 남발하여 경제적 혼란을 야기하였는가 하면 양반들의 묘지림까지 벌목하고 많은 백성들을 토목 공사장에 징발하여 양반과 백성들의 원성을 듣기도 하였다.

경복궁

당백전

(2) 민생 안정책

① **전정(田政)의 개혁** : 양전사업을 실시하여 토지대장에서 누락된 땅(은결)을 찾아내고, 지방관과 토호의 토지 겸병을 금지시켰다.

② **군정(軍政)의 개혁** : 종래 상민에게만 징수하던 군포를 마을마다 할당량을 정해 동포(洞布)제로 부과하였으나 양반들이 여러 방법으로 빠져 나가자 호포(戶布)로 바꾸어 양반에게도 균등하게 부과하였다.

③ **환곡(還穀)의 개혁** : 세도정치기 폐단 중에서 가장 문란한 것으로 사창제(社倉制)로 개혁하여 농민들의 부담을 경감시켰다.

(3) 개혁 정치의 평가

전통적인 통치체제를 재정비하여 국가 기강을 바로잡고 민생을 안정시키는데 어느 정도 기여하였으나 이는 전통체제 안에서의 개혁이었다.

❷ 흥선 대원군의 대외정책

(1) 국방력 강화책

① **삼군부 설치** : 비변사를 철폐시켜 군사를 전담하도록 하였다.

② **군사체제의 개편**

㉠ 수군통제사의 지위를 격상시켜 수군을 우대하여 연안 방비에 관심을 기울였다.

㉡ 오가작통법을 부활시켜 일종의 민병체제를 갖추었다.

③ **무기 도입** : 중국을 통하여 서양의 화포 기술을 적극적으로 도입하였다.

(2) 통상수교 거부정책

① **배경** : 중국과 일본의 개항으로 위기의식이 고조되었고, 흥선 대원군이 집권하기 이전부터 프랑스 선교사의 선교활동에 의해 유교적 전통에 배치되는 천주교가 확산되었으며, 서양 선박의 빈번한 출몰과 서양 상품이 유입되는 등 외세의 침투로 위기를 맞고 있었다.

② **내용**

㉠ **병인박해(1866. 4)** : 흥선 대원군은 9명의 프랑스 신부들과 수천 명의 신도들을 처형하는 대대적인 탄압을 가하게 되었다.

㉡ **제너럴 셔먼호 소각 사건(1866. 7)** : 미국의 상선 제너럴 셔먼(General Sherman)호가 대동강을 거슬러 올라와서 통상을 요구하다가 평양(당시 평안 감사 박규수) 군민(軍民)과 충돌하여 불타 침몰된 사건이다.

㉢ **병인양요**(1866. 9) : 병인박해 때 프랑스의 선교사를 처형한 것을 구실로 프랑스가 침입하였다. 프랑스는 극동함대 사령관 로즈(Roze) 제독이 이끄는 7척의 군함을 파견하여 강화읍을 점령하고 서울로 침략하려 하였으나, 대원군의 굳은 항전 의지와 한성근(문수산성), 양헌수(정족산성) 부대의 항전으로 프랑스군을 격퇴하였다. 이 때 프랑스 군은 외규장각을 방화하고 다수의 서적을 약탈해 갔으며 그 후 흥선 대원군은 천주교에 대한 박해와 서양의 배척 정책을 더욱 강화하였다.

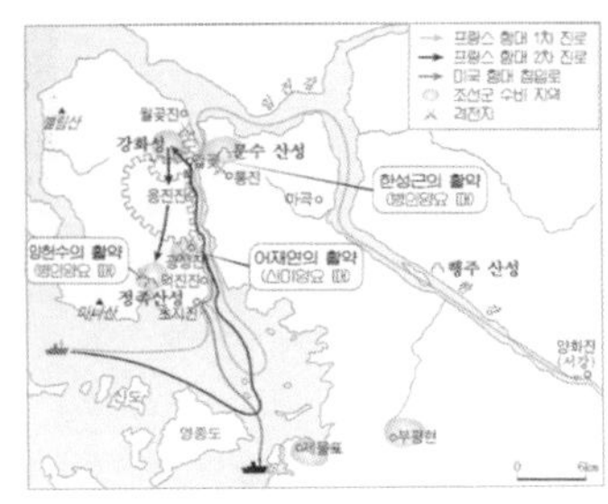

병인양요와 신미양요

외규장각 도서 반환 문제

정조 때 강화도에 외규장각을 설치하고 각종 중요 도서와 의궤 등을 보관·관리하게 하였다. 1866년 병인양요 때 프랑스 군은 강화도에서 철수하면서 은괴와 외규장각 의궤 도서 340여 권을 약탈해 갔다. 1990년대에 이에 대한 반환 교섭이 추진된 결과 1993년 경부고속 철도 사업에서 독일 ICE와 치열한 경합을 벌이던 자국의 TGV 채택을 위해 당시 한국을 방문한 미테랑 대통령이 정조의 후궁 수빈박씨 묘인 휘경원 「원소도감의궤」 1권을 가져와서 나머지 191종 297책의 외규장각 도서 반환을 약속했으나 프랑스 언론과 파리 국립박물관의 반발, 프랑스 정부의 미온적인 태도 등으로 반환이 이루어지지 못하고 있다가 2011년 5월 영구 임대형식으로 모두 반환되었다.

㉣ **오페르트 도굴사건**(1868) : 충청남도 예산군 덕산면에 있는 흥선 대원군의 아버지 남연군의 묘를 도굴하다가 발각되어 달아난 사건이다. 그 결과 서양인에 대한 오랑캐 의식이 고조되고, 흥선 대원군의 통상수교 거부정책은 더욱 강화되었다.

㉤ **신미양요**(1871) : 제너럴 셔먼호 소각 사건을 구실로 미국이 아시아 함대 사령관 로저스(Rodgers) 제독이 이끄는 5척의 군함으로 강화도를 침략하여 왔다. 이에 어재연 등이 이끄는 조선의 수비대가 강화도의 광성보와 갑곶 등지에서 미국 함대를 격퇴시켰다.

수(帥) 자기

㉥ **척화비(斥和碑) 건립** : 프랑스와 미국의 침공을 연거푸 격퇴한 흥선 대원군은 "서양 오랑캐가 침범함에 싸우지 않음은 곧 화의하는 것이요, 화의를 주장함은 나라를 파는 것이다 … 병인년에 만들고 신미년에 세운다(洋夷侵犯 非戰則和 主和賣國 戒我萬年子孫 丙寅作 辛未立)." 라는 내용의 척화비를 한양의 종각 옆에 처음 설치(임오군란 이후 일본 공사의 요청으로 철폐)한 후 전국 각지에 세우고, 서양과의 수교를 단호히 거부하였다.

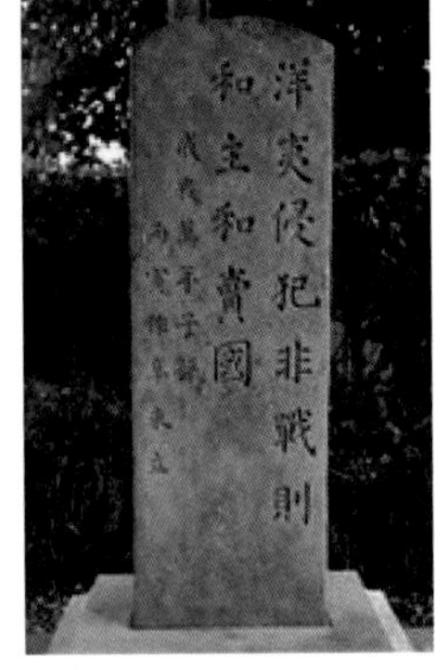

척화비

③ **의의와 한계** : 제국주의 침략에 대항하여 나라의 주권과 민족의 전통을 수호하였다는 자주적인 성격의 의의와 함께 조선의 문호 개방을 늦추는 결과를 가져와 근대화를 지연시키는 요인이 되었다.

02 강화도 조약과 개항

❶ 배 경

(1) 흥선 대원군의 하야와 민씨 세력의 등장

국왕의 친정(親政)을 주장하는 최익현의 상소를 계기로 흥선 대원군이 물러나고, 민씨 일족이 대두하면서 국내·외 정책은 조금씩 변화하기 시작하였다.

(2) 통상 개화론자의 성장

박규수, 오경석, 유홍기 등은 당시 조선 사회가 문호 개방을 위한 내적 준비가 되어 있다고 보지는 않았지만, 부국강병과 열강의 군사적 침략을 피하기 위해서는 개항이 불가피함을 주장하였다.

(3) 중국의 개항 권고

청(淸)이 미국과 프랑스와의 국교를 권고하고 있어 개항의 분위기가 한층 조성되고 있었다.

(4) 일본의 대외 팽창정책

메이지 유신(1868) 이후 일본은 서구식 근대화와 대륙 진출을 추진하면서 조선에 통상을 요구하였다. 이 때 외교문서에 일본 국왕이 조선 국왕을 낮추어 보는 표현과 종래의 외교 관행에 어긋나는 서계(書契)의 내용에 대해 조선 정부는 이를 거부하자 일본 내에서는 조선을 침략하자는 정한론(征韓論)이 일어났으나 일본 내부의 대립과 준비의 미비 등으로 실현되지 못하였다.

(5) 운요호 사건(1875)

흥선 대원군이 물러난 후 일본은 오키나와와 타이완을 침공한 여세를 몰아 무력으로 조선을 개방시키려고 운요호 사건을 일으키고 이를 구실로 조선의 문호 개방을 강요해 왔다.

운요호

❷ 조·일 수호조규(강화도 조약, 병자수호조약, 1876. 2)

(1) 조 약

① **체결** : 강화도에서 전권대신 신헌과 일본의 특명 전권대신 구로다 사이에 전문 12개조로 체결되었다.

② **성격** : 우리나라가 맺은 최초의 근대적 조약이자 일본의 강압 아래서 맺어진 불평등조약으로 일본은 조선 진출의 길을 열어 놓았다.

③ **심행일기(心行日記)** : 신헌이 강화도 조약의 전말을 기록한 책이다.

강화도 조약 체결

(2) 내용(전문 12조)

조 항	주요 내용	일본의 목적 및 결과
제1조	• 조선국은 자주의 나라이며, 일본국과 평등한 권리를 보유한다.	• 조선에 대한 청의 종주권을 부인함으로써 일본의 조선 침략을 용이하게 하려는 것이었다.
제2조	• 양국은 15개월 뒤에 수시로 사신을 파견하여 교재 사무를 협의한다.	• 수신사의 파견 ⇨ 조선책략의 유포(1880)
제4조	• 조선은 별도로 제5조에서 제기된 2개 항구를 개항하여 일본인 왕래 통상함을 허가하고, 이 곳에 땅을 빌려주고 가옥을 짓게 해주고 편의를 제공해준다.	• 부산(경제적 목적, 1876) • 원산(군사적 목적, 1880, 러시아 견제) • 인천(정치적 목적, 1883)
제5조	• 조선은 부산 이외에 경기·충청·전라·경상·함경의 연해 중 편리한 항구 두 곳을 개항하고 일본인이 왕래 통상함을 허가한다.	
제7조	• 조선은 연안 항해의 안정을 위해 일본 항해자로 하여금 해안을 측량하도록 허용한다.	• 해안측량권을 인정받아 조선의 자주권을 부인하였다. • 군사 작전시 상륙지점의 정탐이 가능해졌다.
제9조	• 양국 관리는 양국 인민의 자유로운 무역 활동에 일체 간섭하지 않는다.	• 일본 상품에 대한 무관세 주장의 근거로 삼기 위함이다.
제10조	• 개항장에서 일어난 양국인 사이의 범죄사건은 속인주의에 입각하여 자국의 법에 의하여 처리한다.	• 일본의 치외법권을 인정함으로써 조선에 거주하는 일본인의 불법 행위에 대한 조선의 사법권을 배제하였다.
제11조	• 양국 상인의 편의를 꾀하기 위해 추후 통상장정을 체결한다.	• 조 · 일수호조규부록과 조 · 일무역규칙이 체결되었다.

❸ 일본의 경제적 침투

(1) 조·일 수호조규부록(1876. 8)

① **근거** : 「조·일 수호조규」 제11조를 근거로 체결되었다.

② **주요 내용** : 조선국 내에서의 일본 외교관의 여행 자유, 개항장에서의 일본 거류민의 거주지역 설정과 일본 화폐의 유통 등이 허용되었다.

③ **결과** : 일본으로 하여금 정치적·경제적으로 조선에 침투할 수 있는 기반을 더욱 튼튼히 마련해 주었다.

사료읽기

조 · 일수호조규부록(1876. 8)

제1조 일본인 긴급사태 때의 내지여행 허용

제2조 공문사송(公文使送) 편의 제공

제3조 일본인 개항장에서의 지기조차(地基租借) 인정

제4조 부산 일본인 간행이정(間行里程) 10리로 한정

제5조 개항장에서의 조선인 임고(賃雇, 임금 고용) 허용

제6조 일본인 묘지 인정

제7조 일본 화폐의 유통 허용
제8조 조선인의 일본 상품 사용 자유 인정
제9조 일본 측량선의 긴급 피난 처리
제10조 외국 선원 조난 때의 일본을 통한 본국 송환 규정
제11조 양국이 실제 무역하다가 장해가 발견될 때는 1년 내 개정 제기 가능

(2) 조·일 무역규칙(1876. 9)

① **근거** : 「조·일 수호조규」 제11조를 근거로 체결되었다.

② **주요 내용** : 양곡의 무제한 유출 허용(6조) 및 일본의 수출입 상품과 선박에 대한 무관세(7조) 등이 허용되었으며, 1883년 개정된 조·일통상장정에서는 방곡령 선포 규정, 최혜국 조관, 일반 상품에 대한 수출세 8%, 수입세 10% 등의 관세안이 조인되었다.

③ **결과** : 조선은 국내 산업 조치에 대한 보호 조치를 거의 할 수 없게 되어 국내 경제에 큰 타격을 주었다.

사료읽기

조 · 일무역규칙(1876. 9)

제1칙 입항 수속
제2,3칙 수입 화물의 통관 및 검사
제4,5칙 출항 수속
제6칙 미곡류 수출입의 인정
제7칙 항세(港稅) 면제
제8칙 일본 선박의 고용
제9칙 밀수입자에 대한 치외법권
제10칙 아편의 반입금지
제11칙 무역규칙의 개정 절차 규정

03 기타 제국과의 조약

❶ 조·미 수호통상조약(1882)

(1) 배 경

① **미국의 수교 요구** : 미국은 조선이 일본과 조약을 맺자 일본에 수교의 알선을 요청하였으나 일본은 조선 내에서 자신의 독점적인 활동을 위하여 다른 나라가 조선과 수교하는 것을 원치 않아 중재를 꺼려하였다.

② **연미론(聯美論)의 대두** : 황쭌셴의 「조선책략」이 국내의 지식층에 유포되면서 미국과 외교관계를 가져야 한다는 주장이 일어났다.

③ **청나라의 의도** : 조선에서 청의 영향력을 행사하자는 것과 외국으로 하여금 조선이 청의 영향 아래에 있음을 알려 그들의 국제적 위상을 높이면서 러시아와 일본 세력을 견제하고, 조선에 대한 종주권을 국제적으로 승인받을 수 있는 기회를 노리던 청나라의 알선으로 조약이 체결되었다.

(2) 체 결

① **과정** : 미국의 슈펠트는 1880년 이홍장의 초청으로 텐진에 가서 회담하였고, 조사시찰단으로 일본에 간 어윤중은 미국과 수교문제로 텐진에 가서 이홍장과 협의하였다. 그 후 1882년 영선사 김윤식은 텐진에서 이홍장과 만나 문제를 협의하여 미국과의 수교 문제에 관해 윤곽이 그려졌다.

② **한계** : 실제로 미국과의 조약문은 조선 대표들이 참석하지도 못한 상태에서 청과 미국에 의해 작성되었으며, 1882년 조선의 대표 전권대사 신헌은 도장만 찍었을 뿐이었다.

(3) 성 격

조선이 서양과 맺은 최초의 조약이었으나 불평등 조약이었다.

사료읽기

조·미 수호통상조약(1882. 4)

제1조 양국 중 한 나라가 제3국의 압박을 받을 경우 서로 알려서 서로 돕고 거중조정(居中調整) 함으로서 우호의 두터움을 표시한다.

제2조 양국은 각각 병권대신을 파견하여 다른 한쪽 국가의 수도에 주재시킬 수 있고 또 각각 통상 항구에 영사관을 설치하되 이는 자국의 편의에 따른다.

제4조 조선인으로서 재조선 미국인에게 범행한 자는 조선국이 조선 법률에 의거하여 처벌하고 미국인으로서 조선인의 생명 재산을 손상케 한 자는 미합중국의 관리만이 미합중국 법률에 의하여 체포하고 처벌한다.

제5조 수출입품에 관한 관세는 시세의 10%를 초과하지 않으며 사치품의 수입품에 대한 관세는 30%를 넘지 못한다. 그리고 수출품은 5%를 초과하지 않는 관세를 지불한다.

제14조 조선국은 어느 국가나 어느 나라 상인 또는 공민에 대하여 항해, 통상, 정치, 기타 어떠한 통교에 관련된 것임을 막론하고 본 조약에 의하여 부여되지 않은 어떤 권리 또는 특혜를 허가할 때에는 이와 같은 권리 특권 및 특혜는 미국의 관민도 동등하게 혜택을 받는다.

(4) 결 과

① **보빙사의 파견**(1883) : 민영익을 전권대신으로 하여 서광범·홍영식 등을 미국에 파견하였다.

② **공사의 교환** : 1883년 4월 미국공사로 푸우트(L.H.Foote)가 부임하자 조선은 답례와 친선을 위해 1887년 10월 박정양을 초대 미국공사로 파견하였다.

③ **동문학 설치**(1883) : 조약 체결 이후 통역관 양성을 목적으로 설립하였다.

❷ 기타 각 국과의 수교

(1) 배 경

미국이 조선과 수교를 하였다는 소식은 열국의 외교관들로 하여금 자신들에게도 기회가 왔다고 생각하게 되었고 이에 교섭에 나서게 되었다.

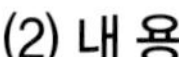

(2) 내 용

치외법권과 최혜국 대우를 규정한 불평등 조약이었다.

서양 각 국과의 수교

국 가	수교 연대	성격 및 주요 내용	수교 방법
미 국	1882	서양 각국 중에서 최초로 수교	청의 알선
영 국	1883	아편 수입, 치외법권의 인정 문제로 지연	
독 일	1883	순조롭게 체결	
러시아	1884	조·러 통상 조약(청과 일본의 견제로 지연)	직접 수교
	1888	조·러 육로 통상 조약	
프랑스	1886	선교사 입국과 포교 문제로 지연	

04 개화 정책의 추진과 반발

❶ 개화 정책의 추진

(1) 사상적 배경

① 개화사상의 형성

㉠ **대내적** : 북학파 박제가는 청·일본 뿐만 아니라 서양의 여러 나라들과의 통상을 주장하고 서양의 기술의 습득을 주장하였으며, 박규수·최한기·강위·오경석 등은 북학파의 실학사상을 발전적으로 계승하였다.

㉡ **대외적** : 청의 양무운동과 일본에서 제기된 문명개화론(후쿠자와 유기치)의 영향을 받았다.

② 주요 개화사상가

㉠ **박규수** : 박지원의 손자로 북경에 사신으로 왕래하면서 개화사상의 형성에 기여하였다. 임술농민 봉기시 안핵사로 파견되어 봉기를 수습하였으며, 평안감사로 재직시에는 제너널 셔먼호 사건을 계기로 문호 개방의 필요성을 인식하였다.

㉡ **오경석** : 중인 역관의 신분으로 청국을 왕래하면서 해국도지, 영환지략 등을 국내에 소개하였으며, 김옥균·박영효·홍영식 등의 소장파 정치인에게 영향을 주었다.

㉢ **유홍기** : 중인 의관의 신분으로 급변하는 국제 정세의 분위기를 인식하여 우리나라의 문호 개방과 정치개혁을 주장하였다. 김옥균·박영효·홍영식·서광범·유길준 등을 지도하였으며, 백의정승(白衣政丞)으로 불리었다.

③ 개화사상 성립에 영향을 준 서적

㉠ **조선책략(황준헌)** : 러시아의 남하를 견제하기 위한 친중국, 결일본, 연미국을 내용으로 하고 있으며 미국과의 수교에 영향을 주었고, 개화운동과 위정척사운동을 유발하였다.

㉡ **해국도지(海國圖誌, 위원)** : 오경석이 「영환지략」과 함께 소개한 서적으로 서양의 역사, 종교, 지리, 역법, 군함, 대포, 과학기술 등을 그림과 함께 설명하였다.

㉢ **영환지략(瀛環地略, 서계여)** : 오경석이 「해국도지」와 함께 소개한 세계지리서로 서양의 과학서적을 소개하였다.

(2) 정부의 개화 정책

① 수신사 파견

㉠ 1차(1876) : 김기수 등이 일본의 정치, 군사, 교육, 문화시설 등을 시찰하고 돌아와 「일동기유」를 저술하여 근대문물을 소개하였다.

㉡ 2차(1880) : 김홍집 등이 일본의 군사, 교육, 산업 등 시설을 시찰한 후 귀국할 때 「조선책략」을 가지고 와 신문화 수입과 외교정책을 건의하여 유학자들로부터 반발을 받았다.

② 조사시찰단 파견(1881)

㉠ **내용** : 박정양, 어윤중, 홍영식 등이 일본에 건너가서 약 4개월 동안 일본의 정부기관은 물론 도쿄, 오사카 등의 각종 산업시설을 시찰하고 돌아와 각기 담당 분야에 관한 보고서를 제출하여 개화정책의 추진을 뒷받침하였다.

㉡ **유학생의 잔류** : 수행원들 가운데는 어윤중과 유정수가 경응의숙, 윤치호는 동인사, 김량한은 조선소에서 유학생으로 남아 공부하였다.

③ 영선사 파견(1881)

㉠ **내용** : 김윤식이 이끄는 학생과 공장(工匠)이 청의 톈진에서 무기 제조법과 근대적 군사훈련법을 배웠다.

㉡ **결과** : 소기의 성과를 거두지 못하고 1년 만에 돌아왔으나, 이를 계기로 서울에 기기창(機器廠)이 설치되었으며, 김윤식은 이홍장과 교류하면서 미국과의 조약을 체결하는 데 활약하였다.

④ **보빙사절단 파견(1883)** : 미국의 공사 파견에 대한 답례와 개화 자강 정책에 필요한 인적 물적 자원을 요청하기 위하여 홍영식, 민영환, 서광범 등을 파견하여 서양의 문명을 견학하고 귀국하게 하였다. 그 중 민영익 등은 유럽 각국을 시찰하고 귀국하였다.

⑤ 제도의 개편

㉠ **행정기구의 개편** : 종래의 의정부와 6조와는 별도로 통리기무아문 아래에 12사를 두어 외교, 군사, 산업 등의 업무를 담당하게 하였다.

㉡ 군사제도의 개편

㉮ **2영 설치** : 종래의 5군영을 무위영, 장어영의 2영으로 통합·개편하였다.

㉯ **별기군 창설** : 신식군대의 양성을 위해 일본인 호리모도를 교관으로 초빙하여 무위영 예하에 100명으로 창설하여 근대적 군사훈련을 시키고 사관생도를 양성하였다.

❷ 위정척사운동

(1) 정 의

① **정의** : 바른 것을 지키고(衛正) 사악한 것을 물리치자(斥邪)는 뜻으로 바른 것은 전통적인 사회질서이고, 사악한 것은 서양 문물을 의미한다.

② **목적** : 조선 왕조의 성리학적 전통질서인 전제주의적 정치체제, 지주중심의 봉건적 경제체제, 양반 중심의 차별적 사회체제, 그리고 성리학적 유일 사상체제를 유지시키려 하였다.

(2) 과 정

① **1860년대** : 이항로, 기정진 등을 중심으로 서양의 통상요구에 대응하여 서양과의 교역을 반대하는 통상반대운동과 서양의 무력 침략에 대항하는 척화주전론(斥和主戰論), 서양과의 수교는 곧 정치·경제·사회·문화적 예속을 초래할 것이라고 주장하며 내수외양론(內修外攘論)을 전개하여 흥선대원군의 통상수교 거부정책을 강력히 뒷받침하였다.

사료읽기

기정진의 통상반대론

저들 교활한 오랑캐는 자기들의 생각하는 바를 눈 속의 못으로 삼아 갖은 방법을 다하여 구멍과 간격을 뚫어 반드시 우리와 교통을 하고자 바랄 뿐이니 그 밖에 또 다른 이유가 있겠습니까. 만일 교통의 길을 열면 저들의 영위하는 바는 사사건건 뜻대로 이루어져서 점차 막힘이 없이 2~3년이 지나지 않아서 전하의 백성으로서 서양 사람으로 변하지 않는 자가 얼마되지 않을 것입니다. 전하는 장차 누구와 더불어 임금 노릇을 하려 하십니까.

》기정진 「노사문집」

② **1870년대** : 이항로의 문인들인 유인석, 최익현(5불가소) 등에 의해 문호개방을 전후해서 서양세력과 일본을 마찬가지로 보는 왜양일체론(倭洋一體論), 개항불가론을 들어 개항에 반대하였다.

사료읽기

최익현의 5불가소(五不可疎)

첫째 일본의 침략에 의한 정치적 자주의 위기
둘째 일본의 사치품에 의한 조선의 전통산업의 파괴 위기
셋째 일본은 서양의 적과 같으며 천주교가 확산되어 전통 예의의 위기
넷째 일본인에 의한 재산과 부녀자에 대한 약탈의 위기
다섯째 일본은 금수와 같으므로 문화 민족인 우리가 그들과 교류할 때에 도래할 문화의 위기

》최익현, 「면암집」

③ **1880년대(신사척사운동)** : 정부의 개화정책 추진에 따른 홍재학의 만언척사소와 「조선책략」의 유포에 반발한 이만손의 영남만인소 사건 및 이재선 사건 등 1880년 후반부터 시작되어 1881년에 격렬하게 개화반대운동을 전개하였다.

사료읽기

홍재학 만언척사소

'우리 주자와 육상산(陸象山)의 말과 같아서 전하여 가르쳐도 해로울 것이 없습니다.'라고 하면서 교사를 맞이하여 교련하도록 아뢴 것은 부녀자들과 아이들도 다 그 흉패함을 알고 있습니다. 사신이 이런 말을 올렸는데도 전하는 그를 저자에서 처단하지 못했고, 재상과 대신(大臣)들이 전하에게 확고한 결심을 가질 것을 권했어도 전하는 상방(尙房)의 칼로 그의 머리를 베지 못했습니다. 그러면서 한두 사람 멀리 떨어져 있는 신하들 중 바른 의견을 견지하고 사교(邪敎)를 배척한 사람들을 유배 보내고 형벌을 가하여 죽이기에 있는 힘을 다하였으니, 전하께서 부추겨주고 억제하는 것이 왜 이렇게도 차이 나는지 모르겠습니다. (중략) 바르고 바르지 않은 것, 이로운 것과 해로운 것, 편안한 것과 위태로운 것, 유지하는 것과 멸망하는 것의 큰 분류에 대해서는 한 입에서 나온 말처럼 같았는데 전하는 따르지 않았을 뿐만 아니라 형을 가하고 유배를 보냈으니, 이것이 간언(諫言)을 따르는 성주(聖主)의 일이라고 하겠습니까. 이것이 겸손하게 선(善)을 받아들여 대업을 이룩하는 것입니까, 오만하게 자기 스스로 성인인 체하는 것입니까? (중략)

사료읽기

이만손 영남만인소

오늘날 조선의 급선무는 러시아를 막는 것(防俄)보다 먼저 할 것이 없고, 러시아를 막는 계책은 중국과 화친하고 일본과 결탁하고 미국과 연합하는 것(親中國 結日本 聯美國)보다 먼저 할 것이 없다"라고 하였습니다.

무릇 중국은 우리가 번국(藩國)이라 칭하는 나라입니다. 신의가 서로 두터운 지가 거의 200년이나 되었는데, 하루아침에 '황제(皇帝)'요, '짐(朕)'이요 하는 두 존칭을 사양하지도 않고 태연히 수용하고 그런 말을 한 사람을 용납하고 그런 사람의 글을 받아들였다가 만일 중국이 이를 가지고 따지고 시끄럽게 떠든다면 무슨 말로 해명하겠습니까.

일본은 우리에게 얽매여 있는 나라입니다. 국경 요충지가 험준하고 평탄한 지형을 저들이 이미 익히 알고 있고, 수로와 육로의 요충지를 저들이 이미 알고 있으니, 만에 하나라도 우리나라가 대비가 없는 것을 엿보고 함부로 쳐들어온다면 장차 어떻게 막아 내겠습니까.

미국은 우리가 원래 잘 모르던 나라입니다. 쓸데없이 다른 사람의 종용을 받아 우리 스스로 (미국을) 끌어들여 풍랑과 바다의 온갖 험난함을 무릅쓰고 건너와서 우리 신하들을 피폐하게 하고 우리 재물을 자꾸 없앨 것입니다. 만에 하나 우리의 허점을 엿보고 우리의 약함을 업신여겨 응하기 어려운 청을 강요하거나 계속 댈 수 없는 비용을 떠맡긴다면 장차 어떻게 응대하겠습니까.

러시아는 본래 우리와 아무런 감정도 없습니다. 공연히 남이 이간질하는 말을 믿었다가 우리의 체통이 손상되는 바가 클 것입니다. 먼 나라와의 외교에 기대어 가까운 나라와 배척하는 전도된 조처를 했다가 헛소문이 먼저 퍼져 이것을 빙자하여 틈을 만들어 전쟁의 단서를 찾는다면 장차 어떻게 구원할 수 있겠습니까. 또 하물며 러시아와 미국과 일본은 모두 같은 오랑캐들이니 그 사이에 누가 더하고 덜하다는 차이를 두기 어렵습니다. 두만강 일대는 국경이 서로 접하여 만에 하나 저들이 일본이 과거에 했던 전례를 따르고, 새로 맺는 미국과의 조약을 끌어다 대어 땅을 요구하면서 와서 살고 물화를 교역하기를 청한다면 장차 어떻게 거절할 수 있겠습니까. (중략)

》「일성록」, 1881년 2월 3일

④ 1890년대 : 민비 시해 사건과 단발령 등 일본의 침략에 저항하는 항일 의병운동으로 문석봉, 유인석, 이소응 등이 중심이 되어 계승·발전하였다.

05 임오군란(도봉소 사건, 1882)

❶ 원인과 결과

(1) 원 인

① **개화와 보수의 대립** : 개화파인 민씨 세력과 흥선 대원군·유생 등의 수구파와의 갈등에서 비롯되었다.

② **반일 감정** : 개항 이후 미곡의 유출과 일본 세력의 침투에 대하여 국민의 반감이 고조되었다.

③ **구식군대 차별대우** : 민씨정권이 신식군대인 별기군을 우대하고, 구식군대의 급료를 제때 지급하지 않던 중 1882년 6월 무위영 소속 군인에게 녹봉으로 쌀을 지급하는 과정에서 부패한 선혜청 관리들이 착복하는 사건이 일어나 김춘영·유복만 등이 항의하자 선혜청 당상이었던 민겸호가 이들을 투옥하면서 일어났다.

별기군

(2) 경 과

① **민씨세력의 축출** : 정부고관들의 집을 습격하여 파괴하는 한편, 민중들이 합세한 가운데 민씨정권의 민겸호, 김보현 등 고관들을 살해하였다.

② **반일 감정의 고조** : 일본인 교관 호리모도를 죽이고 일본 공사관을 습격하였다.

③ **대원군의 재집권** : 구식 군인들은 흥선 대원군에 도움을 청하고 이를 대원군이 수락하자 고종은 전권을 위임함으로써 임오군란은 일단 진정되었다. 흥선대원군은 민비의 복귀를 막기 위해 그의 죽음을 알리는 국상을 선포한 후 통리기무아문을 폐지하고 5군영을 부활하는 등 복고정치를 실시하였다.

(3) 결 과

① **청·일 양국의 대립** : 일본은 조선 내의 거류민 보호를 내세워 군대 파견의 움직임을 보이자 이에 청은 신속히 군대를 조선에 파견하여 대원군을 군란의 책임자로 청에 압송해 감으로써 일본의 무력 개입 구실을 없애려 하였다. 이후 흥선대원군은 4년간 텐진에서 감금생활을 하다 1885년 귀국하였다.

② **제물포 조약과 조·일수호조규속약 체결(1882.8)** : 일본의 하나부사 공사와 조선의 김홍집 간에 협상하여 조인되어 조선은 일본에게 배상금을 물고, 일본 공사관의 경비병 주둔을 인정하였다. 이후 흥선대원군은 4년간 중국 텐진에서 감금생활을 하다 1885년 귀국하였다.

사료읽기

조 · 일수호조규속약(1882)

제1조 부산, 원산, 인천항의 간행이정을 사방 50리로 하고, 1년뒤에 양화진을 개시한다.

제2조 일본 공사와 영사의 수행원은 조선 내지에서 자유롭게 여행할 수 있다.

제물포 조약(1882)

제1조 지금으로부터 20일을 기하여 범인을 체포하여 엄징할 것
제2조 일본국 피해자를 후례로 장사 지낼 것
제3조 5만원을 지불하여 피해자 유족 및 부상자에게 급여할 것
제4조 배상금 50만원을 지불할 것
제5조 일본 공사관에 군대를 주둔시켜 경비에 임하는 것을 허용할 것
제6조 조선국은 대관을 특파하여 일본국에게 사죄할 것(⇨ 박영효 파견, 태극기 사용)

❷ 청의 세력 강화

(1) 청의 내정간섭과 경제적 침략

① **군대 파견** : 위안스카이(袁世凱), 오장경 등이 지휘하는 군대를 상주시켜 조선 군대를 훈련시켰다.

② **고문관 파견** : 내정 고문에 마젠창(馬建常)과 외교 고문에 묄렌도르프, 세무 고문에 영국인 하트(R. hart)를 파견하여 조선의 내정과 외교 문제에 깊이 간여하였다.

③ **조·청 상민수륙무역장정(商民水陸貿易章程) 체결**

㉠ **배경** : 청국 측에서는 러시아의 남하와 일본의 팽창을 견제할 필요가 있었고, 조선 측에서도 나라가 부강하기 위해서는 조선내의 일본 상인의 활동을 억제할 필요가 있어 전문 8개조로 체결되었다.

㉡ **결과** : 조선은 청나라 상인의 통상 특권을 허용하게 되어 일본 상인들과 경쟁하게 되었으며, 반청 감정이 고조되었다.

(2) 친청 정책의 추진

① **민씨의 재집권** : 재집권하게 된 민씨 일파는 정권을 유지하기 위하여 친청정책으로 기울어졌다.

② **관제의 개편**

㉠ **통리교섭통상사무아문(외아문)** : 외교·통상 사무일체를 관장하였다.

㉡ **통리군국사무아문(내아문)** : 군무·내무 사무일체를 관장하였다.

③ **군대조직의 개편**

㉠ 친군영(신건친영군)을 설치하고, 그 밑에 전·후·좌·우의 4영(營)을 두었다

㉡ 지휘권은 원세개가 장악하여 조선의 장정 1,000여명을 선발·훈련시켰다.

06 갑신정변(1884. 10. 17)

❶ 개화당의 형성과 활동

(1) 개화파의 형성

① **정치 세력화** : 개화사상의 선각자인 박규수의 지도를 받은 김옥균, 박영효, 유길준 등이 개항을 전후해 점차 하나의 정치세력으로 성장하였다.

② **정계 진출** : 개화파는 1880년대에 들어 정부의 개화정책을 뒷받침하고 개혁운동을 추진하였다.

(2) 개화파의 두 흐름

① 온건개화파(사대당)

㉠ **대표적 인물** : 민영익, 김홍집, 김윤식, 어윤중 등이 주도하였다.

㉡ **성격** : 민씨정권과 결탁하여 청의 양무운동을 본받아 점진적인 개혁을 추구하였다.

② 급진개화파(개화당, 독립당)

㉠ **대표적 인물** : 김옥균, 박영효, 홍영식, 서광범 등 소장파 관료들이 주도하였다.

㉡ **성격** : 청의 내정간섭과 청에 의존하는 정부의 정책에 반발하였고, 일본의 메이지유신을 본받아 급진적인 개혁을 추진하려 하였다.

(3) 개화당의 활동

① 개화 정책의 추진

㉠ **박문국 설치** : 한성순보를 간행하였다.

㉡ **유학생 파견** : 신식 군사기술과 학술 등을 배우도록 하기 위해 파견하였다.

㉢ **우정국 설치** : 근대적인 우편사업을 위해 홍영식을 중심으로 설치하였다.

② 차관 도입의 실패

㉠ **일본의 비협조** : 일본은 개화당이 조선 정계에서 실권을 장악하고 있지 못한 현실을 들어 차관교섭을 기피하였다.

㉡ **친청세력의 견제** : 민씨 일파를 중심으로 하는 친청세력이 일본과의 차관교섭을 방해하는 등 보수파의 견제가 날로 심해져서 개화운동을 뜻대로 밀고 나갈 수가 없었다.

❷ 정변의 발발

(1) 배 경

① 국가 재정 마련책의 이견

㉠ **사대당** : 묄렌도르프의 건의로 당오전(當五錢) 발행을 주장하여 관철시켰다.

㉡ **개화당** : 당오전의 주조는 국민 경제를 위협할 것이라 경고하면서 일본에서 300만 원의 차관 도입을 건의하여 17만원을 빌리는데 그쳤다.

당오전

② **친청세력의 개화당 압박** : 임오군란 이후 요직을 차지한 친청 세력이 개화당을 탄압하여 개화정책의 추진은 물론 자신들의 신변마저 위험을 느끼게 된 개화당 요인들은 민씨 정권을 무너뜨리고 철저한 개화정책을 추진하기 위하여 비상 수단을 도모하게 되었다.

③ **청군의 일부 철수** : 청이 베트남 문제로 프랑스와 전쟁 상태(1884)로 들어가 조선에 주둔하고 있던 청군의 일부를 철수시키자, 개화당 요인들은 이것을 기회로 삼아 정변을 계획하였다.

④ **일본 공사의 지원 약속** : 개화당은 미국 공사의 지원을 얻는 데에는 실패하였으나, 조선 내에서 청의 세력을 배제할 좋은 기회로 판단한 일본 공사의 지원 약속을 받고 정변을 구체화시켜 나갔다.

(2) 경 과

① **우정국 사건** : 김옥균 등 개화당은 우정국의 개국 축하연을 이용하여 사대당 요인들을 살해하고, 고종을 창덕궁에서 경우궁(景祐宮)으로 옮긴 후 개화당의 신정부를 수립하여 각국의 외교관들에게 통고하고 국왕과 함께 창덕궁으로 돌아와 14개조의 혁신정강을 마련하였다.

우정총국

② 14개조 정강 마련

㉠ **목적** : 개화당 요인들이 근대 국가의 건설을 지향하는 개혁을 단행하려는 것이다.

㉡ **주요 내용** : 청에 대한 사대외교의 폐지, 인민평등권의 확립, 지조법(地租法)의 개혁, 재정기관의 호조 일원화, 내각 중심의 정치 실시 등이었다.

사료읽기

갑신정변 14개조 정강

1. 청에 잡혀 간 흥선 대원군을 곧 돌아오도록 하게 하며, 종래 청에 대하여 행하던 조공의 허례를 폐지한다.
2. 문벌을 폐지하고 인민 평등의 권리를 세워 능력에 따라 관리를 임명한다.
3. 전국의 지조법을 개혁하여 관리의 부정을 막고 백성을 보호하며 국가재정을 넉넉하게 한다.
4. 내시부를 없애고 그 중에 우수한 인재를 등용한다.
5. 부정한 관리 중 그 죄가 심한 자는 처벌한다.
6. 각 도의 환상미를 영구히 받지 않는다.
7. 규장각을 폐지한다.
8. 급히 순사를 두어 도둑을 방지한다.
9. 혜상공국(보부상을 보호하기 위하여 설치한 기관)을 혁파한다.
10. 귀양살이를 하고 있는 자와 옥에 갇혀 있는 자는 그 정상을 참작하여 적당히 형을 감한다.
11. 4영을 합하여 1영으로 하되, 영 중에서 장정을 선발하여 근위대를 급히 설치한다.
12. 모든 재정은 호조에서 통할한다.
13. 대신과 참찬은 의정부에 모여 정령을 의결하고 반포한다.
14. 의정부, 6조 외의 모든 불필요한 기관을 없앤다.

》김옥균의 「갑신일록」

(2, 3, 4, 7, 8, 9, 11, 12, 13, 14조는 갑오개혁에 반영)

(3) 결과 및 영향

① **실패 원인** : 개혁 주체의 세력 기반이 약했던 점, 외세에 의존하면서 정변의 방법으로 권력을 잡으려 하였던 점, 청군의 출동(당시 조선에는 1,000명의 청군과 200여 명의 일본군이 주둔 중) 등으로 인해 3일 천하로 끝나고 말았다.

② **개화당 인사의 망명** : 김옥균과 박영효는 일본, 서광범과 서재필은 미국으로 건너가는 등 개화세력의 망명으로 보수세력의 장기집권이 가능하게 되어 갑오·을미개혁이 추진되기 전까지 상당기간 동안 개화운동의 흐름이 위축되었다.

③ **청의 내정간섭 강화** : 청은 원세개를 통리외교통상사의(統理外交通商事宜)라는 직함으로 서울에 머물게 하여 내정간섭을 더욱 강화하였다.

④ **한성조약 체결(1884. 11)** : 조선은 일본의 강요에 의해 피해를 입은 일본인의 유족 및 부상자들에게 배상금(10만원) 지불과 일본 공사관 신축비용의 부담, 일본에 사죄할 것 등을 약속하였다.

⑤ **텐진조약 체결(1885.4)**

㉠ **내용** : 조선에서 청·일 양국군의 4개월 이내 철수와 장차 조선에 파병할 경우 상대국에 미리 문서로 알릴 것, 양국의 무관 파견을 금지할 것 등을 비밀리에 체결하였다.

㉡ **결과** : 일본은 청국과 동등하게 조선에 대한 파병권을 얻어 장래에 한국에 대한 침략의 발판을 마련하게 되었다.

07 동학농민운동(1894)

❶ 배 경

(1) 열강의 침략 경쟁 가열

① **청·일의 대립 격화** : 개항 이래 조선을 둘러싸고 전개된 열강의 침략 경쟁이 갑신정변 후에 더욱 가열되고 청국과 일본간의 대립도 더욱 격화되었다.

② **거문도 사건(1885~1887)**

㉠ **원인** : 러시아는 베이징 조약(1860)으로 연해주를 차지하고, 블라디보스톡에 군항을 개설하여 조선으로의 진출을 꾀하고 있었다.

㉡ **결과** : 러시아의 한반도 침투를 견제하기 위하여 영국이 거문도를 불법으로 점령하고 포대를 쌓아 요새화(헤밀턴 항 구축)함으로써 조선을 둘러싼 국제 분쟁이 더욱 가열되었으나 청이 개입하여 조선 영토를 점령하지 않는다는 러시아의 약속을 얻어냄으로써 영국군은 철수하였다(1887).

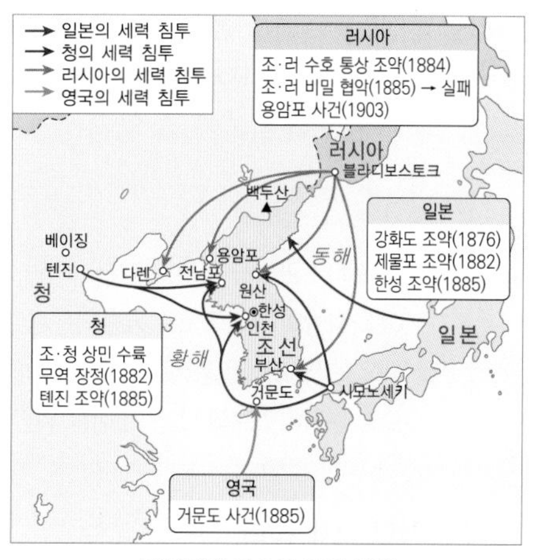

갑신정변 이후의 국외 정세

(2) 한반도 중립론 대두

① **부들러(Budler)** : 거문도 사건 직전 한반도 영세중립화를 조선 정부에 건의하였다.

② **유길준** : 미국 유학에서 돌아온 그는 청·러시아·미국·일본 등 열강이 보장하는 한반도의 중립론을 구상하였다.

③ **의미** : 당시 조선을 둘러싼 국제정세의 긴박한 사정과 국권이 위기에 처해 있었던 당시의 상황을 보여준 것이다.

사료읽기

조선 중립화론

서양에 2, 3의 소국이 있는데 대국들이 상호 보호함으로써 그 소국이 받는 이익은 실로 크다. 만약 서양 대국들이 교전을 한다 해도 소국은 단지 천여 명을 변경에 주둔시켜 자국을 지키게 하고 … 지금 조선의 실정으로 말하면 청국이 군대를 파견하여 세비를 써 가며 이 나라에 주둔하고 있는데, 그 까닭은 경내(境內)를 지키지 못하여 강한 인국(隣國)이 침입할 것을 두려워하고 있기 때문이라고 생각한다. 그러나 조선은 청국의 후정(後庭)이자 또한 러시아·일본 양국과 더불어 변계(邊界)를 연접하여 있어서 반드시 서로 다투는 곳으로 되어 있다. … 서양에서 실시하고 있는 법에 따라 청, 러시아, 일본 3국이 서로 입약(立約)하여 영원히 조선을 보호하는 것이다. 》부들러, 「조선의 중립화론」(1885)

(3) 일본의 경제 침략과 방곡령

① **배경** : 개항 이후 일본 세력은 정치적인 면에서 임오군란과 갑신정변을 통하여 청국에 밀려 크게 약화되었으나, 경제적인 면에서는 오히려 청국보다 강세를 유지하였다.

② **일본의 무역 독점**

㉠ **무역 이득 증대** : 일본 상인들은 주로 영국의 면제품 등을 중계무역 하였으나 점차 자국제품으로 대체하고, 원료공급지 및 상품시장으로 삼아 막대한 이익을 취하였다.

㉡ **곡물 수매** : 일본 정부의 정치적 비호를 받은 일본 상인들은 입도선매(立稻先賣)나 고리대의 방법으로 곡물을 사들여 폭리를 취하였다.

③ **방곡령 반포(1889)** : 일본의 경제적 침략에 대응하여 함경도와 황해도 지방에서는 곡물의 수출을 금하였으나 일본이 조·일 통상장정 제37조를 근거로 항의해 배상금만 물고 실효를 거두지 못하였다.

방곡령(防穀令)

① 방곡령은 관찰사 직권으로 천재지변, 전란 등의 사정으로 발생하는 식량부족, 곡가폭등 현상이 나타날 때 곡물이 타지방이나 타국으로 유출되는 것을 금지하는 조치이다.

② 1883년에 조 · 일통상장정을 체결하면서 미곡의 금수 조치는 1개월 전에 해당 지방관이 일본 영사관에 통보하도록 규정하였는데, 조선이 이를 위반하였다 하여 배상금을 지불하게 된 것이다.

(4) 청의 경제 침략

임오군란 후 조·청 상민수륙무역장정을 체결하여 본격적인 경제 침투를 시작하여 일본 상인과의 경쟁이 치열하였다.

(5) 지배층의 위기 관리 능력 부족

정부의 개화 정책 추진이나 개화 운동, 유생층의 위정척사운동은 점점 격화되는 열강의 침략 경쟁에 효과적으로 대응하지 못하였다. 또한, 근대 문물의 수용과 배상금 지불 등으로 국가 재정이 궁핍해져 농민에 대한 수탈이 심해졌고, 일본의 경제적 침투로 농촌 경제가 파탄에 이르게 되었다.

(6) 농민 의식의 성장

자본주의 열강의 침탈과 지배층의 착취로 인하여 농촌 경제가 파탄에 이르게 되자, 농민층의 불안과 불만이 더욱 팽배해 갔고 농촌 지식인들과 농민들의 정치·사회 의식이 급성장하여 사회 변혁의 욕구도 고조되었다.

(7) 동학과 농민운동의 결합

① **교세 확대** : 인간 평등과 사회 개혁을 주장한 동학은 당시 농민들의 변혁 요구와 일치하였고, 농민들은 동학의 조직을 통하여 대규모의 세력을 모아 삼남지역을 중심으로 확대되어 갔다.

② **경과** : 포접제(抱接制)를 조직하고, 경전인 「동경대전」과 「용담유사」·「몽중가」를 각계 각층에게 골고루 전파하여 대규모의 농민세력을 규합한 동학의 반외세적·반봉건적인 성격은 농민층과 몰락한 양반에게 환영을 받았다.

북접과 남접

구분	북접	남접
중심인물	• 최시형, 손병희, 손천민	• 전봉준, 손화중, 서장옥
집회	• 보은	• 금구
성향	• 생활여건이 비교적 양호 • 몰락한 양반이 많은 충청도 • 종교적 차원 유지 노력(온건파)	• 생활여건이 어려움 • 소농과 빈농·소상인이 많은 전라도 • 한층 강경한 정치 투쟁 선호(강경파)

❷ 전개 과정

(1) 교조신원운동(북접)

① **삼례집회**(제1차, 1892) : 손천민의 지휘하에 교조신원의 복위와 동학교도에 대한 지방관의 탄압 중지 등을 충청(조병식)·전라감사(이경직)에게 호소하여 동학교도들에 대한 탄압의 금지는 약속받았으나 교조의 신원은 양도 감사의 거부로 실패하였다.

② **복합상소**(제2차, 1893) : 박광호 이하 40여 명의 동학인들이 상경하여 궁궐 앞에서 엎드려 교조 신원을 상소하였으나 정부는 상소의 우두머리를 체포하고 교도들을 강제 해산시켰다.

③ **보은집회**(제3차, 1893) : 군중집회를 위해 충북 보은 속리면에 2만명의 신도들이 모여 교조신원의 요구를 벗어나 탐관오리의 숙청·일본과 서양세력의 축출을 요구하는 정치운동으로 전환시켜 갔다.

④ **금구(金溝) 집회**(1893) : 보은집회를 정치운동으로 후원하기 위해 남접 전봉준, 서장옥 등이 전라도 금구에서 개최된 집회로 훗날 이 세력들에 의해 고부 민란이 주도되었다.

(2) 동학 농민 운동의 전개

① 제1기(고부 민란시기, 1894)

㉠ **발단** : 고부 군수 조병갑의 횡포와 착취(만석보의 수세를 강제 징수하고, 아버지의 비각을 세운다고 1천여 냥의 돈을 사취)에 항거한 민란의 하나였다.

사발통문

㉡ **경과** : 전봉준이 사발통문을 돌린 후 농민군을 이끌고

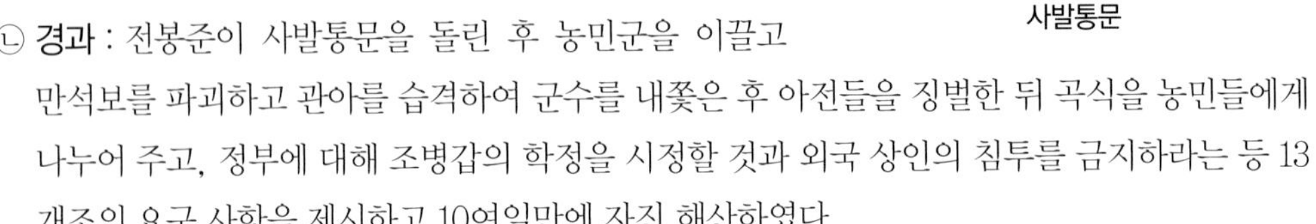

만석보를 파괴하고 관아를 습격하여 군수를 내쫓은 후 아전들을 징벌한 뒤 곡식을 농민들에게 나누어 주고, 정부에 대해 조병갑의 학정을 시정할 것과 외국 상인의 침투를 금지하라는 등 13개조의 요구 사항을 제시하고 10여일만에 자진 해산하였다.

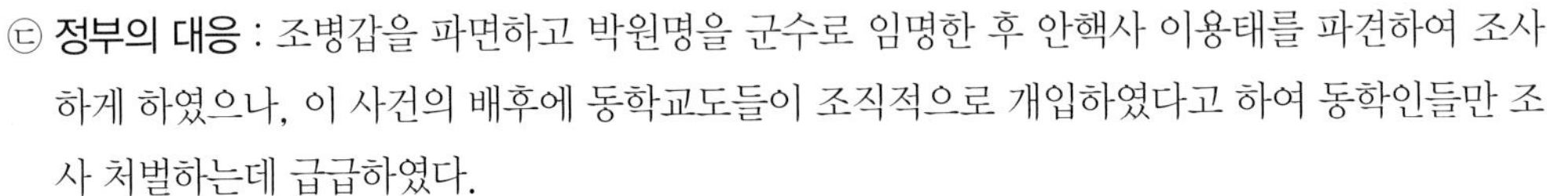

㉢ **정부의 대응** : 조병갑을 파면하고 박원명을 군수로 임명한 후 안핵사 이용태를 파견하여 조사하게 하였으나, 이 사건의 배후에 동학교도들이 조직적으로 개입하였다고 하여 동학인들만 조사 처벌하는데 급급하였다.

㉣ **동학군의 봉기** : 창의대장 전봉준, 총관령 손화중·김개남, 총참모 오지영 등의 지도하에 대오를 갖춘 동학농민군이 보국안민(輔國安民)과 제폭구민(除暴救民)의 기치를 내걸고 전라도 무장에서 봉기한 시기로 이것이 제1차 농민전쟁이다(1894. 3).

② 제2기(동학운동의 절정기)

㉠ **전개** : 고부와 태인에서 봉기하여 백산에서 집결한 후 호남창의소를 조직하고 농민 봉기를 알리는 격문(백산 격문)과 농민군 4대 행동강령을 발표하였다.

사료읽기

동학 농민군의 4대 행동 강령

1. 사람을 죽이지 말고 물건을 해치지 말라.
2. 충효를 다하며, 세상을 구하고 백성을 편안케 하라.
3. 일본 오랑캐를 물리치고 성도(聖道)를 깨끗이 하라.
4. 군대를 몰아 서울에 들어가 권세가와 귀족을 모두 멸하라.

》정교, 「대한계년사」

황토현 전적비

장태

㉡ **경과** : 이어 태인을 점령하고 전주 황토현 전투에서 전라감영군을 물리친 후 중앙에서 파견된 경군을 유인하려고 정읍·고창·함평·장성 등을 공략한 다음 북상하자, 정부는 홍계훈을 양호초토사(兩湖招討使)로 하는 경군(京軍)을 보냈지만 동학군은 장태를 이용하여 장성 황룡촌에서 대파하고 전주감영을 점령하였다(1894. 5).

㉢ **정부의 대응** : 청에 파병을 요구하여 청군이 아산만에 상륙(1894. 5. 5)하자 일본군도 텐진조약을 근거로 파병하여 인천에 도착하였다(1894. 5. 9). 양국 군대의 상륙으로 조선 내에서 청·일 간의 대립이 격화되자 외세의 간섭을 피하기 위해 동학 농민군과 정부 간에 전주화약(1894. 6. 11)이 맺어져 폐정 개혁 12조를 제시하고 일단 해산하게 되었다.

사료읽기

폐정개혁안 12개조

1. 동학도는 정부와의 원한을 씻고 서정에 협력한다.
2. 탐관오리는 그 죄상을 조사하여 엄징한다.
3. 횡포한 부호(富豪)를 엄징한다.
4. 불량한 유림(儒林)과 양반의 무리를 징벌한다.
5. 노비문서(奴婢文書)를 소각한다.
6. 7종의 천인 차별을 개선하고, 백정이 쓰는 평량갓(平凉笠)은 없앤다.
7. 청상과부(靑孀寡婦)의 개가를 허용한다.
8. 무명의 잡세는 일체 폐지한다.
9. 관리 채용에는 지벌(地閥)을 타파하고 인재를 등용한다.
10. 왜와 통하는 자는 엄징한다.
11. 공사채를 물론하고 기왕의 것을 무효로 한다.
12. 토지는 평균하여 분작(分作)한다.

› 오지영 「동학사」

(5, 6, 7, 8, 9조는 갑오개혁에 반영)

③ 제3기(폐정개혁안 실천기)

㉠ **집강소 설치** : 동학군과 정부는 12개조 개혁안에 합의하여 전라도의 53군현과 충청도·경상도의 일부 지역에 집강소를 설치하여 개혁을 실천해 나갔다.

㉡ **청·일전쟁 발발** : 정부는 동학농민군의 개혁 요구를 제대로 실천하지 못하고 있는 가운데 청군과 일본군은 계속 증파되었고, 전주화약 체결로 사실상 외국 군대 주둔에 대한 명분이 없어지자 정부는 온건 개화파를 중심으로 자주적인 개혁을 추진하기 위하여 교정청을 설치하고 일본의 군대 철병을 요구하였다. 그러나 일본은 청의 세력을 조선에서 몰아내고자 무력으로 경복궁을 점령하여(1894. 6) 민씨 정권을 내쫓고 흥선 대원군을 내세워 친일 정부를 수립한 후 아산만 풍도 앞바다에 진주해 있던 청군을 기습 공격하여 청·일 전쟁(1894. 6. 23)을 일으켰다.

④ **제4기(동학 농민군의 재봉기)** : 정부의 개혁이 부진하고 청·일전쟁에서 승세를 잡은 일본의 침략과 내정 간섭이 강화되자, 손병희의 북접과 전봉준의 남접이 논산에서 연합하여 북상하던 중 공주 우금치에서 패한 후 흩어진 400여 명의 동학농민군이 보은 북실전투에서 패배하면서 동학농민운동은 종식되었다.

동학 농민군의 지도자 전봉준

(3) 평 가

① **성격** : 안으로는 전통적 봉건 지배체제에 반대하는 개혁정치를 요구하였고, 밖으로는 외세의 침략을 물리치려 한 아래로부터의 민족운동이었다.

② **영향** : 안으로 갑오개혁, 밖으로 청·일전쟁이 일어나는 계기가 되었다.

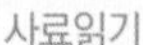

사료읽기

전봉준 절명시(絶命詩)

時來天地皆同力(시래천지개동력) 때 만나서는 하늘과 땅이 힘을 합치더니
運去英雄不自謨(운거영웅부자모) 운이 다하니 영웅도 어쩔 수 없구나
愛民正義我無失(애민정의아무실) 백성 사랑 올바른 길에 잘못이 없었건만
愛國丹心谁有知(애국단심수유지) 나라 사랑 붉은 마음 그 누가 알리

❸ 청·일전쟁(1894~1895)

(1) 발 발

① **청·일 군대 파병** : 1894년 2월 동학농민운동이 일어나자 조선 조정의 요청으로 3,000명의 청나라 군대가 들어왔고, 일본은 이에 항의하여 공사관과 거류민 보호 명목으로 7,000여 명의 군대를 보냄으로써 청나라와의 세력 균형을 유지하려 하였다.

② **전쟁의 발발** : 동학 농민운동의 기세가 약화되자 조선은 곧 일본군의 철병을 요구하였으나 일본은 거부하고 조선에 친일정권을 세우고 갑오개혁이 단행되던 즈음, 6월 23일 아산 풍도(豊島) 앞바다에서 청나라 해군을 공격함으로써 청·일전쟁이 발발하였다.

(2) 결 과

① **일본의 승리** : 이 전쟁에서 열강들은 국외중립(局外中立)을 선언하였으며, 근대적 군비를 갖춘 일본은 일방적인 승전을 하였다.

② **시모노세키 조약 체결** : 1895년 4월 체결하여 청은 조선 내에서의 종주권을 완전히 상실하였다.

사료읽기

시모노세키 조약(1895. 4)

1. 조선이 완전한 자주 독립국임을 확인함
2. 청국은 봉천 남부인 요동 반도 및 대만·팽호도를 일본에 할양할 것
3. 청국은 배상금 2억 냥을 지불할 것
4. 청·일 양국의 종래의 조약을 고치고, 다시 청국의 사시(沙市)·중경·소주(蘇州)·항주를 개방하고, 일본 선박의 양자강 및 그 부속 하천의 자유 통항을 용인하고, 일본인의 거주·영업·무역의 자유를 승인할 것
5. 청국내의 일본군은 3개월 이내에 철퇴하되, 위해위(威海衛)에 있는 일본군은 배상금을 완료할 때까지 주둔함

08 근대적 개혁의 추진

❶ 갑오개혁

(1) 제1차 개혁(1894. 7~12)

① 추진 과정

㉠ **제1차 김홍집 내각 성립** : 일본은 군대를 동원하여 경복궁을 점령하였으며(1894. 6. 21), 이로써 민씨 정권은 붕괴되고 흥선 대원군을 섭정으로 하는 제1차 김홍집 친일내각이 성립되었다.

㉡ **군국기무처(軍國機務處) 설치** : 갑오개혁을 추진하기 위해 설치한 초정부적인 회의기관이다.

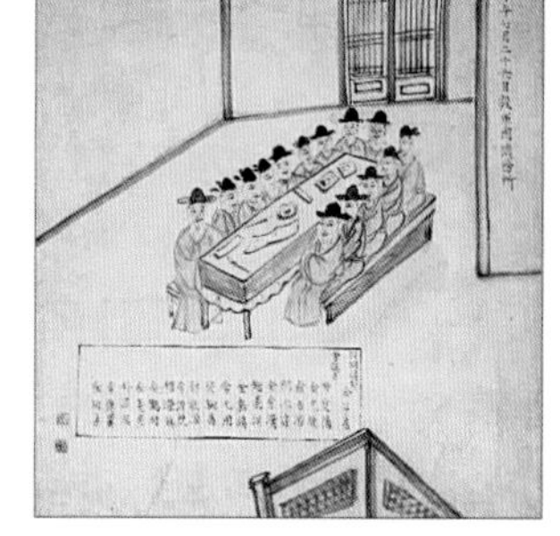
군국기무처 회의 모습

> **군국기무처**
>
> 총재 1명과 부총재 20명 미만의 의원으로 구성된 합의제이며, 공개적이고 다수결로 의결하는 초정부적 입법부의 성격을 가진 기구이다.

② 개혁의 주요 내용

㉠ 정치면

㉮ **연호 사용(개국기원)** : 청 황제 덕종의 연호인 광서(光緖) 20년을 버리고, 조선 왕조의 건국을 기준으로 한 개국기원(開國紀元) 503년을 채택하여 청의 종주권을 부정하였는데, 이는 조선에 대한 청의 간섭을 막으려는 일본의 의도를 보여주는 것이다.

㉯ **중앙 관제 개편** : 왕권을 축소시키고 의정부를 중앙 통치기구의 중추기관으로 만들었으며, 궁내부를 설치하여 궁중의 여러 부서들을 궁내부 산하로 통합하고, 의정부 예하 6조는 8아문으로 개편하였다(내무, 외무, 탁지, 군무, 법무, 학무, 공무, 농상아문). 또한, 중앙의 18관등을 11관등(칙임관, 주임관, 판임관)으로 개편하였다.

㉰ **과거제도 폐지** : 보통시험과 특별시험을 거쳐 능력에 따라 관리를 임용하도록 하였다.

㉱ **기타** : 대간·상속제의 폐지와 내무아문 밑에 경무청이라는 경찰기관을 설치하였다.

㉡ 경제면

㉮ **재정의 일원화** : 재정에 관한 모든 사무를 탁지아문이 관장하도록 하였다.

㉯ **기타** : 은본위 화폐제도 채택(신식화폐발행장정), 조세의 금납제 시행, 일본화폐의 유통 허용, 방곡령 반포 금지, 도량형의 개정 통일 등을 실시하였다.

㉢ 사회면

㉮ **신분제의 철폐** : 양반과 평민의 계급을 타파하였고, 공·사 노비제도를 폐지하였다.

㉯ **전통적인 폐습 타파** : 인신 매매 행위 금지, 조혼 금지, 과부 개가 허용, 고문과 연좌법 폐지 등을 실시하였다.

③ **결과** : 제1차 갑오개혁은 청·일전쟁 중으로써 일본의 적극적인 간섭없이 조선의 개화 관료들에 의

해 전개되었으나, 청·일전쟁에서 승세를 잡은 후 일본은 개혁에 적극 간섭하기 위해 제1차 김홍집 내각을 해산함으로써 중단되었다.

(2) 제2차 개혁(1894. 12~1895. 8)

① 추진 과정

㉠ **제2차 김홍집·박영효 친일 연립내각 성립** : 청·일전쟁에서 승세를 굳힌 일본은 조선을 적극적으로 통제하여 나갔다. 일본과 미국에 망명 중이던 박영효와 서광범 등을 귀국시켜 군국기무처를 폐지하고, 김홍집·박영효 연립내각이 성립되면서 추진되었다.

㉡ **독립서고문(獨立誓告文)** : 고종으로 하여금 문무백관을 거느리고 종묘에 나가 일종의 독립선언문을 발표케 하여 조선의 자주 독립을 선포하게 하였다. 이는 청의 간섭과 왕실의 정치 개입을 철저하게 배제하려는 일본측의 의도가 깔려 있었다.

㉢ **홍범 14조 반포** : 국정 개혁의 강령이자 자주 독립을 내외에 선포한 최초의 헌법적 성격의 조항으로 이는 경국대전 체제의 붕괴를 의미한다.

사료읽기

홍범 14조

1. 청에 의존하는 생각을 버리고 자주 독립의 기초를 세운다.
2. 왕실 전범(典範)을 제정하여 왕위 계승의 법칙과 종친과 외척과의 구별을 명확히 한다.
3. 임금은 각 대신과 의논하여 정사를 행하고, 종실(宗室)과 외척의 내정간섭을 용납하지 않는다.
4. 왕실사무와 국정사무를 나누어 서로 혼동하지 않는다.
5. 의정부(議政府) 및 각 아문(衙門)의 직무, 권한을 명백히 규정한다.
6. 납세는 법으로 정하고 함부로 세금을 징수하지 아니한다.
7. 조세의 징수와 경비지출은 모두 탁지부(度支部)의 관할에 속한다.
8. 왕실의 경비는 솔선하여 절약하고, 이로써 각 아문과 지방관의 모범이 되게 한다.
9. 왕실과 관부(官府)의 1년 회계를 예정하여 재정의 기초를 확립한다.
10. 지방제도를 개정하여 지방 관리의 직권을 제한한다.
11. 총명한 젊은이들을 파견하여 외국의 학술, 기예를 견습시킨다.
12. 장교를 교육하고 징병을 실시하여 군제의 근본을 확립한다.
13. 민법, 형법을 제정하여 인민의 생명과 재산을 보전한다.
14. 문벌을 가리지 않고 인재 등용의 길을 넓힌다.

② 주요 내용

㉠ **정치면** : 국왕의 입지를 더욱 약화시키는 방향으로 개편되었다.

㉮ **관제 정비** : 의정부⇨내각, 8아문⇨7부(내무, 외무, 탁지, 군무, 법무, 학무, 농상공부)로 하고 궁내부 관제를 대폭 간소화하였다. 아울러, 의정부 부속 기구로 도찰원(감찰기구), 중추원을 두었고 언론 3사는 폐지하였다.

㉯ **규장각 기능 격하** : 규장원으로 개칭하여 궁내부의 한 관서로 격하시켰다.

㉰ **지방제도 개편** : 군현제를 폐지하고, 전국을 23부로 개편하였다.

㉱ **지방관 권한 축소** : 사법권과 군사권을 배제하고 행정권 만을 행사하도록 하였다.

㉲ **사법권 독립** : 체포와 구금, 재판의 업무는 경찰관과 사법관만이 맡도록 하였다.

㉳ **재판소 설치** : 1~2심 재판소로서 지방재판소 및 순회재판소, 최고의 재판소로 고등재판소가 설치되었다.

ⓛ 경제면

㉮ **왕실과 정부의 재정 분리** : 국가 재정을 정비하는 데 역점을 두었다.

㉯ **관세사·징세사 설치** : 탁지부 아래 를 지방에 설치하여 세금 징수 업무를 담당하였다.

ⓒ **교육면** : 한성사범학교를 설립하고 외국어 학교 관제를 공포하였다. 국한문 교과서가 편찬되고 고종은 1895년 교육입국조서를 반포하였다.

ⓔ **군사면** : 훈련대의 창설 확충과 사관양성소의 설치 등이 한때 시도되었으나, 조선의 군사력 강화나 군제 개혁을 꺼린 일본이 개혁을 소홀히 하였기 때문에 큰 성과를 거두지는 못하였다.

③ **개혁의 중단** : 내무대신 박영효의 주도하에 개혁이 단행되었으나 고종 32년(1895) 7월 궁중 호위병 교체를 둘러싸고 박영효가 민씨 일파에 의해 불궤음모(不軌陰謀)의 반역 혐의를 받자 돌연 일본으로 망명함으로써 개혁은 중단되었다. 이 시기에 박영효는 일본이 바라던 국왕과 왕비 등 궁정세력의 조종역에 머무르지 않고 정치적인 실권을 공고히 하려고 하면서 일본 및 궁정 세력과 마찰을 일으켰다. 이는 일본이 박영효 실각 당시 방관한 이유이기도 하였다.

(3) 삼국간섭(1895. 4)

① **내용** : 청·일전쟁에서 승리한 일본의 팽창을 견제하기 위하여 러시아가 독일·프랑스와 제휴하여 일본이 청나라와의 전쟁에서 승리한 결과로 차지한 요동반도를 청에게 반환하도록 하였다.

② **결과** : 온건개화파와 친러파의 연립내각인 제3차 김홍집 내각이 성립되어 조선에 대한 일본의 영향력이 일시 약화되었다.

❷ 을미개혁

(1) 을미사변(1895. 8. 20)

① **배경** : 명성황후가 미국 및 러시아와 가까운 인물을 등용하여 새로운 내각을 구성하고 반일정책을 추진하자 일본은 이노우에 공사를 소환하고 미우라 고로(三浦梧樓) 공사를 파견하여 흥선 대원군을 앞세워 경찰·신문기자·낭인(浪人) 등으로 하여금 경복궁을 습격하여 건청궁 곤녕합에서 명성황후를 시해하였다.

② **결과** : 전 국민의 반발이 야기되었고, 국제적인 비난을 받자 미우라 공사를 송환하여 형무소에 수감하였다가 이후 증거 불충분을 이유로 무죄 판결을 내렸다.

장충단(奬忠壇)

고종은 1900년 이곳에 을미사변으로 순사한 내부대신 이경직과 연대장 홍계훈을 비롯한 호위 장졸들의 위패를 모신 장충단을 세웠으나 1910년 일제에 의해 폐사되고, 민족 정신 말살 정책에 따라 장충단 공원으로 격하되었다. 그 후 이토 히로부미의 보제사인 박문사를 설립했다가 광복 직후 철거되었다. 6·25전쟁으로 장충단 사전과 부속건물은 완전히 소실되고, 현재 장충단비만 남아있다. '장충단'의 글자는 순종이 황태자 시절에 쓴 것이다.

장충단 비

(2) 제3차 개혁(을미개혁 : 1895. 8~1896. 2)

① **과정** : 을미사변 후 김홍집 제4차 친일내각을 구성하여 개혁을 계속 추진하였다.

② **내용**

㉠ **단발령 실시** : 유생들은 "내 목을 자를지언정 내 머리카락은 자를 수 없다."는 강경한 자세로 반발하였다.

㉡ **군제의 개편** : 중앙군은 친위대, 지방군은 진위대로 개편하였다.

㉢ **연호의 사용** : '건양'이라는 연호를 사용하였다.

㉣ **기타** : 양력 사용(1895. 11. 17 → 1896. 1. 1), 소학교 설립, 우편제도 실시, 종두법 실시 등을 추진하였다.

③ **반발** : 명성황후의 시해로 울분에 싸여 있던 유생층과 농민들이 단발령을 계기로 하여 각지에서 의병을 일으켰다.

제2장 주권 수호 운동

핵심 출제포인트

- 독립협회의 활동과 대한제국의 광무개혁의 내용을 정리해야 한다.
- 항일의병운동의 전개 과정과 애국계몽운동 단체의 활동을 구분지어 학습해야 한다.
- 독도와 간도에 대해서는 시사적인 부분이므로 꼼꼼하게 정리해야 한다.

01 아관파천(俄館播遷 1896. 2~1897. 2)

❶ 정 의

을미사변 당시 일본의 만행에 신변의 위협을 느낀 고종이 1896년 2월 11일~1897년 2월 20일 까지 러시아의 공사관으로 피신한 사건이다.

❷ 결 과

(1) 을미개혁 중단

을미개혁을 추진하던 김홍집, 정병하, 어윤중 등이 민중에게 살해됨으로써 친일내각이 무너졌으며, 단발령과 내각제의 폐지 및 의정부 제도의 복구·음력의 부분적 사용·지방 행정구역의 13도 환원 등 옛 제도의 일부를 복구하였다.

(2) 친러내각 성립

이완용, 이범진, 윤치호 등으로 새 내각을 구성하고, 러시아의 알렉세이프가 고문관으로 임명되었다.

(3) 열강의 이권 침탈 격화

국가의 자주성은 크게 손상되었고, 러시아를 비롯한 열강들이 최혜국 조관을 근거로 철도부설권·광산채굴권·삼림채벌권 등의 이권을 빼앗아 갔다.

(4) 독립협회 창설

국민의 힘으로 자주 독립 국가를 건설하기 위한 노력을 전개하였다.

외교고문의 파견

임오군란(1882) : 청(독일인 묄렌도르프 ⇨ 미국인 데니로 교체)
아관파천(1896) : 러(러시아인 알렉세이프)
제1차 한일협약(1904) : 일(미국인 스티븐 ⇦ 일본의 추천)

02 독립협회(1896. 7~1898. 12)

❶ 창 립

(1) 시대적 배경

① **새 내각의 성립** : 아관파천으로 김홍집의 친일내각이 붕괴되고, 근왕파와 친러파의 연립정권이 성립되었다.

② **친러 수구 경향** : 집권층은 러시아에 의존적 자세를 취하고, 갑오·을미개혁에 역행하는 복고정책을 취하였다.

③ **열강의 세력 균형** : 일본의 침략은 일단 견제되고, 조선에 있어서 열강의 세력 균형이 어느 정도 이루어졌다.

④ **열강의 이권 침탈 강화** : 국왕이 러시아 공사관에 있는 상황에서 러시아를 비롯한 열강의 이권 침탈이 심하여졌다.

(2) 구 성

① **중심 인물** : 개화파 서재필, 윤치호, 이상재 등과 유학자인 남궁억, 정교 등이 주축을 이루었다.

② **구성원** : 열강의 침탈과 지배층의 수탈에 불만을 품은 도시 시민층을 중심으로 이루어졌다.

③ **지지층** : 학생, 노동자, 여성, 해방된 천민 등 광범위한 사회계층의 지지를 받았다.

월남 이상재(1850~1927)

- 1920년 조선체육회 창립을 기념하여 제1회 전조선 야구대회에서 흰두루미기 입고 시구
- 1921년 조선교육협회 회장
- 1922년 민립대학설립운동 주도
- 1923년 소년연합척후대 초대 총재
- 1927년 신간회 초대 회장
- 1927년 한국 최초의 사회장(社會葬)으로 장례식 거행

❷ 활 동

(1) 제1기(1896. 7~1897. 8) : 고급 관료 주도기

① **배경** : 갑신정변 실패 후 미국에 망명하여 서구 시민사회를 체득하고 있던 서재필이 갑신정변 주모자들에 대한 반역죄가 사면되고 개화 정부가 들어섰다는 소식을 듣고, 1895년 12월 하순에 돌아와 〈독립신문〉을 창간하고(4. 7), 독립협회를 창립했다(7. 2).

② **활동** : 고문 서재필, 회장 안경수, 위원장 이완용 등 10명의 간사로 구성되었고 회원 자격은 독립문 건립 보조금을 내고 가입에 찬성한 자로 시민계층과 왕실의 호응을 받았으며, 회원은 2,000여 명에 달하였다. 일반 시민계층보다는 고급 관료들이 주도하는 사교 모임의 성격을 띠고 있었다.

(2) 제2기(1897. 8~1898. 2) : 민중 계몽기

① **활동** : 지도층은 갑신정변과 갑오개혁 같은 개혁 운동이 민중의 지지 기반이 없어 실패로 끝난 사실을 거울삼아 우선 민중을 일깨우기 위한 운동을 벌였다.

② **내용** : 국민의 성금을 모아 영은문 자리에 자주 독립의 상징인 독립문을 세우고, 모화관을 독립관으로 개수하여 국민 대중에게 독립 의지와 애국정신을 고취하여 민중에 기반을 둔 사회 단체로 발전하였다.

독립문

(3) 제3기(1898. 2~1898. 8) : 민중 운동기

① **만민공동회 개최** : 근대적 구국 민중운동을 전개하였다.

② **민권 보장 운동** : 국민의 신체 자유권과 재산권, 언론·출판·집회·결사의 정치적 자유 등을 확보하려는 운동을 전개하여 상당한 성과를 거두었다.

만민공동회

(4) 제4기(1898. 8~1898. 12) : 민중 투쟁기

① **내용** : 의회 설립에 의한 국민 참정권 운동과 국정 개혁운동을 본격적으로 전개하였다.

② **성과**

㉠ **진보적 내각 수립** : 보수적인 내각의 악법인 노륙법(努戮法 : 연좌제에 의해 죄인의 아들을 함께 사형에 처하는 법)의 부활에 반대하여 그들을 퇴진시키고, 박정양을 중심으로 하는 진보적 내각을 수립하였다.

㉡ **의회식 중추원 관제 반포** : 정부와 협상을 벌여 관선의원 25명과 민선의원 25명으로 하는 의회식 중추원 관제를 반포하여 우리나라 역사상 최초로 국회가 설립될 단계에까지 이르렀다. 이는 제한된 의미에서 최초로 국민 참정권을 공인한 것이다.

㉢ **관민공동회 개최(1898)** : 만민공동회에 정부 대신들을 합석시켜 관민공동회를 열고, 국권 수호와 민권 보장 및 정치 개혁을 내용으로 하는 헌의 6조를 결의하여 국왕의 재가를 받았다.

사료읽기

관민공동회(官民共同會) 헌의 6조

1. 외국인에게 의지하지 말고 관민이 한마음으로 힘을 합하여 전제 황권을 견고하게 할 것
2. 외국과의 이권에 관한 계약과 조약은 각 대신과 중추원 의장이 합동 날인하여 시행할 것
3. 국가 재정은 탁지부에서 전관하고, 예산과 결산을 국민에게 공포할 것
4. 중대 범죄를 공판하되 피고의 인권을 존중할 것
5. 칙임관을 임명할 때에는 황제가 정부에 그 뜻을 물어서 중의에 따를 것
6. 정해진 규정을 실천할 것

❸ 독립협회의 3대 사상과 해산

(1) 3대 사상

① **자주 국권 사상** : 외세의 침탈로부터 국권을 수호하여 완전한 자주 독립 국가를 수립하려는 민족주의 사상이었다.

② **자유 민권 사상** : 국민의 평등과 자유 및 국민 주권을 확립을 통하여 국민의 기본적인 권리를 보장하고, 근대 의회정치를 구현하여 근대 국민국가를 수립하려는 근대적 민주주의 사상이었다.

③ **자강 개혁 사상** : 국정 모든 분야에 걸쳐 근대적 자강체제를 수립하려는 근대화 사상이었다.

독립협회의 3대 사상

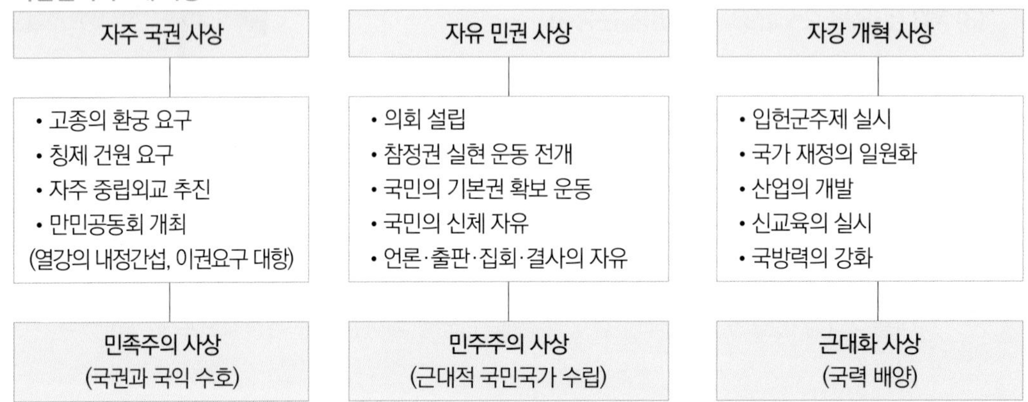

(2) 해산(1898)

① **보수세력의 반발** : 서구식 입헌군주제의 실현을 주장하여 보수 세력의 지지를 얻지 못하였다.

② **조병식의 무고** : 독립협회가 황제를 폐위하고 공화국을 건설하여 대통령제 정부를 성립시킬 것이라고 보고하였다.

③ **대한제국의 탄압** : 독립협회 회원들이 만민공동회의 대중 집회를 계속 열자 정부와 보수세력은 황국협회를 이용하여 독립협회를 습격하게 하고, 군대와 순검을 풀어 강제 해산시켰다.

03 대한제국(1897~1910)

❶ 성 립

(1) 배 경

① **대내적** : 외세의 간섭을 막고, 자주 독립의 근대국가를 세우려는 국민적인 열망과 고종의 위상을 황제(皇帝)로 격상시켜야 한다는 여론이 관료와 유생사이에서 제기되었다.

② **대외적** : 청·일 전쟁 이후 청국의 간섭이 약화되고, 러시아의 견제로 일본의 간섭이 느슨해졌으며 상대적으로 러시아의 독점 세력이 강화되자 이를 견제하려는 국제적 여론의 뒷받침을 받았다.

(2) 과 정

① **환궁** : 고종은 자주 독립의 근대 국가를 세우려는 국민적 열망과 러시아의 우월적 지위를 견제하려는 국제 여론에 힘입어 경운궁(지금의 덕수궁)으로 환궁하였다.

② **자주국가 선포** : 국호를 대한, 1897년 5월에 연호를 광무(光武)로 고치고, 10월 환구단을 축조하여 왕을 황제라 칭하여 자주 국가임을 내외에 선포하였다.

환구단

경운궁(덕수궁)

본래 월산대군(성종의 형)의 집이었으나 선조가 임란 후 이곳에서 정사를 보았던 곳으로 광해군 때 경운궁(慶運宮)이라 하였으며 인목대비를 이곳에 유폐시킨 곳이다. 고종 때 아관에서 환궁한 후 중화전(中和殿) 등 많은 건물이 들어섰으며, 1907년 대안문(大安門)을 수리하면서 대한문(大韓門)으로 개칭하고 1910년에는 서양식 석조 건물인 석조전이 건립되었다.

❷ 광무개혁

(1) 성 격

① **점진적** : 갑오·을미개혁의 급진성을 비판하고 점진적인 개혁을 추구하였다.

② **복고적** : 옛 제도를 근본으로 하고 새로운 제도를 참작한다는 구본신참(舊本新參)과 민국(民國) 건설의 통치이념을 제시하였다.

(2) 개혁 기구

① **교전소(校典所)** : 신·구법의 절충과 그에 관한 법전 편찬기구로 이후 법규교정소로 개편되었다.

② **법규교정소(法規校正所)** : 대한국 국제를 제정·반포하였다.

③ **사례소(史禮所)** : 역대 임금의 치적을 정리하였다.

(3) 주요 내용

① 정치면

㉠ **전제황권의 강화** : 황제가 모든 권력을 독점하고 황실의 재정을 확충할 수 있게 하였으며, 입헌군주제와 의회의 설립을 주장하는 독립협회의 정치 개혁운동을 탄압하였다.

㉡ **관제 개혁** : 내각제의 이념을 도입한 의정부 제도를 부활하고, 중앙 정부의 지방 행정 장악을 위해 13도로 개편하였다. 과거를 폐지하고 추천식으로 바꾸었으며, 자문기관에 불과하였지만 의회제를 채택하여 중추원을 설립하였다.

㉢ **대한국 국제(大韓國國制) 공포(1899)** : 광무 정권이 제정한 일종의 헌법으로 대한제국의 전제군주체제를 더욱 강화하였다.

㉣ **울릉도 승격(1900)** : 칙령을 발표하여 울도군으로 승격시키고 독도 관할권을 부여하였다.

㉤ **경위원 설치(1901)** : 황궁 내외의 경비, 수위, 규찰, 체포 등을 관장하기 위해 궁내부 예하에 설치하였다.

㉥ **수민원 설치(1902)** : 외국과의 여행 업무를 담당하기 위하여 궁내부 예하에 설치하였다.

사료읽기

대한국 국제 9조(1899)

제1조 대한국은 세계 만국이 공인한 자주 독립 제국이다.
제2조 대한국의 정치는 만세불변의 전제정치이다.
제3조 대한국 대황제는 무한한 군권을 누린다.
제4조 대한국 신민이 대황제의 군권을 침손하는 행위시 그 행위의 사전·사후를 막론하고 신민의 도리를 잃은 자로 인정한다.
제5조 대한국 대황제는 육군과 해군을 통솔한다.
제6조 대한국 대황제는 법률을 제정하여 그 반포와 집행을 명하고 대사, 특사, 감형, 복권 등을 명한다.
제7조 대한국 대황제는 행정 각부의 관제를 정하고, 행정상 필요한 칙령을 발한다.
제8조 대한국 대황제는 문무관의 출척·임면을 행하고 작위·훈장 및 기타 영전을 수여한다.
제9조 대한국 대황제는 각 조약 체결 국가에 사신을 파견하고 선전, 강화 및 제반 조약을 체결한다.

② **군사면**

㉠ **원수부 설치** : 황제가 군권을 장악하기 위해 설치하였다.

㉡ **시위대 설치** : 황제를 호위하는 부대로 창설되어 병력을 증강하고, 지방군 진위대를 증강하였다.

㉢ **무관학교 설치** : 고급 장교의 양성을 추진하는 등 일련의 군사적인 조치는 그동안 일본에게 왕궁이 점령당해 온 수모를 막고 국방력을 키우기 위함이었다.

③ **외교면** : 자주적인 외교를 적극적으로 추진하였다.

㉠ **한·청 통상조약(1899)** : 청과 대등한 관계에서 체결하고 공사를 교환하였다.

㉡ **북간도관리사 파견** : 간도를 우리의 영토로 편입하고 이범윤을 파견하였다.

㉢ **해삼위 통상사무관 설치** : 블라디보스토크에 설치하고 교민을 보호하였다.

④ **경제면**

㉠ **금(金)본위제 채택** : 중앙은행 설립을 계획하고 중앙집권적인 조세 제도를 수립하였다.

㉡ **양전사업 실시** : 전정을 개혁하여 민생을 안정시키고, 국가 재정을 확보하기 위하여 양지아문을 두고 양전사업을 진행하면서 지권(地券) 발행을 위해 1901년 지계아문(地契衙門)을 두고 지계(地契 : 개인 토지 소유를 인정한 문서)를 발급하였다.

지계(地契)

㉢ **외국인 토지 소유 금지** : 개항장 이외의 토지는 외국인이 소유하지 못하게 하여 외국인의 토지 침탈을 막는 성과를 거두기도 하였다.

㉣ **상공업 진흥책 추진(殖産興業)**

㉮ **공장·회사 설립** : 섬유, 철도, 운수, 광업, 금융분야의 공장과 회사들이 정부의 지원으로 설립되었다.

㉯ **교육제도 정비** : 유학생의 파견과 각종 기술 교육기관이 설립되었다.

㉰ **황실 재정 확충** : 종래의 탁지부에서 관리하던 광산, 철도, 홍삼, 수리사업 등의 수입은 황제 직속의 궁내부 내장원에서 관리하였다.

㉱ **상무사(商務社) 조직** : 지방의 영세 상인인 보부상을 지원하고 영업세의 징수를 맡겼다.

⑤ 사회면

㉠ **근대시설 확충** : 교통·통신시설의 개선, 우편망의 확충, 전화 개설, 제중원(종합병원), 혜민원(구휼기관) 등이 설치되었다.

㉡ **새로운 제도 마련** : 새 호적제도 시행, 순회재판소 설치, 단발령 시행 등이 이루어졌다.

㉢ **환구단과 황궁우 설치** : 지신에게 제사 지내는 사직단을 방형으로 쌓은 것과는 달리 부속 건물인 황궁우는 천신에게 제사 지내기 때문에 원형으로 쌓았다.

㉣ **만국우편연합 가입(1900)** : 국제적인 우편 업무 관할을 위해 가입하였다.

04 간도와 독도

❶ 간 도

(1) 조선인의 간도 이주

① **철종~고종** : 세도정치의 학정과 수탈에 못 견딘 많은 농민들이 관권이 미치지 않는 두만강 너머로 점차 이주해갔다.

② **1869년 전후** : 함경도의 대흉년으로 많은 사람들이 이주하여 새로운 삶의 터전을 마련하였다.

(2) 조선 정부의 대책

① **서북 경략사 파견(1883)** : 어윤중을 파견하여 교민을 보호하였다.

② **토문 감계사 파견(1885)** : 이중하는 백두산 정계비의 토문강이 송화강의 상류이므로 간도가 우리 영토임을 주장하였다.

③ **간도 관리사 파견(1902)** : 1900년 의화단 사건을 계기로 청국인의 횡포에 시달린 조선인들이 도움을 요청하자 조선 정부는 1901년 함경도 회령에 변계경무서를 설치하여 그 곳 주민을 보호하게 하고, 1902년 이범윤을 간도 관리사로 파견하였다.

(3) 일본의 대책

① **간도출장소 설치(1907)** : 을사늑약 이후 외교권을 박탈한 일제의 통감부는 간도를 우리의 영토로 관리하였다.

② **간도협약 체결(1909)** : 일본이 청으로부터 남만주 철도 부설권(단둥~봉천)과 푸순 탄광 채굴권 등 몇가지의 이권을 얻는 댓가로 백두산 정계비의 "토문"을 "두만"으로 해석해 줌으로써 간도는 청의 영토로 귀속되었다.

❷ 독 도

(1) 역사성

① **신라 지증왕(6세기 초)** : 이사부가 울릉도와 독도를 복속하였다.

② **사료적 검토**

㉠ **「고려사」** : 우산국인들이 고려에 토산물을 공납하였다.

㉡ **「세종실록지리지」** : 강원도 울진현으로 행정구역을 정비하였다.

㉢ **「신증동국여지승람」** : "팔도총도"에 독도가 처음으로 표기되었으나 독도와 울릉도의 위치가 바뀌어 그려져 있다(영조 때 동국지도에서 수정됨).

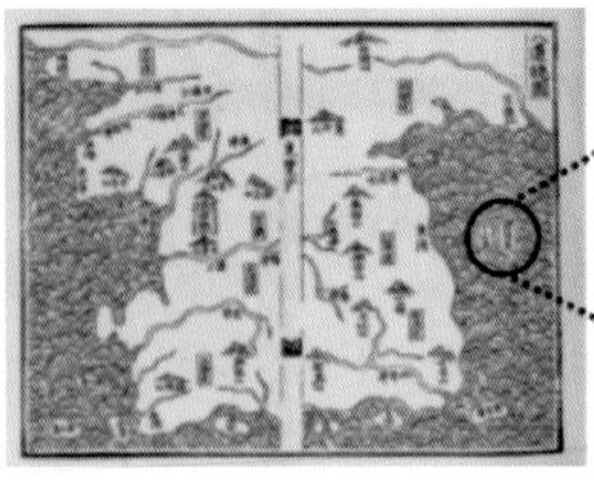
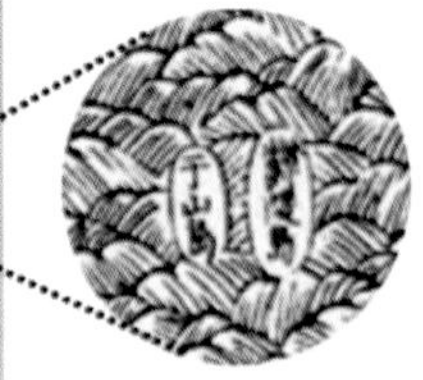
팔도총도

③ **조선 초기** : 정부의 유민 방지책의 일환으로 울릉도의 백성을 육지로 이동시켜 정부의 관리가 소홀하였으나 어민들의 어업장으로 활용되고 있었다.

④ **18세기** : 숙종 초 안용복이 독도 근해에서 불법어로 활동을 하는 일본 어민을 울릉도로부터 축출하여 울릉도를 조선 영토로 확인하였다.

⑤ **공도(空島)정책 중단(1881)** : 울릉도 및 부속 섬에 대한 공도정책을 중단하고, 1884년 울릉도 개척령에 따라 육지 주민을 이주시키고 관리를 파견하였다.

⑥ **대한제국** : 1900년에 칙령(41호)을 발표하여 죽도와 석도 두 섬을 정식으로 편입하고 주민을 이주시켜 울릉도를 울도군(郡)으로 승격시키고 독도 관할권을 부여하였다.

⑦ **일본의 불법 점령** : 한·일 의정서(1904. 2)를 근거로 러·일 전쟁 중 독도를 일본 시마네 현에 편입시키고(1905. 2) 다케시마(竹島)라 명명후 일본 해군의 보급 기지로 사용하였다.

⑧ **반환** : 1945년 8월 제2차 세계대전이 연합국의 승리로 끝나면서 일본이 패망하여 우리나라에 반환되었다.

⑨ **일본의 주장** : 제2차 세계대전 종료 후 일본이 연합국과 맺은 샌프란시스코조약(1951)에서 "일본은 조선의 본토와 제주도, 거문도, 울릉도에서의 모든 권리 및 청구권을 박탈한다"라는 부분에서 독도가 빠졌음으로 반환된 지역이 아니라는 억지 주장을 펴고 있다.

(2) 광복 이후의 대책

1999년에 발효된 "신 한·일어업협정"에서 우리 정부는 독도를 제외함으로써 일본의 야욕에 빌미를 제공해 준 면도 있으나 일본은 파도가 치면 보이지 않을 정도의 작은 암석인 오키노도리 섬(가로2m×세로5m)에 300여 억원을 투입하여 콘크리트 구조물을 만들어 남한 영토 반절 크기의 영해를 확보하기도 한 사실이 있다.

05 항일 운동의 두 방향

❶ 의병운동

(1) 사 상

① **기반** : 대체로 위정척사론에 바탕을 둔 존왕양이(尊王攘夷) 사상이었고, 농민층은 반침략·반봉건의 성격도 지녔다.

② **지도부** : 양반 유생, 전직 관리, 해산 군인, 평민(후기)들이 중심이 되었다.

③ **구성원** : 주로 농민과 하급군인, 도시의 빈민층이었다.

(2) 을미의병(1895)

① **원인** : 을미사변과 친일내각에 의해 강행된 단발령은 의병을 일으키는 불씨가 되었다.

② **시작** : 충청도 보은·회덕·유성 등지에서 문석봉을 시작으로 전개되었다.

③ **확대**

㉠ **전국적 확대** : 박준영(이천·여주), 이소응(춘천), 유인석(제천), 민용호(강릉), 김복한(홍주), 곽종석(산청), 허위(김천), 기우만(나주) 등이 지도하고, 농민들과 동학농민군의 잔여 세력이 가담하여 전국적으로 확대되었다.

㉡ **여성 의병 윤희순의 활동** : 을미의병 이후 강원도 춘천 지방에서 활동한 의병으로 국권 피탈 이후에는 가족과 함께 만주로 이동하여 활동하였다. 그는 여성들을 일깨우기 위해 '안사람 의병가' 등 수십 편의 의병가사를 지었으며, '왜놈 대장 보거라'. '왜놈 앞잡이들에게 경고한다' 등의 포고문을 지었다.

④ **활동** : 갑오개혁의 법령을 시행하는 관찰사·군수 등을 친일파로 지목하여 처단하거나 문책하면서 전선·철도 등 일본군의 군용시설을 파괴하거나 일본군 주둔지를 공격하기도 하였다.

⑤ **해산** : 친러정권의 단발령 철회와 친일 요인의 단죄, 미납 조세의 탕감 조치, 고종의 해산 권고 조칙이 내려지자 대부분 자진 해산하였으나 해산된 농민들의 일부가 활빈당을 조직하여 반봉건, 반침략운동을 계속 전개하였다.

(3) 광무 연간 일반 민중의 항쟁

① **남학당의 봉기(1898)** : 제주 목사(이병휘)와 향리가 결탁하여 수탈을 자행하자 1860년대 충청도·전라도 일대에서 유·불·선의 3교를 융합하여 만든 종교인 남학의 간부인 방성칠이 화전민 수백 명을 규합하여 통문을 돌리고 제주성을 공격·점령하였다.

② **영학당의 봉기(1898~1899)** : 전라도 지역의 동학교도와 을미의병 잔여 세력이 부패한 관리와 일본 상인을 규탄하며 봉기하였다.

③ **활빈당의 봉기(1900~1905)** : 삼남 지방의 화적·무직자·걸인·빈농·노동자 등이 주축이 된 비밀 결사조직으로 '대한사민논설 13조목'을 발표하여 반제·반봉건을 기치로 활동하였다.

(4) 을사·병오의병(1905~1906)

① **원인** : 러·일 전쟁에서 승리한 일제는 일방적으로 을사늑약의 성립을 발표하여(1905) 대한제국의 외교권을 빼앗고, 서울에 통감부를 설치하는 등 침략을 본격화하였다.

> **을사 5적**
>
> 내무대신(이지용), 외무대신(박제순), 군부대신(이근택), 농상부대신(권중현), 학부대신(이완용)

② **대표적 의병장**

㉠ **민종식** : 을사늑약이 발표된 뒤에 관직을 버리고 "일본을 토멸하고 5적을 몰살하여 국권을 회복하고 백성을 구하여 종묘사직을 탈없이 한 후 군신상하가 태평을 누리게 하겠다."고 선언문을 발표한 후 의병을 일으켜 홍주성을 점령하고 일본군과 맞섰다.

대마도로 압송되는 최익현

㉡ **최익현** : 순창에서 관군과 대치하였다가 "너희가 적군이라면 즉각 결전을 하겠으나 동족끼리 죽이는 일은 차마 못 하겠다."며 싸움을 포기하고 일본군에 의하여 쓰시마 섬(대마도)에 끌려가서 순절하였다. 1914년 그의 항일 투쟁과 독립 정신을 고양하기 위해 충남 청양군 모덕사(慕德祠)에 위패를 모시고 배향하였다.

㉢ **신돌석** : 평민 출신의 의병장으로 의병운동의 새로운 양상을 보여 주었으며 1906년(병오년)에 영해에 입성하여 관군의 무기를 탈취한 후 평해, 울진 등지에서 '태백산 호랑이로' 불리면서 활동하였다.

(5) 정미의병(1907)

① **원인** : 고종 황제의 강제 퇴위와 한·일신협약에 의한 군대 해산을 계기로 의병전쟁으로 확대되었다.

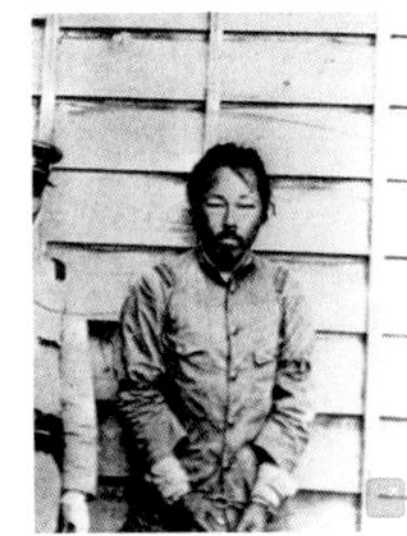

채응언

② **특징**

㉠ **전술과 화력의 증강** : 군대 해산 당시 시위대 제1대대장 박승환의 자결을 시발점으로 하여 일본군과 시가전을 벌였던 해산 군인들이 그 후 의병에 합류함으로써 조직과 화력이 강화되었다.

㉡ **다양한 의병장 계층** : 양반 유생 이외에도 해산군인·평민(김수민·채응언·홍범도·최재형·신돌석)·천민 의병장 등 다양한 계층이 의병에 합류함으로써 의병전쟁의 면모를 띠게 되었다.

③ **대표적 의병장** : 경상북도 북부 일대(이강년·신돌석), 경기도(허위), 전라도(기삼년·전해산·김태원·문태수·이석용 등), 충청도(김동신), 황해도(박정빈·이진용), 경기·황해도(김수민), 함경도·평안도(채응언·홍범도·최재형)

왕산 허위선생 기념 공원(구미)

(6) 서울 진공 작전(1908)

① **편성** : 관동창의대장 이인영이 전국의 의병장들에게 경기도

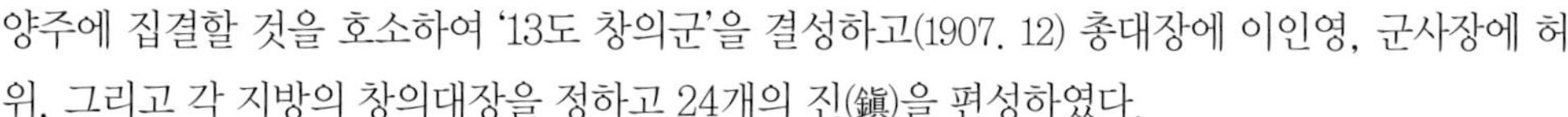

양주에 집결할 것을 호소하여 '13도 창의군'을 결성하고(1907. 12) 총대장에 이인영, 군사장에 허위, 그리고 각 지방의 창의대장을 정하고 24개의 진(鎭)을 편성하였다.

② **결과** : 일본군에 비해 무력적으로 열세하였을 뿐만 아니라, 부친상을 당한 이인영이 경북 문경으로 낙향하자 군사장 허위를 중심으로 약 300명의 선발대가 동대문 밖 30리 지점까지 진격했다가 일본군에게 저지당하여 실패하였다. 군사장 허위는 경기도 양평에서 일본 헌병에 체포된 후 서대문 감옥에서 순국하였다.

③ **일본의 남한 대토벌작전(1909)** : 일본군의 교반적(攪拌的) 방법이라 하는 잔인한 남한 대토벌작전을 계기로 크게 위축되었는데, 지역적으로 동학의 잔여 무리가 가장 많았던 전라도 지역의 피해가 가장 컸다.

(7) 국외 의병부대

① **간도와 연해주** : 국내 진입 작전을 꾀하기도 하였다.

② **안중근** : 의병으로 활약하던 안중근이 만주 하얼빈 역에서 한국 침략의 원흉인 이토 히로부미를 처단하였다(1909). 안중근은 자신의 행위를 한국의 독립 주권을 침탈하고 동양의 평화를 교란시킨 자를 처형한 것이라고 하였다. 또한, 항일투사 11명이 중심이 되어 단지동맹(斷指同盟, 1909)을 결성한 후 왼손 넷째 손가락(무명지) 첫 관절을 잘라 혈서로 "大韓獨立"이라고 쓰고 독립운동에의 헌신을 다짐하였다.

안중근 의사

(8) 의병운동의 한계

① **의병의 무력적 열세** : 전국적으로 확산되고 광범한 사회 계층을 망라하였으나 일본의 정규군을 제압할 수는 없었다.

② **국제적 고립** : 을사늑약 이후 외교권이 상실되어 국제적 지원을 기대할 수 없다.

③ **의병지도부의 사상적 제약** : 의병을 주도한 양반 유생층이 전통적 질서의 유지를 고집하였으므로 대다수 농민 의병들과 갈등을 빚기도 하였다.

❷ 애국계몽운동

(1) 경 향

① **성격** : 안으로는 개화자강계열의 운동을 계승한 구국 민족운동이자 밖으로는 사회진화론의 영향을 받은 것으로 이는 약육강식, 적자생존, 우승열패의 원리가 지배하는 국제관계 속에서 생존하기 위해서는 근대화와 실력 양성이 필요하다고 보았다.

② **활동** : 민족계몽운동, 교육진흥운동, 산업개발운동 등의 실력양성에 의한 구국 민족운동을 전개하였다.

(2) 정치·사회 단체

① **독립협회** : 국민 평등권, 국민 자유권, 국민 참정권 등 체계적인 민권 사상을 가지고 민중을 계몽하여 근대적인 민중 운동을 추진하였다.

② **보안회**(1904) : 송수만·심상진 등이 중심이 되어 조직하여 일본의 황무지 개간권 요구에 반대 운동을 벌여 이를 저지하는 데 성공했다. 이후 이상설을 중심으로 협동회로 발전하였으나 일본측의 압력으로 곧 해산되었다.

③ **헌정연구회**(1905) : 윤효정·이준·양한묵 등이 국민의 정치의식 고취와 입헌정체의 수립을 목적으로 활동하면서 일진회의 반민족적인 행위를 규탄하다가 통감부가 설치된 직후 정치 집회가 금지되면서 해산되었다.

④ **대한자강회**(1906) : 윤효정·장지연·심의성 등 헌정연구회를 모체로 교육과 산업을 진흥시켜 독립의 기초를 만들 것을 목적으로 설립하였으나 고종의 강제 퇴위 반대 운동을 주도하다가 해체되었다.

사료읽기

대한자강회 취지서

무릇 나라의 독립은 오직 자강을 할 수 있느냐 못하느냐에 달려 있는 것이다. 우리 대한이 종전에 자강의 방도를 강구치 아니하여 인민이 스스로 우매함에 갇히고 국력이 스스로 쇠퇴하게 되었고 나아가서 금일의 험난한 지경에 이르렀고 외국인의 보호까지 받게 되었다. 이것은 모두 자강의 방도에 뜻을 두지 않았기 때문이다. (중략) 자강의 방도를 강구하려 할 것 같으면 다른 곳에 있지 않고 교육을 진작하고 산업을 일으키는데 있으며 무릇 교육이 일어나지 않으면 민지(民智)가 열리지 않고, 산업이 일어나지 않으면 국부가 증가하지 못하는 것이다. 그러한 즉, 민지를 열고 국력을 기르는 길은 교육과 산업의 발달에 달려 있다고 아니할 수 있겠는가! 교육과 산업의 발달이 곧 자강의 방도임을 알 수 있는 것이다. (후략)

대한자강회 월보

⑤ **대한협회**(1907)

㉠ **조직** : 오세창·윤효정·권동진 등에 의해 대한자강회의 후신으로 설립하여 실력 양성 운동을 전개하였다.

㉡ **한계** : 일제의 한국 지배권이 더욱 강화됨에 따라 반일성격이 크게 약화되고 회장 윤효정은 이등박문을 '조선의 행복을 증진할 인물'이라고 극찬하였으며, 1910년 한일병합 때에는 일진회와 공로를 다툴 정도로 변질되었다.

⑥ **신민회**(1907~1911)

㉠ **조직** : 안창호·양기탁·이동휘·이승훈 등을 비롯하여 서북지방의 기독교 신자, 교사, 학생들과 신채호·이동녕 등 충청도 인사들로 구성된 비밀결사단체이다.

사료읽기

신민회 설립 취지문

신민회는 무엇을 위하여 일어남이뇨? 민습의 완고 부패에 신사상이 시급하며, 민습의 우매에 신교육이 시급하며, 열심의 냉각에 신제창이 시급하며 … 문화의 쇠퇴에 신학술이 시급하며, 실업의 초췌에 신모범이 시급하며, 정치의 부패에 신개혁이 시급이라, 천 만 가지 일에 신(新)을 기다리지 않는 것이 없도다. … 무릇 대한인은 내외를 막론하고 통일 연합으로써 그 진로를 정하고 독립 자유로써 그 목적을 세움이니 … 오직 신정신을 불러 깨우쳐서 신단체를 조직한 후에 신국가를 건설할 뿐이다. …(중략)…

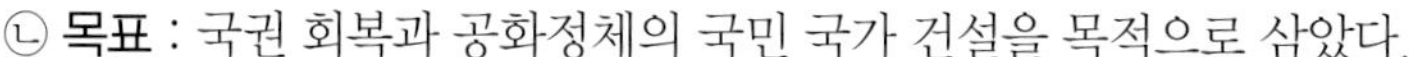

ⓛ **목표** : 국권 회복과 공화정체의 국민 국가 건설을 목적으로 삼았다.

ⓒ **실력 양성 운동 전개(국내)**

㉮ **민족 교육 추진** : 평양에 대성학교와 정주에 오산학교를 세워 민족교육을 추진하였다.

㉯ **민족 산업 육성** : 자기회사(평양)와 태극서관(평양, 서울, 대구)을 세워 민족산업을 육성하였다.

㉰ **대한매일신보** : 기관지로 발간하여 항일의식을 고취시켰다.

㉱ **청년학우회** : 인격 수양 단체로 조직하였다.

ⓔ **군사적 실력 양성(국외)** : 독립 운동기지 건설 추진

㉮ **서간도** : 남만주 삼원보에 신흥무관학교를 설립하였다.

㉯ **동간도** : 왕청현에 동림무관학교, 밀산현에 밀산무관학교를 설립하였다.

ⓜ **해산** : 1911년 일제가 날조한 105인 사건으로 해체되고, 1913년에는 그 후신으로 안창호가 미국 샌프란시스코에서 흥사단을 조직하였다.

105인 사건

일제는 1910년 12월, 평안도를 중심으로 한 배일 기독교 세력과 신민회의 항일운동을 탄압하기 위해 총독 테라우치 암살 음모를 꾸몄다고 날조하여 수백 명의 민족지도자를 투옥하고, 이 중에서 중심 인물 105인을 재판에 회부한 사건이다.

(3) 교육 단체

① **학회의 설립** : 사회·정치단체와 긴밀한 관련을 가지고 많은 교육단체들이 설립되었다.

② **학회의 활동** : 교육 진흥에 의한 향토의 발전과 민족의 실력양성을 통한 국권 회복에 목표를 두고, 민중의 계몽과 신교육의 보급에 힘썼다.

대표적 학회

학 회	대 표	활동 내용
서북학회	이　갑(李甲)	서북학보의 발행, 순회강연, 임업강습소 설치
기호흥학회	이광종(李光鍾)	기호학보의 발행, 기호학교의 설립(1908)
영남학회	장지연(張志淵)	대한자강회의 조직
호남학회	이　채(李採)	호남학보의 발행
관동학회	남궁억(南宮檍)	황성신문의 발행
대동학회	김윤식(金允植)	대동전수학교의 설립(1908)
흥사단	안창호(安昌浩)	학보의 발행
여자교육회	진학신(秦學新)	양규의숙(養閨義塾)의 설립(1908)

(4) 언론 단체

① **특징** : 구국정신을 계몽하기 위한 국민 계몽과 애국심 고취에 한 몫을 담당하였으며 일제의 국권 침탈에도 항거하였다.

② 잡지

잡지명	발행인	활동 및 성격
Korean Repository (1892)	올링거 (⇨ 헐버트)	• 월간지 • 한국을 외국에 소개하고 일제의 침략을 규단
조양보(1906)	장응량, 심의성	• 대한협회 기관지(월 2회 발행)
소년(1908)	최남선	• 최초의 종합 문예 월간지

③ 신문

신 문	발행인(처)	기 간	활동 및 성격
한성순보	박문국	1883~1884	• 최초의 신문, 관보에 시사를 곁들인 순간지 • 순한문 ⇨ 국한문 혼용(한성주보, 최초 상업 광고 게재)
독립신문	독립협회	1896~1899	• 최초의 근대적 일간지, 한글판과 영문판 • 서구 근대사상 보급 및 민권 신장에 기여
황성신문	남궁억	1898~1910	• 국한문 혼용 일간지, 민족주의 성격이 강함 • 장지연이 을사늑약에 분개하여 쓴 논설 「시일야방성대곡(是日也放聲大哭)」게재
제국신문	이종일	1898~1910	• 서민층과 부녀자를 대상으로 계몽활동 • 순한글판 일간지
대한매일신보	양기탁, 베델(영)	1904~1910	• 을사늑약 이후 항일운동의 선봉, 한글판과 영문판 • 박은식·신채호의 논설을 게재 • 국채보상운동에 다른 언론기관과 함께 참여 • 고종의 을사늑약 불법성 폭로하는 친서 게재
만 세 보	천도교	1906~1910	• 손병희, 오세창이 간행, 일진회의 매국 행위 공박 • 신문화 운동(신소설 연재)
경향신문	천주교	1906	• 천주교에서 발행한 기관지
국민신보	이용구	1906	• 일진회의 기관지, 이완용 내각의 친일지
대한민보	오세창	1909	• 대한협회의 기관지, 국민신보에 대항
경남일보	김홍조	1909	• 유림 중심 우리나라 최초의 지방신문

▷ 해외교민 신문 : 미국 교민(신한민보), 연해주 교민(해조신문)
▷ 친일신문 : 한성신보, 국민신보, 경성일보
▷ 한말의 5대 신문 : 황성신문, 제국신문, 대한매일신보, 만세보, 대한민보

漢城旬報

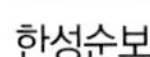
한성순보

독립신문

독립신문

皇城新聞

황성신문

뎨국신문

제국신문

大韓每日申報

대한매일신보

제 2 편

개항 이후 경제와 사회

제1장 경제 침탈과 구국운동

제2장 사회구조와 의식의 변화

경제 침탈과 구국운동

핵심 출제포인트

- 개항 이후 체결된 조약으로 인한 경제 침탈 과정을 주요 사건과 연계하여 정확하게 파악해야 한다.
- 열강의 경제 침탈에 맞선 주요 경제적 구국운동(방곡령, 상권수호운동, 국채보상운동)의 배경, 전개 과정을 정리해야 한다.

01 열강의 경제적 침탈

❶ 일본의 내륙 진출 과정

(1) 개항 초기(1876)

① **거류지 무역** : 개항 초기에 외국 상인의 활동 범위가 개항장에서 10리 이내로 제한되어 객주, 여각, 보부상 등 조선 상인을 매개로 하는 무역의 형태를 띠었으며, 조·일수호조규속약(1882) 체결 이후에는 활동 범위가 50리로 확대되었다(→ 2년 후 100리 확대).

② **중개 무역** : 그들은 주로 영국의 광목, 섬유 등 일용품을 상하이에서 매입하여 조선에 팔고, 그 대신 싼값으로 쌀, 콩, 금 등을 반출해 막대한 이익을 취하였다.

③ **약탈 무역** : 일본 화폐의 사용, 수출입 상품에 대한 무관세 등이 인정된 불평등 조약을 이용해 약탈적인 무역을 자행하였다.

(2) 경제 침탈의 확대(1880년대)

① **임오군란(1882) 이후** : 청의 조선에 대한 정치적 영향력이 강화되면서 청의 상인들이 조선에 대거 진출하여 조선 시장에서 일본 상인들과 치열한 경쟁을 벌이면서 국내 상업은 위축되었다. 또한, 1883년 조·일 통상장정 이후 일본 상인들은 내륙으로 진출하여 농촌에까지 활동 무대를 넓히면서 곡물 수매에 주력하였으며, 1884년 개항장 100리 까지 외국 상인의 활동 범위가 확대되었다.

② **1890년 전후** : 1890년대를 전후하여 자본주의 발달의 초기 과정에 있었던 일본은 농촌의 피폐에 따른 식량 부족을 해결하기 위하여 조선의 곡물을 대량 수입해 감으로써 조선 내에 곡물 가격의 폭등 현상을 일으켜 도시 빈민층과 빈농층의 생계를 위협하자 곡물의 유출을 방지하기 위하여 함경도와 황해도에서는 방곡령을 내리기도 하였다.

사료읽기

조·일 통상장정(1883)

제37조 만약 조선국에 가뭄·수해·변란 등의 일이 있어 국내 식량 결핍을 우려하여 조선 정부가 잠정적으로 쌀의 수출을 금지하고자 할 때에는 반드시 먼저 1개월 전에 지방관이 일본 영사관에게 통고해야 한다. 또한 그러한 때는 그 시기를 미리 항구의 일본 상인에게 두루 알려 그대로 지키게 해야 한다.

③ **청·일 전쟁(1894) 이후** : 외국 상인들의 내륙 진출로 인하여 종래 수입 상품의 내륙 판매를 담당하던 조선 상인들은 큰 타격을 받았다.

❷ 일본의 경제 침탈

(1) 금융 지배

① **일본 제일은행 지점 설치** : 은행 업무 외에 세관 업무, 화폐 정리 업무까지 담당하여 대한제국의 금융을 장악하였다.

② **화폐정리사업 실시(1905)** : 일본인 재정고문 메가타 다네타로가 주도하여 일본 화폐를 조선에 유통시킴으로서 조선에 대한 경제적 침탈을 쉽게 하려는데 목적이 있었다. 사업 진행은 1892년부터 주조하여 유통되어 온 백동화를 甲(액면가 그대로 2전 5리), 乙(1전), 丙(폐기)의 등급별로 나누어 교환하는 방식이었다. 그러나, 대부분 乙, 丙으로 판정되거나 많은 조선인들이 교환을 거부하여 화폐가 무효화되어 국내 중소 상공업자들이 큰 타격을 받았다.

(2) 이권 침탈

① **내용** : 철도부설권 및 석탄·어업·인삼 등 각종 자원에 관한 이권을 약탈하였으며, 조선에서 원료와 식량을 값싸게 사들이고 대량으로 생산한 일본 상품을 조선에 판매하여 막대한 이윤을 남겼다.

② **결과** : 일본 자본주의가 제국주의로 발돋움하는데 밑거름이 되었으며, 가내수공업을 기반으로 한 조선의 상공업은 완전히 몰락하게 되었다.

(3) 차관 제공

① **시기** : 일본의 조선에 대한 침략정책이 본격화됨에 따라 적극성을 띠어 시설 개선 명목과 세관 수입을 담보로 총 1,300만원의 차관을 도입하게 하여 실현시켰다.

② **목적** : 대한제국의 재정을 일본에 예속시키려는 것이었다.

(4) 토지 약탈

① **목적** : 조선의 식민지화와 수탈 작업을 구축하기 위함이었다.

② **경과**

㉠ **개항 초기** : 일본 상인은 고리대를 이용하여 우리 농민의 토지를 헐값으로 사서 점차 농장을 확대해 갔다.

㉡ **청·일 전쟁 이후** : 일본의 대자본가들이 침투하여 전주·군산·나주 일대의 농산지역을 사들여 대규모의 농장을 경영하게 되었다.

㉢ **러·일 전쟁 이후** : 철도 부지와 군용지 확보, 황무지 개간, 역둔토(驛屯土) 수용 등의 명목 아래 토지를 본격적으로 약탈하였다.

③ **결과** : 국유 미개간지와 역둔토의 약탈을 목적으로 1908년에 설립된 일제의 동양척식주식회사는 1년 만에 3만 정보의 토지를 소유하게 되었고, 국권 침탈 무렵에는 일본인 소유의 토지가 1억 5천만평에 이를 정도였다.

❸ 서구 열강의 경제 침탈

(1) 시 기

① **청·일전쟁 이후** : 최혜국 조항이라는 불평등조약을 근거로 주요 산업의 이권을 빼앗아 가기 시작하였다.

② **아관파천** : 열강에 의한 이권 탈취가 본격화되었다.

(2) 내용과 한계

① **내용** : 제국주의 열강의 경제 침탈은 유통 부분 뿐만 아니라 자원·교통·통신 부분에 집중되어 금광 채굴권, 철도 부설권, 삼림 채벌권 등 여러 이권이 일본·러시아·미국·영국 등에 넘어갔다.

② **한계** : 정부는 효과적으로 대처하지 못하였다.

제국주의 열강의 주요 이권 침탈 현황

국가	연도	이권 침탈 내용
일본	1895	인천~부산, 인천~대동강, 인천~함경도 윤선 정기 항로 개설권
	1898	경부 철도 부설권
	1897	경인 철도 부설권(미국으로부터 매입)
	1898	평양 탄광 석탄 전매권
	1900	직산(충남) 금광 채굴권
	1901	인삼 독점 수출권, 경기도 연해 어업권
	1904	경의선, 경부선 부설권
	1904	충청·황해·평안도 연해 어업권
러시아	1896	경원·종성(함북) 광산 채굴권
	1896	월미도(인천) 저탄소 설치권
	1896	두만강·압록강·울릉도 삼림 채벌권
	1896	동해안 포경권
	1897	절영도(부산) 저탄소 설치권 요구
미국	1896	운산(평북) 금광 채굴권
	1896	경인 철도 부설권(1897년 일본에 전매)
	1898	서울 전기·수도 시설권
	1898	서울 전차 부설권
프랑스	1896	경의선 부설권(1906년 개통)
	1901	창성(평북) 금광 채굴권
	1903	평양 무연탄 광산 채굴권
독일	1897	당현 금광 채굴권
영국	1898	은산(평남) 금광 채굴권(1900년 허가)

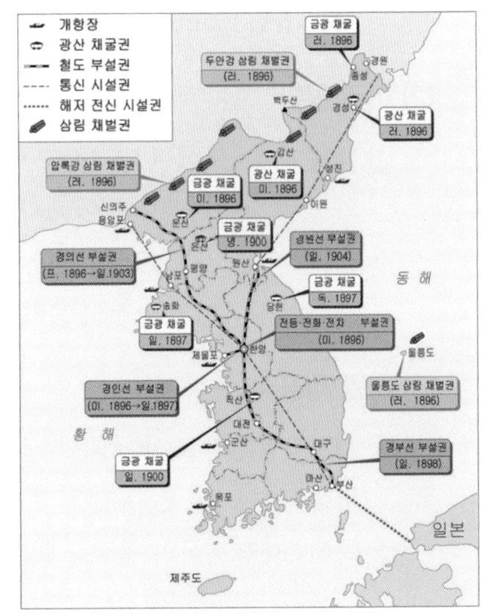

열강의 이권 침탈

02 경제 침탈에 대한 저항

❶ 경제 구국 운동

(1) 방곡령 선포(1889)

① **배경** : 개항 이후 일본 상인들이 농촌에 침투하여 통제를 받지 않고 곡물이 계속 반출되자 식량난을 가중시켰고, 1888년에는 흉년이 들어 굶주린 백성들이 여러 곳에서 폭동을 일으켰다.

② **과정** : 일본 상인들의 농촌 시장 침투와 지나친 곡물 반출을 막기 위하여 곡물 수출항인 원산을 관장하던 함경감사 조병식이 1889년 곡물 유출을 금지하는 방곡령을 선포한 이후 1890년에는 황해도에서도 방곡령이 내려졌다.

③ **결과** : 일본측은 조·일 통상장정의 규정을 구실로 조선측을 강압하여 방곡령을 철회하도록 하고, 조선 정부는 일본에 11만원의 배상금을 지불하게 되었다.

④ **해제** : 방곡령은 이후에도 부분적으로 시행되다가 1894년 전면 금지되었다.

(2) 상인들의 활약

① **시전상인** : 철시(撤市)와 함께 외국인 상점의 서울 도성 내 퇴거를 요구하는 시위를 벌였으며, 황국중앙총상회(1898)를 만들어 독립협회와 더불어 상권수호운동을 전개하였다.

② **경강상인** : 정부의 세곡 운반이 일본인 증기선에 의해 독점되자 일본에서 증기선을 도입하여 일본 상인에게 빼앗긴 운송권을 회복하려 하였다.

③ **객주, 여각, 보부상** : 외국상인의 내륙 침투로 인하여 타격을 받자 자본 축적에 성공한 일부 상인들은 상회사를 설립하기도 하였다.

(3) 독립협회의 이권 수호 운동

① 러시아의 이권 침탈 저지

㉠ **절영도 조차 요구 저지** : 러시아가 일본의 선례에 따라 저탄소 설치를 위해 부산 앞바다 절영도의 조차를 요구하자, 독립협회는 만민공동회를 개최하여 일본의 저탄소 철거까지 주장하여 마침내 러시아의 요구를 좌절시켰다.

㉡ **한·러 은행 폐쇄** : 한국의 화폐 발행권과 국고 출납권 등 각종의 이권 획득을 목적으로 서울에 설치된 러시아의 한·러은행을 폐쇄시키게 하였다.

㉢ **도서(島嶼) 매도 요구 저지** : 군사 기지 설치를 위한 러시아의 목포, 증남포(진남포) 부근의 섬에 대한 매도 요구를 저지시켰다.

② **한계** : 프랑스, 독일 등의 이권 요구를 저지시켰으나 미국·영국·일본의 이권 침탈에 대해서는 근대화를 위한 자원개발이라고 하며 오히려 두둔하였다.

(4) 일제의 황무지 개간 요구 반대 운동

① **배경** : 일제가 50년간 1/4의 황무지의 개간권을 요구하자 국민들은 적극적인 반대 운동을 전개하였다.

② 대표적 활동

㉠ 보안회(1904) : 대중적인 가두집회를 매일 열고 일제의 침략적 요구를 규탄하여 일제로 하여금 황무지 개간권 요구를 철회하게 하였다.

㉡ 농광회사 설립(1904) : 일부 민간실업인과 관리들이 설립하여 황무지를 우리 손으로 개간할 것을 주장하였다.

사료읽기

농광회사(1904)

- 농광회사의 고금(股金, 주권)은 액면 50원씩이고, 총 1천만원을 발행하고, 주당 불입금은 5년간 총 10회 5원씩 나눠서 낸다.
- 농광회사는 국내 진황지 개간, 관개 사무와 산림천택(山林川澤), 식양채벌(殖養採伐) 등의 사무 이외에 금 · 은 · 동 · 철 · 석유 등의 각종 채굴 사무에 종사한다.

(5) 국채보상운동(1907)

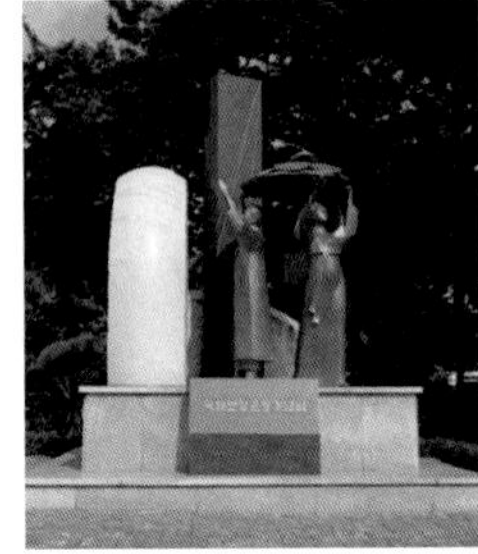
국채보상운동 기념공원(대구)

① 배경 : 일제는 한국을 재정적으로 예속시키기 위하여 우리 정부로 하여금 세관 수입을 담보로 일본에서 차관을 도입하게 하였고, 이 결과 한국 정부의 외채는 총 1,300만 원이나 되었는데 이는 1년 세출 예산에 맞먹는 막대한 것으로 대한제국은 외채 상환이 어려운 처지에 놓였다.

② 전개

㉠ 대구 : 서상돈, 양기탁 등 16명의 발기인들이 국채보상금을 모금하기 위해 대구에서 개최한 국민대회를 계기로 전국으로 확산되었다.

㉡ 서울 : 국채보상기성회가 조직되어 취지서를 발표하여 전 국민의 호응을 얻었고 대한매일신보, 황성신문, 제국신문, 만세보 등 여러 신문사들도 적극 후원하였다.

㉢ 활동 : 농민들은 식량을 판돈 일부와 노동자들은 어렵게 번 한 푼의 돈, 남자들은 단연회에 가입하여 금연과 여자들은 각종 패물을 거두어 약 600여 만원을 모았다.

③ 결과 : 국채보상기성회의 간사 양기탁에게 국채 보상금을 횡령하였다는 누명을 씌워 구속하고, 국채보상운동에 앞장섰던 단체를 해산시키는 등 통감부의 간교한 방해로 인하여 좌절되고 말았다.

사료읽기

국채보상운동 취지서

지금은 우리들이 정신을 새로이 하고 충의를 떨칠 때이니, 국채 1,300만 원은 바로 우리 한(韓) 제국의 존망에 직결된 것이라. 이것을 갚으면 나라가 존재하고 갚지 못하면 나라가 망할 것은 필연적인 사실이나, 지금 국고는 도저히 상환할 능력이 없으며, 만일 나라에서 갚는다면 그때는 이미 3,000리 강토는 내 나라 내 민족의 소유가 못 될 것이다. 국토란 한번 잃어버리면 다시는 찾을 길이 없는 것이다. 일반 국민들은 의무라는 점에서 보더라도 이 국채를 모르겠다고는 할 수 없는 것이다. 그러므로 이 국채를 갚는 방법으로 2,000만 인민들이 3개월 동안 흡연을 금하고, 그 대금으로 한 사람이 매달 20전씩 거둔다면 1,300만 원을 모을 수 있으며, 만일 그 액수가 미달할 때에는 1환, 10환, 100환의 특별 모금을 해도 될 것이다. …(중략)…

❷ 근대 경제 건설 운동

(1) 근대 회사의 설립

① **배경** : 일본의 경제적 침탈에 대항하여 자본주의 방식이나 새로운 경영방식의 도입이 요구되었다.

② **내용**

㉠ **1880년대 초** : 대동상회, 장통상회 등의 상회사가 설립되었다.

㉡ **1890년대** : 상회사의 수가 40여 개에 달하였다.

③ **성격** : 초기 회사들은 주로 동업자 조합의 성격을 띤 상회사였으나, 대한제국의 상공업 진흥 정책 실시 이후에는 해운·철도·광업회사 등과 같은 근대적 형태의 주식회사도 나타났다.

(2) 근대 산업자본의 성장

① **유기 공업** : 개항전 유기공업과 야철공업이 공장제 수공업으로 발달해 서울에 조선유기상회사라는 회사가 설립되었다.

② **직조 공업** : 직조공장이 영세하여 한 공장의 직조기는 평균 6대에 불과한 소규모의 것이었지만 근대 산업자본 성장에 기여하였다.

㉠ **지석영** : 1882년 근대적 직조기를 구입할 것을 상소하였다.

㉡ **조선 정부** : 1885년 정부내에 직조국이 설치되었다.

㉢ **대한제국** : 식산흥업 정책에 따라 대조선 저포제사회사(1897), 한성 방적고본회사(1899), 한성 직조학교(1900)가 설립되었다.

㉣ **김덕창** : 자기자본으로 염직공업소를 설립하여 외국에서 수입한 면제사를 원료로 면포를 염색 직조하는 일을 시작하였다. 이를 계기로 하여 서울에 38개의 민간 직조공장이 설립되었다.

(3) 근대 금융자본의 성장

① **배경** : 개항 직후부터 일본의 화폐와 금융기관의 침투로 많은 피해가 발생하게 되자 이에 대응하기 위해 내국인에 의한 은행이 설립되었다.

② **은행의 설립**

㉠ **조선은행(1896)** : 김종환에 의해 최초로 설립된 민간은행으로 국고 출납 업무를 대행하고 지방에 지점도 두었으나 곧 폐쇄되었다(1900).

㉡ **기타** : 한성은행(민족자본으로 설립, 1897), 천일은행(서울의 거상들이 합자하여 설립, 1897), 한일은행(조선인 상업협의소가 설립, 1906), 농공은행(1906, 조선식산은행으로 흡수, 1918) 등이 설립되었다.

③ **결과** : 일제가 실시한 화폐정리사업(1905)을 계기로 몰락해 갔으며 한국은행은 일제가 장악하였다.

(4) 근대 경제 건설 운동의 결과

문호개방 이후 상업·산업·금융 자본 등 여러 방면에서 전개된 민족의 근대적 경제 건설을 위한 운동은 일제의 정치적 압력과 경제적 침탈에 의하여 좌절되었다.

제2장 사회구조와 의식의 변화

핵심 출제포인트

- 신분제 사회에서 평등사회로 변화하는 과정을 이해해야 한다.
- 갑오개혁으로 법적 신분제도가 사라지고 이후 사회적 평등을 위한 활동들을 정리해야 한다.

01 평등 의식의 확산

❶ 신분제의 동요

(1) 배 경

19세기에 들어와 평등의식이 확산되기 시작하면서 종래의 신분제도에 서서히 변화가 나타났는데 여기에는 종교의 힘이 컸다.

(2) 영 향

처음에는 서학(西學)으로 전래되었던 천주교와 이어 등장한 동학, 그리고 개신교의 전파는 사회 변화에 많은 영향을 끼쳤다.

❷ 평등사회로의 이행

(1) 천주교

조선 후기에 전래되기 시작한 천주교는 19세기 중엽에 교세가 확산되어 평등 의식의 확산에 기여하였다. 초기에 신도의 중심을 이루던 양반은 조상의 제사문제로 교회에서 멀어지고, 점차 중인과 평민의 입교가 증가하였는데 특히 부녀자 신도가 많았다.

(2) 동 학

현세를 말세로 규정하고 천지개벽에 의한 미래의 이상세계가 반드시 도래된다고 하는 혁명적 예언으로 백성들에게 호응을 얻었다. 동학의 인내천 사상은 적서차별, 남존여비를 부정하는 인간 평등주의로서 평민층 이하의 지지를 받을 수 있었다.

(3) 개신교

포교의 수단으로 각지에 학교를 설립하고, 의료 사업을 전개하면서 많은 효과를 거둘 수 있었다. 선교 과정에서 한글의 보급, 미신 타파, 남녀 평등사상의 보급 등을 통하여 평등의식의 확산에 기여하였다.

(4) 갑신정변

양반 신분제도와 문벌을 폐지하고 인재를 등용하여 인민평등을 실현하려 한 개화파의 생각은 매우 진보적이었으나 당시 민중들은 개화당의 개혁 의지를 이해하지 못하였고, 오히려 이들을 적대시하였다.

(5) 동학농민운동

① **내용** : 향촌에서 반상을 구별하는 모든 관행을 부정하고 천민층의 신분 해방 운동을 벌여 나가기도 하였다.

㉠ **폐정 개혁안** : 탐관오리 숙청, 노비문서의 소각, 천인들에 대한 처우 개선, 과부의 재가 허용, 문벌과 지벌을 타파한 인재 등용 등을 주장하였다. 특히 농민군들이 지주·전호제를 인정한 지조법의 개혁을 넘어서 토지의 평균 분작을 요구한 것은 매우 혁신적인 것이었다.

㉡ **집강소의 설치** : 폐정을 개혁하면서 한편으로는 노비 문서와 토지 문서를 소각하고, 창고를 열어 식량과 금전을 농민들에게 나누어 주었다.

② **의의** : 근대적인 국민 국가 건설을 위한 근대사상이 결여되었으나, 양반 중심의 전통적 신분제 사회를 붕괴시키는 데 크게 기여하였다.

02 갑오개혁과 신분제 폐지

❶ 개혁의 추진

(1) 배 경

① **특징** : 갑신정변 때의 개혁안과 동학 농민 운동에서 제시한 농민군의 요구가 일부 수용되었다.

② **내용** : 군국기무처에서 전통적 신분제도와 문벌 및 출신 지역을 가려 인재를 등용하는 폐습의 개혁이 가장 두드러졌다.

(2) 결 과

양반 중심의 신분제도가 폐지되어 능력 본위의 인재 등용이 이루어지는 계기가 되었다.

❷ 개혁안의 특징

(1) 배 경

① **즉각적인 효력 발생** : 연좌제의 폐지 같은 조항이 있었다.

② **점진적·개량적 접근** : 양반제, 노비제 등을 포함한 전통적 신분제도를 철저히 타파하기보다는 점진적 개량으로 접근하였다.

(2) 근대적 평등사회의 기틀 마련

조선 사회를 근대화하는 데 기여하였으며, 양반들의 권력 독점체제를 해체시키는 계기가 되었다.

03 독립협회와 민권 운동

❶ 민권 운동

(1) 인권 확대운동

① 천부인권(天賦人權) 사상을 근거로 국민의 생명과 재산권을 보호하려는 운동이다.

② 전제군주제 및 양반 관료제의 횡포로부터 백성을 보호하려는 것이었다.

(2) 참정권 실현운동

① 의회 설립 운동으로 나타났다.

② 독립협회가 정부에 제출한 의회 설립안은 갑오개혁 때 제 기능을 발휘하지 못하였던 중추원을 개편하여 의회로 만들고, 의원의 반수는 독립협회의 회원에서 선발하여 구성해 달라는 것이었다.

❷ 의 의

(1) 민중과 연대

서울에서는 민중들이 자발적으로 참여하여 정부의 잘못을 공격하였으며, 독립협회의 지도자들은 이를 적절히 이용하여 자신들의 주장을 펴 나갔다.

(2) 민권사상과 평등사상의 확산

관민공동회에서 백정 출신 박성춘이 연사로 나서고, 만민공동회에서 시전상인 미전(米廛)의 쌀장수 현덕호를 회장으로 선출하였는데 이는 일반 대중의 참여를 과시하기 위한 배려하였다.

사료읽기

백정 박성춘의 관민공동회 연설문(1898)

나는 대한의 가장 천한 사람이고 무지 몰각합니다. 그러나 충군애국의 뜻은 대강 알고 있습니다. 이에, 이국 편민(利國便民)의 길인즉, 관민이 합심한 연후에야 가하다고 생각합니다. 저 차일에 비유하건대, 한 개의 장대로 받친즉 역부족이나, 많은 장대를 합한즉 그 힘이 공고합니다. 원컨대, 관민이 합심하여 우리 황제의 성덕에 보답하고, 국운(國運)이 만만세 이어지게 합시다.

04 국외 이주 동포의 증가

❶ 배 경

19세기 세도정치로 인한 수탈이 증대되면서 생활고의 해결과 전염병의 확산되어 이주하였으나, 20세기에 접어들면서는 주로 독립 운동을 위해 해외 이주가 증가하였다.

❷ 간 도

19세기 수탈을 피해 함경도와 평안도 주민이 주로 이주하면서 한인 거주지가 형성되었으며, 국권 피탈 이후에는 주로 독립 운동의 전초 기지로 이용되면서 1910년 무렵 만주 지역 한인은 약 20만 명 정도에 이르렀다.

❸ 연해주

19세기에 주로 함경도 주민이 생활고를 타개하기 위해 이주하였고, 러시아는 연해주를 개척할 목적으로 한인의 이주 허가하여 20세기 초 블라디보스토크, 하바롭스크 등 연해주 등지의 이주 한인의 수는 약 8만 명 정도였다.

❹ 미 국

주로 문물을 배우기 위한 유학이나 정치적 망명을 위한 이주가 주류였으며, 1902년 하와이 사탕수수 농장의 노동자로 미국에 건너가면서 최초의 합법적 이민이 이루어져 하와이에는 이주 3년 만에 약 7,000여 명의 동포가 거주하였다. 이들은 사탕수수 농장뿐만 아니라 철도 공사, 개간 사업 등 고된 일을 하면서 인종 차별까지 당했으나 학교와 교회 등을 세우고 자치 단체를 만들어 한인 사회 발전의 기반을 마련하였다.

❺ 멕시코

생활고로 인한 이주가 주류였으며, 열악한 환경과 조건에서 노예처럼 혹사당하는 등 고된 생활을 영위하였다.

하와이 이주 한인 모습

1903년에 우리나라 공식 이민단이 하와이에 도착하였다. 이주 노동자들은 사탕수수 농장, 개간 사업장, 철도 공사장 등에서 일하며 한인 사회를 형성하여 갔으며, 노동 이민과 함께 사진 결혼에 의한 부녀자들의 이민도 이루어졌다. 또한, 한인합성협회 등과 같은 한인 단체가 결성되었다.

제3편

개항 이후의 문화

근대 문화의 수용

핵심 출제포인트

- 주요 근대 시설의 설치 시점을 파악해야 한다.
- 최근에는 특정 시기에 볼 수 있는 근대시설을 묻는 문항이 출제되고 있어 꼼꼼한 학습이 필요하다.

01 과학 기술의 수용

❶ 개항 이전

① **17세기 이후** : 실학자들에 의해 서양 과학기술에 대한 관심이 싹트기 시작하였다.
② **개화사상가** : 부국강병과 사회 발전을 위해 서양 과학 기술의 수용을 주장하였다.
③ **흥선 대원군 집권기** : 서양의 침략에 대응하기 위해 서양의 무기 제조술에 많은 관심을 기울였다.

❷ 개항 이후

① **개화의 목표** : 서양 과학 기술의 우월성이 인정됨에 따라 우리의 정신문화는 지키면서 서양의 과학 기술을 수용하자는 동도서기론(東道西器論)이 제창되었다.
② **동도서기론** : 온건 개화파들의 주장으로 당시 정부의 개화정책을 뒷받침하는 사상이었으며, 외세의 침투를 막고 자강을 위해 서양의 과학 기술을 도입하자는 것이다.

사료읽기

동도서기(東道西器)

군신, 부자, 부부, 붕우, 장유의 윤리는 천(天)에서 얻은 것이고, 인간의 본성에서 부여된 것으로서 천지를 통하는 만고 불변의 이(理)입니다. 그리고 위에 존재하는 것으로 도(道)가 됩니다. 이에 대하여 선박, 수레, 군, 농, 기계가 백성을 편하게 하고 나라를 이롭게 하는 것은 외형적인 것으로서 기(器)가 되는 것입니다. 신이 변혁을 꾀하고자 하는 것은 기(器)이지 도(道)가 아닙니다.

》윤선학의 상소, 「승정원일기」

❸ 수용 과정

① **1860년대** : 개항 이전 흥선 대원군 집권기에도 서양의 침략에 대응하기 위하여 무기 제조술에 많은 관심을 기울였다.
② **1870년대** : 개항 이후에는 산업 기술의 수용에도 관심이 높아졌다.
③ **1880년대** : 양잠·방직·제지·광산 등에 관한 기계와 기술을 도입하고, 외국 기술자를 초빙하는 등 서양의 기술을 도입하는 데에 힘썼다.

④ 1890년대 : 교육제도의 개혁이 급선무임을 인식하고 교육입국조서를 발표하였으며, 유학생의 파견 등이 이루어졌다.

❹ 의 의

정부의 과학 기술정책은 재정의 곤란으로 많은 시행 착오가 있었지만, 국권을 빼앗기기 전까지 꾸준히 계속되어 어느 정도의 성과를 거두었다.

02 근대시설의 수용

❶ 수용 계기

정부의 개화정책과 1880년대에 조사시찰단, 영선사의 파견은 근대적 기술 도입에 중요한 계기가 되었다.

❷ 근대 시설

근대 시설명		연도	기능 및 성격
의 료	광혜원	1885	• 정부의 지원으로 알렌이 세운 최초의 서양식 병원(후에 제중원으로 고침)
	광제원	1900	• 정부에서 설립하여 지석영의 종두법 보급
	세브란스 병원	1904	• 경성의학교와 함께 의료 요원 양성
	대한의원	1907	• 신식 의료요원 양성기관(의학부, 약학부, 간호과 등)
	자혜의원	1909	• 도립 병원(진주, 청주, 함흥 등 전국 각지에 설립)
	의 의		질병 퇴치와 국민 보건 향상에 공헌
건 축	독립문	1896	• 프랑스 개선문 모방
	명동 성당	1898	• 중세 고딕식 건물
	덕수궁 석조전	1910	• 착공한지 10년 만에 완성된 르네상스식 건물

독립문

명동성당

덕수궁 석조전

근대 시설명			연도	기능 및 성격
인쇄	박문국		1883	• 신문의 발간(한성순보 : 새로운 지식의 확대에 기여)
	광인사		1884	• 최초의 근대식 출판사(민간), 근대기술에 관한 서적의 출판 • 농업과 목축의 근대화를 이론화한 안종수의 「농정신편」 인쇄
화폐 주조	전환국		1883	• 은전(5냥, 1냥), 백동전(1전 5푼), 동전(5푼), 황동전(1푼) 주조
무기 제조	기기창		1883	• 영선사의 건의로 서울에 설치
통신	전신		1885	• 최초(서울~인천), 중국과 일본을 연결하는 국제통신망의 구축 • 서울~부산(1888)
	전화		1896	• 최초(경복궁 안), 서울시내의 민가에도 가설 • 서울~인천 개설(1902) 이후 각 지방으로 확산
	우편		1895	• 갑신정변으로 중지되었던 우정국이 을미개혁 이후 부활 • 만국우편연합에 가입(⇨ 여러 나라와 우편물 교환)
교통	전차	서대문~청량리	1898	• 황실과 미국인 콜브란의 합자로 설립된 한성전기회사가 발전소를 건설하고 최초로 전차 운행 • 경복궁에 최초로 전등기기 설치(1887), 서울 시내에 전등 가설(1901)
	철도	경인선	1899	• 미국인 모스(Morse)에 의해 착공되었지만 일본 회사에 이권이 전매되어 완공된 최초의 철도(노량진~인천) ⇨ 한강 철교가 준공되어 서울까지 연결(1900)
		경부선	1904	• 러·일 전쟁 전후 일본이 군사적 목적으로 부설
		경의선	1906	
	교통·통신 시설의 의의			• 긍정적 : 국민 생활의 편리와 생활 개선에 기여 • 부정적 : 외세의 이권 또는 침략 목적에 이용

제2장 근대 문화의 형성

핵심 출제포인트

- 근대 시기의 국학 연구(역사, 국어)가 출제되며 그 중 역사 분야는 반드시 정리한다.
- 근대 교육의 발전 과정과 주요 학교의 특징을 정리한다.
- 특정 종교 단체의 활동을 학습해야 한다.

01 근대 교육과 국학 운동

❶ 근대 교육

(1) 보 급

① **시기** : 우리나라의 근대 교육은 개화운동의 일환으로 1880년대부터 시작되었다.

② **원산학사(1883)** : 최초의 근대 사립학교로 평민들에게 외국어, 자연과학 등 근대 학문과 무술을 가르쳤다.

③ **동문학(1883)** : 정부에서 세운 영어 강습기관으로 영어를 가르쳤다.

④ **육영공원(1886)** : 정부가 세운 최초 근대 관립학교로 헐버트(Hulbert)·길모어·벙커 등의 미국인 교사를 초빙하여 상류층의 자제들을 뽑아 영어·수학·지리학·정치학·자연과학·역사학 등의 근대 학문을 교육하다가 1894년 폐교되었다.

(2) 확 산

① **개신교 선교사** : 사립학교를 설립하여 학생들에게 근대 학문을 가르치고, 민족 의식의 고취와 민주주의 사상 보급에 이바지하였다.

② **근대적 교육제도 마련** : "국가의 부강은 국민의 교육에 있다."라고 한 교육입국조서의 반포(1895)로 소·중학교 등의 각종 학교가 설립되어 근대 교육의 보급이 확산되었다.

③ **사립학교 설립** : 20세기 초에 애국계몽운동이 활발하게 전개되면서 수많은 사립학교가 설립되어 구국 교육 운동이 벌어졌고, 민족 의식 고취를 위한 교육 활동이 성행하였다.

(3) 각종 학교의 설립

① **관립학교** : 교육 입국 정신에 의거하여 정부는 소학교, 사범학교, 외국어학교, 의학교, 상공학교, 중학교 등의 각종 학교가 설립되어 근대교육의 보급이 확산되었다.

② **사립학교**

㉠ **기독교 계통** : 근대학문 교육과 민족 의식의 고취 및 민주주의 사상의 보급에 이바지하였다.

학교명	설립연대	설립자(교파)	소재지
배재학당	1886	아펜젤러(북 감리교)	서울
이화여학교	1886	스크랜튼(북 감리교)	서울
경신학교	1886	언더우드(북 장로회)	서울
정신여학교	1890	애니 엘러스(북 장로회)	서울
숭실학교	1897	베어드(북 장로회)	평양
배화여학교	1898	남 감리회	개성

㉡ **민족주의 계통** : 1905년 을사늑약 이후 국권 회복을 목표로 애국계몽운동을 전개한 민족지도자들은 근대교육이 민족운동의 기반이며 본질이라고 주장하면서, "배우는 것이 힘이다."라는 구호를 내걸고 학교를 설립하였다. 특히, 서울에는 황실과 관련이 깊은 인사들이 설립한 학교가 많은데 이는 대한제국이 황실 재정의 일부를 근대 교육에 투자하였음을 보여주는 것이다.

학교명	설립연대	설립 담당	소재지
보성학교	1905	이영익	서울
양정의숙	1905	엄주익	서울
진명여학교	1906	엄귀비	서울
숙명여학교	1906	엄귀비	서울
서전서숙	1906	이상설	간도
대성학교	1907	안창호	평양
오산학교	1907	이승훈	정주

(4) 대학 교육의 시작

1906년에 숭실학교에 대학부가 설치되어 우리나라 최초의 대학 교육을 실시하였고, 1910년에는 이화학당에 대학부가 설치되었다.

❷ 국학 운동

(1) 동 향

① **성격** : 애국계몽운동의 일환으로 실학에서 그 원류를 찾을 수 있다.

② **목적** : 을사늑약 이후 일제의 침탈로부터 국권을 회복하려는 애국계몽운동이 국사와 국어를 연구하여 민족의식을 고취시키려는 의도에서 나타났다.

(2) 분 야

① 국사의 연구

㉠ 근대 계몽사학

㉮ **사학자** : 장지연, 신채호, 박은식 등이 참여하였다.

㉯ **영웅전기 보급** : 계몽사학자들은 이순신전·을지문덕전(신채호), 강감찬전(우기선) 등을 널리 보급시킴으로써 일본의 침략에 직면한 국민들의 사기를 북돋우고 애국심을 불러 일으켰다.

㉰ **외국역사서 번역** : 미국독립사, 월남망국사, 피터대제, 서사건국지, 이태리독립사 등 외국의 건국 또는 망국의 역사를 번역하여 소개함으로써 국민들의 독립 의지와 역사 의식을 높이려고 노력하였다.

㉡ **국사교과서 편찬** : 현채는 「유년필독」·「동국사략」 등을 저술하였는데, 이는 근대학교가 설립되면서 역사 지식과 자주 의식 함양에 큰 영향을 주었다.

㉢ **민족주의 사학 대두** : 그 중 신채호는 「독사신론(1908)」에서 왕조중심에서 벗어나 민족중심으로 역사를 서술하여 민족주의 역사학의 연구 방향을 제시하였다.

㉣ **조선광문회** : 최남선, 박은식이 함께 만들어 민족 고전을 정리·간행하였다.

② 국어의 연구

㉠ **서유견문(1895)** : 이 책은 유길준의 단순한 서구 기행문이 아니라 서구의 '근대' 모습을 보고 우리의 근대를 어떻게 건설할 것인가를 정치·경제·법률·교육·문화 등 각 부문의 구체적인 내용과 그 방법론을 체계적으로 제시한 '근대화 방략서'로 국·한문체의 보급에 크게 공헌하였다.

㉡ **언론의 노력** : 독립신문(1896)과 제국신문(1898)은 한글을 전용하였고, 그 밖의 여러 신문에서 국문과 한문을 혼용함으로써 전통적인 한문체에서 탈피하는 획기적인 문체의 변혁을 가져왔다.

㉢ **표기법 통일 추구** : 유길준「조선문전(후일 대한문전)」, 이봉운「국문정리」, 지석영「신정국문」, 주시경「국어문법」 등은 국어와 국문의 연구에 크게 기여하였다.

㉣ **국문연구소 설립(1907)** : 문체의 변화에 따라 우리말 표기법 통일의 필요성이 높아지자 지석영·주시경 등이 설립하여 국문의 정리와 국어의 새로운 이해체계 확립에 크게 이바지하였다.

02 문예와 종교의 새 경향

❶ 문 학

(1) 신소설

① **특징** : 언문일치의 문장을 사용하였으며, 봉건적인 윤리도덕의 배격과 미신 타파를 주장하고 남녀 평등사상과 자주 독립의식을 고취하여 개화기 계몽문학의 구실을 하였다.

② **대표 작품** : 이인직「혈의 누(1906)」·「귀의 성(1908)」, 이해조「자유종」, 안국선의「금수회의록(1908)」, 최찬식의「추월색(1912)」 등이 있다.

(2) 신체시(新體詩)

최남선이 '해(海)에게서 소년에게(1908)'를 최초의 잡지인 '소년'에 발표하여 근대시의 형식을 새로이 개척하였다.

(3) 번역 문학

영국의 작가 존 버니언의 종교적 우화소설로 1895년 선교사 게일이 번역한 한국 근대의 첫 번역 소설집인 천로역정을 시작으로 이솝이야기, 로빈슨표류기, 걸리버여행기 등의 작품이 출간되어 널리 읽혀졌다.

❷ 예 술

(1) 음 악

① **서양 근대 음악의 소개** : 크리스트교의 찬송가를 통하여 소개되었다.

② **창가의 유행** : 서양식 악곡에 맞추어 부르는 신식노래로 독립가·권학가·애국가·한양가 등이 유명하였는데, 그 중에서도 애국가는 국민 사이에 널리 애창되어 민족 의식을 높이는 데 크게 이바지하였다.

(2) 연 극

원각사

① **민속가면극** : 양반 사회에서는 천시되었으나, 개화기에 민중들 사이에서는 성행하였다.

② **신극 운동** : 서양식 극장인 원각사가 세워지고, 은세계·치악산 등의 작품이 공연되었다.

③ **활동사진(영화)** : 변사의 활동으로 전국에 순회 상연되기도 하였다.

(3) 미 술

소(이중섭)

① **경향** : 개화기에 직업화가의 위치를 잡아갔으며, 서양식 유화가 그려지기 시작하고 김정희 계통의 문인 화가들이 한국 전통 회화를 발전시켰다.

② **작가** : 한국의 전통 회화를 발전시킨 안중식, 서양화 기법을 사용한 고희동의 「자화상」, 이중섭의 「소」 등이 있으며, 이도영은 대한민보에 시사만평을 게재하였다.

❸ 종 교

(1) 천주교

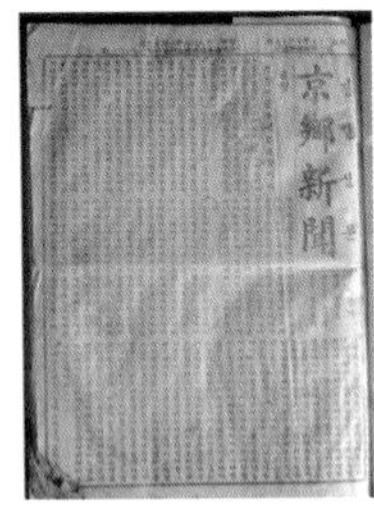
京鄕新聞

경향신문(천주교)

① **선교의 자유(1886)** : 프랑스와 수교를 계기로 자유로운 선교 활동이 가능하였다.

② **활동**

㉠ **사회 사업** : 고아원을 설립하여 운영하였다.

㉡ **언론 활동** : '경향신문' 등을 간행하여 민중 계몽에 이바지하였다.

(2) 개신교

① **확산** : 개항 직후부터 미국 선교사들의 활약으로 기독교 신자가 증가하였으며 특히, 유학의 뿌리가 약한 서북지방에서 큰 호응을 얻었다. 당시 대표적인 개화사상가로 서재필, 이상재, 윤치호 등을 들 수 있다.

② 활동

㉠ **근대사상 주입** : 서울의 기독교인들은 1903년 황성기독교청년회(YMCA 전신)를 조직하여 시민들에게 애국심과 근대 의식을 심어주기 위한 다양한 활동을 전개하였다.

㉡ **교육·의료사업** : 포교의 수단으로 각지에 학교를 설립하고 의료 사업을 전개하여 많은 효과를 거둘 수 있었다.

㉢ **근대화에 기여** : 선교 과정에서 한글 보급, 미신의 타파, 남녀 평등사상의 보급, 근대 문명의 소개 등을 통한 사회·문화면의 영향과 함께 애국계몽운동에도 기여하였다.

(3) 동학(⇨ 천도교)

만세보(천도교)

① **전통체제 붕괴에 기여** : 동학 농민 운동을 일으켜 반봉건적인 운동을 전개하여 백성들에게 호응을 얻었다.

② **민족종교로 발전** : 동학교도이자 친일파 이용구가 일진회를 조직하고 예하에 시천교(친일 종교)를 창설하여 동학을 흡수하려 하자 손병희는 동학을 천도교로 개칭(1905)하고 동학의 정통을 계승하였다.

③ **만세보 발간** : 천도교로 개칭한 이후 민족 의식을 고취하기 위해 발간한 민족 신문이었다.

④ **교육사업 전개** : 출판사 '보성사'를 차리고, 보성학교와 동덕여학교를 인수·운영하였다.

⑤ **신문화 운동 전개** : 「개벽·어린이·학생·신여성」 등의 잡지를 간행하여 민중의 자각과 근대 문물의 보급에 기여하였다.

(4) 대종교(大倧敎, 1909)

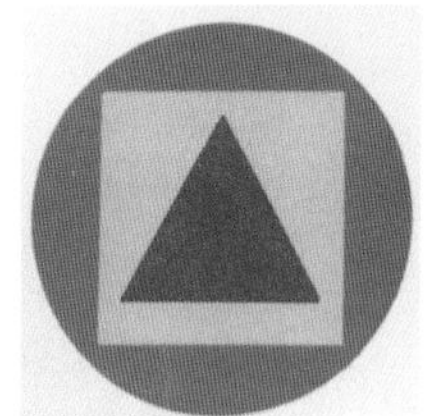
대종교기(천신교기)

① **성격** : 나철이 중심이 되어 호남 출신 지식인들이 민간신앙으로 전해오는 단군신앙을 현대 종교로 발전시킨 국수주의적 성향이 강한 민족 종교이며, 교기는 '천신교기' 이다.

② **민족의식 고취** : 많은 애국지사들이 가담하여 간도·연해주 등 해외 항일운동의 정신적 지주가 되었으며, 민족적 입장을 강조하고 항일 운동에 적극 참여하였다.

(5) 유 교

① **경향** : 위정척사운동의 중심체였던 유교는 외세에 저항하는 반침략적 성격이 강하였으나 시대의 흐름에 역행한다는 비판을 받게 되었고, 유학의 약점을 버리고 민족 종교로 강화하려는 움직임이 일어났다.

② **유교구신론** : 박은식은 새로운 유교정신을 강조하고 실천적인 유교정신의 회복을 주장하였다.

사료읽기

유교구신론(1909)

무릇 동양의 수천 년 교화계(敎化界)에 중정 순수하고 광대 정미하여 많은 성인이 뒤를 이어 전하고 많은 현인이 강명하는 유교가 종시 인도의 석가교와 서양의 기독교와 같이 세계로 대발전하지 못함은 어째서이며, 근세에 이르러 침체 부진이 극도에 달하여 거의 회복할 가망이 없는 것은 무슨 까닭이뇨 … (중략) … 그 원인을 탐구하여 말류(末流)를 추측하니 유교계에 3대 문제가 있는지라 … (중략) …

첫째는 유교파의 정신이 전적으로 제왕(帝王)측에 존재하고 인민 사회에 보급할 정신이 부족함이오.

둘째는 여러 나라를 돌아다니면서 세계의 주의를 바꾸려는 생각을 강론하지 아니하고, 또한 내가 동몽(童蒙)을 찾는 것이 아니라 동몽이 나를 찾는 주의를 지킴이오.

셋째는 우리 대한 유가에서 간이직절(簡易直切)한 법문(양명학)을 구하지 아니하고, 질질 끌려가는 대로 내버려두는 공부(工夫 : 주자학)를 전적으로 숭상함이라 … (후략) …

(6) 불 교

① **1880년대** : 개화기에는 조선 왕조의 억불정책에서 벗어났다.

② **1900년대** : 통감부의 간섭으로 일본 불교에 심하게 예속 당하였다.

③ **한용운의 활약** : 「조선불교유신론(朝鮮佛敎維新, 1913)」을 저술하여 불교의 혁신과 자주성 회복을 위해 노력하였으며, 한국 불교를 일본 불교에 예속시키려는 총독부 정책에 맞서 민족 종교의 전통을 지키려고 노력하였다.

사료읽기

조선불교유신론(역문)

나는 일찌기 우리 불교를 유신하는 문제의 뜻을 두어 얼마간 가슴속에 성산을 지니고도 있었다. 다만 일이 뜻 같지 않아 당장 세상에서 실천에 옮길 수는 없는 실정이었다. (중략) 무릇 매화나무를 바라보면서 갈증을 멈추는 것도 양생의 한 방법이긴 할 것인바, 이 논설은 말할 것도 없이 매화나무의 그림자 정도에 지나지 않는다. 나의 목마름의 '불꽃'이 전신을 이렇게 태우는 바에는 부득불 이 한 그루 매화나무의 그림자로 만석의 맑은 샘 구실을 시킬 수밖에 없는가 한다. (중략) 요즘 불가에서는 가뭄이 매우 심한 터인데 알지 못하겠다. 우리 승려 동지들도 목마름을 느끼고 있는지. 과연 느끼고 있다면 이 매화나무 그림자로 비쳐 주시기 바란다. 그리고 여섯 바라밀다 중 보시가 제일이라고 들었다. 나도 이 매화나무 그림자나마 보시한 공덕으로 지옥쯤은 변하게 될까, 어떨까.

》1910년 3월 8일 밤 저자 씀

(7) 원불교

① **민족의 역량 배양** : 1916년 박중빈이 창시한 이후 불교의 현대화와 생활화를 주창하며 개간사업과 저축운동을 전개하였다.

② **의식개혁 운동** : 생활 개선 및 새생활 운동에 참여하여 남녀 평등, 허례 허식의 폐지 등에 앞장섰다.

Ⅶ 민족의 독립 운동

제 1 편

일제의 침략과 민족의 시련

제1장 국권의 피탈

핵심 출제포인트

• 국권 피탈 과정은 관련된 원문 사료와 함께 사건의 내용을 순서대로 파악해야 한다.

01 러·일전쟁(1904~1905)

❶ 배 경

(1) 제1차 영·일동맹(1902. 1)

① **청·일 전쟁**(1894~95) : 이후 일본은 만주와 한반도를 독점적으로 지배하고자 러시아와 날카로운 대립을 보이고 있었다.

② **영·일동맹 체결**(1902) : 만주지역 진출을 획책하고 있던 러시아를 견제하기 위해 체결되었으며, 영국은 청에 대한 이권을 인정받고 일본은 조선에 대한 독점적인 이권을 인정받았다.

③ **러시아의 대책** : 러시아는 청의 의화단 사건 진압에 참여 후 만주에 진출한 군대 철병을 위해 1902년 청과 만주철병 협정을 체결하고 제1차로 군대를 철병하였다가 1903년 러시아의 팽창주의자들이 실권을 잡자 제2차 철병 대신에 군대를 한국의 국경지방까지 남하시켜 압록강 삼림 벌채사업에 착수했다.

(2) 용암포 조차 사건(1903. 5)

① **용암포 점령** : 러시아는 1903년 5월 상순 벌채 사업과 그 종업원을 보호한다는 구실 하에 용암포를 강제로 점령했다.

② **대한제국의 입장** : 러·일 전쟁을 예견하고 이 전쟁에 휘말리지 않기 위해 국외 중립외교를 선포하였다(1904. 1).

❷ 경 과

(1) 발발 (1904. 2)

러·일 양국은 수 차례 협상을 가졌으나 실패하고 일본은 대규모의 병력을 한국에 투입하여 전국의 군사적 요지를 점령한 후 요동반도의 여순항을 기습 공격하여 전쟁을 일으켰다.

(2) 결 과

러·일 전쟁에 승리한 일본이 미국에 중재를 요청하여 러시아와 포츠머스조약(1905.9)을 체결하고, 한국에서의 독점적 지배권을 인정받았다.

02 국권의 피탈

❶ 한·일 의정서(1904. 2)

(1) 체 결

1904년 2월 러·일전쟁 중 외무대신 서리 이지용과 일본 공사 하야시 곤스케 명의로 6개 조항으로 체결하였다.

(2) 결 과

① 충고정치

㉠ 일본은 한국에 대한 정치·군사적 간섭을 합리화하였다.

㉡ 한국은 국외 중립이 무너지고 러시아와 체결한 모든 조약이 파기되었다.

② 일본의 침략 강화

㉠ 일본은 한국에서 철도부설권(경부·경인)과 통신망부설권, 어업권 등의 이권을 획득하였다.

㉡ 일본은 황무지 개간권을 요구하였으나 보안회의 반발로 실패하였다.

사료읽기

한 · 일의정서(1904. 2)

제1조 한 · 일 양국간의 항구불역의 친교를 보지(保持)하고 동양의 평화를 확립하기 위하여 대한제국 정부는 일본 정부를 확신하고 시정의 개선에 관한 그의 충고를 용인할 것

제2조 일본 정부는 대한제국의 황실을 확실한 친의로서 안전 강녕케 할 것

제3조 대일본 정부는 대한제국의 독립 및 영토의 보전을 확실히 보장할 것

제4조 제3국의 침해에 의해서나 혹은 내란으로 인해서 대한제국의 황실의 안녕 혹은 영토 보전에 위험이 있을 경우에는 일본제국 정부는 속히 임기 필요한 조치를 취할 수 있고 충분한 편의를 줄 것. 일본제국 정부는 전하의 목적을 달성하기 위해서 군사상의 필요한 지점을 임기 수용할 수 있게 할 것

제5조 양국 정부는 서로의 승인을 얻지 않고서는 후일 본 협정에 위반하는 협약을 제3국과 개정할 수 없게 할 것

제6조 본 조약으로 다하지 못한 세부 조항은 일본 제국 대표와 대한제국의 외부대신 사이에 임기로 협정할 것

❷ 제1차 한·일협약(한·일협정서, 1904. 8)

(1) 체 결

1905년 8월 러·일 전쟁이 유리하게 전개되자 일본은「한·일 외국인 고문(顧問) 용빙에 관한 협정서」를 강요하여 체결하였다.

(2) 결 과

① **고문정치** : 일본은 외교·재정 등 각 분야에 고문을 두고 한국의 내정에 간섭함으로써 재정·외교 등에 있어서 실권을 상실하게 되었다.

② **재정 고문** : 메가다 다네타로를 파견하여 황실의 재산을 해체시키고 재정권을 박탈하였다.

③ **외교 고문** : 미국인 스티븐스를 파견하였는데 그는 미국에 건너간 후 일본의 통감부 정치를 찬양하였다가 1908년 장인환, 전명운에 의해 암살당하였다.

④ **기타** : 협정서에 규정도 없는 경찰고문(마루야마), 군사고문(노즈), 학무고문(시데하라) 등을 제멋대로 파견하여 한국 정부의 독립성이 사실상 훼손되었다.

사료읽기

제1차 한 · 일 협약 (1904. 8)

제1조 한국 정부는 일본 정부가 추천하는 일본인 1명을 재정고문으로 하여 한국 정부에 용빙하고, 재무에 관한 사항은 일체 그 의견을 물어 시행할 것.

제2조 한국 정부는 일본 정부가 추천하는 외국인 1명을 외교고문으로 하여 외부에 용빙하고 외교에 관한 요무(要務)를 일체 그 의견을 물어 시행할 것.

제3조 한국 정부는 외국과의 조약 체결 기타의 중요한 외교 안건 즉 외국인에 대한 특권 양여와 계약 등의 사무처리에 관하여는 미리 일본 정부와 협의할 것

❸ 제2차 한·일 협약(을사늑약, 1905. 11. 17)

(1) 체결 전후의 한반도 정세

① **배경** : 열강들로부터 한국의 보호국화에 대한 승인을 얻어낸 일제는 이어서 한국에 보호조약을 강요하기 시작했다.

② **가쓰라·태프트 밀약**(1905. 7)

㉠ 일본은 필리핀에 대하여 하등의 침략적 의도를 품지 않으며, 미국의 필리핀 지배를 확인한다.

㉡ 러·일전쟁의 원인이 된 한국은 일본이 지배할 것을 승인한다.

③ **제2차 영·일 동맹**(1905. 8)

㉠ 영국은 일본이 한국에서 가지고 있는 이익을 옹호·증진하기 위해 행하는 권리를 승인한다.

㉡ 일본은 영국이 인도에서의 행하는 우위권을 인정한다.

④ **포츠머스 조약**(1905. 9) : 한국에서의 일본의 특수 이익과 보호·지도·감리 등의 모든 행동을 러시아가 인정한다.

(2) 결 과

덕수궁 중명전

① **통치기관의 설치** : 일본이 이토(伊藤博文)가 한국의 박제순과 일본의 하야시 사이에 5개 항의 제2차 한·일협약을 덕수궁 중명전에서 강제 체결하였다. 외교권을 박탈 한 후 '통감부 및 이사청 관제'를 공포하여 서울에는 통감부를 개설하고, 개항장과 주요 도시 13개소에 '이사청'을 설치하였다.

② **통감부 권한 강화** : 공사관에서 맡았던 정무 외에도 조선 보호의 대권, 관헌 감독권, 그리고 병력 동원권의 보유, 조선의 시정 감독, 기타 모든 정책의 시정 요구 권리를 가졌다.

③ **외교권 박탈** : 재외공관이 철수되고, 일본은 청과 간도협약(1909)을 체결하여 간도를 청의 영토로 인정해주고 안동과 봉천간 철도 부설권, 푸순 탄광 채굴권을 획득하였다.

(3) 조약 반대 운동

① 고종 황제의 노력

㉠ 「대한매일신보」에 친서 발표 : 자신이 조약 체결을 거부하였으며, 서명 날인을 하지 않았음을 들어 국내·외에 조약의 무효를 선언하였다.

㉡ 헐버트 미국 파견 : 조·미 수호통상조약 제1조 상호 협조 거중 조정의 규정을 근거로 미국에 헐버트를 특사로 파견하였으나, 1905년 7월 카쓰라·테프트 밀약을 맺은 미국은 외면하였다.

헤이그 특사

㉢ 헤이그 특사 파견 : 만국평화회의가 헤이그에서 열리자 이상설, 이준, 이위종 3인을 보내어 조약의 무효를 거듭 밝히려 하였으나 한국은 외교권이 없다는 이유로 회의에 참석하지 못하였으며, 오히려 일제는 이를 트집 잡아 고종을 강제로 퇴위시켰다.

② 상소 운동 : 조병세, 이상설, 안병찬 등이 을사늑약에 서명한 대신들의 처벌과 조약의 폐기를 황제에게 요구하는 상소운동을 벌였다.

③ 언론 항쟁 : 장지연이 황성신문에 "시일야방성대곡"이라는 논설을 발표하는 등 격렬한 항일 언론을 펴 일제를 규탄하고 민족적 항쟁을 호소하였다.

사료읽기

시일야방성대곡(是日也放聲大哭)

아! 저 돼지와 개만도 못한 소위 정부 대신이라는 자는 자기네의 영리만을 생각하고 위협에 눌려서 스스로 머뭇거리고 벌벌 떨면서 나라를 팔아먹는 도적이 되어 3천리 강토와 500년 종사를 들어 타인의 손에 바치어 2천만 생명은 모두 남의 노예 노릇을 하게 되었다. … 아! 원통하고 아! 분하다. 우리 2천만 동포여 살았느냐 죽었느냐, 단군 이래 4천년 국민정신이 하룻밤 사이에 망하고 말았구나. …(중략)…

④ 순국 의사 : 민영환, 조병세, 이소응 등이 울분을 참지 못하여 자결로써 항거하였다.

⑤ 5적 암살단 조직 : 나철, 오기호 등이 5적의 집을 불사르고 일진회를 습격하는 등 매국노를 처단하고자 하였다.

⑥ 항일 의사

㉠ 장인환·전명운 : 미국으로 돌아가 일본의 통감정치를 찬양한 스티븐스를 저격하였다(1908).

㉡ 안중근 : 만주 하얼빈에서 이토 히로부미를 저격 살해하였다(1909).

⑦ 의병활동 : 민종식(홍주), 최익현(태인), 신돌석(영해) 등이 봉기하였다.

사료읽기

제2차 한 · 일 협약(을사늑약, 1905. 11. 17)

제1조 일본 정부는 재동경외무성에 경유하여 금후에 한국이 외국에 대하는 관계 및 사무를 감리(監理) 지휘함이 가하고 일본국의 외교 대표자 및 영사는 외국에 재하는 한국의 신민 및 이익을 보호함이 가함.

제2조 일본국 정부는 한국과 타국간에 현존하는 조약의 실행을 완전히 하는 임무에 해당(當)하고 한국 정부는 금후에 일본 정부의 중개에 경유치 아니하고 국제적 성질을 경유하는 어떠한 조약이나 또는 약속을 아니함을 약정함.

제3조 일본국 정부는 그 대표자로 하야 한국 황제 폐하의 궐하(闕下)에 1명의 통감을 두되 통감은 전혀 외교에 관하는 사항을 관리함을 위하여 경성에 주재하고 친히 한국 황제 폐하에게 내알하는 권리를 소유함. 일본 정부는 또는 한국의 각 개항장 및 기타 일본국 정부가 필요로 인정하는 땅에 이사관을 두는 권리를 유하되 이사관은 통감의 지휘하에 종래 재한국 일본 영사에게 속하던 일체 직권을 집행하고 병하야 본 협약의 조관을 완전히 실행함을 위하야 필요로 하는 일체 사무를 장리(掌理)함이 가함.

❹ 한·일 신협약(정미 7조약, 1907. 7)

(1) 배 경

① **고종의 퇴위** : 1907년 6월 한국이 일제 침략상과 을사늑약의 무효를 세계 열강에 호소하려다 실패한 헤이그 밀사 사건이 일어나자 일제는 이 사건을 계기로 한국의 내정에 관한 전권을 장악하려고 했다. 이에 헤이그 밀사 사건의 책임을 물어 고종을 강제 퇴위시켰다.

② **체결** : 이토 히로부미(伊藤博文)가 외상 하야시 다다스와 한국의 국권을 빼앗는 내용의 신협약을 작성하여 1907년 7월 24일 정식으로 한국 정부에 제출하자 이완용 내각은 하루 만에 찬성하여 순종의 재가를 얻었다.

(2) 결 과

① **비밀 각서 첨부** : 군대해산을 비롯하여 일본인을 한국 관리로 임명함으로써 이른바 차관정치(次官政治)를 실현하였다. 그 결과 1907년 8월 1일 8,800명 밖에 남지 않은 군대마저 해산되었으며, 군대 해산에 따라 각지에서 항일 의병운동(정미의병)이 일어났다.

② **차관 정치 실시** : 통감은 국가의 법령 제정, 중요 행정상의 처분, 시설 개선, 고등 관리의 임면, 외국인 고빙, 일본 관리의 임명 등의 권한을 가지게 되었다. 이에 따라 각부 차관자리에는 일본인 관리가 다수 임명되어 이른바 차관정치가 시작되고 고문(顧問)제도는 폐지되었다.

③ **언론 탄압** : 신문지법(1907. 7. 27)과 집회 결사를 금지하는 보안법(1907. 7. 29)이 공포되었다.

사료읽기

한 · 일 신협약(정미 7조약, 1907. 7)

제1조 한국 정부는 시정개선에 있어서 통감의 지휘를 받는다.

제2조 한국 정부의 법령 제정과 중요한 행정상의 처분은 미리 통감의 승인을 받는다.

제3조 한국의 사법 사무는 일반 행정 사무와 구별한다.

제4조 한국 고등관리의 임명은 통감의 동의에 의한다.

제5조 한국 정부는 통감이 추천하는 일본인을 한국 관리로 채용한다.

제6조 한국 정부는 통감의 승인 없이 외국인을 한국 관리로 채용하지 않는다.

제7조 1904년 8월 22일에 조인된 제1차 한·일 협약 제1항은 폐지한다.

❺ 기유각서(1909. 7. 12)

(1) 배 경

① **명칭** : '한국 사법 및 통감사무 위탁에 관한 각서'라고도 불린다.

② **내용** : 한·일신협약의 3항인 사법 사무에 관한 조항을 이행하기 위해 소네 아라스케 통감과 이완용 사이에 체결한 5개 조항의 각서이다.

(2) 결 과

① **관제 개편** : 종래의 사법부 및 재판소는 폐지되고, 통감부에 사법청을 두고 그 관할 하에 각급 재판소를 두게 되었으며 그 직원도 일본 관리로 임명되었다.

② **사법권 박탈** : 일본은 조선의 사법권을 완전히 장악하게 되었고, 의병전쟁과 민중들의 반일투쟁을 탄압할 수 있는 합법적이고 막강한 권한을 가지게 되었다.

❻ 한·일 병합 조약(1910. 8. 29)

(1) 배 경

① **통감 교체 임명** : 일제는 1910년 5월 육군대신 데라우치(寺內正毅)를 3대 통감으로 임명하여 한국의 식민화를 단행하도록 하고 1910년 6월 한국경찰을 일제경찰에 통합시켰다.

② **경찰권 박탈(1910. 6)** : 일본은 2천 여명의 헌병을 파견하여 경찰 업무를 담당케 하고, 항일 언론기관과 애국 단체들을 탄압하였다.

③ **국권 박탈** : 통감은 8월 16일 비밀리에 총리대신 이완용에게 합병안을 제시하고 그 수락을 독촉하였으며, 8월 22일 이완용과 데라우치 사이에 합병이 조인되어 8월 29일 발표하였다.

④ **친일단체의 어용 활동**

㉠ **일진회(一進會, 1904)** : 보안회에 대항하고자 송병준이 조직한 유신회(維新會, 1904), 동학교도 이용구가 조직한 진보회(進步會 1904)가 합쳐진 단체이다.

㉡ **청원서, 성명서 발표** : 일제는 한국인의 여론을 왜곡하여 국제사회에서 국권 침탈이 한국인에 의하여 이루어진 것처럼 위장하기 위해 1909년 2월 일진회의 이용구, 송병준 등 친일파들을 앞세워 나라를 일본에 합치자는 청원서와 성명서를 발표하게 하였다.

사료읽기

한 · 일 병합(경술국치, 1910. 8. 29)

서문 양국의 상호 행복을 증진하고, 동양 평화를 영구히 확보하기 위하여 일본이 한국을 병합한다.

제1조 한국 황제 폐하는 한국 정부에 관한 일체의 통치권을 완전, 또 영구히 일본국 황제 폐하에게 양여한다.

제8조 본 조약은 한국 황제 폐하와 일본국 황제 폐하의 재가를 받은 것이므로 공포일로부터 이를 시행한다.

(2) 결 과

① **국권의 박탈(1910. 8. 29)** : 황제로 하여금 양위의 조서를 내리도록 강요하였다.

② **총독정치** : 조선 총독은 한국에서 입법, 사법, 행정의 3권을 행사함은 물론 군대의 통수권도 행사하였다.

제2장 민족의 수난

핵심 출제포인트

• 각 시기별 일본의 식민통치 정책들을 파악하고 각 시기로 넘어가게 되는 계기가 된 사건을 파악해야 한다.

01 식민 통치 기관

❶ 조선 총독부

(1) 성 격

통감부를 개칭한 것으로 일제가 한민족에 대한 정치적 탄압과 경제적 착취를 위해 설치한 식민통치의 중추기관이다.

조선 총독부 건물

(2) 조 직

① **총독** : 일본의 현역대장 또는 대장 출신자 중에서 임명되어 식민통치의 전권을 장악하였다.

② **권한** : 일본 내각의 통제를 받지 않고 일본 국왕에 직속되어 한국에서 입법, 행정, 사법 및 군대 통수권까지 장악한 절대 권력을 행사하고 있었다.

(3) 관 제

① **중앙** : 처음에는 1관방(총독관방) 5부(총무부, 내무부, 탁지부, 농상공부, 사법부) 9국으로 운영하다가 3·1 운동 이후에는 5부(내무부·재무부·식산부·법무부·학무부)로 개편하였다.

② **지방** : 도(道)·부(府)·면(面)제로 운영되었다.

㉠ **도(道)** : 도의 장관은 도장관이라 하여 행정 사무를 관장하게 하고, 3·1 운동이후에는 자문기관으로 도 평의회, 면 협의회, 학교 평의회를 설치하였는데, 1933년에 개편되어 도 평의회를 폐지하고 도회(道會)가 신설되었다.

㉡ **부(府)** : 일본인이 주로 많이 거주하는 지역에만 설치하여 충청도, 황해도, 강원도에는 없었다.

❷ 기타 기관

(1) 자문기구

① **중추원** : 표면상 한국인의 정치 참여를 나타내는 것이었으나 실제로는 한국인 통치를 위한 법제 자료를 조사하여 제공하는 역할을 하였으며, 3·1 운동 때까지 거의 10년간 한 차례의 정식 회의도 소집되지 않았다.

② **취조국** : 대한제국 때 법전의 기안을 담당한 법전조사국을 폐지한 후 설치하여 조선의 제도 및 일체의 관습을 조사하고, 총독이 지정한 법령의 입안 및 심의·폐지 및 개정에 대한 의견을 자문하였다.

(2) 기 타

① **사법기관** : 고등법원·복심법원·지방법원 등의 재판소와 감옥이 있었는데 총독에 예속되어 독립성이 없었다.

② **치안기구** : 헌병경찰과 군대를 두었다.

③ **경제 약탈 기관** : 철도국, 통신국, 세관, 임시토지조사국, 전매국, 영림청 등이 있었다.

02 식민 통치 형태

❶ 1910년대 : 무단통치(헌병경찰통치, 1910~1919)

(1) 내 용

① **헌병경찰 배치** : 2만여 명의 헌병경찰 및 헌병보조원이 배치되어 치안과 일반 행정 및 사법 행정에도 관여하여 한국 통치의 주역을 담당하였다.

② **군대 파견** : 일본군 2개 사단의 병력을 서울과 지방에 배치하여 무력 통치조직을 구축하였다.

(2) 헌병 경찰

① 조직

㉠ **중앙** : 경무총감이 헌병사령부의 헌병사령관을 겸임하였다.

㉡ **지방** : 각 도에 헌병대와 경무부가 있으며, 경무부장은 헌병대장이 겸임하였다.

헌병경찰의 모습

② 권한

㉠ **업무** : 치안과 위생 업무, 범죄 즉결, 민사 소송 조정, 검찰 사무 등이었으나, 주된 업무는 경찰의 임무를 대행하고 독립운동가를 색출하여 처단하는 것이었다.

㉡ **즉결 처분권** : 우리 민족에게 마음대로 태형을 가하고, 재판없이 구류에 처하거나 무거운 벌금이 부과되었다.

(3) 독립 운동의 탄압

① **신민회 해체** : 일제는 '안악사건'을 계기로 신민회 회원 600여명을 검거하여 105명을 기소하는 등 독립 지사를 체포·고문하였다.

② **언론·출판 자유 박탈** : 민족의 언론지와 기관지를 폐간시키고 「경성일보」, 「매일신보」 등 친일신문과 「조선공론」 등 친일 잡지만의 발행을 허용하였다.

③ **민족 교육 금지** : 일제는 제1차 조선교육령(1911)과 사립학교 규칙(1911), 서당 규칙(1918)을 제정하여 민족교육을 탄압하였다. 일본어를 중심으로 교과목을 편성하고, 고등교육을 실시하지 않았으며 초보적인 기술과 실무적인 내용 만을 가르쳤다.

④ **공포분위기 조성** : 일반 관리는 물론 학교 교원들에게까지도 제복을 입히고 칼을 차게 하여 한국인을 위압하였다.

⑤ **법령의 제정**

㉠ **집회단속법**(1910. 8) : 모든 정치 결사를 해체시키고 집회를 금지시켰다.

㉡ **범죄즉결례**(1910), **경찰범 처벌 규칙**(1912) : 경찰서장과 헌병분대장에 즉결권을 부여하였다.

㉢ **조선민사령·조선형사령**(1912) : 갑오개혁 때 비인간적이라 하여 폐지된 태형마저 부활하였다.

사료읽기

조선 태형령(1912)

제2조 100원 이하의 벌금 또는 과료에 처할 자 중 다음 각 호에 해당할 때는 그 정상에 따라 태형에 처할 수 있다.
1. 조선 내에 일정한 주소를 가지고 있지 않을 때
2. 무자산이라고 인정될 때

제11조 태형은 감옥 또는 즉결 관서에서 비밀리에 집행한다.

제13조 본 령은 조선인에 한하여 적용한다.

》「조선 총독부 관보」

❷ 1920년대 : 문화통치(보통경찰통치, 1919~1931)

(1) 배 경

① **3·1 운동** : 한민족의 거족적인 3·1 운동으로 일제는 종래의 무난통치에 의한 한민족의 지배에 한계가 있다는 것을 깨달았고, 그로 인하여 악화된 국제 여론에 직면한 일제는 식민통치 정책의 전환을 모색하지 않을 수 없었다.

② **시정 방침** : 일제는 한민족을 보다 효과적으로 지배하기 위한 수단으로 '문화의 발달과 민력의 충실'이라는 시정 방침을 내세우게 되었다.

③ **성격** : 일제의 가혹한 식민통치를 은폐하고, 한민족의 지배를 효과적으로 추진하기 위한 간악하고 교활한 식민 통치 방식이었다.

(2) 문화통치의 내용

① **문관 총독제 실시** : 일제는 지금까지 현역 군인으로 조선 총독을 임명하여 파견하던 것을 고쳐 문관도 그 자리에

역대 조선총독

구분	이름	재임기간
1대	데라우치 마사타케(寺內正毅)	1910~1915
2대	하세가와 요시미치(長谷川好道)	1915~1919
3대	사이토 마코토(齋藤實)	1919~1927
4대	우가키 가즈시게(宇垣一成)	1927. 4~12
5대	야마나시 한조(山梨半造)	1927~1929
6대	사이토 마코토(齋藤實)	1929~1931
7대	우가키 가즈시게(宇垣一成)	1931~1936
8대	미나미 지로(南次郎)	1936~1942
9대	고이소 구니아키(小磯國昭)	1942~1944
10대	아베 노부유키(阿部信行)	1944~1945

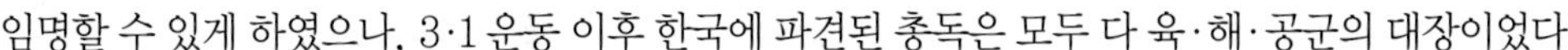

임명할 수 있게 하였으나, 3·1 운동 이후 한국에 파견된 총독은 모두 다 육·해·공군의 대장이었다.

② **보통경찰제 실시** : 헌병경찰제를 보통경찰제로 바꾸었으나 제복만 바꾸어 입은 것으로 고등경찰 제도를 실시하여 우리 민족에 대한 감시와 탄압을 더욱 강화시켰다. 즉, 3·1 운동 이전보다 군대 수를 늘리고 경찰관서와 경찰 수가 급증하였다.

③ **태형령 폐지** : 감옥은 더욱 증설하여 1일 평균 수감인원이 약 6,000여 명으로 한반도가 거의 감옥화 될 지경에 이르렀다.

④ **언론·출판·집회 부분적 허용** : 동아일보(1920)·조선일보(1920)·시사신보(1920)·시대일보(1924) 등의 신문과 개벽·신생활 등 잡지가 발행되었으나, 일제는 1925년 치안유지법을 만들어 통치에 거슬리는 언론·집회·결사를 탄압하고, 신문과 잡지에 대해 검열을 통한 삭제·압수·정간 등이 강화되었다.

치안유지법

1925년 4월 조선총독부가 반정부·반체제 운동 탄압의 목적으로 발표한 법령이다. 당시 일제에 대한 소작·노동쟁의가 심해지고 사회주의자들의 책동이 격화되자 조선총독부는 그 대비책으로 이 법을 발표한 것이었으나 실제로는 무정부주의 운동, 공산주의 탄압이란 구실로 일제가 민족 운동을 억압하려는 법적 근거를 삼으려는 의도에서 만든 것이다. 따라서 일제는 광주학생 운동·조선어학회 사건 등 일체의 항일 민족 운동을 모두 이 법에 따라 처벌하였다.

- **제1조** 국체(國體)를 변혁하는 것을 목적으로 결사를 조직하는 자 또는 결사의 임원, 그의 지도자로서의 임무에 종사하는 자는 사형, 무기 또는 5년 이상의 징역 또는 금고에 처한다. … (중략) … 사유재산 제도를 부인하는 것을 목적으로 결사를 조직하는 자, 결사에 가입하거나 목적 수행을 위한 행위를 돕는 자는 10년 이하의 징역 또는 금고에 처한다.

⑤ **교육기회 확대** : 제2차 조선교육령(1922)을 발표하여 각종 학교의 설립을 인가하여 일본인과 한국인을 동등하게 교육시킨다고 표방하였으나 이는 소수의 친일분자를 키워 우리 민족을 이간·분열시키고 민족 근대의식의 성장을 오도하기 위한 기만적인 술책이었다.

㉠ **3면 1개교 원칙** : 민족주의 교육의 온상인 사립학교와 서당 교육을 탄압하였다.

㉡ **경성제국대학 설립(1924)** : 민립 대학 설립을 봉쇄하고 한민족의 불만을 무마하기 위해 설립하였다.

⑥ **지방의 자문기구 운영** : 도·부·면 협의회 등을 조직하고, 그 의원을 선거하도록 허용하였으나 한국인의 의사를 반영할 수 있는 기관이 되지는 못하였다.

⑦ **조선사편수회 설치** : 박은식의 「한국통사」가 독립운동가 사이에서 널리 읽혀지자 총독부 산하에 설치하여 일본인 어용학자와 친일 한국인 역사가들을 참여시켜 「조선사」 편찬을 추진하였다.

❸ 1930년대~1940년대 : 민족말살통치(1931~1945)

(1) 황국신민화 통치

① **배경** : 일제는 1937년 중·일전쟁, 1941년 태평양 전쟁을 도발하면서 부족하게 된 인적·물적자원 수탈에 광분하는 등 모든 방면에 거쳐 식민지 수탈을 더욱 강화하였다.

② 민족문화 말살정책

㉠ 내선일체(內鮮一體) : 내(內)는 내지인 일본을 선(鮮)은 조선을 가리킨다. 일본과 조선은 한 몸이라는 뜻으로 한국인을 일본인으로 동화시키려 한 것이다.

㉡ 일선동조론(日鮮同祖論) : 일본인과 조선인은 조상이 같다는 이론으로 한국인의 민족 정신을 근원적으로 말살하기 위한 것이다.

㉢ 국학 금지 : 우리말과 글의 사용과 우리 역사 교육을 금지하였다.

㉣ 황국신민서사(皇國臣民誓詞) : '우리들은 대일본 제국의 신민이다. 우리들은 마음을 합하여 천황 폐하에게 충의를 다한다.'는 요지이다.

내선일체 포스터

사료읽기

황국신민서사

① 아동용

나는 대일본 제국의 신민이다.
나는 마음을 합해 천황 폐하께 충의를 다한다.
나는 인고 단련하여 훌륭하고 강한 국민이 된다.

② 학생·일반용

우리는 황국 신민이며 충성으로써 군국에 보답하자.
우리 황국 신민은 서로 신애 협력하여 단결을 굳게 하자.
우리 황국 신민은 인고 단련의 힘을 키워 황도를 선양하자.

(2) 기 타

남산에 신궁을 세워(서울) 궁성요배를 강요하고 1938년 1면(面) 1사(社) 원칙을 정하여 각 학교와 면에 신사를 세워 신사참배를 시켰으며 창지개명과 함께 성씨와 이름까지 일본식으로 고쳐 쓰게 하는 창씨개명(1940)을 강요하고 이에 불응하면 불령선인(不逞鮮人)으로 규정하여 각종 불이익을 주었다.

신사참배

제3장 식민지 경제 정책

핵심 출제포인트

• 식민통치 제1기 토지조사사업, 제2기 산미증식계획, 제3기 병참기지화정책의 내용을 꼼꼼히 정리해야 한다.

01 1910년대

❶ 토지조사사업(1910~1918)

(1) 목 적

근대적 소유권이 인정되는 토지제도를 확립한다는 미명하에 한국인의 토지를 약탈하고 지주층을 회유하기 위한 목적이었다.

(2) 과 정

토지조사사업

① **토지조사국 설치**(1910) : 을사늑약 이후부터 토지조사사업을 계획했던 일제는 국권 피탈 이후에 본격적으로 토지 침탈 정책을 추진하였다.

② **토지조사령 공표**(1912) : 일본은 막대한 자본과 인원을 동원하여 전국적인 토지조사사업을 본격적으로 실시하였다.

③ **기한부 신고제** : 우리 농민은 토지 소유에 필요한 서류를 갖추어 지정된 기간 안에 신고해야만 소유권을 인정받게 되는 것으로서 토지의 소유권을 법적으로 공인하는 등기제도인 셈이다.

사료읽기

토지조사령(1912)

제1조 토지의 조사 및 측량은 이 조사령에 의한다.

제4조 토지의 소유자는 조선총독이 정하는 기간 내에 그 주소, 성명 · 명칭 및 소유지의 소재, 지목, 자번호, 사표, 등급, 지적, 결수를 임시토지조사국장에게 신고하여야 한다. 다만, 국유지는 보관관청에서 임시토지조사국장에게 통지하여야 한다.

제6조 토지의 조사 및 측량을 행함에 대하여는 그 조사 및 측량지역 내의 지주 중에서 2인 이상의 대표를 선정하여 조사 및 측량에 관한 사무에 종사하게 할 수 있다.

제7조 토지의 조사 및 측량을 행함에 있어서 필요한 때에는 당해 관리는 토지의 소유자, 이해관계인 또는 대리인을 실지에 입회시키거나 토지에 관한 서류를 소지한 자에 대하여 그 서류의 제출을 명할 수 있다.

(3) 결 과

① **전 국토의 40% 약탈** : 미신고 토지, 공공기관에 속해 있던 토지, 마을이나 문중의 토지, 초원, 황무지 등을 조선총독부 소유로 만들었다.

② **일본인 대지주의 출현** : 조선총독부는 탈취한 토지를 동양척식주식회사를 비롯한 일본인의 토지 회사와 일본인 이주민들에게 헐값으로 불하하여 일본인 대지주가 출현하게 되었다.

③ **농민의 권리 부정** : 조선 농민은 관습상의 경작권, 도지권, 개간권 등 토지에 대한 모든 권리를 잃게 되고 지주의 소유권만이 유일한 권리로 인정되었다. 또한, 이로 인해 나타난 농촌에서의 과잉 노동력은 지주가 소작인을 상대로 횡포를 부릴 수 있는 기반이 되었다.

④ **농민의 몰락** : 대부분 농민은 몰락하고 기한부 계약에 의한 소작농으로 전락하게 되거나 만주·연해주·일본 등지로 이주하였다.

⑤ **식민지적 지주제 강화** : 1918년 당시 전체 농민 인구의 3%에 해당하는 지주가 경작지의 50% 이상을 차지하였고 소작농은 50~70%에 이르는 고율의 소작료를 내어야 하는 상황에 이르렀다.

❷ 산업 및 자원의 침탈

(1) 민족 산업의 침탈

① **금융 독점** : 농공은행(1906 ⇨ 1918년 조선식산은행에 흡수), 조선은행(1911), 동양척식회사가 금융계를 장악하고, 지방에는 금융조합이 침투하여 서민 금융을 장악하였다.

② **회사령 제정·공포(1910)**

㉠ **목적** : 일제가 한국인의 회사 설립과 경영을 통제하기 위하여 공포하였다.

㉡ **내용** : 한국내에서 회사 설립은 반드시 총독의 허가를 받도록 하는 허가주의를 채택하고, 허가 없이 회사를 설립한 경우에는 가혹한 형벌을 가하며, 허락을 받고 설립한 회사라도 허가 조건을 위반할 때에는 총독이 사업 금지와 회사의 해산을 명할 수 있게 규정하였다.

③ **기간산업 독점** : 철도, 항만, 통신, 항공, 도로 등은 조선총독부와 일본의 대기업이 독점하였다.

④ **전매사업 실시** : 인삼, 소금, 담배, 아편 등을 조선총독부가 전매하여 민족 산업의 성장은 억제되고 일본인이 한국의 산업을 주도하게 되었다.

(2) 자원의 침탈

① **임업** : 일제는 산림령(1911), 임야조사사업(1918)을 통해 막대한 국·공유림과 소유주가 명확하지 않은 임야를 강탈하여 전체 임야의 50% 이상이 조선총독부와 일본인에게 점탈되었는데 특히 압록강·두만강 유역의 목재를 다량 벌목하여 막대한 이득을 남겼다.

② **어업** : 일제는 어업령(1911)을 공포하여 한국 어민의 활동을 억압하고 일본 어민의 성장을 지원하였다.

③ **광업**

㉠ **광업령 공포(1915)** : 조선총독부가 광업권에 대한 허가제와 위반 시 벌금의 부과 및 허가 취소 등 우리 민족의 광업 활동을 제약하기 위한 것이었다.

㉡ **침탈 시기** : 제1차 세계대전으로 인하여 군수 광산물의 수요가 격증하자, 진남포에 제련소, 노량진에 금·은 선광장(選鑛場)을 설치하여 본격적인 광산물 약탈이 자행되었다.

㉢ **결과** : 일본의 대재벌들이 광업에 참여하여 전체 광산의 80%를 차지하였고, 생산물의 대부분은 일본으로 반출되었다.

(3) 한국인 기업의 성장

① **회사 설립** : 부산의 지주 안희제는 1914년 백산상회를 설립하였으며, 호남의 지주출신 김성수가 1919년 경성방직회사를 설립하였다.

② **공장 설립** : 서민출신 기업인 평양·대구의 메리야스 공장, 부산의 고무신 공장 등이 민족기업으로 성장하였다.

02 1920년대

❶ 산미증식계획(1920~1934)

(1) 배 경

① **목적** : 일제가 공업화의 추진에 따라 부족한 식량을 우리나라에서 착취하여 식량의 안정된 공급을 확보함으로써 자국의 식량 부족을 해결하려는 것이다.

② **내용** : 일제는 약 3억 5천만원의 사업 자금을 배당하여 수리시설 확충, 토지 개량, 벼품종 개량, 경종법(耕種法) 개선, 화학 비료 보급 등에 의한 식량 생산의 증대를 꾀하였다.

(2) 결 과

① **식량의 부족 심화** : 증산량보다 일제가 강제로 수탈해 간 미곡이 증산량보다 많아 조선 농민은 만성적인 식량 부족에 허덕였다.

② **잡곡 이용률 증가** : 부족한 식량을 만주에서 생산되는 값싼 잡곡으로 충당하려 하였으나, 근본적인 해결책이 되지는 못하였다.

③ **농업 구조의 변화** : 일제가 쌀 생산을 강요하여 미곡 상품화의 급진전과 함께 미곡 중심의 단작형 농업 생산 구조의 확립이 이루어졌다.

④ **지주제의 강화** : 토지 개량 사업과 수리조합이 지주를 중심으로 전개되어 일본인·조선인 대지주들만 혜택을 받았다. 그 중 조선인 지주들은 식민지 지배체제의 담당자로 편입되어 식민지 지배를 위한 사회적 기반의 역할을 수행하였다.

미곡 생산량과 일제의 수탈량 (단위 : 만석)

연 도	생산량	수탈량
1920	1,270	185
1922	1,432	340
1924	1,517	475
1926	1,497	544
1928	1,730	742
1930	1,370	540
1932	1,590	760
1933	1,630	870

⑤ **농민의 몰락** : 조선의 중소지주·자작농·자소작농들은 농업 금융에서 배제되고 수리조합사업, 토지개량사업 등의 비용이 농민에게 전가되어 1920년대 이후 소작쟁의가 격화되는 원인을 제공하였다.

(3) 일제의 회유책

① **농가 경제 갱생 5개년 계획**(1932) : 조선 농촌의 재편성과 황국 농민으로 갱생시키고, 치열해진 농민 운동의 통제와 침략 전쟁을 뒷받침하기 위하여 실시하였다.

② **농촌진흥운동**(1932) : 일본의 수탈로 황폐해 가는 농촌의 진상을 호도하여 농민층의 불만을 막고, 이를 기반으로 한 민족 해방운동을 억압하기 위한 목적에서 실시하였다.

③ **소작조정령**(1932) : 1930년대 초 격렬하게 전개되던 소작쟁의를 막기 위해 자본가·지주·금융조합 간부를 중심으로 '소작위원회'를 구성하여 조직하였다.

④ **조선농지령**(1934) : 지주와 소작인의 협화(協和) 정신 아래 소작농의 지위를 안정시키고 소작지의 생산력을 증진시키는데 목적을 두고 발표하였으나 본질은 대륙 침략에 나선 일제가 조선 농민을 회유·단속하려는 것이었다.

❷ 회사령 폐지(1920)

(1) 배 경

제1차 세계 대전을 계기로 성장한 일본의 독점적인 자본 침투를 촉진시키기 위한 조치로 1920년에 회사의 설립을 허가제에서 신고제로 완화하여 실질적으로 폐지되었다.

(2) 결 과

① **공업의 유형 변화** : 일본인의 자본 투자는 경공업에서 중공업 분야로 옮겨졌다.

② **일본 자본의 한국 유입** : 일제의 독점 자본이 본격적으로 침투하여 광업회사, 비료(흥남질소), 섬유회사, 수력발전소(부전강) 등을 설립하고 한국의 공업 생산을 장악해 나갔다.

03 1930년대

❶ 병참기지화 정책

(1) 배 경

1929년 미국발 경제공황은 세계 각국에 파급되어 경제 파탄이 초래되었는데 경제 기반이 약했던 일본은 경제공황으로 큰 타격을 받아 도시 실업자가 증가하고, 농촌 경제가 붕괴되어 소작쟁의와 노동쟁의가 빈번하게 일어나는 등 정부에 대한 불신은 나날이 높아 갔다.

(2) 대륙의 침략

① **만보산 사건**(1931. 7) : 1931년 7월 2일 중국 지린 성(吉林省) 완바오 산(萬寶山) 지역에서 한·중 두 나라 농민 사이에서 일어난 분쟁에 일본이 개입하여 이간질시킨 사건이다.

② **만주사변**(1931)**과 중일전쟁**(1937) : 1931년 만주사변을 일으켜 중국 동북지방을 무력으로 점령하고, 1932년 3월에는 만주국이라는 일본의 괴뢰정권을 세웠다. 이에 국제연맹에서는 일본의 만주 철수를 요구하였으나 일제는 1933년 국제연맹에서 탈퇴하고 1937년에 중·일전쟁을 일으켜 대륙 침략을 단행하였다.

❷ 군수 산업 정책

(1) 남면북양(南綿北羊) 정책(1931~)

① **배경** : 일제는 조선의 군수공업화와 관련하여 남면북양이라는 공업원료 증산책이 실시되었다. 이는 경제공황 이후 선진 자본주의 국가들의 보호무역으로 원료 공급이 부족해 질것에 대비하여 일본인 방직 자본가를 보호하려는 조치였다.

남면북양 정책

② **내용** : 당시 일본은 섬유공업의 원료로서 목화와 양모를 대량으로 수입하고 있었는데, 조선에서 목화와 양모를 증산함으로써 미곡 단작화로 인한 농업 정책의 모순을 극복하고 동시에 섬유공업의 원료를 안정적으로 확보하고자 했다.

(2) 군수 공장 설립

① **배경** : 일본 국내에서는 중요산업 통제책(1931)과 공장법(1931)의 제정으로 기업 운영에 제약을 받는데 비하여 조선에서는 이런 제약이 없어 일본 대자본의 도피성 조선 진출이 급증하였다. 이로써 한국의 풍부한 공업 자원과 저렴한 임금을 활용하여 전기·제철·중화학 공장 등의 군수공업 시설을 많이 설립하였다.

② **남농북공**(南農北工) **정책**(1932) : 일제는 지금까지의 농공병진(農工竝進)에서 남농북공(南農北工)으로 경제정책을 전환하여 북한지역에 대규모의 공장을 설립하여 대륙 침략을 위한 병참기지화 하였다.

압록강 수풍발전소

(3) 조선 기업의 정비

① **기업 정비령**(1942) : 조선인 기업의 강제 청산 및 정리를 위한 법령이다.

② **결과** : 한반도 경제는 일제의 전쟁 수행을 위한 식민지 경제체제로 보다 철저히 예속되었다.

❸ 국가 총동원령(1938)

사료읽기

국가총동원령(1938)

제1조 국가총동원이란 전시(전시에 준할 경우도 포함)에 국방목적을 달성하기 위해 국가의 전력을 가장 유효하게 발휘하도록 인적 및 물적 자원을 운용하는 것을 말한다.

제4조 정부는 전시에 국가총동원상 필요할 때는 칙령이 정하는 바에 따라 제국신민을 징용하여 총동원 업무에 종사하게 할 수 있다. 단 병역법의 적용을 방해하지 않는다.

제7조 정부는 전시에 국가총동원상 필요할 때는 칙령이 정하는 바에 따라 노동쟁의의 예방 혹은 해결에 관하여 필요한 명령을 내리거나 작업소의 폐쇄, 작업 혹은 노무의 중지, 기타의 노동 쟁의에 관한 행위의 제한 혹은 금지를 행할 수 있다.

제14조 정부는 전시에 국가총동원상 필요할 때는 칙령이 정하는 바에 따라 물자의 생산, 수리, 배급, 양도, 기타의 처분, 사용, 소비, 소지 및 이동에 관하여 필요한 명령을 내릴 수 있다.

제20조 정부는 전시에 국가총동원상 필요할 때는 칙령이 정하는 바에 따라 신문지, 기타 출판물의 게재에 대하여 제한 또는 금지를 행할 수 있다.

(1) 물적 자원 수탈

① **배경** : 일제가 중·일 전쟁을 일으켜 대륙 침략을 본격화 한 이후에 공포하였다.

② **내용**

㉠ **산미증식계획 재개** : 일제가 군량미 확보를 위하여 목표량을 설정하고 각 도에 할당하였다.

㉡ **미곡공출제도(1940)** : 농가당 공출량을 할당하여 강제수탈하였다.

㉢ **조선미곡배급조정령(1939)** : 소비 규제를 목적으로 식량 배급 제를 실시하였다.

㉣ **임시조선농지관리령(1941)** : 농지의 절대량을 확보하기 위한 목적으로 제정하였다.

㉤ **가축증식계획** : 일본군의 군수품을 충당하기 위하여 각종 가축증식계획을 수립하였다.

㉥ **식량관리법(1943)** : 보리, 면화, 마(麻), 고사리 등 40여 종에 대한 수탈을 강화하였다.

㉦ **공출제** : 모든 금속제 그릇을 강제 공출하였는데 농기구·식기·제기는 물론, 교회·사원의 종(鍾)까지도 거두어 들여 전쟁 무기 제작에 이용하였으며 심지어 비행기 연료로 사용하기 위하여 송진을 수거하기도 하였다.

㉧ **국방 헌금과 위문품 헌납** : 박흥식·김연수·방응모 등 일부 실업인들은 비행기와 기관총을 사서 헌납하기도 하였다.

사찰의 종 공출

(2) 인적 자원 수탈

① 각종 법령 정비

㉠ **육군특별지원병제도(1938)** : 중·일전쟁 직후 조선의 청년을 동원하기 위한 법으로 대부분 소작농의 아들들이 많았다.

㉡ **국민징용제(1939)** : 모집 및 알선의 형식으로 동원되었는데, 주로 농민들을 대상으로 이루어졌

고, 이로 인해 농촌의 노동 인력이 줄어들어 1939년 이후 농업 생산력 저하의 요인이 되었다.

군함도 (하시마섬)

㉢ **근로보국대**(1941) : 한민족의 노동력을 대규모로 강제 동원되었다.

㉣ **학도지원병제**(1943) : 조선인 전문학교, 대학교 학생 등이 동원되어 총알받이로 이용되었다.

㉤ **징병제**(1944) : 일제가 패전 할 때까지 약 20만명의 청년이 동원되었다.

㉥ **여자정신대근무령**(1944) : 12세에서 40세까지의 배우자 없는 여성 20만 명을 노동자 및 위안부로 강제 동원하였다. 일본은 현재 한·일 국교 정상화 때 이미 보상은 끝났다는 입장으로 한국의 입장과는 대립되어 양국간의 갈등이 고조되고 있는 실정이다.

② **사상범 통제법**

㉠ **조선 사상범 보호관찰령**(1936) : 민족 해방운동가를 자의로 보호 관찰하기 위한 법령이다.

㉡ **조선 사상범 예방구금령**(1941) : 민족 해방운동가를 자의로 구금하기 위한 법령이다.

제 2 편

독립 운동의 전개

1910년대 항일 운동

핵심 출제포인트

- 1910년대 무장 독립 운동의 지역과 단체를 정리해야 한다.
- 3·1 운동은 전개 과정과 결과 및 영향을 중심으로 학습해야 한다.

01 국외 무장 독립운동 기지 건설

❶ 배 경

① **동향** : 일제의 무단통치로 국내에서의 독립운동이 어렵게 되자 많은 애국지사들은 우리 교민들이 많이 이주하여 살고 있는 만주와 연해주 지방으로 망명하여 독립운동기지를 건설하는 등 적극적인 활동을 전개하였다.

② **특징**

㉠ **대종교 중심** : 간도와 연해주에서 활약한 독립운동가들의 대부분은 대종교를 신봉하던 인사들로서 무력에 의한 독립 쟁취를 목표로 한 한말의 의병전쟁을 계승하였다. 이들은 간도를 독립 기지로 하여 고구려와 발해의 옛 영토인 만주를 회복하여 대조선(大朝鮮)을 세운다는 큰 계획을 세우고, 군사·교육기관, 산업시설을 설립하여 항일 운동을 전개하였다.

㉡ **신민회** : 해외 독립 운동의 선구적 임무를 담당한 단체로 당시 의병 전쟁과 항일 운동의 큰 줄기를 이루었는데, 국내에서의 활동이 제약을 받게 되자 국외의 독립 운동 기지 건설에 앞장을 섰다.

❷ 무장 독립운동기지

(1) 만 주

① **삼원보**(서간도) : 이회영, 이상룡 등이 경학사(1911) 라는 자치기관을 두고 구국 운동의 인재를 양성하였으며, 이를 모체로 신흥강습소(1911)를 설치하였다가 신흥무관학교(1919)로 개칭하여 독립군 지휘관을 양성하였다.

② **용정**(동간도) : 이상설, 이승희 등이 1906년 용정에 서전서숙을 설립하여 민족 교육의 요람으로 키웠다.

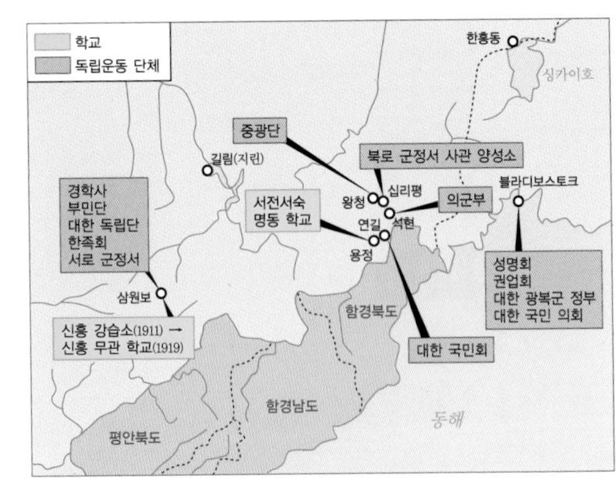

1910년대 항일 독립운동기지

③ **환인(동간도)** : 대종교의 2대 교주인 윤세복이 동창학교를 세우고, 신채호·박은식 등의 민족주의 사학자들이 편찬한 위인 전기를 교재로 사용하였는데 그 중 3대 교주 김교헌의 「神壇實紀(1914)」, 「神壇民史(1914)」 등이 널리 읽혀졌다.

(2) 연해주(신한촌)

① **한민회(1905)** : 자치기관으로 언론 활동(해조신문)을 전개하였다.

② **한민학교(1909)** : 교육활동을 활발히 전개하였다.

③ **성명회(1910)** : 이상설·유인석 등이 조직하여 일제의 국권 침탈에 대해 8천여 민족 운동가의 서명을 받아 "광복의 그 날까지 피의 투쟁을 결행하겠다"는 항의 격문(성명회 선언문)을 발표해 러시아어와 프랑스어로 번역되어 각 국 정부에 발송하여 한·일 병합의 부당성을 주장하였다.

④ **대한광복군 정부(1914)**

㉠ **중심 인물** : 이상설과 이동휘를 정·부통령으로 하여 수립되었다.

㉡ **의의** : 독립군 무장 항일 운동의 터전 마련과 임시 정부 수립의 단서를 제공하였다.

㉢ **활동** : 러·일 전쟁에서 패배한 러시아가 대일 보복전쟁을 계획하면서 대한광복군 정부를 후원하였으나, 1918년 제1차대전 이후 러시아는 일본과 공동방위체를 형성하여 한국인의 정치·사회 활동을 금지시켜 대한광복군 정부는 해체되었다.

⑤ **권업회(勸業會)** : 항일독립운동의 전개, 교민의 단결과 지위 향상에 노력하였으나 1914년 러시아는 대일관계의 악화를 우려하여 강제로 해산된 후 1917년 전로한족회중앙총회로 계승되었다.

보재(溥齋) 이상설

활동 지역	주요 활동
서울	• 을사늑약 체결 비판과 을사5적 처단 상소
간도	• 서전서숙 설립과 민족 교육 실시
헤이그	• 만국평화회의에 파견되어 을사늑약 부당성 폭로
미국	• 애국동지 대표자회의 참석 • 국민회 결성에 기여
연해주	• 성명회 조직 • 권업회 조직 • 대한광복군 정부 수립
상해	• 신한혁명당 결성과 외교 활동

⑥ **대한국민의회(1919)** : 시베리아의 여러 단체들로 결성된 전로한족회중앙총회가 손병희를 대통령으로 하여 발전한 것이다. 잡지 「대한인 전교보」를 간행하였으며, 윤해·고창일을 파리강화회의에 파견하였다.

⑦ **13도의군** : 국내에서 의병활동을 전개하던 유인석이 서울진공작전의 무모함을 비판하면서 연해주로 이동하여 조직하고 무장활동을 벌였다.

⑧ **한인사회당(1918)** : 1917년 러시아 혁명의 영향을 받아 하바로프스크에서 이동휘 등이 조직한 우리나라 최초의 사회주의 단체이다.

(3) 중국(상하이)

① **동제사**(1912) : 대종교의 신규식이 조직하였으며, 중국 국민당 인사들과 연합하여 신아동제사로 개편하여 교육기관인 박달학원을 설립하였다.

② **대동보국단**(1915) : 신규식, 박은식 등이 조직한 단체로 「진단」이라는 잡지를 발행하였다.

③ **신한혁명당**(1915)

㉠ **조직** : 박은식, 신규식, 이상설, 조소앙 등이 북경에서 조직하여 고종을 당수로 추대하고 임시로 제정(帝政)체제를 지향하였다.

㉡ **활동** : 안봉선 철도 파괴와 중국과의 밀약 체결을 목표로 활동하였다.

조소앙

- 대동단결선언 발표(1917)
- 대한민국 임시정부 국무원 비서장(1919)
- 한국독립당 관내 촉성회 연합회 결성(1927)
- 한국독립당 결성(1930)
- 삼균주의 제창(1931)
- 대한민국 임시정부 외무부장(1944)

④ **신한청년단**(1918)

㉠ **조직** : 김규식·여운형·선우혁·신채호·장덕수·정인보·문일평 등이 조직하여 대한 독립, 사회 개조, 세계 대동을 단강(團綱)으로 제정하였다.

㉡ **활동** : 1919년 2월 김규식의 파리강화회의 파견과 대한민국 임시 정부 수립 이후 파리위원부 설치, 장덕수는 동경에서 2·8독립선언의 촉진, 선우혁은 관서지방의 기독교인과 제휴하여 3·1 만세운동을 주도하였다.

㉢ **의의** : 일부는 1919년 4월 초 상해 프랑스 조계(租界) 보창로 329호에 독립 임시사무소를 개설하였는데 이는 뒷날 4월 11일 수립된 대한민국 임시 정부의 모체가 되었다.

(4) 미 주

① **공립협회**(1905) : 샌프란시스코 한인교민들이 상항(桑港)친목회로 조직(1903)하였다가 1905년 공립협회로 확대·개편되었으며, 미국내 지회와 국내 지회로 신민회가 조직되었다.

② **한인합성협회**(1907) : 하와이 교민이 주축이 되어 조직하였으며 기관지 '한인합성신보'를 간행하였다.

③ **흥사단**(1913) : 신민회 후신으로 안창호가 샌프란시스코에서 기독교인들을 중심으로 조직하여 무실, 역행, 충의, 용감을 지도 이념으로 하여 사회 교육과 군인 양성, 민족 부흥 및 외교 활동에 역점을 두고 민족 운동을 전개하였다.

④ **숭무학교**(崇武學校) : 멕시코 동포들을 중심으로 하여 독립군을 양성하였다.

(5) 일 본

① **배경** : 제1차 세계대전 이후 재일 유학생들을 중심으로 독립운동의 기운이 고조되고 있었다.

② **조선청년독립단**(1919) : 재일 유학생 최팔용, 서춘, 백관수 등이 중심이 되어 조직된 단체로 1919년 2월 8일 동경의 기독교 청년 회관에 모여 독립선언서와 결의문을 발표하면서, 국내의 3·1 운동에 직접적인 도화선이 되었다.

02 국내 비밀 결사의 조직

❶ 항일 운동의 계승

(1) 의병운동

을사늑약 이후 전국적으로 확산되었던 국내 의병운동은 1909년 일제의 남한대토벌 작전으로 위축되었으나 1915년까지 소규모의 투쟁을 계속하고 있었다. 특히 대한제국의 마지막 의병장 채응언이 서북지방을 중심으로 하여 경기, 강원, 황해, 평안, 함경도 등지에서 활동하다가 1915년 평남 성천에서 일본군에 체포됨으로써 공식적인 의병활동은 종지부를 찍었다.

(2) 애국계몽운동

민족의 실력을 양성하려는 운동은 국권 강탈이 후에도 계속되었다.

❷ 항일 결사의 조직

(1) 특 징

① **조직** : 1910년대 항일 민족 운동을 주도한 것은 도시의 중산층과 교사·학생·유생 등 지식인층이 중심이었다.

② **활동**

㉠ **독립사상의 고취** : 각종 선언문, 격문 등을 통하여 광복에 대한 희망과 신념을 불어 넣어 주었다.

㉡ **교사·학생·종교인의 규합** : 각 지의 교육기관 및 종교 단체를 통하여 조국의 광복을 위한 독립운동을 폭넓게 전개하였다.

㉢ **농민·노동자와 연결** : 민족 운동을 널리 확산시켰다.

(2) 대표적 항일 결사

① **독립의군부**(1912) : 국권 강탈 이후에 시도한 전국 규모의 첫 번째 항일 운동 단체로 낙안군수 임병찬이 고종의 밀조를 받아 복벽주의(復辟主義 ; 나라를 되찾아 임금을 다시 세우겠다는 독립운동의 이념)를 주창하며 국내의 잔여 의병세력과 전라도 지방의 유림들을 규합하여 조직하였다.

② **송죽회**(1913) : 평양 숭의여학교 교사들이 중심이 되어 조직한 유일한 여성단체이다.

③ **대한광복회**(1915)

㉠ **조직** : 1910년대 항일결사 중에서 가장 활발한 활동을 전개한 단체로 경북 풍기에서 채기중, 김상옥 등이 조직한 '대한광복단(1913)'을 박상진 등이 '대한광복회'로 개편하였다.

㉡ **구성** : 군대식 조직으로 박상진이 총사령, 김좌진이 부사령이었으며, 각 도를 비롯하여 만주에도 지부를 설치하였다.

㉢ **활동**

㉮ 근대 공화정치를 지향하였으며, 만주에 독립군 기지와 사관학교를 설립하여 독립군을 양성하였다.

㉯ 독립군 기지의 건설에 필요한 자금 마련을 위해 각지의 부호에게 의연금을 납부하게 하였으며, 무기를 구입하여 군인을 양성하고 무력이 완비되면 일본인을 섬멸한다는 계획을 추진하였다.

㉰ 재무부와 선전부를 설치하고, 각 도에 지부장을 두고 각지의 친일파를 색출하여 처단하기도 하였다.

㉣ **활동의 위축** : 1918년 밀고자에 의하여 조직이 발각되어 총사령 박상진을 비롯한 많은 단원이 체포당함으로써 활동이 위축되었으나, 3·1 운동 이후에는 체포를 피한 회원들이 만주로 망명하여 활발한 투쟁을 계속하였다.

④ **조선국권회복단(1915)** : 경북지방의 유생들이 시회(詩會)를 가장하여 조직한 비밀결사조직으로 윤태영·서상일·이시영 등이 단군을 받들고 국권회복운동과 함께 국외의 독립운동과 연계하여 항일운동을 전개하였다.

⑤ **자립단(1915)** : 평양 대성학교 출신의 학생들이 함경남도 단천에서 조직한 비밀결사단체로 단원의 회비를 모아 실업을 경영하고 청년교육을 하였다.

⑥ **조선국민회(1917)** : 평양의 숭실학교 학생과 기독교 청년들이 중심이 되어 조직된 단체로 군자금 모금과 무기 구입을 위한 활동을 전개하였으며, 3·1 운동 당시에는 평안도 지방의 만세운동을 주도하였다.

03 3·1 운동(1919)

❶ 동 향

(1) 배 경

① **근대 민족 운동의 성장** : 중국의 신해혁명(1911)과 러시아 혁명(1917) 등 근대 민족 운동에서 자극을 받았다.

② **민족 자결주의 영향** : 제1차 세계대전의 종전 후 파리에서 강화회의가 개최되어 미국 대통령 윌슨의 세계 평화안 등이 논의되었다.

③ **고종 황제의 승하** : 고종 황제의 죽음에 일본의 독살 소문이 파다하게 퍼져 있었다.

④ **국내의 독립운동** : 국권 피탈 이후 민족 자결주의와 일본에서 일어난 2·8 독립 선언에 고무된 민족 지도자들은 종교계와 학생층을 중심으로 만세 시위운동을 준비하고 있었다.

⑤ **국외의 독립운동** : 신한청년당은 김규식을 파리강화회의에 파견하였고, 대한인국민회는 이승만의 파리강화회의 파견을 시도하였다.

⑥ **2·8 독립선언**(1919) : 일본 동경에 유학중이던 최팔용, 서춘, 백관수 등의 학생들이 '조선청년독립단'을 조직하고, 도쿄에서 독립선언서와 결의문을 발표하고 시위를 벌여 민족 지도자들이 국내·외에서 독립 시위 항쟁을 구체화하는 계기가 되었다.

민족자결주의

각 민족은 정치적 운명을 스스로 결정할 권리가 있으며, 다른 민족의 간섭을 받을 수 없다는 주장으로 인간이 개인으로서 기본적 인권을 가진 것과 마찬가지로 민족이라는 인간의 공동체도 민족자결권이라는 집단으로서의 기본적 권리가 있으며, 민족자결은 그러한 권리에서 나온 것이다. 민족자결권은 특히 식민지 등 피억압 민족이 타국의 지배로부터 이탈하여 자기 국가를 수립하는 권리를 주요 내용으로 하고 있고, 민족 운동의 정당성의 근거가 되고 있다.

(2) 경 과

① 준비 단계

㉠ **독립 선언문 작성** : 천도교 측에서 작성한 독립선언서는 최남선이 초고를 작성하였으며, 마지막 공약 3장은 불교계의 한용운이 작성하였다.

㉡ **대표 구성** : 기독교측 16명, 천도교측 15명, 불교계 2명으로 구성되었다.

㉢ **거사일** : 고종의 인산일(因山日)인 3월 3일을 앞두고 3월 1일로 결정한 후 보성사에서 기미독립선언서를 인쇄하여 2월 28일 배포하기 시작하였다.

사료읽기

기미독립선언서(己未獨立宣言書) 일부

오등(五等) 자(玆)에 아(我) 조선(朝鮮)의 독립국(獨立國)임과 조선인(朝鮮人)의 자주민(自主民)임을 선언(宣言)하노라. 차(此)로써 세계 만방(世界萬邦)에 고(告)하야 인류 평등(人類平等)의 대의(大義)를 극명(克明)하며, 차(此)로써 자손 만대(子孫萬代)에 고(誥)하야 민족 자존(民族自存)의 정권(正權)을 영유(永有)케 하노라.

公約三章(공약 삼장)

一. 今日(금일) 吾人(오인)의 此擧(차거)는 正義(정의), 人道(인도), 生存(생존), 尊榮(존영)을 爲(위)하는 民族的 (민족적) 要求(요구) ㅣ니, 오즉 自由的(자유적) 精神(정신)을 發揮(발휘)할 것이오, 決(결)코 排他的(배타적) 感情(감정)으로 逸走(일주)하지 말라.

一. 最後(최후)의 一人(일인)까지, 最後(최후)의 一刻(일각)까지 民族(민족)의 正當(정당)한 意思(의사)를 快(쾌) 히 發表(발표)하라.

一. 一切(일체)의 行動(행동)은 가장 秩序(질서)를 尊重(존중)하야, 吾人(오인)의 主張(주장)과 態度(태도)로 하야금 어대까지던지 光明正大(광명정대)하게 하라.

朝鮮建國 4252년 3월 1일
朝鮮民族代表

② 단계별

㉠ 1단계

㉮ 시위운동의 점화 : 종로 태화관에서 손병희(천도교), 이승훈(개신교), 한용운(불교) 등 민족대표 33인 중 29명이 참석하여 독립선언서를 낭독하고, 국내외에 독립을 선포한 후에 곧바로 일본 경찰에 연행되었다.

㉯ 비폭력 시위 전개 : 종로 탑골(파고다)공원에서 민족 대표를 기다리던 수천명의 학생과 시민은 독자적으로 독립 선언식을 거행하고 비폭력적인 방법으로 만세 시위 행진에 들어갔다.

태화관

㉡ 2단계 : 3월 10일 경부터는 학생·노동자·상인들이 만세 시위, 파업, 운동 자금 제공 등의 방법으로 적극 참여함으로써 시위 운동이 전국 도시로 확산되었다.

㉢ 3단계

㉮ 거족적·전국적 확산 : 3월 말에서 4월 초에는 만세 시위 운동이 주요 도시로부터 전국 각지의 농촌으로 파급되어 토지조사사업으로 많은 피해를 입은 농민과 노동자들의 다수가 적극적으로 참여함으로써 시위규모가 크게 확대되었다.

㉯ 시위양상의 변화 : 일제의 무력탄압에 대응하여 시위 군중들은 경찰관 주재소나 헌병 분견대, 군청·면사무소·우편 사무소·토지회사·친일지주 등을 습격하는 무력적인 저항운동으로 바뀌어 갔다.

❷ 결 과

(1) 일제의 무력 탄압

① 무차별 진압 : 일제는 평화적인 시위를 통하여 정당한 요구를 주장하던 우리 민족을 무차별 총격에 의해 살상하였으며 가옥과 교회, 학교 등의 건물을 방화·파괴하였다.

② 화성 제암리 사건 : 전 주민을 교회에 집합하여 감금한 후 불을 질러 학살하는 등 전국적으로 이 같은 만행은 계속되었는데, 유관순의 순국 등 악형으로 많은 희생자가 나왔다.

③ 피해상황 : 박은식의 「한국독립운동지혈사」에 의하면 총 참여 인원 200만 명, 피살 인원 7,500여 명, 부상자 16,000여 명, 체포자 47,000여 명, 민가 피해 720호, 교회 피해 50여개소, 학교 피해 2개소였다.

수원 제암리 방화 현장

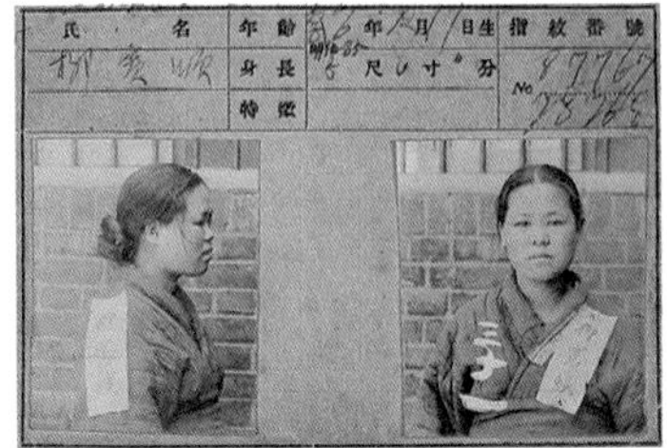
유관순

(2) 의 의

① **민족의 저력 과시** : 각계 각층의 전 민족이 민족 해방운동 전선에 대오를 같이 함으로써 민족의 저력을 과시하였으며, 일제에 동조하던 세계 여러 나라에 우리 민족의 독립 문제를 올바르게 인식시키는 계기를 마련해 주었다.

② **독립 운동의 방향 제시** : 국내·외의 민족 독립운동을 거족적인 항쟁으로 유도하여 그동안 애국계몽운동 계열과 의병운동 계열, 공화주의와 복벽주의로 나누어져 있던 민족 운동의 역량을 하나로 묶어보다 조직적이고 체계적인 독립운동으로 발전시켰으며, 무장 투쟁의 필요성을 절감하였다.

③ **임시 정부 수립** : 우리나라 최초의 민주 공화제 정부인 대한민국 임시 정부가 상하이에 수립되는 계기가 되었다.

④ **일제의 통치 방식 변화** : 일제로부터 기만적이나마 문화 통치라는 양보를 얻어내 국내 민족 운동의 활동 공간을 크게 넓혀 놓았다.

⑤ **반제국주의 민족 운동의 선구** : 중국의 5·4 운동, 인도의 무저항 운동, 동남아시아 및 중동지역의 반제국주의 민족 운동에 영향을 주었다.

(3) 한 계

① **주도층의 부재** : 민족 대표 33인이 주도적인 역할을 하였지만 끝까지 함께 하지 못했다.

② **국제 정세에 의존적** : 파리강화회의와 윌슨의 민족 자결주의 등에 지나친 기대를 걸고 국제 정세를 낙관하여 강대국의 도움으로 독립을 이루려 하였다.

제2장 대한민국 임시 정부

핵심 출제포인트
- 대한민국 임시 정부의 결성 과정과 초기 활동을 정리해야 한다.
- 국민대표회의의 배경과 이후 상황을 학습해야 한다.

01 임시 정부의 수립

❶ 3·1 운동 이전

연해주에 대한광복군 정부가 수립되어 활동하고 있었으나, 본격적인 정부 수립 운동은 3·1 운동을 계기로 하였다.

❷ 3·1 운동 이후

(1) 임시 정부의 난립 : 국내·외에 7개의 정부가 등장하여 각기 활동을 전개하였다.

(2) 각 지역의 임시 정부

① **노령정부**(1919. 2) : 연해주의 대한국민의회에서 수립한 정부로 의장에 문창범, 부의장에 김철훈 등으로 조직되어 행정·사법의 기능까지도 통일적으로 공유하고 있었다.

② **대한민국 임시 정부**(1919. 4) : 중국 상하이에서 민주공화제를 바탕으로 수립되어 이승만을 국무총리로 추대하였다.

③ **한성정부**(1919. 4) : 3·1 운동이 전개되고 있는 중에 서울과 인천에서 13도 국민대표 명의로 이승만을 집정관 총재로 하고 이동휘를 국무총리로 하여 수립되었다.

(3) 그 밖의 임시 정부

조선민국 임시정부, 신한민국정부, 고려공화국, 간도 임시정부 등은 국내에서 전단으로만 정부 수립을 선언한 것으로 실제적인 정부 부서는 갖추고 있지 않았다.

02 임시 정부의 통합

❶ 통합 정부의 출범(1919. 9. 11)

(1) 배 경

① **동향** : 민족 지도자들은 여러 개의 정부를 통합하여 단일정부를 수립하고, 보다 통일적이고 체계적인 독립운동을 추진해야 한다는 것을 절감하였다.

② **성립** : 임시 정부의 법통은 서울의 한성정부를 계승하고 연해주의 노령정부, 상하이의 대한민국 임시 정부가 하나로 통합되어 상하이에서 출범하였다. 상하이는 중국 내 프랑스 조계(租界)로서 일본의 영향력이 미치지 않았으며, 세계 각 국과의 외교활동이 편리한 지리적인 이점이 반영되었으나, 무장독립전쟁론을 주장하면서 만주지역에 임시 정부를 수립하자는 의견이 반영되지 않아 험난한 활동을 예고하고 있었다.

대한민국 임시 정부 청사(상하이)

사료읽기

대한민국 임시 헌장 선포문(1919. 4. 11)

신인일치(神人一致)로 중외협응(中外協應)하야 한성에서 의(義)를 일으킨 이래 30여 일에 평화적 독립을 3백여 주에 광복하고, 국민의 신임으로 완전히 다시 조직한 임시 정부는 항구 완전한 자주 독립의 복리로 아(我) 자손 여민(黎民)에 세전(世傳)하기 위하여 임시 의정원의 결의로 임시 헌장을 선포하노라.

》대한민국 임시 정부

대한민국 임시 헌장 10조

제1조 대한민국은 민주공화제로 함.
제2조 대한민국은 임시 정부가 임시의정원의 결의에 의하여 이를 통치함.
제3조 대한민국의 인민은 남녀·빈부 및 계급없이 일체 평등으로 함.
제4조 대한민국의 인민은 종교·언론·저작·출판·결사·집회·주소 이전·신체 및 소유의 자유를 향유함.
제5조 대한민국의 인민으로 공민 자격이 있는 자는 선거와 피선거권이 있음.
제6조 대한민국의 인민은 교육·납세 및 병역의 의무가 있음.
제7조 대한민국은 신의 의사에 의해 건국한 정신을 세계에 발휘하며, 나아가 인류 문화 및 평화에 공헌하기 위해 국제연맹에 가입함.
제8조 대한민국은 구황실을 우대함.
제9조 생명형·신체형 및 공창제를 전폐함.
제10조 임시 정부는 국토 회복 후 만 1년 내에 국회를 소집함.

(2) 정부 조직

① **성격** : 3권 분립에 기초한 민주공화국으로 정부의 형태는 대통령중심제와 내각책임제를 절충하였으며, 대통령에 이승만, 국무총리 이동휘 등 한성정부의 각료가 그대로 선임되었다.

② **삼권 분립** : 입법기관인 임시의정원, 행정기관인 국무원, 사법기관인 법원의 헌정 체제를 갖추었으나 실제 국무원과 임시의정원이 중심이었으며, 1차 개헌이후 성립된 법원은 제대로의 기능을 발휘할 수 없는 상황에 있었다.

(3) 헌법 개정

개헌	시기	지도체제	특징	수반
제1차	1919. 9	대통령 지도체제	3권 분립체제, 법원 설치	이승만
제2차	1925. 4	국무령 중심의 내각책임지도체제	사법권에 관한 조항 삭제	이상용, 홍진
제3차	1927. 3	국무위원 중심의 집단지도체제	최장기간	국무위원

제4차	1940. 10	주석 지도체제	강력한 지도력 발휘	김구
제5차	1944. 4	주석·부주석 지도체제	사법권에 관한 조항 부활	김구, 김규식

(4) 노선의 갈등

① **배경** : 임시 정부는 민족 운동의 통합과 국제외교에 목표를 두고 이승만은 미국에 머물면서 미국 대통령에게 '국제연맹에 의한 위임 통치를 청원'하는 등 외교 활동에만 주력하자 이에 불만을 품은 사회주의 계열 인사들은 적극적인 무장 투쟁노선을 주장하면서 이승만의 사임을 요구하였다.

사료읽기

이승만의 위임 통치 청원서(1919)

미국 대통령 각하,

대한인 국민회 위원회는 본 청원서에 서명한 대표자로 하여금 다음과 같은 공식 청원서를 각하에게 제출합니다. …

우리는 자유를 사랑하는 2천 만의 이름으로 각하에게 청원하니 각하도 평화 회의에서 우리의 자유를 주창하여 참석한 열강이 먼저 한국을 일본의 학정으로부터 벗어나게 하여 장래 완전한 독립을 보증하고 당분간은 한국을 국제연맹 통치 밑에 두게 할 것을 빌며, 이렇게 될 경우 대한반도는 만국 통상지가 될 것이며, 그리하여 한국을 극동의 완충국 혹은 1개 국가로 인정하게 하면 동아 대륙에서의 침략 정책이 없게 될 것이며, 그렇게 되면 동양 평화는 영원히 보전될 것입니다.

1. 열강은 한국을 일본 학정 밑으로부터 구출하고
2. 열강은 장차 한국의 완전 독립을 보증하고
3. 한국을 당분간 국제 연맹 통치 하에 둘 것

》1919년 2월 25일 워싱턴

② 갈등 조정 노력 : 국민대표회의 소집(1923. 1~6월)

㉠ **경과** : 독립운동 전선의 통일과 독립운동의 방향 전환을 위해 각 지방의 70여 개 단체 대표 100여명이 모여 김동삼을 의장으로 회의가 진행되었다.

㉡ 내용

㉮ **개조파** : 안창호 등이 실력양성론을 토대로 임시 정부의 조직과 강령을 개조하자는 입장이었다.

㉯ **창조파** : 김창숙, 신채호, 이동휘 등이 임시 정부를 완전히 해체 후 '조선공화국'이라는 새 정부를 구성하자고 주장하였다.

㉰ **현상유지파** : 회의에 참여하지는 않았으며 김구, 이동녕 등이 임시 정부를 지금대로 유지하자고 주장하였다.

㉢ 결과

㉮ 결론을 내지 못하고 임시 정부의 분열이 구체화되어 창조파와 개조파는 상하이를 떠났고, 현상유지파는 이승만을 해임하고 박은식을 제2대 대통령으로 추대하였다.

㉯ 제2차 헌법을 개정하여 국무령 중심의 내각제를 채택하였으나 내각을 구성하지 못할 정도로 임시 정부의 권위는 크게 떨어졌다. 이에 보다 더 많은 독립운동가의 참여를 유도하기 위해 1927년에 제3차 개헌인 국무위원 중심의 집단지도체제로 바꾸었다.

❷ 임시 정부의 활동

(1) 비밀 행정 조직망 구축

① 연통제

㉠ 국내의 독립운동을 지휘 감독하기 위하여 설치한 비밀 연락조직이다.

㉡ 서울에 총판을 두고, 각 도(독판)·군(군감)·면(면감)을 두어 정부 문서와 명령 전달, 군자금의 송부, 정보 보고 등의 업무를 담당하였다. 그러나, 평안도·함경도·황해도 등 일부지역의 연통제 조직은 1921년에 일제에 발각되어 조직이 해체되었다.

② **교통국** : 통신기관으로 1군(郡)에 1국(局)을 설치하여 정보의 수집, 분석, 교환, 연락의 업무를 관장하였다.

(2) 군자금 조달

① **방법** : 애국공채 발행이나 국민의 의연금으로 군자금을 마련하였다.

② **전달 방법** : 연통제나 교통국의 조직망이나 만주의 이륭양행, 부산의 백산상회(안희제)를 통하여 전달하였다.

(3) 외교 활동

① 국제회의 대표 파견

㉠ **파리강화회의** : 김규식을 대표로 파견하여 독립청원서를 제출하였다.

㉡ **국제연맹, 워싱턴 회의** : 우리 민족의 독립 열망을 전달하였다.

㉢ **제네바 회의 참가** : 조소앙은 스위스 제2인터네셔널(사회주의 노동자 국제단체)에 참가하여 한국 민족 독립 결정서를 통과시켰다.

② **구미위원부 설치(미국)** : 이승만을 중심으로 외교활동을 전개하여 한국 독립 문제를 국제 여론화하는 데 노력하였다.

③ **소련과 교섭** : 1920년 12월 국무총리 이동휘가 소련과 교섭하여 독립군 양성 지원금 200만 루블의 원조를 받았는데 그 중 40만 루블을 고려공산당 조직 기금으로 유용한 일로 인해 1921년 1월 국무총리직에서 사임하였다.

(4) 군사 활동

① **한계성** : 각종 군사에 관한 법령을 제정하여 군사 활동을 전개하고자 하였으나, 중국 영토 내에서 군사활동을 하는 데에는 많은 제약과 한계가 있었다.

② 내용

㉠ **한인애국단(1931)** : 임시 정부 김구가 중심이 되어 조직하였으며, 이봉창(1932. 1)과 윤봉길(1932. 4)의 항일 의거가 대표적이었다.

㉡ **육군무관학교 설립** : 독립 전쟁을 수행할 초급 지휘관을 양성하기 위해 상하이에 설립하였다.

㉢ **만주 무장독립군의 직할 군대 개편** : 광복군 사령부, 광복군 총영, 육군 주만 참의부 등이 임시 정부에 흡수되었다.

㉣ **한국 광복군 창설**(1940) : 중국 국민당 정부와 항일 공동 작전을 전개하기 위하여 총사령관 지청천, 참모장 이범석을 중심으로 무장부대를 편성하여 항일 운동을 주도적으로 전개하였다.

(5) 문화 활동

① **독립신문 간행** : 임시 정부 기관지로 1919년 8월부터 1925년 말까지 발행하여 독립 사상의 고취와 독립 운동을 국내·외에 전달하였다.

② **임시사료편찬회 설치** : 한·일 관계 사료집을 간행하였다.

(6) 임시 정부의 이동

1932년 4월 윤봉길 의거로 일제의 반격을 받아 상하이를 떠난 이후 1932년 항저우, 1937년 난징, 한커우, 창사, 헝양, 광저우, 1938년 류저우, 1939년 구이양, 치장을 거쳐 1940년 충칭에 안착하여 광복을 맞이하였다.

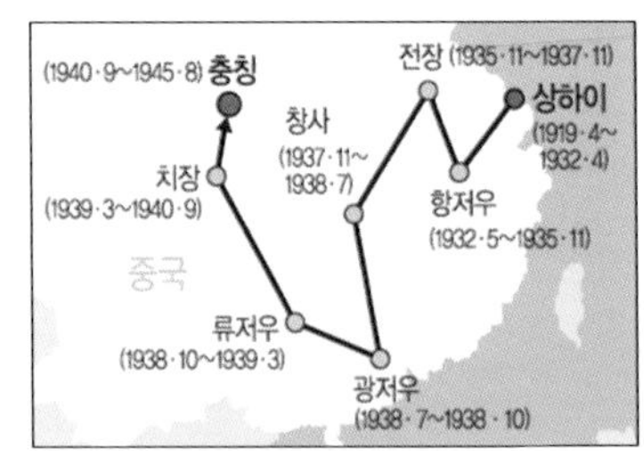

대한민국 임시정부의 이동

제3장 항일 학생 운동의 전개

핵심 출제포인트

- 6·10 만세 운동과 광주 학생 운동의 전개 과정을 중심으로 정리해야 한다.
- 3·1 운동과 더불어 비교하는 문제가 출제될 수 있으므로 학습하도록 해야 한다.

01 학생 운동

❶ 동 향

① **성격** : 3·1 운동에서 주도적 역할을 하였던 학생들은 민족 운동의 중추적 역할을 자부하면서 항일 민족 운동의 선봉에 섰다.

② **방법**

㉠ **비밀 결사 단체 조직** : 성진회, 독서회 중앙본부, 조선학생전위동맹 등을 조직하여 일제 식민통치에 대항하였다.

㉡ **동맹 휴학** : 3·1 운동 이후 학생들은 일제의 식민지 교육에 반대하여 동맹휴학을 전개하였다.

㉢ **민중 계몽 활동** : 민족 실력 양성 운동과 사회주의 사상의 영향으로 소년, 청년, 노동, 여성, 농민 운동 등에 적극적으로 참여하였다.

㉣ **조직적 활동** : 6·10 만세 운동이나 광주 학생 운동과 같은 대규모의 조직적 운동을 일으키기도 하였다.

❷ 방 향

처음에는 시설 개선이나 일본인 교원 배척 등의 요구가 많았으나, 점차 식민지 노예 교육 철폐, 조선 역사의 교육, 교내 조선어 사용, 학생회 자치, 언론·집회 자유 등의 요구가 대두되었다.

02 대표적 학생 운동

❶ 6·10 만세 운동(1926)

六十萬歲事件第一回公判

「擧事動機와目的은 三尺童子라도可知」

審問劈頭, 被告의陳述要領

6·10 만세 운동

(1) 1920년대 상황

① **동향** : 민족주의계와 사회주의계의 대립으로 독립운동은 그 진로 모색에 어려움이 있었다.

② **원인** : 일제의 수탈과 식민지 교육에 대한 반발로 일어났다.

③ **전개** : 제2차 조선공산당에 의해 조직된 6·10만세운동 투쟁특별위원회를 중심으로 준비하였으나 발각되어 해체되고, 조선학생과학연구회를 중심으로 순종의 인산일을 기하여 태극기와 격문을 살포하고 독립 만세를 외침으로써 대규모의 군중 시위운동으로 전개하였다.

(2) 결 과

① **확산** : 당일에 끝난 것이 아니라 이후 각급 학교에 확산되었으며 수많은 학생들이 일경(日警)에 체포·투옥되어 모진 옥고를 겪었다.

② **신간회 성립에 영향** : 약화되어 가던 민족 운동에 커다란 활기를 불어 넣어 향후 민족주의계와 사회주의계가 통합하여 성립된 신간회 결성(1927)에 영향을 주었다.

사료읽기

6·10 만세 운동 때의 격문(일부)

조선 민중아! 우리의 철천지 원수는 자본주의·제국주의 일본이다.
이천만 동포야! 죽음을 각오하고 싸우자. 만세 만세 조선 독립 만세.

❷ 광주 학생 운동(1929)

(1) 배 경

① **6·10 만세 운동** : 일제에 의하여 좌절되었으나 학생 운동을 활성화하는 계기가 되었다.

② **학생들의 항일 투쟁** : 6·10 만세 운동 직후부터 각급 학교에는 크고 작은 항일결사가 조직되어 식민지 교육에 항거하는 동맹휴학, 백지동맹 등의 수단으로 일제에 대항하였다.

女高普生도參加
高普生示威行進
伊田某도學生에加擔

광주 학생 운동 기사

③ **반일감정 고조** : 한·일 학생간의 빈번한 충돌때마다 경찰과 학교 당국이 편파적으로 한국 학생만 처벌하였다.

④ **신간회 활동** : 1927년 민족 유일당 운동으로 조직되어 국민들의 자각을 높여 주었다.

(2) 전 개

① **발단** : 1929년 10월 30일 광주에서 나주로 하교 하던 기차 안에서 일본 남학생이 한국 여학생을 희롱한 사건을 계기로 한·일 학생 간에 충돌이 일어났다.

② **전국 확대** : 일본 경찰이 편파적으로 처리하자 광주의 모든 학교 학생들이 궐기하였고, 성진회·독서회중앙본부·조선학생전위동맹 등 비밀결사의 지원과 신간회를 비롯한 민족 운동 단체들에 의해 전국적으로 파급되어 약 5개월 동안 전국의 194개 각급 학교 학생 54,000여 명이 참여하였다.

③ **국외로 확산** : 만주지역의 민족 학교 학생들과 일본에 유학한 한국 학생들도 궐기하였다.

(3) 의 의

3·1 운동 이후 학생들이 독립 투쟁의 주역으로 바뀌어 가면서 전국적인 규모로 발전하여 가면서 일제의 식민 정치에 항거한 3·1 운동 이후 최대의 민족 운동이었다.

사료읽기

광주 학생 운동 때의 격문

장엄한 학생 대중이여!
최후까지 우리들의 슬로건을 지지하라! 그리고 분기하자!
싸우자! 굳세게 싸우자! 검거자를 즉시 우리 손으로 탈환하자!
교내에 경찰의 진입을 절대 반대한다!
교우회의 자치권을 획득하자!
언론, 출판, 집회, 결사, 시위의 자유를 획득하자!
조선인 본위의 교육제도를 확립시켜라!
식민지 노예교육을 철폐하라!
사회 과학 연구의 자유를 획득하라!
전국 학생 대표회의를 개최하라!

1920~1940년대 항일 독립전쟁

핵심 출제포인트

- 각 시기별로 전개된 무장투쟁은 주요 전투와 관련 부대를 연결하여 정리한다.
- 특히, 봉오동 전투와 청산리 전투는 전후 상황을 고려하면서 정리해야 한다.

01 1920년대(국내)

❶ 무장 항일 투쟁

(1) 전 개

① **동향** : 3·1 운동 이후 무장 항일 투쟁은 만주와 연해주를 중심으로 무장 독립군 부대들이 조직되어 전개하고 있었던 것과 같이 국내에서도 독립군 부대가 결성되어 일본 군경과 치열한 전투를 전개하였다.

② **활동** : 만주의 독립군과 긴밀한 연락을 취하면서 ㉠ 일제의 식민통치 기관 파괴, ㉡ 일본 군경과의 교전, ㉢ 친일파 처단, ㉣ 군자금 모금 등 무장 항일투쟁을 벌여 나갔다.

(2) 대표적 무장 단체

① **보합단(普合團, 1919, 김중량)** : 평북 동암산을 근거로 무장 활동을 하면서 군자금의 모금과 친일파의 처단에 적극 활동하였다.

② **천마산대(天摩山隊, 1919, 최시흥)**

㉠ **활동** : 한말 군인들을 중심으로 평북 천마산에서 일본 군경에 대한 유격전을 전개함으로써 상당한 전과를 거두었으며, 만주에 설치된 광복군 사령부와 긴밀하게 협조하였다.

㉡ **독립군에 편입** : 1920년대 일제 군경의 집요한 반격으로 활동이 여의치 않게 되자 만주로 이동하여 대한통의부 제3중대에 편입되었다.

③ **구월산대(九月山隊, 1920, 이명서)** : 황해도 구월산에서 결성된 무장 항일 투쟁 단체이다.

❷ 개별적 무장 투쟁

(1) 배 경

① **배경** : 상해 임시 정부의 외교나 실력 양성주의를 불신하고, 폭력만이 일제 침략자에 대한 가장 효과적인 방법이라고 믿고 침략 원흉과 친일파들을 처단함으로써 일제 침략에 저항하였다.

② **성격** : 애국지사들의 항일의거는 독립운동 단체에 소속되어 특명을 받기도 하였으나, 개인적 판단으로 거사한 경우도 있었다.

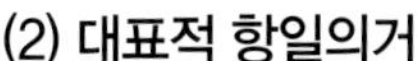

(2) 대표적 항일의거

① 의열단(김원봉, 1919, 만주 길림성)

㉠ 조직 : 일정한 곳에 본부를 두지 않고 상해에 12개의 폭탄 제조소를 비밀리에 설치하였다. 1923년 신채호의 '조선혁명선언'에 나타나듯이 "민중의 직접적인 폭력 혁명"을 강조하였으며, 무정부주의 사상을 토대로 "민중적 조선의 건설"을 목표로 하였다.

㉡ 활동

㉮ 박재혁(1920) : 고서적 상인을 가장하여 부산경찰서(서장 하시모토 슈헤이)에 침투하여 폭탄을 던졌다. 이 일로 중상을 입고 체포되어 사형을 선고받았으나, 자결하기 위해 단식을 하여 사형 집행 전에 옥사함으로써 순국했다.

박재혁

㉯ 김익상(1921) : 조선총독부에 폭탄을 던졌다.

㉰ 김상옥(1923) : 종로경찰서에 폭탄을 던졌다.

㉱ 김지섭(1924) : 일본 동경의 궁성에 폭탄을 던졌다.

㉲ 나석주(1926) : 동양척식주식회사에 폭탄을 투척하였다.

㉢ 방향의 전환 : 김원봉은 1920년대 후반 개별적인 무장 투쟁의 한계를 인식하고 군사 교육과 군대 양성에 주력하고자 중국으로 이동하였다.

㉮ 중국 황포군관학교 입학 : 당시 교장에 장개석, 정치부 부주임에 저우언라이(周恩來)였으며, 이들은 후일 중국 국민당 군대의 요직을 차지하였는데 이곳에서 조직적인 군사 훈련을 받았다.

㉯ 조선혁명간부학교 설립(1930) : 중국의 지원으로 설립되었다.

㉰ 조선민족혁명당(1935) : 중국 내 독립운동 단체의 통합체이며 군사조직으로 1938년 조선의용대를 설치하였다.

사료읽기

조선혁명선언(일부)

강도 일본이 우리의 국호를 없이 하며, 우리의 정권을 빼앗으며, 우리 생존의 필요 조건을 다 박탈하였다. … 이상의 사실에 의거하여 우리는 일본 강도 정치, 곧 이족 통치가 우리 조선 민족 생존의 적임을 선언하는 동시에 우리는 혁명 수단으로 우리 생존의 적인 강도 일본을 살벌함이 곧 우리의 정당한 수단임을 선언하노라. … 일본 강도 정치 하에서 문화 운동을 부르짖는 자는 누구이냐? 문화는 산업과 문물의 발달한 총적(總積)을 가리키는 명사이니, 경제 약탈의 제도 하에서 생존권이 박탈된 민족은 그 종족의 보존도 의문이거든 하물며 문화 발전의 가능이 있으랴. … 혁명의 길은 파괴부터 개척할지니라. 그러나 파괴만 하려고 파괴하는 것이 아니라 건설하려고 파괴하는 것이니, 만일 건설할 줄을 모르면 파괴할 줄도 모를지며, 파괴할 줄을 모르면 건설할 줄도 모를지니라. 건설과 파괴가 다만 형식상에서 보아 구별될 뿐이요, 정신상에서는 파괴가 곧 건설이니 이를테면 우리가 일본 세력을 파괴하려는 것이 제1은, 이족 통치를 파괴하자 함이다. 왜? 조선이란 그 위에 일본이란 이민족 그것이 전제(專制)하여 있으니, 이족 전제의 밑에 있는 조선은 고유적 조선이 아니니, 고유적 조선을 발견하기 위하여 이족 통치를 파괴함이니라. …

》신채호

② 한인애국단(김구, 1931)

㉠ 조직 : '한 사람을 죽여서 만 사람을 살리려는 방법이 혁명 수단의 근본'이라는 취지에서 일본 정부의 수뇌부를 암살함으로써 독립 의지를 내보이고, 만보산 사건 이후 한·중 간의 친선의 도모, 대한민국 임시 정부의 외교독립론에 대한 한계 극복 등을 목적으로 조직되었다.

㉡ 이봉창(1932. 1) : 일본 국왕 폭살 기도사건으로 신병 관병식을 마치고 궁성으로 돌아가던 일왕의 행렬이 궁성 부근 앵전문 앞에 이르렀을 때 폭탄을 투척한 사건으로 당시 중국 국민당의 기관지인 국민일보는 "한국인 이봉창이 일왕을 저격하였으나 불행히도 명중시키지 못하고 뒤따르던 마차 폭파에만 그쳤다(日皇不幸不中)" 라고 보도하여 일제가 상하이 사변을 일으키는 계기가 되었다.

이봉창

㉢ 윤봉길(1932. 4) : 상하이 훙커우 공원에서 일왕의 생일인 천장절 기념식장 투탄 의거로 한국 독립 운동에 냉담하였던 중국인에 큰 감명을 주었다. 또한, 이를 계기로 중국의 장제스는 "중국의 1억 인구가 해내지 못한 일을 한국의 한 청년이 해내었다."고 감탄하였으며, 이후 대한민국 임시 정부의 지원을 강화하고 중국 내에서 우리 민족의 무장 독립 운동을 승인하는 계기가 되어 향후 충칭에서 한국 광복군이 탄생될 수 있는 기반이 되었다.

윤봉길

③ 기타

㉠ 노인단(1919, 연해주) : 65세의 몸으로 강우규가 새로 부임하는 제3대 총독 사이토 마코토에게 서울역에서 폭탄을 투척하였다.

㉡ 다물단(1925) : 베이징에서 김창숙을 중심으로 조직한 단체로 '다물'이란 용감, 전진 등의 의미도 있지만 입을 다물고 행한다는 뜻도 있다. 김창숙은 박은식과 함께 사민일보를 창간하고(1920), 신채호와 협력하여 독립운동 기관지 '천고'를 발간하였다.

㉢ 조명하(1928) : 타이완에서 일본 국왕의 장인을 폭사시켰다(타이중 의거).

㉣ 백정기 : 중국 상해에서 주중일본공사 사살을 시도한 아나키스트였다.

02 1920년대(국외)

❶ 무장 독립 전쟁

(1) 전 개

① 동향 : 3·1 운동을 계기로 비폭력 항일 운동으로는 독립을 쟁취할 수 없다는 것을 깨닫고 광복을 위해서는 무장 독립 전쟁의 조직적 전개가 급선무임을 자각하게 되었다. 이에 많은 애국 청년들이 일제와의 무력 항전을 전개하기 위하여 만주로 건너옴으로써 만주에 주둔하고 있던 독립군들은 새로운 활기를 찾게 되었다.

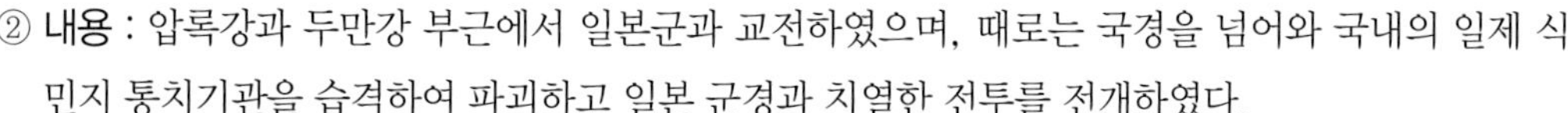

② 내용 : 압록강과 두만강 부근에서 일본군과 교전하였으며, 때로는 국경을 넘어와 국내의 일제 식민지 통치기관을 습격하여 파괴하고 일본 군경과 치열한 전투를 전개하였다.

(2) 무장독립군의 대일 항전

① 봉오동 전투(1920. 6)

㉠ 주력 부대 : 홍범도의 대한독립군, 최진동의 군무도독부군, 안무의 국민회독립군

㉡ 전과 : 일본군 1개 대대 병력을 길림성 왕청현으로 유인하여 포위한 후 공격하여 대승리를 거두었다(삼둔자 전투). 이때 일본군은 전사자 157명, 중상 200명, 경상 100명의 피해를 입은 반면 독립군은 전사 4명, 중상 2명의 가벼운 피해를 보았다고 전한다.

② 청산리 대첩(1920. 10)

㉠ 발단 : 일본군은 봉오동에서 뜻밖에 참패를 당하자 훈춘사건(1920. 10)을 조작하여 '간도지방 불령선인 초토화 계획'이라는 미명하에 공격하였다.

㉡ 주력 부대 : 김좌진의 북로군정서군, 홍범도의 대한독립군, 안무의 국민회독립군

㉢ 전과 : 일본군 대부대를 맞아 6일간(10.21~10.26) 10여 차례 백운평·완루구·천수평·어랑촌·맹개골·고동하 등에서 일본군을 대파하였다. 이 때 일본군은 전사자 1,200여 명, 부상자가 1,000여 명이었으며 독립군은 100여 명이 전사하였다.

훈춘사건(1920. 10)

일본이 중국인 마적을 시켜 일본 영사관을 습격케 하여 일본인 9명을 살해한 사건인데 일본은 이를 한국인의 소행으로 뒤집어 씌워 간도지방의 교포들에 대해 잔인한 학살을 자행하였다.

사료읽기

기전사가(祈戰死歌) – 독립군가

하늘을 미워한다.
배달족의 자유를 억탈하는 왜적 놈들을
삼천리 강산에 열혈이 끓어
분연히 일어나는 우리 독립군
맹세코 싸우고 또 싸우리니
성결한 전사를 하게 하소서

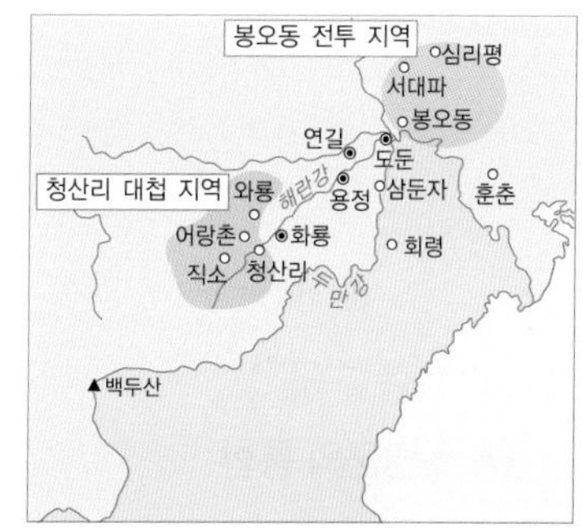

봉오동·청산리 전투

(3) 간도 참변(경신참변, 1920. 10)

① 발단 : 봉오동·청산리 전투에서 큰 타격을 받은 일제는 독립군의 항전을 식민통치에 대한 위협이라 판단하고 이 기회에 만주에 있는 한국 독립운동의 근거지를 소탕하기로 하였다.

② 내용 : 일제는 모두 죽이고, 모두 태우고, 모두 빼앗는 "삼광(三光)작전"을 내걸고 간도 일대의 동포 1만여 명을 학살하고, 민가 2,500여 채와 학교 30여 채를 불태우는 만행을 저질렀다.

(4) 대한독립군단 조직(1920. 12)

간도참변 이후 각지로 분산되었던 독립군이 서일을 총재로 밀산부에서 조직하였다.

(5) 자유시 참변(黑河事變, 1921. 6)

러시아의 알렉세프스크(스보보드니)에서 사할린 의용군이 러시아 적색군의 포위와 집중 공격에 쓰러진 참변이었지만 근본적으로는 이르쿠츠크파 고려공산당 對 상하이파 고려공산당 간의 대립 투쟁이 불러일으킨 결과 무장 해제를 당한 사건이다.

(6) 만주지역 독립군의 통합

① **대한통의부**(1922. 8) : 자유시 사변 이후 와해된 독립군은 다시 만주로 이동하여 각 단체의 통합운동을 추진한 결과 남만주에서 대한통의부가 발족하였다.

② **3부의 성립** : 입법·사법·행정 기관을 갖춘 사실상의 자치 정부로서 자치 행정을 담당하는 입헌 정치조직을 두고 동포들을 관할하였다. 또한, 독립군의 훈련과 작전을 맡은 군정기관을 겸하면서 자체적으로 무장 독립군을 편성·훈련시켜 일제와 치열한 전투를 전개하였다.

㉠ **참의부**(1923) : 압록강 유역 집안에 설립된 대한민국 임시 정부의 직할부대로 대한통의부의 일부세력이 조직하였다.

㉡ **정의부**(1924) : 길림성과 봉천성 일대 남만주에서 오동진과 지청천을 중심으로 참의부에 가담하지 않은 단체들이 중심이 되어 결성되었다.

㉢ **신민부**(1925) : 북만주 영안 일대에서 자유시 참변 이후 소련 영토에서 돌아온 독립군을 중심으로 하여 북로군정서 계열의 대종교 신자(김좌진, 조성환)들이 중심이 되어 조직되었다.

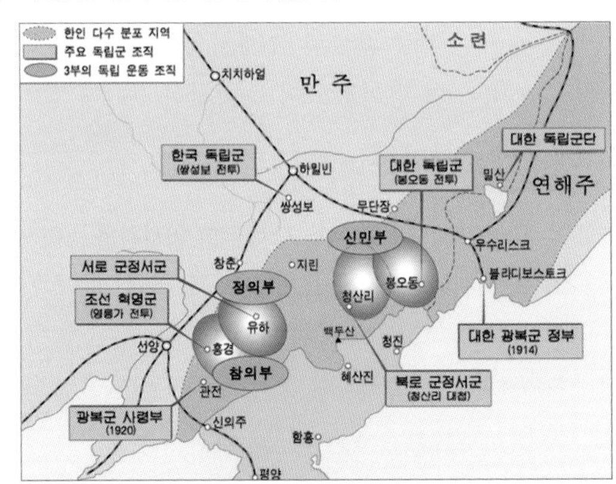

무장 독립군의 대일 항전

(7) 독립군의 통합

① **배경** : 여러 차례 통합 회의를 개최하였으나 통합 방안의 차이로 3부의 완전 통합에는 실패하고 1928년 만주에서 크게 두 단체로 통합되었다.

② **단체**

㉠ **혁신의회**(1928 ⇨ **한족총연합회**, 1929) : 3부의 민족주의 계열을 중심으로 통합하여 1930년대 지청천의 한국독립당(군사기반 – 한국독립군)으로 발전하여 만주 동북지방에서 무장 투쟁을 전개하였다.

㉡ **국민부**(1929) : 3부의 사회주의 계열을 중심으로 통합하고 1930년대 조선혁명당(군사기반 – 조선혁명군)으로 발전하여 남만주 일대에서 무장투쟁을 전개해 갔다.

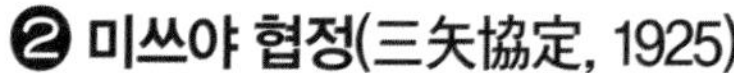

❷ 미쓰야 협정(三矢協定, 1925)

(1) 목 적

일제와 만주 군벌 사이에 독립군을 탄압하기 위하여 체결하였다.

(2) 내 용

일제와 만주 군벌이 공동으로 독립군을 소탕하고 체포된 독립군을 일본측에 인도한다는 것이었다.

사료읽기

미쓰야 협정(1925. 6. 11)

만주에 있는 한국 독립군을 근절시키기 위하여 중국의 장쭤린과 조선총독부 경무국장 미쓰야 사이에 맺어진 협정으로 그 주요 내용은 다음과 같다.

1. 한국인의 무기휴대와 한국 내 침입을 엄금하며, 위반자는 검거하여 일본 경찰에 인도한다.
2. 재만 한인단체를 해산시키고 무장을 해제하며, 무기와 탄약을 몰수한다.
3. 일제가 지명하는 독립 운동 지도자를 체포하여 일본 경찰에 인도한다.
4. 한국인 취체(단속)의 실황을 상호 통보한다.

03 1930년대

❶ 한·중 연합작전

(1) 배 경

일제가 만주사변(1931)을 일으켜 괴뢰정권인 만주국을 수립한 이후 만주 일대를 장악함으로써 이곳을 근거지로 활동하던 독립군은 보다 큰 위협을 받게 되자 중국의 항일군과 연합작전을 전개하였다.

(2) 전 개

① **한국독립군**(1931. 지청천)과 **중국호로군**

㉠ **활동** : 쌍성보, 대전자령, 사도하자, 동경성 전투 등에서 일·만 연합부대를 크게 격파하였다.

㉡ **결과** : 지청청은 임시 정부의 요청을 받고 1933년 만주를 떠나 임시 정부에 합류하였다.

② **조선혁명군**(1933. 양세봉)과 **중국의용군**

㉠ **활동** : 흥경성, 영릉가, 신빙성, 통화 전투에서 일본군과 격전을 벌여 대승을 거두었다.

㉡ **세력의 약화** : 1934년 9월 양세봉이 일제의 밀정에 매수된 마적 두목의 함정에 빠져 살해당한 후 조선혁명군은 점차 세력이 약화되었다.

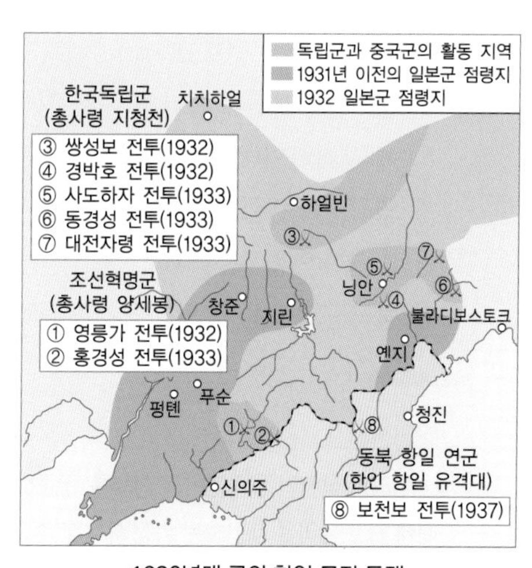

1930년대 국외 항일 무장 투쟁

❷ 중 단

1930년대 중반 이후 일본군의 대토벌 작전과 중국군의 사기 저하 및 한·중 양국군의 의견 대립으로 더 이상 계속되지 못하였다.

04 1940년대

❶ 한국 광복군(1940. 9)

(1) 창설 배경

① **일본 군국주의 팽창** : 만주 사변 이후 일제가 중국 대륙으로 팽창 정책을 전개하였다.

② **정규군의 필요성 대두** : 광복을 위해서는 강력한 독립군을 육성하여 일본과 결전을 벌이는 길이 최선이며, 국제 정세도 일본과 전쟁할 시기가 임박하였음을 시사하고 있었다.

③ **중국 정부의 협조** : 중국 정부의 주석 장개석이 임시 정부 광복군의 활동을 정식으로 승인하였다.

(2) 창설 과정

① **과정** : 임시 정부의 김구, 지청천 등은 만주 지역의 독립군과 각 처에 산재해 있던 무장 투쟁세력을 모아 정부 요인과 중국 정부 요인이 다수 참석한 가운데 충칭에서 광복군 사령부 창설식을 거행하였다.

② **편성** : 사령관에 지(이)청천, 참모장에 이범석, 제1·2·3제대로 조직되었다. 여기에는 김원봉의 조선의용대 충칭 본대가 통합되어 군사력이 한층 증강되었다.

한국 광복군

(3) 활 동

① **대일·대독 선전포고(1941)** : 태평양 전쟁 이후 선전 포고함으로써 국제적 위상을 높였다.

② **심리전** : 전투에 참가하는 것 외에도 포로 심문, 암호 번역과 선전 전단의 작성, 대적 회유방송 등에 참여하였다.

③ **영국군과 연합 작전(1943)** : 영국군과 군사 협정을 맺고 미얀마, 인도 전선에서 작전을 수행하였다.

④ **미군과 연합 작전(1944)** : 제2차 세계대전에 연합군의 일원으로 참전하였다.

⑤ **중국군과 협동 작전** : 중국 정부와 광복군에 관한 협정을 체결하고 협동 작전을 전개하였다.

사료읽기

대일선전포고문(1941)

우리는 삼천만 한국인민과 정부를 대표하여 삼가 중, 영, 미, 캐나다, 호주 기타제국(諸國)의 대일선전이 일본을 격패케 하고 동아를 재건하는 가장 유효한 수단이 됨을 축하하여 이에 특히 다음과 같이 성명하노라.

1. 한국 전인민은 현재 이미 반침략전선에 참가하였으니 한 개의 전투단위로서 추축국에 선전한다.
2. 1910년의 합방조약 및 일체 불평등조약의 무효를 거듭 선포하여 아울러 반침략국가의 한국에 있어서의 합리적 기득권익을 존중한다.
3. 한국 중국 및 서태평양으로부터 왜구를 완전히 구축하기 위하여 최후의 승리를 얻을 때까지 혈전한다.
4. 일본 세력하에 조성된 장춘(長春) 및 남경(南京)정권을 절대 인정치 않는다.
5. 루스벨트 처칠 선언의 각 조를 굳세게 주장하며 한국 독립을 실현하기 위하여 이것을 적용하며 민주진영의 최후 승리를 축원한다.

– 대한민국 23년 12월 10일 대한민국 임시정부

(4) 국내 진공 작전 준비(1945. 8)

① **국내 정진군** : 총사령관 지청천, 지대장 이범석 등을 중심으로 미국의 전략정보처(OSS, CIA의 전신)와 협력하여 특수훈련을 실시하고, 잠수함 및 비행대까지 편성하였다('독수리작전').

② **계획 좌절** : 1945년 8월 29일 국치일을 계기로 준비하였으나 일제 패망으로 실현하지 못하였다.

❷ 조선독립동맹(1942. 7)

(1) 조 직

① **결성** : 중국내 한국인 공산주의자 김두봉, 무정, 최창익, 허정숙 등 많은 수가 화북지방으로 모여들어 화북조선청년연합회를 결성하고(1941), 이를 토대로 김원봉 휘하의 조선의용대, 민족혁명당의 세 집단이 연합하여 조직하였다.

② **군사 기반** : 조선의용군을 설치하였다.

(2) 활 동

① **강령** : 일본 제국주의의 타도와 조선민주공화국의 독립 쟁취를 목표로 하였다.

② **항일전 참가** : 조선의용군은 연안을 근거지로 중국공산당의 팔로군과 항일전을 전개하여 호가장 전투에서 승리를 거두었다.

③ **연안파** : 광복 후 북한으로 들어가 1946년 조선신민당으로 바꾸고, 그 해 8월 북조선공산당과 합당하여 조선노동당을 창당하였는데 이들을 연안파라고 한다. 이들은 1956년 소위 "8월 종파사건"에 연루되어 김일성으로부터 숙청당하였다.

8월종파 사건(1956)

조선민주주의인민공화국에서 1956년 6월부터 8월에 걸쳐서 일어난 '반당 반혁명적 종파음모 책동 사건'을 일컫는다. 종파는 북한에서 사회주의적 가치를 따르지 않는 세력을 비난조로 일컫는 말이다. 최창익, 박창옥 등 연안파와 소련파가 당 정책을 비판하고 당내 민주주의와 자유, 나아가 사회주의로의 이행기 전반에 걸친 '수정주의적' 주장을 하면서 김일성을 전면적으로 비판하자 김일성 계열은 최창익, 박창옥, 윤공흠 등을 '반당 종파분자'로 규정하고 출당 처분을 내린 사건을 계기로 김일성 자신의 독재체제를 강화하였다.

제 3 편

사회·경제적 민족 운동

제1장 사회주의 민족 운동

핵심 출제포인트

- 주요 사회주의 단체별로 전개한 민족 운동과 항일 운동의 내용을 구별하여 정리한다.
- 신간회의 결성 배경과 활동, 해소 과정까지 전반적인 개념은 출제율이 높은 주제로 반드시 관련 개념을 정확하게 파악해야 한다.

01 사회주의 운동의 대두

❶ 1920년대 일제하 민족 운동

(1) 민족주의 우파의 대두

① **대두 배경** : 3·1 운동 이후 일부 지식인들은 가까운 장래에 일제로부터 독립하는 것은 현실적으로 불가능 하다고 보고 문화통치 내에서 식민지 지배정책과 충돌을 피하면서 한국인의 자치권을 확대하고자 하였다. 이를 '타협적 민족운동' 또는 '민족 개량운동'이라고 한다.

② **방법** : 민립대학 설립운동, 물산장려운동, 언론을 통한 문맹퇴치운동 및 브나로드운동을 추진하였다. 또한 최남선의 '일선동조론'을 이론적 지주로 하여 '불함문화론', '역사를 통해서 본 조선인', 이광수의 '민족개조론(1922)'과 '민족적 경륜(1924)', 김성수 등은 "선실력양성 후독립"을 표방하고 있지만 결국은 실력의 양성만을 강조하여 1930년대 후반에는 점차 친일의 노선을 걷게 되었다.

③ **연정회(研政會)** : 지주나 자본가들이 중심이 되어 김성수·송진우·조만식·최린 등이 구상하였으나, 이광수의 논설 '민족적 경륜(經綸)'에 대한 반발이 심하자 연정회 결성 계획은 좌절되었다.

사료읽기

민족적 경륜(1924)

조선 민족은 지금 정치적 생활이 없다. 왜 지금의 조선 민족에게는 정치적 생활이 없나? 그 대답은 간단하다. 일본이 한국을 병합한 이래로 조선인에게는 모든 정치적 활동을 금지한 것이 제1의 원인이요, 병합 이래로 조선인은 일본의 통치권을 승인하는 조건 밑에서 하는 모든 정치적 활동, 즉 참정권 자치권 운동 같은 것은 물론, 일본 정부를 상대로 하는 독립 운동조차도 원치 아니하는 극렬한 절개 의식이 있었던 것 이제2의 원인이다. … 그러나 우리는 무슨 방법으로나 조선 내에서 전 민족적인 정치 운동을 하도록 신생면을 타개할 필요가 있다. 우리는 조선 내에서 (일제가) 허용하는 범위 내에서 일대 정치적 결사를 조직하여야 한다는 것이 우리의 주장이다.

》동아일보(1924. 1. 3.)

(2) 민족주의 좌파의 대두

① 대두 배경 : 민족주의 우파의 선실력양성 후독립론을 비판하며 "절대독립론"을 주장하면서 등장하였다.

② **안재홍** : "식민 지배와 타협한 민족의 개량은 문화통치에 대한 환상이며, 식민지 정책에서 가능할 것 같은 환상을 품게 하여 민중의 투쟁을 마비시키는 마약과 같다."고 실력양성론자들을 비판하였다.

③ **조선사정연구회(朝鮮事情研究會, 1925)** : 안재홍, 백남운 등이 중심이 되어 조직한 단체로 사회주의 세력과 연합하여 신간회를 결성하였다. 이 단체는 광복 이후 신민족주의(新民族主義)로 발전하는 경향을 띠었다.

❷ 사회주의 사상의 유입

(1) 유 입

① **시기** : 1920년대에 러시아와 중국 지역에서 활동하고 있던 독립 운동가들에 의해 사회주의 사상이 처음 받아들여졌다.

② **확산** : 1917년 러시아 혁명 이후 레닌이 세계 적화의 방법으로 "약소 민족의 독립 운동을 지원하겠다."고 함으로써 당시 국내에서 대두된 민족 실력양성운동과 연결되어 파급되었다.

(2) 결 과

① **사회·경제운동의 활성화** : 초기의 사회주의 운동은 소수의 지식인이나 청년·학생이 중심이었고 노동자·농민의 참여는 오히려 적었으나, 국내에서 사회주의 운동이 본격적으로 시작되면서 노동·농민·청년·학생·여성운동과 형평운동 등이 전개되기 시작하였다.

② **사회주의 단체의 결성**

㉠ **연해주** : 이동휘, 박애, 김립 등이 중심이 되어 조직한 한인사회당(1918)을 1921년 고려공산당으로 이름을 바꾸고 당 본부를 상해로 옮긴 후 재소련동포가 중심이 되어 노농 소비에트 건설을 목표로 하는 이르쿠츠크파 고려공산당과 이동휘 등 망명 독립 운동가들이 중심이 되어 상해로 이동하여 조직한 상해파 고려공산당으로 양분되었다.

㉡ **국내**

㉮ **단체** : 서울청년회(1921), 무산자동맹회(1922), 신사상연구회(1923 ⇨ 화요회, 1924), 북풍회(1924, 동경 유학생 단체인 북성회의 국내 조직), 토요회(⇨ 신흥청년동맹), 조선노농총동맹(1924, 노동자·농민단체) 등이 조직되었다.

㉯ **조선공산당 조직**

- **1차 조선공산당(1925.4~11)** : 화요회와 북풍회을 중심으로 조직되었다.
- **고려공산청년회(1925)** : 화요회를 중심으로 조직되었다.
- **2차 조선공산당(1926.6)** : 6·10 만세 운동을 주도하였다가 탄로나 와해되었다.
- **3차 조선공산당(1926~28)** : '정우회 선언'을 발표하였으나 조직이 탄로나 붕괴되었다.
- **4차 조선공산당(1928)** : 코민테른의 지원을 받아 국제공산당 대회에 대표를 파견하는 등 주로 해외활동을 하였다.
- **12월 테제(1928)** : '조선 농민 및 노동자의 임무에 관한 강령'으로서 조선공산당은 인텔리 중심의 조직 방법을 버리고 공장과 농촌으로 파고 들어가 민족 개량주의자들을 근로 대중

으로부터 고립시켜야 된다는 내용을 코민테른에서 지시하였다. 이후 지식인 중심에서 농민·노동자 중심으로 변화하여 1930년대 초 많이 발생한 노동쟁의와 소작쟁의를 주도하였다.

③ **민족 운동의 차질** : 사회주의 운동은 그 노선에 따라 이해를 달리하는 계열이 있어 마찰과 갈등이 심화되어 갔고, 더욱이 민족주의 운동과는 사상적인 이념과 노선의 차이로 인해 대립이 격화되어 민족의 역량을 그만큼 분산시키는 역작용을 낳게 하였다.

④ **민족 유일당 운동의 대두** : 3·1 독립 운동 이후 민족의 독립 운동이 분열되는 양상을 보였고, 민족주의 운동과 사회주의 운동의 대립이 격화되어 가는 가운데 민족의 독립 운동이 통일될 수 있는 방법이 모색되는 과정에서 일어났다.

02 민족 유일당 운동

❶ 선구적 단체

(1) 정우회(1926. 4)

화요회, 북풍회, 조선노동당, 무산자동맹회 4개 단체가 발전적으로 해체되어 조직되었다.

(2) 조선민흥회(1926. 7)

민족주의 우파(조선물산장려회)와 사회주의 계열(서울청년회)이 제휴하여 조직되었다.

(3) 정우회 선언(1926. 11)

일제의 탄압으로 세력이 약화된 조선 공산당 계열은 비타협적 민족주의 세력과의 적극적인 제휴 등을 내용으로 하는 정우회 선언을 발표하였다.

사료읽기

정우회 선언

민주주의적 노력의 결집으로 인하여 전개된 정치적 운동의 방향에 대하여는 그것이 필요한 과정의 형세인 이상 우리는 차갑게 강 건너 불 보듯 할 수 없다. 아니 그것보다도 먼저 우리 운동 자체가 벌써 종래에 국한되어 있던 경제적 투쟁의 형태에서 보다 더 계급적·대중적·의식적 정치 형태로 비약하지 아니하면 아니 될 전환기에 달한 것이다. 따라서 민족주의적 세력에 대하여는 그 부르주아 민주주의적 성질을 명백하게 인식하는 동시에 또 과정적·동맹자적 성질도 충분히 승인하고 그것이 타락하는 형태로 출현되지 아니하는 것에 한하여는 적극적으로 제휴하여 대중의 이익을 위하여서도 종래의 소극적 태도를 버리고 분연히 싸워야 할 것이다. 》조선일보(1926. 11. 17)

❷ 신간회(1927~1931)

(1) 성 격

① **배경** : 민족주의 세력과 사회주의 세력이 독립 투쟁을 효과적으로 추진하기 위하여 하나로 통합하

기 위한 민족유일당 내지 민족협동전선 운동의 결과였다.

② **특징** : 민족 독립운동계의 다수 세력이 참가한 최대의 합법적 항일 독립운동 단체로 자치 운동을 주장하던 민족주의 우파는 참여하지 않았다. 특히, 일제가 합법적인 단체로 승인해 준 것은 문화통치 하에서 한국인의 지하 운동의 노출을 유도하여 이를 감시하고 민족 내부의 분열을 노린 고등적인 술책이었다.

신간회 포스터

(2) 강 령

① 우리는 단결을 공고히 한다.

② 우리는 정치적·경제적 각성을 촉구한다.

③ 우리는 기회주의를 일체 배격한다.

(3) 활 동

① **광주 학생 운동 지원** : 광주 학생항일 운동이 일어나자 이를 광주에 조사단을 파견하고 이 사건의 진상보고를 위한 민중대회를 열어 전국적인 항일 운동으로 확산시킬 계획을 세웠으나 계획이 사전에 탄로나서 허헌, 홍명희, 조병옥 등 회원 44명이 검거되어 실행에 옮기지 못하였다(1929. 12. 13, 민중대회 사건).

② **전국 순회강연** : 조선인에 대한 착취기관 철폐, 일본인의 조선 이민 반대, 타협적 정치운동 반대, 조선인 본위의 교육 실시, 사회 과학사상 연구의 자유 보장, 식민지 교육정책 반대 등을 내걸고 민족의식을 고취하며, 일제 식민통치의 잔학성을 규탄하였다.

③ **사회운동 전개** : 수재민 구호운동, 재만 동포 옹호 운동 등을 전개하였다.

④ **농민·노동·학생 운동의 지원** : 농민운동(단천)·노동운동(원산노동자 총파업)과 동맹휴학을 지도하였다.

(4) 해소(解消)

① **원인**

㉠ **일제의 탄압** : 1929년 광주 학생 항일 운동의 진상보고를 위한 민중대회를 계획한 일이 발각됨으로써 다수의 지도 인사가 검거되었다.

㉡ **노선의 선회** : 새로 구성된 중앙간부(천도교의 최린 일파)들이 타협적인 민족 운동 등 온건한 방향으로 활동을 선회하고 실력양성론자들과의 제휴를 주장하자 사회주의 세력들이 온건노선을 반대하여 내분이 발생하였다.

㉢ **사회주의계 이탈** : 코민테른에서는 민족주의 세력과의 제휴에 회의를 제기하여 협동전선을 포기하였고, 농민과 노동운동 등에 미흡한 점에 반성을 하고 코민테른 제6차 대회에서 "민족주의자와의 단절 및 적색 노동조합운동 노선으로의 전환을 결의"한 이른바 "12월테제"를 발표하자 사회주의 계열이 이탈하였다.

② **해소** : 성립이 되어 활동한 지 4년 만인 1931년 5월에 해소되었다.

신간회의 정책

1. 언론·출판·결사의 자유	2. 억압하는 법령의 철폐	3. 고문제 폐지, 재판 공개
4. 일본인의 이민 반대	5. 부당 납세 반대	6. 조선인 위주의 산업 정책
7. 동양 척식 회사 폐지	8. 경작권의 확립	9. 단결권·파업권 확립
10. 최고 소작료 공시	11. 과도한 부역 폐지	12. 부녀자·아동 노동 제한
13. 8시간 노동 실시	14. 최저 임금제 실시	15. 공장법·광업법 개정
16. 교육 기관의 허가제 폐지	17. 조선인 본위의 교육	18. 학교에서 조선어 사용
19. 연구 자유·자치권 확립	20. 법률상 여성 차별 철폐	21. 여자의 교육·직업 제한 폐지
22. 형평사·노비 차별 반대	23. 형무소에서의 대우 개선	

03 청소년·여성·형평운동

❶ 청년 운동

(1) 조 직

① **단체** : 1920년대에 초에 본격적으로 전개하여 전국에 100여 개가 넘었다.

② **성격**

㉠ **표면적** : 청년의 품성 도야, 지식의 계발, 체육 장려, 단체 훈련 강화 등을 내세웠고, 풍속의 개량과 미신 타파 등을 통하여 사회 개선을 추구하였다.

㉡ **실제적** : 민족의 생활과 역량을 향상시킴으로써 자주 독립의 기초를 이룩하려 하였다.

(2) 조선청년총동맹(1924)

1920년대 초에 사회주의 사상이 유입된 이후 청년단체들이 민족주의 계열과 사회주의 계열로 분열되었으며, 청년 운동의 분열을 수습하기 위하여 조선청년총동맹이 조직되었다.

❷ 소년 운동

(1) 동 향

① **배경** : 청년운동의 영향으로 시작되어 천도교 청년회의 소년부 설치로 본격화되었다. 특히 동학(천도교) 교주 최제우는 데리고 있던 여종을 며느리와 수양 딸로 삼을 만큼 어린이와 여성에 관심이 많았으며 어린 아이를 한울님처럼 대하라는 제2대 교주 최시형의 뜻을 계승하여 소년운동을 적극적으로 전개하였다.

② **조직과 활동** : 천도교 청년회가 천도교 소년회로 독립하여 1922년 어린이날을 제정하고 기념 행사를 거행하였다.

어린이날 포스터

③ **방정환** : 아이를 부르는 호칭을 '어린이'로 바꾸어 어린이를 하나의 인격체로 보았으며, 1923년 일본 유학생들을 중심으로 '색동회'를 조직하였다.

④ **조철호** : 보이스카우트의 전신인 '조선소년군(1922)'을 창설하는 등 소년 운동을 통하여 어린이들에게 용기와 애국심을 북돋워 주었다.

(2) 조선소년연합회(1927)

체계적인 소년운동을 전개한 전국적 조직체이다.

❸ 여성 운동

(1) 대 두

① **배경** : 3·1 운동을 비롯한 국내외 항일 독립운동에서 여성들의 목숨을 건 참여와 희생의 경험은 이들의 정치적·사회적 의식을 획기적으로 계발시키는 계기가 되었다.

② **활동** : 문맹 퇴치, 구습 타파, 생활 개선, 근검 절약 등을 내세웠다.

(2) 단체의 통합

1920년대 중반 민족주의 계열과 사회주의 계열로 대립되는 양상을 보였으나, 1927년 근우회로 통합하였다.

사료읽기

근우회의 행동 강령

1. 여성에 대한 사회적·법률적 일체 차별 철폐
2. 일체 봉건적 인습과 미신 타파
3. 조혼의 폐지와 결혼의 자유
4. 인신 매매와 공창(公娼) 폐지
5. 농촌 부인의 경제적 이익 옹호
6. 부인 및 소년공의 위험 노동 및 야업 금지
7. 부인 노동의 임금 차별 철폐와 산전·산후 임금 지불

❹ 형평(衡平) 운동

(1) 배 경

① **성격** : 갑오개혁에 의해 법률상으로는 천인 신분에서 해방되었으나, 실질적으로 천인 신분의 지위가 그대로 존속되어 백정 출신들이 신분 해방과 민족 해방을 부르짖으며 일으킨 운동이었다.

② **일제의 차별 정책** : 일제는 의도적으로 백정의 호적에는 '도한(屠漢)'이라고 기록하거나 붉은 점을 찍었으며, 입학원서나 이력서에는 반드시 신분을 기록하게 하였다.

형평운동 포스터

(2) 조선형평사(1923. 4)

① **중심 인물** : 진주의 자산가인 백정 출신 이학찬 등이 결성하고, 기관지 "世光"을 간행하였다.

② **성격** : '형(衡)'이란 '저울'을 의미하는데 이는 그들이 사용하던 작업도구인 '저울(衡) 처럼 평등한 사회를 만들려는 운동'이라는 의미가 담겨 있다.

③ **주장** : 형평사의 명의로 총독부에 제출한 요망서에서 일반인에 의한 차별과 박해가 심한 것, 관공리·교원이 차별대우를 하는 것, 목욕탕·이발소·요리점 등 사람들이 출입하는 곳에서 공공연하게 차별이 행해지고 있는 것 등을 지적하고, 그 취소를 법제화하라고 요구하는 등 신분 해방을 넘어서 민족해방운동의 성격까지 내포하게 되었다.

사료읽기

조선 형평사 취지문

공평(公平)은 사회의 근본이고 사랑은 인간의 본성이다. 고로 우리는 계급을 타파하고 모욕적인 칭호를 폐지하여 교육을 장려하고 우리도 참다운 인간으로 되고자 함은 본사(本社)의 주지(主旨)이다. 지금까지 조선의 백정은 어떠한 지위와 압박을 받아왔던가? 과거를 회상하면 종일 통곡하고도 피눈물을 금할 수 없다. …

❺ 국외 이주 동포의 활동과 시련

(1) 만 주

19세기 후반부터 시작하여 20세기에는 항일운동을 위해 이주하였으나, 간도참변(1920), 만보산사긴(1931), 중국인들로 인한 차별과 억압을 받았다.

(2) 연해주

19세기 말부터 러시아가 변방개척을 위해 조선인 이주를 환영한 이후 한인 집촌이 형성되어 20세기에는 13도의군(1920), 성명회, 권업회(1912), 대한광복군정부(1914), 대한국민의회(1919) 등 독립운동 단체가 수립되었다. 그러나 자유시사변(1921), 중앙아시아로의 강제 이주(1937) 등의 시련을 겪었다.

(3) 일 본

19세기 말 유학생으로 부터 시작되어 국권 피탈후 산업노동자로 이주가 증가되었으나 1923년 관동대지진, 한국인의 차별정책으로 시련을 당하였다.

(4) 미 주

20세기 초 하와이, 멕시코 등의 농장과 철도노동자로 이주하였다.

제2장 경제적 저항 운동

핵심 출제포인트

- 농민운동과 노동운동은 1920년대와 1930년대 이후의 상황을 구분하여 학습해야 한다.
- 1920년대 대표적인 농민, 노동자 운동 관련 사건(암태도 소작쟁의, 원산 노동자총파업)은 반드시 정리해야 한다.
- 민족 자본의 형성과 관련된 물산장려운동은 국채보상운동과 비교하여 꼼꼼히 살펴봐야 한다.

01 소작·노동쟁의

❶ 소작 쟁의

(1) 성 격

일본인과 조선인 지주에 대항하여 생존권 투쟁으로 시작되었으나, 점차 일제의 수탈에 항거하는 항일 민족 운동으로 발전해 갔다.

(2) 전 개

① **시작** : 1919년에 처음으로 발생한 이래 매년 증가하였으며, 지역적으로는 지주제가 상대적으로 발달한 전라도와 경상도, 황해도와 평안도 등지에서 많이 일어났다.

② 1920년대 전반기

㉠ **경향** : 소작인 조합이 중심이 된 소작쟁의로 50% 이상이었던 고율의 소작료 인하가 주목적이었다.

㉡ **대표적 사건** : 전남 무안 암태도 소작쟁의(1923, 1년여의 투쟁 끝에 소작료 8할에서 4할로 인하 합의), 황해도 재령군 동양척식회사 농장 소작쟁의(1923) 등이다.

㉢ **단체 결성** : 조선노농총동맹(1924)이 조직되어 조직적으로 활동하였다.

암태도 소작쟁의 사적비

③ 1920년대 후반기

㉠ **경향** : 소작쟁의 뿐만 아니라 일제의 경제적 약탈 전반에 대항하는 대중적인 봉기 형태로 전환되어 갔다.

㉡ **대표적 사건** : 평안도 용천 불이농장 소작쟁의(1929), 함남 단천 소작쟁의, 동양척식주식회사 농장 소작쟁의는 항일 운동의 성격을 띠었다.

㉢ **단체 결성** : 전국적인 농민조직의 효시인 조선농민총동맹이 결성(1927)된 이후 전국 각지에 수많은 농민조합이 결성됨으로써 쟁의는 보다 조직적으로 전개되어 갔다.

④ 1930년대 전반기

㉠ **경향** : 소작권의 취소나 이동을 반대하는 경향으로 전개되었으며, 경제공황의 여파로 곡물가격의 폭락과 농촌 경제의 파탄으로 농민운동이 격화되었으며, 특히, '코민테른 12월 테제(1928)' 이후 공산주의자들이 노동자·농민의 조직화에 나서 비합법적 적색농민조합의 지도하에 더욱 과격하게 전개되었는데, 1930년 함경도 정평 적색농민조합이 대표적이다.

㉡ **일제의 대책** : 전국적인 농민조합의 결성과 빈번한 소작쟁의가 일어나자 일제는 농회(農會)를 만들어 한국 농민을 지배하려 하였으며, 조선총독부에서는 '농촌진흥운동'을 전개하고, '자작농 창설 계획'을 발표하였다. 또한, 소작농을 보호하고 농민의 토지 소유 도모를 위한다는 명분으로 '조선소작조정령(1932)', '조선농지령(1934)', '소작료통제법(1939)' 등의 법령을 제정하였으나 식민지 지주제 개혁이라는 근본적인 개혁에는 역부족이었다.

❷ 노동 쟁의

(1) 성 격

생존권을 지키기 위한 노력에서 시작하여 일제의 탄압 속에서 성장을 하여 1930년대에는 반제·반일 투쟁의 항일 민족 운동으로 발전해 갔다.

(2) 전 개

① 1920년대 전반기

㉠ **경향** : 노동자들은 일본 노동자의 절반에도 못 미치는 임금 인하 반대와 임금의 인상 요구 외에 단체 계약권 확립, 8시간 노동제 실시, 악질 일본인 감독의 추방, 노동 조건의 개선 등으로 확대되었다.

㉡ **대표적** : 부산 부두 노동자 총파업(1921)을 시작으로 하여 파급되었다.

㉢ **단체 결성** : 조선노동공제회(1920), 조선노농총동맹(1924) 등이 조직되었다.

② 1920년대 후반기

㉠ **경향** : 서울, 인천, 목포 등의 대도시에 한정되던 노동쟁의가 전국 각지로 확산되었으며, 노동자들은 지하조직을 갖춘 노동조합을 결성하여 대중적·조직적·지속적으로 노동쟁의를 전개하였다.

㉡ **대표적** : 목포 제유공장 노동자·영흥 흑연공장 노동자 총파업(1928), 원산 노동자 총파업(1929) 등 지역 총파업이 진행되어 노동운동이 대중화하는 양상을 보였다.

㉢ **단체 결성** : 조선노동총동맹(1927)이 조직되었다.

③ 1930년대 전반기

㉠ **경향** : 사회주의 세력과 연결되어 더욱 치열해지고 비합법적 조직인 혁명적 노동조합 형태로 전개되었다.

㉡ **대표적** : 원산 적색노동조합(1930), 태평양 노동조합사건(1930) 등 함경도 지역에서 가장 활발하였으며, 1931년 강주룡의 을밀대 항의 농성도 대표적이다.

㉢ **일제의 대책** : 일본 자본가의 이윤을 보장해 주기 위해 가혹한 노동자의 탄압으로 1930년대 후반 이후 점차 자진 소멸되었다.

강주룡의 을밀대 항의 농성

1931년 5월 평양의 평원 고무공장 직공들의 임금 삭감에 반발하여 시작된 파업 도중 일본경찰에 의해 공장에서 쫓겨나자 을밀대 지붕으로 올라가 무산자의 단결과 노동생활의 참상을 호소하였다.

강주룡 항의 농성

02 민족 자본의 성장

❶ 배 경

3·1 운동 이후 민족 운동의 열기 속에서 민족 산업을 육성하여 경제적 자립을 도모하려는 움직임이 고조되어 갔다.

❷ 구 분

(1) 민족 기업의 성장

① 유형

㉠ **지주출신의 기업** : 지주출신의 김성수가 대지주·상인자본을 규합하여 설립한 경성방직주식회사가 대표적이었다.

㉡ **서민출신의 기업** : 대구와 평양메리야스 공장, 부산의 고무신 공장 등이 대표적이었다.

② **위축** : 자본의 영세와 조선 총독부의 통제로 민족 기업은 강제 청산되거나 일본 공장에 흡수·합병되었다(기업정비령, 1942).

(2) 민족 은행의 설립

① **경향** : 금융업에도 한국인의 진출이 활발하여, 3·1 운동 이후에 설립되었다.

② **일제의 합병** : 일제는 민족 운동의 자금원이 될 것을 우려하여 은행업은 자본금 200만원 이상의 주식회사로 한정하고, 종전의 은행은 5년이내에 자본금 100만원 이상을 확보하라는 '신은행령(1928)'을 공포하여 일본인 은행에 합병되었다.

03 물산장려운동(1922~1930년대 말)

❶ 성 격

(1) 전 개

① **동향** : 1920년대에 민족기업이 점차 활기를 띠어 갈 때 민족 실력 양성운동의 일환으로 전국적으로 전개되었다.

② 목적 : '내 살림 내 것으로'라는 구호를 내세우고 국산품의 사용을 장려하고 일제 상품을 배척하여 민족 경제의 자립을 추구하였다.

(2) 대표 단체

① 조선물산장려회 : 평양에서 조만식 등이 중심이 되어 서북지방의 사회·종교·교육계 인사들과 지주·자본가 등을 규합하여 발족시킨 후 서울에서도 조직(1923)되어 전국적으로 확산되었다.

사료읽기

물산 장려회 궐기문

내 살림 내 것으로,
보아라.
우리의 먹고 입고 쓰는 것이 거의 다 우리의 손으로 만든 것이 아니었다.
이것이 세상에 제일 무섭고 위태한 일인 줄을 오늘에야 우리는 깨달았다.
피가 있고 눈물이 있는 형제 자매들아,
우리가 서로 붙잡고 서로 의지하여 살고서 볼 일이다.
입어라, 조선 사람이 짠 것을.
먹어라, 조선 사람이 만든 것을.
써라, 조선 사람이 지은 것을.
조선 사람, 조선 것

조선물산장려회 선전지

물산장려운동 포스터

② 자작회(1922) : 연희전문학교 학생 염태진, 박태화 등 50여 명이 중심이 되어 조선 물산을 장려하여 자급자족 정신을 기르고 산업진흥을 도모하여 경제적 위기를 구제한다는 취지로 서울에서 조직했다.

(3) 운동의 변질

① 민중의 외면 : 초기에는 민중들의 지지를 받아 전국적으로 확산되면서 활발하게 추진되었으나, 곧 조선의 특산물 가격이 급등하여 기업과 상인들은 큰 이익을 남겼으나, 민중들은 이익을 얻지 못하여 열기가 식기 시작하였다.

② 사회주의자의 비판 : 사회주의자들은 이 운동이 유산계급을 위한 것이며, 무산대중과는 아무런 관계도 없을 뿐만 아니라 민중의 혁명성을 약화시킬 우려가 있다는 이유로 비판적인 입장을 취하여 갈수록 침체되었다.

③ **친일파의 참여** : 박영효·유성준 등 친일파들이 적극 참여하면서 1920년대 말 이후 일제와 타협하는 모습이 나타나 이상재 등 초기 민족주의자들이 이탈되고 청년 단체 등 민중의 외면으로 흐지부지되어 버렸다.

04 일제 강점기의 생활 모습

❶ 의생활

① **의복** : 일제 하 대부분 전통적인 바지와 저고리를 입었으나, 극소수의 부유층이나 귀족층은 양복이나 양장을 입었다. 1910년대에는 넓게 주름잡힌 통치마와 길이가 길어진 저고리를 입었으나, 1930년대 일제는 소위 전시체제라 하여 남자는 국방색의 국민복에 전투모를 쓰게 하고, 여자는 치마대신 '몸빼'라고 하는 통이 넓은바지를 입게 하였다.

② **남성** : 양복도 입었지만 일반적으로 한복을 평상 외출복으로 입었다.

③ **여성** : 폭이 넓은 다홍치마에 쓰개치마를 입었다.

몸빼

❷ 식생활

① **쌀의 부족현상 심화** : 일제의 산미증식계획과 공출제 등 한반도에서 막대한 양의 쌀을 강제로 수탈한 결과였다.

② **부족한 쌀의 대책** : 일제는 한반도에서 쌀의 부족에 대처하기 위해 식량 배급 제도와 만주에서 잡곡을 도입하여 공급하였다.

❸ 주생활

① **개량 한옥 보급** : 벽돌과 기와를 사용한 집이 많아졌고 현관과 화장실까지 갖추어졌으며, 일본식 주택과 서양식 주택이 등장하였다.

② **외국인 주거지 등장** : 서울의 남산과 부산 광복동 일대에는 일본인 가옥, 인천에는 중국인 거주촌이 형성되었다.

③ **영단주택 보급** : 1940년대 들어 도시 서민의 주택난을 해결하기 위해 지은 일종의 연립주택이 보급되기 시작하였다.

④ **토막집 유행** : 서울 변두리에서 맨 땅위에 자리를 깔고 짚이나 거적때기로 지붕과 출입구를 만든 원시적인 움막집으로 1937년 서울의 총인구 70여만 명 중에서 15,000여 명 정도가 토막집에서 거주하고 있었다.

제 4 편

민족 문화 수호 운동

제1장 식민지 문화 정책

핵심 출제포인트

- 일제의 식민지 문화 정책과 1~4차 조선교육령에 의한 식민지 교육의 내용을 구별하여 학습해야 한다.
- 일제의 식민사학의 내용을 파악하고 동북공정의 개념을 이해해야 한다.

❶ 교육 정책

(1) 목 적

한국인의 전통적인 자주 독립 정신을 없애고, 일제의 식민지배에 순응하는 이른바 한국인의 황국신민화를 위한 우민화 교육이었다.

(2) 내 용

① 제1차(1911) : 보통학교(6년에서 4년), 고등보통학교(4년제), 성균관 폐지(경학원 대체), 실업·전문기술 교육 중시, 일본어와 수신(도덕)을 중시하였다.

② 제2차(1922) : 보통학교(4년에서 6년), 고등보통학교(5년제), 국어·국사 필수과목 지정, 사범학교 설치, 대학 설립 규정을 마련하였다.

③ 제3차(1938) : 보통학교를 소학교(→초등학교), 고등보통학교를 중학교, 여자고등보통학교를 고등여학교로 변경, 필수과목이던 국어와 국사의 선택과목화, 일본어와 일본사 강조, 학교에서의 조선어 사용을 금지하였다.

④ 제4차(1943) : 국어·국사 과목 폐지, 일본어 교육 강화, 모든 교육을 군사체제화 시켰다.

❷ 역사 왜곡

(1) 담당기관

① 조선사편수회 : 1925년 조선 총독부가 한민족의 우수성을 은폐하고 왜곡된 역사를 편찬하기 위하여 1922년 조직된 '조선사편찬위원회'가 개편된 기관으로 「조선사」·「조선사료총간」·「조선사료집진」 등을 발행하였다.

② 청구학회 : 한국과 만주를 중심으로 한 극동 문화 연구를 목적으로 1930년에 경성 제대와 조선사편수회 요원들이 조직하였는데, 여기서는 「청구학총」을 간행하여 식민사관을 보급하였다.

③ 조선고적조사위원회 : 일제가 한국의 미술품 약탈을 위해 설치하였으며, 「조선고적도보(전15권)」를 간행하였다.

(2) 식민사관

① 타율성론 : 우리 민족의 역사는 주체적으로 발전을 이루지 못하고 주변 국가에 종속되어 전개되었다는 주장이다. 주로 정치적·사상적 측면에서의 주장으로 식민 지배의 필연성을 강조한다.

② **정체성론** : 우리 민족의 역사는 오랫동안 정체(停滯)되고 발전하지 못하였다는 주장이다.

③ **당파성론** : 우리의 민족성은 분열성이 강하여 항상 내분하여 싸웠다는 주장이다.

④ **반도성론** : 지정학적으로 반도에 위치한 나라는 스스로 발전하지 못한다는 이론이다.

⑤ **사대성론** : 한민족은 역사적으로 중국을 사대하여 왔기 때문에 주체적인 고유한 문화가 없다는 이론이다.

⑥ **임나일본부** : 임나(김해)가 4세기 중엽~6세기 중엽까지 일본의 지방 행정 구역이었다는 주장으로 남선경영설이라고도 한다.

⑦ **식민지 근대화론** : 일제의 식민지 계발로 한국이 발전하였다는 이론이다.

❸ 동북공정

(1) 개 념

① **정의** : 중국이 자국의 국경 안에서 일어난 모든 역사를 중국 역사로 편입하려는 연구를 통칭하는 동북변강역사여현상계열연구공정(東北邊疆歷史與現狀系列硏究工程)을 줄인 말로 "동북 변경지역의 역사와 현상에 관한 체계적인 연구 과제"를 뜻한다.

② **목적** : 중국은 이 연구를 통해 고구려의 역사를 중국 역사로 편입하려고 시도하고 있다. 즉, 중국은 한족(漢族)을 중심으로 55개의 소수민족으로 성립된 국가이며 현재 중국의 국경 안에서 이루어진 모든 역사는 중국의 역사이므로 고구려와 발해의 역사 역시 중국의 역사라는 주장이다. 동북공정에서 한국고대사에 대한 연구는 고조선과 고구려 및 발해 모두 다루고 있지만 가장 핵심적인 부분은 고구려이다. 즉, 고구려를 고대 중국의 지방 민족 정권으로 주장하고 있다.

(2) 경 과

① **시작** : 동북공정은 1983년 중국 사회과학원 산하에 변강역사지리연구중심이 설립된 이후 2002년 2월 18일 중국 정부의 승인을 받아 공식적으로 동북공정이 시작되었다. 5년 동안 총 연구비 약 1,500만 위안(약 23억원)을 투입했으며 중국최고의 학술기관인 사회과학원과 지린성·랴오닝성·헤이룽장성 등이 연합해 추진하고 있다.

② **경과** : 동북공정은 2004년 6월 동북공정 사무처가 인터넷에 연구 내용을 공개하면서 한국과 중국 간에 외교문제로 비화되었다. 이후 중국은 이 문제를 정치쟁점화 하지 않고 학술적인 연구에 맡기며 한국의 관심을 고려한다는 구두 합의로 갈등을 봉합했지만 근본적인 문제가 해결되지 않아 불씨는 계속 남아있다.

③ **의도** : 동북공정은 1992년 한·중 수교가 이루어지면서 많은 한국인들이 고구려와 발해의 유적을 답사하기 시작하며 시작된 것으로 2001년 한국 국회에서 재중동포의 법적지위에 관한 특별법이 상정되었고 같은 해 북한이 고구려의 고분군을 유네스코(UNESCO)에 세계문화유산으로 등록을 신청하자 이에 대한 대책을 준비하는 과정에서 나온 작업으로 보고 있다. 또한 장기적으로는 남북통일 후 국경 및 영토 문제에 대비한 대책으로 여겨진다.

④ **대책** : 우리나라도 중국의 역사 왜곡에 체계적으로 대처하기 위해 2004년 3월 고구려사 연구재단을 발족하였다.

제2장 민족 문화 수호 운동

핵심 출제포인트

- 조선어연구회, 조선어학회의 활동을 중심으로 정리해야 한다.
- 역사 연구는 출제율이 매우 높은 주제입니다. 민족주의사학, 사회경제사학, 실증사학 등의 내용과 주요 역사학자의 주장을 중심으로 개념을 정리해야 한다.

01 국어 연구

❶ 조선어연구회(1921)

(1) 조 직

이윤재, 최현배 등이 국문연구소(1907)의 전통을 계승하여 국어 연구와 한글의 보급에 힘썼다.

「한글」 잡지

(2) 활 동

① **한글 대중화 기여** : '가갸날'을 제정하고(1926), 1928년에는 '한글날'로 고쳐 불렀다.

② **'한글' 잡지 간행(1927)** : 한글의 연구 성과를 정리·발표하였다.

❷ 조선어학회(1931~1942)

(1) 조 직

주시경의 제자인 이희승, 최현배를 중심으로 조선어연구회를 개편하여 조직하였다.

(2) 활 동

① **한글 교재 출판** : 한글 교육에 힘썼다.

② **한글의 연구와 보급** : 회원들이 전국 각 지방을 순회하였다.

③ **한글맞춤법통일안(1933)과 표준어 제정(1936)** : 조선어학회가 이룩한 큰 성과 중의 하나이다.

④ **「우리말 큰사전」 편찬 시도** : 일제의 방해로 성공하지 못하고 이를 계기로 1942년 해산되었다.

한글맞춤법통일안

02 한국사 연구

❶ 민족주의 사학

(1) 내 용

① **특징** : 일제의 한국사 왜곡에 맞서 민족주의 사학자들은 우리 민족문화의 우수성과 한국사의 주체적 발전 등을 강조함으로써 민족독립의 강력한 이념적 기반을 구축하고자 하였다.

② **대두** : 신채호는 「독사신론」을 저술하여 민족주의 역사학의 연구 방향을 제시하였다.

(2) 사학자와 활동

① **신채호** : 중국에 망명하면서 「조선사」·「조선상고사(我와 非我와의 투쟁)」·「조선사연구초(묘청－조선 일천년내 제일 대사건)」 등을 저술하여 우리나라 고대사 연구를 개척하고 낭가 사상을 통해 민족의 정기를 선양시켰다. 또한, 이순신전, 을지문덕전을 집필하여 애국심을 고취하고 1919년 이승만의 국제연맹위임통치청원서를 맹렬히 반대하며 임시 정부와 결별하였으며, 북경으로 간 후 김원봉의 부탁을 받고 1923년에 '조선혁명선언'을 기초하였는데 이는 의열단 선언문이 되었다.

사료읽기

신채호의 역사 인식

역사란 무엇이뇨. 인류 사회의 아(我)와 비아(非我)의 투쟁이 시간에서 발전하여 공간까지 확대하는 심적 활동의 상태의 기록이니, 세계사라 하면 세계 인류의 그리 되어 온 상태의 기록이며, 조선사라 하면 조선 민족이 그리 되어 온 상태의 기록이니라. 그리하여 아에 대한 비아의 접촉이 많을수록 비아에 대한 아의 투쟁이 더욱 맹렬하여 인류 사회의 활동이 휴식할 사이가 없으며, 역사의 전도가 완결될 날이 없다. 그러므로 역사는 아와 비아의 투쟁의 기록이니라.

》「조선상고사」

② **박은식** : 「한국통사(1915)」·「한국독립운동지혈사(1920)」 등을 저술하여 국가의 멸망의 원인과 독립운동의 역사를 정리하였다. 그는 민족 정신을 혼(魂)으로 파악하여, 혼(魂)이 담겨 있는 민족사의 중요성을 강조하였다. 양명학에도 관심이 깊어 '유교구신론' 을 통해 유교의 개혁을 주장하였으며, 1925년에는 대한민국 임시정부 제2대 대통령에 취임하여 내각책임제를 기초로 한 헌법개정안을 통과시키고 자진 사임하였다.

박은식의 역사 인식

「한국통사」 서문에서 "나라는 형(形)이요, 역사는 신(神)이다. 신(神)이 멸망치 않으면 형(形)도 되살아날 수 있다"고 주장하면서 "지금 우리에게는 백(魄, 국가)은 죽었으나 혼(魂, 정신)만 죽지 않았다면 나라는 곧 다시 일어날 수도 있다." 고 강조하였다.

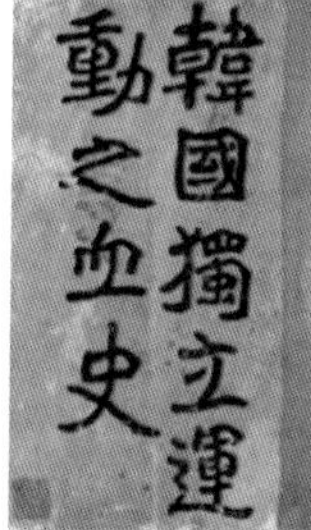

박은식과 저서

③ **정인보** : 동아일보에 《5천년 간 조선의 얼》을 발표하여 '얼'의 중요성을 역설하였으며, 이는 후일 「조선사연구」로 출간되었다. 또한, 「양명학연론」을 저술하여 일제의 식민사관에 대항하였으며, 다산 서거 100주년을 맞아 「여유당전서」·「성호사설」 등 실학자들의 학문적 전통을 정리·계승하였다.

사료읽기

정인보의 역사 인식

어릿어릿하는 사람을 보면 얼이 빠졌다고 하고, 멍하니 앉은 사람을 보면 얼 하나 없다고 한다. 조선의 시조는 단군이시니 단군은 신이 아니요 사람이시라. 백두의 높은 산과 송화의 장강을 터전으로 하여 조선을 만드시매 조선 민족은 단군으로부터 생기고, 조선의 정교 단군으로조차 열리었다. … 얼은 남이 빼앗아가지 못한다. 얼을 잃었다면 스스로 잃은 것이지 누가 가져간 것이 아니다.

〉「5천년간 조선의 얼」

④ **문일평** : 민족 문화의 근본으로 세종을 대표자로 하는 '조선심(朝鮮心)'이라는 표현으로 조선사상을 강조하였고 민중 중심적 역사관을 제시하였다. 저서로 최초의 외교사인 「한미 50년사」와 「호암전집」이 있다.

⑤ **현채** : 「유년필독(역사 교과서)」·「동국사략」 등을 저술하고, 「월남망국사」를 번역하였다.

조선학 운동

1. **배경** : 1930년대부터 민족말살정책으로 인한 일제의 탄압이 거세지고, 한편으로는 1920년대 후반부터 사회주의의 사회·경제사학이 부상하면서 민족주의 사학을 위협하였다. 이에 일제의 탄압과 사회·경제사학의 양면에 대항하여 민족문화를 수호하고 이를 학문적으로 체계화하려는 운동이 등장하여 진보적 민족주의 역사가들이 주도한 조선학 운동으로 발전하게 되었다.
2. **계기** : 정인보, 문일평, 안재홍, 백남운 등이 다산 정약용 서거 100주년 기념사업의 일환으로 1934년 「여유당전서」의 간행하면서 시작되었다.
3. **특징** : 조선학 운동은 과거 민족주의 역사학이 지나치게 국수적이고 낭만적이었음을 반성하고 민족주의 사학에서 강조하는 '민족'과 사회·경제사학에서 강조하는 '민중'을 다 같이 중시하였다. 그리하여 민족주의 사학에서 강조하는 민족의 특수성과 사회·경제사학에서 강조하는 세계사적 보편성을 동시에 찾으려는 것으로 역사학계의 좌·우합작 운동이었다. 조선학 운동은 이를 위해 조선 후기 실학에 주목하고 실학 연구를 통해 우리 역사를 발전적으로 이해하려고 하였으며, '실학'이라는 용어도 이 때 처음 등장하였다.

⑥ **안확** : 「조선문명사」에서 민족사의 근원을 단군 건국 이전으로 끌어올렸고, 조선 시대 붕당 정치를 긍정적으로 평가하여 일제 식민사관(당파성 이론)에 대항하였으며, 「조선문학사」·「조선정치사」를 저술하였다.

⑦ **이능화** : 사료 수집과 종교·민속 방면의 연구에 힘을 기울였다. 「조선불교통사」와 「조선기독교 및 외교사」·「조선도교사」 등을 저술하여 한국 종교사에 큰 업적을 남겼다.

⑧ **장도빈** : 민족주의 사학 계승·발전에 공헌하였으며, 「국사」·「대한역사」·「이순신전」 등의 저서가 있다.

⑨ **최남선** : '조선광문회'를 조직하여 고전의 정리·간행에 노력하였으며, 동방문화의 원류로 '붉'사상에 주목하고 이 사상의 발원지가 단군신화에 등장하는 태백산(太白山)이며, 단군이 그 중심 인물임

을 제시하였다. 그리고 '밝'의 오랜 글자 모양인 '불함'이라는 말을 빌려 '밝'을 숭상하는 문화권을 불함문화로 규정하여 일제 식민사관에 대항하였다. 그의 저서로는 「아시조선」·「고사통」·「조선역사」·「단군론」 등이 있다.

사료읽기

불함문화론(不咸文化論)

단군신화를 중심으로 동방 문화권의 발상지가 백두산이라 하여 동방문화의 연원을 추적하였다. 이 문화권에는 한족(韓族), 만주족, 일본족 등이 속하여 일제의 일선동조론에 대항하였으나 최근에는 불함문화론이 한국과 일본이 동질적인 조교문화권으로 설정하여 일제의 신사참배를 정당화하는 결과를 초래하여 일제의 만선사관(滿鮮史觀)과 같은 맥락이라는 비판도 있다.

❷ 사회·경제사학

(1) 대두 배경

일제의 유물 사관에 의거한 식민사관의 정체성 극복과 함께 한국사의 발전을 체계화하여 역사적 보편성을 강조하려는 역사 연구 방법의 일환으로 대두하였다.

(2) 중심 인물

① 이청원 : 아시아적 생산 양식을 수용하여 조선 사회의 구체적 특수성을 지적하는데 노력하였으며, 「조선사회사독본(1936)」·「조선역사독본(1937)」 등을 저술하였다.

② 백남운 : 한국사의 발전 과정을 세계 모든 민족과 같은 변증법적 역사 발전 법칙에 의하여 파악할 수 있음을 제시하였다. 저서로 「조선사회경제사(1933)」·「조선봉건사회경제사(1937)」 등이 있다.

사료읽기

백남운의 사회경제사학

우리 조선의 역사적 발전의 전 과정은 지리적인 조건·인종적인 골상·문화형태의 외형적인 특징 등 다소의 차이를 인정한다 하더라도 외관상 특수성이 다른 문화민족의 역사적 발전 법칙과 구별되어야 할 독자적인 것은 아니며, 세계사적 일원적인 역사 법칙에 의해 다른 모든 민족과 거의 궤적인 발전 과정을 거쳐왔던 것이다. 》조선사회경제사

… (중략) …

나의 조선 경제사의 기도(企圖)는 사회의 경제적 구성을 기축으로 대체로 다음과 같은 제 문제를 취급하려 하였다.

제1. 원시 씨족 공산체의 태양(態樣)

제2. 삼국의 정립 시대의 노예 경제

제3. 삼국 시대 말기 경부터 최근세에 이르기까지의 아시아적 봉건 사회의 특질

제4. 아시아적 봉건 국가의 붕괴 과정과 자본주의 맹아 형태

제5. 외래 자본주의 발전의 일정과 국제적 관계

제6. 이데올로기 발전의 총 과정

… (중략) …

❸ 실증주의 사학

(1) 대 두

① **배경** : 1920년대 일본 역사학계는 랑케의 입장을 따랐는데 이러한 역사 연구 방법론의 영향을 받아 한국사를 문헌 고증에 의한 실증적 방법에 의해 개별적인 사실을 객관적으로 연구하려는 입장과 청구학회를 중심으로 한 일본 어용학자들의 왜곡된 한국사 연구에 대항하여 조선 문화의 연구와 학회의 필요성을 느끼고 등장하였다.

② **의의** : 어떠한 이론적 선입견으로부터 벗어나 개별적인 사실을 추구함으로써 민족주의 사학이나 사회경제 사학이 자칫 소홀하기 쉬웠던 역사의 구체적 연구에 대한 방법의 문제를 새로이 제기하여 광복 이후 한국사학 발전의 기틀을 마련하였다.

③ **한계** : 민족사의 현실 인식을 제대로 하지 못하였다.

(2) 중심 인물

① **이병도** : 고대 역사 지리와 사상사를 연구하였다.

② **김상기** : 대외관계사와 반란사를 연구하였다.

③ **손진태** : 민속학을 독자적인 과학으로 인식하고 이를 학문으로 정립하였다.

④ **고유섭** : 한국 미술사에 대한 연구를 하였다.

⑤ **이상백** : 역사학, 사회학 등에 대한 연구서인 「조선문화사 연구 논고」를 저술하였다.

사료읽기

실증주의 사학

역사 연구의 임무는 생활 진전의 일반적인, 인간에 대한 보편적 법칙을 발견하는 데에도 있을 것이나, 또 민족의 구체적인 실상과 그 진전의 정세를 구체적으로 파악하여 역사로서 그것을 구성하는 데에도 있을 것이다. 따라서 그 연구의 도정에서도, 무슨 일반적인 법칙이나 공식만을 미리 가정하여 그것을 어떤 민족의 생활에 견강부회(牽强附會)하는 방법을 취하여서는 안 된다.

– 이상백, 「조선 문화사 연구 논고」

❹ 신민족주의 사학

(1) 경 향

진보 우파의 입장에서 유물사관의 평등개념과 실증사학의 실증적 방법론을 받아들여 과거의 민족주의 역사학이 지나치게 국수적이었음을 반성하고 민중과 민족을 다 같이 중요시하면서 민족의 단합을 강조하였다.

(2) 중심 인물

① **안재홍** : 신채호의 고대사 연구를 계승·발전시켰으며, 「조선상고사감」·「불함철학대전」·「조선철학」 등을 저술하였다.

② 손진태 : 신채호의 역사이론을 발전시켜 투쟁과 화합의 양면성을 추구하였으며, 「국사대요」·「조선민족사개론」 등을 저술하였다.

③ 이인영 : 손진태의 연구를 비판적으로 계승한 신민족주의 사학자로 「한국만주관계사」를 저술하였다.

사료읽기

신민족주의 사학

진정한 민족주의는 민족 전체의 균등한 행복을 위한 것이 아니면 안 될 것이다. 민족의 전체가 정치·경제·사회·문화적으로 균등한 의무·권리와 지위 아래 행복을 누릴 수 있을 때에 비로소 완전한 민족 국가의 이상이 실현될 것이며, 민족의 친화와 단결도 비로소 완성될 것이다.

》조선민족사개론

03 민족 교육 운동

❶ 경 향

일제 강점기에 정규 공립학교에서는 우리 민족을 위한 교육이 어려웠으나, 사립학교·개량 서당·야학에서 민족 의식의 배양을 위한 민족교육 운동이 활발하게 일어났으며, 1920년대에는 실력양성운동의 일환으로 전개되었다.

❷ 민립대학 설립 운동

(1) 조선교육회(1920)

① 중심 인물 : 한규설, 이상재 등이 조직하여 한민족 본위의 민족 교육 진흥에 노력하였다.

② 민립대학 설립운동

㉠ 과정 : 제2차 조선교육령(1922)의 대학 설립 규정에 의거하여 조선 총독부에 대학 설립을 요구하였으나 조선총독부가 이를 묵살하자 민립대학설립기성회(1922)을 조직한 후 대학 설립을 위한 1,000만원 모금운동을 전개하였다.

㉡ 결과 : 각 지역의 유지들과 사회 단체의 후원으로 한때 순조롭게 진행되었으나 일제의 방해와 자연 재해로 모금이 어려워져 결국 좌절되었으며 일제는 경성제국대학을 설립하여(1924) 극소수의 한국인만을 입학시킴으로써 조선인의 불만을 무마하려고 하였다.

(2) 문맹퇴치운동

① 배경 : 일제의 가혹한 식민지 차별교육 정책으로 인하여 문맹자가 증가하였다.

② 언론 : 조선일보(1929, 문자보급운동), 동아일보(1931, 브나로드운동) 등 언론사를 중심으로 농촌계몽운동을 전개하였다.

③ 문학 : 이광수(흙, 1932), 심훈(상록수, 1935) 등의 활동이 두드러졌다.

브나로드운동과 문자보급운동

이광수(흙)

상록수(심훈)

04 종교계 동향

❶ 기독교

① **활동** : 천도교와 함께 3·1 운동에 적극적으로 참여하였고, 일찍부터 애국계몽운동에 공헌해 오면서 국권 피탈 이후 민중 계몽과 각종 문화 사업을 보다 적극적으로 전개함으로써 일제로부터 극심한 탄압을 받았지만 '대한국민회'를 조직하여 무장 투쟁을 전개하기도 하였다.

② **탄압** : 일제 말기에는 많은 교회들과 기독교 계통 학교들이 신사참배운동을 거부함으로써 지도자들의 일부가 체포·투옥당하기도 하였다.

❷ 천주교

① **활동** : 개화기 이래 전개해 온 고아원, 양로원 등 사회 사업을 계속 확대시켜 가면서 기관지 '경향신문'를 통한 한글 보급 등 민중 계몽에 이바지하였다.

② **무장투쟁** : 일부 천주교도들은 3·1 운동 이후 만주에서 항일 운동 단체인 '의민단'을 조직하여 무력 투쟁에 나서기도 하였다.

❸ 천도교

방정환과 잡지(어린이)

① **활동** : 동학의 후신인 천도교의 지도자들은 3·1 운동을 주도한 후 '제2의 독립 선언 운동'을 계획하기도 하였다.

② **잡지 간행** : 개벽·어린이·학생 등의 잡지를 간행하여 민중의 자각과 근대 문물 보급에 기여하였으며 1922년 어린이날을 제정하였다.

❹ 대종교

① **활동** : 천도교와 더불어 민족 종교인 대종교는 일찍부터 본부를 만주로 이동한 후 단군 숭배 사상을 전파하여 민족 의식을 고취하였다.

② **무장투쟁** : 1911년 만주에서 민족 학교를 설립하여 애국심을 고취하였고, 항일 무장 단체인 '중광단'을 결성한 후 3·1 운동 이후에는 이를 확대·개편하여 북로군정서를 설립하여 무장 독립 전쟁을 전개하였는데 이 부대는 후일 청산리 대첩의 주축을 이루었다.

❺ 원불교

① **창시** : 1916년 박중빈이 불교 대중화·생활화를 주창하며 진리의 상징인 일원상을 신앙의 대상과 수행의 목표로 삼고 전남 영광에서 창시하였다.

② **활동** : 불교의 시대화·대중화·생활화를 표방하고, 개간사업·저축운동을 통해 민족 자립정신을 키워갔으며, 남녀평등·허례허식 폐지 등 새생활 운동을 전개하였다.

❻ 불 교

① **활동** : 호국 불교의 전통을 이어온 불교계에서도 3·1 운동에 참여하였으며, 교육 기관을 설립하여 민족 교육 운동에 이바지하기도 하였다.

② **한용운** : 한국 불교를 일본 불교에 통합하려는 총독부의 정책에 과감히 맞서서 민족 종교 본연의 자세를 견지하였으며 '조선불교유신회'와 '만(卍)당'을 조직하고 1935년 그의 첫 장편소설 '흑풍'을 조선일보에 연재하기도 하였다.

05 문예 활동

❶ 지식인의 동향

3·1 운동 이후 일제가 우리 민족을 회유·동화하는 기만적인 술책으로 이른바 문화통치를 내세우자 문예 활동을 하던 일부 지식인들은 일제에 타협하거나 또는 항일 운동에 적극 나서기도 하였다.

❷ 활 동

(1) 문 학

① 1910년대 : 근대문학의 태동 시기로 최남선, 이광수 등이 공헌하였다.

② 1920년대 중반

㉠ **신경향파 문학** : 빈궁한 사람들과 하층민에서 소재를 취하고, 반항의식 등 문학의 사회적 기능이 강조되었다.

㉡ **프로문학** : 뚜렷하게 계급성을 내세운 일종의 정치의식이 투철한 문학운동이다.

㉢ **국민문학 운동** : 프로문학에 대항하여 민족주의 계열의 문인들이 결집하여 민족주의 이념을 선양하려는 민족주의 문학의 실천운동이었다. 이 시기 한용운(님의 침묵), 김소월(진달래꽃) 등은 작품을 통해 민족의 정서와 민족의식을 고취시켰다.

③ 1930년대

㉠ **염상섭** : 「삼대」를 발표하였다.

㉡ **정지용, 김영랑** : 「시문학」 동인으로 활약하면서 순수문학과 서정시의 발전에 이바지하였다.

④ 일제 말기

㉠ 한국문학 암흑기 : 침략 전쟁의 확대와 함께 일제의 탄압이 극심해졌다.

㉡ 저항문학 : 이육사(광야), 윤동주(서시), 조소앙(카이로의 그 소식), 현상윤(실락원) 등 항일의식과 민족 정서를 담은 작품을 창작하였다. 그 중 윤동주는 일본 유학 중 반일 혐의로 체포되어 1945년 2월 29세로 후쿠오카 형무소에서 사망하였는데 그를 기리는 "시인 윤동주 기억과 화해의 비"가 2017년 10월 일본 교토 우지시에 건립되었다.

시인 윤동주 기억과 화해의 비

윤동주 시집

윤동주

㉢ 이광수, 최남선 : 일제의 침략 전쟁을 찬양하는 활동에 참여하였다.

(2) 음 악

① 안익태 : 애국가와 이를 주제로 '한국환상곡(1935)'을 작곡하였다.

② 윤극영 : '반달' 등 많은 동요를 만들었다.

③ 조선성악연구회 : 근대 명창의 대표자인 송만갑, 이동백, 김창룡 등이 소직하여 전통 성악의 발전과 후진 양성에 힘을 기울였다.

(3) 미 술

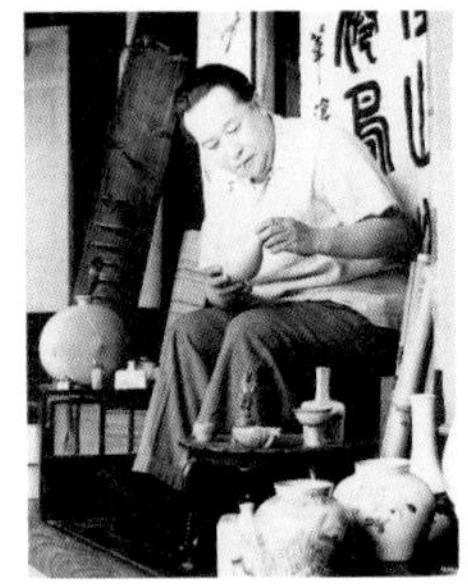

간송 전형필

① 안중식 : 한국의 전통 회화를 발전시켰다.

② 고희동, 이중섭, 나혜석 : 서양화를 대표하여 독특한 경지를 이루었다.

③ 고유섭(우현) : 한국미술사를 연구하였으며 특히 '탑' 연구에 한 획을 그어 놓았다.

④ 전형필(간송) : 일제에 의해 훼손된 문화재를 사들여 광복 이후 '간송미술관'을 설립하였다.

⑤ 친일행위자 : 동양 화가인 김은호, 김인승 등은 친일 미술 활동을 하였다.

(4) 연 극

① 극예술연구회 : 동경 유학생들의 모임이 모체가 되어 창작과 번역 작품을 통해 민족의식을 고취하였다.

② 토월회 : 오락을 지양하고 의식적으로 민중의 각성을 요구하는 연극을 공연하였다.

(5) 영 화

① 조선 키네마 주식회사(1924) : 작품의 제작과 영화인을 배출하였다.

② 아리랑(1926) : 나운규의 한국적 정서가 담겨 있는 작품으로 한국 영화 발전에 기여하였다.

사료읽기

아리랑(1926, 대본)

영진은 전문학교를 다닐 때 독립만세를 부르다가 왜경에게 고문을 당해 정신이상이 된 청년이었다. 한편 마을의 악덕 지주 천가의 머슴이며, 왜경의 앞잡이인 오기호는 빚 독촉을 하며 영진의 아버지를 괴롭혔다. 더욱이 딸 영희를 아내로 준다면 빚을 대신 갚아줄 수 있다고 회유하기까지 하였다. (중략) 오기호는 마을 축제의 어수선한 틈을 타 영희를 겁탈하려 하고 이를 지켜보던 영진은 갑자기 환상에 빠져 낫을 휘둘러 오기호를 죽인다. 영진은 살인혐의로 일본 순경에게 끌려가고, 주제곡이 흐른다.

영화 '아리랑' 포스터

③ 조선영화령(1940) : 1930년대까지 민족주의적인 색채를 띤 영화 예술은 일제의 심한 탄압을 받게 되었다.

(6) 체 육

① 엄복동(1892~1951) : 자전거 판매상인 일미상회 점원 출신으로 1913년 경성일보사와 매일신보사 공동 주최 전조선자전차 경주대회에서 우승하였으며, "하늘에 안창남, 땅에 엄복동" 이라는 유행어가 등장하기도 하였다.

② 손기정(1912~2002) : 평북 신의주 출신의 한국이 낳은 마라톤 왕으로 "달리며 자라는 소년"이라는 별명을 가졌다. 1936년 8월 제11회 베를린 올림픽에서 2시간 29분 19초 2의 세계 신기록을 세우며 우승하였으며, 이때 동아일보는 손기정 선수의 일장기 삭제 사건으로 무기 정간을 당하기도 하였다. 2011년 초대 대한민국 스포츠 영웅에 선정되었다.

안창남(1900~1930)
- 한국인 최초 비행사
- 1921년 일본 오쿠리 비행학교 수료
- 1922년 동아일보사 초청 고국 방문 비행
- 1930년 중국 산시성에서 비행 훈련 중 추락 사망

권기옥(1901~1988)
- 한국인 최초 여성 비행사
- 2005년 영화 "청연"에서 재조명

Ⅷ

현대 사회의 전개

제 1 편

현대의 정치 변동

제1장 대한민국 정부의 수립

핵심 출제포인트

- 광복 직전과 직후 주요 단체들의 활동을 정리해야 한다.
- 광복 과정에서 논의된 국제회담의 내용을 순서대로 정리해야 한다.
- 이승만과 김구의 활동을 비교 정리해야 한다.

01 건국 준비 활동

❶ 국 외

(1) 민족주의 계열

① **한국독립당** : 대한민국 임시정부는 한국독립당(이동녕), 한국국민당(김구), 조선혁명당(지청천) 등을 통합하여 그 지지 기반을 강화하였다.

② **한국광복군 조직(1940)** : 김원봉의 조선의용대 충칭 본대를 편입하여 조직을 확대하였다.

③ **건국 강령(1941)**

㉠ **특징** : 일본의 패망에 대비하여 조소앙의 삼균주의를 토대로 민주공화국 수립을 목표로 하였다.

㉡ **주요 내용** : 보통선거의 실시, 의무교육의 실시, 토지의 국유화와 빈농 우선 분배, 대규모 생산 기관의 국유화와 중소기업의 사영(私營), 노동자·농민·지식인·상인의 단결, 적산(敵産)의 국유화 등이다.

사료읽기

제3장 건국

1. 삼균제도를 골자로 한 헌법을 실시하여 정치·경제·교육의 민주적 시설로 실제상 균형을 도모하며, 전국의 토지와 대생산 기관의 국유가 완성되고 전국의 학령 아동 전체가 고급 교육의 무상 교육이 완성되고 보통 선거 제도가 구속없이 완전히 실시되어 … 극빈 계급의 물질과 정신상 생활 정도와 문화 수준이 최고 보장되는 과정을 건국의 제2기라 함.
2. 보통선거에는 만 18세이상 남녀로 선거권을 행사하되 신앙, 교육, 거주 연수, 사회 출신, 재정 상황과 과거 행동을 분별치 아니하며, 선거권을 가진 만 23세 이상 남녀는 피선거권이 있되 각 개인의 평등과 비밀과 직접으로 함.
3. 6세로부터 12세까지의 초등 기본교육과 12세 이상의 고등 기본교육에 관한 일체의 비용은 국가가 부담하고 의무로 시행함.

》대한민국 임시정부 건국 강령

(2) 사회주의 계열

① **조선독립동맹(1942)** : 김두봉, 무정 등이 조선의 독립과 민주공화국의 수립을 목표로 하여 조직되었다.

② **조선의용군 조직** : 중국의 화북지방에서 항일투쟁을 전개하였는데 특히, 호가장 전투에서 큰 공을 세우고 광복 후에는 북한으로 이동해 인민군에 편입되었다.

③ **건국 강령** : 보통선거의 실시, 남녀평등과 의무교육의 실시, 조선에 있는 일본 대기업의 국영화와 토지의 분배, 일제에 협력한 기업의 몰수와 분배 등을 제시하였다.

사료읽기

건국 강령

1. 전 국민의 보통 선거에 의한 민주 정권을 수립한다.
2. 언론, 출판, 집회, 결사, 신앙, 사상, 태업의 자유를 보장한다.
3. 국민의 인권을 존중하는 사회제도를 실현한다.
4. 법률적·사회적 생활에 있어서 남녀 평등을 실현한다.
5. 조선에 있는 일본 제국주의자의 일체 자산 및 토지를 몰수하고, 일본 제국주의와 밀접한 관계에 있는 대기업을 국영으로 귀속하며 토지 분배를 실행한다.
6. 시간 노동제를 실시하여 사회의 노동을 보장한다.
7. 국민 의무교육제도를 실시하고 이에 필요한 경비는 국가가 부담한다.

》조선독립동맹 강령

❷ 국 내

(1) 조선건국동맹(1944. 8)

① **성격** : 여운형을 중심으로 안재홍·조동우 등 민족주의 계열의 인사들도 참여하였으며, 그 하부에는 노동자·농민층까지 흡수한 비밀결사로 중국에서 활동하던 화북 조선독립동맹(연안파)과도 연결하고 있어 민족연합전선의 형태를 띠고 있었다.

② **강령** : 조선 민족의 자유와 독립을 회복하여 민주공화국의 건설과 일제의 타도를 지향하였다.

(2) 변 천

광복 이후 조선건국준비위원회의 모체가 되었다.

사료읽기

조선건국동맹 강령

1. 대동 단결하여 거국 일치로 일본 제국주의 모든 세력을 구축하고 조선 민족의 자유와 독립을 회복할 것
2. 반추축(反樞軸) 제국과 협력하여 대일 연합전선을 형성하고 조선의 완전한 독립을 저해하는 일체 반동세력을 박멸할 것
3. 건설부면에 있어서 일체 시위를 민주주의적 원칙에 의거하고, 특히 노농 대중의 해방에 치중할 것

02 한국 독립의 국제적 논의

❶ 배 경

제2차 세계 대전 중 대한민국 임시정부는 대일 선전 포고와 연합국에 참전함으로써 국제적으로 한국의 독립을 보장받았다.

❷ 대표 회담

(1) 카이로 회담(1943. 11)

미국(루스벨트), 영국(처칠), 중국(장제스) 등이 이집트 카이로에서 한국의 독립을 처음으로 결의하였다.

(2) 얄타 회담(1945. 2)

미국(루스벨트), 영국(처칠), 소련(스탈린)이 우크라이나의 얄타에서 비밀리에 회담을 가졌다. 미국은 소련군의 점령 지역이 과도하게 확대되는 것을 방지하기 위하여 북위 38도선을 경계로 일본군의 무장을 해제시킬 것을 제의하였고, 소련이 이에 동의하여 38도 군사 경계선이 설정되게 되었다. 일시적 군사 경계선이었던 38도선은 남북한에 각각 다른 정부가 수립되면서 국토 분단의 실질적 국경선이 되었다.

(3) 포츠담 선언(1945. 7)

미국(트루만), 영국(애틀리), 소련(스탈린)의 대표가 회담을 가지고 일본의 무조건 항복, 일본 군대의 완전 무장 해제, 카이로 선언을 재확인하여 한국의 독립을 재결의하였다.

03 광복 직후의 국내 정세

❶ 조선건국준비위원회(1945. 8. 15)

(1) 조 직

① **배경** : 1945년 8월 14일 일본의 무조건 항복이 결정되자 조선 총독 아베 노부유키는 80만 일본인의 안전과 재산 보호, 10만 일본 군대의 철수 등 이후의 사태를 염려하여 저명한 한국의 지도자에게 행정권을 넘기고자 하였다. 이미 일본 패망을 확신하면서 '조선건국동맹'을 결성하여 이를 대비해 온 여운형은 이를 받아들였다.

② **구성** : 1945년 8월 15일 광복 이후 조직된 최초의 정치단체로 중도 우파 인사들과 온건 좌파들 인사들로 구성되어 위원장은 '조선건국동맹'을 주도하던 중도 좌파 여운형, 부위원장에 중도 우파인 안재홍이 맡았다.

③ **한계** : 송진우, 김성수(대한민국 임시정부 지지) 등 민족주의 우파 세력이 불참하였다.

(2) 활 동

① **치안대 설치** : 국내 치안을 담당하였다.

② **식량 대책위원회 설치** : 식량의 확보에 주력하였다.

③ **건국 강령**

㉠ 완전한 자주 독립 국가를 건설한다.

㉡ 진정한 민주주의 정권을 수립한다.

㉢ 자주적으로 국내 질서를 유지하여 대중 생활을 확보한다.

(3) 조선인민공화국 선포(1945. 9. 6)

① **배경** : '조선건국준비위원회'는 미군이 서울에 곧 들어올 것이라는 소식이 퍼짐과 동시 미군이 진주하기 전에 정부를 수립하여 연합군의 인정을 받으려고 '조선인민공화국'을 선포하였다.

② **결과** : 미 군정에서는 성명을 통해서 조선인민공화국을 부정하였고, 이어 조선건국준비위원회도 해체되었다.

❷ 군정의 실시

(1) 소련(8월 20일)

38선 이북의 전 지역을 점령하고 일본군의 무장 해제를 즉시 실시한 후 '인민위원회'를 조직하여 민족주의 계열의 인사를 숙청하여 공산주의 정권을 수립하기 위한 기반을 마련하였다.

(2) 미국(9월 11일)

① **성립** : '군정청'을 설치하고 미군 사령관 하지(J. R. Hodge) 중장이 군정을 포고하고, 아놀드(J. Anold) 소장이 군정장관에 취임하였다.

② **통치** : 과거의 친일 관료·경찰·지주 등 반민족적인 인사들이 재등용되고, 사회주의자는 물론 김구와 임시정부 인사들은 배제되었다. 또한, 신한공사를 설립하여 일본 소유 재산(적산 재산)을 몰수하여 관리하였다.

❸ 모스크바 3상회의(1945. 12)

(1) 배 경

① **참가국** : 미군과 소련군의 군정이 실시되는 가운데, 미국·영국·소련의 3국 외상이 모스크바에서 회의를 열어 한반도 문제를 협의하게 되었다.

② **주요 내용** : 임시 조선 민주주의 정부를 수립을 위한 미·소 공동위원회 설치, 최고 5년간의 한반도 신탁 통치 실시 등을 결의하였다.

③ **결과** : 남측과 북측은 반탁운동을 전개하였으나, 북측은 소련의 사주로 찬탁운동을 전개함으로서 격렬한 대립을 벌였다.

(2) 제1차 미·소 공동위원회(1946. 3~5월)

① **목적** : 신탁 통치안의 실천과 임시민주정부의 수립 문제를 논의하기 위해 서울 덕수궁에서 회담이 개최되었다.

② **결과** : 임시민주정부의 수립을 위한 협의의 대상이 될 정당과 사회단체 선정 문제로 결렬되었다.

한국 임시민주정부의 수립 대상 문제

① 미국 : 모든 정당·사회단체와 협의할 것 주장
② 소련 : 신탁통치를 찬성하는 정당·사회단체로 제한할 것 주장

(3) 단독 정부 수립 추진

① **배경** : 제1차 미·소공동위원회가 실패로 끝나 통일 정부의 수립이 늦어지고 있었다.

② **내용**

㉠ **북한** : 소련의 지도하에 공산주의자들에 의한 사실상의 정부를 수립하고 남한으로 그 세력을 확대하려고 노력하였다.

㉡ **남한** : 1946년 6월 이승만은 정읍에서 남한만이라도 단독정부 수립을 주장하는 연설을 하였다.

사료읽기

이승만의 정읍 발언(1946. 6. 3)

'소련은 북한을 포기하지 않을 것이며, 그렇다면 미국은 남한에서 단독정부를 세우는 것이 타당하다.' 라고 하면서 "무기 휴회된 미·소공동위원회가 재개될 기색도 보이지 않으며 통일 정부를 고대하나 여의케 되지 않으니, 남한만이라도 임시정부, 혹시 위원회 같은 것을 조직하여 38선 이북에서 소련이 철회하도록 세계 공론에 호소해야 할 것이니 여러분도 결심하여야 될 것이다. 그리고 민족 통일기관 설치에 대하여 지금까지 노력하여 왔으나 이번에는 우리 민족의 대표적 통일 기관을 귀경한 후 즉시 설치하겠으니, 각 지방에서도 중앙의 지시에 순응하여 조직적으로 활동하여 주기 바란다."

(4) 좌·우 합작운동 전개

① **배경** : 북한(김일성)과 남한에서 각기 단독 정부를 수립하려는 움직임이 진행되자 뜻있는 인사들은 남북 분단을 우려하였다.

② **좌·우 합작위원회(1946. 7)** : 중도우파 김규식과 중도좌파 여운형이 중심이 되어 좌·우합작 7원칙을 발표하였다.

좌·우합작 7원칙(1946. 10)

1. 내용

① 모스크바 3국 외상회의의 결정에 따른 좌우합작의 임시정부를 수립할 것
② 미·소 공동위원회의 속개를 요청하는 공동 성명을 발표할 것
③ 토지개혁(유상매수·유상분배, 체감매상(遞減買上)에 의한 무상분배)과 주요 산업을 국유화 할 것
④ 친일파 및 민족 반역자를 처벌할 조례를 심의·결정하여 실시케 할 것
⑤ 정치운동가의 석방과 테러 행위의 중단을 위해 노력할 것

⑥ 언론, 집회, 결사의 모든 자유를 보장하도록 노력할 것
⑦ 합작위원회에 의한 입법기구를 구성할 것
2. 결과 : 당시의 여론들은 지지하였으나, 조선공산당과 한국민주당이 가장 심하게 반발하였다.
3. 특징 : 우파와 좌파간에 이견이 심했던 토지 문제와 친일파 처리 문제 등은 중도적인 입장에서 조정되었다.

③ 좌·우 합작운동의 실패와 이유

㉠ **국내** : 국내 좌·우파의 반대가 심하였으며, 핵심 인물인 여운형이 암살되고(1947. 7), 단독정부 수립을 주장하던 이승만이 미국에 건너가 개인적으로 외교활동을 전개하였다.

㉡ **국외** : 미국 정책이 소련과의 냉전으로 인하여 트루만 독트린과 마샬플랜 등 강경책으로 선회하면서 좌·우합작 지원방침을 철회하였다.

(5) 제2차 미·소 공동위원회(1947. 5~10월)

① **경과** : 평양과 서울의 덕수궁에서 개최하였다.

② **결과** : 미국이 한국의 문제를 논의할 미국·영국·중국·소련의 4개국 회의를 요구하였으나 소련이 모스크바 회의 합의 사항 밖이라고 반대하였고, 무기휴회에 들어간 뒤 미국이 한반도 문제를 유엔에 상정함으로써 완전히 결렬되었다.

(6) 국제연합 결의(1947. 11)

① **배경** : 미국은 자신들이 유리한 위치를 차지하고 있던 유엔의 도움을 받으면서 남한에 강력한 반공정부를 세우겠다는 의도를 가지고 유엔총회에 한국 독립 문제를 상정하여 소련측의 반대에도 불구하고 절대 다수로 가결되었다.

② 내용

㉠ 한국에 있어서 인구비례에 의한 총선거를 실시한다.

㉡ 한반도에서 미·소 양국의 군대를 철수한다.

㉢ 총선거 감시를 위한 '유엔 한국임시위원단'을 파견한다.

③ **결과** : 유엔 한국임시위원단(인도, 필리핀, 중국, 엘살바도르, 오스트레일리아, 캐나다, 프랑스, 시리아)이 입국하였으나, 북한에는 소련의 거부로 들어가지 못하였다.

(7) 남북 협상

① **배경** : 이승만과 김성수는 북한이 반대한다면 남한만이라도 빨리 실시하여 정부를 수립할 것을 주장하였다. 반면에 김구, 김규식은 남한만의 선거는 남북분단을 초래하므로 반대하며, 유엔에서 남북의 정치 지도자들이 만나 통일문제를 논의하는 자리를 주선해 줄 것을 요구하였다. 그러나, 소련측과 북한의 거부로 실현되지 못하자 유엔 소총회에서 "선거 가능한 지역에서 만이라도 총선거를 실시하여 정부를 수립할 것"을 결의하여 남북 분단이 기정 사실화 되었다(1948. 2.26).

② **결과** : 김구와 김규식은 1948년 2월 7일 구국투쟁을 통해 단독정부 수립을 강력히 반대하고, 김구는 "삼천만 동포에게 읍고함"이라는 성명을 발표하였다. 그리고, 평양을 방문하여 김일성, 김두봉에게 남북지도자회의를 제안·개최(1948. 4~5)하였으나 실패하였다.

김구의 3천만 동포에게 읍고함 (1948. 2. 10)

친애하는 3천만 자매 형제여! … 통일하면 살고 분열하면 죽는 것은 고금의 철칙이니 자기 생명을 연장하기 위하여 조국의 분열을 연장시키는 것은 전 민족을 죽음의 구덩이에 넣는 극악 극흉의 위험한 일이다. … 우리는 첫째로 자주 독립의 통일 정부를 수립할 것이며, 이것을 완성하기 위하여 먼저 남북한 정치범을 동시 석방하며 미·소 양군을 철퇴시키고 남북 지도자 회의를 소집할 것이니 … 한국이 있고야 한국 사람이 있고, 한국 사람이 있고야 민주주의도 공산주의도 또 무슨 단체도 있을 수 있는 것이다. … 마음속의 38도선이 무너지고야 땅 위의 38도선도 철폐될 수 있다. … 나는 통일된 조국을 건설하려다 38도선을 베고 쓰러질지언정 일신에 구차한 안일을 취하여 단독 정부를 세우는 데에는 협력하지 아니하겠다. 나는 내 생전에 38도선 이북에 가고 싶다. 그 쪽 동포들도 제 집을 찾아가는 것을 보고서 죽고 싶다. …

04 대한민국 정부 수립(1948.8.15)

❶ 수립 과정

(1) 5·10 총선거 실시(1948)

① 배경 : 유엔 소총회에서 선거 가능한 지역에서만이라도 총선거를 실시하여 정부를 수립하자는 결의를 하였다.

② 반대운동 전개

㉠ 좌익의 반대 투쟁

㉮ 총파업 단행 : 남조선 노동당(남로당)의 지령에 따라 전평(全評, 전국노동조합전국평의회) 산하 노조 30만명이 파업을 단행하여 통신·운수·전기 공급이 중단되었다.

㉯ 제주도 4·3 사건 : 남북한 단독선거 반대, 미군의 철수, 극우테러의 반대 등을 구호로 내걸고 좌익 세력을 중심으로 시위를 벌이던 제주도민을 미군정과 극우청년단체인 서북청년단이 가혹하게 탄압하여 20,000~30,000명의 무고한 인명 피해가 나타났다. 2000년 '4·13 특별법이 제정되었다.

㉡ 남북협상파와 사회주의계 선거 불참 : 통일 정부의 수립을 추구하면서 총선거의 불참을 선언하였다.

③ 제헌국회 구성(1948. 5. 31)

㉠ 임기 2년의 제헌국회 의장에 이승만, 부의장에 신익희와 김동원이 선출되어 헌법 제정에 착수하였다.

㉡ 대통령중심제(임기 4년-1회 중임 가능)를 토대로 대통령은 국회에서 선출하고, 단원제 국회, 국호를 "대한민국"으로 결정하고 대통령 이승만, 부통령 이시영, 국무총리 이범석, 국회의장 신익희, 대법원장에 김병로가 선출되었다. 또한, 국회는 9월 중순에 국회의원을 선출할 북한지역의 대표를 위해 100석을 유보시켰다.

④ 의의 : 우리나라 최초의 보통선거로서 21세 이상의 모든 국민에게 평등한 투표권이 주어졌다.

(2) 대한민국 수립 선포

제헌국회에서 대통령으로 당선된 이승만은 국무총리에 이범석, 대법원장에 김병로를 임명하여 정부를 구성하고 대한민국의 수립을 대내·외에 선포하였다.

(3) 합법적 정부 승인(1948. 12)

제3차 파리 유엔 총회에서 한반도의 유일한 합법적인 정부로 인정받았으나, 통일 민족국가 수립에는 실패하였다.

❷ 북한 정부 수립(1948. 9. 9)

(1) 광복 직후 정치 세력

① **민족주의계** : 조만식을 중심으로 평남건국준비위원회(1945. 8. 17)가 활동하고 있었다.

② **공산주의계**

㉠ **갑산파** : 김일성을 중심으로 국내 좌익을 누르며 주도권을 장악해 나갔다.

㉡ **연안파**(조선신민당) : 김두봉을 중심으로 중국의 연안에서 활동하다가 뒤늦게 귀국하여 주도권을 발휘할 수가 없었으며 소련의 신임을 얻지 못하였다.

㉢ **소련파** : 허가이를 중심으로 활동하다가 광복 직후 들어왔으나 토착적 기반이 미약하여 큰 세력을 형성하지 못했다.

㉣ **국내파** : 박헌영·이승엽 등을 중심으로 활동하였다.

(2) 수립 과정

① **평남건국준비위원회**(1945. 8. 17)

㉠ **중심 인물** : 조만식을 위원장으로 민족주의자들이 중심이 되어 평양에서 결성하였다.

㉡ **해체** : 자치활동을 전개하고 신탁통치를 반대하다가 8월 하순 해체되었다.

② **소련에 의한 정부 수립**

㉠ **지방인민위원회 조직**(1945. 8) : 최초의 북한 정권으로서 소련군이 공산주의자와 민족주의자들을 중심으로 각 지방별로 조직하였다.

㉡ **북조선 공산당**(1946. 2) : 조선공산당 북조선 분국이 개칭된 것으로 김일성을 책임자로 선출하여 개혁사업을 전개하였다.

㉮ **토지개혁법 제정** : 무상몰수·무상분배를 원칙으로 단행하였는데, 이는 농민에게 경작권만 주었다가 이마저도 1954년에 회수하여 실제로는 모든 토지를 국유화하였다.

㉯ **주요 산업 국유화** : 일본인, 민족반역자가 소유하던 기업, 운수, 철도, 은행, 광산 등의 산업을 국유화하였다.

㉰ **남녀평등법 제정** : 여성의 노동력까지 산업 현장에 동원하였다.

㉱ **결과** : 공산당의 입지를 강화시켜 주었으나, 급진적인 사회개혁에 비판적이던 북한의 많은 지주, 자본가, 종교인, 지식인들이 남한으로 대거 이주하였으며, 1945년 11월 신의주를 비롯한 각 지역에서 반공의거가 일어났다.

㉢ **조선 민주주의 인민공화국 수립**(1948. 9. 9) : 8월 25일 김일성은 흑백투표방식으로 최고 인민회의 대의원선거를 실시하여 김일성을 내각의 수상(부수상 : 박헌영, 김책, 홍명희)으로 한 조선 민주주의 인민공화국 수립을 선포하였다.

㉣ **조선노동당 창당**(1949. 6) : 북로당과 남로당이 합당하여 창당하였다.

(3) 북한의 변화

① 1950년대

㉠ **정치** : 6·25 전쟁을 치르면서 소련파·남로당파·연안파 공산주의자들을 숙청하여 갔다.

㉮ **소련파 숙청**(1950. 10) : 소련파 허가이는 1953년 박헌영 계(系)와 종파를 조성한다는 이유로 숙청당하게 되자 자살하였다.

㉯ **남로당파 숙청**(1955. 12) : 6·25 전쟁 직후 쿠데타 음모 등을 시도했다는 혐의를 씌워 박헌영을 사형시키고 전쟁 패전의 책임을 물어 남로당마저 제거하였다.

㉰ **연안파 숙청**(1950. 12) : 1956년 8월 연안파 박창옥과 최창익은 소련에서 일고 있던 스탈린 격하 운동의 분위기 속에 김일성 1인 독재를 비판하는 수정주의 노선을 주장하다가 권력에서 밀려났다(8월 종파 사건).

㉡ 경제

㉮ **천리마 운동 전개**(1957) : 집단적 노동 경쟁운동으로 '하나는 전체를 위하여, 전체는 하나를 위하여' 라는 구호를 내걸고 생산노동에 참여하여 성적이 좋은 사람을 영웅으로 받들어 대중의 생산 경쟁을 유도한 것이다.

㉯ **3대 혁명운동 전개**(1958) : 주민들의 생산 노동 참여를 독려하기 위하여 사상(사람개조)·기술(자연개조)·문화(사회개조)에서 낡은 사회의 유물을 청산하고 공산주의의 사상과 기술, 문화를 창조하자는 운동이다.

② 1960년대

㉠ **방향** : 한·미·일의 안보체제 구축과 소련 및 중국의 관계 악화로 국제적으로 고립상태에 놓이게 되자 국방과 독재체제의 강화를 위해 주체 노선을 강조하였다.

㉡ **갑산파 숙청**(1967) : 김일성의 군사 노선을 비판하며 경제 건설을 주장하는 갑산파(박금철, 이효순)를 제거하여 김일성을 추종하는 강경파가 권력을 독점하였다.

㉢ **주체사상 공식 표방**(1967) : 김일성과 노동당의 독재를 강화하기 위하여 정치의 자주, 경제의 자립, 국방의 자위를 강조하였다.

③ 1970년대

㉠ 정치

㉮ **독재체제 확립** : 주체사상을 강조한 사회주의 헌법을 제정하여 김일성이 국가 주석에 취임하고, 주체사상을 유일사상으로 천명하였다.

㉯ **세습체제 구축** : 1973년 김정일을 유일한 후계자로 공인하고 사상·기술·문화 등 3대 혁명을 전개한다는 구실로 곳곳에 파견된 소조(小組)로 하여금 김정일의 분신처럼 활동하게 하여 후계 세습체제를 구축하는데 큰 역할을 담당하였다.

㉡ **경제** : 경제개발 6개년 계획(1971~1977)이 공업 현대화와 생산력 발전, 생활 향상의 모색 아래 추진되었으나 자본 축적과 기술 발전 부진으로 실패하였다.

④ 1980년대

㉠ **정치** : 김정일이 당을 실질적으로 장악하고 후계체제를 공고히 하고 고려 민주 연방공화국 창립 방안이 제시되었다(1980. 10).

㉡ **경제** : 북한의 국제적 고립과 사회주의권의 붕괴로 경제위기를 맞아 중국의 개방정책을 부분적으로 원용하여 합영법(1984)과 합작법(1993)을 제정하고, 외국기업과의 합작과 자본도입을 적극 추진하였으나 실효를 거두지는 못하였다.

⑤ 1990년대

㉠ **정치** : 김일성 사망후 김정일이 권력을 승계하였다(1994).

㉮ 남북 고위급 회담 개최(1990. 9)

㉯ 남북한 유엔 동시 가입(1991)

㉰ 남북 기본 합의서(1991. 12)

㉱ 제네바 기본합의서(1994. 10) : 북한 핵개발 동결, 미국 경수로 건설용 중유 제공, 북미간 관계 정상화 추진

㉲ KEDO(한반도 에너지 개발 기구) 구성(1995)

㉡ **경제** : 나진·선봉 경제 특구 지정(1991), 외국인 투자법 제정(1992), 신의주 경제 특구 지정이 이루어졌다(2002).

민주주의의 시련과 발전

핵심 출제포인트

- 6·25 전쟁의 전개 과정을 순서대로 파악해야 한다.
- 4·19 혁명의 배경과 영향을 정리해야 한다.
- 5·16 군사정변 이후 박정희 정권의 성립과 유신체제의 성격을 이해해야 한다.
- 대한민국 개헌의 역사를 중심으로 독재를 위한 시도와 이를 저지하기 위한 민주화 활동의 내용을 정리해야 한다.

01 이승만 정부(1948. 8~1960. 4 / 1·2·3대 대통령)

❶ 반민족행위 처벌법(1948. 9)

(1) 제 정

① 목적 : 친일행위를 한 사람들의 처벌과 공민권의 제한 등 일제 식민잔재를 청산하기 위하여 제헌 국회에서 제정하였다.

② 경과 : 국회는 반민특위의 예산을 통과시킨 후 국회의원 10명으로 구성된 반민족행위 특별조사위원회를 정식 발족하고, 기소와 재판을 담당할 특별검찰부와 특별재판소를 구성하였다.

(2) 결 과

반공을 우선시하고, 친일파를 포용했던 이승만 정부의 소극적 태도로 친일파 처벌은 좌절되었다.

❷ 좌·우익의 대립

(1) 여수·순천 사건(1948. 10. 19)

① 배경 : 제주도 4·3 사건이 악화되어 여수에 있던 14연대를 투입시키려 했으나 출동 군인들이 반란을 일으키고, 여수·순천 등지의 양민들까지 가세하여 전남 동부지역을 장악하였다.

② 결과 : 이승만 정부는 계엄령을 선포하고 군대를 파견하여 진압하였다.

(2) 국회 프락치 사건(1949. 3)

① 내용 : 국회 부의장 김약수 등이 남조선노동당의 국회내 프락치 역할 혐의로 13명의 국회의원들이 구속되었던 사건이다.

② 결과 : 전원 국가 보안법을 적용하여 서대문 형무소에 수감 도중 6·25 전쟁의 와중에 서용길 의원만 제외하고 모두 월북하였다.

❸ 6·25 전쟁(1950)

(1) 전쟁 직전의 상황

① **남한** : 1950년 1월 한반도를 미국의 극동방위선에서 제외한다는 애치슨 선언으로 한반도에 진주해 있던 미군이 철수하였다.

② **북한**

㉠ **소련과 중국의 지원** : 스탈린과 모택동이 김일성 정권을 적극적으로 지원하였다.

㉡ **군사력의 증강** : 소련은 강력한 무기를 지원해 주었고, 중국은 조선의용군 5만명을 인민군에 편입시켜 주었다.

애치슨 라인

(2) 경 과

① **공산군의 남침** : 1950년 6월 25일 새벽에 38도선 전역에 걸쳐서 남침을 감행하였다.

② **국군의 후퇴** : 대한민국 국군의 병력과 장비가 부족하여 6월 28일 서울 함락, 7월 20일 대전 함락, 8월 중순경에는 낙동강 전선(다부동·왜관전투)까지 후퇴하였다.

③ **유엔의 지원 결의** : 유엔은 안전보장이사회를 열어 북한의 남침은 불법적인 군사행동이며 평화를 파괴하는 침략 행위라고 규정하고 대한민국을 지원하기로 결의하였다. 이에 맥아더 장군을 사령관으로 하는 유엔 16개국을 조직하여 파견하였다.

6·25 전쟁의 전황

유엔 16개국

미국, 영국, 프랑스, 캐나다, 오스트레일리아, 네덜란드, 뉴질랜드, 터키, 타이, 필리핀, 그리스, 벨기에, 룩셈부르크, 콜럼비아, 남아프리카공화국, 에티오피아

④ **국군과 유엔군의 반격** : 국군은 유엔군과 함께 반격을 개시하여 인천 상륙작전으로 전세를 반전시켰으며, 9월 28일에는 서울을 탈환하고 이어 38도선을 넘어 그 해 겨울에는 압록강까지 진격하였다.

⑤ **중공군의 개입** : 유엔군의 만주 진격을 우려한 중공군의 10월 대규모 인해전술로 국군과 유엔군은 한때 한강 남쪽으로 후퇴하였으나(12월 흥남 철수 작전), 곧이어 국군과 유엔군의 반격작전이 전개되어 38도선 부근에서 전쟁은 교착상태로 들어가게 되었다.

⑥ **소련의 개입** : 소련의 공군도 이 전쟁에 부분적으로 참여하여 국제적인 양상을 보이자 세계 각국은 제3차 세계대전으로 확대될 것을 우려하였다. 전쟁에 적극적이던 미국조차 전선을 만주까지 확대하자고 주장하던 맥아더를 해임하고 전쟁을 마무리 짓고자 하였다.

⑦ **휴전의 성립**

㉠ **휴전 제의** : 공산군측은 소련의 유엔 대표를 통해서 휴전을 제의하였다(1951. 6).

㉡ **정부 반대** : 이승만 정부는 북진통일을 맹렬히 주장하였다.

㉢ **휴전회담** : 주요 쟁점은 군사경계선 설정 문제, 휴전 감시기관 구성문제, 포로 교환 문제 등이었는데, 그 중 자유를 택한 포로들까지도 송환될 기미를 보이자 처음부터 휴전을 반대하던 한국 정부는 1953년 6월에 이승만의 특명으로 반공 포로 27,000여 명을 석방하여 세상을 놀라게 하였다. 아울러, 휴전 협정이 진행되는 기간 동안에도 전투는 계속되었다. 이유는 휴전 협정 조인 당시의 접촉선을 군사 분계선으로 하자고 합의함에 따라 전투는 더욱 격렬해져 오히려 휴전 협정 이전보다 더 많은 인명과 경제적인 피해를 가져왔다.

㉣ **휴전의 성립**(1953. 7. 27) : 전쟁의 장기화를 원하지 않는 미·소의 이해가 일치되어 유엔군측 대표 해리슨과 공산군측 대표 남일이 휴전 협정 문서에 각각 조인하고 북한군 사령관 김일성, 중공군 사령관 팽덕회, 유엔군 사령관 클라크가 서명하였다.

(3) 영 향

① **정치적** : 이승만 정부의 독재화에 이용되기도 하였다.

② **외교적** : SOFA협정의 모체가 된 한·미 상호방위조약이 체결되었다(1953. 10. 1).

③ **경제적** : 생존의 조건을 확보하기 위한 경제 발전의 의지를 심어 주었다.

④ **사회적** : 격심한 인구이동으로 가족제도와 촌락공동체 의식이 약화되었다.

⑤ **문화적** : 서구의 문화가 무분별하게 침투되어 전통문화에 역기능을 끼쳤다.

한·미 상호방위조약(1953. 10. 1)

한국의 변태영 외무장관과 미국의 덜레스 국무장관이 서명한 것을 이승만 대통령과 아이젠하워 대통령이 비준함으로써 1954년 11월 17일부터 발효되었다. 평화 애호와 방위에 바탕을 두었으며, 국제연합의 정신을 준수함으로써 국제 평화유지에 기여하고자 하였다. 주요 내용은 ① 공산주의자들의 오판에 의한 재침 방지, ② 한국 정부나 국민들에게 외부로부터 침략이 있을 때 미국의 개입을 정식으로 확인하는 것 등이었으나, 한국군에 대한 작전 통제권이 휴전 후에도 유엔 사령관에게 귀속되는 결과를 초래하였다.

❹ 이승만의 장기집권 음모

(1) 내 용

① **자유당 조직**(1951. 12) : 국회의 간접 선거로는 대통령 재선이 어렵다고 판단한 이승만은 대통령 직선제와 양원제를 골자로 한 헌법개정안을 제출(1951. 11)한 후 국민회, 대한청년단, 농민총연맹 등의 관변단체를 토대로 자유당을 창당하였다.

② **개헌안의 부결** : 1952년 1월 정부가 제출한 직선제 개헌안이 부결되고, 대통령 직선제와 양원제에 국회가 제출한 국무위원에 대한 국회 불신임 의결권을 덧붙인 절충안으로 이른바 발췌개헌안을 6월 21일 국회에 상정하였다.

③ **발췌 개헌(대통령직선제 개헌안, 1952)** : 야당의원을 땃벌떼, 백골단 등을 동원하여 강압적으로 탄압하여 국회에서 찬성 163, 반대 0 으로 통과시켰다.

④ **사사오입 개헌(1954)** : 초대 대통령에 대한 중임 제한의 철폐와 최초로 국민투표 조항을 삽입한 내용을 골자로 한 헌법개정안을 국회에서 재적의원 203석 중 찬성 135명으로 하여 강제로 통과시켰다.

사사오입 개헌

총 203명 중 135명이 찬성하여 2/3선인 135.3(136명)에 이르지 못하여 부결된 것을 자유당에서 사사오입 이론을 주장하여 1954년 11월 28일 개헌안을 통과시켰다.

⑤ **진보당 사건(1958)** : 1956년 정·부통령 선거에서 '못살겠다. 갈아보자'라는 구호를 내건 민주당은 신익희의 갑작스런 죽음으로 정권 교체에는 실패하였지만 장면은 부통령에 당선되었으며, 평화통일과 혁신노선을 내세운 조봉암이 대통령 선거에서 30%의 지지를 받는 돌풍을 일으켰다. 이에 위기의식을 느낀 이승만 정권은 진보당의 간부들이 북한의 간첩과 접선하고 북한과 같은 통일방안을 주장하였다는 혐의로 1958년 전 간부를 검거하고 당수인 조봉암 등을 간첩혐의로 몰아 사형에 처하였다(1959).

進步黨事件 全被告에有罪言渡 控訴審公判
「間諜」및「國家保安法」違反으로
曺奉岩·梁明山에死刑
21名中執猶는七名·12名엔二∼三年懲役
裁判長앞에서 放送마이크等
受票員檢擧
淸掃車82臺行方不明
메마른 국민교양 독서로써 높

진보당 사건

⑥ **경향신문 폐간(1959. 4)** : 해방 이후 천주교 재단의 신문으로 발행되어 야당인 민주당을 지지한 경향신문을 "여적(餘滴)"의 기사(한국의 정치현실에 선거의 역할 부재를 지적하면서 이를 방치할 경우 혁명으로 표출될수 있음을 지적) 내용을 계기로 폐간시켰다.

(2) 4·19 혁명(1960)

① **원인** : 1960년 3월 15일 치러진 제4대 정통령과 제5대 부통령 선거에서 조병옥 후보의 서거로 이승만이 대통령에 당선되었으나, 부통령에 이기붕을 당선시키기 위해 사전투표를 40% 하는 등 노골적인 부정선거를 자행하였다.

② **경과** : 3·15 선거 당일 학생과 시민들의 마산 의거에서 비롯되었다.

㉠ **경찰의 발포** : 시위 군중에게 발포를 하여 많은 사상자가 발생하였으며, 김주열 학생 사건으로 시위는 더욱 격렬해졌다.

㉡ **현실인식의 부재** : 자유당 정권은 시위의 배후에 "공산주의 세력이 개입되었다"고 발표하여 사태를 수습하려 하였으나, 그 진상이 곧 밝혀져 오히려 시민들의 반감을 사게 되고 전국적으로 확산되었다.

㉢ **대학 교수단의 시위** : 4월 25일 시국선언문이 발표되었다.

③ 결과

㉠ **이승만 하야** : 학생·시민들의 하야 요구가 계속되고, 자신을 지지하였던 미국마저도 등을 돌리자 이승만은 1960년 4월 26일 대통령직에서 물러났다.

㉡ **과도 정부 수립** : 자유당 정권이 붕괴되고 외무부 장관으로 임명된 허정을 수반으로 하는 과도정부(1960. 4~8)가 수립되었다.

마산시위

대학교수들의 시위

사료읽기

대학 교수단의 시국 선언문(1960. 4. 25)

1. 마산·서울 기타 각지의 데모는 주권을 빼앗긴 국민의 울분을 대신하여 궐기한 학생들의 순수한 정의감의 발로이며 불의에는 언제나 항거하는 민족 정기의 표현이다.
2. 이 데모를 공산당의 조종이나 야당의 사주로 보는 것은 고의의 왜곡이며 학생들의 정의감에 대한 모독이다.
3. 합법적이요 평화적인 데모 학생에게 총탄이나 폭력을 주저없이 남용하여 민족 참극을 빚어낸 경찰은 자유와 민주를 기본으로 한 대한민국의 국립 경찰이 아니라 불법과 폭력으로 권력을 유지하려는 일부 정치 집단의 사병이다.
4. 누적된 부패와 부정과 횡포로써 민권을 유린하고 민족적 참극과 치욕을 초래케 한 현대통령을 위시한 국회의원 및 대법관은 그 책임을 지고 물러나라.
5. 3·15 선거는 부정 선거이다. 공명 선거에 의하여 정·부통령을 재선하라.
6. 3·15 부정 선거를 조작한 자는 중형에 처하여야 한다.
7. 학생 살상의 만행을 명령한 자와 직접 하수한 자를 즉시 체포 처단하라.
8. 모든 구금된 학생은 무조건 즉시 석방하라.
9. 공적 지위를 이용하거나 관청과 결탁하여 부정 축재한 자는 군·관·민을 막론하고 가차없이 적발 처단하여 국가의 기강을 세우고 부패와 부정을 방지하라.

02 장면 내각(1960. 6~1961. 5 / 윤보선 4대 대통령)

❶ 성 립

(1) 배 경

① **4·19혁명** : 학생과 시민이 중심이 되어 이승만의 자유당 독재 정권을 무너뜨린 민주 혁명이었다.

② **과도정부의 개헌** : 허정을 내각 수반으로 하는 과도정부는 내각책임제와 양원제(지역대표인 민의원과 비례대표인 참의원) 국회를 골자로 하는 헌법개정안이 이루어져 7·29 총선거를 실시하였다.

(2) 출 범

① **정부 구성** : 새 헌법에 의거한 총선거의 결과 민주당이 압승함으로써 새로 구성된 국회에서 간접선거로 하여 대통령 윤보선, 국무총리 장면을 선출하였다.

② **민주주의 운동의 전개** : 학원 민주화 운동과 노동 및 청년운동이 활발하게 전개되었으며, 3·15 부정선거 책임자와 이승만 정권하에서 부정 축재자에 대한 처벌 요구, 2대 악법 반대투쟁(반공법, 데모규제법)과 교원노조운동이 전개되었다.

③ **다양한 통일론 대두** : "오라 남으로, 가자 북으로", "한국 문제는 한국인 손으로", "소련에 속지말고 미국을 믿지 말자"는 등의 구호를 내걸고, 남북 사이의 평화통일을 열망하였다.

장면

❷ 한 계

(1) 정치세력의 미흡

민주주의의 열망과 민족 분단의 현실 타개를 요망하는 당시의 움직임을 해결하고 수용할 만한 정치세력이 존재하지 못하였다.

(2) 민주당의 분열

장면과 국무총리직을 놓고 치열한 경합을 벌인 김도연 등이 민주당을 탈당하고, 윤보선을 중심으로 하는 민주당 구파가 탈당하여 신민당을 창당하자 분열되어 장면 내각은 원내 안정 의석을 확보하지 못하였다. 참고로, 민주당 구파는 항일 독립운동가와 지주들이 많았고, 민주당 신파는 일제시대 관료와 이북 출신들이 많았다.

(3) 사회 혼란의 야기

경제상황이 어려워 130여 만명에 달하는 경제 활동 인구 대부분이 실업상태에 있었으며, 농촌에서는 10,000여 호가 춘궁기를 이겨내지 못하고 있다.

03 5·16 군사정변과 박정희 정부

❶ 5·16 군사정변(1961)

5·16 군사정변 주도 세력

(1) 과 정

① **정군(正軍)운동 실패** : 육사 8기생 출신의 영관급 장교들이 박정희를 중심으로 자유당 정권하의 군 고위층에 대한 정군운동을 건의하는 움직임이 일어났으나 실패하였다.

② **군사정변** : 평화적인 방법으로 정군을 추진할 수 없다는 결론을 내리고 투쟁 방향을 정군운동에서 군사정변으로 급선회하였으며, 통일 문제와 관련하여 학생들의 시위가 극에 달하자 박정희를 중심으로 한 군부세력이 사회의 혼란을 구실로 군사정변을 일으켜 정권을 잡았다.

③ 군사혁명위원회 조직

㉠ **위원장** : 참모총장 장도영이 맡았다.

㉡ **혁명 공약** : 국가재건비상조치법을 제정하여 반공을 국시로 천명하고, 경제 재건과 사회 안정을 강조하면서 정권을 민정으로 이양할 것 등을 내걸었다.

사료읽기

혁명 공약 6개항

① 반공을 국시 제1의로 삼고 지금까지 형식적이고 구호에만 그쳤던 반공체제를 재정비 강화한다.
② 유엔헌장을 준수하고 국제협약을 충실히 이행할 것이며, 미국을 위시한 자유 우방과의 유대를 더욱 공고히 한다.
③ 대한민국 사회의 모든 부패와 구악을 일소하고 퇴폐한 국민 도의와 민족정기를 바로잡기 위하여 청신한 기풍을 진작한다.
④ 절망과 기아선상에서 허덕이는 민생고를 시급히 해결하고 국가 자주 경제 재건에 총력을 기울인다.
⑤ 민족적 숙원인 국토 통일을 위하여 공산주의와 대결할 수 있는 실력 배양에 전력 집중한다.
⑥ 이와 같은 우리의 과업이 성취되면 참신하고 양심적인 정치인들에게 언제든지 정권을 이양하고 우리들 본연의 임무에 복귀할 준비를 갖춘다.

(2) 군정의 실시(1961~1963)

국가재건최고회의

① **국가재건최고회의** : 군사혁명위원회를 고친 것으로 초헌법적인 기구로 예하 직속기구로 중앙정보부를 설치하였다.

② **민주공화당 창당**(1963. 2) : 군사정부를 지지하는 정치세력을 결집시켜 민정 이양 이후에도 계속 집권할 것을 추진하였다.

❷ 박정희 정부(1963. 12~1979. 10 / 5·6·7·8·9대 대통령)

(1) 한·일 기본조약(1965)

6·3 시위(1964)

① **반발** : 1962년 11월 12일 중앙정보부장 김종필이 오히라 일본 외상과 2차 회담을 가졌는데 이 때 회담의 핵심은 청구권 액수였다. 이 자리에서 두 사람은 각자 생가했던 액수와 조건을 써서 교환했는데 이것이 바로 "김종필-오히라 메모"였다. 그러나, 일본과의 국교 정상화를 위해 추진된 한·일 회담에서 일제 강점에 대한 사죄와 보상을 제대로 받지 못하여 시민과 대학생들이 대일 굴욕외교(6·3시위)에 반대하였으나 정부는 일본과의 수교를 요구하는 미국의 지지를 얻고, 차관을 비롯하여 경제 개발에 필요한 자금을 확보하는 데에만 급급하여 계엄령을 선포한 후 시위대를 억압하고 체결하였다.

② **한계** : 한민족에 대한 피해 배상의 성격이 아닌 독립 축하금이었고, 회담 진행 과정에서 경제 원조의 성격으로 바뀌어 무상원조 3억, 공공차관 2억, 상업차관 2억 등 8억 달러를 한국이 제공받는 것으로 결정되어 일본의 식민지 지배 사과, 약탈 문화재 반환, 군 위안부와 강제 징용자 및 원폭 피해자의 피해 보상, 재일 동포의 정당한 법적 지위 및 대우 등의 문제는 일체 거론되지 않거나 소홀히 다루어졌다.

사료읽기

김종필·오히라(大平) 메모(1962)

① 일제 35년간의 지배에 대한 보상으로 일본은 3억 달러를 10년간 걸쳐서 지불하되 그 명목은 독립 축하금으로 한다.
② 경제 협력의 명분으로 정부 간의 차관 2억 달러를 3.5%, 7년 거치 10년 상환이라는 조건으로 10년간 제공하며, 민간 상업 차관으로 1억 달러를 제공한다.
③ 독도 문제를 국제 사법 재판소로 이관한다.

(2) 베트남 파병(1965)

미국측의 추가 파병 요청과 이에 따른 보상조치인 '브라운 각서'를 조건으로 20,000명이 파병되었다. 1960년대 말~1970년대 초 외화 획득의 주요원천으로 경제 개발에 기여하였으며, 한국과 미국 간의 정치적·군사적 동맹관계는 더욱 강화되었다.

(3) 3선 개헌(1969)

① **목적** : 1967년 5월 제6대 대통령 선거 재선 이후 장기 집권의 발판을 마련하기 위해 추진하였다.
② **배경** : 1968년 1·21 사태, 1968년 1월 23일 미 정보함 푸에블로 호 납치 사건, 1968년 11월 120명 규모의 울진·삼척 지구 무장 공비 소탕 등 한반도와 북한 간 긴장이 고조되었다. 이러한 시점에 박정희는 '조국의 근대화와 민족 중흥의 과업을 달성하기 위해서는 강력한 리더쉽이 필요하다'는 명분 아래 3선 개헌을 추진하여 통과시키고 국민투표를 거쳐 확정되었다.
③ **결과** : 3선 개헌에 따라 출마가 가능해진 박정희는 1971년 4월 제7대 대통령에 신민당의 김대중을 누르고 가까스로 대통령에 당선되었다.

❸ 유신체제(1972~1979)

(1) 탈냉전 시대의 개막

① **닉슨독트린(1969)** : 1970년대는 동·서 냉전체제가 흔들리며 세계 질서의 화해분위기가 확산된 와중에 미국은 이른바 닉슨 독트린을 선언하고 베트남으로부터 미군을 철수시켰으며 그 뒤 베트남은 공산화되고 말았다. 미국은 주한 미군 병력의 감축을 결정하였고, 미국 대통령의 중국 방문, 국제적 원유 파동 등 국제 상황은 급변하고 있었다.
② **국가 비상사태 선포** : 이러한 시대적 상황 하에서 박정희는 주한미군 철수에 따른 국가 안보상의 위기를 구실로 장기 집권을 보다 확실시하기 위하여 남북 적십자 회담을 개최하면서 1971년 12월에는 국가 비상사태를 선언하였다.

(2) 유신헌법 선포(1972)

① **명분** : 평화적 통일 지향, 한국적 민주주의 토착화 등을 내걸고 우리 민족의 지상 과제인 조국의 평화적 통일과 지속적인 경제 성장을 이룩하기 위해서는 우리의 정치 체제를 개혁한다는 것이었다.
② **의결·공포** : 10월 27일 헌법 개정안이 비상국무회의에서 의결·공고되었으며, 11월 21일 국민투표에서 92%의 압도적인 찬성으로 확정되었다.

③ 유신체제의 성격

㉠ **통일주체국민회의 설치** : 대통령 개인의 의지에 따라 통제할 수 있었으며, 1972년 12월 제8대 대통령 선거에서 박정희가 단독 출마하여 이 기구에서 99.9%의 찬성으로 대통령에 당선되어 영구집권이 가능하게 되었다.

㉡ **독재체제의 성립** : 유신헌법으로 대통령 임기는 6년으로 늘어났으며, 대통령이 국회의원 1/3을 추천함으로써 국회까지 장악할 수 있었다. 나아가, 대통령에게 각종 법의 효력을 정지시킬 수 있는 "긴급조치(1~9호)"라는 초법적인 권리를 부여하였다.

사료읽기

대통령 긴급 조치 제1호

1. 대한민국 헌법을 부정·반대·왜곡 또는 비방하는 일체의 행위를 금한다.
2. 대한민국 헌법의 개정 또는 폐지를 주장. 발의 제안 또는 청원하는 일체의 행위를 금한다.
3. 유언비어를 날조·유포하는 일체의 행위를 금한다.
4. 전 1, 2, 3항에서 금한 행위를 권유·선동·선전하거나 방송·보도·출판. 기타 방법으로 이를 타인에게 알리는 일체의 언동을 금한다.
5. 이 조치에 위반하는 자와 이 조치를 비방하는 자는 법관의 영장없이 체포·구속·압수·수색하며 15년 이하의 징역에 처한다. 이 경우에는 15년 이하의 자격 정지를 병과할 수 있다.
6. 이 조치에 위반한 자와 이 조치를 비방하는 자는 비상군법회의에서 심판·처단한다.
7. 이 조치는 1974년 1월 8일 17시부터 시행한다.

④ 유신체제에 대한 도전

㉠ 국내

㉮ **개헌 청원 운동** : 일본에서 유신 반대운동을 벌이던 김대중이 국내로 납치되고(1973. 8), 장준하·백기완 등 재야인사들의 개헌 청원 백만인 서명운동이 전개되었다(1973. 12).

㉯ **각종 사건의 조작** : 정부는 긴급조치를 연이어 발표하고(1~9호), 민주청년학생연맹사건(1974, 민청학련)·인혁당 사건·동아일보 광고 탄압 사건(1974)을 조작하여 발표하였다.

㉰ **사회 계층의 반발** : 자유언론실천선언(1974), 문학인 101인 선언(1974), 민주회복국민회의, 양심범가족협의회, 천주교정의구현사제단, 자유실천문인협회 등이 결성되었다.

㉱ **3·1민주 구국선언(1976)** : 윤보선, 함석헌, 김대중, 문익환 등 재야 민주 인사들이 명동성당에서 긴급조치 철폐, 민주인사와 학생 석방, 박정희 정권 퇴진, 민족 통일의 추구 등을 요구하는 성명을 발표하였다.

㉡ **국외** : 미국과 일본 등 우방 국가에서도 유신체제의 인권 탄압을 비판하였으며, 이로 인해서 한때 외교관계에 부정적인 영향을 끼치기도 하였다.

장준하 연보

- 1918년 평안북도 의주 출생
- 1942년 도쿄 일본 신학교 재학
- 1944년 학병 강제 징집

- 1947년 조선민족청년당 활동
- 1953년 '사상계' 창간 주도
- 1962년 막사이사이 상 수상
- 1967년 제7대 총선 옥중 당선
- 1973년 개헌 청원 백만인 서명 운동
- 1975년 사망
- 1991년 건국 훈장 애국장 추서

⑤ 유신체제의 붕괴

㉠ **민심 이반** : 1978년 12월 국회의원 선거에서 신민당이 공화당을 앞서는 등 민심은 이미 이반되어 가고 있었으며, 1979년 제2차 국제 원유값 폭등과 중화학공업에의 과잉 투자로 인한 경제 불황이 계속되고 있었다.

㉡ **민주화 운동 전개** : 민청학련 사건(1974. 4), 민주 회복 국민회의·양심범 가족협의회 결성, 3·1 민주 구국 선언 발표(1976), YH무역 노동자 시위(1979. 8) 등이 일어났다.

㉢ **부·마 항쟁 발생**(1979) : 부산, 마산 등지에서 유신체제에 반대하여 대학생과 시민들의 시위가 연일 계속되었고 전국적으로 확산되어 갔다. 이에 정부는 부산에 계엄령, 마산에 위수령을 발동하였다.

㉣ 10·26 사태(1979) : 부마항쟁의 방법을 둘러싸고 대통령의 측근 세력은 강·온의 내부적 갈등이 생기게 되었고, 이 과정에서 궁정동에서 열린 고위층 만찬장에서 중앙정보부장 김재규에게 박정희가 피살되어 장기 집권의 막은 내렸다.

東亞日報

朴正熙대통령 逝去

전국에 非常戒嚴

大統領權限대행에 崔圭夏총리 就任

어제저녁7시50분경 운명

車警護室長등 5명도숨져

國民동요 없도록

美 條約의무 준수다

10·26 사태(1979)

04 전두환 정부(1980. 9~1988. 2 / 11·12대 대통령)

❶ 신군부의 쿠데타와 광주 민주화 운동

(1) 최규하 정부 출범(1979. 12~1980. 8)

10·26 사태로 정치 사회가 심한 혼란 상태에 빠지게 되자 계엄령이 선포되었고, 통일주체국민회의에서는 대통령 권한 대행이던 최규하를 대통령으로 선출하였다.

(2) 12·12 사태(1979)

10·26 사태를 계기로 전두환·노태우 등 신군부 세력들이 1979년 12월 12일 지휘 계통을 무시하고 병력을 동원하여 하극상을 일으키고 군권을 차지하였다.

(3) 5·18 광주민주화운동(1980)

① **배경** : 12·12 사태를 전후해서 군인들의 정권 장악 기도를 반대하고 자유민주주의 헌정 체제의 회복을 요구하는 시민들의 시위가 1980년 봄이 되면서 확산되었다.

② **결과** : 계엄군의 과잉 진압으로 광주에서는 수많은 시민과 학생들이 희생되어 5·18민주화 운동은 시위 시작 10일 만에 막을 내리고 말았다.

광주시민 궐기문(1980년 5월 25일)

우리는 왜 총을 들 수밖에 없는가?
먼저 이 고장과 민주주의를 수호하기 위해 피를 흘리며 싸우다 목숨을 바친 시민, 학생들의 명복을 빕니다.
우리는 왜 총을 들 수밖에 없었는가? 그 대답은 너무나 간단합니다. 너무나 무자비한 만행을 더 이상 보고 있을 수만 없어서 너도 나도 총을 들고 나섰던 것입니다. 본인이 알기로는 우리 학생들과 시민들은 과도정부의 중대발표와 또 자제하고 관망하라는 말을 듣고 학생들은 17일부터 학업에, 시민들은 생업에 종사하고 있습니다. 그러나 정부 당국에서는 17일 야간에 계엄령을 확대 선포하고 일부 학생과 민주인사, 정치인을 도무지 믿을 수 없는 구실로 불법 연행했습니다. 이에 우리 시민 모두는 의아해 했습니다. 또한 18일 아침에 각 학교에 공수부대를 투입하고 이에 반발하는 학생들에게 대검을 꽂고 '돌격, 앞으로 '를 감행하였고 이에 우리 학생들은 다시 거리로 뛰쳐나와 정부당국의 불법처사를 규탄하였던 것입니다. 그러나, 아! 이럴수가 있단 말입니까? 계엄당국은 18일 오후부터 공수부대를 대량 투입하여 시내 곳곳에서 학생, 젊은이들에게 무차별 살상을 자행하였으니!
(이하 생략)

– 광주 민주화 운동의 과정에서 –

(4) 신군부의 활동

① **국가보위비상대책위원회 설치**(1980. 5) : 전두환이 위원장이 되어 국가의 통치권을 장악하였다.
② **최규하 대통령 하야** : 신군부 압력으로 사퇴하고, 전두환이 통일주체국민회의에서 대통령에 선출되었다(1980. 9. 1).
③ **개헌**(1980. 10) : 유신헌법을 수정하여 7년 단임의 대통령을 대통령 선거인단에 의한 간접선거로 선출하는 헌법을 공포하였다.

❷ 제5공화국

(1) 출 범

① **통치 이념** : 개헌된 헌법에 의해서 1981년 2월 전두환이 대통령으로 선출되고 민주정의당이 창당되어 정의 사회의 구현과 복지 사회의 건설 등을 통치 이념으로 내세웠다.
② **강압정치** : '사회정화'라는 명목으로 언론 통·폐합을 통한 비판적인 기자의 해직, 보도 지침의 발표, 정치인의 정치 활동 통제, 공직자의 숙청 등을 단행하였으며, 1981년 부랑배를 순화시킨다는 구실로 수 만명의 시민들을 '삼청교육대'로 끌고 가서 강제로 군대식 훈련과 노동을 시키는 등 민주화 운동을 탄압하고 인권을 유린하였을 뿐만 아니라 각종 부정과 비리사건을 일으켜 국민적 저항에 부딪쳤다.
③ **우민화 정치** : 국풍 81, 미스유니버스 대회의 유치, 컬러 텔레비전 방영, 프로야구와 씨름의 창설, 1982년 야간통행 금지의 해제, 중고등학교 교복과 두발 자유화, 장발 단속의 완화, 해외여행 자유화 등은 무력으로 집권한 전두환 정부가 취약한 정치적 정통성을 다른 분야에서 보완하기 위한 몸부림이었다.

국풍 81(1981)

④ **경제의 호황** : 1980년대 중반 이후 정부의 긴축정책과 3저현상(유가, 달러, 금리의 하락)으로 물가가 안정되고 수출이 호조를 보여 경제적으로 호황을 누렸다.

(2) 6월 민주항쟁

① **시국 선언 발표** : 광주민주화 운동의 진상 규명과 책임자 처벌, 미국의 사과 요구를 주장하며 대학 교수들이 개헌과 민주화를 요구하는 시국선언문을 발표하였다.

6월 민주항쟁(1987)

② **민주 항쟁의 도화선** : 1987년 1월 박종철 군이 경찰의 고문으로 사망한 사건과 부천 경찰서 성고문 사건 등이 터지는 등 각종 부정과 비리로 국민의 비난을 받았으며, 일부 대학생들은 미국이 신군부의 5·18 민주화 운동 진압에 동의하였다고 생각하고 부산 미국 문화원 방화 사건(1982), 서울 미국 문화원 점거 농성사건(1985) 등을 벌였다. 이후 전두환 대통령이 헌법 개정 반대 담화인 4·13 호헌조치를 발표하자 '호헌철폐', '독재타도', '민주헌법 쟁취' 등의 구호를 내걸고 시위를 벌이던 과정에서 연세대 이한열 군이 경찰의 최루탄에 맞아 사망한 사건이 일어나자 시위가 전국적으로 확산되었다.

(3) 6·29 선언(1987)

① **배경** : 6월 민주항쟁으로 국민의 민주화 요구가 수용되어 전두환 정부는 시국 수습 방안을 발표하기에 이르렀다.

② **주요 내용** : 5년 단임의 대통령 직선제를 골자로 한 헌법이 의결되고 국민투표로 확정되었다(1987. 10).

사료읽기

6·29 선언(1987. 6. 29)

친애하는 국민 여러분!

오늘 저는 각계각층이 서로 사랑하고 화합하여 이 나라의 국민임을 자랑스럽게 여기며, 정부 역시 국민들로부터 슬기와 용기와 진정한 힘을 얻을 수 있는 위대한 조국을 건설하기 위해 비장한 각오로 역사와 국민 앞에 서게 되었습니다. 그러면 저의 구상을 주저 없이 말씀드리겠습니다. 이 구상은 대통령 각하께 건의드릴 작정이며 당원 동지, 그리고 국민 여러분의 뜨거운 뒷받침을 받아 구체적으로 실현시킬 결심입니다.

京鄕新聞

盧대표, 直選改憲 선언

새憲法따라 내년2월 政府移讓

金大中씨 赦免復權 곧단행

時局관련 拘束者 모두 석방

言基法 改廢 言論자유보장

대학 人事·入試 자율성부여

6·29 선언

첫째, 여·야 합의 하에 조속히 대통령 직선제 개헌을 하고, 새 헌법에 의한 대통령 선거를 통해 1988년 2월 평화적 정부 이양을 실현하도록 하겠습니다 ….

둘째, 직선제 개헌이라는 제도의 변경 뿐만 아니라, 이의 민주적 실천을 위해서는 자유로운 출마와 공정한 경쟁이 보장되어 국민의 올바른 심판을 받을 수 있는 내용으로 대통령 선거법을 개정하여야 한다고 봅니다 ….

셋째, 우리 정치권은 물론 모든 분야에 있어서의 반목과 대결이 과감히 제거되어 국민적 화해와 대단결을 도모하여야 합니다. 그러한 의미에서 저는 그 과거야 어떠하였든 간에 김대중씨도 사면 복권되어야 한다고 생각합니다 ….

둘째, 직선제 개헌이라는 제도의 변경 뿐만 아니라, 이의 민주적 실천을 위해서는 자유로운 출마와 공정한 경쟁이 보장되어 국민의 올바른 심판을 받을 수 있는 내용으로 대통령 선거법을 개정하여야 한다고 봅니다 ….

셋째, 우리 정치권은 물론 모든 분야에 있어서의 반목과 대결이 과감히 제거되어 국민적 화해와 대단결을 도모하여야 합니다. 그러한 의미에서 저는 그 과거야 어떠하였든 간에 김대중씨도 사면 복권되어야 한다고 생각합니다 ….

저의 이 기본 구상이 받아들여질 경우에는 앞으로 이에 따른 세부 추가 사항들이 추진될 것입니다. 만의 일이라도 위의 제안이 관철되지 아니할 경우, 저는 민정당 대통령 후보와 당 대표 위원직을 포함한 모든 공직에서 사퇴할 것임을 아울러 분명히 밝혀 두는 바입니다.

05 노태우 정부(1988. 2~1993. 2 / 13대 대통령)

❶ 성립

(1) 출 범

6·29 민주화 선언이 계기가 되어 국회에서는 5년 단임의 대통령 직선제 등을 골자로 하는 헌법을 마련하였으며, 이 헌법에 따라 1987년 12월 16년만에 실시된 직선제의 대통령 선거는 야당 후보의 단일화가 이루어지지 못하여 여당인 민정당의 노태우 후보가 36.6%의 지지로 당선되어 노태우 정부가 성립되었다.

(2) 정책 방향

① **국정 지표** : 민족 자존, 민주 화합, 균형 발전, 통일 번영을 제시하였다.

② **내용**

㉠ **지방자치제 부분적 실시** : 지방 의회 선거를 실시하였다(1991).

㉡ **제24회 서울 올림픽 성공적 개최(1988)** : 한국의 국제적 위상이 높아졌고, 국민들에게도 긍지와 자신감을 넣어 주는데 기여하였다.

㉢ **북방외교 추진** : 헝가리를 시발(1989)로 동구 공산권 국가 및 소련, 중국과 외교관계를 수립하는 북방정책을 추진하여 성과를 올리고 이의 후속 조치로 7·7선언을 발표하였다.

㉣ **국제연합(UN) 가입** : 남·북한이 함께 가입하였다(1991).

제24회 서울올림픽 마크

③ **3당 합당(1990)** : 1990년 국회의원 선거에서 야당이 절반 이상을 차지하는 '여소야대'의 상황이 일어나자 노태우 정부는 민정당과 일부 야당을 통합하여 민주자유당을 창당하는 정계 개편을 단행하였다.

❷ 한 계

집권 여당이 기성 5공화국 세력으로서 과감한 개혁에 착수하지 못하였고, 부정과 비리로 국민적 지지를 확보하지는 못하였다.

06 김영삼 정부(1993. 2~1998. 2 / 14대 대통령)

❶ 성 립

(1) 출 범

1992년 12월 제14대 대통령 선거 실시 결과 민주자유당의 김영삼 후보가 당선되어 성립되었다.

(2) 정책 방향

① **국정 지표** : 깨끗한 정부, 튼튼한 경제, 건강한 사회, 통일된 조국 건설을 정치 이념으로 제시하였다.

② **내용**

㉠ **금융실명제(1993)** : 공직자의 재산등록과 금융실명제 등을 법제화하여 부정부패 척결에 노력하였다.

㉡ **지방 자치제 전면적 실시(1995)** : 지방 자치단체장 선거를 실시하였다.

㉢ **신군부 사법 처리** : 전두환과 노태우 등 신군부 요인들을 무더기로 구속 기소하였다.

㉣ **시장 개방 정책**

㉮ **우루과이 라운드 협정 타결(1993)** : 보호무역주의의 철폐를 골자로 하는 협정으로 우리나라의 금융, 건설, 유통, 서비스 등 모든 분야가 외국에 개방되었다.

㉯ **세계무역기구(WTO) 출범(1995)** : 시장 개방이 가속화되는 계기가 되었다.

㉰ **OECD 가입(1996)** : 서방 선진국의 경제협력개발기구(OECD)에 29번째로 가입하였다.

㉤ **민족 정기(精氣) 바로 세우기 추진** : 박은식, 전명운 등 애국지사들의 유해를 국립묘지로 이장하였으며, 옛 조선총독부 건물을 철거하였다.

❷ 한 계

국제 경제 여건의 악화와 만성적인 외환 부족으로 인하여 경제적 위기를 겪어 1997년 12월 국제통화기금(IMF)에 195억 달러의 구제금융 지원을 공식 요청하면서 경제 주권의 심각한 위축을 가져왔다.

07 김대중 정부(1998. 2~2003. 2 / 15대 대통령)

❶ 출 범

외환 위기 속에서 1997년 12월 제15대 대통령 선거를 실시한 결과 야당 후보의 승리로 우리나라 헌정 사상 처음으로 여·야간의 평화적인 정권 교체가 이루어져 성립되었다.

❷ 정책 방향

(1) 국정 지표

민주주의와 시장 경제의 병행 발전과 외환위기의 극복(2000년 상환) 천명하였다.

(2) 내 용

① **국가적 과제 제시** : 국정 전반의 개혁, 경제난의 극복, 국민 화합의 실현, 법과 질서의 수호 등을 제시하였다.

② **적극적 대북정책** : 남·북간의 평화정착을 위해 북한을 포용하는 이른바 '햇볕정책'을 추진한 결과 2000년 남북정상회담을 실현하고, 남북경제협력의 활성화와 이산가족의 상봉이 이루어졌다.

③ **한·일 월드컵 공동 개최(2002)** : 브라질이 우승하였으며 한국은 4위의 쾌거를 거두었다.

08 노무현 정부(2003. 2~2008. 2 / 16대 대통령)

❶ 출 범

2002년 12월 제16대 대통령에 당선된 노무현 후보는 '참여정부'를 표방하고 출범하였다.

❷ 정책 방향

(1) 국정 지표

노무현 정부는 국민과 함께 하는 민주주의, 더불어 사는 균형 발전 사회, 평화와 번영의 동북아 시대 등을 제시하였다.

(2) 국정 원리

원칙과 신뢰, 공정과 투명, 대화와 타협, 분권과 자율을 제시하였다.

(3) 정 책

최초로 칠레와 자유무역협정을 체결하였다(2004).

자유무역협정(FTA) 체결 현황

- 2004년 칠레
- 2006년 싱가포르
- 2007년 미국
- 2010년 인도
- 2011년 페루
- 2013년 터키
- 2014년 호주
- 2015년 캐나다, 중국, 뉴질랜드, 베트남
- 2016년 콜롬비아

09 이명박 정부(2008.2~2013.2 / 17대 대통령)

❶ 출 범

2007년 12월 제17대 대통령에 당선된 이명박 정부는 '신 발전체제 구축'의 국정 목표를 제시하고 출범하였다.

❷ 국정 지표

① 일자리 창출을 핵심으로 한 경제 살리기
② 공교육 질 향상을 위한 교육개혁
③ 지역 발전의 전기 마련
④ 정치 선진화 개혁
⑤ 전방위 외교 및 남북관계 실질적 변화 추구

10 박근혜 정부(2013.2~2017.3 / 18대 대통령)

❶ 출 범

2012년 12월 제18대 대통령에 당선된 박근혜 정부는 '국민 행복, 희망의 새 시대'라는 국정 비전을 제시하고 출범하였다.

❷ 국정 지표

① 경제 부흥
② 국민 행복
③ 문화 융성
④ 평화통일 기반 구축

❸ 파 면

최순실 게이트, 비선 실세 의혹, 대기업 뇌물 의혹 등으로 2017년 3월 10일 헌법재판소 재판관 전원일치로 파면되었다.

11 문재인 정부(2017.5~2022.5 / 19대 대통령)

❶ 출 범

2017년 5월 10일 더불어민주당 후보로 출마하여 제19대 대통령에 당선되어, 국민의 나라, 정의로운 대한민국'이라는 국가 비전을 제시하였다.

❷ 정책 방향

① 국민이 주인인 정부
② 더불어 잘사는 경제
③ 내 삶을 책임지는 국가
④ 고르게 발전하는 지역
⑤ 평화와 번영의 한반도

대한민국 헌법 개헌 과정

구분	공포일	주요 내용	
제헌 헌법	1948.7.17	· 대통령 중심제 · 국회 단원제	· 처음에는 내각책임제안이었으나 이승만 대통령이 간선제 요구
1차 개헌	1952.7.7	· 대통령, 부통령 직선 · 국회 양원제	· 발췌개헌, 계엄령 선포, 국회의원 감금 파동
2차 개헌	1954.11.29	· 대통령 연임제 규정 폐지 · 국무총리제 폐지	· 부결 발표 2일후 11월29일 수정 발표 통과 · 사사오입(四捨五入) 개헌
3차 개헌	1960.6.15	· 내각책임제 헌법재판소 설치 · 대통령 국회 선출	· 제2공화국 수립
4차 개헌	1960.11.29	· 부정선거 관련자, 민주반역자 처벌 · 특별재판부, 검찰부 설치	· 소급 입법
5차 개헌	1962.12.26	· 대통령 중심제 · 국회 단원제 환원 · 헌법재판소 폐지	· 공화당 정권 수립 · 구(舊) 정치인 규제
6차 개헌	1969.10.21	· 대통령 3선 허용 · 국회의원 겸직 금지	· 3선개헌안, 국민투표법안 공화당 단독 날치기 통과
7차 개헌	1972.12.17	· 통일주체국민회의 신설 · 대통령 간선 · 국회 권한·지위 축소	· 유신헌법 · 비상계엄 선포 · 국민투표 시행
8차 개헌	1980.10.27	· 대통령 7년 단임 · 비례대표제, 국정조사권 신설	· 5공 정권 출범
9차 개헌	1987.10.29	· 대통령 직선제 · 5년 단임 · 국정감사권 부활	· 최초 여야 합의 개헌 · 국민투표 시행

통일을 위한 노력

핵심 출제포인트

- 주요 통일 합의문의 내용을 분석하거나 통일 관련 사건의 흐름을 파악하는 것이 필요하다.
- 6·15 남북 공동 선언 전후로 전개되는 통일 정책의 흐름을 이해해야 한다.

01 통일 정책

❶ 1970년대

(1) 동 향

미·소간의 화해 기운으로 냉전체제가 완화되어 가고 베트남의 공산화, 민주화의 요구 등 내외 여건의 변화에 따라 정부는 남북교류를 제의하였다.

(2) 내 용

① **8·15 선언**(1970) : 남북한의 무력 대결을 피하고 선의의 경쟁으로 한반도에서 평화 정착을 이룩하고자 한 것이었다.

② **남북 적십자 회담**(1971) : 남북한 이산가족 찾기 운동을 위한 적십자 대표 회담이 평양과 서울에서 열렸다(1972).

③ **7·4 남북 공동 성명**(1972)

㉠ **3대 원칙** : 외세의 간섭없는 자주 통일, 무력 사용을 배제한 평화 통일, 사상·이념·제도의 차이를 초월한 민족 대단결의 통일 원칙을 내세운 것으로 이후 통일 논의의 기본 원칙이 되었다.

㉡ **논의 기구** : 이후락 부장과 김영주 부장을 공동위원장으로 하는 '남북조절위원회'를 구성 운영한다.

④ **6·23 평화 통일 선언**(1973) : 정부는 이 선언을 통해 한반도에 사실상 두 개의 정부가 존재한다는 사실을 인정하고, 남북한의 유엔 동시 가입과 호혜 평등의 원칙하에 모든 국가에 대한 문호 개방을 주요 내용으로 하여 적극적인 평화통일 의지를 천명하였다.

❷ 1980년대

(1) 통일 방안 제시(1982)

① **남한** : 민족화합 민주통일 방안

② **북한** : 고려민주주의 연방공화국 방안

(2) 교류 제의

① **내용** : 남북적십자회담, 남북총리회담, 남북한 당국 최고 책임자회담, 남북국회회담, 남북체육회담, 남북경제회담 등을 제의하였다(1985).

② **결과** : 분단 이후 처음으로 남북한의 이산가족이 각각 서울과 평양을 방문하였으며, 예술 공연단의 교환 방문이 성사되었다(1985).

❸ 1990년대

(1) 동 향

① **북방 외교** : 급격한 국제 정세의 변화 속에서 적극적인 북방 외교정책이 추진되었다.

② **특징** : 정부의 주도와는 달리 민간 차원에서도 적극적인 통일 노력이 전개되어 평화 통일을 위한 논의가 활성화되었다.

(2) 내 용

① **남·북한 유엔 동시 가입**(1991. 9) : 6·23 평화통일 선언에서 제안되었다가 이때 실현되었다.

② **남북 기본합의서**(1991. 12)

㉠ '남북 사이의 화해와 불가침 및 교류 협력에 관한 합의서'라 한다.

㉡ 남북한 당사자 간에 공식 합의된 최초의 문서로 유엔 가입 이후 1민족 2체제 2정부의 논리를 받아들인 것이다.

㉢ 남북의 관계를 특수관계로 규정하고 판문점에 남북연락사무소를 설치하였다.

③ **한반도 비핵화에 관한 공동 선언**(1991. 12) : 남북한이 핵무기를 개발하지 않는다는 것에 합의하였다(NPT. 남한 1975년 가입, 북한 1985년 가입 ⇨ 1993년 탈퇴).

④ **북·미 제네바 협약**(1994) : 이 협약에 따라 북은 영변의 핵시설을 동결하고 250메가와트인 태천과 영변의 핵발전소 건설을 중지하였다. 미국은 KEDO(한반도 에너지 개발기구)를 만들어 경수로를 짓기 시작했고, 중유를 공급하면서 북미 대화도 재개되었으나 부시 정부 출범 이후 북미 관계가 경색되고 제네바 핵합의는 파국의 위기를 맞고 말았다.

❹ 2000년대

(1) 햇볕정책

① **대북 화해협력정책** : 1998년에 김대중 정부가 들어선 이후 남북 관계는 급진전되었다. 정부는 이른바 평화를 파괴하는 일체의 무력 도발 불용, 흡수통일 배제, 화해·협력의 적극 추진 등 대북정책 3원칙을 내세우고, 민간 차원의 교류를 크게 확대하였다.

② **금강산 관광 사업**(1998. 11) : 금강산 관광 사업의 확대로 남북 교류는 더욱 진전되었다.

③ **베를린 선언**(2000. 3) : 김대중 대통령이 한반도에서의 냉전 종식과 평화 정착, 이산 가족 문제 해결, 남북한 당국의 직접 대화로 경제 협력 논의 등을 주장하였는데, 이는 우리 정부의 자신감을 반영한 것이었다.

④ **남북 경의선 철도 복원 기공식**(2000. 9) : 분단 이후 끊어진 경의선 구간(문산~개성) 연결 공사를 시작하여 2003년 완공하였다.

(2) 6·15 남북공동선언(2000. 6. 15)

평양에서 역사적인 남북 정상 회담이 이루어져 남북 공동선언이 발표되고, 남북 이산가족이 만나는 등 남북간의 긴장 완화와 화해 협력이 진전되었다.

제1차 남북 정상회담

사료읽기

2000년 6월 15일 남북 공동 선언 전문

① 남과 북은 나라의 통일 문제를 그 주인인 우리 민족끼리 힘을 합쳐 자주적으로 해결해 나가기로 한다.
② 남과 북은 나라의 통일을 위한 남측의 연합제안과 북측의 낮은 단계의 연방제안이 서로 공통성이 있다고 인정하고 앞으로 이 방향에서 통일을 지향시켜 나가기로 한다.
③ 남과 북은 올해 8·15에 즈음하여 흩어진 가족, 친척 방문단을 교환하며 비전향 장기수 문제를 해결하는 등 인도적 문제를 조속히 풀어 나가기로 한다.
④ 남과 북은 경제 협력을 통하여 민족 경제를 균형적으로 발전시키고 사회, 문화, 체육, 보건, 환경 등 제반 분야의 협력과 교류를 활성화하여 서로의 신뢰를 다져 나가기로 한다.
⑤ 남과 북은 이상과 같은 합의 사항을 조속히 실천에 옮기기 위하여 빠른 시일 안에 당국 사이의 대화를 개최하기로 한다.

사료읽기

6·15 남북 공동 선언에 포함된 통일 방안

① 남측의 연합제안 : 김대중 대통령의 3단계 통일 방안(남북 연합연방통일) 중 1단계인 남북연합을 말한다. 그 내용은 유엔 회원국인 남북이 현재처럼 외교·국방권을 갖는 독립 국가(1민족 2국가 2체제 2정부)를 유지한 채 정상 회의 등 상설 기구를 통해 협력하자는 것이다.
② 북측의 낮은 단계의 연방제안 : 낮은 단계는 자치정부에 더 많은 권한을 부여하여 점차 중앙정부의 기능을 높여 나간다는 의미이며, 연방제는 1980년 고려 민주 연방 창립 방안(1민족 1국가 2체제 2정부)을 뜻한다. 남북의 두 자치 정부가 내치의 자율권을 갖되 외교·국방권은 연방 정부가 행사하는 미국식 연방 모델이다.

사료읽기

남북관계 발전과 평화번영을 위한 선언(2007. 10. 4)

쌍방은 우리 민족끼리 뜻과 힘을 합치면 민족 번영의 시대, 자주 통일의 새 시대를 열어 나갈 수 있다는 확신을 표명하면서 6·15 공동선언에 기초하여 남북관계를 확대·발전시켜 나가기 위하여 다음과 같이 선언한다.

1. 남과 북은 6·15 공동선언을 고수하고 적극 구현해 나간다.
2. 남과 북은 사상과 제도의 차이를 초월하여 남북관계를 상호존중과 신뢰 관계로 확고히 전환시켜 나가기로 한다.
3. 남과 북은 군사적 적대관계를 종식시키고 한반도에서 긴장완화와 평화를 보장하기 위해 긴밀히 협력하기로 한다.
4. 남과 북은 현 정전체제를 종식시키고 항구적인 평화체제를 구축해 나가야 한다는데 인식을 같이하고 직접 관련된 3자 또는 4자 정상들이 한반도 지역에서 만나 종전을 선언하는 문제를 추진하기 위해 협력해 나가기로 한다.
5. 남과 북은 민족경제의 균형적 발전과 공동의 번영을 위해 경제협력사업을 공리공영과 유·무상통의 원칙에서 적극 활성화하고 지속적으로 확대 발전시켜 나가기로 한다.

6. 남과 북은 민족의 유구한 역사와 우수한 문화를 빛내기 위해 역사, 언어, 교육, 과학기술, 문화예술, 체육 등 사회 문화 분야의 교류와 협력을 발전시켜 나가기로 한다.
7. 남과 북은 인도주의 협력사업을 적극 추진해 나가기로 한다.
8. 남과 북은 국제무대에서 민족의 이익과 해외 동포들의 권리와 이익을 위한 협력을 강화해 나가기로 한다.

(3) 4·27 판문점 선언(2018)

① **정의** : "한반도의 평화와 번영, 통일을 위한 판문점 선언"이라고 한다.

② **내용** : 남북 관계 개선과 발전, 남북 간 군사적 긴장 상태 완화와 전쟁 위험의 실질적 해소, 한반도의 평화 체제 구축을 위한 협력에 관한 내용이다.

제 2 편

현대 경제 발전과 사회 변화

제1장 현대 경제의 발전

핵심 출제포인트

- 남북한의 농지개력과 삼백산업의 내용을 이해해야 한다.
- 1960~1970년대 경제정책과 김영삼 정부 시기 OECD 가입 연도 및 IMF 금융위기 상황은 출제가 많이 되는 주제이므로 반드시 관련 내용을 정확하게 정리해야 한다.

01 경제 동향

❶ 이승만 정부의 경제

(1) 기본 방향

① **경제 계획처 신설** : 농업과 공업의 균형발전을 지향하는 산업국 건설을 계획성 있게 달성하기 위하여 신설하였다.

② **한미원조협정(1948.12)** : 한·미 정부간에 체결된 전문 12조의 협정으로 한국의 경제적 위기를 방지하고 국력 부흥을 촉진하며, 안정을 확보한다는 목적 하에 체결하여 미국 정부가 한국 정부에 제공할 재정적, 기술적 원조와 관련된 원칙과 기준 등을 명문화하였다.

사료읽기

한·미 원조협정(주요 내용)

제2조 한국 정부는 공여되는 원조의 가장 유효한 사용 방안을 강구토록 한다. 예컨대 한국 정부는 ① 정부 지출 억제 등을 통한 예산균형의 유지, ② 통화량 발행의 규제, 즉 통화발행 상한제의 채택과 공사 신용의 억제, ③ 외국환관리 및 수출입허가제를 비롯한 외국무역 통제, ④ 공정한 환율 수준의 유지, ⑤ 양곡 수집 및 배급제의 지속, ⑥ 외국 민간무역상 및 민간투자가들의 자유로운 한국 내 입국 및 영업 허용, ⑦ 급속한 수출산업의 진흥, ⑧ 정부소유 재산 및 기업체 등의 조속한 민간 불하 등을 해야 한다. 유효한 사용 방안은 한국 측 '의무' 규정이다.

제4조 또한 이러한 의무 규정의 준수와 관련해 한국정부는 품목별 수출입계획이나 외국환 사용계획 등을 주요 골자로 하는 경제부흥계획을 수립해야 할 뿐 아니라, 구체적인 계획내용을 사전에 미국 원조당국에 제출하되, 반드시 그들이 원하는 기간과 양식을 따르도록 한다.

제5조 한국 정부는 원조물자의 원화 판매대전을 적절히 관리하기 위해 한국은행에 대충자금계정(CounterpartFund)을 설치·운영한다. 한미 양국은 공정환율을 정하고, 한국 정부는 원조당국에서 통고되는 달러화 표시의 원조액을 이 공정환율로 환산해, 그 대충자금계정에 무조건 예치해야 한다. 한국 측에 의한 대충자금 인출 및 사용은 원조당국의 사전 승인을 받아야 한다.

제8조 한국산 원료가 국외로 매매 혹은 양도될 때는 사전에 미국 측과 협의해야 한다. 미국 정부는 한미원조협정의 체결로 한국 정부의 경제정책 전반에 대해 막강한 권한을 행사할 수 있는 제도적 근거를 확보했다.

③ **귀속 재산의 정부 인수** : 일본인이 소유하였던 적산(敵産)은 정부가 이를 인수하고, 재산의 성질에 따라 적절한 시책을 수립하였다.

④ **사회 보장 제도 실시** : 근로자에게 이권에 관한 권리를 보유하게 하고, 사회보장제도를 실시하였다.

⑤ **미국 경제원조의 적극 도입** : 재정 인플레이션 극복을 위하여 국내 생산의 긴급 증대와 미국의 경제 원조를 적극 도입토록 하였다.

(2) 농지개혁법

① **제정** : 1949년 6월에 농지개혁법이 공포되고, 1950년 3월에 시행령이 공포되었다.

② **목적** : 정부가 농민들에게 농지를 적절히 분배함으로써 농가 경제의 자립과 농업 생산력의 증진으로 농민 생활의 향상과 국민 경제의 균형 발전을 위해 실시하였다(소작제의 철폐).

③ 원칙

㉠ 신한공사가 관리하는 적산농지와 국유지로 소유자가 분명하지 않는 토지는 국가가 흡수한다.

㉡ 비농가의 농지, 자경(自耕)하지 않는 농지, 3정보를 초과하는 농지는 국가가 유상매입, 유상분배 한다.

④ 상환 방법

㉠ 지주에게 해당 농지 연 평균 수확량의 150%를 5년 연부(年賦) 상환 보상하도록 지가증권을 발급한다.

㉡ 정부가 수매한 농경지는 직접 경작하는 영세 농민에게 5년 연부(年賦) 상환의 방법으로 해당 토지 수확량의 30%씩 곡물이나 금전으로 상환하였다.

⑤ 결과

㉠ **농촌경제 안정에 기여** : 경자유전(耕者有田)을 추구하여 봉건적 토지 소유관계가 해체되어 갔으며 농민의 토지 소유가 달성되어 갔다.

㉡ **산업 자본 형성에 기여** : 한국의 자본주의 발전을 촉진할 수 있었다.

㉢ **지주적 토지 소유 폐지** : 지주 계급은 소멸되고, 농업은 자본주의 경제체제 안에 포섭되었다.

⑥ 한계

㉠ **소작농민의 부담 가중** : 농지개혁이 시행되기 이전에 지주 계층들은 소작인에게 자기들의 토지를 강매하였다.

㉡ **신흥 지주계층과 소작제의 부활** : 지주계층의 사전 강매에 따른 경제적 부담과 유상분배에 따른 빈농의 곤란으로 자기 소유 농지를 방매하고 부농이 이를 겸병하는 현상이 나타났다.

㉢ **농지개혁 기간의 연장** : 6·25전쟁이 발발하여 기간의 연장이 불가피하였다.

㉣ **산림과 임야의 제외** : 농지만을 대상으로 하였다.

남한과 북한의 농지(토지)개혁 비교

구분	남한	북한
실시 연도	1950년 4월(이승만 정부)	1946년 3월(북조선 임시 인민위원회)
개혁안	농지개혁법(산림, 임야의 제외)	토지개혁법(전 국토 대상)
원 칙	유상매입, 유상분배	무상몰수, 무상분배
토지소유 상한선	3정보	5정보

02 경제의 성장과 발전

❶ 6·25 전쟁의 영향

(1) 피 해

① **상황** : 남한 생산시설의 42%가 파괴되었는데, 특히 경인지방에 밀집되어 있던 섬유공업과 인쇄공업의 분야가 격심한 피해를 입었다.

② **결과** : 전쟁 비용의 지출로 인플레이션이 가속화되었고, 물가 폭등과 물자 부족으로 국민 생활의 어려움이 극심해졌다.

(2) 복구 사업

① **삼백(三白) 산업** : 원조 물자에 토대를 둔 제분·제당·섬유공업이 제조업 부분에서 가장 많은 성장을 이룩하였다.

② **화학 공업의 성장** : 충주·나주 등에 대규모의 비료공장이 건설되었다.

③ **시멘트 공업의 성장** : 문경에 대규모 공장이 건립되었다.

❷ 경제개발 5개년 계획 추진(1962~1991)

(1) 성 격

정부 주도, 수출 의존, 외자 의존, 저임금 의존 등의 성격을 띠었다.

(2) 과 정

① 1차(1962~1966) : 전력·석탄의 에너지원과 기간산업을 확충하고, 경공업의 발전과 사회간접자본을 충실히 하여 경제 개발의 토대를 형성하는데 역점을 두었다.

② 3차(1972~1976) : 중화학 공업을 추진하여 안정적 균형을 이루는데 목표를 두었다.

100억 불 수출 기념 아치(1977)

제2장 현대의 사회 변화

핵심 출제포인트

• 출제율은 다소 낮으나 출제될 경우 산업화와 도시화에 따른 변화상과 폐단을 정리해야 한다.
• 새마을 운동을 중심으로 한 사회활동을 이해해야 한다.

01 산업화·도시화의 진전

❶ 문제점과 해결 노력

(1) 문제점

① **환경문제 발생** : 1960년대 말부터 공업 단지와 그 일대에서의 공해는 심각한 양상을 보였으며, 서울을 비롯한 대도시의 대기와 하천이 오염되었다.

② **농촌 피폐** : 노동자들의 저임금 정책을 뒷받침하기 위하여 저곡가 정책을 실시함으로써 농촌의 생활이 어려워졌다.

③ **소외계층 발생** : 국가 주도의 경제가 급속도로 발전함에 따라 노약자, 빈곤층, 실업자, 노숙자 등이 생겨났다.

(2) 해결 노력

① **환경부 설치** : 환경 문제에 대처하고자 노력하고 있다.

② **새마을 운동 전개**(1970년)

㉠ 침체된 농촌 사회에 활기를 불어넣었으며 후에는 도시로 확대되었다.
㉡ 근면, 자조, 협동을 기본 정신으로 삼아 추진되었다.
㉢ 생활 태도의 혁신과 농어촌의 환경 개선, 소득 증대에 기여하였다.
㉣ 새마을 운동 기록물은 2013년 유네스코 세계기록유산에 등재되었다.

❷ 노동 운동

(1) 배경과 등장

① **배경** : 산업화 과정에서 노동자들의 저임금은 지속되고, 정부는 이를 토대로 경제 성장에만 치중하였다.

② **등장** : 노동자의 요구가 구체적이고 본격적으로 나타나기 시작한 것은 노동자 수가 늘어난 1970년대 이후 부터였다.

전태일 분신(1970)

동대문 평화시장 봉제 노동자로 일하면서 열악한 노동 조건 개선을 위해 노력하다 1970년 11월 "노동자는 기계가 아니다."라고 외치며 분신한 사건으로 이후 한국 노동운동 발전에 중요한 계기를 마련하였다.

사료읽기

YH무역 근로자의 호소문(1979)

각계각층에서 수고하시는 사회 인사 여러분께 저희들의 애타는 마음을 눈물로 호소합니다 … 수출 실적이 높으면 나라도 더욱 발전할 수 있고 선진국 대열에 서게 된다는 초등학교 시절의 배운 것을 더듬으며 우리는 더욱 더 잘사는 나라를 기대하며 열심히 일해 왔습니다만 뜻하지 않은 폐업 공고에 놀라지 않을 수 없습니다 … 오갈 데 없는 저희들은 무엇을 먹고 어디서 살란 말입니까? 동생들의 학비와 부모님들 약값은 어떻게 해야 된단 말입니까? 우리 문제가 해결되지 않는 다면 저희들은 죽음의 길을 택할 수밖에 없습니다 ….

》김삼웅 편, 〈사료로 보는 20세기 한국사〉

③ **정부의 탄압** : 정부는 경제 성장과 수출 증대를 이룩하려는 의도에서 처음에는 이를 통제하였으며, 1980년대 중반기 이전만 해도 노동자의 단체 교섭권과 단체 행동권을 크게 제한하였다.

(2) 노동운동의 활성화

① **시기** : 1987년 이후 민주화 운동의 진전과 함께 사회 의식이 높아지면서 노동 운동이 활발해지기 시작하였다.

② **주요 쟁점** : 임금의 인상, 노동 조건의 개선, 기업가의 경영 합리화와 노동자에 대한 인격적 대우 등을 강력하게 주장하는 노동자의 시위가 거세게 일어났다.

③ **정부의 노력** : 정부는 저임금 문제 등 전반적인 노동문제를 해결하기 위해서 노동 관계법을 개정하였으며, 기업가와 노동자의 인간적 관계와 새로운 직업 윤리의 정착을 위해 많은 노력을 기울였다.

④ **결과** : 새로운 노동문화가 정착되고 노동 환경 개선도 이루어지고 있으며, 이로 말미암아 생산성도 높아지고 있다.

(3) 사회 보장 제도의 마련

① **배경** : 국가 주도로 경제가 급속히 발전함에 따라 노약자·빈곤층·실업자·노숙자 등의 소외계층이 생겼으며, 대도시의 인구가 기하급수적으로 증가하여 주택난이 심각해졌다.

② **내용**

㉠ **국민 연금제도(1988)** : 노후 생활의 보장을 위한 조치이다.

㉡ **의료보험제도(1988)** : 도시와 농촌, 그리고 직장 중심의 의료보험 체계를 수립하여 국민 모두가 의료 혜택을 받을 수 있도록 제도적인 장치를 마련하여 병약자나 장애인에 대한 사회 관심을 환기시키는 계기가 되었으며, 소외계층에 대한 국민적인 연대의식이 자리 잡기 시작하였다.

㉢ **고용보험제도(1995)** : 실업자 문제를 해결하기 위한 조치이다.

㉣ **생활 보조금 제공(1999)** : 빈곤 가정과 노약자 등에 대해서 최소한의 생활을 누릴 수 있도록 하기 위한 노력이다.

㉤ **무주택자를 위한 주택 건설** : 장기 임대아파트 등을 건축하였다.

제 3 편

현대 문화의 동향

현대의 교육과 사상·종교

핵심 출제포인트

• 출제율은 다소 낮으나 출제가 될 경우 정치상과 연계하여 주요 사건의 시간 순서대로 나열하는 문제가 출제되므로 시기별로 어떤 사건이 있었는지를 파악하는 학습이 필요하다.

01 현대의 교육

❶ 교육법

(1) 제 정

1949년 12월 31일 법률 제86호로 제정·공포되었다.

(2) 교육 이념

우리나라 교육의 근본이념을 홍익인간으로 천명하였다.

(3) 의무교육 제시(1951)

모든 국민은 6년간의 의무교육을 받을 권리가 있음을 선언하였다.

❷ 교육제도 변천

(1) 광복 이후

① **미국식 교육 도입** : 미 군정의 실시와 함께 식민지 교육체제가 무너졌다.

② **교육제도 마련** : 6·3·3·4제의 학제를 근간으로 하였다.

③ **교육 이념** : 홍익인간, 애국정신, 민주 공민의 육성에 두었다.

④ **국립서울대학교 설립(1946)** : 일제시대 설립된 경성제국대학을 모체로 여러 곳에 있던 전문대학들을 통합하여 12개의 단과대학으로 편제한 것이었다.

(2) 이승만 정부

① **교육의 양적 확대** : 초·중등학교와 대학이 증설되었다.

② **6·25 전쟁 중**

㉠ **교육의 중점** : 멸공 통일의 신념을 길러 안보 의식을 고취하고, 1인 1기교육이 강조되었다.

㉡ **전시 연합대학 설치(1952)** : 임시 수도 부산에서 설치하였다.

(3) 4·19 혁명 이후

교육의 정치적 중립을 확보하려는 움직임과 더불어 학원 민주화 운동이 활발하게 일어났으나, 5·16 군사정변으로 좌절되고 말았다.

(4) 5·16 군사정변 이후

① **인간 개조운동 강조** : 군사 정부가 우선적 과제로 삼았던 조국 근대화의 일환이었다.

② **재건 국민운동 전개** : 사회 교육에서 전개되었다.

③ **교육관계 특례법 제정** : 교육자치제가 폐지되게 되었다.

(5) 박정희 정부

① **국민교육헌장 선포(1968)** : 교육·문화전반에 주체적 민족사관을 강조하고, 이를 교육이념으로 정착시키기 위한 것으로 당시의 교육방향을 제시하였다.

② **중학교 무시험 진학제도 실시(1969)** : 당시 어린 학생들에까지 행하여졌던 과외공부를 없애기 위한 조치였다.

③ **반공 교육 강화** : 반공을 국시로 내걸었다.

④ **기능 양성 교육 중시** : 경제개발에 정책의 초점을 맞추어 능률과 실질을 중시하였다.

⑤ **민족과 국가 관념 강조** : 국사교육을 강조하고 '국민윤리'의 과목을 신설하였으며, 대학에 국민윤리 교육과를 설치하였다.

(6) 1970년대

① **한국교육개발원 설립** : 교육 문제를 연구하기 위한 조치였다.

② **방송통신교육 실시** : 사회 교육을 확대하기 위한 조치였다.

③ **한국정신문화연구원 발족(1978)** : 우리나라의 정신 문화와 전통적 가치를 연구하고 바람직한 민족사의 미래를 밝히기 위한 조치였다. 특히, 1992년에는 「한국민족문화대백과사전」을 출간하여 한국학의 총체적인 연구가 이루어졌다.

(7) 1980년대

정부는 국민 정신 교육을 강조하고 통일 안보 교육·경제 교육·새마을 교육 등을 실시하였으며, 특히 입시 과외의 폐해를 줄이기 위한 조치를 단행하였다.

(8) 1990년대 이후

급속한 정보화와 기술의 향상에 따라 변화·발전하는 경제와 사회구조에 능동적으로 대처하기 위하여 창의력 신장과 시민 의식을 육성하기 위한 교육 개혁이 지속적으로 추진되고 있다.

02 사상과 종교

❶ 사 상

(1) 동 향

우리의 문화 활동은 광복과 함께 다시 활기를 띠게 되었으나, 남북 분단과 뒤이은 6·25 전쟁을 겪은 이후 문화계는 여러 가지 제약을 받게 되었다.

(2) 시기별

① **광복 이후부터 1950년대**

㉠ **동향** : 광복 이후 민족주의·민주주의·반공 등 여러 이념이 혼재되어 있었으나, 남북 분단 상황에서 반공 이념이 강조되었다.

㉡ **특징** : 민족주의는 한때 정치·사회적으로 남용되기도 하였으며, 민주주의는 일부 정권의 독재 정치로 인하여 큰 시련을 겪기도 하였다.

② **1960년대 이후** : 우리 사회의 민주화가 진전되면서 민족주의와 민주주의가 중요한 이념으로 자리 잡게 되었다.

③ **1980년대 이후**

㉠ **민주주의 이념 정착** : 5·18 민주화운동과 6월 민주항쟁 등을 거치면서 사회 전반에 걸쳐 이들 이념들이 뿌리를 내릴 수 있게 되었다.

㉡ **남북화해의 기운 고조** : 1980년대 말부터 동유럽 사회주의 국가들이 몰락하면서 냉전체제가 해체되기 시작하였고, 이러한 세계사의 조류로 말미암아 남북간 화해의 기운이 높아져 갔다.

❷ 종 교

(1) 특 징

① **광복 이후** : 우리 민족의 정신적인 지주로서 사회 발전에 큰 기여를 하였다.

② **1970년대 이후** : 종교계는 민주화 운동에도 기여하였다.

(2) 활 동

① **개신교, 천주교** : 우리 사회에 나타난 서양화 경향과 함께 교세를 크게 확장하였다.

② **불교** : 일대 혁신 운동을 통하여 농촌 지역 뿐만 아니라 도시에서도 지속적인 발전을 이룩하였다.

③ **천도교, 대종교, 원불교** : 민족종교로서 그 나름의 기반 확립과 교세 확장에 노력하고 있다.

현대의 문화 활동과 과학기술

핵심 출제포인트

• 출제율이 낮은 단원이지만 정치, 사회상과 연계하여 출제됨으로 각 시기에 어떤 사건들이 있는지 파악하는 학습이 필요하다.

01 문화 활동

❶ 광복 직후

식민사관을 청산하고 전통 문화에 대한 새로운 인식 기반을 구축하는 작업과 함께 민족의 자주 국가 수립과 발전을 위해 노력하였으나, 문화 예술단체들은 정치적 혼란과 사상적인 좌·우익으로 나뉘어 어려움이 많았다.

❷ 1950년대

일제에 의해 왜곡된 우리 전통 문화의 새로운 기반이 마련되었으며, 문학계도 민족주의적 자유주의 문인 중심의 순수 문학작품이 주류를 이루었다. 한편, 한글학회에서는 1957년 '우리말 큰사전'을 편찬하였다.

❸ 1960년대

1960년대부터 중등 교육이 확대되고 경제 여건이 향상되어 문화의 대중화 현상이 나타나 사회문제를 주로 다루는 참여문학이 등장하였다. 이는 텔레비전 등 대중 전파 매체가 널리 보급되면서 가속화되었고, 산업화와 도시화가 진전됨에 따라 더욱 확산되었다.

❹ 1970년대

(1) 동 향

참여문학론이 더욱 구체화되어 문화 활동이 다양화되었다.

(2) 내 용

① **민족 문학론의 대두** : 현실의 비판과 민주화 운동의 실천, 그리고 민족 통일 문제를 다루는 데까지 나아갔다.

② **민중 문학 운동 전개** : 일부에서 전개된 문학 운동으로서 민중의 삶을 주제로 삼았다.

③ **역사 연구의 확대** : 국사편찬위원회를 중심으로 한 사료의 수집과 정리 및 박정희 정부의 국민정신 교육 강화를 목적으로 한국정신문화연구원의 설립과 '한국민족문화대백과사전'의 편찬이 이루어졌다. 또한, 민족문화추진위원회에서는 '동문선'을 비롯한 고전의 국역 사업과 '조선왕조실록'의 국역 및 DB화 작업이 이루어졌다.

❺ 1980년대 이후

경제 발전에 힘입어 문화 향유층이 급격하게 확대되어 다양한 내용과 형식의 문화가 등장하였으며, 이전 문화의 틀에서 벗어나 고전적·역사적인 양식이나 기법을 채용하고 더 분방한 경향을 추구하는 포스트모더니즘이 나타나기도 하였다.

02 과학 기술의 발달

❶ 시 기

1959년 원자력 연구소가 설립된 이후 1962년 과학진흥기술 5개년 계획이 수립되고 6·25전쟁을 전후하여 미국 등 과학 선진국에 유학을 갔던 많은 인재들이 귀국하여 활발하게 연구되기 시작하였다.

❷ 내 용

(1) 한국과학기술연구소(KIST) 설립(1966)

① 산업의 고도 성장에 견인차가 되어 우리나라가 신흥 공업국으로 부상하는데 기여하였으며, 현대 과학 기술이 발전할 수 있는 기반이 마련되었다.

② 1999년 인공위성 아리랑 1호의 발사와 2009년 나로호가 발사되어 첨단 과학 분야의 비약적인 발전을 보여주고 있다.

(2) 민간연구소의 활동

최근에 산학협동이 활발하게 이루어지면서 가능하였다.

03 문제점과 과제

❶ 문제점

전통 문화는 점점 대중화와 서양화에 밀려 제자리를 잃어 가고 있으며, 감각적이고 상업적인 대중 문화가 성행해 가고 있다.

❷ 과 제

세계화의 추세 속에서 민족 문화를 발전시키는 것과 세계적인 문화를 창출하는 것이 우리의 과제로 제기되고 있다.

한국사능력검정시험 (심화)

부록

부록 1 유네스코 등재 한국의 세계 유산

핵심 출제포인트

- 유네스코에 등재된 한국의 문화유산은 자주 출제되는 내용이므로 문화유산, 기록유산, 무형유산의 내용을 구분하여 이해해야 한다.
- 추가 등재되는 한국의 유산은 Naver band(한국사 박용선)을 통해 계속 업데이트 됩니다.

01 문화유산(2019년 12월 현재)

구분	(등재 연도) 목록	해설
01	(1995년) 석굴암과 불국사	• 신라 시대에 만들어진 고대 불교 유적으로 석굴암은 불상을 모신 석굴이며, 불국사는 사찰 건축물이다. 두 유산은 모두 경주시 동남쪽의 토함산(吐含山)에 있으며, 약간의 거리를 두고 있다. • 불국사는 인공적으로 쌓은 석조 기단 위에 지은 목조 건축물로 고대 불교 건축의 정수를 보여 준다.
02	(1995년) 종묘	• 서울시 종로구에 있으며 조선시대 역대 왕과 왕비의 신위를 봉안한 사당으로 왕실의 상징성과 정통성을 보여 주는 것으로 왕이 국가와 백성의 안위를 기원하기 위해 문무백관(文武百官)과 함께 정기적으로 제사 지내는 공간이다.
03	(1995년) 해인사 장경판전	• 경남 합천군 가야산의 해인사(海印寺)에 소재하며 13세기에 제작된 팔만대장경(八萬大藏經)을 봉안하기 위해 지어진 목판 보관용 건축물이다.
04	(1997년) 화성(華城)	• 화성(華城)은 경기도 수원에 있는 조선 시대의 성곽이다. 정조(正祖)가 자신의 부친인 장헌세자의 묘를 옮기면서 읍치소를 이전하고 주민을 이주시킬 수 있는 신도시를 건설하기 위해 방어 목적으로 조성하였다. • 1801년에 간행된 화성 준공 보고서인 「화성성역의궤(華城城役儀軌)」를 통해 공사의 자세한 전말을 알 수 있다.
05	(1997년) 창덕궁	• 서울시 종로구에 위치한 조선 시대의 궁궐이며 건축과 조경이 잘 조화된 건물로 15세기 초 정궁인 경복궁 동쪽에 이궁으로 조성되었다.

구분	(등재 연도) 목록	해설
06	(2000년) 경주 역사 지구	• 경주 역사지구에는 조각, 탑, 사지, 궁궐지, 왕릉, 산성을 비롯해 신라 시대의 여러 뛰어난 불교 유적과 생활 유적이 집중적으로 분포되어 있다. • 다양한 불교 유적을 포함하고 있는 남산지구, 옛 왕궁 터였던 월성지구, 많은 고분이 모여 있는 대릉원지구, 불교 사찰 유적지인 황룡사지구, 방어용 산성이 위치한 산성지구 등 총 5개 지구로 이루어져 있다.
07	(2000년) 고인돌 유적지 (강화, 고창, 화순)	• 한국의 고인돌은 거대한 바위를 이용해 만들어진 선사시대 거석 기념물로 무덤의 일종이며 강화, 고창, 화순 세 지역에 나뉘어 분포하고 있다.
08	(2007년) 제주 화산섬과 용암동굴 (한라산, 성산 일출봉, 만장굴)	• 총 면적 18,846㏊ 규모의 제주 화산섬과 함께 용암동굴은 거문오름 용암동굴계, 바다에서 솟아 올라 극적인 장관을 연출하는 요새 모양의 성산 일출봉 응회구, 그리고 폭포와 다양한 모양의 암석, 물이 고인 분화구가 있는 한국에서 가장 높은 한라산의 세 구역으로 구성된다.
09	(2009년) 조선왕릉 40기	• 18개 지역에 흩어져 있고 총 40기에 달하는 왕릉은 뛰어난 자연 경관 속에 자리 잡고 있으며, 보통 남쪽에 물이 있고 뒤로는 언덕에 의해 보호되는 배산임수(背山臨水)의 터에 마련되었다. • 왕릉에는 매장지, 의례를 위한 장소와 출입문 등의 부속 건물이 있으며, 주변은 다양한 인물과 동물을 조각한 석물로 장식되어 있다.
10	(2010년) 한국의 역사 마을 (안동 하회마을, 경주 양동마을)	• 14~15세기에 조성된 한국을 대표하는 씨족 마을로 숲이 우거진 산을 뒤로 하고, 강과 탁 트인 농경지를 바라보는 마을의 입지와 배치는 조선 초기의 유교적 양반 문화를 잘 반영하고 있다. • 마을에는 종가와 양반들의 기거했던 목조 가옥, 정자와 정사, 서원과 사당, 옛 평민들이 살던 흙집과 초가집 등이 있다.
11	(2014년) 남한산성	• 조선시대 유사시를 대비하여 임시 수도로서 역할을 담당하도록 건설된 산성이다. • 남한산성의 초기 유적에는 7세기의 것들도 있지만 이후 수차례 축성되었으며 그 중에서도 특히 17세기 초, 중국 만주족이 건설한 청(淸)나라의 위협에 맞서기 위해 여러 차례 개축되었다.
12	(2015년) 백제 역사 유적지구 (공주, 부여, 익산)	• 백제의 옛 수도였던 3개 도시에 남아 있는 유적으로 주변 지역과의 빈번한 교류를 통하여 문화적 전성기를 구가한 곳이다. • 공주 웅진성, 공산성(公山城), 송산리 고분군, 부여 사비성, 관북리 왕궁지 및 부소산성, 정림사지, 능산리 고분군, 부여 나성, 그리고 익산 지역의 왕궁리 유적, 미륵사지 등의 지역으로 구성되어 있다.

구분	(등재 연도) 목록	해설
13	(2018년) 산사, 한국의 산지승원	• 영주 부석사, 안동 봉정사, 양산 통도사, 보은 법주사, 공주 마곡사, 순천 선암사, 해남 대흥사가 선정되었다. • 종합적인 불교 승원으로서의 특징을 잘 보존하고 있는 대표적인 사찰로 한국 불교의 개방성을 대표하면서 승가공동체의 신앙, 수행, 일상생활의 중심지이자 승원으로서 기능을 유지하여왔다. 
14	(2019년) 한국의 서원	• 영주(소수서원), 함양(남계서원), 경주(옥산서원), 안동(도산서원, 병산서원), 달성(도동서원), 장성(필암서원), 정읍(무성서원), 논산(돈암서원)이 선정되었다. • 한국의 서원은 조선시대 성리학 교육 시설의 한 유형으로, 16세기 중반부터 17세기 중반에까지 향촌 지식인인 사림에 의해 건립되었다. • 이 유산은 교육을 기초로 형성된 성리학에 기반한 한국 사회 문화 전통의 특출한 증거로 동아시아 성리학 교육기관의 한 유형인 서원의 한국적 특성을 나타낸다. 

02 무형유산

구분	(등재 연도) 목록	해설
01	(2001년) 종묘제례, 종묘제례악	• 종묘 정전의 19개 신실에 왕과 왕비의 신주(49위)와 영녕전 16실에는 추존된 왕과 왕비의 신주(34위)를 봉안하고 있는데 이곳에서 행하는 제향 의식을 종묘제례라고 하며, 이때 행하는 음악을 종묘제례악이라고 한다.
02	(2003년) 판소리(다섯마당)	• '판소리'라는 말은 '여러 사람이 모인 장소'라는 뜻의 '판'과 '노래'를 뜻하는 '소리'가 합쳐진 말로 한 명의 소리꾼과 한 명의 고수(북치는 사람)가 음악적 이야기를 엮어가며 연행하는 장르이다. • 장단에 맞추어 표현력이 풍부한 창(노래)와 일정한 양식을 가진 아니리(말), 풍부한 내용의 사설과 너름새(몸짓) 등으로 구연(口演)되는 것으로 17세기 이후 지식층의 문화와 서민의 문화를 모두 아우르고 있다는 점이 특징이다.
03	(2005년) 강릉 단오제	• 강릉 단오제는 단옷날을 전후하여 펼쳐지는 강릉 지방의 향토 제례 의식으로 이 축제에는 산신령과 남녀 수호신들에게 제사를 지내는 대관령 국사 성황모시기를 포함한 강릉 단오굿이 열린다. • 이 때 전통 음악과 민요 오독떼기, 관노가면극(官奴假面劇), 시 낭송, 수리취떡 만들어 먹기, 창포물에 머리 감기 등 다양한 민속놀이가 개최되며, 전국 최대 규모의 노천 시장인 난장(亂場)은 오늘날 이 축제의 중요한 요소이다.
04	(2009년) 처용무	• 처용무는 궁중무용의 하나로 궁중 연례(宴禮)에서 악귀를 몰아내고 평온을 기원하거나 음력 섣달 그믐날 악귀를 쫓는 의식인 나례(儺禮)에서 복을 구하며 춘 춤이다. • 동해 용왕(龍王)의 아들로 사람 형상을 한 처용(處容)이 노래를 부르고 춤을 추어 천연두를 옮기는 역신(疫神)으로부터 인간 아내를 구해냈다는 한국 설화를 바탕으로 5명의 남자들이 추는 춤이다.
05	(2009년) 강강술래	• 강강술래는 풍작과 풍요를 기원하는 풍속의 하나로 음력 8월 한가위에 연행된다. 밝은 보름달이 뜬 밤에 수십 명의 마을 처녀들이 모여서 손을 맞잡아 둥그렇게 원을 만들어 돌며, 한 사람이 '강강술래'의 앞부분을 선창(先唱)하면 뒷소리를 하는 여러 사람이 이어받아 노래를 부른다.

구분	(등재 연도) 목록	해설
06	(2009년) 남사당놀이	• 남사당놀이는 말 그대로 '남자들로 구성된 유랑 광대극'으로 타악기로 구성된 풍물, 가면극인 덧뵈기, 외줄 위에서 곡예를 부리는 어름, 꼭두각시 놀음인 덜미, 지상에서 행하는 곡예인 살판, 나무 막대기로 쳇바퀴를 돌리는 묘기의 버나가 공연된다. • 남사당놀이는 야외 마당에서 연희자들을 둘러싸는 시골 관객들을 즐겁게 해 줄 뿐만 아니라 중요한 사회적 메시지를 전달하기도 하였다. 
07	(2009년) 영산재	• 영산재(靈山齋)는 부처가 인도의 영취산에서 법화경을 설법하던 모습을 재현한 것으로 하늘과 땅의 영가(靈駕)와 모든 성인(聖人)을 맞아들이는 의식에서 시작하여 부처의 영적 세계의 사고 방식을 표현하는 봉송(奉送) 의례로 마무리된다. • 봉송 의례에는 노래, 바라춤, 법고춤, 나비춤과 같은 불교 의식 무용, 부처와 보살들에게 식사를 공양하는 것, 참석자들이 진리의 문에 들도록 하는 법문, 죽은 자가 극락에 들도록 하는 의식이 포함되어 있다. 
08	(2009년) 제주칠머리당 영등굿	• 제주 칠머리당 영등굿은 바다의 평온과 풍작 및 풍어를 기원하기 위해 음력 2월에 제주에서 시행하는 세시 풍속으로 제주의 마을 무당들은 바람의 여신(영등할망), 용왕, 산신 등에게 제사를 지낸다. 
09	(2010년) 가곡	• 가곡(歌曲)은 소규모 국악 관현(管絃) 반주에 맞추어 남성과 여성 들이 부르던 한국 전통 성악 장르이다. • 남성이 부르는 노래인 남창(男唱) 26곡과 여성이 부르는 노래인 여창(女唱) 15곡으로 구성되어 있는데 남창은 울림이 있고 강하며 깊은 소리가 특징인 반면, 여창은 고음의 가냘픈 소리가 특징이다. 
10	(2010년) 대목장	• 대목장(大木匠)은 한국의 전통 목조 건축기술을 가지고 있는 목수를 지칭하며 그들의 활동 범위는 목조 건축물의 유지 보수와 복원, 재건축에까지 이르고 있다. • 대목장은 건축물의 기획·설계·시공은 물론 수하 목수들에 대한 관리 감독까지 전체 공정을 책임지는 장인이다. 
11	(2010년) 매사냥	• 매사냥이란 매나 기타 맹금(猛禽)을 길들여서 야생 상태에 있는 사냥감을 잡도록 하는 전통 사냥이다. • 본디 매사냥은 식량을 얻는 한 가지 방편이었으나, 오늘날에는 생존 수단보다는 동료애 및 공유(共有)와 더 밀접한 관련이 있다. 

구분	(등재 연도) 목록	해설
12	(2011년) 택견	• 택견은 유연하고 율동적인 춤과 같은 동작으로 상대를 공격하거나 다리를 걸어 넘어뜨리는 한국 전통 무술이다. • 부드러운 인상을 풍기지만 택견은 모든 가능한 전투 방법을 이용하며 다양한 공격과 방어 기술을 강조하는 효과적인 무술이다.
13	(2011년) 줄타기	• 줄타기는 한국의 전통 공연 예술로 음악 반주에 맞추어 줄타기 곡예사와 바닥에 있는 어릿광대가 서로 재담을 주고받는 연행(演行)이다. • 줄타기 곡예사가 재담과 동작을 하며 노래와 춤을 곁들이는데, 곡예사가 줄 위에서 다양한 묘기를 부리는 동안 어릿광대는 줄타기 곡예사와 재담을 주고 받고, 악사들은 그 놀음에 반주를 한다.
14	(2011년) 한산모시짜기	• 한산모시는 충남 서천군 한산 지역에서 만드는 모시로 품질이 우수하여 더운 여름 날씨에 입으면 쾌적한 느낌을 주는 옷감이다. • 모시짜기는 수확, 모시풀 삶기와 표백, 모시풀 섬유로 실잣기, 전통 베틀에서 짜기의 여러 과정으로 이루어진다. 표백한 순백색 모시의 섬세하고 단아함은 일반 의류 뿐 아니라 고급 의류에도 알맞다.
15	(2012년) 아리랑	• 한국의 대표적인 민요인 아리랑은 역사적으로 여러 세대를 거치면서 한국의 일반 민중이 공동 노력으로 창조한 결과물이다. • 인류 보편의 다양한 주제를 담고 있는 한편, 지극히 단순한 곡조와 사설 구조를 가지고 있기 때문에 즉흥적인 편곡과 모방이 가능하며 함께 부르기가 쉽고, 여러 음악 장르에 자연스럽게 수용될 수 있는 장점이 있다.
16	(2013년) 김장문화	• 김장은 한국 사람들이 춥고 긴 겨울을 나기 위해 많은 양의 김치를 담그는 것으로 김장 후에 가정마다 김치를 나누어 먹는 관습을 통해 혁신적인 기술과 창의적인 생각이 공유되고 축적된다.
17	(2014년) 농악	• 농악은 공동체 의식과 농촌 사회의 여흥 활동에서 유래한 대중적인 공연 예술의 하나이다. • 타악기 합주와 함께 전통 관악기 연주, 행진, 춤, 연극, 기예 등이 함께 어우러진 공연으로서 대한민국을 대표하는 공연 예술로 발전하여 왔다. • 각 지역의 농악 공연자들은 화려한 의상을 입고, 마을신과 농사신을 위한 제사, 액을 쫓고 복을 부르는 축원, 봄의 풍농 기원과 추수기의 풍년제, 마을 공동체가 추구하는 사업을 위한 재원 마련 행사 등 다양한 마을 행사에서 연행되며 각 지방의 고유한 음악과 춤을 연주하고 시연한다.

구분	(등재 연도) 목록	해설
18	(2015년) 줄다리기	• 줄다리기는 풍농을 기원하고 공동체 구성원 간의 화합과 단결을 위하여 도작(稻作, 벼농사) 문화권에서 널리 연행된다. • 두 팀으로 나누어 줄을 반대 방향으로 당기는 놀이인 줄다리기는 승부에 연연하지 않고 공동체의 풍요와 안위를 도모하는 데에 본질이 있다.
19	(2016년) 제주 해녀 문화	• 제주해녀는 하루에 여름철에는 6~7시간 정도, 겨울철에는 4~5 시간, 연간 90일 정도 물질 작업을 한다. 제주해녀의 물질은 가정 경제에 큰 도움이 된다. 제주해녀들은 바다 속의 암초와 해산물의 서식처를 포함하는 바다에 대한 인지적 지도가 있다. 또한 제주해녀는 조류와 바람에 대한 나름의 지식이 풍부하다. 이러한 지도와 지식은 오랫동안 물질을 반복한 경험에 의해 습득된다. 날씨에 따라 물질을 할 수 있는지 없는지도 일기 예보보다는 물질 경력이 오래된 상군해녀의 말을 듣는다. 제주해녀들은 바다의 여신인 용왕할머니에게 풍어와 바다에서의 안전을 기원하기 위해 잠수굿을 지내면서 서우젯소리를 부른다. 또한 노를 저어 바다로 물질을 나갔던 시절에 불렀던 '해녀노래'가 전승되고 있다.
20	(2018년) 씨름, 한국의 전통 레슬링	• 두 사람이 상대의 샅바를 잡고 서로의 기술과 힘을 겨루어 상대방의 신체 중 무릎 이상이 지면에 먼저 닿는 것으로 승패를 겨루는 경기이다. • 사상 최초로 남·북한이 공동 등재하였다.

03 기록유산

구분	(등재 연도) 목록	해설
01	(1997년) 조선왕조실록	•「조선왕조실록」은 조선 왕조를 건립한 제1대 태조(太祖) 때부터 제25대 철종(哲宗)의 통치기에 이르는 470여 년간의 왕조의 역사를 담고 있다. • 후임 왕이 전왕의 실록의 편찬을 명하면 편찬되는데 사초(史草), 시정기(時政記), 승정원일기, 의정부등록, 비변사등록, 일성록 등의 자료를 토대로 작성되었다. • 현존 실록은 정족산 사고본(1,181책), 태백산 사고본(848책), 오대산 사고본(27책), 상편 (21책)이 있다.
02	(1997년) 훈민정음해례본	• 1446년 반포된 훈민정음(訓民正音) 판본과 해설서인 해례본(解例本)을 훈민정음 해례본이라 하며, 간송미술관에 보관되어 있다. •「훈민정음 해례본」의 발간일을 양력으로 계산하여 10월 9일을 한글날로 지정한 뒤 1946년부터 매년 국가 기념행사를 개최하고 있다. • 오늘날 유네스코가 문맹 퇴치에 기여한 이에게 주는 상을 세종대왕상(King Sejong Prize)이라고 일컫는 사실이 이 책이 세계의 문화에 끼친 영향을 보여준다.
03	(2001년) 승정원일기	• 승정원은 조선시대 국왕의 비서기관으로서 조선 왕조를 이끈 모든 국왕의 일상을 날마다 일기로 작성하는 일을 담당하였다. • 기관 이름이 수차례에 변경됨에 따라 일기의 명칭도 변경되었지만 이들 모두를 통틀어 「승정원일기」라고 부르며 하나의 기록유산으로 간주한다.
04	(2001년) 불조직지심체요절 (하권)	• 고려 말 백운화상(白雲和尙, 1299~1374)이 엮은 「불조직지심체요절」은 선(禪) 불교의 요체를 담은 책으로 「직지심체요절」, 「직지심체」, 「직지심경」, 「직지」 라고도 불린다. • 1377년 7월 청주의 흥덕사라는 옛 절에서 금속활자를 이용해서 인쇄되었다. 상권은 아직까지 발견되지 않았고, 하권만 프랑스 국립도서관에 소장되어 있다. • 이 책은 현존하는 세계 최고(最古)의 금속활자본이다.
05	(2007년) 조선왕조의궤	•「의궤(儀軌)」는 조선 왕실 의례에 관한 기록물로 왕실의 중요한 의식(儀式)을 글과 그림으로 기록하여 보여주고 있다. - 혼인·장례·연회·외국 사절 환대와 같은 중요한 의식을 행하는 데 필요한 의식·의전(儀典)·형식 절차 및 필요한 사항들을 기록하고 있고, 왕실의 여러 가지 문화 활동 외에 궁전 건축과 묘 축조에 관한 내용도 자세히 담고 있다.

구분	(등재 연도) 목록	해설
06	(2007년) 팔만대장경판과 제경판	• 「고려대장경(高麗大藏經)」은 총 81,258판의 목판에 새긴 것으로 해인사에 보관되어 있는데 '팔만대장경'으로도 불린다. • '삼장' 또는 한국어로 '대장경'은 불교 경전을 뜻하며, 부처님의 말씀을 실은 경장(經藏), 승단의 계율을 실은 율장(律藏), 고승과 불교 학자들이 남긴 '경(經)'에 대한 주석과 논(論)을 실은 논장(論藏)으로 구성된다.
07	(2009년) 동의보감	• 「동의보감(東醫寶鑑)」이라는 말은 '동양 의학의 이론과 실제'를 뜻하며, 1613년 우리나라에서 편찬된 의학 지식과 치료법에 관한 백과사전적 의서이다. • 왕명에 따라 의학 전문가들과 문인들의 협력 아래 허준(1546~1615)이 편찬하였다. 국가적 차원에서 다양한 의학 지식을 종합하였고, 일반 백성을 위한 혁신적인 공공 의료 사업을 수립하고 실행한 것이다.
08	(2011년) 5·18 광주민주화운동 기록물	• 1980년 5월 18일부터 5월 27일 사이에 한국 광주에서 일어난 5·18 민주화 운동과 관련한 기록물로 시민의 항쟁 및 가해자들의 처벌과 보상에 관한 문서·사진·영상 등의 형태로 남아 있다. • 1989년 '광주 사태'라는 명칭이 대통령에 의해 '5·18 광주 민주화운동'으로 공식 개칭되었고, 1995년에는 가해자 처벌에 관한 특별법(5029호)이 국회에서 제정되었다. • 1997년에는 5월 18일을 '5·18 민주화운동 기념일'로 지정하였다.
09	(2011년) 일성록	• 「일성록(日省錄)」은 '하루의 반성문'이란 뜻으로 22대 왕 정조(正祖, 1776~1800)가 왕위에 오르기 전부터 자신의 일상 생활과 학문의 진전에 관해 성찰하며 쓴 일기에서 유래하였다. • 정조는 왕위에 오르자 왕립 도서관인 규장각 신하들로 하여금 일지를 쓰게 하고 내용에 대해 자신의 승인을 받게 함으로써 「일성록」은 왕 개인의 일기에서 국사에 관한 공식 기록으로 바뀌었다.
10	(2013년) 난중일기	• 「난중일기(亂中日記)」는 이순신(1545~1598) 장군의 임진왜란이 발발한 1592년 1월부터 마지막으로 치른 노량(露梁) 해전에서 결정적인 승리를 앞두고 전사하기 직전인 1598년 11월까지 거의 날마다 적은 기록으로 총 7책 205장의 필사본으로 엮어져 있다. • 「난중일기」는 군 사령관이 전장에서 겪은 이야기를 서술한 기록으로서 세계사에서 그 유례를 찾아보기 힘든 것으로 개인의 일기 형식이지만 날마다의 교전 상황이나 이순신 장군의 개인적 소회, 그리고 당시의 날씨나 전장의 지형, 서민들의 생활상까지 상세하게 기록되어 있다.

구분	(등재 연도) 목록	해설
11	(2013년) 새마을 운동 기록물	• '새마을 운동 기록물'은 1970년~1979년까지 대한민국에서 전개된 새마을 운동에 관한 기록물이다. • '근면·자조·협동' 정신은 농촌 주민들 사이에서 널리 확산되어 한 때 세계 최빈국 중 하나였던 대한민국을 경제 대국으로 성장하게 만들어준 토대가 되었으며, 이러한 과정에서 한국인들이 얻은 경험은 인류의 소중한 자산이기도 하다.
12	(2015년) 한국의 유교책판	• '유교책판(儒教冊版)'이라고 불리며 조선시대에 718종의 서책을 간행하기 위해 판각한 책판으로 305개 문중과 서원에서 기탁한 총 64,226장은 현재 한국 국학진흥원에서 보존 관리하고 있다. • 유교책판은 시공을 초월하여 책을 통해 후학(後學)이 선학(先學)의 사상을 탐구하고 전승하며 소통하는 원형이다.
13	(2015년) KBS 특별생방송 이산가족찾기 기록물	• KBS 특별생방송 '이산가족을 찾습니다' 기록물은 KBS가 1983년 6월 30일 밤 10시 15분부터 11월 14일 새벽 4시까지 방송기간 138일, 방송시간 453시간 45분 동안 생방송한 20,522건의 기록물을 총칭한다. • 이 기록물은 텔레비전을 활용한 세계 최대 규모의 이산가족찾기 프로그램으로 세계 방송사적으로도 기념비적인 유산이다.
14	(2017년) 조선왕조 어보, 어책	• 금, 은, 옥에 아름다운 명칭을 새긴 어보, 오색 비단에 책임을 다할 것을 훈계하고 깨우쳐주는 글을 쓴 교명, 옥이나 대나무에 책봉하거나 아름다운 명칭을 수여하는 글을 새긴 옥책과 죽책, 금동판에 책봉하는 내용을 새긴 금책을 말한다. • 왕조의 영원한 지속성을 상징하는 어보와 그것을 주석(annotation)한 어책은 현재의 왕에게는 정통성을, 사후에는 권위를 보장하는 신성성을 부여함으로서 성물(聖物)로 숭배되었다.
15	(2017년) 조선통신사 기록물	• 1607년부터 1811년까지 조선이 일본에 파견된 조선통신사(朝鮮通信使)와 관련한 자료를 총칭한다. • 한국과 일본 양국이 공동으로 등재를 추진하였으며, 민간단체가 주도하여 성사시킨 점에서도 의의가 있다.
16	(2017년) 국채보상운동 기록물	• 국가가 진 빚을 국민이 갚기 위해 • 1907년부터 1910년까지 일어난 국채보상운동의 전 과정을 보여주는 기록물이다. • 한국의 남성은 술과 담배를 끊고, 여성은 반지와 비녀를 내어놓았고, 기생과 걸인, 심지어 도적까지도 의연금을 내는 등 전 국민의 약 25%가 이 운동에 자발적으로 참여하여 국가가 진 외채를 갚음으로써 국민으로서의 책임을 다 하려한 운동이었다.

부록 2 한국의 세시 풍속

핵심 출제포인트

- 이 단원은 만점 방지용으로 매 회차마다 1문제씩 출제되는 내용이다.
- 세시 풍속에 관한 삽화나 내용을 제시하고 어떠한 풍속인가를 묻는 문제가 주로 출제되기 때문에 우리의 전통 풍속에 대한 내용만 간단히 이해한다면 어려움없이 정답을 찾을 수 있을 것이다.

구분	세시 풍속	날짜	내용
01	설날	(음력) 1월 1일	• 설날을 한자어로 원일(元日)·세수(歲首)·세시(歲時)·세초(歲初)·연두(年頭)·연수(年首)·연시(年始)·정초(正初) 등으로 표기하는데, '1년의 첫째 날'이라는 뜻이다. • 새해 첫날에 삼가지 않으면 1년 내내 슬프거나 불길한 일이 생긴다는 뜻에서 이 날에는 일을 하지 않고 집안에서 쉬면서 매사에 조심하는 것이 보통이다.
02	대보름	(음력) 1월 15일	• '정월 대보름'이라고 하며 대보름이라는 이름은 1년 중 제일 처음인 보름날이고 이 날 뜨는 보름달이 가장 밝고 크기 때문에 붙여진 것이다. • 이 날에는 약밥과 오곡밥(보리·콩팥·찹쌀·수수·차조)을 지어 먹는다.
03	머슴날	(음력) 2월 1일	• '머슴날'은 농촌에서 특별히 머슴들에게 하루를 즐기게 해주는 날이다. • 이는 지난해 추수를 끝낸 후 겨우내 쉬고 있던 머슴들이 봄이 돌아와 농사 준비에 바빠지기 때문에 주인집에서 그들을 위로해주고자 음식을 마련하여 잔치를 베풀어주는 것이다.
	영등제 (靈登祭)		• 음력 2월 1일부터 20일경까지 제주도나 경상도 지방에서는 '바람 올리기'라 하여 바람신인 '영등할머니'를 모시는 '영등제'라는 제사를 지낸다. • 영등할머니는 매년 2월 초하룻날에 하늘에서 땅으로 내려와 땅 위의 곡식과 바다의 물고기들을 보살펴 주고는 20일경 다시 하늘로 올라간다고 한다. 그래서 이 기간에는 거센 바람이 불어 바다는 풍랑이 심하므로 어부들은 출항을 삼가고 제를 올린다.
04	삼짇날	(음력) 3월 3일	• 꽃이 피고 나뭇잎이 돋아나올 때 남녀노소가 무리를 지어 하루를 즐겁게 노는 일을 '화류놀이'라고 한다. • 이 날에는 제각기 좋아하는 음식을 정성껏 마련하여 와서 서로 나누어 먹었다.
05	청명 (淸明)	(양력) 4월 5일경	• '청명일'은 한식 하루 전이 되거나 때로는 한식과 같은 날이 되기도 한다. • 이 무렵에 논밭둑을 손질하는 가래질을 시작하는데, 이것은 특히 논농사의 준비 작업이 된다.
	한식 (寒食)		• '한식'은 동지로부터 105일째 되는 날로 설·단오·추석과 함께 4대 명절의 하나이다. • 이날은 '손 없는 날, 귀신이 꼼짝 않는 날'로 여겨 산소에 손을 대도 탈이 없다고 하여 가토, 개사초, 면례(移葬) 등을 하거나 비석 또는 상석을 세웠다.
06	초파일	(음력) 4월 8일	• 석가모니가 탄생한 날로 부처님의 은혜를 온몸에 입은 날이기에 사찰을 찾아가 제(齊)를 올리고 축원을 하며, 불상에 물 또는 차(茶)를 끼얹으면서 부처님의 공덕을 기린다.
07	단오 (端午)	(음력) 5월 5일	• 수릿날·중양절(重午節)·단양(端陽)·천중절(天中節) 등의 이름으로 불리워진다. • 단(端)은 초(初)의 뜻이고, 午는 五와 상통하던 글자이니 단오는 곧 '초닷새' 라는 뜻으로 이 날 농경의 풍작을 기원하는 제사를 지낸다.

구분	세시 풍속	날짜	내용
08	유두 (流頭)	(음력) 6월 15일	• '유두일'에 친지들이 맑은 시내나 산간 폭포에 가서 머리를 감고 몸을 씻은 뒤 가지고 간 음식을 먹으면서 서늘하게 하루를 지내면 여름에 질병을 물리치고 더위를 먹지 않는다고 한다.
09	칠석	(음력) 7월 7일	• 견우·직녀의 애닯은 전설이 있는 이 날은 별자리를 각별히 생각하는 날이어서 수명신(壽命神)으로 알려진 북두칠성에게 수명 장수를 기원하며, 처녀들은 별을 보며 바느질 잘하게 해 달라고 빈다.
10	추석 (秋夕)	(음력) 8월 15일	• '추석'은 가을에 곡식과 과일들을 수확하여 조상님께 올리고 제사를 지내는 추수 감사제이다.
11	동지 (冬至)	(양력) 12월 22일	• 1년 중 낮이 가장 짧고 밤이 가장 긴 날로 우리 속담에 '동지 지난지 열흘이면 해가 노루꼬리만큼 길어진다'는 말이 있다. • 집집마다 팥죽을 쑤어 차례를 모시고 여러 곳에 한 그릇씩 떠서 차리고 또 대문이나 집 안팎에 뿌리고 나서 먹는 것은 조상을 위하고, 또 질병을 옮기는 사악한 귀신을 퇴치하며 재앙을 막고자 하는 염원에서 생긴 풍습이다.
12	제야 (除夜)	(음력) 12월 31일	• 묵은 것을 떨구어 버리고, 새롭고 신성한 분위기 속에서 새해를 맞을 준비를 하는 행사이다.

한국사능력검정시험 (고급)

기출문제

42회~45회

고급 기출문제 42회

01 **(가) 시대의 사회 모습으로 옳은 것은?** [1점]

① 가락바퀴를 이용하여 실을 뽑았다.
② 주로 동굴에 살면서 사냥과 채집을 하였다.
③ 거푸집을 이용하여 세형 동검을 제작하였다.
④ 빗살무늬 토기를 만들어 식량을 저장하였다.
⑤ 쟁기, 쇠스랑 등의 철제 농기구를 사용하였다.

02 **(가)에 들어갈 내용으로 옳은 것은?** [2점]

① 지방의 여러 성에 욕살, 처려근지 등을 두었습니다.
② 제가 회의에서 나라의 중요한 일을 결정하였습니다.
③ 한(漢)과 진국(辰國) 사이에서 중계 무역을 하였습니다.
④ 전국 7웅 중 하나인 연과 대적할 만큼 성장하였습니다.
⑤ 부왕(否王) 등 강력한 왕이 등장하여 왕위를 세습하였습니다.

03 **(가), (나) 나라에 대한 설명으로 옳은 것은?** [3점]

(가) 나라가 작아 큰 나라의 틈바구니에서 압박을 받다가 마침내 고구려에 예속되었다. 고구려는 그 [지역 사람] 중에서 대인(大人)을 두고 사자(使者)로 삼아 함께 통치하게 하였다.
또 대가(大加)로 하여금 조세를 책임지도록 하였고, 맥포(貊布)·어염(魚鹽) 및 해산물 등을 천리나 되는 거리에서 짊어져 나르게 하였다.

-『삼국지』 동이전 -

(나) 해마다 10월이면 하늘에 제사를 지내는데, 밤낮으로 술 마시며 노래 부르고 춤추니 이를 무천(舞天)이라 한다. 또 호랑이를신(神)으로 여겨 제사 지낸다. …… 낙랑의 단궁이 그 지역에서 산출된다. 바다에서는 반어피가 나며, 땅은 기름지고 무늬 있는 표범이 많고, 과하마가 나온다.

-『삼국지』 동이전 -

① (가) - 혼인 풍속으로 민며느리제가 있었다.
② (가) - 읍락 간의 경계를 중시하여 책화가 있었다.
③ (나) - 여러 가(加)들이 별도로 사출도를 주관하였다.
④ (나) - 남의 물건을 훔쳤을 때에는 12배로 갚게 하였다.
⑤ (가), (나) - 제사장인 천군과 신성 지역인 소도가 존재하였다.

04 **(가) 나라에 대한 설명으로 옳은 것은?** [2점]

호계사의 파사석탑(婆娑石塔)은 옛날 이 고을이 (가) 이었을 때, 시조 수로왕의 왕비 허황옥이 동한(東漢) 건무 24년에 서역 아유타국에서 싣고 온 것이다. …… 탑은 사각형에 5층인데, 그 조각은 매우 기이하다. 돌에는 희미한 붉은 무늬가 있고 그 질이 매우 연하여 우리나라에서 나는 돌이 아니다.

-『삼국유사』 -

① 철이 많이 생산되어 왜 등에 수출하였다.
② 만장일치제로 운영된 화백 회의가 있었다.
③ 빈민을 구제하기 위해 진대법을 실시하였다.
④ 지방을 통제하기 위해 22담로를 설치하였다.
⑤ 박, 석, 김의 3성이 교대로 왕위를 계승하였다.

05 다음 검색창에 들어갈 왕에 대한 설명으로 옳은 것은? [2점]

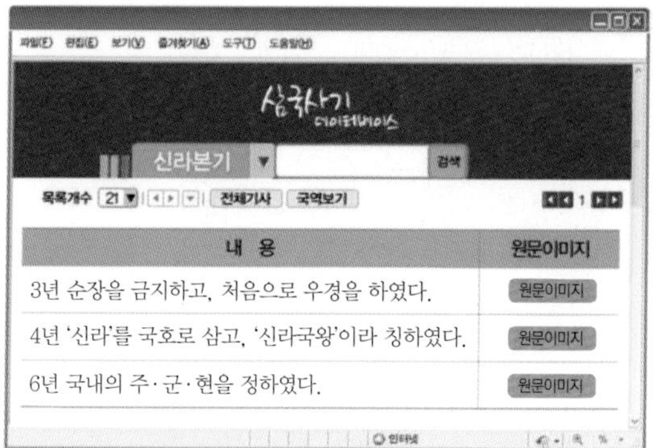

내 용	원문이미지
3년 순장을 금지하고, 처음으로 우경을 하였다.	원문이미지
4년 '신라'를 국호로 삼고, '신라국왕'이라 칭하였다.	원문이미지
6년 국내의 주·군·현을 정하였다.	원문이미지

① 첨성대를 세워 천체를 관측하였다.
② 대가야를 정복하여 영토를 확장하였다.
③ 거칠부에게 국사를 편찬하도록 하였다.
④ 건원이라는 독자적인 연호를 사용하였다.
⑤ 시장을 감독하는 관청인 동시전을 설치하였다.

06 (가), (나) 사이의 시기에 있었던 사실로 옳은 것은? [3점]

(가) 김춘추가 무릎을 꿇고 아뢰기를, "…… 만약 폐하께서 당의 군사를 빌려주어 흉악한 무리를 잘라 없애지 않는다면 저희 백성은 모두 포로가 될 것이며, 산 넘고 바다 건너 행하는 조회도 다시는 바랄 수 없을 것입니다."라고 하였다. 태종이 매우 옳다고 여겨서 군사의 출동을 허락하였다. -『삼국사기』-

(나) 계필하력이 먼저 군사를 이끌고 평양성 밖에 도착하였고, 이적의 군사가 뒤따라 와서 한 달이 넘도록 평양을 포위하였다.
…… 남건은 성문을 닫고 항거하여 지켰다. …… 5일 뒤에 신성이 성문을 열었다. …… 남건은 스스로 칼을 들어 자신을 찔렀으나 죽지 못했다. [보장]왕과 남건 등을 붙잡았다. -『삼국사기』-

① 당이 안동도호부를 요동 지역으로 옮겼다.
② 신라와 당의 연합군이 백강에서 왜군을 물리쳤다.
③ 신라가 당의 군대에 맞서 매소성에서 승리하였다.
④ 고구려 안승이 신라에 의해 보덕국왕으로 임명되었다.
⑤ 고구려가 당의 침입에 대비하여 천리장성을 완성하였다.

07 다음 특별전에 전시될 사진으로 적절하지 않은 것은? [1점]

특별전

고분 벽화를 통해 본 고구려인의 삶

우리 학교 역사 탐구 동아리에서 고구려의 고분 벽화 사진들을 모아 특별전을 마련하였습니다.
관심 있는 학생들의 많은 관람 바랍니다.

• 기간 : 2019년 ○○월 ○○일~○○일
• 장소 : 본관 3층 역사 탐구 동아리방

①

②

③

④

⑤

08 밑줄 그은 '왕'의 재위 기간에 있었던 사실로 옳은 것은? [2점]

왕이 장군 윤충을 보내 군사 1만 명을 거느리고 신라의 대야성을 공격하게 하였다. 성주 품석이 처자를 데리고 나와 항복하자 윤충이 그들을 모두 죽이고 품석의 목을 베어 왕도(王都)에 보냈다. 남녀 1천여 명을 사로잡아 서쪽 지방의 주·현에 나누어 살게 하고 군사를 남겨 그 성을 지키게 하였다. -『삼국사기』-

① 익산에 미륵사를 창건하였다.
② 사비로 천도하고 국호를 남부여로 고쳤다.
③ 수와 외교 관계를 맺고 친선을 도모하였다.
④ 평양성을 공격하여 고국원왕을 전사시켰다.
⑤ 계백의 결사대를 보내 신라군에 맞서 싸웠다.

09 밑줄 그은 '왕'의 정책으로 옳은 것은? [2점]

설화 속에 담긴 역사

- 왕이 한여름날 설총에게 이야기를 청하였다. 설총이 아첨하는 미인 장미와 충언하는 백두옹(白頭翁 : 할미꽃)을 두고 누구를 택할까 망설이는 화왕(花王)에게 백두옹이 간언한 이야기를 해주었다. 이에 왕이 정색하고 낯빛을 바꾸며 "그대의 우화 속에는 실로 깊은 뜻이 있구나. 이를 기록하여 임금된 자의 교훈으로 삼도록 하라."고 하고, 드디어 설총을 높은 벼슬에 발탁하였다.
- 동해 가운데 홀연히 한 작은 산이 나타났는데, 형상이 거북 머리와 같았다. 그 위에 한 줄기의 대나무가 있어, 낮에는 갈라져 둘이 되고 밤에는 합하여 하나가 되었다. 왕이 사람을 시켜 베어다가 피리를 만들어 이름을 만파식적(萬波息笛)이라고 하였다.

① 관료전을 지급하고 녹읍을 폐지하였다.
② 관리 채용을 위해 독서삼품과를 시행하였다.
③ 병부와 상대등을 설치하고 관등을 정비하였다.
④ 자장의 건의로 황룡사 구층 목탑을 건립하였다.
⑤ 위홍과 대구화상에게 삼대목을 편찬하도록 하였다.

10 (가) 국가의 문화유산으로 옳은 것은? [2점]

□□신문

제△△호 ○○○○년 ○○월 ○○일

(가) 의 황후 묘지 발굴

순목황후묘 실측도

중국 지린성 허룽시 룽하이촌 룽터우산 고분군에서 (가) 이/가 황제국이었음을 보여주는 제3대 문왕의 부인 효의황후와 제9대 간왕의 부인 순목황후의 묘지(墓誌)가 발굴되었다. 이와 함께 고구려 양식을 계승한 것으로 보이는 금제 관식도 출토되었다.

① 
② 
③ 
④ 
⑤ 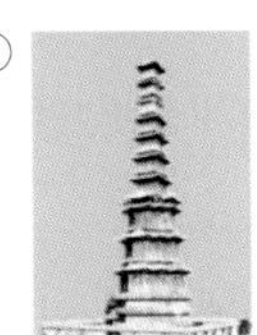

11 (가) 인물의 활동에 대한 설명으로 옳은 것은? [2점]

이곳 동고산성은 신라 말의 혼란을 틈타 완산주에 나라를 건국한 (가) 와/과 관련된 유적으로 알려져 있습니다. 조선 숙종 때 쓰여진 전주 성황사 중창기와 1980년 이곳에서 발견된 '전주성(全州城)'이라는 명문이 새겨진 와당이 이를 뒷받침하고 있습니다.

① 양길의 휘하에서 세력을 키웠다.
② 후당, 오월에 사신을 파견하였다.
③ 광평성 등 각종 정치 기구를 마련하였다.
④ 일리천 전투에서 고려군에게 패배하였다.
⑤ 국호를 마진으로 바꾸고 철원으로 천도하였다.

12 다음 정책이 추진된 시기의 경제 상황으로 옳은 것은? [1점]

> ㅇ 왕 2년 교서를 내리기를, "…… 짐은 선왕의 업적을 계승하여 장차 민간에 큰 이익을 일으키고자 주전(鑄錢)하는 관청을 세우고 백성들에게 두루 유통시키려 한다."라고 하였다.
>
> ㅇ 왕 6년 주전도감(鑄錢都監)에서 아뢰기를, "백성들이 비로소 동전 사용의 이로움을 알아 편리하게 여기고 있으니 종묘에 고하소서."
> 라고 하였다. 또한 이 해에 은병(銀甁)을 사용하여 화폐로 삼았다.

① 집집마다 부경이라는 창고가 있었다.
② 청해진을 중심으로 해상 무역이 전개되었다.
③ 서적점, 다점 등의 관영 상점이 운영되었다.
④ 감자, 고구마 등의 구황 작물을 널리 재배하였다.
⑤ 일본과의 무역을 허용하고 계해약조를 체결하였다.

13 (가) 왕이 시행한 정책으로 옳지 않은 것은? [2점]

> 발해가 거란의 군사에게 격파되자 그 나라 세자인 대광현 등이 우리나라가 의(義)로써 홍기하였으므로 남은 무리 수만 호를 거느리고 밤낮으로 길을 재촉하여 달려왔습니다. (가) 께서는 이들을 더욱 가엾게 여기시어 영접과 대우가 매우 두터웠고, 성과 이름을 하사하시기까지 이르렀습니다. 또한 그들을 종실의 족보에 붙이고, 본국 조상들의 제사를 받들도록 하셨습니다.
>
> -『고려사』-

① 평양을 서경으로 삼아 중시하였다.
② 민생 안정을 위해 흑창을 설치하였다.
③ 경순왕 김부를 경주의 사심관으로 삼았다.
④ 국자감에 7재라는 전문 강좌를 개설하였다.
⑤ 계백료서를 지어 관리의 규범을 제시하였다.

14 (가)~(라)를 일어난 순서대로 옳게 나열한 것은? [3점]

> (가) 강감찬이 수도에 성곽이 없다 하여 나성을 쌓을 것을 요청하니, 왕이 그 건의를 따라 왕가도에게 명령하여 축조하게 하였다.
>
> (나) 양규가 흥화진으로부터 군사 7백여 명을 이끌고 통주까지 와서 군사 1천여 명을 수습하였다. 밤중에 곽주로 들어가서 지키고 있던 거란군을 급습하여 모조리 죽인 후 성 안에 있던 남녀 7천여 명을 통주로 옮겼다.
>
> (다) 묘청 등이 왕에게 말하기를, "신들이 보건대 서경의 임원역은 음양가들이 말하는 대화세(大華勢)이니 만약 이곳에 궁궐을 세우고 옮기시면 천하를 병합할 수 있을 것이요, 금이 공물을 바치고 스스로 항복할 것입니다."라고 하였다.
>
> (라) 윤관이 여진을 평정하고 6성을 새로 쌓았다 하여 하례하는 표를 올렸고, 임언에게 공적을 칭송하는 글을 짓게 하여 영주(英州) 남청(南廳)에 걸었다. 또 공험진에 비를 세워 경계로 삼았다.

① (가) - (나) - (다) - (라) ② (가) - (나) - (라) - (다)
③ (나) - (가) - (라) - (다) ④ (나) - (다) - (가) - (라)
⑤ (다) - (라) - (나) - (가)

15 (가)에 해당하는 문화유산으로 옳은 것은? [1점]

①

②

③

④

⑤

16 (가) 국가의 침입에 대한 고려의 대응으로 옳지 않은 것은? [3점]

> ㅇ (가) 의 장수 합진과 찰랄이 군사를 거느리고 …… 거란을 토벌하겠다고 말하면서 화주, 맹주, 순주, 덕주의 4개 성을 공격하여 격파하고 곧바로 강동성으로 향하였다. …… 조충과 김취려가 합진, 완안자연 등과 함께 병사를 합하여 강동성을 포위하니 적들이 성문을 열고 나와 항복하였다. -『고려사』-
>
> ㅇ (가) 에서 조서를 보내 이르기를, "…… 너희들이 모의하여 [우리 사신] 저고여를 죽이고서는 포선만노의 백성들이 죽였다고 한 것이 세 번째 죄이다. ……"라고 하였다. -『고려사』-

① 강화도로 도읍을 옮겨 항전하였다.
② 김윤후가 처인성 전투에서 활약하였다.
③ 화포를 이용하여 진포에서 대승을 거두었다.
④ 다인철소 주민들이 충주 지역에서 저항하였다.
⑤ 대장도감을 설치하여 팔만대장경판을 만들었다.

17 (가) 정치 기구에 대한 설명으로 옳은 것은? [3점]

> 역사 용어 해설
>
> (가)
>
> 1. 개요
> 1405년(태종 5)에 독립된 기구로 개편된 중앙 관서로, 경국대전에 의하면 도승지·좌승지·우승지·좌부승지·우부승지·동부승지 모두 6인의 승지가 있었다.
>
> 2. 관련 사료
> 승지에 임명되는 당상관은 이조나 대사간을 거쳐야 맡을 수 있었고, 인망이 마치 신선과 같으므로 세속 사람들이 '은대(銀臺) 학사'라고 부른다.
> -『임하필기』-

① 수도의 행정과 치안을 맡아보았다.
② 화폐와 곡식의 출납과 회계를 맡았다.
③ 5품 이하의 관원에 대한 서경권을 가졌다.
④ 왕의 비서 기관으로 왕명 출납을 담당하였다.
⑤ 외국어의 통역과 번역에 관한 업무를 관장하였다.

18 다음 역사서가 편찬된 이후의 사실로 옳은 것은? [2점]

> ㅇ 대체로 옛 성인들은 예악으로 나라를 일으키고 인의로 가르침을 베푸는 데 있어 괴력난신(怪力亂神)을 말하지 않았다. 그러나 제왕이 장차 일어날 때에는 …… 보통사람과는 다른 점이 있기 마련이다.
> …… 이로 보건대 삼국의 시조가 모두 신비로운 데에서 탄생하였다고 하여 이상할 것이 없다. 이 책머리에 기이(紀異)편을 싣는 까닭도 바로 여기에 있는 것이다.
>
> ㅇ 신(臣) 이승휴가 지어서 바칩니다. 예로부터 제왕들이 서로 계승하여 주고받으며 흥하고 망한 일은 세상을 경영하는 군자가 밝게 알지 않아서는 안 되는 바입니다. …… 그 선하여 본받을 만한 것과 악하여 경계로 삼을 만한 것은 모두 일마다 춘추 필법에 따랐습니다.

① 쌍기의 건의로 과거제가 도입되었다.
② 이제현이 만권당에서 유학자들과 교류하였다.
③ 최충이 유학을 교육하는 9재 학당을 설립하였다.
④ 망이 · 망소이가 가혹한 수탈에 저항하여 봉기하였다.
⑤ 의천이 불교 교단 통합을 위해 천태종을 개창하였다.

19 (가) 지역에서 있었던 사실로 옳은 것은? [2점]

> 답사 계획서
>
> ▣ 주제: (가) 의 유적과 인물을 찾아서
> ▣ 기간: 2019년 ○○월 ○○일~○○일
> ▣ 일정 및 경로
> • 1일차: 만월대 → 첨성대 → 왕건릉 → 공민왕릉
> • 2일차: 숭양서원 → 표충사 → 선죽교

① 인조가 피신하여 청군에 항전하였다.
② 제1차 미 · 소공동 위원회가 개최되었다.
③ 오페르트가 남연군 묘 도굴을 시도하였다.
④ 만적을 비롯한 노비들이 신분 해방을 도모하였다.
⑤ 현존 최고(最古)의 금속 활자본인 직지심체요절이 간행되었다.

20 (가)에 들어갈 내용으로 옳은 것은? [2점]

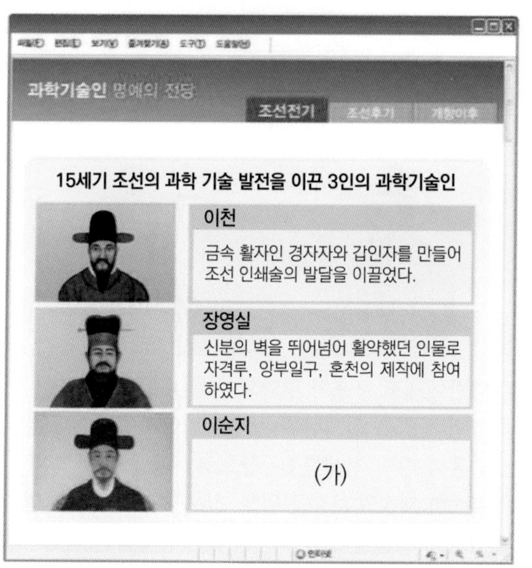

① 기기도설을 참고하여 거중기를 설계하였다.
② 최초로 100리 척 축척법을 사용하여 지도를 만들었다.
③ 홍역에 관한 국내외 자료를 종합하여 의서를 편찬하였다.
④ 한양을 기준으로 천체 운동을 계산한 역법서를 저술하였다.
⑤ 체질에 따라 처방을 달리해야 한다는 사상 의학을 확립하였다.

21 (가), (나) 에 대한 설명으로 옳은 것은? [2점]

나는 8도의 부 · 목 · 군 · 현에 파견되는 (가) 입니다. 경국대전에 의하면 임기는 1,800일이고, 원칙적으로 상피제의 적용을 받고 있습니다.

나는 지방 관아에서 행정 실무를 담당하는 (나) 입니다. 고려 때와는 달리 요즘은 외역전도 지급받지 못하고 직무를 수행하고 있습니다. 우리들의 수장을 호장 이라고도 부릅니다.

① (가) – 단안(壇案)이라는 명부에 등재되었다.
② (가) – 지방의 행정 · 사법 · 군사권을 행사하였다.
③ (나) – 감사, 도백으로도 불렸다.
④ (나) – 장례원(掌隷院)을 통해 국가의 관리를 받았다.
⑤ (가), (나) – 잡과를 통해 선발되었다.

22 (가), (나) 사이의 시기에 있었던 사실로 옳은 것은? [2점]

(가) 왕이 어머니 윤씨가 폐위되고 죽은 것이 엄씨와 정씨의 참소 때문이라 여기고, 밤에 엄씨와 정씨를 대궐 뜰에 결박하여 놓고 손수 마구 치고 짓밟았다. …… 왕이 장검을 들고 자순 왕대비 침전 밖에 서서 …… 말하기를 "대비는 어찌하여 내 어머니를 죽였습니까?"라고 하며 불손한 말을 많이 하였다.

(나) 정유년 이후부터 조정 신하들 사이에는 대윤이니 소윤이니 하는 말들이 있었다. …… 인종이 승하한 뒤에 윤원형이 뜻을 얻었음을 기뻐하여 비밀리에 보복할 생각을 품었다. …… 자전(慈殿)※은 밀지를 윤원형에게 내렸다. 이에 이기·임백령·정순붕·허자가 고변하여 큰 화를 만들어 냈다.

※자전(慈殿) : 임금의 어머니

① 왕자의 난으로 정도전 등이 피살되었다.
② 위훈 삭제를 주장한 조광조가 제거되었다.
③ 서인이 반정을 일으켜 정권을 장악하였다.
④ 성삼문 등이 상왕의 복위를 꾀하다 처형되었다.
⑤ 이조 전랑 임명을 둘러싸고 사림이 동인과 서인으로 나뉘었다.

23 (가)에 대한 설명으로 옳은 것은? [1점]

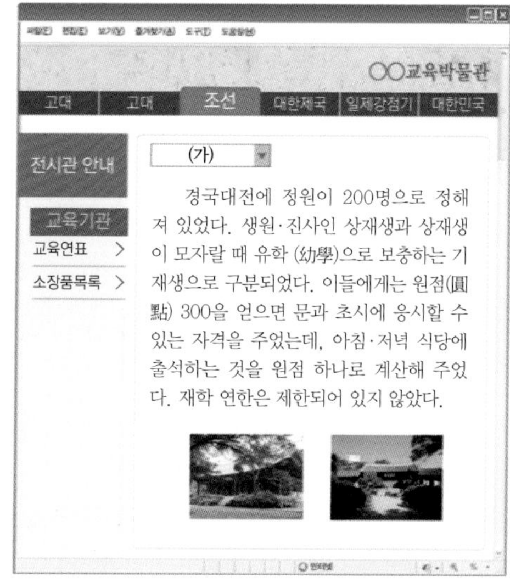

① 좌수와 별감을 선발하여 운영하였다.
② 지방의 사림 세력이 주로 설립하였다.
③ 전국의 부 · 목 · 군 · 현에 하나씩 설립되었다.
④ 최고의 관립 교육 기관으로 성현의 제사도 지냈다.
⑤ 흥선 대원군에 의해 47개소를 제외하고 철폐되었다.

24 밑줄 그은 '이 왕'의 재위 기간에 있었던 사실로 옳은 것은? [2점]

제시된 자료는 이 왕이 세자 시절 쓴 칠언시입니다. 척화를 주장했던 신하들과 함께 청에 볼모로 잡혀갔다 돌아온 후에 지은 것으로 보입니다.

세상의 뜬 이름 모두 다 헛되니
물가에서 뛰어난 홍취를
한 잔 술에 붙이노라.
높은 수레 발이 묶여
참으로 부끄러운데
샘물 소리 도도하니
나의 한도 끝이 없노라.

① 나선 정벌에 조총 부대가 동원되었다.
② 왕권 강화를 위해 장용영이 설치되었다.
③ 청과의 경계를 정한 백두산정계비가 건립되었다.
④ 역대 문물을 정리한 동국문헌비고가 편찬되었다.
⑤ 전통 한의학을 집대성한 동의보감이 완성되었다.

25 다음 상황 이후에 전개된 사실로 옳은 것은? [3점]

인평 대군의 아들 여러 복(복창군·복선군·복평군)이 본래 교만하고 억세었는데, 임금이 초년에 자주 병을 앓았으므로 그들이 몰래 못된 생각을 품고 바라서는 안 될 자리를 넘보았다. …… 남인에 붙어서 윤휴와 허목을 스승으로 삼고 …… 그들이 허적의 서자 허견을 보고 말하기를, "임금에게 만약 불행한 일이 생기면 너는 우리를 후사로 삼게 하라. 우리는 너에게 병조 판서를 시킬 것이다."라고 하였다. …… 이 때 김석주가 남몰래 그 기미를 알고 경신년 옥사를 일으켰다.

-『연려실기술』-

① 자의 대비의 복상 문제로 예송이 전개되었다.
② 정여립 모반 사건으로 서인이 정국을 주도하였다.
③ 이괄의 난이 일어나 반란군이 도성을 장악하였다.
④ 북인이 서인과 남인을 배제한 채 정국을 독점하였다.
⑤ 희빈 장씨 소생의 원자 책봉 문제로 환국이 발생되었다.

26 밑줄 그은 '이 제도'에 대한 설명으로 옳은 것은? [2점]

이원익 대감의 건의로 경기도에 이 제도를 시행한다고 하네. 방납의 폐단이 경기도에서 특히 심해서라더군.

이제 각 고을에서는 공물을 현물 대신 쌀로 거두어 선혜청으로 납부한다는군.

① 양반에게도 군포가 부과되었다.
② 양전 사업을 실시하여 지계를 발급하였다.
③ 풍흉에 따라 전세를 9등급으로 차등 부과하였다.
④ 부족한 재정의 보충을 위해 선무군관포를 징수하였다.
⑤ 관청에 물품을 조달하는 공인이 등장하는 배경이 되었다.

27 다음 글을 쓴 인물에 대한 설명으로 옳은 것은? [3점]

중국은 서양에 대해서 경도의 차이가 1백 80도에 이르는데, 중국 사람은 중국을 정계(正界)로 삼고 서양을 도계(倒界)로 삼으며 서양 사람은 서양을 정계로 삼고 중국을 도계로 삼는다. 그러나 실제에 있어서는 하늘을 이고 땅을 밟는 사람은 지역에 따라 모두 그러하니 횡(橫)이나 도(倒)할 것 없이 다 정계다.

-「의산문답」-

① 지전설과 무한우주론을 주장하였다.
② 남북국이라는 용어를 처음 사용하였다.
③ 북한산비가 진흥왕 순수비임을 고증하였다.
④ 서얼 출신으로 규장각 검서관에 등용되었다.
⑤ 여전론을 통해 마을 단위 토지 분배와 공동 경작을 주장하였다.

28 **(가) 종교에 대한 설명으로 옳은 것은?** [1점]

책으로 보는 역사

벽위편

18세기 말부터 19세기 중엽까지 (가) 을/를 사교로 몰아 탄핵한 여러 기록을 모은 책이다. 이승훈 · 정약용 등이 교리를 토의하다 적발된 사건, 전라도 진산의 윤지충 · 권상연이 조상에 대한 제사를 폐지하여 처형당한 사건 등이 수록되어 있다.

① 단군 숭배 사상을 전파하였다.
② 하늘에 제사 지내는 초제를 거행하였다.
③ 동경대전과 용담유사를 경전으로 삼았다.
④ 청을 다녀온 사신들에 의하여 서학으로 소개되었다.
⑤ 유 · 불 · 선을 바탕으로 민간 신앙의 요소까지 포함하였다.

29 **다음 상황이 나타난 시기의 경제 모습으로 옳지 않은 것은?** [2점]

호조 판서 이성원이 말하기를, "종전에 허다하게 주조한 돈을 결코 작년과 금년에 다 써버렸을 리가 없고, 경외(京外) 각 아문의 봉부동전(封不動錢)※ 역시 새로 조성한 것이 아닙니다. 작년과 금년에 전황(錢荒)이 극심한 것은 아마도 부상(富商)과 대고(大賈)가 이 때를 틈타 갈무리해 두고 이익을 취하려는 것으로 보이는데, 그 폐단을 바로잡을 방책이 없습니다."라고 하였다.

- 『비변사등록』 -

※ 봉부동전(封不動錢) : 창고에 넣고 쓰지 못하도록 봉해 둔 비상대비용 돈

① 덕대가 광산을 전문적으로 경영하였다.
② 담배와 면화 등이 상품 작물로 재배되었다.
③ 수조권이 세습되는 수신전, 휼양전이 있었다.
④ 송상, 만상이 대청 무역으로 부를 축적하였다.
⑤ 왜관에서 개시 무역과 후시 무역이 이루어졌다.

30 **(가) 사건에 대한 설명으로 옳은 것은?** [2점]

① 청의 군대에 의해 진압되었다.
② 최제우가 동학을 창시하는 계기가 되었다.
③ 왕이 도성을 떠나 공산성으로 피란하였다.
④ 남접과 북접이 연합하여 조직적으로 전개되었다.
⑤ 사건의 수습을 위해 박규수가 안핵사로 파견되었다.

31 **다음 서술형 평가의 답안에 들어갈 내용으로 옳은 것은?** [3점]

서술형 평가 ○학년 ○○반 이름: ○○○

◎ 밑줄 그은 '이 기구'에서 추진한 정책을 서술하시오.

이 기구는 변화하는 국내외 정세에 대응하고 개화 정책을 총괄하기 위해 1880년에 설치되었다. 소속 부서로 외교 업무를 담당하는 사대사와 교린사, 중앙과 지방의 군사를 통솔하는 군무사, 외국과의 통상에 관한 일을 맡는 통상사, 외국어 번역을 맡은 어학사, 재정 사무를 담당한 이용사 등 12사가 있었다.

답안

① 재판소를 설치하여 사법권을 독립시켰다.
② 미국과 합작하여 한성 전기 회사를 설립하였다.
③ 5군영을 2영으로 축소하고 별기군을 창설하였다.
④ 재정 문제를 해결하기 위해 당백전을 주조하였다.
⑤ 교육 입국 조서를 반포하고 외국어 학교 관제를 마련하였다.

32 (가)~(마)에 들어갈 내용으로 적절한 것은? [2점]

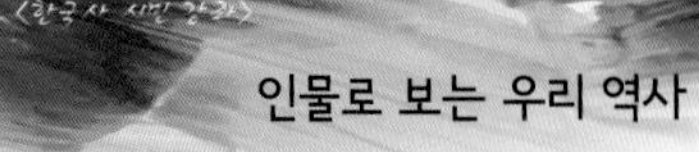

우리 학회에서는 격동의 시대를 살았던 인물들의 삶을 살펴 보는 자리를 마련하였습니다. 많은 관심과 참여 바랍니다.

강좌 순서	인물	주제
제1강	최익현	(가)
제2강	김옥균	(나)
제3강	전봉준	(다)
제4강	김홍집	(라)
제5강	홍범도	(마)

- 일시 : 2019년 ○○월 ○○일 ~ ○○월 ○○일 14시
- 장소 : □□대학교 대강당
- 주관 : △△학회

① (가) – 반침략 기치를 들고 우금치 전투에 참여하다.
② (나) – 군국기무처의 총재로 개혁을 주도하다.
③ (다) – 입헌 군주제를 꿈꾸며 갑신정변을 일으키다.
④ (라) – 을사늑약에 반대하여 항일 의병을 이끌다.
⑤ (마) – 평민 의병장에서 대한독립군 사령관으로 활약하다.

33 다음 사건이 일어난 시기를 연표에서 옳게 고른 것은? [2점]

일본 장교는 군사의 대오를 정렬하여 합문을 에워싸고 지키도록 명령하여, 흉악한 일본 자객들이 왕후 폐하를 수색하는 것을 도왔다. 이에 자객 20~30명이 …… 전각으로 돌입하여 왕후를 찾았다. …… 자객들은 각처를 찾더니 마침내 깊은 방 안에서 왕후 폐하를 찾아내고 칼로 범하였다. …… 녹원 수풀 가운데로 옮겨 석유를 그 위에 바르고 나무를 쌓아 불을 지르니 다만 해골 몇 조각만 남았다.
– 고등재판소 보고서 –

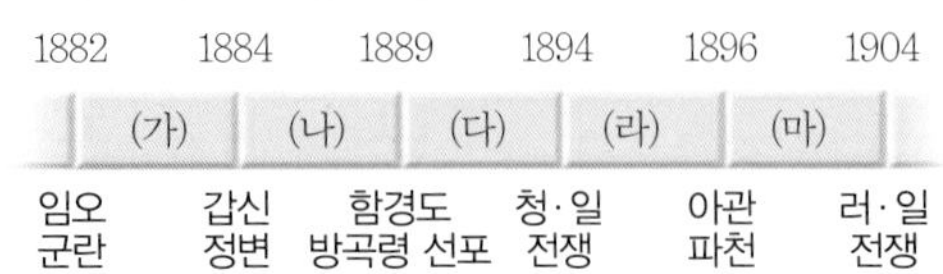

① (가) ② (나) ③ (다) ④ (라) ⑤ (마)

34 (가) 시기에 실시된 정책으로 옳은 것은? [2점]

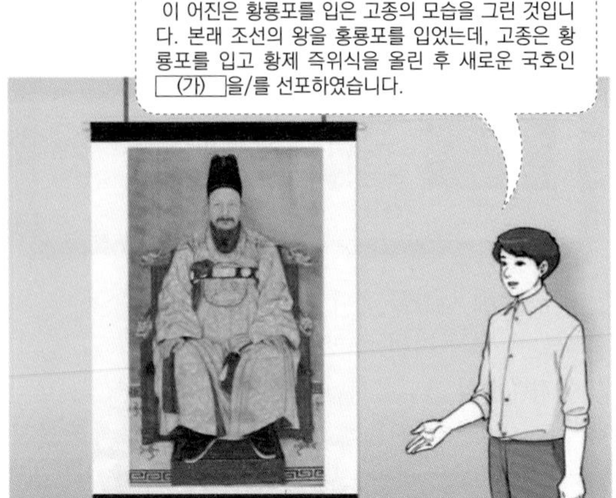

① 이범윤을 간도 관리사로 임명하였다.
② 김윤식을 청에 영선사로 파견하였다.
③ 건양이라는 독자적인 연호를 사용하였다.
④ 행정 기구를 6조에서 8아문으로 개편하였다.
⑤ 공사 노비법을 혁파하고 과거제를 폐지하였다.

35 다음 검색창에 들어갈 신문에 대한 설명으로 옳은 것은? [1점]

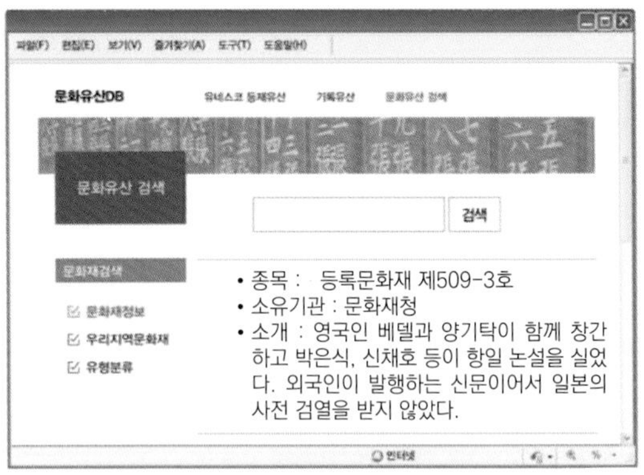

① 천도교의 기관지로 발행되었다.
② 상업 광고가 처음으로 게재되었다.
③ 국채 보상 운동의 확산에 기여하였다.
④ 농촌 계몽을 위해 브나로드 운동을 전개하였다.
⑤ 순 한문 신문으로 열흘마다 발행하는 것이 원칙이었다.

36 (가), (나) 조약 사이의 시기에 있었던 사실로 옳은 것은? [2점]

(가) 제4조…… 대한 제국 정부는 대일본 제국 정부의 행동이 용이 하도록 충분한 편의를 제공한다. 대일본 제국 정부는…… 군사 전략상 필요한 지점을 수시로 사용할 수 있다.

(나) 제2조 한국 정부의 법령 제정 및 중요한 행정상 처분은 미리 통감의 승인을 거칠것.
제5조 한국 정부는 통감이 추천하는 일본인을 한국 관리에 임명할 것.

① 안중근이 하얼빈에서 이토 히로부미를 사살하였다.
② 의병 진압을 위한 '남한 대토벌' 작전이 전개되었다.
③ 일본이 경복궁을 점령하고 내정 개혁을 요구하였다.
④ 헤이그에서 열린 만국 평화 회의에 특사가 파견되었다.
⑤ 영국군이 러시아를 견제하기 위해 거문도를 불법 점령하였다.

37 (가)~(마) 단체에 대한 설명으로 옳은 것은? [3점]

한국사 과제 안내문

■ 다음 국외 독립 운동 단체 중 하나를 선택하여 보고서를 제출하시오.
- 간민회 ………… (가)
- 부민단 ………… (나)
- 신한 청년당 ………… (다)
- 대한인 국민회 ………… (라)
- 대한 광복군 정부 ………… (마)

■ 조사 방법: 문헌 조사, 인터넷 검색 등
■ 제출 기간: 2019년 ○○월 ○○일~○○월 ○○일
■ 분량: A4 용지 3장 이상

① (가) – 샌프란시스코에 중앙 총회를 두었다.
② (나) – 숭무 학교를 설립하여 독립군을 양성하였다.
③ (다) – 권업신문을 발행하여 민족 의식을 고취하였다.
④ (라) – 2 · 8 독립 선언서를 작성하여 발표하였다.
⑤ (마) – 이상설과 이동휘를 정 · 부통령으로 선임하였다.

38 밑줄 그은 '만세 시위 운동'에 대한 설명으로 옳은 것은? [2점]

역사신문

제△△호 ○○○○년 ○○월 ○○일

일본군, 제암리에서 주민 학살

폐허가 된 제암리

지난 4월 15일, 경기도 수원군 (현재 화성시) 제암리에서 일본군에 의한 참혹한 학살이 자행되었다. 일본군은 주민들을 교회에 모이게 하여, 밖에서 문을 잠그고 무차별 사격을 가한 후 불을 질러 약30명을 살해하는 만행을 저질렀다. 그리고 인근 교회와 민가 수십 호에도 불을 질렀다. 이는 최근 <u>만세 시위 운동</u>이 전국으로 확산되는 과정에서 가해진 일본군의 탄압으로 보인다.

① 사회주의 세력의 주도 아래 계획되었다.
② 순종의 인산일을 기회로 삼아 추진되었다.
③ 조선 형평사를 중심으로 전국으로 확산되었다.
④ 대한민국 임시 정부가 수립되는 계기가 되었다.
⑤ 박상진이 주도한 대한 광복회 결성에 영향을 주었다.

39 (가) 단체에 대한 설명으로 옳은 것은? [2점]

지난 3일 전남 광주에서 일어난 고보학생 대 중학생의 충돌 사건에 대하여 종로에 있는 (가) 본부에서는 제19회 중앙상무집행위원회의 결의로 장성·송정·광주 세 지회에 대하여 긴급 조사 보고를 지령하는 동시에 사태의 진전을 주시하고 있던 바, 지난 8일 밤 중요 간부들이 긴급 상의한 결과, 사건 내용을 철저히 조사하고 구금된 학생들의 석방도 교섭하기 위하여 중앙집행위원장 허헌, 서기장 황상규, 회계 김병로 세 최고 간부를 광주까지 특파하기로 하고 9일 오전 10시 특급 열차로 광주에 향하게 하였다더라.

– 동아일보 –

① 조선 혁명 선언을 활동 지침으로 삼았다.
② 민족 유일당 운동의 일환으로 창립되었다.
③ 조선학 운동을 전개하여 여유당전서를 간행하였다.
④ 조소앙의 삼균주의를 기초로 기본 강령을 발표하였다.
⑤ 대성 학교와 오산 학교를 세워 민족 교육을 전개하였다.

40 다음 대책이 발표된 이후 일제가 시행한 정책으로 옳은 것은? [1점]

> 1. 친일 단체 조직의 필요
> …… 암암리에 조선인 중 …… 친일 인물을 물색케 하고, 그 인물로 하여금 …… 각기 계급 및 사정에 따라 각종의 친일적 단체를 만들게 한 후, 그에게 상당한 편의와 원조를 제공하여 충분히 활동토록 할 것.
> ⋮
> 1. 농촌 지도
> …… 조선 내 각 면에 ○재회 등을 조직하고 면장을 그 회장에 추대하고 여기에 간사 및 평의원 등을 두어 유지(有志)가 단체의 주도권을 잡고, 그 단체에는 국유 임야의 일부를 불하하거나 입회를 허가하는 등 당국의 양해 하에 각종 편의를 제공할 것.
> -『사이토 마코토 문서』-

① 한국인에 한해 적용되는 조선 태형령이 공포되었다.
② 사회주의 운동을 탄압하기 위한 치안 유지법이 마련되었다.
③ 기한 내에 토지를 신고하게 하는 토지 조사령이 제정되었다.
④ 헌병대 사령관이 치안을 총괄하는 경무총감부가 신설되었다.
⑤ 회사 설립 시 총독의 허가를 얻도록 하는 회사령이 발표되었다.

41 (가), (나)에 들어갈 내용으로 옳은 것은? [2점]

일제 강점기 종교계의 저항

불교	천도교	대종교
조선 불교 유신회를 조직하여 사찰령 철폐 운동을 전개하였다.	(가)	(나)

① (가) - 의민단을 조직하여 무장 투쟁을 전개하였다.
② (가) - 잡지 개벽을 발행하여 민족 의식을 고취하였다.
③ (나) - 경향신문을 발간하여 민중 계몽에 힘썼다.
④ (나) - 배재 학당을 세워 신학문 보급에 기여하였다.
⑤ (가), (나) - 을사오적을 처단하기 위해 자신회를 결성하였다.

42 (가) 단체의 활동으로 옳은 것은? [1점]

> 이달의 독립운동가
>
> **이 봉 창**
>
> 
>
> 서울 출신으로 1925년에 일본으로 건너가 막일로 생계를 유지하다 민족 차별에 분노 하여 독립 운동에 투신할 것을 결심하고 상하이로 갔다. 1931년 김구가 조직한 (가) 에 가입하고, 1932년 1월 도쿄 에서 일왕이 탄 마차를 향해 폭탄을 던졌다. 같은 해 사형을 선고받아 순국하였으며, 광복 후 서울 효창 공원에 안장되었다.

① 중국군과 함께 영릉가 전투에서 큰 전과를 올렸다.
② 영국군의 요청으로 인도 · 미얀마 전선에 투입되었다.
③ 훙커우 공원에서 일어난 윤봉길 의거를 계획하였다.
④ 조선 총독부에 국권 반환 요구서를 제출하려 하였다.
⑤ 조선 혁명 간부 학교를 설립하여 군사 훈련에 힘썼다.

43 다음 글을 쓴 인물의 활동으로 옳은 것은? [2점]

> 우리 조선의 역사적 발전의 전 과정은 …… 외관상의 이른바 특수성이 다른 문화 민족의 역사적 발전 법칙과 구별될 만큼 독자적인 것은 아니며, 세계사적인 일원론적 역사 법칙에 의해 다른 여러 민족과 거의 같은 궤도의 발전 과정을 거쳐 왔던 것이다. …… 여기에서 조선사 연구의 법칙성이 가능하게 되며, 그리고 세계사적 방법론 아래서만 과거의 민족 생활 발전사를 내면적으로 이해함과 동시에 현실의 위압적인 특수성에 대해 절망을 모르는 적극적인 해결책을 발견할 수 있을 것이다.

① 조선사 편수회에 들어가 조선사 편찬에 참여하였다.
② 실증주의 사학의 연구를 위해 진단 학회를 창립하였다.
③ 한국독립운동지혈사에서 독립 투쟁 과정을 서술하였다.
④ 임시 사료 편찬회에서 한 · 일 관계 사료집을 편찬하였다.
⑤ 식민 사학을 반박하는 조선봉건사회경제사를 저술하였다.

44 밑줄 그은 '이 사건' 이후의 사실로 옳은 것은? [2점]

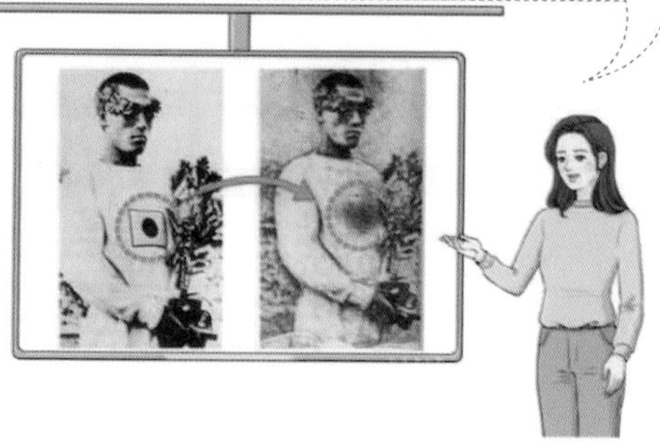

① 일제에 의해 경성 제국 대학이 설립되었다.
② 신경향파 작가들이 카프(KAPF)를 결성하였다.
③ 나운규가 제작한 영화 아리랑이 처음 개봉되었다.
④ 여성 계몽과 구습 타파를 주장하는 근우회가 창립되었다.
⑤ 일제가 한글 학자들을 구속한 조선어 학회 사건이 일어났다.

45 밑줄 그은 '국회'에 대한 설명으로 옳은 것은? [2점]

① 민의원, 참의원의 양원으로 운영되었다.
② 한·미 자유 무역 협정(FTA)을 비준하였다.
③ 초대 대통령에 한해 중임 제한을 철폐하였다.
④ 유상 매수·유상 분배 원칙의 농지 개혁법을 제정하였다.
⑤ 의원 정수 3분의 1이 통일 주체 국민 회의에서 선출되었다.

46 다음 인물에 대한 설명으로 옳은 것은? [3점]

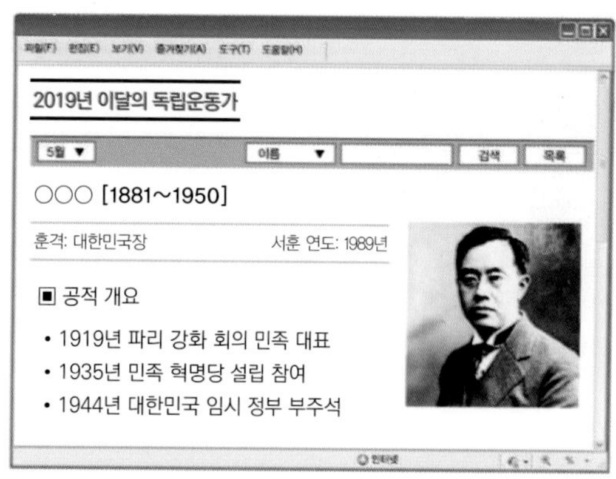

① 의열단을 조직하여 단장으로 활동하였다.
② 재미 한인을 중심으로 흥사단을 창립하였다.
③ 신흥 강습소를 설립하여 독립군을 양성하였다.
④ 민족 자주 연맹을 이끌고 남북 협상에 참여하였다.
⑤ 일제의 패망과 건국에 대비하여 조선 건국 동맹을 결성하였다.

47 다음 조약에 대한 설명으로 옳은 것을 〈보기〉에서 고른 것은? [2점]

국제 연합군 총사령관을 한쪽 편으로 하고 조선 인민군 최고 사령관 및 중국 인민 지원군 사령원을 다른 쪽으로 하는 아래의 서명자들은 쌍방에 막대한 고통과 유혈을 초래한 한국에서의 충돌을 정지시키기 위하여, 최후적인 평화적 해결이 달성될 때까지 한국에서의 적대 행위와 일체 무장 행동의 완전한 정지를 보장하는 정전을 확립할 목적으로, 아래의 조항에 기재된 정전 조건과 규정을 접수하며 또 그 제약과 통제를 받는데 각자 공동 상호 동의한다. 이 조건과 규정들의 의도는 순전히 군사적 성질에 속하는 것이며 이는 오직 한국에서의 교전 쌍방에만 적용한다.

〈보기〉

ㄱ. 포로 송환 문제로 인해 체결이 지연되었다.
ㄴ. 미국과 소련의 군정이 종식되는 계기가 되었다.
ㄷ. 군사 분계선을 확정하고 비무장 지대를 설정하였다.
ㄹ. 미국의 극동 방위선을 조정한 애치슨 선언에 영향을 주었다.

① ㄱ, ㄴ ② ㄱ, ㄷ ③ ㄴ, ㄷ ④ ㄴ, ㄹ ⑤ ㄷ, ㄹ

48 (가) 정부 시기의 사실로 옳은 것은? [3점]

사형 집행 소식에 오열하는 유가족

지난 2007년 1월, 서울중앙지방 법원은 '인민혁명당 재건위 사건'에 연루되어 사형당한 8인에게 무죄를 선고하였다. '인민혁명당 재건위 사건'은 (가) 정부 시기 국가 전복을 계획했다는 혐의로 국가보안법 및 긴급 조치 제4호에 따라 서도원·도예종·여정남을 포함한 다수 인사 들을 체포하여 사형·무기 징역 등을 신고한 사건이다. 특히 판결 확정 후 18시간 만인 다음 날 새벽, 형 선고 통지서가도착하기도 전에 사형수에 대한 형이 집행되었다. 당시 국제법학자협회는 사형이 집행된 4월 9일을 '사법 역사상 암흑의 날'로 선포하였다.

① 한 · 미 상호 방위 조약을 체결하였다.
② YH 무역 노동자들의 농성을 강경 진압하였다.
③ 대통령 긴급 명령으로 금융 실명제를 시행하였다.
④ 사회 정화를 명분으로 삼청 교육대를 설치하였다.
⑤ 평화 통일론을 주장한 진보당의 조봉암을 제거하였다.

49 밑줄 그은 '민주화 운동'에 대한 설명으로 옳은 것은? [1점]

① 장면 내각이 출범하는 배경이 되었다.
② 굴욕적인 한 · 일 국교 정상화에 반대하였다.
③ 5년 단임의 대통령 직선제 개헌을 이끌어 냈다.
④ 신군부의 계엄령 확대와 무력 진압에 저항하였다.
⑤ 3 · 15 부정 선거에 항의하는 시위가 전국으로 확산되었다.

50 다음 정부 시기의 통일 노력으로 옳은 것은? [2점]

① 남북 기본 합의서를 교환하였다.
② 7 · 4 남북 공동 성명을 발표하였다.
③ 개성 공업 지구 조성에 합의하였다.
④ 10 · 4 남북 공동 선언을 채택하였다.
⑤ 이산 가족 고향 방문을 최초로 성사시켰다.

고급 기출문제 43회

01 (가) 시대의 생활 모습으로 옳은 것은? [1점]

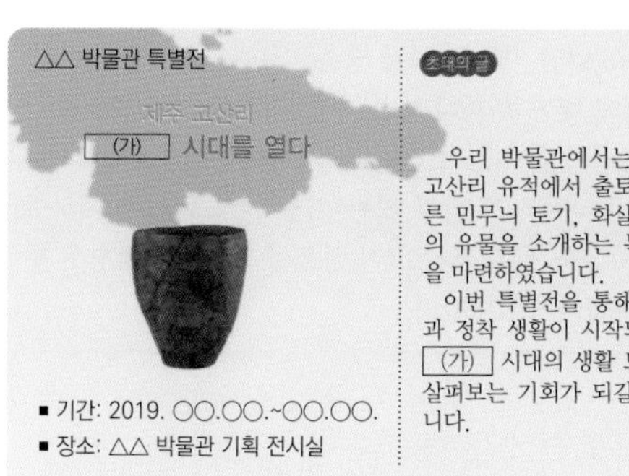

① 주로 동굴이나 막집에 거주하였다.
② 가락바퀴를 이용하여 실을 뽑았다.
③ 명도전을 이용하여 중국과 교역하였다.
④ 철제 농기구를 사용하여 농사를 지었다.
⑤ 의례 도구로 청동 거울과 방울 등을 제작하였다.

02 다음 자료에 해당하는 나라에 대한 설명으로 옳은 것은? [2점]

> ○ 현도의 북쪽 천 리 쯤에 있다. 남쪽은 고구려와 동쪽은 읍루와 서쪽은 선비와 접해 있고, 북쪽에는 약수(弱水)가 있다. 면적은 사방 이천 리이며, 본래 예(濊)의 땅이다.
>
> ○ 사람이 죽어 장사 지낼 때는 곽은 사용하나 관은 쓰지 않고, 사람을 죽여서 순장하는데 많을 때는 100명 가량이 된다. 왕의 장례에는 옥갑을 사용하므로 한(漢)의 조정에서는 언제나 옥갑을 미리 현도군에 갖다 두어, 왕이 죽으면 그 옥갑을 취하여 장사 지내게 하였다. -『후한서』-

① 읍군, 삼로 등의 군장이 있었다.
② 혼인 풍속으로 민며느리제가 있었다.
③ 12월에 영고라는 제천 행사를 열었다.
④ 신성 구역인 소도에서 천군이 제사를 주관하였다.
⑤ 읍락 간의 경계를 중시하는 책화라는 풍습이 있었다.

03 (가) 국가의 문화유산으로 옳은 것은? [2점]

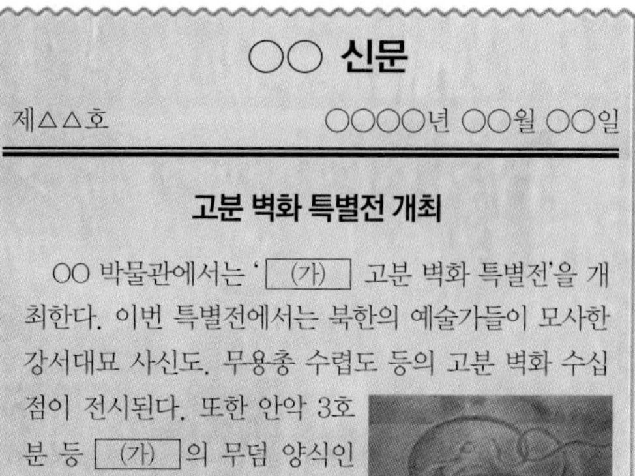

○○ 신문

제△△호 ○○○○년 ○○월 ○○일

고분 벽화 특별전 개최

○○ 박물관에서는 '(가) 고분 벽화 특별전'을 개최한다. 이번 특별전에서는 북한의 예술가들이 모사한 강서대묘 사신도, 무용총 수렵도 등의 고분 벽화 수십 점이 전시된다. 또한 안악 3호분 등 (가)의 무덤 양식인 굴식 돌방무덤의 실물 모형도 함께 전시된다.

사신도(현무)

① 
② 
③ 
④ 
⑤ 

04 다음 정책을 실시한 왕에 대한 설명으로 옳은 것은? [2점]

> ○ 정월에 율령을 반포하고, 처음으로 관리들의 공복(公服)을 제정하였다. 붉은 빛과 자주 빛으로 등급을 표시하였다.
>
> ○ 4월에 이찬 철부를 상대등으로 삼아 나라의 일을 총괄하게 하였다. 상대등의 관직은 이때 처음 생겼는데, 지금의 재상과 같다. -『삼국사기』-

① 이사부를 보내 우산국을 복속시켰다.
② 관료전을 지급하고 녹읍을 폐지하였다.
③ 거칠부로 하여금 국사를 편찬하게 하였다.
④ 이차돈의 순교를 계기로 불교를 공인하였다.
⑤ 자장의 건의로 황룡사 구층 목탑을 건립하였다.

05 (가) 나라에 대한 설명으로 옳은 것은? [1점]

경상북도 고령군 지산동 고분군에서 발굴 조사 중 그림이 새겨진 직경 5cm 가량의 토제 방울 1점을 비롯하여 곱은옥, 화살촉 등 다양한 유물이 출토되었습니다. 이번 발굴로 이진아시왕을 시조로 이 지역에서 발전한 (가) 에 대한 연구가 활발하게 이루어질 전망입니다.

① 후기 가야 연맹을 주도하였다.
② 중앙군으로 2군 6위를 설치하였다.
③ 9주 5소경의 지방 행정 제도를 두었다.
④ 귀족 합의제인 화백 회의를 운영하였다.
⑤ 왕족인 부여씨와 8성의 귀족이 지배층을 이루었다.

06 (가)에 들어갈 내용으로 옳은 것은? [2점]

① 낙랑군을 몰아냈어요.
② 국호를 남부여로 바꿨어요.
③ 장문휴를 보내 등주를 공격했어요.
④ 3성 6부의 중앙 관제를 정비했어요.
⑤ 5경 15부 62주의 지방 행정 제도를 확립했어요.

07 다음 상황이 나타난 시기를 연표에서 옳게 고른 것은? [3점]

> 흑치상지가 좌우의 10여 명과 함께 [적을] 피해 본부로 돌아가 흩어진 자들을 모아 임존산(任存山)을 지켰다. 목책을 쌓고 굳게 지키니 열흘 만에 귀부한 자가 3만여 명이었다. 소정방이 병사를 보내 공격하였는데, 흑치상지가 죽음을 두려워하지 않고 막아 싸우니 그 군대가 패하였다. 흑치상지가 본국의 2백여 성을 수복하니 소정방이 토벌할 수 없어서 돌아갔다.

612		618		645		660		676		698
살수 대첩	(가)	당 건국	(나)	안시성 전투	(다)	황산벌 전투	(라)	기벌포 전투	(마)	발해 건국

① (가) ② (나) ③ (다) ④ (라) ⑤ (마)

08 (가) 제도에 대한 설명으로 옳은 것은? [2점]

> 설계두는 신라 귀족 가문의 자손이다. 일찍이 가까운 친구 4명과 함께 모여 술을 마시면서 각자 자신의 뜻을 말하였다. 설계두가 이르기를, "신라에서는 사람을 등용하는데 (가) 을/를 따져서 진실로 그 족속이 아니면 비록 큰 재주와 뛰어난 공이 있더라도 [그 한도를] 넘을 수가 없다. 나는 원컨대, 중국으로 가서 세상에서 보기 드문 지략을 떨쳐서 특별한 공을 세우고 싶다. 그리고 영광스러운 관직에 올라 고관대작의 옷을 갖추어 입고 천자의 곁에 출입 하면 만족 하겠다."라고 하였다.

① 진대법이 실시되는 배경이 되었다.
② 원성왕이 인재 등용 제도로 제정하였다.
③ 후주 출신인 쌍기의 건의로 실시되었다.
④ 권문세족에 대한 견제를 목적으로 시행되었다.
⑤ 집과 수레의 크기 등 일상생활까지 규제하였다.

09 다음 글을 작성한 인물이 활동한 시기의 사실로 옳은 것은? [2점]

> 신은 나이 12세에 중국으로 건너갔는데, 배를 타고 떠날 즈음에 아버지께서 훈계하기를 "앞으로 10년 안에 진사에 급제하지 못하면 나의 아들이라고 말하지 마라. 가서 부지런히 공부에 힘을 기울여라." 라고 하였습니다. 신이 부친의 엄한 가르침을 가슴에 새겨 노력을 경주한 끝에 6년 만에 빈공과에 합격하였습니다. …… 이제 귀국하여 그동안 중국에서 지은 글을 모아 계원필경집 1부 20권을 비롯한 시·부·표·장 등의 28권을 소장(疏狀)과 함께 올리게 되었습니다.

① 김흠돌이 반란을 도모하였다.
② 최승로가 시무 28조를 올렸다.
③ 원광이 세속 5계를 제시하였다.
④ 원종과 애노가 사벌주에서 봉기하였다.
⑤ 김춘추가 진골 출신 최초로 왕위에 올랐다.

10 (가)에 들어갈 문화유산으로 옳은 것은? [3점]

> **사진으로 보는 우리나라의 탑** ◈ 신라 편
>
> (가)
>
> 이 탑은 신문왕 2년에 세워진 것으로, 국보 제112호로 지정된 쌍탑 중 동탑이다. 이 탑은 삼국 통일 이후 조성된 석탑 양식의 전형을 보여주는 것으로 지붕돌, 몸돌 등 각 부분이 여러개의 석재로 조립되었다는 점이 특징이다. 이 탑이 있는 절은 삼국을 통일한 문무왕의 유업을 이어받아 아들인 신문왕이 완공하였다.

① 
② 
③ 
④ 
⑤ 

11 밑줄 그은 '폐하'에 대한 설명으로 옳은 것은? [2점]

① 12목을 설치하고 지방관을 파견하였다.
② 신돈을 등용하고 전민변정도감을 두었다.
③ 민생 안정을 위해 흑창을 처음 설치하였다.
④ 주전도감을 설치하여 해동통보를 발행하다.
⑤ 광덕, 준풍 등의 독자적인 연호를 사용하였다.

12 (가) 인물에 대한 설명으로 옳은 것은? [2점]

> 〈역사 다큐멘터리 기획안〉
>
> **(가), 새로운 세상을 꿈꾸다**
>
> ▣ 기획 의도
> 신라 왕족 출신으로 세력을 키워 나라를 세운 (가)의 생애를 다큐멘터리로 제작하여 당시 상황을 살펴본다.
>
> ▣ 회차별 방송 내용
> - 1회: 양길의 휘하에서 세력을 키우다
> - 2회: 송악을 도읍으로 나라를 세우다
> - 3회: 국호를 마진으로 바꾸고 철원으로 천도하다

① 후당, 오월에 사신을 파견하였다.
② 광평성 등 각종 정치 기구를 마련하였다.
③ 청해진을 설치하여 해상 무역을 전개하였다.
④ 일리천 전투에서 신검의 군대를 격퇴하였다.
⑤ 신라의 금성을 습격하여 경애왕을 죽게 하였다.

13 다음 상황 이후에 전개된 사실로 옳은 것은? [3점]

> 여진이 이미 그 소굴을 잃자 보복하고자 맹세하며, 땅을 돌려 달라는 것을 빌미로 여러 추장들이 해마다 와서 다투었다. …… 또 개척한 땅이 크고 넓어서 9성 사이의 거리가 아득히 멀고, 골짜기가 험하고 깊어서 적들이 여러 차례 매복하여 오고가는 사람들을 노략질 하였다. …… 이때에 이르러 왕이 여러 신하들을 모아 의논하여 끝내 9성을 여진에게 돌려주었으며, 전쟁에 쓰이는 도구와 군량을 내지(內地)로 옮기고 그 성에서 철수하였다.
>
> -『고려사』-

① 강감찬이 귀주에서 외적을 격퇴하였다.
② 강조가 정변을 일으켜 왕을 폐위하였다.
③ 이자겸이 금의 사대 요구 수용을 주장하였다.
④ 서희가 외교 담판을 벌여 강동 6주를 획득하였다.
⑤ 부여성에서 비사성에 이르는 천리장성이 축조되었다.

14 밑줄 그은 '정책'의 내용으로 옳은 것은? [2점]

① 독서삼품과를 시행하였다.
② 초계문신제를 실시하였다.
③ 수도에 4부 학당을 두었다.
④ 전문 강좌인 7재를 개설하였다.
⑤ 경당을 설립하여 학문을 가르쳤다.

15 다음 자료에 나타난 시기의 경제 상황으로 옳은 것은? [3점]

> 11월에 팔관회가 열렸다. [왕이] 신봉루에 들러 모든 관료에게 큰 잔치를 베풀었다. 그리고 다음 날 대회(大會)에서 또 술과 음식을 하사 하고 음악을 관람하였다. …… 송의 상인과 탐라국도 특산물을 바쳤으므로 자리를 내주어 음악을 관람하게 하였는데, 이후에는 상례(常例)가 되었다.

① 집집마다 부경이라는 창고가 있었다.
② 경시서가 수도의 시전을 감독하였다.
③ 감자, 고구마 등의 구황 작물이 재배되었다.
④ 모내기법 등을 소개한 농가집성이 편찬되었다.
⑤ 국경 지대에서 개시 무역과 후시 무역이 이루어졌다.

16 (가)에 들어갈 내용으로 옳은 것은? [1점]

① 무애가를 지어 불교 대중화에 힘썼어.
② 화엄일승법계도를 지어 화엄 사상을 정리했어.
③ 불교 교단 통합을 위해 해동 천태종을 개창했어.
④ 인도와 중앙아시아를 여행하고 왕오천축국전을 남겼어.
⑤ 돈오점수를 주장하며 수행 방법으로 정혜쌍수를 내세웠어.

17 **다음 자료에 나타난 시기의 사회 모습으로 옳은 것은?** [2점]

> 공주의 겁령구※ 등에게 성과 이름을 하사하였는데 홀랄대는 인후로, 삼가는 장순룡으로, 차홀대는 차신으로 하고 관직은 모두 장군으로 하였다. …… 첨의부에서 아뢰기를, "제국 대장 공주의 겁령구와 관료들이 좋은 땅을 많이 차지하여 산천으로 경계를 정하고 사패(賜牌)를 받아 조세를 납입하지 않으니, 청컨대 사패를 도로 거두소서."라고 하였다.
>
> ※겁령구: 시종인

① 서얼이 통청 운동을 전개하였다.
② 웅천주 도독 김헌창이 반란을 일으켰다.
③ 만적이 개경에서 신분 해방을 도모하였다.
④ 변발과 호복이 지배층을 중심으로 유행하였다.
⑤ 망이·망소이가 가혹한 수탈에 저항하여 봉기하였다.

18 **밑줄 그은 '이 책'에 대한 설명으로 옳은 것은?** [2점]

① 기전체 형식으로 서술되었다.
② 남북국이라는 용어를 처음 사용하였다.
③ 사초, 시정기 등을 바탕으로 편찬되었다.
④ 단군왕검의 건국 이야기가 기록되어 있다.
⑤ 현존하는 우리나라 최고(最古)의 역사서이다.

19 **다음 자료에 해당하는 정치 기구에 대한 설명으로 옳은 것은?** [2점]

> 정치를 논하여 바르게 이끌고, 백관을 규찰하고, 풍속을 바로잡고, 원통하고 억울한 것을 풀어주고, 외람되고 거짓된 것을 금하는 등의 일을 관장한다.…… 집의 1명, 장령 2명, 지평 2명, 감찰 24명을 둔다.

① 수도의 치안과 행정을 주관하였다.
② 고려의 삼사와 같은 역할을 하였다.
③ 조광조를 비롯한 사림의 건의로 혁파되었다.
④ 임진왜란을 거치면서 국정 최고 기구로 성장하였다.
⑤ 5품 이하 관리의 임명 과정에서 서경권을 행사하였다.

20 **밑줄 그은 '이 왕'의 재위 기간에 있었던 사실로 옳은 것은?** [1점]

이 서사시는 조선의 건국 시조들을 찬양하고 왕조의 창업을 합리화한 것으로, 이 왕이 정인지, 권제 등에게 명하여 훈민정음으로 편찬하도록 하였습니다.

제1장
해동의 여섯 용이 나시어서
그 행동하신 일마다 모두 하늘이 내리신 복이시니 그러므로 옛날의 성인의 하신 일들과 부절을 합친 것처럼 꼭 맞으시니,

제2장
뿌리가 깊은 나무는 아무리 센 바람에도 움직이지 아니하므로, 꽃이 좋고 열매도 많으니
…

① 훈련 교범인 무예도보통지가 편찬되었다.
② 전통 한의학을 정리한 동의보감이 간행되었다.
③ 최초로 100리 척을 사용한 동국지도가 제작되었다.
④ 우리 풍토에 맞는 농법을 소개한 농사직설이 간행되었다.
⑤ 각 도의 지리, 풍속 등이 수록된 동국여지승람이 편찬되었다.

21 (가), (나) 사이의 시기에 있었던 사실로 옳은 것은? [3점]

(가) 도평의사사가 글을 올려 과전을 주는 법을 정하자고 요청하니 왕이 따랐다. …… 경기는 사방의 근원이니 마땅히 과전을 설치하여 사대부를 우대하였다. 무릇 경성에 살며 왕실을 보위하는 자는 현직 여부에 상관없이 직위에 따라 과전을 받게 하였다.

(나) 한명회 등이 아뢰기를, "직전(職田)의 세(稅)는 관(官)에서 거두어 관에서 주면 이런 폐단이 없을 것입니다."라고 하였다. [대왕대비가] 전지하기를, "직전의 세는 소재지의 지방관으로 하여금감독하여 거두어 주도록 하라."라고 하였다.

① 백성에게 정전을 지급하였다.
② 양전 사업을 실시하여 지계를 발급하였다.
③ 관등에 따라 관리에게 전지와 시지를 차등 지급하였다.
④ 개국 공신에게 인품, 공로를 기준으로 역분전을 지급하였다.
⑤ 수신전, 휼양전 등의 명목으로 세습되는 토지를 폐지하였다.

22 (가) 왕이 실시한 정책으로 옳은 것은? [2점]

이 책은 (가) 때 신숙주, 정척 등이 국가와 왕실의 각종 행사를 유교의 예법에 맞게 정리하여 완성한 국조오례의입니다. 국가의 기본 예식인 오례, 즉 제사 의식인 길례, 관례와 혼례 등의 가례, 사신 접대 의례인 빈례, 군사 의식에 해당하는 군례, 상례 의식인 흉례에 대한 규정을 정리해 놓았습니다.

① 경기도에 한하여 대동법을 실시하였다.
② 학문 연구 기관으로 집현전을 설치하였다.
③ 조선의 기본 법전인 경국대전을 반포하였다.
④ 문하부 낭사를 분리하여 사간원으로 독립시켰다.
⑤ 현량과를 실시하여 신진 사림을 등용하고자 하였다.

23 다음 검색창에 들어갈 인물의 활동으로 옳은 것은? [1점]

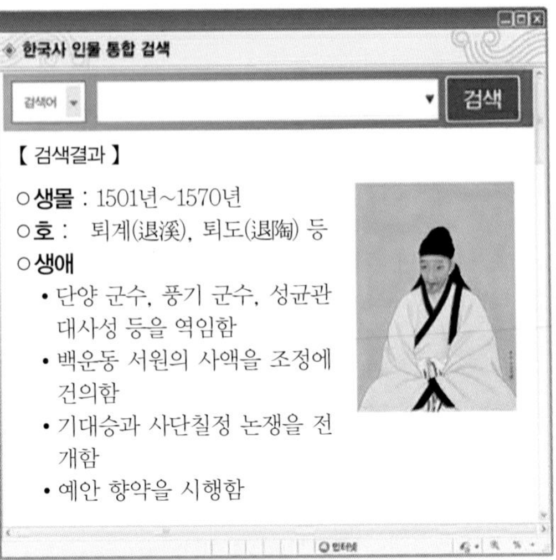

① 양명학을 연구하여 강화 학파를 형성하였다.
② 명에 대한 의리를 내세워 기축봉사를 올렸다.
③ 군주의 도를 도식으로 설명한 성학십도를 지었다.
④ 다양한 개혁 방안을 제시한 동호문답을 저술하였다.
⑤ 재상 중심의 정치를 강조한 조선경국전을 편찬하였다.

24 밑줄 그은 '이 부대'에 대한 설명으로 옳은 것은? [2점]

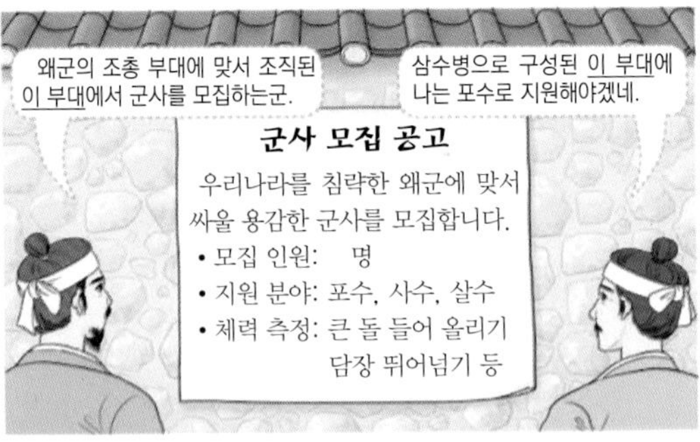

① 최씨 무신 정권의 군사적 기반이었다.
② 급료를 받는 상비군이 주축을 이루었다.
③ 국경 지역인 북계와 동계에 배치되었다.
④ 이종무의 지휘 아래 대마도 정벌에 참여하였다.
⑤ 국왕의 친위 부대로 수원 화성에 외영을 두었다.

25 다음 자료를 활용한 탐구 활동으로 가장 적절한 것은? [2점]

> 최명길이 아뢰기를, "종묘사직의 존망이 호흡하는 사이에 달려 있어 해볼 만한 일이 없으니, 청컨대 혼자 말을 타고 달려가서 적장을 보고 까닭 없이 군사를 발동하여 몰래 깊이 쳐들어온 뜻을 묻겠습니다. 오랑캐가 만일 다시 신의 말을 듣지 않고 신을 죽인다면 신은 마땅히 말발굽 아래에서 죽을 것이요, 다행히 서로 이야기가 되면 잠시라도 그들의 칼날을 멈추게 할 것이니. 한성 가까운 곳에서 방어할 만한 땅은 남한산성만한 데가 없으니, 청컨대 전하께서는 [도성의] 수구문 을 통해 나가신 후 서둘러 산성으로 옮기시어 일의 추이를 보소서." 라고 하였다.
>
> -『연려실기술』-

① 삼별초의 이동 경로를 찾아본다.
② 통신사의 활동 내용을 살펴본다.
③ 위화도 회군의 결과를 알아본다.
④ 계해약조의 체결 과정을 조사한다.
⑤ 삼전도비의 건립 배경을 파악한다.

26 (가)에 대한 설명으로 옳은 것은? [2점]

① 사림과 훈구의 갈등이 원인이 되었다.
② 서인과 남인 사이에 발생한 전례 문제이다.
③ 북인이 정국을 주도하던 시기에 전개되었다.
④ 외척 세력인 대윤과 소윤의 대립으로 일어났다.
⑤ 동인이 남인과 북인으로 분열되는 결과를 가져왔다.

27 밑줄 그은 '이 왕'의 업적으로 옳지 않은 것은? [2점]

수문상친림관역도

① 속대전을 편찬하여 통치 체제를 정비하였다.
② 기유약조를 체결하여 일본과의 무역을 재개하였다.
③ 동국문헌비고를 간행하여 역대 문물을 정리하였다.
④ 균역법을 실시하여 군역의 부담을 줄이고자 하였다.
⑤ 탕평비를 건립하여 붕당의 폐해를 경계하고자 하였다.

28 다음 글을 쓴 인물에 대한 설명으로 옳은 것은? [1점]

> 중국의 재산이 풍족할 뿐더러 한 곳에 지체되지 않고 골고루 유통함은 모두 수레를 쓴 이익일 것이다. …… 평안도 사람들은 감과 귤을 분간하지 못하며, 바닷가 사람들은 멸치를 거름으로 밭에 내건만 서울에서는 한 웅큼에 한 푼씩 하니 이렇게 귀함은 무슨 까닭인가. …… 사방이 겨우 몇천 리 밖에 안 되는 나라에 백성의 살림 살이가 이다지 가난함은 한마디로 표현한다면 수레가 국내에 다니지 못한 까닭이라 하겠다.
>
> -『열하일기』-

① 양반전에서 양반의 위선과 무능을 풍자하였다.
② 북학의에서 절약보다 적절한 소비를 강조하였다.
③ 곽우록에서 토지 매매를 제한하는 한전론을 제시하였다.
④ 우서에서 사농공상의 직업적 평등과 전문화를 주장하였다.
⑤ 색경에서 담배, 수박 등의 상품 작물 재배법을 소개하였다.

29 밑줄 그은 '이 시기'에 볼 수 있는 모습으로 적절하지 않은 것은? [2점]

이곳은 강화도의 용흥궁으로 철종이 왕위에 오르기 전에 살았던 곳이다. 농사를 짓던 그는 헌종이 후사 없이 승하하자 안동 김씨인 순원 왕후의 영향력으로 왕위에 올랐다. 그는 순원 왕후의 수렴청정을 받고, 김문근의 딸을 왕비로 맞이하면서 안동 김씨의 세도에 눌려 제대로 된 정치를 할 수 없었다. 이러한 상황은 소수의 외척 가문이 비변사의 요직을 독점하여 권력을 장악한 이 시기에 왕권이 약화된 모습을 보여준다.

① 이양선의 출몰을 보고하는 수군
② 군정의 문란으로 고통 받는 농민
③ 삼정이정청 설치를 건의하는 관리
④ 조선통보를 주조하는 관청 소속 장인
⑤ 왕조의 교체를 예언한 정감록을 읽고 있는 양반

30 다음 특별전에 전시될 그림으로 가장 적절한 것은? [1점]

기획 전시

단원 특별전

우리 미술관에서는 풍속화, 산수화, 기록화, 조상화 등 다양한 분야에서 뛰어난 작품을 남긴 단원의 예술 세계를 만날 수 있는 특별전을 마련하였습니다.

옥순봉도

자화상

• 기간: 2019년 ○○월 ○○일 ○○일~ ○○월 ○○일
• 장소: △△미술관

① 
② 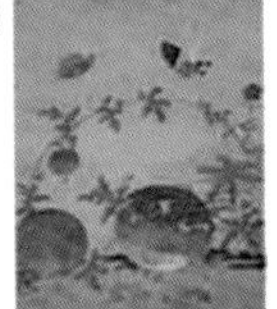
③ 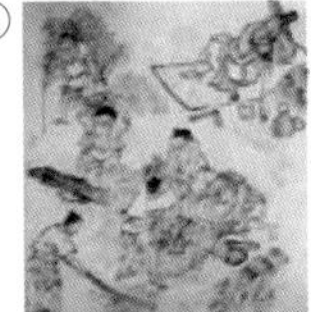
④ 
⑤ 

31 (가) 인물이 추진한 정책으로 옳은 것은? [2점]

나라 안의 서원과 사묘(祠廟)를 모두 철폐하고 남긴 것은 48개소에 불과하였다. …… 만동묘는 철폐한 후 그 황묘위판 (皇廟位版)은 북원※의 대보단으로 옮겨 봉안하였다. …… 서원을 창설할 때에는 매우 좋은 뜻으로 시작하였지만 오랜 세월이 흐르는 동안 날로 폐단이 심하였다. …… 그러므로 서원 철폐령을 내린 것을 어찌 막을 수 있겠는가? 그 일이 (가) (으)로부터 나온 것이라고 해서 모두 비방할 일은 아니다. -『매천야록』-

※북원: 창덕궁 금원

① 나선 정벌을 위해 조총 부대를 파견하였다.
② 청과의 경계를 정한 백두산정계비를 세웠다.
③ 신유박해로 수많은 천주교인들을 처형하였다.
④ 대전통편을 편찬하여 통치 체제를 정비하였다.
⑤ 환곡의 폐단을 시정하고자 사창제를 실시하였다.

32 (가) 지역에서 있었던 사실로 옳지 않은 것은? [3점]

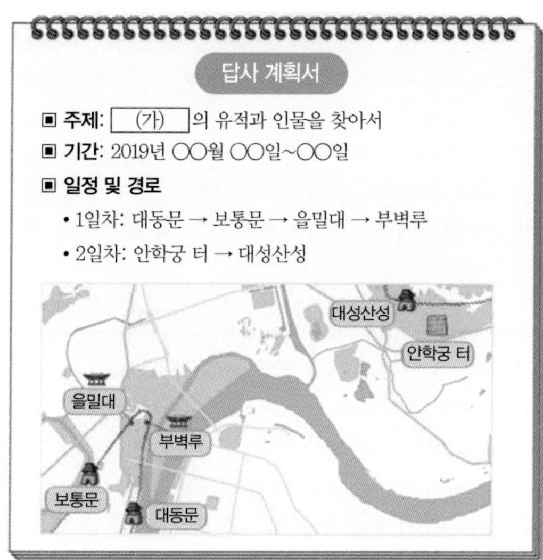

① 제1차 미 · 소공동 위원회가 개최되었다.
② 안창호가 민족 교육을 위해 대성 학교를 설립하였다.
③ 고무 공장 노동자 강주룡이 노동 쟁의를 전개하였다.
④ 미국 상선 제너럴 셔먼호가 관민들에 의해 불태워졌다.
⑤ 조만식 등을 중심으로 조선 물산 장려회가 결성되었다.

33 밑줄 그은 '조약'에 대한 설명으로 옳은 것은? [2점]

① 방곡령을 선포할 수 있는 조항을 명시하였다.
② 메가타가 재정 고문으로 부임하는 근거가 되 었다.
③ 외국에 대한 최혜국 대우를 처음으로 규정하였다.
④ 부산 외 2곳에 개항장이 설치되는 결과를 가져왔다.
⑤ 고종이 헤이그에 특사를 파견하여 부당성을 알리고자 하였다.

34 (가)~(라)를 일어난 순서대로 옳게 나열한 것은? [3점]

(가) 의정부에서 아뢰기를, "아문을 설치하는 일에 대해서 이미 연석에서 하교하셨으니 …… 신들이 충분히 상의한 다음 설치하기에 합당한 것을 절목으로 써서 드립니다."라고 하니 [왕이] 알았다고 답하였다.
【절목】 1. 아문의 호칭은 통리기무아문으로 한다.

(나) 대원군에게 군국사무를 처리하라는 명이 내려지자 대원군은 궐내에서 거처하며 …… 5군영의 군사 제도를 복구하라는 명령을 내려 군량을 지급하도록 하였다. 그리고 난병들은 물러가라는 명을 내리고 대사면령을 내렸다.

(다) 민영익이 우영사로서 우정국 낙성연에 참가하였다가 흉도 여러 명이 휘두른 칼에 맞아 당상 위로 돌아와 쓰러졌다. …… 왕이 경우궁으로 거처를 옮기자 각 비빈과 동궁도 황급히 따라갔다.

(라) 김윤식이 영국 총영사 아스톤에게 거문도를 점거한 지 3개월이 경과하였을 뿐 아니라 우리나라 조야의 여론이 비등하고 있으므로 속히 섬을 점거하고 있는 군대를 철수시킬 것을 요청하였다.

① (가) – (나) – (다) – (라)　② (가) – (나) – (라) – (다)
③ (나) – (가) – (라) – (다)　④ (나) – (가) – (라) – (다)
⑤ (다) – (나) – (다) – (라)

35 (가), (나) 사절단에 대한 설명으로 옳은 것은? [2점]

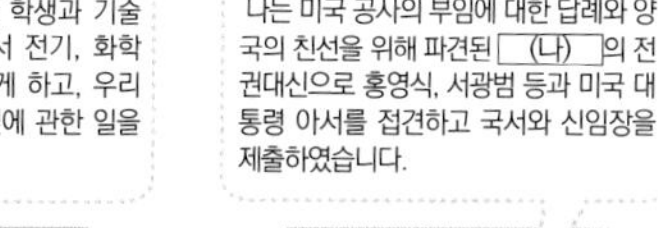

① (가) – 귀국할 때 조선책략을 가지고 들어왔다.
② (가) – 무기 제조 공장인 기기창 설립의 계기를 마련하였다.
③ (나) – 보고 들은 내용을 해동제국기로 남겼다.
④ (나) – 해국도지, 영환지략을 들여와 국내에 소개하였다.
⑤ (가), (나) – 암행어사 형태로 비밀리에 파견되었다.

36 (가) 시기에 있었던 사실로 옳은 것은? [2점]

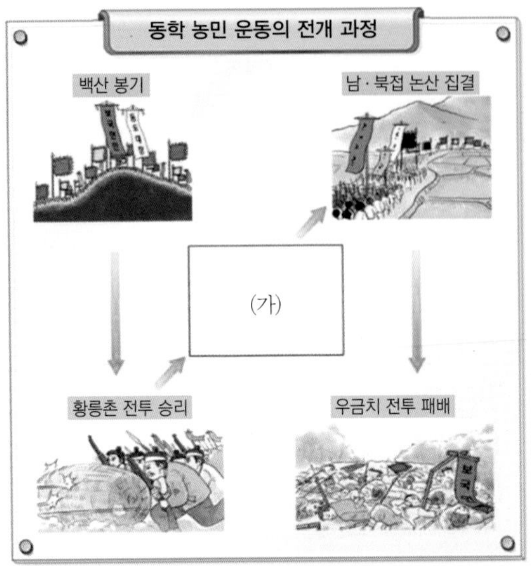

① 정부와 농민군 사이에 전주 화약이 체결되었다.
② 교조 신원을 요구하는 삼례 집회가 개최되었다.
③ 농민군이 황토현 전투에서 관군에게 승리하였다.
④ 사태 수습을 위해 이용태가 안핵사로 파견되었다.
⑤ 전봉준이 농민들을 이끌고 고부 관아를 습격하였다.

37 밑줄 그은 '의병'에 대한 설명으로 옳은 것은? [1점]

① 단발령의 시행에 반발하여 봉기하였다.
② 민종식이 이끈 부대가 홍주성을 점령하였다.
③ 국제법상 교전 단체로 승인해 줄 것을 요구하였다.
④ 의병 부대가 연합하여 서울 진공 작전을 전개하였다.
⑤ 조선 총독부에 국권 반환 요구서를 제출하고자 하였다.

38 (가) 단체의 활동으로 옳은 것은? [2점]

11월 4일 밤, 조병식 등은 건의소청 및 도약소의 잡배들로 하여금 광화문 밖의 내국 조방 및 큰길가에 익명서를 붙이도록 하였다. …… 익명서는 " (가) 이/가 11월 5일 본관에서 대회를 열고, 박정양을 대통령으로, 윤치호를 부통령으로, 이상재를 내부대신으로 …… 임명하여 나라의 체제를 공화정치 체제로 바꾸려 한다."라고 꾸며서 폐하께 모함하고자 한 것이다.

－『대한계년사』－

① 일본의 황무지 개간권 요구를 저지하였다.
② 러시아의 절영도 조차 요구에 반대하였다.
③ 고종의 강제 퇴위 반대 운동을 전개하였다.
④ 계몽 서적 출판을 위해 태극 서관을 설립하였다.
⑤ 일본에게 진 빚을 갚자는 국채 보상 운동을 주도하였다.

39 (가)에 대한 설명으로 옳은 것은? [2점]

□□ 신문

제△△호 2019년 ○○월 ○○일

여성 독립운동가 기념 우표 발행

우정사업본부는 3·1운동 100주년을 맞아 조국의 독립을 위해 헌신한 여성 독립 운동가 4명의 기념 우표를 발행하였다.

그들 중 박차정은 근우회에서 활동하다가 보다 적극적인 독립운동을 위해 중국으로 망명하였다.

1938년 조선 민족 전선 연맹 산하의 군사 조직으로 우한에서 창설된 (가) 의 부녀복무단장으로 무장 투쟁을 전개하다가 35세의 젊은 나이로 순국하였다. 1995년 건국 훈장 독립장이 추서되었다.

① 총사령 양세봉의 지휘 아래 활동하였다.
② 미국과 연계하여 국내 진공 작전을 계획하였다.
③ 쌍성보 전투에서 한·중 연합 작전을 전개하였다.
④ 간도 참변 이후 조직을 정비하고 자유시로 이동하였다.
⑤ 중국 관내(關內)에서 조직된 최초의 한인 무장 부대였다.

40 **다음 공고가 발표된 이후 대한민국 임시 정부의 활동으로 옳은 것은?** [3점]

> **임시 정부 포유문**
>
> 1. 본 정부는 이번 제32회 임시 의정원 회의에 임시 약헌 개정으로 제출하여 임시 정부의 조직 기구를 변경하였으니 …… 국무위원회 주석과 국무 위원을 모두 의회에서 선출하여 종전에 국무 위원끼리 주석을 호선하던 제도를 폐하였다. 또 국무위원회 주석은 일반 국무를 처리함에는 총리격을 가졌고, 그 외 정부를 대표하며 국군을 총감하는 권리를 설정하였으니 이 방면으로는 국가 원수격을 가지게 되었다.

① 파리 강화 회의에 독립 청원서를 제출하였다.
② 삼균주의에 바탕을 둔 건국 강령을 발표하였다.
③ 무장 투쟁을 위해 육군 주만 참의부를 조직하였다.
④ 국민 대표 회의를 열어 독립운동의 방향을 논의하였다.
⑤ 임시 사료 편찬회를 두어 한·일 관계 사료집을 간행하였다.

41 **(가) 인물에 대한 설명으로 옳은 것은?** [2점]

저는 지금 카자흐스탄 크질오르다에 있습니다. 이곳은 (가) 이/가 근무하였던 옛 고려 극장 건물입니다. 대한 독립군 총사령관이었던 그는 1937년 옛 소련의 강제 이주 정책에 의해 연해주에서 중앙아시아 지역으로 이주하였습니다. 최근 그의 유해 봉환 문제가 제기되면서 국내외 독립운동가의 예우와 선양 사업에 대한 관심이 높아지고 있습니다.

① 양기탁 등과 함께 신민회를 조직하였다.
② 광복에 대비하여 조선건국동맹을 조직하였다.
③ 봉오동 전투에서 일본군을 상대로 승리를 거두었다.
④ 독립군을 양성하기 위하여 신흥강습소를 설립하였다.
⑤ 독립투쟁과정을 정리한 한국독립운동지혈사를 저술하였다.

42 **밑줄 그은 '이 운동'에 대한 설명으로 옳은 것은?** [1점]

① 미쓰야 협정이 체결되는 배경이 되었다.
② 신간회가 조사단을 파견하여 지원하였다.
③ 대한매일신보의 후원으로 전국적으로 확산되었다.
④ 국내에서 민족 유일당 운동이 전개되는 계기가 되었다.
⑤ 배우자 가르치자 다 함께 브나로드를 구호로 내세웠다.

43 **(가) 단체에 대한 설명으로 옳은 것은?** [2점]

> 김창숙은 동년 음력 3월 중순에 상하이에 도착하여 본래부터 친분이 있는 (가) 의 간부 김원봉, 유우근, 한봉근 등을 만나 여러 가지로 의논하였다.…… (가) 의 단원인 나석주를 조선에 잠입시켜 동양 척식 주식회사, 조선 식산은행 등에 폭탄을 던지고 권총을 난사하여 인명을 살상케 하였다는 것인데, 김창숙은 나석주가 조선에 건너가서 암살할 자로 영남의 부호 장모, 하모, 권모 등을 지적한 일까지 있었다고 한다.

① 태평양 전쟁 발발 이후에 조직되었다.
② 고종의 밀지를 받아 결성된 비밀 단체였다.
③ 만민 공동회를 열어 민권 신장을 추구하였다.
④ 일제가 조작한 105인 사건으로 큰 타격을 입었다.
⑤ 단원 일부가 황푸 군관 학교에 입학해 군사 훈련을 받았다.

44 **다음 영화가 처음 개봉되었던 당시에 볼 수 있는 모습으로 가장 적절한 것은?** [3점]

이 사진은 나운규가 감독·주연을 맡아 제작한 영화의 장면과 제작진의 모습입니다. 단성사에서 개봉된 이 영화는 식민 지배를 받던 한국인의 고통스런 삶을 표현한 작품입니다.

① 카프(KAPF)에서 활동하는 신경향파 작가
② 원각사에서 은세계 공연을 관람하는 학생
③ 육영 공원에서 영어를 가르치는 미국인 교사
④ 전차 개통식에 참여하는 한성 전기 회사 직원
⑤ 손기정 선수의 올림픽 우승 소식을 보도하는 기자

45 **밑줄 그은 '이 시기'에 시행된 일제의 정책으로 옳은 것은?** [1점]

이 국민 노무 수첩은 일제가 중·일 전쟁을 일으키고 침략 전쟁을 확대하던 이 시기에 노동력을 통제하고 관리하기 위하여 발행한 것입니다. 특히, 강제 동원된 한국인의 국민 노무 수첩은 일제에 의해 수많은 한국인들이 광산 등으로 끌려가 열악한 환경에서 혹사당했음을 보여주는 자료입니다.

① 한국인에 한하여 적용하는 조선 태형령을 시행하였다.
② 민족 자본의 성장을 억제하기 위해 회사령을 공포하였다.
③ 조선 사상범 예방 구금령을 통해 독립운동을 탄압하였다.
④ 식민지 교육 방침을 규정한 제1차 조선 교육령을 제정하였다.
⑤ 근대적 토지 소유권 확립을 명분으로 토지 조사 사업을 실시하였다.

46 **(가), (나) 사이의 시기에 있었던 사실로 옳은 것은?** [2점]

(가) 이제 우리는 무기 휴회된 공위가 재개될 기색도 보이지 않으며 통일 정부를 고대하나 여의치 않게 되었으니, 우리는 남방만이라도 임시 정부 혹은 위원회 같은 것을 조직하여 38도선 이북에서 소련이 철퇴하도록 세계 공론에 호소하여야 될 것이다.

(나) 귀국한 이래 3년이 지난 오늘까지 온갖 잡음을 물리치고 남북통일과 독립을 이루고자 나머지 목숨을 38도선에 내놓은 김구의 얼굴에 이제 아무런 의혹의 티가 없었다. …… 이윽고 김구를 태운 자동차는 38도선을 넘어 멀리 평양을 향하여 성원 속에 사라졌다.

① 좌우 합작 7원칙이 발표되었다.
② 조선 건국 준비 위원회가 결성되었다.
③ 모스크바 3국 외상 회의가 개최되었다.
④ 반민족 행위 특별 조사 위원회가 구성되었다.
⑤ 유상 매수, 유상분배 원칙의 농지 개혁법이 제정되었다.

47 **(가) 정부 시기에 있었던 사실로 옳은 것은?** [2점]

이 사건은 '평화 통일'을 주장하는 조봉암이 제3대 대통령 선거에서 200여만 표 이상을 얻어 [(가)] 정권에 위협적인 정치인으로 부상하자 조봉암이 이끄는 진보당의 민의원 총선 진출을 막고 조봉암을 제거하려는 [(가)] 정권의 의도가 작용하여 서울시경이 조봉암 등 간부들을 국가변란 혐의로 체포하여 조사하였고, 민간인에 대한 수사권이 없는 육군 특무대가 조봉암을 간첩 혐의로 수사에 나서 재판을 통해 처형에 이르게 한 것으로 인정되는 비인도적, 반인권적 인권 유린이자 정치 탄압 사건이다.

－「진보당 조봉암 사건 결정 요지」－

① 통일 주체 국민 회의 대의원이 선출되었다.
② 농촌 근대화를 표방한 새마을 운동이 전개되었다.
③ 사회 정화를 명분으로 삼청 교육대가 설치되었다.
④ 한·독 정부 간의 협정에 따라 서독으로 광부가 파견되었다.
⑤ 국가보안법 개정안을 통과시킨 이른바 보안법 파동이 일어났다.

48 **다음 사실이 있었던 정부 시기의 경제 상황으로 옳은 것은?** [2점]

포항 종합 제철 공장 제1기 준공식

연간 조강 생산량 1백 3만 톤 규모의 제철 일관 공정을 갖춘 포항 종합 제철 공장 제1기 준공식이 대통령이 참석한 가운데 거행 되었다. 총 공사비 1,200여억 원(외자 700여억 원 포함)을 들여 3년 3개월 만에 완공된 이 공장에서 생산된 철강은 조선, 기계, 자동차 등 중화학 공업 분야의 원재료로 쓰이게 된다.

① 경제 협력 개발 기구(OECD)에 가입하였다.
② 제3차 경제 개발 5개년 계획이 추진되었다.
③ 한 · 칠레 자유 무역 협정(FTA)이 체결되었다.
④ 대통령 긴급 명령으로 금융 실명제가 실시되었다.
⑤ 3저 호황으로 물가가 안정되고 수출이 증가하였다.

49 **다음 자료에 해당하는 민주화 운동에 대한 설명으로 옳은 것은?** [1점]

광주 시민들에 따르면, 공수 부대가 학생들의 시위에 잔인하게 대응 하면서 상호 간에 폭력적인 결과를 가져왔다고 한다. 계엄령 해제와 수감된 야당 지도자의 석방을 요구하는 학생들이 행진하면서 돌을 던졌다고 하지만, 그렇게 폭력적이지는 않았다고 한다. 광주에 거주 하는 25명의 미국인들 – 대부분 선교사, 교사, 평화 봉사단 단원들 – 가운데 한 사람은 "가장 놀랐던 것은 군인들이 저지른 무차별적 폭력이었다."라고 증언하였다.

– 당시 상황을 보도한 외신 기사 –

① 한 · 일 국교 정상화에 반대하여 일어났다.
② 관련 기록물이 유네스코 세계 기록유산으로 등재되었다.
③ 대통령 중심제에서 의원 내각제로 바뀌는 계기가 되었다.
④ 3 · 1 민주 구국 선언을 통해 긴급 조치 철폐 등을 요구하였다.
⑤ 4 · 13 호헌 조치에 반발하여 호헌 철폐 등의 구호를 내세웠다.

50 **다음 경축사를 발표한 정부의 통일 노력으로 옳은 것은?** [2점]

지난 3년 반은 개혁을 통해 외환 위기를 성공적으로 극복하고 21세기 세계 일류 국가로 들어설 수 있는 기틀을 마련하고자 힘써온 시기였습니다. 우리는 국제 통화 기금(IMF)으로부터 지원받았던 195억 달러의 차관을 3년 앞당겨 전액 상환하게 되었습니다.

① 7 · 4 남북 공동 성명을 발표하였다.
② 남북한이 유엔에 동시 가입하였다.
③ 6 · 15 남북 공동 선언을 채택하였다.
④ 한반도 비핵화 공동 선언에 서명하였다.
⑤ 최초의 이산가족 고향 방문을 실현하였다.

고급 기출문제 44회

01 (가) 시대의 생활 모습으로 옳은 것은? [1점]

① 소를 이용한 깊이갈이가 일반화되었다.
② 주로 동굴이나 강가의 막집에서 살았다.
③ 반량전, 명도전 등의 화폐를 사용하였다.
④ 지배층의 무덤으로 고인돌을 축조하였다.
⑤ 빗살무늬 토기를 이용하여 식량을 저장하였다.

02 밑줄 그은 '이 나라'에 대한 설명으로 옳은 것은? [2점]

> 누선장군 양복이 병사 7천 명을 거느리고 먼저 왕검성에 이르렀다.
> <u>이 나라</u>의 우거왕이 성을 지키고 있다가 양복의 군사가 적음을 알고 곧 성을 나와 공격하자, 양복의 군사가 패배하여 흩어져 달아났다. 한편 좌장군 순체는 패수서군을 공격하였지만 이를 깨뜨리고 나아가지 못하였다. 한 무제는 두 장군이 이롭지 못하다 생각하고, 이에 위산으로 하여금 군사의 위엄을 갖추고 가서 우거왕을 회유하도록 하였다.

① 정사암에 모여 재상을 선출하였다.
② 10월에 동맹이라는 제천 행사를 열었다.
③ 읍락 간의 경계를 중시하는 책화가 있었다.
④ 제사장인 천군과 신성 지역인 소도가 있었다.
⑤ 사회 질서를 유지하기 위해 범금 8조를 두었다.

03 밑줄 그은 '왕'에 대한 설명으로 옳은 것은? [2점]

> <u>왕</u> 6년 가을 7월에 이찬 이사부가 아뢰기를, "국사(國史)라는 것은 군주와 신하의 선악을 기록하여 만대에 포폄(褒貶)※을 보여 주는 것이니 편찬하지 않으면 후대에 무엇을 보이겠습니까?"라고 하였다. 이에 <u>왕</u>이 진실로 그렇다고 여겨서 대아찬 거칠부 등에게 명하여 널리 문사들을 모아서 [이를] 편찬하도록 하였다.
> -『삼국사기』-
>
> ※포폄(褒貶): 칭찬과 비판을 하거나 또는 시비와 선악을 판단하여 결정함

① 백성에게 정전을 지급하였다.
② 국가적인 조직으로 화랑도를 개편하였다.
③ 국학을 설립하여 유학 교육을 실시하였다.
④ 최고 지배자의 칭호를 마립간이라 하였다.
⑤ 지방관 감찰을 위하여 외사정을 파견하였다.

04 교사의 질문에 대한 학생의 답변으로 옳은 것은? [2점]

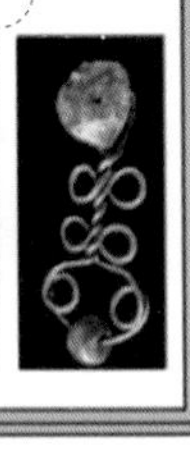

① 민며느리제라는 혼인 풍습이 있었습니다.
② 철이 많이 생산되어 낙랑과 왜에 수출하였습니다.
③ 여러 가(加)들이 별도로 사출도를 주관하였습니다.
④ 단궁, 과하마, 반어피 등이 대표적인 특산물입니다.
⑤ 대가들이 사자, 조의, 선인 등의 관리를 거느렸습니다.

05 (가)~(마) 문화유산에 대한 설명으로 옳은 것은? [3점]

답사 계획서

(마)장군총
(다)각저총
(나)무용총
(라)광개토 대왕릉비
(가)국내성

- **답사 기간**: 2019년 ○○월 ○○일~○○일
- **주제**: 지안 지역의 고구려 유적
- **경로**: 국내성 → 무용총 → 각저총 → 광개토 대왕릉비 → 장군총
- **준비 사항**: 답사 장소와 유적에 대한 자료 조사

① (가) – 백제의 공격으로 고국원왕이 전사한 곳이다.
② (나) – 당시 생활상을 담은 수렵도 등의 벽화가 남아 있다.
③ (다) – 돌무지덧널무덤으로 다양한 껴묻거리가 출토되었다.
④ (라) – 김정희의 금석과안록에서 비의 설립 시기가 고증되었다.
⑤ (마) – 벽돌무덤으로 중국 양나라와의 문화적 교류를 보여 준다.

06 밑줄 그은 '전투' 이후에 있었던 사실로 옳은 것은? [3점]

"생각건대 신라가 우리의 땅을 빼앗아 군현으로 삼아서, [그곳의] 백성들이 가슴 아파하고 원망스러워하며 부모의 나라를 잊은 적이 없습니다. 원컨대 대왕께서는 저를 어리석고 못나다 생각하지 마시고 저에게 군사를 주신다면, 단번에 우리 땅을 반드시 되찾겠 습니다." 라고 온달이 왕에게 아뢰었다. …… 마침내 온달이 출전하여 신라군과 아단성 아래에서 <u>전투</u>를 하였는데, 날아오는 화살에 맞아 쓰러져 사망하였다.

① 관구검의 공격으로 환도성이 함락되었다.
② 연개소문이 정권을 장악하고 신라를 압박하였다.
③ 미천왕이 서안평을 공격하여 영토를 확장하였다.
④ 태조왕이 옥저를 정복하고 동해안으로 진출하였다.
⑤ 장수왕이 평양으로 천도하고 남진 정책을 본격화하였다.

07 밑줄 그은 '이 왕'의 재위 시기에 있었던 사실로 옳은 것은? [2점]

소정방이 당의 내주에서 출발하니, 많은 배가 천 리에 이어져 물길을 따라 동쪽으로 내려왔다. …… 무열왕이 태자 법민을 보내 병선 100척을 거느리고 덕물도에서 소정방을 맞이하게 하였다. 소정방이 법민에게 말하기를, "나는 백제의 남쪽에 이르러 대왕의 군대와 만나서 <u>이 왕</u>의 도성을 격파하고자 한다."라고 말하였다.

① 백제가 사비로 천도하였다.
② 백제가 대야성을 점령하였다.
③ 고구려가 낙랑군을 축출하였다.
④ 신라가 매소성에서 당군을 물리쳤다.
⑤ 신라가 안승을 보덕국왕으로 임명하였다.

08 (가) 국가에서 볼 수 있는 모습으로 가장 적절한 것은? [2점]

△△ 박물관 특별전

북녘에서 온 문화유산

- 기간: 20△△. ○○.○○.~○○.○○.
- 장소: △△ 박물관 기획 전시실

초대의 글

우리 박물관에서는 평양의 조선 중앙 역사 박물관으로부터 대여한 문화유산을 전시합니다. 특히 (가) 의 수도였던 상경 용천부에서 출토된 대형 치미는 고구려와의 문화적 연관성을 확인 할 수 있는 중요한 유물입니다. 관심 있는 분들의 많은 관람 바랍니다.

① 녹읍 폐지를 명하는 국왕
② 백강 전투에 참전하는 왜의 수군
③ 청해진에서 교역 물품을 점검하는 군졸
④ 솔빈부의 특산물인 말을 판매하는 상인
⑤ 지방에 설치된 22담로에 파견되는 왕족

09 밑줄 그은 '나라'에 대한 설명으로 옳은 것은? [1점]

> 김구해가 아내와 세 아들, 즉 큰 아들 노종, 둘째 아들 무덕, 셋째 아들 무력과 함께 나라의 창고에 있던 보물을 가지고 와서 항복하였다. [법흥]왕이 예로써 그들을 우대하여 높은 관등을 주고 본국을 식읍으로 삼도록 하였다.
>
> -『삼국사기』-

① 만장일치제로 운영된 화백 회의가 있었다.
② 빈민을 구제하기 위해 진대법을 실시하였다.
③ 박, 석, 김의 3성이 번갈아 왕위를 차지하였다.
④ 시조 김수로왕의 설화가 삼국유사에 전해진다.
⑤ 오경박사, 의박사, 역박사 등을 일본에 파견하였다.

10 다음 상황 이후에 전개된 사실로 옳은 것은? [2점]

> 혜공왕 말년에 반신(叛臣)들이 제멋대로 날뛰자 선덕[김양상]이 상대등으로 있으면서 임금 측근의 나쁜 무리를 제거하자고 부르짖었다. 김경신이 이에 참여하여 난을 평정한 공이 있었으므로 선덕이 왕으로 즉위하면서 김경신은 곧 상대등이 되었다. …… 이후 여러 사람의 의논이 일치하여 김경신을 세워 왕위를 계승하게 하니 국민이 모두 만세를 불렀다.

① 진골 귀족인 김춘추가 왕위에 올랐다.
② 왕의 장인인 김흠돌이 반란을 도모하였다.
③ 이차돈의 순교를 계기로 불교가 공인되었다.
④ 자장의 건의로 황룡사 구층 목탑이 건립되었다.
⑤ 최치원이 국왕에게 시무 10여 조를 건의하였다.

11 다음 시나리오의 상황 이후에 전개된 사실로 옳은 것은? [3점]

> S# 17. 완산주의 궁궐 안
>
> 왕이 넷째 왕자인 금강을 총애하여 왕위를 물려주려 하자, 첫째 왕자가 신하 신덕과 영순의 권유를 받아들여 왕을 금산사에 유폐한 뒤 앞으로의 대책을 논의한다.
>
> **첫째 왕자:** 이제 어찌하면 좋겠소?
> **신덕:** 금강을 살려두면 반드시 후환이 생길 것입니다.
> **영순:** 옳습니다. 속히 사람을 보내 처치하십시오.

① 신숭겸이 공산 전투에서 전사하였다.
② 궁예가 정변으로 왕위에서 축출되었다.
③ 견훤이 경주를 습격하여 경애왕을 죽게 하였다.
④ 신검이 일리천 전투에서 고려군에 패배하였다.
⑤ 왕건이 고창 전투에서 후백제군을 상대로 승리하였다.

12 (가), (나) 기구에 대한 설명으로 옳은 것을 〈보기〉에서 고른 것은? [2점]

이번에 (가) 의 수장인 문하시중의 자리에 오르셨다고 들었습니다. 영전을 축하드립니다.

고맙네. 자네가 (나) 에서 맡고 있는 어사대부 직책도 중요하니 열심히 하시게.

〈보기〉

ㄱ. (가) – 화폐, 곡식의 출납과 회계를 맡았다.
ㄴ. (가) – 국정을 총괄하는 최고 중앙 관서였다.
ㄷ. (나) – 원 간섭기에 도평의사사로 개편되었다.
ㄹ. (나) – 관리 임명에 대한 서경권을 행사하였다.

① ㄱ, ㄴ ② ㄱ, ㄷ ③ ㄴ, ㄷ ④ ㄴ, ㄹ ⑤ ㄷ, ㄹ

13 (가)~(라)를 일어난 순서대로 옳게 나열한 것은? [2점]

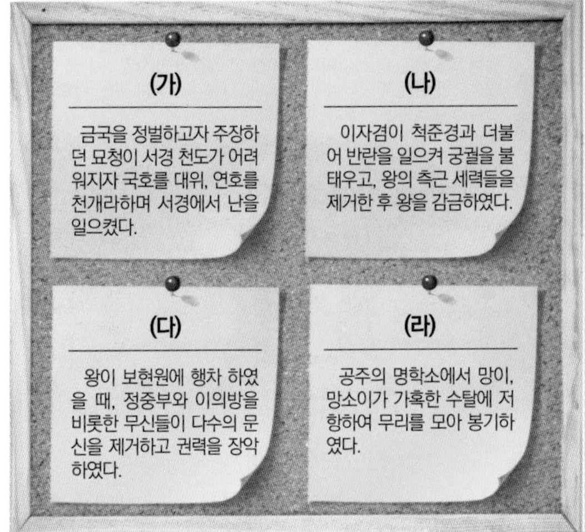

① (가) – (나) – (다) – (라)
② (가) – (나) – (라) – (다)
③ (나) – (가) – (다) – (라)
④ (나) – (가) – (라) – (다)
⑤ (다) – (가) – (나) – (라)

14 (가) 왕의 업적으로 옳은 것은? [2점]

① 문하부 낭사를 분리하여 사간원으로 독립시켰다.
② 국호를 조선으로 바꾸고 수도를 한양으로 옮겼다.
③ 한양을 기준으로 한 역법서인 칠정산을 만들었다.
④ 경국대전을 완성하여 국가의 통치 규범을 마련하였다.
⑤ 직전법을 제정하여 현직 관리에게만 수조지를 지급하였다.

15 (가)~(마)에 들어갈 내용으로 적절하지 않은 것은? [3점]

〈답사 안내〉

고려 시대의 불교 문화를 찾아서

우리 박물관에서는 고려 시대의 불교 문화를 탐색하기 위한 문화유산 답사를 실시합니다. 시민 여러 분들의 많은 관심과 참여 바랍니다.

◈ 답사 기간: 2019년 ○○월~○○월
※ 매월 마지막 주 토요일 09:00~17:00

◈ 답사 일정

순서	답사 장소	답사 주제
1회차	안동 봉정사	(가)
2회차	논산 관촉사	(나)
3회차	순천 송광사	(다)
4회차	합천 해인사	(라)
5회차	강진 백련사	(마)

◈ 주관: □□박물관

① (가) – 팔상전을 통해 본 오층 목탑의 구조
② (나) – 석조 미륵보살 입상의 조형적 특징
③ (다) – 보조국사 지눌의 생애와 주요 활동
④ (라)– 팔만대장경의 운반 과정과 보관 경위
⑤ (마) – 법화 신앙을 바탕으로 한 요세의 신앙 결사 운동

16 밑줄 그은 '이 왕'의 재위 기간에 있었던 사실로 옳은 것은? [1점]

그림으로 보는 한국사 고려 시대

고려의 이 왕과 그의 부인인 노국 대장 공주를 그린 초상으로, 현재 국립 고궁 박물관에 소장되어 있다. 왕과 왕비가 서로 마주보듯 의자에 앉아 있는 모습으로 묘사되어 있는 점이 특징이다.

① 유인우, 이자춘 등이 쌍성총관부를 수복하였다.
② 나세, 심덕부 등이 진포에서 왜구를 격퇴하였다.
③ 좌별초, 우별초, 신의군의 삼별초가 조직되었다.
④ 서희가 외교 담판을 벌여 강동 6주를 획득하였다.
⑤ 명의 철령위 설치에 반발하여 요동 정벌이 추진되었다.

17 (가)에 들어갈 내용으로 옳은 것을 〈보기〉에서 고른 것은? [2점]

〈보기〉

ㄱ. 기기도설을 참고하여 거중기를 제작했어요.
ㄴ. 화통도감을 설치하여 화약과 화포를 제작했어요.
ㄷ. 우리의 약재를 소개한 향약구급방을 편찬했어요.
ㄹ. 농업 기술 혁신 방안을 제시한 임원경제지가 저술됐어요.

① ㄱ, ㄴ ② ㄱ, ㄷ ③ ㄴ, ㄷ ④ ㄴ, ㄹ ⑤ ㄷ, ㄹ

18 (가) 시대의 경제 상황으로 옳은 것은? [1점]

① 내상과 만상이 국제 무역을 통해 부를 축적하였다.
② 담배와 면화 등이 상품 작물로 활발하게 재배되었다.
③ 모내기법의 확대로 벼와 보리의 이모작이 성행하였다.
④ 건원중보가 발행되어 금속 화폐의 통용이 추진되었다.
⑤ 설점수세제의 시행으로 민간의 광산 개발이 허용되었다.

19 (가) 인물의 활동으로 옳은 것은? [2점]

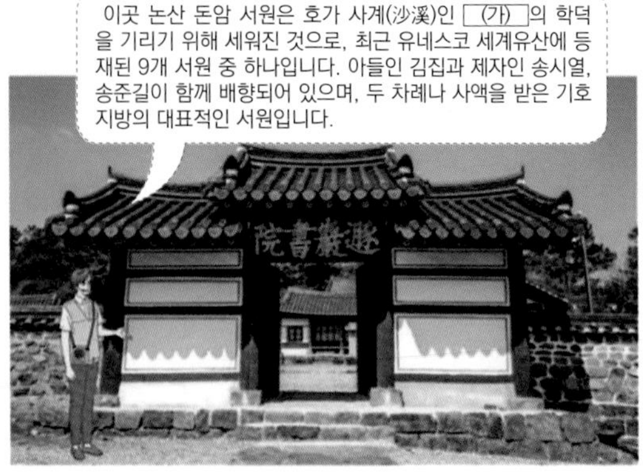

① 양명학을 연구하여 강화 학파를 형성하였다.
② 무오사화의 발단이 된 조의제문을 작성하였다.
③ 동호문답을 통해 다양한 개혁 방안을 제시하였다.
④ 성학십도를 지어 군주의 도를 도식으로 설명하였다.
⑤ 가례집람을 저술하여 예학을 조선의 현실에 맞게 정리하였다.

20 (가)에 해당하는 문화유산으로 옳은 것은? [2점]

문화유산 발표 대회

①
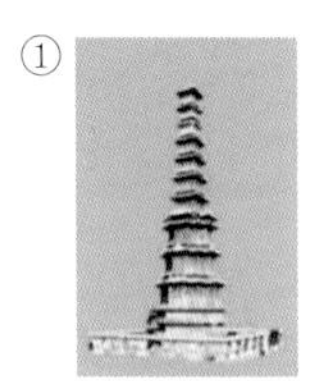
②

③

④

⑤

21 **밑줄 그은 '왕'에 대한 설명으로 옳은 것은?** [2점]

왕 1년 3월 14일 광해를 폐하여 군으로 봉하다
이광정, 이귀, 김류 등에게 관직을 제수하다
3월 15일 영창 대군 등의 관봉(官封)을 회복하도록 명하다
인목 대비의 의복을 바꿀 시일을 정하도록 예조에 하교하다
3월 25일 반정에 공이 있는 김자점 등을 6품직에 제수하다

① 이시애의 난을 진압하고 유향소를 폐지하였다.
② 문신의 재교육을 위한 초계문신제를 실시하였다.
③ 총융청과 수어청을 설치하여 도성을 방비하였다.
④ 전제상정소를 설립하고 전분 6등법을 제정하였다.
⑤ 변급, 신류 등을 파견하여 나선 정벌을 단행하였다.

22 **(가) 지역에 대한 탐구 활동으로 가장 적절한 것은?** [2점]

답사 안내

유구한 역사와 전통이 살아 숨쉬는 우리 고장의 문화유산을 찾아가고자 합니다. 시민 여러분의 많은 참여 바랍니다.

◆ 주제: (가) 의 유적과 역사 인물을 찾아서
◆ 일시: 2019년 ○○월 ○○일 09 : 00~17 : 00
◆ 경로: 촉석루 → 김시민 장군 전공비 → 강민첨 탄생지 → 옥봉 고분군

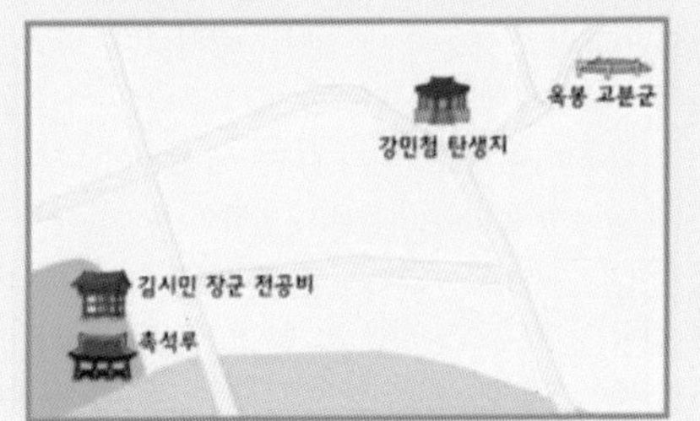

① 김만덕의 빈민 구제 활동에 대해 알아본다.
② 정묘호란에서 정봉수의 활약상을 살펴본다.
③ 정약전이 자산어보를 저술한 곳을 검색한다.
④ 신립이 배수의 진을 치고 싸운 장소를 찾아본다.
⑤ 유계춘이 백낙신의 수탈에 맞서 봉기한 지역을 조사한다.

23 **밑줄 그은 '주상'의 재위 기간에 있었던 사실로 옳은 것은?** [2점]

① 신유박해로 다수의 천주교도가 처형되었다.
② 박규수의 건의로 삼정이정청이 설치되었다.
③ 명의 요청으로 강홍립의 부대가 파견되었다.
④ 붕당의 폐해를 경계하기 위한 탕평비가 건립되었다.
⑤ 통치 체제를 정비하기 위해 대전회통이 편찬되었다.

24 **(가), (나)에 대한 설명으로 가장 적절한 것은?** [2점]

① (가) – 혜상공국을 통해 정부의 보호를 받았다.
② (가) – 전국 각지에 송방이라는 지점을 설치하였다.
③ (나) – 책문 후시를 통해 청과의 무역을 주도하였다.
④ (나) – 금난전권을 행사해 사상의 활동을 억압하였다.
⑤ (가), (나) – 근대적 상회사인 대동 상회를 설립하였다.

25 (가)~(마)에 대한 설명으로 옳은 것은? [2점]

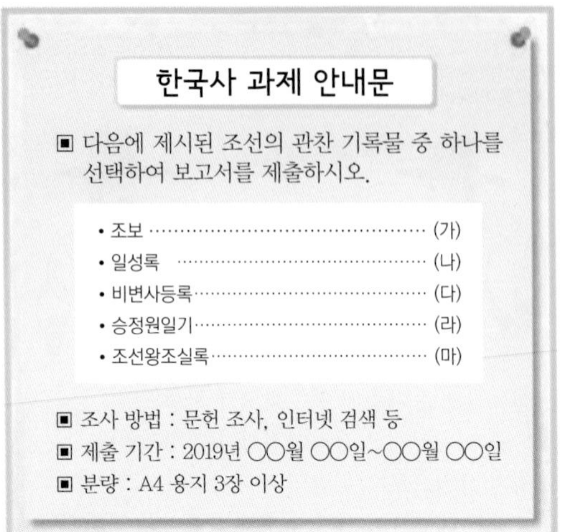

한국사 과제 안내문

▣ 다음에 제시된 조선의 관찬 기록물 중 하나를 선택하여 보고서를 제출하시오.

- 조보 ································ (가)
- 일성록 ································ (나)
- 비변사등록 ································ (다)
- 승정원일기 ································ (라)
- 조선왕조실록 ································ (마)

▣ 조사 방법 : 문헌 조사, 인터넷 검색 등
▣ 제출 기간 : 2019년 ○○월 ○○일~○○월 ○○일
▣ 분량 : A4 용지 3장 이상

① (가) – 유네스코 세계 기록 유산으로 등재되었다.
② (나) – 광해군 때부터 기록되기 시작하였다.
③ (다) – 국왕의 비서 기관에서 발행한 관보이다.
④ (라) – 정조가 세손 시절부터 쓴 일기에서 유래하였다.
⑤ (마) – 춘추관 관원들이 편찬 업무에 참여하였다.

26 (가)~(마)에 대한 설명으로 옳은 것은? [3점]

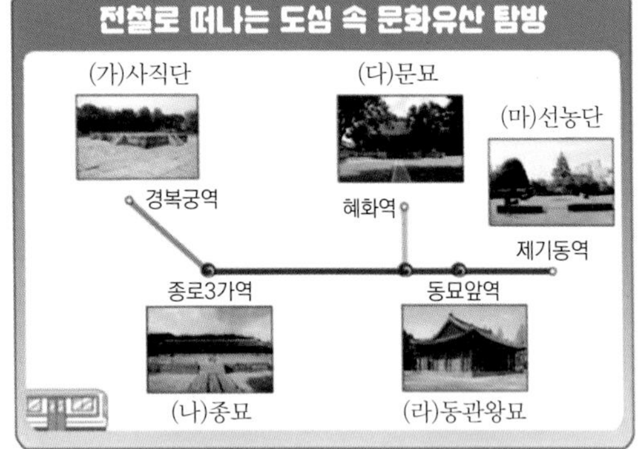

① (가) – 역대 국왕과 왕비의 신주를 모신 곳이다.
② (나) – 촉의 장수인 관우를 제사지내는 사당이다.
③ (다) – 흥선 대원군이 집권한 시기에 혁파되었다.
④ (라) – 대성전과 명륜당을 중심으로 구성되어 있다.
⑤ (마) – 국왕이 신농, 후직에게 풍년을 기원하던 곳이다.

27 밑줄 그은 '이 나라'에 대한 조선의 정책으로 옳은 것은? [1점]

이것은 이 나라가 조선의 인삼을 수입하기 위해 1710년에 발행한 은화이다. 당시 조선의 인삼은 불로장생의 명약으로 알려져 인기가 많았다. 주로 부산의 초량 왜관에서 이루어진 인삼교역을 통해 많은 양의 은이 조선으로 유입되었고, 이렇게 확보한 은으로 조선 상인들은 청에서 비단 등을 사들였다.

① 광군을 조직하여 침입에 대비하였다.
② 학문 교류를 위해 만권당을 설립하였다.
③ 하정사, 성절사, 천추사 등을 파견하였다.
④ 기유약조를 체결하여 무역을 재개하였다.
⑤ 사절 왕래를 위해 한성에 북평관을 개설하였다.

28 (가) 붕당에 대한 설명으로 옳은 것은? [3점]

흥문관에서 아뢰기를, "윤국형은 우성전과 유성룡의 심복이며 또한 이성중과 한 집안 사람입니다. 당초 신묘 연간에 양사에서 정철을 탄핵할 때에 옥당은 여러 날 동안이나 거론하지 않았습니다. …… 유성룡이 다시 재상이 되자 윤국형 등이 선비들을 구별하여 자기들에게 붙는 자를 [(가)](이)라 하고, 뜻을 달리하는 자를 북인이라 하여 결국 당쟁의 실마리를 크게 열어 놓았습니다. 이처럼 유성룡이 사당(私黨)을 키우고 사류(士類)를 배척하는 데에 모두 윤국형 등이 도왔던 것입니다."라고 하였다.

① 광해군 시기에 국정을 이끌었다.
② 경신환국으로 정권을 장악하였다.
③ 이언적과 이황의 제자들이 주류를 이루었다.
④ 기해 예송에서 자의 대비의 기년복을 주장하였다.
⑤ 정여립 모반 사건을 내세워 기축옥사를 주도하였다.

29 (가) 종교에 대한 설명으로 옳은 것은? [1점]

> **○○신문**
>
> ○○○○년 ○○월 ○○일
>
> **최제우, 경주에서 체포**
>
> 경상도 일대를 중심으로 교세를 확장하고 있던 (가) 의 교주 최제우가 23명의 제자들과 함께 경주에서 체포되었다. 체포 후 대구의 감영으로 이송되어 현재 문초가 진행되고 있으며, 혹세무민의 죄가 적용되어 효수에 처해질 것으로 보인다.

① 배재 학당을 세워 신학문 보급에 기여하였다.
② 마음속에 한울님을 모시는 시천주를 강조하였다.
③ 일제의 통제에 맞서 사찰령 폐지 운동을 펼쳤다.
④ 간척 사업을 추진하고 새생활 운동을 전개하였다.
⑤ 제사와 신주를 모시는 문제로 정부의 탄압을 받았다.

30 (가) 인물에 대한 설명으로 옳은 것은? [2점]

이곳은 (가) 이/가 낙향하여 학문 연구에 전념했던 전라북도 부안군의 반계 서당입니다. 그는 이곳에서 제자들을 양성하며 반계수록을 저술하였습니다.

① 정조 때 규장각 검서관으로 활동하였다.
② 동국지리지를 저술하여 삼한의 위치를 고증하였다.
③ 지전설을 주장하여 중국 중심의 세계관을 비판하였다.
④ 연행사를 따라 청에 다녀온 후 열하일기를 집필하였다.
⑤ 자영농 육성을 위해 신분에 따른 토지의 차등 분배를 주장하였다.

31 밑줄 그은 '이 관계'가 발급되던 시기에 있었던 사실로 옳은 것은? [2점]

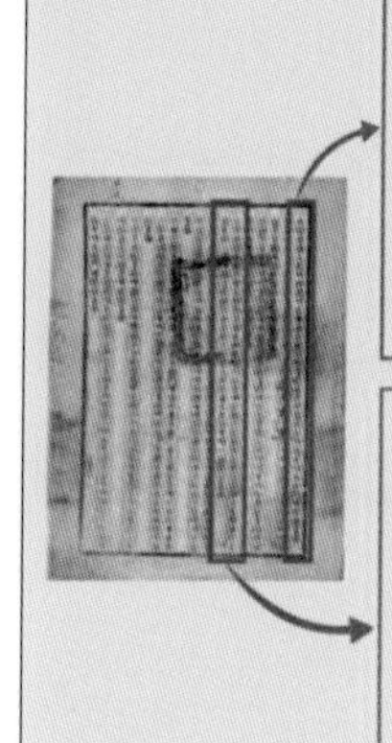

> 하나. 대한 제국 인민으로 전답을 가진 자는 이 관계(官契)※를 반드시 소유하되, 구계(舊契)는 무효로 하여 본 아문에 수납할 것
>
> ※ 관계(官契): 관청에서 증명한 문서

> 하나. 대한 제국 인민 외에는 전답 소유주가 될 권리가 없으니, 외국인에게 명의를 빌려주거나 사사로이 매매·저당·양도하는 자는 모두 최고형에 처하고 해당 전답은 원주인의 소유를 인정하여 일체 몰수할 것

① 이만손 등이 영남 만인소를 올렸다.
② 박문국에서 한성순보가 발행되었다.
③ 조선 형평사 창립 대회가 개최되었다.
④ 러시아가 용암포를 점령하고 조차를 요구하였다.
⑤ 제너럴 셔먼호 사건을 구실로 미군이 강화도를 침략하였다.

32 밑줄 그은 '개혁'에 대한 설명으로 옳은 것을 〈보기〉에서 고른 것은? [3점]

> 외무성 아시아국장 카프니스트 백작님께
>
> 요즘 상하이에 거주하는 유럽인들이 조선인 망명자 살해 사건으로 들썩이고 있습니다. 그는 일본인들의 협력을 기반으로 새로운 질서를 마련하기 위해 청프 전쟁이 벌어진 틈을 타서 자기의 뜻을 펼치기 시작하였습니다. 이에 [정변을 일으켜] 기존의 대신들을 대부분 몰아내고, 스스로 참판에 오르는 등 새로운 관료 조직을 구성하였습니다. 그러나 일본에 대한 뿌리 깊은 증오심으로 조선 민중은 일본인들의 협력을 전제로 한 그의 개혁에 적대감을 갖게 되었습니다. ……
>
> 베이징 주재 러시아 공사 보르

〈보기〉

ㄱ. 집강소를 중심으로 시행되었다.
ㄴ. 토지의 균등 분배를 추진하였다.
ㄷ. 청의 군사 개입으로 실패하였다.
ㄹ. 국가 재정을 호조로 일원화하고자 하였다.

① ㄱ, ㄴ ② ㄱ, ㄷ ③ ㄴ, ㄷ ④ ㄴ, ㄹ ⑤ ㄷ, ㄹ

33 (가) 인물에 대한 설명으로 옳은 것은? [2점]

> 본국은 서양의 여러 나라 중 귀국과 가장 먼저 조약을 체결 하였고, 우의가 돈독하여 사절이 왕래한지 여러 해가 되었습니다. 이에 짐이 믿고 아끼는 종2품 협판 내무부사 (가) 을/를 초대 주미 공사에 임명하여, 귀국으로 가서 수도에 머물며 교섭 사무를 처리하도록 하려고 합니다. 본 대신은 충성스럽고 근실하며 매사에 꼼꼼하고 자세하므로 그 직책을 능히 감당할 수 있을 것이니, 대통령께서도 성실하게 서로 믿고 우대하는 예에 따라 대해 주시기를 바랍니다.

① 민족 교육을 위해 대성 학교를 설립하였다.
② 서유견문을 집필하여 서양 근대 문물을 소개하였다.
③ 영국인 베델과 제휴하여 대한매일신보를 창간하였다.
④ 헤이그에서 열린 만국 평화 회의에 특사로 파견되었다.
⑤ 독립 협회의 제안을 받아들여 중추원 관제 개편을 추진하였다.

34 다음 조약이 맺어진 배경으로 가장 적절한 것은? [2점]

> 제1조 중국 상무위원은 개항한 조선의 항구에 주재하면서 본국의 상인을 돌본다. …… 중대한 사건을 맞아 조선 관원과 임의로 결정하기가 어려울 경우 북양 대신에게 청하여 조선 국왕에게 공문서를 보내 처리하게 한다.
>
> 제2조 중국 상인이 조선 항구에서 개별적으로 고소를 제기할 일이 있을 경우 중국 상무위원에게 넘겨 심의 판결한다. 이밖에 재산 문제에 관한 범죄 사건에 조선 인민이 원고가 되고 중국 인민이 피고일 때에도 중국 상무위원이 체포하여 심의 판결한다.

① 영국이 거문도를 불법 점령하였다.
② 청일 전쟁에서 일본이 승리하였다.
③ 구식 군인들이 임오군란을 일으켰다.
④ 시전 상인들이 철시 투쟁을 전개하였다.
⑤ 운요호가 강화도에 접근하여 무력 시위를 벌였다.

35 (가)에 들어갈 내용으로 옳지 않은 것은? [1점]

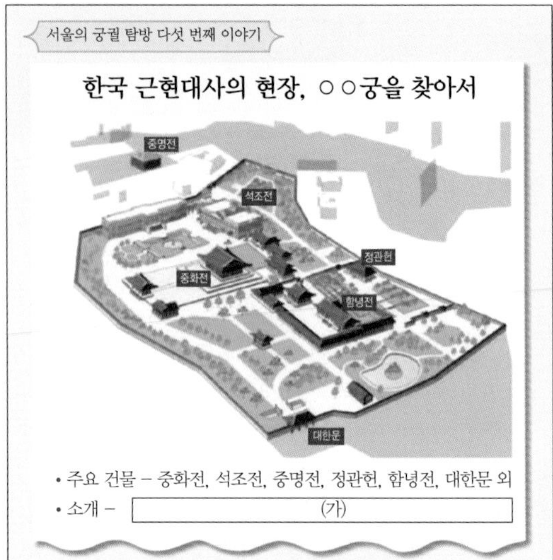

① 고종이 아관파천 이후 환궁한 곳입니다.
② 두 차례의 미소 공동 위원회가 개최되었습니다.
③ 일제의 강압 속에 을사늑약이 체결된 현장입니다.
④ 명성 황후가 일본 낭인들에 의해 시해된 장소입니다.
⑤ 궁궐 안에 남아 있는 가장 오래된 서양식 건물이 있습니다.

36 (가) 기구에 대한 설명으로 옳은 것은? [2점]

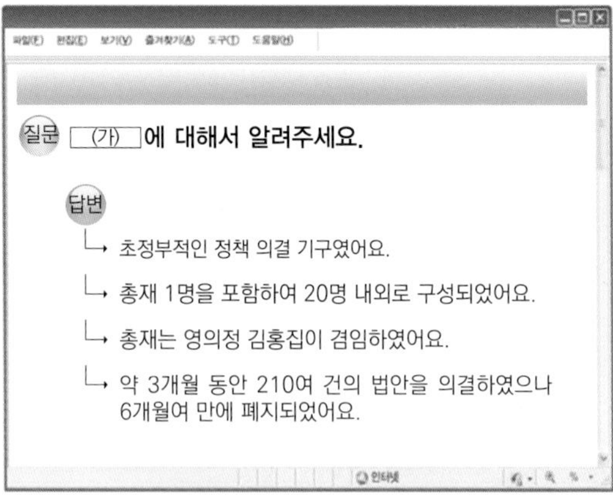

① 공사 노비법의 폐지를 결정하였다.
② 임술 농민 봉기를 계기로 설치되었다.
③ 조광조를 비롯한 사림의 건의로 혁파되었다.
④ 임진왜란을 거치면서 국정 최고 기구로 자리 잡았다.
⑤ 소속 부서로 교린사, 군무사, 통상사 등의 12사를 두었다.

37 (가) 지역의 독립운동에 대한 탐구 활동으로 가장 적절한 것은? [2점]

> 참정 김규홍이 아뢰기를, " (가) 은/는 우리나라와 청의 경계 지대인데 지금까지 수백 년 동안 비어 있었습니다. 수십 년 전부터 북쪽 변경의 백성들로서 그 지역에 이주하여 경작하며 살고 있는 사람이 이제는 수만 호에 십여만 명이나 됩니다. 그런데 청인들의 괴롭힘을 심하게 받고 있습니다. 그래서 지난해 신의 부서에서 시찰관 이범윤을 파견하여 황제의 교화를 선포하고 호구를 조사하게 하였습니다. …… 그들의 생명과 재산을 보호하고자 하는 조정의 뜻을 보여 주는 것이 어떻겠습니까?" 하니, 윤허하였다.

① 숭무 학교의 설립 목적을 파악한다.
② 대조선 국민군단의 활동 내용을 분석한다.
③ 동제사를 통한 한중 교류 상황을 살펴본다.
④ 중광단이 북로 군정서로 개편된 과정을 조사한다.
⑤ 유학생들이 2·8 독립 선언서를 발표한 장소를 확인한다.

38 다음 상황 이후에 전개된 사실로 옳은 것은? [3점]

> 개별적인 의거 활동에 한계를 느낀 김원봉을 비롯한 단원들은 황푸 군관 학교에 입교하여 군사 훈련을 받은 후 새로운 활동 방향을 모색 하였다. 이러한 움직임은 '통일적 총지휘 기관의 확립'을 촉구하는 '대독립당 촉성회에 대한 선언'을 선포하는 등 민족 협동 전선의 제창으로 나타났다. 이를 위해 먼저 정기 대표 회의에서 한중 합작으로 군관 학교를 설립하여 '통일적 총지휘 기관'의 전위 투사를 양성하기로 결정하고, 조선 혁명 간부 학교를 설립하였다.

① 민족 혁명당이 결성되었다.
② 조선 혁명 선언이 작성되었다.
③ 한국 독립 유일당 북경 촉성회가 창립되었다.
④ 고종의 밀지를 받아 독립 의군부가 조직되었다.
⑤ 한성, 상하이, 연해주 지역의 임시 정부가 통합되었다.

39 (가), (나) 격문이 작성된 사이의 시기에 있었던 사실로 옳은 것은? [2점]

> (가) 왕조의 마지막 군주였던 창덕궁 주인이 53세의 나이로 지난 4월 25일에 서거하였다. …… 지금 우리 민족의 통곡과 복상은 군주의 죽음 때문이 아니고 경술년 8월 29일 이래 사무친 슬픔 때문이다. …… 슬퍼하는 민중들이여! 하나가 되어 혁명 단체 깃발 밑으로 모이자! 금일의 통곡복상의 충성과 의분을 모아 우리들의 해방 투쟁에 바치자 !
>
> (나) 조선 청년 대중이여! 궐기하라. 제국주의적 침략에 대한 반항적 투쟁으로서 광주 학생 사건을 지지하고 성원하라. …… 저들은 소위 사법 경찰을 총동원하여 광주 조선 학생 동지 400여 명을 참혹한 철쇄에 묶어 넣었다-. 여러분! 궐기하라! 우리들이 흘리는 선혈의 마지막 한 방울까지 조선 학생의 이익과 약소민족의 승리를 위하여 항쟁적 전투에 공헌하라!

① 김상옥이 종로 경찰서에 폭탄을 투척하였다.
② 동아일보를 중심으로 브나로드 운동이 전개되었다.
③ 고액 소작료에 반발하여 암태도 소작 쟁의가 발생하였다.
④ 사회주의 세력의 활동 방향을 밝힌 정우회 선언이 발표되었다.
⑤ 일제가 데라우치 총독 암살 미수 사건을 계기로 105인 사건을 날조하였다.

40 **(가) 군대에 대한 설명으로 옳은 것은?** [1점]

이것은 대한민국 임시 정부 산하의 (가) 총사령부 건물로, 지난 3월 이곳 충칭의 옛 터에 복원되었습니다. 과거 임시 정부가 중국의 도움으로 (가) 을/를 창설하였듯이, 오늘날 이 총사령부 건물도 양국의 노력으로 세울 수 있었습니다.

① 김좌진의 지휘 아래 활동하였다.
② 자유시 참변으로 큰 타격을 입 었다.
③ 미국과 연계하여 국내 진공 작전을 계획하였다.
④ 중국 관내(關內)에서 결성된 최초의 한인 무장 부대였다.
⑤ 중국 호로군과 연합 작전을 통해 항일 전쟁을 전개하였다.

41 **밑줄 그은 '이 시기'에 볼 수 있는 일제의 정책으로 옳은 것은?** [2점]

이 그림은 토지 조사 사업이 진행되던 이 시기에 총독부가 조선에 대한 식민 통치를 미화하고, 그 실적을 선전하기 위해 서 개최한 조선 물산 공진회의 회의장 전경을 그린 것입니다. 그림에는 경복궁 일부를 헐어내고 물산 공진회장으로 조성한 모습이 그대로 드러나 있는데. 이는 일제가 조선의 정통성과 존엄성을 훼손하려는 의도였습니다.

① 국가 총동원법을 제정하여 인력과 물자를 수탈하였다.
② 도 평의회, 부·면 협의회 등의 자문 기구를 설치하였다.
③ 재정 고문 메가타의 주도 아래 화폐 정리 사업을 실시하였다.
④ 회사 설립 시 총독의 허가를 받도록 하는 회사령을 적용하였다.
⑤ 독립운동을 탄압하기 위해 조선 사상범 보호 관찰령을 공포 하였다.

42 **(가)에 들어갈 내용으로 가장 적절한 것은?** [3점]

 **학술 대회 안내** 

우리 학회는 3·1 운동 및 대한민국 임시 정부 수립 100주년을 맞이하여 연해주 지역에서 독립운동에 헌신한 최재형 선생의 활동 을 구체적으로 살펴보는 학술 대회를 개최 합니다.

◈ 발표 주제 ◈

- 동의회를 통해 본 재러 한인의 의병 활동
- 대동공보를 통한 언론 활동
- 안중근의 하얼빈 의거와 최재형
- (가)

- 일시: 2019년 ○○월 ○○일 13:00~17:00
- 장소: □□대학교 소강당
- 주최: △△학회

① 권업회 조직과 권업신문 발간
② 서전서숙 설립과 민족 교육 진흥
③ 신흥 무관 학교 설립과 독립군 양성
④ 한인 애국단 결성과 항일 의 거 활동
⑤ 신한 청년당 결성과 파리 강화 회의 참석

43 **밑줄 그은 '이 부대'의 활동으로 옳은 것은?** [2점]

이 건물은 승은문으로, 총사령 지청천이 이끈 이 부대가 길림 자위군과 연합하여 만주국 군대를 격파한 쌍성보 전투의 현장입니다.

① 동북 항일 연군으로 개편되어 유격전을 전개하였다.
② 대전자령 전투에서 일본군을 상대로 승리를 거두었다.
③ 간도 참변 이후 조직을 정비하고 자유시로 이동하였다.
④ 홍범도 부대와 연합하여 청산리에서 일본군과 교전하였다.
⑤ 조선 혁명당의 군사 조직으로 남만주 지역에서 활약하였다.

44 (가), (나) 사이의 시기에 있었던 사실로 옳은 것은? [2점]

> (가) 나의 연령이 이제 70하고도 3인 바 나에게 남은 것은 금일 금일하는 여생이 있을 뿐이다. 이제 새삼스럽게 재물을 탐내며 영예를 탐낼 것이냐? 더구나 외군 군정 하에 있는 정권을 탐낼 것이냐?
> …… 나는 통일된 조국을 건설하려다가 38선을 베고 쓰러질지 언정 일신에 구차한 안일을 취하여 단독 정부를 세우는 데는 협력하지 아니하겠다.
>
> (나) 이 민국은 기미 3월 1일에 우리 13도 대표들이 서울에 모여서 국민 대회를 열고 대한 독립 민주국임을 세계에 공포하고 임시 정부를 건설하여 민주주의의 기초를 세운 것입니다. …… 이 국회는 전 민족을 대표한 국회이며 이 국회에서 탄생되는 민국 정부는 완전한 한국 전체를 대표한 중앙 정부임을 이에 또한 공포하는 바입니다.

① 우리나라 최초의 보통 선거인 5 · 10 총선거가 실시되었다.
② 남한만의 단독 정부 수립을 주장한 정읍 발언이 제기되었다.
③ 여운형이 중심이 되어 조선 건국 준비 위원회를 조직하였다.
④ 좌우 합작 위원회가 결성되어 좌우 합작 7원칙에 합의하였다.
⑤ 민족주의 정당을 중심으로 독립 촉성 중앙 협의회가 결성되었다.

45 (가) 단체의 활동으로 옳은 것은? [1점]

> **예심 종결 결정문**
>
> **주문(主文)**
>
> 피고 이극로, 최현배 외 10명은 함흥 지방 법원 공판에 부친다. 피고 장지영 외 1명은 면소(免訴)한다.
>
> **이유(理由)**
>
> 본 건(件) [(가)]은/는 1919년 만세 소요 사건의 실례에 비추어 조선의 독립을 장래에 기약하는 데는 문화 운동에 의하여 민족정신의 환기와 실력 양성을 급무로 삼아서, 피고인 이극로를 중심으로 하여 문화 운동 중 그 기초적 중심이 되는 어문 운동의 방법을 취하여 그 이념으로써 지도 이념을 삼아 겉으로 문화 운동의 가면을 쓰고, 조선 독립을 목적한 실력 배양 단체로서 본건이 검거되기까지 10여 년이나 오랫동안 조선 민족에 대하여 조선의 어문 운동을 전개해 왔다.

① 여유당전서 간행 사업을 계기로 조직되었다.
② 한글 맞춤법 통일안과 표준어를 제정하였다.
③ 국어의 이해 체계 확립을 위해 국문 연구소를 세웠다.
④ 개벽, 신여성 등의 잡지를 간행하여 민족의식을 높였다.
⑤ 인재 육성의 일환으로 민립 대학 설립 운동을 전개하였다.

46 다음 법령이 제정된 이후에 볼 수 있는 사회 모습으로 옳은 것은? [3점]

> 제1조 호적법의 적용을 받지 않는 연령 17년 이상 제국 신민인 남자로서 육군 병역에 복무하기를 지원하는 자는 육군 대신이 정한 바에 따라 전형 후 이를 현역 또는 제 1 보충 병역에 편입할 수 있다.
>
> 제3조 보충 병역 혹은 국민 병역에 있는 자, 또는 병역을 마친 자로서 전시 또는 사변시 육군 부대 편입을 지원하는 자는 육군 대신이 정한 바에 따라 전형 후 이를 적의한 부대에 편입할 수 있다.

① 신간회의 간부로 활동하는 변호사
② 원산 총파업에 동참하는 공장 노동자
③ 부민관에 폭탄을 설치하는 대한 애국 청년당원
④ 잡지 어린이 창간호를 준비하는 천도교 소년회원
⑤ 조선 물산 장려회 발기인 대회에 참여하는 기업인

47 **다음 상황 이후에 전개된 사실로 옳은 것은?** [2점]

> 5월 26일, 부산에서 국회의원 통근 버스가 헌병대로 강제 연행 되어 탑승한 야당 의원 50여 명이 구금당하는 사태가 벌어졌다. 내각 책임제를 추진하던 주동 의원들이 체포되었으며, 국제 공산당 사건 혐의로 10여 명의 국회의원이 구속되었다.

① 북한의 전면적인 남침으로 6 · 25 전쟁이 발발하였다.
② 경찰이 반민족 행위 특별 조사 위원회를 습격하였다.
③ 정 · 부통령 직접 선거를 주 내용으로 하는 개헌이 이루어졌다.
④ 전조선 정당 사회 단체 지도자 협의회가 성명서를 발표하였다.
⑤ 일제가 남긴 재산 처리를 위한 귀속재산처리법이 처음 제정되었다.

48 **다음 뉴스가 보도된 정부 시기의 사실로 옳은 것은?** [2점]

① 프로 야구단이 정식으로 창단되었다.
② 금강산 해로 관광 사업이 시작되었다.
③ 제1차 경제 개발 5개년 계획이 추진되었다.
④ 외환 위기 극복을 위해 금 모으기 운동이 전개되었다.
⑤ 대통령의 긴급 명령으로 금융 실명제가 전격 실시되었다.

49 **다음 헌법 조항이 시행된 시기의 민주화 운동으로 옳은 것은?** [2점]

> 제39조 ①대통령은 통일 주체 국민 회의에서 토론 없이 무기명 투표로 선거한다.
>
> 제40조 ①통일 주체 국민 회의는 국회의원 정수의 3분의 1에 해당하는 수의 국회의원을 선거한다.
> ②제1항의 국회의원의 후보자는 대통령이 일괄 추천하며, 후보자 전체에 대한 찬반을 투표에 부쳐 재적 대의원 과반수의 출석과 출석 대의원 과반수의 찬성으로 당선을 결정한다.
>
> 제47조 대통령의 임기는 6년으로 한다.
>
> 제59조 ①대통령은 국회를 해산할 수 있다.

① 굴욕적 대일 외교 반대를 주장하는 6 · 3 시위가 일어났다.
② 긴급 조치 철폐를 요구하는 3 · 1 민주 구국 선언이 발표되었다.
③ 부정 선거에 항거하는 4 · 19 혁명이 전국 각지에서 전개되었다.
④ 4 · 13 호헌 조치 철폐를 요구하는 전 국민적인 저항이 벌어졌다.
⑤ 김영삼과 김대중을 공동 의장으로 한 민주화 추진 협의회가 조직되었다.

50 밑줄 그은 '정부'의 통일 노력으로 옳은 것은? [1점]

□□신문

제△△호 ○○○○년 ○○월 ○○일

개성 공단 착공식 개최

정부는 30일 11시 개성 공단 착공식이 북한 개성 현지 1단계 지구에서 남측과 북측 인사 300여 명이 참석한 가운데 열린다고 발표 하였다. 남북이 분단 이후 처음으로 공동 조성하는 대규모 수출 공업 단지인 개성 공단은 남측의 기술력 및 대외 무역 능력과 북측의 노동력 을 바탕으로 만들어지는 남북 경협의 마중물이 될 것으로 기대된다.

① 남북한이 한반도 비핵화 공동 선언을 채택하였다.
② 최초의 이산가족 고향 방문과 예술 공연단 교환이 이루어졌다.
③ 남북한 간 최초의 공식 합의서인 남북 기본 합의서를 교환하였다.
④ 7 · 4 남북 공동 성명을 실천하기 위한 남북 조절 위원회를 구성 하였다.
⑤ 제2차 남북 정상 회담을 개최하고 10 · 4 남북 공동 선언을 발표 하였다.

고급 기출문제 45회

01 (가) 시대의 생활 모습으로 옳은 것은? [1점]

① 주로 동굴이나 막집에 거주하였다.
② 철제 농기구를 제작하여 사용하였다.
③ 소를 이용한 깊이갈이가 일반화되었다.
④ 계급이 없는 평등한 공동체 생활을 하였다.
⑤ 반달 돌칼을 사용하여 곡물을 수확하였다.

02 다음 자료에 해당하는 나라에 대한 설명으로 옳은 것은? [1점]

> 대군장이 없고, 한(漢) 이래로 후(候)·읍군·삼로가 있어서 하호를 통치하였다. …… 그 풍속은 산천을 중요시하여 산과 내마다 각기 구분이 있어 함부로 들어가지 않는다. 동성끼리는 결혼하지 않는다.
>
> -『삼국지』 동이전 -

① 연맹 왕국으로 발전하였다.
② 낙랑과 왜에 철을 수출하였다.
③ 무천이라는 제천 행사를 열었다.
④ 혼인 풍습으로 민며느리제가 있었다.
⑤ 여러 가(加)들이 별도로 사출도를 주관하였다.

03 밑줄 그은 '이 나라'에 대한 설명으로 옳은 것은? [2점]

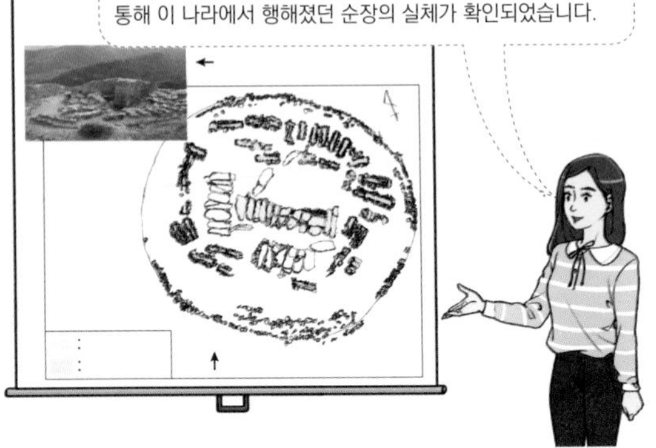

① 진흥왕 때 신라에 복속되었다.
② 나당 연합군에 의해 멸망하였다.
③ 대가들이 사자, 조의, 선인을 거느렸다.
④ 빈민을 구제하기 위해 진대법을 시행하였다.
⑤ 박, 석, 김의 3성이 교대로 왕위를 계승하였다.

04 (가), (나) 사이의 시기에 있었던 사실로 옳은 것은? [3점]

> (가) 왕이 태자와 함께 정예군 3만 명을 거느리고 고구려를 침범하여 평양성을 공격하였다. 고구려왕 사유(斯由)가 필사적으로 항전하다가 날아오는 화살에 맞아 죽었다. 왕이 병사를 이끌고 물러났다.
>
> -『삼국사기』 -
>
> (나) 고구려왕 거련(巨興)이 병사 3만 명을 거느리고 와서 한성을 포위하였다. …… 왕은 상황이 어렵게 되자 어찌할 바를 모르다가 기병 수십 명을 거느리고 성문을 나가 서쪽으로 달아났는데, 고구려 병사가 추격하여 왕을 살해하였다.
>
> -『삼국사기』 -

① 신라의 법흥왕이 불교를 공인하였다.
② 백제의 문주왕이 웅진으로 천도하였다.
③ 고구려의 태조왕이 옥저를 복속시켰다.
④ 고구려의 광개토 대왕이 백제를 공격하였다.
⑤ 백제와 고구려가 동맹을 맺고 신라에 대항하였다.

05 다음 기획전에 전시될 문화유산으로 적절한 것을 〈보기〉에서 고른 것은? [1점]

특별 기획전

문화유산을 통해 보는 백제의 도교 문화

도교는 삼국 시대에 전래되어 우리나라 문화에 많은 영향을 주었습니다. 우리 △△박물관에서는 백제의 도교 문화를 살펴볼 수 있는 특별 기획전을 마련하였습니다. 많은 관람 바랍니다.

• 기간: 2019년 ○○월 ○○일~○○월 ○○일
• 장소: △△박물관 기획 전시실

〈보기〉

① ㄱ, ㄴ ② ㄱ, ㄷ ③ ㄴ, ㄷ
④ ㄴ, ㄹ ⑤ ㄷ, ㄹ

06 밑줄 그은 '왕'의 업적으로 옳은 것은? [2점]

○ 왕의 이름은 명농이니 무령왕의 아들이다. 지혜와 식견이 뛰어나고 일을 처리함에 결단성이 있었다. 무령왕이 죽고 왕위에 올랐다. －『삼국사기』－

○ 왕이 신라군을 습격하고자 몸소 보병과 기병 모두 50명을 거느리고밤에 구천(狗川)에 이르렀다. 신라의 복병이 나타나 그들과 싸우다가 혼전 중에 왕이 신라군에게 살해되었다. －『삼국사기』－

① 익산에 미륵사를 창건하였다.
② 동진으로부터 불교를 수용하였다.
③ 신라를 공격하여 대야성을 점령하였다.
④ 사비로 천도하고 국호를 남부여로 고쳤다.
⑤ 고흥으로 하여금 서기를 편찬하게 하였다.

07 (가) 국가에 대한 설명으로 옳은 것은? [2점]

답사 보고서

▣ 주제: (가) 의 유적을 찾아서
▣ 기간: 2019년 ○○월 ○○일~○○월 ○○일
▣ 답사지: 러시아 연해주 콕샤로프카성 일대

1. 콕샤로프카 평지성 내부의 온돌 유적

이 유적은 전체 둘레가 1,645m에 이르는 대규모 성곽으로, 내부 건물지에서 고구려 계통의 온돌 시설과 토기 등이 발굴되었다. 이러한 유적과 유물은 해동성국으로 불린 (가) 이/가 고구려의 문화를 계승하였음을 보여준다.

2. 콕샤로프카 성벽

① 지방관 감찰을 위해 외사정을 파견하였다.
② 지방을 통제하기 위해 22담로를 설치하였다.
③ 5경 15부 62주의 지방 행정 제도를 갖추었다.
④ 집사부 외 13부를 두고 행정 업무를 분담하였다.
⑤ 상수리 제도를 시행하여 지방 세력을 견제하였다.

08 밑줄 그은 '이 종파'에 대한 설명으로 옳은 것은? [2점]

이것은 전라남도 화순군 쌍봉사에 있는 국보 제57호 철감선사 승탑입니다. 승려의 사리를 봉안하는 승탑은 이 종파가 수용된 이후 9세기부터 유행하였습니다. 이 종파는 도의선사가 가지산문을 개창한 이래 9산 선문을 형성하였습니다.

① 동경대전을 경전으로 삼았다.
② 단군을 숭배의 대상으로 하였다.
③ 대성전을 세워 옛 성현에 제사를 지냈다.
④ 참선과 수행을 통해 깨달음을 얻고자 하였다.
⑤ 마음속에 한울님을 모시는 시천주를 강조하였다.

09 (가)에 해당하는 섬에 대한 설명으로 옳은 것은? [1점]

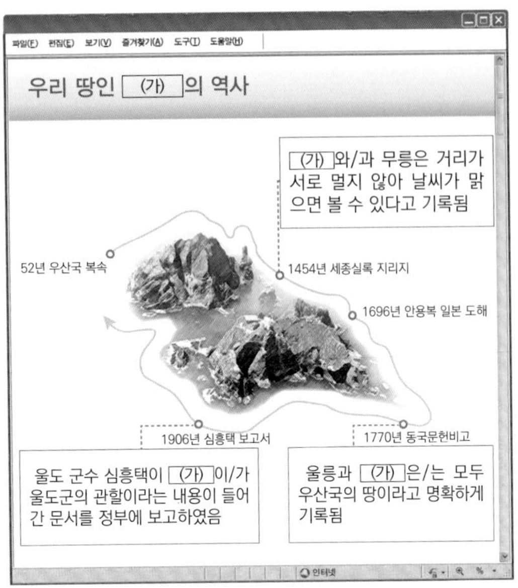

① 몽골에 항전할 때 임시 수도였다.
② 정약전이 자산어보를 저술한 섬이다.
③ 하멜 일행이 표류하다가 도착한 곳이다.
④ 양헌수 부대가 프랑스군을 격퇴한 장소이다.
⑤ 대한 제국 칙령 제41호에서 관할 영토로 명시한 곳이다.

10 밑줄 그은 '선종'의 활동으로 옳은 것은? [3점]

> 진성왕 즉위 5년에 <u>선종(善宗)</u>은 죽주의 적괴 기훤에게 의탁하였다. 기훤이 업신여기고 잘난 체하며 예우하지 않았다. <u>선종</u>은 답답하고 스스로 불안해져서 몰래 기훤 휘하의 원회, 신훤과 결연하여 친구가 되었다. 그는 임자년에 북원의 도적 양길에게 의탁하였다.
>
> -『삼국사기』-

① 김흠돌 등 진골 세력을 숙청하였다.
② 고창 전투에서 고려군에게 패하였다.
③ 금성을 습격하여 경애왕을 죽게 하였다.
④ 금산사에 유폐된 후 왕건에게 귀부하였다.
⑤ 국호를 마진으로 바꾸고 철원으로 천도하였다.

11 다음 상황 이후에 일어난 사실로 옳은 것은? [2점]

> 왕이 원의 제도를 따라 변발과 호복을 하고 전상(殿上) 앉아 있었다. 이연종이 말하기를, "변발과 호복은 선왕의 제도가 아니 옵니다. 원컨대 전하께서는 본받지 마소서."라고 하였다. 왕이 기뻐 하며 즉시 변발을 풀고, 이 연종에게 옷과 이불을 하사하였다.

① 대표적 친원 세력인 기철이 숙청되었다.
② 김윤후가 처인성에서 몽골군을 물리쳤다.
③ 정중부 등이 정변을 일으켜 권력을 장악하였다.
④ 최충이 9재 학당을 세워 유학 교육을 실시하였다.
⑤ 만적을 비롯한 노비들이 신분 해방을 도모하였다.

12 밑줄 그은 '이 자기'에 해당하는 문화유산으로 옳은 것은? [1점]

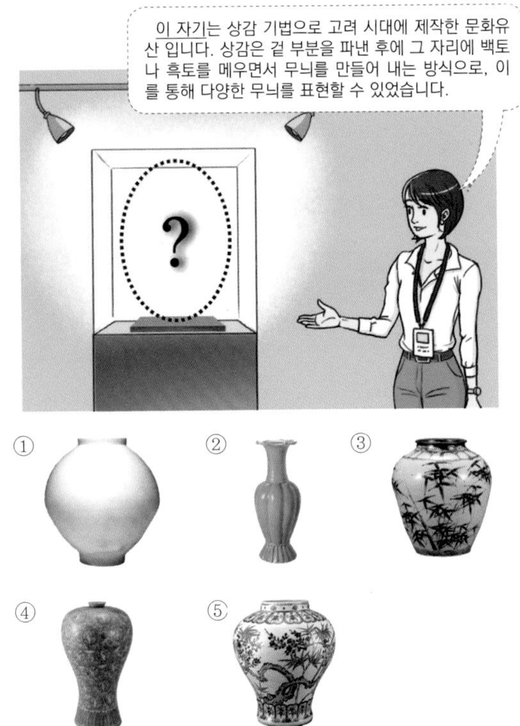

13 (가)~(라)를 일어난 순서대로 옳게 나열한 것은? [3점]

(가) 최우는 정방(政房)을 자기 집에 설치하였다. 정방에서 백관의 인물을 심사하여 인사 발령 명단을 바치면 왕은 단지 그것을 승인할 뿐이었다.

(나) 후주 출신 쌍기는 왕에게 과거 제도의 도입을 건의하였고, 마침내 지공거(知貢擧)가 되어 시험을 통해 진사를 선발하였다.

(다) 신돈이 전민변정도감을 설치할 것을 청하고 스스로 판사(判事)가 되었다. 빼앗았던 토지와 노비를 그 주인에게 돌려주는 권세가 와 부호가 많아, 온 나라 사람들이 기뻐하였다.

(라) 정치도감의 관원이 남의 땅을 빼앗고 불법을 자행한 기삼만을 잡아다가 죽게 한 일이 있었다. 정동행성 이문소에서 그 관원을 가두자, 왕후(王煦)와 김영돈이 첨의부에 글을 올려 관원들을 변호하였다.

① (가) – (나) – (다) – (라)
② (가) – (나) – (라) – (다)
③ (나) – (가) – (다) – (라)
④ (나) – (가) – (라) – (다)
⑤ (다) – (가) – (나) – (라)

14 교사의 질문에 대한 학생의 답변으로 옳은 것은? [2점]

신라, 고구려, 백제가 기틀을 잡고 세 세력이 서로 대립하면서 …… 삼가, 본기 28권, 연표 3권, 지(志) 9권, 열전 10권을 찬술하였습니다. 여기에 표문(表文)을 붙여 성상께 올립니다.

–「진삼국사표(進三國史表)」–

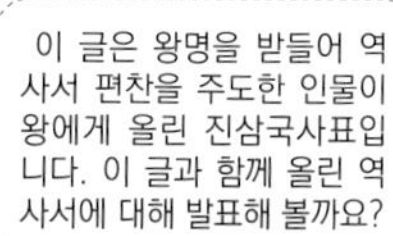

① 기전체 형식으로 서술하였습니다.
② 조선 건국의 정통성을 강조하였습니다.
③ 남북국이라는 용어를 처음 사용하였습니다.
④ 단군 조선에서 고려까지의 역사를 정리하였습니다.
⑤ 불교사를 중심으로 고대의 민간 설화 등을 수록하였습니다.

15 다음 상황이 나타난 시기를 연표에서 옳게 고른 것은? [2점]

거란군이 귀주를 지날 때, 강감찬 등이 동쪽 교외에서 맞아 싸웠다. …… 고려군이 용기백배하여 맹렬하게 공격하니, 거란군이 북으로 도망치기 시작하였다. …… 거란군의 시신이 들판에 널렸고, 사로잡은 포로와 획득한 말, 낙타, 갑옷, 무기는 헤아릴 수 없이 많았다. 살아서 돌아간 자가 겨우 수천 명이었으니, 거란의 패배가 이토록 심한 적이 없었다.

–『고려사』–

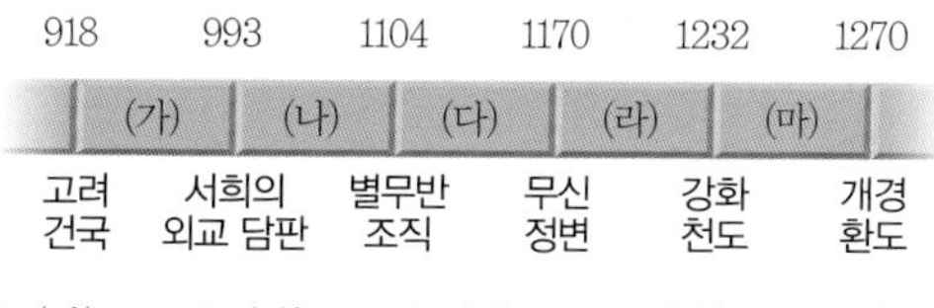

① (가) ② (나) ③ (다) ④ (라) ⑤ (마)

16 (가) 지역에서 있었던 사실로 옳은 것은? [2점]

답사 계획서

◆ **주제:** (가) 의 역사와 인물을 찾아서
◆ **일시:** 2019년 ○○월 ○○일 09:00~17:00
◆ **경로:** 2·28 기념 중앙 공원 → 경상 감영 공원 → 달성 공원 내 최제우 동상 → 민족 저항 시인 이상화 고택

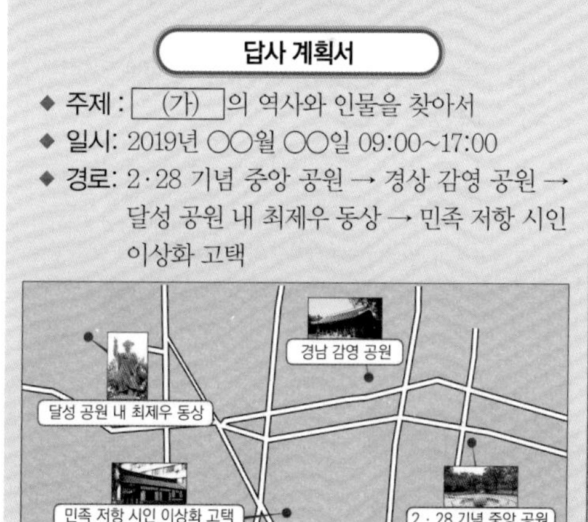

① 인조가 피신하여 청군에 항전하였다.
② 오페르트가 남연군 묘 도굴을 시도하였다.
③ 정약용이 유배 중에 경세유표를 저술하였다.
④ 김광제 등의 발의로 국채 보상 운동이 일어났다.
⑤ 노동자 강주룡이 을밀대 지붕에서 고공 농성을 벌였다.

17 (가)~(마)에 대한 설명으로 옳은 것은? [2점]

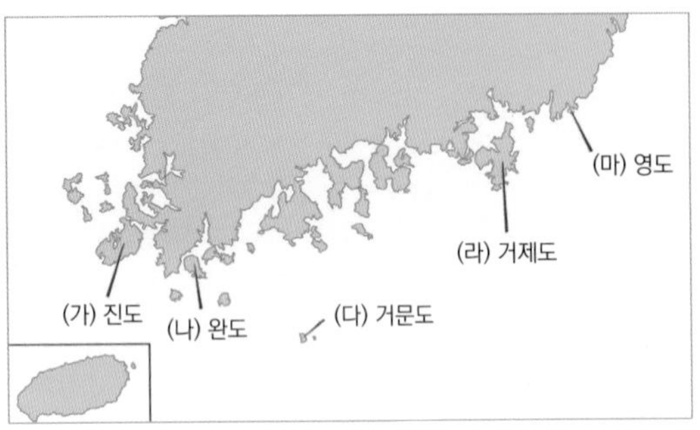

① (가) – 영국이 러시아의 남하를 구실로 불법 점령하였다.
② (나) – 통일 신라 때 장보고가 청해진을 설치하였다.
③ (다) – 6 · 25 전쟁 때 포로 수용소가 설치되었다.
④ (라) – 러시아가 저탄소 설치를 명분으로 조차를 요구하였다.
⑤ (마) – 삼별초가 용장성을 쌓고 몽골에 대항하였다.

18 다음 장면에 등장하는 왕의 재위 기간에 있었던 경제 모습으로 옳은 것은? [2점]

① 해동통보가 주조되어 유통되었다.
② 전환국에서 백동화가 발행되었다.
③ 중국 화폐인 명도전, 반량전이 널리 사용되었다.
④ 공인이 상평통보를 사용하여 물품을 조달하였다.
⑤ 궁궐 중건 비용을 마련하기 위해 당백전을 발행하였다.

19 밑줄 그은 '왕'의 재위 기간에 있었던 사실로 옳은 것은? [2점]

> 백관을 소집하여 금을 섬기는 문제에 대한 가부를 의논하게 하니 모두불가하다고 하였다. 유독 이자겸, 척준경만이 "금이 …… 정치를 잘하고 병력도 강성하여 날로 강대해지고 있습니다. 또 우리와 서로 국경이 맞닿아 있어 섬기지 않을 수 없는 상황입니다. 게다가 작은 나라로서 큰 나라를 섬기는 것은 선왕의 도리이니, 사신을 보내 먼저 예를 갖추어 찾아가는 것이 옳습니다."라고 하니 <u>왕</u>이 이 말을 따랐다.
>
> –『고려사』–

① 최충헌이 봉사 10조를 올렸다.
② 명학소의 망이 · 망소이가 봉기하였다.
③ 최무선의 건의로 화통도감이 설치되었다.
④ 강조가 정변을 일으켜 김치양을 제거하였다.
⑤ 묘청이 수도를 서경으로 옮길 것을 주장하였다.

20 (가), (나) 사이의 시기에 있었던 사실로 옳은 것은? [3점]

> (가) 대군이 압록강을 건너서 위화도에 머물렀다. …… 태조가 여러 장수들에게 말하기를 "내가 글을올려 …… 군사를 돌이킬 것을 청했으나, 왕도 살피지 아니하고, 최영도 늙고 정신이 혼몽하여 듣지 않았다." …… 태조가 회군한다는 소식을 듣고는 사람들이 다투어 밤낮으로 달려서 모여든 사람이 천여 명이나 되었다. –『태조실록』–
>
> (나) [대소 신료들이] 왕위에 오를 것을 간절히 권하여, 태조가 마지 못해 수창궁으로 행차하였다. 백관들이 서쪽 궐문에서 줄을 지어 맞이하니, 태조는 말에서 내려 걸어서 대전에 들어가 왕위에 올랐는데, 어좌(御座)를 피하고 기둥 안에 서서 여러 신하들의 하례를 받았다. –『태조실록』–

① 녹읍을 폐지하고 관료전을 지급하였다.
② 조준 등의 건의로 과전법을 제정하였다.
③ 양지아문을 설치하여 양전 사업을 실시하였다.
④ 공로와 인품에 따라 역분전을 차등 지급하였다.
⑤ 직전법을 실시하여 현직 관리에게만 수조권을 지급하였다.

21 다음 검색창에 들어갈 인물에 대한 설명으로 옳은 것은? [2점]

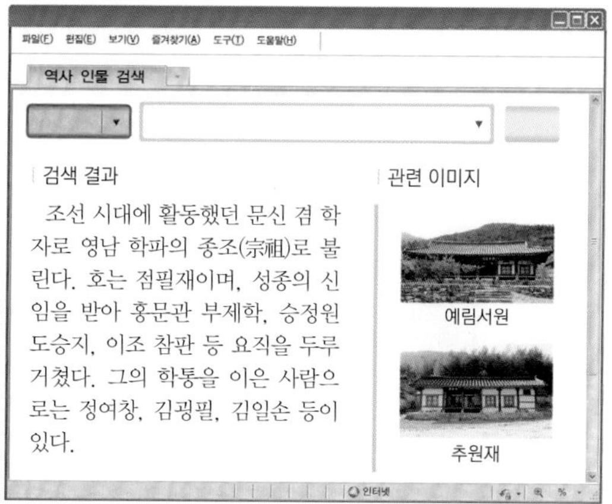

① 갑술환국으로 정계에서 축출되었다.
② 반정 공신의 위훈 삭제를 주장하였다.
③ 무오사화의 발단이 된 조의제문을 작성하였다.
④ 색경을 저술하여 농업 기술 발전에 이바지하였다.
⑤ 양명학을 연구하여 강화 학파 형성의 기초를 마련하였다.

22 (가) 신분에 대한 설명으로 옳은 것은? [1점]

① 소속 관청에 신공(身貢)을 바쳤다.
② 매매, 상속, 증여의 대상이 되었다.
③ 원칙적으로 과거에 응시할 수 없었다.
④ 장례원(掌隸院)을 통해 국가의 관리를 받았다.
⑤ 조선 후기 시사(詩社)를 조직해 위항 문학 활동을 하였다.

23 다음 상황이 나타난 시기를 연표에서 옳게 고른 것은? [1점]

정도전, 남은, 심효생 등이 여러 왕자를 해치려 꾀하다가 성공하지 못하고 참형을 당하였다. …… 이에 정안군이 도당(都堂)으로 하여금 백관을 거느리고 소를 올리게 하였다. "후계자를 세울 때에 장자로 하는 것은 만세의 상도(常道)인데, 전하께서 장자를 버리고 어린 아들을 세웠으며, 정도전 등이 세자를 감싸고서 여러 왕자를 해치고자 하니 화를 예측할 수 없었습니다. 다행히 천지와 종사의 신령에 힘입게 되어 난신(亂臣)이 참형을 당하였으니, 원컨대 전하께서는 적장자인 영안군을 세워 세자로 삼으십시오."라고 하였다.

1374		1392		1418		1453		1485		1519
	(가)		(나)		(다)		(라)		(마)	
우왕 즉위		조선 건국		세종 즉위		계유정난		경국대전 반포		기묘사화

① (가) ② (나) ③ (다) ④ (라) ⑤ (마)

24 다음 일기의 훼손된 부분에 해당하는 시기의 사실로 옳은 것은? [2점]

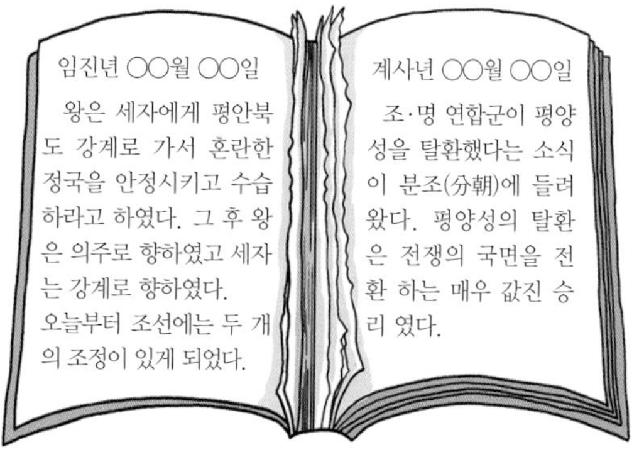
임진년 ○○월 ○○일
왕은 세자에게 평안북도 강계로 가서 혼란한 정국을 안정시키고 수습하라고 하였다. 그 후 왕은 의주로 향하였고 세자는 강계로 향하였다.
오늘부터 조선에는 두 개의 조정이 있게 되었다.

계사년 ○○월 ○○일
조·명 연합군이 평양성을 탈환했다는 소식이 분조(分朝)에 들려왔다. 평양성의 탈환은 전쟁의 국면을 전환 하는 매우 값진 승리 였다.

① 이순신이 한산도 대첩에서 승리하였다.
② 정발이 부산진성 전투에서 전사하였다.
③ 휴전 회담의 결렬로 정유재란이 시작되었다.
④ 명의 요청으로 강홍립의 부대가 파견되었다.
⑤ 정봉수와 이립이 의병을 이끌고 활약하였다.

25 (가)에 들어갈 문화유산으로 옳은 것은? [2점]

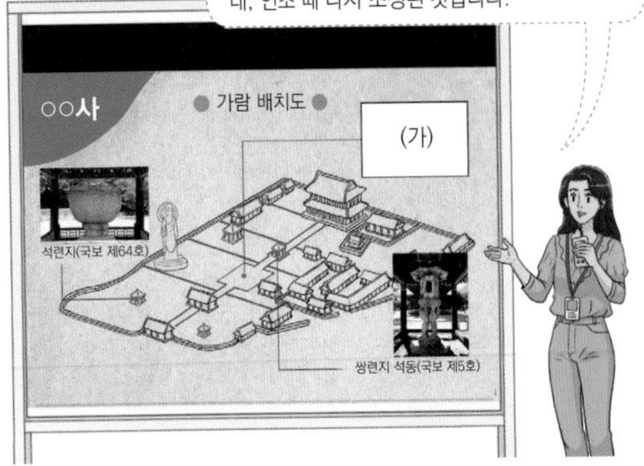

① 
마곡사 대웅보전

② 
금산사 미륵전

③ 
화엄사 각황전

④ 
무량사 극락전

⑤ 
법주사 팔상전

26 다음 상황 이후에 전개된 사실로 옳은 것은? [3점]

임금이 말하기를, "송시열은 산림(山林)의 영수로서 나라의 형세가 험난한 때에 감히 원자의 명호를 정한 것이 너무 이르다고 하였으니, 삭탈 관작하고 성문 밖으로 내쳐라. 반드시 송시열을 구하려는 자가 있겠지만, 그런 자는 비록 대신이라 하더라도 용서 하지 않을 것이다."라고 하였다.

① 공신 책봉 문제로 이괄의 난이 일어났다.
② 정여립 모반 사건으로 옥사가 발생하였다.
③ 허적과 윤휴 등 남인들이 대거 축출되었다.
④ 북인이 서인과 남인을 배제하고 권력을 장악하였다.
⑤ 인현 왕후가 폐위되고 희빈 장씨가 왕비로 책봉되었다.

27 (가) 서적이 편찬된 시기의 경제 상황으로 옳지 않은 것은? [2점]

① 개시 무역과 후시 무역이 이루어졌다.
② 담배, 면화와 같은 상품 작물이 재배되었다.
③ 시장을 관리하기 위한 동시전이 설치되었다.
④ 송상, 만상이 대청 무역으로 부를 축적하였다.
⑤ 모내기법의 확대로 벼와 보리의 이모작이 확산되었다.

28 밑줄 그은 '이 왕'의 업적으로 옳은 것은? [2점]

① 집현전을 계승한 홍문관을 설치하였다.
② 군역의 부담을 줄이고자 균역법을 제정하였다.
③ 초계문신제를 실시하여 문신들을 재교육하였다.
④ 붕당의 폐해를 경계하기 위해 탕평비를 건립하였다.
⑤ 삼정의 문란을 해결하기 위해 삼정이정청을 설치하였다.

29 밑줄 그은 '임금'이 재위했던 시기의 사실로 옳은 것은? [3점]

① 신유박해로 천주교인들이 처형되었다.
② 사림이 동인과 서인으로 나뉘게 되었다.
③ 홍경래 등이 봉기하여 정주성을 점령하였다.
④ 외척 간의 대립으로 을사사화가 발생하였다.
⑤ 자의 대비의 복상 문제로 예송이 전개되었다.

30 (가)에 들어갈 세시 풍속으로 옳은 것은? [2점]

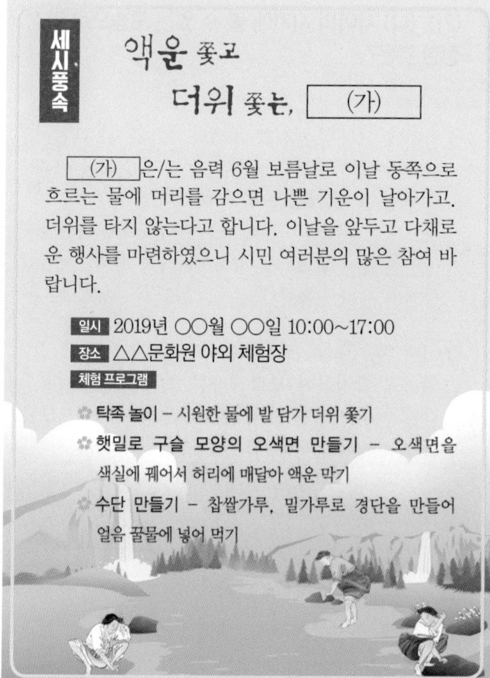

① 동지 ② 한식 ③ 칠석 ④ 유두 ⑤ 삼짇날

31 (가), (나) 조약에 대한 설명으로 옳은 것은? [2점]

> (가) 제7관 일본국 인민은 본국의 현행 여러 화폐로 조선국 인민이 소유한 물품과 교환할 수 있으며, 조선국 인민은 그 교환한 일본국의 여러 화폐로 일본국에서 생산한 여러 가지 상품을 살 수 있다.
> (나) 제6칙 조선국 항구에 거주하는 일본 인민은 양미와 잡곡을 수출, 수입할 수 있다.

① (가) – 임오군란을 계기로 체결되었다.
② (가) – 최혜국 대우를 처음으로 규정하였다.
③ (나) – 조선책략의 영향으로 체결되었다.
④ (나) – 거중 조정에 대한 내용을 포함하였다.
⑤ (가), (나) – 조 · 일 수호 조규의 후속 조치로 체결되었다.

32 다음 자료에 나타난 사건 이후의 사실로 옳은 것은? [2점]

> 해산 결의 이틀 전 오전에 군부 대신과 하세가와 대장이 통감부에 모여 현재 한국 군대를 해산하기로 결정한 결과로, 같은 날 오후 9시 40분에 총리와 법부 대신이 황제에게 아뢴 후에 조칙을 반포 하였더라.
> –대한매일신보–

① 민영환, 조병세 등이 자결로써 항거하였다.
② 13도 창의군이 서울 진공 작전을 전개하였다.
③ 메가타가 주도한 화폐 정리 사업이 시작되었다.
④ 고종이 헤이그 만국 평화 회의에 특사를 파견하였다.
⑤ 구식 군대가 난을 일으켜 일본 공사관을 습격하였다.

33 (가) 단체에 대한 설명으로 옳은 것은? [1점]

> (가) 은/는 안창호, 양기탁, 이승훈이 중심이 되어 조직한 비밀 결사 단체로, 국권을 회복한 뒤 공화 정체의 국가를 수립하고자 하였다. 이를 위해서는 실력 양성에 온 힘을 쏟아야 한다고 규정하고 무엇보다 국민을 새롭게 할 것을 주장하였다.

① 연통제를 통해 독립운동 자금을 모았다.
② 일제의 황무지 개간권 요구를 저지하였다.
③ 중추원 개편을 통해 의회 설립을 추진하였다.
④ 복벽주의를 내세우며 의병 전쟁을 준비하였다.
⑤ 남만주 삼원보에 독립운동 기지를 건설하였다.

34 (가) 사건에 대한 설명으로 옳은 것은? [2점]

역사 동영상 제작 계획안

개화당, 새로운 세상을 꿈꾸다

▣ **기획 의도**
근대적 개혁을 추구하였던 (가) 을/를 다큐멘터리 형식의 동영상으로 제작하여 그 역사적 의미를 살펴본다.

▣ **장면별 구성 내용**
- 박규수의 사랑방에 젊은이들이 모인 장면
- 우정총국 개국 축하연 때 거사 장면
- 거사 실패 후 주요 인물이 일본으로 망명하는 장면

① 김옥균, 박영효 등이 주도하였다.
② 김기수를 수신사로 일본에 파견하였다.
③ 구본신참에 입각한 개혁을 추진하였다.
④ 개화 정책을 총괄하는 통리기무아문을 설치하였다.
⑤ 개혁의 기본 방향을 제시한 홍범 14조를 반포하였다.

35 (가) 운동에 대한 설명으로 옳은 것은? [1점]

기록화로 보는 (가)

① 을사늑약에 반발하여 봉기하였다.
② 백낙신의 탐학이 발단이 되어 일어났다.
③ 집강소를 중심으로 폐정 개혁안을 실천하였다.
④ 유계춘을 중심으로 봉기하여 진주성을 점령하였다.
⑤ 홍의장군으로 불린 곽재우가 의병장으로 활약하였다.

36 다음 기사에 보도된 사건에 대한 설명으로 옳은 것은? [2점]

□□ 일보

제△△호 ○○○○년 ○○월 ○○일

광주고보, 중학생 충돌 사건
쌍방 기세 의연 험악

지난 3일 광주역 부근 일대에서는 광주 공립 고등보통학교 학생과 광주 일본인 중학교 학생 각 300여 명이 다투어 쌍방에 수십 명의 부상자를 내었다. 이후 고등 보통학교 학생들은 막대를 총과 같이 어깨에 메고 시내에서 시위를 벌였다. 두 학교에서는 극도로 감정이 격앙된 학생들을 진정시키기 위해 6일까지 사흘 동안 임시 휴교를 하였다는데 쌍방 학생의 기세는 아직도 험악하다고 하더라.

① 순종의 인산일을 계기로 일어났다.
② 일제의 무단 통치를 완화시키는 배경이 되었다.
③ 대한민국 임시 정부가 수립되는 계기가 되었다.
④ 대한매일신보의 후원 속에 전국적으로 확산되었다.
⑤ 전국 각지에서 일어난 동맹 휴학의 도화선이 되었다.

37 (가), (나) 사이의 시기에 볼 수 있는 모습으로 가장 적절한 것은? [3점]

(가) 천지에 고하는 제사를 지냈다. 왕태자가 배참하였다. 예를 마친 뒤 의정부 의정 심순택이 백관을 거느린 채 무릎을 꿇고 아뢰기를, "제례를 마쳤으므로 황제의 자리에 오르소서." 라고 하였다. …… 임금이 두 번 세 번 사양하다가 옥새를 받고 황제의 자리에 올랐다. -『고종실록』-

(나) 이제 본소(本所)에서 대한국 국제(國制)를 잘 상의하고 확정하여 보고하라는 조칙을 받들어서, 감히 여러 사람들의 의견을 수집하고 공법(公法)을 참조하여 국제 1편을 정함으로써, 본국의 정치는 어떤 정치이고 본국의 군권은 어떤 군권인가를 밝히려 합니다. -『고종실록』-

① 영화 아리랑을 관람하는 교사
② 관민 공동회에서 연설하는 백정
③ 육영 공원에서 영어를 배우는 학생
④ 경부선 기차를 타고 부산으로 가는 기자
⑤ 근우회가 주최한 강연회에 참석하는 노동자

38 (가) 종교의 활동으로 옳은 것은? [2점]

이달의 독립운동가

항일 무장 독립운동가

오석 吾石 **김 혁**

1875 ~ 1939

대한 제국 육군 무관 학교 출신의 김혁은 나철이 창시한 [(가)]에 귀의하였다. 자유시 참변 이후 그는 북만주 일대의 독립운동 단체를 통합하여 신민부를 조직하고 최고 책임자로 활동하였다. 성동 사관학교를 설립하여 교장으로 활동하며, 부교장 김좌진과 함께 500여 명의 독립군을 양성하였다. 정부는 선생의 업적을 기려 1962년 건국 훈장 독립장을 추서하였다.

① 개벽, 신여성 등의 잡지를 발행하였다.
② 만세보를 발행하여 민중 계몽에 힘썼다.
③ 여성 교육을 위해 이화 학당을 설립하였다.
④ 중광단을 조직하여 무장 투쟁을 전개하였다.
⑤ 박중빈을 중심으로 새생활 운동을 추진하였다.

39 밑줄 그은 '사람'이 소속된 단체에 대한 설명으로 옳은 것은? [2점]

어제 12일 상오 10시 20분에 조선 총독부에 폭탄 두 개가 투척 되었다. 비서과 분실 인사계실에 던진 한 개는 책상 위에 떨어져서 폭발되지 아니했으며, 다시 회계 과장실에 던진 한 개는 유리창에 맞아 즉시 폭발되어 유리창은 산산이 부서지고 마루에 떨어져서 주먹 하나가 들어갈 만한 구멍을 뚫었다. 폭탄을 던진 <u>사람</u>은 즉시 종적을 감추었으므로 지금 엄중 탐색 중이요, 폭발 소리가 돌연히 일어나자 총독부 안은 물 끓듯 하여 한바탕 아수라장을 이루었다더라.

① 조선 혁명 선언을 활동 지침으로 삼았다.
② 윤봉길, 이봉창 등이 단원으로 활동하였다.
③ 파리 강화 회의에 독립 청원서를 제출하였다.
④ 신흥 무관 학교를 세워 독립군을 양성하였다.
⑤ 독립군 비행사 육성을 위해 한인 비행 학교를 세웠다.

40 다음 자료에 나타난 상황 이후의 사실로 옳은 것은? [2점]

중·일 전쟁이 시작된 이후 지금 막 두 번째 겨울을 났다. 우리는 벌써 난방용 석탄이나 심지어 연탄을 구하는 데 큰 어려움을 겪고 있다. 터무니없이 비싼 값을 치르고 산 연탄이라는 것도 고작 석탄 가루를 묻힌 진흙덩이에 불과하다. 전쟁이 1년만 더 지속된다면, 석탄은 고사하고 지금은 그나마 구할 수 있는 연탄조차 그림의 떡이 될 것이다. 총독부는 주민들에게 갖고 있는 금붙이를 팔라고 요구한다. 아녀자들은 가보로 내려오던 패물을 내놓고 있다.

-『윤치호 일기』-

① 조선 농민 총동맹이 결성되었다.
② 사회주의 세력이 정우회 선언을 발표하였다.
③ 대한민국 임시 정부가 건국 강령을 발표하였다.
④ 독립군 연합 부대가 청산리에서 큰 승리를 거두었다.
⑤ 노동 조건 개선을 요구하는 원산 노동자 총파업이 전개되었다.

41 (가) 단체에 대한 설명으로 옳은 것은? [3점]

이것은 총사령 박상진이 이끌었던 [(가)]소속의 김한종 의사 순국 기념비입니다. 김한종 의사는 이 단체의 충청도 지부장으로, 군자금 모금을 방해한 아산의 도고 면장인 박용하 처단을 주도 하였습니다. 일제 경찰에 체포되어 박상진과 함께 대구 형무소에서 순국하였습니다. 1963년 건국 훈장 독립장이 추서되었습니다.

① 공화 정체의 국가 건설을 지향하였다.
② 대한민국 임시 정부의 주도로 결성되었다.
③ 봉오동에서 일본군을 상대로 승리를 거두었다.
④ 구미 위원부를 설치하여 외교 활동을 전개하였다.
⑤ 중국군과 함께 영릉가 전투에서 큰 전과를 올렸다.

42 다음 선언서가 발표된 시기를 연표에서 옳게 고른 것은? [2점]

> 본 국민 대표 회의는 이천만 민중의 공정한 뜻에 바탕을 둔 국민적 대회합으로 최고의 권위를 지녀 …… 독립을 완성하기를 기도하고 이에 선언하노라.본 대표 등은 국민이 위탁한 사명을 받들어 국민적 대단결에 힘쓰며 독립운동이 나아갈 방향을 확립하여 통일적 기관 아래서 대업을 완성하고자 하노라.

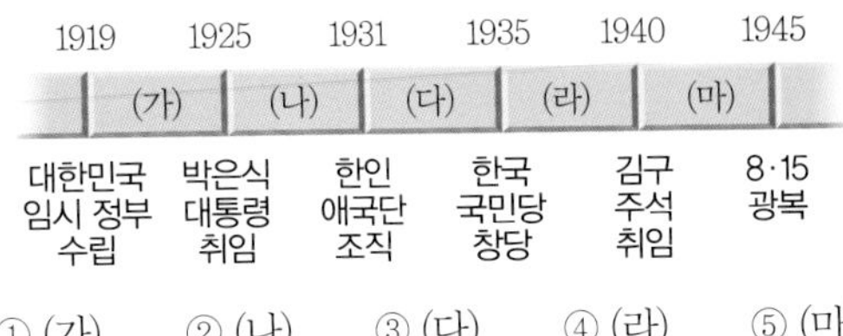

① (가) ② (나) ③ (다) ④ (라) ⑤ (마)

43 다음 문서가 작성된 당시에 실시된 일제의 정책으로 옳은 것은? [2점]

> 안으로는 세계적 불안의 여파를 받아서 우리 조선 내부의 민심도 안정되지 못하였다. …… 다른 한편으로는 지방 자치를 실시하여 민의 창달의 길을 강구하고, 교육 제도를 개정하여 교화 보급의 신기원을 이루었고, 게다가 위생적 시설의 개선을 촉진하였다. …… 일본인과 조선인 사이의 차별 대우를 철폐하고 동시에 조선인 소장층 중 유력자를 발탁하는 방법을 강구하여, 군수·학교장 등에 발탁된 자가 적지 않다.
>
> – 사이토 마코토, 「조선 통치에 대하여」 –

① 노동력 동원을 위해 국민 징용령을 시행하였다.
② 한국인에 한해 적용되는 조선 태형령을 공포하였다.
③ 쌀 수탈을 목적으로 하는 산미 증식 계획을 실시하였다.
④ 독립운동 탄압을 위한 조선 사상범 보호 관찰령을 공포하였다.
⑤ 회사 설립 시 총독의 허가를 받도록 하는 회사령을 제정하였다.

44 (가) 단체에 대한 설명으로 옳은 것은? [1점]

> (가) 은/는 '우리는 정치적, 경제적, 사회적 각성을 촉진함', '우리는 단결을 공고히 함', '우리는 일체 기회주의를 부인함' 이라는 3대 강령 하에서 탄생되어 금일까지 140개 지회의 39,000여 명의 회원을 포함한 단체가 되었다.
>
> –『동광』–

① 민족 유일당 운동의 일환으로 결성되었다.
② 이상설, 이동휘를 정 · 부통령에 선임하였다.
③ 일제가 조작한 105인 사건으로 조직이 해체되었다.
④ 조선 총독부에 국권 반환 요구서를 발송하려 하였다.
⑤ 오산 학교와 대성 학교를 세워 민족 교육을 실시하였다.

45 다음 인물에 대한 설명으로 옳은 것은? [3점]

- 1919년 의열단조직
- 1932년 조선 혁명 간부 학교 설립
- 1935년 민족 혁명당 조직
- 1937년 조선 민족 전선 연맹 결성
- 1938년 조선 의용대 창설
- 1944년 대한민국 임시 정부 군무부장

① 대조선 국민 군단을 조직하였다.
② 한국광복군 부사령관으로 활약하였다.
③ 하얼빈 역에서 이토 히로부미를 사살하였다.
④ 한국 독립군을 이끌고 쌍성보 전투에서 승리하였다.
⑤ 일제의 패망과 광복에 대비하여 조선 건국 동맹을 결성하였다.

46 밑줄 그은 '개헌안'의 시행 결과로 옳은 것은? [2점]

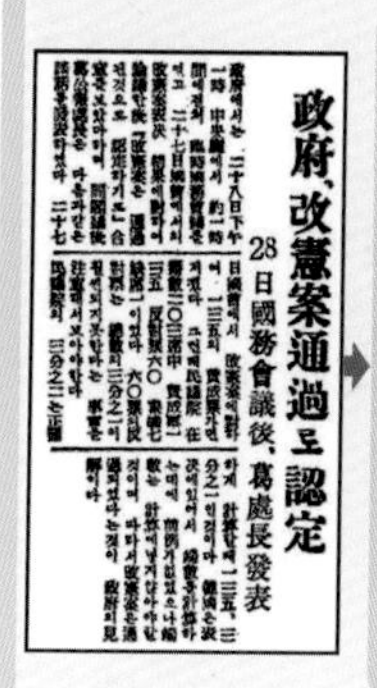

政府, 改憲案通過로 認定

28日國務會議後, 葛處長發表

정부, 개헌안 통과로 이정

– 28일 국무 회의 후, 갈 처장 발표 –

27일 국회에서 개헌안에 대하여 135표의 찬성표가 던져졌다. 그런데 민의원 재적수 203석 중 찬성표 135, 반대표 60, 기권 7, 결석 1이었다. 60표의 반대표는 총수의 3분의 1이 훨씬 되지 못하다는 사실을 잘 주의해서 보아야 한다. 민의원의 3분의 2는 정확하게 계산할 때 135 인 것이다. 한국은 표결에 있어서 단수(端數)※를 계산하는 데에 전례가 없었으나 단수는 계산에 넣지 않아야 할 것이며 따라서 개헌안은 통과 되었다는 것이 정부의 견해이다.

※ 단수(端數): '일정한수에 차고 남는 수'로, 여기에서는 소수점 이하의 수를 의미함

① 대통령 중심제가 의원 내각제로 바뀌었다.
② 통일 주체 국민 회의에서 대통령이 선출되었다.
③ 개헌 당시의 대통령에 한하여 중임 제한이 철폐되었다.
④ 선거인단이 선출하는 7년 단임의 대통령제가 실시되었다.
⑤ 우리나라 최초의 보통 선거 인 5 · 10 총선거가 실시되었다.

47 (가), (나) 문서가 작성된 사이의 시기에 있었던 사실로 옳은 것은? [3점]

(가)

1. 무상 원조에 대해 한국 측은 3억 5천만 달러, 일본 측은 2억 5천만 달러를 주장한 바 3억 달러를 10년에 걸쳐 공여하는 조건으로 양측 수뇌에게 건의함

⋮

3. 수출입 은행 차관에 대해 …… 양측 합의에 따라 국교 정상화 이전이라도 협력하도록 추진할 것을 양측 수뇌에게 건의함

(나)

제1조 양 체약 당사국 간에 외교 및 영사 관계를 수립한다.

제2조 1910년 8월 22일 및 그 이전에 대한 제국과 일본 제국 간에 체결된 모든 조약 및 협정이 이미 무효임을 확인한다.

⋮

① 한 · 미 상호 방위 조약이 체결되었다.
② 6 · 3 시위가 전개되고 비상 계엄령이 선포되었다.
③ 경찰이 반민족 행위 특별 조사 위원회를 습격하였다.
④ 평화 통일론을 주장한 진보당의 조봉암이 구속되었다.
⑤ 유상 매수, 유상 분배 원칙의 농지 개혁법이 제정되었다.

48 **다음 기사 내용이 보도된 정부 시기에 볼 수 있는 모습으로 옳은 것은?** [2점]

□□ 신문

제△△호 ○○○○년 ○○월 ○○일

국내 대중 가요 222곡, 금지곡으로 선정

긴급 조치 제9호의 후속 조치로 수립된 「공연물 및 가요 정화 대책」에 따라 한국 예술 문화 윤리 위원회는 국내 대중 가요 222곡을 금지곡으로 선정하여 발표하였다. 한국 예술 문화 윤리 위원회는 국가 안보 위협, 왜색풍, 창법 저속, 불신 풍조 조장, 퇴폐성 등이 금지곡 선정 이유 라고 밝혔다. 대표적인 금지곡으로는 이미자의 '기러기 아빠', 김추자의 '거짓말이야', 이장희의 '그건 너', 신중현의 '미인'등이 있다.

① 경기장에서 프로 축구를 관람하는 회사원
② 개성 공단 착공식에 참석하고 있는 공무원
③ 금융 실명제에 따라 신분증을 요구하는 은행 직원
④ 거리에서 자를 들고 미니 스커트를 단속하는 경찰
⑤ 외환 위기 극복을 위한 금 모으기 운동에 참여하는 학생

49 **다음 선언문을 발표한 민주화 운동에 대한 설명으로 옳은 것은?** [2점]

국민 합의 배신한 4·13 호헌 조치는
무효임을 전 국민의 이름으로 선언한다.

오늘 우리는 전 세계 이목이 우리를 주시하는 가운데 40년 독재 정치를 청산하고 희망찬 민주 국가를 건설하기 위한 거보를 전 국민과 함께 내딛는다. 국가의 미래요 소망인 꽃다운 젊은이를 야만적인 고문으로 죽여 놓고 그것도 모자라 뻔뻔스럽게 국민을 속이려 했던 현 정권에게 국민의 분노가 무엇인지를 분명히 보여 주고, 국민적 여망인 개헌을 일방적으로 파기한 4·13 폭거를 철회시키기 위한 민주 장정을 시작한다.

① 장면 내각이 출범하는 배경이 되었다.
② 5년 단임의 대통령 직선제 개헌을 이끌어 냈다.
③ 3·15 부정 선거에 항의하는 시위에서 시작되었다.
④ 신군부의 비상 계엄 확대가 원인이 되어 일어났다.
⑤ 3·1 민주 구국 선언을 통해 긴급 조치 철폐 등을 요구하였다.

50 **다음 경축사를 발표한 정부 시기의 통일 노력으로 옳은 것은?** [2점]

① 남북 기본 합의서를 교환하였다.
② 7·4 남북 공동 성명을 발표하였다.
③ 10·4 남북 공동 선언을 채택하였다.
④ 금강산 해로 관광 사업을 시작하였다.
⑤ 최초의 이산가족 고향 방문을 실현하였다.

한국사능력검정시험 (심화)

실전모의고사

제1회~제2회

심화

제1회

한국사능력검정시험 모의고사 문제지

성명		수험번호									

01 다음 자료의 (가)에 들어갈 내용으로 옳은 것은?

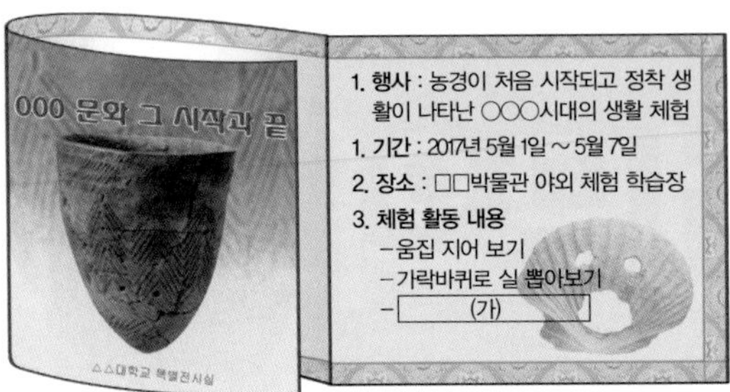

① 고인돌의 덮개돌 끌어 보기
② 철제 괭이로 밭 일구어 보기
③ 청동 거울과 방울 사용해 보기
④ 갈판과 갈돌로 도토리 갈아 보기
⑤ 거푸집으로 세형 동검 만들어 보기

02 다음 자료에 해당하는 나라의 설명으로 옳은 것은?

> 나라에는 군왕이 있고 모두 육축(六畜)의 이름으로 관직명을 정하여 마가, 우가, 저가, 구가, 대사, 대사자, 사자가 있다. … 제가는 별도로 사출도를 주관하는데 큰 곳은 수천 가이고, 작은 곳은 수백 가이다.
>
> −「삼국지」 동이전−

① 영고라는 제천 행사를 열었다.
② 낙랑과 왜에 철을 수출하였다.
③ 신지, 읍차 등의 지배자가 있었다.
④ 단궁, 과하마, 반어피 등의 특산물이 있었다.
⑤ 사회 질서를 유지하기 위해 8조법을 만들었다.

03 다음 인터뷰와 관련된 전쟁에 대한 설명으로 옳은 것은?

① 고구려가 낙랑을 몰아내고 영토를 확장하였다.
② 연개소문이 주도하여 당군의 침략에 맞서 싸웠다.
③ 을지문덕이 살수에서 수의 군대에 승리를 거두었다.
④ 고구려가 한강 이북 지역을 장악하는 계기가 되었다.
⑤ 당이 평양에 안동 도호부를 설치하는 결과를 가져왔다.

04 다음 자료와 관련된 문서에 대한 설명으로 옳은 것을 〈보기〉에서 고르면?

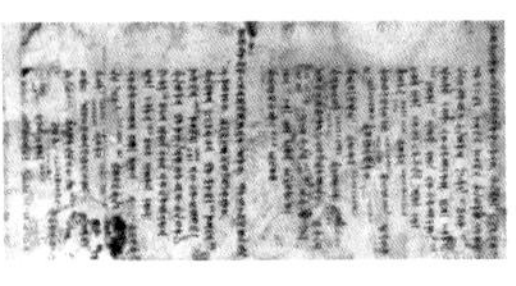

○ 3년 간 다른 마을에서 이사 온 사람이 둘인데, 추자가 1명, 소자가 1명이었다.
○ 가축으로는 말이 25마리가 있으며, 그 중 전부터 있던 것이 22마리, 3년간에 보충된 말이 3마리였다. 소는 22마리였고, … 3년 간 보충된 소가 5마리였다.
○ 논을 합하면 102결이며, 관모전이 4결, 내시령답이 4결, 연수유답이 94결이며, 그 중에 촌주가 그 직위로서 받은 논이 19결이었다.
○ 뽕나무, 잣나무, 호두나무는 모두 1,236그루이며, 3년간에 심은 것이 162그루, 그 전부터 있던 것이 1,074그루이다.

※ 추자, 소자 : 정남(16세 이상)에 이르지 못한 미성년자

〈보기〉

ㄱ. 통계는 3년마다 1번씩 내고 있음을 알 수 있다.
ㄴ. 노동력과 생산 자원이 철저하게 편제되고 있음을 알 수 있다.
ㄷ. 모든 토지는 왕토 사상에 입각하여 국가가 소유하고 있음을 알 수 있다.
ㄹ. 모든 촌락에 지방관이 파견되어 조세와 역에 관한 자료를 작성하고 있음을 알 수 있다.

① ㄱ, ㄴ ② ㄱ, ㄷ ③ ㄱ, ㄹ
④ ㄴ, ㄷ ⑤ ㄴ, ㄹ

05 다음 자료와 관련된 불교 종파에 대한 설명으로 옳은 것을 고르면?

불립문자(不立文字)라 하여 문자를 세워 말하지 않는다고 주장하고, 복잡한 교리를 떠나서 심성(心性)을 도야하는 데 치중하였다. 그러므로 이 사상에서 주장하는 바는 인간의 타고난 본성이 곧 불성(佛性)임을 알면 그것이 불교의 도리를 깨닫는 것이라는 견성오도(見性悟道)에 있었다.

① 전제왕권을 강화해 주는 이념적 도구로 크게 작용하였다.
② 지방에서 새로이 대두한 호족들의 사상으로 받아들여졌다.
③ 신라 정부의 권위를 약화시키는 구실을 하였다.
④ 인도에까지 가서 공부해 온 승려들에 의해 전파되었다.
⑤ 하늘에 대한 제사를 통해 민족의 자주성을 고양시키는 역할을 하였다.

06 밑줄 친 '이 전투'가 일어난 시기를 연표에서 옳게 고른 것은?

이 놀이는 차전놀이라 부르며 동채싸움이라고도 한다. 차전놀이는 왕건이 <u>이 전투</u>에서 안동 사람들의 지원을 받아 견훤에게 크게 승리한 것을 기념해서 시작되었다고 한다.

889		918		936		949		993		1009
	(가)		(나)		(다)		(라)		(마)	
원종, 애노의 난		고려 건국		후삼국 통일		광종 즉위		거란 1차 침입		강조의 정변

① (가) ② (나) ③ (다) ④ (라) ⑤ (마)

07 다음 밑줄 친 '왕'과 관련된 설명으로 옳은 것은?

"<u>왕</u>이 쌍기를 등용한 것을 옛 글대로 현인을 발탁함에 제한을 두지 않은 것이라 평가할 수 있을까. 쌍기가 인품이 있었다면 왕이 참소를 믿어 형벌을 남발하는 것을 왜 막지 못했는가. 과거를 설치하여 선비를 뽑은 일은 왕이 본래 문(文)을 써서 풍속을 변화시킬 뜻이 있는 것을 쌍기가 받들어 이루었으니 도움이 없다고는 할 수 없다."

① 2성 6부제를 중심으로 하는 중앙 관제를 마련하였다.
② 국정을 총괄하는 정치 기구인 교정도감을 설치하였다.
③ 정계, 계백료서 등을 지어 관리가 지켜야할 규범을 제시하였다.
④ 광덕, 준풍 등의 독자적인 연호를 사용하였다.
⑤ 고구려의 옛 땅을 되찾기 위해 북진 정책을 추진하였다.

08 다음은 묘청의 서경 천도 운동에 대한 설명이다. 이에 대해 올바르게 설명한 것은?

> 묘청의 서경천도 운동은 문벌귀족사회의 내부 분열과 ㉠ 개경 중심의 문벌귀족과 ㉡ 서경 중심의 신진관료세력 간의 대립, ㉢ 풍수지리설이 결부된 자주적 전통사상과 ㉣ 사대적 유교정치 사상의 충돌, ㉤ 현상유지의 보수적 외교정책과 ㉥ 북진정책 계승과의 대립, ㉦ 고구려 계승이념과 ㉧ 신라 정통 의식 등에 대한 이론과 갈등이 얽혀 일어난 것으로 귀족사회 내부의 모순을 드러낸 것이다.

① 묘청 세력은 ㉣㉤㉦의 입장이다.
② 고려 태조의 외교 정책은 ㉤의 관점과 일치한다.
③ 신채호가 긍정적으로 보는 관점은 ㉢㉥㉦이다.
④ ㉢의 사상은 고려의 5도 양계 설정에 반영되었을 것이다.
⑤ ㉠세력의 집권 유지는 조위총의 서경 반란의 원인으로 볼 수 있다.

09 아래와 같은 상황이 전개되던 시기에 있었던 역사적 사실로 옳은 것을 〈보기〉에서 모두 고르면?

> 신돈이 전민변정도감 두기를 청하고, "종묘, 학교, 창고, 사원 등의 토지와 세업전민(世業田民)을 호강가(豪强家)가 거의 다 빼앗아 차지하고는 혹 이미 돌려주도록 판결 난 것도 그대로 가지고 있으며, 혹 양민을 노비로 삼고 있다. 이제 전민변정도감을 두어 고치도록 하니 잘못을 알고 스스로 고치는 자는 죄를 묻지 않을 것이나, 기한이 지나 일이 발각되는 자는 엄히 다스릴 것이다. …"

〈보기〉

ㄱ. 정동행성 이문소를 폐지하였다.
ㄴ. 만권당을 설치하고 이제현을 파견하였다.
ㄷ. 성균관을 순수 유학교육기관으로 개편하였다.
ㄹ. 쌍기의 건의를 받아들여 과거제도를 시행하였다.

① ㄱ, ㄴ ② ㄱ, ㄷ ③ ㄴ, ㄷ
④ ㄴ, ㄹ ⑤ ㄷ, ㄹ

10 다음 자료에 나타난 시기의 가족 제도의 특징으로 옳은 것을 아래에서 모두 고른 것은?

> 지금은 남자가 장가들면 여자 집에 거주하여, 남자가 필요로 하는 것은 모두 처가에서 해결하고 있습니다. 그리하여 장인과 장모의 은혜가 부모의 은혜와 똑같습니다. 아아, 장인께서 저를 두루 보살펴 주셨는데 돌아가셨으니, 저는 장차 누구를 의지해야 합니까.
>
> –동국이상국집–

〈보기〉

ㄱ. 제사는 불교식으로 자녀들이 돌아가면서 지냈다.
ㄴ. 부계 위주의 족보를 편찬하면서 동성 마을을 이루어 나갔다.
ㄷ. 태어난 차례대로 호적에 기재하여 남녀 차별을 하지 않았다.
ㄹ. 아들이 없을 때에는 양자를 들이지 않고 딸이 제사를 지냈다.

① ㄱ, ㄴ ② ㄴ, ㄷ ③ ㄷ, ㄹ
④ ㄱ, ㄷ, ㄹ ⑤ ㄱ, ㄴ, ㄷ

11 다음과 같은 역사인식에 따라서 편찬된 역사서에 대한 설명으로 옳은 것은?

> 대저 옛 성인은 예악으로 나라를 일으키고 인의로 가르쳤으며 괴력난신(怪力亂神)은 말하지 않았다. 그러나 제왕이 장차 일어날 때는 부명(符命)과 도록(圖錄)을 받게 되므로 반드시 남보다 다른 일이 있었다. 그래야만 능히 큰 변화를 타고 대업을 이룰 수 있는 것이다. …(중략)… 그러니 삼국의 시조가 모두 신비하고 기이한 일을 연유하여 태어났다는 것을 어찌 괴이하다 할 수 있겠는가. 이것이 신이(神異)로써 이 책의 앞머리를 삼은 까닭이다.

① 정통 의식과 대의명분을 강조하였다.
② 유교적 합리주의 사관에 기초하여 기전체로 서술하였다.
③ 고구려 계승 의식을 반영하고 고구려의 전통을 노래하였다.
④ 우리의 고유 문화와 전통을 중시하였으며 단군신화를 수록하였다.
⑤ 존화주의 사관에 입각하여 편찬된 사서이다.

12 다음 설명에 해당하는 문화유산으로 옳은 것은?

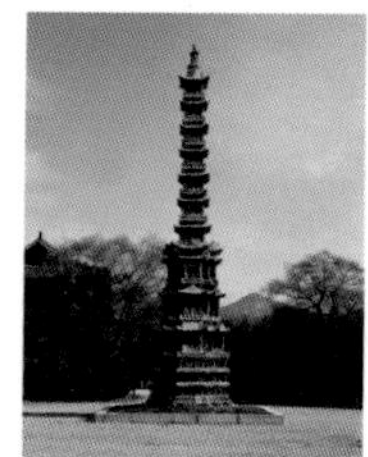

이 탑에는 고려 충목왕 4년(1348)에 세웠다는 기록이 새겨져 있다. 대리석으로 만든 탑으로 원의 영향을 받았으며, 원각사지 십층 석탑에 영향을 주었다. 한때, 일본으로 무단 반출된 것을 되찾아 경복궁에 세웠다가 현재는 국립 중앙 박물관에 옮겨 전시되고 있다.

① 불국사 3층 석탑
② 감은사지 3층 석탑
③ 월정사 8각 9층탑
④ 정림사지 5층석탑
⑤ 경천사지 10층석탑

13 밑줄 친 '인물'의 업적으로 옳은 것을 〈보기〉에서 고르면?

〈문학 작품 속의 역사 인물을 찾아서〉
이런들 어떠하며 저런들 어떠하리
만수산 드렁 칡이 얽혀진들 어떠하리
우리도 이같이 하여 백년까지 누리리라

〈보기〉
ㄱ. 사병을 혁파하였다.
ㄴ. 호패법을 실시하였다.
ㄷ. 훈민정음을 창제하였다.
ㄹ. 경국대전을 반포하였다.

① ㄱ, ㄴ ② ㄱ, ㄷ ③ ㄴ, ㄷ
④ ㄴ, ㄹ ⑤ ㄷ, ㄹ

14 다음 시의 지은이와 관련이 없는 것은?

임금 사랑하기를 어버이 사랑하듯이 하고
나라를 내 집안 근심하듯이 했노라.
밝은 해가 이 땅을 비치고 있으니
내 붉은 충정을 밝혀 비추리라.

① 군주의 마음을 바르게 하는 것이 중요하다고 믿어 경연을 강화하였다.
② 자신들의 의견을 공론이라고 표방하면서 급진적 개혁을 요구하였다.
③ 「조의제문」으로 인해 사화를 당하였다.
④ 도교 및 민간 신앙을 배격하였다.
⑤ 우리나라 최초로 향약을 실시하였다.

15 다음의 자료 (가)~(다)에 대한 설명으로 옳은 것은?

(가) 남치근이 많은 군마를 이끌고 산 아래로 접근하며 1명도 내려오지 못하게 하니 적의 모사꾼 서림이 산에서 내려와 항복하였다. 군사를 몰아 숲을 샅샅이 뒤지며 올라가니 여러 적이 다 항복하되 대여섯 명이 꺽정을 따르므로 서림을 시켜 유인하여 다 죽였다.

(나) 홍경래는 괴수요, 우군칙은 참모였으며, 이희저는 소굴의 주인이요, 김창시는 선봉이었다. 김사용과 홍총각은 손발의 역할을 하였다. 그 졸개로는 의주부터 개성에 이르는 지역의 거의 대부분 부호·대상들이 망라되었다.

(다) 사노 만적 등 6인이 북산에서 나무하다가 공사 노비들을 불러 모의하였다. "요즈음 고관이 천민과 노비에서 많이 나왔다. 장수와 재상이 어찌 씨가 따로 있으랴, 때가 오면 누구나 할 수 있다. 우리가 왜 근육과 뼈를 괴롭게 하며 채찍 밑에서 고통을 격어야 하는가?" 여러 노비가 그렇게 여겼다.

① (가)－진주에서 시작된 전국적인 농민 항쟁이었다.
② (나)－지배층의 수탈과 서북민 차별이 봉기 원인이었다.
③ (나)－천주교의 평등 사상을 배경으로 하였다.
④ (다)－고구려 부흥을 꾀하며 일으킨 저항이었다.
⑤ (가)－(나)－(다)의 순서로 발생하였다.

16 다음의 묘사와 관련된 외교 사절에 대한 설명으로 옳지 않은 것은?

일본 사람이 우리나라의 시문을 구하여 얻은 자는 귀천현우(貴賤賢愚)를 막론하고 우러러보기를 신선처럼 하고 보배로 여기기를 주옥처럼 하지 않음이 없어, 비록 가마를 메고 말을 모는 천한 사람이라도 조선 사람의 해서(楷書)나 초서(草書)를 두어 글자만 얻으면 모두 손으로 이마를 받치고 감사의 성의를 표시한다.

① 1811년까지 십여 차례 수행되었다.
② 일본의 정한론을 잠재우는 데 기여하였다.
③ 일본 막부가 자신의 권위를 높이려는 목적도 있었다.
④ 18세기 후반 일본에서 국학 운동이 일어나는 자극제가 되었다.
⑤ 외교 사절의 역할 뿐 아니라 조선의 선진문화가 전파되는데 기여하였다.

17 다음에서 설명하고 있는 세력으로 옳은 것은?

화의가 나라를 망친 것은 어제 오늘의 일이 아니고 옛날부터 그러하였으나 오늘날처럼 심한적은 없었습니다. 중국은 우리나라에 있어서 부모의 나라이고 오랑캐는 우리나라에 있어서 부모의 원수입니다.

-인조실록-

① 정여립의 모반사건으로 남인과 북인으로 나뉘었다.
② 향촌에서 영향력을 행사하였다.
③ 광해군 때 집권하였다.
④ 인조반정을 계기로 집권하였다.
⑤ 홍경래의 난으로 세력이 약화되었다.

18 다음 토지 제도에 대한 설명으로 옳은 것은?

경기는 사방의 근본이니 마땅히 과전을 설치하여 사대부를 우대한다. 무릇 경성에 거주하여 왕실을 시위(侍衛)하는 자는 직위의 고하에 따라 과전을 받는다. 토지를 받은 자가 죽은 후, 그의 아내가 자식이 있고 수신하는 자는 남편의 과전을 모두 물려받고, 자식이 없이 수신하는 자의 경우는 반을 물려받는다. 부모가 모두 사망하고 그 자손이 유약한 자는 휼양전으로 아버지의 과전을 전부 물려받고, 20세가 되면 본인의 과에 따라 받는다.

-고려사-

① 과전을 지급함으로써 조선 개국 세력의 경제적 기반이 되었다.
② 관리가 되었으면서도 관직을 받지 못한 사람들에게 한인전을 지급하였다.
③ 관직이나 직역을 담당하는 사람들에게 농지와 땔감을 채취하는 시지를 주었다.
④ 공로가 많은 사람들에게 인품을 기준으로 역분전을 차등 지급하였다.
⑤ 과전의 수조권은 전국의 토지를 대상으로 하였다.

19 다음 자료가 등장하는 시기에 나타난 경제적 변화에 대한 설명 중 옳지 않은 것은?

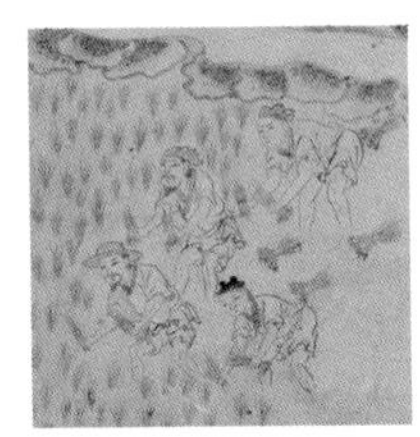

"이앙(移秧)을 하는 것은 세 가지 이유다. 김매기 노력을 더는 것이 첫째요, 두 땅의 힘으로 모 하나를 서로 기르는 것이 둘째며, 좋지 않은 것은 솎아내고 싱싱하고 튼튼한 것을 고를 수 있는 것이 셋째다."

① 모내기법이 확산되어 벼와 보리의 이모작이 가능해졌다.
② 일부 농민은 인삼, 담배, 채소, 면화 등과 같은 상품작물을 재배해 높은 수익을 올렸다.
③ 지주에 대한 지대 납부 방식이 타조법에서 도조법으로 바뀌어 갔다.
④ 수공업에서 자금과 원자재를 미리 받아 제품을 만드는 선대제가 활발해졌다.
⑤ 교환 경제의 발전은 해동통보를 비롯한 여러 화폐의 사용을 확산시켰다.

20 다음 자료에 나타난 사상과 동일한 맥락에서 저술된 서적을 〈보기〉에서 모두 고르면?

사방 각국의 풍토가 다르고 성음 역시 이에 따라 다르게 마련이다. 중국 이외의 외국말은 성음만 있고 문자가 없으므로 중국의 문자를 빌어서 사용하고 있는데, 이것은 마치 둥근 구멍에 모난 자루를 끼워 맞추는 것과 같아 서로 맞지 않으니 어찌 잘 통하여 막힘이 없겠는가. 요는 모두 각각 그 곳에 따라 편리하게 할 뿐 억지로 똑같게 할 수는 없는 것이다.

〈보기〉

ㄱ. 향약집성방 ㄴ. 칠정산
ㄷ. 농상집요 ㄹ. 동의보감

① ㄱ, ㄴ ② ㄴ, ㄷ ③ ㄴ, ㄹ
④ ㄱ, ㄷ, ㄹ ⑤ ㄱ, ㄴ, ㄹ

21 다음은 우리나라 옛 건축물의 양식을 나타낸 것이다. 이러한 건축물을 중심으로 활동하던 사람들에 대한 설명으로 옳지 않은 것은?

이 건축물은 주택, 사원, 정자의 건축양식이 배합된 것으로 강당을 중심으로 좌우에 기숙사인 재를 배치하고, 강당 북쪽에 선현의 제사를 모시는 사당을 두었다. 규모는 그리 크지 않으며, 화려함을 피하기 위해 단청을 쓰지 않았다.

① 향약의 보급을 위해 노력하였다.
② 서원을 통해 결속을 강화하였다.
③ 토관제도에 의해 관직을 받았다.
④ 유교 윤리를 향촌에 보급하기 위해 노력하였다.
⑤ 향사례, 향음주례를 통해 향촌에서 지위 기반을 확고히 하였다.

22 (가)~(라)에 들어갈 내용으로 옳은 것은?

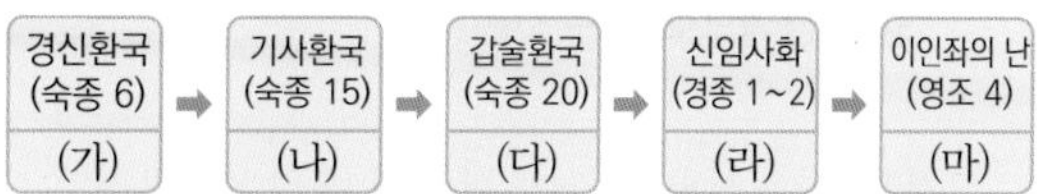

경신환국 (숙종 6)	→	기사환국 (숙종 15)	→	갑술환국 (숙종 20)	→	신임사화 (경종 1~2)	→	이인좌의 난 (영조 4)
(가)		(나)		(다)		(라)		(마)

① (가)－왕위 계승 문제를 둘러싼 소론의 노론 공격
② (나)－남인이 역모 혐의를 받아 몰락하고 서인 정권 수립
③ (다)－폐비 민씨의 복위로 서인 정권 재수립
④ (라)－장희빈의 소생이 세자가 되면서 남인 재집권
⑤ (마)－이인좌의 난 이후 소론 강경파의 주도

23 밑줄 친 '국왕'이 실시한 정책으로 옳은 것은?

국왕은 행차 때면 길에 나온 백성들을 불러 직접 의견을 들었다. 또한 척신 세력을 제거하여 정치의 기강을 바로 잡았고, 당색을 가리지 않고 어진 이들을 모아 학문을 장려하였다. 침전에는 '탕탕평평실(蕩蕩平平室)'이라는 편액을 달았으며, "하나의 달빛이 땅 위의 모든 강물에 비치니 강물은 세상 사람들이요, 달은 태극이며 그 태극은 바로 나다."라고 하였다.

① 병권 장악을 위해 금위영을 설치하였다.
② 명에 대한 의리를 지켜 청에 복수하자는 북벌을 추진하였다.
③ 육의전을 제외한 시전 상인의 특권을 폐지하였다.
④ 백성의 여론을 정치에 반영하기 위해 신문고 제도를 부활하였다.
⑤ 군역자원의 확보를 위해 부모 중 어머니가 양인인 경우 그 자식을 양인으로 승격시키는 노비종모법을 실시하였다.

24 다음 제시된 수취제제의 폐단을 극복하기 위해 시행된 정책으로 옳은 것은?

지방에서 토산물을 공물로 바칠 때 (중앙 관청의 서리들이) 공납을 일체 막고 본래 값의 백배가 되지 않으면 받지도 않습니다. 백성들이 견디지 못하여 세금을 못 내고 도망하는 자가 줄을 이었습니다.

－선조실록－

① 농민들의 부담을 줄이기 위하여 방군수포제를 실시하였다.
② 농민들에게 대체로 토지 1결당 미곡 12두만 납부하게 하였다.
③ 연분 9등법을 실시하여 풍흉에 따라 차등하게 납부하게 하였다.
④ 방납인이 공물을 먼저 납부하고 그 대가를 농민에게 받게 하였다.
⑤ 양인들이 지던 군포의 부담을 줄여주기 위해 시행되었다.

25 다음 그림이 그려진 시기의 경제 상황으로 옳지 않은 것은?

① 모내기법이 널리 실시되었다.
② 상평통보가 전국적으로 통용되었다.
③ 벽란도가 국제 무역항으로 번성하였다.
④ 목화, 담배 등이 상품 작물로 재배되었다.
⑤ 전국에 1,000여 개의 장시가 개설되었다.

26 아래의 지역을 통해 알 수 있는 사실로 옳은 것은?

○ 절두산 성지　　○ 배론 성지
○ 해미읍성　　○ 치명자산 성지

① 최제우의 포교 과정을 조사한다.
② 소격서가 폐지된 시기를 검색한다.
③ 교조 신원 운동의 목적을 살펴본다.
④ 천주교가 탄압 받은 사례를 알아본다.
⑤ 정감록에 나타난 예언 사상을 찾아본다.

27 다음의 지문과 관련이 먼 것은?

시아버지 상복 그대로이고
갓난아긴 배냇물도 가시지 않았는데
삼대(三代)의 이름 군적에 버젓이 올라 있다니
달려가 억울함을 호소하려 해도
범 같은 문지기 버티고 섰고
이정(里正)이 호통치며
한 마리밖에 없는 소 끌고 가버리자
갑자기 칼을 갈아 방에 뛰어든 남편 있는 자리
선혈 낭자한데
아이 낳은 죄라 한탄하며 스스로 행한 일이라니

① 제시된 자료는 군포의 문란상을 묘사하고 있다.
② 균역법의 실시로 이의 폐단이 어느 정도 해소되기도 하였다.
③ 농민들에게 강제로 부담시키면서 폐단이 심화되고 있었다.
④ 직전법의 시행으로 인한 폐단을 제시하고 있다.
⑤ 이러한 상황에 대비하여 군포계를 조직하기도 하였다.

28 다음 글을 쓴 인물에 대한 설명으로 옳은 것은?

이 지방에서 천한 것이 저 지방에서는 귀하고, 이름은 들었는데 물건을 볼 수 없는 것은 무슨 까닭인가? 운반해 올 힘이 없기 때문이다. 수천 리에 불과한 좁은 나라에서 백성의 생활이 이토록 가난한 것은 수레가 다니지 않기 때문이다.

－열하일기－

① 거중기와 배다리를 설계하였다.
② 지행합일을 강조한 양명학을 체계화하였다.
③ 발해고에서 신라와 발해를 남북국이라 칭하였다.
④ 양반전을 지어 양반의 무능과 허례를 비판하였다.
⑤ 사람의 체질을 연구하여 사상 의학을 확립하였다.

29 다음 자료에 대한 설명으로 옳은 것은?

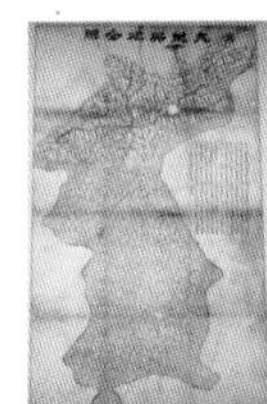

이 지도는 지도로 산맥, 하천 등이 자세하게 표시되어 있으며, 도로망에 10리마다 눈금을 표시하여 거리를 쉽게 알 수 있게 하였다. 또한 기호를 사용해 지도에 더 많은 정보를 수록할 수 있었다.

① 유네스코 세계 기록 유산으로 등재되었다.
② 대량 인쇄가 가능한 목판으로 제작되었다.
③ 우리나라 최초로 축척을 사용하여 만들어졌다.
④ 현존하는 우리나라에서 가장 오래된 지도이다.
⑤ 각 지방의 산천, 인물, 풍속 등이 자세하게 담겨 있다.

30 자료와 관련된 사건에 대한 설명으로 옳은 것은?

〈양헌수 장군의 '병인일기' 공개〉

□□□ 기념관은 양헌수 장군의 후손에게 기증받은 유물 102점을 일반에 공개할 예정이라고 밝혔다. 이 중'병인일기'는 1866년 10월 12일부터 12월 2일까지 양헌수 장군이 진중에서 직접 기록한 것으로, 프랑스가 강화도를 침략한 사건인에 대해 자세히 기록하고 있다.

-□□일보-

① 제너럴 셔먼호를 격퇴하였다.
② 이 사건을 계기로 천주교 박해가 이루어졌다.
③ 운요호 사건으로 강화도조약을 체결하였다.
④ 한성근이 문수산성에서 승리를 거두었다.
⑤ 흥선대원군이 척화비를 건립하였다.

31 다음의 사료를 일어난 순서대로 바르게 엮은 것은?

ㄱ. 일단 강화를 맺고 나면 저들은 물화를 교역하는데 욕심을 낼 것입니다. 저들의 물화는 모두 지나치게 사치스럽고 기이한 노리개로, 손으로 만든 것이어서 그 양이 무궁합니다.
ㄴ. 서양 오랑캐의 화가 오늘날에 이르러서는 홍수나 맹수의 해보다 더 심합니다. 전하께서는 부지런히 힘쓰시고 경계하시어 안으로는 관리들로 하여금 사학의 무리를 잡아 베게 하시고, 밖으로는 장병으로 하여금 바다를 건너오는 적을 정벌케 하소서
ㄷ. 러시아, 미국, 일본은 같은 오랑캐입니다. 그들 사이에 누구는 후하게 대하고 누구는 박하게 대하기 어려운 일입니다. 더욱이 세계에는 미국, 일본 같은 나라가 헤아릴 수 없이 많습니다. 만일 저마다 불쾌해하며, 이익을 추구하여 땅이나 물품으로 요구하기를 마치 일본과 같이 한다면 전하께서는 어떻게 이를 막아 내시겠습니까?
ㄹ. 원통함을 어찌하리. 이미 국모의 원수를 생각하면 이를 갈았는데 참혹함이 더욱 심해져 임금께서 또 머리를 깎으시는 지경에 이르렀다. 이에 감히 먼저 의병을 일으키고서 마침내 이 뜻을 세상에 포고하노니, 위로 공경에서 아래로 서민에 이르기까지, 어느 누가 애통하고 절박한 뜻이 없을 것인가?

① ㄱ－ㄴ－ㄷ－ㄹ
② ㄴ－ㄱ－ㄷ－ㄹ
③ ㄷ－ㄱ－ㄴ－ㄹ
④ ㄹ－ㄱ－ㄷ－ㄴ
⑤ ㄱ－ㄴ－ㄹ－ㄷ

32 밑줄 그은 '이 사건'의 결과로 옳은 것은?

이곳은 조선 시대 훈련도감의 분영인 하도감 터입니다. 신식 군대인 별기군이 훈련했던 곳으로 구식 군인이 개화 정책에 불만을 품고 <u>이 사건</u>을 일으켰을 때 이곳을 습격하였습니다.

① 일본에 통신사가 파견되었다.
② 청의 내정 간섭이 심화되었다.
③ 집강소가 설치되어 폐정 개혁이 추진되었다.
④ 정부와 농민군 사이에 전주 화약이 이루어졌다.
⑤ 개화 정책을 추진하기 위해 통리기무아문이 설치되었다.

33 다음 기구에서 추진한 개혁 내용으로 옳은 것은?

> 총재 1명, 부총재 1명, 그리고 16명에서 20명 사이의 회의원으로 구성되었다. 이밖에 2명 정도의 서기관이 있어서 활동을 도왔고, 또 회의원 중 3명이 기초 위원으로 선정되어 의안의 작성을 책임졌다. 총재는 영의정 김홍집이 겸임하고, 부총재는 내아문독판으로 회의원인 박정양이 겸임하였다.

① 은본위 화폐 제도를 실시하였다.
② 의정부와 삼군부의 기능을 회복하였다.
③ 양전 사업을 실시하여 지계를 발급하였다.
④ 재판소를 설치하여 사법권과 행정권을 분리시켰다.
⑤ 행정권과 사법권이 분리되어 재판소가 설치되었다.

34 다음 자료의 밑줄 친 '이 단체'에 대한 설명으로 옳은 것은?

> 서재필은 정변 실패 후 일본을 거쳐 미국으로 망명하여 의사로 활동하다가 정부의 요청으로 귀국하였다. 그 후 독립신문을 창간하고, 개화지식인들과 협력하여 이 단체를 창립하였다.

① 독립문을 건립하였다.
② 태극서관을 운영하였다.
③ 105인 사건으로 해산되었다.
④ 신흥무관학교를 설립하였다.
⑤ 국채보상운동을 주도하였다.

35 아래의 설명에 해당하는 단체의 활동으로 옳은 것은?

> ㅇ **중심 인물** : 안창호, 양기탁
> ㅇ **조직 형태** : 비밀 결사
> ㅇ **목표** : 국권 회복
> ㅇ **활동** : 오산 학교 설립, 자기 회사 운영 등

① 정부에 헌의 6조를 건의하였다.
② 한글 맞춤법 통일안을 제정하였다.
③ 조선 혁명 선언을 활동 지침으로 삼았다.
④ 국외에 독립 운동 기지 건설을 추진하였다.
⑤ 백정에 대한 사회적 차별 철폐를 주장하였다.

36 다음의 경제 조치에 대한 설명으로 옳지 않은 것은?

> 제1조 : 구 백동화 교환에 관한 사무는 금고로 처리케 하여 탁지부 대신이 이를 감독함
> 제3조 : 구 백동화의 품위(品位), 양목(量目), 인상(印象), 형체(形體), 정화(正貨)에 준할 수 있는 것은 매 1개에 대하여 금 2전 5푼의 가격으로 새 화폐로 교환함이 가함

① 한국 상인들이 경제적으로 큰 타격을 받았다.
② 일본 제일은행이 중앙은행의 역할을 하게 되었다.
③ 액면가대로 바꾸어 주는 화폐 교환 방식을 따랐다.
④ 구 백동화 남발에 따른 물가 상승이 이 조치에 영향을 끼쳤다.
⑤ 일본의 재정고문 메가다 다네타로에 의해 추진되었다.

37 다음 글을 통하여 당시 상황을 바르게 설명한 내용으로 타당하지 않는 것은?

> ㅇ 관민 공동회에서 천민이 연사로 나서고 만민 공동회에서 시전 상인이 회장으로 선출되었다.
> ㅇ 어떤 자는 말하기를 백성의 권한이 성하면 임금의 권한이 반드시 줄어들리라 하니, 사람의 무식함이 … 이보다 심하겠습니까. 만일 오늘날에 이와 같은 민의가 없다면, 정치와 법률은 따라서 무너져서 어떤 모양의 재앙의 기미가 어디에서 일어날지 모르는데, 폐하께서는 홀로 생각이 여기에 미치지 아니하십니까. 신 등의 충성된 분노가 격하여 품고 있는 생각을 진술하였지만 대단히 황송하여 조처할 바를 알지 못하겠습니다. 엎드려 바라옵건데 폐하께서는 재량하여 살펴 주십시오.

① 새로운 평등 사회의 출현을 보여 주고 있다.
② 평등사상의 보급으로 국민의 참정권이 확립되었다.
③ 민주주의 사상과 근대적 민족주의 사상이 보급되었다.
④ 민중에 바탕을 둔 자주적 근대 개혁 사상이 발전하였다.
⑤ 양반제, 노비제 등을 포함한 전통적 신분제도를 철저히 타파하기 보다는 점진적 개량으로 접근하였다.

38 아래에서 설명하는 교육 기관은 무엇인가?

가. **설립 연도** : 1886년
나. **설립 목적** : 현직 관료와 양반 자제를 선발하여 근대 교육을 실시함
다. **교수 과목** : 산학, 지리, 각국 언어 등
라. **의의** : 우리나라 최초의 관립 근대 학교

① 동문학 ② 대성 학교
③ 육영 공원 ④ 원산 학사
⑤ 한성 사범 학교

39 다음 아래의 글을 저술한 인물에 대한 설명으로 옳은 것은?

옛 사람들이 말하기를 나라는 가히 멸할 수 있으나, 역사는 가히 멸할 수 없으니, 대개 나라는 형이나 역사는 신이기 때문이다. 지금 한국의 형은 허물어졌으나 신은 가히 홀로 존재하지 못하겠는가 이것이 내가 역사를 쓰는 까닭이다. 신이 존재하여 불멸하면 … (중략) … 이것은 우리 민족이 우리의 조상을 생각하여 잊지 않는 데 있을 것이다.

① 식민주의 사관의 정체성론을 비판하였다.
② 혁신적이고 실천적인 양명학을 발전시킬 것을 주장하였다.
③ 임시정부에서 국민대표회의 개최를 주장하고 창조파의 주도적 역할을 하였다.
④ 「조선상고사」, 「조선사연구초」 등을 저술하여 민족사학의 기반을 확립하였다.
⑤ 민족 문화의 근본으로 세종을 대표자로 하고 '심(心)'사상을 강조하였다.

40 다음 조약이 체결된 배경으로 옳은 것은?

제1조 한·일 양국 사이의 항구적이고 변함없는 친교를 유지하고 동양의 평화를 확고히 이룩하기 위하여 대한 제국 정부는 대일본 제국 정부를 확고히 믿고 시정(施政) 개선에 관한 충고를 받아들인다.

……

제4조 제3국의 침략이나 내란으로 인해 대한 제국 황실의 안녕과 영토의 보전에 위험이 있을 경우에 대일본 제국 정부는 속히 형편에 따라 필요한 조치를 취할 수 있다. 이때 대한 제국 정부는 대일본 제국의 행동이 용이하도록 충분히 편의를 제공한다. 대일본 제국 정부는 전항의 목적을 달성하기 위해 군사 전략상 필요한 지점을 형편에 따라 차지하여 이용할 수 있다.

…… -한·일 의정서-

① 러·일 전쟁이 발발하였다.
② 제2차 영·일 동맹이 체결되었다.
③ 가쓰라·태프트 밀약이 체결되었다.
④ 고종이 헤이그에 특사를 파견하였다.
⑤ 스티븐스가 외교 고문으로 임명되었다.

41 다음 자료와 관련한 설명으로 옳은 것은?

(가) 토지 소유자는 조선 총독이 정하는 기간 내에 주소, 씨명, 명칭 및 소유지의 소재, 지목, 자번호(字番號), 사표(四標), 등급, 지적, 결(結) 수를 임시 토지 조사 국장에게 신고해야 한다.
(나) 회사의 설립은 조선 총독의 허가를 받아야 한다.

① (가)의 결과 자작농이 늘었다.
② (가)는 화폐 정리 사업의 기반이 되었다.
③ (나)로 일본의 경제 대공황을 타개하고자 하였다.
④ (나)는 한국인 기업의 자본 축적을 막고자 하였다.
⑤ (가), (나)는 통감정치기에 반포된 식민지 경제정책이다.

42 다음 중 독립의군부에 대한 설명으로 〈보기〉에서 모두 고른 것은?

〈보기〉

ㄱ. 복벽주의를 견지하였다.
ㄴ. 임병찬을 중심으로 군대식 조직을 갖추고 있었다.
ㄷ. 일본 패망 후 공화정치의 국가를 건설하고자 하였다.
ㄹ. 만주지역에 무관학교를 건립하기 위해 군자금을 모았다.

① ㄱ, ㄴ ② ㄱ, ㄷ ③ ㄴ, ㄷ
④ ㄴ, ㄹ ⑤ ㄷ, ㄹ

43 다음에서 설명하는 (가)의 활동으로 옳은 것을 아래에서 고른 것은?

독립을 위한 애국공채는 [(가)]이/가 국권을 되찾은 뒤 갚을 것을 약속하고, 독립 운동 자금을 마련하기 위해 발행한 것이다.

〈보기〉

ㄱ. 연통제를 실시하였다.
ㄴ. 구미위원부를 설치하였다.
ㄷ. 조선 의용대를 창설하였다.
ㄹ. 대한매일신보를 발행하였다.

① ㄱ, ㄴ ② ㄱ, ㄷ ③ ㄴ, ㄷ
④ ㄴ, ㄹ ⑤ ㄷ, ㄹ

44 다음 선언을 채택한 단체와 관련된 설명으로 옳지 않은 것은?

"강도 일본이 우리의 국호를 없이 하며, 우리의 정권을 빼앗으며, 우리의 생존적 필요 조건을 모두 박탈하였다. (중략) 이상의 사실에 의하여 우리는 일본 강도 정치, 곧 다른 민족의 통치가 우리 조선 민족 생존의 적임을 선언하는 동시에 우리는 혁명수단으로 우리 생존의 적인 강도 일본을 살상하는 것이 곧 우리의 정당한 수단임을 선언하노라. (중략) 이제 폭력－암살·파괴·폭동－의 목적물을 대략 열거하건대, 조선총독 및 각 관·공리, 일본 천황 및 각 관·공리, 정탐노·매국노, 적의 일체시설물, 이 밖에 비록 현저히 혁명운동을 방해한 죄가 없을 지라도 언어 혹은 행동으로 우리의 운동을 완화하고 중상하는 자 등이다. 이제 이것들에는 폭력으로써 갚을 것이다."

① 만주 길림에서 김원봉이 중심이 되어 조직하였다.
② 일제 요인 암살, 식민 통치 기구 파괴를 활동 목표로 삼았다.
③ 이 단체의 소속원인 이봉창은 일왕 폭살을 시도하였다.
④ 후에 이 단체의 계통 인사들은 조선 의용대를 조직하였다.
⑤ 이 단체의 소속원으로 나석주, 김상옥, 김익상 등이 있다.

45 밑줄 친 '이 부대'에 대한 설명으로 옳은 것은?

중국 한커우(漢口)에서 <u>이 부대</u>가 조직되었다. 부대는 1개 총대, 3개 분대로 편성되었는데 100여 명의 대원은 대부분 조선민족혁명당원이다. 총대장은 황포군관학교 제4기 출신인 진국빈이며, 부대는 대일 선전 공작과 대일 유격전을 수행함을 목적으로 하였다.

① 자유시 참변으로 피해를 입었다.
② 일부 대원이 한국광복군에 편입되었다.
③ 3부 통합으로 성립된 국민부 산하의 군대였다.
④ 쌍성보, 대전자령 등에서 일본군을 격파하였다.
⑤ 봉오동 전투에서 대승을 거두었다.

46 다음과 같은 강령을 내건 단체에 대한 설명으로 옳지 않은 것은?

○ 정치적·경제적 각성을 촉구
○ 단결을 공고히 함.
○ 기회주의를 일체 부인함.

① 민족 유일당, 민족협동전선이라는 표어 아래 결성하였다.
② 전국에 지회를 두고 노동 운동과 농민 운동을 지도하였다.
③ 민족의 경제적 자립을 달성하고자 국산품 애용 운동을 전개하였다.
④ 광주 학생 항일 운동의 진상 보고를 위한 민중 대회를 계획하였다.
⑤ 비타협적 민족주의 세력과 사회주의 계열이 연합한 단체이다.

47 다음은 일제의 식민주의 사관을 간략하게 정리한 글이다. 이에 대한 설명으로 틀린 것은?

㉠ 조선시대 당쟁에서 비롯된 파쟁 의식과 분열주의는 한국인의 독특한 민족성이다.
㉡ 한국의 역사 발전은 정체되어 개항 무렵의 조선은 일본의 10세기 상황과 비슷하다.
㉢ 한국의 역사 전개 과정은 주체적인 역량에 의해 자율적으로 이루어지지 못하고 외세의 간섭에 좌우되었다.

① 식민 사학자들은 조선 왕조가 망할 수밖에 없었던 이유를 ㉠에서 찾고 있다.
② ㉡은 한국에 대한 식민 통치가 한국을 위해서도 유리하다는 논리로 발전하였다.
③ 백남운 등이 주도한 사회경제사학은 ㉡에 대한 반박 이론의 기능을 수행하였다.
④ ㉢에 대한 반론으로 한반도와 만주가 하나의 역사적 단위로 발전하였다는 주장이 있다.
⑤ ㉠㉡㉢의 주장을 결집하여 편찬된 책으로 조선사 편수회의 '조선사'를 들 수 있다.

48 다음 회의에서 결정된 내용으로 옳은 것을 아래에서 고른 것은?

○ **시기** : 1945년 12월
○ **장소** : 소련의 수도 모스크바
○ **참석 국가** : 미국, 영국, 소련
○ **목적** : 한반도 문제를 포함한 제2차 세계 대전 이후의 전후 처리 문제를 논의하기 위해 개최

〈보기〉
ㄱ. 신탁 통치 실시
ㄴ. 조선 건국 동맹 조직
ㄷ. 미·소 공동 위원회 설치
ㄹ. 유엔 감시 하에 남북한 총선거 실시

① ㄱ, ㄴ ② ㄱ, ㄷ ③ ㄴ, ㄷ
④ ㄴ, ㄹ ⑤ ㄷ, ㄹ

49 다음 (가), (나)의 인물에 관한 설명으로 옳은 것은?

(가) 무기 휴회된 미·소 공동 위원회가 재개될 기색도 보이지 않으며, 통일 정부를 고대하나 여의치 않으니, 우리 남한만이라도 임시 정부 혹은 위원회 같은 것을 조직하여 38도선 이북에서 소련이 철퇴하도록 세계 공론에 호소하여야 될 것이다.
(나) 나는 통일된 조국을 건설하려다 38도선을 베고 쓰러질지언정 일신의 구차한 안일을 위하여 단독 정부를 세우는 데는 협력하지 않겠다.

① (가)－모스크바 3상 회의 결정을 지지하였다.
② (가)－상하이에서 무장 독립 활동을 전개하였다.
③ (나)－반민 특위 활동에 직접 참여하였다.
④ (나)－삼균주의를 담은 건국 강령을 채택하였다.
⑤ (가), (나)－1948년 5월 10일 선거에 동참하여 정부 수립에 기여하였다.

50 (가) 정부 시기의 사실로 옳은 것은?

① 중국, 소련 등과 수교하였다.
② 4·13 호헌조치를 발표하였다.
③ 한미상호 방위조약을 체결하였다.
④ 세계무역기구(WTO)에 가입하였다.
⑤ 근면, 자조를 강조하는 새마을운동이 전개되었다.

심화

제2회

한국사능력검정시험 모의고사 문제지

성명		수험번호									

01 다음 유물·유적과 관련된 시기의 생활상으로 옳은 것을 고르면?

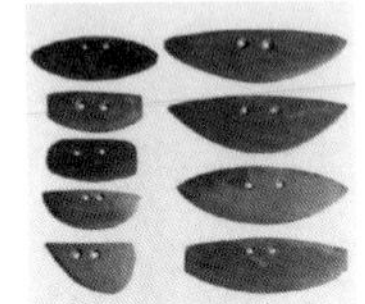

① 우경이 널리 보급되었다.
② 거친무늬 거울을 제작하였다.
③ 주로 동굴이나 막집에서 살았다.
④ 실을 뽑기 위해 가락바퀴를 처음 사용하였다.
⑤ 토기를 사용하여 식량을 저장하기 시작하였다.

02 다음 대화에서 언급되는 국가에 대한 설명으로 옳은 것을 고르면?

① 철이 많이 생산되어 낙랑으로 수출하였다.
② 고구려의 압박을 받아 소금과 어물을 바쳤다.
③ 60여 조의 법으로 백성들을 엄격하게 다스렸다.
④ 해마다 영고라는 행사를 열어 하늘에 제사지냈다.
⑤ 왕 아래에 제가들이 있어 사출도를 나누어 다스렸다.

03 밑줄 그은 '사마왕'에 대한 설명으로 옳은 것은?

> • 영동대장군 백제 사마왕이 나이 62세 되던 계묘년 5월 7일 임진일에 돌아가셨다. 을사년 8월 12일 갑신일에 대묘에 잘 모셨다.
> • 을사년 8월 12일에 영동대장군 백제 사마왕이 전(錢) 1만 문(文)으로 토지신에게서 땅을 사 무덤을 만들었다.

① 마한을 정복하여 영토를 확장하였다.
② 율령을 반포하여 지배 체제를 정비하였다.
③ 불교를 공인하여 사상적 통합을 꾀하였다.
④ 지방에 22담로를 두고 왕족을 파견하였다.
⑤ 사비로 천도하고 중앙 관청을 22부로 확대하였다.

04 (가) 나라에 대한 설명으로 옳은 것은?

① 귀족 세력을 대표하는 상대등이 있었다.
② 제가 회의에서 중요한 일을 결정하였다.
③ 지방 행정 구역으로 9주 5소경을 두었다.
④ 김수로가 김해 지역을 중심으로 건국하였다.
⑤ 2성 6부를 토대로 중앙 통치 조직을 정비하였다.

05 다음 신라의 골품과 관등에 관한 도표의 설명으로 옳지 않은 것은?

등급	관등명	진골	6두품	5두품	4두품	복색
1	이벌찬	■				자색
2	이 찬	■				
3	잡 찬	■				
4	파진찬	■				
5	대아찬	■				
6	아 찬	■	■			비색
7	일길찬	■	■			
8	사 찬	■	■			
9	급벌찬	■	■			
10	대나마	■	■	■		청색
11	나 마	■	■	■		
12	대 사	■	■	■	■	황색
13	사 지	■	■	■	■	
14	길 사	■	■	■	■	
15	대 오	■	■	■	■	
16	소 오	■	■	■	■	
17	조 위	■	■	■	■	

① 공복의 색깔은 관등에 의해 결정되었다.
② 진골이 처음 받는 관등은 대아찬이었다.
③ 5두품은 황색과 청색 공복을 입을 수 있었다.
④ 골품에 따라 진출할 수 있는 관등에 한계가 있었다.
⑤ 6두품은 득난이라 하였으며, 집사부 시랑까지 승진이 가능하였다.

06 (가), (나) 고분 양식에 대한 설명으로 옳은 것은?

(가) 석촌동 고분군

(나) 무령왕릉

① (가) – 도굴이 어려워 많은 껴묻거리가 발굴되었다.
② (가) – 봉토 주위를 둘레돌로 두르고 12지 신상을 조각하였다.
③ (나) – 무덤 내부를 벽돌로 쌓았으며, 벽화는 발견되지 않았다.
④ (나) – 무덤의 천장을 모줄임 구조로 만들었다.
⑤ (가)(나) – 무덤의 주인공이 확인된 무덤이다.

07 ㄱ~ㄹ 기구의 특징에 대한 설명으로 옳지 않은 것은?

관부	장관	특징
ㄱ	문하시중(종1)	정치의 최고관부로서 재부라고 불리움
ㄴ	판원사(종2)	왕명 출납, 숙위, 군기(軍機)
ㄷ	판사(재신 겸)	국방, 군사문제의 회의 기관
ㄹ	판사(재신 겸)	법제, 격식문제의 회의 기관

① ㄱ의 관직은 2품 이상의 재신과 3품 이하의 낭사로 구분되었다.
② ㄱ과 ㄴ의 고관인 재추들이 모여 국가의 중대사를 협의, 결정하는 기구가 ㄷ과 ㄹ이었다.
③ ㄷ은 고려 후기에 이르러 국가의 모든 정무를 관장하는 최고기구로 발전하였다.
④ ㄷ은 당의 관제를, ㄹ은 송의 관제를 본 딴 것이었다.
⑤ ㄱ의 낭사는 어사대와 함께 서경, 간쟁, 봉박의 기능을 담당하였다.

08 다음 자료에 나타난 상황 이후의 사실로 옳은 것은?

> 왕이 보현원으로 가는 길에 5문 앞에 당도하자 시신(侍臣)들을 불러 술을 돌렸다. … 저물녘 어가가 보현원 가까이 왔을 때, 이고와 이의방이 앞서가서 왕명을 핑계로 순검군을 집결시켰다. 왕이 막 문을 들어서고 신하들이 물러나려 하는 찰나에, 이고 등은 왕을 따르던 문관 및 높고 낮은 신하와 환관들을 모조리 살해했다. … 정중부 등은 왕을 궁궐로 도로 데리고 왔다.
>
> –「고려사」–

① 만적이 개경에서 반란을 도모하였다.
② 이자겸이 왕이 되기 위해 난을 일으켰다.
③ 윤관이 별무반을 이끌고 여진을 정벌하였다.
④ 의천이 교종 중심의 해동 천태종을 개창하였다.
⑤ 서희가 외교 협상을 통하여 강동 6주를 획득하였다.

09 (가)~(다) 제도에 대한 설명으로 옳지 않은 것은?

(가) 경종 원년(976) 11월에 비로소 직관(현직 관리), 산관(퇴직 관리) 각 품의 전시과를 제정하였는데 18품으로 나눈다. 1품은 전(田)과 시(柴)가 각각 110결, 18품은 전 33결·시 25결이다.
(나) 목종 원년(998) 12월에 문무 관리와 군인, 한인에게 토지를 나누어 주는 것으로 전시과를 개정하였다. 제1과는 전 100결·시 70결, 제17과는 전 23결, 제18과는 전 20결로 한다.
(다) 문종 30년(1076)에 전시과를 다시 개정하였다. 제1과는 전 100결·시 50결, 제17과는 전 20결, 제18과는 전 17결로 한다.

① (가)는 관품과 인품이 병용된 다원적 기준이 적용되었다.
② (나)는 같은 양의 전지, 시지를 직·산관 및 무관들에게 지급되었다.
③ (다)는 현직관리에 한해 토지를 지급했고, 공음전시과를 법제화하며 문벌귀족의 경제적 기반을 강화하였다.
④ (가)~(다)는 관등에 따라 18등급으로 나누어 전지와 시지에 대한 수조권을 지급한 제도이다.
⑤ 국가의 토지에 대한 지배권이 강화되어 가는 방향으로 개편되어 갔다.

10 아래에서 설명하고 있는 (가)에 해당하는 사회 조직으로 옳은 것은?

이 비석은 보물 제 614호 사천 흥사리 매향비로 내세의 행복과 국태민안을 기원하면서 향나무를 땅에 묻은 사실이 기록되어 있습니다. 이 비석을 세운 (가) 은/는 '향나무를 땅에 묻는 무리' 또는 '향을 피우는 무리'라는 의미를 가지고 있습니다.

① 향약 ② 향도 ③ 두레
④ 경재소 ⑤ 유향소

11 다음 글을 쓴 승려에 대한 설명으로 옳은 것은?

한마음(一心)을 깨닫지 못하고 한없는 번뇌를 일으키는 것이 중생인데 부처는 이 한마음을 깨달았다. 깨닫고 아니 깨달음은 오직 한마음에 달려 있으니 이 마음을 떠나 따로 부처를 찾을 것이 없다. … 하루는 같이 공부하는 사람 10여 인과 약속하였다. 명예와 이익을 버리고 산림에 은둔하여 결사를 결성하자.

① 불교와 유교의 통합을 시도하였다.
② 백성의 신앙적 욕구를 고려하여 백련결사를 제창하였다.
③ 교장을 간행하여 동아시아 각 국의 불교 학설을 정리하였다.
④ 꾸준한 수행으로 깨달음의 확인을 아울러 강조한 돈오점수를 주장하였다.
⑤ 이론과 실천의 양면을 중시하는 교관겸수(敎觀兼修)를 제창하였다.

12 밑줄 친 '이 시기'의 문화에 대한 설명으로 옳은 것은?

원의 간섭을 받던 이 시기에는 왕실이나 권문세족의 지원을 받은 유명 화원들에 의해 세밀한 묘사와 화려한 색채를 특징으로 하는 불화가 많이 제작되었다. 화엄경의 한 장면을 그린 이 '수월관음도'는 당시의 대표적인 작품 중 하나로 일본의 가가미 신사에 소장되어 있다.

① 서역 기행문인 왕오천축국전이 쓰여졌다.
② 대리석으로 경천사지 10층 석탑을 제작하였다.
③ 승려의 사리를 안치한 승탑이 처음 등장하였다.
④ 왕실의 무덤으로 돌무지덧널무덤이 조성되었다.
⑤ 설총이 한자의 음과 훈을 차용한 이두를 체계적으로 정리하였다.

13 밑줄 친 '왕'이 재위한 시기의 사실로 옳지 않은 것은?

왕은 원나라의 수시력을 참고하여 역법을 만들게 하였다. 그 책의 말미에 동지와 하지 후의 일출과 일몰 시각과 밤낮의 길이를 나타낸 표가 실려 있는데, 우리나라 역사상 최초로 한양을 기준으로 하여 계산한 것이다.

① 집현전을 설치하여 제도, 문물, 역사에 대한 연구와 편찬 사업을 전개하였다.
② 공법 제정시 조정의 신하와 지방의 촌민에 이르기까지 18만 명의 의견을 물었다.
③ 불교 종파를 선교 양종으로 병합하고 사원이 가지고 있던 토지와 노비를 정비하였다.
④ 육전상정소를 설치하고 조선 왕조의 체계적인 법전 「경국대전」을 편찬하기 시작하였다.
⑤ 측우기와 해시계, 물시계 등의 과학기구들이 제작되었다.

14 (가), (나) 세력에 대한 설명으로 옳은 것은?

김효원이 이조 전랑의 물망에 올랐으나, 그가 윤원형의 문객이었다 하여 심의겸이 반대하였다. 그 후에 심충겸(심의겸의 동생)이 이조 전랑으로 천거되었으나, 외척이라 하여 김효원이 반대하였다. 이로 인해 양쪽으로 편이 갈라져 서로 배척하였는데, 김효원의 세력을 [(가)], 심의겸의 세력을 [(나)](으)로 부르기 시작했다. 이는 김효원의 집이 동쪽 건천동, 심의겸의 집이 서쪽 정릉동에 있었기 때문이다.

① (가) – 갑술환국을 통해 권력을 장악하였다.
② (가) – 이이와 성혼의 문인을 중심으로 형성되었다.
③ (나) – 인조반정을 계기로 정국을 주도하였다.
④ (나) – 정여립 모반 사건을 계기로 남인과 북인으로 나뉘었다.
⑤ (가), (나) – 호론과 낙론으로 나뉘어 논쟁을 벌였다.

15 (가), (나)의 주장이 정치적 대립으로 이어진 배경에 대한 설명으로 옳지 않은 것은?

(가) 효종은 임금이셨으니 새 어머니인 인조 임금의 계비는 돌아가신 효종에 대해 3년 상복을 입어야 합니다. 임금의 예는 보통 사람과 다릅니다.
(나) 효종은 형제 서열상 차남이셨으니 새 어머니인 인조 임금의 계비는 돌아가신 효종에 대해 1년복만 입어야 합니다. 천하의 예는 모두 같은 원칙에 따라야 합니다.

① 왕이 직접 나서서 환국을 주도하였다.
② 서인이 우세한 가운데 남인의 세력이 성장하였다.
③ 왕권 강화와 신권 강화에 대한 입장 차이가 있었다.
④ 효종의 왕위 계승의 정통성 문제와 관련이 있었다.
⑤ 예학이 발단이 되어 일어난 예송논쟁에 대한 사건이다.

16 아래에서 설명하고 있는 (가) 왕의 재위기간에 있었던 사실로 옳은 것은?

8년 간 인질 생활을 경험했던 [(가)]은/는 청에 대한 원수를 갚고 치욕을 씻기 위해 북벌 정책을 추진하였다. 이에 송시열, 이완 등을 중용하였으며, 군대를 양성하고 성곽을 수리하는 등 청과의 전쟁을 준비하였다.

① 병자호란이 발발하였다.
② 나선 정벌이 단행되었다.
③ 기해 예송이 발생하였다.
④ 환국 정치가 전개되었다.
⑤ 훈련도감이 처음 설치되었다.

17 자료의 밑줄 친 '개혁'으로 옳은 것은?

① 관수관급제를 시행하였다.
② 경정 전시과를 실시하였다.
③ 백성에게 정전을 나누어 주었다.
④ 관료전을 지급하고 녹읍을 폐지하였다.
⑤ 관리의 인품과 관품에 따라 수조권을 지급하였다.

18 다음 민요에서 보이는 경제 활동에 대한 조선 전기의 모습을 설명한 것으로 옳지 않은 것은?

> 짚신에 감발차고 패랭이 쓰고
> 꽁무니에 짚신 차고 이고 지고
> 이 장 저 장 뛰어가서
> 장돌뱅이들 동무들 만나 반기며
> 이 소식 저 소식 듣고 듣고
> 목소리 높여 고래고래 지르며
> 비가 오나 눈이 오나 외쳐 가며
> 돌도부장사하고 해 질 무렵
> 손잡고 인사하고 돌아서네
> 다음 날 저 장에서 다시 보세

① 15세기 후반 이후 장시는 점차 확대되었다.
② 보부상은 장시에서 농산물, 수공업제품 등을 판매하였다.
③ 정부가 조선통보를 유통시킴으로써 동전 화폐 유통이 활발해졌다.
④ 농업 생산력의 발달에 힘입어 지방에서 장시가 증가하였다.
⑤ 정부는 성리학적 경제관에 근거하여 상공업을 통제하였다.

19 아래의 자료 내용 중 (가)에 대한 설명으로 옳은 것은?

> ○ 무릇 (가) 을/를 매매할 때는 관청에 신고하여야 하며 사사로이 합의하여 매매한 경우에는 관청에서 (가) 와/과 대가로 받은 물건을 모두 몰수한다.
> ○ 나이 16세 이상 50세 이하는 가격이 저화 4천 장, 15세 이하 51세 이상은 3천 장이다.
>
> –경국대전–

① 향리직을 세습하였다.
② 서얼이라 불리기도 하였다.
③ 최하층인 천인 신분이었다.
④ 법적으로는 과거에 응시할 수 있었다.
⑤ 직역의 대가로 국가로부터 토지를 지급받았다.

20 밑줄 그은 '그'에 대한 설명으로 옳은 것은?

> 솜씨가 보통 사람보다 뛰어나므로 태종께서 보호하시었고 나도 역시 그를 아낀다. … 이제 자격루를 만들었는데, 나의 가르침을 받아서 하였지만 그가 아니었으면 만들지 못하였을 것이다. … 만대에 이어 전할 기물을 만들었으니 그 공이 작지 아니하므로 호군(護軍)의 관직을 더해주고자 한다.
>
> –「세종실록」–

① 중국으로부터 시헌력을 도입하였다.
② 해시계인 앙부일구 제작에 참여하였다.
③ 폭탄의 일종인 비격진천뢰를 발명하였다.
④ 거중기를 사용해 수원 화성을 축조하였다.
⑤ 전통 의학을 집대성한 동의보감을 편찬하였다.

21 다음 (가), (나)의 인물에 대한 설명으로 옳은 것은?

(가) 이(理)를 강조하였으며 주자서절요, 성학십도 등을 저술하였다.
(나) 기(氣)를 강조하였으며 동호문답, 성학집요 등을 저술하였다.

① (가)의 문인과 성혼의 문인들이 결합해 기호학파를 형성하였다.
② (나)는 근본적이고 이상주의적 성격이 강하였다.
③ (가)의 사상이 일본의 성리학 발전에 큰 영향을 주었다.
④ (나)는 군주 스스로 성학을 따를 것을 주장하였다.
⑤ (가), (나) 모두 노장사상에 대해 포용적인 자세를 취하였다.

22 다음 사건을 수습한 이후에 나타난 정치 변화를 바르게 설명한 것은?

적(賊)이 청주성을 함락시키니, 절도사 이봉상과 토포사 남연년이 죽었다. 처음에 적 권서봉 등이 양성에서 군사를 모아 청주의 적괴(賊魁) 이인좌와 더불어 군사 합치기를 약속하고는 청주 경내로 몰래 들어와 거짓으로 행상(行喪)하여 장례를 지낸다고 하면서 상여에다 병기(兵器)를 실어다 고을성 앞 숲 속에다 몰래 숨겨 놓았다. … 이인좌가 자칭 대원수라 위서(僞書)하여 적당 권서봉을 목사로, 신천영을 병사로, 박종원을 영장으로 삼고, 열읍(列邑)에 흉격(凶檄)을 전해 병마(兵馬)를 불러 모았다. 영부(營府)의 재물과 곡식을 흩어 호궤(犒饋)하고 그의 도당 및 병민(兵民)으로 협종(脅從)한 자에게 상을 주었다.

-조선왕조실록, 영조 4년 3월-

① 환국의 정치 형태가 출현하였다.
② 소론과 남인이 권력을 장악하였다.
③ 완론(緩論) 중심의 탕평 정치가 행하여졌다.
④ 왕실의 외척이 군사권을 계속하여 독점 장악하였다.
⑤ 당파의 옳고 그름을 명백히 밝히는 정치가 시작되었다.

23 다음 비문에 대한 설명으로 옳은 것은?

오라총관 목극등이 국경을 조사하라는 교지를 받들어 이곳에 이르러 살펴보고 서쪽은 압록강으로 하고 동쪽은 토문강으로 경계를 정하여 강이 갈라지는 고개 위에 비석을 세워 기록하노라.

-강희 51년 5월 5일-

① 조선은 토문강을 두만강이라고 해석하였다.
② 조선과 청 사이에 간도 귀속문제가 발생하였다.
③ 조선이 4군 6진을 개척하고 백두산에 세운 기념비이다.
④ 백두산에 대한 소유권이 청에 있음을 분명히 하였다.
⑤ 일본과 청이 간도의 권리와 남만주철도 부설권을 협약한 간도협약이다.

24 (가)에 들어갈 내용으로 옳은 것을 〈보기〉에서 고른 것은?

승희 : 영조 때 군역의 폐단을 시정하기 위해 시행된 제도에 대해 이야기해 보자.
화성 : 이 제도로 농민은 1년에 군포를 1필만 납부하게 되어 부담이 절반으로 줄었어. 하지만 국가 재정 수입이 줄어드는 문제가 발생했지.
길동 : 맞아. 그래서 줄어든 재정을 보충하기 위해 (가) 를 실시하였어.

〈보기〉

ㄱ. 양전 사업을 실시하고 지계를 발급하였어.
ㄴ. 어장세, 염세, 선박세를 국가 재정에 귀속시켰어.
ㄷ. 토산물 대신 쌀, 옷감, 동전으로 납부하게 하였어.
ㄹ. 지주에게 토지 1결당 쌀 2두의 결작을 부과하였어.

① ㄱ, ㄴ ② ㄱ, ㄷ ③ ㄴ, ㄷ
④ ㄴ, ㄹ ⑤ ㄷ, ㄹ

25 다음의 현상을 촉발한 원인으로 가장 적절한 것은?

근래 아전의 풍속이 나날이 변하여 하찮은 아전이 길에서 양반을 만나도 절을 하지 않으려 한다. 아전의 아들·손자로서 아전의 역을 맡지 않는 자가 고을 안의 양반을 대할 때, 맞먹듯이 너나하며 자(字)를 부르고 예의를 차리지 않는다. -목민심서-

① 북벌론이 대두하였다.
② 이양선이 출몰하여 민심이 흉흉해졌다.
③ 소수 가문의 권력 독점으로 벼슬길이 좁아졌다.
④ 전국적으로 수해가 일어나고 전염병이 만연하였다.
⑤ 수령의 향촌 지배력이 점차 약화되어 갔다.

26 다음 사건에 대한 탐구 활동으로 가장 적절한 것은?

죄인 황사영은 본래 정약종의 조카사위로 사술에 빠져, 주문모가 우리나라에 온 뒤에 (그를) 스승으로 섬기고 아비라고 불렀으며 영세와 이름을 받았다. 체포하라는 명령이 내려지자 기미를 알고 도망하여 깊은 산속에 숨어 반역을 도모하였다.
-순조실록-

① 천주교 박해의 배경을 조사한다.
② 유교 구신론의 내용을 알아본다.
③ 대종교도의 항일 운동 지역을 찾아본다.
④ 조선 불교 유신회의 조직 과정을 파악한다.
⑤ 원불교가 전개한 새 생활 운동의 목적을 살펴본다.

27 다음 밑줄 친 '인물성동론(人物性同論)'에 기초하여 나타난 사상계의 동향으로 가장 적절한 것은?

18세기 초 노론학계 내에서는 호락논쟁(湖洛論爭)이 벌어졌다. 이 논쟁은 송시열의 직계 제자들이 벌인 사상 논쟁인데 권상하와 그의 제자 한원진이 중심이 된 충청도 지방의 학자들이 주장한 이론을 호론이라고 한다. 이 이론은 사람의 본성인 인성(人性)과 물질의 본성인 물성(物性)이 본질적으로 다르다는 것이다. 한편 권상하의 제자인 이간과 김창협이 중심이 된 낙론은 인성과 물성이 같다는 <u>인물성동론(人物性同論)</u>을 말한다.

① 양명학의 도입
② 동학사상의 대두
③ 북학 사상의 형성
④ 화이론적 사유체계 확립
⑤ 위정척사사상의 등장

28 다음과 같은 내용을 주장한 실학자에 대한 설명으로 옳은 것은?

중국은 서양과 180도 정도 차이가 난다. 중국인은 중국을 중심으로 삼고 서양을 변두리로 삼으며, 서양인은 서양을 중심으로 삼고 중국을 변두리로 삼는다. 그러나 실제는 하늘을 이고 땅을 밟는 사람은 땅에 따라서 모두 그러한 것이니 중심도 변두리도 없이 모두가 중심이다.

① 「동국지리지」를 저술하여 역사지리 연구의 단서를 열어 놓았다.
② 「임하경륜」을 통해서 성인 남자들에게 2결의 토지를 나누어줄 것을 주장하였다.
③ 「동사」에서 조선의 자연 환경과 풍속, 인성의 독자성을 강조하였다.
④ 「동국지도」를 만들어 지도 제작의 과학화에 기여하였다.
⑤ 「발해고」를 저술하여 발해사에 대한 관심으로 고조시켰다.

29 다음 밑줄 친 '나'에 대한 설명으로 옳은 것은?

진실로 백성에게 해가 되는 것이 있으면 비록 공자가 다시 살아난다 하더라도 나는 용서하지 않겠다. 하물며 서원은 우리나라에서 존경받는 유학자를 제사하는 곳인데, 지금은 도둑의 소굴이 되어 버렸으니 말할 것도 없다.

① 유교적 도덕 국가를 건설하기 위해 현량과를 실시하였다.
② 각종 제도의 개혁을 주장한 '반계수록'을 저술하였다.
③ 총융청 등 5군영을 설치하고 비변사 기능을 강화하였다.
④ 호포제와 사창제를 실시하여 민생을 안정시키고자 하였다.
⑤ 통리기무아문, 12사의 관제 개혁을 단행하여 왕권을 강화시켰다.

30 다음은 강화도 조약의 주요 내용들이다. 이 조약에 대한 설명으로 옳지 않은 것은?

- 조선은 자주의 나라이며, 일본국과 평등한 권리를 가진다.
- 일본국 정부는 향후 15개월 후 수시로 사신을 서울에 파견한다.
- 조선국은 부산 외에 두 곳을 개항하고 일본인의 통상을 허가한다.
- 조선국은 일본국의 항해자가 자유롭게 해안을 측량하도록 허가한다.

① 조선은 국내 산업을 보호할 조취를 취하였다.
② 일본은 조선에 대한 청의 종주권을 부인하였다.
③ 일본에 치외법권과 해안측량권을 인정해 주었다.
④ 일본의 강압에 의해 부산, 원산, 인천을 차례로 개항하였다.
⑤ 우리나라가 외국과 체결한 최초의 근대적 조약이었다.

31 다음 자료와 가장 밀접한 역사적 사건은?

새로 만든 국기를 묵고 있는 누각에 달았다. 기는 흰 바탕으로 네모졌는데 세로는 가로의 5분의 2에 미치지 못하였다. 중앙에는 태극을 그려 청색과 홍색으로 색칠을 하고 네모서리에는 건(乾)·곤(坤)·감(坎)·리(離)의 4괘(四卦)를 그렸다.

－사화기략－

① 김윤식 등이 근대식 무기 제조 기술과 군사 훈련법을 배웠다.
② 김홍집 등이 『조선책략』을 가져와 국제 정세의 이해에 기여하였다.
③ 박영효가 임오군란에 대한 사죄의 의미로 일본에 파견되었다.
④ 박정양 등이 일본 정부 기관의 사무와 시설을 조사하고 시찰 보고서를 올렸다.
⑤ 일본은 장차 조선에 군대를 파병할 수 있는 권리를 청과 동등하게 확보하였다.

32 다음 (가)~(라)의 유적지를 답사 일정에 따라 옳게 나열한 것은?

답사 계획서

- 주제 : 동학 농민 운동의 유적지를 찾아서
- 기간 : 2017년 ○○월 ○○일~○○월 ○○일
- 답사 일정 : 사건의 발생 순서대로 유적지 탐방
- 답사 지역

(가) 황토현 전적지

(나) 고부 관아터

(다) 전주화약의 체결, 전주성

(라) 우금치 전적지

① (가)－(나)－(다)－(라)　② (가)－(나)－(라)－(다)
③ (나)－(가)－(다)－(라)　④ (나)－(가)－(라)－(다)
⑤ (다)－(나)－(가)－(라)

33 아래 설명하는 내용 중 밑줄 그은 '이 섬'에 대한 설명으로 옳은 것은?

> ○○군청에서는 우리나라의 가장 동쪽에 있는 이 섬을 방문한 사람들 중에서 신청자를 대상으로 명예 주민증을 발급하고 있습니다.

① 몽골과의 전쟁 때 임시 수도였다.
② 하멜 일행이 표류하다 도착하였다.
③ 삼국 간섭에 굴복하여 일본이 반환하였다.
④ 영국군이 불법으로 점령하였다가 철수하였다.
⑤ 대한제국이 칙령을 반포하여 우리 영토임을 재확인하였다.

34 다음 자료의 밑줄 그은 '피고인'에 해당하는 인물로 옳은 것은?

> 검 사 : 피고인이 미국인 스티븐스에게 총을 쏜 이유는 무엇입니까?
> 피고인 : 스티븐스는 일제에 의해 대한 제국의 외교고문에 임명되어 친일 행각을 일삼았기에 처단했습니다.

① 김상옥 ② 안중근
③ 나석주 ④ 장인환
⑤ 윤봉길

35 다음 밑줄 친 '이 신문'에 대한 설명으로 옳지 않은 것은?

> 신문으로는 여러 가지 신문이 있었으나, 제일 환영을 받기는 영국인 베델이 경영하는 이 신문이었다. 관 쓴 노인도 사랑방에 앉아서 이 신문을 보면서 혀를 툭툭 차고 각 학교 학생들은 주먹을 치고 통론하였다.
> –유광열, 별건곤–

① 국민의 힘으로 국채를 갚아야 한다는 운동을 주도하였다.
② 고종은 을사조약의 부당성을 폭로하는 친서를 발표하였다.
③ 양기탁이 신민회를 조직하면서 신민회의 기관지 역할을 하였다.
④ 을사조약 체결을 비판하는 '시일야방성대곡'이라는 사설이 발표되었다.
⑤ 한국 병합이후에는 매일신보로 명칭을 바꾼 후 조선총독부의 기관지 역할을 하였다.

36 다음의 민족 운동과 관련된 설명으로 옳지 않은 것은?

> 지금 우리들의 정신을 새로이 하고 충의를 떨칠 때이나, 국채 1,300만원은 우리 한 제국의 존망에 직결된 것이다. 이것을 갚으면 나라가 존재하고, 갚지 못하면 나라가 망할것은 필연적인 사실이나 지금 국고는 도저히 상환할 능력이 없으며, 만일 나라에서 갚는다면 그 때에는 이미 3000리 강토가 내나라 내 민족의 소유가 못 될 것이다.

① 일제는 대한제국의 화폐 정리와 시설 개선의 명목으로 차관을 제공하였다.
② 일제가 대한제국에 차관을 제공한 것은 재정적으로 일본에 완전히 예속시키려는 것이었다.
③ 일제는 이 운동에 앞장섰던 대한매일신보를 탄압하면서 발행자인 베델을 추방하려 하였다.
④ 이 운동은 처음 평양에서 조만식 등이 조선물산장려회를 발족시키면서 시작되었다.
⑤ 대한매일신보, 황성신문, 제국신문, 만세보 등 여러 신문사들도 적극 후원하였다.

37 (가) 지역의 이주 동포에 대한 설명으로 옳은 것을 〈보기〉에서 고르면?

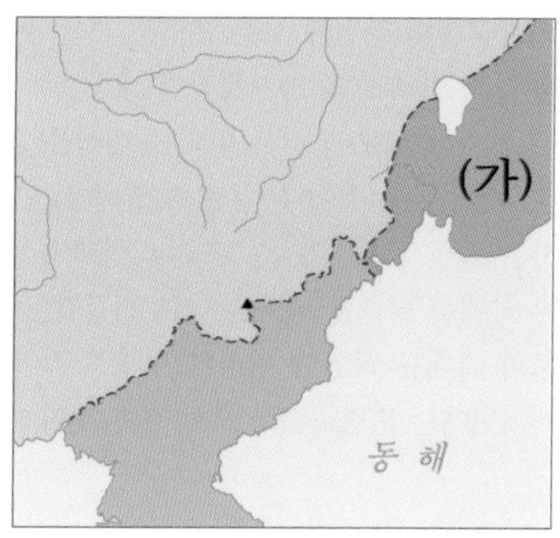

〈보기〉

ㄱ. 만보산 사건으로 많은 조선인들이 피해를 입었다.
ㄴ. 유학생들을 중심으로 2·8독립 선언이 발표하였다.
ㄷ. 소련 정부에 의해 중앙아시아로 강제 이주 당하였다.
ㄹ. 3·1운동 직후 대한국민의회를 조직하여 임시 정부를 수립하였다.

① ㄱ, ㄴ ② ㄱ, ㄷ ③ ㄴ, ㄷ
④ ㄴ, ㄹ ⑤ ㄷ, ㄹ

38 다음 자료와 관련된 종교에 대한 설명으로 옳은 것은?

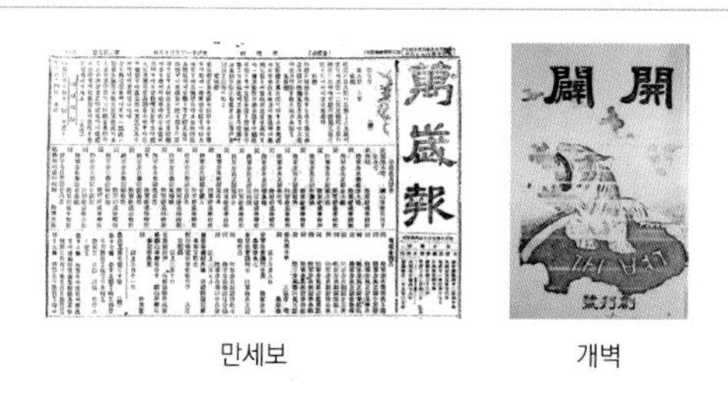

만세보 개벽

① 손병희에 의해 교단 조직이 정비되었다.
② 여성 교육을 위해 이화 학당을 설립하였다.
③ 항일 무장 투쟁 단체인 의민단을 조직하였다.
④ 한용운에 의해 조선 불교 유신론이 제창되었다.
⑤ 박중빈이 창시하였으며, 새생활 운동을 전개하였다.

39 다음 자료와 관련 있는 인물의 활동으로 옳은 것은?

무릇 동양의 수천 년 교화계(敎化界)에서 바르고 순수하며 광대 정미하여 많은 성인이 뒤를 이어 전하고 많은 현인이 강명(講明)하는 유교가 끝내 인도의 불교와 서양의 기독교와 같이 세계에 대발전을 하지 못함은 어째서이며, 근세에 이르러 침체 부진이 극도에 달하여 거의 회복할 가망이 없는 것은 무슨 까닭이뇨. … 그 원인을 탐구하여 말류(末流)를 추측하니 유교계에 3대 문제가 있는지라. 그 3대 문제에 대하여 개량(改良) 구신(求新)을 하지 않으면 우리 유교는 흥왕할 수가 없을 것이며 … 여기에 감히 외람됨을 무릅쓰고 3대 문제를 들어서 개량 구신의 의견을 바치노라.

–서북학회 월보 제1권–

① 양명학을 토대로 대동사상을 주창하였다.
② 만세보를 발간하여 민족의식을 고취하였다.
③ 위정 척사 운동의 계승과 실천을 강조하였다.
④ 독사신론을 통해 역사학의 방향을 제시하였다.
⑤ 신민족주의를 제창하여 민족주의의 한계를 극복하려 하였다.

40 다음의 가상 일기에 나타난 사건의 결과로 옳은 것은?

이상설, 이준과 함께 만국 평화 회의가 열리고 있는 네덜란드 헤이그에 도착한 지 여러 날이 지났다. 그러나 일본의 방해와 주최국의 거부로 만국 평화 회의장에 들어가지 못하여 폐하를 뵐 면목이 없다. 반드시 세계 각국 사람들에게 일본의 침략상을 널리 알리고 규탄할 생각이다.

① 삼국 간섭이 일어났다.
② 아관 파천이 단행되었다.
③ 운요호 사건이 발생하였다.
④ 고종이 강제로 퇴위당하였다.
⑤ 미국에 보빙사가 파견되었다.

41 **자료에서 언급된 사건에 대한 설명으로 옳지 않은 것은?**

> 만세시위가 확산되자, 일제는 헌병 경찰은 물론이고 군인까지 긴급 출동시켜 시위군중을 무차별 살상하였다. 정주, 사천, 맹산, 수안, 남원, 합천 등지에서는 일본 군경의 총격으로 수십 명의 사상자를 냈으며, 화성 제암리에서는 전 주민을 교회에 집합·감금하고 불을 질러 학살하였다.

① 일제는 무단통치를 이른바 '문화통치'로 바꾸었다.
② 독립운동의 중요한 분기점이 된 대규모의 만세운동이었다.
③ 세계 약소 민족의 독립운동에도 커다란 자극을 주었다.
④ 파리강화회의에 신규식을 대표로 파견하여 이 사건의 진상을 널리 알렸다.
⑤ 기독교, 천도교, 불교계가 중심이 되어 전개되었다.

42 **다음에서 설명하는 인물의 연보를 보고 (가)에 들어갈 단체로 옳은 것은?**

> • 1889년 충청남도 홍성 출생
> • 1917년 대한 광복회 부사령으로 임명됨
> • 1918년 무오 독립 선언에 참여
> • 1920년 (가) 을/를 이끌고 청산리 전투에서 승리
> • 1925년 북만주에서 신민부 조직
> • 1930년 암살 당함

① 독립 의군부
② 조선 혁명군
③ 한인 애국단
④ 한국 광복군
⑤ 북로 군정서군

43 **밑줄 친 '우리 부대'에 대한 설명으로 옳은 것은?**

> 이번 연합군과의 작전에 모든 운명을 거는 듯하였다. 주석(主席)과 <u>우리 부대</u>의 총사령관이 계속 의논하는 것을 옆에서 들었기 때문에 더욱 일의 중대성을 절감하였다. 드디어 시기가 온 것이다! 독립 투쟁 수십 년에 조국을 탈환하는 결정적 시기가 온 것이다. 이때의 긴장감은 내가 일본 군대를 탈출할 때와는 다른 긴장감이었다. 목적은 같으나 그때는 막연한 미지의 세계에 뛰어드는 것이었지만 이번에는 분명히 조국으로 가는 것이 아닌가.
> －장정－

① 중국 공산군과 함께 화북에서 항일전을 벌였다.
② 만주에서 중국 의용군과 연합 작전을 수행하였다.
③ 간도참변 이후 각지로 분산되었던 독립군이 밀산부에 집결하여 서일을 총재로 조직한 군사 조직이었다.
④ 인도, 미얀마 전선에서 영국군과 공동 작전을 펼쳤다.
⑤ 자유시 참변 당시 일제에 의해 큰 피해를 받았다.

44 **밑줄 친 '이 운동'에 대한 설명으로 옳은 것은?**

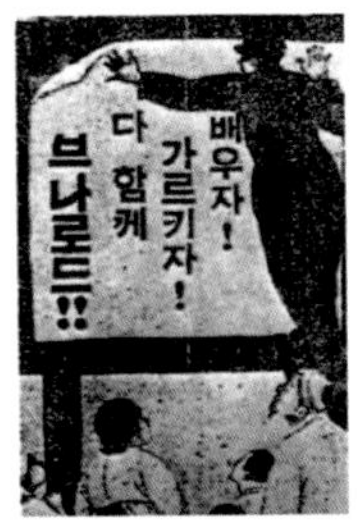

> 일제 강점기에 펼쳐진 <u>이 운동</u>은 조국의 발전을 위해 젊은 인재들이 농촌 개혁운동에 참여하여 피폐한 농촌의 계몽과 귀농 의식을 통하여 농촌 이상향을 건설하고자 하는 것이다. 당시 공산사상에 마음이 쏠리지 않은 지식층은 <u>이 운동</u>이 유일한 탈출로가 되었다. 무지와 빈궁, 핍박으로 억눌려 있던 농촌 '살여울'을 이상촌으로 바꾸겠다는 젊은이의 꿈과 노력이 민족주의 사상과 결합하여 인도주의적 귀농(歸農) 의식을 짙게 보여 주는 것이다.

① 사회주의 운동 계열이 주도하였다.
② 이 운동은 민족주의 좌파에 의해 주도되었다.
③ 언론사 중심의 문맹 퇴치 운동이 전개되었다.
④ 안재홍, 정인보, 문일평 등이 중심이 되었다.
⑤ 이 운동의 영향으로 민립대학 설립 운동이 추진되었다.

45 **다음 사건에 대한 탐구 활동으로 가장 적절한 것은?**

1931년 5월 28일 밤, 평원 고무 공장 여직공들의 파업이 경찰에 의해 강제 해산되었다. 해산 직후, 강주룡은 약 11m 높이의 을밀대 지붕 위에서 9시간 가량 시위를 하다가 다음 날 아침 경찰에 체포되었다.

을밀대 지붕위의 강주룡

① 보안회가 조직된 배경을 살펴본다.
② 조선 형평사가 설립된 이유를 알아본다.
③ 암태도 소작농들의 요구 사항을 찾아본다.
④ 징용으로 끌려간 노동자들의 참상을 파악한다.
⑤ 조선인 노동자들의 열악한 노동 조건을 조사한다.

46 **다음 글을 쓴 역사가에 관한 설명으로 옳은 것은?**

역사란 무엇이냐? 인류 사회의 아(我)와 비아(非我)의 투쟁이 시간에서 발전하여 공간까지 확대하는 심적 활동의 상태의 기록이니, 세계사라 하면 세계 인류의 그리 되어온 상태의 기록이며, 조선사라 하면 조선 민족이 그리 되어 온 상태의 기록이니라. 그리하여 아(我)에 대한 비아(非我)의 접촉이 많을수록 비아(非我)에 대한 아(我)의 투쟁이 더욱 맹렬하여 인류 사회의 활동이 휴식할 사이가 없으며, 역사의 전도가 완결될 날이 없다. 그러므로 역사는 아와 비아의 투쟁의 기록이니라.

① 우리의 민족 정신을 '혼'으로 파악하고, '혼'이 담겨 있는 민족사의 중요성을 강조하였다.
② 우리 고대 문화의 우수성과 독자성을 강조하여 식민주의 사관을 비판하였다.
③ 한국사가 세계사의 보편적 발전 법칙에 입각하여 발전하였음을 강조하여 식민주의 사관의 정체성 이론을 반박하였다.
④ 〈진단학보〉를 발간하고 문헌 고증을 중시하는 순수 학문적 차원의 역사 연구에 힘썼다.
⑤ 「양명학연론」을 저술하여 일제의 식민사관에 대항하며 '얼'의 중요성을 역설하였다.

47 **다음 원칙을 발표한 기구가 내세운 주장으로 옳은 것은?**

조선의 좌우 합작은 민주 독립의 단계요, 남북 통일의 관건인 점에서 3천만 민족의 지상 명령이며 국제 민주화의 필연적 요청이었음에도 불구하고 저간의 복잡 다단한 내외 정세로 오랫동안 파란곡절을 거듭해 오던바, 드디어 …(중략)… 다음과 같은 7원칙을 결정하였다.

① 외국 군대의 철수
② 미소 공동 위원회의 속개
③ 토지의 무상 몰수, 무상 분배
④ 유엔(UN) 감시 하의 남북한 총선거 실시
⑤ 모스크바 3국 외상회의에서의 신탁통치 반대

48 **다음 자료와 관련된 설명으로 옳지 않은 것은?**

제1조 일본 정부와 통모하여 한일 합병에 적극 협력한 자, 한국의 주권을 침해하는 조약 또는 문서에 조인한 자와 모의한 자는 사형 또는 무기징역에 처하고 그 재산과 유산의 전부 혹은 2분지 1 이상을 몰수한다.
제3조 일본 치하 독립 운동자나 그 가족을 악의로 살상 박해한 자 또는 이를 지휘한 자는 사형, 무기 또는 5년 이상의 징역에 처하고 그 재산의 전부 혹은 일부를 몰수한다.

① 독립을 방해할 목적으로 단체를 조직했다면 10년 이하의 징역과 재산의 몰수 등이 가능했다.
② 기술관을 포함하여 고등관 3등급 이상의 관공리는 공소시효 경과 전에는 공무원 임용이 불허되었다.
③ 반민족행위를 조사하기 위하여 특별조사위원회를 설치하였다.
④ 일본 정부로부터 작위를 받은 자는 무기 또는 5년 이상의 징역과 재산·유산의 몰수 등이 가능했다.
⑤ 광복 이후 민족의 정기를 바로잡기 위해 제정되었으나 이승만 정부의 소극적인 태도로 실패하였다.

49 (가)~(라) 사건을 순서대로 나열한 것을 고르면?

사진으로 보는 대한민국 현대사 주요 사건

(가) 경부 고속도로 준공

(나) 제1차 남북 정상회담

(다) 4·25 대학교수단 시국선언

(라) 제24회 서울 올림픽

① (가)－(나)－(다)－(라)
② (가)－(다)－(라)－(나)
③ (나)－(가)－(라)－(나)
④ (다)－(가)－(라)－(나)
⑤ (다)－(나)－(가)－(라)

50 다음 두 시의 소재가 된 세시 풍속으로 옳은 것은?

서울에서 나그네 신세 되고서는
일 년 내내 집안 소식 드물었네
한 점 구름은 가을 빛을 머금고서
홀로 먼 산 고향으로 돌아가네

－신광수－

고향의 인정이 밤나무의 추억처럼 익어갑니다.
어머님은 송편을 빚고 가을을 그릇에 담아
이웃과 동네에 꽃잎으로 돌리셨지

－황금찬－

① 추석
② 동지
③ 칠석
④ 설날
⑤ 정월 대보름

한국사능력검정시험

고급 기출 및 심화 실전모의고사

정답 및 해설

고급 기출문제 42회

문항	정답	배점	문항	정답	배점
01	②	1	26	⑤	2
02	③	2	27	①	3
03	①	3	28	④	1
04	①	2	29	③	2
05	⑤	2	30	⑤	2
06	②	3	31	③	3
07	⑤	1	32	⑤	2
08	⑤	2	33	④	2
09	①	2	34	①	2
10	③	2	35	③	1
11	②	2	36	④	2
12	③	1	37	⑤	3
13	④	2	38	④	2
14	③	3	39	②	2
15	②	1	40	②	1
16	③	3	41	②	2
17	④	2	42	③	1
18	②	2	43	⑤	2
19	④	2	44	⑤	2
20	④	2	45	④	2
21	②	2	46	④	3
22	②	2	47	②	2
23	④	1	48	②	3
24	①	2	49	③	1
25	⑤	3	50	①	2

01 정답 ②

구석기 시대의 사회 모습

구석기 시대는 뗀석기를 사용하였고, 그 대표적인 것이 주먹도끼이다. 이들은 식량을 찾아 이동 생활을 하였으며, 동굴이나 바위그늘에서 살거나 강가에 막집을 짓고 살았다. ①,④ 신석기 시대의 사람들은 가락바퀴와 뼈바늘을 이용하여 옷을 만드는 등 원시적인 수공업이 나타났다. 또한 빗살무늬토기를 대표로 식량을 저장하는 토기가 처음 나타났다. ③ 철기 시대에 한반도에서는 거푸집을 사용하여 기존의 비파형동검을 넘어서 독자적인 세형동검을 제작하였다. ⑤ 쟁기, 호미, 괭이 등 철제 농기구는 철기시대 이후 처음 사용되었다. 4~5세기를 지나면서 철제 농기구가 점차 보급되고 6세기에 이르러 널리 사용되었다.

02 정답 ③

위만조선의 역사

고조선은 진·한 교체기인 기원전 2세기경, 서쪽 지방에서 세력을 키운 유이민 세력인 위만이 왕검성에 쳐들어가 준왕을 몰아내고 고조선의 왕이 되었다(기원전 194). 이 시기에 철기 문화가 확산되면서 고조선은 이를 바탕으로 주위의 여러 부족을 통합하여 세력을 크게 확장하였다. 또, 한반도 남부 지방에 위치한 진(辰)의 여러 나라와 중국의 한(漢) 사이에서 중계무역을 하면서 경제적인 이익을 얻어 부강해졌다. ①,② 고구려는 귀족회의인 제가회의에서 국가의 중대사를 결정하였고, 지방은 176개의 성으로 나뉘어져 있었다. 그 중 62개 성(城)이 큰 성으로서 대성에는 '욕살', 중성에는 '처려근지(도사)', 소성에는 '가라달'과 '누초'가 성주였다. ④,⑤ 단군조선에 관한 설명이다.

03 정답 ①

옥저와 동예

함경도 및 강원도 북부의 동해안에 위치한 옥저와 동예는 변방에 치우쳐 있어 선진 문화의 수용이 늦었으며, 일찍부터 고구려의 압력을 받아 크게 성장하지 못하였다. 각 읍락에는 읍군이나 삼로라는 군장이 있어서 자기 부족을 다스렸으나, 이들은 큰 정치 세력을 형성하지 못하였다. (가) 옥저는 고구려와 같이 부여족의 한 갈래였으나, 풍속이 달랐고 장래에 혼인할 것을 약속하면 여자가 어렸을 때에 남자 집에 가서 성장한 후에 남자가 예물을 치르고 혼인을 하는 일종의 매매혼인 민며느리제가 있었다. 그리고 가족이 죽으면 시체를 가매장하였다가 나중에 그 뼈를 추려서 가족 공동 무덤인 커다란 목곽에 안치하고 목곽 입구에는 죽은 자의 양식으로 쌀을 담은 항아리를 걸어 두었다. (나) 동예는 토지가 비옥하고 해산물이 풍부하여 농경, 어로 등 경제 생활이 윤택하였다. 특히, 명주와 삼베를 짜는 등 방직 기술이 발달하였으며, 특산물로는 단궁이라는 활과 과하마, 반어피 등이 유명하였다. 동예에서는 매년 10월에 무천이라는 제천 행사를 열었다. 그리고 족외혼(族外婚)을 엄격하게 지켰으며, 각 부족의 영역을 함부로 침범하지 못하게 하였다. 다른 부족의 생활권을 침범하면 책화라 하여 노비와 소, 말로 변상하게 하였다. ③ 부여의 사출도에 관한 설명이다. ④ 부여와 고구려에서는 남의 물건을 훔친 자는 12배의 배상을 하게 하였다(1책12법). ⑤ 삼한에는 정치적 지배자 외에 제사장인 천군이 주관하는 소도라는 별읍이 있어, 죄인이라도 도망을 하여 이곳에 숨으면 잡아가지 못하였다(제정분리).

04 정답 ①

금관가야

금관가야(42년 건국)의 시조인 김수로왕은 아유타국에서 온 공주인 허황옥과 혼인을 하였다고 전한다. 가야는 전신인 변한 시대부터 벼농사를 짓는 등 농경문화가 발달하였고, 철이 많이 생산되어 덩이쇠를 화폐처럼 사용하였고 낙랑, 왜 등에 수출하였다. 특히, 해상 교통을 이용하여 낙랑과 왜의 규슈 지방을 연결하는 중계 무역이 발달하였다. ②,⑤ 신라는 만장일치제로 운영되는 화백회의가 있어 왕권을 조절·견제하기도 하였으며, 초기 이사금 시대에 박·석·김의 3성이 교대로 왕위를 계승하였다. ③ 고구려는 고국천왕 대에 실시된 춘대추납의 진대법(194)으로 빈민을 구제하였다. ④ 백제 웅진시대 무령왕(501～523)은 지방

22담로에 왕족을 파견함으로써 지방에 대한 통제를 강화하였다.

05 정답 ⑤

신라 지증왕(500~514)

신라는 지증왕대에 이르러 정치 제도가 더욱 정비되어 국호를 '신라'로 바꾸고, 왕의 칭호도 마립간에서 '왕'으로 고쳤다(503). 그리고 수도와 지방의 행정 구역을 정리하였고(주·군제 실시, 소경 설치), 대외적으로는 이사부 장군을 시키어 우산국(울릉도)을 복속시켰다(512). 사회·경제적으로는 순장을 금지하고 우경을 실시하였으며(502), 시장 감독기구로 동시전을 설치하였다(509). ① 신라 선덕여왕(632~647) 때 천체 관측을 위해 세운 첨성대(국보 31호)이다. ②,③ 신라 진흥왕 때 거칠부의 「국사」 편찬과(545) 고령의 대가야를 정복하여 낙동강 서쪽을 장악하였다(562). ④ 신라의 중앙집권을 완성한 법흥왕(514~540)은 신라 최초로 '건원'이라는 독자적 연호를 사용하였다(536).

06 정답 ②

삼국통일의 과정

나 · 당 동맹(648)을 체결하였던 김춘추가 무열왕으로 즉위하며 통일 전쟁은 본격화 되었다. 김유신이 이끈 신라군과 소정방이 이끈 당군은 먼저 백제를 공격하였다. 신라군은 황산벌에서 계백의 결사적인 저항을 물리치고 당군과 함께 사비성을 함락하였다(660). 백제를 멸망시킨 후, 신라 문무왕(661~681)과 당은 고구려에 대한 공격을 시작하였다. 고구려는 이를 잘 방어하였으나 계속된 전쟁으로 국력이 약해진데다가 연개소문 사후 권력다툼이 벌어졌다(남생↔남건·남산). 이 기회를 틈타 나 · 당 연합군은 평양성을 함락하여 고구려를 멸망시켰다(668). 한편, 백제는 복신과 흑치상지(임존성), 도침(주류성) 등의 부흥운동이 있었으나 내분으로 실패하고, 왜의 원군이 백강에서 크게 패하며 실패하였다(663). 고구려도 검모잠(한성), 고연무(오골성) 등이 유민들을 이끌고 부흥운동을 치열하게 전개하였으나 성공하지 못하였다. 백제와 고구려 멸망 이후 당은 대동강 이남의 땅을 신라에게 준다는 약속을 어기고 웅진도독부(660)와 안동도호부(668)를 설치하여 백제와 고구려의 옛 땅에 군대를 주둔시키고, 신라에도 계림대도독부(663)를 설치하여 지배하려고 하였다. 이에 신라는 당군을 몰아내기 위한 전쟁에 나섰다. 먼저, 백제의 옛 땅을 찾기 위해 고구려 부흥운동을 지원하여 왕족 안승을 고구려왕으로 임명하고(670), 금마저(전북 익산)에 보덕국이라는 나라를 세우도록 하였다(674). 아울러, 신라군은 당군이 주둔하고 있던 사비성을 함락하여 웅진도독부를 없애고, 백제의 옛 땅을 완전히 지배하게 되었다. 그 후, 당군은 말갈군과 거란군을 앞세워 계속 침범하자 신라는 당의 20만 대군을 매소성에서 물리치고(675), 당의 수군을 금강 하류 기벌포에서 격파하자, 당은 평양의 안동도호부를 요동으로 옮기게 되며 통일이 이루어졌다(676). ⑤ 고구려의 천리장성은 당의 침략에 대비하여 연개소문 주도하에 영류왕~보장왕 때에 북쪽의 부여성에서 남쪽의 비사성까지 쌓았다(631~647).

07 정답 ⑤

고구려의 고분 벽화

고구려인들은 굴식 돌방무덤에 많은 고분 벽화와 부장품을 남겨 그들의 생활상을 엿볼수 있다. ① 통구 12호분 '적장참수도' ② 각저총 '씨름도' ③ 무용총 '접객도' ④ 수산리 고분 '교예도' ⑤ 고려 말 박익(1332~1398) 묘의 벽화(경남 밀양)

08 정답 ⑤

백제 의자왕

의자왕(641~660)은 무왕(600~641)의 아들로서 백제의 마지막 왕이었다. 초기에는 어진 군주였으며(해동증자), 즉위 초부터 선덕여왕(632~647)의 신라를 자주 공격하여 대야성을 비롯한 40여 개의 성을 빼앗았다(642). 특히 윤충을 시켜 죽인 대야성의 성주 부인은 김춘추의 딸이었기에 분노한 김춘추는 복수를 위해 고구려와 동맹하고자 하였다. 그러나 오히려 죽령 이북의 땅을 요구하는 연개소문에 의해 감금당하였고 간신히 탈출한 뒤 나당동맹을 체결하게 되었다(648). 한편, 의자왕이 황음에 빠져 정치 질서의 문란과 국가적 일체감을 상실한 백제는 나당연합군이 쳐들어 왔어도 모을 수 있는 군대가 계백의 5천 결사대 뿐이었고, 이들의 결사항쟁에도 불구하고 결국 나당 연합군에 의해 사비성이 함락되면서 멸망하고 말았다(660). ① 익산의 미륵사는 서동으로 유명한 백제 무왕(600~ 641)이 부인인 신라 선화공주(진평왕의 딸)가 소원하여 만들어진 것으로 알려져 왔으나, 2009년 미륵사의 서탑 해체 과정 중 발견된 '금제사리봉안기'의 기록에 따르면 좌평 사택적덕의 딸 출신인 백제인 왕비가 건립을 발원했다고 기록되어 있다. ② 성왕(523~554) ③ 성왕의 맏아들 위덕왕(554~598, 창왕이라고도 함) ④ 근초고왕(346~375)

09 정답 ①

신문왕(681~692)

제시된 자료는 설총의 화왕계(花王戒)와 만파식적(萬波息笛) 고사로서 모두 신문왕과 관련이 있다. 신라 삼국통일 직후의 왕인 신문왕(681~692) 대에는 강화된 경제력과 군사력을 토대로 왕권을 전제화 하였다. 그는 아버지 문무왕을 위하여 감은사(682)를 짓고 추모하는데, 죽어서 바다의 용이 된 문무왕과 하늘의 신이 된 김유신이 합심하여 동해의 한 섬에 대나무를 보냈는데 이 대나무를 베어서 피리를 만들어 불자 적의 군사는 물러가고, 병은 나았으며 물결은 평온해졌다고 한다(만파식적). ② 신라 하대 원성왕(780~798) ③ 법흥왕(514~540) ④ 선덕여왕(643~645) ⑤ 진성여왕(887~897) 대에 각간 위홍과 대구화상이 향가집 「삼대목(三代目)」을 편찬하여 왕에게 바쳤다(888).

10 정답 ③

발해의 불탑

발해의 중경이 위치한 길림성 화룡현 용두산 고분군은 대표적인 발해의 왕실 고분군으로 20여기의 왕족무덤이 발굴되었고 그 중 정효공주묘가 대표적이다. 수도인 상경은 당시 당의 수도인 장안을 본떠 건설하였는데 외성을 쌓고, 남북으로 넓은 주작대로를 내고, 그 안에 궁궐과 사원을 세웠다. 이와 같은 당 문화적 건축물로 길림성 장백진 교외에 소재한 '영광탑'이 있는데, 13미터 높이의 5층 벽돌 탑으로 만주 지역에서 현존하는 고탑(古塔) 가운데 연대가 가장 오래 되었다. ① 백제 부여 정림사지 5층 석탑(국보 9호) ② 경주 불국사 다보탑(국보 20호) ③ 발해 영광탑 ④ 경천사지 10층 석탑(국보 86호) ⑤ 원각사지 10층 석탑(국보 2호)

11 정답 ②

견훤(900~936)

상주의 군인 출신 견훤은 황해안의 해상 세력과 도적 떼 등을 자신의 군사 기반으로 흡수하여 자립하였다. 견훤은 나주를 거쳐 무진주(광주)를 점령한 후 북상하여 완산주에 도읍을 정하고 후백제를 세웠다(900). 그는 중국(후당, 오월)과 외교관계를 맺는 등 국제적 감각도 갖추었다. ①,③,⑤ 신라의 왕족 출신으로 북원(원주)의 양길의 부하였다가 독립하여 후고구려를 세운 궁예는 영토를 확장하고 국가 기반을 다져지고 도읍을 송악에서 철원으로 옮기면서(905) 국호를 마진(연호: 무태)로 바꾸었다가(904), 다시 태봉(연호: 수덕만세→정개)으로 바꾸었다(911). 그는 광평성을 중심으로 한 새로운 관제를 마련하고 골품제도를 대신할 새로운 신분 제도를 모색하기도 하였으나, 미륵신앙을 이용하여 전제정치를 도모하다 백성과 신하들의 신망을 잃어 신하들에 의하여 축출되었다(918). ④ 후백제의 신검에 관한 설명이다.

12 정답 ③

고려 시대의 경제

자료는 고려의 경제에 관한 내용이다. 개경, 서경(평양), 동경(경주) 등 대도시에는 관청의 수공업장에서 생산한 물품을 판매하는 서적점, 약점과 술, 차 등을 파는 주점, 다점 등 관영 상점을 두기도 하였다. 고려 시대에는 상업 활동이 활발해지면서 화폐가 발행되었는데 성종 때에는 최초의 화폐로 철전인 건원중보(996)를 만들었으며, 숙종(1095~1105) 때에는 주전도감을 설치하고(1101) 삼한통보, 해동통보(1102), 해동중보 등 동전과 호리병 모양의 활구(은병)라는 은전을 만들었으나, 널리 유통되지 못하였다. ① 고구려는 약탈경제이며, 집집마다 부경이라는 창고를 두었다. ② 통일신라 하대 장보고는 완도에 청해진을 설치하고(828) 해적을 소탕하며 남해와 황해의 해상 무역권을 장악하였다. ④ 조선 후기에는 해외 원산지 작물인 고추와 함께 고구마, 감자 등도 전래되어 구황작물로 재배되었다. ⑤ 조선 전기 세종 때에 일본의 요청으로 3포를 개항하고(1426), 계해약조(1443)를 체결하여 제한된 범위(세견선 50척, 세사미 200두)의 교역이 이루어졌다.

13 정답 ④

고려 태조(918~943)

④ 고려 예종(1105~1122) 때에는 관학 진흥책의 일환으로 국자감을 재정비하여 전문 강좌(7재)를 설치하고, 장학재단(양현고)을 두어 관학의 경제 기반을 강화하였다.

14 정답 ③

고려의 대외관계

(나) 거란의 2차 침입 당시 양규는 흥화진(의주)에서 거란 20만 대군에 맞서 싸워 돌아가게 만들었고, 철병하는 거란군을 급습하여 귀주에서 7전 전승을 거두며 3만명이 넘는 백성을 구하다 전사하였다. (가) 거란의 3차 침입을 막아낸 후 강감찬의 건의로 왕가도를 시켜 개경 주위에 나성을 쌓고 유소가 왕명을 받아 덕종~정종 때에 압록강 하구에서 동해안의 도련포에 이르는 천리장성을 쌓아 국경의 경비를 강화하였다(1033~1044). (라) 12세기 초 윤관의 동북 9성 축조에 관한 자료이다(1107~1109). (다) 이자겸의 난(1126) 이후 묘청을 중심으로 한 세력의 서경 천도 운동(1135)에 관한 내용이다.

15 정답 ②

논산 관촉사 석조미륵보살입상

고려 초기에는 광주 춘궁리 철불 같은 대형 철불이 많이 조성되었다. 논산 관촉사 석조미륵보살 입상이나 안동 이천동 석불처럼 사람이 많이 다니는 길목에 지역 특색이 잘 드러난 거대한 불상도 조성되었다. 충남 논산 은진면에 소재한 관촉사 석조 미륵보살 입상(국보 323호)은 968년(광종 19)에 조성된 것으로 추정되는 고려시대 최대의 석불입상으로 유난히 머리 크고 불균형하지만 독특한 매력을 보여준다. ① 백제 서산 용현리 마애삼존불(국보 84호) ③ 통일신라 합천 치인리 마애불 입상(보물 222호) ④ 고려 파주 용미리 석불 입상(보물 93호) ⑤ 신라 경주 배동 삼존여래 입상(배리 석불 입상, 보물 63호)

16 정답 ③

고려시대 몽골과의 항쟁

징기스칸에 의해 통합된 몽골은 금을 공격하고 북중국과 만주를 침공하는 과정에서 김취려가 이끄는 고려, 몽골, 동진국이 연합하여 거란 유민 세력을 격퇴하면서 고려는 몽골과 첫 접촉을 하게 되었다(1218, 강동의 역). 이후 여몽 협약 체결과 이에 따른 무리한 조공 문제가 발생하여 결국 저고여 피살사건(1225)을 계기로 고려와 몽골과의 40년 전쟁이 시작되었다. ③ 고려 말 최무선은 화약 제조법을 터득하고 화통도감 설치를 건의하여 화약과 화포를 이용하여 진포 싸움에서 왜구를 크게 무찔렀다(1380).

17 정답 ④

승정원

조선의 중앙 관부는 국정을 총괄하는 의정부와 그 아래에 왕의 명령을 집행하는 행정 기관인 6조를 중심으로 편성되었다. 3정승의 재상 등이 합의하여 국정을 총괄하는 의정부 아래에 이·호·예·병·형·공조로 구성된 6조는 속사와 속아문을 두고 지휘 감독을 하였다. 사헌부, 사간원, 홍문관, 의금부(고려 말의 순군부를 개편), 왕의 비서기관으로 왕명을 출납하는 승정원(도승지 이하 6승지가 6조를 분담), 수도 서울의 행정과 치안을 담당하는 한성부, 역사서 편찬과 보관을 담당하는 춘추관, 최고 교육 기관인 성균관 등이 있었다. ② 고려의 삼사는 언론의 기능을 하는 조선의 삼사와는 달리, 화폐와 곡식의 출납에 대한 회계를 맡았다. ⑤ 예조의 속아문인 사역원은 사신들의 통역과 중국어, 일본어, 여진어 등의 교육을 담당하였다.

18 정답 ②

삼국유사(1281)와 제왕운기(1287) 편찬 이후 사실

무신정변 이후의 사회적 혼란과 몽골 침략의 위기를 겪은 후에는 민족적 자주 의식을 바탕으로 전통 문화를 올바르게 이해하려는 경향이 대두하였다. ① 고려 광종은 중국 후주 출신 귀화인 쌍기의 건의를 받아들여 유학을 익힌 신진 인사를 등용하고 신구 세력의 교체를 도모하기 위하여 과거제도를 처음 시행하였다(958). ② 고려 말 충선왕은 원의 연경에 만권당을 세우고(1314) 이제현 등의 성리학자들을 원의 학자들과 교류하게 하면서 성리학에 대한 이해를 심화하였다. ③ 고려 중기 문종 때의 지공거 출신 대유학자인 최충(984~1068)은 9재 학당을 설립하여 후진을 양성하였다. ④ 무신정권기(정중부 집권 시기)인 명종 때에 무거운 조세 부담에 시달리던 공주 명학소의 주민들이 망이, 망소이 형제를 중심으로 봉기하였다(1176). 이들은 한때 충청도 일대를 점령했으며, 개경까지 공격하려고 하였다. ⑤ 고려 중기 종파적 분열상을 보인 불교계에 문종의 아들인 의천(1055~1101)은 교단 통합 운동을 펼쳤다. 그는 흥왕사를 근거지로 삼아 화엄종을 중심으로 교종을 통합하려 하였으며, 또 선종을 통합하기 위하여 국청사를 창건하여 (해동)천태종을 창시하였다.

19 정답 ④

개성의 역사

고려의 도읍지는 송악(개성)이다. 이 곳의 건축은 궁궐과 사원이 중심이었는데, 남아 있는 것이 거의 없다. 개성 만월대 터는 경사진 면에 축대를 높이 쌓고 건물을 계단식으로 배치하였기 때문에 건물이 층층으로 나타나 웅장하게 보였을 것이다. 개성의 북산인 송악산은 최충헌의 사노인 만적이 노비들을 규합한 곳으로 "왕후장상이 어찌 종자가 따로 있으랴?" 라고 부르짖으며 신분 해방 운동을 시도하였으나 사전에 발각되어 실패하였다(1198). 개성 선죽교는 고려 말 대표적인 성리학자이자 신진 사대부 중 온건파를 이끌던 정몽주(동방 이학의 원조)는 급진파(혁명파)와 대립하다 이방원(태종)에 의해 죽임(1392)을 당한 곳(선죽교)으로 유명하다. 개성의 상인을 송상이라 하는데, 이들은 송방이라는 지점을 설치하고 인삼을 재배·판매하였으며, 조선 후기에는 대외 무역에도 종사하여 부를 축적하였다. 2000년 6·15 남북공동선언의 후속 조치로 개성공단이 건설(2000년 합의, 2004년 입주)되어 한 때 남북 간 경제 교류의 중심이 되었다(현재 중단). ① 병자호란(1636) 때에 인조와 소현세자는 남한산성에, 그 외 비빈과 원손·대군들은 강화도로 피난하였다. ② 서울 덕수궁 석조전에서 미소공동위원회(1946~1947)가 개최되었다. ③ 독일 상인 오페르트는 흥선 대원군의 부친 남연군(충남 예산군 덕산면 소재)의 무덤을 도굴하려다가 실패하고 달아났다(1868). ⑤ 청주 흥덕사에서 현존 최고(最古)의 금속활자인 '직지심체요절' 간행되었다(1377).

20 정답 ④

자주적 역법서 칠정산

조선 세종 대(1418~1450)에는 과학기술의 획기적 발전이 있었다. 농사직설(1429, 정초, 변효문), 천체 관측기구로 혼의(혼천의)와 간의(간소화 된 혼천의, 각도기), 물시계인 자격루, 해시계인 앙부일구, 세계 최초의 측우기, 역법(달력)으로는 이순지, 김담 등에 의해 편찬된 칠정산(1442)은 중국의 수시력과 아라비아의 회회력을 참고(칠정산 외편)로 하여 서울을 기준으로 천체 운동을 정확하게 계산한 것이다(칠정산 내편). 금속활자로 태종대의 계미자(1403)를 이어 경자자(1420)를 만들었고, 종전의 밀랍으로 활자를 고정시키는 방법을 대체하여 밀랍 대신 식자판을 조립하는 방법을 창안하여 종전보다 두 배 정도의 인쇄 능률을 올렸다(갑인자, 1434). 의학에서도 우리 풍토에 알맞은 약재와 치료 방법을 개발, 정리하여 향약집성방(1433)을 편찬하고, 의방유취(1445)라는 의학백과사전을 간행하였다. ①, ③은 조선 후기 정조 대에 정약용(1762~1836) ② 조선 후

기 영조 대에 정상기(1678~1752)의 '동국지도(1740)' ⑤ 19세기 말 고종 대에 이제마의 「동의수세보원(1894)」이다.

21 정답 ②

조선 시대 수령과 향리

(가)는 조선시대 수령, (나)는 수령을 보좌하는 향리에 대한 내용이다. ① 군현에서 향리들을 임용할 때에는 반드시 이족(吏族) 명부인 단안(壇案)의 등재자 중에서 임용하여야 했다. ③ 수령을 지휘, 감독하고 백성의 생활을 살피기 위하여 전국 8도에 관찰사(감사, 도백)를 파견하였다. ④ 노비에 관련된 문제를 처리하는 기관은 장례원(掌隷院)이다. ⑤ 수령은 보통 문·무과 급제자 중에서 임용되었고, 향리 임용은 과거와는 무관하며, 잡과는 기술관을 뽑는 것이다.

22 정답 ②

조선 중기의 사화(士禍)

조선 중기 대표적인 4대 사화는 무오사화(1498) - 갑자사화(1504) - 기묘사화(1519) - 을사사화(1545)이다. (가)는 갑자사화의 원인이 된 연산군의 어머니 윤씨 폐출에 관한 내용이며, (나)는 명종 때 왕위계승문제로 일어난 을사사화에 관한 내용이다. ① 조선 태조의 5째 아들인 이방원(태종)은 정도전과 그가 후원하던 배다른 형제로 세자이던 방석(7남)을 제거하는 1차 왕자의 난(1398)을 일으키며 실권을 장악하였다. ③ 광해군과 북인 정권이 영창대군을 죽이고 인목대비를 유폐시키는 등 유교 윤리에 어긋나는 정치를 펼치자 이귀, 김류 등의 서인들은 반정을 일으켜 광해군을 폐위시키고 능양군(인조)을 왕으로 옹립하였다(1623). ④ 세조 때에 성삼문, 박팽년 등의 집현전 학사 출신들이 중심이 되어 상왕 단종의 복위를 꾀하다가 발각되어 처형당하였다(1456) ⑤ 선조 대에 이조 전랑의 임명 문제(김효원과 심충겸)와 공론을 둘러싸고 사림이 동인과 서인으로 분열되었다(1575).

23 정답 ④

성균관

조선은 고려의 교육제도를 이어받아 서울에 국립 교육 기관인 성균관을 두었다. 이는 최고 학부의 구실을 하였으며 문묘에서 성현에 대한 제사를 지내기도 하였다. ① 좌수와 별감은 사족들이 향촌 자치를 위하여 설치한 기구인 유향소(향청)의 구성원이다. ②,⑤ 서원, ③ 향교에 대한 설명이다.

24 정답 ①

북벌을 주도한 효종의 업적

인조(1623~1649) 때에 정묘(1627), 병자(1636) 두 차례의 호란으로 큰 피해를 입은 조선은 정부나 백성 모두가 청에 대한 적대 감정과 복수심에 불탔다. 이에 청을 쳐서 원수를 갚아야 한다는 북벌론이 효종 대에 어영청을 중심으로 일어났다. 이 무렵, 만주 북부의 헤이룽 강 부근에 러시아가 침략해 오자, 청은 이를 물리치기 위해 조선에 원병을 요청하였다. 이에 조선은 두 차례(1654, 1658)에 걸쳐 조총 부대를 출병시켜 큰 전과를 올렸다. 이를 나선 정벌이라고 한다. ② 정조(1776~1800) 때의 국왕 친위 부대이다. ③ 조선 숙종(1674~1720) 때에 간도지역을 놓고 청과 국경 분쟁이 일어나자, 조선과 청의 두 나라 대표가 백두산 일대를 답사하고 압록강과 토문강을 국경 경계로 하는 백두산 정계비를 세웠다(1712). ④ 영조(1724~1776) 때에 국가적 사업으로 홍봉한 등을 시켜「동국문헌비고」(1770)가 편찬되었는데, 이 책은 우리나라의 역대 문물을 정리한 한국학 백과사전이다. ⑤ 광해군(1608~1623) 때에 허준이 「동의보감」(1610)을 펴내 전통의학을 집대성하였다.

25 정답 ⑤

경신환국(1680) 이후 역사적 사실

숙종(1674~1720)은 인사 관리를 통하여 세력 균형을 유지하려는 탕평론을 제시하였다. 그러나 실제로는 상황에 따라 한 당파를 일거에 내몰고 상대 당파에게 정권을 모두 위임하는 편당적인 인사 관리로 일관하여 서인과 남인 사이에 환국이 일어나는 빌미를 제공하기도 하였다(일당 전제화).

-경신환국(1680) : 남인과 가까운 숙종의 당숙들인 삼복의 옥과 유악(기름먹인 장막) 사건을 빌미로(허견의 역모) 서인이 남인(허적, 윤휴 등)을 몰아내고 집권한 후 남인에 대한 처벌을 놓고 서인은 노론(강경론), 소론(온건론)으로 분화되었다.

-기사환국(1689) : 원자(장희빈 소생)를 정하는 과정에서 이를 지지하는 남인들이 반대하는 서인들을 몰아내고 집권한 후 인현왕후가 폐위되고 서인(노론)의 영수 송시열 등이 사사되었다.

-갑술환국(1694) : 인현왕후(서인 옹호) 복위와 중전 장씨의 희빈 강등이후 남인이 쫓겨나고 서인(노론, 소론)이 재집권한 사건이다. ① 현종 대(1659~1674) 효종과 효종비의 국상에서 자의대비(인조의 계비)의 복상 기간을 놓고 서인과 남인간에 일어난 기해(1659), 갑인(1674)의 2차례에 걸친 예송논쟁이다. ② 선조 때에 기축옥사(1589~1591) 즉, 정여립 모반 사건으로 동인들이 연루되고 정철 등 서인이 집권하였다. ③ 인조반정(1623) 과정에서 공이 큰 이괄이 2등 공신으로 책봉된 것에 대한 반발로 일어난 이괄의 난(1624)에 대한 내용이다. ④ 임진왜란이 끝난 뒤 북인이 집권하여 광해군 때까지 정국을 주도하였다. 북인은 서인과 남인 등을 배제한 채 정권을 독점하려 하였고, 결국 서인이 주도한 인조반정에 의해 몰락하였다(1623).

26 정답 ⑤

대동법

자료는 임진왜란을 겪으면서 정부의 재정 상태가 더욱 악화되어 가자 공납(방납)의 폐단을 개선하고 부족한 국가 재정을 보완하기 위한 개혁론이 제기되어 실시된 대동법에 대한 내용이다. 대동법은 광해군 때에 경기도에서 시험적으로 시행되고(1608, 이원익의 건의), 숙종 때인 1708년 전국적인 시행을 보게 되었다(평안도, 함경도, 제주도 제외). ① 흥선 대원군은 호포법을 실시하여 종래 상민에게만 거둬들이던 군포를 양반에게도 징수하였다(1871). ② 고종은 대한제국의 조세 수입을 늘리고 근대적인 토지 소유권을 확립하기 위해 양지아문(1898)을 설치하여 양전사업을 하고, 지계아문(1901)을 통하여 근대적 토지 소유문건인 지계를 발급하였다. ③ 조선 전기 세종 때에 공법(1444)을 마련하여 전세를 토지 비옥도와 풍흉의 정도에 따라 각각 전분 6등법과 연분 9등법으로 바꾸고, 1결당 최고 20두에서 최하 4두를 내도록 하였다. ④ 영조 때에 군역의 개혁으로 균역법이 시행되었다(1750). 이로부터 농민은 1년에 군포 1필만 부담하면 되었으며 감소된 재정은 지주에게 결작이라고 하여 토지 1결당 미곡 2두를 부담시키고, 일부 상류층에게 선무군관이라는 칭호를 주고 군포 1필을 납부하게 하였으며, 어장세, 선박세 등 잡세 수입으로 보충하게 하였다.

27 정답 ①

홍대용

홍대용은 청에 왕래하면서(기행문「담헌연기」) 얻은 경험을 토대로 기술의 혁신과 문벌제도의 철폐, 그리고 성리학의 극복이 부국강병의 근본이라고 강조하였으며, 중국이 세계의 중심이라는 생각(화이관)을 비판하였다. 특히「의산문답」에서 북경 여행을 배경으로 의무려산에 숨어사는 실옹(實翁)과 조선의 학자 허자(虛子) 사이에 대화체로 지금까지 믿어 온 고정 관념을 상대주의 논법으로 비판하였다. 이 책에서 그는 지구의 1일 1주회전설과 지구가 우주의 중심이 아니라는 우주 무한론을 주장하고, 인간은 다른 생명체보다 우월하지 않다는 것, 다른 별들에도 우주인이 있을 수 있다는 것 등 파격적 우주관을 제시하였다. ② 조선 정조 때에 유득공(1748~1807) ③ 서·화에 능한 김정희(1786~1856) ④ 정조 때에 서얼 출신으로 규장각 검서관에 등용된 사람은 유득공, 이덕무, 박제가, 서이수 등이다. ⑤ 정조 때의 정약용(1762~1836)의 주장이다.

28 정답 ④

천주교

자료는 천주교에 관한 내용으로 이는 17세기 청의 북경 천주당을 방문한 우리나라 사신들에 의하여 서학으로 소개되었다. ① 대종교에 대한 설명이다. ② 초제는 도교 의식의 하나로 고려에서 조선 전기에는 궁중에서 성행하였으며 조선에서는 소격서가 이를 주관하였다. ③,⑤ 민족 종교인 동학은 1860년에 경주 잔반 출신인 최제우가 유·불·선을 바탕으로 민간 신앙을 포함하여 창도하였다.

29 정답 ③

조선 후기의 경제

조선 후기에는 농업, 수공업, 광업, 상업, 대외교역 등 모든 산업이 발달하였다. 특히, 상공업이 발달함에 따라 교환의 매개로서 금속 화폐, 즉 동전이 자연스럽게 전국적으로 유통되었는데 숙종 때에 허적 등의 건의로 주조된 상평통보(1678)가 전국적으로 유통되어 누구나 상평통보만 가지면 물건을 살 수 있었다. 그러나, 이 시기에 동전은 교환 수단일 뿐 아니라 재산 축적의 수단이기도 하였다. 동전의 발행량이 상당히 늘어났는데도 지주나 대상인들이 화폐를 고리대나 재산 축적에 이용하여 동전이 유통되지 않아 시중에서는 동전 부족 현상이 나타나기도 하였다(전황). ③ 조선 초기 과전법 하에서는 죽은 관료의 미망인과 어린 유가족들이 생계를 유지할 수 있도록 하기 위하여 받았던 토지 중 일부를 수신전, 휼양전 등으로 다시 지급하여 세습이 가능하였다.

30 정답 ⑤

진주민란(1862)

세도정치(1800~1863) 시기 농민봉기는 철종 때에 가장 심하여 삼남 지방을 중심으로 북으로는 함흥, 남으로는 제주도까지 확대 되었다(1862년 임술농민봉기). 이 때 진주에서 일어난 농민봉기(1862)는 경상 우병사 백낙신과 향리들의 환곡 전횡에 견디다 못한 농민들이 몰락한 양반 출신인 유계춘 등을 중심으로 일으킨 것이었다. 이 시기의 농민봉기는 대개 삼정의 문란으로 인해 일어났으며, 그 규모나 양상도 비슷하였다. 특히 환곡의 폐단이 심하였고 처음에는 관청에 호소하다가, 그것이 받아들여지지 않자 봉기한 것이다. 안핵사로 파견된 박규수는 민란의 원인이 삼정문란에 있다고 보고 그 수습책을 삼정이정에서 찾아 삼정이정청(1862)이 설립되었으나 근본적인 해결이 못되었다. ① 청에 의해 진압이 된 정치적 격변은 임오군란(1882. 6)과 갑신정변(1884. 10)이다. ② 동학은 진주민란 전인 1860년에 경주 출신의 몰락 양반인 최제우가 창시하였다. ③ 이괄의 난(1624) 때에 도성이 함락되고 인조는 공산성(공주)으로 피난가기 까지도 하였다. ④ 동학농민운동 2차 봉기(1894.9) 때에는 남접(전봉준:전라도)과 북접(손병희:충청도)의 농민군이 연합부대를 형성하고(11월 초, 논산에 대본영 설치), 외세를 몰아내기 위하여 서울로 진격하였으나 관군과 민보군 및 우세한 무기로 무장한 일본군에게 12월 공주 우금치에서 패하고, 지도부가 체포된 후 이 운동은 실패로 끝났다.

31 정답 ③

통리기무아문(1880)

강화도 조약(1876) 이후 고종은 동도서기론의 입장에서 개화정책을 추진하였다. 개화정책을 총괄하는 기구로 통리기무아문을 설치하고(1880. 12) 그 아래에 12사를 두어 외교, 통상, 재정, 군사 등의 업무를 맡게 하였다. 또한, 군사력 강화를 위해 종래의 5군영을 무위영과 장어영의 2영으로 통합 개편하는 한편 신식군대인 별기군을 신설하였다(1881). 그러나, 1882년 6월에 발발한 임오군란 때에 흥선 대원군이 일시 집권하면서 별기군과 함께 폐지되었다. ①,⑤ 2차 갑오개혁(1894. 12~1895. 7)의 내용이다. ② 1898년 1월 황실과 미국인 콜브란의 합작으로 세워진 한성전기회사는 발전소를 세우고 서울에 전등과 전차를 가설하였다. ④ 흥선 대원군은 경복궁 중건을 위해 상평통보 100배 가치인 당백전을 금위영에서 발행케 하여 물가상승을 야기하였다(1866).

32 정답 ⑤

근현대 주요 인물의 업적

(가) 최익현(1833~1906)은 위정척사의 상징적 인물로 강화도 조약(1876)으로 개항을 할 때에 지부복궐 상소와 단발령(1896) 때에 "내 목을 자를지언정 머리는 자를 수 없다"며 격렬하게 반대하였다. 1905년 을사늑약이 체결되자 항일의병운동의 전개를 촉구하며 전북 태인에서 의병을 일으켰나, 순창에서 패하여 쓰시마 섬에 유배되어 단식 순국하였다. (나) 김옥균(1851~1894)은 박영효, 서재필 등과 함께 입헌군주제의 근대국가를 수립하려는 갑신정변(1884)을 일으켰으나 실패하고 일본으로 망명하였다가 상해에서 홍종우에게 암살당하였다. (다) 전봉준(1855~1895)은 반봉건 반침략을 기치로 동학농민운동(1894)을 주도하였다가공주 우금치에서 정부군과 일본군과 맞서 싸웠으나 패하여 보은으로 밀려났다가 북실 전투에서 패배함으로써 실패로 끝났다. (라) 김홍집(1842~1896)은 온건 개화파 인물로 1차 갑오개혁(1894. 7~12)에서 군국기무처의 총재로 개혁을 주도하였다. 을미개혁때에는 을미사변과 단발령으로 민중의 분노를 사 아관파천으로 실각하며 피살되었다. (마) 홍범도(1868~1943)는 구한말 평민 포수 출신 항일 의병장으로 일제 치하 대한독립군을 이끌며 봉오동 전투(1920. 6)에서 일본군 150여 명을 사살하였고, 청산리 전투(1920. 10)에서는 김좌진이 이끄는 북로군정서군 등과 함께 일본군 1,200여 명을 사살하는 항일무장투쟁 최대의 전과를 올렸다.

33 정답 ④

을미사변(1895. 8)

제시된 자료는 삼국간섭(1895. 4) 이후 민비가 러시아와 연결하여 일본을 견제하려 하자, 일본은 경복궁 건청궁에 난입하여 을미사변을 일으키고 김홍집 제4차 친일 내각에 의해 을미개혁을 추진하였다(1895. 8~1896. 2).

34 정답 ①

광무개혁(1897~1904)

아관파천(1896. 2) 이후 열강의 침탈이 더욱 심해지는 가운데 고종의 환궁을 요구하며, 고종을 황제로 높여야 한다는 여론이 커지자 고종은 1년 만에 러시아 공사관에서 경운궁으로 돌아왔다(1897. 2). 환궁 후 고종은 연호를 광무라 고친 후 환구단을 쌓아 황제 즉위식을 하고 국호를 대한국이라 선포하였다(1897. 10). 1899년에는 헌법이라 할 수 있는 '대한국 국제'를 제정하여 황제가 군대통수권, 입법권, 행정권 등 모든 권한을 장악한 전제 군주임을 강조하였다. 또한, 구본신참(舊本新參)의 원칙 아래 점진적인 개혁을 추진하였으며, 우리 영토에 대한 지배권을 강화하기 위해 간도에 이미 수십만 명의 한민족이 거주하는 것을 감안하여 북변도 관리를 설치하고(관리사 이범윤) 간도를 함경도의 행정구역으로 편입시켰으며(1902), 울릉도와 독도의 중요성을 인식하여 대한제국 칙령 41호를 통해 울릉도를 군으로 승격시켜 독도도 관할하게 하면서 우리의 영토임을 분명히 밝혔다(1900. 10. 25). ② 개항 후 정부는 청에 김윤식을 영선사로 하여 젊은 학생과 기술자들을 파견하여 근대무기 제조 기법과 군사 훈련법을 배우게 하였다(1881. 9). ③ 을미개혁(1895. 8~1896. 2) 때에 '건양'이라는 연호를 사용하고, 태양력을 사용하였다. ④,⑤ 1차 갑오개혁(1894. 7~12) 때에 6조를 8아문으로 개편하고, 공사(公私) 노비법과 과거제도를 폐지하였다.

35 정답 ③

대한매일신보(1904~1910)

대한매일신보는 1904년 2월 영국인 베델이 양기탁 등 민족 진영 인사들의 도움을 받아 창간된 신문으로 한·영문 합판으로 구성되었다. 국채보상운동을 주도하였으며, 항일의병 보도를 가장 많이 한 대표적인 항일언론이었으나, 국권 피탈이후 조선총독부 기관지로 되면서 제호도 "매일신보"로 바뀌었다. ① 천도교의 기관지는 만세보(1906~1907)이다. ②,⑤ 개항 후 정부는 박문국을 설치하고 최초의 신문인 한성순보(1883)를 발간하였다. 순한문을 사용한 이 신문은 10일 마다 발행되었으며(旬報) 정부 관보의 성격을 띠었다. 갑신정변(1884. 10) 실패로 폐간된 이후 온건개화파 주도 아래 한성주보(1886. 1~1888. 7)로 재탄생하였는데 이때 최초의 상업광고인 세창양행 광고를 게재하였다. ④ 1920년 창간된 동아일보는 1931년부터 '브나로드 운동'이란 이름을 내세워 농촌계몽운동을 전개했는데, 여름 방학을 맞이한 학생들을 모아 행사를 기획하고 교재를 공급하였다.

36 정답 ④

국권 피탈 과정

(가)는 한일의정서(1904. 2)의 내용이며, (나)는 한일신협약(1907. 7)의 내용이다. ① 안중근(1879~1910)은 우리나라 침략에 앞장섰던 을사늑약의 원흉 이토 히로부미를 하얼빈에서 사살하였다(1909. 10). ② 일제의 남한대토벌 작전은 1909년의 사실이다. ③ 동학농민운동 당시 텐진조약에 의거해 출동한 일본은 조선 정부의 철병 요구를 무시하고 경복궁을 점령하였다(1894. 7). ⑤ 갑신정변(1884. 10) 후 러시아의 남하를 견제하기 영국은 전남 남해안의 거문도를 3년간 불법 점령하였다(1885~1887).

37 정답 ⑤

해외의 독립운동

(가) 북간도 : 19세기 후반 이후로 우리 민족이 가장 많이 이주한 간도지역에서 동포들은 황무지를 개간하고 벼농사를 지었다. 북간도의 용정촌, 명동촌 등 많은 한인 집단촌이 형성되어 이를 중심으로 애국지사들은 간민회 등 자치단체와 서전서숙(이상설), 명동학교(김약연) 등 민족 학교를 세웠다. 특히 북간도로 거점을 옮긴 대종교에서도 중광단이란 무장 독립 단체를 만들고 사관 양성소를 세워 독립군을 양성하였다. 중광단은 3·1운동 이후 북로군정서로 발전하였다.

(나) 서간도(또는 남만주) : 신민회 회원들이 독립군 양성의 필요성을 인식하고 이회영, 이상룡 등이 중심이 되어 삼원보에 민족 운동 단체인 경학사를 조직하고 신흥 강습소(후일 신흥무관학교)와 같은 군사 간부 양성소를 설치하였다(1911). 경학사는 후일 부민단, 한족회로 발전하면서 독립군(서로군정서)을 조직하였다.

(다) 상해 : 1918년 여운형, 김규식의 주도하에 신한청년단이 결성되었고, 이듬해 상해임시정부 수립의 모체가 되었다. 또한 신한청년단 소속의 김규식은 파리강화회의(1919)에 참석하여 독립청원서를 제출하였다.

(라) 미주 : 1903년 하와이 사탕수수 농장 노동 이민으로 시작된 미주 지역의 교민들은 여러 단체와 학교, 교회 등을 세웠다. 1908년 장인환·전명운의 스티븐스 저격 의거를 계기로 샌프란시스코에서 대한인국민회(1910)로 통합되었으며, 1914년 박용만은 하와이에서 '대조선 국민군단'을 결성하여 무장투쟁을 준비하기도 하였고, 멕시코에서도 숭무학교를 세우며 무장투쟁을 준비하였다.

(마) 연해주 : 1860년 이후 많은 동포들이 이주해 살고 있던 노령 연해주 블라디보스토크에서는 1910년 유인석, 이범윤 등이 중심이 되어 13도의군과 성명회가 설립되었고, 1911년에는 독립운동 기지인 신한촌과 이를 기반으로 자치조직인 권업회가 설립되어 독립운동의 경제기반을 마련하고 권업신문 발행과 학교 및 도서관을 설치하였으며, 군정기관으로 1914년 대한광복군정부가 설립되어 이상설과 이동휘를 정·부통령으로 선임하며 군사활동을 준비하였다. 러시아혁명(1917) 직후 전로한족회 중앙총회가 결성되어 3·1 운동에 호응하고 임시정부 형태의 대한국민의회(1919.3)로 발전하였다.

④ 일본 : 유학, 취업 등이 목적으로 이주하였으며, 1919년 동경에서 조선청년독립단 주도로 2·8 독립선언이 발표되어 3·1 운동에 영향을 주었다.

38 정답 ④

3·1 운동(1919)

일제의 무단통치로 세력이 크게 위축되었던 민족지도자들은 제1차 세계대전 종전과 함께 제창된 윌슨의 민족자결주의와 도쿄에서 일어난 2·8 독립선언에 고무되어 민족대표 33인의 이름으로 독립선언서를 발표하고, 국내외에 독립을 선언하였다(1919. 3. 1). 이는 우리 민족에게 독립의 희망과 자신감을 가지게 하고, 국내외에 민족의 주체성을 확인하는 계기가 되어 대한민국 임시정부의 수립과 중국의 5·4 운동, 인도의 반영 운동 등에 큰 자극이 되었다. 또한 일제의 통치방식을 기만적이긴 하지만 유화적인 문화통치로 바꾸게 하였다. ①,② 사회주의자와 학생(조선학생과학연구회)들이 중심이 되어 순종의 인산일을 기회로 계획된 만세시위 운동은 사회주의자측의 계획이 사전에 발각되었음에도 학생 단체들을 중심으로 진행되었다(1926년 6·10 만세운동) ③ 1920년대에 백정들은 일제 하에서도 여전히 지속되는 사회적 차별을 스스로 철폐하기 위하여 이학찬이 진주에서 1923년 조선 형평사를 결성하고 형평운동을 전개하였다. ⑤ 대구에서 조선국권회복단(1915)을 조직한 박상진은 채기중의 풍기광복단(1913)과 합작하여 '대한광복회'를 조직하고 총사령으로 취임하여, 공화정체를 목표로 하여 친일파를 처단하고 군자금을 모아 만주에서 군사활동을 준비하였다.

39 정답 ②

신간회(1927~1931)

1920년대 중반 비타협적인 민족주의 세력은 타협론자들의 자치 운동을 경계하며, 사회주의 세력과 연대하여 이를 저지하려 하였다. 치안유지법(1925)으로 탄압받는 사회주의 세력도 1926년 '정우회 선언'을 발표하여 이에 호응하여 결국, 비타협적 민족주의자와 사회주의자들은 이념과 노선의 차이를 뛰어넘어 민족협동전선(민족유일당)을 결성하기로 의견을 모아 합법적 단체인 신간회가 창립되었다(1927, 회장 이상재). 신간회는 1929년 11월 광주 학생 항일 운동이 일어나자 현지에 조사단을 파견하고, 조사 결과를 발표할 민중 대회를 준비하였으나 경찰의 탄압으로 좌절되었다. ① 김원봉이 1919년 결성한 의열단에 대한 내용이다. ③ 정인보, 문일평, 안재홍 등 비타협적 민족주의 역사학자들은 다산 서거 100주년을 기념으로 한 1934년~1938년 「여유당전서」 간행을 계기로 조선학 운동을 전개하였다. ④ 임정의 여당인 한국독립당은 1941년 11월 대한민국 임시정부의 국무위원을 통해 삼균주의에 입각한 '대한민국 건국 강령'을 발표하였다. ⑤ 애국계몽운동의 일환으로 신민회 회원인 이승훈은 평북 정주에서 오산학교(1907)를, 안창호는 평양에서 대성학교(1908)를 설립하였다.

40 정답 ②

1920년대 일제의 문화통치

① 조선 태형령(1912)은 조선인에게만 적용되는 야만적인 형벌로 1920년 폐지되었다. ③ 토지조사령은 1912년 제정되어 토지조사사업의 법적 근거가 되었다. ④ 1910년 일제는 헌병 경찰제도(헌병 사령관이 치안을 총괄하는 경무총감에 임명)를 실시하였고, 전국 곳곳에 배치된 헌병과 경찰은 한국인의 모든 일상생활에 관여하였다. ⑤ 1910년 회사령이 제정되어 기업 설립이 총독의 허가로만 가능하였다.

41 정답 ②

천도교와 대종교

(가)는 1894년 동학농민운동의 실패 후 이용구 등 일부 동학 교도들이 일진회를 조직하여 친일 활동을 하자 손병희는 동학을 천도교로 개칭하여 동학의 전통을 계승하였다(1905). 1919년 3·1 운동 때에는 손병희, 최린 등이 민족 대표로 적극 참여하였으며, 1922년 3월 1일 제2의 3·1 운동을 계획하여 '자주독립선언문'을 발표하기도 하였다. 문화적으로는 만세보를 창간하였으며(1906), 또한 개벽사를 설립하여 개벽, 신여성, 어린이, 학생 등의 잡지를 간행하며 문화와 계몽 운동을 전개하였고, 방정환이 활약한 천도교 소년회에서는 1923년 5월 1일 '어린이날'을 제정하고, '어린이'라는 잡지를 간행하였다. (나)는 을사 5적을 처단하기 위한 자신회(1907)를 이끌던 나철, 오기호 등은 1909년 단군 신앙을 받드는 대종교를 창시하였다. 대종교는 국권 피탈 후 교단을 만주로 옮기고 민족 학교의 설립과 함께 서일 등이 중광단(1911)을 결성하였고, 중광단은 1919년 3·1 운동 이후 북로 군정서로 개편되어 적극적인 항일 무장 투쟁을 전개하였다. ① 북간도 지역의 항일 무장단체인 의민단(1919)을 조직한 종교단체는 천주교이다. ③ 경향신문은 본래 1906년 10월 천주교에서 애국계몽운동의 일환으로 서울에서 발간한 순한글판 주간신문이었다. ④ 미국 개신교 감리교 선교사 아펜젤러는 배재학당(1885)을 세워 신학문 보급에 힘썼다.

42 정답 ③

한인애국단(1931)

김구는 1931년 10월 상해에서 '한인애국단'을 결성하여 적극적인 의열 투쟁을 전개하였다. 그 중 대표적인 것이 이봉창이 도쿄에서 일왕 행렬에게 폭탄을 투척한 사건(1932. 1)과 홍커우 공원에서 있었던 윤봉길의 폭탄 투척이었다(1932. 4). 특히, 윤봉길 의거는 중국인들에게 큰 감명을 주어 중국 국민당 정부가 대한민국 임시정부를 인정하는 계기가 되었으며, 이는 차후 한국광복군 탄생의 바탕이 되었다. ① 1930년대 초 남만주 지역에서 조선 혁명군은 양세봉의 지휘 아래 중국 의용군과 연합하여 영릉가 전투와 흥경성 전투에서 일본군을 크게 물리쳤다. ② 임정 산하 한국광복군은 연합군과 공동으로 인도·미얀마 전선에 참전하였다(1943). ④ 임병찬이 1912년 조직한 독립의군부는 고종의 밀지에 따라 의병을 모으고, 총독부에 국권반환요구서를 제출하며 대한제국을 재건하고자 하는 복벽주의를 추구하다 발각되어 해체되었다(1916). ⑤ 의열단을 이끌던 김원봉은 개인 의거 활동의 한계를 느끼고 1925년 몸소 중국 황포군관학교에 입교하여 군사훈련을 받은 후 조선혁명간부학교(1932)를 세워 조선인 군사 간부를 양성하였다.

43 정답 ⑤

사회 경제사학자 백남운

1930년대 백남운(1894~1979)에 의해 사회 경제사학이 대두되었다. 그는「조선사회경제사」와 「조선봉건사회경제사」에서 마르크스의 유물사관을 바탕으로 한국사가 세계사의 보편적 발전 법칙에 입각하여 발전하였음을 강조하면서 식민주의 사관의 정체성 이론을 반박하였다. ① 최남선(1890~1957)과 이병도(1896~1989) 등이 조선사편수회에 촉탁으로 참여한 전력이 있다. ② 한국 학자들이 1934년 세운 국학 연구 단체인 진단학회(이병도, 손진태 등)를 중심으로 실증주의 사학이 발달하였다. ③ 「한국독립운동지혈사」는 민족주의 사학자 백암 박은식의 저서이다. ④ 대한민국 임시정부는 산하에 안창호·이광수·김병조 등을 중심으로 1919년 임시사료편찬회를 구성하고 「한일관계사료집」을 편찬하였다.

44 정답 ⑤

'일장기 말소 사건'(1936) 이후의 역사적 사실

이 사건은 1936년 동아일보가 베를린올림픽 대회 마라톤에서 우승한 손기정 선수의 사진에서 일장기를 지움으로써 일어난 일제의 민족 언론 탄압 사건이다. ① 일제는 일부 한국인들을 회유하기 위해 1924년 경성제국대학을 설립하였다. ② 1920년대 들어서 사회주의 운동의 영향으로 식민지 현실의 계급 모순을 적극 비판하는 프로 문학(신경향파)이 등장하여 박영희, 김기진 등이 카프(KAPF)를 결성하였다(1925). ③ 나운규(1902~1937)는 1926년 민족의 비애를 담은 영화 '아리랑'을 발표하였다. ④ 신간회(1927~1931)의 자매단체로 근우회(1927~1931)가 설립되어 여성 계몽활동과 함께 여성 노동자의 권익 옹호에 앞장섰다. ⑤ 1942년 함흥 영생여고 학생의 한국말 대화를 취조하던 일제는 한글 연구단체인 조선어 학회를 배후의 독립운동 단체로 간주하여 장지영, 최현배, 이희승, 이극로 등을 체포하고, 학회를 강제로 해산시켰다. 이 때 이윤재와 한징은 옥사(獄死)하였다.

45 정답 ④

제헌 국회(1948. 5~1950. 5)

1948년 제헌 국회를 구성하기 위한 5·10 총선거는 우리나라 역사상 최초의 민주주의 선거로서 대다수 국민의 참여와 유엔 한국임시위원단의 감시 아래 실시되어 임기 2년의 제헌 국회의원이 선출되었다. 제헌 국회에서는 국호를 '대한민국'으로 정하고, 대한민국 임시 정부의 법통을 계승하고, 대통령을 행정부 수반으로 하는 민주 공화국체제의 헌법을 제정·공포하였다(7. 17). 이에 따라 국회에서 대통령으로 선출된 이승만은 대한민국 정부 수립을 국내외에 선포하였다(1948. 8. 15). 제헌 국회에서는 민족적 과제인 일제의 잔재를 청산하고 민족 정기를 바로잡기 위해 반민족행위 처벌법을 제정하여(1948. 9), 반민특위(1949. 1~8)가 활동하였지만 이승만 정부의 소극적 태도로 친일파 처벌은 좌절되었다. 또한, 토지 개혁을 요구하는 사회적 요구에 따라 농지개혁법을 제정하여(1949. 6) 농지개혁(1950. 3~1957)이 실시되었는데 유상 매수, 유상 분배를 원칙으로 이루어진 농지 개혁으로 인해 소작 제도가 폐지되고 농사를 짓는 사람이 토지를 소유하는 원칙이 수립되었다.① 1960년 4·19 혁명으로 이승만 정권이 무너진 뒤 국회는 1960년 6월 내각책임제와 양원제를 골자로 하는 의원내각제 개헌안을 통과시키고, 7월에는 민의원과 참의원을 선출하는 총선거가 실시되었다. ② 노무현 정부 때에 한미자유무역협정(2007년 일부 분야 한정 체결, 재협상 후 2012년 이명박 정부 때 발효)이 체결되었다. ③ 이승만 정부의 장기집권 야욕으로 초대 대통령에 한해 중임(重任) 제한을 철폐한다는 헌법 개정안이 부결 후 사사오입의 논리로 다시 통과되었다(1954.11). ⑤ 박정희 정권이 1972년 제정한 유신 헌법에서는 국회의원의 1/3을 통일주체국민회의에서 선출하였다(대통령이 추천하는 국회의원을 유신정우회 의원이라고 함).

46 정답 ④

김규식(1881~1950)

호는 우사(尤史)로 미국에서 공부하여 서양문물에 익숙하였다. 1918년 8월 상해에서 신한청년당을 조직하여 파리강화회의 참석하여 독립청원서를 제출하였고(1919. 1), 김원봉과 함께 민족혁명당(1935. 7) 설립에 참여하였으며, 대한민국 임시정부 부주석을 지냈다(1944). 광복 후에는 신탁통치반대운동에 앞장섰으며, 1946년 6월 이승만의 정읍 발언 이후 단정론이 제기되자 중도 좌파 여운형과 함께 중도 우익 세력을 이끌고 좌우 합작운동을 전개하여 미 군정의 지지를 받아 남조선 과도입법의원 의장에 선출되었다(1946. 12). 그러나 좌우합작운동의 실패 후, 좌우합작에 참여하였던 인사들을 중심으로 독점자본주의도 아니고 무산계급 독재사회도 아닌 제3의 길을 채택한 민족자주연맹을 1947년 12월에 결성하고, 1948년 4월 남한의 단독 총선거에 반대하여 김구와 함께 북한으로 건너가 남북협상을 시도하였으나 실패하자 정계를 떠났고 6·25 전쟁 중 납북되어 사망하였다. ① 김원봉(1898~1958)은 의열단(1919)을 이끌었으며, 황포군관학교(1925)에 입교하여 교육받았으며, 정당으로는 조선민족혁명당(1935)을 조직하고 무장부대로는 조선의용대(1938)를 조직하였다. ② 안창호(1878~1938)는 일제시대의 실력양성(무실역행)을 주창한 대표적 독립 운동가로 1907년 양기탁 등과 함께 비밀조직인 신민회 결성을 주도하고 평양에 대성학교를 설립하여 민족교육에 힘썼다. 1911년 신민회가 해산되자, 1913년 미국에서 흥사단을 창설해 인재 양성에 주력했다. ③ 이회영(1867~1932)은 일찍이 신민회 회원으로 동생 이시영 등과 함께 엄청난 재산을 정리하고 남만주(서간도) 삼원보에 독립기지를 개척하고 신흥강습소를 설립하여 독립군 양성에 앞장섰다. ⑤ 여운형(1886~1947)은 1944년 일본의 패전을 예상하고 비밀단체 조선건국동맹을 조직하여 건국을 준비하였고, 광복 직후 조선건국준비위원회로 개편하였다(1945. 8).

47 정답 ②

휴전협정(1953. 7. 27)

1950년 6월 25일 발발한 6·25 전쟁이 1951년 3월 이후 38선 부근(서울~개성)에서 전선이 교착 상태에 빠지자, 6월 소련의 제안에 따라 미·소 양국은 휴전 회담에 합의하였다. 이에 따라 유엔군과 중국군 및 북한군은 1951년 7월부터 정전 회담을 개최하였다. 그러나 이후 전쟁포로 송환문제를 놓고서 포로 자유 의사에 의한 송환원칙(유엔측), 본국으로 강제송환(공산측) 원칙이 맞섰고, 성실하게 교섭하지 않으려는 공산측의 비타협적 태도 때문에 유엔군 사령부는 2회에 걸쳐 총 9개월간이나 회담을 중지하였다(최종적으로 본국 송환거부 포로는 중립국행으로 결정). 또한 전쟁 막판 (1953. 6. 18.)에는 이승만 정부가 반공포로를 일방적으로 석방하는 바람에 회담이 중지되었으나, 유엔측이 한국군이 휴전회담을 준수하겠다는 확약 보장을 함으로써 수습되었다. 결국 1953년 7월 27일 북한, 중공, 유엔(미군) 대표가 판문점에 모여 비무장 지대 설치, 군사 정전 위원회와 쌍방을 제외한 4개국(스위스, 스웨덴, 체코슬로바키아, 폴란드) 중립국 감독 위원회 설치 등을 골자로 한 휴전 협정을 체결하였다. 이후 현 전선을 군사분계선으로 정하고, 분계선에서 남북 각각 2km 지역을 비무장지대로 설치함으로써 남북 분단선인 38선은 휴전선으로 대치되었다. ㉡ 1948년 8월과 9월에 남한과 북한에 정부가 수립됨으로 미국과 소련의 군정이 종식되었다. ㉣ 1950년 1월 미국의 태평양 방위선에서 한국을 제외한 애치슨 선언이 발표되며 북한의 대남침략 야욕을 가속화시켰다.

48 정답 ②

박정희 유신 체제 시기의 역사적 사실

1972년 박정희 대통령은 7·4 남북공동선언으로 크게 인기를 얻은 직후인 10월에 유신을 선포하고 비상계엄을 선포하며 국회를 해산하였다. 이어 국무회의에서 제정한 유신헌법(7차 개헌)을 국민 투표로 확정짓고, 통일 주체 국민회의에서 대통령에 다시 당선되었다. 유신 헌법은 대통령의 명령으로 헌법상 국민의 자유와 권리를 잠정적으로 정지시키는 긴급조치권과 국회 해산권을 부여하는 등 국민의 기본권을 크게 제한하였다. 특히 긴급조치권을 이용하여 민청학련(1974. 1) 사건, 인혁당 재건 사건(1974. 5, 대법원 사형선고 18시간 만에 전격 집행)에서 학생, 지식인 등 진보적 인사들을 탄압하였다. 그러나, 1979년 8월 YH무역 여공들의 농성이 야당인 신민당사에서 일어나자, 이를 문제삼아 여당과 정부는 신민당 당수인 김영삼을 국회에서 제명하였다. 이는 1979년 10월 김영삼의 정치적 근거지인 부산, 마산에서의 반유신 투쟁(부마 민주 항쟁)을 야기하고, 집권층 내에서의 강온 진압 대립 속에 박정희 대통령이 피살되는 10·26 사건으로 이어지며 유신체제는 붕괴되었다. ①,⑤ 이승만 정부는 휴전협정 체결(1953. 7) 직후 어떠한 외부의 침략에도 상호 협조하고 대항한다는 내용의 한미상호방위조약(1953. 10)을 체결한 공(功)도 있지만, 평화통일론을 주장하는 진보당을 해산하고(1958), 당수 조봉암 등을 간첩 혐의로 전격 처형하는(1959) 과(過)도 있었다. ③ 김영삼 정부는 경제의 투명화를 위해 대통령 긴급명령으로 금융실명제를 전격 실시하였다(1993). ④ 1980년 5·18 민주화 운동을 진압한 뒤 신군부는 국가보위 비상대책위원회(상임위원장 전두환)를 조직하여(1980. 5. 31) 국가 주요 조직을 장악해 나갔으며, 비판적인 언론인, 학자 등을 해직시키고 언론사의 통폐합과 삼청교육대(1980. 8~1981. 1) 운영 등으로 인권을 유린하기도 하였다.

49 정답 ③

6월 민주항쟁(1987)

전두환 정부의 강압적인 통치하에서도 계속된 민주화 요구는 1987년 박종철 고문 사망 사건과 4·13 호헌 조치(대통령 간선제 고수)를 계기로 6월 민주 항쟁으로 발전하였다. 호헌 철폐와 독재 타도를 외치며 직선제 개헌과 민주 헌법 제정을 요구하는 이 시위는 연세대생 이한열의 사망으로 더욱 격화되어 전국적으로 확대되었다. 결국, 정부는 국민의 민주화 요구를 수용하여 6·29 민주화 선언을 발표하였고(당대표 노태우 발표), 여야 합의에 의해 5년 단임의 대통령 직선제를 골자로 하는 새 헌법이 마련되었다(현행 제9차 헌법). ①,⑤ 1960년 3·15 정·부통령 부정선거가 원인이 되어 발발한 4·19혁명으로 결국 이승만 정권은 붕괴하고, 내각책임제 개헌 후 장면 내각이 출범하였다(1960. 8) ② 박정희 정부의 한일국교 정상화 과정에서 굴욕적 한일협정 회담에 분노한 학생과 시민들의 반대 시위가 일어나자 서울에 계엄령이 발동되는 1964년 6·3 사태가 발발하였다. ④ 1980년 전두환, 노태우가 이끄는 신군부의 5·17 비상계엄 확대가 원인이 되어 일어난 5·18 광주 민주화 운동은 계엄군의 잔혹한 진압으로 수백 명이 희생되었다.

50 정답 ①

노태우 정부의 통일 노력

자료는 서울올림픽(1988), 3당 합당(1990), 남북한 동시 유엔 가입(1991. 9) 등의 내용으로 보아 노태우 정부(1988. 2~1993. 2) 시기의 사실이다. ① 남북 사이의 화해와 불가침 및 교류·협력에 관한 합의서(남북 기본합의서) 채택은 1991년 12월이다. ② 서울과 평양에서 7·4남북 공동 성명이 동시에 발표된 것은 1972년으로 이 성명은 분단 이후 처음으로 자주, 평화, 민족 대단결의 통일 원칙을 내세운 것이며 이후 통일 논의의 기본 원칙이 되었다. 이 발표로 남북 관계는 새로운 단계로 접어들어 직통전화(핫라인) 가설과 남북 조절 위원회가 설치되었다. ③ 김대중 정부(1998. 2~2003. 2)가 들어선 이후 정부와 민간 차원의 교류가 크게 확대되었다. 민간 차원에서 현대 정주영 회장이 소떼 500마리를 이끌고 방북한 것을 기점으로 금강산 관광(해로)이 이어졌다(1998). 그리고 마침내 평양에서 정상 회담이 이루어져 6·15 남북 공동 선언이 발표되었으며(2000), 개성공단 건설(2000년 합의, 2004년 입주), 금강산 관광과 경의선 연결(2000. 9. 18~2002. 12. 31. 남측 완료), 남북이산가족 상봉(2000) 등이 실현되었다. ④ 노무현 정부(2003. 2~2008. 2)는 김대중 정부의 통일 정책을 이어받아 개성공단 입주(2004), 금강산 육로 관광 시작(2003. 9), 2007년 10월 4일 평양에서 남북 정상 회담이 개최되었다. ⑤ 이산가족 최초 상봉은 전두환 정부의 시기로 1985년 9월 제8차 남북적십자회담 당시 이루어졌다.

고급 기출문제 43회

문항	정답	배점	문항	정답	배점
01	②	1	26	②	2
02	③	2	27	②	2
03	③	2	28	①	1
04	④	2	29	④	2
05	①	1	30	③	1
06	③	2	31	⑤	2
07	④	3	32	①	3
08	⑤	2	33	④	2
09	④	2	34	①	3
10	①	3	35	②	2
11	⑤	2	36	①	2
12	②	2	37	①	1
13	③	3	38	②	2
14	④	2	39	⑤	3
15	②	3	40	②	3
16	⑤	1	41	③	2
17	④	2	42	④	1
18	④	2	43	⑤	2
19	⑤	2	44	①	3
20	④	1	45	③	1
21	⑤	3	46	①	2
22	③	2	47	⑤	2
23	③	2	48	②	2
24	②	2	49	②	1
25	⑤	2	50	③	2

01 정답 ②

신석기 시대의 생활상

신석기시대는 기원전 1만년 경부터 시작되었는데 가장 오래된 유적지는 제주도 한경면 고산리 유적지이며, 주로 큰 강 유역이나 해안 지역에서 발견된다. 특히, 황해도 봉산 지탑리와 평양 남경의 유적에서는 탄화된 좁쌀이 발견되는 것으로 보아 이 시대에 잡곡류를 경작하였음을 알 수 있다. 이외에 가락바퀴(방추차)로 실을 뽑고, 뼈바늘(골침)로 옷을 지어 입기도 하였다. ① 구석기 시대, ③④ 철기 시대, ⑤ 청동기 시대의 사실로 청동검과 청동거울과 방울 등을 이용하여 제사를 지냈다.

02 정답 ③

초기 국가 부여

부여에는 왕 아래에 가축의 이름을 딴 마가, 우가, 저가, 구가와 대사자, 사자 등의 관리가 있었는데 이들은 저마다 따로 행정 구획인 사출도를 다스리고 있어서, 왕이 직접 통치하는 중앙과 합쳐 5부를 이루었다. 부여의 풍속에는 영고라는 제천 행사가 있었는데 이는 수렵 사회의 전통을 보여주는 것으로 12월에 열렸다. 이 때에는 하늘에 제사를 지내고 노래와 춤을 즐겼으며, 죄수를 풀어 주기도 하였다. 전쟁이 일어났을 때에는 제천 의식을 행하고, 소를 죽여 그 굽으로 길흉을 점치기도 하였다(우제점복). ① 옥저와 동예의 읍락에는 읍군이나 삼로라는 군장이 있어서 자기 부족을 다스렸다. ② 옥저에는 장래에 혼인할 것을 약속하면 여자가 어렸을 때에 남자 집에 가서 성장한 후에 남자가 예물을 치르고 혼인을 하는 일종의 매매혼인 민며느리제가 있었다. ④ 삼한에서 소도는 군장의 세력이 미치지 못하는 곳으로 죄인이라도 도망을 하여 이곳에 숨으면 잡아가지 못하였다. 이러한 제사장의 존재에서 고대 신앙의 변화와 제정의 분리를 엿볼 수 있다. ⑤ 동예는 각 부족의 영역을 함부로 침범하지 못하게 하였는데 다른 부족의 생활권을 침범하면 책화라 하여 노비와 소, 말로 변상하게 하였다.

03 정답 ③

고구려의 문화유산

자료는 고구려의 문화에 관한 내용이다. 그 중 만주 집안, 평안도 용강, 황해도 안악 등지에 남아 있는 굴식돌방무덤에서는 사신도(강서대묘, 쌍영총 등) 등과 같은 벽화가 남아 있다. ① 김해 대성동 57호분에서 출토된 금관가야의 종장판정결판갑(縱長板釘結板甲)의 옷으로 이는 세로로 긴 철판을 덧대어 못으로 연결한 형태로 이루어져 있다. ② 발해 상경 용천부 석등으로 높이 6m의 거대한 석등이다. ③ 경상남도 의령에서 발견된 고구려 불상인 연가 7년명 금동 여래 입상이다(국보 119호). ④ 신라 기마인물 토기이다(경주 금령총 출토, 국보 91호) ⑤ 공주 무령왕릉 출토 진묘수(묘를 지키는 영험한 짐승, 국보 162호)로 백제의 문화유산이다.

04 정답 ④

신라 법흥왕의 업적

법흥왕은 병부와 상대등의 설치(531), 율령 반포와 공복 제정(520), 금관가야 정복(532),건원(536)이라는 연호의 사용 등을 통하여 통치 질서를 확립하였다. 또, 이차돈의 순교를 계기로 불교를 공인하였다(527). ① 신라 지증왕(500~514) 때 이사부 장군이 우산국(울릉도, 독도)을 복속시켰다(512). ② 통일신라 신문왕은 문무 관리에게 관료전을 지급(687)하고, 귀족의 경제 기반이었던 녹읍을 폐지(689)하였다. ③ 신라 진흥왕(540~576)은 거칠부를 시키어 '국사'를 편찬하였으나 부전한다. ⑤ 선덕여왕 때 대국통인 자장(590~658) 율사가 주변 9개 민족의 침략을 부처의 힘으로 막기 위하여 황룡사 9층 목탑 건축을 건의하고, 백제 장인 아비지를 초빙하여 643~645년간에 축조하였다.

05 정답 ①

대가야의 역사

「삼국사기」지리지에는 시조 이진아시왕으로부터 도설지왕까지 16대 520년간 존속했다고 하나 확실하지 않다. 금관가야를 중심으로 하는 초기 가야연맹은 4세기 후반 이후 고구려의 침입으로 큰 타격을 입고 세력이 약화되면서(백제도 위축됨) 신라의 세력권으로 들어갔다. 반면 5세기 이후에 새로이 대가야가 시조설화를 만들며 후기 가야연맹의 맹주로서 국제사회에도 등장하여 발전하다 562년 신라 진흥왕의 침입으로 멸망하였다. ② 고려의 중앙군이다. ③, ④ 신라는 귀족 대표들이 모인 화백회의에서 국가의 중요한 일을 만장일치로 결정하였고, 통일 후에는 9주 5소경의 지방제도를 마련하였다. ⑤ 백제의 지배층은 왕족인 부여씨와 8성(진씨, 해씨, 목씨, 사씨, 연씨, 협씨, 국씨, 백씨)의 귀족으로 이루어졌다.

06 정답 ③

발해 무왕의 업적(719~737, 연호 인안)

대조영의 뒤를 이은 무왕 때에는 영토 확장에 힘을 기울여 동북방의 여러 세력을 복속하고 북만주 일대를 장악하였다. 발해의 세력 확대에 따라 신라는 북방 경계를 강화하였고, 흑수부 말갈도 당과 연결하고자 하였다. 이에, 발해는 먼저 장문휴의 수군으로 당의 산동 지방(등주)을 공격하는 한편, 요서 지역에서 당군과 격돌하였다(732). 이 때 신라는 당의 사주를 받아 김사란을 시켜 발해 남부 국경을 공격하였으나 추위로 실패하였다(733). 이에 발해는 돌궐, 일본(727년 수교) 등과 연결하면서 당과 신라를 견제하여 동북아시아에서 세력균형을 유지할 수 있었다. ① 고구려 미천왕(300~331)은 마지막 한(漢)군현인 낙랑군(313), 대방군(314)을 완전히 몰아내어 압록강 중류 지역을 벗어나 남쪽으로 진출할 수 있는 발판을 마련하였다. ② 백제 성왕(523~554)은 대외 진출이 쉬운 사비(부여)로 도읍을 옮기고(538), 국호를 남부여로 고치면서 중흥을 꾀하였다. ④ 발해 문왕(737~793) 때에는 당과 친선 관계를 맺으면서 당의 문물을 받아들여 3성 6부의 중앙관제를 정비하고, 신라와도 상설 교통로를 개설하여 대립 관계를 해소하려 하였다. 이 시기 발해가 수도를 중경에서 상경으로 옮긴 것은 이러한 지배 체제의 정비를 반영한 것이다. ⑤ 발해는 선왕(818~830) 때 대부분의 말갈족을 복속시키고 요동 지역으로 진출하였다. 남쪽으로는 신라와 국경을 접할 정도로 가장 넓은 영토를 차지하였고, 지방제도도 정비하였다(5경 15부 62주). 이후 전성기를 맞은 발해를 중국인들은 '해동성국'이라 불렀다.

07 정답 ④

흑치상지의 백제 부흥운동

의자왕 시기 정치 질서의 문란과 지배층의 향락으로 국가적 일체감을 상실한 백제는 계백의 5천 결사대가 황산벌에서의 항쟁에도 불구하고 나당 연합군에 의해 패하고 결국 사비성이 함락되면서 멸망하였다(660). 그러나 각 지방의 저항 세력은 백제 부흥 운동을 일으켰다. 복신과 도침은 주류성(한산)에서, 흑치상지는 임존성(대흥)에서 왕자 풍을 왕으로 추대하고 군사를 일으켜 200여 성을 회복하고 사비성과 웅진성의 소정방이 이끄는 당군을 공격하면서 4년간 저항하였으나, 나·당 연합군에 의하여 부흥운동은 좌절되었다. 이때 왜의 수군이 백제 부흥군을 지원하기 위하여 백강 입구까지 왔으나 1천 척 중 400여 척이 불태워지는 큰 패배를 당하여 쫓겨갔다(663).

08 정답 ⑤

신라 골품제도

신라에는 혈연에 따라 사회적 제약이 가해지는 골품 제도가 있었다. 골품은 신라 사회에서 개인의 사회 활동과 정치 활동의 범위까지 엄격히 제한하였다. 가옥의 규모와 장식물은 물론, 복색이나 수레 등 신라인의 일상생활까지 규제하는 기준으로서 오랫동안 유지되었다. 또한 관등 승진의 상한선이 골품에 따라 정해져 있었으므로 일찍부터 불만을 가진 사람도 있었다. 특히 진골은 관직 상한의 제한이 없어 중앙과 지방의 장관직을 독점하였으나, 바로 아래의 6두품은 6등급이 상한선이어서 가장 불만이 많았다. 자료의 설계두는 6두품 출신으로 621년 몰래 배를 타고 당으로 건너가 당 태종을 도와 큰 공을 세웠고, 안시성 전투(645)에서 전사하자 어의로 시신을 덮어주고 대장군의 관직을 내려주었다고 「삼국사기」에 기록되어 있다. ① 고구려는 고국천왕(179~197) 때 국상 을파소의 건의로 먹을거리가 모자란 봄에 농민들에게 곡식을 빌려 주었다가 가을에 추수한 것으로 갚게 하는 춘대추납제도 진대법을 실시하였다(194). ② 통일신라 하대 원성왕(780~798) 때에 국학의 학생들을 대상으로 유교 경전의 이해 수준을 시험하여 관리를 채용하는 독서 삼품과(788)를 마련하였으나 실패하였다. ③ 고려 광종(949~975)은 중국 후주 출신 귀화인 쌍기의 건의를 받아들여 유학을 익힌 신진 인사를 등용하고 신구 세력의 교체를 도모하기 위하여 과거제도를 시행하였다(958). ④ 고려 공민왕(1351~1374)은 신돈으로 하여금 전민변정도감을 설치케 하고(1366), 권문세족이 부당하게 빼앗은 토지와 노비를 본래의 소유주에게 돌려주거나 양민으로 해방시켰다.

09 정답 ④

최치원(857~?)이 활동하던 신라 하대(780~935)의 사회 당의 빈공과 합격, '계원필경' 등을 통해 최치원임을 알 수 있고, 활동하던 시대는 신라 하대이다. 특히 진성여왕 때에는 사회 전반에 걸쳐 모순이 증폭되고, 중앙 정부의 기강이 극도로 문란해졌으며, 지방의 조세 납부 거부로 국가 재정도 바닥이 드러나 강압적으로 조세를 징수하자 상주에서 원종과 애노의 봉기(889)를 시작으로 농민의 항쟁이 전국적으로 확산되었다. ①,⑤ 신라 중대(654~780)는 김춘추가 진골 출신으로 왕위에 오르며 시작되었고, 신문왕 즉위년에는 김흠돌의 반란(681)을 진압한 후 귀족들을 숙청하며 왕권을 전제화시켰다. ② 고려 성종(981~997)은 최승로의 시무 28조 건의를 수용하여 중앙집권적인 통치 체제를 정비하였다. ③ 신라 진평왕 때에 원광(541~630)은 세속 5계를 지어 화랑도들의 마음가짐과 행동규범을 제시하였다.

10 정답 ①

감은사지 3층 석탑(국보 112호)

감은사지는 경주 감포에 소재하며 이 석탑은 2중 기단에 3층 사각형으로 쌓아올린 2개의 석탑으로 동·서 두 탑이 같은 규모와 구조이다. 감은사는 682년(신문왕 2년)에 창건되었으므로 이 탑의 건립도 그 무렵으로 추정되는 오래되고 거대한 석탑이다. ② 경주 불국사 다보탑(국보 20호) ③ 경주 분황사 모전 석탑(국보 제30호) ④ 평창 월정사 8각 9층 석탑 ⑤ 익산 미륵사지 석탑(국보 11호)

11 정답 ⑤

고려 광종의 업적

광종(949~975)은 노비안검법(956)을 실시하여 호족의 세력을 약화시키고 국가의 수입 기반을 확대하였다. 이어 후주 출신 귀화인 쌍기의 건의로 과거 제도를 시행하여(958) 유학을 익힌 신진 인사를 등용하고 신구 세력의 교체를 도모하였으며, 지배층의 위계질서를 확립하기 위하여 백관의 공복을 제정하였다(960). ① 고려 성종(981~997)은 최승로의 시무 28조 건의를 수용하여 12목을 설치하고 지방관을 파견하였다(983) ② 고려 공민왕(1351~1374)은 신돈으로 하여금 전민변정도감을 설치케 하고(1366) 개혁정치를 실시하였다. ③ 고려 태조(918~943)는 흑창(춘대추납)을 설치하여 빈민을 구제하였고, 이는 성종 때 의창으로 계승되었다. ④ 고려 숙종(1095~1105) 때 의천에 의해 주전도감(1101)을 설치하고 해동통보, 삼한통보, 해동중보 등 동전과 활구(은병, 1101)라는 은전을 만들었다.

12 정답 ②

후고구려를 세운 궁예(?~918)

궁예는 신라 왕족의 후예로서 진표의 미륵신앙을 통해 농민층의 기반을 가지고 기훤에 투신하였다가 곧 양길의 휘하에서 새로운 활로를 찾게 되었다. 처음에는 북원(원주) 지방의 도적 집단을 토대로 강원도, 경기도 일대의 중부 지방을 점령한 후 예성강 유역의 황해도 지역까지 세력을 넓혔다. 그는 세력이 커지자, 송악(개성)에 도읍을 정하고 독립하여 후고구려를 세웠다(901). 그 후 도읍을 철원으로 옮기면서 국호를 마진(연호 : 무태)으로 바꾸었다가(904), 다시 태봉(연호 : 수덕만세→정개)으로 바꾸었다(911). ①, ⑤ 900년 후백제를 세운 견훤은 중국과의 외교도 적극적으로 추진하여 오월과 우호관계를 맺었으며, 후당과 거란과도 외교관계를 통해 국제적 지위를 높였으며, 927년 신라의 금성을 급습하여 경애왕을 죽임으로써 적대관계가 되었다. ③ 장보고는 신라 말 흥덕왕(826~836)때 완도에 청해진을 설치하고(828) 해적을 소탕하여 남해와 황해의 해상 무역권을 장악하였다. ④ 936년 일리천(경북 선산) 전투에서 왕건의 고려군은 신검의 후백제군을 크게 격파하고 후삼국을 통일하였다(936).

13 정답 ③

동북 9성 반환 이후의 역사적 사실

12세기 초 부족의 통일을 이룬 여진족이 고려의 국경까지 남하하면서 고려군과 자주 충돌하였다. 고려는 윤관의 건의를 받아들여 별무반(1104, 신기군. 신보군. 항마군)이라는 특수부대를 편성한 다음, 여진족을 북방으로 밀어 내고 동북 지방 일대에 9개의 성을 쌓았으나(1107) 여진족이 잃은 땅을 돌려주기를 간청하는데다 방비하기도 어려워 9성을 돌려주었다(1109). 이후 여진족은 세력을 키워 만주 일대를 장악하고 금을 건국하였으며, 거란을 멸망시킨 뒤 고려에 군신 관계를 요구해 왔다. 조정에서는 논란이 치열하게 일어났으나, 당시 집권자였던 이자겸이 금과 무력 충돌을 피하기 위해 이들의 요구를 받아들였다(1126). ① 강감찬은 거란의 3차 침입 때 대승을 거두었다(귀주대첩, 1019). ② 고려 목종(997~1009) 때에 천추태후와 정부(情夫)인 김치양이 전횡을 일삼고 그들 사이의 아들을 왕으로 내세우려 하자, 서북면 도순검사 강조는 군사를 이끌고 개경으로 들어와 정변(1009)을 일으키고 천추태후와 김치양을 제거한 후 목종을 폐하고 현종을 즉위시켜 거란의 2차 침략 구실을 만들었다. ④ 10세기 초에 통일 국가를 세운 거란(요)은 송과 대결에서 유리한 위치를 차지하기 위해 여러 차례 고려를 침략하였다. 처음에는 80만 대군을 이끌고 침략하여 고려가 차지하고 있는 옛 고구려 땅을 내놓고 송과 교류를 끊을 것을 요구하였으나(993) 소손녕과의 외교 담판에 나선 서희가 거란과 교류할 것을 약속하는 대신, 고려가 고구려의 후계자임을 인정받고 압록강 동쪽의 강동 6주를 확보하는 성과를 거두었다(994). ⑤ 고구려는 당의 침략에 대비하여 영류왕 때에 연개소문을 책임자로 하여 북쪽의 부여성에서 남쪽의 비사성에 이르는 천리장성을 쌓았다(631~647).

14 정답 ④

고려의 관학 진흥책

고려 중기에는 최충(984~1068)의 문헌공도를 비롯한 사학 12도가 융성하자 정부는 관학 진흥을 위한 여러 정책을 추진하였다. 숙종 때 서적포 설치, 예종 때 국자감을 재정비하여 전문 강좌(7재)를 설치하고, 장학 재단(양현고)을 두어 관학의 경제 기반을 강화하였고, 궁중 안에 청연각, 보문각, 천장각, 임천각 등의 도서관 겸 학문 연구소를 설치하였다. 인종(1122~1146) 때에는 경사(經史) 6학 제도를 마련하고, 향교 중심의 지방 교육을 강화하였다. ① 통일신라 하대 원성왕(780~798) 때에 국학의 학생들을 대상으로 유교 경전의 이해 수준을 시험하여 관리를 채용하는 독서 삼품과(788)를 마련하였으나 실패하였다. ② 조선 후기 정조(1776~1800)는 자신의 권력과 정책을 뒷받침하기 위하여 신진 인물이나 중·하급 관리 중에서 유능한 인사를 재교육하는 초계문신제도를 실시하였다. ③ 조선 태종 때에 한양 재천도(1405) 후 중등 교육기관으로 5부 학당(→4부학당)을 설치하였다(1411). ⑤ 고구려는 소수림왕(371~384) 때에 수도에 태학을 세워 유교 경전과 역사서를 가르치고, 장수왕(413~491) 때 평양 천도 이후 지방에 경당을 세워 청소년들에게 한학과 무술을 가르쳤다.

15 정답 ②

고려 시대의 경제상

팔관회는 음력 11월 15일(서경은 10월 15일)에 국가행사로 치러진 도교와 불교 및 여러 토속 신앙이 어우러진 고려 최대의 종교행사였다. 이 행사에는 개경의 고관은 물론 각 지방을 대표하는 관리들이 의식에 참여하였으며, 송, 여진, 탐라 등의 사신과 상인들도 국왕을 알현하고 가져온 조공(선물)을 바쳤다. ① 척박한 환경의 고구려는 일찍부터 약탈경제가 이루어져 집집마다 부경이라는 창고를 두었다. ② 고려의 상업은 도시를 중심으로 발달하였다. 개경에 시전을 설치하여 관청과 귀족이 주로 이용하게 하였고, 경시서를 두어 상행위를 감독하였다. ③,④,⑤ 조선 후기에는 해외 원산지 작물인 고추, 고구마, 감자 등이 전래되어 구황작물로 재배되었고, 농서로 신속이 왕명을 받아 「농가집성(1655)」을 간행하였다. 또한, 청과의 무역이 활발해지면서 국경 지대를 중심으로 공적으로 허용된 무역인 개시와 사적인 무역인 후시가 행해졌다.

16 정답 ⑤

보조국사 지눌(1158~1210)

지눌은 명리에 집착하는 당시 불교계의 타락상을 비판하고 승려 본연의 자세로 돌아가 독경과 선(禪) 수행, 노동에 고루 힘쓰자는 개혁 운동인 수선사 결사를 제창하였다. 송광사에 중심을 둔 수선사 결사 운동은 개혁적인 승려들과 지방민의 적극적인 호응을 얻어 활발하게 전개되었다. 지눌은 선(禪)과 교(敎)학이 근본에 있어 둘이 아니라는 사상 체계인 정혜쌍수를 사상적 바탕으로 철저한 수행을 선도하였다. 또한 내가 곧 부처라는 깨달음을 위한 노력과 함께 꾸준한 수행으로 깨달음의 확인을 아울러 강조한 돈오점수를 주장하였다. ① 원효(617~686)는 광대들이 큰 박을 가지고 노는 것을 보고 무애가(無碍歌)를 지어 부처의 가르침을 쉽게 일반 대중에게 전파하였다. ② 의상(625~702)은 화엄 사상을 정립하여 통일 직후 전제왕권 확립에 영향을 주었다. ③ 고려 중기 의천(1055~1101)은 개경의 흥왕사를 근거지로 삼아 화엄종을 중심으로 교종을 통합하고, 선종을 통합하기 위하여 국청사를 창건하고 (해동)천태종을 창시하였다. ④ 통일신라 혜초(704~787)는 자신이 돌아 본 인도와 중앙아시아 여러 나라의 풍물을 생생하게 기록한 「왕오천축국전」을 저술하였다.

17 정답 ④

원 간섭기의 사회상

자료의 내용을 통해 원의 간섭기라는 것을 알 수 있다. 이 시기 고려와 원 사이에는 자연히 사람과 물자의 교류가 활발하여 고려 사회에는 몽골풍이 유행하여 변발, 몽골식 복장(호복, 연지, 족두리, 장도), 몽골어(수라, ~치)가 궁중과 지배층을 중심으로 널리 퍼졌다. ① 조선 후기 영·정조 때에 서얼을 어느 정도 등용하자 순조~철종 때에 대대적인 신분 상승 운동을 전개하였다(서얼통청운동). ② 신라 말 헌덕왕(809~826) 때에 아버지 김주원(무열왕계)이 김경신(원성왕계)에게 왕위쟁탈전에 패하자, 그 아들인 웅주(공주) 도독 김헌창이 반란을 일으켜(825) 국호를 장안, 연호를 경운이라 하였으나 실패하였다. ③,⑤ 최충헌의 사노 만적이 노비들을 규합하여 신분해방을 부르짖은 만적의 봉기(1198)와 망이·망소이 형제에 의해 일어난 공주 명학소 봉기(1176)는 모두 무신정권기(1170~1270)에 일어났다.

18 정답 ④

일연의 「삼국유사」

원 간섭기인 충렬왕 때에 일연이 경북 군위 인각사에서 쓴 「삼국유사」(1281)는 불교사를 중심으로 신이적(神異的) 사실을 많이 기록하고 있다. 왕력과 함께 기이편을 책의 권두에 두고 고대의 민간 설화나 전래 기록을 수록하는 등 우리의 고유 문화와 전통을 중시하였다. 특히, 단군을 우리 민족의 시조로 여겨 단군왕검의 건국 이야기를 수록하였다. ①,⑤ 고려 중기 인종 때에 김부식 등이 왕명을 받아 편찬한 「삼국사기」(1145)는 현존하는 우리나라 최고(最古)의 역사서로서 고려 초에 쓰여진 「구삼국사」를 기본으로 유교적 합리주의 사관에 기초하여 기전체(본기·열전·지·표로 구성)로 서술하였다. ② 조선 정조 때 유득공(1748~1807)은 「발해고」(1784)를 저술하여 남쪽의 신라와 북쪽의 발해를 '남북국 시대'라 부를 것을 처음으로 제안하며 발해의 역사를 본격적으로 다루었다. ③ 조선은 국왕이 죽은 후 다음 국왕 때 춘추관을 중심으로 실록청을 설치하고 사관이 국왕 앞에서 기록한 사초, 각 관청의 문서를 모아 만든 시정기 등을 종합, 정리하여 실록을 편년체로 편찬하였다.

19 정답 ⑤

조선의 언론 감찰 기구 사헌부

고려의 전곡출납과 회계를 담당하는 재정기관인 삼사와는

달리, 조선 시대의 삼사인 사헌부, 사간원, 홍문관은 관리의 비리를 감찰하고 정사를 비판하며, 문필 활동을 하면서 언론 기능을 담당하였다. 특히 사헌부와 사간원은 양사라 하여 대간을 이루고 서경, 간쟁, 봉박을 담당하였는데, 서경이란 5품 이하 관료에 대한 임면과 법령 개폐시 동의를 얻는 절차이고, 간쟁은 왕께 충언(간언)을 하는 것이고, 봉박은 국왕의 부당한 명령을 거부하는 것으로 절대 권력을 비판하는 기능으로 인정되었다. ① 한성부, ③ 도교 행사인 초제를 주관하는 기관인 소격서, ④ 비변사에 관한 내용이다.

20 정답 ④

조선 세종(1418~1450) 시기의 업적

조선 세종 때 농업을 중시하여 우리나라 풍토에 맞는 씨앗의 저장법, 토질의 개량법, 모내기법 등 농민의 실제 경험을 종합한 「농사직설」을 편찬하였다(1429). ① 조선 후기 정조 대에 백동수를 시켜 「무예도보통지」(1790)를 편찬하여 병법을 정리하였다. ② 광해군 대에 허준이 「동의보감」(1610)을 펴내 전통의학을 집대성하였다. ③ 조선 후기 영조 대에 정상기(1678~1752)는 100리척을 사용하여 과학적인 '동국지도'를 제작하였다(1740). ⑤ 세종 대의 「신찬팔도지리지」를 참조하여 성종 대에 인문지리서인 「동국여지승람」이 편찬되었고(1481), 다시 이를 보충한 「신증동국여지승람」(1530)이 중종 때 편찬되어 오늘날까지 전하고 있다.

21 정답 ⑤

조선 시대 토지제도의 변천

(가)는 고려 말 공양왕 때의 과전법(1391), (나)는 조선 성종 때의 관수관급제(1470)의 내용에 관한 설명이다. ① 신라 성덕왕 때에 백성들에게 정전을 지급하였다(722). ② 대한제국의 광무개혁(1897~1904) 때에 양지아문을 설치하여(1898) 양전사업을 실시하고, 지계아문을 설치하여(1901) 근대적 토지 소유 문건인 '지계'를 발급하였다. ③ 고려 경종 때 문무 관리로부터 군인, 한인에 이르기까지 18등급으로 나누어 곡물을 수취할 수 있는 전지와 함께 땔감을 얻을 수 있는 시지를 주는 전시과(田柴科) 제도를 마련하였다. ④ 고려 태조 때에 개국 공신과 군인들의 논공행상(인품, 행실, 공로 등)을 기준으로 역분전을 차등 지급하였다(940). ⑤ 조선 세조 때 직전법의 실시로 수신전과 휼양전이 폐지되고 현직자에게만 수조권을 지급하였다.

22 정답 ③

조선 성종(1469~1494)의 업적

조선 성종은 건국 이후의 문물제도의 정비를 완비하였으며, 경국대전의 편찬을 마무리하여 반포함으로써(1485) 조선 왕조의 통치 체제가 확립되었다. ① 공납을 전세화 시킨 대동법은 광해군(1608~1623) 때에 경기도에서 처음 시행되었다(1608). ② 세종(1418~1450)은 궁중에 집현전을 설치하고(1420) 재주 있는 젊은 학자들을 모아 깊이 있는 학문 연구를 장려함으로써 유교 정치와 민족의 전통문화를 꽃피웠다. ④ 태종(1400~1418)은 최고 정무기관인 문하부를 혁파할 때 산하의 하급 관료인 낭사를 분리하여 사간원으로 독립시켜 대신들을 자유롭게 비판하게 하였다(1400). ⑤ 중종(1506~1544) 때에 조광조의 건의에 따라 천거제의 일종인 현량과를 통하여 사림이 대거 등용되었다(1519).

23 정답 ③

퇴계 이황(1501~1570)

성리학이 이기론을 중심으로 조선 사회에 확고하게 뿌리내리는 데 결정적인 기여를 한 인물은 퇴계 이황과 율곡 이이(1536~1584)였다. 이황은 「주자서절요」, 「성학십도」등을 저술하였으며, 주자의 이론에 조선의 현실을 반영시켜 나름대로의 체계를 세우려고 하였다. ① 정제두(1649~1736)는 몇몇 소론 학자가 명맥을 이어가던 양명학을 체계적으로 연구하여 강화학파를 성립시켰다. ② 서인의 산림 지도자인 송시열(1607~1689)은 효종 즉위 직후 기축봉사(1649)를 올려 명에 대한 의리를 내세우며 북벌 운동을 주도하였다. ④ 이이는 이황에 비하여 상대적으로 기(氣)의 역할을 강조하여 현실적이며 개혁적인 성격을 가지고 있었다. 그는 당시 시대를 왕조의 쇠퇴기로 판단하고 1565년 사림 집권 이후 조선 사회의 모순을 극복하는 방안으로 「동호문답」에서 통치체제의 정비와 수취 제도의 개혁(수미법 주장) 등 다양한 개혁 방안을 제시하였다. ⑤ 조선 건국 초기에 정도전(1342~1398)은 유교적 통치 규범을 성문화하기 위한 법전의 편찬에 힘써 조선경국전(1394)과 경제문감(1395)을 편찬하였고, 민본적 통치 규범을 마련하고, 재상 중심의 정치를 주장하였다.

24 정답 ②

훈련도감

임진왜란 초기에 어이없는 패전을 경험한 조정에서는 새로운 군대의 필요성을 절감하고, 왜군을 물리치는 데 효과적인 편제와 군사 훈련 방식을 모색한 결과 포수(조총), 사수(활), 살수(창, 칼)의 삼수병으로 편성된 훈련도감을 설치하였다(1593). 이들은 장기간 근무를 하고 일정한 급료를 받는 상비군(장번급료병)으로서 의무병이 아닌 직업 군인의 성격을 가진 군인이었다. ① 최씨 무인정권의 사병으로는 도방과 삼별초가 있다. ③ 고려의 지방군은 국경 지방인 양계(북계, 동계)에 주둔하는 주진군과 5도의 일반 군현에 주둔하는 주현군으로 이루어졌다. ④ 조선 세종 때(1419)에 상왕 태종의 주도하에 왜구의 본거지인 쓰시마섬(대마도) 토벌을 위해 이종무가 수군과 육군을 이끌고 토벌하였다.

⑤ 조선 후기 정조는 친위 부대로 장용영(1793, 도성에 내영, 화성에 외영)을 설치하여 왕권을 뒷받침하였다.

25 정답 ⑤

병자호란과 삼전도의 굴욕

인조반정(1623)을 주도한 서인정권은 친명배금 정책을 펴서 후금의 경계심을 사게 되었다. 마침 조선에서 이괄의 난이 일어나 사회가 혼란해지자, 후금의 군대가 이를 틈타 압록강을 건너 황해도 지역까지 쳐들어왔다(정묘호란, 1627). 그러나 당시에는 후금의 군사력이 조선을 무력으로 정복할 정도는 아니어서 일단 화의를 맺고 되돌아갔다. 그 후, 국력이 더욱 커진 후금은 1636년 국호를 청으로 바꾸고, 조선을 압박하여 임금과 신하의 관계를 맺을 것을 요구해 왔다. 조선 정부가 이를 거절하자, 청의 태종은 10만여 명의 군대를 동원하여 얼어붙은 압록강을 건너 다시 쳐들어왔다(병자호란, 1536.12). 한양이 청군에 의해 점령되자 인조는 본래 강화도로 대피하려 하였으나 여의치 않아 신하들과 함께 남한산성으로 들어가 45일간 항전하였다. 주화파(최명길)와 주전파(김상헌) 간의 농성 끝에 결국 청의 요구를 받아들여 삼전도에서 굴욕적인 강화를 맺었고 '대청황제공덕비'라는 제목으로 만주어, 몽골어, 한자로 쓰여진 삼전도비를 세웠다. ① 무신 정권의 군사적 기반이었던 삼별초는 개경환도(1270)에 반대하여 배중손, 김통정 등을 중심으로 강화도→진도→제주도 등에서 대몽 항쟁을 계속하다 여몽 연합군에 의해 진압되었다(1273). ② 일본은 임진왜란 후 조선의 선진 문화를 받아들이고, 에도 막부의 쇼군(將軍)이 바뀔 때마다 그 권위를 국제적으로 인정받기 위하여 조선에 사절의 파견을 요청해 왔다. 이에 조선에서는 1607~1811년까지 12회에 걸쳐 통신사라는 이름으로 사절을 파견하였다. ③ 고려 말 우왕 때에 명이 철령 이북의 땅을 차지하려 하자, 최영은 이성계를 시켜 요동정벌을 단행하였다. 그러나 이성계는 4불가론을 주장하며 위화도에서 회군하여(1388) 최영을 제거한 뒤, 군사적 실권을 장악하여 본격적인 개혁의 계기를 마련하였다. ④ 세종 때에 왜구들이 평화적인 무역 관계를 요구해 오자, 남해안의 부산포, 제포(진해), 염포(울산) 등 3포를 개방하였고(1426), 계해약조(1443)를 통하여 제한된 범위(세견선 50척, 세사미두 200석) 내에서 교역을 허락하였다.

26 정답 ②

예송 논쟁(1659, 1674)

현종 때에 효종의 왕위 계승에 대한 정통성과 관련하여 두 차례의 예송이 발생하면서 서인과 남인 사이에 대립이 격화되었다. 예송은 차남으로 왕위에 오른 효종의 정통성과 관련하여 1659년 효종의 사망(기해예송)과 1674년 효종 비의 사망(갑인예송)때에 인조의 계비 자의대비의 복제가 쟁점이 되었다. 기해예송에서는 서인(1년설)이 승리하였지만, 갑인예송에서는 남인(1년설)이 승리하였다. ① 성종 이후 중앙으로 진출한 사림 세력의 성장에 따라 훈구세력과의 갈등 속에서 연산군 때의 무오사화(1498), 갑자사화(1504)와 중종 때의 기묘사화(1519), 명종 때의 을사사화(1545) 등이 발생하여 사림 세력은 큰 타격을 받았다. ③ 북인이 집권하던 시기는 광해군(1608~1623) 때이다. ④ 명종 때에 왕위 계승을 놓고 외척인 소윤(윤원형)과 대윤(윤임)간의 권력 싸움에 사림이 연루되는 을사사화(1545)가 일어나 큰 희생을 당하였다. ⑤ 선조 때에 기축옥사(1589, 정여립 모반사건 관련 동인에 대한 옥사)의 주역인 서인 정철의 건저의 문제를 계기로 인한 처벌을 놓고서 1591년에 강경론인 북인(조식 계열)과 온건론인 남인(이황 계열)으로 분열되었다.

27 정답 ②

영조의 업적(1724~1776)

영조는 정치적 조정력을 통해 어느 붕당이든 간에 온건하고 타협적인 인물을 등용하여 왕권을 강화하려 하였다(완론탕평). 탕평비 건립(1742), 균역법 실시(1750), 신문고 부활, 법전인 '속대전(1746)', 의례서인 '속오례의(1744)', 역대문물을 정리한 백과사전인 '동국문헌비고(1770)' 편찬, 준천사를 설립(1760)하여 청계천 준설(1760~1773) 등을 시행하였다. ② 광해군(1608~1623) 때에 일본 대마도주와 기유약조(1609)를 체결하여 세견선 20척, 세사미 100석 이내의 범위에서 교역을 허락하였다.

28 정답 ①

연암 박지원(1737~1805)

조선 후기인 18세기 후반에는 농업뿐만 아니라, 상공업의 진흥과 기술의 혁신을 주장하는 실학자가 나타났는데 이들은 청나라의 문물을 적극적으로 수용하여 부국강병과 이용후생에 힘쓰자고 주장하였으므로 이용후생학파 또는 북학파라고도 한다. 대표적 인물인 박지원은 청에 다녀와 「열하일기」를 저술하여 상공업 진흥을 강조하면서 수레와 선박의 이용, 화폐 유통의 필요성 등을 주장하였으며, 허생전, 양반전, 호질 등의 소설 등을 통해 양반 문벌제도의 비생산성을 비판하였다. ② 중상실학자 박제가(1750~1805) ③ 중농실학자 이익(1681~1763) ④ 중상실학의 선구자인 유수원(1694~1755) ⑤ 박세당(1629~1703)은 「색경(1676)」을 지어 곡물 재배법 이외에 채소, 과수, 화초재배법, 목축, 양잠기술을 소개하여 농업 기술의 발전에 이바지하였다.

29 정답 ④

세도정치기(1800~1863)의 사회상

제시된 자료에서 안동김씨의 왕후, 철종(1849~1863) 등을 통해 세도정치 시기임을 알 수 있다. ④ 고려 말(1391)에 등장하여 유통되던 지폐인 저화는 가치가 날로 떨어져서 화폐 기능을 제대로 발휘하지 못하자 조선 세종 때(1423) 그 보완책으로 조선통보를 주조하였으나 유통이 부진하였다.

30 정답 ③

단원 김홍도(1745~?)의 미술 작품

보기의 '옥순봉도'를 그린 단원 김홍도는 도화서 출신으로 본래 진경산수화로 시작하였으며, 옥순봉은 충북 단양의 8경중 하나로 죽순이 솟아 오른 듯한 바위의 모습을 잘 표현하였다. 그는 산수화, 기록화, 신선도 등을 많이 그렸지만, 정감어린 풍속화를 그린 것으로 유명하다. 그는 밭갈이, 추수, 씨름, 서당 등에서 자신의 일에 몰두하는 사람들의 특징을 소탈하고 익살스러운 필치로 묘사하였다. ① '파적도(破寂圖)' 또는 '야묘도추(野猫盜雛)'는 조선 후기 도화서 출신의 풍속화가 긍재 김득신(1754~1822)의 그림으로 해학성이 풍부한 작품이다. ② 신사임당의 '초충도(草蟲圖)'는 16세기 작품으로 8폭의 유색 병풍이 각 폭마다 각기 다른 초화와 벌레를 그렸기에 '초충도'라고 부른다. ③ 김홍도의 '벼타작'은 열심히 일을 하는 소작농들과 한가한 마름(지주가 보낸 관리인)의 모습이 대비적인 그림이다. ④ 정선의 '인왕제색도'는 조선 후기에 진경산수화를 개척한 화가인 정선(1676~1759)의 대표작으로 인왕산 바위의 대담한 배치와 산 아래 낮게 깔린 구름, 농묵(濃墨)의 수목이 배치된 짜임새 있는 구도가 특징적이다. ⑤ '세한도(歲寒圖)'는 추사 김정희(1786~1856)가 제주도에서 유배생활을 할 때 북경에서 귀한 책을 구해다 준 제자 이상적의 인품을 송백(松柏)의 지조에 비유하며 그 답례로 그려준 그림으로 일체의 장식적인 요소를 배제하고 최소한의 먹만으로 빈집과 노송, 세 그루의 잣나무를 그린 그림이다.

31 정답 ⑤

흥선대원군의 정책(1863~1873)

흥선대원군은 왕권의 강화, 삼정문란의 시정을 통한 민생 안정, 대외적으로는 통상 수교 거부정책을 추진하였다. ① 효종(1649~1659) 때에 러시아가 흑룡강 쪽으로 청을 침공해 오자, 청은 조선에 원병을 요청하여 두 차례(1654 변급, 1658 신류)에 걸쳐 조총 부대를 출병시켜 큰 전과를 올렸다(나선정벌). ② 숙종 때에 청과 간도지역의 경계를 정하는 백두산정계비를 세웠다(1712). ③ 순조 즉위 직후 신유박해(1801)가 일어나 이승훈, 정약종, 주문모(중국인 신부) 등 300여 명의 천주교 신도가 처형당하고, 정약전, 정약용 등이 유배를 당하였다. ④ 정조 때에 왕조의 통치 규범을 전반적으로 재정리하기 위하여 「대전통편(1785)」을 편찬하였다.

32 정답 ①

평양의 역사

① 최초의 서양식 건축기법으로 지어진 서울의 덕수궁 석조전에서 1946~1947년 미소공동위원회가 두 차례 개최되었다. ② 애국계몽운동 시기 신민회를 주도한 안창호가 평양에 대성학교(1908)를 세워 민족교육을 하였다. ③ 여성노동자 강주룡(1901~1932)은 1931년 평양 고무공장 파업 때 을밀대 지붕 위에서 투쟁하였다. ④ 흥선 대원군의 집권기 때에 미국의 상선 제너럴셔먼호가 통상을 요구하였다가 소각된 사건(1866.8 제너럴 셔먼호 사건)이 일어나 후일 신미양요(1871)의 빌미가 되었다. ⑤ 일제시대에는 1920년부터 조만식 등이 평양에서 '조선물산장려회'를 조직하여 국산품 애용 운동인 물산장려운동을 전개하였다.

33 정답 ④

강화도 조약(1876)

일본은 한반도 침략을 노리며 운요호 사건(1875)을 일으키고 이를 계기로 조선과 강화도 조약을 체결하였다(신헌 vs 구로다 기요타카). 강화도 조약은 우리나라 최초의 근대적 조약이었으며, 부산 및 다른 두 곳(원산, 인천)을 개항하고, 일본에 치외법권(영사재판권)과 해안 측량권 등을 내준 불평등 조약이었다. ① 1883년에 개정된 조일 통상장정에는 관세권 설정, 방곡령 선포 근거 마련, 최혜국 대우 조항을 규정하였다. ② 러일전쟁 중 일본은 조선과 제1차 한·일 협약(1904.8)을 체결하여 외교(스티븐스), 재정(메가타) 등 각 분야에 일본이 추천하는 고문을 두어 한국 내정을 간섭하였다. ③ 조미 수호통상조약(1882.5)에서 최초로 최혜국 대우(한 나라가 어떤 외국에 부여하는 가장 유리한 대우를 상대국에도 자동 부여) 조항을 규정하였다. ⑤ 을사늑약(1905.11)이 체결된 후 고종은 네덜란드 헤이그에서 만국평화회의(1907.7)가 열리자 비밀리에 특사(이준, 이상설, 이위종)를 파견하여 을사늑약의 무효를 전 세계에 알리도록 하였으나 실패하고 이를 계기로 고종은 강제 퇴위 당하였다.

34 정답 ①

개항기 사건의 연대기

(가) 개화 정책을 총괄하는 기구인 통리기무아문을 설치하고(1880. 12) 그 아래에 12사를 두어 외교, 통상, 재정, 군사 등의 업무를 맡게 하였다. (나) 임오군란(1882. 6) 이후 고종은 사태 수습을 위해 흥선대원군에게 정권을 맡기자 흥선대원군은 통리기무아문과 별기군, 무위영, 장어영을 폐지시키고 기존의 5영 군제로 복귀시켰다. (다) 임오군란 후 청의 내정 간섭과 집권 민씨세력(사대당)의 소극적인 개화정책에 불만을 품은 김옥균·서재필·서광범 등의 급진개화파(독립당) 세력들은 일본의 군사적 지원과 함께 1884년 10월 홍영식이 총판으로 있던 우정국 낙성연회를 이용하여 정변을 일으켰다(갑신정변). (라) 갑신정변(1884. 10) 이후 청·일본·러시아·영국 등이 조선을 둘러싸고 각

축을 벌이면서 국제적 긴장이 높아졌다. 조·러 밀약설에 긴장한 영국은 1885년 러시아의 남하를 막는다는 구실로 거문도를 불법 점령하였다가 1887년에 철수하였다.

35 정답 ②

(가) 영선사, (나) 보빙사의 활동

① 강화도 조약(1876) 직후 2차 수신사로 일본에 갔던 김홍집이 1880년 귀국할 때 「조선책략」을 가지고 귀국하였다. ② '기기창'은 청나라 양무운동 당시 '기기국'을 모방한 것으로 영선사 귀국 후 정부에서 설치한 근대 무기제조 관청이다. ③ 조선 초기 세종 때(1443)에 통신사 서장관으로서 일본을 방문했던 신숙주(1417~1475)는 일본국과 유구국(오키나와)에 대한 정보를 담은 「해동제국기」를 저술하여 성종 때에 간행하였다(1471). ④ 통상개화론자인 오경석은 1853~1859년 여러 차례에 걸쳐 연행사 통역관으로 청을 왕래하면서 「해국도지」, 「영환지략」등의 서적을 가져와 서양 문물을 소개하였다.

36 정답 ①

동학농민운동의 전개과정

1. 북접의 교조신원운동 : 정부로부터 박해를 받아 온 동학교도들은 교세가 확장되고 농민들의 현실에 대한 불만이 높아지는 분위기를 이용하여 공주, 삼례(1892), 서울, 보은(1893) 등에서 집회를 갖고, 동학에 대한 박해를 중지할 것과 교조 최제우의 억울한 누명을 벗겨 줄 것을 요구하였다.

2. 고부 민란시기 : 동학 농민 운동은 1894년 2월 전라도 고부에서 시작되었다. 전봉준을 중심으로 한 농민층은 고부 군수 조병갑의 탐학에 맞서 봉기하여 관아를 일시 점령하였으나 후임 군수 박원명의 회유에 의해 해산하였다.

3. 동학운동의 절정기 : 안핵사 이용태에 의한 정부의 탄압에 저항하여 4월 보국안민, 제폭구민을 내세우며 다시 봉기하여 전라 감영군(전주 황토현 전투)과 홍계훈의 경군(장성 황룡촌 전투)을 연달아 물리치고 전주성을 점령하고 전라도 일대를 장악하였다. 한편 정부의 요청에 의해 청군이 출동하고 텐진조약에 의해 일본군도 출동하자, 6월 정부와 농민군은 전주에서 폐정개혁안 12개조에 화의를 맺었다(전주화약).

4. 폐정개혁 실천기 : 농민군은 전라도 53개 군에 자치행정기구인 '집강소'를 설치하여 개혁을 실천해 나갔으며 정부도 '교정청'을 설치하고 개혁을 추진하였다.

5. 항일구국운동기 : 1894년 7월 일본군이 청·일 전쟁을 일으키면서 경복궁을 점령하며 내정에 간섭하자, 전봉준이 이끄는 농민군은 10월 다시 봉기하여 남접과 북접이 논산에서 합세하여 북상하다가 12월 공주 우금치에서 패하고, 지도부가 체포되었으며, 일부는 보은 북실전투에서 패배하면서 실패로 끝났다.

37 정답 ①

을미의병(1895)

일본의 침략에 맞선 강력한 저항은 의병 활동으로 나타났다. 최초의 의병은 을미사변(민비시해)과 단발령을 계기로 시작된 을미의병(1895~1896)이었다. 유인석(제천), 이소응(춘천) 등 위정척사 사상을 가진 유생들이 주도하고 농민들이 가담한 을미의병은 아관파천 이후 고종의 해산 권고 조칙이 내려지자 대부분 스스로 해산하였다. 그러나 일부는 활빈당에 가담하여 반침략 반봉건 투쟁을 이어나갔다. ② 을사늑약으로 인한 외교권 박탈에 대한 반발인 2차 을사의병의 활동이다. ③,④ 헤이그 특사 사건으로 인한 고종의 강제 퇴위와 한일신협약 부속 밀약에 의거한 군대해산으로 인하여 정미의병(1907~1908)이 일어났다. 해산된 군인들이 합류하여 조직력과 화력이 강화되어 단순한 의병운동이 아닌 조직적인 의병전쟁으로 발전하였다. 또한 13도의 의병이 합류하여(총대장 이인영, 군사장 허위) 각국 공사관에 국제법상 교전단체로 인정해 줄 것을 통보하고 서울진공작전(1908)을 추진하였으나 부친상을 당한 총대장 이인영의 낙향과 일본의 진압으로 실패하였다. ⑤ 1910년대 대표적인 국내 비밀결사 조직으로 임병찬이 고종의 밀지에 따라 의병을 모아 1912년 조직한 독립의군부는 독립군을 길러 일제를 몰아내어 대한제국을 재건하는 것을 목표로 삼고 있었으며(복벽주의), 일본 정부와 총독부에 국권반환요구서 제출을 시도하다 발각되어 해체되었다(1914).

38 정답 ②

독립협회(1896. 7~1898. 12)

고종의 아관파천(1896. 2~1897. 2)으로 국가의 자주성은 손상되었고, 광산, 삼림 등에 대한 열강의 이권 침탈도 심해졌다. 이러한 상황에서 개화파 인물인 서재필 등은 최초의 민간신문이자 한글신문인 독립신문(1896. 4)을 창간하여 서구의 자유 민권 사상을 소개하였으며, 독립협회를 창립하였다(1896. 7). ① 보안회(1904) ③ 대한자강회(1907) ④ 신민회(1907~1911) ⑤ 국채보상운동(1907. 2)

39 정답 ⑤

조선의용대(1938.10)

박차정(1910~1944)은 일찍이 여성단체인 근우회(1927~1931)의 임원으로 활약하여 옥고를 치루었고 의열단을 이끈 김원봉의 부인으로 조선의용대 복무단장으로 곤륜산 전투에 참가하기도 하였으나 전투의 부상 후유증으로 광복 1년 전에 순국하였다. 1935년 중국 관내에서 김원봉을 중심의 민족유일당 운동의 결과 형성된 조선민족혁명당은 1937년 중·일 전쟁이 시작되자 공산주의 정당과 연합하여 조선민족전선연맹을 결성하고 중국 국민당의 지원을 받아 우한에서 조선의용대를 창설하였다. 중국 관내에서 결성된 최초의 한인 무장부대인 조선의용대는 중국 국민당 군대와 함께 선전 활동, 일본군 포로 심문 등을 수행하였으나, 일부는 중국 국민당의 과도한 통제와 소극적 항일 투쟁에 반발해 김효삼, 윤세주 등의 다수 부대원들이 화북 지역으로 이동하여 조선독립동맹(조선의용군)을 결성하는 데 중심적인 역할을 하였다(1942). 조선의용대의 대원이 화북 지역으로 이동한 후 김원봉과 남은 충칭 본대 세력들은 1942년 대한민국 임시정부의 한국광복군(1지대장)에 합류하였다. ① 남만주에서 결성된 조선혁명당 산하에 1929년 결성된 조선혁명군은 양세봉의 지휘 아래 중국의용군과 연합하여 영릉가 전투와 흥경성 전투에서 일본군을 크게 물리쳤다. ② 임정 산하의 한국광복군은 미국의 전략정보국(OSS)과 협조하여 국내 진공 작전을 준비하였으나(국내정진군, 1945. 3), 일제의 패망으로 실현하지 못하였다. ③ 북만주에서 한국 독립당의 산하에 1931년 결성된 한국독립군은 지청천의 지휘 아래 중국군(호로군)과 연합하여 쌍성보 전투, 사도하자 전투, 대전자령 전투에서 일본군을 격파하였다. ④ 간도참변 이후 소련의 지원을 믿고 제 독립군들은 대한독립군단(1920. 12, 총재 서일)을 결성하여 극동 자유시로 들어갔으나, 독립군 내부의 군 지휘권을 둘러싼 분쟁 과정에서 소련의 적색군에 의해 무장 해제된 자유시 참변(1921.6)을 당하여 극심한 타격을 입었다.

40 정답 ②

제 4차 개헌(1940) 이후의 임정 활동

1919년 4월 상해에서 출범한 대한민국 임시정부는 총 5차에 걸친 개헌 과정을 거치면서 발전하였다. ① 임시정부는 파리 강화 회의에 김규식을 대표로 파견하여 독립을 주장하였고, 미국에 구미 위원부를 두어 이승만을 중심으로 외교활동을 전개하여 한국 독립 문제를 국제 여론화하는 데 노력하였다. ② 1941년 11월 조소앙의 삼균주의에 입각한 대한민국 건국 강령을 발표하여 광복을 앞두고 분열된 민족 운동을 하나로 통일하려는 의지도 담았다. 그리하여 1944년 4월에 임정은 제5차 개헌을 하여 주석, 부주석 지도 체제를 취하여 민혁당의 김규식을 부주석에, 김원봉은 군무부장으로 임명하여 민족연합전선을 더욱 강화하였다. ③ 군사적으로는 중국 본토에 있는 여건상 자체적으로 군대를 보유할 수 없어 남만주에 직할 군단으로 광복군 사령부, 광복군 총영, 육군 주만 참의부(1923)를 두어 무장 투쟁을 전개하다 후일 충칭에서 임정 자체적으로 한국광복군을 창설하였다(1940. 9) ④ 임시정부 초기의 외교 활동이 번번히 좌절되는 가운데 초대 대통령인 이승만의 국제연맹위임통치 청원 문제가 계기가 되어 임시정부는 내분에 빠져들었다. 임정의 방향 전환을 논의하기 위한 국민대표회의(1923)가 열렸으나 창조파와 개조파의 대립 속에 회의는 결렬되고 많은 인물들이 임정을 떠났다. ⑤ 임시정부는 애국(독립)공채를 발행하고, 기관지로 독립신문을 간행하여 배포하였으며, 사료 편찬소를 두어 한·일 관계 사료집을 간행하였다.

41 정답 ③

홍범도(1868~1943)

홍범도는 구한말 평민 포수 출신의 독립군 장군이다. 1920년 6월 두만강을 건너 추격해오는 일본군 대대를 맞아 봉오동에서 일본군 다수를 사살하는 전과를 거두었다(150여명 사살). 그러나 간도참변(1920. 10~12) 이후 소련의 지원을 믿고 극동 자유시로 들어가 참변(1921. 6.)을 겪은 후 다시 입국치 못하고 강제 이주 정책에 의해 중앙아시아로 이끌려 온 후 극장 야간수위, 정미소 노동자로 일하다가 1943년 76세로 사망하였다. ① 안창호(1878~1938) ② 여운형(1886~1947) ④ 이회영(1867~1930) 형제들과 이상룡(1911) ⑤ 민족주의 역사학자 박은식(1859~1925)

42 정답 ④

6·10 만세운동(1926)

1919년 3·1 운동 이후 1920년대에 들어 사회주의가 국내에 본격화되고 학생들의 의식이 커지게 되었다. 사회주의자와 '조선학생과학연구회'를 중심으로 한 학생들은 순종의 인산일을 기회로 만세운동을 계획하였으나 사회주의자들이 추진한 계획은 사전에 발각되었다. 그러나 학생단체들을 중심으로 한 시위 계획은 예정대로 진행되어 순종의 국장일인 6월 10일 일제 경찰의 삼엄한 경비를 뚫고 장례 행렬을 따라가며 서울 시내 곳곳에서 만세시위를 벌였고, 많은 시민들이 합세하였다. 이 소식을 전해들은 전국 곳곳의 학생들도 동맹휴학 투쟁을 벌여 호응하였다. 또한, 운동의 준비 과정에서 조선 공산당 등의 사회주의 세력과 천도교 등의 민족주의 세력이 연대함으로써 민족 유일당을 결성할 수 있는 계기가 형성이 되어 1927년 신간회가 결성되는 배경이 되었다. ① 만주에서 계속되는 항일독립군 활동을 발본색원하기 위하여 일제는 1925년 6월 만주 군벌(장쭤린) 사이에 독립군의 탄압, 체포, 구속, 인도에 관한 이른바 미쓰야 협정을 체결하여 독립군의 활동은 큰 위협을 받게 되었다. ② 신간회는 1929년 11월에 광주학생항일운동이 일어나자 현지에 조사단을 파견하고, 조사 결과를 발표할 민중 대회를 준비하였으나 일본 경찰의 탄압으로 좌절되었다. ③ 국민의 모금으로 나라 빚을 갚자는 국채보상운동은 1907년 2월 대구 광문사의 서상돈, 김광제 등의 주도하에 시작되어 이후 국채보상기성회를 중심으로 각종 계몽운동단체와 대한매일신보 등의 언론 단체들이 참여하며 전국으로 확산되었다. ⑤ 동아일보는 1931년부터 '브나로드 운동'이란 이름을 내세워 농촌계몽운동을 전개했는데, 여름 방학을 맞이한 학생들을 모아 행사를 기획하고 교재를 공급하였다.

43 정답 ⑤

의열단(1919)

의열단은 1919년 만주 길림에서 김원봉, 윤세주 등이 중심이 되어 조직되었다. 그들은 조선 총독부의 고위 관리나 친일파 거두 등을 처단하고, 조선 총독부나 경찰서, 동양 척식 주식회사 등 식민지 착취 기관을 파괴하려 하였다. 김원봉의 요청에 따라 신채호가 작성한 '조선 혁명 선언(1923)'에는 의열단의 행동 강령과 개인 폭력 투쟁을 통해 민중에 의한 직접적인 혁명을 달성하려는 의열단의 목표가 잘 드러나 있다. 그러나 1925년부터 의열단은 방향 전환을 모색하였다. 암살이나 파괴만으로는 민족 해방 운동을 조직적으로 수행할 수 없다고 여겨 대원을 황푸 군관학교에 입교시키고, 조선 혁명 간부학교를 설립하여 조선인 간부를 양성하였다(1932). ① 태평양전쟁은 1941년 12월에 발발하였다. ② 전라도 유생 임병찬은 고종의 밀지에 따라 비밀결사 단체인 독립의군부를 조직하였다(1912). ③ 독립협회는 자주국권, 자유민권 등을 달성하기 위해 모든 계층이 참여하는 만민공동회를 개최하였다(1898. 3) ④ 비밀결사단체인 신민회(1907~1911)는 한일병합 후 데라우치 총독 암살 미수사건과 관련된 안명근 안악 사건 날조에 의해 해체되고 말았다(1911).

44 정답 ①

영화 '아리랑'이 개봉되던 1926년 당시의 사회상

① 3·1 운동 이후인 1920년대의 문화 동향은 동인지, 잡지 간행, 사실주의 · 사회주의 문학(신경향파) 등의 특색이 있다. 1920년대 후반에는 사회주의 운동의 영향으로 식민지 현실의 계급 모순을 적극 비판하는 프로 문학(신경향파)이 등장하여 카프(KAPF)를 결성하였다(1925). ② 1908년 최초의 서양식 극장인 원각사에서 이인직의 '은세계'가 공연되며 신극 운동이 시작되었다. ③ 개항 후 정부에서는 육영공원(1886~1894)을 세우고 헐버트 등 미국인 교사를 초빙하여 주로 양반 자제들에게 신지식과 외국어를 가르쳤다. ④ 1898년 1월에 황실과 미국인 콜브란과의 합작으로 세워진 한성전기회사는 발전소를 세우고 서울에 전등과 전차를 가설하여 서대문과 청량리 사이를 최초로 운행하였다(1899.5). ⑤ 1936년 베를린 올림픽 마라톤에서 손기정이 우승하였는데 동아일보는 손기정 선수의 사진에서 일장기를 지움으로써 일제에 의해 강제 정간을 당하는 탄압을 받았다.

45 정답 ③

일제의 총동원 정책

일제는 중일전쟁(1937) 이후 국가 총동원령(1938)을 선포하고 태평양 전쟁(1941)을 도발하면서 인적·물적 자원 수탈을 더욱 강화하였다. 또한, 기존의 조선사상범보호관찰령(1936)에 이어 조선사상범예방구금령(1941)를 공포하여 한국인 사상범을 사전에 탄압하였다. ① 조선 태형령(1912~1920), ② 회사령(1910, 1920), ④ 제1차 조선교육령(1911), ⑤ 토지조사사업(1910~1918)이 실시되었다.

46 정답 ①

광복 이후 역사적 사건의 전개

(가)는 이승만의 정읍발언(1946. 6), (나)는 남북협상(1948. 4)에 관한 내용이다. ① 좌우합작 7원칙 발표(1946. 10) ② 조선건국준비위원회 결성(1945. 8. 15) ③ 모스크바 3국 외상회의(1945. 12) ④ 반민족행위 특별조사위원회(1948. 9) ⑤ 농지개혁법 제정(1949. 6)

47 정답 ⑤

이승만 정부(1948. 8~1960. 4)의 역사적 사실

조봉암(1899~1959)은 일찍이 무정부 좌파 계열의 흑도회(1921)에서 활동하다가 조선공산당(1925) 결성을 주도하고 활동하였다. 그러나 해방 후 1946년 박헌영에게 공개 서한을 보내고 조선공산당을 탈당하고 우익 진영으로 전향하였고, 1948년 제헌 내각의 초대 농림부 장관으로 농지개혁을 주도하였다. 1956년 대선에 출마하여 선전하였으나 낙선하고 곧 진보당을 창당하였다(1957). 그러나 얼마 못가 1958년 국가 보안법 위반과 간첩 혐의로 체포되고 진보당은 해체되었으며(1958), 1959년 대법원 확정 판결 후 전격 처형되었다. 2011년 대법원에서 간첩죄와 국가보안법 위반 등 주요 혐의에 대해 무죄 선고를 받고 명예가 회복되었다. ①,②,④ 박정희 정부 시기(1963. 12~1979. 10)의 사실이다. ① 1972년 10월, 유신 헌법(7차 개헌)을 제정하여 국민이 직접 선출한 통일주체국민회의(의장 대통령)에서 토론없이 무기명 투표로 대통령을 선출하도록 하였다. ② 새마을 운동은 1970년부터 시작되었다. ④ 외화 부족에 시달리던 박정희 정부는 1963년부터 광부와 간호사를 서독에 파견하는 정책을 적극 추진하여 그들의 수입은 1960~70년대 한국 경제 성장의 종자돈 역할을 했다. ③ 전두환이 국보위 위원장 시기에 제정되어 대통령 시기(1980. 8~1988. 2)에 시행된 삼청교육대(1980.8~1981.1)는 사회정화를 명분으로 사회 우범자를 군부대에 가두어 가혹하게 다루었다. ⑤ 본래 이승만 정부 수립 직후인 1948년 12월 국가보안법을 제정하였으나, 야당과 언론을 탄압하기 위해 1958년 12월 더욱 강화된 신국가보안법을 제정하였다.

48 정답 ②

박정희 정부 시기의 경제상황

1962년부터 박정희 군사정권의 강력한 주도하에 추진된 제1·2차 경제개발 5개년 계획(1962~1971)에서는 경공

업과 수입 대체 산업, 국가 기간산업 중심의 발전을 추구하였다. 1962년부터 울산 공업단지가 조성되고(1964년 울산 정유공장 준공), 마산 수출자유 지역 조성(1970.1), 포항종합제철(1968), 소양강댐(1967~1973), 경부고속국도(1968. 2~70. 7)가 건설되었다. 한편 한·일 기본조약 체결의 대가로 들여온 외화와 베트남 파병에 따른 베트남 특수는 경제 발전에 많은 도움이 되었다. 1970년대에는 제3·4차 경제 개발 5개년 계획(1972~1981)이 추진되어 중화학 공업, 전자 공업 중심의 산업 구조 근대화가 이루어졌다. ①,④ 김영삼 정부(1993.2~1998.2) 시기에 탈세와 부정부패를 뿌리 뽑기 위해 금융실명제를 실시하였으며(1993), 성급하다는 반대에도 불구하고 세계화를 내세우며 경제협력 개발 기구(OECD)에 가입하는(1996) 등 시장 개방 정책을 실시하였다. ③ 우리나라 최초의 자유무역협정(FTA)은 노무현 정부(2003. 2~2008. 2) 때인 2004년 4월 칠레와 체결하였다. ⑤ 전두환 정부 시기(1980~1988)인 1980년대 후반에는 3저(저금리, 저물가, 저환율) 호황으로 물가가 안정되고 수출이 늘면서 반도체, 자동차 등 첨단 기술 집약 산업 중심으로 산업구조 조정이 이루어졌다.

49 정답 ②

5·18 민주화 운동(1980)

1979년 박정희 대통령이 피살되는 10·26사건으로 유신체제가 붕괴된 이후 국민은 민주화를 요구하였으나 12·12 사태로 군사권을 장악한 전두환 등 신군부 세력은 이를 억압하였다. 1980년 5월 이른바 '서울의 봄'이라 불리는 대규모 민주화 운동이 일어나자 신군부 세력은 5월 17일 비상계엄 조치를 전국으로 확대하고 정치 활동을 모두 금지시켰다. 5월 18일 광주에서 비상계엄 해제와 신군부 세력 퇴진, 김대중 석방, 민주주의 실현 등을 요구하는 대규모 학생 시위가 발생하였다. 신군부는 공수 부대 등을 동원하여 무력으로 진압하였고, 계엄군의 발포로 많은 시민들이 살상당하자 이에 격분한 학생과 시민들이 시민군을 결성하여 시가전을 벌인 끝에 진압되었다(5.27). 5·18 민주화 운동은 비록 실패하였지만, 1980년대 이후 한국 민주화 운동의 밑거름이 되었고, 2011년에는 관련 기록물이 유네스코 세계기록유산에 등재되었다. ① 박정희 정부의 한일국교 정상화 과정에서 굴욕적 한일협정 회담에 분노한 학생과 시민들의 반대 시위가 일어나자 서울에 계엄령이 발동되는 6·3 사태(1964)가 발발하였다. ③ 1960년 3·15 정·부통령 선거에 분노한 시민들의 4·19 혁명으로 이승만 정권이 무너진 뒤 국회는 6월 내각책임제와 양원제를 골자로 하는 의원내각제 개헌이 이루어졌다. ④ 박정희 정부의 유신 체제에 반대하여 재야 정치인, 종교인, 대학 교수 등은 긴급조치 철폐 등을 요구하는 3·1 구국 선언(1976)을 발표하였다. ⑤ 전두환 정부의 강압적인 통치하에서도 계속된 민주화(대통령 직선제) 요구는 1987년 박종철 고문 사망 사건과 4·13 호헌 조치(대통령 간선제 고수)를 계기로 6월 민주 항쟁으로 발전하였다. 그 결과 5년 단임의 대통령 직선제로 헌법이 개정되었다(1987.10).

50 정답 ③

김대중 정부의 통일 정책

최초로 평화적 여야 정권 교체를 이룬 김대중 정부(1998. 2~2003. 2)는 김영삼 정권 말의 한보 사태를 계기로 국제 단기 자본이 이탈하면서 생긴 1997년 말의 외환위기(IMF 구제금융)를 금 모으기 운동 등의 국민의 자발적 헌신과 산업 구조조정, 노사정 위원회를 통한 고통 분담 정책 및 신자유주의 정책으로 조기 상환할 수 있었다(2001). ① 박정희 정부 때에 분단 이후 처음으로 남북이 자주, 평화, 민족 대단결의 통일원칙에 합의한 7·4 남북공동선언(1972)을 발표하여 직통전화(핫라인) 가설과 남북조절위원회가 설치되었다. ②,④ 1990년 전후 노태우 정부는 급격한 국제정세의 변화 속에서 적극적인 북방외교 정책을 추진하여 남북한은 동시에 유엔에 가입하였으며(1991. 9), 남북 사이의 화해와 불가침 및 교류·협력에 관한 합의서(남북기본합의서)와 한반도 비핵화 공동선언이 채택되었다(1991. 12). ③ 김대중 정부 때에 남북간의 교류가 활발해지며 마침내 평양에서 첫 정상회담이 이루어지고 6·15 남북 공동선언이 발표되었다(2000). 이 선언에서 남측의 연합제 안과 북측의 낮은 단계의 연방제 안이 서로 공통성이 있음을 인정하고, 이 방향에서 통일을 지향해 나가기로 하였다. ⑤ 전두환 정부 때인 1985년 9월 남북한의 이산가족 고향방문단이 각각 서울과 평양을 최초로 방문하였다.

고급 기출문제 44회

문항	정답	배점	문항	정답	배점
01	②	1	26	⑤	3
02	⑤	2	27	④	1
03	②	2	28	③	3
04	③	2	29	②	1
05	②	3	30	⑤	2
06	②	3	31	④	2
07	②	2	32	⑤	3
08	④	2	33	⑤	2
09	④	1	34	③	2
10	⑤	2	35	④	1
11	④	3	36	①	2
12	④	2	37	④	2
13	③	2	38	①	3
14	④	2	39	④	2
15	①	3	40	③	1
16	①	1	41	④	2
17	③	2	42	①	3
18	④	1	43	②	2
19	⑤	2	44	①	2
20	①	2	45	②	1
21	③	2	46	③	3
22	⑤	2	47	③	2
23	①	2	48	①	2
24	②	2	49	②	2
25	⑤	2	50	⑤	1

01 정답 ②

구석기 시대의 생활 모습

구석기 사람들은 주로 동굴이나 강가의 막집에서 살았다. ① 고려 시대의 일이며, 이때에 이르러 밭농사에서 2년 3작의 윤작법이 보급되었으며 남부 일부지방에서는 논농사에서 모내기법(이앙법)도 행해졌다. ③ 철기시대, ④ 청동기 시대, ⑤ 신석기 시대의 모습이다.

02 정답 ⑤

고조선

제시된 자료를 통해서 '이 나라'는 고조선(위만조선)임을 알 수 있다. 고조선은 사회 질서를 유지하기 위해 범금 8조를 두었다. ① 백제 정사암 회의에 대한 설명이다. ② 초기국가 고구려의 제천 행사에 관한 설명이다. ③ 책화와 족외혼은 씨족사회의 유풍을 계승한 초기국가 동예이다. ④ 소도는 제정분리의 상징적인 구역으로 초기국가 삼한의 모습이다.

03 정답 ②

신라 진흥왕 6년(545)시기 역사적 사실

진흥왕 37년(576)에 화랑도를 국가적인 조직으로 개편하였다. ① 성덕왕 21년(722)에 농민들에게 연수유전답의 경작권을 지급한 토지이다. ③ 신문왕 2년(682)의 사실이다. ④ 신라 17대 내물 마립간(재위 356~402) 때부터 21대 소지 마립간까지 '마립간'의 왕호를 사용하였다. ⑤ 외사정을 파견한 것은 문무왕 13년(673)의 사실이다.

04 정답 ③

초기국가 부여

자료를 통해 제시된 나라는 초기국가 부여임을 알 수 있다. 부여에는 여러 가(加)들이 별도로 사출도를 주관하여 왕권이 미약하였다. ① 초기국가 옥저, ② 초기국가 삼한 중에서 변한, ④ 초기국가 동예, ⑤ 초기국가 고구려에 대한 설명이다.

05 정답 ②

고구려의 문화유산

무용총에는 당시 생활상을 담은 수렵도와 무용도 등의 벽화가 그려져 있다. ① 백제 근초고왕의 공격으로 고국원왕이 전사한 곳은 국내성이 아니라 평양성이다(371). ③ 각저총은 돌무지덧널무덤 양식이 아니라 굴식 돌방무덤 양식의 고분으로 씨름도가 있다. ④ 추사 김정희(1786~1856)의 금석과안록에서 비의 설립 시기가 고증된 것은 광개토 대왕릉비가 아니라 진흥왕 순수비 중 하나인 북한산비(555, 진흥왕 16)와 황초령비(568, 진흥왕 29)이다. ⑤ 장군총이 아니라 백제의 무령왕릉이다.

06 정답 ②

아단성 전투 이후의 사실

온달(?~590)은 고구려의 제25대 왕인 평원왕 때(재위 559~590)와 제26대 왕인 영양왕 때(재위 590~618)의 사람이다. 영양왕 원년인 590년에 명장 온달이 영양왕에게 자청하여 신라 진흥왕에 의해 복속된 죽령(경북 영주와 충북 단양 사이에 있는 고개) 이북의 땅을 회복하겠다며 자청하여 출전하였다가 아단성(지금의 서울 아차성) 아래에서 전사하였다. ② 고구려의 연개소문(?~666)이 영류왕 25년(642)에 정변을 일으켜 정권을 장악하고 신라를 압박한 것은 642년 이후의 일이다. ① 위(魏) 장수 관구검의 공격으로 고구려의 환도성이 함락된 것은 동천왕 18년(244)의 일이다. ③ 미천왕 13년(312). ④ 태조왕 4년(56), ⑤ 장수왕 15년(427)의 사실이다.

07 정답 ②

백제 의자왕 대의 사실

제시된 자료는 백제를 공격하러 온 나당 연합군과 관련된 것으로 자료의 '이 왕의 도성'에서 '이 왕'은 백제의 제31대 왕이자 마지막 왕인 의자왕(재위 641~660)임을 알 수 있다. ② 백제가 대야성을 점령한 것은 의자왕 2년(642)의 일이다. ① 성왕 16년(538), ③ 미천왕 14년(313), ④ 문무왕 15년(675), ⑤ 문무왕 14년(674)의 사실이다.

08 정답 ④

발해(솔빈부)

치미란 목조 건축물에서 용마루의 양 끝에 높게 부착하던 장식기와이다. '상경 용천부'라는 낱말에서 제시된 자료는 발해와 관련된 것임을 알 수 있다. ④ 솔빈부는 발해의 지방 행정 구역 중 하나로 특산물로는 말이 유명하였다. ① 통일신라 신문왕 9년(689)의 사실이다. ② 백강 전투는 663년의 사실로 나당 연합군과 백제를 구원하러 온 왜군·백제 부흥군이 맞서 싸운 전투이다. ③ 청해진(지금의 전남 완도)이 설치된 것은 신라 흥덕왕 3년(828)의 사실로 문성왕 13년(851)까지 존속하였다. ⑤ 백제 무령왕 때(재위 501~523)의 사실이다.

09 정답 ④

금관가야

제시된 자료에서 말하는 '나라'는 법흥왕 19년(532)에 병합한 김해의 금관가야이며, 김구해는 김유신(595~673)의 증조부이다. ① 신라의 귀족합의기구이다. ② 고구려 고국천왕 16년(194)에 을파소의 건의로 설치된 춘대추납 기구이다. ③ 신라의 사실로 3대 유리 이사금에서 16대 흘해 이사금까지 왕위가 교대로 이루어졌다. ⑤ 백제에 대한 설명이다.

10 정답 ⑤

신라 원성왕 이후의 사실

신라 하대에는 진골 귀족 간에 왕위 쟁탈전이 빈번하게 일어나 정치적 상황이 꽤 복잡하게 전개되었다. 김양상이 신라의 제37대 왕인 선덕왕(재위 780~785)이고, 그 다음 왕으로 즉위하는 김경신이 제38대 왕 원성왕(재위 785~798)이다. 특징적인 것은 원성왕 이후 왕위에 오르는 18명의 왕들 중 박씨 출신의 세 왕, 즉 신덕·경명·경애왕을 제외한 15명의 왕들이 모두 원성왕계 후손이라는 점이다. 따라서 이때의 왕위 쟁탈전은 같은 혈족 집단 내부의 유력자를 중심으로 한 종족 혹은 거기서 더 세분된 가문 단위로 전개되었다. 최치원(857~?)이 진성여왕에게 시무 10여 조를 건의한 것은 왕 8년(894)의 일이다. ① 654년의 사실로 그가 태종 무열왕이다(재위 654~661). ② 신문왕 원년인 681년의 사실이다. ③ 법흥왕 14년(527)의 사실이다. ④ 선덕여왕 12년(643)의 사실이다.

11 정답 ④

후삼국 통일(후백제의 내분)

제시된 자료의 상황은 후백제를 세운 견훤(867~936)이 큰 아들인 신검에 의해 전북 김제의 금산사에 유폐되는 사건을 가리키고 있음을 알 수 있다(935). 이 일이 있은 이듬해인 936년 9월 신검이 일리천 전투에서 고려군에 패배하여 고려에 의한 후삼국 통일이 이루어졌다. ① 신숭겸(?~927)이 대구 공산 전투에서 전사한 것은 고려 태조 10년(927)의 사실이다. ② 궁예(?~918)가 정변으로 왕위에서 축출된 것은 918년의 사실이다. ③ 견훤이 경주를 습격하여 경애왕을 죽게 한 것은 927년의 사실로 공산전투 직전이다. ⑤ 왕건(877~943)이 고창(안동) 전투에서 후백제군을 상대로 승리한 것은 930년의 사실이다.

12 정답 ④

중서문하성과 어사대

제시된 말풍선의 (가)는 고려의 중서문하성을 가리키고, (나)는 어사대이다. ㄱ. 화폐, 곡식의 출납과 회계를 맡은 기구는 중서문하성이 아니라 삼사이다. ㄷ. 원 간섭기에 도평의사사로 개편된 기구는 어사대가 아니라 도병마사이다. 어사대는 원 간섭기에 '순마소'로 바뀌었다.

13 정답 ③

고려 시대의 주요 사건

(가) 고려 인종 13년(1135)에 일어난 묘청의 서경 천도 운동이다. (나) 고려 인종 4년(1126)에 일어난 이자겸의 난이다. (다) 고려 의종 24년(1170)에 발생한 보현원 사건이다. (라) 고려 명종 6년(1176)에 발생한 망이·망소이의 봉기(공주 명학소의 봉기)이다.

14 정답 ④

조선 성종의 업적

제시된 (가)는 조선의 성종(재위 1469~1494)이다. 세조 때 시작되어 성종 대에 이르면 경국대전이 완성되어 국가의 통치 규범을 마련하였다(1485, 성종 16). ① 태종 원년(1401, 재위 1400~1418)이다. ② 국호를 조선으로 바꾼 것은 태조 2년(1393), 수도 한양 천도는 태조 3년(1394)이다. ③ 칠정산은 세종 26년(1444) 한양을 기준으로 만든 자주적인 역서이다. ⑤ 직전법을 제정하여 현직 관리에게만 수조지를 지급한 왕은 세조 12년(1466)이다.

15 정답 ①

고려 시대의 불교문화

보은 법주사 팔상전은 17세기의 건축물이며, 고려시대 안동 봉정사 극락전은 현존하는 가장 오래된 목조 건축물로 주심포 양식이다. ② 논산 관촉사에는 고려시대 석조 미륵보살입상이 있다. ③ 순천 송광사를 중심으로 보조국사 지눌(1158~1210)이 결사 운동을 전개하였다. ④ 합천 해인사 장경판전에 팔만대장경이 보관되어 있다. ⑤ 원묘국사 요세(1163~1245)가 법화 신앙을 바탕으로 신앙 결사운동을 펼친 곳은 전남 강진 백련사이다.

16 정답 ①

고려 공민왕 대의 사실

① 유인우, 이자춘 등이 쌍성총관부를 수복한 것은 공민왕

5년(1356)의 사실이다. ② 우왕 6년(1380)에 일어난 진포 대첩 당시 최무선이 개발한 화약과 화포가 큰 역할을 하였다. ③ 고려 고종 19년(1232) 몽골의 제2차 침입 당시 최우(집권 1219~1249)가 강화 천도 이후에 조직하였다. ④ 고려 성종 12년(993)의 사실이다. ⑤ 고려 우왕 14년(1388)의 사실로 이후 이성계는 위화도 회군을 단행하였다.

17 정답 ③

고려 시대 과학 기술의 발달

제시된 자료의 직지심체요절(1377, 우왕 3), 사천대 등으로 보아 고려 시대 과학 기술의 발달에 관한 것임을 알 수 있다. ㄱ. 조선 정조 때 다산 정약용(1762~1836)의 설계로 제작하여 정조 13년(1789)에 한강에 배다리를 놓는 데 사용하였고, 이어 1793년부터 시작된 수원성 축성에 이용되었다. ㄴ. 최무선이 우왕 3년(1377)에 제작하였다. ㄷ. 고종 18년(1236)18) 상권만 편찬하였고, 이후 고종 38년(1251) 중·하권이 편찬되어 총 3권이 전한다. ㄹ. 「임원경제지」의 저자는 풍석 서유구(1764~1845)로 이는 조선 순조 27년(1827)에 편찬되었으며, 농업 정책과 자급자족의 경제론을 편 실학적 농촌 경제 정책서이자 백과사전적 농서이다. 「임원십육지」라고도 한다.

18 정답 ④

고려 시대의 경제 상황

자료의 국제 무역항 벽란도, 건원중보 등으로 보아 이 시기가 고려시대라는 것을 알 수 있다. ① 내상(동래)과 만상(의주)의 활동 시기는 조선 후기이다. ② 상품 작물이 활발하게 재배된 시기는 조선 후기이다. ③ 이모작의 성행으로 광작이 등장 한 시기는 조선 후기이다. ⑤ 광산에서 설점수세제의 실시는 효종 2년(1651)으로 조선 후기이다.

19 정답 ⑤

사계 김장생(1548~1631)

제시된 자료의 인물은 서인의 영수이자 예학의 대가였던 사계 김장생이다. 참고로 기호지방이란 경기 지방과 호서(충청도) 지방을 통칭하는 우리의 옛 지방 구분 용어이다. 조선 시대에 경기도와 충청도를 포괄하여 기호학파가 형성되면서 정립되었다. ⑤ 김장생은 숙종 11년(1685) 「가례집람」을 저술하여 예학을 조선의 현실에 맞게 정리하였다. ① 하곡 정제두(1649~1736)이다. ② 점필재 김종직(1431~1492)이다. ③ 「동호문답」은 선조 2년(1569) 간행된 서적으로 율곡 이이(1536~1584)의 저서이다 ④ 「성학십도」는 선조 원년(1568) 간행된 서적으로 퇴계 이황(1501~1570)의 저서이다.

20 정답 ①

서울 원각사지 십층 석탑

제시된 석탑은 조선 세조 13년(1467)에 조성된 서울 원각사지 십층 석탑이다. ② 백제 시대 부여 정림사지 오층 석탑이다(7세기). ③ 통일신라 시대 경주 불국사 다보탑이다(751, 경덕왕 10). ④ 신라 하대 양양 진전사지 삼층 석탑이다(8세기 후반 추정). ⑤ 백제 익산 미륵사지 석탑이다(639, 무왕 40).

21 정답 ③

조선 인조(재위 1623~1649)

제시된 자료는 반정을 통해 광해군을 폐하고 왕위에 오른 인조에 대한 것이다. ③ 인조는 즉위 초 총융청(1624)과 수어청(1626)을 설치하여 도성을 방비하였다. ① 세조 13년(1467)의 사실이다. ② 정조 5년(1781)의 사실이다. ④ 세종 때 전제상정소 설치(왕 25, 1443), 전분6등법 제정(왕 26, 1444)이 이루어졌다. ⑤ 1차 변급(효종 5년, 1654), 2차 신류(효종 9년, 1658)에 의해 단행되었다.

22 정답 ⑤

경남 진주

촉석루는 고려 후기에 건립된 누각이고, 김시민 장군(1554~1592)은 임진왜란 때 진주 대첩(제1차)을 승리로 이끈 무장이다(1592.10). 강민첨(963~1021)은 동여진과 거란 격퇴에 공을 세운 고려 초의 무신이며, 옥봉 고분군은 진주시 옥봉동에 있는 가야의 고분군이다. 이렇게 보면 제시된 지도 속 문화유산은 경남 진주에 해당함을 알 수 있다. ⑤ 유계춘(?~1862)이 백낙신의 수탈에 맞서 봉기한 곳은 진주이다(진주 농민 항쟁/임술 농민 항쟁, 1862). ① 김만덕(1739~1812)은 조선 정조 시기 제주도에서 유통업을 통해 막대한 부를 쌓은 여성으로 제주도 기근 때 전 재산을 기부해 제주민을 살려낸 인물이다. ② 정묘호란에서 정봉수가 의병을 이끌고 활약한 곳은 평안북도 철산이다(1627, 인조 5). ③ 손암 정약전(1758~1816)이 「자산어보」를 저술한 곳은 전남 신안군에 속하는 흑산도이다(1814, 순조 14). ④ 신립(1546~1592)이 배수의 진을 치고 싸운 장소는 충북 충주의 탄금대이다(1592.4).

23 정답 ①

조선 순조(재위 1800~1834) 대의 사실

제시된 자료는 공노비 해방(1801, 순조 원년)을 단행한 조선 순조임을 알 수 있다. ① 이 시기에 일어난 신유박해(순조 원년, 1801)로 실학의 퇴조와 황사영 백서 사건이 일어났다. ② 철종 13년(1862)의 사실이다. ③ 광해군 10년(1618)의 사실이다. ④ 영조 18년(1742)의 사실로 성균관 앞 반수교 옆에 설치하였다. ⑤ 고종 2년(1865)의 사실이다.

24 정답 ②

조선 후기의 상인

(가)는 '송상'이고, (나)는 '경강상인'이다. ② 송상은 전국 각지에 송방이라는 지점을 설치하고 인삼을 재배 판매하였으며, 부기도 사용하였다. ① 혜상공국은 고종 20년(1883) 개항 이후 상업 자유화에 밀려 생업에 위협을 받게 된 보부상을 보호하기 위하여 설치한 기관이다. ③ 의주를 중심으로 활약한 만상이다. ④ 시전상인에 대한 설명이다. ⑤ 대동상회는 고종 20년(1883) 평안도 상인들이 자본을 모아 인천에서 설립하였으며, 대동상회사, 평양상회라고도 부른다.

25 정답 ⑤

조선의 기록물

「조선왕조실록」의 편찬은 선왕 사후에 실록청을 설치하고 춘추관 관원들이 참여하였다. ① 제시된 자료 중에서 유네스코 세계 기록 유산으로 등재된 것은 승정원일기(2001)와 조선왕조실록(1997)이다. 조보(朝報)는 국왕의 비서기관에서 발행한 관보이다. ②「일성록」은 광해군 때부터가 아니라 영조 36년인 1760년부터 기록되기 시작한 것으로 국왕의 동정과 국정을 기록한 일기로 대한제국이 망한 1910년까지 약 150년간 기록되었다. ③「비변사등록」은 국정의 핵심 업무를 담당하였던 비변사에서 매일 매일의 업무 내용을 기록한 책이다. 임진왜란 당시 다른 기록과 함께 소실되어 이전의 것은 사라지고, 현재는 광해군 9년인 1617년부터 고종 29년인 1892년까지 총 276년 간의 기록만 남아 있다. ④ 정조가 세손 시절부터 쓴 일기(존현각일기)에서 유래한 것은「일성록」이다.「승정원일기」는 왕명의 출납을 관장하던 승정원에서 매일매일 취급한 문서와 사건을 기록한 일기이다. 임진왜란 때 이전의 기록이 소실되어 인조 원년인 1623년부터 고종 31년인 1894년까지 270여 년간의 일기만이 남아 있다.

26 정답 ⑤

서울의 문화유산(선농단)

⑤ 선농단은 국왕이 신농, 후직에게 풍년을 기원하기 위해 제사하는 곳으로 조선 태조 때 설치되었다. ① 역대 국왕과 왕비의 신주를 모신 곳은 사직단이 아니라 종묘이다. 사직단은 나라의 신(社)과 곡식을 맡은 신(稷)에게 제사를 지내는 제단이다. ② 촉의 장수인 관우를 제사지내는 사당은 종묘가 아니라 동관왕묘(동묘)이다. ③ 흥선 대원군이 집권한 시기에 혁파된 곳은 47개소를 제외한 전국의 서원(1871)과 만동묘(1865)이며, 문묘(文廟)는 유교의 성인인 공자를 모시는 사당으로 중앙에는 성균관, 지방에는 향교에 각각 설치하였다. ④ 대성전과 명륜당을 중심으로 구성되어 있는 곳은 문묘로 중앙의 성균관과 지방의 향교에 각각 설치되었다.

27 정답 ④

일본에 대한 조선의 정책

제시된 자료에서 말하는 '이 나라'는 일본으로 당시 일본은 많은 양의 은을 생산하였다. ④조선은 광해군 원년인 1609년에 일본과 기유약조를 체결하여 임진왜란 이후 무역을 재개하였다. ① 광군이 설치된 것은 고려 정종 2년(947)으로 거란의 침입에 대비하기 위해서였다. ② 충선왕이 퇴위 후 학문 교류를 위해 원의 연경에 만권당을 설립한 것은 충숙왕 원년(1314)의 일이다. ③ 조선이 하정사, 성절사, 천추사 등의 사신을 파견한 나라는 명이다. ⑤ 조선 세종 20년(1438) 여진의 사신을 위해 설치한 북평관은 원래 야인관이라 부르던 것을 북평관으로 고쳐 운영하였다.

28 정답 ③

남인

제시된 자료의 '(가) 붕당'은 남인이며 이들은 이언적과 이황의 제자들이 주류를 이루었다. ① 광해군 시기에 국정을 이끈 붕당은 북인이다. ② 경신환국(숙종 6년, 1680)으로 정권을 장악한 붕당은 서인이다. ④ 현종 즉위년(1659)에 일어난 기해예송에서 자의대비의 기년복(1년설)을 주장한 붕당은 남인이 아니라 명분론을 제기한 서인이며, 이들의 주장이 채택되었다. 남인은 현실론을 제기하면서 참최복(3년설)을 주장하였다. 참고로 9개월 동안 입는 복제는 '대공복'이라 한다. ⑤ 정여립 모반 사건을 내세워 기축옥사(1589)를 주도한 붕당은 정철을 중심으로 한 서인이다.

29 정답 ②

동학

제시된 자료의 (가)는 철종 11년(1860) 동학을 창시한 최제우(1824~1864)에 대한 내용으로 동학은 1905년 제3대 교주 손병희에 의해 천도교로 개칭되었다. ① 배재학당(1885.8)을 세워 신학문 보급에 기여한 종교는 기독교이다. ③ 사찰령이 공포된 것은 1911년 6월의 일이며, 불교계의 조선불교유신회를 중심으로 일제의 통제에 맞서 사찰령 폐지 운동을 전개하였다. ④ 1910년대 말~1920년대 전반 간척 사업을 추진하고 새생활 운동을 전개한 종교는 박중빈이 창시한 원불교이다. ⑤ 제사와 신주를 모시는 문제로 정부의 탄압을 받은 종교는 천주교이다.

30 정답 ⑤

반계 유형원(1622~1673)

제시된 자료의 (가)는 반계 유형원으로 그는 중농학파(경세치용학파)의 선구자로 자영농 육성을 위한 균전제를 주장하였는데 이는 신분에 따른 토지의 차등 분배론이었다. ① 정조 때 규장각 검서관으로 활동한 박제가, 이덕무, 유득공, 서이수 등은 모두 서얼 출신이다. ② 구암 한백겸(1552~1615), ③ 담헌 홍대용(1731~1783), ④ 연암 박지원(1737~1805)에 대한 내용이다.

31 정답 ④

대한제국 시기 광무개혁(지계)

제시된 자료는 대한제국이 광무개혁을 추진하면서 발급한 토지소유권 증명서인 지계(地契)이다. ④ 러시아가 1903년 4월 용암포를 점령하고 조차를 요구한 것은 러일 전쟁(1904.2) 직전인 1903년 7월의 일이다. ① 이만손(1811~1891)이 영남만인소를 올린 것은 1881년 2월의 사실이다. ② 최초의 신문 한성순보가 발행된 것은 1883년 10월의 사실이다. ③ 조선형평사 창립 대회가 경남 진주에서 개최된 것은 1923년 4월의 사실이다. ⑤ 1866년 8월 제너럴 셔먼호 사건을 구실로 미군이 강화도를 침략한 신미양요는 1871년 6월의 사실이다.

32 정답 ⑤

갑신정변(김옥균)

제시된 자료에서 말하는 '그'는 1884년 12월 갑신정변을 주도한 고균 김옥균(1851~1894)이며, 이 개혁은 1884년 갑신정변이다. ㄱ. ㄴ. 동학 농민운동(1894) 때의 사실이다. ㄷ. 1882년 6월 임오군란과 갑신정변은 모두 청의 군사 개입으로 실패하였다. ㄹ. 갑신정변 당시 개혁 요강 14개조 중 제12조의 내용이다.

33 정답 ⑤

죽천 박정양(1841~1904)

제시된 자료에서 말하는 '(가) 인물'은 죽천 박정양으로 1887년에 초대 주미 공사로 임명되어 퇴임할 때까지의 과정을 담은 『미암일기』가 있다. 한편, 관민공동회가 개최되던 1898년 10월 당시에는 참정대신(參政大臣) 자격으로 독립협회의 제안을 받아들여 중추원 관제 개편을 추진하였는데 헌의 6조, 의회식 중추원 신관제 반포 등이 대표적이다. ① 대성학교는 신민회의 도산 안창호가 설립하였다(1908.9). ② 서유견문(1895)의 저자는 구당 유길준(1856~1914)이다. ③ 영국인 베델과 제휴하여 1904년 대한매일신보를 창간한 인물은 양기탁이다. ④ 1907년 4월 네덜란드 헤이그에서 열린 만국평화회의에 특사로 파견된 인물은 이상설(1870~1917), 이준(1859~1907), 이위종(1887~?)이다.

34 정답 ③

조·청 상민수륙무역장정(1882)

제시된 조약은 임오군란 직후인 1882년 8월 조선과 청 사이에 체결된 조청 상민수륙무역 장정이다. ① 영국이 거문도를 불법 점령한 것은 1885년 4월의 사실이다(~1887년 2월까지 주둔). ② 청일 전쟁에서 일본이 승리한 것은 1895년 4월의 사실이다(시모노세키 조약 체결). ④ 1890년의 사실로 이후 1898년에 이르러 황국중앙총상회의 조직으로 이어졌다. ⑤ 운요호 사건(초지진 사건)은 1875년 9월의 사실이다.

35 정답 ④

덕수궁

제시된 그림의 궁궐은 덕수궁이다. 함녕전은 고종의 침전이며 명성황후가 일본 낭인들에 의해 시해된 장소는 경복궁 건천궁 옥호루이다(1895.8.20). ① 고종이 아관파천 이후 1897년 2월 환궁한 곳은 경운궁(덕수궁)이다. ② 두 차례(1946, 1947)의 미소 공동위원회가 개최된 곳은 덕수궁 석조전이다. ③ 일제의 강압 속에 1905년 11월 17일 을사늑약이 체결된 현장은 덕수궁 중명전이다. ⑤ 궁궐 안에 남아 있는 가장 오래된 서양식 건물은 덕수궁 석조전이다(1909).

36 정답 ①

군국기무처

자료는 1894년 6월 교정청을 폐하고, 제1차 갑오개혁을 추진하기 위해 설립된 군국기무처이다. ① 제1차 갑오개혁 때 공사 노비법의 폐지를 결정하였다. ② 진주민란 당시 안핵사로 왔던 환재 박규수의 요청으로 1862년 삼정이정청을 설치하였다. ③ 도교 의식을 주관하던 소격서가 혁파되었다. ④ 비변사에 대한 설명이다. ⑤ 개화정책을 추진하기 위해 설치한 12사는 통리기무아문(1880.12) 예하에 소속된 부서이다.

37 정답 ④

간도 지역의 독립운동

제시된 사료는 조선 말 고종 때 청과 조선 사이에 벌어진 간도귀속 문제와 관련된 것으로 대한제국은 간도를 직접 관할하고자 이범윤을 1903년 7월에 간도 관리사로 임명하였다. ④ 대종교 계열의 중광단이 만주에서 결성된 것은 1911년의 사실로 1919년 대한정의단 → 대한군정부 → 북로군정서군으로 개편되었다. ① 숭무학교는 1910년 11월 멕시코 유카탄 메리다 지역회 회장 이근영이 수십 명의 한인 청년을 모아 사관을 양성하는 기관으로 설립하였다. ② 대조선국민군단은 1914년 6월 박용만(1881~1928)의 주도로 독립군 사관 양성을 목표로 미국 하와이에서 설립되었다. ③ 동제사는 중국 상하이에서 조직되었다(1912.7). ⑤ 유학생들이 1919년 2·8 독립 선언서를 발표한 장소는 일본 도쿄이다.

38 정답 ①

민족혁명당 결성(1935)

의열단 단장 김원봉이 중국 국민당과 교섭하여 중국 난징 교외에 조선 혁명간부학교를 설립한 것은 1932년 10월의 사실이며, 김원봉이 다른 독립운동 단체와 함께 민족혁명당을 결성한 것은 1935년 7월의 사실이다. ② 단재 신채호에 의해 조선혁명선언이 작성된 것은 1923년 1월의 사실이다. ③ 중국 베이징에서 한국 독립 유일당 북경 촉성회가 창립된 것은 1926년 10월의 사실이다. ④ 고종의 밀지를 받아 임병찬에 의해 (대한)독립의군부가 조직된 것은 1912년 9월이다. ⑤ 한성, 상하이, 연해주 지역의 임시정부가 대한민국 임시 정부로 통합된 것은 1919년 9월 11일이며, 이때 제1차 개헌이 이루어졌다.

39 정답 ④

정우회 선언(1926. 11)

(가)는 조선의 마지막 왕이자 대한제국의 제2대 황제인 순종(1907~1910)의 죽음을 계기로 다시 한 번 대규모의 만세 운동을 일으키고자 작성된 1926년 6·10 만세 운동 당시 격문이다. (나)는 1929년 11월 광주 학생 항일 운동 당시 격문으로 전국 학생들의 봉기를 요청하는 내용이다. ④ 사회주의 세력의 활동 방향을 밝힌 정우회 선언이 발표된 것은 1926년 11월이다. ① 의열단원 김상옥(1890~1923)이 종로 경찰서에 폭탄을 투척한 것은 1923년 1월이다. ② 동아일보를 중심으로 브나로드 운동이 전개된 것은 1931~1934년이다. ③ 고액의 소작료에 반발하여 일어난 암태도 소작쟁의는 1923년 8월~1924년 8월까지 진행되었다. ⑤ 일제가 데라우치 총독 암살 미수 사건을 계기로 105인 사건을 날조한 것은 1911년 9월의 일이다. 이로 인해 신민회의 국내 조직이 사실상 붕괴하였다.

40 정답 ③

한국광복군(1940. 9)

제시된 자료의 (가)는 1940년 9월 중국 충칭에서 창설된 한국 광복군이다. ③ 한국광복군은 미국과 연계하여 국내 진공 작전을 계획하였으나 일본의 항복으로 실행되는 못하였다. ① 김좌진(1889~1930)의 지휘 아래 활동한 군대는 북로군정서군이다. ② 자유시 참변(1921.6)으로 큰 타격을 입은 군대는 서일의 대한독립군단이다. ④ 중국 관내인 한커우에서 결성된 최초의 한인 무장 부대는 조선의용대이다(1938.10). ⑤ 중국호로군과 연합 작전을 통해 항일 전쟁을 전개한 군대는 한국독립군(지청천)이다(1930년대 전반).

41 정답 ④

회사령 제정(허가제, 1910)

토지조사사업은 1910~1918년까지 전개되었는데, 일제는 1910년 회사 설립 시 총독의 허가를 받도록 하는 회사령(허가제)을 적용하였다가 일본 자본과 회사의 진출을 용이하게 하기 위해 1920년 4월에 신고제(계출제)로 바꾸었다. ① 국가총동원법 제정은 1938년 4월이다. ② 도 평의회, 부·면 협의회 등의 자문 기구를 설치한 것은 문화통치 시기인 1920년 7월의 사실이다. ③ 일본의 재정 고문 메가타 주도 아래 화폐 정리 사업을 실시한 것은 1905년 6월이다. ⑤ 독립운동을 탄압하기 위해 조선 사상범 보호 관찰령을 공포한 것은 1936년 12월이며, 조선 사상범 예방구금령 제정은 1941년 12월의 사실이다.

42 정답 ①

권업회와 권업신문

최재형은 권업회 조직과 권업신문 발간에도 참여하였다(1911.12). ② 서전서숙 설립(1906)과 민족 교육 진흥에 힘쓴 인물은 보재 이상설이다. ③ 신흥무관학교는 기존의 신흥중학교(신흥강습소를 개칭)를 점진적으로 폐교하고 1919년 5월 설립하였다. ④ 한인애국단 결성(1931.10)과 항일 의거 활동에 힘쓴 인물은 백범 김구이다. ⑤ 신한청년당 결성(1918.8)과 파리 강화 회의에 참석(1919.3)한 인물은 우사 김규식이다.

43 정답 ②

한국 독립군(1931)

자료의 내용은 지청천이 이끈 한국독립당 산하 정규군인 한국독립군이다. 한국독립군은 대전자령 전투 등지에서 중국국민당의 중국호로군과 연합하여 일본군을 상대로 승리를 거두었다(1933.7). ① 동북항일연군으로 개편된 부대는 동북인민혁명군이다(1936.3). ③ 간도참변(1921) 이후 조직을 정비하고 자유시로 이동한 부대는 서일의 대한독립군단이다. ④ 홍범도 부대와 연합하여 청산리에서 일본군과 교전한 대표적인 부대는 김좌진이 지휘한 북로군정서군이다. ⑤ 조선혁명당의 군사 조직으로 남만주 지역에서 활약한 부대는 조선혁명군(양세봉)이다.

44 정답 ①

5·10 총선거(1948)

(가)는 백범 김구가 1948년 2월 10일에 발표한 '삼천만 동포에게 읍고함'이란 글이며, (나)는 1948년 5월 31일 개원한 제헌 국회가 정부 수립을 앞두고 발표한 글이다. ① 우리나라 최초의 보통 선거인 5·10 총선거가 실시된 것은 1948년 5월 10일이다. ② 이승만에 의해 정읍발언이 제기된 것은 1946년 6월이다. ③ 몽양 여운형이 중심이 되어 조선 건국 준비위원회가 조직된 것은 1945년 8월 15일이다. ④ 좌우 합작 위원회가 결성되어(1946년 7월) 좌우 합작 7원칙에 합의한 것은 1946년 10월 7일이다. ⑤ 독립 촉성 중앙협의회는 이승만에 의해 1945년 10월 결성되었다.

45 정답 ②

조선어 학회(1931~1942)

제시된 자료에서 말하는 (가)단체는 조선어 학회로 1933년 10월 한글 맞춤법 통일안과 표준어를 제정하였다. ①

정인보와 안재홍이 다산 정약용 서거 100주년을 기념하여 「여유당전서」간행 사업을 계기로 시작된 것이 조선학 운동이다(1934~). ③ 국문 연구소 설립은 1907년 7월이다. ④ 개벽, 신여성 등 잡지 간행은 천도교가 주도한 사업이다. ⑤ 민립 대학 설립 운동은 1922년 민립 대학 설립 기성회가 조직되어 1922년~1923년에 전개되었다.

46 정답 ③

일제 강점기 말의 사회 모습

제시된 법령은 일제의 육군 지원병제(1938. 2)이다. ③ 경성 부민관에서 당시 친일파의 거두 박춘금이 조선총독부 고관과 국내 친일파 다수를 모아놓고 연설을 하고 있을 때 폭탄이 터지는 의거가 발생한 것은 1945년 7월이다(부민관 투탄 의거). ① 신간회가 창립된 것은 1927년 2월이다. ② 원산 총파업은 1929년 1월~4월까지 전개되었다. ④ 잡지 '어린이'가 천도교에 의해 창간된 것은 1923년 3월이다. ⑤ 조선물산장려회가 평양에서 처음 발기된 것은 1920년 8월이며, 1923년 1월 경성에서도 조선물산장려회가 발기하였다.

47 정답 ③

제1차 발췌 개헌(1952. 7)

자료는 6·25 전쟁 중이던 1952년 5월에 발생한 '부산 정치 파동'으로 ③동년 7월에 정·부통령 직접 선거를 주 내용으로 하는 개헌이 이루어졌다(제1차 발췌 개헌). ① 북한의 전면적인 남침으로 6·25 전쟁이 발발한 것은 1950년 6월이다. ② 경찰이 반민족행위 특별조사위원회를 습격한 것은 1949년 6월이다. ④ 전조선 정당 사회단체 지도자 협의회가 성명서를 발표한 것은 1948년 4월이다. 참고로, 1948년 4월 19일~23일까지 평양에서 '남북 연석회의'(정식 명칭은 '남북조선(전조선)제정당사회단체대표자연석회의')가 열리고, 뒤이어 남북한 주요단체 대표 간에 두 차례 회의(4월 27일과 30일)가 또 열렸다. 이를 '남북 지도자협의회'(정식 명칭은 '남북조선(전조선)제정당 사회단체 지도자협의회')라고 한다. 그런데 또 '4김 회담'이라고 하여 김구와 김규식, 김일성과 김두봉 간의 회담이 4월 26일과 30일에 각각 진행되었다. 보통 엄밀한 의미에서의 남북 연석회의는 4월 19일부터 23일까지 진행된 본회의를 지칭한다. 그렇지만 일반적으로 4월 19일부터 30일까지 진행된 연석회의 본회의와 남북 지도자 협의회, 4김 회담을 모두 통틀어 '남북 연석회의'(이른바 '남북 협상')라고 부른다. ⑤ 일제가 남긴 재산 처리를 위한 귀속재산처리법이 처음 제정된 것은 1949년 12월이다.

48 정답 ①

프로 야구단 창단(1982)

제시된 자료의 '중학교 의무 교육 실시에 관한 규정'은 전두환 정부 시기인 1985년의 사실이다. ① 한국 야구위원회(KBO)가 만들어진 것은 1981년 말이고, 프로야구단이 정식으로 창단되어 프로야구가 시작된 것은 1882년이다. ② 금강산 해로 관광 사업이 시작된 것은 김대중 정부 시기인 1998년 11월이다. 참고로 금강산 해로 관광 사업을 2004년 1월에 중단하는 대신 금강산 육로 관광 사업을 새로 시작한 것은 노무현 정부 시기인 2003년 9월이다. ③ 제1차 경제 개발 5개년 계획이 추진된 것은 박정희 정부 시기인 1962년 1월이다. ④ 외환 위기 극복을 위해 금 모으기 운동이 전개된 것은 김영삼 정부 시기인 1998년 1월부터 김대중 정부 시기에 해당하는 1998년 4월까지 전개되었다. ⑤ 금융 실명제가 전격 실시된 것은 김영삼 정부 시기인 1993년 8월이다.

49 정답 ②

유신 체제 하의 민주화 운동

제시된 헌법은 1972년 12월에 공포된 '유신 헌법'이다(제7차 개헌). 유신 헌법에는 악소 조항인 '긴급 조치'가 규정되어 있는데 이의 철폐를 요구하는 3·1 민주 구국 선언이 명동 성당에서 발표된 것은 1976년이다. ① 6·3 시위가 일어난 것은 1964년 6월이다. ③ 4·19 혁명이 전국 각지에서 전개된 것은 1960년 4월이다. ④ 4·13 호헌 조치 철폐를 요구하는 전 국민적인 저항이 벌어진 것은 1987년 6월이다. ⑤ 김영삼과 김대중을 공동 의장으로 한 민주화 추진 협의회가 조직된 것은 1984년 5월로 '민추협'이라고 불렀다.

50 정답 ⑤

노무현 정부의 통일 정책

자료는 노무현 정부 시기(2003.2~2008.2)인 2003년 6월 개성공단 착공식 내용이다. ⑤ 노무현 정부는 2007년 10월에 제2차 남북 정상 회담을 개최하고 10·4 남북 공동 선언을 발표하였다. ① 노태우 정부 시기인 1991년 12월 31일의 사실이다. ② 전두환 정부 시기인 1985년 9월의 사실이다. ③ 노태우 정부 시기인 1991년 12월 13일의 사실이다. ④ 박정희 정부 시기인 1972년 11월의 사실이다.

고급 기출문제 45회

문항	정답	배점	문항	정답	배점
01	⑤	1	26	⑤	3
02	③	1	27	③	2
03	①	2	28	③	2
04	④	3	29	④	3
05	④	1	30	④	2
06	④	2	31	⑤	2
07	③	2	32	②	2
08	④	2	33	⑤	1
09	⑤	1	34	①	2
10	⑤	3	35	③	1
11	①	2	36	⑤	2
12	④	1	37	②	3
13	④	3	38	④	2
14	①	2	39	①	2
15	②	2	40	③	2
16	④	2	41	①	3
17	②	2	42	①	2
18	①	2	43	③	2
19	⑤	2	44	①	1
20	②	3	45	②	3
21	③	2	46	③	2
22	⑤	1	47	②	3
23	②	1	48	④	2
24	①	2	49	②	2
25	⑤	2	50	①	2

01 정답 ⑤

청동기 시대 사회상

부여 송국리 유적은 청동기 시대의 대표적인 유적지로 이 시기에는 ⑤ 반달 돌칼을 사용하여 곡물을 수확하였다. ① 구석기 시대, ② 철기 시대, ③ 고려 시대, ④ 구석기·신석기 시대에 관한 설명이다.

02 정답 ③

초기국가 동예

자료의 내용은 초기국가 동예로 ③ 동예에서는 매년 10월에 무천이라는 제천 행사를 열었다. ① 부여, 고구려, 삼한, ② 변한, ④ 옥저, ⑤ 부여에 대한 설명이다.

03 정답 ①

대가야

자료의 나라는 경상북도 고령을 중심으로 발전한 대가야로 ① 진흥왕 때인 562년 신라에 복속되었다. ② 백제와 고구려, ③,④ 고구려, ⑤ 신라에 대한 설명이다.

04 정답 ④

고구려 고국원왕~장수왕 사이의 역사적 사실

(가)의 371년 고구려 고국원왕은 백제 근초고왕의 공격으로 평양성에서 전사한 내용이며, (나)는 475년 고구려 장수왕이 백제 개로왕을 죽이고 한성을 함락시킨 자료이다. ④의 고구려 광개토대왕은 396년 백제를 공격하여 한강 선까지 이르렀다. ① 527년, ② 475년(개로왕 전사 이후), ③ 2c, ⑤ 642년의 사실이다.

05 정답 ④

백제의 도교 문화

도교의 유행으로 나타난 백제의 문화 유산은 ㄴ. 백제 산수무늬 벽돌 ㄹ. 백제 금동 대향로, 무령왕릉 지석 매지권, 사택지적비가 있다. ㄱ. 가야의 철제 갑옷이며, ㄷ. 고구려의 금동 연가7년명여래입상이다.

06 정답 ④

백제 성왕의 업적

제시된 자료의 백제 성왕은 무령왕의 아들로 신라와의 관산성 전투(554)에서 전사하여 나제동맹이 결렬되었으며, 그의 집권 시기에 ④ 수도를 사비로 천도하고 국호를 남부여로 고쳐 백제의 중흥을 꾀하였다. ① 백제 무왕, ② 백제 침류왕, ③ 백제 의자왕, ⑤ 백제 근초고왕 대의 사실이다.

07 정답 ③

발해의 통치제도

제시된 자료는 발해에 관한 내용으로 발해는 9세기 초 선왕 이후에 '해동성국'으로 불렸으며, 고구려의 문화적 영향을 많이 받았다. 특히, ③ 발해 선왕 때에는 5경 15부 62주의 지방 행정 제도 면모를 갖추었다. ①,④ 통일 신라, ② 백제 무령왕 때, ⑤ 신라시대의 인질제도이다.

08 정답 ④

선종 불교의 특징

자료는 불교 선종의 영향을 받아 전형적인 8각원당형으로 건립된 화순 쌍봉사 철감선사 승탑이다. ④ 승탑은 선종의 참선과 수행을 통해 불성을 깨닫고자 하는 교리와 밀접한 관련을 가지고 건립되었다. ①,⑤ 동학, ② 대종교, ③의 대성전은 성균관, 향교에 설립하여 공자 등 유교의 선현을 배향하였다.

09 정답 ⑤

독도의 역사

제시된 자료는 독도에 관한 자료로 ⑤ 독도는 대한제국 칙령 제41호에서 관할 영토로 명시하였다. ①,④ 강화도, ② 흑산도, ③ 제주도 지역에 관한 설명이다.

10 정답 ⑤

궁예(후고구려)

사료에서 설명하고 있는 선종(善宗)은 궁예로 그는 기훤, 양길에게 의탁한 후 독자적인 세력 기반을 갖추고 901년 후고구려를 세운 후 국호를 마진(→태봉)으로 바꾸고 철원으로 천도한 인물이다. ① 신문왕, ②,③,④ 견훤에 대한 설명이다.

11 정답 ①

공민왕의 개혁정치

자료는 고려 공민왕의 반원 자주정책에 관한 내용으로 ① 공민왕 때 개혁정치의 일환에서 친원파 기철 등이 숙청되었다. ② 몽골 2차 침입 당시 살리타를 사살하였으며, ③ 1170년 무신정변, ④ 고려 문종 때 대표적인 사학(私學), ⑤ 무신정권 최충헌 집권기의 그의 사노 만적의 봉기 등에 관한 내용이다.

12 정답 ④

상감기법에 의한 상감청자

자료는 고려 12세기 이후 고려만의 독자적 기법인 상감기법에 의해 제작된 상감청자에 관한 내용으로 ④의 상감청자 매병이 대표적이다. ①은 조선 백자(달항아리), ②는 고려청자(참외모양 화병) ③ 조선 철화백자, ⑤ 조선 청화백자의 모습이다.

13 정답 ④

고려 정치사의 전개 과정

고려시대 정치의 변천 과정의 흐름에 대한 내용으로 순서대로 나열하면 (나)-(가)-(라)-(다)이다. (나) 광종 때 후주의 귀화인 쌍기가 과거제도의 도입을 건의하였다. (가) 최우는 무신 집권기에 인사권 장악 기구인 정방을 자기 집에 설치하였다. (라) 충목왕 때 개혁 정치기구로 정치도감이 설치되었다. (다) 공민왕 때 신돈이 전민변정도감을 설치하였다.

14 정답 ①

삼국사기(1145)

김부식은 묘청의 서경천도 운동을 진압한 후 인조의 명에 의해 1145년 본기, 지, 열전, 연표로 구성된 기전체 사서인 「삼국사기」를 편찬하였다. ② 고려사, ③ 발해고, ④ 최초의 통사(通史)인 동국통감, ⑤ 삼국유사에 관한 설명이다.

15 정답 ②

강감찬의 귀주대첩(1019)

강감찬은 거란의 3차 침입 때 귀주대첩으로 승리를 거두었으며, (나) 서희의 외교 담판으로 강동 6주를 확보한 것은 거란의 1차 침입(993) 당시의 사실이다.

16 정답 ④

대구지방의 역사 문화

자료는 대구지방에 대한 문화 유적지이다. 2·28 학생 민주의거는 1960년 2월 28일, 3·15 대선을 앞두고 대구시의 8개 고교 학생들이 자유당의 독재와 불의에 항거해 일어난 시위로 이를 기념하기 위해 대구 동성로에 2·28 기념 중앙공원을 마련하였다. 참고로 2017년 이 공원의 입구에 평화의 소녀상이 건립되었으며 공원의 동쪽과 북쪽에는 국채보상운동 기념 공원과 경상감영 공원 같은 다른 역사적 사실에 관한 공원들도 존재한다. ① 경기도 성남의 남한산성, ② 충남 예산, ③ 전남 강진, ⑤ 평남 평양지역과 관련한 사실들이다.

17 정답 ②

남해안의 도서에 대한 역사

남해안의 역사적인 지역과 관련한 문제로 그 중 ② 완도 청해진은 통일신라 흥덕왕 때 장보고가 청해진을 설치한 곳이다. ① 거문도, ③ 거제도, ④ 절영도(영도), ⑤ 진도에 관한 내용이다.

18 정답 ①

고려 숙종(1095~1105)

자료는 고려 숙종 때의 사실로 이 시기 의천의 건의로 주전도감을 설치하여 해동통보, 해동중보, 동국통보, 동국중보, 삼한통보, 삼한중보, 은병(활구) 등의 화폐를 발행하였다. ②,⑤ 조선 고종, ③ 철기 시대, ④ 조선 숙종 때의 사실이다.

19 정답 ⑤

고려 인종(1122~1146)

자료는 고려 인종 때의 사실로 이 시기에 이자겸과 척준경이 금에 사대를 주장하여 관철시킨 후 이자겸은 왕위를 찬탈하기 위해 난을 일으켰으나 실패하였다(1126). 이후 고려 조정은 김부식을 중심으로 하는 개경파와 묘청을 중심으로 하는 서경파로 분열되어 묘청의 서경천도 운동이 일어났다(1135). ① 고려 명종, ② 무신 집권기(정중부), ③ 고려 우왕, ④ 고려 목종 때의 사실이다.

20 정답 ②

조선 건국 과정

(가)는 위화도 회군(1388)이며, (나)는 조선 건국(1392)의 내용이다. ② 공양왕 때 조준 등의 건의로 1391년 과전법을 제정하였다. ① 통일신라 신문왕(687), ③ 대한제국의 광무개혁(1898), ④ 고려 태조(940), ⑤ 조선 세조(1466) 때의 사실이다.

21 정답 ③

사림 점필재 김종직(1431~1492)

자료는 김종직에 관한 내용으로 ③ 그는 성종 때 사관의 자리에 있으면서 사초에 세조의 왕위찬탈을 빗댄 '조의제문'을 작성하여 연산군 때 무오사화의 발단이 되었다. ① 숙종 때 송시열 등 서인, ② 중종 때 조광조, ④ 숙종 때 박세당, ⑤ 숙종 때 정제두에 관한 내용이다.

22 정답 ⑤
조선시대 중인
역관, 의관, 천문관, 율관 등이 포함된 신분은 중인으로 ⑤ 중인은 조선 후기 시사(詩社)를 조직하고 그들만의 위항문학 활동을 전개하였다. ① 공노비(외거노비), ②,④ 노비, ③ 서얼에 대한 설명이다.

23 정답 ②
제1차 왕자의 난(1398)
자료는 일명 방원의 난 또는 무인정사(戊寅定社), 정도전의 난과 관련된 사료이다. 왕위 계승을 둘러싼 왕자 간의 싸움인 동시에 정도전 일당과 방원 일당의 권력다툼으로 정도전 등이 제거된 제1차 왕자의 난(1398)이 발생된 시기에 대한 자료이다.

24 정답 ①
임진왜란의 전개
임진왜란(1592. 4. 14) 당시 선조의 의주 피난(1592. 4. 29)과 조·명 연합군의 평양성 탈환(1593. 1) 사이의 사실을 묻는 문제이다. ① 이순신이 한산도 대첩(1592. 7)에서 승리한 이후 승기를 잡은 조선은 명나라와 연합하여 평양성을 탈환하였다. ② 정발의 부산진성 전투(1592. 4. 14) ③ 정유재란(1597. 7), ④ 강홍립 부대의 파병(광해군, 1618) ⑤ 정봉수, 이립의 의병 활동(인조, 정묘호란, 1627)에 대한 설명이다.

25 정답 ⑤
보은 법주사 팔상전
제시된 자료는 ⑤ 법주사 팔상전에 관한 설명이다. 이는 현존하는 유일의 조선 시대 목탑으로 임진왜란 때 불타 없어졌다가 인조 때 다시 조성되었으며, 대표적인 유물로 법주사 쌍사자 석등이 있다. ① 공주 마곡사 대웅전은 17세기 중층 건축물로 다포양식의 팔작지붕 건물이다. ② 김제 금산사 미륵전은 외관상 3층이며, 내부는 통층으로 된 우리나라 유일의 법당이다. 전체적으로 규모가 웅대하고 안정된 느낌을 주고 있다. ③ 구례 화엄사 각황전은 건물이 웅장하면서도 안정된 균형감과 엄격한 조화미를 보여주며 건축기법도 뛰어난 건축물이다. ④ 부여 무량사 극락전은 2층 건물처럼 보이나 내부는 위 아래층이 구분되지 않고 통층으로 되어 있는 건축물이다.

26 정답 ⑤
기사환국(1689) 이후의 사실
자료는 숙종 때 일어난 기사환국(1689)이다. 이 사건은 인현왕후가 왕자를 낳지 못한 가운데 1688년 소의 장씨가 아들 윤(昀)을 낳자, 숙종은 윤을 원자로 삼아 명호를 정하고 소의 장씨를 희빈으로 봉했다. 노론의 우두머리 송시열이 이에 반대하자 숙종은 그의 관직을 삭탈하여 제주도로 유배하고, 영의정 김수흥을 비롯한 많은 노론계 인사를 파직·유배했다. 이후 송시열은 제주도에서 정읍으로 유배지를 옮기던 중 사약을 받았다. 이로써 경신환국 이후 권력을 잡았던 서인이 물러나고 남인이 권력을 주도하는 계기가 되었다. ① 인조(1624), ② 선조 때 기축옥사(1589), ③ 숙종 때 발생한 경신환국(1680), ④ 광해군 때의 사실이다.

27 정답 ③
「우서」가 편찬된 18세기 사회상
유수원은 조선 후기 중상실학자로 상공업 진흥을 주장한 (가) 「우서」를 편찬하였는데 이 책은 1729년(영조 5)~37년(영조 13)에 쓰인 것으로 추정된다. ③ 시장 관리를 위해 동시전을 설치한 것은 신라 6세기 초 지증왕 때의 사실이다.

28 정답 ③
조선 정조(1776~1800)
제시된 자료의 국왕은 조선 후기 정조이다. ③ 정조는 유능한 문신들을 재교육하기 위하여 중하급 관리들을 대상으로 초계문신제를 실시하였다. ① 성종, ②,④ 영조, ⑤ 철종 시기의 시책이다.

29 정답 ④
조선 명종(1545~1567)
제시된 자료의 국왕은 명종이다. ④ 명종 재위 시기에 인종의 외척 소윤과 명종의 외척 대윤 간의 대립으로 을사사화(1545)가 발생하였다. ① 순조(1801), ② 선조, ③ 순조(1811), ⑤ 현종(1차 1659, 2차 1674) 시기의 사실이다.

30 정답 ④
세시풍속(유두)
제시된 자료는 세시풍속 유두에 관한 문제로 ④ 유두는 음력 6월 보름날에 행해진 것으로 건강한 여름을 나기 위한 풍속이다. ① 동지는 12월 22~23일경으로 밤이 가장 긴 날이며, ② 한식(寒食)은 양력 4월 5일로 조상의 묘를 찾아 제사를 지내고 사초(莎草)를 하는 날이다. ③ 칠석은 음력 7월 7일로 은하수 동쪽의 견우와 서쪽의 직녀가 만난다는 날이다. ⑤ 삼짇날은 음력 3월 3일로 겨우내 움츠렸던 마음을 펴고, 이제 다시 새로운 농사일을 시작할 시점에서 서로 마음을 다 잡고 한 해의 건강과 평화를 비는 명절이다.

31 정답 ⑤
(가) 조일수호조규부록(1876.7), (나) 조일무역규칙(1876. 7)
(가), (나)의 조약은 모두 조선의 경제 침탈을 위해 조일수호조규(강화도 조약, 1876.2)의 후속 조치로 체결되었다. ① 임오군란은 1882년 6월이다. ②,③,④ 구미제국과의 최초의 조약인 조미수호통상조약(1882)에 대한 설명이다.

32 정답 ②

군대 해산 이후 사실

대한제국의 군대는 1907년 한일신협약의 부속 밀약으로 일제에 의해 강제 해산된 이후 ② 해산된 군인들이 정미의병(1907)에 가담하였고, 경기도 양주에서 13도 창의군을 결성하여 서울진공작전(1908)을 전개하였다. ① 1905년 을사늑약에 대한 반발, ③ 1905년 조선의 백동화를 일본 화폐로 바꾸는 작업, ④ 을사늑약에 대한 반발로 1907년 이준, 이위종, 이상설을 헤이그에 파견하였다. ⑤ 임오군란(1882)에 대한 설명이다.

33 정답 ⑤

신민회(1907~1911)

제시된 자료는 비밀 결사 단체인 신민회로 ⑤ 신민회는 애국계몽운동 단체로 공화정을 지향하였으며, 민족 교육을 위해 대성학교, 오산학교를 세우고, 무장 투쟁을 위해 남만주 삼원보에 독립운동 기지를 건설하였다. ① 상해 대한민국 임시 정부(1919), ② 보안회(1904), ③ 독립협회(1896~98), ④ 고종의 밀조로 임병찬 등 전라도 유생이 중심이 되어 조직한 독립의군부(1912)에 대한 설명이다.

34 정답 ①

갑신정변(1884)

제시된 자료는 1884년 갑신정변에 관한 내용으로 ① 갑신정변은 김옥균, 박영효 등의 급진 개화파가 일본의 메이지 유신을 모델로 입헌군주제를 지향하며 일으켰으나 3일만에 실패하였다. ② 1876년 1차 수신사, ③ 광무개혁(1897), ④ 초기 개화정책 추진 기구(1880), ⑤ 제2차 갑오개혁(1895)에 대한 설명이다.

35 정답 ③

동학농민운동(1894)

제시된 자료는 1894년 동학농민운동 때의 사건이다. ③ 동학농민운동 당시 농민군은 집강소를 중심으로 폐정 개혁안을 실천하였으며, 정부도 교정청을 두고 개혁을 실천하려고 하였다. ① 민종식, 최익현, 신돌석 등 을사의병(1905), ②,④ 임술 농민 봉기(1862), ⑤ 임진왜란 당시 의령에서 봉기한 최초의 의병장에 대한 설명이다.

36 정답 ⑤

광주학생운동(1929)

자료는 1929년 3·1운동 이후 일어난 최대의 항일운동인 광주 학생운동이다. ⑤ 광주 학생운동은 전국 각지로 확산되었으며 이후 동맹 휴학의 도화선이 되었다. ① 6·10 만세 운동(1926), ②,③ 3·1 운동(1919), ④ 대구에서 일어난 국채보상운동(1907)에 대한 설명이다.

37 정답 ②

대한제국 시기의 사회상

(가)는 고종의 대한제국 황제 즉위식에 관한 자료이며(1897), (나)는 대한국 국제 선포(1899)에 대한 내용이다. ② 독립협회가 관민공동회를 개최한 것은 1898년이다. ①은 1926년 나운규의 아리랑, ③ 육영공원은 우리나라 최초의 근대 관립 교육기관(1886), ④ 경부선 개통은 1905년, ⑤ 근우회는 1927년에 조직된 신간회의 자매단체이다.

38 정답 ④

대종교

제시된 자료의 종교는 나철이 1909년 중창한 대종교이다. ④ 대종교는 단군신앙을 토대로 활발한 무장 투쟁을 전개하기 위해 만주에 중광단을 조직하였다. ①,② 천도교, ③ 개신교, ⑤ 원불교에 대한 설명이다.

39 정답 ①

김상옥(조선 총독부 투탄, 1923)

제시된 자료는 무장독립전쟁을 표방하며 적극적인 항일운동을 전개한 의열단 김상옥의 조선 총독부 폭탄 투척 사건이다. ① 의열단은 신채호가 작성한 "조선혁명선언(1923)"을 활동 지침으로 삼았다. ② 임시정부 산하 김구가 조직한 한인애국단(1931) 단원, ③ 신한청년당과 대한민국 임시 정부, ④ 신민회 계열의 인사, ⑤ 캘리포니아의 한인들의 활동에 대한 설명이다.

40 정답 ③

중일전쟁(1937) 이후 역사적 사실

제시된 자료는 1937년 중·일 전쟁으로 이 시기는 일제의 식민통치 제3기 민족말살통치기이다. ③ 이 시기인 1941년 대한민국 임시 정부는 조소앙의 삼균주의를 기초로 건국 강령을 발표하였다. ① 1927년, ② 1926년 11월, ④ 1920년 10월, ⑤ 1929년의 사실로 문화통치기이다.

41 정답 ①

대한광복회(1913)

제시된 자료는 총사령 박상진, 부사령 김좌진이 군대식으로 조직한 대한광복회(1913)이다. 1910년대 항일결사 단체 중 가장 활발한 활동을 하였으며, ① 대한광복회는 공화정치 체제의 국가 건설을 지향하고 만주에 독립군 기지와 사관학교를 설립하여 독립군을 양성하였다. ② 한국광복군(1940), ③ 대한독립군(1920. 6), ④ 대한민국 임시정부(1919), ⑤ 양세봉의 조선혁명군(1929)에 대한 설명이다.

42 정답 ①

국민대표회의(1923)

대한민국 임시정부에서 독립운동 전선의 통일과 독립 운

동의 방향 전환을 위해 각 지방의 70여개 단체 대표 100여 명이 모여 김동삼을 의장으로 진행된 국민대표회의는 1923년에 상해에서 개최되었으나 결론을 내지 못하고 임시정부의 분열이 구체화 되었다.

43 정답 ③

문화통치기 일제의 정책

제시된 자료는 3·1운동을 계기로 문화통치(1919~1931)를 실시한 3대 사이토 총독의 연설문이다. ③ 이 시기에 일제는 쌀 수탈을 목적으로 산미증식계획(1920~1934)을 실시하였다. ① 국민징용령(1939), ④ 조선사상범 보호관찰령(1936), ② 조선태형령(1912), ⑤ 회사령(1910, 허가제) 등은 문화통치 시기와 거리가 먼 사실들이다.

44 정답 ①

신간회(1927~1931)

제시된 자료의 3대 강령 내용을 통해 이 단체는 신간회이다. ① 신간회는 민족 유일당 운동의 일환으로 비타협적 민족주의 계열과 사회주의 계열이 연합하여 결성된 일제하 최대의 합법적 항일운동 단체였다. ② 대한광복군 정부(연해주, 1914), ③,⑤ 신민회(1907~1911), ④ 전라도 유생 임병찬이 고종의 밀조를 받아 복벽주의를 지향하며 조직한 독립의군부(1912)에 대한 설명이다.

45 정답 ②

약산 김원봉(1898~1958)

제시된 자료의 인물은 의열단을 조직하고, 조선의용대를 창설한 약산 김원봉이다. ② 김원봉은 조선의용대 충칭 본대를 이끌고 한국광복군에 합류하여 부사령관으로 활약하였다. ① 서일을 총재로 한 만주 지역의 독립군, ③ 안중근, ④ 지청천, ⑤ 여운형에 대한 설명이다.

46 정답 ③

사사오입 개헌(1954)

제시된 자료는 개헌안을 통과할 때 사사오입의 논리를 펼쳐 통과시킨 이승만 정부 시기의 제2차 개헌인 사사오입 개헌(1954)에 대한 설명이다. ③ 사사오입 개헌안에는 개헌 당시 초대 대통령에 한하여 중임 제한이 철폐되는 조항이 있었다. ① 제3차 개헌(1960, 대통령 간선제, 내각제, 양원제-민의원, 참의원) ② 유신 헌법(1972), ④ 제8차 개헌(1980)의 결과, ⑤ 헌법 제정 이전인 1948년의 내용이다.

47 정답 ②

박정희 정부의 정치 모습

(가)는 김종필, 오히라 메모(1962), (나)는 한일기본조약(1965)으로 박정희 정부 시기에 작성된 문서이다. ② 1964녀에 한일 국교 정상화에 반대하여 6·3 시위가 전개되고 비상 계엄령을 선포하여 무력 진압 후 1965년 한일기본조약이 체결되었다. ① 한·미 상호방위조약(1953. 10), ③ 반민특위 활동 시기(1948), ④ 진보당의 조봉암 구속(1958), ⑤ 농지개혁법(1949)은 모두 이승만 정부 시기의 사실이다.

48 정답 ④

박정희 정부의 사회상

제시된 자료는 긴급 조치 제9호(1975)의 내용으로 박정희 정부(1963. 12~1979. 10) 시기의 사실이다. ④ 박정희 정부 시기에는 경범죄처벌법(1973)에 따라 거리에서 자를 들고 미니스커트의 길이를 단속하기도 하였다. ① 전두환 정부(1980), ② 노무현 정부(2000), ③ 김영삼 정부(1993), ⑤ 김대중 정부(1998) 시기에 볼 수 있는 모습이다.

49 정답 ②

6월 민주 항쟁(1987)

제시된 자료는 1987년 4·13 호헌 조치에 반발하여 일어난 민주화 운동으로 6월 민주 항쟁이다. ② 6월 민주 항쟁의 결과 제9차 개헌인 5년 단임의 대통령 직선제 개헌을 이끌어냈다. ①,③ 4·19 혁명(1960), ④ 5·18 광주 민주화 운동(1980), ⑤ 유신 체제 반대 운동(1976. 3. 1)은 명동성당에서 윤보선, 김대중, 함석헌 등 각계 지도층 인사들을 중심으로 전개되었다.

50 정답 ①

노태우 정부의 통일 정책

제시된 자료는 소련과의 국교(1990. 10)를 수교한 노태우 정부(1988. 2~1993. 2) 시기로 ① 노태우 정부 때 북한과 남북 기본합의서를 교환하였다(1991). ② 박정희 정부(1972), ③ 노무현 정부(2007), ④ 김대중 정부(1998), ⑤ 전두환 정부(1985) 시기의 내용이다.

심화 실전모의고사 제1회

정답

01 ④ 02 ① 03 ③ 04 ① 05 ② 06 ② 07 ④ 08 ③ 09 ② 10 ④
11 ④ 12 ⑤ 13 ① 14 ③ 15 ② 16 ② 17 ④ 18 ① 19 ⑤ 20 ⑤
21 ③ 22 ③ 23 ③ 24 ② 25 ③ 26 ④ 27 ④ 28 ④ 29 ② 30 ④
31 ② 32 ② 33 ① 34 ① 35 ④ 36 ③ 37 ② 38 ③ 39 ② 40 ①
41 ④ 42 ① 43 ① 44 ③ 45 ② 46 ③ 47 ④ 48 ② 49 ④ 50 ⑤

01 정답 ④
제시문의 움집, 가락바퀴 등의 용어로 보아 이 시대는 신석기 시대이다. ①③은 청동기시대, ②⑤는 철기시대, ④는 신석기 시대의 도구이다.

02 정답 ①
자료는 부여의 사출도에 대한 설명으로 이 나라의 제천행사로 12월 영고가 있다. ②는 가야, ③은 삼한, ④는 동예, ⑤는 고조선에 대한 설명이다.

03 정답 ③
자료의 내용은 고구려가 수나라의 총 4차에 걸친 침입을 받았는데 그 중 2차(612년) 침략을 받기 직전의 내용으로 을지문덕은 살수에서 격퇴하였다(살수대첩). ①은 고구려 4세기 초 미천왕 때, ②는 고구려 영류왕 때 당의 침입에 대비하여 천리장성을 축조하던 시기, ④는 광개토왕 시기, ⑤의 안동 도호부는 나·당 연합군이 고구려 평양성을 함락시킨 후 당나라가 고구려 고토를 지배하기 위해 설치한 기구이다.

04 정답 ①
자료는 서원경 부근의 4개촌락을 대상으로 촌주가 3년에 한번씩 작성한 민정문서이다. 1933년 일본 동대사 정창원에서 발견되어 정창원 문서라고도 한다. ③ 이 자료에 나오는 '연수유답'이라는 토지는 농민이 경작권을 가진 '정전'으로 고려나 조선의 '민전'에 해당한다. 왕토사상은 합법적인 수취를 목적으로 한 관념론적 요소이며, ④ 촌의 '촌주'는 중앙에서 파견된 지방관이 아니라 지방의 토착세력이다.

05 정답 ②
제시된 설명은 신라 하대에 유행한 선종 불교에 대한 내용이다. ②의 선종 불교는 신라 상대 말이었던 선덕여왕에서 진덕여왕 시기에 들어왔으나 교종의 위세에 눌려 위축되었다가 신라 하대에 독자적인 세력을 구축하고자 하는 지방 호족의 이념적 지주가 되면서 유행하게 되었다. ①은 교종 불교에 대한 설명이다. 신라의 교종 불교는 '왕즉불' 사상, 업설(業說) 등을 통해 전제왕권을 강화하는 이념적 도구로 작용하였다. ③은 풍수지리설, ④는 소승불교에 대한 설명이다. 백제 성왕 때 겸익은 인도로 건너가 소승 불교의 계율종을 들여왔다. ⑤는 도교의 초제에 대한 설명이다.

06 정답 ②
서민들의 상무성(尙武性)을 나타낸 차전놀이가 언제부터 행하여져 왔는지 그 유래나 기원에 관하여서는 문헌상으로 고증할 길이 없으나, 현지의 전설에 의하면 930년 고창(안동) 전투 이후부터라고 전해진다.

07 정답 ④
제시문에서 설명하고 있는 왕은 과거제 시행을 건의한 '쌍기'를 통해서 고려 광종임을 알 수가 있다. ① 2성 6부제 정비는 성종, ② 교정도감은 최충헌이 설치한 기구, ③의 정계와 계백료서 및 ⑤의 북진 정책은 태조에 해당된다.

08 정답 ③
묘청 세력은 풍수지리설을 내세워 서경(평양)으로 도읍을 옮겨 보수적인 개경의 문벌귀족 세력을 누르고 왕권을 강화하면서 자주적인 혁신정치를 시행하려 했다. 이들은 서경에 대화궁이라는 궁궐을 짓고, 황제를 칭할 것과 금을 정벌하자고 주장했다. 반면 김부식이 중심이 된 개경 귀족세력은 유교이념에 충실함으로써 사회질서를 확립하자고 주장했다. 아울러 이들은 민생안정을 내세워 금과 사대관계를 맺었다. 결국 이런 정치개혁과 대외관계에 대한 의견 대립이 지역 간의 갈등으로까지 확대되었던 것이다. 묘청 세력은 서경천도를 통한 정권장악이 어렵게 되자 서경에서 나라 이름을 대위국이라 하고 연호를 천개라 하면서 난을 일으켰다(1135). 김부식이 이끈 관군의 공격으로 약 1년 만에 진압되고 말았다. 묘청의 서경천도 운동은 문벌귀족 사회 내부의 분열과 지역세력 간의 대립, 풍수지리설이 결부된 자주적 전통사상과 사대적 유교정치 사상의 충돌, 고구려 계승 이념에 대한 이견과 갈등 등이 얽혀 일어난 것으로 귀족사회 내부의 모순을 드러낸 것이었다.

09 정답 ②
제시된 자료는 공민왕 시기에 권문세족의 경제적 권력을 약화시키기 위해 억울하게 토지를 잃거나 노비가 된자를 해방시키기 위해 신돈이 중심이 되어 전민변정도감을 설치한 내용이다. 이를 통해 해당 시기가 공민왕 때 임을 알 수 있다.
ㄴ. 충선왕 때의 상황이다. ㄹ. 광종 때의 상황이다.

10 정답 ④
고려시대 가족제도의 특징을 묻는 문제로 고려시대는 가정 내에서는 여성의 지위가 남성과 대등하였으며 제사는 불교식으로 자녀들이 돌아가면서 지내거나 사찰에서 승려가 주관하여 지냈고, 호적에도 태어난 순서대로 기록하였다. 반면에 조선 후기에 가면 남성 위주의 가부장적 가족제도가 정착되어 부계 위주의 족보가 편찬되었고 아들이 없을 때는 양자를 들였으며 족적 결합을 위해서 동성마을을 이루기도 하였다.

11 정답 ④
제시된 사료는 「삼국유사」 서문의 내용이다. ④ 「삼국유사」에서는 우리의 고유 문화와 전통을 중시하였고, 단군신화를 수록하였다. ① 정통의식과 대의명분을 강조한 역사서는 성리학적 사관에 의해 쓰여진 이제현의 「사략」이다. ② 유교적 합리주의 사관에 기초하여 기전체로 서술된 것은 「삼국사기」이다. ③ 고구려 계승의식을 반영하고 고구려의 전통을 노래한 것은 이규보의 「동명왕편」이다. ⑤는 16~17세기 사림의 역사관이다.

12 정답 ⑤
제시된 자료는 경천사지 10층 석탑을 설명하고 있다.

13 정답 ①
제시된 자료는 고려 말 이방원이 정몽주를 회유하기 위해 지었다고 알려진 '하여가'이다.
이방원은 훗날 조선 3대 태종으로 재위하였다. ㄷ.은 세종, ㄹ.은 성종의 업적이다.

14 정답 ③
자료는 「퇴계집」에 실린 "정암조선생행장(行狀)"에 나온 조광조의 절명시이다. 조광조는 중종 때 도학정치를 꿈꾸다가 기묘사화(1519)로 사사(賜死)되었다. 「조의제문」은 사초문제로 인해 일어난 연산군 때의 무오사화(1498)이다.

15 정답 ②
(가) 16세기 명종 때 임꺽정의 난, (나) 1811년 홍경래의 난, (다) 고려 무신정권 최충헌의 사노 만적의 봉기에 대한 설명이다. ①은 임술민란(1862), ②는 홍경래의 난(1811), ④는 고구려 멸망 이후 안승, 무신정권 시기 최광수의 난이다.

16 정답 ②
제시된 자료는 왜란 이후 일본에 12차에 걸쳐 파견한 통신사에 관한 자료이다. 왜란 이후 일본은 조선의 선진 문화를 받아들이고, 도쿠가와 막부의 쇼군이 바뀔 때마다 그 권위를 국제적으로 인정받기 위하여 조선에 사절의 파견을 요청하였다. 일행은 많을때에는 400여 명이 되었으며, 막부 정권은 이들을 국빈으로 예우하였다. ②의 정한론(征韓論)은 18세기 후반 일본의 국학운동이 19세기 중반 해방론(海防論)으로 발전하는 가운데 일본은 메이지 유신에 성공한 이후 자신감에 가득 차서 그동안 조선과의 외교관례를 깨고 조선에 사신을 보냈는데, 관례에 어긋난 외교문서의 표현에 흥선대원군이 사신을 추방하자 이로 인해 일본 내의 급진적 인사들 사이에서 대두된 한반도 정벌론이다.

17 정답 ④
제시된 자료는 호란 때 서인 윤집의 척화론 내용 중 일부이다. ①은 동인이 정여립의 모반사건을 계기로 집권한 서인의 정철이 건저의 문제로 선조의 미움을 받자 이의 처벌 수위를 놓고 강경파와 온건파로 나누어졌다가 강경파가 북인을, 온건파가 남인을 형성하였다. ②는 남인에 대한 설명이며, ③은 북인에 대한 설명이다.

18 정답 ①
제시문은 1391년 신진사대부의 경제적 기반을 마련하기 위해 마련된 과전법에 대한 내용이다. ②③④⑤는 고려의 전시과에 대한 설명이며, 과전은 경기도를 대상으로 지급하였다.

19 정답 ⑤
제시문은 이앙법에 대한 설명으로 고려말에 등장하여 조선 후기에 와서 전국적으로 확산되었다. ① 이모작, ② 상품 작물 재배, ③ 도조법, ④ 수공업의 선대제 경영은 모두 조선 후기의 상황들이다. ⑤ 해동통보는 고려 숙종 때 발행된 화폐이고 널리 유통되지 못했으며, 조선 후기에는 상평통보가 전국적으로 널리 유통되었다.

20 정답 ⑤
자료의 핵심은 우리의 것이라는 점에서 자주성을 강조하는 것임을 알 수 있다. 「농상집요」는 고려말 이암이 원의 농서를 소개·보급한 것으로 비자주적임에 착안해야 한다. 아울러, 조선시대 각종 서적에서 누누이 강조하였듯이 서적의 구체적인 내용을 정리할 필요는 없다. 그 서적의 편찬 목적과 의도만 파악하면 된다.

21 정답 ③
제시된 자료는 16세기 서원 건축에 대한 설명이다. 토관제도는 세종 때 4군 6진 설치 이후 이 지역에 대해 사민정책을 실시하였는데 이 지역에는 중앙에서 관리를 파견하지 않고 그 지역민으로 하여금 다스리게 하는 제도이다.

22 정답 ③
①-(라), ②-(가), ④-(나)에 대한 설명이다. ⑤ (마) 이인좌의 난 이후에는 노론 강경파가 정국을 주도하였다.

23 정답 ③
"하나의 달빛이 모든 강물에 비치니 강물은 세상 사람들이요, 달은 태극이요, 그 태극은 바로 나다."라는 내용은 정조의 '만천명월주인옹자서(萬川明月主人翁自序)'이다. ③은 정조 14년(1791)의 신해통공에 대한 설명으로 이는 육의전 상인을 제외한 시전상인의 금난전권을 폐지한 조치이다. ① 금위영의 설치는 숙종 8년(1682), ② 북벌의 추진은 효종 때, ④ 신문고 제도는 영조 때 부활하여 병조에서 관할하였으며, ⑤ 이 노비종모법도 영조의 업적이다.

24 정답 ②

사료는 공납의 문제점을 설명하고 있다. 방납(대납)으로 인한 폐단이 가장 심하게 나타난 시기는 16세기이며, 이를 해결하기 위한 방안에서 나온 것이 광해군 때 토지 단위로 세금을 부과하자는 대동법이다. ①⑤는 영조 때의 균역법, ③ 세종 때의 연분9등법, ④ 방납의 폐단에 대한 설명이다.

25 정답 ③

그림은 18c 정선의 인왕제색도이다. ③의 벽란도는 금주(김해)와 함께 고려시대의 대외무역 항구이다.

26 정답 ④

제시된 자료의 지역은 천주교와 관련된 지역이다. 절두산 성지는 서울 마포구 합정동, 베론 성지는 황사영이 백서를 작성한 곳이기도 하는데 충북 제천, 해미읍성은 충남 서산, 치명자산 성지는 전북 전주시에 소재한다.

27 정답 ④

사료는 세도정치 시기 삼정 문란 중 군역의 문란에 대한 정약용의 한시인 '애절양'이다. 직전법은 조선 전기에 시행된 토지제도이다.

28 정답 ④

① 정약용, ② 정제두, ③ 유득공, ④ 박지원, ⑤ 이제마에 대한 설명이다.

29 정답 ②

자료는 김정호의 대동여지도에 대한 설명이다. ③은 영조 때 정상기의 '동국지도'에 해당하는 설명이다.

30 정답 ④

병인양요 때 강화도에 들어온 프랑스는 강화도에 있었던 외규장각 도서를 약탈해갔고 그 중 2007년 6월에 유네스코 세계기록 문화유산에 등록된 〈조선왕조의궤〉도 포함되어 있다.

31 정답 ②

ㄴ. 1860년대 이항로, 기정진의 통상반대론, 척화주전론
ㄱ. 1870년대 최익현의 왜양일체론, 개항불가론
ㄷ. 1880년대 이만손의 영남만인소
ㄹ. 1895년의 을미의병 포고문

32 정답 ②

자료의 사건은 1882년 임오군란이다. 그 결과 청은 위안스카이가 지휘하는 청군을 조선에 주둔시키고 마젠창과 묄렌도르프를 고문으로 파견하여 조선의 내정 및 외교에 간섭하였다. ① 통신사는 1607년(선조)부터 1811년(순조)까지 총12회에 걸쳐 일본에 파견되었다. ③④ 동학농민군이 집강소를 설치하여 폐정개혁을 실시한 시기는 전주화약(1894.5) 이후이다. ⑤ 통리기무아문은 임오군란(1882) 이전인 1880년에 설치되었다.

33 정답 ①

제시된 기구는 군국기무처로서 1894년 6월 시작된 제1차 갑오개혁을 주도하였다. ① 제1차 갑오개혁 때 신식화폐발행장정에 따라 은본위 화폐제도를 시행하였으며 은화를 본위화폐로 백동화, 적동화, 황동화를 보조 화폐로 발행하였다. ② 의정부와 삼군부의 기능 회복은 흥선대원군의 개혁 정치와 관련된 내용이고, ③ 양전사업과 지계발급은 광무개혁 때 지계아문을 통해 이루어졌다. ④ 재판소의 설치로 인한 사법권의 독립은 제2차 갑오개혁에 해당하는 내용으로 1894년 11월부터 군국기무처가 아닌 김홍집·박영효 연립내각에 의해 추진되었다. ⑤는 제2차 갑오개혁 당시의 내용이다.

34 정답 ①

서재필은 자유 민주주의적 개혁사상을 민중에 고취하여, 국민 전체의 힘으로 자주독립의 완전한 국가를 수립하려는 목적에서 독립신문을 창간(1896.4)하고 독립협회를 조직(1896.7)하였다. 또한, 국민의 성금을 모아 중국에 대한 사대의 상징인 영은문을 헐고 그 자리에 독립문을 세웠다. ②③④는 신민회에 대한 설명이며, ⑤는 국채보상기성회가 주도하였다.

35 정답 ④

신민회(1907~1911)는 사회 각계 각층의 인사를 망라하여 조직된 국내 비밀결사단체로 국내에서 문화적, 경제적 실력양성운동을 전개하면서, 점차 국외에서 독립군 기지의 건설 등 군사적 실력 양성을 꾀하였다. ① 독립협회(1896~1898), ② 조선어학회(1931~1942), ③ 의열단, ⑤ 일제강점기 형평운동에 대한 설명이다.

36 정답 ③

제시된 사료는 1905년 6월 재정고문으로 조선에 파견된 일본인 메가다가 추진한 화폐정리사업이다. ③ 화폐정리사업 과정에서 백동화를 일본 제일은행권으로 교환하되 액면가대로 교환해 주지 않고, 백동화의 상태를 고려하여 갑동화는 2전 5리로, 을동화는 1전으로 병동화는 폐기함으로서 조선인 기업과 은행이 대거 몰락하는 사태를 초래하

였다. ① 당시 한국 상인들이 갖고 있던 백동화는 대개 병동화였으므로 폐기되었고, 이에 따라 한국 상인들이 막대한 피해를 입었다. ② 화폐정리사업은 금본위 화폐제도를 시행한다는 명분으로 일본 제일은행이 중앙은행의 역할을 수행하게 된 계기가 되었다. ④ 화폐정리사업을 추진하는 과정에서 메가다는 근대적 화폐제도를 도입한다는 것과 은화 가치의 하락과 백동화 남발로 인한 물가 폭등을 통제하겠다는 것을 명분으로 삼았다.

37 정답 ②

독립협회는 민의를 국정에 반영하여 근대적 개혁을 추구하려는 국민 참정권운동을 전개하여 의회의 설립 직전 단계에까지 이르렀으나 보수세력의 모함으로 인해 결국 해체되고 말았다.

38 정답 ③

1886년에 설립된 우리나라의 최초의 관립 근대 학교는 육영공원이다. 육영공원은 최초의 근대적 관립 학교로 헐버트, 길모어 등 미국인 교사들을 초빙하여 현직 관료와 상류층 자제에게 영어, 정치학 등 각종 근대 학문을 좌원(현직관료)과 우원(양반 자제)으로 나누어 교육하였다. ① 동문학(1883)은 정부에서 설립한 영어 강습 기관(일종의 통역관 양성소), ② 대성학교(1907)는 안창호가 평양에 설립한 사립학교, ④ 원산학사(1883)는 덕원 부사 정현석과 함경도 덕원 주민들이 설립한 최초의 근대적 사립학교, ⑤ 한성사범학교(1895)는 서울에 설립되었던 관립 교원 양성 학교이다.

39 정답 ②

자료는 민족주의 사학자 백암 박은식의 「한국통사」 서문이다. ① 사회경제사학, ③④ 신채호, ⑤는 호암 문일평에 대한 내용이다.

40 정답 ①

대한제국이 일본에게 군사 전략상 필요한 지점을 제공한다는 내용으로 보아 한·일 의정서라는 것을 알 수 있다. 일본은 대한제국의 중립 선언을 무시하고 러·일 전쟁 발발 약 보름 뒤에 군사 전략상 필요한 지점을 사용할 수 있다는 내용의 한·일 의정서를 강제로 체결(1904. 2)하였다. ② 제2차 영·일 동맹은 1905년 8월의 일이다. ③ 가쓰라·태프트 밀약은 1905년 7월의 일이다. ④ 고종이 헤이그에 특사를 파견한 것은 1907년의 일이다. ⑤ 스티븐스가 외교 고문으로 임명된 것은 1904년 8월 제1차 한·일 협약의 결과이다.

41 정답 ④

(가)는 토지조사사업, (나)는 회사령(허가제)에 대한 내용이다. 1910년 일제의 회사령(허가제) 선포는 민족 자본의 말살을 목적으로 하였다.

42 정답 ①

독립의군부는 1912년 9월 고종의 밀명을 받은 전라도 유생 임병찬이 비밀리에 조직한 독립운동단체이다. ㉢㉣은 신민회(1907~1911)에 대한 설명이다.

43 정답 ①

대한민국 임시 정부가 독립운동 자금을 마련하기 위해 발행한 독립공채(애국공채)를 자료로 주고 임시정부의 활동을 묻고 있다. 대한민국 임시정부는 국내의 독립운동을 연결하기 위해 연통제를 실시하였고, 미국에 구미위원부를 두어 이승만을 중심으로 외교활동을 전개하였다. ㄷ.김원봉, ㄹ.양기탁 · 베델에 대한 설명이다.

44 정답 ③

제시문에서 일제에 대해서 '강도'라고 표현한 것과 '민중직접혁명론'을 통해서 의열단의 노선인 신채호의 '조선혁명선언'임을 알 수가 있다. ③ 이봉창은 의열단이 아니라 한인애국단원이다.

45 정답 ②

설명하고 있는 자료의 이 부대는 김원봉의 조선의용대(1938)에 대한 설명으로 충칭본대와 화북지대가 있었는데 그 중 충칭 본대가 한국광복군에 합류하였다. ①은 서일의 대한독립군단, ③은 양세봉의 조선혁명군, ④는 한국독립군의 지청천 부대가 중국 국민당의 중국호로군과 연합하여 일제를 격파한 1930년대 전투이며, ⑤ 홍범도의 대한독립군이다.

46 정답 ③

신간회(1927~1931)의 강령과 정책, 활동상 등에 대해서는 확실하게 파악하고 있어야 하며, 이와 관련이 없는 내용으로 신민회, 물산장려운동, 국채보상운동의 내용이 제시되는 경우가 많다. ③은 물산장려운동과 관련된 내용이다.

47 정답 ④

㉠ 당파성론 ㉡ 정체성론 ㉢ 타율성론에 대한 설명이다. ④는 한반도 지역과 한민족의 역사적·문화적 독립을 인정하지 않고 만주 지역과 한반도 지역을 합쳐서 하나의 역사적 단위, 문화 단위로 인정하는 '만선사관'으로 일제 식민주의 사관 중 하나이므로 타율성론에 대한 반론이 될 수 없다.

48 정답 ②

모스크바 3국 외상회의의 주요 내용은 (ㄱ) 조선을 독립시키고 민주주의 국가로 발전시키기 위해 조선에 임시민주주의 정부를 수립한다. (ㄴ) 임시정부 구성을 원조하기 위한 미·소공동위원회를 설치한다. (ㄷ) 최고 5년간 미,영,중,소

4개국의 신탁통치를 실시한다. ㄱ. 조선건국동맹은 1944년 여운형을 비롯한 민족 지도자들이 조직하였으며, ㄴ. 1947년 11월 UN총회의 결정이다.

49 정답 ④
(가)는 이승만 정읍 발언(1946, 6), (나)는 김구의 삼천만 동포에게 읍고함(1948, 2)이다. ①, ②는 이승만으로 그는 모스크바 3상회의 결정을 반대하고, 임정정부 시절 외교 독립론을 주장하였다. ③ 반민특위 위원장은 국회의원이자 독립 운동가였던 김상돈, 김상덕이었다. ④ 삼균주의는 조소앙이 주장한 이론으로 개인과 개인, 민족과 민족, 국가와 국가간의 균등을 말한다. 이는 1941년 김구의 대한민국 건국강령에서 채택하였다. ⑤ 김구는 5월 10일 선거에 불참하였다.

50 정답 ⑤
제시된 내용은 1972년 박정희 정부 시기에 중앙정보부장 이후락이 평양에서 당시 김일성과 비밀리에 회담을 가진 후 합의한 7·4 남북 공동성명을 말하는 것이다. 7·4 남북 공동 성명은 비공식 적으로 남북이 최초로 통일에 합의한 것으로 자주, 평화, 민족 대단결의 통일 원칙에 합의하였다.
① 노태우 정부 시기 북방 외교에 대한 설명이다. ② 전두환 정부 시기 1987년 국민과 민주화세력이 대통령 직선제 안을 주장하자 이에 반대하며 헌법 수호를 주장한 내용이다. ③ 1953년 10월 이승만 정부 시기의 상황이다. 6·25 전쟁이 1953년 휴전회담으로 휴전상황에 돌입한 직후 미군의 주둔 등의 내용을 담은 한미상호방위조약을 체결하였다. ④ 김영삼 정부 시기의 내용이다.

심화 실전모의고사 제2회

정답

01 ②	02 ②	03 ④	04 ④	05 ②	06 ③	07 ④	08 ①	09 ②	10 ②
11 ④	12 ②	13 ④	14 ③	15 ①	16 ②	17 ①	18 ③	19 ③	20 ②
21 ③	22 ③	23 ②	24 ④	25 ③	26 ①	27 ③	28 ②	29 ④	30 ①
31 ③	32 ③	33 ⑤	34 ④	35 ④	36 ④	37 ⑤	38 ①	39 ①	40 ④
41 ④	42 ⑤	43 ④	44 ③	45 ⑤	46 ②	47 ②	48 ②	49 ④	50 ①

01 정답 ②
자료는 청동기 시대 고인돌과 반달형돌칼이다. ①은 삼국 신라 지증왕 시기, ③은 구석기 시대, ④⑤는 신석기 시대의 생활 모습이다.

02 정답 ②
자료는 옥저의 민며느리제와 가족공동무덤에 대한 설명이다. ①은 가야, ③은 고조선 멸망 이후 한 4군 설치 시기, ④⑤는 부여에 대한 설명이다.

03 정답 ④
자료의 밑줄 친 왕은 백제 무령왕에 대한 설명이다. 지석(誌石)이 발견되어 무령왕과 왕비의 무덤으로 확인되었다. ①은 4세기 근초고왕, ②는 3세기 고이왕, ③은 4세기 침류왕, ⑤는 6세기 성왕 때의 업적이다.

04 정답 ④
자료의 (가) 나라는 김수로에 의해 건국된 금관가야이다. ①은 신라, ②는 고구려, ③은 통일신라의 지방조직, ⑤는 고려의 중앙 행정조직에 해당한다.

05 정답 ②
골품에서 진골은 1관등에서 17관등까지 자유롭게 진출할 수 있었으나, 1~5관등까지는 진골만이 진출할 수 있는 관직이다. 이들의 공복은 자색이었으며, 화백회의에 참여할 수 있는 계층이었다.

06 정답 ③
(가)는 돌무지 무덤, (나)는 벽돌무덤이다. ① 도굴이 어려워 많은 껴묻거리가 발굴되는 무덤은 신라의 천마총으로 대표하는 돌무지덧널무덤이다. ② 통일신라 무덤의 특징이다. ③ 공주 송산리 고분 중 1~6호분은 벽돌무덤으로 벽과 천장에 사신도 등 벽화가 그려져 있다. ④ 고구려 굴식 돌방무덤의 천정 구조의 특징으로 이는 발해의 무덤(정혜공주 무덤)에 영향을 주었다. ⑤ (나)의 벽돌무덤 중 무령왕릉만 주인공이 확인된 무덤이다.

07 정답 ④

고려의 중앙관제에 대한 설명으로 ㄱ은 중서문하성, ㄴ은 중추원, ㄷ은 도병마사, ㄹ은 식목도감에 해당한다. 당의 관제를 모방한 것은 2성 6부와 어사대, 송의 관제를 모방한 것은 중추원과 삼사이다.

08 정답 ①

자료는 무신정변이다. ①의 만적은 최충헌의 사노로서 1198년에 일어난 사건이며, ②의 이자겸의 난은 1126년, ③은 1107년, ④는 고려 숙종 때인 1097년, ⑤는 고려 성종 때인 993년의 일이다.

09 정답 ②

(가)는 경종 때 시정 전시과, (나)는 목종 때 개정 전시과, (다)는 문종 때 경정 전시과이다. 개정 전시과에서도 관품에 따라 전지와 시지를 차등 지급하였다.

10 정답 ②

고려시대의 농민들은 일상 의례와 공동 노동을 통해 공동체 의식을 다졌는데 그 중 의 하나가 매향 활동이다. ① 향약은 조선시대 향촌 사회의 자치규약, ③ 두레는 농경사회에서 농민들의 공동 노동체 조직, ④ 경재소는 조선시대 중앙에 설치되어 지방의 유향소와 정부 사이의 연락기능을 맡았다.

11 정답 ④

제시된 자료는 고려 후기 지눌의 정혜결사문 중의 일부이다. ①은 진각국사 혜심, ②는 요세, ③⑤는 의천의 업적에 해당된다. ④ 돈오점수(頓悟漸修)란 순간 깨달은 후 점진적으로 수행해야 한다는 뜻이다.

12 정답 ②

자료의 밑줄 친 시기는 원 간섭기이다. 고려 후기 경천사 10층 석탑은 원의 석탑을 본뜬 다층 다각탑으로 조선 세조 때 만든 원각사지 10층 석탑에 영향을 주었다. ① 왕오천축국전은 통일신라의 혜초가 저술한 여행기이며, ③은 신라 하대에 선종이 유행하면서 승려의 사리를 봉안하는 승탑(부도)과 탑비가 유행하였다. ④의 돌무지덧널무덤은 신라의 무덤양식이다. ⑤의 설총은 신라 중대에 활약한 인물이다.

13 정답 ④

자료는 세종 때 '칠정산'에 관한 설명이며, ④는 세조 때부터 시작되어 성종 때 반포하였다.

14 정답 ③

(가)는 동인, (나)는 서인이다. ①갑술환국을 통해 권력을 장악한 것은 동인이 아니라 서인이다. ②서인, ④ 동인, ⑤의 호락논쟁은 노론 내부의 사상적인 논쟁이다.

15 정답 ①

자료는 현종 때 서인과 남인간의 예학에서 비롯된 예송논쟁이다. 인조~현종 시기는 서인 주도하에 남인이 동참하는 형국이었으며, 서인은 신권의 강화를 남인은 왕권의 강화를 제창하였다. ①의 환국(換局)정치는 숙종 시기 급격한 정국의 전환을 말한다.

16 정답 ②

자료의 (가) 왕은 효종이다. 효종 때에 청은 러시아 세력의 남하로 조선에 원병을 요청하였다. 이에 조선 정부는 변급(1654), 신유(1658) 등 두 차례에 걸쳐 조총 부대를 보내 러시아군과 교전하여 큰 전과를 올렸다(나선정벌). ① 인조 때, ③ 현종 때, ④ 숙종 때, ⑤ 선조 때의 사실이다.

17 정답 ①

수조권을 가진 현직 관료가 조세를 지나치게 거두어 백성들의 괴로움이 크다는 내용을 볼 때 관리들의 수조권 남용이 심했음을 알 수 있다. 조선 세조 때에 직전법을 실시하여 현직 관리에게만 수조권을 지급하자, 관리들은 퇴직 후를 대비하기 위해 현직에 있을 때 수조권을 남용해 과다하게 수취함으로써 백성들의 괴로움이 커졌다. 이에 성종은 지방 관청에서 그 해의 생산량을 조사하여 거두고, 관리에게 나누어 주는 방식인 관수관급제를 시행하였다. ② 고려 문종, ③ 통일신라 성덕왕, ④ 통일신라 신문왕, ⑤ 고려 경종 때 시정 전시과에 관한 내용이다.

18 정답 ③

제시된 자료는 여러 장을 돌아다니며 상업 활동을 했던 보부상과 관련된 민요이다. 농촌에 장시가 처음 등장한 것은 15세기 말이었다. 정부는 농민들이 농업을 버리고 상업에 몰릴 것을 우려하여 장시를 막았으나 일부 장시는 정기시로 정착되어 갔으며, 16세기 중엽에는 전국적으로 확산되기에 이르렀다. ③ 조선 세종 때 철전인 조선통보(세종 5년, 1423)가 발행되기는 하였으나, 동전의 유통은 활발하게 이루어지지 못하였으며, 일반 농민은 여전히 화폐로써 쌀과 무명을 사용하였다. ①, ④ 15세기 후반부터 등장한 장시는 정부의 억제에도 불구하고, 서울 근교의 전라도에서 시작되어 점차 지방 농업 생산력의 발달에 힘입어 증가하였다. ② 보부상은 관허행상단으로 장시에서 농산물, 수공업 제품, 수산품, 약재 등을 판매하여 유통시켰다. ⑤는 조선 정부 경제정책의 기본 방향이다.

19 정답 ③

자료는 천민인 노비에 대한 설명이다. 이들은 매매, 증여, 상속의 대상이 되었다.

20 정답 ②

밑줄 그은 '그'는 장영실이다. 조선 세종 때에 장영실은 시간 측정 기구로 물시계인 자격루와 해시계인 앙부일구 등을 만들었다. ① 김육, ③ 이장손, ④ 정약용, ⑤ 허준에 대한 설명이다.

21 정답 ③

제시문의 (가)는 이황, (나)는 이이에 대한 설명이다. ① 기호학파를 형성한 것은 이이, ② 근본적이고 이상주의적인 것은 이황, ④ 성학십도는 이황, ⑤ 노장사상에 포용적인 자세는 이이만 해당된다.

22 정답 ③

제시문은 영조 때 이인좌의 난에 대한 설명이다. 소론 이인좌의 난 이후에 영조는 출신을 가리지 않고 자신의 정책에 무조건 찬성하는 부드러운 탕평파 중심으로 정치를 운영하였다(완론탕평). ① 숙종 때, ② 정조 때 노론 시파를 중심으로 남인과 소론을 골고루 등용하였으며, ④ 세도정치, ⑤ 준론 탕평책(정조 때)에 대한 설명이다.

23 정답 ②

숙종 때 조선의 박권과 청나라의 목극등이 만나서 백두산 일대를 답사하고 세운 백두산정계비의 내용 중 "토문(土門)"에 대한 해석을 놓고 한말 양국간에 간도 귀속문제가 일어났다. 즉, 18세기 숙종 때(1712년)우리 정부는 청과 압록강과 토문강을 경계로 확정하는 백두산정계비를 건립하였는데, 19세기 후반이후 우리 민족이 본격적으로 간도를 개척하자, 청과 간도 귀속문제가 제기되어 백두산정계비의 해석을 둘러싼 조선과 청나라간에 영토 분쟁이 발생하였다. 20세기 초(1902년) 우리 정부는 간도 관리사(이범윤)를 파견 간도를 함경도 행정 구역에 편입시켰으나, 을사조약(1905년)으로 외교권을 빼앗은 일제는 청과 간도협약(1909년)을 체결하고 일본이 만주에서 안봉선 철도 부설권과 광산 채굴권 등을 얻는 조건으로 청의 간도 영유를 인정하여 간도가 청의 영토가 되었다.

24 정답 ④

자료의 내용은 영조 때 균역법이 시행되면서 농민은 1년에 군포 1필로 반감되었는데 이 때 반감된 군포를 지주에게 결작이라고 하여 토지 1결당 미곡 2두를 부담시켰고,일부 상류층에게 선무군관이라는 칭호를 주고 1년에 군포 1필을 납부하게 하였다. 또한 어장세, 선박세 등 잡세 수입으로 보충하게 하였다. ㄱ은 대한제국의 광무개혁 당시 발급한 최초의 근대적인 등기 문서이며, ㄷ은 대동법에 대한 설명이다.

25 정답 ③

자료는 정약용의 목민심서 내용으로 조선 후기 신분제의 변동이 활발해지면서 양반 중심의 신분체제가 크게 흔들린 내용이다. 이러한 변화는 조선 후기 농업 생산력의 증대로 인한 부농층의 증가와 납속이나 향직의 매매를 통한 부농층의 신분 상승을 합법화시키는가 하면 붕당정치가 변질되어 나타난 세도정치로 다수의 양반들이 몰락하게 되어 나타났다.

26 정답 ①

자료는 1801년 신유박해 이후 일어난 황사영 백서 사건에 관한 내용이다.

27 정답 ③

제시된 자료의 밑줄 친 부분은 서울 낙산에 살았던 노론 중 낙파에 관한 내용이다. 기호지방에 살았던 호파가 정통 성리학을 추종한다면, 이들은 성리학에 대해 탄력적인 이해를 하는 계파이다. 즉, 호파가 존화양이(尊華洋夷)를 주장한다면 낙파는 화이일야(華夷一也)의 사상을 전개함으로써 호파의 북벌론이 북학론으로 변질되게 된 이론적 근거를 마련하였다. 한편, 북학론은 이후 북학파 실학사상(중상실학)으로 이어졌으며 한말 개화사상으로 계승되었다.

28 정답 ②

자료의 지전설을 주장한 실학자는 '홍대용'이다. ②홍대용은 「임하경륜」을 저술하여 성인 남자들에게 2결의 토지를 지급하고 병농일치의 군대를 조직할 것을 제시하는 균전제를 주장하기도 하였다. ① 「동국지리지」는 한백겸의 저술이며, 이는 고증적이고 실증적인 비판이 이루어진 역사 지리서의 효시이다. ③ 이종휘의 「동사(東史)」나 허목의 「동사(東事)」는 모두 역사서로, 조선의 자연 환경과 풍속, 인성 등을 소개한 책은 지리서이므로 관련이 없다. ④ 「동국지도」는 영조 때 정상기가 제작한 것으로 '100리척'을 사용하여 정확하고 과학적인 지도 제작에 공헌하였다. ⑤는 유득공에 대한 설명이다.

29 정답 ④

지문의 내용은 흥선대원군이 서원의 폐단을 질타하고, 600여개의 서원을 철폐하고 47개만을 남기는 서원 철폐령의 전문으로 지방 유림 양반의 거센 저항을 받았다. 최초로 흥선대원군은 충청도의 화양동 서원(만동묘)을 철폐하였다.

30 정답 ①

강화도 조약은 우리나라 최초의 근대적 조약이기에 개국, 개항이라고 하며 일본의 강제적이고 침략적인 조약으로서 ②번의 청의 종주권 부인은 일본의 조선 침략의 편의를 위함이고, ③번의 치외법권(영사 재판권)과 해안 측량권 인

정도 일본의 조선 침략의 편의를 위해서 이고, ④번의 부산(경제적 침략), 원산(군사적 침략=러시아 남하대비), 인천(정치적 침략)개항의 목적도 침략적이며, ①번의 국내산업 보호 조치는 아주 거리가 멀다.

31 정답 ③
제시된 자료는 1882년 임오군란 이후 일본에 사죄사로 가던 박영효가 도안한 태극기에 관한『使和記略(1882)』의 일부 내용이다. 이 책은 1882년 음력 8월 1일~11월 28일까지 4개월에 걸친 일본 사행을 기록한 내용 중 8월 14일자 일기이다. 이는 1883년 공식 국기로 제정되어 그 해 미국에 보빙사로 미국에 갔던 사절단에 의해 숙소인 미국의 호텔 옥상에 게양하여 조선의 위상을 알렸다. 현재의 태극기는 대한민국 정부 수립 후인 1949년 이승만 대통령이 국기시정위원회를 조직하여 10월 15일 문교부 고시 2호로 '국기제작법'이 공포되었는데 이것이 바로 지금의 태극기이다. 따라서, 제시된 자료와 밀접한 사건이라면 임오군란 이후의 사실을 찾으면 되겠다. ①은 중국에 파견되었던 영선사, ②는 일본에 파견된 2차 수신사(김홍집의 조선책략 도입), ④는 일본에 보낸 조사시찰단에 관한 설명이다. ⑤는 갑신정변의 결과 청과 일본이 체결한 텐진조약의 내용이다.

32 정답 ③
동학농민운동은 일어난 순서대로 정리해 두어야 한다.
(가) 황토현 전투(1894.4)
(나) 고부농민봉기(1894.1)
(다) 전주화약 체결(1894.5)
(라) 우금치 전투(1894.11)

33 정답 ⑤
1900년 10월 25일에 대한제국은 대한제국 칙령 41호를 반포하여 독도가 우리 영토임을 재확인하였다. ① 강화도, ② 제주도, ③ 요동(랴오둥)반도, ④ 거문도에 대한 설명이다.

34 정답 ④
1908년, 미국 유학 중이던 장인환과 전명운은 일본의 외교 고문 스티븐스가 휴가차 귀국해 기자 회견을 통해 일본의 한국 침략을 정당화하는 발언한 데 분개하여 그를 샌프란시스코에서 사살하였다. ① 의열단 김상옥 종로 경찰서 폭탄 투척(1923), ② 안중근 만주 하얼빈 역에서 이토 히로부미 사살(1909), ③ 의열단 나석주 동양척식주식 회사와 식산은행에 폭탄 투척(1926), ⑤ 한인애국단 윤봉길 상하이 훙커우 공원 투탄 의거(1932)

35 정답 ④
제시하고 있는 신문은 항일운동의 선봉장 역할을 한 대한매일신보이다. ①은 대한매일신보, 만세보, 제국신문, 황성신문이 동참하였으며, ④는 황성신문에 장지연이 최초로 기고하였으며 이후 대한매일신보에 영문으로 번역 게재하였다.

36 정답 ④
자료는 일제 침탈기 국채보상운동 당시 대한매일신보에 실린 국채보상국민대회의 취지문(1907)이다. 일제 강점기의 경제자립운동인 물산장려운동(1920~1930년대 말)과는 직접적인 연관이 없다.

37 정답 ⑤
러시아 정부는 연해주 개발에 필요한 노동력 확보를 위해 우리 민족의 연해주 이주를 환영 내지 묵인하였기 때문에 많은 동포들이 연해주 지역으로 이주하게 되었다. ㄱ은 간도 지역, ㄴ은 일본 도쿄(동경)에서 전개된 사건이다.

38 정답 ①
제시된 자료는 천도교와 관련된 자료이다. 동학의 3대 교주인 손병희 때 동학교도인 이용구가 시천교를 조직하여 동학을 흡수하려 하자 동학의 정통성을 유지하기 위하여 1905년 천도교로 개편하였다. ② 개신교 ③ 천주교 ④ 불교 ⑤ 원불교에 대한 설명이다.

39 정답 ①
제시문은 박은식의 '유교구신론'에 대한 설명이다. ② 만세보를 발간한 것은 천도교의 오세창과 손병희, ③ 위정 척사 운동을 강조한 것은 보수적 유생, ④ 독사신론은 신채호, ⑤ 신민족주의와 신민주주의를 제창한 것은 일제시대 민족주의 역사학자인 안재홍이다.

40 정답 ④
고종은 을사늑약의 불법성을 국제 사회에 알리기 위해 1907년 네덜란드 헤이그에서 열리는 제2회 만국 평화 회의에 이위종, 이상설, 이준을 특사로 파견하였으니, 일본은 헤이그 특사 파견을 빌미로 고종을 강제 퇴위시켰다. ① 청일전쟁에서 승리한 일본은 청나라와 요동반도 할양 등을 골자로 하는 시모노세키 조약을 체결하였다(1895). 일본이 청으로부터 요동반도를 할양받자, 남하정책의 일환으로 만주로의 진출을 기도하고 있던 러시아는 프랑스, 독일과 함께 일본에 외교적 압력을 가해 요동반도를 청에 반환하도록 하였다(삼국간섭,1895.4). ② 을미사변(1895) 이후 신변의 위협까지 느끼고 있던 고종은 1896년 러시아 공사관으로 피신하였다(아관파천). ③ 운요호 사건은 1875년의 일이다. 운요호 사건의 결과 강화도조약(1876)이 체결되었다. ⑤ 조미수호통상조약(1882) 이후 조선 주재 미국 공사 부임에 대한 답례로 민영익, 홍영식, 서광범, 유길준 등이 미국에 보빙사로 파견되었다(1883)

41 정답 ④

제시된 자료는 1919년의 3·1운동과 관련된 자료이다. ④ 파리 강화 회의에 파견된 인물은 신규식(1879~1922)이 아니라 김규식(1881~1950)이다. 김규식은 1919년 1월 신한청년단의 대표 자격으로 파리 강화 회의에 참석하고자 출발하였다. 이 와중에 3·1운동이 발발하였고 김규식은 3월 13일에 파리에 도착하여 독립청원서를 전달하고 국제적 협조를 요청하였다. 그러나 파리 강화 회의는 그 자체가 제1차 세계 대전 승전국들의 이권 도모를 위한 회의에 불과하였기 때문에 약소 민족의 요청은 철저히 무시되었다.

① 이 사건을 계기로 일제는 무단통치에서 소위 '문화통치'로 통치전략을 바꾸게 되었다.

② 3·1운동은 시간이 지남에 따라 도시에서 농촌으로 그리고 해외로 확산된 일제 치하 최대의 대규모 민족적 항일운동이다. 또한 이 운동을 계기로 독립운동의 역량을 결집시키고자 하는 움직임을 불러 각지의 임시 정부가 최초의 민주 공화제 정부인 상해 임시 정부로 통합되는 등 독립운동에 중요한 분기점이 되었다. 또한 이를 계기로 1920년대 이후 만주지역에서 무장투쟁이 활발히 전개되는 계기가 되었다.

③ 3·1운동은 제1차 세계 대전 승전국 식민지에서 일어난 최초의 반제국주의 민족 운동으로서 중국 5·4 운동, 인도의 비폭력·무저항 운동 등 아시아 민족 해방 운동에 영향을 끼쳤다.

42 정답 ⑤

자료는 김좌진에 대한 설명이다. 1920년 10월, 일제의 대병력 투입에 맞서 김좌진의 북로군정서군, 홍범도의 대한독립군을 비롯한 독립군 연합부대는 청산리 일대에서 약 6일 동안 10여 차례의 전투 끝에 일본군을 크게 격파하였다. ① 1912년 임병찬은 고종의 비밀 지령을 받아 의병과 유생들을 규합해 복벽주의를 지향하며 독립의군부를 결성하였다. ② 1930년대 양세봉이 지휘하는 조선혁명군은 중국의 의용군과 연합해 영릉가 전투(1932)와 흥경성 전투(1933) 등에서 일·만 연합군을 대파하였다. ③ 1931년 김구는 침체에 빠진 임시 정부에 활기를 불어넣기 위해 상하이에서 한인애국단을 조직하였다. ④ 대한민국 임시 정부는 1940년 9월 중국 충칭에서 한국 광복군을 창설하였다.

43 정답 ④

제시된 글의 우리 부대는 대한민국 임시정부의 정규부대인 한국광복군에 관한 설명이다. ①②는 조선혁명당의 조선혁명군과 중국 공산당의 중국의용군의 한중연합작전, ③⑤는 서일의 대한독립군단이다.

44 정답 ③

민족주의 우파의 실력양성운동의 일환에서 전개된 브나로드 운동은 일제강점기에 동아일보사가 주축이 되어 일으킨 농촌계몽운동이다. 동아일보사는 1931~1934년까지 4회에 걸쳐 전국적인 문맹퇴치운동을 전개하였다. 제3회까지 이 운동은 '브나로드(v-narod)'라고 불렸으나 제4회부터는 계몽운동으로 바뀌었다. 본래 브나로드는 '민중 속으로'라는 뜻의 러시아말로 러시아 말기에 지식인들이 이상사회를 건설하려면 민중을 깨우쳐야 한다는 취지로 만든 구호이다. 조선일보는 1929년부터 문자보급운동을 전개하였다.

45 정답 ⑤

자료는 1930년대 노동쟁의에 대한 내용이다. ①은 1904년, ②는 1923년 백정 출신들이 조직한 형평운동 단체, ③은 1923년 소작쟁의, ④는 1939년 징용제에 관한 내용이다.

46 정답 ②

자료는 민족주의 사학자 단재 신채호의 〈조선상고사〉 머리말 중의 일부분이다. ①은 박은식, ③은 사회경제사학, ④는 진단학회, ⑤는 위당 정인보에 대한 설명이다.

47 정답 ②

자료는 1946년 5월 제2차 미·소공동위원회가 결렬된 직후 중도좌파 여운형과 중도우파 김규식의 좌우합작 7원칙에 대한 내용으로 결렬된 미·소공동위원회의 속개 요구를 담고 있다.

48 정답 ②

제시된 자료는 반민족행위 처벌법의 일부 내용이다. 제5조에는 "일본 치하에 고등관 3등급 이상, 훈 5등이상을 받은 관공리 또는 헌병, 헌병보, 고등경찰직에 있던 자는 공소시효 경과 전에 공무원에 임명될 수 없다. 단, 기술관은 제외한다."라고 되어 있다.

49 정답 ④

(가)는 1970년 박정희 정부 때 준공된 경부고속도로이며, (나)는 2000년 남북정상이 최초로 회담을 한 제1차 남북정상회담이다. 이 회담 이후 남북 정상은 6·15 남북 공동선언을 발표하였다. (다)는 1960년 3·15 부정 선거에 대항하며 4·19 혁명이 벌어진 이후 전국 대학교수 대표들이 시국선언문을 낭독하고 가두시위를 한 장면이다. (라)는 1988년 제24회 하계 서울 올림픽이 개최된 장면이다.

50 정답 ①

자료의 '가을'과 '송편'이라는 단어로 추석임을 알 수 있다. ② 동지(작은설)는 양력 12월 22일경으로 일년 중 밤이 가장 길고 낮이 가장 짧은 날이며, ⑤ 정월 대보름은 음력 1월 15일로 이 날에는 오곡밥 먹기, 쥐불놀이, 달집 태우기 등을 한다.

박용선

■ 약력

(現)

- 역사학회 회원
- 충남도립대학교 경찰행정학과 한국사 교수
- 서경대학교 공공인적자원학부 한국사 교수
- 네이버 카페 공드림 한국사 교수
- 한국 사이버진흥원 한국사 교수
- 서울 문화재 아카데미 한국사 전임교수
- 주경야독(www.yadoc.co.kr) 한국사 교수
- 누드고시(www.nudegosi.com) 한국사 교수
- 메인에듀 한국사 교수

(前)

- 한양대학교 기술고시반 한국사 특강(2002~2003)
- 경북대학교 공무원 한국사 특강(2004~2010)
- 국민대학교 공무원 한국사 특강(2006~2007)
- 백석문화대학교 공무원 한국사 특강(2009~2011)
- 대원대학교 공무원 한국사 특강(2010)
- 안동대학교 공무원 한국사 특강(2012)
- 대전대학교 공무원 한국사 특강(2012~2013)
- 순천대학교 공무원 한국사 특강(2013)
- 경상대학교 한국사능력검정시험 특강(2015)
- 평택대학교 한국사능력검정시험 특강(2014~2016)

- 한국교육방송(EBS-TV) 공무원 한국사 강의
- 한국교육방송(EBS-TV) 부사관 한국사 강의
- 한국장애인재활협회 온라인대학 한국사 교수
- 에듀윌(www.eduwill.net) 한국사 강의
- 방송대학(OUN-TV) 한국사 교수
- 에듀스파 위성방송 한국사 강의
- 종로 행정고시학원(9급) 한국사 강의
- 종로 박문각행정고시학원(9급) 한국사 강의
- 박문각에듀(www.pmgedu.co.kr) 한국사 강의
- 한국소방사관학원(www.kfs119.co.kr) 한국사 강의
- 노량진 남부행정고시학원(7급, 경찰직) 한국사 강의
- 인천스파르타행정고시학원(www.icsparta.com) 한국사 강의
- e-passkorea 사회복지직 한국사 강의

■ 저서

- 집현전 국사(도서출판 원진, 1990)
- 춘추관 한국사(도서출판 춘추관, 1994)
- 신론 한국사(박문각, 1999~2003. 8쇄)
- 에듀스파 OK(9급) 문제 한국사(박문각, 2004)
- 객관식 한국사(7급) 문제집(국가고시사, 2004)
- 공무원(9급) 한국사 적중모의고사(국가고시사, 2004)
- 감이 좋은 한국사(박문각, 2005, 책임감수)
- 한국사의 흐름(도서출판 예응, 2006)
- 한국사(9급) 문제집(도서출판 예응, 2006)
- 에듀스파 한국사(박문각, 2006, 공저)
- Power 특강(사료) 한국사(박문각, 2006)
- 우리들이 함께하는 한국사(도서출판 눈빛 한소리, 2006. 5쇄)
- 우리들이 함께하는 사료·자료 한국사(도서출판 충주, 2010)
- 화랑 한국사(가람북스, 2011)
- (객관식)화랑 한국사(가람북스, 2011)
- 소방119한국사 OX핵심체크(유엠투엠, 2012)
- 소방119한국사 단원별 문제풀이(유엠투엠, 2012)
- 소방119한국사 실전모의고사(유엠투엠, 2012)
- 한국사능력검정시험-중급(티처메카, 2013)
- 미르(총정리)한국사(한국공무원사관학원, 2014)
- 미르(기초)한국사(한국공무원사관학원, 2014)
- 소방(Pass 119) 한국사(한국공무원사관학원, 2014)
- 계리직 한국사(예문사, 2015)
- 사회복지직 (눈과 귀가 즐거운)한국사(e-passkorea, 2017)
- 계리직 한국사 문제집(미래가치, 2017)
- 한국사능력검정시험(고급, 중급)(예문사, 2017)
- 한국사능력검정시험(고급)(메인에듀, 2017)
- 공무원 한국사-정치편(도서출판 새벽숲길, 2018)
- 공무원 한국사-경제, 사회, 문화사편(도서출판 새벽 숲길, 2018)
- 공무원 한국사-근현대사편(도서출판 새벽숲길, 2018)
- 공드림 기초서 한국사(미래가치, 2019)
- 공드림 기본서 한국사(미래가치, 2019)
- 한국사능력검정시험(심화)(공드림, 2020)
- 한국사능력검정시험(심화)(예문사, 2020)
- 한국사능력검정시험(심화)(메인에듀, 2020)

한국사능력검정시험 심화(1, 2, 3급) 이론완성

저　　자 : 박용선
제작 유통 : 메인에듀(주)
초판발행 : 2021. 01. 01
초판인쇄 : 2021. 01. 01
마 케 팅 : 메인에듀(주)
주　　소 : 서울시 강동구 성안로 115 3층
전　　화 : 1544-8513
정　　가 : 28,000원
I S B N : 979-11-89357-14-6

저자와의
합의하에
인지생략